Καιρός
A Survey of Ancient Greek Philology

凯若斯
古希腊语文学述要

词法、句法、修辞、文体

刘小枫　编修

华东师范大学出版社
·上海·

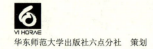
华东师范大学出版社六点分社　策划

国家社会科学基金重大项目"《牛津古典大辞典》中文版翻译"
（项目批准号：17ZDA320）（阶段）成果

柏拉图认为,在他的(完美国家中)有必要让新社会的第一代凭借一种有力的必要谎言受教育;孩子们应当学会相信,他们全都在地下梦幻般地生活过很长一段时间,在那里他们由自然这个大师傅陶甄成形。不可能反抗这样的过去!不可能抵制诸神的工作!谁天生是哲人,谁在体内就有金子;谁天生是卫士,谁在体内就只有银子;谁天生是工匠,谁在体内就有铁铜合金——这应该看作颠扑不破的自然法则。柏拉图宣称,既然不可能将这些金属混合起来,就不应该也不可能推翻、搞混等级秩序。这种秩序即 **aeterna veritas**[永恒真理],对这种真理的信仰乃新教育的基础,因而也是新国家的基础。

——尼采,《论史学对生活的利弊》(李秋零译文)

目　录

编修弁言 / *1*

引言：什么是古典语文学 / *1*

一　文字的拼读和书写 / *5*
 1 古希腊语字母 / *9*
  字母的形成和书写演变 / *10*
 2 元音和辅音 / *16*
  单元音 / *16* ——双元音 / *17* ——送气音符 / *19* ——辅音 / *20* ——双辅音 / *20*
 3 拼读和声调 / *25*
  音节划分 / *25* ——声调 / *26*
 4 朗读和书写 / *32*
 附录一　古希腊语与印欧语系 / *41*
 附录二　古希腊语文学史一瞥 / *51*

二　变格词类 / *81*
 1 冠词 / *84*
  冠词的变格 / *84* ——冠词的基本用法 / *84* ——冠词的实词用法 / *86*
 2 名词 / *87*
  名词变格的三种类型 / *88* ——第一变格类名词 / *89*——第二变格类名词 / *91* ——第三变格类名词 / *95* ——名词的声调规则 / *108* ——名词与句法 / *110* ——关于人名 / *125* ——学会使用词典 / *131*
 3 形容词 / *133*
  形容词变格的词尾类型 / *134* ——第三变格类形容词 / *136* ——形容词的升级 / *141* ——形容词 πᾶς / *145* ——形容词的用法 / *147* ——情态形容词 / *150*

4 代词 / *154*

人称代词 / *154* —反身代词 / 自主代词 / *156* —基本代词五种 / *158* —关系代词 / *163* —形容代词 / *165* —概括代词 / *166* —代词与名词的关系 / *167*

5 分词 / *174*

现在时分词 / *174* — εἰμί 的分词 / *177* —现在完成时分词 / *177* —将来时分词 / *178* — 不定过去时分词 / *179* — 分词的基本用法 / *182*

三 动词 / *191*

1 动词的基本形构 / *192*

词干、词首、词尾 / *192* —动词的声调规则 / *195* —现在时直陈式主动态的形构 / *196* —"是"动词 / *196* —复合动词 / *197* —时态词干 / *198* —动词在句子中的位置 / *200* —动词所支配的宾语的格位 / *201*

2 动词的语态和语式 / *203*

被动态和中动态 / *203* —异态动词 / *207* —不定式 / *208* —命令式 / *215* —虚拟式 / *220* —祈愿式 / *222* —语态小结 / *227*

3 过去时态 / *230*

过去时 / *230* —不定过去时 / *233* —无构干元音不定过去时 / *238* — 在词典中查找动词的原形 / *240*

4 将来时态 / *244*

将来时词干 / *244* —动词词干的时态变异 / *246* —将来时被动态 / *248*

5 完成时态 / *251*

现在完成时 / *251* —过去完成时 / *256* —时态用法小结 / *258*

6 强变化时态和不规则动词 / *271*

什么是强变化 / *271* —现在完成时主动态的强变化 / *272* —不定过去时的强变化 / *272* —不规则动词 / *275* —常见不规则动词举隅 / *280*

7 变音动词 / *288*

缩音动词(-αω动词) / *288* —辅音动词 / *291* —流音动词 / *294*

8 -μι动词 / *298*

-μι动词的词形构成 / *298* —-μι动词例词 / *302* —无构干元音的-μι动词 / *304*

9 动词还原与词形规则 / *307*

动词词形规则 / *311*

四 非变格词类 / 317

1 数词 / 318
  序数词 / 318 — 基数词 / 318 — 古希腊语的数字符号 / 320
2 副词及小品词 / 326
  副词 / 326 — 否定副词 / 328 — 连词 / 335 — 语气词 / 336
3 介词 / 340

五 构词法原理 / 349

1 词干和词根 / 350
2 派生词 / 352
3 复合词 / 356
  附录 现代西方语文中的古希腊语词素 / 363

六 句法 / 371

1 单句 / 372
  表语句 / 372 — 行为句 / 374
2 扩展句 / 376
  无人称句 / 376 — 带不定式的第四格 / 379 — 多肢谓语和双翼句 / 381
  — 分词短语 / 383 — 独立分词短语 / 388
3 主从复句 / 395
  定语从句 / 395 — 状语从句 / 397 — 时间从句 / 399 — 地点从句 / 401
  — 原因从句 / 401 — 结果从句 / 403 — 目的从句 / 405 — 条件从句 / 409
  — 让步从句 / 415 — 宾语从句 / 416 — 表达担心的宾语从句 / 417
  — 间接陈述句 / 419 — 间接疑问句 / 429 — 含蓄间接陈述句 / 431

七 修辞 / 437

1 常用修辞格 / 438
2 古典作品中的用典 / 447

八 文体 / 451

1 诗体 / 452
  叙事诗 / 453 — 诉歌 / 457 — 抒情诗 / 458 — 戏剧诗 / 460 — 铭体诗 / 466
2 散文体 / 471

公文 / *471* 一纪事 / *473* 一神话/故事 / *475* 一寓言 / *485* 一对话 / *489* 一颂赋 / *492* 一演说辞 / *493* 一书信 / *501*

九 作品研读 / *507*
  1 出土文本 / *508*
  2 古代文选 / *513*
  3 古典丛书 / *518*
  4 作品笺注 / *520*
  5 文本析读 / *526*

编修弁言

1. 本稿包含古希腊文法的全部基础知识（词法和句法），与《凯若斯：古希腊语文读本》相配，也可作为学习古希腊语的入门读物。国外古希腊语的语法教科书几乎就是词法表格，供课堂讲解或查索。为便于自学，本稿尝试讲述古希腊语法，故称"述要"。

2. 国外的古希腊语教材大多将语法（词法和句法）与修辞、文体和作品研究分开，本稿则融为一体，因而不是"语法述要"，而是"语文学述要"。

3. 西文的古希腊语法教材在介绍古希腊语文特性时，无不顾及各自本国语文的特性，本述要也致力切合汉语习惯。汉语不是拼音文字，没有所谓"屈折变化"，国人难免对古希腊语的词形变化感到繁难。因此，本稿讲解词法区分"变格词类"和"非变格词类"；动词的词形变化最为繁复，本述要则由简到繁地讲解之。

4. 西文教材无不将词法与句法分开，本述要在为词法提供例句时尝试结合句法知识，既有助于习者熟悉词法例词的用法，也免得学习词法时过于枯燥单调。

5. 初学者希望简明扼要，周全的教材则求尽可能面面俱到，兼顾两者很难。初学者在掌握词法时，最好根据自己的需要掌握每一单元的进度。一些重要的词法和句法现象，则不惮反复出现，便于习者熟悉。

6. 本稿配有少量练习，为了锻炼阅读能力，极少数例句未给出中译和词解。

笔者在中山大学哲学系任教时开设过三个学年的古希腊文课程（2003至2008年，每周四学时），本稿即当时的讲稿，经多次修订补充，于2011年岁末定稿。适逢中国人民大学文学院开设古典学实验班，彭磊博士和娄林博士用本稿教学，除检核出一些误植字母外，还订正了若干表述。

2013年，《凯若斯：古希腊文读本（上册）》出版，作为其姊妹篇的述要按计划本该紧随其后，但由于课务和编务繁重，通读全稿的工作一拖再拖，而且未料一拖就是十年。幸得于此，笔者有机会增补新出版的翻译文献，而心思缜密的叶然博士和顾枝鹰博士通读全稿，又检核出一些误植字母。尔后，肖有志博士在上海大学文学院、贺方婴博士在中国社科院大学外语学院给研究生开设古希腊文课均用本稿教学，各再检出若干鱼虫之误。由此看来，大小疏忽及失误仍然难免，而责任当然全在笔者，盼方家不吝指正。

自2002年秋编修述要以来，成官泯博士、卢白羽博士、凌曦博士、罗卫平博士先后帮忙翻译语文资料，郑兴凤女士和贺方婴博士制作附录，他们所付出的辛劳虽已逾近20年，迄今仍历历在目，谨深致谢忱。

刘小枫

2023年12月

引言:什么是古典语文学

Philology[语文学]这个词来自希腊语,意思是philo[热爱]-logy[语文](的学问),所谓Classical philology[古典语文学]指热爱古希腊和罗马的经典作品。

曾任维也纳大学校长的古典学家克劳斯(Walther Kraus,1902—1997)在题为Klassische Philologie heute[当今的古典语文学]一文中说:语文学的主体不是单纯的语言,而是成文的作品。

语文学(Philology)这个词的原意是对logos的热爱;logos这个词在所有古希腊语词中最富古希腊意味——意味着富有意义的言说、通过言说揭示事物的意义。因此,语文学对待语言不是像今天的语言学(Linguistik)那样,处理语言本身,而是[处理]作品——通过语言书写而成的人类精神作品。

古典语文学与现代的语言学有品质上的差异。如今西方有些大学的古典学系把古典语文学变成了比较语言学,背弃了古典语文学的传统品质。冥府中的尼采若知道了,一定会更生气。

柏拉图称语言为 ὄργανον διδασκαλικόν[教化工具],这一定义基于一个非常雅典城邦式的看法:人是 ζῷον πολιτικόν[城邦动物]。在柏拉图那里,φιλόλογος 与 φιλόσοφος 还是一回事(亚里士多德,《修辞学》,2.23)。到了希腊化时期,οἱ φιλόλογοι[语文学家](或通古书的学者)正式成为一种学者类型。

现代的语言学固然重视语言使人成为某个政治共同体一员的作用,但这门现代式学问更关注语言自身的功能或语言行为的社会制约条件之类,而非沉浸于历史上传承下来的古典作品本身。有目共睹的事实是:在当今大学的外语教学中,随着语言学占据主导地位,教师和学生的心性教养日益干枯。

作为古典语文学教授,尼采曾作过一次题为"荷马与古典语文学"

(Homer und die klassische Philologie)的学术报告。他说,古典语文学是关于古代精神文明遗产的学问,有多少古代文明,就有多少古典语文学。古典语文学的基本内容是:古代成文作品中反映的宗教、艺术、制度和思想。语文(而非单纯的语言)才是某个民族精神成熟的标志。精神未成熟的民族没有语文学,只有 Ethnography[民族学/人种志]。

→ Friedrich Nietzsche, *Frühe Schriften*, 卷 5, Carl Koch、Karl Schlechta 编, München 1994, 页 285—305。

对尼采来说,古典语文学不仅肩负守护古典文明遗产的使命,而且负有用古典精神滋养每一代新人心性的责任。关于何谓古典语文学以及为何要坚守古典教育,没有谁比尼采说得更好、更明晰——他说:

> 很少有人发自内心地凭自己的力量被引领到正确道路上,而所有其他人都不得不需要那些伟大的引路人和教师,托庇于他们的保护。没有这种推断的形式感受力,要发展古典教育根本就没有可能。在这里,辨别形式和质朴的感觉在渐渐觉醒,将教育带到唯一真正的教育故乡——古希腊的翅膀第一次振动起来。……古典语文学家应孜孜不倦地努力亲手把他们的荷马和索福克勒斯带入年轻人的心灵,并且毫无顾忌地用一个未遭反对的委婉语词"古典教育"来称呼这个结果。

因此,当看到当时的德国大学日益与西欧的现代化教育接轨时,尼采相信,若能凭靠古典教育培养出一百个古典语文学家,只要他们有做事热情,就足以给败坏人心的现代教育以致命一击。

→《尼采全集(第 1 卷)》,杨恒达等译,北京:中国人民大学出版社,2013,页 490。

尼采所说的古典教育,有些近似于今天我们致力推行的博雅教育或通识教育,如果这类教育没有被各种现代社会科学或时髦人文科学填满的话。在古希腊的雅典时期,并没有ἐγκυκλοπαιδεία[通识教育]这个词,只有ἐγκύκλιος παιδεία[普通教育]的说法。亚里士多德在《论天》(I, c.9)中曾说:

> 普通哲学关于诸神圣之物的说法(ἐν τοῖς ἐγκυκλίοις φιλοσοφήμασι περὶ τὰ θεῖα)常常宣称:神圣的东西(τὸ θεῖον)必定是不变之物。

→ 尼采讲课稿: *Encyclopädie der Philologie*, 见 Friedrich Nietzsche, *Frühe Schriften*, 卷 4, Hans J. Mette、Karl Schlechta 编, 前揭, 页 3—8。在法文译本中, ἐγκύκλια *φιλοσοφήματα* 被译作 Encycliques de philosophie。

对尼采这样的古典语文学家来说,古典文明的经典作品就是"神圣的东西",而当今知识人普遍缺乏对"神圣的东西"的敬重,自以为凭靠一些现代哲学教条就可以成神。当代一位凝神倾听古典圣贤之言的伟大哲人说过:

> 我们不可能成为哲人,但我们能够热爱哲学;我们能够试着做哲学。这样做哲学,在任何意义上都首先是且在某种意义上主要是,倾听伟大哲人之间的交谈,或更笼统也更谨慎地说,倾听最伟大心智之间的交谈,因此这样做哲学也是学习伟大的书。我们应该倾听的最伟大的心智,绝不只是西方最伟大的心智。阻碍我们倾听印度和中国最伟大心智的,只是一种不幸的被迫:我们不懂他们的语文,而且我们不可能学习所有语文。

→ 施特劳斯,《什么是自由教育》,见施特劳斯,《古今自由主义》,叶然等译,上海:华东师范大学出版社,2019,页7。

我们没法倾听古希腊的伟大心声,不过是因为一种历史遗憾——不谙古希腊语。不过,如今的我们并非没有可能弥补这一遗憾,只要我们不把古希腊语文学当作古典文献学、比较语言学或实证史学乃至人类学的附庸。

→ 刘小枫编,《古典学与现代性》,陈念君、丰卫平译,北京:华夏出版社,2015;伯纳德特,《论辩与情节:论古希腊诗与哲学》,严蓓雯、蒋文惠等译,华东师范大学出版社,2016;伯格、戴维斯编,《走向古典诗学之路》[修订版],肖剑译,北京:华夏出版社,2016;张培均编,《追忆施特劳斯》,张培均等译,北京:华夏出版社,2023。

一　文字的拼读和书写

　　大约公元前3千纪末期，一个部落集团从欧洲东北边的栖居地来到巴尔干半岛南部，他们有的征服了当地原住民并与他们融为一体，有的却把原住民驱赶到被形形色色的山地和海湾相互隔绝开来的地方。这个部落集团名叫阿该亚人，即最早的希腊人。

　　大约公元前2千纪末，与阿该亚人同属一个种族的多里斯部落集团从伊庇鲁斯和马其顿南下，也抵达了希腊半岛。在此之前的半个世纪里（公元前2000年中期），阿该亚人开始向岛屿众多的爱琴海东岸（小亚细亚）扩张，在那里定居下来，并向西延伸到意大利半岛南部和西西里岛。各路阿该亚人南下来到地中海东部沿岸，形成了所谓的"大希腊"地区——不仅仅是希腊半岛。自然地缘的隔离阻碍了希腊人形成一个统一的政治单位，各部族相互分离，并形成由于语音差异带来的方言。

　　古希腊人主要分为三大部落，其方言按居住的地区分别叫作伊奥尼亚方言、埃奥利亚方言和多里斯方言。由于各邦国在政治上的对立以及天然的地理阻隔，直到数百年后马其顿国统一希腊，才出现通行的希腊普通话。即便是在这三个主要区域，此前也没有形成统一的语言区，无论伊奥尼亚方言区、埃奥利亚方言区，还是多里斯方言区，都保留了许多内部的地方方言。

　　三大方言区之间互有接触和重叠，在很长时间里，古希腊语保持着类似于如今高加索地区或我国东南地区那样的众多地方方言。这些方言都产生了文字作品——从铭文到文学作品，流传给后世。在文化和政治上强势的部族和城邦国家，其方言的文字作品自然特别发达，比如属于伊奥尼亚方言区的阿提卡方言——雅典城邦的语言。

　　→ 我国著名语言学家赵元任在《国语入门》（1948）中把汉语方言分为9区：北方官话区、西南官话区、下江官话区，然后是粤、赣客、闽南、闽北、吴、湘方言区。

　　即便有了希腊语普通话，也没有哪位诗人使用与荷马叙事诗不同的方言和诗律。在整整1000年的时间里,荷马语文都是希腊语的楷模和受人敬畏的传统,这使得古希腊人仍然具有统一的文明,尽管他们分散居住、没有统一的政体。

既然荷马用伊奥尼亚方言写作,而荷马语文统领希腊文明上千年,为什么希腊语不是叫作"伊奥尼亚语"呢?原因很简单:后来的罗马帝国抹去了所有大希腊地区的城邦,使之成为帝国的行省。罗马人最先遇到的一支希腊人部族,是居住在希腊西北部的Graikoi人,于是,他们习惯于把希腊人都叫作Graikoi。欧洲近代的古史学家对Graikoi一无所知,英语的Greek或德语的Griechisch都来自拉丁语的Graeci[希腊语]。

→ 波斯人离得最近的希腊人地区是伊奥尼亚方言区,因此他们把希腊人叫作Yauna[伊奥尼亚人]。这就像法兰克人把德意志人称作Allemands(Alemannen[阿勒曼尼人]),因为他们离这支德意志人最近。

在荷马叙事诗中,荷马用了三个名称来称呼自己的乡亲们:达奈人(Danaoi)、阿尔戈斯人(Argeioi)和阿该亚人(Achaioi)。狭义的阿该亚人其实专指荷马叙事诗中的国王阿伽门农和墨涅拉奥斯的军队。多里斯人迁入之后,所有希腊部族统称为"赫勒人"(Hellene)。这一名称出现在公元前700年左右,据称出自忒撒罗尼亚(thessalonia)的一个小部族。

由此看来,早期希腊人对自己的语言也没有统一称呼,而是按方言来指称:并没有希腊语,只有伊奥尼亚语、阿提卡语、多里斯语、波俄提阿语(boiotisch)、阿卡狄亚语(arcadian)。随着泛希腊化民族情感的出现,人们才开始讲hellenisti[希腊话],并有意识地把自己与其他所有不说hellenisti的民族区别开来,并模仿他们说话的声音,称之为bar-bar[巴啦巴啦]人——意指听不懂那些人的巴啦巴啦……

方言杂多,显然不利于各部族成员之间在贸易、战争或节日庆典中打交道时相互理解。尽管如此,古希腊人其实很早就有通用的书面文字,这就是荷马的语文。严格来讲,荷马语文是一种基于伊奥尼亚方言的典雅文言(其中包含埃奥利亚方言的一些语素),在日常生活中,几乎没人说荷马语——反过来说,荷马语文似乎有意与口语拉开距离。

正因为如此,荷马语文成了所有古希腊人共有的语文财富。随着雅典崛起,阿提卡语也取得了强势地位,在雅典的海上霸权所及的所有区域流行。阿提卡方言轻快灵活,明白易懂,书写和口语都十分合宜。后来所谓的古希腊普通话(Koiné)仍然基于阿提卡语,由于基督教的

《新约全书》用这种语文写成,随着基督教的传播,阿提卡希腊语也走出了希腊文化圈。

在拜占庭帝国,普通希腊语成为宫廷、国政和文学语言,也是拜占庭宫廷与说各类语言的其他民族打交道的外交语言。不过,口头希腊语作为日常用语却与主要作为书面语的"阿提卡化"古希腊语渐行渐远,最终成了类似于我们的文言文那样的纯书面语。早在拜占庭帝国诞生之前的奥古斯都大帝统治期间,就出现过一场让希腊语写作阿提卡化的复古运动,这意味着拒绝希腊语写作的当下口语化。到了中世纪晚期,在东罗马帝国(拜占庭帝国)的第九个王朝科穆宁王朝($Ἀλέξιο\ Κομνηνός$ / Alexios I Komnenos, 1057—1185, 应译为"科穆聂诺斯")和最后一个王朝巴列奥略王朝($Παλαιολόγοι$ / Palaeologue, 1261—1453)治下,拜占庭帝国文人再次发起了一场文字复古运动,拒绝写作的当下口语化。

→ Basile Skoulatos, *Les personnages byzantins de l' Alexiade: Analyse prosopographique et synthèse*, Louvain-la-Neuve: Nauwelaerts, 1980; Michael Angold, *The Byzantine Empire, 1025—1204*, Longman, 1997; Donald M. Nicol, *The Last Centuries of Byzantium, 1261—1453*, London: Rupert Hart-Davis, 1993; 安娜·科穆宁娜,《阿莱克修斯传》, 谭天宇、秦艺芯译, 长春: 东北林业大学出版社, 2017; 西里尔·曼戈,《牛津拜占庭史》, 陈志强、武鹏译, 北京: 北京师范大学出版社, 2015; 提摩西·格里高利,《拜占庭简史》, 刘智译, 上海: 华东师范大学出版社, 2018。

直到1453年土耳其人攻陷拜占庭帝国首都君士坦丁堡之前,希腊语一直是拜占庭帝国的官方语言和法律用语——尽管在漫长的历史中也曾吸纳了一些外来因素。因此,从诞生于公元前8—前7世纪的荷马叙事诗到东罗马帝国这一希腊文化的最后堡垒的陷落,希腊语的书面文献持续了2100年。在古典学家看来,由于拜占庭学者在土耳其人进逼君士坦丁堡之前已经将一部分文史宝藏带去意大利,使得希腊语文献继续在西方文明中发挥作用,以至于可以说,希腊语文献一直存活到今天。

近代之后,也就是希腊本土建立起新的希腊王国之后,最后一次文字复古运动彻底让书面语与口语分家,就好比德意志人把古高地德语变成书面语。如今,希腊的小孩子要学两门母语:在家说的是口头希腊语,这种日常语言混有这片土地上其他统治国的语言要素(尤其是源于土耳其和斯拉夫语的形式和词汇),尽管它来自古希腊语,就好比意大利语来自拉丁语,现代德语来自古高地德语以及中古高地德语;在学校用的则是依据古希腊语仿造的书面语言,甚至使用古老的字母。

→ 陈莹雪,《修昔底德的苏醒:古史写作与希腊民族认同转型》,北京:商务印书馆,2020。

如今,人们可以在希腊的公司招牌、街道指示牌或者在奥林匹亚和迈锡尼简陋的站台上看到古希腊阿提卡语的字迹,甚至诸如面包、葡萄酒、水、鱼等书面语仍然沿用古希腊词语。日常口语与官方的现代希腊语一直在激烈较量,比如,现代的希腊诗人都用书面希腊语,但散文作家和戏剧作家的文字则不断让口语进入作品。由于现代希腊语的书面语有意借用了古希腊人的语言,学过古希腊语的我们也可以借助词典勉强阅读雅典报纸。

1 古希腊语字母

大写	小写	字母名称(发音)	与拉丁字母(音值)和书写的差异
A	α	ἄλφα [alp-fa]	a，大小写不同，但与英语相似
B	β	βῆτα [beta]	b，大小写不同，大写与英语相似，小写不同
Γ	γ	γάμμα [gama]	g，大小写不同，也不与英语相似
Δ	δ	δέλτα [delta]	d，大小写比较接近，大写与英语不同，小写相似
E	ε	ἒ ψιλόν [e psilon]	e(短音)，大小写接近，大写与英语同，小写不同
Z	ζ	ζῆτα [ceta]	z(发近似汉语"策"的声母音)，大小写不同，也不与英语相似
H	η	ἦτα [eta]	e(长音)，注意大写的 H 对应的小写是 η，而非英语的 h
Θ	ϑ	ϑῆτα [theta]	th(双辅音，近似汉语"忒赫"的声母音)，英语无
I	ι	ἰῶτα [iota]	i，大小写相同，而且与英语相近
K	κ	κάππα [kap-pa]	k，大小写相同，而且与英语相同
Λ	λ	λάμβδα [lamb-da]	l，大小写不同，也不与英语相似
M	μ	μῦ [mü]	m，大小写相同，而且与英语相似
N	ν	νῦ [nü]	n，大小写不同，大写与英语相似，小写不同
Ξ	ξ	ξῖ [xi]	x(发音"克斯")，大小写不同，也不与英语相似
O	ο	ὄ μικρόν [omikron]	o(短音)，大小写相同，而且与英语相同
Π	π	πῖ [pi]	p，大小写比较接近，但与英语的 p 完全不同
P	ϱ	ϱῶ [rho]	r，在字母开头要写成 ῥ 或 Ῥ，大小写相近，但与英语不相同

续表

大写	小写	字母名称(发音)	与拉丁字母(音值)和书写的差异
Σ	σ(ς)	σῖγμα[sigma]	s,大小写不同,也不与英语相似
Τ	τ	ταῦ[tau]	t,大小写相同,而且与英语相同
Υ	υ	ῦ ψιλόν[y psilon]	y(发"鱼"的韵母音),注意是υ,而非英语的Y
Φ	φ	φῖ[p-fi]	ph(双辅音),发音和书写都必须分开为p-f和ph;Σφίγξ=Sphinx[斯芬克斯]
Χ	χ	χῖ[chi]	ch(双辅音,发音必须分开,近似汉语"克赫"的声母音),大小写接近,注意不是英语的x
Ψ	ψ	ψῖ[psi]	ps(双辅音,发音必须分开为)p-s,大小写接近,英语没有
Ω	ω	ῶ μέγα[o mega]	o(长音),大小写不同,也不与英语相似

记牢希腊语字母的顺序,并注意与我们熟悉的英文字母顺序的差异,对今后查阅希腊语词典十分重要,否则总找不到要查的语词在哪里。

字母的形成和书写演变

古希腊语使用拼音文字,所谓"拼音文字"的含义是:书写与发音一体,会写就会发音。但反过来说,会发音则会写就不对了。在古希腊,大多数人仍然是文盲,尽管他们会说希腊话。汉语是象形文字,书写与发音分离。我国古代训诂学的重要内容之一就是为文字注音,毕竟,在漫长的历史过程中,文字没有变,语音却有变化,何况还有各种方言音。

"五四新文化运动"时期,有新派文人主张,改我国的象形文字为拼音文字(采用拉丁字母)——反对者的理由非常有道理:我国方言驳杂,倘若改象形文字为拼音文字,华夏之国必然四分五裂。反过来说,象形文字具有维系政治共同体的伟大作用。

古希腊文的γράμματα[字母]共24个,好些与拉丁字母不一样,而且每个字母有自己的名称。字母名称与字母发音不相同,语言学称为"字母不以音值为名称"。拉丁语字母a的名称和发音都是a,字母的音值与名称相同,语言学称为"字母以音值为名称"(汉语拼音仿拉丁语,同样如此)。学习希腊文字母,首先要注意字母名称与字母发音(拼读的音值)

不同。

我们对希腊文字母名称并不陌生,因为,西方现代科学技术的发明喜欢用古希腊语来命名——比如,我们都听说过 γάμμα(gama)射线,βῆτα(beta)射线,而 beta 和 gama 分别是希腊语字母 β 和 γ 的名称。

古希腊神话已经说到古希腊文字的起源:据说,宙斯把欧罗巴变成一头自海中升起的牛,并诱拐她过海而去,腓尼基王子卡德摩斯为了寻找妹妹来到希腊……历经重重艰难险阻之后,卡德摩斯在波俄提阿建立了忒拜城。居住在现今叙利亚的腓尼基人是一个由商人和水手组成的民族,早已经发明字母文字,希腊人的字母文字就是从卡德摩斯那里学来的 Φοινικήιος/ phoenician[腓尼基(符号)]。

这个神话故事把一个具有时间跨度和意义纵深的历史过程归于一个人的影响,古希腊最早的纪事作家之一希罗多德的说法与此并无二致——他写道:好学的伊奥尼亚人从腓尼基人那里学来字母,而且几乎没什么更改。其实,现代考古学证实,希腊人本来有自己的文字(所谓 B 形楔形文字,有音节),据说由米诺斯人传给克里特人。但希腊人觉得这种文字不够用,遇到腓尼基文字后,便借用了这套文字系统。

虽然希腊人在公元前9世纪的时候采纳了腓尼基人的字母系统,如果没有按自己的需求加以改造,也不可能有后来的希腊语文——希腊人在接受腓尼基字母时,就按自己的发音习惯对字母名称作了语音上的改造:aleph → alpha, beth → beta, gamel → gamma …… 把 alpha 和 beta 两个字母合拼在一起,就成了 Alphabet[字母表]。

1	2	3	4	5
古迦南语	早期字母名称及其含义	腓尼基语	早期希腊语	现代英语大写字母
	alp oxhead			A
	bēt house			B
	gaml throwstick			C
	digg fish			D
	hò(?) man calling			E

从这种对字母读音的改造可以看到,希腊人在字母名称发音的结尾加上了元音,听起来更为明亮、清晰。与所有闪米特文字一样,腓尼基字母只有辅音,元音不写出来,就好比美国人把 New York 写成 Nw Yrk 或德国人把

Berlin写成Brln,念语词时随时口头补充元音,而古希腊人在念腓尼基符号名称时,清楚地发出其中夹有的元音。

希腊人还发现,腓尼基字母体系中有些字母用不上。聪明的希腊人想到,不如用这些派不上用场的字母来表示自己的元音。在希腊语字母表中,共有7个元音(α-ε/η-ι-ο/ω-υ),它们散落各处,没有集中排列,因为这些元音在腓尼基文字中其实是辅音。拉丁语字母来自希腊语字母,这些元音在拉丁语字母表中也处于同样位置。

在文字史上,希腊人迈出的这一步具有重大意义:确立元音才使得拼音文字真正成为用音标来表达的音节文字。

希腊语字母与拉丁语字母的差异

罗马人从意大利南部的哈尔基季基希腊人那里吸收了西部希腊字母系统,并按照自己的语音体系作了相应改变。这一希腊字母体系经过拉丁化后,成了欧洲各民族语文的基础。俄罗斯人在建立自己的字母体系时直接采纳拜占庭希腊文,以至于俄语字母与希腊语字母的相似胜过拉丁语系的字母体系:Г(g)、Д(d)、Л(l)、П(p)、Р(r)、Ф(f)、Х(ch)。懂希腊语的人会很容易识读比如Ленинград(Leningrad[列宁格勒],除了n和i)。

→ 科林·韦尔斯,《拜占庭的赠礼:东罗马帝国对西欧、阿拉伯世界和斯拉夫地区的文化影响》,周超宇、李达译,北京:民主与建设出版社,2022。

即便不会拉丁语,我们也熟悉拉丁语字母,因为我们熟悉汉语拼音和英语。熟悉希腊语字母的最好方式,就是比较这两种字母的字母表。

首先应该注意到:希腊语的24个字母顺序不是从A到Z,而是从A到Ω(Oméga)。用普通希腊语写成的《约翰启示录》里有这样一句耶稣的名言:

我是 ἄλφα(alp-fa)[我是初],我是 ὦ μέγα(o mega)[我是终]。

早在基督教出现之前,A→Ω这个符号以及中间的日轮就被视为带来好运的标志,经常以反写形式钉在鞋底,以便印在沙地上,一路走出"好运"。

在拉丁语字母表中,Z排在最后,在希腊语字母顺序中,这个字母却非常靠前(第六位),因为希腊语字母的顺序来自腓尼基字母顺序。由于罗马人在自己的语音里找不到Z这个读音,就把它附在了末尾。

除了要特别留意希腊语字母与拉丁字母的顺序差异,还尤其得注意以下7个字母与对应的拉丁字母的位置不同：

$$\gamma\ \zeta\ \vartheta\ \xi\ \varphi\ \psi\ \omega$$

对比英文26个字母,古希腊语字母没有 C — F — H — J — Q — V。反过来看,英文字母中也没有希腊语字母 $\eta - \vartheta - \xi - \varphi - \psi$,在学习时要特别注意掌握。与我们所熟悉的拉丁字母差别较大的古希腊字母不外乎如下10个:

$$\eta\ \vartheta\ \nu\ \xi\ \pi\ \varrho\ \sigma\ \upsilon\ \varphi\ \psi$$

最容易搞混的是辅音 ν 与元音 υ,初学者需要特别小心分辨。

我们可以发现,大概有半数之多的希腊语大写字母与拉丁语字母一样:A — B — E — Z — I — K — M — N — O — T — Y。因此,就算不认识希腊语字母,我们也可以根据汉语拼音读出由大写字母组成的古希腊词语,比如:BYZANTION[毕占庭](我们的"拜占庭"译法显然是按英文发音而来),OIKONOMOI[管家](复数),IAOMAI[我医治]。

需要注意,大写字母 P(字母名称 Rho)与拉丁语字母的 P 长得一样,却是 R。学古希腊语很长时间都不习惯于区分这两个字母,这既不奇怪,也情有可原。此外,大写字母 Δ(Delta,因下埃及尼罗河支流之间的地带而得名)与 Λ(Lambda)的样子很相似,初学者也不容易区分。

大多数字母的大小写差别都不是很大,不难认出来。不过,如果想要流利地阅读和书写希腊语字母,必须准确记住大小写形式。对比希腊语字母与拉丁语字母,我们可以发现,两者最像的是 $\alpha\delta\epsilon\iota\kappa o\tau \to$ adeikot,比较像的是 $\beta\gamma\zeta\lambda\mu\nu\varsigma\upsilon\omega \to$ bgzlmnsyō。由于 ζ 在字母表中的位置与拉丁字母 z 不同,我们才不容易认出来。字母 μ 的写法是圆弧触到四线格的基本线,拉丁语字母 m 的圆弧则是在上成拱形。

与拉丁字母的 s 不同,希腊语的 σ 有两种写法:在词首和中间写成 σ,在词尾写成 -ς,比如 σύνεσις[会合、解悟、判决]。希罗多德说,他所知道的最长的河流叫 Ἴστρος[伊斯特若斯河],这条大河由三条支流汇集而成,其中一条叫作 Τίβισις[提比希斯河](《原史》,4.49)。

现代西方语文中的古希腊语词

现代西方语文(英语/德语/法语)传承了不少古希腊语词,用拉丁字母拼写，比如：$\varphi\iota$-λo-σo-$\varphi i\alpha$[热爱智慧]＝phi-lo-so-phy。由于语音上的变化，需要注意几个字母在写法上的差异：

γ 在 γ、$\varkappa$ 和 ξ 之前，要写成 n，比如，$\check\alpha\gamma\gamma\varepsilon\lambda o\varsigma$[信使、使者]＝angelos；虽然 $\gamma\varkappa$ 和 $\gamma\xi$ 的情形比较少见，但也要注意；

$\sigma\chi$ 要分开（有点像英文的 s-ch），比如 σ-$\chi\tilde\eta$-$\mu\alpha$[外形、图形、像]；比如 σ-$\chi o\lambda\acute\eta$[闲暇]（用来思考），拉丁文写作 s-chola。

英语中源于希腊文的词，υ 成了 y，英语的 Y 是经拉丁文变过来的希腊文之 υ。

→ 电脑普及之前，排印希腊语字母不便，古典学界的学术论文或论著多用拉丁字母转写古希腊语词，并形成了一套规则（我国亦曾有学者建议用汉语拼音转写古希腊语词）。电脑普及之后，录入希腊语字母非常方便，用拉丁字母转写古希腊语词的习惯逐渐消失。汉语学术论文或论著用拉丁字母转写古希腊语词尤其没有必要，因为，对于通晓古希腊语的中文读者，如此转写属于多此一举，对不懂古希腊语的读者，转写之后仍然两眼一抹黑。

Antioch 古希腊文录入软件程序可从"古典学园"网站下载。

不妨比较下面的英语/德语/法语语词与希腊文语词的词形和语义，并试着把我们熟悉的现代西文语词转写为希腊语词，然后对照检查是否正确。如果是复合词，还要注意复合时的省略：

Dogma / dogme＝$\delta\acute o\gamma\mu\alpha$[信念、见解、判决]
Schema / schéma＝$\sigma\chi\tilde\eta\mu\alpha$[外形、图形、像]
drama＝$\delta\varrho\tilde\alpha\mu\alpha$[行为、情节]
thema / thème＝$\vartheta\acute\varepsilon\mu\alpha$[存积、宝库、辩论题目]
analysis＝$\grave\alpha\nu\acute\alpha\lambda\upsilon\sigma\iota\varsigma$[解开、释放、解决]
Apokalypse＝$\grave\alpha\pi o\varkappa\acute\alpha\lambda\upsilon\psi\iota\varsigma$[揭开]
Crisis / crise＝$\varkappa\varrho\acute\iota\sigma\iota\varsigma$[分开、决定、审判]
praxis＝$\pi\varrho\tilde\alpha\xi\iota\varsigma$[事实、行为、交易]
physis / physique＝$\varphi\acute\upsilon\sigma\iota\varsigma$[生长、诞生、自然、天性]
theater / théâtre＝$\vartheta\acute\varepsilon\alpha\tau\varrho o\nu$[看戏位置、剧场]
Kirche / church＝$\varkappa\upsilon\varrho\iota\alpha\varkappa\acute\eta$[主的房子]，
philosophy＝$\varphi\iota\lambda o\sigma o\varphi\acute\iota\alpha$ → $\varphi\acute\iota\lambda o\varsigma$[友爱]＋$\sigma o\varphi\acute\iota\alpha$[智慧]
stereophony＝$\sigma\tau\varepsilon\varrho\varepsilon\acute o\varsigma$[空间的]＋$\varphi\omega\nu\acute\eta$[音响]
horizon＝$\acute o\varrho\acute\iota\zeta\omega\nu$[划出边界的]
Ozean / océan＝$\grave\omega\varkappa\varepsilon\alpha\nu\acute o\varsigma$(荷马)[环河]

Astronaut＝ἄστρον[星辰]＋ναύτης[航海者]
therapy＝θεραπεία[服侍、照料、治疗、护理]
idiot＝ἰδιώτης[私人、个人、常人]
metall＝μέταλλον[金属]
democracy＝δημοκρατία → δῆμος[村社民]＋κρατεῖν[统治]
school＝σχολή[清闲、闲暇]
Tachometer＝τάχος[快速]＋μέτρον[尺度]
monopoly＝μόνος[仅仅、单一的]＋πωλεῖν[出售]
cosmopolitan＝κόσμος[宇宙]＋πολίτης[城邦民]
Misanthrop / misanthropie＝μῖσος[仇恨、厌恶]＋ἄνθρωπος[人]
Metropole＝μήτηρ[母亲]＋πόλιν[城]
Pause＝παύω[停止]

2　元音和辅音

希腊语字母虽然有自己的名称，每个字母的作用仍然是音标，不是元音就是辅音。显然，熟悉作为音标的字母比熟悉字母名称重要。

元音（vocal=［拉丁语］vocalis，意为"响亮的"，语言学称为"无摩擦的通音"）是基本的发音元素，没有辅音也算一个音节。元音有单元音和双元音两种。

单元音

希腊语的基本元音是5个单元音，其中有两个元音区分了短音和长音，看起来就是7个元音。如果按发音口形开口大小来排列，从口形开得最大到口形开得最小，依次为：

$$a — \varepsilon/\eta — \iota — o/\omega — \upsilon$$

ε/η的发音和口形都一样，差别在于，η是开口长元音，ε是闭口短元音，在发音上区分开来不难。可以说，η的发音介乎a与ε之间（因此读作ä）。同样，区分闭口短元音o与开口长元音ω（读作ō）也很容易。就这两个元音来看，希腊语的字母与元音不完全同值（拉丁语和汉语拼音的字母与发音完全同值）。各方言起初所使用的字母有所不同，阿提卡方言本来没有用来记录长元音的字母η和ω，公元前403年，雅典城邦当局才规定采用伊奥尼方言使用的这两个字母。

同一个元音发音的短长，是要么长要么短，无论如何，古希腊人用两个元音符号来区分长音与短音。有的语词仅仅通过这种区分来表达语义差异，比如直陈式现在时的 λέγομεν [我们说]（念作短音 légomen）与虚拟式现

在时的 λέγωμεν[我们兴许会说]（念作长音 lēgōmen），就得靠长音与短音来区分。反过来说，古希腊人在表达语态的细微差别时，采用的方法非常简便。

α — ι — υ 这三个单元音的长短没有用两个音标符号来表示，不等于古希腊人没有区分长短。这三个单元音的长短靠不同的声调来区分：如果是"尖音"（有尖音符），就是长音，如果是"沉音"（有沉音符），就是短音，没有附带音符，就长短都行——因此，我们必须注意元音所带的声调符号（详后）。无论如何，要正确读出元音，最重要的是区分发音长短——现代西方语文在转写希腊语时，会在元音字母上加一横来标记长元音（比如 ā），用小帽来标记短元音（比如 ă）。

希腊语很讲究音色，α 无论长音和短音都是开口音，不能放在 o 后面，以免变浑浊。希腊语的悦耳动听与拉丁语一样，仰赖于元音的明亮。

元音 I 的小写 ι 是希腊语中体型最小的字母——德国人有句谚语：auch nicht ein Jota ändern[这连 Jota 也改变不了]。可见，德语与古希腊语有怎样的亲缘关系。

→ 德语字母 j 的名称(Jot)来自希腊语，而希腊语的元音 ι 也曾经与德语的 j 一样是半辅音，但很快就成为纯元音，比如 Ιωνια[伊奥尼亚]。

两用元音：元音 Υ(小写为 υ)也可以用作半元音（相当于辅音），其发音因此有两种：作为元音发 u（近似汉语"无"的韵母音），作为半元音则发 ü（近似汉语"鱼"的韵母音）。跟在元音后面构成双元音时发 u（αυ — ευ — ηυ — ου — ωυ），其他情形都发 ü。

→ Υ 本来读作 u，古典时期的阿提卡语读作我们的变元音 ü，自中世纪以来直到现代的希腊语却读作 i。由于双元音 oi 也读作 ü，于是就有了两个元音都读作 ü。为了区别 υ 的 ü 和 oi 的 ü，拜占庭的语法学家就把 υ 的 ü 称为 Υ ψιλόν[光秃秃的 Υ]。在现代西方语文中，这种说法变成了一个词语 Ypsilon，因为后人不知道 psilon(ψιλόν)是希腊语形容词[光秃秃的]，也不懂 y psilon 是什么意思。同样，Epsilon 这个词本来也是为了区别两种 E 音：e ψιλόν[光秃秃的 e]指短元音 e，以别于也读作 e 的双元音 ai。

双元音

两个元音的组合即双元音(δί-φθογγος，意为"有两个声音")，其实就是两个单元音的合拼，而且几乎就是与 ι 或 υ 两个元音相拼，从而实际上仅两类：

与 ι 合拼：αι — ει — ηι — οι — υι — ωι（υ 发近似汉语"鱼"的韵母音）
与 υ 合拼：αυ — ευ — ηυ — ου — ωυ（υ 发近似汉语"无"的音）

单元音 ι 也可用作辅音字母，作辅音用时，发音为 y（近似汉语"伊"），如 Ἰησοῦς[耶稣]的 ι 在这里作辅音字母。

在拼音语文中，双元音都起着丰富的构词作用，极大地扩展了元音的构词功能：

αι → Αἰσχύλος[埃斯库罗斯]，在晚期希腊语里，αι 的发音如单元音 a 的变音 ä。因此，Aischylos 的拉丁化写法是 Aeschylos。同样，παιδαγωγός[带孩子的人]在德语中写作 Pädagoge。

αυ → ναύτης[水手]（拉丁语 nauta，比较 Nautical mile），因为 υ 本来读作 u。

ει → Πειραιεύς[佩莱坞港]，ει 不念作 ai，在晚期希腊语里倒是读作 ι。所以，Πειραιεύς 在拉丁语中写成 Piraeus，παράδεισος[花园、乐园、天堂]在德语中写成 Paradies。

οι → Φοῖβος[福波斯]和 Κροῖσος[克若索斯]，在拉丁语中，oi 变成了 oe（在德语中变成 ö），因此写成 Phoebus 和 Croesus。

ου → οὐ[不]（希腊语中最常用的否定词），自从 Y psilon 不再读作 u 而是 ü，希腊人就用老的双元音 ο + υ（早期读音 ou）来表示这个元音。

ευ 和 ηυ → Εὐριπίδης[欧里庇得斯]，e + u 和 ē + u（= ä + u，大致读作 oü）也是依照 Y psilon 的旧读音（= ü），但是 υι = üi，比如 υἱός[儿子]（读作 hüiós）。

双元音的单元音化

并非双元音都读作双元音，也有读作单元音的情形。ει 有时是真正的双元音（ε-ι），有时则是单元音化的双元音，用于表示闭合的长 ε（如 See），读作 ι。ου 最初是表示双元音 ο-υ 以及闭合的长 ο，后来则代表长元音 υ（读作 u）。

最明显的是三个长元音加 ι（αι — ηι — ωι）的单元音化，由于 ι 念得较弱，后来干脆不发音，并将 ι 写在前一个元音字母下面：ᾳ — ῃ — ῳ（分别读作 ā — ē — ō）。这称为"ι 的下标"（iota sub-scriptum[写在下面]）：

ᾠδή[歌咏]（读作 ōdē）

ζῷον[生命、动物]

τραγῳδία[肃剧]（在拉丁文中写成 tragoedia，其中的 oe 表明，在拉丁语挪用这个词的时代，希腊语的 ῳ 还读成双元音 ōi）。

但若遇到开首大写字母的情形，仍然写在旁边，称为"ι 的旁标"（iota ad-scriptum[写在旁边]），呼气号和声调符号则放在大写字母前面，而不在哑的 ι 上面：Ἀι — Ἡι — Ὠι，比如：

Ἅιδης[冥府]（读作 hādēs，而非 hāidēs，除非按古音）

Ὠιδεῖον[歌咏场、音乐厅]（读作 ōdeion，而非 ōideion）

只有真双元音才会把呼气号和声调符号放在第二个元音上。

元音的丰富组合使得希腊语成为富有音乐性的语言，在希腊语中，有的语词只有一个辅音，其余全是元音：如 αἱ οἰκίαι[房屋]（复数），ἰάομαι[我医治]，以及有如优美旋律的动词 ἀοιδιάω[我歌唱]——这类语词在其他语言里很难找到这么多。

送气音符

希腊文中最让我们好奇的可能是一些语词的开首字母头上的两个符号：朝右开口的（᾿），有如标在元音字母上的反写"逗号"（如 ἀ），以及朝左开口的（῾），有如标在元音字母上面的"逗号"（如 ἁ）。这两个符号是从腓尼基字母演变而来的送气符号，可以说是希腊文字形成初期改造腓尼基字母留下的痕迹。

在腓尼基文字中，有一个起送气音作用（亦即起辅音作用）的字母 H，希腊人把它用作短而开的 e 元音（字母读作 Eta）时，仍然保留了其辅助作用。后来，希腊人干脆把 H 分成两半：Ⱶ 和 ⱶ。左半边用来标记位于词首的送气（Spiritus asper[送粗气]）的始发元音，右半边用作标记不送气（Spiritus lenis[送细气]）的始发元音。随着时间推移，两个符号在实际运用中变小，棱角消失，变成了我们现在看到的符号。如果用于起首的大写字母，就标在字母前面：如 ῾H 或者 ᾿Εν，如果用于小写字母，就直接标在字母上方：如 ἡ 或者 ἐν。如果用于双元音，就标在第二个元音上：如 Οἱ — οἱ 和 Εἰς — εἰς。

另有一种说法是：不送气符号（᾿）来自腓尼基字母的"ɿ"（读作 he），希腊人把它用作短而开的 e 元音（即字母表中的 H），送气符号（῾）则来自腓尼基字母的"日"（读作 chet），把它用作长而开的 η 元音。无论如何，送气符号在希腊人的用法中起初都具有元音功能。在阿提卡地区，词语开头的送气声仍读出声来。后来,小亚细亚西部海岸的希腊人干脆放弃送气声的读音作用,使之变成空洞(不读出声)的送气符号,以便用来随意支配拼音。"送细气"(等于不送气)的读音符号看似多余,其实表示一种轻爆破音。

因此,我们需要注意到:与英语大写的H很相似的希腊文字母Η不是英语的辅音h,而是希腊语的元音(小写字母 η 很清楚),转写成拉丁语字母(以及英德法语字母)时写成 ē。与英语字母H相近的是希腊文中的送气符号'(如 ἁ 或 ἡ),因此,转写成英德法语时要写成h:比如 Ἡ 或 ἡ 要写成 Hē 或 hē。

我们最熟悉的例子是 ἱστορία [探源] → history,希罗多德以及后世的诸多古希腊纪事作家喜欢用这个语词作为书名。反过来,当见到现当代文献中用拉丁字母转写的希腊文语词,就应该知道如何还原:ho → ὁ, ha → ἁ。

不发音的送气符号(')在转写成时干脆就消失了。

明白了两种送气音符号本来具有元音功能,我们就不能忽略这两个符号在语词中的语义作用,即便是不发音的送气符号(')也应该视为字母。事实上,有些希腊语词的差异仅仅在于送气号是送粗气还是细气:

ὅρος [界限] (horos) → ὄρος [山] (oros); ἱέναι [传送] → ἰέναι [去], ἕν [一] (数词的中性!) → ἐν (介词) [在……里面]。

辅 音

辅音(Consonant=[拉丁语]consonare,意为"同时响起",语言学称为"非无摩擦延续音,因而是闭塞音或擦音")也是基本的发音元素,但与元音相拼才起作用,单独的辅音没有语音作用,因此称为"辅音"。

对我们中国人来说,发希腊语的辅音比发元音要麻烦得多,音译人名时也五花八门。毕竟,我们每个人自己的发音也未必咬得很准。最好的办法仍然是依据汉语拼音,因为拉丁语字母的发音大体上可以与希腊语对应。

辅音 κ — π — τ (语法学家称之为 Tenues [薄音]) 相当于清辅音 k — p — t;

辅音 γ — β — δ (语法学家称之为 Mediae [中间音]) 相当于浊辅音 g — b — d;辅音 ς(σ) 相当于清辅音 s。

辅音 λ — μ — ν — ρ 就按照汉语拼音的 l– m– n 和 r 读。

双辅音

与单元音组合成双元音一样,两个单辅音也经常组合为双辅:较为常

见的是与 σ 结合成双辅音(κσ、γσ、χσ)。又比如,σ-τενός[狭窄],需要注意 στ 分开发音(比较 S-tenography[速记])。

古希腊语各方言在语音上的差异既见于元音,也见于辅音。例如,伊奥尼亚—阿提卡方言中的 e 音,在其他方言中为 a 音;阿提卡方言中的双辅音 -ττ-,在其他方言中为 -σσ-。

有的辅音本身就是双辅音,而写法看起来是单辅音,因此需要特别留意:

ζ → s-z   ξ → k-s   ψ → p-s

与德语或法语或俄语一样,流音 ϱ(字母大写 R,读作 Rho)比较难掌握,因为它跟随着一个送气音(德语、法语或俄语成了所谓"弹舌音"),实际上成了双辅音 rh:ῥήτωϱ[演说家]。因此,现代西方语文中来自希腊语的外来词会在 r 后添加一个 h,比如 Rhetoric[修辞](来自 ῥήτωϱ)、Rheumatism[风湿病]、Rhythm[节律]。

还有三个辅音也都带有送气音,实际上成了双辅音:

φ → p-h[发音:扑赫] –ϑ → t-h[发音:忒赫] –χ → k-h[发音:克赫](κ 与 χ 的差别在于,κ 不带送气音 h)。

在古典时期,这些辅音被读成薄音,即发辅音 k — p — t 时加一个"赶来的"送气音,所以叫作 Aspirata(意为"被呵气在上面")。比如,χείϱ[手](比较 Chiromancy[相手术])要读成 kʰeir,φίλος[朋友]读作 pʰilos,ϑέατϱον[戏场]读作 tʰeatron。德语把 χ 读作 ch(如 Nacht 和 Licht 的读音)。但现代西方语言几乎都把这类带送气音的辅音读作单辅音:φ 读作 f,而 ϑ 的读音基本上与薄音 τ 差不多。

→ 德语的清辅音 k– p– t 后面接元音时多半会发送气音,因此,诸如 Palme—Karl — Tal — Tod 这样的词会带轻微的送气音(Pʰalme — Kʰarl — Tʰal — Tʰod)。德语中有些来自希腊语的词语,大都经由其他西欧民族的语言而进入德语,这类词以 Ch 开头,比如 Chaos — Chor-Christus,读音比学校里教的希腊语读音(χ 读作 Licht 中的 ch)更接近古希腊语。现代希腊人与晚期的古人以及德国人一样,都把 φ 读作 f,χ 读作德语的 ch,有时在后腭(如德语的 nach,Joch),有时在前腭(如 Licht),而 ϑ 的读音则类似英国人的清音和浊音 th(thank)。

有人建议,就按现代希腊人的读法读 ϑ;但这样就会给我们古希腊语的发音增添一个新的错误。毕竟,在阿提卡方言里,迟至公元之后,ϑ才变成无声的摩擦音(英语的th)。所以最好还是沿袭古人,把φ读作f,χ读作ch(Licht中的ch),把ϑ读作t。

在转写成拉丁字母时,这三个字母分别写成:
φ → ph;ϑ → th;χ → ch,
比如:
ϑέατρον → theatre;φιλόσοφος → philosopher;Χριστός → Christus

如果连续两个这类辅音连在一起(即双辅音都带送气音,比如 φϑόνος 或者 ϑρέφω)怎么办?这时就要改变读送气音的常规:把第一个带送气音的辅音读成不带送气音的单辅音,仅第二个辅音带送气音。比如,ϑρέφω(thrhephō)读成 → τρέφω(tr^{h}ept^{h}ō)。

如果一个语词中有两个辅音发音近似,却又偏偏挨在一起,这个语词就很难念得清楚(现代西方语言也会有这样的情况)。显然,只有当发音流畅时,才可能发送气音。这时,为了突显区别以便发音清晰,就得不按常规来读前一个辅音,这叫作送气音的"异化"(Hauchdissimilation,相反的情形叫作"同化")。异化发音是西方语言中的一般语音现象,在古希腊语中,"送气音异化"是一个典型的例子。

辅音的分类

古希腊语的辅音在名词变格和动词变位时具有十分重要的词法作用,颇为繁复,需要花相当多的工夫来掌握。语文学家按口腔中的发音位置把辅音分为五类,记住其所属发音位置,对今后学习词法相当重要:

鼻辅音(μ–ν):发音靠鼻腔。

唇辅音(π — β — φ):发音靠嘴唇,若唇音与σ结合就成双辅音ψ(← πσ、βσ、φσ)。

齿辅音(τ — δ — ϑ):发音靠舌尖弹及上齿。

腭辅音(κ — γ — χ):发音要靠腭部紧张;其中的γ比较特别,即当这个辅音与包括自己在内的所有腭辅音以及ξ连成双辅音时,γ都要读作n:
γκ → nk,γγ → ng,γχ → nch,γξ → nx

我们已经知道,ἄγγελος[使者]的拉丁文写成angelus;不过,εὐαγγέλος[好消息、福音]本需要一个单独的字母来代表这个n音,因此它在k音前变成了介乎于n和g之间的发音。

唇辅音、齿辅音、颚辅音合称默辅音(muta),意思是不能作为音节载体的"无声"的辅音（也称闭止音，即发音后气流和口腔都要闭止）。古希腊词法中有一类所谓Verba muta[默辅音动词]，即与这类辅音相关，词形变化比较特别。

流音（λ — ϱ）：发音靠口腔前部或后部流动。古希腊语有一类所谓Verba liquida[流音动词]（拉丁语liquidus[流动]），即与这类辅音相关，词形变化比较繁难。

元音融合

一个元音或双元音与下一个词的词首元音相遇时会产生的尖锐声音，在希腊人的耳朵听来特别刺耳。语法学家用一个拉丁文词语把这种现象称为Hiatus[元音裂口]，避开这种语音现象可以有多种方式。

融音符：如果相邻的两个词语能够构成一个意义单位，就将相互碰撞的词尾元音与词首元音"融合"（Krasis）为一个元音：比如，τὰ ἄλλα → τἄλλα [另一些个]，καὶ ἄν → κἄν[而可能]，τὰ ἀγαθά → τἀγαθά[好东西]。最有名的例子是表达希腊人教育理想的形容词καλὸς καὶ ἀγαθός[美和好] → καλοκἀγαθός[美好的]——公元前6世纪时，这个表达式指的是身体品质，自公元前5世纪起指灵魂的高贵品质。

词尾省音（Elision）：词尾的短元音脱落的方式主要见于诗歌，即为了符合长短格韵律而省略词尾元音，然后用"不送气符号"（Spiritus leinis）'代替（称为"省音符"）。比如，ἀλλὰ ἐγώ → ἀλλ' ἐγώ[可是，我]；ἐγὼ δὲ εἶπον → ἐγὼ δ' εἶπον[但我曾说]；παρὰ ἐμοί → παρ' ἐμοί[在我这里]。

可移动的辅音：给前一个语词的词尾元音添加一个辅音，将词尾元音与后一个语词的词首元音隔开。最为普通的例子是给第三人称动词词尾的-ε或-σι添加辅音ν：比如，ἐπαίδευε-ν αὐτός[他曾亲自教]，παιδεύουσι-ν αὐτοί [他们曾亲自教]。这个附加的ν在词法上称为"可移动的ν"，意指在作为词首的辅音前可去可留，在句末则留。

其实，这种给词尾元音附加ν的做法不仅见于动词，也见于名词，比如给复数第三格结尾的-σι附加ν（πατράσι-ν ἀγατοῖς[好父亲们]），还见于副词，比如οὕτω[这样] → οὕτως ἔλεγον[我曾这样说]。

否定词οὐ[不]在随后的语词以带不送气号的元音开首时，会在结尾添加一个可移动的喉音κ：οὐκ ἀγαθόν[不好的东西]；如果随后的语词以带送气号的元音开首，可添加χ：οὐχ ἑαυτόν[不是他自己]。

凡此表明，希腊语的词尾以元音结尾时，可以有种种方式减少元音之间的相撞。梵语的词尾会受随后语词的影响,几乎失去了独立性;拉丁语的词语则个个绝不妥协地排列在一起,希腊人却为了语音的美感而讲究变通,因此在音响上比古印度语更独立,比拉丁文更灵巧,尾音还可以避免频繁地变换和收缩(这当然给掌握语词带来不少麻烦)。

词尾只能是元音或介乎元音和辅音之间的那些辅音,即半元音(流音)ϱ、ν和ς及其组合音(ξ和ψ),都是不会造成碰撞的音素。

3　拼读和声调

现代西方文字的拼读难易不同,英语尤其法语的拼读要掌握不少发音规则。相比之下,德语、意大利语的拼读比较容易些,熟悉字母很快就可以拼读——古希腊语同样如此,没必要想象特别繁难。

学习拼读,除了熟悉字母发音(元音和辅音,并注意送气与不送气),最重要的是掌握音节的划分(并注意区分长短音节),其次要注意掌握声调。

音节划分

古希腊语词至少有一个音节。一个元音或者一个辅音与一个元音的结合,即为一个音节;一个双元音或一个辅音与一个双元音的结合,亦为一个音节。单独的辅音不能构成音节,并非双元音的两个元音,得算作两个音节。学会划分语词的音节,不仅对于掌握词法十分重要,也是学习古希腊诗歌格律的必备条件。

古希腊语词通常有多个音节,而音节的计算和划分从最后一个音节开始推算:最后一个音节称"尾音节"(Ultima),倒数第二音节称"次音节"(Penult),倒数第三音节称"前音节"(Antepenult):

Λαμ-βα-νο-μεν:从后往前划分,-μεν → 尾音节,-νο → 次音节,-βα → 前音节。

音节中的元音如果是长元音或双元音,就称为长音节。然而,αι 和 οι 如果在词尾,则算作短音节:ἄνθρωποι[人们]的尾音节为短音节,但 ἀνθρώποις 的尾音节是长音节,词尾还有一个辅音-ς,尽管它不构成音节。

古希腊诗歌中的所谓"抑扬格",实际上就是短长音节的交替,因此也称"长短格"。以索福克勒斯的《安提戈涅》第一句为例,现代阅读方式会用下方横线标记长音节。

Ὦ κοινὸν αὐτάδελφον Ἰσμήνης κάρα. 噢，亲妹妹，我至亲的妹妹伊丝墨涅的头。

Ὦ｜κοι｜νὸν αὐ｜τά｜δελ｜φον Ἰσ｜μή｜νης κά｜ρα

→ 双元音是长音节，α–ι–υ 这三个元音可长可短，为合乎格律提供了便利。

古代诗句的韵律按照音长计算，长短音节的变换是固定的，有规可循，有如后来西方乐师发明的五线记谱法里时值不同的音符——其实，记谱法里表达节奏最早就是借鉴长短音节的格律。

由此引出的是翻译古希腊诗歌时的押韵问题。显然，古希腊语的所谓押韵是靠长短音节，汉语的押韵是元音相同，在古希腊人看来是谐音，而非押韵。汉语没法再现古希腊语诗歌的押韵。翻译古希腊诗歌时，与其追求押韵，不如追求如何把诗句译得准确优美，有如我们现代的自由诗。

声　调

大多数希腊语词都有一个音节的声调比该词其他音节的声调略高，这就是声调。任何语言都有声调，汉语的四声（广东方言有九声）对于辨识语词极为重要——洋人学说中国话，困难之一就是咬准四声。既然你在香港或广州不难见到洋人，甚至能咬准广东话的九声，你就没理由说我们没法掌握古希腊语的声调。

→ 我国方言的声调，参见高永安，《声调》，北京：商务印书馆，2014。

关于希腊语的声调，首先要强调的是：与现代西方语言的吐气式重音不同，希腊语的声调不是"吐气式"（音的强弱），而是"乐调式"（音的高低），被标了声调符的音节有如一个五度乐音要比其他音节的音高些。因此，标有音调符号的音节与其他音节的区别在于更高的声调（语法术语 προσῳδία［唱出来的］→ 拉丁语 ad-cantus），而非像英语-法语-德语那样读得更响亮。西方大学古典系的学生往往无意识地把自己母语的重读习惯挪到希腊语上，无法正确表达希腊语的语调和韵律——我们要注意，别用英语-法语-德语的重读音节的习惯来读希腊语的声调。

古希腊的声调有三种，相应地也有三个声调符。

高音：用尖音符（如 σοφός，有如法语的闭音符 é）表示——亦称昂音，可标于最后三个音节的任何一个之上。当标于前音节时，尾音节必须是短音。

　　低音：用沉音符（Gravis，如 σοφὸς，有如法语的开音符 è）来表示——亦称为抑音，只出现在尾音节。法语也有沉音符（accent grave），但不仅用于末音节。

　　无论"沉"还是"抑"，总之比没有声调符的音节的声调要高，沉音符只是相对于"高音"而言要低一些。

　　起伏音：用起伏声符（如 δῆμος）来表示，又可称为"长音"，因为长音节（比如长元音或双元音）可能同时有高和低两种声调，在这种情况下，"高音"和"低音"符就连成既扬又抑的起伏，听起来就像按这个声符的线形用"流音"表达的音的升降。起伏声符只标于发长音的单元音或双元音上，而且只出现于尾音节或次音节（尾音节为短音时标于次音节）。

　　如今出版的古希腊语经典文本全都标注声调符号，但在雅典时期，柏拉图读的书或他自己写的书，都不用声调符号。标记声调符号始于亚历山大城的语法学家，从此以后，抄写或后来印刷古希腊文本才习惯标记声调——我们若读到没有标声调的希腊文写法不必惊怪：Θεος απο μηχανης[从机关出来的神/呼唤神仙]（如此写法见于古典著作的现代编辑本）。

　　音素的发音以及音节的声调经常相互制约。元音和双元音的长短会影响声调的位置，反之亦然，声调也会影响音素的长短。古代语法学家将声调位置的变换系统地固定下来：

　　高音符在尾音节称 Oxýtonon[尾置高音]（比如 γεωργός[农人]），在次音节称 Paroxýtonon[过渡高音]（如 βιβλίον[书]），在前音节称 Proparoxýtonon[次高低音]（如 φιλόσοφος[热爱智慧者]）。

　　起伏音符（περισπωμένως）在尾音节称"尾置抑扬符"（如 Περικλῆς[伯里克勒斯]），在次音节称 Properispómenon[前置抑扬符]（如 Ῥωμαῖος[罗马人]，αιο 是两个音节：双元音 αι+单元音 ο）。

　　自公元 4 世纪起，拜占庭的语文学者们用沉音符有规则地代替单词尾音节的尖音符，以便当有后读单词时，前面这个词作为主音有所削弱。这规则即：当两个紧挨在一起的语词的前一个语词的尾音节本来是昂音，由于它成了尾音节，就要用抑音代替昂音，表示句中的词尾需要不同于句末的高音。这种读音方式一直延续下来：ἀγαϑὸς ἀνήρ[好人]，而不是 ἀγαϑός ἀνήρ；又比如 Σωκράτης σοφός[苏格拉底是聪明人]，但 ὁ σοφὸς Σωκράτης[聪明的苏格拉底]中的 σοφὸς 声调本来是 σοφός，变换后表明声调有所削弱。词语末音节被标上沉音符后，声调降低，句末上升。

　　希腊语的声调总是在最后三个音节上，必然带来悠扬动听的效果，这是希腊语听起来具有音乐美感的一大原因——如我们说中国话在最后几个字上变腔调就成了唱戏。当尾音节是长音时，声调就要从前音节位移到次音节：ἄνϑρωπος[人] → 第二格单数 ἀνϑρώπου。印欧原始语言的高音还没有这样的规则，可见希腊人对音响特别敏感。

声调符号的形式和位置不仅标明了音节声调，还具有区别词义的作用，因此必须将声调看作单词拼写的有机部分。比如：βασιλεια 究竟指"女王"还是"王国"，如果不能从上下文中推断，没有声调符号就无法确认，通过声调位置才能区别 βασίλεια[女王、王后]与 βασιλεία[王国、国土]。φως 加上高音符 φώς 是"男人、凡人"，加上抑扬符 φῶς 就是"日光、目光"（比较 Photograph[相片]）。βίος[生命]与 βιός[箭]一不小心就会看错或抄错，类似情形还有：ἄλλα[其他]-(转折连词)ἀλλά[但是、然而]；(让步连词)ὅμως[虽然、尽管]- ὁμῶς[同样地]。

一个词语在变格时，声调位置经常变换，比如 βασίλεια（主格单数）→ βασιλείας（二格单数）→ βασιλειῶν（二格复数）。然而，βασίλεια[王宫]（中性复数）与 βασίλεια[女王]的声调相同，就算有声调也无法避免混淆。

语势：语势与声调不是一回事，语势指强调一个词的某一音节。关于语势不同的音韵体系有不同的说法，对于我们来讲，最简易的做法是小心发好每个音节，尤其清楚地区分长、短元音，注意声调。

同时使用送气符号与声调符的情形十分常见，如果昂音或抑音与送气音同时出现于一个音节，送气号标在前面（有四种组合）：ἄ — ἃ — ἂ — ἃ。若起伏音与送气号同时出现于一个音节，送气号就写在起伏音下面（仅两种组合）：ἆ — ἇ。

如果遇到开首字母大写，声调与送气音都要写在大写字母之前：Ὅμηρος[荷马]，Ἥρα[赫拉]（宙斯之妻）。如果开首字母为双元音，则写在双元音的第二元音上。

声调附读

有十个单音节词语天然没有声调，这些被称之为 ἄτονος[无声调的]语词，因为它们紧密依附于随后的词语：其中四个是冠词 ὁ — ἡ — οἱ — αἱ（如 ὁ φίλος[那个朋友]），三个是介词 εἰς — ἐν — ἐκ（如 εἰς Ἀθήνας[去雅典]），两个是（条件小品词）εἰ[如果、假如]和（指示副词、关系副词）ὡς[如像]，一个是否定副词 οὐ[不、没有]（如 οὐ καλόν[不漂亮]）。

在最后的晚餐上，耶稣拿着面包对十二位门徒说：
Τοῦτό ἐστιν τὸ σῶμά μου. 这是我的身体。(《路加福音》,22:19)

耶稣说这话用的是自己的家乡话,而非当时的普通希腊语。但记叙耶稣所说的话,用的是普通希腊语。我们看到,τοῦτό和σῶμά出现了两个声调,而ἐστιν和μου却没有声调,这是怎么回事?

当某个词与其前面的词或者后面的词连成一气拼读时,自己的声调就会随着语势依附到其前或后的语词上,这叫作声调附读(Enklisis=ἔγκλισις[屈折、弯曲、歌声的变调、语词的变格和变位]),被依附的语词称为依附词(Enklitika)。通常是一个弱重读或非重读词的声调依附到自己前面的词上面,使得自身的语音进一步弱化。在τοῦτό ἐστιν τὸ σῶμά μου中,ἐστιν和μου都是非重读词,前面的τοῦτό和σῶμά成了它们的依附词,其尾音节由于声调依附而成了次音节(τοῦτό ἐστιν的音节合在一起计算)。由于有了两个声调符号,τοῦτό和σῶμά的声调都应该上扬。

→ 有的语法书称声调附读为"声调滑读":一个具有声调的语词,其音高(现在一般作为强调)失落自身,滑落到其他音节。

Θαλῆς φιλόσοφός ἐστιν[泰勒斯是个哲人]的ἐστιν也是这种情形。希腊语词的声调只能置于尾音节、次音节或前音节,由于φιλόσοφός ἐστιν一气拼读,音节要合在一起计算,ἐστιν的声调就落在了φιλόσοφός的尾音节。

Πολλοὶ κόσμοι εἰσίν[有许多秩序]没有出现附读,因为,κόσμοι只有两个音节,如果有两个声调,两个音节都必须读昂音,按希腊语发音规则这是不允许的:在一个昂音后,语音必须先抑落,然后才能上昂(比如前一个例子)。所以,这里的εἰσίν的声调不能依附到κόσμοι上。

不过,当依附词的次音节有长元音符时,则可以附读,结果是先昂后抑的声调(而非两个昂音),比如:ὧδέ πως和ὁ κόσμος ζῷόν ἐστιν。

从现在开始,我们在学习的时候要努力按声调规则来辨识每个语词的声调形式和位置,养成掌握词汇时连同声调一并识记的习惯。

声调附读不外两个方向(前倾或后倾),因此有前倾附读和后倾附读。前面提到的十个没有声调的语词(否定副词οὐ,连词εἰ和ὡς,介词εἰς — ἐν — ἐκ,以及四个冠词ὁ — ἡ — οἱ — αἱ),都是后倾附读词。

最常见的前倾附读词包括不定代词(τις, τι)、"是"动词(εἰμί)、人称代词的弱化形式(μου — μοι — με)等等。

后倾附读不会造成声调变化,前倾附读则会造成声调变化。

苏格拉底问普罗塔戈拉:

δοκοῦσί τινές σοι σωφρονεῖν ἀδικοῦντες; 有些人做事情不正派,在你看来,是做事情节制吗?

→ δοκοῦσί有一个附读声调，随后的 τινές 不应该有声调符，由于随后的 σοι 前倾附读而仍然有声调符。

依附词的声调通则

1. 如依附词尾音节为昂音或起伏声调，则声调不变：ἀγαϑός τις, ἀγαϑῷ τῳ。

2. 如依附词次音节为昂音，则声调不变（λόγος τις）；如依附词后跟一个双音节的前倾附读词，则前倾附读词需加一个昂音（λόγῳ τινί），若后面又有别的词，则加一个抑音（λόγῳ τινὶ καλῷ）。

3. 如依附词次音节为起伏声调或前音节为昂音，则尾音节需加一个昂音，如 δῶρόν τι, ἄνϑρωπός τις。

4. 如后倾附读词后面跟一个前倾附读词，则本无声调的后倾附读词获得一个昂音，如 εἴ τις, οὔκ εἰσι。

前面讲的依附词的声调规则，其实都是规定不可违背声调通则。比如，若将附读词和依附词连成 ἄνϑρωποσεστιν 来看，明显有违声调通则（声调不可置于前音节之前的音节上）。ἄνϑρωποσμου 同样有违声调通则（长音只能置于尾音节或次音节），在这两种情形下，只有另加声调符号。ὥραεστιν 的声调符应该是 ὥράεστιν，可是，在一个语词上紧连两个昂音，显然不行，于是，就让附读词的声调保持不变。

有的时候，有违声调规则的情形也可以接受，比如：ὥραμου（违背这样的声调规则：尾音节为长音节的话，声调不能置于前音节）。

在把依附词（Enklitikon）与前面的词连接起来时，声调转移的可能性颇为丰富和细腻，以至于通过声调符号也能看出字形上的一些变化。比如，如果之前出现了前置高音或抑扬符，依附词就失去音调（如 λόγος τις [某个词语], ϑεῶν τις [某个神]），在高音、过渡高音和前置高音之后的那些词语，其声调就以高音符（而非低音符）的形式落到前面词语的最后一个音节（如 ϑεός τις [某个神], ἄνϑρωπός τις [某个人], δῶρόν τις [某件礼物]）。当前面有过渡高音时，只有双音节的依附词还保留自己的声调。许多依附词连在一起的情况也较常见：εἴ τίς μοί φησι(ν) [如果有人对我说], τις — μοι — φησι 都把声调落在之前的词语上；εἰ 不是附读词，但没有自己的声调。

声调的位移（变音）

我们已经看到，一个语词的声调并非固定在某个音节或始终保持不变，除了声调附读带来位移，声调还会随（名词、形容词）变格、（动词）变位而移位(从某个音节移到前一个音节),甚至改变(比如昂音变为抑音)。虽然大体来说声调都落在尾音节,但倘若尾音节是长音节,声调就由尾音节向前移到次音节。下面是名词 φιλόσοφος[哲人]单数在变格时出现的声调位移:

$$\varphi\iota\lambda\acute{o}\sigma o\varphi o\varsigma \ — \ \varphi\iota\lambda o\sigma\acute{o}\varphi ov \ — \ \varphi\iota\lambda o\sigma\acute{o}\varphi\omega \ — \ \varphi\iota\lambda\acute{o}\sigma o\varphi ov \ — \ \tilde{\tilde{\omega}} \ \varphi\iota\lambda\acute{o}\sigma o\varphi\varepsilon$$

φιλόσοφος 的声调符看起来是在前音节,但其实这本来是个复合词 φιλό-σοφος,从而仍然是在最后一个音节。

声调变化看起来给掌握语词带来麻烦,但其实这些变化并非完全没有规则,熟悉这些规则可以让我们更好地掌握语词的具体形态。当然,声调规则告诉我们的并非声调应该处于的位置,而是不可以处于的位置。比如,无论一个词有多少音节,声调只出现在最后三个音节中的一个之上。

1. 昂音可以出现于最后三个音节中的任何一个音节(无论短、长元音或双元音)。具体说,只有当后面有句号、逗号、问号、分号时,尾音节才可出现昂音。当尾音节是长音节时,次音节上的声调一定为昂音(ἀπόστολῳ = 错,ἀποστόλῳ = 对);只有当尾音节为短元音时,前音节才用昂音(如 ϑάλλατα,尾音节的 a 作短元音)。

2. 抑音只出现于尾音节(无论短、长元音还是双元音)之上;如果一个词的声调为昂音,后面紧接另一语词,中间没有标点,就必须用抑音代替昂音:ἀδελφός 单独出现是对的,但 ἀδελφὸς ἀποστόλου,而非 ἀδελφός ἀποστόλου。

3. 起伏音只出现在尾音节和次音节的长元音或双元音上,不能用在短元音上:νόμος 的声调不可能是长音。既然长音只用于长元音和双元音,便不标在作短元音的 a、ι 上:δρᾶμα 和 δημοκρατία 的尾音节的 a 都作短元音。如果次音节重读,并包含长元音或双元音,而尾音节为短元音,则次音节必须是长音;如尾音节是长元音或双元音,则不能用长音在次音节上;尾音节如果是长音节,则长音符和昂音符都可用。

声调在最后三个音节上游移,表明古希腊语注重的是语词读音的乐调性,而非注重声调对词义(词干)的意义(德语的重音主要在词干的主音节上,这些音节乃词义的载体;从而,德语的声调强调的是词义)。

→ 威廉·西德尼·阿伦,《古典希腊语语音》,黄瑞成译,西安:西北大学出版社,2022;威廉·西德尼·阿伦,《重音与节奏:拉丁语和希腊语的韵律特点》,黄瑞成译,西安:西北大学出版社,2022。

4 朗读和书写

古希腊语已经是纯粹的文字语言，不是用于日常交往或写作，而是用于阅读。对于古希腊人来说，声调与音节不会磕磕碰碰。习惯重音读法的现代西方人则会感觉不顺，因此，要念顺希腊文也需要花工夫。

慢声朗读

古人的阅读不可能做到像如今的我们那样跳行式快速阅读，一眼就可以把握整组音素或词语。古希腊人的看书方式是读出声念书，读文字很慢。这种出声朗读习惯表明，即便有了成文的语文，口说仍然具有优先地位。

尼采曾说，他上人文中学时就养成了古希腊人的读书习惯：阅读希腊文时缓慢地大声朗读，注重每个音节、每个音素、每个声调符号，以便把握声调的转折和语音节奏的变化——他知道，对雅典时期的古希腊人来说，如此"读"书是一大乐趣。尤其是诵读古希腊语诗歌，一定要用歌唱的方式，才能体会到古希腊诗歌中音高与合节律的长短音之间迷人的协调。

古希腊著名修辞家德摩斯忒涅（公元前384—前332年）的《桂冠演说》非常有名，其中的一段文字（§169）早在古代就因其庄重质朴又激情澎湃的结尾而备受称道，这句收尾虽然是叙述体，仍然不乏讲究音韵的精细：

Ἑσπέρα μὲν γὰρ ἦν, ἧκε δ'ἀγγέλλων τις ὡς τοὺς πρυτάνεις, ὡς Ἐλάτεια κατείληπται.

当时在夜里，有人给[雅典议事会]决议带来消息，厄拉忒阿沦陷了。

从 Ἑσπέρα[夜]到 ἀγγέλλων[带来消息]，语音带有元音和流音的迷人变换，一个个语词的语音变换给场景着上了紧张的色调。随后从 τις 到第二个

ὡς(引导词，前一个 ὡς 等于介词 το)的 5 个语词都以辅音 -ς 结尾，听起来有明显的嘶擦音，形象地带出演说者的激愤。最后的 Ἐλάτεια κατείληπται 里的元音和双元音的明亮又与之形成对比，听起来像是在吹响战斗号角。

可见，德摩斯忒涅在写作讲辞时讲究音韵色彩，尼采讲究慢声朗读古希腊作品的确有道理。

古希腊语的古音

你定然会好奇地问：我们学的读音是当时古希腊人的读音吗？这就好像问一个中国的文史教师：你会用古音读《庄子》吗？出生于澳大利亚的英国古典学家、牛津大学教授默里（Gilbert Murray, 1866—1957）曾断言："我们今天读古希腊文发音完全错了……"可是，古希腊语距今已两千多年，当时的读音到底如何？对错标准何在？

没有录音记录，今天的我们不知道古希腊人自己怎样"正确地"诵读希腊文，即便有古语法学家流传下来的资料，今天的西方大学古典系——尤其英语国家的大学古典系几乎早已经习惯于按自己的民族语言的发音来念古希腊语。何况，历史上的古希腊人发音并不统一，加上任何民族语言的发音都会随着时间而发生变化，古希腊语也不例外，今人要确认什么是"正确"诵读古希腊语的标准，几乎没有可能。

比如，我们究竟应该以伯里克勒斯时代的雅典人的发音为标准呢，还是以罗马帝国时期的希腊外省人的发音为准，或者以晚期希腊的普通话为准，甚至以拜占庭希腊语或现代希腊语的发音为准？无论如何，若是柏拉图从冥府返回，听见我们念的稀奇古怪的希腊语，一定大摇其头！

在古典语文课上关于正确的发音和声调无论给出多少规则，也很难让学生读一口准确无误的古希腊语。毕竟，在古代，发音本身就有方言差异，即便是普通希腊语，也难免染上许多其他色彩。19 世纪的德国古典学家赫尔曼（Eduard Hermann, 1869—1950）曾以修昔底德《战争志》（1.5）中的一句话来呈现希腊语口语的转变：

Οἱ γὰρ Ἕλληνες τὸ πάλαι καὶ τῶν βαρβάρων οἵ τε ἐν τῇ ἠπείρῳ παραθαλάσσιοι καὶ ὅσοι νήσους εἶχον.

那些希腊人，即远古时巴啦巴啦说话的那些人，他们居住在靠海的大陆以及岛屿。

按赫尔曼的看法，用拉丁语发音来模仿的话，修昔底德自己大致会这样念这句话：Hoi gar helänes to palai kai tan（开口 ω，发音像 a）barbaran hiu re en täi（τῇ 中的下标也要发音）apeirōi parat^halattioi kai hosoi näsūs eik^hon.

到了普鲁塔克时代（大约公元 2 世纪），读音变成了：

Hü ʒar（ʒ 是喉咙发音的摩擦音的音标）helēnes to palä kä tōn warwarōn（β 读作＝w）hü te en tē ēpīrō paraþalasiü（þ 是英语浊音 th 的音标）kä hosü nēsūs īk^hon.

近代希腊语则会这样念：

I ʒar ēlines to pāke ke ton warwāron i te en ipīro paraþalāsii ke ōsi nīsus īchon（χ 读音如"赫"）。

文艺复兴时期，大多数人文主义者是按当时拜占庭希腊人的发音来念古希腊语，这种发音习惯在今天的希腊仍然常见。不过，当时已经有人文主义者质疑这不是古希腊人的发音。的确，当时的拜占庭希腊人把至少 6 个元音和复合元音（ι — η — ει — οι — υ — υι）一律读作 i，没有哪种语言会为一个元音创造 6 个符号。单单这一点就表明，按近代希腊人的发音诵读古希腊文可谓谬以千里。

16 世纪时，人文主义者们曾为字母 η (Eta) 的发音有过激烈争论，搅动了整个欧洲的古典语文学界：当时最负盛名的两位古希腊语文学者——伊拉斯谟（Desiderius Erasmus, 1466—1536）与罗伊希林（Johannes Reuchlin, 1455—1522）争执不下。伊拉斯谟认为，字母 η 发 ē 音，罗伊希林则根据当时拜占庭希腊人的发音认为发 i 音。今天的希腊人仍然说 kalín himéran[你好]，而非 kalēn hēméran。比如 ἡ γῆ [大地]这个词，念成 hē gē 还是念成 hi ji，显然大有分别。

虽然伊拉斯谟最后获胜，他的论据却更多是有趣，而非完全站得住脚。这个论据就是：荷马已经用拟声词 μηκάδες[咩咩叫]来形容山羊，谐剧作家克拉提诺斯（Kratinos）也用 βῆ βῆ 来模拟绵羊叫声。按罗伊希林的读法，古希腊的山羊岂不是 mi mi 叫，而非 mēmē 叫，绵羊是 bi bi 叫，而非 bēbē 叫。何况，既然 μηκᾶσθαι (mēkâsthai) 是"咩咩叫"的意思，μυκᾶσθαι (mykâsthai) 就会是牛的"哞哞"叫。

如果古希腊人为两种动物的叫声造了两个不同的词，用了不同的写法，可读音却几乎近似（η 和 υ → ü 像 i），那还真是奇了怪。推断元音字母 υ 本来的发音是 ü，的确与《伊利亚特》中出现过的拟声词 μυκᾶσθαι (mykâsthai) 完全相符。尽管如此，现代西方语文仍然保留了文艺复兴时期按当时拜占庭希腊人的发音习惯，把 η 念作 i 的做法，比如弥撒中的 Eleison

(→ ελέησον[求主怜悯])。

据说如今有人靠现代科技方法模拟出古希腊人的读音，只能姑妄听之……还有人主张，干脆用现代希腊话呼唱（即念）古代希腊文，理由是现代希腊话总比其他西方现代语言惯例更近古希腊语。

其实，这种取"近"的所谓语音模式（Phonetic Type）的发音方式离古希腊语读音反倒更远。毕竟，现代希腊话含有阿拉伯语音，土耳其人统治希腊好几百年，留下的语音痕迹没可能洗刷干净。何况，口语语音的变迁非常大。如今的巴黎话已不是法国大革命时期的巴黎话，据说在如今加拿大的蒙特利尔反倒有可能听见孟德斯鸠的乡音。

伊拉斯谟发音法

古希腊人的读音究竟是怎样的，的确已经不可考。不过，柏拉图时代的口语毕竟已经在柏翁笔下成为文字。是否可以通过古文字来接近当时的读音呢？1528年，伊拉斯谟依据古代文法家的著作重构出阿提卡希腊语的发音模式，史称伊拉斯谟发音法（die erasmische Aussprache）。

自此以来，欧洲各国的古典学者都依循这种发音法，并在近代以来的大学古典语文教学中形成传统，史称古典模式（Classical Type）的发音方式。不过，即便按这种文艺复兴以来的老读法，长期以来，英美学界的古典学人读和教希腊文时仍然难免带英语味道，以至于离伊拉斯谟发音法越来越远。

欧美学界公认，德语国家的古希腊语教学持守古典发音法最为严格。这也许是因为，从语族亲缘关系上讲，在现代西方语言中，德语的确离古希腊语和古拉丁语更近（俄语也近，而且直到斯大林在20世纪30年代实行新政之前，古典语文教学在俄国中学也十分普及）。

→ Christos Karvounis, *Aussprache und Phonologie im Altgriechischen*, Darmstadt, 2008. 由于形音分离，同音不同形的字很多，我国音韵学自古发达。要追溯古音，相对于追溯古希腊的古音有指望得多。关于"怎样根据北京音辨别古音"，参见李荣，《音韵存稿》，北京：商务印书馆，1982，页40—92。关于用古音读古诗，参见王力，《诗经韵读楚辞韵读》，北京：中国人民大学出版社，2004；王显，《诗经韵谱》，北京：中华书局，2010。

铭文书写

古希腊语在历史长河中不仅语音多有变化，字体的书写形状也有变化。

古希腊文最早的字体见于公元前7世纪奥林匹克运动刻在石碑上的冠军名字，以及考古发掘出来的石碑铭文。腓尼基字母的形式本来尚不稳定，但在古希腊文中却得到规范。从铭文中可以看到，最早的希腊语字体甚至有了几何形态。当时仅有大写字母，字体基本上是由横线、竖线和斜线组成的等边三角形、正方形和圆形，看起来极富表现力，用在纪念碑上十分形象动人。

古典学家甚至从公元前5世纪的阿提卡铭文推测，在当时的雅典，书法技艺已经十分发达，字母书写讲究建筑式平衡的美感：比如，字母A和Δ会让人联想到希腊神庙的三角形山墙，字母H、T、X则让人想起神庙里的房梁构架。所有字母的字形都直立（A而非斜体的 *A*，H而非 *H* 或 H），每个字母可以填充一个正方形，所占空间也大小相同，语词之间没有间隔。这种独特的书写方式表明，当时的文字主要用于刻写在石碑或硬质的羊皮（ἐς διφθέρας γράφουσι）上。

古希腊语的字母在很长时间里都没有定型，像方言那样，各地不同。从出土铭文中可以看到，哈尔基吉基（chalkidisch）字母、科林多字母、米利都字母并不一样，还有东部和西部希腊语的差异。因此，要识读古风时期的古希腊文字，与我们识读甲骨文一样，需要专门学习。毕竟，如今的古希腊文教学所用的字母都是后来的字母。此外，最早一段时期所用的一些音素的音标符号后来也消失了。而且，最早的古希腊铭文与腓尼基文字一样从右到左书写，或者右行左行交替书写——古希腊人形象地称之为"牛耕体"（boustrophedon），后来才逐渐普及右行书写方式。

约公元前500年，科林斯字母以"牛耕体"书写的铅筒，即第一行由左向右书写，第二行由右向左书写，如此循环，如同耕牛来回行走。

科林斯字母以"牛耕体"书写的铅筒

尽管古希腊语由于方言的原因起初有多种变体，书写技艺的统一还是比口语迅速，并随着希腊人开辟殖民地而传至整个地中海周边世界。腓尼基人与小亚细亚的伊奥尼亚人为邻，很可能最早熟悉希腊人的书写技艺，并通过贸易和迁徙传播希腊语文字。在努比亚（Nubien）的阿布·西姆贝尔

(Abu Simbel)石像的小腿上发现的希腊铭文是现存最古老的铭文之一，据考订出自一帮在埃及国王萨姆提克二世（Psammetich II，约公元前590年）手下服役的希腊雇佣兵之手。这些铭文证明，希腊的普通士兵已经能够书写，尽管还显得相当笨拙，而且经常出错。

手写体

出现柔软的书写材质（蒲莎草纸）之后，字母开始丧失铭文体的字形，形体稍微倾斜，有时还相互连写，而且保持一致高度——这表明手写体开始流行，或者说文字在日常生活中用得越来越多。在雅典城邦崛起的时代，城邦集市上能读到法令或颁给城邦民的荣誉的文字，要么写在刷白的木板上，要么写在铜板上，板的中心有轴可旋转。大多数的城邦民都能够断句——因为那时还没有标点符号，也能在法庭或公民大会表决时在陶片上投票表达意见。在日常生活中，信件往来、贸易契约、身份证明、学校功课都用上了文字，甚至钱币的图案也有了花体字。

在古典时期晚期，也开始形成一种普遍易读的通用文字——与口语中的普通希腊语一样，这种通用文字也源自阿提卡字母。当然，在古希腊，文字知识并非像今天那样是整个泛希腊地区的共同精神财富。现代意义上的流畅书写和阅读，基于因印刷术和普及教育而实现的大量书籍销售。

不过，直到希腊化时代晚期才开始有大小写字母的区分，有了起始字母大写、其他小写的习惯。古希腊字母表里只有 *A B Γ Δ* 这样的大写字母形式，为了书写更流畅和快速，人们只在句子开头、专有名词和铭文上使用这种"大写字母"，其余用所谓小写字母。这种字体不再以直线、横线和斜线为主，出现圆滑线和小弯钩笔法，凡棱角型字母有了更多缩进，变得柔和起来，衍生成所谓"曲线字体"。

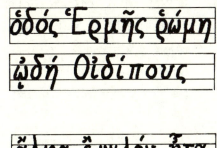

古希腊文书写体

可以看到,大写字母的书写从不超出四格线的下二线,且全都顶到最上线,而小写字母有11个超出下二线,但其中有3个没有抵达底格线;另有6个字母抵达最上线,其余字母则紧缩在中间格。注意这些特征,小写体的书写才会显得起伏飘逸,十分美观。

大写字母称为安色尔体,《新约》最早的手稿就是安色尔体。可见,虽然小写字母出现了,但仍未流行。小写字母书写法真正流行起来,大约始于公元9—10世纪(拜占庭时期)。大写体主要用于专有名词或段落第一个词的开首字母(但不用于每句的开始),直接引语的开始也用大写(代引号)。从此以后,全是大写字母的写法就只用于纪念碑式的文字,成了地道的"美术字体"——如今也用于印刷体。

标点和符号

与我国古人一样,古希腊人不用标点符号。直到中古时期以后,人们为了弄清繁复的复合句(套叠长句)才开始用标点,最初主要是句号(线上的点)、逗号和问号:

Δημόφιλος τοῖς φίλοις γράφει Οὐ δύναμαι πρὸς ὑμᾶς ἥκειν νοσῶ γὰρ δεινῶς. Τί ὑμεῖς πράττετε;

德摩斐路斯给朋友写[信说]:"我不能去你们那里了;因为我病得很重。你们还好吗?"

从这个句子可以看到,并没有我们所用的引号。

句号和逗号与英语相同,古希腊文没有惊叹号;问号像英文的分号(;),希腊文的分号是句点形式,但标在上方(句号则标在下方):如 *Ἄριστον μὲν ὕδωρ·*(冒号与此相同)。

省略号 '(形式与不送气号相同)用来标明省去一个元音——在以元音开头的词前面的语词,如果其词尾是短元音,通常被省略:

πάρα δ' ἄτα = πάρα δὲ ἄτα

οὐκ οἶδ' ὅποι = οὐκ οἶδα ὅποι;

ξεῖν' ἀγγέλλειν = ξεῖνε ἀγγέλλειν

连续元音符号 ¨ 标于连续的两个元音的第二个元音上,表示它们不是双元音,得分开发音。如 *Ἠσαΐας* 这个外来词(来自希伯来语Isa-i-ah),看起来是一个双元音(ai)加一个单元音(a),其实是三个单独发音的单元音(a-i-a)。

古希腊语的方言

古希腊语的方言有四组：迈锡尼语、埃奥利亚语、伊奥尼亚—阿提卡语、西部希腊语，每一组内部还会有差别。但是，这些差别几乎不涉及句法，也很少涉及词汇，差异主要在于语音。

重音：埃奥利亚方言大多在起始音节，西部希腊语则在末尾音节；

送气音：埃奥利亚和伊奥尼亚方言已经没有送气音，阿提卡语和西部希腊语则仍然保留送气音；

屈折变化的词尾：伊奥尼亚—阿提卡语 καλέω = 埃奥利亚语 κάλημι；伊奥尼亚—阿提卡语 τῶν = 西部希腊语 τᾶν）；

音素（元音）变化：古风时期的抒情诗人阿那克芮翁的一首情诗看似炽热，其实是语词游戏，他在诗中写道：Κλευβούλου μὲν ἔγωγ' ἐρέω...[我想要你，克勒俄布洛斯呵]。这位诗人故意用不同于阿提卡风格的老伊奥尼亚方言形式，如 Κλευβούλου 而非 Κλεοβούλου，ἐρέω 而非 ἐράω。

辅音变化较少，但有时候也会有类似于元音变换的现象。比如，相邻两个辅音的"同化"（Assimilation）：συν-μετρία[一起度量] → συμμετρία[对称]，συν-λογισμός[综合地思考、结论] → συλλογισμός，συν-ρέω[一起流动] → συρρέω，γράφ-μα[书写] → γράμμα。

两个同类的音素会通过插入一个新音素而分开。比如，ν 和 ρ 之间会插入 δ，因此 ἀνήρ[男人]（词干为 ἀνρ）的单数第二格就成了 ἀνδρός（而非 ἀν-ρός）。总的来说，希腊语的发音规则主要有两个因素：保持每个音素构型的固有音值，同时避免音素相碰而产生尖锐刺耳的声音——希腊人天生讲究平衡的比例。

阅读荷马和希罗多德，就得了解伊奥尼亚方言——小亚细亚海岸说的语言——的语音特征，要读懂萨福和阿尔凯奥斯（Alkaios）的诗歌，就得了解埃奥利亚方言特有的阴沉厚重腔调——这是斯密尔纳（Smyrna）北部（小亚细亚西北角）的语言。说多里斯方言的主要是斯巴达人，以及居住在伯罗奔半岛、克里特岛、罗德岛等地的多里斯人。奇妙的是，在阿提卡肃剧中，歌队的咏唱会用到这种方言，而肃剧的戏白则用阿提卡方言。

欧洲人文中学里的古希腊语教本，基本上以雅典为中心的阿提卡地区的方言为主，仅从语法角度讲，读起修昔底德、柏拉图、色诺芬以及德摩斯忒涅的散文比较轻松。

公元1世纪前后，以阿提卡方言为主的普通希腊语口语逐渐排挤掉各地方言。语音变化主要体现为：

"元音 ι 取代 ε 化"（Itazism），即 η — υ — ει — οι 与 ι 叠合；

变格和变位变化，比如 ἔχω γράψαι 代替 γράψω；

句法变化，如第三格消失，第四格延伸到所有介词。

大体而言，古希腊语分为东部和西部两支，并在东、西两条道路上得到传承。东支古希腊语经拜占庭希腊语发展到俄语和现代希腊语，西支经古典拉丁语流入英法德意诸近代西方民族语文。

→ 汉语同样经历了几个大的发展阶段：秦统一文字前的阶段、秦以后的汉代、佛教传入后的唐宋阶段、清代西方文字传入后的阶段。参考程湘清编，《先秦汉语研究》，济南：山东教育出版社，1982；王力，《汉语语法史》，北京：商务印书馆，1989（重印）；太田辰夫，《汉语史通考》，江蓝生、白维国译，重庆：重庆出版社，1991。

附录一　古希腊语与印欧语系

古希腊语和拉丁语属一种所谓的原始"印欧语"(the Indo-European Language),这个术语是一位名叫克拉普若忒(Julius Klaproth, 1783—1835)的德意志东方语言学家、史学家、人种学家的发明(1823),全称是 Indo —(irano — armeno — graeco — latino — slavo — balto — romano — celto)— Germanisch。

16世纪80年代,英国的耶稣会士托马斯·史蒂文斯(1549—1619)和意大利的人文主义者兼商人菲利普·萨瑟蒂(1540—1588)发现了梵语与古希腊语和拉丁语之间的相似性,这显然是航海大发现时代的殖民活动的收获。七年战争(1756—1763)之后,印度半岛的英国殖民地俨然成了"第二不列颠帝国"(the Second British Empire)。在帝国抱负的驱动下,东方语文学在英伦三岛的启蒙学者中成了热门学问,诗人威廉·琼斯(Sir William Jones, 1746—1794)在1786年依据梵文—古希腊文—拉丁文的相似性作出推测:属于印欧语系的语言具有"屈折变化"(语法系统基于词形变化)这一共同特征。一些语词有共同的或相似的词干,比如作为亲属名称的"父亲":古印度语 pitar,希腊语 patér,拉丁语 pater,德语 Vater;又比如数词"六":古印度语 sas,希腊语 hex,拉丁语 sex,德语 sechs。

→ N. Falcao, *Kristapurana: A Christian-Hindu Encounter: A Study of Inculturation in the Kristapurana of Thomas Stephens, SJ (1549—1619)*, Pune: Snehasadan, 2003; Nunziatella Alessandrini, "Images of India through the Eyes of Filippo Sassetti, a Florentine Humanist Merchant in the 16th Century", in: Mary N. Harris (ed.), *Sights and Insights: Interactive Images of Europe and the Wider World*, Università di Pisa, 2007; Tony Ballantyne, *Orientalism and Race: Aryanism in the British Empire*, London: Palgrave Macmillan, 2002.

比较语言学家们推断,这些词语不是从一个民族传给另一个民族的。据说,所谓"印欧语"源于高加索南部的某个远古的原初族群,这个族群后来散布到南亚的印度半岛、中东的伊朗和欧洲的东部地区,逐渐形成各种语支:印度—伊朗语支、古希腊语支、古意大利语支、日耳曼语支、凯尔特语支。拉丁语本是古意大利语支中的一个方言,凭靠罗马帝国的政治力量,一度成为覆盖地域广大的帝国语言,后来成为罗曼语族(法语、意大利语、西班牙语等)之母——如今的德语、英语则源于日耳曼语支中的北日耳曼语。

希腊语从印度日耳曼母语中分离出来时,已经比这个语族的其他子语言要成熟得多。著名的比较语言学家瓦肯纳格(Jakob Wackernagel,1853—1938)认为,古希腊语从印度日耳曼母语中分离出来时更为忠于母语,因为希腊语保留了丰富的元音,发音远比拉丁语和德语悦耳。

19世纪的欧洲语言学家不仅推测有原始"印欧语",还相应地推测大约在公元前3000年曾有过原始"印欧人",其发祥地很可能在高加索南部,后来才移居北欧或中欧平原,其中一些再从欧洲涌向南边的地中海沿岸。如今,这类根据基本语词及其语音结构作出的推测已经沦为茶余谈资。

→ 18世纪时,有位法国汉学家叫德经(Joseph de Guignes,1721—1800),1758年,他在金石文艺院作了题为"中国人为埃及殖民说"的讲演,提出汉字笔画中包含字母结构,并从比较语言学角度对比汉字和古埃及文字,得出中国文明同古希腊文明一样源于古埃及人的结论。那个时候,古埃及的象形文字还未得到识读,直到1822年(道光二年),法国学者商博良(Jean-François Champollion,1790—1832)才找到识读的钥匙。中国甲骨文的首次发现是在1898年(光绪二十四年)末,次年得到鉴定。两相对比,德经教授的大胆设想不用推就翻塌咯。由此可见,18世纪启蒙运动时期的比较语言学家的推测心也真够胆儿大。参见李学勤,《中国和古埃及文字的起源》,见《文史知识》,1984(5),页59—60。

古希腊语与梵语

希腊词语的派生和组合能力,动词变格形式的细微分化等特征,在古印度的梵语文献中也可以找到,但比梵语更胜一筹。

梵语(Sanskrit=源于samskrta[完全整理好的])是古印度的标准书面语,原为西北印度上流阶层的语言,相对于印度俗语(Prakrit),又称雅语。我们的前人以为此语由印度教主神之一梵天所造,故称为"梵语":"详其文字,梵天所制,原始垂则,四十七言[字母]。"([唐]玄奘,《大唐西域记》,卷二)

据说,公元前700年时,印度商人与美索不达米亚人(闪族一支)接触,将闪族的22个字母带到印度,约公元前400年时发展出40多个字母,形成梵语(与古希腊语一样,起始为多方言文字形式)。名词有三性属(阳、阴、中),数有三类(单、复、双)、格位有八项(主、宾、工具、与、夺、属、呼格等,还有一个"位格"),动词不仅(与古希腊语一样)有不定过去时、中动态等,词尾还有"他为""自为"之分。梵语的构词方式是在"界"(词干)后加词缀("缘")而成,所有词干都是动词性的,名词派生于动词性的"界"。

多复合词是梵语的一大特点,加上"连音规则"(sandhi,词尾字母与词首字母相连时发生语音变化),梵语的繁难远超过古希腊语。公元前4世纪的波你尼(Panini)据说是最早的梵语语文学家,玄奘有言:波你尼仙"捃摭群言,作为字书,备有千颂,颂三十二言矣,究极今古,总括文言"(《大唐西域记》卷二)。

梵语实际上分三种:吠陀梵语、叙事诗梵语和古典梵语,狭义的"梵语"仅指古典梵语。梵语的古典文献留存至今的非常丰富(四大吠陀经、两大叙事诗以及好些经书、奥义书)。佛教经书原本用俗语写成,后来才梵语(雅语)化,因此称为"混合梵语"。

→ 印度教为"再生者"设立了四种人生目标:法、利、欲、解脱——史称古代印度"四要"。孔雀王朝(公元前324—前187年)的开国元勋憍底利耶所著《利论》是目前仅存的讨论"利"的论著,在古代印度影响巨大,直至中古时期仍有许多作家提及。但此后完整的梵本失佚,直到1905年才在南印度迈索尔地区发现它的贝叶本及译不完全的注释本,并在1909年首次经整理公诸于世,尔后规模不等的残本迭有发现。憍底利耶,《利论》,朱成明译,北京:商务印书馆,2020。

古希腊语与拉丁语的字母系统

我们都熟悉英语字母,而英语字母来自拉丁语字母。对比哪些拉丁语字母是希腊语没有的,希腊语字母系统中哪些又是拉丁语里缺少的,有助于我们深化西方语言史的认识。

希腊字母里没有拉丁语字母中的 c — f — l — q — u — v — w。拉丁语字母的C本用来表示所有软颚音,既包括K也包括G,这两个字母仅相差短短一横。直到公元前3世纪,G才被收入拉丁语字母系统。就算如此,古罗马人很长时期都不加区别地使用这两个字母。所以,Gaius这个名字有时也被写成Caius。

希腊字母里也没有q(=k+w)。然而,在古老的铭文——尤其科林多铭文里,有一个符号替代在o或者u后面的k的字母ϙ(后来写作ꝗ,发音如英文的q),字母名称叫Kappa,比如 ϘOPINΘOΣ → Qorinthos(Korinthos)。ϙ就是K(区别于其他发K音的Kappa),字母表里的位置在π和ϱ之间,希腊人喜欢用这个字母作为印记符号烙在马身上。罗马人吸收了这个字母,并把下面垂直的一竖改成斜飘的一撇:Q用在u之前,罗马人读作w:比如antiquus=antikwus。

H这个字母在拉丁语中不可或缺,希腊语字母里却没有。闪米特语中有发音为h的喉音Het(H),希腊人早先有可能吸收过这个字母。然而,在伊奥尼亚人的语言里,h音很早就消失了。比如,他们称Hindus[印度人]为Indoi,后来所有的欧洲语言都沿袭了这一叫法(拉丁文Indi,法语Indes,德语Inder)。由于发音消失,H就成了多余的字母,希腊人就用它来指代一个开口的长元音ē(有别于闭口音e),因为腓尼基字母里只有辅音。在方言里,这个开口长元音ē发音不同。

公元前403年,雅典城邦推行正字法,引入伊奥尼亚正字法,用于指代阿提卡语里还有的h音的符号就从字母表里消失了。在此之前,掌酒女神赫蓓(Hebe)的名字写成HEBE(即还有喉音和用在开口音和闭口音e上的字母E),现在却写成HBH(Äbä)。

阿提卡语里很多词语的首音有喉音,人们慢慢觉得,缺少一个标记喉音的符号是一个缺陷,于是把扔掉的H这个符号捡回来,把它剖成两半,成了两个在字母上方的半圆,一个朝右开口(')表示能清楚听见的送气音,一个朝左开口(')表示十分细微以至于听不清楚的送气音。到了中世纪后期,(')符号才被称为spiritus asper[粗气音],(')符号被叫作spiritus lenis[细气音]。

需要特别注意希腊语中没有的拉丁语元音符号。最显眼的是,希腊语里没有元音u,在拉丁语以及现代西方语言中,元音u十分常见,比如Uranus[天王星],Utopia[乌托邦],Urology[泌尿学]。本来,希腊语的υ(Ypsilon)有u这个发音,在伊奥尼亚阿提卡方言里很早就发展成为ü。在复合元音里,还保留着把υ读作u的发音习惯,比如αυ=au。复合元音ου原来读作o+u,后来变成了长音ū。

在希腊语中,ν音很特别,由于伊奥尼亚—阿提卡方言中很早就没有这个发音,所以古希腊的文学作品中从未出现过这个音。18世纪的英国古典学家本特利(Richard Bentley,1662—1742)在研读荷马时有一个相当天才的猜想,捕捉到了这个音的踪迹。本特利觉察到,荷马叙事诗中很多地方都会出现前一个语词的元音末音节与后一个语词的元音首音节相撞,而希腊人的耳朵很敏感,一定会设法避免这种情况。本特利由此推断,一定曾经有一个将两个元音分开的辅音,并且断定,这个辅音就是希腊语字母表第六位的 F(Vau,注意不是拉丁字母 F)。腓尼基语字母表中本来就有这个字母,古代语法学家因其形式而称为 Digamma(意为双 gamma)。本特利猜想,这个 F 其实就是表示 Vau 的符号。多年以后,考古学家在最古老的希腊铭文上果真发现了这个字母。另一个字母名称为 Digamma,读音 ω。

对比希腊语字母与拉丁语字母,我们还会发现一些在拉丁语字母里找不到对应物的语音符号,这就是三个十分明显的双辅音:代表双辅音 ps 的 ψ(→ π,β 或 φ +σ),代表双辅音 th 的 Θ(读作 Theta),代表双辅音 ch 的 χ。

古希腊语对拉丁语和古日耳曼语的影响

珀舍尔(Hans Poeschel)、成官泯　编译

拉丁语和日耳曼语与古希腊语同为印欧语的语支,何以古希腊语会在某种程度上影响到拉丁语和日耳曼语的发展?

可以给出的解释依然是:用于交流的言语与文明化的文字是两回事。拉丁语和日耳曼语长时期仅为口语,并没有文字(用于典章制度和"经书"),这些语言在从口语向文明化的语文演化时,古希腊语早已是高度文明化的语文。由此可以理解,何以古希腊语曾对拉丁语(及其子孙法语、意大利语、西班牙语)、日耳曼语(及其子孙英语、德语)产生文明化的影响。

古日耳曼语支下分东、西、北三个日耳曼语族,东日耳曼语族的代表性语言是哥特语(Gothic),这个语族在 17 世纪已经绝迹,唯有文字留存下来,即公元 4 世纪的乌菲拉斯主教(Bishop Ulfilas, 311—383)用哥特语翻译的《新约》四福音书。

→ "约"的拉丁文是 Testament,这是对希腊语 Diathéke[合同、盟约;遗言、遗愿]的误译。希伯来《圣经》的七十子译本用 Diathéke 来对译希伯来语中上帝与人之间的"盟约",拉丁文 testamentum 仅有"遗言、遗愿"的含义,并无"合同、盟约"的含义。

在相当长的时期里,罗马人用的都是古希腊语的人名和地名,尤其神话方面,古希腊人的 Ἡρακλῆς 被转写成 Heracules。晚期拉丁语中的 Paraveredus 指在辅道上服务的邮驿,这个语词便由古希腊语的介词 παρά[在、旁]与晚期拉丁语的 veredus[大道上的邮驿]杂交而成。Automobil[自动]一词如今在西方国家的加油站经常可见,意思是"自动加油",这个语词是古希腊语 αὐτός[自己]与拉丁语 mobilis[运动]的杂交。Petroleum[石油、煤

油]则是 *πέτρα*[岩石、石头]与拉丁语oleum[油]的杂交。

基督教的教会语言主要来自拉丁语,但也有大量语词源于古希腊语:要么通过早先居住在黑海(也属希腊文明圈)的哥特人(阿里安派的信徒和传教者),要么通过罗马人沿多瑙河向上、沿莱茵河向下传给日耳曼人。比如,基督教的日历语汇基本上出自古希腊语:Penfecost[圣灵降临节]的字面含义是(复活节后)第50日(*πεντηκοστή*,也即 *ἡμέρα*[天],比较法语Pentecôte[复活节])。

德语的Kirche[教堂]源自希腊词 *κυρική*(→ *κυριακή*[主的家]的粗俗形式),英语church的词源来自Kirche,因而间接源于 *κυρική*。罗马天主教把教会叫作ecclesia,这个词来自古希腊语的 *ἐκκλησία*[城邦公民大会](罗曼语族保留了这个词:意大利语chiesa、法语église),由此可见古希腊语在拉丁语文中的变迁之一斑。

Münster[大教堂]是中世纪教堂建筑艺术最著名的作品之一,其名也可追溯到古希腊语——德国城市Münster根本上是个古希腊语名。名城慕尼黑(München)源于一个修院所在地zen munichen,属Mönch领地。Mönch源于古希腊文的 *μόναχος*[单个人、独居者],经教会拉丁词monicus派生而来。教会拉丁语的monasterium[修道院]就来自希腊语 *μοναστήριον*[人独自居住的地方](比较法语:le monastère);*μόνος*[单独]也构成了Monarchie[君主制]的词首。

古希腊语对日耳曼语的影响(从而影响到德语和英语的一些教会语言)很可能是基督教阿里安派的哥特人带来的,比如,古日耳曼语的Pfaffe就来自 *παπᾶς*,这个词在希腊的公教会中指低层神职人员,与 *πάπας*[Papst(教宗)]有别;Engel[天使]来自古希腊语的 *ἄγγελος*[信使],Bischof[主教]则来自 *ἐπίσκοπος*(字面意思为"环视者"=[督察]);与上帝作对的Teufel[魔鬼]来自 *διάβολος*[诽谤者、中伤者],由此产生出古高地德语的tiufel(法语le diable则来自拉丁语)。后来,教会逐渐扔掉一些与信仰不合的语词(称之为异教信仰的产物),不然的话,源于古希腊语的词汇可能还要多些。

→ 古希腊语的 *διάβολος* 并非指一种魂灵,因为古希腊人不知道任何绝对邪恶的魂灵,不知道撒旦。诸神放出邪恶,只是为了使违抗其意志的人失去理智,让其自取灭亡。

星期名称中有三个名称(Ertag或Erte[星期二]、Pfinztag[星期四]、Samstag[星期六])亦可见到古希腊语在日耳曼语中留下的痕迹。

古日耳曼语Ertag[星期二]的古希腊语是 *Ἄρεως ἡμέρα*,哥特语可能是

areinsdag，即 Ἄρης[阿热斯]之日。日耳曼人用自己的天神提瓦兹(Tiwaz，古高地德语叫作 Ziu)来代替古希腊—罗马的战神(Ἄρης — Mars)，只不过称呼的仍是这一天，帝国边境的罗马士兵则称其为 Martis dies(意大利语 martedi，法语 mardi)，古日耳曼语为 tiwesdag(= Dienstag，英语 Tuesday[星期二])。在莱希河(Lech，发源于奥地利莱希塔尔山西北坡，在奥格斯堡以北注入莱茵河)以东，直到今天仍可以听到对应的古希腊语表达 Ertag = Arestag[星期二]。

德语 Donnerstag[星期四]来自异教神 Donar[多纳尔]，日耳曼人让它与罗马人的 Jupiter[朱庇特]平起平坐(拉丁语 Jovis dies，意大利语 giovedi，法语 jeudi)。但虔诚的巴伐利亚人却抛弃了异教的记忆，按哥特人的做法称星期四为"第五日"——Pfinztag(古希腊语 πέμπτη)。

德语 Samstag[星期六](英语 Sabbath，法语 Sabbat)则来自古希腊—希伯来语的 σάββατον 或更粗俗的 σάβατον。

可见，通过罗马这个世界帝国传给整个西方的首先是古希腊语的名词。

歌德在《意大利游记》中记叙了他去罗马时参加一个"信仰传播小组"聚会时的情形：大约30名神学院学生轮流上场，用自己本国的语言朗读小诗：马拉巴尔语、土耳其语、波斯语、阿拉伯语、叙利亚语、埃及语、希腊语、埃塞俄比亚语等等。歌德觉得，多数人的调子听来像来自化外之地，只有"希腊语听起来有如夜空中闪耀的星星"——这一比喻把语音与视觉形象绝妙地结合起来。

歌德这样说显然带有民族的自豪感，因为，在德语形成书面语文的最初几百年里，有上千希腊词语词融入德语，成为德意志人的母语。对温克尔曼、歌德、荷尔德林来说，Griechisch[希腊语]是人性之化身，几乎具有神圣意味。

德语转写古希腊语字母 η 应该是 ä，因此，"荷马"应该写作 Homäros，而非 Homeros。著名古典学家福斯(Johann H. Voß，1751—1826)在翻译荷马时就这样翻译希腊语的名字，但另一位古典学家海讷(Christian L. Heyne，1751—1821)反对这种译法，由于不懂得拿捏分寸，两人的争吵搞得本来是朋友的双方都不快。有个也搞哲学的政治作家利希藤贝格(Friedrich A. von Lichtenberg，1755—1819)掺和进来，写了两篇火气旺盛的讽刺文章挖苦福斯：一篇题为《论古希腊骟羊的读音，对比它们易北河畔的新哥们儿的读音，或论 beh beh 和 bäh bäh》；另一篇题为《bäh 抑或不bäh，这是个问题》。

古希腊语的外来词

古希腊语的名词并非都是古希腊人所创，作为征服者民族，古希腊人自然会从原住民那里学些名称。在古希腊语中，一些地区、山脉、河流保持了其原住民所用的古老的名称，很多神祇和英雄的名字明显并非出自印欧语，比如：雅典娜（Ἀθηνᾶ）— 阿芙萝狄特（Ἀφροδίτη）— 阿尔忒弥斯（Ἄρτεμις）— 阿波罗（Ἀπόλλων）— 赫耳墨斯（Ἑρμῆς）— 赫斐斯托斯（Ἥφαιστος）等等。可见，古希腊人接受了不少其他原初民族的神祇和英雄崇拜。统治者的名称多是外来的，βασιλεύς [国王] 和 τύραννος [王] 就并非出自印欧语族。

在自然物质方面，古希腊人从其他民族那里学来的名称更多。

金属方面：χρυσός [金]（比较德语 Chrysantheme Goldblume [金盏菊]，比较法语 chryso —[金、金色的]）— κασσίτερος [锡]（Kassiteriden [锡石岛]，比较法语 cassitérite [锡石]）— σίδηρος [铁]（比较德语 Siderit [菱铁矿]，法语 sidéro —[与"铁"有关的]、sidérose [菱铁矿]、sidérotechnie [冶铁术]）。

植物方面：σῦκον [无花果] — ὄροβος [豌豆]（比较法语 orobe [具翅香豌豆]）— κέγχρος [鹿] — κύαμος [菜豆] — κυπάρισσος [柏] — δάφνη [月桂]（亦称树神）— φοῖνιξ [棕榈]（源自腓尼基人）。

一些用具、衣饰的希腊语名称也可以看出其非希腊语源，比如，πλίνθος [砖瓦] — ἀσάμινθος [浴盆] — φιάλη [酒杯]（歌德的《浮士德》中著名的复活节独白中有 Phiole [梨状瓶]）— τάπης [地毯或壁毯]（本为波斯语，比较德语的 Tapete [糊墙纸] 和法语 tapis [地毯]）— χιτών [内衣]（本为闪米特语，比较德语的 Kattun [薄印花布]）。

比较语言学

由于古希腊语有不少外来词，当代的比较语言学在反欧洲中心论思潮和结构主义人类学支持下，热衷于贬低古希腊文明的原创性。欧洲的古典语文学家也加入了这样的行列，恨不得说古希腊文明的整个基础都是异质的。事实上，古希腊人的所有生活概念和几乎所有政制概念都源自希腊语自身；艺术和科学的术语纯粹是古希腊民族自己的。在构造语言表达方式上，古希腊人确有天赋，外来的东西一经消化，便不再是外来的了。

→ 贝尔纳，《黑色雅典娜》，郝田虎、程英译，长春：吉林出版集团，2011；白钢，《东西方古典语言与文明比较研究》，北京：社会科学文献出版社，2019，页87—105。

狄俄尼索斯与奥林波斯众神

与古希腊语对所有西方民族语言的历史影响相比,古希腊语对外来语的吸收微不足道。随着历史的变迁,古希腊语影响了当时的其他欧洲语言(拉丁语)和后来的欧洲民族语言(英、法、德、意、俄等),以至于这些语言有好些共同的特征——尤其词源方面,可以说,古希腊语是欧洲各民族语言的祖语。比如,γράμμα[文字、符号、书信]就仍见于现代西文中的复合词Epigramm–Epigramme[隽语]、Autogramm–autogramme[亲笔签名]、Telegramm–télégramme[电报]。

当今西方的古典语文学流行比较语言学方法,过分强调古希腊语的所谓东方渊源,甚至走到糠秕古希腊文明的地步。文明显见于大书(经典作品),有文字与有大书是两码子事。有文字的古老民族很多,并非每个这样的古老民族都产生出大书。即便古希腊语有所谓东方渊源,构筑西方文明大传统的并非东方文字,而是以古希腊语写成的经书。若有人想通过揭示古希腊语的东方渊源来满足国人的民族自豪感,无异于以儿戏御剧贼。

→ 语言学史家依据考古发掘大致确认:赫梯楔形文字最早见于公元前15世纪,古希腊文字最早见于公元前9世纪,古波斯文字最早见于公元前7世纪,古罗马文字最早见于公元前5世纪,古梵文最早见于公元前4世纪,古日耳曼文字(北伊斯特坎字母)文字最早见于公元1—2世纪,英语文字最早见于公元7世纪,德语和法语文字最早见于公元9世纪,意大利语文字最早见于公元10世纪。详见周有光,《世界文字发展史》,上海:上海教育出版社,1997。

"大书"出自高尚的灵魂和与此相应的文字表达天赋,这样的"大书"需要解读。《尔雅》并非如今所谓字典,而是"五经之训故"。"五经"是中国的大书,"《尔雅》者,孔子门人所作,以释六艺之言"(郑玄,《驳五经异义》)。

西方的启蒙运动时期,随着君主政体的民族国家形成,开始出现专研俗文字的语言理论,20世纪以来,由结构主义语言学发散出来的各种语言理论很大程度上取代了研习古典大书的教育传统。结果是,大学学子对出自高尚的灵魂的大书越来越陌生。年轻的灵魂被语言学—人类学引领到热带雨林经受田野训练,回到大学当教授后,难免以撕毁古典的"大书"为业。

附录二 古希腊语文学史一瞥

古希腊语文学的发展有长达2000多年的漫长历史,自文艺复兴以来还与古典拉丁语文学经常交织在一起。这里提供的述略,旨在帮助读者进一步阅读颇为繁复琐细的史述。

→ 维拉莫威兹,《古典学的历史》,陈恒译,北京:生活·读书·新知三联书店,2023(修订本);鲁道夫·普法伊费尔,《古典学术史》(两卷),刘军译,张强校,北京:北京大学出版社,2015;约翰·桑兹,《西方古典学术史》(三卷),张治译,上海:上海人民出版社,2022。

古希腊语文学的开端

在古老的印欧语系中,最早探讨 γραμματικὴ τέχνη[语法](字面意思是关于 γράφειν[书写]和阅读的技艺)的是古希腊人,而非印度人。

荷马、赫西俄德、萨福、埃斯库罗斯等大诗人的写作形塑出相当完美的古希腊语文,但他们并不懂得、也没有发明古希腊语的语法术语或语法规则。古典学家一般认为,古希腊人对语法的关注最早可以追溯到公元前5至前4世纪的一批智识人如普罗塔戈拉(Πρωταγόρας)、普洛狄科(Πρόδικος)、希庇阿斯(Ἱππίας)等,他们在历史上被称为 Σοφιστής[智术师]。为了发挥智识 ἄκυρον ἐποίησε τὸ φάντασμα[戳破幻象](柏拉图,《普罗塔戈拉》,356d)的启蒙作用,他们致力探索 πείθω[劝服]的修辞力量,研究语文和口头表达的法则,在修辞术的名目下发展出最初的语文学形态,发明了最早的语法术语。

普罗塔戈拉主张,语文既非神赐予的也非自然而然的东西,而是一种人为技艺的产物,可以习得,因而也有规律可循。比如,希腊语的名词、形容词和代词具有三种语法性属(阳阴中三性),其形式的变化规则与动词变位不同。

普罗塔戈拉还界定了动词的时态和语态,将愿望、疑问、命令、陈述视为句式的四大基本形式。至于普洛狄科,则算得上最早的语义学家,他善于辨析语词的细微差异。比如,他会告诉你,"欣喜"(εὐφραίνεσθαι)与"愉快"

($ἥδεσθαι$)的区别:

> 欣喜指靠精神本身学习和获得某种见识,愉快则指吃到某种东西或靠身体本身快乐地得到某种东西。(柏拉图,《普罗塔戈拉》,337c)

柏拉图的老师苏格拉底与智术师们发生了激烈的思想冲突,这些冲突往往与语文学相关。在柏拉图的《克拉提洛斯》中,我们可以看到苏格拉底关于词源学的有趣见解。此外,苏格拉底也是使用双关语、谐音词的高手——他甚至还搅乱词性,如把副词当名词用($τὸ\ ἀλαθέως$[这个真的]),给智术师找麻烦。

柏拉图的学生亚里士多德在词法方面也有推进,他进一步区分出连词和冠词两个词类,还区分了数和格。不过,无论智术师还是柏拉图和亚里士多德,都不能算是严格意义上的语文学家。他们分辨词形和词类,总是与思想问题联系在一起,并未像后来的语文学家那样,关注独立的词语形式。亚里士多德认定的名词,其实还包含形容词,而且对形容词和代词也未作区分。

总之,古典时期的智识人都善用语言,却从未想过要将自己对语文的观察整理成一套语文学规则。尽管如此,语法学的许多术语(如名词、动词、主语、谓语、格、数等),已见于他们的著作。

语文学不仅研究语文或语词的规则,更要研究或解释经典诗人的作品,柏拉图和他的学生亚里士多德是这方面当之无愧的开拓者,他们发展出最早的解经学式的古典诗学。在亚里士多德以及他的学生忒欧弗剌斯托斯($Θεόφραστος$)、朋托斯的赫剌克勒伊得斯($Ἡρακλείδης\ Ποντικός$)和卡迈勒翁($Χαμαιλέων$)那里,古典诗学形成了一种学问样式,其标志便是承接智术师的所谓"论述文"而来的"论述文学"(Peri-Literature,即在每篇文章的题目前面加一个古希腊语介词 $περί$,表示"关于……的论述")。

古籍整理

雅典民主政制时期出现了古典诗文的校订和笺注,首先是荷马和肃剧诗人作品的校订和笺注。公元前6世纪末的忒阿格涅斯($Θεαγένης\ ὁ\ Ῥηγῖνος$,约出生于公元前529—前522年间)搜集了荷马的传记,而且尝试运用寓意的解释方法阐释文本。据说在僭主佩西斯特拉托斯($Πεισίστρατος$)统治时期,雅典人把荷马作品行诸书面,史称第一个"官方的"荷马文本,即"佩西斯特拉托斯笺注"(Peisistrato)本。但是否真有这个写本,迄今没有定论。可以确证的是,诗人兼文法学家安提马库斯(Ἀντίμαχος ὁ Κολοφώνιος,约公元前400年)校订了一个荷马叙事诗文本。

公元前330年,雅典的修辞家吕库戈斯(Λυκοῦργος,公元前390—前324年)校订了第一部三大肃剧诗人的"全集"。尽管还谈不上现代意义上的校勘,但当时的语文学家的辑佚毕竟使得散乱的文本流传开始确定下来。

希腊化时期的古典语文学
(公元前3—前2世纪)

古希腊语文学诞生于希腊化时期,当时在亚历山大城和小亚细亚的佩尔伽蒙城(Pergamum)出现了第一代语文学家和语文教师,他们从语文学角度研究古代经典作品,考订和公开荷马叙事诗和其他古籍。毕竟,那个时候的读书人也已不太读得懂几百年前的希腊语作品。

亚历山大大帝挥军横扫地中海四周陆地,选择良好的地理位置建造了一系列城市,于公元前332年建造的亚历山大里亚城最为著名,由亚历山大亲自安排规划、施工和移民,直接负责该项工程的则是著名建筑师狄诺克拉底(Δεινοκράτης)。

亚历山大大帝驾崩以后,帝国出现分治。大约公元前306年,托勒密一世(Πτολεμαῖος Σωτήρ,公元前305—前285年在位)在埃及建立独立王权。亚历山大里亚成为首府,且在极短时间里奇迹般地成为富有而壮丽的大城市,当然也是诸多重要贸易渠道的交叉点。公元前300年左右,这个城市已有5万居民。

藏书馆及其莎草纸藏书

为了吸引有学问的人来这个城市定居,托勒密一世决定建立一个Museion[博物园],实际上是研究和教学场所,其中心是Brucheion[藏书馆],由王室出资招募学者和诗人搜集古希腊人的著作(到亚里士多德为止)。藏书馆的建造花费不小,规模相当可观,于公元前300年建成后,即致力于收藏古书。至公元前285年,藏书已经达20万卷莎草纸书,公元前1世纪中期达70万卷。在托勒密王朝的鼎盛时期,托勒密三世(公元前246—前221年在位)还建了第二藏书馆(Serapeion),但藏书远不及第一藏书馆,据说没有超过43000卷莎草纸书。亚历山大里亚从此成为古希腊精神文明的首府,持续了将近1000年。

从文法学家到语文学家

为了收藏、整理古书,亚历山大里亚藏书馆产生出第一批语文学家。当时的学者从各地搜集来多种荷马叙事诗版本,发现有的差别很大,为了考订真伪,编订一个可信的荷马叙事诗文本,他们逐渐发展出一种识读方式:从语词形式入手,看哪些表达形式是荷马叙事诗中容许的,哪些不是,从而开拓了如今所谓的文献学,即古代作品的整理和集佚、语法研究、辞书编撰以及古典作品笺注等等。

公元前297年,"论述文学"的代表之一德墨特里俄斯($Δημήτριος\ ό\ Φαληρεύς$,公元前350—前280年)从雅典移居亚历山大里亚城,标志着古典语文学的雅典时期的结束和希腊化时期的开端。第一代语文学家好些是诗人,早在古代晚期的引述中,菲利塔斯($Φιλίτας\ ό\ Κῷος$,约公元前340—前285年)已被称作"诗人兼语文学家"。

语文学的原初任务是考订传世作品,这离不开研究语文,从而促进了对古希腊语语法结构的进一步认识。亚里士多德已提到"数"这个术语,但未明确细分有几种数,只提到某些"格"表示单个,有些表示一个以上。希腊化时期的语文学家不仅确定了"单""复"两类数,菲利塔斯的学生、以弗所人泽诺多托斯($Ζηνόδοτος$,约公元前325年生)还首次指出,荷马叙事诗中有"双数"形式。

泽诺多托斯在公元前284年出任亚历山大里亚藏书馆首任主持,他第一个完成了荷马和赫西俄德诗作的文本考订。面对诸多不同的传本,泽诺多托斯首创质疑号(($όβελός$,写作"—")来表示有疑义的诗句,而非从文本中删除这些诗行。这一考订符号对复原最早的文本很有用,一直沿用迄今。

泽诺多托斯还编了第一部荷马词典《释词》($Γλῶσσαι$),他的《校雠》($Διορθώσεις$)则是第一部基于多种抄本对《伊利亚特》和《奥德赛》进行比较研究的专著。由此可见,亚历山大里亚城的语文学者已从语言视角探究语言本身,因此他们也被称为文法学家($γραμματικός$)。

当时的著名诗人卡利马科斯($Καλλίμαχος$,约公元前310—前240年)虽然没担任过藏书馆主持,却开创了如今图书馆学的基础——目录学。他按文学体裁将图书馆收藏的图书分为六组,作者依字母顺序排列,每位作家附有生卒年和作品一览表,然后形成目录。

卡利马科斯有众多学生,其中要数诗人阿波罗尼奥斯($Ἀπολλώνιος\ Ῥόδιος$,约公元前300—前246年)最出色,他接替泽诺多托斯担任藏书馆主持,撰写了第一部关于荷马的专著,对泽诺多托斯校订的《伊利亚特》和《奥德赛》版本提出批评。他的四卷本《阿尔戈英雄纪》(Ἀργοναυτικά)以叙事诗形式(近6000行)展现了自己研究荷马叙事诗的心得。由于大量内容涉及荷马叙事诗中的历史地理,阿波罗尼奥斯也被视为最早的历史地理学家。《阿尔戈英雄纪》甚至被称为"一部荷马叙事诗词典",但这并不有损于其诗歌品质。

第三任藏书馆主持厄腊托斯忒涅斯(Ἐρατοσθένης ὁ Κυρηναῖος,公元前276—前195年)第一个称自己为 φιλόλογος[语文学者],以有别于 κριτικός[考订者]和 γραμματικός[文法学者],从而被视为语文学(philology)正式诞生的标志,尽管 φιλόλογος[语文学者]既离不开考订,也离不开文法。厄腊托斯忒涅斯的主要成就是荷马作品研究和不少于12卷的古谐剧研究,但他最为耀眼的历史功绩是开启了科学的地理学:利用图书馆收藏的大量测量材料,他第一个计算出地球周长和地球轴倾角(据今人说非常精确),并结合平行线和经线绘制了第一幅希腊人眼中的全球地图(类似于如今的投影图),而他发明的一些地理学术语至今仍在使用。他还利用埃及和波斯的记录推算了特洛伊战争主要事件的日期——特洛伊被攻陷的时间定为公元前1183年。

公元前194年,泽诺多托斯的高足阿里斯托法涅斯(Ἀριστοφάνης ὁ Βυζάντιος,公元前257—前180年)接替厄腊托斯忒涅斯出任藏书馆主持。他既不是诗人,也不是自然学家,但在语文学方面贡献最大。

首先,因应希腊语开始成为东地中海的通用语(取代了各种闪米特语言),他规范了希腊语的音调系统,以有助于识读古典作品中的发音。

第二,阿里斯托法涅斯发明了最早的标点符号系统。文法家起初用单个圆点(θέσις,拉丁文 distinctiones)分隔单词(公元600到800年间才逐渐用空格方式分隔),阿里斯托法涅斯将 θέσις[单个圆点]置于不同位置,扩展了其用法,用于分隔单词的用法改为分隔诗句音律。居中(στιγμὴ μέση)用于分隔短文段(κόμμα,相当于现代的逗号),置于底端(ὑποστιγμή)用于分隔较长段落(κῶλον,类似于现代的冒号或分号),置于顶端(στιγμὴ τελεία)用于分隔更长的段落(περίοδος),但不表示段落的结尾,相当于句号。

这一发明并未得到广泛使用,连续书写(scriptio continua)的习惯保持了很长时期。公元前1世纪时,唯一常用的标点符号仍然是偶尔出现的插号。在一些早期中世纪的抄件中,用于表示句尾的是两个垂直排列的点。后来,其中一个点被去掉,剩下的一个点可作句号、冒号或逗号,这取决于它与小写字母的顶部、中部还是底部对齐,这与阿里斯托法涅斯发明的用法大同小异。到9世纪时,神圣罗马帝国的抄写员已经形成统一的书写风格:句子的起首字母大写,单词之间空格,文字排列成句子和段落,标点符号标准化。

第三,阿里斯托法涅斯还发展出一套文本考订符号系统,以便于断句和释读。比如,在字母顺序不清楚的情况下阿里斯托法涅斯用自己发明的音调符号辨别词语,并施加符号,让句法理解起来更容易。前人记录抒情诗时没分行,阿里斯托法涅斯首创划分诗行的抄写法,使韵律单位之间有了停顿。

阿里斯托法涅斯区分新旧词汇,描述各地方言的语言特征,编纂古词和特殊词汇,开创了希腊语的词典编纂。更为了不起的功绩是考订叙事诗、抒情诗、肃剧诗、纪事书、谐剧诗的各种版本,建立了后来所谓的canones[经典书目](希腊人称为 οἱ ἐγκριθέντες 以及 οἱ πραττόμενοι,罗马人称为classici)。他将雅典戏剧作品的"楔子"(ὑπόθεσις,即基本情节简述)编写成提要,写下自己的评注,建立了最早的经典文献系统。遗憾的是,当时整理的大部分作品均已失传,今人仅能接触到一些残本。

阿里斯塔尔科斯(Ἀρίσταρχος ὁ Σαμόθραξ / Aristarchus of Samothrake,约公元前220—前143年,前153年出任藏书馆主持)是阿里斯托法涅斯的学生,他做过托勒密七世的老师,其贡献是撰写了差不多所有重要诗人作品的绪论[概要](ὑπομνήματα=拉丁语hypomnemata,据《苏伊达斯辞书》,足有800种之多)。阿里斯塔尔科斯遵循从作者出发解释作者的原则,由于注重划分词类,他还解释语词,并按语词在句中的常见用法制定出相应的词法术语。

阿波罗多洛斯(Ἀπολλόδωρος ὁ Ἀθηναῖος,约公元前180—前120年)是藏书馆的最后一位著名主持,他用诗体撰写了第一部古希腊编年史《编年纪事》(Χρονικά / Chronika),从公元前12世纪特洛伊陷落一直写到大约公元前143年。作为古史学家,阿波罗多洛斯开创了古典语文学的一个重要领域:古诗文注疏与古史年代考订和地理识别相结合。研究荷马诗作的《论诸神》(Περὶ θεῶν,24卷)对古希腊语词源学贡献很大,可谓里程碑式的著作,可惜失传,仅见今人收入《希腊史家残篇》(Fragmenta historicorum Graecorum)的辑语。《伊利亚特》卷二(2.494—759)叙述了阿伽门农麾下"舰队司令和船只"的家谱,当时的文法家称之为"船谱"(νεῶν κατάλογος)。阿波罗多洛斯凭靠厄腊托斯忒涅斯的地理著作撰写了12卷《论船谱》,后来斯特拉波(公元前64—公元24年)的《地理志》(Γεωγραφικά)采用了其中大量的材料。不过,通常归在他名下的著名古希腊神话全书(Βιβλιοθήκη)其实是稍晚的一位文法家卡斯托尔(Κάστωρ Ῥόδιος,与西塞罗同时代)的托名之作。

大约公元前145年，托勒密王国出现政治动乱，学者纷纷离开埃及，其成果没有一本流传下来。今人仅通过古代晚期和中古时期文史家的引述以及现代考古发掘的莎草纸文献得其残篇短句。

佩尔伽蒙学派

公元前3世纪中期，塞琉古王朝发生内争，小亚细亚西北部的阿塔洛斯一世（Attalus I，约公元前269—前197年）乘乱独立，成为一方之王，在离爱琴海15公里的一个名不见经传的小村庄佩尔伽蒙（Πέργαμον）建立首府（距今土耳其第三大城市伊兹密尔市中心不到80千米），史称佩尔伽蒙王朝（Pergamene Kingdom）。为追仿亚历山大里亚城的文明风尚，阿塔洛斯一世也建了一个藏书馆。在其继任者欧墨涅斯二世（Eumenes II，公元前197—前158年）统治时期，那里出现了所谓佩尔伽蒙学派。

佩尔伽蒙藏书馆首任主持克腊忒斯（Κρατῆς / Crates of Mallos）出生于奇里乞亚（Κιλικία，今土耳其东南部）的玛珥洛斯（Μαλλός），生卒年代不详，仅可以考证出他与阿里斯塔尔科斯是同时代人，其学问成就是诠释荷马、赫西俄德、欧里庇得斯、阿里斯托芬的作品。克腊忒斯是廊下学派大师克律西珀斯（Χρυσίππος / Crysippus，公元前280—前207年）的弟子狄俄革涅斯（Διογένης Βαβυλωνίος / Diogenes Babylenios）的入室弟子，在解释古典作品（比如荷马叙事诗）时喜欢用廊下派的观念，从而发展出与亚历山大里亚学派不同的语文学方向。他主张区分 κριτικός 与 γραμματικός，后者仅运用语言规则阐明文本（解决文字、行文、重音等问题），而前者则探究作品中的思想观念。克腊忒斯提出，搞清作者的写作意图才能决定文本语词的含义，据说这开启了释读古代作品的寓意式方法。克腊忒斯也是地理学家，首次依据气候带将地表划分为五大区域，欧罗巴、阿非利加和亚细亚为 οἰκουμένη ［居地］，而地表"另一面"（περίοικος）和 ἀντίποδες［对地］很可能指北美洲和南美洲。

阿里斯塔尔科斯的学生忒腊克斯（Διονυσίος Θράξ / Dionysios Thrax，约公元前170—前90年）作品多产，涉及语法（γραμματικά）、笺注（ὑπομνήματα）和论述（συνταγματικά），他关于荷马叙事诗的论述文批评了克腊忒斯的解释。其传世之作《［古希腊语］语法》（Τεχνή γραμματική）体现了亚历山大里亚学派的语文学观念，但亦受早期廊下派影响，或者说结合了佩尔伽蒙学派的成果，被誉为古希腊语文学史上的里程碑。

《［古希腊语］语法》虽然也讨论词类划分，拟定了一些后来的语法教科书遵循的语法术语，但此书并不是现代意义上的语法（词法和句法）教科书(文艺复兴时期的古典语文研究才涉及句法)。从全书六大纲目来看,所谓"语法"更像是作品语文分析:(1)以正确的发音、音调和断句朗读(ἀνάγνωσις);(2)释读文本的形象语言(ἐξήγησις[释解]);(3)解释过时的语词(obsolete words)和主题(ἀπόδοσις[条件的结论]);(4)依据词源确定词语的正确含义(εὕρεσις[发现]);(5)提出或考虑类比(ἐκλογισμός[思考]);(6)作品评鉴(κρίσις ποιημάτων)。不过,忒腊克斯曾赴罗马讲授古希腊语文,由于对象都是罗马青年,得从名词如何变格、动词如何变位及其规则和不规则变化入手,他的确发明了古希腊语词法的雏形。

最后值得提到约生活于公元前2世纪上半叶的珀勒蒙(Polemon of Ilium),他出生在特洛伊。名叫珀勒蒙(Πολέμων)的古希腊名人有好几个——例如柏拉图学园的掌门人雅典的珀勒蒙(Πολέμων ὁ Ἀθηναῖος,公元前314—前270年),而这位伊利昂的珀勒蒙因喜欢周游城邦或圣地,搜集铭文以及工艺品(雕像、祭品和图像陶罐),也被称为"漫游者珀勒蒙"(Polemon Periegetes),其名作《论城邦中的铭文》(Περὶ τῶν κατὰ πόλεις ἐπιγραμάτων)涉及对希腊不同地区的描述。他算是最早的文物学家,即便研究古代诗作,也仅当作佐证文物的材料,被今人视为实证史学式古学研究的先驱。

→ W. Fortenbaugh、Eckart Schütrumpf, *Demetrius of Phalerum: Text Translation and Discussion*, New Brunswick, NJ.:Rutgers University Press, 2000; Konstantinos Spanoudakis, *Philitas of Cos*, Leiden:Brill, 2001; Alan Cameron, *Callimachus and His Critics*, New Jersey: Princeton University Press, 1995; Lionel Casson, *Libraries in the Ancient World*, New Haven: Yale University Press, 2001; Charles R. Beye, *Epic and Romance in the Argonautica of Apollonius: Literary Structures*, Carbondale: Univ. of Southern Illinois Press, 1982; T. Papaghelis、A. Rengakos (eds.), *Brill's Companion to Apollonius Rhodius*, Leiden: Brill, 2011; K. Geus, *Eratosthenes von Kyrene. Studien zur hellenistischen Kultur- und Wissenschaftgeschichte,* München: Beck, 2002; G. Aujac, *Eratosthène de Cyrène, le pionnier de la géographie*, Paris: Édition du CTHS, 2001; Philomen Probert, *Ancient Greek Accentuation: Synchronic Patterns, Frequency Effects, and Prehistory*, Oxford University Press, 2006; Francesca Schironi, *The Best of the Grammarians: Aristarchus of Samothrace on the Iliad*, Ann Arbor: University of Michigan Press, 2018; Benedetto Bravo, *La Chronique d'Apollodore et le Pseudo-Skymnos: érudition antiquaire et littérature géographique dans la seconde moitié du IIe siècle av. J.-C.,* Leuven: Peeters, 2009; Maria Broggiato (ed.), *Cratete di Mallo: I frammenti. Edizione, introduzione e note*, La Spezia: Agorà Edizioni, 2001; Vivien Law、Ineke Sluiter (eds.), *Dionysius Thrax and the Technē Grammatikē*, Munster: Nodus Publikationen, 1998.

图拉真纪功柱基座上的铭文（公元113年）

语文学与科学

亚历山大里亚城以及佩尔伽蒙城逐渐取代了雅典这个希腊本土古老的文明中心，在尼采这样的古典语文学家看来，希腊化时期的学术是真正的文艺复兴。近代文艺复兴其实是希腊化文明的复苏，其标志仍是"达于高潮且保持旺盛的求知欲、不知餍足的发明乐趣，以及同样可怕的世俗倾向"。

希腊化时期是如今所谓"科学昌明"的时代：随着亚历山大帝国的形成，古希腊文士的"空间视野"大为开阔，在东方地区被希腊化的同时，希腊文士得以有机会接触到东方的智慧和技艺。这一时期涌现出诸多用希腊语写下的各类书（数学、天象学、医学），语文学仅是其中之一罢了。比如，著名的欧几里得和阿基米德的数学（几何）书；天象学方面首推希帕尔科斯（Ἵππαρχος，公元前190—前126年），他第一个基于自己的观测数据提出了完整的太阳与月亮运行轨迹的学说。据说他写了14卷书，可惜无一幸存，如今仅能看到他为厄乌多克索斯和阿剌托斯所作笺注（Commentary to Φαινόμενα of Eudoxus and Aratus）的残篇，后来的斯特拉波和老普林尼主要依傍他的著作。

医术理论达到一个新的高峰期——医师不写书，要写也都托名，当时的名医首先是赫若菲洛斯（Ἡρόφιλος，公元前335—前280年）和厄腊西斯特腊托斯（Ἐρασίστρατος，公元前304年—前250年），但他们的医书都失传了（也可能根本就没写）。亚历山大里亚人阿波罗尼俄斯（Ἀπολλώνιος，大约生活在公元前50年间）整理民间流传的托名希波克拉底著作，并作了注疏，成《论关节》(Περὶ ἄρθρων)三卷,史称要籍。

→ 欧几里得,《几何原本》,兰纪正、朱恩宽译,西安:陕西科技出版社,2003 / 张卜天译本,北京:商务印书馆,2020;阿基米德,《阿基米德全集》,T. L. 希思编辑、英译及评注,朱恩宽、常心怡等译,西安:陕西科技出版社,1998/2022;热维尔·内兹、威廉·诺尔,《阿基米德的羊皮书》,曾晓彪译,长沙:湖南科技出版社,2008;陈恒,《希腊化研究》,北京:商务印书馆,2006;安东尼·朗,《希腊化哲学》,刘玮、王芷若译,北京:北京大学出版社,2021;P. E. Easterling、Bernard M.W. Knox (eds.), *The Hellenistic Period and the Empire. The Cambridge History of Classical Literature*, Cambridge: Cambridge University Press, 1985; Keimpe Algra et al. (eds.), *The Cambridge History of Hellenistic Philosophy,* Cambridge: Cambridge University Press, 1999; Otto E. Neugebauer, *A History of Ancient Mathematical Astronomy*, Berlin: Springer, 1975; Susanne M. Hoffmann, *Hipparchs Himmelsglobus: Ein Bindeglied in der babylonisch-griechischen Astrometrie?* Wiesbaden: Springer, 2017; Heinrich von Staden (ed. trans.), *Herophilus: The Art of Medicine in Early Alexandria: Edition, Translation and Essays*, Cambridge University Press, 1989; K. Freitag、Chr. Michels (eds.), *Athen und / oder Alexandreia? Aspekte von Identität und Ethnizität im hellenistischen Griechenland*, Köln, 2014; Franco Montanari、Stefanos Matthaios、Antonios Rengakos (eds.), Brill's *Companion to Ancient Greek Scholarship,* 2 Vols., Leiden:Brill, 2015。

古罗马时期的古典语文学
(公元前1世纪—公元4世纪)

公元前200年,罗马共和国开始东扩,与腓力五世(公元前221—前179年)的马其顿王国交战。公元前197年,罗马人夺取希腊半岛联盟领导权,次年就在科林多赛会上宣布,罗马是"希腊自由的保护者"。自此以来,罗马开始产生出研究古希腊作品的语文学家,诗人阿克基乌斯(Lucius Accius,约公元前170—前86年)是最为著名的代表人物。他不仅编订希腊语作品,还考订真伪。借助于希腊语文学知识,阿克基乌斯尝试拟定拉丁语的正字法和语法,以便书面拉丁语更忠实地再现实际发音,但反对给希腊人名加上拉丁文结尾。他的大部分诗歌作品都是模仿或意译古希腊作品——尤其是埃斯库罗斯的作品。

为提防被兄弟王朝吞并,阿塔洛斯王朝一开始就寻求与正在崛起的罗马联手。公元前168年,克腊忒斯作为阿塔洛斯王朝公使出访罗马,算是佩尔伽蒙王国驻罗马大使,一次爬山跌折了一条腿,他留在罗马讲授古希腊语文,被誉为把古希腊语文学带到罗马的使者——苏厄托尼乌斯的《论语法学者》(*De grammaticis*)有明确记载。到阿塔洛斯三世(公元前138—前

133年在位)时,阿塔洛斯王朝与罗马的关系已经相当密切。佩尔伽蒙藏书馆的语文学家先后有好几位去罗马当教师,可以说,古罗马的古希腊语文学是在佩尔伽蒙学派影响或者说扶持下形成的。

古代希腊的语文学家或语文教师自己还没有彻底搞清楚自己的古语,教出来的学生也难免搞错。有的语法术语,古希腊原文本来没错,是罗马人自己搞错了。比如,古希腊语法中的"属格"原文为 ἡ γενίκη,意为"种类"或"类属",罗马人误作 ἡ γενετίκη(由"产生"衍出),导致误译为"生格"(拉丁语中的 Pater filii[儿子的父亲]就得解释成"由儿子产生父亲")。古典语文学史上相传不衰这样一则佳话,古希腊语法学家称第四格为 αἰτιᾶσθαι(加上 πτῶσις 即肇因格):τὸ αἰτιατόν(动词为 αἰτιᾶσθαι[寻因、归咎])称四格堪称贴切。但这个动词还有一层更窄的含义,指肇事的事物或人[归罪、谴责、指控]。拉丁语的语法学家没闹明白,选用了这层意思,把 τὸ αἰτιατόν 译成 casus accusativus[谴责格]。直到如今,大多数西方语法教科书还援用拉丁语把四格叫谴责格——望文生义也会有历史生命力。

出身骑士阶层的卢基乌斯·斯蒂洛(Lucius Aelius Stilo,约公元前154—前74年)史称"最早的拉丁语文学家",他对语言风格特别感兴趣。公元前100年,斯蒂洛陪同因支持苏拉(公元前138—前79年)而遭放逐的罗马将军墨特鲁斯(Quintus C. Metellus,?—公元前63年)去到罗德岛(Rhodos),在那里结识了在当地修辞学校任教的忒腊克斯,并跟从他学习。回罗马后,斯蒂洛传授希腊修辞术,马尔库斯·瓦罗(Marcus Terentius Varro,公元前116—前27年)和西塞罗都是他的学生,还编过一部古希腊文史辞典(已轶)。

在风雨飘摇的共和国晚期,罗马人已经有了自己的大学者,与西塞罗齐名的马尔库斯·瓦罗著述颇丰,他在语文学方面的成就是编撰了《论拉丁语》(*De lingua latina*,25卷,仅存第五至第十卷)和《拉丁语的起源》(*De Origine Linguae Latinae*)。同时代人费古卢斯(Publius Nigidius Figulus,约公元前98—前45年)写过涉及修辞术的《论姿态》(*De gestu*)、涉及祭祀的《论诸神》(*De dis*)、涉及天象的《论天穹》(*De sphaera*)、涉及地理和人种的《论大地的区域》(*De terris*)乃至《论人的本性》(*De hominum natura*)等各类作品(均失传)。他在语文学方面的成就是编写了相当于拉丁语语法教科书的《语法笺注》(*Commentarii grammatici*),涉及正字法、语音、构词、句法和同义词辨析。费古卢斯尤其对词源感兴趣,希望以此确定词语的实际含义,但他对语言和语法的理解明显受到廊下派的影响。

古罗马的古典语文学传承古希腊语文的重要手段是翻译,近代西方的英、德、法、意古典语文学乃至我们中国的古典语文学同样如此。古罗马的早期诗人和著作家如维吉尔、贺拉斯、西塞罗、朗吉努斯等人的诸多作品既是写作（创作），也是解经（古希腊经典），他们的作品成为经典后同样需要解读。今天的我们若不熟读古希腊作品，就没法透彻理解这些拉丁语经典作家的作品。

如今西方语言的一些语法术语仍用拉丁语表达，而这些术语又大多来自古希腊文法书。在语文方面，罗马人甘当古希腊人的小学生。帝国初期的修辞学教师昆体良（Quintilian，公元35—96年）在《演说家的培育》（*Institutio oratoria*）中主张，罗马人若要念书，应先学古希腊语文，然后再学拉丁语文。弗拉克库斯（Verrius Flaccus，公元前55年—前20年）是当时的教学名师（后被召入宫廷做奥古斯都的孙子盖乌斯和卢修斯的教师），他编撰了第一部大型拉丁语词典《论语词的含义》（*De verborum significatu*，仅存小部分片段），还写过《正字法》（*De Orthographia*，已佚）。生活在哈德良皇帝时代的阿厄流斯·狄俄尼修斯（Aelius Dionysios）是出生于哈利卡纳苏斯的希腊修辞学家，他编撰了阿提卡希腊语词典《阿提卡语词》（Ἀττικὰ ὀνόματα），供罗马人学习希腊语，还用拉丁语撰写了《罗马古事纪》（Ῥωμαϊκὴ ἀρχαιολογία），记叙罗马从建城到公元前3世纪中叶的历史。

罗马帝国初期的文人塞涅卡（约公元前4年—公元65年）不满当时沉迷文字训诂的学风，使得"曾经是哲学的，现在成了语文学"（Itaque quae philosophia fuit, facta philologia est）。这话明确区分 Φιλόλογος[语文家]与 φιλόσοφος[哲人]，实际上复活了雅典时期的哲人与智术师之争，尽管前者并不等于智术师。尼采在巴塞尔大学的就职演讲"荷马与古典语文学"结尾时，把这句话"颠倒"了过来：Philosophia facta est quae philologia fuit[曾经是语文学的，现在成了哲学]（比较英译：Philosophy has become what philology was）。尼采说，他想要表达的含义是：语文学探究应该受某种哲学的世界观支撑和限制。

φιλόλογος[热爱语文者]穷究书本，φιλόσοφος[热爱智慧者]穷究自己。自从有了成文的古传经典，后世的热爱智慧者若要穷究自己，就得穷究古传经典。穷究经典为的是提升自己的灵魂，而非让灵魂沉迷于饾饤琐屑的文字考究。

在整个罗马帝国时期，希腊语地区的作家仍然用希腊语写作。随着罗马帝国的东西分治和日耳曼蛮族的入侵，古希腊文史的血脉也向东西两个方向发展：东罗马帝国（拜占庭帝国）延续了希腊语文明，拉丁语的西罗马帝国被蛮族颠覆后，古希腊文史的血脉进入了基督教隐修院。公元544年，卡西奥多鲁斯(Cassiodorus,公元485 — 580年)在意大利南部(Calabria)的一个小镇(Squillace)附近的维瓦留姆修道院(Monasterium Vivariense)创建了一个图书馆,他为修院僧侣编写的《圣俗教化指南》(*Institutionum divinarum et saecularium litterarum*)的第二卷科目包含后来中世纪文科的七艺：语法、修辞、辩证法、算术、音乐、几何、天文,其中规定阅读和传抄古文献是修炼生活的重要一环。为此,卡西奥多鲁斯编写了《正字法》(*De orthographia*),教修士们在抄写时如何避免因自己的发音而可能导致的笔误。

出生于伊比利亚半岛西南部海港城市卡尔塔赫纳(Cartagena)的伊西多尔(Isidore of Seville,约560—636年),史称罗马帝国西部的"最后一位古学家",其传世之作《词源学》(*Etymologiae*)汇集了不少后来已经失传的古代书籍的摘要。据说伊西多尔谙熟古希腊语,其实他"所知有限"。尽管如此,直到古希腊文典的阿拉伯语译本在12世纪开始传入西方之前,伊西多尔的《词源学》一直在基督教僧侣手中传递着对古希腊作品的记忆。

公元553年,查士丁尼大帝的部将西征收复意大利南部,此后,罗马地区与君士坦丁堡一直保持着政治联系(直到1055年诺曼人入侵意大利半岛),但并没有出现有规模的传承古希腊文典的活动。在日耳曼蛮族的政治成长初期,仅极少数基督教僧侣学人在保存(传抄)古希腊文典,教会领袖称他们为scholasticus[经院学士],这个语词来自亚里士多德的学生忒奥弗拉斯图(Theophrastus,公元前371—前287年)首次使用的σχολαστικός[闲暇之士]。

→ Stefan Faller、Gesine Manuwald (Hrsg.), *Accius und seine Zeit*, Würzburg: Ergon, 2002; Francesco Casaceli, *Lingua e stile in Accio,* Palermo: Palumbo, 1976; Werner Suerbaum, "L. Aelius Stilo Praeconinus", in Werner Suerbaum (Hrsg.), *Die archaische Literatur. Von den Anfängen bis Sullas Tod*, München: Beck, 2002; B. Cardauns, *Marcus Terentius Varro: Einführung in sein Werk*, Heidelberger: C. Winter, 2001; D. J. Taylor, Declinatio : A Study of the Linguistic Theory of Marcus Terentius Varro, Amsterdam: John Benjamins, 1974; Adriana Della Casa, *Nigidio Figulo,* Roma, 1962; Gino Funaioli (Hrsg.), *Grammaticae Romanae fragmenta,* Stuttgart, 1969; K. W. Arafat, *Pausanias' Greece: Ancient Artists and Roman Rulers,* Cambridge, UK: Cambridge University Press, 1996; Jean Leclerq, *The Love of Learning and the Desire for God*, New York: Fordham University Press, 1977; James W. Halporn、Mark Vessey (trans.), *Cassiodorus: Institutions of Divine and Secular Learning and On the Soul*, Liverpool: Liverpool University Press, 2004; Stephen A. Barney, W. J. Lewis et al. (trans.), *The Etymologies of Isidore of Seville,* Cambridge: Cambridge University Press, 2006; John Henderson, *The Medieval World of Isidore of Seville: Truth from Words,* Cambridge: Cambridge University Press, 2007.

拜占庭时期古典语文学的主要成就
(公元9—12世纪)

东罗马帝国年逾千祀,9至12世纪时,帝国一直面临险恶的地缘政治处境,但在君士坦丁堡,复兴希腊古典文化的冲动仍不绝如缕,最为突出的人物有三位。曾两度出任君士坦丁堡牧首(858—867年和877—886年)的圣佛提乌斯(Saint Photius, 820—893)是这场所谓"拜占庭古典复兴"的先驱。他最为重要的成就是辑佚几近失传的古希腊晚期的文学作品,尤其希腊化时期的史书,编成280哥册(Codices)《群书集缀》(Bibliotheca 或 Myriobiblon)。今人所拥有的几乎所有出自克忒西阿斯(Ctesias)、美姆农(Memnon of Heraclea)、科农(Conon)、西西里的迪欧多若斯(Diodorus Siculus)、阿里安(Arrian)的著作,都要归功于圣佛提乌斯。

圣佛提乌斯的另一了不起的成就是主持编撰了一部古典辞书《词集》(Λέξεων Συναγωγή),供当时的学人阅读古传经典时正确理解语词的古义。可与之相媲美的是成书大约在公元950至976年间的《苏伊达斯辞典》(Suidae Lexicon)。这部辞书有30000词条,以前被误认为出自一位名叫"苏达斯"(Σούδας)或"苏伊达斯"(Σούιδας)的作者。其实,拜占庭希腊语 Σούδα 意为"堡垒、要塞",并非人名。作者也并非一人,而是一批东正教僧侣学人。辞典依据公元2世纪亚历山大城的希腊文法学家哈尔珀克腊提翁(Valerius Harpocration)和4世纪的赫拉狄俄斯(Ἑλλάδιος)等古代语文学家的著作,对从荷马叙事诗至古希腊晚期的经典作品中的重要语词的词源及其派生含义给出解释。由于大量引用现已失传的古代作品,《苏伊达斯辞典》堪称拜占庭时期首屈一指的古希腊文史要籍。辞典还包含罗马帝国自公元4世纪至10世纪上半叶的政治、教会和文学人物小传,相当于古代历史人物百科全书。

东正教神学家、政治家普塞卢斯(Μιχαηλ Ψελλός, 1017—1078)受命掌管君士坦丁九世(Constantine IX, 1042—1054年在位)创建的帝国大学时还不到30岁(1045年),他把荷马叙事诗和柏拉图对话录解释为基督教教义的预表和组成部分,对后来意大利复兴时期的新柏拉图主义将柏拉图哲学与基督教教义融合起来有直接影响。普塞卢斯也有涉及词源学的作品传世,算得上是拜占庭的古典语文学大家。

塞萨洛尼卡的欧斯塔修斯(Εὐστάθιος Θεσσαλονίκης, 1115—1195)早年是君士坦丁堡圣弗洛儒斯修院(St. Florus)的修士,因古典学养优异而被任命为君士坦丁堡圣索菲亚大教堂执事和宗主教学校修辞学教师。在此期间,他编写了大量古希腊文学经典的注疏,最为著名的是《荷马〈伊利昂纪〉和

《奥德修纪》注疏汇编》（Παρεκβολαὶ εἰς τὴν Ὁμήρου Ἰλιάδα καὶ Ὀδύσσειαν），涉及古希腊语法、词源、神话、历史和地理。他还致力于希腊东正教的改革，有大量演说词传世，甚至被誉为现代人文主义的先驱。

→ Paul Lemerle, *Byzantine Humanism*, Leiden: Brill, 2017, pp. 205—236; Thomas Gaisford (ed), *Suidae Lexicon*, Oxford: Oxford University Press, 1834; Ada Adler (ed.), *Suidae Lexicon*, Leipzig: B. G. Teubner, 1928—1938, Reprinted Stuttgart, 1967—1971; Michael Psellus, *Essays on Euripides and George of Pisidia and on Heliodorus and Achilles Tatius*, Ed. Andrew R. Dyck, Wien: 1989; Douglas Olson & Eric Cullhed (eds.), *Eustathius of Thessalonica, Commentary on the Odyssey. Volume I: Preface and Commentary on Rhapsodies 1—4, Volume II: Commentary on Rhapsodies 5—8*, Leiden Boston: Brill, 2022—2023.

阿拉伯王国的古希腊文典翻译和诠释
（公元8世纪—12世纪）

保存和传抄古希腊文典的基督教学人分为东西两支，西方一支主要是罗马地区的本笃会修士，东方一支主要是叙利亚地区的聂斯托利派（Nestorians）修士。公元7世纪中叶，阿拉伯王国在阿拉伯半岛崛起，逐渐向东罗马帝国南部扩张，切断了亚历山大大帝当年打造的今中东地区（波斯、叙利亚、巴勒斯坦和美索不达米亚）与地中海地区的文明联系。这时，东方的修士们需要将古希腊文典译成叙利亚文。东部基督教会在政治上脱离罗马帝国转而归属阿拉伯王国后，伊斯兰学人得以借助学习叙利亚文接触到古希腊文典，然后再学会了将古希腊文典译成阿拉伯文。

中古伊斯兰学人传承古希腊学术取得的辉煌成就，可谓阿拔斯王朝（the Abbasid dynasty, 750—1258）早期帝国气象的伟大历史表征。阿拔斯王朝强劲崛起的初期或阿拉伯王国的黄金时期（775—861），据说第二任哈里发曼苏尔（Al-Mansur, 754—775年在位）因喜欢琢磨天象，招募了一批学人翻译古希腊数术书，一场译经"运动"由此肇始。其实，早在倭马亚王朝（661—750）时期，酷爱炼金术的哈里发叶齐德（公元704年即位）已经让人从希腊文翻译这类文典。

公元830年（唐大和四年），哈里发麦蒙（al-Ma'mūn, 813—833年在位）喜欢哲学，他把曼苏尔招募的巴格达学人团体变成了国家性质的"智慧皮藏"（Khizanat al-Hikma），专事翻译古希腊文典，其中不乏叙利亚的基督教修士。在随后的世纪里，巴格达涌现出大批杰出的阿拉伯学人，后来，人们习惯于将他们统称为"智慧之家"（Bayt al-Hikma）成员。这场翻译古希腊典籍的"运动"持续了两个多世纪,史称阿拉伯世界的"文艺复兴"。据说,除了韵文体作品(诗歌、戏剧)和散文体作品(史书),几乎所有古希腊哲学和带技术含量(医术、算术、天象术、炼金术)的书籍都被译成了阿拉伯文。

紧随这场伟大的翻译运动而来的是对古希腊自然哲学、医学和政治哲学的诠释,最为著名的人物有三位。法拉比(Alpharabius,阿拉伯语原名 Abū al-Fārābī,870—950)享有亚里士多德之后第二大师的美誉,他出生于中亚今哈萨克斯坦南部奇姆肯特市(Shymkent)的讹答剌(Otrar,又称奥特拉尔),阿雷思河和锡尔河在此交汇。当时,漠北回鹘族西迁后,在那里与当地部落联盟,刚建立起喀拉汗王朝(Qara Khanid,840—1212)。但法拉比的祖上据说是波斯贵族。

阿维森纳(Avicenna,阿拉伯语原名 Ibn-Sīna[伊本·西那],980—1037)在阿拉伯学人圈内有亚里士多德之后第三大师之称,算是法拉比学问的传人。他出生于今乌兹别克斯坦第三大城市布哈拉(Bukhara)附近,其大部分哲学和科学著作用阿拉伯语撰写,但也有几部重要著作用波斯语撰写。

阿威罗伊(Averroes,阿拉伯语原名 Ibn Rushd[伊本·路世德],1126—1198)出生于伊比利亚半岛西南部的科尔多瓦(Córdoba),柏柏尔人在北非及西班牙南部建立穆瓦希德王朝(Muwahhidun,1147—1269)之初,他完成了亚里士多德所有内传讲稿以及诸多柏拉图对话的翻译和义疏。

古希腊文典的阿拉伯语译者和注疏者都是神权政体治下的学人,为何异教哲学能够在这样的政治制度中如此传衍,对今天的我们来说是个非常有趣的问题。

→ 休·肯尼迪,《大征服:阿拉伯帝国的崛起》,孙宇译,北京:民主与建设出版社,2020;基布,《阿拉伯文学简史》,陆孝修、姚俊德译,北京:人民文学出版社,1980;穆萨威,《阿拉伯哲学》,张文建、王培文译,北京:商务印书馆,1997;斯塔伊克斯,《柏拉图传统的证言:公元前4世纪—公元16世纪》,刘伟译,北京:中国民主法制出版社,2018;法拉比,《柏拉图的哲学》,程志敏译,上海:华东师范大学出版社,2005;法拉比,《亚里士多德的哲学》,程志敏、王建鲁译,上海:华东师范大学出版社,2016;法拉比,《论完美城邦:卓越城邦居民意见诸原则之书》,董修元译,上海:华东师范大学出版社,2016;伊本·西那(阿维森纳),《论灵魂》,王太庆译,北京:商务印书馆,2009;伊本·西那,《阿维森纳医典》,朱明译,北京:人民卫生出版社,2010;阿威罗伊,《柏拉图<王制>义疏》,刘舒译,北京:华夏出版社,2007;阿威罗伊,《亚里士多德<诗学>中篇注疏》,刘舒译,北京:华夏出版社,2009。

Dimitri Gutas, *Greek Thought, Arabic Culture: the Graeco-Arabic Translation Movement in Baghdad and Early Abbasid Society*, London: Routledge, 1998; Jonathan Lyons,

The House of Wisdom: How the Arabs Transformed Western Civilization, New York, 2009; Jim Al-Khalili, *The House of Wisdom: How Arabic Science Saved Ancient Knowledge and Gave us the Renaissance*, New York, 2011; Ian R. Netton, *Allāh Transcendent: Studies in the Structure and Semiotics of Islamic Philosophy, Theology and Cosmology*, London & New York: Routledge, 1994; Ian R. Netton, *Fārābī and His School. Arabic Thought and Culture*, London & New York: Routledge, 1992; Dimitri Gutas, *Avicenna and the Aristotelian Tradition: Introduction to Reading Avicenna's Philosophical Works*, Leiden: Brill, 2014; Liz Sonneborn, *Averroes (Ibn Rushd): Muslim Scholar, Philosopher, and Physician of the Twelfth Century*, The Rosen Publishing Group, 2006.

文艺复兴以来

1312年，罗马教会在维也纳召开的大公会议上做出决议，巴黎、牛津、博洛尼亚（Bologna，意大利北部古城）、萨拉曼卡（Salamanca，西班牙西部古城）等地的大学必须聘请古希腊文、阿拉伯文和希伯来文教授，这当被视为西方教会对阿拉伯学人和犹太学人翻译和诠释古希腊文典的影响逐渐西传做出的反应。1360年，佛罗伦萨大学设立古希腊语文学教席。1397年，君士坦丁堡的语文学家克瑞索洛腊斯（Μανουὴλ Χρυσολωρᾶς，1350—1415）出任这个教席，他曾担任拜占庭皇帝曼努埃尔二世（Manuel II，1391—1425年在位）派驻意大利的大使。克瑞索洛腊斯将荷马、亚里士多德和柏拉图的《王制》译成了拉丁文，史称将古希腊文学引入西欧的先驱，而他的《问题集》（*Erotemata*）则是西欧的第一部希腊语语法教科书，对培育意大利的人文学者起了相当大的作用。

不过，在克瑞索洛腊斯任教佛罗伦萨大学之前半个世纪，意大利人彼特拉克（1304—1374）和薄伽丘（1313—1375）已经开启古希腊罗马文学复兴的先声，并因此而获得"意大利人文主义之父"的美誉。彼特拉克的古学成就尤其突出，他搜寻并校勘维吉尔、西塞罗乃至荷马的抄本，整理李维的《自建成以来》，还模仿普鲁塔克的《对比列传》撰写了三卷本《论[古代]名人》（De Viris Illustribus，未完成）。

史称西欧第一位希腊文教授的比拉图斯（Leontius Pilatus，？—1366）出生于意大利南部卡拉布里亚，但祖籍是希腊，他与薄伽丘是挚友，后者的大作《异教诸神谱系》（*Genealogia deorum gentilium*，1360）即是在他的影响下完成的。经彼特拉克和薄伽丘促动，比拉图斯将《奥德赛》和《伊利亚特》译成了拉丁文（1367年左右），他还翻译了欧里庇得斯和亚里士多德的作品。要说克瑞索洛腊斯是将古希腊文学引入西欧的先驱，恐怕言过其实。

14世纪的意大利人是从何处以及如何获得古希腊作品抄件的呢？1198年，罗马教宗英诺森三世（1161—1216）发起第四次十字军东征，而三年前（1195）君士坦丁堡发生的一场政变让这次东征的目的地发生了意外改变。1202年，由法兰西人和意大利人组成的十字军乘威尼斯人提供的舰船抵达伯罗奔半岛南部海域后，掉转方向前往君士坦丁堡平定政变。恢复君士坦丁堡秩序后，这支十字军并没有离开，而是宣布建立"罗曼王国"（Romania，又译"拉丁王国"），而十字军各派势力则在希腊半岛建立起多个封建政体。逃离君士坦丁堡的帝国皇族成员分裂为三个君主国：尼西亚君主国领有安纳托利亚西部，特拉布宗君主国（Trapezuntine）领有黑海南岸，伊庇鲁斯君主国占据巴尔干半岛西部。1261年，尼西亚君主国在意大利热那亚城邦共和国支持下收复君士坦丁堡，恢复了一统皇权，但并不包括希腊半岛。西方十字军在那里建立的封建政体，有的维持统治长达两个半世纪，比如阿凯亚君主国（1205—1432）和雅典公国（1205—1460）。雅典公国几经易手，最后落入佛罗伦萨人手中，直到被奥斯曼人夺取。自那以来，古希腊文物开始流向意大利城邦共和国。

→ 乔纳森·菲利普斯，《东部拉丁》，见乔纳森·莱利–史密斯编，《牛津十字军史》，郑希宝译，北京：北京日报出版社，2022，页114—139；N. G. Wilson, *From Byzantium to Italy: Greek Studies in the Italian Renaissance*, London, 1992; Lydia Thorn-Wikkert, *Manuel Chrysoloras (ca. 1350—1415): Eine Biographie des Byzantinischen Intellektuellen vor dem Hintergrund der Hellenistischen Studien in der Italienischen Renaissance*, Frankfurt am Main, 2006; John Larner, *Culture and Society in Italy: 1290—1420*, New York: Scribner, 1971; Nicholas Mann, "The Origins of Humanism", in Jill Kraye (edi.), *Cambridge Companion to Humanism*, Cambridge University Press, 1996。

意大利的人文学者

14至16世纪，意大利城邦不断涌现新派学人，他们以复兴古希腊罗马文明（如今称Classical antiquity［古典古代］）为己任，在当时被称为Humanista［人文学者］。所谓studia humanitatis［人文研究］（或Studia humaniora），指搜寻、整理、翻译古希腊罗马文典，研究其语法和修辞——按今天的学科名称即"古典学"，因此，humanist也可称"古典学者"。

当时的人文学者大多是基督徒，与18世纪启蒙运动时期的人文主义者（称"后古典主义者"更为恰当）不同，他们企望"纯化和更新基督教"，而不是摒弃基督教，通过ad fontes［朝向源头］摆脱12世纪以来形成的唯尚繁琐思辨的基督教经院神学，回归朴素的《新约》信仰。尽管如此，在古希腊罗马文典的影响下，意大利人文学者不仅开出新的学问取向，还提出了市民化的道德观和政治理想，实际与基督教传统背道而驰。

人文学者的注意力首先是搜集、整理、校勘古拉丁语文典，然后才是古希腊文典。Studia humanitatis 这个短语首次出现的契机是，1333 年，彼特拉克发现了西塞罗的演说词《为诗人阿尔奇阿斯辩护》(*Pro Archia Poeta*)的抄本。阿尔奇阿斯(Licinius Archias，公元前 120—前 61 年)出生于古叙利亚的安提俄克(今土耳其南部城市安塔基亚)，并在那里接受教育。他 30 岁出头来到罗马，受到罗马显贵优待，被他们争相聘作家庭教师。当时西塞罗还是孩子，阿尔奇阿斯成了他的文学启蒙老师。公元前 62 年，阿尔奇阿斯遭政敌指控非法取得公民身份，西塞罗的辩护词不仅证明阿尔奇阿斯在其出生地就已获得罗马公民身份，还认为他即使没有也应该给予他这一身份，因为他是杰出诗人，为罗马人做出的文学贡献有目共睹。

出生于托斯卡纳的萨卢塔蒂(Coluccio Salutati，1331—1406)是彼特拉克的崇拜者，他在搜寻抄本方面最有名的成就是发现了西塞罗的《致亲友书》(*Epistulae ad familiares*)。1374 年，萨卢塔蒂出任佛罗伦萨共和国大臣，在他的推动下，Studia humanitatis 这个表达开始流行，也正是应他的邀请，克瑞索洛腊斯从君士坦丁堡来到佛罗伦萨教希腊文课程(1397—1400)。

奥斯曼帝国逐步进逼拜占庭帝国的残存领土之际，一些意大利人亲自前往君士坦丁堡"抢救"抄本。出生于西西里岛的奥瑞斯帕(Giovanni Aurispa，1376—1459)在这方面最为出名，他多次前往君士坦丁堡收寻抄件(得到古希腊肃剧作品和修昔底德的《战争志》的抄本)。最后一次收获最大：1423 年回到意大利时，奥瑞斯帕带回 238 卷抄本，包括柏拉图、普罗提诺和普罗克洛斯的全部著作以及扬布里科的大部分著作，还有包括品达在内的诸多希腊诗人的作品和大量古希腊史书。

土耳其人夺取君士坦丁堡(1453 年)后，拜占庭学者纷纷涌入意大利，他们也带来不少抄本。新柏拉图主义神学家贝萨里翁(Basilios Bessarion，1403—1472)是君士坦丁堡名义上的拉丁牧首，曾将亚里士多德的《形而上学》和色诺芬的《回忆苏格拉底》译成拉丁文，他带到威尼斯共和国的抄本足有 900 卷之多。

基于这些抄本，意大利的人文学者开始把大量古希腊文典译成拉丁语。佛罗伦萨人布鲁尼(Leonardo Bruni，约 1370—1444)是克瑞索洛腊斯的学生，他翻译了柏拉图、德摩斯梯尼、埃斯基涅斯和普鲁塔克的作品，亚里士多德的《政治学》和《尼各马可伦理学》的拉丁语译本则是他流传最广的译作,尽管他的传世之作是多卷本《佛罗伦萨史》。出生于维罗纳的瓜瑞诺(Guarino da Verona,1370—1466)曾在君士坦丁堡学习希腊语,他翻译了路吉阿诺斯、伊索克拉底和斯特拉波的作品,还编写了拉丁语教学语法,并给古典拉丁语作家的作品作注。

对阿尔卑斯山以北影响最大的人文学者要数大诗人波利齐亚诺(Angelo Poliziano,1454—1494)和开创西方新柏拉图主义的哲人斐齐诺(Marsilio Ficino,1433—1499)。前者据说是第一位掌握地道古希腊语的意大利人,他能用而且喜欢用古希腊语写诗。1480年,波利齐亚诺获得佛罗伦萨大学的古希腊语和古拉丁语教席,其杰出的声誉吸引了来自意大利和其他欧洲地区的年轻人(如历史名人米开朗基罗、罗伊希林、托马斯·林纳克尔[Thomas Linacre]等)。斐齐诺则因将柏拉图和普罗提诺的全部著作译成拉丁语而享有盛名,由于非常热爱柏拉图,他书房里的柏拉图半身塑像前总是燃着一支蜡烛。

出生于托斯卡纳的枢机皮科洛米尼(Enea Silvio Piccolomini,1405—1464)年轻时接受的几乎是人文教育,因此善写诗歌和言情小说,他的《手记》(*Commentaries*,1458)是一部著名自传。此书出版那年,他当选教宗(法号"庇护二世"),次年他签署文件,在举行过重要宗教会议的巴塞尔(Basel)城建一所大学,并规定以人文学为教学主体,对古学复兴向阿尔卑斯山以北发展产生了重大影响。

萨卢塔蒂和皮科洛米尼的例子表明,执政者对古学复兴的作用不可低估。"意大利战争"(1494—1559)中期(1527年),查理五世(Charles V,1500—1558)洗劫罗马,意大利的人文学也随之走向终结。罗伯特利(Francesco Robertelli,1516—1567)有 Canis grammaticus[语法之犬]的绰号,他的《论校订古书的校勘技艺》(*Disputatio de arte critica corrigendi antiquorum libros*)为古典文本考订学奠定了基础,算是一个漂亮的尾声。

→ 雷诺兹、威尔逊,《抄工与学者:希腊、拉丁文献传播史》,苏杰译,北京:北京大学出版社,2015/2021;John Monfasani, *Byzantine Scholars in Renaissance Italy: Cardinal Bessarion and other Émigrés*, Aldershot, UK: Variorum, 1995; Jonathan Harris, *Greek Emigres in the West,* Camberley: Porphyrogenitus, 1995; Renate Schweyen, *Guarino Veronese. Philosophie und humanistische Pädagogik*, München: Fink, 1973; Thomas Baier / Tobias Dänzer / Ferdinand Stürner (Hrsg.), *Angelo Poliziano: Dichter und Gelehrter*, Tübingen: Narr Francke Attempto, 2015, Antonio Carlini, *L'attività filologica di Francesco Robortello*, Udine: Accademia di Scienze, 1967; Hans Baron, *The Crisis of the Early Italian Renaissance-Civic Humanism and Republican Liberty in the Age of Classicism and Tyranny*, Princeton, 1955.

北方的文艺复兴
（约 1530—1700 年）

16 世纪以来，古学复兴的中心转移到阿尔卑斯山以北地区，史称"北方的文艺复兴"（Northern Renaissance）。就地理范围而言，所谓"北方"包括英格兰、法兰西、德意志、尼德兰乃至波兰（克拉科夫城），显然，这场"北方的文艺复兴"与欧洲独立王权政体（在德意志则是自由城市）的兴起（现代民族国家的雏形）相关。

德意志人罗伊希林（Johann Reuchlin，1455—1522）史称"第一位德意志人文学者"，他早年游学巴黎，在巴塞尔大学获得硕士学位（1477）时年仅 22 岁，随即受聘教授古典拉丁语和古希腊语。在此之前，他已经出版了一本简明的古希腊语—拉丁语词典《简明词汇表》（*Vocabularius Breviloquus*，1476；后来多次增订再版）。5 年后（1482），罗伊希林前往佛罗伦萨和罗马继续深造，然后再到巴黎。这时，他的语文学兴趣转向了希伯来文。1506 年，罗伊希林出版了奠基性的《希伯来文基础》（*De Rudimentis Hebraicis*，含基本语法和希伯来语—拉丁语简明词典），并开拓了古希伯来典籍的考订研究。从他开始，掌握古希腊语、古典拉丁语和古希伯来语逐渐成为人文学者的标志。

德意志古典学者沃尔夫（Hieronymus Wolf，1516—1580）凭靠一本拉丁语—希腊语字典自学希腊语后，即用德语翻译德摩斯梯尼的演说词（1549 年出版）。1537 年，位于德意志中南部的帝国自由城市奥格斯堡（Augsburg）建了一座图书馆，以便收藏从威尼斯转来的 100 份希腊抄本。1551 年，沃尔夫来到这里担任秘书和图书管理员。利用这个机会，他整理和翻译古代和中世纪希腊作家的作品，并使得这个图书馆成为德意志地区首个古希腊文典研究中心。沃尔夫尤其热衷整理拜占庭史家的文稿，明确提出应该区分"古典希腊文献"与"拜占庭希腊文献"。1557 年，他编译的 34 卷《拜占庭史料集》（*Corpus Historiae Byzantinae*，希腊语—拉丁语对照）出版。在他的影响下，西欧学者逐渐用"拜占庭"一词取代东罗马帝国的称呼，尽管这种替换实际是君士坦丁大帝迁都君士坦丁堡时就已开始的罗马帝国东西部争夺皇帝头衔的余绪。毕竟，无论是君士坦丁大帝还是其后继者，都从未这样称呼过自己的帝国。

航海大发现带动西班牙、法兰西和英格兰王国崛起后，大西洋逐渐取代地中海的贸易地位，低地地区的城市取代意大利城邦成为新的贸易集散地，那里的市民阶层的政治势力相当强劲，荷兰出现大规模印刷业，"能够生产各种各样的字钉"，人文研究的重镇随之从意大利转移到北方的低地。出生于鹿特丹的伊拉斯谟（Erasmus of Rotterdam, 1466—1536）有"人文学者王侯"（Fürst der Humanisten）的美誉，他整理或翻译了路吉阿诺斯（1506）、欧里庇得斯（1508）、库尔提乌斯（Curtius, 1517）、苏维托尼乌斯（1518）、西塞罗（1523）、奥维德（1524）、盖伦（1526）、塞涅卡（1528）、普鲁塔克（1531）、特伦提乌斯（Terentius, 1532）、托勒密和约瑟夫斯（1533）等人的作品。在语文学方面，尤其出彩的著作是《论丰富的语词和事物》（*De copia verborum et rerum*）和《关于古拉丁语和希腊语正确发音的对话》（*De recta Latini Graecique sermonis pronuntiatione dialogus*）。

史称比代（Guillaume Budé, 1467—1540）为法兰西的古典语文学创始人，他的《论语文学》（*De Philologia*）一书为当时仍被视为"异教徒语言"的希腊语呼吁，后来他的确写了一部《古希腊语笔记》（*Commentarii linguae Graecae*, 1529）。在他的鼓动下，法国国王弗朗索瓦一世（François I, 1494—1547）建立了王室学院（1530，后来的法兰西学院），推动古希腊文典研究和教学。

埃斯蒂安纳家族（Estienne）的罗伯特（Robert I Estienne, 拉丁语名 Robertus Stephanus, 1503—1559）是当时著名的人文出版商亨利·埃斯蒂安纳（Henri Estienne, 拉丁语名 Henricus Stephanus, 1460—1520）的二儿子，他撰有《古希腊语字母》（*Alphabetum graecum*, 1528），而他编的《拉丁语辞海》（*Thesaurus Linguae Latinae*, 1531，增订版 1543）一直沿用到18世纪。罗伯特的长子亨利·埃斯蒂安纳（Henri Estienne, 1531—1598）与其祖父的名字一模一样，也许是为了让他继承祖业，而他的确刊印了诸多拉丁语和希腊语文典，其中不少是首印。亨利刊印的柏拉图《柏拉图全集》（1578）最为著名，其中的页码至今仍是柏拉图作品的引用标准——译者让·塞雷斯（Jean de Serres, 1540—1598）是亨利四世的政治顾问。小亨利还编撰了《古希腊语辞海》（*Thesaurus Linguae Graecae*, 1572），他的《论考订古代的希腊和拉丁考订者》（*De criticis veteribus Graecis et Latinis*, 1587）史称第一部古典语文学编年史。

小斯卡利格尔（Joseph Justus Scaliger, 1540—1609）是意大利裔，他父亲大斯卡利格尔（Joseph Caesar Scaliger, 1484—1558）从意大利移居法国，致力于古代编年史研究，还做了小亨利的女婿。1587年，小斯卡利格尔移居荷兰的莱顿，参与莱顿大学的建设（1575），开创了具有荷兰特色的古典语文学。据说，从他移居莱顿那一天起，"法兰西王国的学术霸权就让位给了荷兰人"。

→ Jeffrey Chipps Smith, *The Northern Renaissance*, Phaidon Press, 2004; Hans-Rüdiger Schwab, *Johannes Reuchlin. Deutschlands erster Humanist*, München: Dtv, 1998; Eric MacPhail (ed.), *A Companion to Erasmus*, Leiden: Brill, 2023; James McConica, *English Humanists and Reformation Politics under Henry VIII and Edward VI,* Oxford: Clarendon Press, 1965; Gerald Sandy (ed.), *The Classical Heritage in France,* Leiden: Brill, 2002; John Considine, *Dictionaries in Early Modern Europe: Lexicography and the Making of Heritage,* New York: Cambridge University Press, 2008; Anthony Grafton, *Joseph Scaliger. A Study in the History of Classical Scholarship: Textual Criticism and Exegesis,* Oxford: Clarendon Press, 1983; Georg Heldmann, "Von der Wiederentdeckung der antiken Literatur zu den Anfängen methodischer Textkritik", in Egert Pöhlmann (Hrsg.), *Einführung in die Überlieferungs-geschichte und in die Textkritik der antiken Literatur,* Darmstadt, 1994—2003, Band 2, S. 97—135; 约翰·赫伊津哈，《17世纪的荷兰文明》，何道宽译，广州：花城出版社，2010。

古今之争以来

17世纪末，伦敦和巴黎几乎同时爆发"古今之争"。崇今派中不乏古学技艺精湛的人文学者，他们虽然以整理古代文典为业，却并不服膺古人的智慧和精神品质。伦敦的人文学者威廉·沃顿（William Wotton, 1666—1727）是典型代表之一，他在28岁那年（1694）出版了一部近400页的大著《关于古今学问的反思》（*Reflections on Ancient and Modern Learning*），激烈抨击崇古派，使得当时的论争骤然升级。

沃顿出生于人文学者世家，在父亲的精心培育下，据说他6岁就能用古拉丁语、古希腊语、古希伯来语三种古典语文阅读，上剑桥大学时还未满10岁，成为英国皇家学会会员时年仅21岁（1687）。发表《关于古今学问的反思》后，沃顿希望时任皇家图书馆馆长的理查德·本特利（Richard Bentley, 1662—1742）出面声援，此人虽然不是沃顿那样的神童，却也在24岁时就以6种《圣经》古本汇编汇注闻名学坛。本特利主张文本修订必须以可靠的抄件考订为前提，1691年，他出版了《致米利乌斯书简》（*Epistula ad Millium*），对60多位拉丁语和希腊语古代作家的作品进行了独到的文字校勘，被后世誉为"历史［古典］语文学"（historical philology）的开创者。剑桥大学曾委托他前往莱顿，专门指导制作印刷古典书籍所需的希腊文和拉丁文字钉。

意大利文艺复兴时期开始流行的古希腊西西里僭主法拉里斯（约公元

前570—554年执政)的传世书简(共148封),被崇今派代表之一威廉·坦普尔(1628—1699)视为"最老的"古书之一。本特利声援沃顿的文章《论法拉里斯书简》(*Dissertation upon the Epistles of Phalaris*, 1699)用满篇古书引文和古书边注(Scholia)证实,这部书简其实是公元2世纪时"第二代"智术师的伪作。坦普尔的学生斯威夫特(1667—1710)在《图书馆里的战斗》一文中以阿里斯托芬式的笔法回击本特利,而将《伊利亚特》和《奥德赛》译成英语的著名诗人亚历山大·蒲柏(Alexander Pope, 1688—1744)则称《论法拉里斯书简》是"迂腐"之作。显然,沃顿和本特利作为人文学者浸淫于古书却并不热爱古书,古书在他们手上不过是一件技术活儿的对象。研究古典未必等于敬重和热爱古典智慧,崇古与崇今的区分不在于是否受过古学训练或从事古典研究,而在于对古人的态度。

→ Charles O. Brink, *English Classical Scholarship: Historical Reflections on Bentley, Porson, and Housman,* Cambridge, 1986; Richard Bentley, *Epistola ad Joannem Millium,* George P. Goold (ed.), Toronto: University of Toronto Press, 1962; Joseph M. Levine, *The Battle of the Books,* Ithaca: Cornell University, 1994;威廉·坦普尔,《论古今学问》,刘小枫编,李春长译,北京:华夏出版社,2021;斯威夫特,《图书馆里的古今之战》,刘小枫编,李春长译,北京:华夏出版社,2015/2020;勒策,《欧洲文学中的传统与现代:简论"古今之争"》,温玉伟译,上海:华东师范大学出版社,2020。

德意志的古典学

德意志没有出现"古今之争",而是出现了"新人文主义"(Neuhumanismus, 1750—1820),这也许与那里尚处于封建状态、未凝聚成统一政治单位相关。德意志人丹尼尔·维腾巴赫(Daniel Wyttenbach, 1746—1820)出生于瑞士伯尔尼,在德意志接受古典语文学教育。由于热爱古籍整理,他前往荷兰深造,并在1799年成为莱顿大学的古典语文教授。维腾巴赫坚持基于语法、句法和文体以及最好的抄件整理古典文本,扭转了本特利单纯注重文字考订的语文学方向,发展了注疏式的古典语文学。他在1805年完成的普鲁塔克《伦语》(*Moralia*)校勘本堪称典范,开启了德意志学人整理善本书的辉煌时代。

1755年,出生于普鲁士的古希腊文物爱好者温克尔曼(1717—1768)发表了《思考古希腊绘画和建筑雕像作品中的模仿》(*Gedanken über die Nachahmung der griechischen Werke in der Malerei und Bildhauerkunst*),在他眼里,古希腊艺术杰作具有"共通的卓越特征",即"姿势与表情上高贵的单纯与静穆的伟大(noble simplisité et clame grandeur)",因而是不可超越的典范。这句话感染了从莱辛(1729—1781)、歌德(1749—1832)、席勒(1759—

1805)到荷尔德林(1770—1843)乃至尼采等数代德意志文人,他们无不把古希腊文学和艺术视为教化德意志人的楷模,而热衷文本考订的古典语文学家却未必如此。

1758年,温克尔曼来到意大利的佛罗伦萨,替一位当地贵族管理私人古物藏品。在此期间,他获得实地考察庞贝遗址的机会——尤其是被苏维尼火山吞噬的古城赫库兰尼姆(Herculaneum),5年后发表《关于赫库兰尼姆[考古]发掘的通信》(*Sendschreiben von den herculanischen Entdeckungen*,1762)。紧接着(1763年),温克尔曼被罗马教宗克勒门斯十三世(Clemens XIII)任命为教宗国文物总管和梵蒂冈图书馆管理员,次年他就发表了《古代艺术史》(*Geschichte der Kunst des Alterthums*)。在这部传世之作中,温克尔曼提出古希腊艺术是古希腊民族在其自然(如气候)和政治环境中的产物,艺术有如自然生命机体,有其生长、成熟和衰落的过程。温克尔曼致力于探究文物背后所蕴藏的史实,以实物知识代替书本知识,开启了利用古代文物而非传世文本探究古希腊文明的先河,对考古学的形成产生了决定性影响。

弗里德里希·沃尔夫(Friedrich August Wolf, 1759—1824)同样出生于普鲁士,18岁那年(1777),他申请就读哥廷根大学,希望注册攻读"[古典]语文学"(studiosus philologiae),而当时该校并没有这个专业,但他还是获准以这个学科名称注册入学。西方学术史将此视为"日耳曼教育史上的一个新纪元",甚至"也是学术史上的一个新纪元"(约翰·桑兹语),即古典学在现代大学诞生的象征性标志。5年后(1783),沃尔夫获得哈勒大学教职,任教期间他制定了古典语言学的学科原则,因此被称为"古典学之父"。1795年,沃尔夫发表《荷马绪论》(*Prolegomena ad Homerum*),继续坚持"古今之争"时期崇今派人文学者质疑历史上真有诗人荷马的观点——尼采后来在就职演讲"荷马与古典语文学"中称"他在好的情况下被誉为是天才,然而无论如何他也是野蛮时代的孩子,全然违背好的趣味和好的习惯"。

1806,沃尔夫出版了《古代学术描述》(*Darstellung der Alterthumswissenschaft*)一书,为古典学确立了两个基本方向:(1)考订、注释、研究古典作品的古典语文学;(2)以各种可能的方式考察古希腊罗马的历史、艺术以及其他文物的古代史学。受温克尔曼影响,沃尔夫把古希腊文化视为永恒的理想,提倡全面的古代文化研究,并通过传播这种理想实现对人的全面塑造。

同样受温克尔曼的影响,威廉·洪堡(Wilhelm von Humbold, 1767—1835)在24岁那年遭遇法国大革命时,他想到的问题是,德意志若要成为一个自主的政治体应该具有何种文明品质。为此,他写下了《论古代研究——尤其是古希腊研究》(1793)一文(未刊)。对威廉·洪堡来说,古希腊人不仅是一个可通过史学研究来认识的远古民族,毋宁说,古希腊人的精神品质是值得德意志人学习的典范。1809年初,时年42岁的洪堡被任命为普鲁士文化与公共教育司司长,他积极支持沃尔夫的古典学构想,让古典语文学成为普鲁士教育理念的基础,不仅创设了与旨在培养技术人才的实用学校不同的研究型大学,还建立起注重古典教育的人文中学(das humanistische Gymnasium)体制,使得新人文主义的理想落到了实处,极大地推动了古典学在德意志的发展。

戈特弗里德·赫尔曼(Gottfried Hermann, 1772—1848)读书时就对古希腊罗马诗歌的格律着迷,24岁时(1796)发表《论古希腊罗马诗歌格律的三卷书》(*De metris poetarum graecorum et romanorum libri tres*),两年后出版《格律手册》(*Handbuch der Metrik*, 1798)。他的大著《格律学说原理》(*Elementa doctrinae metricae*, 1816)以康德式的范畴为基础,提出了一套学理化的格律论。赫尔曼关于希腊语语法的著作也很有价值,《论希腊语正谬法》(*De emendanda ratione linguae Graecea*, 1801)详尽描述了文本考订原则,可谓校勘学的集大成,而他考订的埃斯库罗斯肃剧作品则是公认的权威版本。

卡尔·拉赫曼(Karl Lachmann, 1783—1851)的《考订规则》(*Observationes criticae*, 1815)明确区分笺注与校勘,平息了长期以来的文本考订论争,建立起一套辨识抄本的所谓家谱系式读法,即首先将各种来源的抄本归类为 stemma[谱系],通过剔除过录本(Eliminatio codicum descriptorum)来确定可重建的最早原始文本(Urtext),以此作为正谬的起点,尽管必要时也可推测。凭靠这一方法,拉赫曼得以证明《伊利亚特》的原始文本是由一首首单独的叙事歌组成,在此基础上加入不同程度的扩充和插叙(*Betrachtungen über Homers Ilias*, 1837)。拉赫曼因此而被称为历史考订编辑实践的创始人,他的校勘成果多为古典拉丁语作品,其中以卢克莱修《论万物的本性》(1850)校勘本最为著名,他令人信服地证明三份主要抄件均源自同一个原始文本。拉赫曼还将他的考订法用于整理12至13世纪的德意志叙事诗——《论〈尼伯龙根之歌〉诗的原初形态》(*Über die ursprüngliche Gestalt des Gedichts der Nibelunge Noth*, 1816),开启了古德语诗歌的搜集、整理和校勘。

贝克尔(August Immanuel Bekker, 1785—1871)是沃尔夫的学生,与拉赫曼齐名,30多岁时即以三卷本《希腊语未刊作品》(*Anecdota Graeca*)

(1814—1821)闻名学坛。他最为著名的成就是编成第一个亚里士多德全集(1831—1836),其页码迄今仍为引用标准。他考订的柏拉图对话(1816—1823)、《阿提卡演说辞》(1823—1824)、阿里斯托芬谐剧(1829)也以考订精良著称。应该提到,贝克尔还整理出25卷《拜占庭史家全集》(*Corpus Scriptorum Historiae Byzantinae*)。

奥古斯特·博厄克赫(August Boeckh,1785—1867)也是沃尔夫的学生,他的兴趣在于以实证史学方式研究古希腊的历史。30岁那年(1815),他按出土地缘整理搜集到的古希腊铭文,着手编纂古希腊铭文全集(*Corpus Inscriptionum Graecarum*)。借助碑铭材料,博厄克赫发表了《论雅典人的城邦岁入》(*Über die Staatshaushaltung der Athener*,1817),考察雅典城邦如何管理财政,史称古典语文学向实证史学方向转移的标志性作品。他在1838年出版的探究古代计量的大著《古代砝码、币值、度量及其关联的计量学研究》(*Metrologische Untersuchungen über Gewichte, Münzfüsse und Masse des Alterthums in ihrem Zusammenhange*)同样以碑文为基础,首次描述了地中海地区经济和政治生活中的测算和计量方式。博厄克赫在讲课中经常与以文本考据为主的古典语文学传统唱反调,在他去世后,讲课稿经整理出版,虽然名为《[古典]语文学的百科全书和方法论》(*Enzyklopädie und Methologie der philologischen Wissenschaften*,1877),实际阐述的是实证史学式的古典学研究方式。

卡尔·缪勒(Karl Otfried Müller,1797—1840)是博厄克赫的追随者,他的《希腊部族和城邦史》(*Geschichten Hellenischer Stämme und Städte*, 3 Bände, 1820—1824)将希腊神话解释成希腊部落早期历史的反映,而《古希腊文学史:至亚历山大时期》(*Geschichte der griechischen Literatur bis auf das Zeitalter Alexanders*, 2 Bände, 1841)则被视为第一部古希腊文学史。缪勒42岁时就英年早逝,但他的成就激发了实证史学式古典学的耀眼成就:

《拉丁语铭文全集》(*Corpus Inscriptionum Latinarum*,自 1863 年起)、《希腊语铭文集》(*Inscriptiones Graecae*,自 1868 年起)、《古学手册》(*Handbuch der Altertumswissenschaft*,自 1886 年起)、《古典古学实用百科全书》(*Realencyclopäie der classischen Altertumswissenschaft*,自 1893 年起)、《拉丁语辞海》(*Thesaurus Linguae Latinae*,自 1897 年起)。

→ Friedrich Paulsen, *Geschichte des gelehrten Unterrichts auf den deutschen Schulen und Universitäten vom Ausgang des Mittelalters bis zur Gegenwart. Mit besonderer Rücksicht auf den klassischen Unterricht.*, 2 Bde., Leipzig, 1885; Henry C. Hatfield, *Winckelmann and His German Critics. 1755—1781. A Prelude to the Classical Age*, New York: King's Crown Press, 1943; Esther S. Sünderhauf, *Griechensehnsucht und Kulturkritik. Die deutsche Rezeption von Winckelmanns Antikenideal 1840—1945*, Berlin: Akademie-Verlag, 2004; Conrad Bursian, *Geschichte der classischen Philologie in Deutschland von den Anfängen bis zur Gegenwart*, München: Oldenbourg, 1883; Kurt Sier / Eva Wöckener-Gade (Hrsg.), *Gottfried Hermann (1772—1848), Internationales Symposium in Leipzig, 11—13. Oktober 2007*, Tübingen, 2010; Klaus Strunk, *Lachmanns Regel für das Lateinische. Eine Revision*, Göttingen, 1976; Annette M. Bartschi / Colin G. King (Hrsg.), *Die modernen Väter der Antike. Die Entwicklung der Altertumswissenschaften an Akademie und Universität im Berlin des 19. Jahrhunderts*, Berlin: de Gruyter, 2009; Christiane Hackel / Sabine Seifert (Hrsg.), *August Boeckh. Philologie, Hermeneutik und Wissenschaftspolitik*, Berlin, 2013; Christer Henriksén (ed.), *A Companion to Ancient Epigram*, New Jersey: Wiley, 2019; William M. Calder III, Renate Schlesier (Hrsg.), *Zwischen Rationalismus und Romantik. Karl Otfried Müller und die antike Kultur*, Hildesheim, 1998;莫米利亚诺,《十九世纪古典学的新路径》,见刘小枫编,《古典学与现代性》,陈念君、丰卫平译,北京:华夏出版社,2015。

西方古典学的"自我瓦解"

19世纪中期以来,德国古典学与史学越走越近,日益狭隘地专业化,成了实证式古代史学的一部分,与威廉·洪堡所倡导的古典学应成为人文教育基础的理想背道而驰。青年尼采在德意志帝国立国之际(1871年)已经觉察到这一问题,并在《肃剧诞生于音乐精神》和《不合时宜的观察》(1872年)中对古典学的古史专业化取向发起攻击,指责其所谓学术"客观性"是一种自我欺骗,它不过是实证主义思潮的时代反映罢了。古典研究必须切实返回迄今悬而未决的关涉人世生活的大是大非问题,这意味着,它应该成为一种具有古典品质的政治哲学和政治史学。维拉莫维茨(1848—1931)是尼采在同一所人文中学的学弟,他随即撰文抨击《肃剧诞生于音乐精神》,认为该书"败坏"古典语文学家法。尼采和维拉莫维茨都是古典人文中学培育出来的"尖子",威廉·洪堡的教育改革确有成效,但它也为实证史学取向的古典学研究在德语学界形成强大的学术传统提供了基础。

尼采同样有过硬的文本考订功夫,他并没有因为维拉莫维茨的攻击而从此不再谈论古典学。在他看来,古典学应该起到人文教化作用,尤其是教人悉心阅读传世经典,从中获取人生智慧,而非仅仅把古代经典当古物考来考去。在《朝霞:关于道德偏见的思考》(1881)的前言中,尼采写道:

> [古典]语文学是一门让人尊敬的艺术,对于其崇拜者来说最重要的是:走到一边,闲下来,静下来和慢下来——语文学是词的金器制作术和金器鉴赏术,需要小心翼翼和一丝不苟地工作;如果不能缓慢地取得什么东西,语文学就不能取得任何东西。但也正因为如此,语文学在今天比在任何其他时候都更为不可或缺;在一个"工作"的时代,在一个匆忙、琐碎和让人喘不过气来的时代,在一个想要一下子"干掉一件事情"、干掉每一本新的和旧的著作的时代,这样一种艺术对我们来说不啻沙漠中的清泉,甘美异常:——这种艺术并不在任何事情上立竿见影,但它教我们以好的阅读,即缓慢地、深入地、有保留和小心地,带着各种敞开大门的隐秘思想,指头放慢一点,眼睛放尖一点地阅读……(《朝霞》,前言5,田立年译文)

卡尔·莱因哈特(1886—1958)是维拉莫维茨的学生,但他赞同尼采的观点:古典学的实证史学取向只会导致古典学"自我瓦解"。如今,在西方古典学界占据主导地位的是"二战"后形成的社会—历史人类学化的古典学。事实证明,这种古典学取向不仅成了古典精神的破碎者,它自己也已经沦为后殖民主义、非西方中心论、性别研究之类的时论所利用的工具。

→ Karlfried Gründer (Hsrg.), *Der Streit um Nietzsches „Geburt der Tragödie". Die Schriften von E. Rohde, R. Wagner, U. v. Wilamowitz-Möllendorff,* Hildesheim; 1969; Ulrich von Wilamowitz-Moellendorff, *Erinnerungen 1848—1914,* Berlin, 1929; Ingo Gildenhard / Martin Ruehl (eds.), *Out of Arcadia: Classics and Politics in Germany in the Age of Burckhardt, Nietzsche and Wilamowitz,* London: University of London, 2003;奥弗洛赫蒂编,《尼采与古典传统》,田立年译,上海:华东师范大学出版社,2007;刘小枫选编,《尼采与古典传统续编》,田立年译,上海:华东师范大学出版社,2008;彼肖普主编,《尼采与古代:尼采对古典传统的反应和回答》,田立年译,上海:华东师范大学出版社,2010;克拉特夫,《古典语文学常谈》,丰卫平译,北京:华夏出版社,2012;刘小枫编,《西方古典文献学发凡》,丰卫平译,北京:华夏出版社,2014;内维里·莫利,《古典学为什么重要》,曾毅译,北京:北京大学出版社,2019。

欧洲文明共同体与古典语文学

自14世纪以来,古希腊罗马语文学在欧洲的复兴和发展,与欧洲民族国家的成长相辅相成。拉丁基督教欧洲本是一个文明共同体,通用的学术语言长期是拉丁语,随着这个文明共同体的分裂,学术和文学语言从拉丁语转变为各民族语言(意、西、英、法、德诸语言),不少古典学家(人文学者)同时是用民族语言写作的诗人。彼特拉克和薄伽丘是人们耳熟能详的例子,即便本特利这样的古学家也是著名的英语诗人。尽管直到19世纪,好些古典语文学成果多用拉丁语表达,比如迄今还没有被超过的《荷马词典》《索福克勒斯词典》《柏拉图词典》等大型辞书均用拉丁语释词(20世纪90年代仍见影印重版),但有影响的古典学家已通过民族语文的写作来传扬古典遗产,古希腊罗马经典作品的翻译蔚成风气,这也促进了欧洲民族语文的成熟。

古希腊罗马的古典人文,并不仅仅是某些德意志人的文明楷模,也是其他欧洲政治体中的某些文人学士心目中的精神典范。由于所属政治体的历史处境和政治优势不同,欧洲各国乃至后来美国的古典学者之间既有共性,也有微妙的民族国家差异,我们在了解近代以来的古希腊语文学史时不可不察。

→ Ada Hentschke / Ulrich Muhlack, *Einführung in die Geschichte der Klassischen Philologie*, Darmstadt, 1972; Pascale Hummel, *Histoire de l'histoire de la philologie: étude d'un genre épistémologique et bibliographique*, Genève: Librairie Droz, 2000; Diego Lanza/ Gherardo Ugolini, *Storia della filologia classica*, Rom, 2016; William M. Calder III, *An Introductory Bibliography to the History of Classical Scholarship Chiefly in the XIXth and XXth Centuries*, Hildesheim: Olms, 1992; Anthony Grafton, *Defenders of the Text: The Traditions of Scholarship in the Age of Science, 1450—1800*, Cambridge, MA.: Harvard University Press, 1991; Victor Bers / Gregory Nagy (eds.), *The Classics in East Europe. Essays on the Survival of a Humanistic Tradition. From the End of World War II to the Present*, Worcester, Mass., 1996; 吉尔伯特·海厄特,《古典传统:希腊—罗马对西方文学的影响》,王晨译,北京:北京联合出版公司,2015。

二 变格词类

古希腊语的名词、形容词、代词有性属(Genus)、数(Numerus)和格位(Casus)的变化,这些大多靠词尾变化反映出来,也就是所谓"屈折变化"(inflection)。因此,每一名词或形容词以及代词实际上由两个部分构成:标明词义的词干部分+标明性、数和格的词尾(词干末端附上的不同字母或音节)部分,后者有词形变化,这个部分显明该词在句子中所处的语法位置。

古希腊语的名词有五个格,分别标明这个名词在句子中的语法位置(作主语、直接宾语、间接宾语、状语、定语等等)。没有词尾变化的语言(如汉语或英语),要获知一个名词是主语抑或宾语得靠句子的词序,古希腊语的名词通过变格(词尾发生变化)就可获知一个名词是主语抑或宾语(德语、俄语同样如此)。

由于词尾变化已经显明了句子中名词的语法位置(主语、宾语、定语等等),对于古希腊语来说,句子的语序就不像现代西方语文(遑论汉语)那样重要——这与我们的语言习惯相反,因此要特别注意,不能靠语序来识读古希腊语的句子。

名词、形容词和代词的词尾变化大多有规则,词法要告诉我们的就是这些规则。让我们先了解一下各个"格位"的语法含义,以便在随后学习名词、形容词、代词变格时不会感到过多的 πόνος[辛苦]。

主格 处于句子中的语法性主词位置(不等于语序位置)。

属格 处于语法性的从属位置(定语位置)——古希腊语的属格的语法作用相当繁复,因为古希腊语不像现代西方语文那样多借用介词。这里仅先举两种最常见的用法。

表达归属:

Νόμος ὁ πάντων βασιλεύς. 法是万物的王(品达=Πίνδαρος)。

Νόμος[法]这里是主格,处于主语的格位;πάντων[万物]处于归属于"王"(βασιλεύς)的位置,因此是属格,界定"王";反过来看,"王"在这里是"万物"的生发者(故也称为生

发格)。诗人品达的原文是 Πίνδαρος，当译作"品达罗斯"。

表达整体的部分：
ποῦ γῆς ἐσμεν. 我们在大地何处[我们是在大地的哪里]？

这是个表语句，ποῦ[哪里]是 γῆς[大地]（属格）的一个部分。

与格 名词与格（第三格）的语法作用最复杂（比属格的语法作用还要多），最基本的语法作用有两种：作原因状语，比如 πόνῳ[由于困苦]；作间接宾语，比如，

Ἦθος ἀνθρώπῳ δαίμων. 性情对人而言就是命[性格决定命运]（赫拉克利特 = Ἡράκλειτος）

Ἦθος[性情]这里是主语，δαίμων[精灵、命相神灵]是表语，也是主格，ἀνθρώπῳ[人]这里是间接宾语（受格），意为"对人而言"。

宾格 句子中处于直接宾语的语法位置。

呼格 被呼叫的语法位置：ἀδελφέ[弟兄啊]，通常前面加小品词，比如 ὦ ξεῖνε[喂，客人]。呼格是印欧语系的特征，在现代西方语文中已经消失。不过，即便在古希腊语中，呼格经常没有独立形式：复数呼格几乎总与主格复数相同，单数有时也与主格一样（比较拉丁语的呼格）。但要注意，主格代替呼格不等于两者的语法性质一样：

ὦ πόλις καὶ δῆμε. 城邦和村社民们啊！

→ πόλις 在这里是呼格，形式与主格相同。城邦是一个内聚的政治共同体，有属于自己的神和宗法，δῆμε[村社民]（这里是呼格，与主格形式不同）总是归属于某个政治共同体。后现代哲人德里达呼吁"全世界无家可归者联合起来"，打破了自然的城邦秩序。任何城邦都难免有"无家可归者"，他们真的能世界性地联合起来吗？

学过德语或俄语的读者不难理解古希腊语名词、形容词的变格，反过来说，我们不能以为，名词变格是古希腊语或拉丁语等古语才有的繁难。属于印欧语系的语言，其名词、形容词、代词都有格位，英语和法语的格位不过是因萎缩而逐渐消失罢了。

→ 英语和法语本来有变格，但逐渐放弃了独立的词尾变化，等于放弃了变格，转

而大量使用介词——用介词与名词的搭配代替与格,用所谓"萨克森属格"(词尾's)表示归属性的属格。即便有变格形式的德语如今也趋于少用变格,以至于有德语文学家惊呼,变格消失已经危及德语。

Casus[变格]这个拉丁语的术词来自古希腊文的 πτῶσις[掷下、跌落](源于动词 πίπτω[降落、落下、掷落,跌倒]),引申为"具体情况"。为什么把第二格、第三格、第四格叫"具体情况"？这些不见得是什么特别的"情况"呀。其实,所谓 πτῶσις[掷下、跌落]引出的"具体情况"指古希腊人十分喜爱的掷骰子游戏:每次掷骰子的点数都不同,每次变格同样如此。在掷骰子游戏中,6 点在上被称为 πτῶσις ὀρθή[掷正位、到位],同样,主格被称为名词的正位,掷骰子或变格的其他形式就被称为 πτώσεις πλάγιαι[掷边位、打斜](拉丁语 obliqui)。

亚里士多德已经用 πτῶσις[跌落]来界定"格",指一个词"坠"到一个词之上,以此表示两个语词之间的关系。这个说法受到廊下派学者驳斥,因为这样无法解释主格:主格总以自身为"主",不会"坠"到别的词上去。后来的古代语文学家虽然沿用了这个术语,但用来表示词与词之间的关系,已经失去原来"坠下"的意义(罗马人依样画葫芦,按字面直译为 casus,后来辗转译为英语的 case 和法语的 cas)。

1 冠　词

古希腊语有定冠词(没有不定冠词)，冠词有性、数、格的变化，比较简单——掌握冠词的三种性属及其不同格位的具体形式，是学习变格词类(名词、代词、形容词)的基础，除了死记，没有别的窍门；背记时要每种格的阳阴中三种形式同时掌握。

冠词的变格

单数一至四格　　　　复数一至四格

阳性＝ὁ — τοῦ — τῷ — τόν　│　οἱ — τῶν — τοῖς — τούς

阴性＝ἡ — τῆς — τῇ — τήν　│　αἱ — τῶν — ταῖς — τάς

中性＝τό — τοῦ — τῷ — τό　│　τά — τῶν — τοῖς — τά

→ 冠词 ὁ — ἡ — οἱ — αἱ 都是后倾附读语词，声调都依附到其后面的语词上。

冠词的基本用法

冠词的希腊文叫作 τὸ ἄρθρον，这个语词的原意是"连接处""结合点"，引申为"关节"或"枢纽"，似乎冠词就像一个"枢纽"，句中的各种成分依赖它而转动，颇为形象。不过，亚里士多德用这个词来指称冠词时，其实说的是指示代词，因为，当时希腊人还没有区分指示代词和冠词。到了亚历山大时期，语文学家泽诺多托斯认为，τό ἄρθρον 的指称十分含混，于是将指示代词与冠词区分开来。从此，τὸ ἄρθρον 专指名词前的限定成分。

由此可以理解，冠词主要用来标明名词的性属及其单复数，起到限定名词的作用。

ὁ παῖς [少年]-ἡ παῖς [少年] / ὁ κύων [公狗]-ἡ κύων [母狗]

ὁ ἵππος [公马]-ἡ ἵππος [母马] / ὁ σύμμαχος [男帮手]-ἡ σύμμαχος [女帮手]

有些名词的主格形式并没有提供自然性属上的区分——比如上面的四个语词,要区分自然性属,就得靠冠词,而非名词的词尾。

在词典中,冠词的阳、阴、中三性的主格单数形式也用来标明名词的语法性属,比如,ὁ λόγος[语词、理则]＝阳性名词,ἡ τέχνη[技艺]＝阴性名词,τό σῶμα[身体]＝中性名词。必须注意:名词的语法性属与生物名词的自然性属是两回事。

冠词变格的词尾与第二变格类名词的变格词尾相一致(即便在德语中,也只有强变化单数第二格如 des Arztes 才这样),这种一致使得古希腊语的声调听起来和悦不少,也使得把握句子结构更为容易,因为古希腊语的语序要自由得多。

冠词与形容词连用(冠词+形容词),可表示某一种人或者某种性质。如 ὁ ἀγαθός[那个好人]是阳性,表示人,但中性 τό ἀγαθόν 则表示"那种善、那种好"。

希腊文仅有定冠词,没有不定冠词,翻译时,不带冠词的名词通常要加"一个"的指定:ὁ ἀδελφός[这个兄弟],ἀδελφός[一个兄弟]。因此,当注意不带冠词的名词的含义。请比较:

ὁ θεός[这个神] — θεός[一个神]。

古希腊民族信奉多神,更远古的埃及信仰同样如此。唯一真神的观念来自犹太教(随后生发出信奉一神的基督教和伊斯兰教),据说,如此一神信仰是摩西的杰作,对世界历史、政治和思想皆影响极为深远。

→ Jan Assmann, *Moses the Egyptian: The Memory of Egypt in Western Monotheism*, Harvard University Press, 1997;列奥·施特劳斯,《弗洛伊德论摩西与一神教》,见列奥·施特劳斯,《犹太哲人与启蒙》(增订本),刘小枫编,张缨等译,北京:华夏出版社,2019,页235—266。

古希腊语的人名一般不用冠词(与现代西方语言一样),但(与现代西方语文不同)古希腊文可在人名前加冠词,以表示大家都知道这个人,或前面已经提到过此人。

Ὁ Ξενοφῶν συμβουλεύεται Σωκράτει...
于是,[这]色诺芬与苏格拉底商量。

古希腊的人名也要变格,Σωκράτει[苏格拉底]这里是与格,作动词 συμβουλεύεται[商

量]的间接宾语。人名 Ξενοφῶν[色诺芬]前加冠词,表明是前文说到过的"那个"色诺芬(德语仅在口语中有类似现象)。

冠词的实词用法

中性主格冠词(τό及τά)往往与属格名词连构,比如 τὰ τῆς πόλεως[城邦的事务],这种用法通常等于省略了主词(比如 πράγματα[诸事务])。在特定语境中,这种省略不至于滋生误解。在翻译时,需依据属格名词的含义补全主词。比如,τὸ τοῦ Εὐριπίδου[欧里庇得斯的说法],很可能意味着省略了 ἀπόφθεγμα[说法、格言],翻译时需要补上。

罗马帝国皇帝奥勒留(Marcus Aurelius,121—180,161年即位)的《沉思录》这个书名是根据英译(*The Meditations of the Emperor Marcus Aurelius*)而来。这本用希腊语写的修身日记的原文书名是 *Τὰ εἰς ἑαυτόν*,当译作"切己所言"或"切己所思"。

2 名　词

冠词没有词义，从而没有词干。名词有词义，由词干体现出来，性属、数和格位的变化体现于可变的词尾——如果我们把名词的词尾变换与前面学的冠词联系起来，就很容易理解。因此，名词由不变的词干和可变的词尾两个部分构成。比如，在索福克勒斯的肃剧《埃阿斯》(Αἴας)中，合唱队唱出的一句诗绝妙地表达出名词格位的语法含义：

Πόνος πόνῳ πόνον φέρει. 苦上加苦（直译"辛苦给辛苦带来辛苦"）。

πόν-ος[辛苦、苦工、劳苦]的词干为πον-，-ος为主格词尾。如果变为其他格位，词尾就可能变成πόν-ου（属格单数）、πόν-οι（复数主格）、πόν-ῳ（第三格单数，词尾由延长的词干尾音与古老的词尾-ι结合而成，这个词尾很早就已不再念出来，所以用-ι的下标）。

汉语的名词没有这样的屈折变化，掌握古希腊语名词，不仅要记住词义（词干），更重要的是学会辨识词尾变格。阅读时，我们经常碰到的可能会是πόνῳ、πόνου、πόνων，如果不记得这些格位词尾，就没法在词典中查到πόνος，因为词典不会注录πόνῳ、πόνου、πόνων之类，仅注录πόνος。

名词的三种"性属"（阳性、阴性、中性）指语法性属，与冠词相同：

ὁ λόγ-ος[语词、理则]＝阳性，ἡ τέχν-η[技艺]＝阴性，τὸ ἔργ-ον[劳作]＝中性。

我们看到，这三个不同词性的名词的词尾差异与冠词相同或相似，从而可以理解，冠词与名词词尾有某种内在关联。虽然一般而言，雄性生物为阳性，雌性生物为阴性，无生命的事物可为三性中之一种，但语法性属与自然性属无关。

每个名词的语法性属必须与该名词一起记牢，不能猜。在词典或者词汇表中，名词都标明该词的主格形式和表示其性属的冠词（ὁ＝[阳性]，ἡ＝[阴性]，τὸ＝[中性]）以及属格单数形式，例如：ἡ τέχν-η, τέχν-ης。为什么要特别注明名词的属格单数形式呢？在随后的学习中,这个问题会逐步得到解答。

与拉丁语和现代西方语言不同,古希腊语的名词除有单、复数外,还有一个独特的表示(语法性质的)两个的双数(dual＝用于成双的事物或人,如双手、双眼、两人;动词的变位也有双数)。这种用法虽然较为少见(主要见于荷马诗文,后世作家多用复数代替),仍然需要知道,其词尾形式为:第一格、第四格和呼格＝-ω($πόνω$),第二格和第三格＝-οιν($πόνοιν$)。双数其实反映出一种质朴的观念:一双与多个毕竟不同,何况双数也并非只用于两个配对的东西(汉语所谓的"一对")。

名词变格的三种类型

若要给一名词变格,首先需要确认词干,因为词干是名词的不变成分。古希腊语名词变格之所以繁难,主要因为并非所有名词各格位都有相同的词尾。为了便于初学者学习古希腊语,古典语文学家们努力归纳名词变格的规则,并取得了有效成果:依名词主格单数词干尾音(词典中首先记录名词主格单数形式)的元音把名词分为三类:

第一类名词(亦称A变格类名词):主格单数以元音-$η$或-$α$(阴性名词居多)结尾,从主格单数形式基本可推知其词干形式,各格的词尾形式大致有规则可循。

第二类名词(亦称O变格类名词):主格单数以元音-o加辅音-$ς$(阳性名词居多)或-$ν$(中性名词)结尾(即-$ος$或-$ον$),从主格单数形式基本可推知其词干形式,各格词尾也大致有规则可循。

据说,O元音的语词声调低沉而男性化,A元音的语词声调则带女性化的高音腔调。无论如何,古希腊语悦耳的乐调性很大程度上得归功于这种变换丰富的元音系统。

第三类名词(亦称[元音/辅音]混合变格类名词):主格单数没有带特征性的词尾,从而无法从主格单数尾音形式推知其词干,要确认词干就需要靠去掉属格单数词尾。词典特别注明名词的属格单数形式,原因就在于此。这类名词(三种性属都有)变格的各格词尾尽管大致有规则可循,仍然有好些例外。因此,与前两类名词相比,这类名词可算作变格不规则的名词——名词变格让我们会感到繁难的,主要是这类名词。

学习名词变格要从比较规则的第一和第二类名词着手(需要变格的词

尾用分隔号—与词干隔开）。

第一变格类名词

这类名词多为阴性，单数主格多为-a或-η，比如 ἁρμονία[和谐、端正、调正]-οἰκία[房子、家]-δόξα[意见、决议、声望]-τέχνη[技艺]-ἐπιστήμη[洞见、知识、学问]。下面看几个例词。

ἀνδρεί-α[勇气]（单数主格词尾为-α），呼格与主格相同：
单数＝ἀνδρεί-α — ἀνδρεί-ας — ἀνδρεί-ᾳ — ἀνδρεί-αν — ἀνδρεί-α[呼格]
复数＝ἀνδρεῖ-αι — ἀνδρει-ῶν — ἀνδρεί-αις — ἀνδρεί-ας — ἀνδρεῖ-αι[呼格]

这个语词是古希腊的基本德性之一，词干与 ἀνήρ[男人、大丈夫]和 ὁ ἄνθρωπος[人]相近，表明"勇气"源于男人气，却是个阴性名词。苏格拉底问：ἐναντίον ἀνδρεία δειλίαι[勇气与懦怯刚好相反吗]（《普罗塔戈拉》360d1）。

δόξ-α[声誉、意见、决议]（单数主格词尾为-α）：
单数＝δόξ-α — δόξ-ης — δόξ-ῃ — δόξ-αν — δόξ-α
复数＝δόξ-αι — δοξ-ῶν — δόξ-αις — δόξ-ας — δόξ-αι

比较 ἀνδρεί-α 和 δόξ-α 可以发现，复数各格词尾都相同，单数主格和宾格词尾也相同，仅单数二格和三格不同。

为什么这一变格类词的单数属格 α 要变为 η，而另两种则或 α 或 η 呢？这与形容词的变格相关，因为，希腊语的名词与形容词的词形联系十分紧密。如果形容词词干以元音-ε、-ι结尾（如 δίκαι-ος[正义的、正派的]）或者以辅音-ρ结尾（如 μικρ-ός[微小的]），其阴性形式就不再是-η，而是-α。

古希腊哲人讲究区分信仰、意见和真知。柏拉图笔下的苏格拉底认为，哲人并不拥有"真知"，而是致力于寻求（热爱）真知，哲人要摆脱 τὴν ψευδῆ δόξαν[不真实的意见]获得"正确的意见"已经很不容易。

ψυχ-ή[灵魂、呼吸]（单数主格词尾为-η），呼格与主格同：
单数＝ψυχ-ή — ψυχ-ῆς — ψυχ-ῇ — ψυχ-ήν — ψυχ-ή
复数＝ψυχ-αί — ψυχ-ῶν — ψυχ-αῖς — ψυχ-άς — ψυχ-αί

在古希腊文学和哲学中,"灵魂"向来是关键词,从荷马、肃剧诗人到柏拉图、亚里士多德,概莫能外。苏格拉底在谈到灵魂的构造时说,对不信 ψυχή πᾶσα ἀθάνατος [所有灵魂都是不死的]的人,没法也没必要与他谈论灵魂(《斐德若》,245c5—246a2)。

你作为现代人还相信人有"灵魂"吗?西文 psychology[心理学]的词源可以追溯到 ψυχ-ή,但古希腊没有"心理学",只有灵魂学,两者的差异非同小可。现代学问把灵魂类型简化为心理类型,表明了现代人的品质。

作为练习,你不妨试试给 ἡ τύχη [偶然、幸运、不幸]变格。

→ "非分而得谓之幸。"《说文》"幸,吉而免凶也";"非分而得"即侥幸之义。《荀子·王制》"朝无幸位,民无幸生"。(杨琳,《小尔雅今注》,北京:汉语大词典出版社 2002,页 168。)现代启蒙精神力图改变人们对这个语词的理解。

A 类名词有一个共同之处:复数属格的尾音节 -ων 上面总有起伏声调(原本为 -άων,缩合为 ῶν)。我们可能会问:既然这类名词的主格大多以 -η 结尾,为什么被命名为 A 类而非 E 类名词呢?其实,这类名词本来多以 -α 结尾,在伊奥尼亚—阿提卡方言区,-α 才变成了 -η(多里斯方言大多仍然保留 -α)。那么,在伊奥尼亚—阿提卡方言中为何还有 -α 结尾的呢?这是因为,如果在 -α 之前有元音 -ε 或 -ι 或辅音 -ρ(如 θεά, ἁρμονία, χώρα),-α 就会保留。在其他情形下(如 δόξα, θάλαττα),主格、四格和呼格都会保留 -α,仅单数属格和与格变作 -η。

A 变格的名词绝大多数是阴性,也有阳性名词,但没有中性名词。单数主格以 -ας 或 -ης 结尾,属格单数则以 -ου 结尾,其余格位与 A 变格的阴性名词相同,比如:

ὁ νεανίας [少年]

ὁ νεανίας — τοῦ νεανίου — τῷ νεανίᾳ — τὸν νεανίαν

οἱ νεανίαι — τῶν νεανιῶν — τοῖς νεανίαις — τοὺς νεανίας

又比如 ὁ πολίτης [城邦民](比较 Kosmopolit[世界公民],这个语词出自法语 cosmopolite,源于近代启蒙运动,所以排斥希腊语词尾):

ὁ πολίτης — τοῦ πολίτου — τῷ πολίτῃ — τὸν πολίτην

呼格是 ὦ πολῖτα(呼格的古老形式),主格单数以 -της 结尾的名词的单数呼格都如此。如果次音节是长音节,尾音节又是短音节,上面就得有声调符。

这些主格单数以 -της 结尾的 A 变位阳性名词好些其实是外来词,比如:

ὁ ἀθλητής [竞赛者、田径运动员]

ὁ ποιητής[诗人]（拉丁语 poeta，法语 poète）

ὁ ἰδιώτης[私人、平民]——如今这个语词具有很高的法权地位，但在古希腊，"私人"指只关心自己的事、不关心城邦事务的蠢人，因此，在法语和德语中，这个词变成带鄙视意味的 idiot[白痴]。

第二变格类名词

这类名词多为阳性和中性，单数主格多为 -ος 或 ον，因此亦称 O 变格类名词。

κόσμ-ος[秩序、宇宙、规矩]，呼格单数与主格不同：

单数＝κόσμ-ος — κόσμ-ου — κόσμ-ῳ — κόσμ-ον — κόσμ-ε

复数＝κόσμ-οι — κόσμ-ων — κόσμ-οις — κόσμ-ους — κόσμ-οι

这个语词的本意是"良好的秩序"，近似于 τάξις[安排、次序]的同义词（参见柏拉图，《法义》，898b；亚里士多德，《论天》[De Caelo]，301a10），引申为"宇宙""世界"。反过来说，"宇宙"和"世界"当理解为一种秩序——这种观念源于毕达哥拉斯学派和苏格拉底之前的自然哲人，表明了对整个生活世界的一种理想性看法。

→ 参见吴国盛，《希腊空间概念的发展》，成都：四川教育出版社，1994，页14—15；《柏拉图与天人政治》，北京：华夏出版社，2009；谭立铸，《柏拉图与政治宇宙论》，上海：华东师范大学出版社，2010。

大约出生于公元前460年的自然哲人德谟克利特（Δημόκριτος）不仅是古人伊壁鸠鲁的老师，也是现代人马克思的老师，在西方思想史上的影响至深至远。他曾说：

ἄνθρωπος μικρὸς κόσμος. 人是微小世界。

这是一个省略系词的表语句，ἄνθρωπος[人]是主词（主格），κόσμος 是表语（亦为主格），μικρὸς 是形容词，修饰 κόσμος。德谟克利特仅用三个语词就精练地表达出自己对人的看法：人过于复杂，要理解每个"人"非常之难（我国古人说过，"知人则哲"）。在现代西方语文中，ἄνθρωπος 仍然是常见词（比较 anthropology）。ἄνθρωπος 以 -ος 结尾，也属于第二变格类名词。从 μικρὸς（比较 Mikrophon）的词尾则可以推知，这是第二变格类形容词。

由于三个语词的词尾（尤其元音）相同，这句箴言读起来有韵律感。可见,古希腊语的词尾也具有表现力,汉译无法仿效(除非变成汉语的押韵),现代西方语文同样无法效仿(德语的变格形式发展得不完善,变化远不如古希腊语丰富,主格大都没有特殊词尾,弱变化如Mensch-en用于所有的格)。

O变格名词的声调有一些在最后音节,如 θεός、στρατηγός。记住,长元音或复合元音的音节都是长音节,只有-οι在主格和呼格复数里是短音。ὁ υἱός[儿子]就是例子:如果尾音节有声调,其二格和三格单数均为长音(其他格都不可用长音),复数宾格则为昂音。

单数＝υἱός — υἱοῦ — υἱῷ — υἱόν — υἱέ;复数＝υἱοί — υἱῶν — υἱοῖς — υἱούς — υἱοί — υἱοί。

主格单数以-ος为词尾的名词多是阳性,而且好些就是男性名词,如 θεός[神]、στρατηγός[统帅、将军]、ἄγγελος[信使]("天使"由此而来)、τύραννος[王、僭主]、φίλος[朋友](比较西洋人名 Philipp[爱马])、ἰατρός[医生](比较 Psych-iater[灵魂的医生])、κύριος[主人](教堂＝主的屋子)。很多指称物的名词也有同样的词尾,自然性属与语法性属的重叠很常见,以后你读阿里斯托芬的《云》(第二场)可以体会到这一点。

O变格的名词也有不少中性名词,第一、第四格及呼格单数以-ον为词尾,复数以-α(短音)为词尾,比如 τὸ δῶρον[礼物、天赋、赠品](比较西洋人名Theodor、Dorothea[神赐],缩写为 Dora、Dore),复数主格为 δῶρα。其实,无论在哪个变格类中,所有中性名词的单、复数宾格以及呼格都与主格相同,复数主格、宾格、呼格的最后一个字母都是-α。欧洲人文中学教希腊语时(拉丁语相同)都要求学生念这样一条经:"要牢记,中性名词1、4、5格都相同。"(五格指呼格)

ἄστρ-ον[星辰],呼格与主格同,故省略:
单数＝ἄστρ-ον — ἄστρ-ου — ἄστρ-ῳ — ἄστρ-ον
复数＝ἄστρ-α — ἄστρ-ων — ἄστρ-οις — ἄστρ-α

在古汉语中,"星辰"既指众星("历象日月星辰"),也指"星"在具体时间("辰")中的位置。如今"90后"喜谈的星座命相与古希腊星象术有关,我们的古人则说,"命之修短,实由所值;受气结胎,各有星宿"(《抱朴子内篇·塞难》)。与我国古代一样,掌握"星—辰"变化(ἀστρολογία[天象学、占星术])是高人必修的政治知识。

→ 参见江晓原,《历史上的星占学》,上海:上海科技教育出版社,1995,页72—96;关于古希腊的星象术,参见莎德瓦尔德,《古希腊星象说》,卢白羽译,上海:华东师范大学出版社,2008;关于中国古代星象术,参见《史记·天官书》,亦参冯时,《星汉流年:中国天文考古录》,成都:四川人民出版社,1996;陶磊,《〈淮南子·天文〉研究》,济南:齐鲁书社,2003。与此相应,近代观念的兴起与更改古人的天象观密切相关,参见科瓦雷,《从封闭世界到无限宇宙》,邬波涛、张华译,北京:北京大学出版社,2003。

O变位名词也有阴性,尽管不多,但往往是常用词,比如 ἡ βίβλος[莎草纸、书]或 ἡ νόσος[疾病、痛苦、烦恼]。这些名词的性属只有从阴性冠词ἡ以及受这些名词支配的定语或谓语性形容词才看得出来,因为,这些阴性名词的主格词尾也是-ος,变格与-ος词尾的阳性名词相同。反过来说,我们不能看到主格词尾是-ος,就断定是阳性名词:

ἡ ὁδός[路],比较 ἡ μέδοδος[方法](μετά[朝向]＋ὁδός[通路]合拼时,由于元音 ά+ὁ合拼,-τ变成-ϑ);比较 Ἔξοδος(希伯来圣经中《出埃及记》篇名的希腊文翻译);由这个词衍生而来的德语外来词同样是阴性:die Synode、die Anode、die Kathode、die Methode;

ἡ παρϑένος[少女],比较雅典著名的 ὁ παρϑενών[帕特农神殿](意译当为"贞女神殿");

ἡ νῆσος[岛、半岛],过去我们把 ἡ Πελοπόν-νησος[伯罗奔半岛]译作"伯罗奔尼撒"(把-νησος音译为"尼撒")甚至"伯罗奔尼撒半岛",学过希腊文后再这样译就不对啦。

阳性名词在A变格类中属特例,同样,阴性名词在O变格类中是特例——这些特例使得我们在记名词时必须同时记住显示该名词性属的冠词。何况,A变格类名词与O变格类名词在词尾变化方面有些相似,要牢记这两类名词,更应该一并记住冠词。

练习

1 请写出 ὁ ἄνϑρωπος–ἡ τύχη[偶然、幸运、不幸]–τὸ ζῷον的单、复数的四个格(包括冠词),比较变格的词尾。阅读索福克勒斯《俄狄浦斯王》思考这三个语词的关系(参见Jochen Schmidt编,*Aufklärung und Gengenaufklärung in der eroupäischen Literatur, Philosophie und Politik von der Antike bis zur Genenwart*, Darmstadt, 1989)。

2 根据词尾确定后面的语词的性、数、格：

τύχη — χαρᾶς — δόξαν — ἀρεταῖς — φυτά — τέχνας — ῥώμη — ἀνδρείας — ψυχῆς — ἐπιστήμην — εὐδαιμονία

3 请将希腊语名词的变格特征与自己所熟悉的任何一种西方语言的名词比较，找出其异同。

4 英格兰的殖民者 William Penn(1644—1718)在建造美国宾州首府时，用了 Philadelphia 这个名称，你能看出这个语词的古希腊语词义吗？试找出 Philanthrop—Anthroposoph—Theosophie 的希腊语词干。

5 将名词和冠词有相同词尾的性、数、格排列出来加以比较。

6 将下面的词汇按同类配对：

ἥλιος — ἄνθρωπος — ἄστρα — θεός — ζῷον — δικαιοσύνη φυτόν — σελήνη — ἐπιστήμη οὐρανός — σωφροσύνη — ῥώμη ψυχή — ἀνδρεία — τέχνη

7 查词典，找出下列语词的词义，再举出其汉语反义词：

εἰρήνη — ἐχθρός — νεώτερος — ὀλίγοι — ἀρχαῖος — δειλός

8 比较下面的名词变格，注意以 α 结尾的阴性名词单数的变格有什么特点；以 α 和 η 结尾的阴性名词的复数词尾的变格相同，那么，它们的词尾与何种复数词尾不同？

ῥώμη καὶ ἀνδρεία — ῥώμης καὶ ἀνδρείας — ῥώμῃ καὶ ἀνδρείᾳ — ῥώμην καὶ ἀνδρείαν

9 按性、数、格给下面的语词配对，组成六个有意义的词组：

τοὺς καλοὺς — ναῦς — τὸν ἀγαθὸν — ὁδόν — τὰς πολλὰς — εὐδαιμονίας — τοῦ σώφρονος — νεανίας — τὴν ἀρίστην — πολίτην — τῆς τελείας — στρατιώτου

10 举出下面这些语词的反义词：

ὄλβιος — ἥδομαι — ἀρχή — δίκη — ἡδύς

11 用下面的两对词造出带定语的词组：

ὁ νόος — οἱ ἄνθρωποι; οἱ θεοί — ὁ κόσμος

12 下面两个句子内容相同，表达方式不同，说明第二个句子中第二格的作用：

Κροῖσος πλουσιώτερος ἦν ἢ οἱ ἄλλοι ἄνθρωποι.

Κροῖσος πλουσιώτερος ἦν τῶν ἄλλων ἀνθρώπων.

13 下面句子的括号中有几种用法，其中总有一个从含义和构成上看

不合适,请剔除按句意来看不适用的,并翻译从语言和内容上看正确的连接:

1. Ὁ στρατηγὸς (τὸν βίον / τὸν φίλον πιστὸν / τοῦ στρατοῦ) ἡγεῖται.
2. Διαλεγώμεθα (Τοῖς φιλοσόφοις / ἡμᾶς / περὶ τῶν μαθημάτων).
3. Ὁ ταῦρος (πρὸ τῶν βοῶν / μετὰ τῶν Περσῶν / τῷ λύκῳ) μάχεται.

第三变格类名词

从词干结尾来看,名词变格可按元音结尾和辅音结尾分为两大类,由于元音结尾有 A 变格类和 O 变格类,名词共有三种变格类型。A 变格类(多是阴性名词)和 O 变格类(多是阳性和中性名词)有一个共同特征:主格词尾比较容易归类,从主格词尾可推知词干。以辅音结尾的名词,其共同特征是:主格词尾不规则,无法从主格词尾推知词干,变格也不规则,以至于需要一个个单独记。属于这一变格类的名词三种性属都有,因此也叫"混合变格类"名词(按名词性属来分类:A 变格类为阴性名词,O 变格类为阳性和中性名词)。

中国有句俗话"好事成双",古希腊人的类似谚语则是"好事成三"。其实,对我们的古人来说,"三"这个数也具有神秘法力:所谓"三者,数之小终,言深也";所谓"纪之以三(天、地、人),平之以六";所谓"民生于三(君、父、师),事之如一"。古希腊人在酒宴上首先得三祭酒:第一杯敬众神的使者赫耳墨斯,第二杯敬妩媚三女神(Chariten),第三杯敬神人之父宙斯;此时人们口中念叨:τὸ τρίτον τῷ σωτῆρι [第三杯献给救主](σωτῆρι 是 ὁ σωτήρ [救主]的与格单数)——后来基督徒用这个语词来称耶稣。

σωτήρ 就是第三变格类名词(词干以辅音字母结尾):

ὁ σωτήρ — τοῦ σωτῆρ-ος — τῷ σωτῆρ-ι — τὸν σωτῆρ-α — ὦ σῶτερ [呼格]
οἱ σωτῆρ-ες — τῶν σωτήρ-ων — τοῖς σωτήρ-σι(ν) — τοὺς σωτῆρ-ας

可以看到,这个词的主格单数是词干本身,单数属格词尾为 -ος,四格单数词尾为 -α,复数主格和呼格词尾为 -ες,四格复数词尾为 -ας(-α 为短音,勿与 A 变格类的长音 -α 词尾混淆)。语文学家提醒我们,第三变格类名词与第一和第二变格类名词的相似性仅在如下三点:

1. 与格单数都带 -ι(不同的是,A 变格类和 O 变格类名词的单数与格的 -ι 为下标);

2. 属格复数都是-ων;

3. 复数与格都是带可挪动的ν的-σι。直到公元前450年,阿提卡地区的人都还在说 ϑεοῖσι(ν) = ϑεοῖς 和 ϑεαῖσι(ν) = ϑεαῖς。

σωτήρ 的主格单数是词干本身,没有词尾(与德语相同,除少数例外,德语名词主格的词干就是其原来的词干: der Tag — des Tages[时日、日子], der Bauer — des Bauer-n[农民])。但第三变格类中的名词大都并非如此,我们并不能从 σωτήρ 这个例词推知大多数第三变格类名词的主格单数形式。更多的情形是,第三变格类名词的主格单数形式与词干形式并不相同。比如,τὸ οὖς[耳朵](主格单数)的词干是 ὠτ-(以辅音字母结尾),两者面目全非。ὁ πούς[脚](主格单数)的词干是 ποδ-(以辅音字母结尾),同样面目全非。

因此,我们甚至不能像 σωτήρ 那样,从主格单数得到词干本身。反过来说,倘若我们在阅读中遇到比如 ὠτί[耳朵](与格单数)或 ὦτα[耳朵](主格复数),也无法从它推知其主格单数形式。若要在词典中找到这个词,尤其当其主格和属格的开首字母不同时(比如 τὸ οὖς — ὠτ-[耳朵]),就首先得知道 ὠτί 或 ὦτα 是 τὸ οὖς 的与格单数和主格复数——由此可知,即便要使用古希腊语—汉语字典,也得有基本的词形学知识。

第三变格类名词的词干

这类名词的主格单数形式各种各样,而且未必带词干(比如 τὸ οὖς[耳朵]并未显明词干 ὠτ-),各格的词尾就不可能附加在主格的词干形式后面。换言之,与前两类名词不同,第三变格类名词的词干在属格单数形式中,变格时只能将各格词尾附加在属格词干后面:首先将单数属格的词干与词尾分开,得到词干后再加各格词尾。比如 τὸ οὖς[耳朵]的属格单数是 ὠτός,后面的-ός 显然是词尾,去掉它就得到 τὸ οὖς 的词干 ὠτ-,然后在这个词干后面加各格词尾(比如与格单数 ὠτ-ί,主格复数 ὦτ-α,属格复数 ὤτ-ων 等)。

学习这类词汇必须同时记主格形式和单数属格形式(词汇表和词典都会给出这两种形式),因为,记住主格单数才能在词典中查到这个词,记住属格单数才能知道如何变格。比如,当要记 σάρξ[身躯、肉体](主格即词干本身),就必须连同其属格形式 σαρκ-ός 一起记,当然,同时要记住它是阴性。

在第三变格类中,好些名词与 σωτήρ 类似,即主格单数与词干非常相近,往往仅一个字母的音素差异:要么是元音变异、要么是辅音变异。了解这些变音的音韵学道理,会有助于我们掌握这类名词的变格。

1. 元音变异:词干尾音节的短元音在主格单数变为长元音。

ὁ ῥήτωρ[演说家、修辞学家],属格单数为ῥήτορ-ος,词干为ῥήτορ;

ὁ πατήρ[父亲],词干πατερ,单数属格和与格时,-ε脱落=πατρός — πατρί;

ἡ μήτηρ[母亲],词干μητερ,单数属格和与格时,-ε脱落=μητρός — μητρί;

ὁ ἀνήρ[男人],词干ἀνερ,变格时-ε脱落,插入-δ,属格单数ἀνδρός-,与格单数ἀνδρί。

→ ἀνήρ在变格时词干元音还会发生变化:单数呼格发短元音ἄνερ,单数主格发长元音ἀνήρ(比较ῥήτωρ、ῥήτορος);其余格位则因-ε脱落收缩成ἀνρ-,配上词尾时需要插入-δ,比如与格复数ἀν-δ-ρ-άσιν。由此可见,有些第三变格类名词简直就是不规则名词,最好记住其每个格位的单复数形式(词典中往往会给出这些形式)。

与ὁ ἀνήρ相对的ἡ γυνή[女人]看起来像第一变格类名词,词干却是γυναικ-:

γυνή — γυναικός — γυναικί — γυναῖκα — (呼格)γύναι

γυναῖκες — γυναικῶν — γυναιξί(ν) — γυναῖκας — (呼格)γυναῖκες

下面这个句子中出现了两个第三变格类名词:

καὶ τὰς γυναῖκας, τὰς τῶν καλῶν στρατιωτῶν μητέρας, ἐτίμων. 他们也尊重女人,优秀将士的母亲们。

2. 辅音变异:主格单数由在词干后附加辅音-ς来构成,如果词干尾音字母为腭辅音κ,与-ς结合就变成-ξ,若词干尾音字母为唇辅音π,与-ς结合就变成-ψ。

ὁ Κύκλωψ(《奥德赛》中的)[圆目巨人]=属格单数Κύκλωπ-ος,词干Κύκλωπ+ς → 主格单数Κύκλωψ。

ὁ κόραξ[乌鸦]=属格单数κόρακ-ος,词干κόρακ+ς → 主格单数κόραξ。

λευκοὶ κόρακες[白乌鸦](没见过或极为少见的事情)。

λευκοί是形容词λευκός[白色]的复数阳性主格,修饰名词κόρακες(→ ὁ κόραξ, κόρακ-ος[乌鸦]的复数主格,主格单数与词干几乎相同,词干的结尾辅音-κ在主格单数变成了-ξ)。形容词词尾与名词词尾不一定相同,但性(阳性)数(复数)格(主格)相同(语法上的一致)。

κακοῦ κόρακος κακὸν ᾠόν. 坏乌鸦的蛋(就是)坏[狗嘴吐不出象牙]。

这个句子是省略系词的表语句,语序与汉语差别较大,主词 *τὸ ᾠόν*[蛋]在句尾。*κακοῦ*(→ *κακός*[坏的、恶的]形容词二格单数阳性)与所修饰的 *κόρακος*(二格)都是 *τὸ ᾠόν* 的定语(注意词尾并不一致),*κακόν* 是表语,把主词与其定语分隔开,但与主词 *τὸ ᾠόν* 保持性数格的一致(词尾形式碰巧一致)。

再重复一遍:从词干尾音来看,名词的词干不外乎要么以元音结尾,要么以辅音结尾。如果我们肯琢磨一下这些变音的缘由,不仅会化解不少掌握第三变格类名词的困难,也会对古希腊语词的机理有切实的感觉。比如,如果我们熟悉辅音的类型,对于掌握以辅音结尾的第三变格类名词的变音会大有帮助(对今后学习辅音动词也大有好处)。

腭辅音(Guttural = -γ -κ -χ)词干,例词:*ὁ φύλαξ*[看守人、守护人]
φύλαξ — φύλακ-ος — φύλακ-ι — φύλακ-α;
φύλακ-ες — φυλάκ-ων — φύλα-ξι(ν) — φύλακ-ας

主格单数与词干几乎相同,词干的结尾辅音 -κ 在主格单数因附加 -ς 变成 -ξ。

这个语词因柏拉图《王制》中说"哲人"是国家的"守护人"而变得在思想史上地位突出。20世纪的著名政治思想家施米特写过《宪法的守护人》(北京:商务印书馆,2008)为总统的代表专政辩护,其"守护人"的含义即源于《王制》。

鼻辅音(Nasal = -ν)词干,例词:*ἀγών*[赛会]
ἀγών — ἀγῶν-ος — ἀγῶν-ι — ἀγῶν-α;
ἀγών-ες — ἀγών-ων — ἀγῶσι(ν) — ἀγῶν-ας

主格单数与词干相同,与格复数形式 *ἀγῶσι(ν)* 显得特别,这是因为在 σ 前齿辅音和 ν 会脱落(比较《伊利亚特》,6.208)。

举办[赛会]是希腊古风,与"争当第一"的高贵崇拜相关。在尼采看来,[赛会]精神是优良政制的一种政治伦理:"每一个伟大的希腊人都是竞赛火炬的传递者,每一种伟大德性都点燃新的伟大。"

→ 尼采,《荷马的竞赛:尼采古典语文学研究文稿选编》,韩王韦译,上海:上海人民出版社，2018；阿卡姆波拉，《尼采与荷马竞赛》，见刘小枫编，《尼采与古典传统续编》，田立年译，上海：华东师范大学出版社，2008。

流音（Liquida＝-λ -ϱ）词干，例词：ῥήτωϱ[修辞家、演说家]
ῥήτωϱ — ῥήτοϱ-ος — ῥήτοϱ-ι — ῥήτοϱ-α；
ῥήτοϱ-ες — ῥητόϱ-ων — ῥήτοϱ-σι(ν) — ῥήτοϱ-ας

主格单数与词干几乎相同，词干尾音节的短元音-o在主格单数中变成了长音-ω。

修辞术是古希腊雅典民主时期兴起的新教育内容，[修辞家]后来也成为一种专门职业，受到柏拉图笔下的苏格拉底的激烈攻击。

唇辅音（Labial＝-β -π -φ）词干，例词：ὁ γύψ [兀鹰]
γύψ — γυπ-ός — γυπ-ί — γῦπ-α；
γῦπ-ες — γυπ-ῶν — γυψί(ν) — γῦπ-ας

主格单数与词干几乎相同，词干的结尾单辅音-π在主格单数因附加-ς变成双辅音-ψ(与格复数同样如此)。

→ 凡单音节的名词都值得特别留意——第三变格类的单音节名词，其单复数的属格和与格的尾音节上都有声调符，复数属格则有起伏音符，与名词声调规则不同。

齿辅音（Dental＝-δ -τ -ϑ）词干，多为阳性名词。
例词：ὁ / ἡ παῖς[孩子(无论男女)、少年]
παῖς — παιδ-ός — παιδ-ί — παῖδ-α；
παῖδ-ες — παίδ-ων — παισί(ν) — παῖδ-ας

主格单数与词干几乎相同，词干结尾的齿辅音-δ在主格单数脱落(与格复数和呼格单数亦然)，再附加辅音-ς，因此，齿辅音词干的名词主格单数多以-ις为词尾。除了主格、与格复数、呼格单数，词干都要求补充齿辅音(ιτ-ιδ-ιϑ)。

双辅音(比如-ντ)词干，都是阳性名词，例词：ὁ λέων[狮子]
λέων — λέοντ-ος — λέοντ-ι — λέοντ-α；
λέοντ-ες — λεόντ-ων — λέου-σι(ν) — λέοντ-ας

主格单数与词干看似差别很大,实际上,词干尾音节的短元音-o在主格单数中变成了长音-ω,结尾的-τ省略。

可以看到,所有的复数与格都显得比较特别,无从按相应的规则来掌握。不过在阅读时,至少我们可以认出其为复数与格。

有些第三变格类名词的主格单数与词干形式其实差别不大,主要是词尾元音的变异,我们仍然可以从主格单数来推知其词干形式。比如,主格单数以-ις为词尾的名词,其词尾可理解为以元音-ι结尾,再附加辅音-ς而成。由于这些名词都是阴性,很容易被误认为是第一变格类名词,其实这些名词的变格很不规则。

在看这类名词的例词之前,先了解一下元音缩变的习规:两个单元音相遇时,要么合缩成一个双元音,要么合缩为一个单元音。比如,

ε+ο → ου;ε+ι → ει;ε+α → η

这种在名词变格或动词变位时出现的元音合拼现象,既可以说是古希腊语在语音上有灵活性,也可以说是古希腊语还不稳定。诗人为了凑足韵律(尤其为了三音节的长-短-短格),就往往不用元音缩变。

例词:ἡ πόλις[城、城邦](ι结尾的几乎都是阴性名词):

πόλι-ς — πόλε-ως — πόλει — πόλι-ν;
πόλεις — πόλε-ων — πόλε-σι(ν) — πόλεις

词干πολ-ι仅见于单数主格、四格和呼格,在其他格位,词干结尾元音-ι都变成了-ε。单数与格的πόλ-ει从πόλε-ει缩变而来,复数主格的πόλεις从πόλε-ες缩变而来,依据的都是缩变规则,但复数宾格的πόλεις(而非πόλεας)则不是按缩变规则而成-ης。如果与第一变格类名词比较:单数宾格最后以辅音-ν结尾(而非-α),单数属格的词尾是-ως(而非-ος)。

此外,这类名词的单复数属格的声调都是例外,不按声调规则(尾音节为起伏音时,前音节不可有声调)。因此,主格单数以-ις为词尾的名词最好视为不规则变格名词,需要记住其每个格位的具体形式(词典中往往会给出这些形式)。

不妨试试确认下面的πόλις的变格形式的性数格,看看哪些比较容易确认、哪些比较难:πόλεις — πόλει — πόλεσιν — πόλιν — πόλεων — πόλεις — πόλις — πόλεως

ἡ πόλις是古希腊文明的标志性语词,在古希腊作品中不仅指城邦,也

可以指城邦的广场、法庭大厅、剧场、辩论场所……乃至整个城邦的生活传统。对古希腊城邦民（*πολίτης*）来讲，*ἡ πόλις* 无异于他们的生活方式（如今所谓的"政体"或"国家"）。如亚里士多德在 *Πολιτικά* 开篇所说：

> 当多个村落（*ἐκ πλειόνων κωμῶν*）为了满足生活需要，以及为了生活得安逸（*τοῦ εὖ ζῆν*）而结成一个完整的共同体（*κοινωνία τέλειος*），大到足以自足（*αὐταρκείας*）或接近自足时，城邦就产生了。城邦是自然的（*πόλις φύσει ἔστιν*），正如最初的共同体（*αἱ πρῶται κοινωνίαι*）是自然的。（亚里士多德，《政治学》，1252b28—31）

如今所谓 Politics[政治学]源自 *πολιτικὴ τέχνη* 或 *ἐπιστήμη*[城邦生活的技艺或学问]，实际上是以拉丁字母转写 *πολιτική*。亚里士多德在 *Πολιτικά* 这一名目下，讨论了诸如王政、君主制、贵族制、民主制、寡头制等 *πόλις* 的具体形式。

→ 亚里士多德《政治学》义疏参见 Peter L. Phillips Simpson, *A Philosophical Commentary on the Politics of Aristotle*, Uni. Of North Carolina Press 1998；戴维斯，《哲学的政治：〈政治学〉义疏》，郭振华译，北京：华夏出版社，2012；库朗热，《古代城邦》，谭立铸译，上海：华东师范大学出版社，2005；吕迪格尔·布伯纳，《城邦与国家：政治哲学纲要》，高桦译，北京：人民出版社，2019。

> *ὑμεῖς οἱ Λακεδαιμόνιοι νικᾶσθε ὑπὸ τῶν Ἀθηναίων, πολιτῶν τῆς νῦν κρατίστης πόλεως.* 你们拉刻岱蒙人即将被雅典人——如今最强大的城邦的邦民——征服。

→ *ὑμεῖς* 与 *οἱ Λακεδαιμόνιοι*[拉刻岱蒙人]（即斯巴达人）是同位语，*τῶν Ἀθηναίων*[雅典人]与 *πολιτῶν* 是同位语。

自亚历山大时代以来，欧洲的好些政治中心地在取名时喜欢用 *πόλις* 这个语词来彰显自身的气派，以至于 *πόλις* 被误以为指所谓"大城市"。比如，*Φιλιππό-πολις*[菲利普城]，*Ἀδριανό-πολις*[阿得里亚诺城]，*Νεά-πολις*[新城]，*Κωνσταντινού-πολις*[康斯坦丁城]（旧拜占庭）。

→ 德语的 Philippopel, Adrianopel, Konstandinopel, Neapel 中的-pel，并非附加音节，而是 *πόλις* 这个词语遗留下来的残骸，单音节的法语形式 Naples 留下来的痕迹更所剩无几。在德语中，人们经常把 Poliklinik[公立医院]误读成 Polyklinik[众多医院]（*πολύς*）。

其实，所谓"城邦"指由散居的村落出于安全原因聚集到堡垒城墙地带而形成的政治共同体——原村落放弃了自己的独立性，与其他村落合并，形成以城邦为中心的政治共同体。比如，雅典城就是阿提卡地区联合城邦的首府，阿提卡的所有居民都是城邦民。但是，许多城市人口住在城外的乡村或小城镇，雅典城邦有139个村社（demoi，大致相当于地方自治单位）在行政上是分离的。另一方面，希腊各城邦之间虽然政治上四分五裂，精神生活却是统一的，有共通的神祇、节日、赛会。伯罗奔半岛上的斯巴达则相反，对其他定居地始终具有统治地位。

有人认为，"城邦国家"的说法颇有问题，因为"阿提卡不是有一个、而是有两个城市中心（雅典和比雷埃夫），斯巴达则没有城市中心，而是五个村落的结合"。这种说法把"城邦"与"城市"等同起来，反倒有问题，因为"城邦"与"城市"在古希腊文中是两个不同的语词。

→ 科谢连科，《城邦与城市》，见安德烈耶夫等，《古代世界的城邦》，张竹明等译，上海：华东师范大学出版社，2011；奥斯温·默里、西蒙·普赖斯主编，《古希腊城市：从荷马到亚历山大》，李光华、解光云译，北京：商务印书馆，2015；R.E.威彻利，《希腊人如何建造城市》，刘磊、刘佳译，北京：中国工人出版社，2021。

在现代西方语言中，还保留了好些以 -ις 为词尾的名词（尤其表示职业的名词）：要么保留原样要么变成 -se，尽管语义有些改变。比如：ἀνάλυσις[解开]（Analy-sis），κρίσις[分开、挑选、决定、判决]（cri-sis），ἀποκάλυψις[揭开、揭露]（Apokalyp-se，比较《新约全书》中的最后一篇的篇名"启示录"），σύνδεσις[组合、配合、综合]（Synth-sis）。

主格单数以 -υς 为词尾的名词与以 -ις 为词尾的名词近似，词干词尾可理解为以元音 -υ 结尾，再附加辅音 -ς 而成，而且没有出现元音变异。

例词：ὁ ἰχθῦς[鱼]（引申为鱼石脂、鱼油）

ἰχθῦ-ς — ἰχθύ-ος — ἰχθύ-ι — ἰχθῦ-ν；

ἰχθύ-ες — ἰχθύ-ων — ἰχθύ-σι(ν) — ἰχθῦς

与以 -ις 为词尾的名词一样，单数四格为词干加辅音 -ν（比较 O 和 A 变格类中的 -αν 或 -ην 词尾）。

与以 -ις 为词尾的名词更为近似的是词干以双元音 -ευ 结尾的名词：

例词：ὁ βασιλεύς[王]

βασιλεύ-ς — βασιλέ-ως — βασιλεῖ — βασιλέ-α；

βασιλεῖς(-ῆς) — βασιλέ-ων — βασιλεῦ-σι(ν) — βασιλέ-ας

这类词尾为-ευς、-εως的名词都是阳性,与-ις名词一样,变格不规则:若词尾的第一个字母是元音,词干最后一个元音-υ要脱落;单数与格和复数主格的词尾与词干结合时都要缩变;单数属格词尾以-ως代替-ος;单数宾格词尾用-α(而非-ν)。

ὁ βασιλεύς来自并非印欧人的原住民,词干本来是βασιλεϝ,即带有一个上古时期的希腊语字母ϝ(近似英文的F,发音Vau,字母名称Digamma,后来从古希腊语中消失,仅见于上古时期的铭文)。词干βασιλ-ε-ϝ结尾的单元音-ε变成了双元音-ευ,然后附-ς:主格单数 βασιλέϝ → βασιλεύς,复数与格 βασιλέϝσι(ν) → βασιλεῦσι(ν),呼格单数 βασιλέϝ → ὦ βασιλεῦ;其他格都是去掉ϝ后加词尾,有时还有缩变现象。单数属格的-ω来自词干βασιλη与词尾-ος的合拼:尾音-η与后面-ο的相互调换,成为-εω而非-ηο(βασιλέως而非βασιλῆος)。由此可以解释,为何第二格πόλεως违背了声调规则。

ὁ βασιλεύς作为范例表明,有些名词(多为职业和地理专名)的变格不规则,因为它们是外来词。

古希腊经典作品中好些英雄的名字以-εύς为词尾,变格与βασιλεύς一样,很可能是在模仿βασιλεύς,似乎英雄都有"王气"。比如,Ἀχιλλεύς[阿喀琉斯],Περσεύς[珀尔修斯],Ὀδυσσεύς[奥德修斯],无不大名鼎鼎,似乎-εύς沾上了βασιλεύς气。不过,众神之父宙斯Ζεύς的名字另当别论,它由两个完全不同的词干Ζευ和Διϝ组合而成,变格特别:

Ζεύς — Δι-ός — Δι-ί — Δί-α — (呼格)Ζεῦ

奥古斯都皇帝在位期间,莱茵河上游河畔有个罗马军团的营房。皇上把那里的岗哨命名为Basilia(也作Basilica),意在彰显罗马帝国βασιλεύς的威风。岗哨其实很简陋,坐落在一个名叫Augusta Rauricorum(意为Augusta在Rauriker的殖民地)的罗马殖民村落旁边。中世纪时期,这个村落发展成一座城市,名称简化为Basel(今瑞士境内的巴塞尔),因为它处于连接巴黎与维也纳及北欧与意大利的重要交通线的传统十字路口。

到了近代,Basel则因成为古典学重镇而名重学坛。巴塞尔近郊还有一个名叫August的村落(延续了殖民地Augusta的名称),从词源来看,Basel-August分别表征着希腊—罗马两大古典文明传统。也许因为沾了点βασιλεύς气,这座城市自近代以来一直是古典精神的苗圃,尤其在19世纪,好几位伟大的古典学者在此成就了自己的大业:巴霍芬(J.J. Bachofen, 1815—1887)、布克哈特(Jacob Burckhardt, 1818—1897)、尼采、欧维贝克

(Franz Overbeck, 1837—1905)等。

→ 戈斯曼,《欧维贝克和巴霍芬的反现代论:十九世纪巴塞尔的反现代论:反神学和反语文学》,见刘小枫编,《古典学与现代性》,陈念君、丰卫平译,北京:华夏出版社,2014;阿尔弗雷德·马丁,《尼采与布克哈特:对话中的两个精神世界》,黄明嘉、史敏岳译,上海:华东师范大学出版社,2020。

在东罗马帝国首府(即 Bosporus 海峡边上的康斯坦丁城),βασιλεύς 成了皇帝和皇后的称号 Basileus 和 Basilissa。从此以后,这个词简直就像 Hagia Sophia 的马赛克一样,弥漫着一层神秘的王威光晕。再到后来,俄罗斯人在语音上将希腊语与俄语土语奇妙混合,给拜占庭的圣徒 Basilios 起了个忒柔和的名字叫作 Wassili[瓦西里]。

→ 杰弗里·帕克,《城邦:从古希腊到当代》,石衡潭译,济南:山东画报出版社,2007;Jean-Claude Golvin, *Metropolen der Antike*, Darmstadt, 2005。

我们已经看到,词干尾音与词尾首音之间的缝隙是个纷争之地、变音之所,尤其当两个元音对接时。可以说,元音词干比辅音词干更容易受影响。你一定会烦恼地说:"希腊语哪来这么多花样!"其实,倘若我们把希腊语的变音看作一个精美花瓶出于能工巧匠之手的过程,也许就会从中寻得一些乐趣。

通过考究变音,语文学家力图为初学希腊文的人掌握变格不规则的名词提供方便法门。语文学家还告诉我们,第三变格类的有些中性名词值得引起特别注意,因为,它们的单数主格词尾看起来与 O 变位的阴性名词一样,典型的例词是:

τὸ γένος[性别、种类、方式](拉丁语 genus)

单数 = γένος — γένους — γένει — γένος;

复数 = γένη — γενῶν — γένεσι(ν) — γένη

γένος 的词干本来是 γενεσ-(以辅音 -ς 结尾),变格时大多都丢掉了 -σ(音韵学术语称为"脱落")。于是,词干 -ς 前面的 -ε 就得按元音缩变规则与词尾元音融合:属格单数形式本应是 γένεσ-ος,位于 -ε 和 -o 之间的 -ς 脱落(γένε-ος)后,两个元音缩变为长元音 -ου,词尾就成了 -ους(而非 -ος)。

可以看到,这里的变音都符合前面提到的元音缩变习规。

γένε + ος = γένους;γένε + ι = γένει(缩变为双元音);γένε + α = γένη(缩变为一个长元音)

γενῶν(复数属格)这个词尾则表明,较含混的带起伏声调的音节会吞掉较清晰的短音节。此外，倘若未缩变的音节上本来有声调符，缩变后这个音节也得有声调符。

雅典雇佣兵队长 Iphikrates［伊普斐克拉特斯］出身低微，他对小瞧自己的人说：

Ἐγὼ ἄρξω τοῦ γένους. 咱将会成为这类［人］中的第一。

拿破仑后来以此言自况，使得这话变得非常有名。ἄρξω＝ἄρχω［开始、带领、领头、走在前面］的将来时一人称单数。这是个行为句，动词 ἄρχω 支配二格宾语，故宾语为属格。

与 τὸ γένος 类似的中性名词有好些，而且多是日常语词，如 τὸ ἄνθος［花、诗选、菊花］（比较 anthology, Chrysantheme），τὸ ἔθνος［风俗］（比较 Ethnology），τὸ ὄρος［山］（比较 Orography）。有些甚至是非常重要的哲学术语，对这类名词都最好记住其每个格位的具体形式。比如：

τὸ πάθος［感情、感受］（比较 pathos），这个语词在柏拉图和亚里士多德作品中是一个重要术语，在霍布斯、卢梭笔下则成了政治哲学的基本概念，应该如何翻译让我们感到伤脑筋。

τὸ ἦθος［居处、风习；性情、本质、性格］（比较 ethos），所谓"伦理学"就从这个语词衍生而来，由此可知，"伦理学"的原初含义是"性情学"。

在柏拉图的《会饮》中，苏格拉底问他的老师第俄提玛，爱若斯究竟是什么，老师回答说：δαίμων［命相精灵］。

δαίμων — δαίμον-ος — δαίμον-ι — δαίμον-α — ὦ δαῖμον
δαίμον-ες — δαιμόν-ων — δαίμο-σι（ν）— δαίμον-ας

δαίμων 原意指没有具体模样的小神，或者说，这神在每个人那里显出不同的模样，因为其实际含义是"神赐给某个人的幸福或不幸的命"。当然，用来指属于某个人的幸福居多，相当于神专门给某个人的好处。反过来说，δαίμων 是每个人从神那里分得的全然属于自己的运数，用中国话说就是"各人有各人的命"。εὐδαιμονία［幸运、走运］相当于我们说"命好"，κακοδαιμονία［不幸、倒霉］相当于我们说"命不好"。

还有一些抽象名词：

τὸ κράτος［力量］（比较 democracy, Σωκράτης［葆有力量者］→"苏格拉底"）。

τὸ σθένος［力量、体力］（比较 Asthenie，字面意思为"没有力量的、不强的、虚弱",比较 Δημοσθένης[民众的力量])。

τὸ κλέος[传闻、谣传;名气、名望],比较古希腊史上的一些名人的名字:Θεμιστοκλῆς[(凭)忒米斯神的名气],Σοφοκλῆς[智慧名气大](索福克勒斯),Περικλῆς[名气旺盛](伯利克勒斯),真应了一句拉丁语格言:Nomen est omen[名称即标记])。

第三变格类名词中有一类中性名词的变格有规则可循,这就是主格单数词尾为 μα、词干以 -ματ 结尾的集合性质名词,比如:

ὄνομα[名词、名称]

ὄνομα — ὀνόματος — ὀνόματι — ὄνομα; ὀνόματα — ὀνομάτων — ὀνόμασι(ν) — ὀνόματα

后世的编辑家给柏拉图的《克拉提洛斯》加了副题:ἤ περὶ ὀνομάτων ὀρθότητος[关于名词(名称)的正确性]。这部作品的性质究竟是今天意义上的语言哲学抑或柏拉图意义上的政治哲学,值得辨识清楚。

→ 彭文林,《克拉提洛斯译注》,台北:联经出版社,2002。

现代西方语文中好些以 -m 为词尾的希腊语外来词都源自这类中性名词,比如,

system=τὸ σύστημα[各部分汇成的整体、整部作品、汇聚处]

problem=τὸ πρόβλημα[突出来的东西、海角、障碍、提出的任务、谜语]

Symptom=τὸ σύμπτωμα[落到某人头上的东西、机会、偶然事件、属性、征候]

廊下派的集大成者爱比克泰德(Epiktet,50—133)有一句名言:

Ταράττει τοὺς ἀνθρώπους οὐ τὰ πράγματα, ἀλλὰ τὰ περὶ τῶν πραγμάτων δόγματα. 把人们搞得心神不宁的,并非事实,而是关于事实的意见。

世上正确意见向来少见,大多数人的意见其实仍是偏执之见。从这个意义上讲,世上的意见越少越好。民主政治一味鼓励人们发表政治意见,不 ταράττει τοὺς ἀνθρώπους 才怪。这个句子的两个主词 τὰ πράγματα(主格单数为 τὸ πρᾶγμα[做出来的事情、应当做的事情;事务、状况])和 τὰ δόγματα(主格单数为 τὸ δόγμα[信条、意见、学说、判决])也属于这类集合性质的中

性名词。

与现代西方语文一样,集合名词虽为复数,所支配的动词仍然是单数第三人称。比如这里的 ταράττει(→ ταράττω[搅乱],四格复数的 τοὺς ἀνθρώπους 是宾语)。句子中还有两个常见表达法:否定性转折关联副词 οὐ … ἀλλὰ[不是……而是]和名词通过带介词短语(περὶ τῶν πραγμάτων)来扩展自身的含义,这时,介词短语在冠词与名词之间。

从 τὸ πρᾶγμα — τὰ πράγματα 就可以推知,τὰ παθήματα 或 τὰ μαθήματα[学问、难懂的知识、数理]的单数主格形式是什么。如果在阅读时遇到 πράγματος — παθημάτων — μαθήματι — πράγμασιν — παθήματα,我们也很容易辨识词干形式,然后得知其词尾形式的格和数。

通过以上归纳(词干以辅音结尾、词干以元音结尾,以及类似 τὸ γένος 的中性名词),语文学家为我们初学者提供了化解第三变格类名词的一些窍门。这些归纳让我们看到,不规则的第三变格类名词的变格多少还是有规则可循。只要首先记牢这类名词的主格单数和属格单数形式(就像学法语和意大利语一样),第三变格类名词基本上可以按一定的词法规则来变格:阳性和阴性名词的格位词尾都相同,中性名词的主格、四格和呼格只有一种形式,复数形式词尾总是 -α(短音)。

这些归纳还让我们看到,第三变格类名词与第一和第二变格类名词的明显区别在于:主格单数不以 -α、-η(A 变格类)或 -ος、-ον(O 变格类)为词尾特征,语法性属也不是要么以阴性(A 变格类)要么以阳性(O 变格类)为主,而是阳阴中三种性属都有。不过,从主格单数形式的不同附加音节,还是可以大致看出三种性属的类别。

主格单数以 -ηρ 为词尾的多为阳性:ὁ αἰθήρ — αἰθέρ-ος[苍穹](所谓"以太")、ὁ χαρακτήρ — χαρακτῆρ-ος[硬币的印纹、人的性格、特征、本质]、ὁ κρατήρ — κρατῆρ-ος[兑酒罐](古希腊人饮酒前要往酒里掺水,这种兑酒罐双耳有脚);

主格单数以 -της 为词尾的多为阴性(抽象)名词,如 ἡ φιλότης — φιλότη-τος[情谊]、ἡ νεότης[青年];

主格单数以 -μα 为词尾的多为中性名词,如 τὸ γράμμα — γράμματ-ος[语法、字母、文字]。

名词的三种性属是"语法性属",不完全与自然性属一致。但我们又经常见到语法性属与自然性属的同一。识别名词的性属究竟有没有一点儿规则可循?一般而言,名词的语法性属确实代表着自然性属,如 ὁ ἀνήρ[男人][阳性名词], ἡ γυνή[女人][阴性名词], τὸ ὄρος[山][中性名词]。ὁ / ἡ θεός[神]有阳、阴两种冠词,表明诸神中两性的神都有。

当然,我们难以理解,为何同为动物,λέων[狮子]为阳性,ἀλώπης[狐狸]却为阴性,因为我们没法了解古希腊初民对动物的原初理解。也许,"狐狸"体小且柔软。事物有强弱、精粗、动静之分,似乎强壮者为阳性,细软者为阴性。从而,抽象的思维观念因其精细而为阴性。古希腊人忒迷信,神们似乎也管理性属,有 Ἠχώ[回声(女神)],于是 ἠχώ[回声]也是阴性。

也许基于同样道理,普通名词的性属可以规定同类特殊名词的性属,νῆσος[岛]是阴性,ἡ Σάμος[萨摩斯岛]因此也是阴性。

最后需要提到,第三变格类名词的呼格同样没有统一形式,不过,呼格单数要么与主格相同,要么与词干相同,如 ὦ κόραξ 或 ὦ ῥῆτορ（σωτήρ 的呼格词干尾音的长元音变短且声调前移：ὦ σῶτερ）。有些诸神的名字也如此:

Ἀπόλλων[阿波罗]=属格单数 Ἀπόλλων-ος=呼格单数 ὦ Ἄπολλον

Ποσειδῶν[波塞冬]=属格单数 Ποσειδῶν-ος=呼格单数 ὦ Πόσειδον

如此词尾形式似乎得自狂热的呼唤（加重前音节的发音力度）,实际上,σῶτερ 的呼格同样如此。

名词的声调规则

在不违背通则的前提下,名词的声调尽量与其单数主格的声调保持一致,这称之为名词的持续声调,即名词在变格时声调仍停留在同一音节的元音上。由于大多名词的声调都保持声调位置,应将名词单数主格的声调作为词语的组成部分来记,就像外国人学汉字,必须连同四声一起来掌握字形。

名词变格时的声调

尽管名词在变格时声调多停留在同一音节的元音上,严格来讲,名词变格时声调并非总在一个位置或保持一个形态。比如,一个名词的单数主格的声调在尾音节,按规则,这个名词的声调都应在尾音节;若尾音节为短元音,声调必为昂音,若尾音节是长元音,那么,声调通则和名词声调规则都没有决定该为昂音还是长音,对于这样的情形,必须单个地具体掌握这个名词变格的声调。

当尾音节有声调时,无论第一还是第二变格类,复数属格和与格都是长音,其他均为昂音。注意观察下列名词的声调变化:

βιβλίον—βιβλίου，尽管主格单数尾音节有双元音，声调仍留于第一形的位置。

ἄνθρωπος[人]作为单数主格，声调在前音节，其他格时应尽量不移动；但如果尾音节变成了长音节(ἀνθρώπου二格)，按声调通则，前音节不能有声调符号，声调当置于次音节，而且必须是昂音，因而是ἀνθρώπου。

νῆσος[岛屿、半岛]的声调在次音节，为长音。按声调通则，如果尾音节是长音节，次音节上的声调必须是昂音(所以νήσου)。如果尾音节是短音节，次音节的声调必须是长音(νῆσος)。

δρᾶμα[戏剧—δράματος—δραμάτων：δρᾶμα是主格，尾音节为短元音，声调位置在次音节(长元音)，必为长音；在δράματος中，α在前音节，声调不能再是长音，得变为昂音；在δραμάτων中，尾音节为长元音，声调不能再留在前音节，得移至次音节。

无论声调通则还是名词声调要则，都没有规定名词λογος的声调当为λόγος抑或λογός，只有词典会告诉你，声调在次音节；变格时，如果没有违背其他规则，声调的位置则保持不变。

练习

1 确认下面的语词的格位和数：
ἰχθύων — βοΐ — ναῦν — νηί — βουσί — ἰχθύες — ἰχθύσι — νεώς — ναῦς — βοῦν — ἰχθῦς — βοός — νῆες — βοῦς

2 完成下面5个语词的变格：
κύων — κυνός; ῥήτωρ — ῥήτορος; Ἕλλην(ὁ Ἕλλην[希腊人])—Ἕλληνος; Πλάτων — Πλάτωνος; σώφρων — σώφρονος。

3 比较νεανίας和πολίτης这两个名词的变格，在哪种情形下，这两个名词按o变格法变格，a变格法在何种情形下有偏转？

4 写出名词ὁ σοφιστής[智术师；比较σοφός]的单、复数各格形式。

5 名词ναῦς的变格与βοῦς一样，请确定在何种情形下这两个名词的变格是一致的。

6 给下面的名词(注意其属格形态)变格：
ὁ/ἡ βοῦς, βοός[牛]-ἡ ἐλπίς, -ίδος[希望、盼望]-ἡ ναῦς, νεώς[船](拉丁文navis)-ἡ χάρις, -ιτος[漂亮、魅力、恩惠](拉丁文 gratiae；形容词χαρίεις)-ἡ θυγάτηρ, -τρός[女儿]。

7 下面每组四个语词中,总有一个是异类,请把它挑出来:
καίτοι — νομοθέται — κήρυκες — ἄνθρωποι
συγγνώμη — κόρη -παλαιᾶ — προστρέπῃ
καιρός — κλῆρος — τεῖχος — ὅρκος
ἐνδεεῖς — σαφεῖς — χαρίεις — ἀληθεῖς

8 下面有四组语词,从词尾看,每组语词中的语词在词性上相同,其实不然,因为,有的时候词尾并不显明词性;这里给出的每组语词中总有一个语词与其他三个语词的词性不同,试找出这个语词:
πολλοί — καλοί — γεωργοί — ἀγαθοί
νομίζεται — βούλεται — λέγεται — ἀναγκάζεται
προέβαινε — ἔχε — χαῖρε — φέρε
τιμῆ — νύμφη — παύῃ — ἀρετῆ

9 下面的 ὁ βοῦς 这个词的各种形式按给出的冠词排列成一个变格表,看看哪些在没有冠词的情形下同样不难确定其格位:
τῶν βοῶν — τῷ βοΐ — τοὺς βοῦς — τοῦ βοός — τὸν βοῦν — τοῖς βουσίν — οἱ βόες

10 πατήρ — μήτηρ 和 θυγάτηρ 等语词的变格形式与 ἀνήρ 属于同一类型,请确定下面的格位:
πατρί — θυγατέρες — μητέρας — μητέρα — πάτερ — θυγατράσιν — μητέρων — πατρός

11 γῆ 由 γεα 缩音而来,请给这个词变格(仅单数)。

12 确定下面的句子中出现的专有名词的格位和数:
Ἀντίγονος Ζήνωνι τῷ φιλοσόφῳ γράφει. ἐλπίζει γὰρ ὑπὸ Ζήνωνος τὸν δῆμον πρὸς ἀνδρείαν παρασκευάζεσθαι.
Ὁ μὲν Ζήνων τοῦ Ἀντιγόνου προεῖχε παιδείᾳ καὶ εὐδαιμονίᾳ. ἐνόμιζε δ' ὁ βασιλεὺς τὸν Ζήνωνα καθυστερεῖν τύχῃ καὶ δόξῃ.
Ἕλληνες πολλοὺς μὲν θεοὺς ἐσέβοντο, μάλιστα δὲ τὸν Δία(Ζεύς, Διός), τὸν Ἀπόλλωνα, τὸν Ποσειδῶνα· ἐνόμιζον γὰρ τούτους δυνατωτάτους τῶν θεῶν εἶναι.

名词与句法

掌握名词的变格之后,我们来了解一下名词各格的句法作用。熟悉德语的人,不难理解希腊语名词的格位用法,但熟悉英语或法语的人,要掌握希腊语名词的属格和与格用法就需要多花些工夫。

主格用法（Nominative case）

1. 作行为句的主语（支配限定性动词）：

οἱ Λακεδαιμόνιοι τοὺς ᾿Αθηναίον ἐνίκησαν. 拉克岱蒙人战胜了雅典人。

句子的语序与汉语乃至英语、法语、德语不同，动词在最后。

拉克岱蒙是斯巴达的正式名称，与雅典同为著名的古希腊城邦。这两个城邦的政治制度不同，两者之间爆发的长达数十年的战争无异于不同政制之间的战争。在西方思想史上，斯巴达与雅典成了两种政制模式的代名词。蒙田随笔"论学究气"结尾时说：

> 在尚武的斯巴达国及其他类似的国家里，可以找到许多例子来说明，学习知识不仅不能增强和锤炼勇气，反而会削弱勇气，使人变得软弱无力。

→《蒙田随笔集》，卷一，25，潘丽珍译，南京：译林出版社，1996，页160；比较晏绍祥，《斯巴达的幻影：古代与现代》，见陈恒、耿相新主编，《新史学（第一辑）：古典传统与价值创造》，郑州：大象出版社，2003，页112—165。

2. 作表语句的主词和表语性谓词：

ἐκεῖνος ὁ γέρων ὁ λέγων μετὰ τῶν νεανιῶν Σωκράτης ἐστίν.

那个正和年轻人说话的老人就是苏格拉底。

→ 这个表语句出现了四个主格，最后的 Σωκράτης [苏格拉底]是表语性谓词，前面的 ἐκεῖνος[那个]（指示代词主格）界定 ὁ γέρων[老人、长老]（名词主格）。ὁ λέγων（分词作名词）是同位语，均为主词。

分词具有动词含义，可以带有自己的宾语和状语，μετὰ τῶν νεανιῶν[与年轻人们]是 λέγων 的状语。严格来讲，有了指示代词无需再有冠词，这里两次出现冠词 ὁ，起强调作用：那个人 — 即那个老人 — 即与年轻人说话的人。

比较英译：That old man speaking with the yong men is Socrates.

属格用法（Genitive case）

名词的主格用法比较简单易解，属格用法就不然。熟悉下面各种常见的属格用法（尤其注意属格作主语、宾语甚至状语的情形），对提高阅读能力大有好处。

1. 部分属格，与所修饰的名词构成部分与整体关系：

πέντε τῶν στρατιωτῶν ἀπέθανον ὑπὸ τῶν βαρβάρων. 五个士兵[士兵中的五个]被蛮夷杀死。

→ 切合中文的译法当是："蛮夷杀死了五个士兵。"被动态不是中文习惯，西文则很多，翻译时当尽可能把被动态转为主动态。若中译文满篇被动态，肯定不是好的中文。

μόνον τοὺς δικαίους τῶν πολιτῶν ἐδίδασκεν ὁ ποιητής. 这个诗人教育的仅仅是城邦民中的正派人。

→ τοὺς δικαίους[正派人]是宾语，ἐδίδασκεν[教]的过去时，主语在最后。这句话包含着一条重要的古典政治哲学智慧：并不是所有人都可教。这指的是道德品质教育，而非传授实用技艺。比较《论语·公冶长》："朽木不可雕也，粪土之墙，不可圬也。"对于不可教的一类人应该怎样管理，亚里士多德有明确的说法。现代西方政治哲学的奠基人霍布斯(1588—1679)的"自然状态"论彻底修改了人世政治原则的出发点：人的道德本性是追求保命而非做正派人。因此，现代人性论兴起之后，这条古训就被抛弃了。从此以后，"朽木"或"粪土"之人也有了政治权利。

部分属格也可作动词的直接宾语，如果宾语指对象的某部分而非全部的话：

ἔπεμφε τῶν στρατιωτῶν εἰς τὴν πόλιν. 他派一些士兵进入城邦。

2. 归属属格，表示领属、所有权和血缘关系：

ὁ τοῦ στρατηγοῦ ἀδελφὸς ἐπέμφθη εἰς τὴν τῶν ὁπλιτῶν οἰκίαν. 将军的这个兄弟被派往重甲兵营帐。

→ 主语是 ἀδελφὸς[兄弟]，谁的兄弟？τοῦ στρατηγοῦ 兄弟。

3. 表特征的表语性属格，与系动词连用作表语，表明人和物具有的特征：

τοῦ ἀγαθοῦ κριτοῦ ἐστι τὸ ἀκούειν τὰ λεγόμενα. 好法官的标志是倾听陈述。

→ 这是个表语句，κριτοῦ 是 κριτής[仲裁者、裁判]的属格。注意谓词是不定式短语 τὸ ἀκούειν τὰ λεγόμενα，相当于一个句子。

4. 属格作主语，与具有动词意味的名词连用，属格作名词所含行为的主语：

διὰ τὴν τοῦ ῥήτορος κλοπὴν οὐκ ἐτιμᾶτο ὁ πατήρ. 由于这个演说家偷窃，他的父亲不被人尊重。

→ 属格的 τοῦ ῥήτορος[演说家]是具有动词意味的阴性名词单数宾格 κλοπὴν[偷盗]（这个名词由动词 κλέπτω 变来）的主语。

τῇ τοῦ ἱερέως θυσίᾳ ἥσθη ἡ θεός. 这女神因祭司献祭而欣喜。
→ 属格的 τοῦ ἱερέως[祭司]是 θυσίᾳ[献祭]的主语；ἥσθην = ἥδομαι, ἡσθήσομαι[感到高兴]。

5. 属格作宾语，与具有动词意味的名词连用，属格作名词所含行为的宾语：

διὰ τὴν τῶν κοινῶν κλοπὴν οὐκ ἐτιμᾶτο ὁ τοῦ ῥήτορος πατήρ. 由于偷窃公财，这个演说家的父亲不被人尊重。

→ 属格的 τῶν κοινῶν[公共的东西]是具有动词意味的阴性名词单数宾格 κλοπὴν 的宾语。

6. 质料或内容属格，说明所修饰的名词由哪些人组成或由什么材料构成：

τοῖς τῶν νεανίων χοροῖς τοῖς τοὺς ἀγῶνας νικήσασι στεφάνους χρυσοῦ διδόσαν. 他们常把金冠献给赢得竞赛的青年合唱歌队。

7. 同位属格，解释所修饰的名词或充当所修饰名词的同位语：

διὰ τὴν ἁμαρτίαν τὴν τοῦ τοῖς ῥήτορσι πιστεύειν καταλυθήσεται ἡ πόλις. 由于错误地信任这些演说家，城邦会被毁灭。

→ 动词 καταλυθήσεται → καταλύω[解散、遣散、推倒]，这里的属格冠词 τοῦ 支配的是随后的不定式短语 τοῖς ῥήτορσι πιστεύειν[信任这些演说家]（动词不定式没有变格形式，但从语法上讲这里是属格），作 τὴν ἁμαρτίαν 的同位语，进一步说明是什么"错误"。这种情形通常要重复所修饰的名词的冠词，因此是 τὴν（重复前面的 τὴν ἁμαρτίαν）τοῦ ...。

比较英译：On account of the mistake of trusting the public speakers, the city will be destroyed.

8. 品质属格，在文中常作表语，描述所修饰名词或代词的性质：

τῆς αὐτῆς γνώμης οὐκ ἦν ἐκεῖνος οὐδέν. 那人的看法一点也不一样。

9. 度量属格，说明所修饰名词的大小尺寸：

οὐ ῥᾴδιον φυλάττειν τεῖχος πολλῶν σταδίων. 守卫一座长达多站的城墙并不容易。

οὐ ῥᾴδιον φυλάττειν τοῦτο τὸ τεῖχος καίπερ μόνον πέντε σταδίων ὄν. 守卫这座城墙不容易,尽管它只有五站长。

10. 评价属格,说明所修饰对象的价值:
θυσίας πολλῶν χρημάτων ἔθυσαν διὰ τὴν νίκην. 为了庆祝胜利,他们献祭值很多钱的祭品(直译:很多钱的祭品)。
这种属格多与买、卖、估价等动词连用:
τὰ βιβλία ἀπέδοντο πολλῶν χρημάτων. 他们把书卖了很多钱。
ὁ νεανίας ἄθλου τινὸς ἠξιώθη. 这个年轻人被认为值得给些奖品。
ὁ γέρων ἄξιός ἐστι τῆς τιμῆς. 这个老人值得尊敬。

11. 时间范围属格,说明事件发生的时间范围:
ἐκείνης τῆς ἡμέρας ἔφυγον. 他们在那天逃跑了。
πέντε ἡμερῶν ἀφίξει. 你将在五天内到达。
ἦλθον ὁδὸν ἓξ ἡμερῶν. 他们已上路六天。
→ 这种情形可视为属格作时间状语"在……时"。

12. 指控属格,与控告、谴责等动词连用表示指控涉及的具体罪行:
τοὺς ἀδίκους ἐγραφάμεθα(→ γράφω[提起公诉]) κλοπῆς. 我们控告这些不义的人偷窃。
φεύγω δίκην φόνου. 我被控谋杀。
→ φεύγω[被控告]是雅典城邦的法律用语。罗伯特·邦纳、格特鲁德·史密斯,《从荷马到亚里士多德时代的司法裁判》,刘会军、邱洋译,北京:中国法制出版社,2013;鲁宾斯坦,《雅典法庭上不同的修辞策略》,见加加林、科恩编,《剑桥古希腊法律指南》,邹丽、叶友珍译,上海:华东师范大学出版社,2017。

13. 带某类介词的属格,尤其那些表示离开或缺乏的介词(ἄνευ, ἀντί, ἀπό, διά, ἐκ/ἐξ, ἕνεκα, ἐπί, κατά, μετά, παρά, περί, πρό, πρός, ὑπέρ, ὑπό, χάριν):
τὸν ἀδελφὸν ἔπεμψα ἐκ τῆς οἰκίας. 我送我兄弟出远门。
ἆρ᾽ ἄνευ ἀργυρίου εὐδαίμονες οἱ ἄνθρωποι; 没钱人们会幸福吗?
περὶ τῆς ἀρετῆς ἔλεγεν ὁ ῥήτωρ. 这个演说家在谈论美德。

→ 如果属格名词与地点副词连用构成短语时，就用作地点状语：ἔξω[在……之外]＝ἔξω τῆς πόλεως[在城邦之外]；ἐγγύς[在……附近]＝ἐγγὺς τῆς πόλεως[在城邦附近]

14. *施动属格*，与除了完成时、过去完成时之外的被动态动词连用，或者与情态形容词连用，说明动作的执行者（除 ὑπό 之外，施动属格有时也用 ἐκ 或 παρά 引导）：
ἀρετὴν ἐδιδάχθην ὑπο τοῦ Σωκράτους. 苏格拉底教我美德。
直译：我由苏格拉底教授美德。

παρὰ θεῶν τοιαῦτα δίδοται. 这些由神赐予。

15. *原因属格*，与情感动词连用，说明引起某种情感的原因或由来：
θαυμάζω τῆς σῆς ἀμαθίας. 你的愚蠢让我吃惊。
→ 直译："我吃惊于你的愚蠢。"有些动词（比如 θαυμάζω[惊讶]）支配属格宾语。

16. *感叹属格*，用于感叹。
τῆς ἀμαθίας. 多么愚蠢啊！

17. *目的属格*，与否定关联不定式连用表目的：
ταῦτ' ἔπραξαν τοῦ μὴ νικηθῆναι. 他们做这些事情为的是不被征服。
→ 不定式 νικηθῆναι 带冠词表明它已经名词化。如果不带介词同时又是属格，通常作为目的状语。

18. *来源属格*，表示所修饰词语的来源或起源：
ταῦτα Σωκράτους ἔμαθον. 我从苏格拉底那里学到这些东西。

19. *分离或缺乏属格*，与表示分离或脱离的词连用，或者与表示缺乏的词语连用：
τοὺς Ἀθηναίους τῆς δουλείας ἐλύσαμεν. 我们把雅典人从奴役中解放出来。
πολὺ ἀπέχει ἡ πόλις τῆς θαλάττης. 这个城市离海很远。
→ ἀπέχω[远离、离……很远]，θαλάττης＝θάλασσα[大海]。

20. *比较属格*，与形容词和副词的比较级，以及其他表示比较的词语连用，说明被比较的人和物：

ὁ Σωκράτης πολὺ σοφώτερός ἐστι τῆς γυναικός. 苏格拉底比他的老婆聪明得多。

21. 与特定动词连用的属格，作感知动词（如 ἀκούω）、表示"统治"的动词的独立补语：
τοῦ Σωκράτους ταῦτα λέγοντος ἤκουσα. 我听苏格拉底说过这些事情。
τότε οἱ βασιλῆς τῶν Ἑλλήνων ἦρχον. 那时国王统治着希腊人。

22. 与特定形容词（如 ἔμπειρος, αἴτιος）连用的属格：
ὁ στρατηγὸς ἔμπειρος ἦν τοῦ πολέμου. 这个将军在打仗方面经验丰富。
ἆρα αἴτιος ἐστιν οὗτος τῶν κακῶν; 这个人会为做过的坏事负责吗？

23. 独立属格，由属格名词或代词加情状分词（circumstantial participle，又译"旁价分词"，说明某一行为的时间、地点和方式等情况的分词）构成的短语，和句子的其他部分没有联系。独立属格可以和情状分词一样与其他部分构成各种关系，如原因、条件：
τῶν Λακεδαιμονίων νικηθέντων, εἰρήνην ἤγομεν. 由于征服了斯巴达人，我们拥有了和平（或：如果征服了斯巴达人，我们就拥有和平）。

属格作主语或宾语

名词格位的用法中，最难掌握的是属格，尤其是当它作主语或宾语时，需要特别留意。通常属格名词作定语，但一些名词其实具有动词意味，这个时候，作属格的名词往往是它所属的名词（实为动词）的宾语，有时甚至是主语，翻译时尤其要注意。比如，γνῶσις ὁδός[认识道路] — γνῶσις θεοῦ[认识上帝]，中文当译作"动宾结构"的表达，而非直译成"主格—属格"结构。因为直译不仅别扭，还容易滋生误解。γνῶσις θεοῦ若译作"神的认识"，就会引致误解，译作"认识神"就很清楚。同样，ὁδὸς τοῦ θανάτου当译作"通向死亡之路"，而非"死亡之路"。

→ "作宾语的属格"这种表达式在现代西方语文中还经常见到，比如Discovery of Being这个书名意为"发现存在"，而非"存在的发现"（这样的中文表达不知所云）。Discovery虽是名词，却具有动词含义。

著名思想家布鲁姆的名作Closing of American Spirit，作名词用的分词Closing明显带动词意味，它所属的名词其实是宾语（希腊语用属格），译作"封闭的美国精神"是错的，译作"美国精神的封闭"也不知所云，当译作"封闭美国精神"。作者的意思是，好社会必须是封闭的社会，开放社会什么都学外国，往往会学坏。如今美国的大学败坏,就因为太开放(诸如性别自由、学生治权等等)。这样的观点并非布鲁姆的独见,而是古老的政治经验。卢梭说,如今各国之间交通便利,一个国家传到另一个国家的往往不是美德,而是"自己的罪行"(leurs crimes),进而败坏那个国家"原来与自己的气候相适的道德风尚和治理自己的政制(les moeurs qui sont propres à leur climat et à la constitution de leur gouvernement)"(《〈纳喀索斯〉序言》,见卢梭,《论科学和文艺》[笺注本],刘小枫编,上海:华东师范大学出版社,2021)。

当然,这种情形下属格作主语抑或宾语,得从上下文来判断。

ἡ τῆς Χλόης φιλία[克露俄的爱],可能意为 ἡ Χλόη φιλεῖ[克露俄爱……]或 τὴν Χλόην φιλεῖ[他爱克露俄]。

τῇ μιᾶς αἰγός μόνης θυσία οὐχ ἥσθη ἡ θεός. 由于仅献祭了一只山羊,这女神不高兴。

→ 可见,属格作主语还是宾语,要靠上下文来区分。

与格用法(Dative Case)

与格的基本用法是作间接宾语,常与给予、显示、告诉以及类似的动词连用,说明不同于受及物动词的行为影响或对及物动词的行为感兴趣的人或物。

1. 间接宾语:

τὰ βιβλία <u>τοῖς μαθηταῖς</u> ἔδομεν. 我们把书给了学生。

τὰς καλὰς αἶγας <u>ταῖς θεοῖς</u> ἔθυσεν. 她把美丽的山羊献祭给女神。

τὰ ἆθλα ἔδωκε <u>τῷ ἀδελφῷ</u> μου, <u>τῷ στρατηγῷ</u>. 他把奖品给了我哥哥,他是个将军。

→ τῷ ἀδελφῷ 与 τῷ στρατηγῷ 是同位语。

2. 关涉与格(dative of interest),与动词的联系没有间接宾语那么紧密;关涉与格说明不同于直接宾语的、对某种行为或存在状态感兴趣或受其影响的人或物。当感兴趣或受影响的人和物从行为中受益,关涉与格就称为有利与格(Dative of Advantage);当感兴趣或受影响的人和物被行为伤害,就称为不利与格:

<u>τοῖς Ἀθηναίοις</u> οἱ βάρβαροι ἐκ τῆς χώρας. 夷人因雅典人离开自己的家园。

→ 意为:夷人为了学到雅典人的长处而离开家园,即有利与格用法。

τὰ χρήματ' αἴτι' <u>ἀνθρώποις</u> κακῶν. 金钱对人们来说是罪恶的渊薮。

→ 欧里庇德斯,《残篇》,632;不利与格用法。αἴτι' = αἰτία[原因],注意回想我们在语音阶段学过的省音法。

3. 指涉与格(Dative of reference),指涉某个陈述的来源:
πᾶσι τοῖς ἀγαθοῖς κριταῖς νίκητὴς ὁ Ἀριστοφάνης. 在所有优秀的评鉴者看来,阿里斯托芬是胜者。

4. 归属与格,与动词(如 εἰμί 和 γίγνομαι)连用,说明所有权和归属:
τῷ ἀδελφῷ δύο βιβλία ἦν. 我哥哥有两本书(直译:有两本书是我哥哥的)。

5. 施动与格,与完成时、过去完成被动态动词连用,说明现在、过去已完成某事的人:
τοῖς στρατιώταις ἡ γέφυρα κατελέλυτο. 士兵们已经破坏了桥(直译:桥已经被士兵们破坏)。

以上与格用法全都来自与格原初的"对于/为了"[to/for]功能,因此一个特定的与格词可归入上述诸类型的不止一种。

6. 工具(方法)与格,说明做事的方法:
τοὺς μαθητὰς ἐδίδασκεν ὁ διδάσκαλος τοῖς τοῦ Ὁμήρου βιβλίοις. 这老师常用荷马的作品教学生。
οἱ κακοὶ ῥήτορες λίθοις ἐβλήθησαν ὑπὸ τῶν πολιτῶν. 城邦民用石头砸中了这些坏演说家。
λίθοις＝λίθος; ἐβλήθησαν＝βάλλω。

7. 方式与格(伴随情况),说明行为发生或某种状态存在的方式,常常相当于副词。如果与格名词没有其他修饰语词,则经常要用介词 σύν:
σιγῇ ἀπῆλθον οἱ πολέμιοι. 敌人悄然离开了。
ἀγαθῇ τύχῃ ἡ πόλις ἐσώθη. 城市幸运地获救(直译:由于幸运,城市获救)。

8. 方面与格,表明陈述在哪些方面是真实的(类似范围四格[accusative of respect]):
τῷ νῷ σοφὸς ἦν ὁ ποιητής. 在心智方面这个诗人聪明。
→ νῷ＝νοός[心智],没有记牢这个语词的变格,你就没法认出 νῷ。

τὸ ἔργον δυνάμει κρεῖττον ἐστι τοῦ λόγου. 行事就力量而言强于言辞。

9. 差异与格，与表示比较的词连用，说明比较双方的差异程度：
τοῦτο τὸ τεῖχος ἔλαττόν ἐστι ἐκείνου ποδί. 这面墙比那面墙小一尺。
ποδί=ὁ πούς, ποδός

10. 原因与格，说明原因或理由：
ταύτῃ τῇ νόσῳ ἀπέθανον πολλοί. 很多人死于这种疾病。

11. 伴随与格，不带介词或与介词 σύν 连用，尤其在军事行动中，表示伴随（伴随的常规表达是 μετά + 属格）：
ἐξελαύνει πᾶσι τοῖς στρατιώταις. 他随所有的士兵一起前进。
σύν θεοῖς νικήσομεν. 在神的助佑下，我们将获胜。
→ 从 6 至 11 的与格用法，来自与格的"用……/与……一起"(by/with)的原初的工具功能，因此某个特定的与格词语可被归为上述类型中的不止一种类型。

12. 地点与格，常与介词 ἐν 连用，但与特定地名连用则不用介词：
ἡ ἐν τῷ πεδίῳ πόλις κατελύθη. 平原上的城市被摧毁。
Μαραθῶνι τοὺς βαρβάρους ἐνίκησαν οἱ Ἀθηναῖοι. 在马拉松赛会上雅典人赢了夷人。
→ Μαραθῶν=ὁ Μαραθῶνος [马拉松]。

13. 时间与格，说明事件发生的时间：
τῇ τετάρτῃ ἡμέρᾳ ἀπέθανεν ὁ Εὐριπίδης. 欧里庇德斯逝于四号（死于第四天）。
→ 以上两种与格用法都来自与格最初的"在……"(in/at)位置功能。

14. 与动词（δεῖ, δουλεύω, ἕπομαι, μάχομαι, πείθομαι, πιστεύω, συναδικέω, σύνοιδα, ὑπαχοίω, χράομαι）连用的与格：
τοῖς πολεμίοις ὑπὲρ τῆς ἐλευθερίας μαχεσώμεθα. 让我们以自由之名与敌人战斗。

15. 与形容词（如 φίλος, ἐχθρός. ἴσος, ὁ αὐτός.）连用的与格：
Ἀριστοφάνης ἐχθρὸς ἦν Εὐρῑπίδῃ. 阿里斯托芬对欧里庇得斯有敌意。

16. 与介词（ἅμα, ἐν, ἐπί, παρά, περί, πρός, σύν, ὑπό）连用的与格：
ἔμενον παρὰ τῷ τείχει. 他们停留在墙边。
πρὸς δὲ τοῖς στρατιώταις ἔπεμψαν ἱππέας. 除了步兵，他们还派出骑兵。

→ 与动词、形容词、介词连用的与格，是 1 至 13 中提到的与格用法中的一种或多种，但我们最好把它们当作固定搭配来记。

17. 表语性与格，用于系动词后：
οὐκ ἐξῆν αὐτῷ ποιητῇ γενέσθαι. 他不可能成为诗人。

18. 与格形式的表语性形容词；间接陈述句中的与格分词：
σύνοιδα ἐμαυτῷ οὐ σοφῷ ὄντι. 我知道我不聪明。

总起来看，与格用法往往作状语，状语的种类或情形很多，归纳起来不外乎关涉、方式、原因或时间（下面的例句出自柏拉图、希罗多德和《新约》）：

原因状语：Περικλῆς λοιμῷ ἐτελεύτησεν. 伯利克勒斯死于瘟疫。
πολλοὶ πόλεμοι φθόνῳ ἢ ἀνάγκῃ γίγνονται. 许多战争出于嫉妒或者强逼。
方式状语：ἀκούομεν τοῖς ὠσίν. 我们用耳朵听。
τιμωρεῖτε παντὶ τρόπῳ τοῖς πένησιν. 要想方设法帮穷人。
关涉状语：καθαρὸς τῇ καρδίᾳ. 心地纯洁（直译：心地方面是纯洁的）。
ἀνὴρ ὀνόματι Ἰακώβ. 一个名叫雅各的男人。
μὴ ὁμιλεῖτε τοῖς κακοῖς. 莫与坏人往来。
时间状语：ἐθεράπευσε τὸν τυφλὸν τῷ σαββάτῳ. 在安息日里，他医治了瞎子。

宾格用法（Accusative Case）

虽然宾格用法与主格相反，是受动对象，作宾语，但用法比主格要多样很多。

1. 动词的直接宾语（外部宾语＝宾语与动词没有相同词干）：
τοὺς στρατιώτας ἐτάξαμεν παρὰ τῇ γεφύρᾳ. 我们在桥边部署了步兵。

2. 同源宾格（内部宾格），直接宾语与动词有相同词干或其替代词：
τὸν κακὸν ἐγράφασθε δίκην φόνου. 你们曾控告这个坏人犯了谋杀罪。

3. 双宾格：
ὁ Σωκράτης τοὺς πολίτας τὴν ἀρετὴν ἐδίδασκεν. 苏格拉底常教他的同胞美德。
外部直接宾语 τοὺς πολίτας；内部宾格 τὴν ἀρετήν。

ὁ ἀγαθὸς στρατηγὸς τὴν ἐν τῷ πεδίῳ μάχην τοὺς βαρβάρους ἐνίκησεν. 这位杰出的将军打赢了在平原上针对夷人的战斗。
→ 外部直接宾语 τοὺς βαρβάρους[夷人]；内部宾格 τὴν ἐν τῷ πεδίῳ μάχην[在平原上的战斗]。

τοὺς ἀρίστους πολίτας στρατηγοὺς ᾑροῦντο. 他们过去常选最优秀的公民当将军。
→ 与使得、呼唤、选择等动词连用，直接宾语 τοὺς ἀρίστους πολίτας；第二宾格 στρατηγούς 作直接宾语的述语。

λείαν ἐποιήσαντο τὴν χώραν. 他们掠夺了这片土地。
→ λείαν, ἡ, λείας[掠获物]，掠夺动词（如 ἐποιήσαντο）可带直接宾语（如 λείαν），从而构成及物概念（如"掠夺"），反过来也可以支配直接宾语。

4. 保留宾格，与带双宾格的动词的被动式连用：
οἱ πολῖται τὴν ἀρετὴν ἐδιδάχθησαν ὑπὸ Σωκράτους. 苏格拉底教城邦们美德。
→ 直译："城邦们由苏格拉底来教德性。"因被动态不是中文习惯，被动态语式最好译作主动态。

5. 不定式的主语：
οὐ καλὸν τὸ Σωκράτη ταῦτα διδάσκειν. 苏格拉底教这些东西不好。
νομίζω τοὺς Ἀθηναίους οὐ νικήσειν. 我认为雅典人不会获胜。

6. 作间接陈述句中分词的主语；在间接陈述句中与宾格主语保持格位一致的分词：
πεύσεται τοὺς Ἀθηναίους οὐ νικῶντας. 他会发现雅典人没有获胜。

7. 表语性宾格：
οἱ Ἀθηναῖοι ἐνόμιζον τὸν Σωκράτη κακὸν πολίτην εἶναι. 雅典人认为，苏格拉

底是个坏邦民。

  πεύσει τὸν Ὅμηρον ποιητὴν ὄντα. 你会发现，荷马是诗人。

  8. 作状语的四格，通常我们会把四格仅仅理解为宾语（动词的直接宾语），在古希腊文里，四格还可用于指示方向、目的或者空间、时间的范围，从而起状语作用。时间的例子比如 τὸν ἀεὶ χρόνον[永久的时间、永恒]：ἀεί 是副词，副词可作形容词用，放在冠词和名词之间被框住；χρόνον 为四格。

  时间的例子：ἔμεινα μίαν ἡμέραν[那时我停留了一天]；四格的 μίαν ἡμέραν[一天]并非动词 ἔμεινα[停留]的宾语。

  空间的例子：ἐπορεύθην μετ᾽ αὐτοῦ στάδιον ἕν[我和他同行了一站路]（ἐπορεύθην = πορεύομαι[行走、旅行、走过]的不定过去时；μετ᾽ αὐτοῦ[同他一起]）；在中文里，"一站路"似乎是"行"的宾语，但在古希腊语里，这里的四格是状语。

  范围的例子：τὸν ἀριθμὸν ὡς πεντακισχίλιοι. 数目约五千。

  9. 范围四格，限制形容词或动词（尤其被动态动词或表状态的动词）或者甚至整个句子的作用范围：

  μόνοι οἱ μάχην ἀγαθοὶ ὑπὸ τῶν πολιτῶν ἐτιμῶντο. 只有打仗优异的人才受城邦民崇敬。

  四格名词 μάχην 夹在主格复数 οἱ ἀγαθοί 中间，表示这些人在哪些方面优秀。

  διαφέρουσιν οἱ ἀγαθοὶ τῶν κακῶν τὴν ἀρετήν. 在德性方面，善不同于恶。

  10. 作副词用的状语宾格，限制动词（或形容词）：

  ταῦτα ποίησαν τὴν ταχίστην. 飞快地做这些事情（直译：以最快的方式做这些事情）。

  → "以最快的方式"意为：以大家心照不宣的方式（ὁδόν）；ποίησαν 为分词。

  11. 带介词的宾格，尤其表示趋势、趋向的介词（διά, εἰς, ἐπί, κατά, μετά, παρά, περί, πρός, ὑπέρ, ὑπό）：

  ἀγαθὰ οὐκ ἀεὶ πέμπουσιν οἱ θεοὶ παρὰ τοὺς ἀνθρώπους. 诸神并非总是送好东西给人类。

  ἐλῶσιν ὑπέρ τὸ πεδίον. 他们将深入平原。

  → ἐλῶσιν = ἐλαύνω[前进、挺进]。

διὰ τὴν ἀμαθίαν, ὦ ἄδελφε, οὐκ οὐδὲν τιμᾷ. 由于你无知，兄弟，你一点也不令人尊敬。

12. 空间长度宾格：
ἤλασαν δέκα σταδίους πρὸς τὴν πόλιν. 他们朝城邦前进了十站。
→ ἤλασαν = ἐλαύνω[前进、挺进]。

13. 时间长度宾格：
δέκα ἡμέρας ἔμειναν ἐν τῷ πεδίῳ. 他们在平原待了十天。

14. 誓约宾格，与虚词 νή 连用表肯定誓约（与 μά 连用常表否定誓约）：
οἱ ἀγαθοὶ νὴ τὸν Δία νικήσουσιν. 凭宙斯起誓，好人将获胜。
οὐ μὰ τὸν θεὸν ἐμὲ λανθάνεις τοιαῦτα πράττων. 对神发誓，你做这些事情时没有逃过我的注意（或：对神发誓，在我不知道的时候你别做这些事情）。

15. 独立宾格，无人称动词的中性单数宾格分词，不带名词或代词，不受句子的主干动词支配，可与句子其他部分构成各种关系，有如情状分词（circumstantial participle）与句子其他部分构成的各种关系：
ἐξὸν μὴ δίκην δοῦναι, μενοῦμεν ἐν τῇ πόλει. 由于可能不受惩罚，所以我们会留在城里（或：倘若可能不受惩罚，我们就会留在城里）。

呼格用法（Vocative Case）

呼格说明被呼叫的人或物，如果不加小品词 ὦ，表示带情感，翻译时一般加语气词，若前面加小品词 ὦ，翻译反倒不必加强语气词：
τί, ὦ Σώκρατες, ταῦτα πράττεις; 怎么，苏格拉底，你为什么做这些事情？

练习

1 下面句子中的第二格用法，哪些体现的是整体中的一部分，哪些体现的是范围上的分离，哪些体现的是感觉或者回忆的对象：
Παύομαι τοῦ λόγου.
Πολλοὶ τῶν γεωργῶν.

2 在下面的句子中，划线的二格语词起什么作用：

(Περί)<u>πολλοῦ</u> ποιοῦμαι ταῦτα ἀκηκοέναι. 我十分看重拥有这些东西。

<u>Πλείστου</u> πωλοῦσιν τὰ μαθήματα οἱ σοφισταί. 智术师们出售他们的知识非常起劲。

Πόσου διδάσκει Πρωταγόρας; <u>Ταλάντου</u>. 普罗塔戈拉教一次多少钱？一个塔伦。

3 第二格要么作名词或代词的定语、要么受动词或形容词或介词支配，请确定下面的句子中二格各属于哪种情形：

Παρὰ τοῖς Κέλτοις μέσος κάθηται, ὃς τῶν ἄλλων κατ' ἀνδρείαν ἢ κατὰ πλοῦτον διαφέρει.

Τῶν αὐτῶν ἀγαθῶν ἄνδρες καὶ γυναῖκες δέονται.

Οἱ κύνες ἁπτόμενοι τοῦ Δόρκωνος ἔδακνον αὐτόν.

Ἡ ὁδὸς μεστή ἐστιν κινδύνων.

Ὁ ἀνὴρ ἐκ τοῦ σταδίου φερόμενος τῆς γῆς οὐκ ἐπέβαινεν.

Διανύσιος νεανίας ὢν τῶν πολεμίων κατεφρόνει.

4 试用这样的方式读解下面的句子：首先找出句子中的与格，并确定其词义范围：

Τοῖς φίλοις τὰ ἀγαθὰ καὶ τὰ κακὰ κοινά ἐστιν.

Οἱ Στωικοὶ λέγουσιν τῷ κόσμῳ ψυχὴν εἶναι.

Οἱ ἄνθρωποι νόῳ καὶ λόγῳ τῶν ζῴων προέχουσιν.

Τὰ ἄστρα ἐν τῷ οὐρανῷ ἐστιν.

Οἱ νέοι τοῖς τῶν πρεσβυτέρων ἐπαίνοις χαίρουσιν.

Διὰ τὴν ἀρετὴν τοῖς θεοῖς φίλοι γιγνόμεθα.

Ἡ ἀρετὴ τοῖς θεοῖς σύνεστιν.

Τιμῶμαι παρὰ θεοῖς καὶ παρὰ ἀνθρώποις.

5 下面几个句子中的与格受什么支配，起什么样的语法作用？

Τοῦτο οὐκέτι ὅμοιόν ἐστιν τοῖς ἄλλοις.

Δικαιοσύνη καὶ σωφροσύνη ἐπιτροπεύουσιν.

Αἴρουσι τὰ κρέα ταῖς χερσίν.

6 下面的句子中哪些第二格是比较二格用法，其他第二格是什么用法？

（1）Τίς ἀξιώτερός ἐστιν ἐπαίνου ἢ ὁ Ὀλύμπια νικήσας;

（2）Οἱ Ἕλληνες τοιαύτας νίκας καλλίους ἐνόμιζον εἶναι τῶν ἐν πολέμῳ (νικῶν).

（3）Πάντων τῶν ἄλλων δόξῃ προεῖχον οἱ στάδιον νικήσαντες.

（4）Οὗτοι πάντων κράτιστοι ἐνομίζοντο.

关于人名

与汉语人名一样,古希腊的人名好些来自名词:苏格拉底的名字来自 τὸ κράτος[力量、强有力]＝Σω-κράτης[保持力量者]。著名演说家德摩斯忒涅(Δημο-σϑένης)的名字来自 δεμο[民]＋τὸ σϑένος[力气、体力、勇气]＝"民众力量者";民主政制领袖伯利克勒斯(Περικλῆς)的名字来自 περί[介词]＋τὸ κλέος[传闻、名气]＝Perikles[极有名望者](古德语中的 Vilmar 与之完全对应)。

由于汉译专有名词采用音译原则,如何翻译人名,学界迄今没有达成共识:有主张仅译该词不变的词干部分(Σωκράτης＝切音译法当作"索克拉特"),有主张按整个主格形式音译("索克拉特斯")——我们主张后一种译法,而且要求每个音节对应一个汉字:Περικλῆς[伯利克勒斯],而非[伯利克勒]。

即便专有名词(地名、人名等)也有格位变化:

耶稣＝ὁ Ἰησοῦς - Ἰησοῦ — Ἰησοῦ — Ἰησοῦν — ὦ Ἰησοῦ(呼格)
苏格拉底＝Σωκράτης — Σωκράτους — Σωκράτει — Σωκράτη — ὦ Σώκρατες(呼格)
德摩斯忒涅＝Δημοσϑένης — Δημοσϑένους — Δημοσϑένει — Δημοσϑένη
伯利克勒斯＝Περικλῆς — Περικλέους — Περικλεῖ — Περικλέα

西洋古人的名字大多带有某种意思,尤其城市人的名字。农民的名字通常比较简朴,比如,古罗马农民的名字(Praenomen)据说往往只用一个数目字来表示:Quintus[第五]、Sextus[第六]、Decimus[第十](有如我们四川乡下人叫"三娃子""老五""老六")。但城里人或出身殷实之家,名字都比较别致。当然,取名要么因袭,要么独创,所谓"别致",有时也是因袭之名。

西洋古人也喜欢用别名(Cognomen)来标识某人的身体或性格特征:Flaccus[耳朵长垂的人]、Cicero[带鹰嘴豆的人](脸上有赘疣)、Plautus[平脚者](所谓"实心脚板")、Brutus[笨伯]。随着时间流逝,别名的本来意思完全消失了,后来起名字的父亲们并不清楚这些名的本意,一心只图别致,跟着名人的名给孩子取名,虽别致却是因袭。因此,我们不能依名字来推断,凡叫 Horatius Flaccus 的肯定有一对长耳朵,叫 Ovidius Naso 的一定是个大鼻子。

当然也不能依名字断定,伟大的 Tullius Cicero[西塞罗]脸上确有招人注目的赘疣。古希腊人的名同样如此,这是我们首先得知道的。如果我们见到 Στράβων[斜视者]或者 Πύρρος[红发人]一类名字,没必要将这些身体特征与这人联系起来。

→ 德国人有不少人名叫什么 Rot[红色]、Braun[褐色]、Schwarz[黑色]或 Müller[磨坊主]、Fischer[渔夫]、Weber[纺织工],不必认为这些人与如此身体或职业有什么关系。

古希腊的人名总体而言显得比古罗马人喜欢张扬才性、能力或门第。Nomina sunt omina[名为标志]——下面几个名字的构成印证了这句古拉丁谚语:Θεμιστοκλῆς=Themistokles[因法而闻名者],Σοφοκλῆς=Sophokles[以智慧而闻名者],Κλέαρχος(色诺芬的《居鲁士上行记》中著名的斯巴达统帅)[以统治和命令闻名者]。

取名方式

大致来讲,古希腊人取名有两种方式,要么 θεοφόρα ὀνόματα[依神取人名],要么ἄθεα ὀνόματα[不依神取人名](以习俗、风尚、职业来取名)。据统计,有1324个有记载的人名是依28位埃及神的名字来取名的。当然,为人之父不会选用含恶兆含义的神名,人们虽然崇敬埃及死神 Anubis,没谁愿用这名为自己的儿子取名。用女神名给男孩取名,或者用(男)神名给女孩取名,都无所谓,吉利就行。

古希腊人十分虔诚,敬拜城邦神的这一特点在人名中得到反映,带 θεός[神]的复合人名数不胜数:Θεόδωρος、Δωρόθεος、Θεόδοτος。不外乎"神赐的""神给予的",Θεοδόσιος(Theodosios 皇帝名)也是这个含义。

相对的女性人名有:Θεοδότη,晚期希腊语 Δωροθέα(=Dorothea)和 Θεοδώρα(=Theodora 女皇名)。还有 Θεόπομπος[神陪伴的]、Θεοφάνης[受神指点的]、Θεόκριτος[被神选中的]、Θεοχάρης[受神慈恩的]、Θεόφιλος[受神喜爱的],等等,不一而足。

有些人名涉及特定的神:Διόδωρος[宙斯的礼物](=Diodor)、Ἀπολλόδωρος[阿波罗的礼物](=Apollodor)、Ἑρμόδωρος[赫耳墨斯的礼物]、Ἀρτεμίδωρος[阿尔忒米斯的礼物]、Ἡρόδοτος[赫拉的礼物](希罗多德)。

名与姓氏

与古罗马人和古日尔曼人一样,古希腊人只有一个名,且一直保留单名习俗。罗马人在帝国时期才开始有了至少三个名,日耳曼人大约自13世纪起才有了两个名,其中一个是姓氏。你兴许马上会想到:古希腊人只有一个名,他们怎样互相熟识而不至搞混呢?

在公共场合,为了不出错,古希腊人在人名后面用第二格(来源二格)加上其父的名字,不妨看作姓氏(俄国人后来就是这样学的)。色诺芬在《希腊志》中提到苏格拉底时称:Σωκράτους Σωφρονίσκου[索普弗罗尼斯克的儿子苏格拉底](1.7.15)。

还可加上家乡名称,相当于籍贯,有如我国古人作文习惯("南海康有为造")。在雅典,一般将父名以属格形式置后,其后是籍贯。给一个男孩取名,如果是长男,就在名前用父的名或者其外祖父的名,即我们的姓氏。古希腊(罗马亦然)的妇女或奴隶只有一个名字,如果需要,可在其名之后置其父或夫或主人的名,以示归属或依靠。

大演说家 Δημοσθένης 喜欢在雅典公民大会上喋喋不休提议案,啦啦队中的反对派就用抑扬格念句子来讽他:

Δημοσθένης Δημοσθένους Παιανιεύς τάδ' εἶπεν. 德摩斯忒涅,即湃阿尼阿镇的德摩斯忒涅,说了如下的话……

名字的语词构成

取名其实就是构词,不妨看作一种独特的构词法。按古希腊语的构词法,名字的构成不外乎两种:派生的和复合的人名。

所谓派生的人名,指在有含义的语词后附加后缀来构成人名,比如通过附加 -ίων、-ίδης、-ιος 表示出身,或表示与神有从属关系:

Ἡφαιστίων(亚历山大大帝密友的名字)= Ἥφαιστος[(火神)的后裔];

Ἀπολλωνίδης(拉丁文 Apollonides)= [阿波罗的后裔];

Διονύσιος(拉丁文 Dionysius)= [敬拜 Διόνυσος 神的人]。

注意别把神的名字 Dionysos(Διόνυσος)与人的名字 Dionysios(Διονύσιος)搞混,后者是从前者派生出来的。席勒在剧作《市民品格》(*Bürgerschaft*)中用缩写 Dionys 指西西里僭主 Dionysios,脱离文脉的话,读者就搞不清楚这 Dionys 究竟指哪个。

复合人名更为常见,道理很简单,这样容易让名字携带习俗、乡缘、权力以及各种名誉、声望。

古希腊人名中带词干 ἵππος [马]的不少(Ἀρίστ-ιππος[骏马]或者 Φίλ-ιππος[爱马者]),可见古希腊人十分喜爱马(习俗)。在古希腊诗歌(荷马)和艺术(帕特农雕饰花纹)中可以见到,马的确是重要角色,马车比赛早在赛会初期就已声名远播。因此,上流人士喜欢让自己孩子的名字中带 ἵππος,几乎成了习惯(比较著名廊下派哲人 Χαρυσίππος),甚至成了贵族人名的标志(德语人名中的贵族标志 von 在古希腊语和拉丁语中都找不到痕迹)。

用 ἵππος 来复合人名的方式多种多样:Ζεύξ-ιππος [套马人],Λύσιππος(一位艺术名家的名字,德语缩写成为 Lysipp)和 Ἱππόλυτος(法语 Hippolyte)= [给马卸套的人],Ἱππόδαμος [驯马师],与马打交道获得的快乐则有 Ἱπποχάρης、Ξάριππος; Ἱπποκλείδης 表现声望(κλέος),Ἱππόνικος 表现胜利(νίκη),Ἱπποκράτης(医祖希珀克拉底)表现权力(κράτος)。

这风俗也给诗人提供了玩词儿的机会。最著名的例子得算阿里斯托芬在《云》中的玩法:父亲在给儿子取名时,既想让儿子继承其爷爷的节俭品德(Φειδωνίδης [节约的人]),又想让儿子母亲的贵族身份显露出来(Ξάνθιππος、Χάριππος、Καλλιππίδης [有靓马的人]),于是将两者复合成 Φειδιππίδης [节俭马](《云》,行65)。

在复合人名的构成中,荣誉(声望、胜利等)观念十分常见,可见争第一的竞赛(ἀγών)观深植于古希腊人的生活。不少为人父者想方设法要让自己的后代出人头地,取名时让后代一生下来就有 κλέος [声望]、τιμή [荣誉]、νίκη [胜利],完全可以理解。

与 νίκη [胜利]复合而成的人名:Νικολῆς [因得胜而闻名者],Νικόστρατος 和 Νικόλαος 含有[得胜大军](拉丁文和德语作为外来词用:Nikolaus,缩写成 Klaus)的意思。

与 τιμή [荣誉]复合而成的人名:Τίμαρχος=Timarchus [心怀崇敬的管理者],Τιμοκράτης [因荣誉而强大者]、Φιλότιμος [热爱荣誉者]、Τιμόμαρχος [战争英雄]。

虽然颇为吉祥的语词有好些,但并非每个语词的词干都便于用来复合成人名。与我们中国人的名字一样,古希腊的人名经常重复出现一些语词,似乎人们在取名时不约而同地喜欢一些相同语词。因此,就出现了一些专用作人名的语词,这些语词当然带有幸福的许诺、美好的愿景或其他吉祥含义。

用父母或祖父母的名字来给孩子取名,也不少见,或至少用父亲的名字作为复合性人名的一部分,于是就有 Δεινο-κράτης [Δεινοκλῆς 的儿子]。从两位祖先的名字各取一半,也可复合成一个孩子的名字。比如,$Λύσ$-$ιππος$[御马人]这个名字就可能是从其爷爷$Λυσ$-$ανίας$[解忧者]和其父亲$Φίλ$-$ιππος$[爱马者]复合而成,尽管这样一来,名字就根本没有语词意思了。$Λύσ$-$ιππος$[御马人]原本没什么特别意思,不过为了保留对两位氏族先人的感念,当然,这词语听起来还是带点儿贵族气。

古希腊文学作品中常见以-$ίδης$为词尾的人名,这类人名颇像我们汉语的"姓氏"(父姓):$Ἀτρείδης$ 意为 $Ἀτρεύς$[阿特柔斯]之子,$Πηλείδης$ 意为 $Πηλεύς$[佩琉斯]之子(比较俄语的-witsch, Iwanowitsch=Iwan之子,俄语从古希腊语借用的方式)。

还有这样的取名法:将名字的两个复合部分颠倒过来,这样形成的名字大多没有语词含义,倒像是那些对取名嫌麻烦的为父者所为。

$Λύσ$-$ιππος$ = $Ἱππό$-$λυτος$ $Ἀρχ$-$ιππος$ = $Ἱππ$-$αρχος$
$Δημόφιλος$ = $Φιλόδημος$ $Δημόκριτος$ = $Κριτόδημος$

$Θεό$-$δωρος$[神赐的]还有意思,$Δωρό$-$θεος$怎么解?古希腊的人名没有姓氏,只有一个名字的话,取来取去,好听的名字都被前人取尽,对名字无所谓的人干脆颠倒过来。事实上,大多数复合人名颠倒过来用也无妨。

民主政治化的人名

随雅典民主制的形成,出现了不少带 $δῆμος$[民人]、$ἀγορά$[广场、公民大会]、$βουλή$[议事会]的人名,叫这些名的人有的还真给自己带来好处。前面说到的大演说家 $Δημοσθένης$(意为"因在人民之中且与人民一起而强大者")的名字就颇有意味。

Milet的一个执政官叫作 $Ἀρισταγόρας$(意为"在城邦民大会中表现卓越者"),雅典有个民主政治家叫作 $Θρασύβουλος$(意为"市政厅里的冷静者",比较 Konrad)。这些名字看来不像是老爹给取的,要么是自己改成的,要么是别人这么称呼。总之,政治风气导致的改名,古希腊就有了。

古希腊人也用昵称,通行的办法是缩短全名(比较德语的昵称:Friedrich=Fritz、Wilhelm=Willy)。这种情况等于只称呼名字的一部分,当然,还得加上必要的后缀,例如:$Νικόμαχος$ 转为昵称 $Νίκ$-$ων$ 或 $Νικ$-$ίας$(我们中国人的习惯也同样如此)。

书写与阅读

署名与书名

书的作者署名与今天不同,在古代希腊及拜占庭时期,作者名置于书名之前,用属格:

Αἰσχυλοῦ τραγῳδία 埃斯库罗斯的《肃剧》

Γεωργίου τοῦ Κεδρηνοῦ σύνοψις ἱστοριῶν(11世纪僧侣)刻德瑞诺的乔治著《纪事概要》

古希腊著作的书名多为内容的简要说明,大多由名词的不同格来表述。这些著作的名称多以支配属格的介词 *περί* 引导,如亚里士多德的诸多讲课稿的标题:

Εὔδημος ἢ περὶ ψυχῆς — περὶ τἀγαθοῦ — Περὶ Ποιητικῆς 等等。

如果书名(或篇名)用了冠词,通常置于作名词用的定语、分词或介词短语之前;引称著作名时,其语法形式依在句中的作用而定。

Διὸ πάντες ἐοίκασιν ἁμαρτάνειν ὅσοι τῶν ποιητῶν Ἡρακληίδα, Θησηίδα καὶ τὰ τοιαῦτα ποιήματα πεποιήκασιν … 那些写《赫剌克勒斯》《忒修斯》以及这类诗的诗人好像都犯了错误……(亚里士多德,《诗学》,1451a20,罗念生译文)

ἐοίκασιν = *εἴκω*[显得、好像]过去时三单;

ἁμαρτάνειν[犯错];

ὅσοι = *ὅσος*[像……一样的]阳性复数;

古代希腊的著作分为卷(源于羊皮纸的保存方式:卷起来),每卷较如今的"章"篇幅小得多。

学会使用词典

懂得正确使用词典,对于学习任何一门语文都非常重要。使用古典语文词典不仅仅是为了解决我们遇到的某个特定语词的难解情况,也为了进入语词的古典世界。迄今,通读《尔雅》和《说文解字》仍然是学习中国古典语文的基本功。

亚历山大城的第一批文法学者们不仅考究语法,也搞词典——词典编纂源于亚历山大时期。当时的做法是,将日常用语中常见的惯用语和需要解释的作家用法搜集起来,然后是广泛、系统地搜集叙事诗作者、戏剧诗人和修辞家的特别措辞(λέξεις=ἡ λέξις[说法、表达]的复数)。由于当时的普通话以阿提卡语为基础,亚历山大城的语文学家们还搜集阿提卡语的独特词汇。早期的辞书就叫作Lexicon(τὸ λεξικόν=λέξις派生出的形容词[涉及言说方式的]+βιβλίον[书]),其含义与西方现代的Lexikon并非一码子事。严格来讲,Lexicon对现代西方语文来说是个外来词,其复数当是希腊语式的词尾Lexika,现在的西洋人经常想当然地写成Lexikas。

要使用一本古希腊语词典,首先得具有最基本的词法知识(尤其名词、形容词变格和动词时态—语式的基本形式规则),因为,文本中出现的具体词形与词典中的注录的语词原形往往相去甚远。

此外还得具备如下常识。

→ 第一和第二变格类名词和形容词的第二格单数不会附在主格后面,只有第三变格类名词和形容词才会附上其二格形式。

→ 词典给出的动词形式是第一人称单数(παιδεύω),而非不定式(παιδεύειν)——不过,如今不少古典作品的笺注本在解释动词时,往往按现代西方语言的习惯采用不定式标记法。此外,词典里通常会列出动词的不规则构词形式;如果是规则的复合动词,通常会在括号里给出其基本动词形式,比如:ἀν-ίστημι(见ἵστημι)。

→ 音节的长短标记在词典中一般按如此习规来标明:短音节不会用短音符特别注明;自然的长音节(不是因声调或元音而产生的长音-η、-ω)会用横线标在该元音上面。

→ 复合词会用分隔线将词源部分与复合部分隔开,例如:ἀ-θάνατος[不死的],καρπο-φόρος[带来—丰收的],ἀπο-καθ-ίστημι[重新—站—起来]。

由于古希腊语的复合词很多,动词形式变化异常复杂,有古典语文学家认为,根本没指望编纂出一部详尽的古希腊语词典。文艺复兴时期非常了不起的人文学者斯特凡诺斯(Henricus Stéphanus)编了一部 *Thesaurus Graecae linguae*(《古希腊语词典》,四卷,巴黎,1572,1831—1865 新版,九册对开本;θησαυρός[宝藏屋],引申为[词藏]);到了 19 世纪,古典语文学家觉得,这部大全远远不够用,于是开始新的词典编纂。

如今古典语文学界所用的词典,绝大多数是 19 世纪古典语文学家的成就(比如著名的《希—英大词典》)。

3　形容词

学过古希腊语的名词变格再来学习形容词变格,不仅容易得多,还可以通过对比进一步熟悉名词变格的规律,毕竟,形容词的基本作用是修饰名词。形容词的希腊语名称叫作 ἐπί-θετον(拉丁语译作 adjectivum[附加物]),可见,古代文法学家没把形容词视为独立词类,而是看作与名词同类。这有一定道理,因为,希腊语形容词变格跟拉丁语形容词变格一样,得与其所修饰的名词保持性、数、格的一致(德语形容词变格自成一体),比如:

ὁ καλὸς λόγος[这美的言辞](主格)——τοῦ καλοῦ λόγου[这美的言辞的](二格)。

形容词作表语也得与主语相一致(德语形容词作表语不变格):

ὁ λόγος κάλος ἐστίν. 这言辞(是)美(的)。

→ 汉语的"是……的"语式多见于现代白话文初期(至20世纪70年代),显然带有翻译腔。如今的译文若满篇这类语式,会被视为行文不干净利索。

我们看到,形容词与所修饰的名词的格尾形式都相同。

不过,ὁ ποιητὴς σοφός[这个智慧的诗人](诗人是否真的有"智慧",是古希腊思想中的一个重大问题)这个主格名词短语让我们注意到两点:首先,与汉语语序不同,形容词 σοφός 可以在所修饰的名词 ποιητής 后面,甚至可以隔得老远,中间有别的语词(这时要确认形容词与名词的关系就得靠两者性、数、格的一致)。

第二,形容词 σοφός 与名词 ποιητής 保持了性、数、格的一致(阳性主格单数),但两者词尾并不相同。换言之,形容词与名词保持性、数、格的一致,不等于词尾形式的一致:有时一致(ὁ καλὸς λόγος),有时不一致(ὁ ποιητὴς σοφός)。在学习形容词变格时,如果我们从一开始就留意到这个问题,将会非常有益。

与名词相比，形容词变格比较简单：形容词要修饰的名词是什么性、数、格，它就跟着是什么性、数、格。在词典中，凡形容词首先注录的是阳性单数形式，比如 φίλος[可爱的、珍贵的]，在实际用法中，若修饰阴性名词，就按阴性名词的变格来变格（这类名词大多为 A 变格类名词），若修饰阳性或中性名词，就按阳性或中性名词的变格来变格（我们已经知道，这类名词大多为 O 变格类名词）。换言之，既然名词有阳阴中三种性属，形容词与名词相一致，自然也会有三种性属的词尾，或者说，一个形容词会因修饰的名词的性属不同而词尾有所不同：

ὁ ἀγαθὸς ἄνθρωπος[好人] — ἡ ἀγαθὴ μήτηρ[好妈妈] — τὸ ἀγαθὸν ἦθος[好性情]

可见，形容词恪守自己的阳阴中词尾形式，不理会名词的词尾形式，毕竟，名词的词尾类型要比形容词更为多样。

τὸ φίλον δῶρον[这份可爱的礼物]，形容词 φίλος 在词典中注录的是阳性主格单数形式，在这里是修饰中性名词 δῶρον，因此词尾用中性（φίλον）。荷马笔下的人物说：

Καὶ ὀλίγον δῶρον φίλον ἐστίν. 何况，这份礼物虽微薄却珍贵。

这个句子的第一个词 Καὶ（句首大写）是最常用的连词，通常意为"和"，但这里显然不是"和"的意思。实际上，这个小品词还可表示强调如"甚至"或转折语气"何况"。形容词 ὀλίγον[少许的、微薄的]在词典中首先注录的是主格单数阳性形式 ὀλίγος（比较 Oligarchy[寡头政治]），这里因修饰 δῶρον 而写作单数中性形式。

如果把这句子变成复数，形容词的词尾也跟着变：Καὶ ὀλίγα δῶρα φίλα ἐστίν.

这个句子的主语为中性复数，系词却是单数，因为中性复数名词未必表多数，也并非单个东西的叠加，而是表单数事物的集合。比如 τὰ φύλλα[树叶]指的不是一片片儿 τὸ φύλλον[树叶]（比较 Chlorophyll[叶绿素]），而是表示集合的树叶（比较德语的 Laub[树叶]、Gewölk[云层]、Gebirge[山脉]、Gebüsch[灌木丛]）。

形容词变格的词尾类型

为了便于初学者掌握形容词变格，语文学家也把形容词分为三类，其实，这样反倒容易让我们头晕。我们必须清楚：名词有阳阴中三种语法性属，所谓三种变格类型的区分，不过是为了帮助我们掌握阳阴中三种性属的名词变格的规则而已。

形容词的语法性属与名词一样有阳阴中三种,我们首先要记住一个通则:形容词的阴性形式跟随第一变格类的阴性名词变格,阳性和中性形式跟随第二变格类的名词变格。这个通则不过是为了帮助我们熟悉变格而已,实际上,形容词呈现为三个尾型,分属于阳阴中三种性属:

[美丽的、漂亮的] 单数/复数

阳性 = καλ-ός — καλ-οῦ — καλ-ῷ — καλ-όν / καλ-οί — καλ-ῶν — καλ-οῖς — καλ-ούς

阴性 = καλ-ή — καλ-ῆς — καλ-ῇ — καλ-ήν / καλ-αί — καλ-ῶν — καλ-αῖς — καλ-άς

中性 = καλ-όν — καλ-οῦ — καλ-ῷ — καλ-όν / καλ-ά — καλ-ῶν — καλ-οῖς — καλ-ά

→ 对古希腊人来说,"美、漂亮"往往包含高贵的品质或"好"的含义,因此,这个形容词也可以译作"高贵的""美好的"——在现代社会就不是这样了。中文的"美"也可以指人的道德或精神品质,而"高贵"在希腊文中也有特定的语词。

汉语的"美"既指悦目的外观(《诗·邶风·静女》:"彤管有炜,说怿女美。"《孟子·梁惠王下》"百姓闻王车马之音,见羽旄之美,举欣欣然有喜色而相告。"),亦指"善"或"好"的品质(《易·坤·文言》:"畅于四支,发于事业,美之至也。"《论语·颜渊》:"君子成人之美,不成人之恶。"《楚辞·离骚》:"委厥美以从俗兮,苟得引乎众芳。"《后汉书·马援传》:"采其一美,不求备于众。")。甚至可作为动词(《谷梁传·僖公元年》"美[称美]齐侯之功也",《毛诗序》"美教化,移风俗。"《后汉书·郭太传》:"善谈论,美[擅长]音制。")。

可以看到,同名词一样,形容词有不变的词干部分(如 καλ-),后面的词尾是可变部分。掌握形容词与掌握名词一样,除了掌握词干(从而知其语义),还要掌握其可变的阳、阴、中单复数一至四格的变格——最好每一种格的阳、阴、中三种性属的形式同时掌握。

如果形容词词干以元音-ε、-ι结尾(如 δίκαι-ος[正义的、正派的])或者以辅音-ϱ结尾(如 μικϱ-ός[微小的]),其阴性形式就不再是-η,而是-α。

双尾形容词

语文学家还发现,好些古希腊语形容词在修饰阴性名词和阳性名词时都用阳性词尾(-ος),没有单独的阴性词尾(仅见于第二变格类形容词)。换言之,有的形容词只有两种尾型(缺独立的阴性词尾形式),这类形容词就称为双尾型形容词,阳、阴、中三性分别有词尾的(比如 καλ-ός)就称为三尾形容词。在词典中,从给出的形容词主格单数有两种抑或三种词尾形式,可以看出它属于两尾还是三尾型:

ὁ ἀθάνατος θεός[不死的神]/ ἡ ἀθάνατος ψυχή[不死的灵魂]/ τὸ ἀθάνατον ἔργον[不朽的作品]

可以看到,θεός 和 ψυχή 分别为阳性和阴性名词,形容词 ἀ-θάνατος 在修饰它们时的词尾都是阳性形式(变格同 κόσμος),中性 ἀ-θάνατον(变格同 ἄστρον)则仍然有独立的词尾。明显的结果是,当修饰阴性名词时,形容词词尾与名词词尾就显得不一致(语法属性仍然一致)。由此可以明白,为何有的形容词与所修饰名词在词尾形式上不一致,仍然保持了性数格的语法性一致。

形容词 ἀθάνατος 还告诉我们一个形容词的构词规则:ἀθάνατος 由前缀 ἀ- 和 θάνατος 构成,换言之,θάνατος 才是这个形容词的原形,或者说 θάνατος[会死的、终有一死的]是 ἀθάνατος 的基本词义部分(比较 Euthanasie[安乐死]= εὖ + θάνατος[好好地+死])。

否定性前缀 ἀ-具有"剥离""取走"(a- privativum)的含义,带否定意义,与英语、德语的 un-(拉丁语的 in-)相近。这种性质的 ἀ- 实际具有词语构建作用,比如 anormal(德语)也可以是纯希腊语的 ἀνωμαλός[不平坦的、不规则的](或德语副词 abnorm,出自拉丁语 abnormis)。

语文学家们发现,所有带否定性前缀 ἀ-的形容词都只有两尾。

ἡ ὁδός 是阴性,请不妨给下面的 ὁδός 的形式加上相应的冠词和形容词 καλός 及 ἄπορος:

ὁδοῖς — ὁδούς — ὁδῷ — ὁδοῦ — ὁδοί

第三变格类形容词

既然与名词一样,形容词也由不变的词干部分和可变的词尾部分构成,就同样有变格不规则的形容词类。与第三变格类名词一样,这些形容词的词干以辅音结尾居多,也有以元音结尾的。无论哪个变格类,形容词的复数、属格和阴性的声调位置都按名词声调规则,不按名词第一变格类的特别规则。

变格不规则的形容词,在分别修饰三种性属的名词时也都显得词尾不规则：

ὁ βραχὺς βίος[短暂的生命] — ἡ βραχεῖ-α ἐπιστολή[短信] — τό βραχὺ ποίημα[短诗]

可见，βραχὺς[短暂的]在分别修饰阳阴中三种性属的名词时，与我们在前面掌握的规则不同，不是 -ος — η — ον 三尾型，也非两尾型，而是另一种三尾型，而且与其所修饰的名词的格尾不同形。现在我们得知，形容词与其所修饰的名词的词尾不同形的第二个原因，同样是由形容词本身造成的。

βραχὺς[短暂的]以 -υς 为词尾，这类形容词实际有两个词干，分别以 -υ 和 -ε 为尾音＝βραχυ—βραχεϝ，后者的 ϝ 因词尾首音是元音而脱落。在有些格位中，词干尾音 -ε 与词尾产生元音缩变，如 βραχεῖ, βραχεῖς。

在现代西方语文中，这类形容词作为外来词性质的构词要素保留下来。比如，在 Brachylogy[表达简洁]中可以看到 βραχύς；在 Barometer[气压计]、Bariton[男中音]（沉重的声调）中可以看到 βαρύς[重的、沉重的]；在 Glyzerin[甘油]中可以看到 γλυκύς[甜的]；在 Oxyd[氧化物、酸性物质连接剂]中可以见到 ὀξύς[辣、苦、酸的]；在 Trachyt[粗面岩]中可以见到 τραχύς[粗糙的]；在 Tachometer[计速器]和 Tachygraph[速记员]中可以见到 ταχύς[快速的]。

新谐剧诗人米南德（Menandros）的诗句：

Φθείρουσιν ἤδη χρησθ' ὁμιλίαι κακαί. 滥交败坏好的礼俗。

φθείρουσιν＝φθείρω[败坏、毁坏、糟蹋]三复。

ἤδη 缩变自 ἤδεα＝τὸ ἦδος[伦常、礼俗]的复数。

χρησθ'＝χρηστά＝χρηστός[有用的、有效的、正派的、好的]中性复数，元音缩变后，τ 在送气元音（ὁμ-）前成 θ。

ὁμιλίαι＝ἡ ὁμιλία[交往、结交、交媾]主格复数。

这个句子的动词 φθείρουσιν 在句首，意在强调，宾语 ἤδη 有一个形容词 χρηστός，变格不规则。这里的词尾本来是中性复数的 χρηστά，因为它修饰的是中性复数名词 ἤδη，由于词尾的元音 -ά 与后一个以元音开头的语词 ὁμιλίαι 相接，两个元音合拼出现元音缩变，-ά 前面的清辅音 -τ 就变成了双辅音 -θ。主语 ὁμιλίαι[交往]也有一个形容词 κακαί，这是个变格规则的形容词。

下面来看几个第三变格类形容词的例词：

ἡδύς — ἡδεῖα — ἡδύ [舒适的] 单数/复数

阳：ἡδ-ύς — ἡδ-έος — ἡδ-εῖ — ἡδ-ύν / ἡδ-εῖς — ἡδ-έων — ἡδ-έσι(ν) — ἡδ-εῖς

阴：ἡδ-εῖα — ἡδ-είας — ἡδ-είᾳ — ἡδ-εῖαν / ἡδ-εῖαι — ἡδ-ειῶν — ἡδ-είαις — ἡδ-είας

中：ἡδ-ύ — ἡδ-έος — ἡδ-εῖ — ἡδ-ύ / ἡδ-έα — ἡδ-έων — ἡδ-έσι(ν) — ἡδ-έα

不妨试试按 ἡδύς 的变格给形容词 εὐθύς 变格。

πολύς [许多的] 是个带普遍含义的数量概念，十分常见，而且还活在西方现代语文的许多外来词中：Polytheism [多神论]，Polygamy [一夫多妻制]，Polyhistor [博学者]。

这个形容词变格极为不规则，因为它有两种词干：πολυ- / πολλ-，且使用三种词尾；阳性单数主格和四格 πολύς — πολύν 以及中性的主格和四格 πολύ 由词干 πολυ 构成；来自词干 πολλο 的词形，其三种语法性的变格如 O 和 A 变位的三尾形容词：

阳：πολύς — πολλ-οῦ — πολλ-ῷ — πολύν；复数 πολλ-οί ⋯⋯ 后略

阴：πολλ-ή — πολλ-ῆς — πολλ-ῇ — πολλ-ήν；复数 πολλ-αί ⋯⋯ 后略

中：πολύ — πολλ-οῦ — πολλ-ῷ — πολύ；复数 πολλ-ά ⋯⋯ 后略

毕达哥拉斯说过这样一句传世名言：

Χαλεπὸν πολλὰς ὁδοὺς ἅμα τοῦ βίου βαδίζειν. 同时踏上许多生命之路很难。

这是个无主句，省略系词：χαλεπός [这很难]，随后的不定式短语是实质性主词。

→ ἅμα = 副词 [同时]，作状语；τοῦ βίου = ὁ βίος [生命] 的属格，作 ὁδοὺς 的定语；βαδίζειν = βαδίζω [步行、前行、进展] 的不定式。

需要注意，形容词可以作副词用：

πολλὰς ἐξόδους ἐξήλθομεν. 我们出征多次（直译：我们很多次出征）。

οὐ πολλὰ διαφέρουσιν. 他们在很多方面没有不同（或：他们没有很不同）。

形容词四格作状态宾语，起副词作用。

第三变格类形容词也有双尾型，比如：ἀληθής [真实的]，词干为 ἀληθες-。

阳、阴： ἀληθής — ἀληθοῦς — ἀληθεῖ — ἀληθῆ / ἀληθεῖς — ἀληθῶν — ἀληθέσι(ν) — ἀληθεῖς

中： ἀληθές — ἀληθοῦς — ἀληθεῖ — ἀληθές / ἀληθῆ — ἀληθῶν — ἀληθέσι(ν) — ἀληθῆ

德意志统一之前的萨克森国王约翰（Johann von Sachsen, 1801—1873）是人文主义者，喜欢翻译古典作品，他曾用笔名 φιλαλήθης [热爱真理的人]（=Philalethes）发表自己翻译的但丁作品。

与 ἀληθής 同类的形容词还有 εὐγενής, -ές [出身好的、出身贵族的、高贵的]（构词副词 εὖ [好、安逸、美] + γενής [出生]；比较 Eugen），ἀ-σθενής, -ές [虚弱的、生病的；弱小的]（引申为神经衰弱）。

ἀληθής 的反义词 ψευδής [说假话的、不真实的]

ὁ ψευδὴς λόγος [假话] — ἡ ψευδὴς ἐλπίς [虚假的希望] — τὸ ψευδὲς ὄνομα [假名]（pseudonym）

词干为 ψευδες，去掉 -σ 后，词干尾音 -ε 与格尾的首音产生元音缩变（与 τὸ γένος 的情况相同），如阳性单数和中性复数的第四格 ψευδέ(σ)α 变为 ψευδῆ，阳性复数的第一格和第四格 ψευδέ我(σ)ες 变成 ψευδεῖς，中性单数第一格和第四格 ψευδές 则是词干原形。

双尾型例词：ἀσθενής — ἀσθενές [弱小的]
阳、阴：ἀσθενής — ἀσθενοῦς — ἀσθενεῖ — ἀσθενῆ
ἀσθενεῖς — ἀσθενῶν — ἀσθενέσι(ν) — ἀσθενεῖς
中：ἀσθενές — ἀσθενοῦς — ἀσθενεῖ — ἀσθενές
ἀσθενῆ — ἀσθενῶν — ἀσθενέσι(ν) — ἀσθενῆ

形容词的构成有时就是副词加名词，这类形容词的词尾看起来不像是形容词，比如 εὐδαίμων [幸运的] 来自副词 εὖ [好、安逸、美] + 名词 δαίμων [精灵]，基本的意思是：因得到神赐给的物质财富（牲口、地产、钱财）而获得幸福感。ἡ εὐδαιμονία [内心喜悦、幸福] 同样是因获得具体的好处而产生的抽象感觉，好多宗教的基本经验就是如此。在古希腊哲学中，关于内心幸福的学说叫作幸福论（Eudamonism，主要指伊壁鸠鲁学说）。

ὁ εὐδαίμων παῖς [幸运的孩子] - ἡ εὐδαίμων πόλις [幸运的城邦] - τὸ εὔδαιμον γένος [幸运的一族]

单数中性时，声调明显尽量前移 = εὔδαιμον（词干原形！）；在 -σ 前 -ν 脱落：εὐδαίμο(ν)σι(ν)。显然，这个形容词与名词 ὁ δαίμων [命相] 同形，与以 -ν 为词尾的名词完全类似。

这类形容词最常见的是 σώφρων[头脑健全的、清醒的、明智的]（双尾型），它的构成是 σως[清醒的]+φρην[心胸、心智]，与名词 ἡ σωφροσύνη[清醒、节制、审慎]非常相近，初知古希腊哲学的都知道，这一概念在古希腊人的政治伦理中举足轻重。

阳、阴：σώφρων — σώφρον-ος — σώφρον-ι — σώφρον-α；
　　　　σώφρον-ες — σωφρόν-ων — σώφρο-σι(ν) — σώφρον-ας
中：σῶφρον — σώφρον-ος — σώφρον-ι — σῶφρον；
　　σώφρον-α — σωφρόν-ων — σώφρο-σι(ν) — σώφρον-α

Θεὸς ἀνθρώποις σώφροσιν νόμος, ἄφροσιν δὲ ἡδονή.
对明智的人来说，神是礼法，对不明智的人来说，神是快乐。（柏拉图，《书信八》，354e6—355a1）

这是个表语句，主语是 Θεὸς，省略系词，ὁ νόμος[习俗、伦常；法律、律法]（比较 auto-nom，以及 νομίζω）和 ἡδονή[欢乐、快乐]是表语，δὲ 是转折副词；形容词 σώφροσιν 和 ἄφροσιν 都是与格复数，修饰与格复数的 ἀνθρώποις（所属与格）。

不规则形容词还有双词干的：μέγας — μεγάλη — μέγα[大的]
变格也以两种词干为基础：μεγα- / μεγαλ-（这两个词干都能在现代西方语文的外来词里见到：Mega-phon[大声，即响声]，megalo-mania[自大狂]）；

阳：μέγας — μεγάλ-ου — μεγάλ-ῳ — μέγαν；复数 μεγάλ-οι……后略
阴：μεγάλ-η — μεγάλ-ης — μεγάλ-η — μεγάλ-ην；复数 μεγάλ-αι……后略
中：μέγα — μεγάλ-ου — μεγάλ-ῳ — μέγα；复数 μεγάλ-α……后略

与 πολύς 一样，μεγα 词干只能建构第三变格的三种形式，即阳性和中性单数第一和第四格：μέγας — μέγαν — μέγα，其他形式都由词干 μεγαλ-而来，是 A 和 O 变格类。

μεγάλην ἁμαρτίαν ἁμαρτάνεις, ὦ βασιλεῦ. 你正在犯一个巨大的错误，王呵。
省略 ἁμαρτίαν[过错]，因为与动词有相同词干。

希腊化时期的著名诗人、学者卡珥利玛科斯（Καλλιμάχος，公元前310—前240年）说：

Μέγα βιβλίον, μέγα κακόν. 一部大书、一大祸害（书大祸害大）。

τὸ βιβλίον[莎草纸、书]是中性，引申而来的法文 la Bible 和德文 die Bibel 却为阴性，为什么呢？τὸ βιβλίον 不等于圣书，la Bible 则指圣书，源于 τὰ βιβλία[神圣的书籍]，拉丁文为 biblia, -orum，于是就约定俗成地形成了阴性集合名词 biblia, -ae。

第三变格类形容词数量不少，古希腊作品中随处可见，要多注意掌握，积累释读经验。

形容词的升级

形容词变格比名词复杂的地方在于，形容词还有比较级形式。古希腊语形容词的分级形式源于古老的印欧语系，其词形构成与其他印欧语种多有相近之处，如比较级的 r 音就有印欧语汇的痕迹：

σοφώτερος — 拉丁语 sapientior — 德语（日耳曼语）weiser

形容词比较级和最高级大多数通过附加词尾来实现。形容词比较级的词尾有两类样式：

三尾式：τερος — τερα — τερον（按形容词第一和第二变格类规则变格）
比较级：词干 + τερος(阳) — τέρα(阴) — τερον(中)；
最高级：词干 + τατος(阳) — τάτη(阴) — τατον(中)
例词：δίκαιος = δικαιό-τερος, δικαιο-τέρα, δικαιό-τερον
　　　δίκαιος = δικαιό-τατος, δικαιο-τάτη, δικαιό-τατον
注意比较原形和比较级、最高级的声调位置的差异。

πολλῷ εὐδαιμονέστερός ἐστι τοῦ ἀδελφοῦ. 他比他哥哥幸福得多。

形容词 εὐδαιμονέστερός[更幸福]上面有两个声调符，乃因为后面的 ἐστι 前倾附读；相比较的对象用属格（比较属格），πολλῷ 为差异与格用法。

形容词升级时的音变

有的形容词在升级时词干会发生音变，需要特别留意单独掌握，比如：

σοφός[聪明的] = σοφώ-τερος(阳) - τέρα(阴) - τερον(中)
εὐκλεής[著名的] = εὐκλεέσ-τερος(阳) - τέρα(阴) - τερον(中)

σώφρων[明智的]＝σωφρονέσ-τερος(阳)- τέρα(阴)- τερον(中)

有少部分形容词为双尾式：ιων(阳/阴)—ιον(中)＝或 ων — ον
但最高级为三尾：-ιστος — ίστη — ιστον

这类形容词的升级构成与第三变格类形容词有关，词典通常会同时注明这类形容词的主格阳、阴、中三性的形式。

καλ-ός, -ή, -όν[美的]＝(比较级)καλλίων, κάλλιον /(最高级)κάλλιστ-ος, -η, -ον

ταχ-ύς, -εῖα, -ύ[快的]＝θάττων, θάττον / τάχιστ-ος, -η, -ον
ἡδ-ύς, -εῖα, -ύ[舒适的]＝ἡδίων, ἥδιον / ἥδιστ-ος, -η, -ον
αἰσχρ-ός, -ή, -όν[丢脸的]＝αἰσχίων, αἴσχιον / αἴσχιστ-ος, -η, -ον
ἐχθρ-ός, -ά, -όν[敌视的]＝ἐχθίων, ἔχθιον / ἔχθιστ-ος, -η, -ον
ῥᾴδι-ος, -α, -ον[容易的]＝ῥᾴων, ῥᾷον / ῥᾷστ-ος, -η, -ον

这类形容词的比较级除了词尾元音不同外，声调位置也不同。
柏拉图的《克力同》(51a8-9)中有这样一句：

Μητρός τε καὶ πατρὸς καὶ τῶν ἄλλων προγόνων ἁπάντων τιμιώτερόν ἐστι πατρὶς καὶ σεμνότερον καὶ ἁγιώτερον.

与母亲、父亲甚至所有其他祖先相比，祖国都要更为值得崇敬、更为崇高、更为神圣。

τιμιώτερον＝τίμιος[受尊敬的、贵重的]比较级的中性单数主格，源于名词τιμή[价格、价钱；受到尊敬的地位、显贵]，词干为τιμιο，元音尾音-o在连接比较级词尾-τερος时延长，因为前面的音节μι也是短音节，如不延长就短音过多。

σεμνότερον(σεμνός[庄严的、崇高的]比较级)的元音没有延长，因为，尽管σεμν也含短元音，但词尾有两个辅音，故可视为长元音。

形容词升级的强变化

就像拉丁语、德语(日耳曼语)等印欧语系中的古老语种一样，古希腊语也有些形容词的升级形式不是靠词尾变化，而是靠词干变化，以至于看起来变成了另一个语词(英文、法文亦然)：

古希腊语　ἀγαθός　　ἀμείνων　　ἄριστος
拉丁文　　bonus　　　melior　　　optimus

英语　　　　good　　　better　　　best

　　这类形容词在构成比较级和最高级时,不是按规则加词尾,而是通过词干发生变化来升级。无论形容词还是动词,凡不靠词尾而是靠词干变化来变形,都叫"强变化",必须单独记牢这类比较级和最高级的形式(比较英文 better – best)。

　　πολ-ύς, -ή, -ύ [许多的] =(比较级)πλείων, πλέον /(最高级)πλεῖστ-ος, -η, -ον

　　μικρ-ός, -ά, -όν [小的] = ἐλάττων, ἔλαττον / ἐλάχιστ-ος, -η, -ον

　　这类形容词升级后的变格要特别留意:
　　μέγας [大的] 比较级 μείζων, -ον;最高级 μέγιστ-ος, -η, -ον,其比较级的变格:

阳阴:　μείζων — μείζονος — μείζονι — μείζονα / μείζονες — μειζόνων — μείζοσι(ν)— μείζονας

中:　μεῖζον — μείζονος — μείζονι — μεῖζον / μείζονα — μειζόνων — μείζοσι(ν)— μείζονα

――――――――――――――

　　这个形容词还有缩写形式 μείζω,代替单数阳、阴性四格以及复数中性主格和四格;缩写形式 μείζους 可以代替复数阳、阴性的主格和四格。
　　有的这类强变化形容词的比较级和最高级还有多种形式:
　　ἀγαθ-ός, -η, -ον [好的、善的] = ἀμείνων, ἄμεινον — ἄριστ-ος, -η, -ον
　　　　　　　　　　　　　　　　βελτίων, βέλτιον — βέλτιστος, -η, -ον
　　　　　　　　　　　　　　　　κρείττων, κρεῖττον — κράτιστος, -η, -ον

――――――――――――――

　　ἀμείνων — ἄριστος 指较高的能力,βελτίων — βέλτιστος 指较高的道德品质,κρείττων — κράτιστος 指较高的优势。
　　βελτίους 的四格形式按类似主格的形式来构成,有三种形式的词尾不规则:
　　βελτίω — βελτίο[σ]α = βελτίονα, βελτίους — βελτίο[σ]ες = βελτίονες(以及 βελτίονας)。

　　κακ-ός, -ή, -όν [坏的] = κακίων, κάκιον — κάκιστ-ος, -η, -ον
　　χείρων, χεῖρον — χείριστος, -η, -ον

ἥττων, ἧττον — ἥκιστα(仅副词形式)

κακίων — κάκιστ-ος(指较低的道德品质), χείρων — χείριστος(指较低的价值), ἥττων — ἥκιστα(指较弱的能力)。

ὀλίγ-ος, -η, -ον[少许的]＝ἐλάττων, ἔλαττον — ἐλάχιστ-ος, -η, -ον
μείων, μεῖον — ὀλίγιστος, -η, -ον

这些形容词都很常用,当记牢其阳、阴、中三性属的词尾形式及其升级形式。反过来,在阅读时,当懂得还原其原形,不然就无法从词典中查找到词义。

请不妨按 σώφρων — σώφρονος 的例子给比较级 μείζων 和 κρείττων 变格。

形容词 σώφρων 分别用 -έστερος 和 -έστατος 构成比较级和最高级;请不妨以 σωφρονεστάτη — σωφρονέστεροι — σωφρονέστατα 为样式,构成 ἄφρων — ἐπιστήμων — εὐδαίμων([幸福的、舒适的],比较 εὐδαιμονιά)的相应形式。

下面的形容词原级和比较级哪些是一对,你看得出来吗?哪些可按词干、哪些只能按意义来配对?

原级:κακός, καλός, αἰσχρός, ἐχθρός, ἀγαθός, μέγας, πολύς, ὀλίγος.

比较级:βελτίων, ἥττων, μείζων, κακίων, πλείων, πλέον, καλλίων, κρείττων, ἀμείνων, χείρων, ἐχθίων, αἰσχίων, ἐλάττων.

参考语词:μέγας — μείζων(μεγ-ιων) — μέγιστος; κακός — κακίων — κάκιστος; καλός — καλλίων — κάλλιστος; ἐχθρός — ἐχθίων — ἔχθιστος; ὀλίγος — ἐλάττων — ἐλάχιστος.

绝对最高级(Elativ)

古希腊语形容词还有所谓绝对最高级,以表达某种性质的高级程度。但绝对级没有独立的词形形式(俄语的绝对级有独立词形),与最高级形式相同,从而,所谓绝对级不过是最高级形式的一种修辞性用法:最高级带有比较含义,绝对级没有比较成分,用来描述突出的品质(英法德语等用副词"非常""及其"来表达,没有绝对级)。在古希腊文中,名词性表语通常不带冠词(与现代西方语文比如德文不同),但形容词最高级往往带冠词:οἱ πιστότατοι φίλοι[最可靠的朋友]。

如果不带冠词,往往就是绝对级用法:πιστότατοι φίλοι[极为可靠的朋友];或品达的名句:Ἄριστον μὲν ὕδωρ[极贵者为水]。这句诗并非矿泉水广告,而是赞扬水乃万物之源、宇宙之本(比较"上善若水")。现代西方语文的一些特别术语中还隐藏着 ὕδωρ 这个古希腊语词:Hydrant[消火栓],

Hydrograghy[水文学]。

没有冠词不必都理解为绝对级, Ἀγησίλαος δικαιότατος ἦν[阿格西劳斯最正派](最高级译法)或[阿格西劳斯极为正派](绝对级译法),取哪种译法依文脉而定。

请不妨确定下面的句子中哪些形容词用法是最高级,哪些是绝对级:

τῶν φίλων Ἀγησίλαος οὐ τοὺς δυνατωτάτους, ἀλλὰ τοὺς προθυμοτάτους μάλιστα ἠσπάζετο.

καὶ τοῖς μὲν φίλοις πραότατος ἦν, τοῖς δὲ ἐχθροῖς φοβερώτατος.

Δάφνις καὶ Χλόη νύκτας λυπηροτάτας διῆγον.

形容词 πᾶς

πᾶς — πᾶσα — πᾶν[所有的、全部的、每一的]是特殊的形容词,属于第三变格类,需要专门掌握。无论在文学语言还是哲理说辞中,这个形容词都十分常见,而且还活在现代西方语文中(比较 Pan-optikum[蜡像陈列馆],字面意思是"一个能看见一切的表演棚";Pan-slavism[泛斯拉夫主义], Pan-theism[泛神论])。

从阳性单数第二格 παντ-ός 能够认出,其词干为 παντ-,当词尾有 -ς(σ) 时,词干的两个辅音 -ντ 均脱落,词干元音随之延长。因此,单数阳性主格 παντ-ς 成了 πᾶς,阴性的 πάντ-α 成了 πᾶσα,阳性和中性复数与格的 πάντ-σι(ν) 成了 πᾶσι(ν);单数中性主格 πᾶν 的尾音不能用 παντ 故而 -τ 脱落,声调与阳性的声调相同。

阳性 = πᾶς — παντός — παντί — πάντα [复数] πάντες — πάντων — πᾶσι(ν) — πάντας

阴性 = πᾶσα — πάσης — πάσῃ — πᾶσαν[复数] πᾶσαι — πασῶν — πάσαις — πάσας

中性 = πᾶν — παντός — παντί — πᾶν [复数] πάντα — πάντων — πᾶσι(ν) — πάντα

中性单数形式 πᾶν 与牧羊神 Πάν(第二格为 Πανός)看起来只有声调上的差别,其实两个语词没有关系,尽管古希腊人可能会解释说两者有关系(柏拉图的《斐德若》结尾时,苏格拉底曾向这个"潘神"祈祷)。

普鲁塔克记叙过,航海家们经过一个小岛,听见有哀诉的声音就靠上前去。当靠近小岛时,一个声音要他们一起高呼:*Πὰν ὁ Μέγας τέθνηκε*[大潘神死了]!其实,大潘神没死,他进入了基督教的传说,与潘神一模一样,因而有所谓"潘神的惊吓"之说。

πᾶς 的用法

虽然是形容词,πᾶς 用法却特别,作名词用也丰富多彩,需小心掌握。

1. 经常与一个带冠词的名词一起处于表述位置:*πᾶσα ἡ χώρα*[这整片土地],*πᾶσαι αἱ χῶραι*[所有的这些土地];也可作为形容词处于形容位置:*ἡ πᾶσα πόλις*[这整个城邦]。

2. 如果与单数名词合用不带冠词,就是"每一"的意思:*πᾶσα χωρά*[每块土地]或者[一整块土地]。可见,是否与冠词结合,有不同的含义。

3. πᾶς 常与带冠词的分词连用:*πάντες οἱ πιστεύοντες*[所有信仰的人];*πάντα τὰ ὄντα ἐκεῖ*[所有在那边的东西]。

最重要的是区分"所有"与"每一"的用法——与冠词连用,复数同样表达的是"所有":*πάντες οἱ ἄνθρωποι*(比较法语 tout le monde, tous les hommes);倘若没有与冠词连用,含义为"每一的、每个的":*πᾶσα πόλις*[每个城邦](比较 *πᾶσα ἡ πόλις*[这整个城邦]);*πᾶσα ἡ κώμη*[这整个村庄](比较 *πᾶσα κώμη*[每个村庄])。

请不妨翻译下面的词组:

πᾶς ὁ κόσμος — πᾶσα τέχνη — πᾶσα ἡ ῥώμη — πάντα τὰ ζῷα — πᾶν ζῷον
πάντα τὰ καλὰ ἔργα — πᾶν καλὸν ἔργον — πᾶς ὁ ἄνθρωπος

初学者很容易搞混名词 *παῖς* 和 *πᾶς*,请不妨按格和数整理下面的 *παῖς* 和 *πᾶς* 的形式,注意 *πᾶς*、*πᾶσα*(阴性)的变格与 *δόξα* 相同:

παιδί παῖδες παῖδα πάντα πᾶσα πάσας πάντας πάσης παιδός πάντων
πᾶν πασῶν πᾶσι παισίν πάσαις πᾶσαι πάσῃ παντός

πᾶς 的中性单数若加冠词,就变成了哲学专有名词 *τὸ πᾶν*[整体、大全]:*τὸ πᾶν κόσμος λέγεται*. 据说,宇宙是整体(或"宇宙被说成整体")。

练习

1　形容词 *χρυσοῦς*(缩音自 *χρύσεος*)的词干尾音的元音被缩音掉了,请指出下列动词的相同情况,并比较以 -εω 结尾的词:

χρυσοῦ — χρυσῆν — χρυσοῖ — χρυσῷ — χρυσαῖ — χρυσοῦν — χρυσᾶ

2 下面的单词均共享-τερος这一后缀，其共同点是什么？

   ταπεινός — ταπεινότερος；ἕκαστος — ἑκάτερος；ἡμεῖς — ἡμέτερος / ὑμεῖς — ὑμέτερος

3 说明 μέλας、μέλαινα、μέλα 这三个语词的差别。

4 将 κακός、καλός、σοφός 这三个形容词按性数格置入下面两个句子的适当位置：

   παρὰ τοῖς ἀνθρώποις φιλία οὐ γίγνεται.
   τὰ γὰρ ἔργα μόνον οἱ ἄνθρωποι πράττουσιν.

形容词的用法

形容词有三种基本用法：1. 作名词的形容定语（τὸ καλὸν ἔργον[美好的劳作]）；2. 作表语句的表语（τὸ ἔργον καλόν ἐστιν[劳作是美好的]）；3. 单独作名词（τὸ καλόν[美好、善]）。对于学习古希腊文来说，相当重要的是掌握形容用法与表语用法的区分，因为，以后将学到的许多重要的语法和修辞手段基于这一区分。

形容用法指对名词作定语性的修饰作用，位置要么在所修饰的名词与冠词之间（αἱ νῆσοι καλαί[漂亮的岛屿]），也可以在所修饰名词的后面，这种情形需重复冠词。当然，形容用法并非一定用冠词不可。

请不妨翻译下面的用法，并注明性数格：

τοῖς κακοῖς ἀνθρώποις — τῶν ἀγαθῶν λόγων — ὁ καλὸς ἥλιος — πολλὰ φυτά — ἀγαθὴν ψυχήν

表述用法

表述主词的性质，如表语句的表达式：

οἱ δοῦλοι οὐκ εὐδαίμονες ἦσαν. 奴隶[是]不幸福[的]。

表述用法的形容词表语句，经常省略"是"动词，谚语有言：

Κόραξ κόρακι φίλος. 乌鸦对乌鸦友好（天下乌鸦一般黑）。

形容词 φίλος 在这里是表述用法，直译为"乌鸦是友好的"。κόρακι = κόραξ 的与格，这里作形容词的补语（对谁友好），形容词补语为与格。

Τύχη μεγαλόδωρος, ἀλλ' ἀβέβαιος. 幸运是份大礼，但总不确定。（德谟克利特，残篇176d） μεγαλόδωρος = μέγα[大的] + 名词 τὸ δῶρον[礼物]（拉丁语 donum）；ἀβέβαιος[不确定的]。

Βασιλεία ἔνδοξος δουλεία. 王权是有名望的奴仆。(Cl. Aelianus, Var. hist. II 20)。

βασιλεία[王国、王权]；ἔνδοξος[著名的]；ἡ δουλεία[奴隶；奴役]。

判定形容词为表述用法的标志是：形容词并不紧随冠词。当然，倘若所修饰的名词没有冠词，就难以断定是形容用法抑或表述用法了。

Ἀνδρὶ σοφῷ πᾶσα ἡ γῆ βατή. 聪明人走遍天下（直译：对于聪明人，整个大地都可通达）。

由于名词有冠词，德谟克利特的这句名言很清楚是表语句：主语是 πᾶσα ἡ γῆ[整个大地]（πᾶς 与冠词连用意为"所有的、整个的"），βατή(→ βατός[可通行的、可走过去的])作表语，词尾随主词变化，因此是阴性。σοφῷ = [聪明的]与格，修饰与格名词 ἀνδρί[男人]（第三变格类名词），作形容词 βατή 的补语。

形容词的比较用法

比较说法用比较连词 ἤ 来带出被比较的对象。

ἠγάπησαν οἱ ἄνθρωποι μᾶλλον τὸ σκότος ἢ τὸ φῶς. 人们爱黑暗甚于爱光明。

ἠγάπησαν = ἀγαπάω[喜欢、宠爱]的不定过去时第三人称复数；τὸ σκότος[黑暗]；τὸ φῶς[光]；μᾶλλον = 副词[更多]。

也可以用属格带出被比较的对象，称为比较属格（Gen. Comparationis，来源二格的变体之一）：

Ἡ δικαιοσύνη τῆς ἀδικίας ὠφελιμωτέρα ἐστίν. 正义比不义更有益。

ἀδικίας = ἡ ἀδικία[不义、恶行]；ὠφελιμωτέρα = ὠφέλιμος, ον[有利的、好用的]。

形容词的名词用法

这种用法属形容用法的一种，即形容词直接作名词用，这时，形容词通常带冠词——阳性指代男性、阴性指代女性、中性指代事物。

ὦ κάλα, ὦ χαρίεσσα κόρα 呵，多美的女孩，出落得多么妩媚。（萨福，116aD）

κάλα 是形容词阴性,这里转为名词,指[美丽的女孩];χαρίεσσα 是形容词阴性,但仍然是形容词,修饰 κόρα。

在柏拉图的《会饮》中,当时的文化名人、学富五车的厄里克希马库斯给音乐下了这样一个定义(《会饮》,187c):

Καὶ ἔστι μουσικὴ περὶ ἁρμονίαν καὶ ῥυθμὸν ἐρωτικῶν ἐπιστήμη. 而且,音乐确是关于情爱的和乐与节律的知识。

通常,ἔστι[是]都声调附读,这里却有自己的声调(但在次音节),说明作者意在强调这个语词(从而声调符号也有修辞作用)。接下来的 μουσικὴ,本来是形容词 μουσι-,加上 τέχνη[技艺](所有的人为技艺,不仅仅包括手工技术),字面意思为"献给 Μοῦσα 的技艺[音乐]"。随后有个支配第四格的介词(又译"前置词",但并非所有的古希腊语"介词"都是前置的,因此仍然称"介词"为好)περὶ[在……周围、关于]。

ἁρμονίαν καὶ ῥυθμὸν 即古希腊人喜欢追求的"端正和节律(字面意思为"运动、速度")。ἐρωτικῶν 就是我们因弗洛伊德理论而熟知的所谓"爱欲",这里是形容词(由名词 ὁ ἔρως 派生而来)作名词用(复数中性属格,主格单数为 τὸ ἐρωτικόν,复数为 τὰ ἐρωτικά)。

实际上,好些名词看起来就像是形容词,请不妨辨识下面的语词中哪些是形容词:

οὐρανός — σοφός — ἄνθρωπος — ψυχή — ἀγαθή — λόγος — ζῷον — κακόν — λόγοι — πολλοί — ὀλίγοι — φυτόν — τέχνη

形容词补语

形容词的表述用法往往带自己的补语,比如表示能力的形容词往往带不定式作为自己的补语,以进一步说明形容词的指涉范围:

Πρωταγόρας δεινὸς ἦν λέγειν. 普罗塔戈拉的言谈能力了不得。

这是个表语句:"普罗塔戈拉厉害",动词不定式 λέγειν 作表语 δεινὸς[厉害的]补语,说明普罗塔戈拉在言谈方面厉害。

显然,带何种表语要依形容词自身的词义而定。

形容词作副词,形容词也经常用作副词自身:

Ὁ κράτιστος μέσος κάθηται. 最强的坐在中间。

这里的形容词 *μέσος*[中间的]与主语 *κράτιστος* 的性数格一致,看起来像是修饰名词作定语,其实不然(比较定语用法:*τὸ μέσον ἄστρον*[中间的星星]),而是作为"表语性副词"修饰动词作状语性补足语。如果直译的话是:"这个中间的最强者坐着"——作为谓语的修饰性补语,这里的意思是"坐在中间"。表顺序和秩序的形容词(第一个、最后一个)或表心理状态的形容词(如愤怒的),常有这种用法。

形容词作副词的另一种常见用法是中性四格单数作副词:
γὰρ δὴ φρονιμώτερος γέγονας οὐδὲ μικρόν. 一点儿都没有变得脑子更清醒。
请不妨试试翻译:*ἐπὶ τραπεζῶν μικρὸν ἀπὸ τῆς γῆς ἐπηρμένων.*

学习形容词,应该注意培养对形容词色彩的敏感(学习汉语同样如此),比如形容词自身带有的褒贬色彩。请不妨按褒或贬含义归类下面的形容词:

μέτριος — *σώφρων* — *φοβερός* — *πρᾶος* — *δίκαιος* — *κακός* — *πρόθυμος*
σοφός — *ἐχθρός* — *λαμπρός* — *ἀγαθός* — *φαῦλος* — *βέβαιος*

情态形容词

所谓情态形容词,指由及物动词变来的具有被动含义的形容词(因此也叫"动形词",拉丁语 gerundivus[必须执行的],或 participium necessitatis 或 verbaladhektiv),带有"应然"(必须、值得、应该)的情态意味,说明必须执行的行为(因而称为"情态形容词"比"动形词"更容易理解),多用于无人称句(因而中性词尾 -*τεον* 居多),其形式和用法都十分简单。苏格拉底对阿德曼托斯说:

καλῶς λέγεις· καὶ σκεπτέον γε καὶ οὐκ ἀποκνητέον.
你说得很好哇;的确必须考虑考虑,不应该踯躅不前。(《王制》,372a)

σκεπτέον = *σκεπτέος*[必须观察的、必须反思的、必须注意的]中性单数,派生自动词 *σκέπτομαι*[观察、看到];*ἀποκνητέον* = *ἀπ-οκνητέος*[必须犹豫的]中性单数,由 *ἀπ-οκνέω*[犹豫、迟疑]变来;注意词干结尾的 -ε 在辅音前变为长音 -η。

情态形容词的构成和用法

动词词干加形容词词尾 -τέος, -τέα, -τέον，即构成情态形容词，从而可以说是动词的形容词用法，表示某事应该/必须发生，否定则表示某事不应该、不可以发生。

情态形容词用法大量见于无人称句：

Γυμναστέον ἐστίν. 必须锻炼。

Πειστέον ἐστίν. 必须服从。

若有主词，情态形容词也得与主词保持格数性一致。

Ὁ ἀνὴρ γυμναστέος ἐστίν. 此人必须锻炼。

Οἱ στρατιῶται εὖ ποιητέοι εἰσίν. 士兵们必须好好干。

Ἐμοὶ γυμναστέον ἐστίν. 我[受命]必须得锻炼。

若无人称句带所谓行为者与格（dat. auctoris）或所属与格，表明有实际主语。

既然带有动词含义，情态形容词也可以带自己的宾语，以至于形成短语，这种用法十分常见：

ὑμῖν γε τὴν πόλιν σωτέον ἐστίν. 我们必须救护城邦。

直译：城邦必须被我们解救；σωτέον 来自 σώζω [救活]，四格的 τήν πόλιν 这里当理解为形容词 σωτέον 的补语。

Τῷ στρατηγῷ πειστέον ἐστίν. 必须服从统帅。

但是：

Τῷ στρατιώτῃ πειστέον ἐστίν. 兵士就得服从。

前一个与格作补语，后一个与格是所属与格，显然得看文脉。

一个带宾格直接宾语的及物动词转变成的情态形容词，当它用作表语性形容词时，要在性、数、格上和"是"（εἰμί）动词的形式主语保持一致。这种情态形容词被认为是人称性的。人称性情态形容词的施动者常用与格人称代词：

καὶ αἱ γυναῖκες διδακτέαι εἰσίν. 即使妇女，也要[必须]受教育。

ἔφη ὁ Σωκράτης καὶ τας γυναῖκας διδακέας εἶναι. 苏格拉底过去常说，即使妇女，也要[必须]受教育。

ὁ ποιητὴς ἡμῖν σωτέος ἐστίν. 我们必须救这个诗人。

及物或不及物动词的情态形容词的中性单数或复数,可以是非人称性的。这种非人称性的情态形容词,与主动态或中动态的动词限定形式一样,支配相同的句法结构,如支配直接宾语、属格、与格等。如果非人称性情态形容词需要施动者,那么一般用与格人称代词,偶尔用宾格:

σωτέον ἐστὶν τὸν ποιητὴν ἡμῖν. 我们必须救这个诗人。(直译:必须是我们来拯救诗人。)

非人称性情态形容词的句法结构,支配直接宾语 *ποιητήν*;施动者是与格人称代词 *ἡμῖν*。

οἶδα πάντας τοῖς νόμοις πειστέον ὄν. 我知道所有人都必须守法。

非人称性情态形容词支配与格 *τοῖς νόμοις*,人称施动者是宾格 *πάντας*。

练习

1. 比较下面句子中划线的三个语词,说明其语法差异:
   Ὁ ῥήτωρ <u>καλοὺς</u> λόγους ποιεῖται.
   Οἱ τοῦ ῥήτορος λόγοι <u>καλοί</u> εἰσιν.
   Ὁ ῥήτωρ <u>καλῶς</u> λέγει.

2. 按 *κακίων—κάκιστος* 的样式将下面的形容词变为最高级:
   καλλίων, ἐχθίων, πλείων, αἰσχίων, βελτίων, χείρων
   确定下面这些词的比较级和原级:
   ἐλάχιστος, κράτιστος, μέγιστος, ἄριστος

3. 请确定下面的句子中形容词的用法:
   οἱ θεοὶ τοῖς καλοῖς τῶν ἀνθρώπων ἔργοις χαίρουσιν.
   φιλόσοφός τις λέγει, ὅτι οἱ πολλοὶ τῶν ἀνθρώπων κακοί εἰσιν.
   φίλοι οὐκ ἀεί[并非总是]*βέβαιοί εἰσιν.*
   Οἱ Στωικοὶ νομίζουσι μόνον ἐν τοῖς σοφοῖς φιλίαν γίγνεσθαι.

4. 在 *τὸν ἀεὶ χρόνον*(整个[生命]时间,整个一生)这个表达式中,*ἀεί* 的语法作用是什么;试翻译 *οἱ νῦν ἄνθρωποι* 这样的表达式。

5. 说明下面的句子中形容词的用法:

πόνων ἀπηλλάττοντο ὀλίγον χρόνον.

Κῦρος πάντων πάντα κράτιστος ἦν.

ἡ δὲ ἀρετὴ διαφέρει τι, εἴτε ἐν γυναικὶ εἴτε ἐν ἀνδρί.

6 假设下面这句话出自奥林匹克竞赛获胜者的颂词，请考虑下面哪些比较级或最高级可以加进去：

καλλίων, ἐχθίων, πλείων, αἰσχίων, βελτίων, χείρων — ἐλάχιστος, κράτιστος, μέγιστος, ἄριστος

Νομίζω τοῦτον τὸν ἄνδρα Ὀλύμπια νικήσαντα ... εἶναι πάντων (τῶν ἀνθρώπων).

这里的第二格 *πάντων* 在最高级后面的作用是什么，在比较级后面的作用又是什么？

下面一句话是起诉人在法庭上的陈述，根据其意思该如何填空？

Ὀργιζόμεθα τούτῳ τῷ ἀνδρὶ ... ὄντι πάντων τῶν πολιτῶν/πᾶσι τοῖς παλίταις.

将上面两个句子中的宾语改成复数，看看会引起什么其他变化。

4 代　词

在古老的印欧语言中,代词已经是一个重要词类,古希腊语中还保留了其中一些原始特征,比如代词也可变格。代词通用的拉丁语名称 pronomen 由拉丁文语法家据古希腊文直接翻译过来,意思是"pro[为了] nomen[另一个名]"。从这个称呼可以推断,代词是主词的代理。有古典语文学家说,古希腊语的代词不愧为名词的良伴,既自持又温顺,既坚定又灵活,既独立又抱团。

英语代词在形构上较为简单,用法却不易掌握;与此相反,古希腊语代词形构较为繁复,用法相对容易掌握。尽快记住古希腊语基本代词的各格形式,你会大大加快学习步伐。

人称代词

人称代词也有数和格及其单、复数变化,但没有阳、阴、中性三性。

[我]　　 ἐγώ — ἐμοῦ(μου) — ἐμοί(μοι) — ἐμέ(με)
[我们]　 ἡμεῖς — ἡμῶν — ἡμῖν — ἡμᾶς
[你]　　 σύ — σοῦ(σου) — σοί(σοι) — σέ(σε)
[你们]　 ὑμεῖς — ὑμῶν — ὑμῖν — ὑμᾶς

属格、与格和宾格都有两种形式,比如 ἐμοῦ → μου, ἐμοί → μοι, ἐμέ → με,后一种形式是声调前倾的弱化形式,前一种形式用于强调语势,使用频率远不如弱化形式。

注意复数第一人称的首音是 ἡ-,复数第二人称的首音是 ὑ-,其余部分都相同(因为均源自古希腊语初始的格位形式),阅读时得小心区分。

ἄκουσόν μου, ὦ Ζεῦ, πάτερ ἀνδρώπων καὶ θεῶν. 聆听我吧,宙斯,人和诸神

之父。

τὸ δ' ὑμεῖς ὅταν λέγω, λέγω τὴν πόλιν. 每当我说"你们"时,我说的是城邦。

ὑμεῖς[你们]在这个句子中是宾语,与 τὴν πόλιν 是同位语,但为什么是主格?因为这里是单独例举用法,前面用了中性冠词。

τῆς αὐτῆς ἐμοὶ γνώμης ἦν Σωκράτης. 苏格拉底和我的观点一致。
οὐχ ἡμῖν γε πολλά ἐστι χρήματα. 至少我们没有很多钱。
这里的与格用法叫作"归属与格"。

人称代词作句子的插入语,说明说话者的兴趣,或者表明说话的对象(有时指对话双方之外的第三者),这种用法叫作伦理与格(ethical dative):

ἐμοὶ ταῦτ' οὐκ ἀληθῆ ἐστιν. 对我来说,这不是真的[就我所知,这不是真的]。
οἱ ἄνθρωποι πάντες ὑμῖν ἀποθνήσκουσιν. 你们知道,人终有一死。
ταῦτ' ἐμοὶ σοφῶς πέπρακται. 我聪明地做完了这些事情(直译:这些事情被我聪明地做完了)。
οὔ φημι ἡμᾶς ἀδικητέον εἶναι. 我说我们不该做坏事。
这里的宾格叫作人称施动宾格,与无人称的情态形容词连用,说明做事的人。

古希腊语的第三人称代词都没有属于自己的词干(拉丁语亦然),即没有单独的第三人称代词,而是借用 αὐτός[自身、自己]这个反身代词(有阳、阴、中三性:αὐτός— αὐτή— αὐτό,如今,其中性形式作为 Auto-mobil 的基要构成部分被用得非常广泛)。

τοῦτο αὐτῇ εἶπον. 我对她说了这个。
αὐτῷ πολλὰ χρήματα ἐγένετο. 他得到很多钱。
σὺν δίκῃ αὐτοὺς ἀπεκτείναμεν. 我们正义地杀死他们(直译:我们用正义杀死了他们)。
παρέλαβε τὸ παιδίον καὶ τὴν μητέρα αὐτοῦ νυκτός. 在夜里,他带着孩子和他的母亲。

动词 παρέλαβε(= παρα-λαμβάνω[据有、占有;娶、收养]的不定过去时三单,注意过去时词首增音的位置)已经包含主词"他", τὸ παιδίον καὶ τὴν μητέρα 是宾语,属格的 αὐτοῦ 这里是人称代词用法,指代 τὸ παιδίον;二格名词 νυκτός(=νύξ)这里作时间状语,比较 διά νυκτός[整夜] — ἐκ νυκτός[入夜]。

古希腊语的"他"(她、它)本来有自己的词干:
主格单数(缺) 属格单数=οὗ — 与格单数=οἷ — 四格单数=ἕ
主格复数=σφεῖς—属格复数=σφῶν—与格复数=σφίσι(ν)—四格复数=σφᾶς

但久而久之,这些形式只在写诗的时候才用了。

反身代词/自主代词

指示"自身"的代词 αὐτός — αὐτή — αὐτό 指代[自身、自己],因此称为"反身代词",其主格的含义稍微削弱一点儿便相当于第三人称的"他、她、它"(复数:他们、她们、它们)的主格,其第二、三、四格形式则经常径直用来替代第三人称代词(唯单数中性要注意,没有 -ν)。

其实,几乎没有作为主格来用的情形,因为在第三人称的情形下,古希腊语通常让实词或动词显明主格。

αὐτός 的三种性属的变格如 O 变格类形容词(如 καλός,唯单数中性不同,没有 -ν)。

阳性=αὐτός — αὐτοῦ — αὐτῷ — αὐτόν;αὐτοί — αὐτῶν — αὐτοῖς — αὐτούς;
阴性=αὐτή — αὐτῆς — αὐτῇ — αὐτήν;αὐταί — αὐτῶν — αὐταῖς — αὐτάς;
中性=αὐτό — αὐτοῦ — αὐτῷ — αὐτό;αὐτά — αὐτῶν — αὐτοῖς — αὐτά。

αὐτός 是个用法多样的代词。前面说过,这个代词可作第三人称代词来用。

μέμνημαι αὐτοῦ. 我回忆起他(它)。
λέγω αὐτῷ. 我对他说。
ὁρῶ αὐτό. 我看到这东西。
βλέπω αὐτόν. 我瞟他一眼。
εἶπεν αὐτοῖς ποῦ μένει. 他曾对他们讲,他住在哪里。

中译文出现了两个"他",在希腊文中都包含在动词的人称形式中,唯有间接宾语用"他们"。

不妨试试依提示给下面的句子补入相应的 αὐτός 的格位形式：
Ποίους δεῖ τοὺς φύλακας εἶναι καὶ τί ἐστι τὸ ἔργον...（他们的）.
Δεῖ πράους εἶναι ...（她）πρὸς οἰκείους.
Δυνάμεϑα γὰρ παραβάλλειν ...（与他们）τοὺς κύνας.
Καὶ γὰρ οἱ γενναῖοι ...（由他们）πρὸς τοὺς οἰκείους πραότατοί εἰσιν.

αὐτός 的二格形式可用来代替第三人称的物主代词：
φίλος αὐτοῦ[他的一个朋友]；ὁ φίλος αὐτοῦ[他的这个朋友]；比较拉丁语：amicus eius。

你不妨试试通过翻译确定下面的句子中 αὐτός 的属格指代什么：
Οἱ γεωργοὶ ἐργάζονται. Ὁ δὲ πόνος αὐτῶν μέγας ἐστίν.
Χλόη φοβεῖται. Ὁ δὲ φόβος αὐτῆς μέγας ἐστίν.
Δάφνις χαίρει. Ἡ δὲ χαρὰ αὐτοῦ μεγάλη ἐστίν.

除了可以作为第三人称代词外，还有如下用法：
1. 与名词连用，起强调作用，有"本身、自身"的含义，这在语法上叫作表语用法，比如，αὐτὸ τὸ δῶρον 或 τὸ δῶρον αὐτό[这礼物本身]。
2. 与名词连用，但处于形容位置，其含义则为[同一个的]，这在语法上叫作定语用法：ὁ αὐτὸς ἀπόστολος[这同一个使徒]。
3. 与人称代词连用，强调主词自身，可以是"亲自、自己"的意思：αὐτὸς σὺ λέγεις[你自己说]。

可见，αὐτός 的含义需要依据在句子中或者按与实词连用时所处的位置来确定：
αὐτὸς ἥκει[他亲自来] — ὁ βασιλεὺς αὐτός[国王本人或国王自己] — ὁ αὐτὸς βασιλεύς[这同一个国王]。
αὐτὴ ἡ γυνή 或 ἡ γυνὴ αὐτή[这个女人自己]；ἡ αὐτὴ γυνή[这同一个女人]；差别在于，是否处于冠词与实词之间；请与现代西方语言的用法比较。

你不妨试试确定下面句子中 αὐτός 的具体形式及其含义：
Χλόη τὸν Δάφνιν ζητοῦσα καλεῖ αὐτόν· ἄνευ γὰρ αὐτοῦ φοβεῖται. Δάφνις δ' ἥκει πρὸς αὐτήν, ἤκουσε γὰρ αὐτῆς. Πολὺν δ' οὖν χρόνον σὺν αὐτῇ διάγει.

αὐτός 也经常直接作为名词"自己、自身"来用，其含义要按性属来确定。

柏拉图笔下的人物在《法义》(896a1-2)中将灵魂界定为：ἡ δυναμένη αὐτὴ αὑτὴν κινεῖν κίνησις[能自己动起来的运动]。

比较：灵魂就是 τὸ αὐτὸ αὑτὸ κινοῦν[自己让自己动起来]（《斐德若》，245d8）。注意 αὐτὸ 与 αὑτὸ 的区别，前者是反身代词，后者则是下文要讲的反身代词中性宾格。

亚里士多德(《尼各马可伦理学》,1170b)中的一句后来成了名言：
Ἕτερος γὰρ αὐτὸς ὁ φίλος ἐστίν. 朋友是另一个自己。
ἕτερος[另一个的、两者中的一个]

基本代词五种

有五个代词最为常见，尽早掌握它们，会大大加快阅读原文的速度。

指示代词 τοῦτο[这个]

指示代词同样有阳、阴、中性和一至四格，因而比较繁复（习过德文、俄文者较易理解和掌握）：

阳性 = οὗτος — τούτου — τούτῳ — τοῦτον; οὗτοι — τούτων — τούτοις — τούτους

阴性 = αὕτη — ταύτης — ταύτῃ — ταύτην; αὗται — τούτων — ταύταις — ταύτας

中性 = τοῦτο — τούτου — τούτῳ — τοῦτο; ταῦτα — τούτων — τούτοις — ταῦτα

与冠词比较可以发现，与冠词一样，不同性属，词首会不同，οὗτος — αὕτη — τοῦτο，很容易辨识阳阴中三种性。有的相同性、数、格的词尾也与冠词的词尾一样或相近，确切地说，数、格的词尾相同的情形非常少见，但在格和数相同的情形下，不同的人称词尾相同的情形仍然居多。

变格时，词十音节的复合元音 -ου 与 -αυ 变换：词尾有 ο 音时为 -ου，有 -α 或 -η 时为 -αυ；换言之，主格单、复数的阳性和阴性形式与其他格位不同，而且阳性和阴性形式在次音节上也不同（ου 与 αυ 的区别）。

指示代词经常可作名词用：
τούτοις οὐχ ἥσθην. 我没有为这些事情高兴。
ἥδομαι, ἡσθήσομαι, ἥσθην[愉快、高兴]

χαλεπῶς φέρομεν τούτων. 我们为这些事情苦恼。

χαλεπῶς φέρω[苦恼], τούτων 为原因属格用法。

指示代词可与冠词连用,表示强调:

δουλεύωμεν τούτοις τοῖς ἄφροσιν; 我们要听命于这样一些愚蠢之徒吗?

οὗτος ὁ πονηρὸς ἄξιος πᾶσι τοῖς πολίταις ἐστὶ θανάτου. 在全体城邦民看来,这个卑劣的人该死。

πᾶσι τοῖς πολίταις[在全体城邦民看来]是指涉与格用法。

疑问代词(Interrogativa)

古希腊人有强烈的求知欲,特喜欢提问;在柏拉图的对话中,经常洋洋数页满篇才智横溢的问和答。一个经常出现的提问形式是:

Τί οὖν τὸ ἀγαθόν, τό καλόν, τὸ ὄν; 善是什么,美是什么,在着的东西是什么?

→ τί ἐστίν[什么是……],典型的苏格拉底问题或苏格拉底式的提问方式;参见 R. Robinson, *Plato's Earlier Dialectic*, Oxford, 1968, pp. 49—60; Rolf W. Puster, *Zur Argumeationsstruktur Platonischer Dialoge*, Freiburg, 1983, pp. 17—42。

疑问代词(τίς — τί[谁、什么],两尾)同样有性、数、格的变化:

阳、阴(合用): τίς — τίνος(τοῦ) — τίνι(τῷ) — τίνα; τίνες — τίνων — τίσι(ν) — τίνας

中: τί — τίνος(τοῦ) — τίνι(τῷ) — τί; τίνα — τίνων — τίσι(ν) — τίνα

拉丁文的 quis、quid[谁、什么]与古希腊文的这个疑问代词的词干有亲缘关系,这个代词按第三变格类变格:无论单复数,二格和三格的三种性属都相同,(τοῦ)有的时候代替 τίνος, (τῷ)代替 τίνι。

疑问代词通常指代需要用实词来回答的人或物:

Τίς λέγει; 谁在说? Τίνες λέγουσιν; 哪些人在说话?

或者用形容词来回答: Τίς θεός; 哪个神?

τίνα τρόπον σωθησόμεθα; 我们怎么获救(直译:我们会以何种方式获救)?

τίνας τί ἐδίδασκεν ὁ Σωκράτης; 苏格拉底(过去常)给谁教什么?

也可以作感叹词:

τί, Σώκρατες, ταῦτα πράττεις; 怎么,苏格拉底啊,你为什么要做这些

事情？

据说古希腊七贤之一泰勒斯采用问答形式写过一些箴言——很可能就是后来的拟曲（对话体小品）的原形，其中的"最"［第一］观念对理解优良政制伦理十分重要。

Τί πρεσβύτατον; θεός· ἀγένητον γάρ.
什么最古老？神；（因为）他不（是）受生的（*γενητός*［生成的、形成的］）。
Τί κάλλιστον; κόσμος· ποίημα γὰρ θεοῦ.
什么最美？秩序（世界）；因为（它是）神的造物。
Τί μέγιστον; τόπος· ἅπαντα γὰρ χωρεῖ.
什么最大？空间；因为它包容一切。
Τί σοφώτατον; χρόνος· ἀνευρίσκει γὰρ πάντα.
什么最有智慧？时间；因为它悉察万物。
Τί τάχιστον; νοῦς· διὰ παντὸς γὰρ τρέχει.
什么最快？（比较"出租车"的英文）精神；因为它掠过万有。
Τί ἰσχυρότατον; ἀνάγκη· κρατεῖ γὰρ πάντων.
什么最强？命运；因为它支配万物。

又比如一句打油诗：
Τί στενάχεις; — φιλέω — Τίνα; — Παρθένον. — Ἦ ῥά γε καλήν; — Καλὴν φαινομένην.
你干嘛唉声叹气？——我爱上啦——谁呵？——一个姑娘——她漂亮吗？——我觉得漂亮。

中性的 *τί* 可以作为疑问副词，表示"为什么"。

不定代词（Indefinita）

不定代词的词形与疑问代词完全一样，差别在于，不定代词通常没有声调（因为不定代词的声调都是前倾的），而且在句子中所处位置不同，因此得注意区分：

τινες［某些人、一些人］= *φιλόσοφός τις*［某个哲人、一个哲人］：

阳、阴：*τις — τινος — τινι — τινα; τινες — τινων — τισι(ν) — τινας*
中：*τι — του — τῳ — τι, τινα — τινων — τισι(ν) — τινα*

注意双音节的不定代词在出现声调时与疑问代词的不同，即声调在词尾：*τινός — τινί — τινά — τινῶν — τισί(ν)*。

反身代词

在"认识你自己"这句箴言中,我们已经遇到反身代词。当时我们已经看到,古希腊语的反身代词都是由人称代词+反身代词 αὐτός 来构成的(对比英语的 himself),因此,有阳阴中三个语法性属和单复数形式(在德语中,只有第三人称才能区分出反身代词与指示代词)。

ἐμαυτοῦ＝ἐμοῦ αὐτοῦ σεαυτοῦ＝σοῦ αὐτοῦ ἑαυτοῦ＝ἑ(古老的人称代词)＋αυτοῦ

Στέργω τόν ἐμαυτοῦ πατέρα. 我爱我(自己)的父亲。
Στέργεις τόν σεαυτοῦ πατέρα. 你爱你(自己)的父亲。
Στέργει τόν ἑαυτοῦ πατέρα. 他爱他(自己)的父亲。

第二和第三人称反身代词的词形还会再经过一次元音融合(前一词的词尾与后一词的词首元音相融合):σαυτοῦ 而非 σεαυτοῦ, αὑτοῦ 而非 ἑαυτοῦ。必须区分带送气号的 αὑτοῦ 和带不送气号的 αὐτοῦ,前者是反身代词,后者是物主指示代词"他的",复数时要分开写:ἡμῶν αὐτῶν — ὑμῶν αὐτῶν; ἑαυτῶν (αὐτῶν)当然连在一起写,古老的词形 σφῶν 就已经如此:σφῶν αὐτῶν。

下面举几个对比的例子来说明反身与非反身的区别:

Ἐμαυτόν παιδεύω 我教育自己(反身,下同) | *ἐμὲ ἀπαλλάττεις* 你解救我(非反身);

Βλάπτετε ὑμᾶς αὐτούς 你们伤害自己 | *σῴζομεν ὑμᾶς* 我们救你们;

Ἡ γυνή ἑαυτήν (αὑτήν) θεραπεύει 这女人照料自己 | *ὁ φίλος αὐτήν στέργει* 这朋友爱她;

Οἱ ξένοι ἑαυτοῖς (αὑτοῖς) πιστεύουσιν 客人们信赖自己 | *καί ἡμεῖς αὐτοῖς πιστεύομεν* 我们信赖他们。

物主代词

你兴许会问,古希腊语的物主代词是什么?My friend 怎么说?其实,人称代词的属格就可以作物主代词:*ὁ φίλος μου — ὁ φίλος σου*(按规则,古希腊语的物主代词前要带冠词);但注意,*ὁ φίλος αὐτοῦ*[他的朋友]看起来与"自己的朋友"没有什么区别。因此,第一和第二人称代词演变出阳阴中三性属各自的物主代词似乎不难。

我的:*ἐμός — ἐμή — ἐμόν*;你的:*σός — σή — σόν*

我们的：ἡμέτερος — ἡμέτερα — ἡμέτερον；你们的 ὑμέτερος — ὑμέτερα — ὑμέτερον

词尾 -έτερος 会让我们想起形容词比较级的词尾，其实，这个词尾本身并不表示程度上的升级，而是表明两个概念之间的相互关系，有如"首先、最后、其他"之类。

第三人称物主代词（他、她的）的构词形式与 ἡμέτερος 相近，但词干得自古老的复数人称代词 σφε-：σφέτερος；不过，第三人称物主代词更多见于反身代词的属格用法 αὐτοῦ — αὐτῆς — αὐτῶν：

τὸν πατέρα αὐτοῦ τιμῶ. 我敬重他的父亲。

需要注意，反身代词也可用作物主代词。若物主代词用人称代词的第二格，在表示反身关系时自然用其反身形式：

Στέργεις τὸν σεαυτοῦ πατέρα. 你爱你父亲。

顺便提到语法学上被称为 Reciprocum 的关系性相互代词：属格 ἀλλήλων — 与格 ἀλλήλοις — 四格 ἀλλήλους，中性形式 ἄλληλα [相互、彼此]，显然，这都是代词 ἄλλος — ἄλλη — ἄλλο [另一个] 演变来的，仅有复数形式。

练习

1 借助词尾形式确定下面的指示代词的性、数、格，并以这些形式为基础制成指示代词的变格表：

ταύτη — τούτων — ταύταις — αὕτη — τούτῳ — ταύτης — τούτους — αὗται — ταύτας

2 比较指示代词和冠词的形构，找出其中受送气号限制的性属和格的形式，在什么情形下词干是 αὐτ-，什么情形下词干是 οὐτ-。

3 依据下文描述不定代词 τις [某人、某个人] 与疑问代词 τίς [谁] 的差别（从位置和声调着眼）：

Φιλόσοφός τις
    βλέπων (ἄνδρα) τινὰ ἐκ τοῦ σταδίου φερόμενον
ἐρωτᾷ· Τίνα (ἄνδρα) φέρουσιν οἱ ἄνθρωποί;
    Τίς ἐστιν ὁ ἀνήρ;
    Τίνος ἕνεκα τιμᾶται;
    Τί ἔπραξε καλόν;

   Φιλόσοφός τις
    ἀκούων θορύβου τινὸς καὶ ἡγούμενος μέγα τι γίγνεσθαι
  ἐρωτᾷ· Τί γίγνεται;
    Τίνος ἕνεκα βοῶσιν;
    Τίνες εἰσὶν οἱ βοῶντες;
    Τίνι στεφάνους ἐπιβάλλουσιν.

4 注意下面句子中划线的语词:并根据其人称、数、格的形式说出它们都是什么代词:

  Ὁ σοφὸς οὔτ' ἄλλον τινὰ οὔτε <u>ἑαυτὸν</u> βλάπτει.
  Οἱ σοφοὶ οὔτ' ἄλλους τινὰς οὔτε <u>ἑαυτοὺς</u> βλάπτουσιν.
  Διὰ τί οὐ τὰ <u>σεαυτοῦ</u> πράττεις;
  Διὰ τί οὐ τὰ <u>ὑμῶν αὐτῶν</u> πράττετε;
  Ἐγὼ ἀεὶ τὰ <u>ἐμαυτοῦ</u> πράττω.
  Ἡμεῖς ἀεὶ τὰ <u>ἡμῶν αὐτῶν</u> πράττομεν.

关系代词

  关系代词用来连接关系从句,具有名词作用,变格与形容词的规则基本上相同,仅中性主格单数和宾格单数不是ὄν,而是ὄ,阴性主格单数、阳性和阴性的主格的声调也会有变化。

  阳性单数:ὅς — οὗ — ᾧ — ὅν;阳性复数:οἵ — ὧν — οἷς — οὕς
  阴性单数:ἥ — ἧς — ᾗ — ἥν;阴性复数:αἵ — ὧν — αἷς — ἅς
  中性单数:ὅ — οὗ — ᾧ — ὅ; 中性复数:ἅ — ὧν — οἷς — ἅ

  关系代词需要与其先前的相关词(称为"先行词")保持性、数和格的一致,比如,如果前行的主词是阴性单数,分句中的关系代词则必须是阴性单数。由于中性主格单数与宾格单数词形相同,主格复数与宾格复数词形也相同,判定究竟是什么格,要看它在从句中的语法位置:

  ἀληθῆ ἦν πάντα ἃ εἶπεν ὁ Ἰησοῦς. 耶稣所说的,都是真的。
  → 主句 ἀληθῆ ἦν πάντα[所有的都是真实的],随后的 ἃ εἶπεν ὁ Ἰησοῦς是个从句,ἃ是关系代词中性复数主格或宾语,究竟是哪个,要看它在从句中的语法位置。从句中的主语是 ὁ Ἰησοῦς[耶稣](为什么加冠词? 第二次提到一个人名加冠词,意为[这个耶稣]),动词是 εἶπεν[当时说](不定过去时三单),由此可以确定,ἄ 是从句的宾语;再看它与主句中的哪个语词关联:主句中仅一个中性复数的 πάντα(集合名词,系词可以是单数),形容词 ἀληθῆ 是中性单数,ἄ 带起 εἶπεν ὁ Ἰησοῦς 作 πάντα 的定语从句。

οὐκ ἔξεστίν μοι ὅ θέλω ποιῆσαι. 我愿做的,我却做不到。
→ ἔξεστίν=(无人称动词)ἔξ ἐστι[可以、能够]的第三人称单数;μοι 为形容词 ἔξεστίν 的所属与格(直译为"对我来说是不能的");ἔξεστίν 包含系词,同时包含形式主语[这],关系代词 ὅ 为中性单数主格或宾格,但从 θέλω ποιῆσαι[我愿做](θέλω[意愿]=情态动词)可以判定其为宾格,整个从句作形式主语[这]的定语。

在指代清楚的语境中,关系代词的先行词可以省略:
ἔχω ὅ θέλω. 我有我所愿的。
→ 主句就一个动词 ἔχω,词尾已经包含主语[我],实际上还有宾语(有什么),随后的关系从句 ὅ θέλω 整个作宾语,ὅ 为被省略的主句 ἔχω[我有]的宾语(比如说有个 ὄν)的关系词,θέλω 表明 ὅ 这里是宾格。可以写作 ἔχω ὄν ὅ θέλω。

在让步从句中,关系代词也用作指示代词,不妨看一个出自《新约》的例句:
εἰς ἥν δ' ἄν πόλιν εἰσέλθητε ὄψεσθε ἐν αὐτῇ μαθητάς. 无论进入哪个城市,你们都将会在那(个城)里见到(耶稣的)门徒们。
→ 这是个主从复句,从句的主干是 εἰσέλθητε[你们进入](=εἰσέρχομαι(异态动词)[进来、进去;出庭、登台]的不定过去时二复);这个动词不及物,介词短语 εἰς ἥν δ' ἄν πόλιν[进入城市]为补语,中间的关系代词与表达限定语气的小品词 ἄν 连用,通常为让步从句的标志,关系代词 ἥν 这里作指示代词用,指定这个 πόλιν(保持性数格一致);主句的主干是 ὄψεσθε[你们将看见](=ὄψεσθαι=ὁράω[看见]的将来时二复,ὄψεσθαι 为将来时不定式,与现在时词干不同);αὐτῇ 指代前面的 πόλιν(阴性),不再重复实词。

ἄφρων ἦν ὁ ῥήτωρ ὅς στρατηγὸς ᾑρέθη. 被选为将军的那个演说家愚蠢(那个演说家很愚蠢,却被选为将军)。
ἐκεῖνος ὁ στρατηγός ὅς τὴν πόλιν σῴζει τιμηθήσεται. 正在解救城邦的这个将军令人尊敬(那个将军令人尊敬,他正在拯救城邦)。
ᾑρέθη=αἱρέω[选举、选出]不定过去时被动态第三人称单数。

如果采用直译方式翻译关系从句,中文表达难免累赘、繁复,读起来感此外，ὅστις 也能用作不定代词 τις，如 ἥτις αἰτία[某种原因]。

τίς 含义丰富，组合可能性高，在古希腊语中辈分也很老，其家谱可溯源到印欧原始语言，因为所有印欧子语中都能找到与其相似的词。

代词与名词的关系

指示代词 οὗτος[这个人、这件事]和 ἐκεῖνος[那个人、那件事]与名词连用时，通常带有强调的意味，这时名词需要带冠词：ἐκεῖνοι οἱ λόγοι 或 οἱ λόγοι ἐκεῖνοι[那些道理]。

ἐκείνῃ τῇ μάχῃ ἐνικήθησαν οἱ βάρβαροις. 在那场战役中夷人被征服。

上文出现过的名词，下文可用代词来代替，以避免重复名词使得文字累赘。常见的是单独使用指示代词 οὗτος[这个]和 ἐκεῖνος[那个]来代替前文出现过的名词或人名：

ἐκεῖνος[那个男人] —— αὕτη[这个女人] —— ταῦτα[这些东西]。

这时，代词的性属变得非常重要，因为，代词必须与所代替的那个名词（称为前行词）保持性和数的一致，格位则要看代词所处的具体语法位置：

μένω ἐν τῷ οἴκῳ καὶ γιγνώσκω αὐτόν. 我留在这家里，然后了解它（这个家）。

οἴκῳ[家]是三格单数阳性，αὐτόν 同为单数阳性，因作为 γιγνώσκω 的宾语，故为四格。

行文中用指示代词代替名词（包括人名）以避免重复名词使得文字累赘，迄今仍然是西方语文的基本修辞手段。如果前文出现了两个以上的名词或人物，找准指示代词所指代的是哪个前行的名词或人物就非常重要，否则会带来理解上的差错。

在汉译中，最好译出这些代词所指代的前行名词或人名，否则读者没法知道"这个""那个"指代的是哪个（汉语没有西文所有的性数格，没法看清）。这样往往需要译者花费工夫和耐心搞清代词所指代的是哪个名词，倘若翻译时偷懒或功力不逮，译文满篇"他""他们的"或"它"，会让读者不知所云。

物主代词代替名词：在强调语式的情形下，物主代词（也称为所属形容词）ἐμός[我的]、σός[你的]、ἡμέτερος[我们的]、ὑμέτερος[你们的]可代替属格的名词，其变格与形容词第一、第二变格类一样。

ἡ χαρὰ ἡ ἐμή 我的喜悦；τὰ ἐμὰ πάντα σά ἐστιν. 我的所有东西都是你的[东西]。

反身代词代替名词没有主格形式，第一和第二人称也没有中性形式：ἐμαυτοῦ, -ῆς[我自己]，σεαυτοῦ, -ῆς[你自己]，ἑαυτοῦ, -ῆς[他自己]；变格类与αὐτός一样；要注意的是，无论哪种人称，复数属格都是ἑαυτῶν，翻译时要小心区分。

οὐ λαλῶ περὶ ἐμαυτοῦ. 我没有唠叨我自己（的事情）。
λαλῶ=（缩变动词）λαλέω[唠叨、喋喋不休]。

οὐκ ἔχει ζωὴν ἐν ἑαυτῷ. 他的生命不在自己手中（直译：他在自己身上没有生命）。

相互代词ἀλλήλων[相互的、彼此的]代替名词的例子：
βλέπουσιν ἀλλήλους. 他们相互看着。

与现代西方语文一样，古希腊语代词的用法极为细腻，扼要介绍或词法表格都无法呈现细微处——脱离了文本，细微处说了等于白说。要体会代词的活泼、细腻，最好还是阅读活生生的文本，下面我们就尝试一下。

民主名嘴德马得斯

雅典民主政制时期出现了不少"会耍嘴皮子的"，这种人叫作ῥήτωρ[演说家]。他们好多本来是工匠、农民或士兵，民主时代启蒙教育普及后，被教成了"演说家"。比如，雅典人Δημάδης本来与其父一样是个水手，兼做造船工，后来卷入民主政制（最后死于政治打斗），跟从当时的演说大家德摩斯忒涅学演说术，成了"名嘴"。

下面这段关于Δημάδης的轶事（普鲁塔克，《德摩斯忒涅传》，8.7），生动描述了演说家与民众的关系。为了体会其中代词的用法，笔者提供的译文比较直硬（注意楷体字）。

Δημάδης ὁ ῥήτωρ πρὸς τοὺς Ἀθηναίους δημηγορῶν ποτε, ἐπεὶ ἐκεῖνοι οὐ πάνυ τοῖς λόγοις αὐτοῦ προσεῖχον, ἐδεήθη αὐτῶν, ὅπως αὐτῷ ἐπιτρέψωσιν Αἰσώπειον μῦϑον εἰπεῖν.

一次,演说家德马得斯对一群雅典人作公众演说,这些(雅典)人没怎么把他说的放眼里。于是,他讨好他们,让他们允许他讲[一则]伊索寓言。

Οἱ δὲ προετρέψαντο καὶ αὐτὸς ἀρξάμενος ἔλεγε. Δημήτηρ καὶ χελιδὼν καὶ ἔγχελυς τὴν αὐτήν ἐβάδιζον ὁδόν. Ὅτε δὴ κατά τινα ποταμὸν ἐγένοντο, ἡ μὲν χελιδὼν ἀνέπτη, ἡ δ' ἔγχελυς κατέδυ.

他们怂恿(他)讲,于是他这样开始讲:"德墨特尔、一只燕子和一条鳝鱼同路而行,行至一条河边时,燕子飞舞着过去了,鳝鱼哩,溜进了水里。"

Ταῦτ'(= ταῦτα) εἰπὼν ὁ ῥήτωρ ἐσιώπησεν. Τότε δ' ἤροντο αὐτόν· Τί οὖν ἡ Δημήτηρ ἔπαϑεν; Κεχόλωται, ἔφη Δημάδης, ὑμῖν, οἵτινες τὰ ὑμέτερα πράγματα ἐάσαντες Αἰσωπείων μύϑων ἀντέχεσϑε.

说完这些,演说家不再吭声了。他们问他:"德墨特尔怎样了呢(直译:经历了什么呢)?"德马得斯说:"很生你们的气,因为你们放着(你们)自己的事不管,去稀奇伊索寓言。"

→ δημηγορῶν = δημηγορέω[向民众发表演说]现在时分词一单;πάνυ(副词)[非常、十分、全然;很、完全];προσεῖχον = προσ-έχω[举向、持向、献上;靠岸、驶向陆地],带 πάνυ =[靠近、驶近;看重];ἐδεήϑη = δέω的不定过去时被动态(作中动用),支配属格意为[需要、要求得到、讨、乞求];ὅπως(关系连词)[如何、怎样、如此],(目的连词)[为了、以便];ἐπιτρέψωσιν = ἐπιτρέπω[转向、倾向于、交托、许可]三复;προετρέψαντο = προ-τρέπω[鼓励、怂恿];ἀρξάμενος = ἄρχω的分词;χελιδών[燕子];ἔγχελυς[鳝鱼];ποταμόν = ποταμός[河、溪流];ἀνέπτη = ἀνα-πάλλω[向上摆动、向上前后舞动];κατέδυ = κατα-δύω[使下潜、使沉入水下];ἐσιώπησεν = σιωπάω[保持沉默、保守秘密、不说出来];κεχόλωται = χολόω[激发某人的胆液汁、生气、发怒];ἐάσαντες = ἐάω[不理会、丢开、不管];ἀντέχεσϑε = ἀντ-έχω[置于前面;拉住、抓住]。

首先注意反身代词 αὐτός 的各种用法,在第一句里,它用作第三人称物主代词:τοῖς λόγοις αὐτοῦ[他讲的那些话];用作复数属格形式的人称代词 αὐτῶν 则受动词 ἐδεήϑη([请求]的过去时)支配,即这个动词所要求的属格宾语:"他请求他们";然后是用作反身代词 αὐτῷ,指代主句的主语、演说家德马得斯,他的想法构成了从句的内容。

第二句中出现的 αὐτός 作主格,通常强调第三人称主语才这样用——虽

然这强调与冠词 οἱ δέ 显得对立,因为,冠词的原初作用就是指示性的。在第三句中,αὐτός 作本义(自身、同一个)与冠词连用:τὴν αὐτὴν ὁδόν[同一条路]。我们要注意分辨作第三人称主语的 αὐτός 和作反身代词([自己、自身])的 αὐτός。比如,毕达哥拉斯信徒喜爱用这样的语式:Αὐτὸς ἔφα(→ ἔφη 的多里斯方言)[他自己说道](意为没有引证大师们的话,有当今学界喜欢追求的"原创性")。

胜利女神

最后一句话中有我们已经熟悉的人称代词 ὑμῖν(复数与格),τὰ ὑμέτερα πράγματα[你们的东西、事情]的用法头回见到,却不难理解;指示代词 ἐκεῖνος[那个](阳性主格;变位如 O 和 A 变位的三尾形容词,主格复数为 ἐκεῖνοι,但单数中性格尾都是 -ο 而非 -ον:ἐκεῖνος — ἐκείνη — ἐκεῖνο),这个指示代词与指示代词 οὗτος — αὕτη — τοῦτο[这个]配对。得提请注意,不要把 οὗτος 的中性复数 ταῦτα 与由 τὰ αὐτά 元音缩变而来的 ταὐτά 搞混。

ὅδε[在这儿的那个]是很有个性的代词,由冠词 ὁ + 附读音节的 δε 构成(声调移到 ὅ-δε),-δε 在这里表明空间或时间上的接近,在口语中常伴随适当的手势,变格与冠词同,ὅδε — ἥδε — τόδε,属格 τοῦδε — τῆσδε — τοῦδε,很容易辨识。这个代词常以复数中性 τάδε 形式出现,用来指称后面要说的话:ἔλεγε τάδε[他说了下面这些]。这个指示代词可与冠词连用,要注意它与所属名词的位置关系:要么在冠词前,要么在名词后,两种情况下都必须理解为带冠词的指示代词用法:ὅδε(οὗτος, ἐκεῖνος) ὁ ἀνήρ 或 ὁ ἀνὴρ ὅδε(οὗτος, ἐκεῖνος)。

文中出现的另外三个代词(第四句里的不定代词 τινα,第六句里的疑问代词 τί,最后一句里的概括代词 οἵτινες)的词干之间明显有亲缘关系,它们共属疑问代词(和不定代词,我们知道,两者差别在于,不定代词在所有格位都是声调附读,但词形与疑问代词一样)。因此,κατά τινα λόγον 意为"按某个说法……",现代西文翻译时多译成不定冠词。疑问代词和不定代词都包含"不确定"的意涵,由此或许可以解释为何两者词干相同(德语口语也说:Es kommt wer[有谁来了],这里的 wer 就像 τις 和拉丁语的 si quis[当某人]中的 quis)。

注意双音节的不定代词在出现声调时与疑问代词的不同,即声调在词尾:τινός — τινί — τινῶν — τισί(ν)。

柏拉图的《斐多》中有一段著名的智性迷宫式文字,代词在其中起了很大作用:自主代词 αὐτό 出现 4 次,指示代词 ἐκεῖνο 出现 2 次。译成中文时,若不把代词译为实词,这段话就没法理解:

ὃ τοίνυν ἔλεγον ὁρίσασθαι, ποῖα οὐκ ἐναντία τινὶ ὄντα ὅμως οὐ δέχεται <u>αὐτό</u>, <u>τὸ ἐναντίον</u> — οἷον νῦν ἡ τριὰς τῷ ἀρτίῳ οὐκ οὖσα ἐναντία οὐδέν τι μᾶλλον <u>αὐτὸ</u> δέχεται, [104e10] τὸ γὰρ ἐναντίον ἀεὶ <u>αὐτῷ</u> ἐπιφέρει, καὶ ἡ δυὰς τῷ περιττῷ καὶ [105a] τὸ πῦρ τῷ ψυχρῷ καὶ ἄλλα πάμπολλα.

[104e7]这就是我曾说过我要拈选出来的东西,这些东西虽然并不是对某个东西来说相反的东西,仍然不会接纳这个东西,即这个相反之物。比如眼下的这个三,虽然并不与偶数相反,也断乎不会接纳偶数,[e10]毕竟,这个三总会带来与偶数相反的东西,正如二之于奇数,[105a]火之于冷,以及其他太多太多的东西。

第一个 αὐτό,与随后的 τὸ ἐναντίον 中间有逗号,τὸ ἐναντίον 可以视为 αὐτό 的同位语。单数的 αὐτό 与前面的单数与格 τινί 指同一个对象,根据同位语 τὸ ἐναντίον[相反的东西],这三者指的都是"某种相反的东西"。

第二个 αὐτὸ 指前面的 τῷ ἀρτίῳ[偶数]。第 3 个 αὐτῷ 指的还是上文所指的"偶数"。

— ἀλλ' ὅρα δὴ εἰ οὕτως ὁρίζῃ, μὴ μόνον τὸ ἐναντίον τὸ ἐναντίον μὴ δέχεσθαι, ἀλλὰ καὶ <u>ἐκεῖνο</u>, ὃ ἂν ἐπιφέρῃ τι ἐναντίον ἐκείνῳ, ἐφ' ὅτι ἂν <u>αὐτὸ</u> ἴῃ, <u>αὐτὸ</u> τὸ ἐπιφέρον τὴν τοῦ ἐπιφερομένου ἐναντιότητα μηδέποτε δέξασθαι.

不过,你看看吧,你是否会如此来拈选:不仅相反的东西不接纳相反的东西,而且这种东西[也不接纳相反的东西]——它会把某种相反之物带给它会接近的任意某种东西,而这个带来某种相反之物的东西本身,绝不会接纳与被它带来的[相反的]东西的相反之相。

ἀλλὰ καὶ ἐκεῖνο 的 ἐκεῖνο 为主语（中性的 ἐκεῖνο 既可以理解为主语，也可以是宾语），因为从后文来看，ἐκεῖνο 不是被"相反之物"拒绝接纳的对象，而是某种拒绝接纳相反之物的主动者。

随后的与格 ἐκείνῳ 与先出现的 ἐκεῖνο（也就是本身不是相反之物的"另一种东西"，例如"三的相"）指的不是同一个对象，而是谓语 ἐπιφέρῃ 的间接宾语。ἐκείνῳ 被紧随其后的定语从句修饰，因此也就是主语 ἐκεῖνο 所接近、走向的任何东西（ὅτι, τι 修饰关系代词 ὅ，并连写）。

最后出现的 αὐτὸ τὸ ἐπιφέρον 指的仍然是主语 ἐκεῖνο，而且以分词 ἐπιφέρον 的名词性用法来进一步说明主语的性质。被动态分词属格 τοῦ ἐπιφερομένου 的意思是"被带来的东西的……"，结合外围的主动态分词宾格 τὴν ἐναντιότητα（相反之相），整体意思也就是"与被它（主语 ἐκεῖνο，这个东西，例如"三的相"）带来的相反之物的相反之相"。

练习

1. 对比疑问代词 τίς 和不定代词 τις 的全部变格形式；复习如何识别疑问词与代词和副词。

2. 给指示代词 ὅδε — ἥδε — τόδε 变格，并注意构成形式。

3. 比较下面的表达式，注意从属关系的强调形式：
   πάντες οἱ φίλοι[所有朋友] — ὅδε ὁ ἀνήρ[在那里的那个男人] — αὕτη ἡ γυνή[这位女人]
   ὁ παῖς μου[我的孩子] — ὁ ἐμὸς παῖς[我（自己）的孩子]
   ἡ γυνή σου[你的妻子] — ἡ σὴ γυνή[你（自己）的妻子]
   在上面所见的搭配中，第二格单数表示：
   τοῦ παιδός μου / τῆς σου
   τοῦ ἐμοῦ παιδός / τῆς σῆς γυναικός
   请按上述方法进行单、复数变格。

4. 下列单词只有靠声调才能区别开来，请仔细分辨：
   ποίων — ποιῶν / τίνος — τινός / ὅ — ὄ / ποῦ — που

5. 在 Ἔμοιγε δοκεῖ, ὦ Σώκρατες, τοῦτο οὐχ ὅμοιον εἶναι τοῖς ἄλλοις 这个句子里，与格 τοῖς ἄλλοις 受什么限制？

6 运用已经学过的词法知识比较 τοσοῦτος — τοσαύτη — τοσοῦτο 和 οὗτος — αὕτη — τοῦτο 的格，找出两者共同的地方。
7 确定下面的 ὅστις 的性、数、格，并描述其形式构成方式；在什么情况下出现更长和更短的形式：
οἵτινες — οὕστινας — ὅτῳ — ἥτις — ᾗτινι — ᾧτινι — ὅτου — οὕτινος

5 分　词

　　把动词当形容词甚至名词来使用，动词就成了所谓分词（partizipia，意为"参与""分担"）。分词融合了形容词或名词与动词的功能，既有名词或形容词的特点（因而有性数格的词尾变化），又具有动词的特点（可支配宾语，有时态和语态，甚至带自己的状语等）。

　　虽然具有动词意味，但没有动词的人称变化，分词在印欧语系中被归在未限定动词类（与不定式同类）。由于古希腊文的分词也有形容词那样的性、数、格的变化（变格与三尾形容词相同），与所形容的名词保持性、数、格的一致，我们把分词归在变格词类。

　　现代西方语言有现在分词（又称"第一分词"）和过去分词（或完成分词，又称"第二分词"），我们对分词的基本含义应该不会陌生。然而，古希腊文有现在时、不定过去时、完成时、将来时的主动态分词以及这些时态的被动态分词等等，带有属于自己支配的宾语或状语时，分词还形成所谓"分词短语"。

　　相比之下，古希腊文分词的词形构成要复杂很多，用法颇为繁难，远远超过拉丁文（更不用说英语、德语、法语）。19世纪的古典学大师布克哈特说过，分词是古希腊语的主要操纵杆，因为，所有时态的分词都有完备的表示性、数、格的词尾，且具备充分的动词效力（德语分词的动词功能几乎丧失殆尽），甚至起从句作用，与主句中的某个语词保持紧密关系。

　　总之，古希腊作家好用分词，分词的形态偏偏又十分繁复，因此，我们应该尽早接触分词，同时要清楚，掌握分词形态需要经历长期的学习过程。由于分词是由动词词干加形容词词尾来构成，分词的种类涉及各种时态、语态的动词，无论课程安排还是自学，都当先学习动词，然后再学分词。

现在时分词

　　现在时主动态的分词是在现在时词干后面加分词的词尾来构成的，其阳性和中性的变格与形容词的第三变格类一样；阴性的变格则与形容词的第一变格类一样（但复数二格的声调依据的是名词的第一变格类）。

现在时主动态的分词

单数（一至四格，下同）

阳 *παιδεύ-ων* — *παιδεύ-οντ-ος* — *παιδεύ-οντ-ι* — *παιδεύ-οντ-α*

阴 *παιδεύ-ουσ-α* — *παιδευ-ούσ-ης* — *παιδευ-ούσ-η* — *παιδεύ-ουσ-αν*

中 *παιδεῦ-ον* — *παιδεύ-οντ-ος* — *παιδεύ-οντ-ι* — *παιδεῦ-ον*

复数：

阳 *παιδεύ-οντ-ες* — *παιδευ-όντ-ων* — *παιδεύ-ου-σι(ν)* — *παιδεύ-οντ-ας*

阴 *παιδεύ-ουσ-αι* — *παιδευ-ουσ-ῶν* — *παιδευ-ούσ-αις* — *παιδευ-ούσ-ας*

中 *παιδεύ-οντ-α* — *παιδευ-όντ-ων* — *παιδεύ-ου-σι(ν)* — *παιδεύ-οντ-α*

现在时被动态/中动态分词

单数（词干与词尾之间需要插入连接元音 -*o*-）：

阳 *παιδευ-ό-μενος* — *παιδευ-ο-μένου* — *παιδευ-ο-μένῳ* — *παιδευ-ό-μενον*

阴 *παιδευ-ο-μένη* — *παιδευ-ο-μένης* — *παιδευ-ο-μένη* — *παιδευ-ο-μένην*

中 *παιδευ-ό-μενον* — *παιδευ-ο-μένου* — *παιδευ-ο-μένῳ* — *παιδευ-ό-μενον*

复数：

阳 *παιδευ-ό-μενοι* — *παιδευ-ο-μένων* — *παιδευ-ο-μένοις* — *παιδευ-ό-μενους*

阴 *παιδευ-ό-μεναι* — *παιδευ-ο-μένων* — *παιδευ-ο-μέναις* — *παιδευ-ο-μένας*

中 *παιδευ-ό-μενα* — *παιδευ-ο-μένων* — *παιδευ-ο-μένοις* — *παιδευ-ό-μενα*

现在时被动态/中动态分词的变格与形容词的第一和第二变格类一样。

现在分词的翻译有多种可能性，比如：

οἱ ἀρχόμενοι [被统治者、那些被统治的人、臣民]

复数主格，加冠词后成为名词，这里是被动态，因此译作[被统治者]；

Παῖδες ὑπὸ φιλοσόφων παιδευόμενοι πολλὴν σωφροσύνην μανθάνουσιν.

这些受哲人们教育的孩子学到许多审慎。

句子主干（注意语序）是 *παῖδες*（主语）- *μανθάνουσιν*（谓语，在句尾）- *πολλὴν σωφροσύνην*（宾语，在谓语前面），余下的 *ὑπὸ φιλοσόφων παιδευόμενοι* 是分词短语。分词 *παιδευόμενοι* 这里是被动态主格复数，与 *παῖδες* 的性数格一致，因此相当于形容词修饰主语，可译作[这些受教育的孩子们]；分词虽然是形容词，毕竟具有动词性质，可以带有与动词相配的状语成分，比如这里的介词短语 ὑπὸ φιλοσόφων 就是表达受谁教育的状语 ὑπὸ 支配二格，φιλοσόφων 为来源属格。

在英语中，ὑπὸ φιλοσόφων παιδευόμενοι 这个分词会译作定语从句：the children, who are educated by philosophers, learn a lot of wisdom。但具体译法要看上下文，也可以是："倘若这些孩子们受哲人们的教育，他们会学到许多审慎。"

Δάφνις καὶ Χλόη τῆς καλῆς ὥρας ἀναμιμνησκόμενοι λύπην εἶχον.
当达夫尼斯和克露娥忆起美好的时日，不禁忧伤起来。

句子主干是：人名 Δάφνις καὶ Χλόη 为主语，谓语是句尾的 εἶχον（ἔχω 的过去时三复），宾语是谓语前面的 λύπην[忧伤、苦恼]（四单）；τῆς καλῆς ὥρας ἀναμιμνησκόμενοι 是分词短语，分词 ἀναμιμνησκόμενοι（＝异态动词 ἀνα-μιμνήσκομαι）是复数主格词尾，因此是修饰主语的，分词的动词性质使得它可以有自己的宾语 τῆς καλῆς ὥρας[美好的时光]，这里的二格是分词的动词含义所要求的二格宾语，从而 τῆς καλῆς ὥρας ἀναμιμνησκόμενοι 构成一个分词短语，实际上明显是个句子。整句直译就是：忆起美好的时日，达夫尼斯和克露娥不禁忧伤起来。

Ἀγησίλαον τοὺς θεοὺς οὕτω σεβόμενον καὶ οἱ πολέμιοι πιστὸν ἐνόμιζον.
由于阿格西劳斯非常敬重诸神，敌人也把他看作可靠的人。

宾格的人名 Ἀγησίλαον 显然是宾语，主语是句子中唯一的主格名词 οἱ πολέμιοι，动词在最后 ἐνόμιζον，一看词尾和词首增音就知道是过去时，主语是复数，这里当然就是第三人称复数，前面的四格形容词 πιστὸν 作名词[可信赖的人]，动词 ἐνόμιζον 要求双宾语，Ἀγησίλαον … πιστὸν 刚好构成双宾语[把阿格西劳斯看作可信赖的人]，余下的 τοὺς θεοὺς οὕτω σεβόμενον 是分词短语。

分词 σεβόμενον（来自异态动词 σέβομαι[敬畏、畏惧、崇拜]）是四格单数阳性，因此与 Ἀγησίλαον 的性数格相同，作为形容词修饰 Ἀγησίλαον[有敬畏心的阿格西劳斯]，分词的动词性质使得它可以有自己的宾语 τοὺς θεοὺς 和作状语的副词 οὕτω[如此、这样]。从而 τοὺς θεοὺς οὕτω σεβόμενον 构成一个分词短语，实际上明显是个句子。

整句直译就是：敌人也把如此敬神的阿格西劳斯看作可靠的人。

εἰμί的分词

"是"动词当然也有分词，而且出现得非常频繁，尤其现在时分词，应该熟记。

单数（阳、阴、中）一至四格：

ὤν	οὖσα	ὄν
ὄντος	οὔσης	ὄντος
ὄντι	οὔσῃ	ὄντι
ὄντα	οὖσαν	ὄν

复数（阳、阴、中）一至四格：

ὄντες	οὖσαι	ὄντα
ὄντων	οὐσῶν	ὄντων
οὖσι(ν)	οὔσαις	οὖσι(ν)
ὄντας	οὔσας	ὄντα

ὄν作为εἰμί的现在分词，本来是普通的日常语词[东西]，在色诺芬的《齐家》中，苏格拉底说，"我家和我所有的实物……"，这里的"实物"，原文即τὰ ὄντα，英译为substance，即为了保留这个词更宽泛的含义。在这里，它指[拥有的东西、财物]。在柏拉图那里，这个语词通过加冠词成了非常著名的哲学术语：τὸ ὄν[真实的在者]（参见《斐多》）。从古希腊到现代，西方哲人一直在为这个词动脑筋。其实，最早将日常语言变成哲学术语的是智术师。当今，将日常语言哲学化的大师，非海德格尔莫属（海德格尔为20世纪的智术师？）；与此相反，分析哲学派则力图将哲学语言还原为日常语言。

ὀλίγοι τῷ ὄντι εὐδαίμονές εἰσιν. 很少人实际上幸福（很少人真的幸福）。

σύνοιδεν ἡ μήτηρ οὐ σοφὴ οὖσα. 这个母亲[当然]知道，自己不聪明。

这个句子有两点值得注意：首先，与汉语语序不同，动词在句首，意在强调"知道"，中译时得设法加强动词的语气；第二，"知道"的宾语是一个分词短语οὐ σοφὴ οὖσα，相当于表语句："她不聪明。"分词是阴性，因为主词是ἡ μήτηρ。

现在完成时分词

完成时分词的变格，与其他时态的主动态分词以及不定过去时被动态分词一样，阳性和中性按形容词第三变格类变位，阴性按形容词第一变格类变位。

主动态
阳性(单复数):
πε-παιδευ-κώς — πε-παιδευ-κότ-ος — πε-παιδευ-κότ-ι — πε-παιδευ-κότ-α
πε-παιδευ-κότ-ες — πε-παιδευ-κότ-ων — πε-παιδευ-κό-σι(ν) — πε-παιδευ-κότας
阴性:
πε-παιδευ-κυῖ-α — πε-παιδευ-κυί-ας — πε-παιδευ-κυί-ᾳ — πε-παιδευ-κυῖαν
πε-παιδευ-κυῖ-αι — πε-παιδευ-κυι-ῶν — πε-παιδευ-κυί-αις — πε-παιδευ-κυί-ας
中性:
πε-παιδευ-κός — πε-παιδευ-κότ-ος — πε-παιδευ-κότ-ι — πε-παιδευ-κός
πεπαιδευ-κότ-α — πεπαιδευ-κότ-ων — πεπαιδευ-κό-σι(ν) — πεπαιδευ-κότ-α
被动态/中动态
阳:πε-παιδευ-μένος 阴:πε-παιδευ-μένη — 中:πε-παιδευ-μένον
……
词尾变化与现在时被动态相同。

完成时被动态分词与εἶναι连用,可替代完成时被动态第三人称复数(如πεφυλαγμένοι εἰσίν,主要见于默辅音动词和流音动词)。

分词的被动态比较好译:λόγος γεγραμμένος[成文言辞/成文之道]; ἠγαπημένος[被爱者]或[亲爱的人]。不妨尝试翻译比拉多(Pilatus)对犹太人说的话:Ὅ γέγραφα, γέγραφα.

主动态的分词就难译了。

Κοινὸν τύχη, γνώμη δὲ τῶν κεκτημένων.

机运都是共通的,但见识却是一个人自己所有的财富。(埃斯库罗斯语)

κεκτημένων=(异态动词)κτάομαι[取得、获得、挣得]的完成时被动态分词二格。请比较κεῖμαι — κάθημαι — δύναμαι的变位,并与其完成时被动态的变位比较。注意作为分词时其词尾的重音,比如πεπαυμένος,但καθήμενος — δυνάμενος。

将来时分词

将来时主动态和中动态分词的词形构成很简单:把现在时分词的词尾加到将来时词干上即可。可见,掌握分词时,首先得记住分词的词尾形式及其变格。

阳性单数 παιδεύ-σ-ων — παιεύ-σ-οντος；中动态 παιδευ-σ-ό-μενος ……

阴性单数 παιδεύ-σ-ουσα — παιδευ-σ-ούσης；中动态 παιδευ-σ-ο-μένη ……

中性单数 παιδεῦ-σ-ον — παιεύ-σ-οντος；中动态 παιδευ-σ-ό-μενον ……

与现在时主动态分词比较，除词干不同外，完全相同，因此在阅读时除了分辨分词的词尾，还要注意词干。

不定过去时分词

英语分为现在分词和过去分词两类，其功用不同。古希腊文的分词，即便是不定过去时的分词，也不等于过去分词，仍然有如现代西方语言的现在分词。

主动态

单数：

阳 παιδεύ-σας — παιδεύ-σαντ-ος — παιδεύ-σαντ-ι — παιδεύ-σαντ-α

阴 παιδεύ-σασ-α — παιδευ-σάσ-ης — παιδευ-σάσ-η — παιδεύ-σασ-αν

中 παιδεῦ-σαν — παιδεύ-σαντ-ος — παιδεύ-σαντ-ι — παιδεῦ-σαν

复数：

阳 παιδεύ-σαντ-ες — παιδευ-σάντ-ων — παιδεύ-σα-σι(ν) — παιδεύ-σαντ-ας

阴 παιδεύ-σασ-αι — παιδευ-σασ-ῶν — παιδευ-σάσ-αις — παιδευ-σάσ-ας

中 παιδεύ-σαντ-α — παιδευ-σάντ-ων — παιδεύ-σα-σι(ν) — παιδεύ-σαντ-α

可以看出，不定过去时的特有标记-σα-仍然是构成要素（加在动词词干后面），而且，与现在时主动态分词构成一样，不定过去时主动态分词的阳性和中性变格按形容词第三变格类，阴性变格则按形容词第一变格类。但是，与不定过去时主动态直陈式不同，其分词形式不带 ἐ-[过去时词首叠音]（即没有词首增音）。

中动态

阳 παιδευ-σάμενος 阴 παιδευ-σαμένη 中 παιδευ-σάμενον

详参《凯若斯述要笺释》中的"词法简表"。

不定过去时分词的被动态

不定过去时的被动态词干是独自的，其分词也如此。

单数

阳 παιδευ-θείς — παιδευ-θέντ-ος — παιδευ-θέντ-ι — παιδευ-θέντ-α

阴 παιδευ-θεῖσ-α — παιδευ-θείσ-ης — παιδευ-θείσ-η — παιδευ-θεῖσ-αν

中 παιδευ-θέν — παιδευ-θέντ-ος — παιδευ-θέντ-ι — παιδευ-θέν

复数

阳 παιδευ-θέντ-ες — παιδευ-θέντ-ων — παιδευ-θεῖ-σι(ν) — παιδευ-θέντ-ας

阴 παιδευ-θεῖσ-αι — παιδευ-θεισ-ῶν — παιδευ-θείσ-αις — παιδευ-θείσ-ας

中 παιδευ-θέντ-α — παιδευ-θέντ-ων — παιδευ-θεῖ-σι(ν) — παιδευ-θέντ-α

阳性和中性变格按第三变格类，阴性变格按第一变格类；不带过去时词首叠音，但仍然带有不定过去时被动态的特有记号 -θε。与被动态其他语式一样，这个记号加在词干后面。单数主格的声调符号不规则，尽量不前置。在用法上，分词所表达的行为时间先于主动词，翻译时要注意。

Ὁ μὴ δαρεὶς ἄνθρωπος οὐ παιδεύεται. 没受过磨难的人不能成才。

语出古希腊谐剧作家米南德（Μένανδρος，公元前349—前293年）。这句短长长格诗行中的 δαρείς 为不定过去时分词的被动态，μὴ δαρείς 相当于一个起定语作用（所以在冠词与名词之间）的从句："这没受过磨难的人。"

παιδεύεται 看起来是 παιδεύω 的被动态形式，但此处理解为被动态含义显得不那么贴切，不如理解成反身意义，"谁若不自己找点苦吃，就不会长见识"（我们的说法是"吃得苦中苦，方为人上人"）。因此，这里的 παιδεύεται 意思应为"自己增长见识"，而不是"接受教育"。

强变化不定过去时的分词

除了声调不规则外，强变化不定过去时分词的主动态（单—复数）与现在时分词的主动态分词一样。单数主格的声调不按"声调尽量前置"的动词声调通则，而是置于尾音节（阴性为次音节），其余则按名词声调规则保持声调（复数属格例外）。

例词：εἴδω[看见]（不定过去时）

阳性 ἰδ-ών — ἰδ-όντος — ἰδ-όντι — ἰδ-όντα；ἰδ-όντες — ἰδ-όντων — ἰδ-οῦσι(ν) — ἰδ-όντας

阴性 ἰδ-οῦσα — ἰδ-ούσης — ἰδ-ούσῃ — ἰδ-οῦσαν；ἰδ-οῦσαι — ἰδ-ουσῶν — ἰδ-ούσαις — ἰδ-ούσας

中性 ἰδ-όν — ἰδ-όντος — ἰδ-όντι — ἰδ-όν；ἰδ-όντα — ἰδ-όντων — ἰδ-οῦσι(ν) —

ἰδ-όντα

本来,强变化不定过去时分词同样不带过去时词首增音,但有的时候,强变化不定过去时的词干本身就已经带有过去时词首增音,比如,εἴδω的不定过去时词干是εἶδον,如果没有过去词首增音,强变化的不定过去时词干就是ἰδ-。因为,ι-是不规则的词干+过去词首增音而成ει的。λέγω的不定过去时是强变化εἶπον,其分词为εἰπών,因为,λέγω的强变化不定过去时词干为εἰπ-。

中动态:与现在时中动态分词一样,两者差别仅在于,强变化不定过去时中动态分词按自己的强变化不定过去时词干来构成。比如,不规则动词λαμβάνω的现在时中动态分词为λαμβανόμενος,强变化不定过去时中动态分词为λαβόμενος,从强变化不定过去时ἔλαβον变来。

λείπω的强变化不定过去时为ἔλιπον,强变化不定过去时中动态分词分别为:阳 λιπ-όμενος;阴 λιπ-ομένη;中 λιπ-όμενον

被动态:同样,关键在于强变化不定过去时词干,以及时态词干上没有-θ。

κόπτω[打、捧]=(不定过去时被动态)ἐ-κόπ-ην[曾被打]
分词=阳:κοπ-είς, -έντος;阴:κοπ-εῖσα, -είσης;中:κοπ-έν, -έντος

εἰπὼν ταῦτα ἀπῆλθεν. 他说过这些后就走了。
ἀπῆλθεν=ἀπο+ἔρχομαι的强变化不定过去时。

εἰπὼν ταῦτα ἀπέρχεται. 当他说过这些就走了。
εἰπὼν ταῦτα为分词短语,相当于状语从句,主句仅为ἀπέρχεται[他走了]。

προσῆλθον αὐτῷ εἰπόντι ταῦτα. 他说了这些以后,他们走到他那里。
εἰπόντι=λέγω不定过去时分词强变化阳性与格单数。

εἶδον τοὺς εἰπόντας ταῦτα. 我曾看到说这些事情的人们。(分词作名词用)
大致来讲,强变化的不定过去时分词还是可以按词法规则来构成,除了一些特别的不规则动词外。

分词的基本用法

我们记得,形容词的语法位置有两种:定语位置和表述位置。当修饰一个带冠词的名词时,形容词处于定语位置,从而与所修饰的名词构成一个带形容的名词词组(但非句子)。这时,形容词与这个带冠词的名词在性、数、格上保持一致,实际上受所修辞的名词所带冠词规限或引导。

倘若形容词本身并不受这冠词引导,尽管仍然修辞名词,却处于所谓的表述位置(predicate Position),从而与名词构成一个句子,也就是我们所说的表语句。英语的表语句必须有连系动词 to be 才完整,古希腊文不用连系动词亦完整,称为主格句(nominal sentence,因为在这种情形下冠、名、形等词均为主格)。此外,形容词还可以通过冠词成为名词(即作名词用)。

既然分词是形容词化的动词,便同样有上述三种用法(形容性、表述性和名词性)。

形容性用法

这种用法多与带冠词的名词连用,其形容性定语作用,受冠词限定,位置要么处于冠词与实词之间,要么在实词之后(但要重复冠词),分词的形容性定语用法同样如此。这类句式的分词翻译可有两种译法:要么把分词译作形容性定语,要么把分词译作定语从句:

ἡ ἐπιφερομένη ἄρκτος 或者 ἡ ἄρκτος ἡ ἐπιφερομένη 是分词 ἐπιφερομένη(→ ἐπι-φερόμαι[冲上来]的现在时分词)作形容词界定名词 ἄρκτος[熊],译作形容性定语即"一头冲上来的熊",译作形容性定语从句即"一头熊,(这时)它冲了上来"。后一种译法是拆句的译法,更符合中文习惯,尤其当分词还带有自己的宾语或状语成分时。

比如,ὁ λέγων ταῦτα ἐν τῷ ἱερῷ ἀπόστολος 和 ὁ ἀπόστολος ὁ λέγων ταῦτα ἐν τῷ ἱερῷ[在圣殿说这些话的那个使徒],作形容词界定名词 ἀπόστολος[使徒]的分词 λέγων[言说的],既有自己的宾语 ταῦτα[这些],又有地点状语 ἐν τῷ ἱερῷ[在这个圣殿],最好用拆句译法译作"这个使徒,他在圣殿说这些话"。

这种情形在现代西方语文(尤其德文)中也十分常见,比如施特劳斯的《法拉比的一篇佚文》中有这样一句:

An Farabi erinnert auch und vor allem die in diesem Kapitel passim vorkommende, auf die politische Funktion der Wissenschaft hinweisende Rede davon, daß die Wissenschaften in der Nation, bzw. in den Nationen entstehen. 尤其在这一章中，一带而过地出现了一个指明科学的政治作用的说法，即科学是在民族以及诸民族中出现的，这个说法让人想到法拉比。

这个句子的主干本来很简单：An Farabi erinnert auch und vor allem die Rede[这个说法尤其让人想到法拉比]。但主语 die Rede[这个说法]有两个现在时分词和一个从句作形容性定语，前一个分词 vorkommende[出现的]带有两个状语成分：地点状语 in diesem Kapitel[在这一章中]和方式状语 passim[一带而过]。

第二个分词 hinweisende[指明的]则带有自己的宾语 auf die politische Funktion der Wissenschaft[科学的政治作用]。die Rede[这个说法]还有 davon 引出的定语从句，进一步说明"说法"的内容：daß die Wissenschaften in der Nation, bzw. in den Nationen entstehen[科学在民族以及诸民族中出现]。

如果不拆句，这个句子就得译成"尤其这个(die)在这一章中一带而过地出现的指明科学的政治作用即科学在民族以及诸民族中出现的说法让人想到法拉比"。显然，这样翻译不仅让读者喘不过气，也让人费解。因此，翻译时必须拆开原文句式，重组中文句式。可见，翻译希腊文与翻译现代西方语文并没有什么不同。

表述用法

形容词用法的分词在句中起定语作用，表述用法的分词除了起定语作用，也可起状语作用，记住并注意这个差别对理解文意非常重要。比如：

ὁ ποιητὴς ἀγγέλλει ἔπη γράφων. 当他写叙事诗时，这个诗人宣称……（或"这个写叙事诗的诗人宣称……"）

这个句子的主干很简单：ὁ ποιητὴς ἀγγέλλει[这个诗人宣称]。分词短语 ἔπη γράφων[写叙事诗]的分词 γράφων 是主格单数，与主语 ὁ ποιητὴς 一致。但 ἔπη γράφων 表述的重点可能有两种：要么重点在 ὁ ποιητὴς 本身，从而当译作"这个写叙事诗的诗人宣称……"（起定语作用）。要么重点在这位诗人的行为 ἀγγέλλει，描述他在何时或何处 ἀγγέλλει。倘若如此，当译作"当他写叙事诗时，这个诗人宣称……"（状语用法）。

由于与主词保持性、数、格一致，表语性分词在句中看起来还是名词性的，但实际上又可以起状语作用（称为状语分词）。现代西方语文基本上没有可能复原古希腊文的这种短语句法结构，通常用分句来迻译。

名词性用法

与任何形容词可以在加冠词的情形下作名词用一样，分词也可以这样作为名词来用：

<u>τὰ βλεπόμενα</u> οὐ μένει εἰς τὸν αἰῶνα. 看得见的东西不会永远留驻。

Θεῶνται <u>ἄλλους ἀτιμαζομένους</u>. 他们看到其他被轻蔑的人［他们看到，其他人受到轻蔑］。

ἄλλους 在这里起冠词作用。

第四格分词作补语

听、看、知道、注意等动词可支配两个第四格语词，其中一个也经常可以为分词，由此构成所谓带分词的第四格（Accusativus cum participio），在这种情形下，后面的分词第四格是前面的第四格的必要补充。比如：

Διογένης βλέπων ἄνδρα τινὰ ἐκ τοῦ σταδίου <u>βαδίζοντα</u>, ἔφη ...

……当第欧根尼瞧见，有个人从赛跑场走出来，他说……

句子主干是 Διογένης［第欧根尼］ἔφη［说］……是句子主语，分词 βλέπων［正瞧见］带起一个很长的分词短语。βλέπων 是现在时主动态主格单数，与 Διογένης 在性、数、格上一致，从而是对 Διογένης 的表述（第欧根尼在什么情况下 ἔφη）。βλέπων 支配的宾语有两个：ἄνδρα τινὰ［某个男人］和分词 βαδίζοντα［走出来的］，从而，ἐκ τοῦ σταδίου βαδίζοντα 是对 ἄνδρα τινὰ 的表述（句法上称为补语）。

于是我们看到，这个句子的主语 Διογένης 带有一个属于自己的分词短语（βλέπων …），而 βλέπων 支配的宾语（当然是 Διογένης 的宾语）ἄνδρα τινὰ 也带有一个属于自己的分词短语，因为 βαδίζοντα 带有自己的介词地点状语 ἐκ τοῦ σταδίου［从赛跑场出来］。

这里我们可以体会到格位的作用：βλέπων 是主格，βαδίζοντα（=βαδίζω［步行、行走］的现在时分词）是宾格，分别与主格的 Διογένης 和宾格的 ἄνδρα τινὰ 构成关联分词短语，只要我们把握住格位就不会搞错。需要注意的是，在分析句子时，确定分词短语的范围非常重要。比如，这里的介词短语（地点状语）ἐκ τοῦ σταδίου 属于 βαδίζοντα，而非 βλέπων。

分词也可以作实际上的谓语：Σωκράτης ἔτυχε παρών［苏格拉底碰巧在这里］。从译文来看，分词 παρών［在这里］（本来是状语）成了谓语，原文的谓语 ἔτυχε［碰巧］反而成了状语——这类情形亦见于西方现代语文。再看下面几个句子，动词实际上都是状语（一再地、不经意地、悄悄地、显得），分词才是谓语。

1. ὁ ἄγγελος ἔλαθε ἀπελθών.

2. φαίνῃ μετρίως φιλοσοφῶν.

3. οἱ παῖδες διῆγον γελῶντες.

下面来看一些例句,注意中译的多种可能性。

1. 定语分词(表语用法)完全可以像形容词一样做定语,或者像形容词那样修饰名词,定语分词可独立使用:

ὁ τῶν στρατιωτῶν **ἡγησόμενος** ἀπῆλθεν.

即将带领士兵的那个人离开了/那个将要带领士兵的人离开了。

ὁ κακὰ **ποιῶν** τὴν πόλιν πολίτης δίκην δώσει.

那个危害城邦的平民将受到惩罚。

2. 虽然在性、数、格上与所修饰的名词或代词保持一致,但是情状分词(Circumstantial Participle)不做定语。情状分词说明动词行为发生时的情况,而不是像作定语的形容词那样修饰名词。分词和动词之间可构成时间、让步、原因、条件关系,或者表目的;并可用副词或连词使分词与句子其他部分之间的联系更为明晰。除了表示条件关系的分词用 μή 来否定以外,否定情状分词一般用 οὐ:

εἰσελθόντες εἰς τὴν οἰκίαν, τὸν χρυσὸν ἔκλεψαν.

一进屋,他们偷了金子/在他们进屋的时候,他们偷了金子。(时间关系)

οἷα τὸν χρυσὸν **κλέψαντες** οὐκ ἐτιμῶντο.

他们不受人尊敬是因为他们偷过金子。(原因关系)

ὡς **σώσοντες** τοὺς ἀδικουμένους ἥκουσιν.

(如他们所说)他们来是为了拯救那些被冤枉的人们。(引证目的关系 [alleged purpose])

μὴ χρήματα **δούς**, οὐκ ἂν ἐλύθην.

不给钱,我不会被释放/如果我不给钱,我就不会被释放。(条件关系)

3. 独立二格,由相应的二格名词或代词加情状分词构成,在句法上和句子的其他部分的关系不确定。独立二格和句子的其他部分可构成各种关系,就像情状分词与句子其他部分的关系一样:

τῆς εἰρήνης **λυθείσης**, μαχόμεθα.

和平破裂，我们开战／当和平破裂时，我们就要开战。(时间关系)
因为和平破裂了，所以我们正在打仗。(原因关系)
如果和平破裂了，那么我们就要打仗。(条件关系)

τῆς εἰρήνη μή λυθείσης, οὐκ ἄν ἐμαχεσάμεθα.
和平没有破裂，我们不用打仗。
如果和平没有破裂，那么我们就不用打仗。(条件关系)

τῆς εἰρήνη λυομένης, ὅμως οὐ μαχόμεθα.
尽管和平正被打破，我们仍然不打仗。(让步关系)

4. 独立宾格是非人称动词的情状分词的中性单数宾格，不带名词或代词，在句法上和句子其他部分也没有别的联系。独立宾格可以和句子其他部分构成各种关系，就像情状分词与句子其他部分的关系一样：

ἐξὸν εἰρήνην ἄγειν, ὅμως βούλεται μάχεσθαι.
保持和平是可能的，他仍然想要打仗。
尽管有可能保持和平，但他仍然想要打仗。(让步关系)

οὐκ ἐξὸν εἰρήνην ἄγειν, μαχόμεθα.
保持和平不可能，我们正在打仗。
因为不可能保持和平，所以我们正在打仗。(原因关系)

μή ἐξὸν εἰρήνην ἄγειν, μαχόμεθα.
保持和平不可能，我们打仗了。
如果不可能保持和平，那么我们就打仗。(条件关系)
每当不能保持和平时，我们就要打仗。(一般现在时间关系)

5. 补充性分词，把动词意思补充完整。这类分词与情感动词、开始与停止以及动词 λανθάνω、φθάνω、τυγχάνω 一起用：

ὁ ἀγαθὸς χαίρει τοῖς νόμοις πειθόμενος. 好人乐于守法。
ὁ κακὸς οὔποτε παύεται ἄλλους βλάπτων. 坏人从不停止伤害别人。
δεῖ τὸν βουλόμενον ἄλλων ἄρχειν ἄρχεσθαι αὐτόν γε ἄρχοντα.
想要治人者必须从规管自己开始。
ἔφθησαν τοὺς στρατιώτας φυγόντες.
他们抢在士兵的前头逃跑／他们先于士兵逃跑了。
ἔλαθον τοὺς στρατιώτας φυγόντες.
他们避开士兵们的注意逃跑了／他们逃跑了，没被士兵们发现。

ἐτύγχανε θυσᾶς. 他碰巧献祭过。

ἐτύγχανε θύων. 他碰巧正在献祭。

6. 在有些动词（如 οἶδα、ἀκούω）后面，间接陈述句的动词用分词形式，时态与原陈述句中一样。原陈述句中的过去时变为间接陈述句中的现在时分词；原句中的过去完成时变成完成时分词。直接陈述句的主语，如果与间接陈述句的主句引导动词的主语不一致，就变为宾格形式，原句中的否定词（和小品词 ἄν）保持不变：

οἶδα τοὺς Λακεδαιμονίους οὐκ εἰρήνην **ἄξοντας**.

我知道拉刻岱蒙人不会保持和平。

我知道"οἱ Λακεδαιμόνιοι οὐκ εἰρήνην ἄξουσιν"。

原陈述句中的将来时直陈式已经变为间接陈述句中的将来时分词。

ἤκουσα τὸν Σωκράτη τοὺς νεανίας **διδάσκοντα**.

我听说苏格拉底正在教年轻人。

我听说"Σωκράτης τοὺς νεανίας διδάσκοντα"。

原陈述句的现在时直陈式在间接陈述句中变为现在时分词。

ἤκουσα τὸν Σωκράτη τοὺς νεανίας **διδάξαντα**.

我听说过苏格拉底曾教过年轻人。

我听说"Σωκράτης τοὺς νεανίας ἐδίδαξεν"。

原陈述句的不定过去时直陈式在间接陈述句中变为不定过去时分词。

ἀκούω τὸν Σωκράτη τότε τοὺς νεανίας **διδάσκοντα**.

我听说苏格拉底那时正在教年轻人。

我听说"Σωκράτης τότε τοὺς νεανίας ἐδίδασκεν"。

原陈述句中的过去时直陈式变为现在时分词。

οἶδα ὑμᾶς τὸν ἀδελφὸν **λύσαντας** ἄν, εἰ χρήματα ἔδομεν.

我知道如果我们给了钱，你们就会释放我们的兄弟。

我知道"τὸν ἀδελφὸν ἄν ἐλύσατε εἰ χρήματα ἔδομεν"。

在过去时与事实相反条件句的结果从句中，原来的不定过去时直陈式加 ἄν，变为不定过去时分词加 ἄν。

练习

1. 比较下面的语词变格的词尾，并完成所有的单、复数的变格，找出哪些词尾形式有两个含义：

   λέων   λέγων   λέγουσα   δόξα
   λέοντος   λέγοντ-ος   λεγούσης   δόξης

2. 下面的 λέγω 的现在分词主动态的形式有两个看起来是中性的，其实只有一个是中性，请确定哪一个是：

   λεγούσας   λέγων   λέγον   λέγοντας   λέγοντα

3. 下面给出了 10 个有确定格位的实词和 10 个动词不定式，请将这十个动词不定式变成现在分词形式，并按意思和性、数、格与十个实词相配——注意不止有十种可能性：

   φύλακες — κατασκευάζεσϑαι — ἀγροῖς — ὀργίζεσϑαι — τὸν δῆμον — κωλύειν — ἀνϑρώπων — (λύπην) παρέχειν — ζῷα — παιδεύειν
   τοὺς παῖδας — χαίρειν — τῷ φιλοσόφῳ — διαφέρειν — ἀδικία — φέρεσϑαι — ϑεοῦ — (κακὰ) πράττειν — κώμη — συλλαμβάνειν

4. 分词 ὤν、οὖσα、ὄν 属于哪个动词？这些分词与关系代词在词形上有何异同？给下面的句子补充 ὤν — οὖσα — ὄν 的恰当形式，然后译作汉语——翻译时注意分词结构的意义表达式：

   Χλόη Δόρκωνα οὐκ ἐφίλει πονηρότατον ...

   Δόρκων ἀναμένει τὴν παῖδα μόνην ...

   Οἱ κύνες πολλοὶ ... τὸν Δόρκωνα χαλεπώτατα ἔδακνον.

   Δάφνις ἐβοήϑησε τῷ Δόρκωνι ἐν κινδύνῳ ...

5. 依据词尾确定下面的语词的形式，并写出相应的现在时形式：

   λαβόντες — λιπεῖν — βαλών — λίπετε — λαβέ — καταλαβοῦ
   εἶδεν — λιπέσϑαι — λαβομένῳ — λαβοῦσα — ἰδεῖν — ὑποσχόμενος

6. 一边是名词，一边是形容词和分词，试将两者配对，使得不仅有意义，而且性数格要保持一致：

   τοῦ ἐμπόρου — χαλεπῶς φέρων
   τοῖς ἑταίροις — ἥττω
   ὁ πατήρ — πωλοῦντος

τὸν λόγον — βελτίους

τοὺς ἄνδρας — ἀκολουθοῦσιν

7 用语词 ἡγούμενοι — πωλοῦσιν — ἀγνοοῦντες — ἐπιθυμοῦσι — ὠνοῦνται — ἐπαινοῦντες — ἐπαινούμενα 给下面这个句子填空，使得句子有意义：

Οἱ μὲν ἔμποροι ⋯, τί πονηρόν ἐστι τῷ σώματι, τοῖς ⋯ πάντα ⋯

Οἱ δὲ ⋯ τὰ ⋯ χρηστά⋯

三 动 词

  古希腊语的动词(拉丁语 verbum 原意为"语词",译自 *ῥῆμα*[语词、话语、言辞])颇为繁难,学习时起初脑子很容易被搞乱,似乎越学越糊涂……其实,只要我们坚持下去,并不断回顾、整理、归纳所学的基本词法,终会把握动词词形学(这门学问是个无底洞)的概要。

1 动词的基本形构

与现代西方语文一样,古希腊语动词有时态(现在时、过去时、将来时、不定过去时、完成时)、语态(主动态、被动态、中动态)、语式(直陈式、虚拟式、祈愿式、命令式),凡此都有其特定的词形,并主要通过词尾变化来构成其语法形式。

词干、词首、词尾

与名词一样,希腊语动词由两个基本成分构成:不变的词干＋可变的词尾,要获知一个动词的含义,必须先掌握其词干,即一个动词的基本语义载体。应当注意,与现代西方语文不同,古希腊语动词的词干不等于动词的不定式,而是时态、语态及其人称变化构成所依据的基本形态。名词词尾变化显明的是格和数,动词词尾变化则显明人称(及其单复数)变化。在实际运用中,每一动词都处于特定的时态、语态和语式,这样一来,词尾变化形式就会很多。

以"教育"这个动词为例:παιδεύ是词干(动词词素1),人称词尾(动词词素2)依时态、语态、语式而不同:

现在时直陈式主动态
单数:παιδεύ-ω[我教育] παιδεύ-εις[你教育] παιδεύ-ει[他教育]
复数:παιδεύ-ο-μεν[我们教育] παιδεύ-ε-τε[你们教育] παιδεύ-ουσι(ν)[他们教育]

我们用短分线将词干与词尾分隔开,以便可以清楚看到词干与词尾的关系。在复数第一人称和第二人称中,词干与词尾之间出现了-ο-和-ε-,这是词干与人称词尾之间的连接元音,但有时有、有时又没有——凡是这类出现在词干与词尾之间的成分,不妨称为"插入部"(动词词素3)。

当我们看现在时直陈式被动态时就会发现,词干没有变,但词尾变了:

单数:παιδεύ-ο-μαι[我受教育] παιδεύ-η[你受教育] παιδεύ-ε-ται[他受教育]

复数:παιδευ-ό-μεθα[我们受教育] παιδεύ-ε-σθε[你们受教育] παιδεύ-ο-νται[他们受教育]

如果是现在时虚拟式主动态,虽然词干一样,人称词尾又不同:

παιδεύ-ω[我应该教育] παιδεύ-η-ς[你应该教育] παιδεύ-η[他应该教育]

παιδεύ-ω-μεν —— παιδεύ-η-τε —— παιδεύ-ω-σι(ν)

如果时态是过去时,直陈式主动态的人称词尾与现在时又不同:

ἐ-παίδευ-ο-ν —— ἐ-παίδευ-ε-ς —— ἐ-παίδευ-ε(ν)

ἐ-παιδεύ-ο-μεν —— ἐ-παιδεύ-ε-τε —— ἐ-παίδευ-ο-ν

但是,复数第一人称和第二人称的词尾与现在时完全相同,怎么区分现在时与过去时呢?你可能已经注意到,过去时除了人称词尾大多与现在时不同,同样明显的差别在于,过去时在词干 παιδευ 前面加了一个元音 ἐ-,这叫作"过去时词首增音"。比如过去时的被动态形式:

ἐ-παιδευ-ό-μην[我曾受教育] ἐ-παιδεύ-ου[你曾受教育] ἐ-παιδεύ-ε-το[他曾受教育]

ἐ-παιδευ-ό-μεθα[我们曾受教育] ἐ-παιδεύ-ε-σθε[你们曾受教育] ἐ-παιδεύ-ο-ντο[他们曾受教育]

可见,过去时与现在时的差别,除了人称词尾大多不同,更为明显的区别在于前面的词首增音(动词词素4)。

再看现在完成时的直陈式主动态,人称词尾与现在时和过去时的直陈式主动态都不同:

πε-παίδευ-κα —— πε-παίδευ-κα-ς —— πε-παίδευ-κε(ν)

πε-παιδεύ-κα-μεν —— πε-παιδεύ-κα-τε —— πε-παιδεύ-κα-σι(ν)

但与过去时相同,现在完成时除了人称词尾是独特的,词干前面也加了叠音,只不过是 πε-,从而与过去时的 ἐ- 不同。

已经清楚,人称词尾变化,词干却不变(声调不一定不变)。如果将 παιδευ- 这个词干与名词 ὁ παῖς、παιδός[小孩]对比就可以看到,它们的词干相同,都是 παιδ-(你已经知道,名词的词干通过去掉该名词的二格词尾来得到,而非通过主格形式得到);παιδεύω 的字面意思本来是"培育、照料小孩"(比较复合名词:παιδαγωγός[带孩子的人、孩子的引导者、教育者])。

在希腊语词典中，动词注录的都是现在时直陈式主动态第一人称单数形式 παιδεύ-ω，而非如今西方语文的不定式形式。因此，去掉第一人称词尾 -ω，就得到现在时词干 παιδευ-，现在直陈主动态的各人称词尾就是加在这个词干上构成的。

限定动词离不了"人称"，解开一个动词，首先得指明其具体人称。"人称"（persona）这个语法术语是拉丁语的古典语文学家从古希腊语法学家所用的 τὸ πρόσωπον 译过来的，字面意思为"面貌"，尤指戏剧演员的艺术面貌或面具（古希腊戏剧中的不同角色起初由一个演员来扮，换角色时换面具即可）。

拉丁语的古典语文学家没有将 πρόσωπον 直接译为"面具"，却通过 persona 这个词（可能源出伊特鲁斯坎人[Etrusker]）突出了戏剧舞台上演员的"人身"含义。所以，persona 虽是 πρόσωπον 的意译，仍当作为"面具"来解，基本含义为演员的角色，引申为人在生活中扮演的角色、形象。因此，所谓第一、第二、第三 persona[人身]，实际上正是每个人所处的三种不同的角色位置（主观位置—对象性位置—在别人眼中的位置）。古代的文学家在写作时大多不以第一 persona 身位讲述故事，如果以此方式写哲学论文或政论文，会怎样呢？

我们已经看到，古希腊语动词无论多么繁复，构成词素不外乎四种：1. 词干，2. 词尾，3. 插入音节，4. 词首叠音。以 γιγνώσκω[认识]为例：

词首部＋词干部＋插入部＋词尾部

γι — γνώ — σκ — ω

词首部（动词词素4）包括各种词首叠音和增音，词干部是动词的主干（显明词义），按规则为不变的部分（否则就是不规则的动词），插入部不仅起语音连接作用，也用于显示时态，词尾部不仅仅显示人称词尾，也显示语态（主动态、被动态等等）和语式（虚拟式、祈愿式、不定式、命令式）。掌握动词时，从这四大要素入手，非常有助于我们分解动词的构成和记忆。

比如，现在时 παιδεύ-ω[我现在教育]仅由两个动词词素（词干部＋词尾部）构成，比较简单，但复数的 παιδεύ-ο-μεν[我们现在教育]由三个词素（即词干部＋插入部＋词尾部）构成；γι-γνώ-σκ-ω[我现在认识]是个特别的动词，虽然是现在时，却有词首叠音 γι-（重复词干的词首），因此由四个词素（即词首部＋词干部＋插入部＋词尾部）构成。

显然，四个基本部分中变化最为复杂的是插入部。虽然我们眼下还不能完全明白具体的构成原理，但记住这一堪称万变不离其宗的形构部位结构,对以后的学习非常有用。

　　要领一:动词的各种时态(现在时、过去时……)、语式(直陈式、虚拟式、祈愿式、不定式、)和语态(主动、中动、被动)大多通过在动词词干(词素1)之后加上特定的人称词尾(词素2)有规则地构成,词干与人称词尾之间经常会插入特定的时态记号或连接元音(词素3)和词首增音或叠音(词素4),这些可称为动词构成的形式规则,必须全部掌握。

　　要领二:动词有两种基本的人称词尾形态,见于现在时第一人称单数形式,除了以-ω结尾(称-ω动词)外,还有以-μι结尾的,称为-μι动词;但绝大多数动词是-ω动词。

　　极少数动词兼有-ω和-μι形态。比如γιγνώσκω是个-ω动词,但其强变化不定过去时主动态却是-μι形态,其词干是γνο-(几乎在任何时候都变成长元音的γνω-)。

　　与名词相似,动词也有三个数(单、双、复),在陈述、虚拟及祈愿式的每一时态中,三种人称都分别为三种数(但除在少数诗体中,第一人称双数与复数相同),命令式中只有两种人称(第二、第三人称单数和复数)。

　　学会快速判定词干和词尾,无论对于掌握名词、形容词还是动词,都十分必要,应该注意培养自己在这方面的能力。你不妨试试,将下面的词干和词尾结合成有意义的语词:

　　词干:ψυχ- λόγ- ἔχ- φυτ- λέγ- θε- / 词尾:-ουσιν -ά -ει -ῳ -αῖς -ούς

动词的声调规则

　　动词的声调符号必须(在不违背通则的前提下)尽量前置,无论这动词处于何种形态——仅看一个动词的尾音节,通常就可以决定其声调的位置;如果尾音节是短元音,昂音符必须置于前音节(倘若这个动词有至少三个音节的话),如果尾音节是长音节,昂音符就置于次音节。

　　1. 尾音节若是短音节,昂音符必须在前音节:ἐγίνωσκε、ἔπαυσα。

　　2. 尾音节若为长音节,按动词声调规则和声调的一般规则,昂音符位于次音节:ἐγινώσκου、ἐπαύσω。

　　3. 两个音节的动词,若尾音节是短的,次音节是长的,声调符必须是长音符:σῶζε;若两个音节都是长音节,则声调不可为长音:παύσῃ。

　　可见,给三个或更多音节的动词标声调,就是封闭尾音节,使之成为受阻的(闭)音节。倘若这个词的尾音节是短的,昂音就在次音节上,如果是长的,昂音也应在次音节上。比较 παιδενε 与 παιδεύει。

　　双音节的动词,声调必在次音节,是昂音抑或长音,完全依赖于次音节和尾音节元音的长短,这意味着使次音节成为受阻音节。如果次音节是短的,声调必为昂音,因为长音不能出现在短元音上:μένε;如果次音节是长的,就使尾音节中的元音长度成为受阻音节:μείνης;如果尾音节是短元音,声调就是长音:μεῖνον。

现在时直陈式主动态的形构

　　以"教育"("认识自己"是通过教育达到的)这个语词为例,其现在时直陈式主动态由词干加现在时直陈式人称词尾来构成:

单数:παιδεύ-ω — παιδεύ-εις — παιδεύ-ει
复数:παιδεύ-ο-μεν — παιδεύ-ε-τε — παιδεύ-ουσι(ν)

　　这个时态(现在)、语式(直陈)、语态(主动)的词干(词素1)不变,变的是单、复数各人称词尾(词素2)。

　　由于动词的实际词尾已显明人称,希腊文句子一般不出现人称代词(λέγω[我说]不需要加ἐγώ[我]),除非特别强调(如需要对比):ἐγὼ λέγω, σὺ δὲ γράφεις[我说,而你写](δὲ为语气小品词)。

　　在复数第一和第二人称词尾与词干之间,还分别加了-o-和-ε-,这是人称词尾与词干之间因读音关系而插入的元音,叫作"连接元音"(动词词素3)。注意:

　　1. 与德语和法语不同,希腊语的第二人称单、复数形式不同,不把复数作为单数的文雅形式。

　　2. 可挪动的-ν:现在时直陈式主动态第三人称复数有两种形式,在元音前或者句末为-ουσιν,否则为-ουσι,只有在少数情形下,辅音前要加-ν,因此,这个-ν可挪动。

　　3. 如已经提到过的:大多数名词的声调在变格时都持续不变,停留于同一元音上,而大多数动词的声调在变位时都是后退的。

"是"动词

　　与大多现代西方语言一样,希腊文的"是"动词形式都包含人称:

εἰμί[我是]、εἶ[你是]、ἐστί(ν)[他、她、它是]、ἐσμέν[我们是]、ἐστέ[你们是]、εἰσί(ν)[他们是]

除第二人称单数 εἶ 外，"是"动词都是声调前倾词，除按声调通则外，通常没有声调；

第三人称单数的 ἐστί（比较拉丁语和法文 est、意大利文 è、英文 is）和复数的 εἰσί 的尾音 -ν，在元音和较长的停顿之前才附加，以使词尾更加清晰，避免两个元音相撞造成语音不协调。古希腊语法学家称为 ν ἐφελκυστικόν[被拖着走的、跟在后面的 -ν]（这种叫法真为难咱们说惯了汉语的舌头）。

οὐ σοφός εἰμι. 我并非聪明人。
διδάσκαλος εἶ. 你是教师。
阿里斯托芬笔下的普罗米修斯说：
ἀεί ποτ' ἀνϑρώποις γὰρ εὔνους εἴμ' ἐγώ. 我向来对人类都好着哩。

这是个表语句，εἴμ' = εἰμί，因后面是元音起头的 ἐγώ 而省音，εὔνους 是表语，ἀνϑρώποις 是间接宾语（所属与格），其他都是副词。注意原文语序，与中文相反（广东话与普通话的语序有时也相反）。

请比较刚才学的行为动词主动态现在时的人称词尾：
-ω[我]／-εις[你]／-ει[他、她、它]／-μεν[我们]／-τε[你们]／-ουσι(ν)[他们]

你不妨试试确定下面动词的人称，并从词典中查找出"原形"：
λέγομεν — νομίζει — ἔχουσιν — ἐστίν — εἰσίν
再试试将下面动词的单数变复数，复数变单数：
λέγεις — γράφε — νομίζομεν — ἔχουσιν — ἄγω — ἐλπίζετε — παιδεύει — ἥκει — ἔχετε

复合动词

就动词语义的构成而言，古希腊语动词可分为两类：简单动词和复合动词。简单动词指词义单独由动词词干构成，复合动词指由介词（或副词等）+ 动词词干构成词义的动词。比如，σκευάζω[准备、安排]与介词 παρά

[朝向……]结合就成了 παρα-σκευάζω[备好、提供],与另一个介词 κατά[向下、依据……]结合就成了 κατα-σκευάζω[装配、修建]。

复合动词虽然是介词(作为一种前缀,词素4)与动词的复合,含义并非两个语词原意的简单复合。毋宁说,由此产生的是一个新的动词,有时,复合词与原介词和原动词相加的意思相近,有时则完全不同:

介词 ἐκ[出自]+ πορεύομαι[去]= ἐκπορεύομαι[出去];
介词 ἀπό[来自、从]+ κρίνομαι[被审判]= ἀποκρίνομαι[回答]。
比较:
βάλλειν → ἐκ-βάλλειν[扔出去];
πίπτειν → ἐκ-πίπτειν[落出去、被扔了出去、被放逐]。

时态词干

过去时的构成是在现在时词干前加过去时词首增音,词干没有变化,将来时主动态和中动态的构成则依据将来时词干来构成,尽管这词干是现在时词干的延伸——从而,将来时便有了属于自己的词干,这就叫作时态词干。

并非每种时态都有自己独立的时态词干(过去时就没有),词干之为"词干",意味着它具有建构功能(比如,现在时词干不仅可以用来构成现在时态,还可以用来构成过去时态)。但是,这种功能又有限度——现在时词干无法直接用来构成将来时,将来时词干仅能用来构成将来时的主动态和中动态,不能用来构成将来时的被动态。因此,我们将那些具有建构功能的时态(含语态)词干称为时态词干。

在英语中,动词的基本形态是不定式,其基本时态的形态则有三种:sing(现在),sang(过去),sung(完成);do,did,done。由于古希腊文的动词构成比较复杂,如果我们尽早懂得动词的时态词干,就在掌握动词的构成及其变化方面迈出了决定性的一步,对于提高阅读能力非常有用。

古希腊语动词的时态词干有六种,要掌握好动词,最好(甚至可以说必须)记牢这六个时态词干的构成形式,因为它们是具体构成动词的所有时态—语态的基础。依据这些时态词干,就可按规则加上相应的人称词尾,动词的全部规则形式不过如此(不规则的除外)。

反过来说,在阅读当中,若遇到一个具体的动词,如果你事先记牢了这六个时态词干的形式,同时也记牢了各种相应的词尾,就能更快、更准确地找到这个动词在词典中的注录形式(现在时主动态第一人称单数形式),从而找到其词义。

六种时态词干不外乎由词干部＋特定的时态 — 语态标记(分别通过前缀或插入部位的固定形式来体现)构成,从而是现在时词干的扩展形态(因此词典仅注录现在时词干形态)。记牢六种时态词干,意味着记牢六种时态 — 语态词干的(词干部＋插入部和[或]词首部的)构成形式。

以动词 λύω[解开]为例:

1. 现在时词干 λύω＝λύ-,仅有词干部(-ω 为时态、语态人称词尾),加相应的人称词尾可构成现在时主动态、中动态、被动态以及过去时主动态、中动态、被动态。

2. 将来时(主动态、中动态)词干 λύσω＝λύ-σ-,词干部＋插入部(将来时标记-σ-),由此加相应的人称词尾可构成将来时主动态、中动态。

3. 不定过去时(主动态、中动态)词干 ἔλυσα＝ἔ-λυ-σα,词首部(过去时词首增音)＋词干部＋插入部(不定过去时标记),由此加相应的人称词尾可构成不定过去时主动态、中动态。

4. 现在完成时(主动态)词干 λέλυκα＝λέ-λυ-κα,词首部(现在完成时叠音)＋词干部＋插入部(完成时标号),加相应人称词尾可构成现在完成时主动态和过去完成时主动态。

5. 现在完成时(被动态、中动态)词干 λέλυμαι＝λέ-λυ-,词首部(现在完成时叠音)＋词干部,没有插入部(-μαι 为语态人称词尾),加相应人称词尾可构成现在完成时和过去完成时的中动态和被动态。

6. 不定过去时被动态词干 ἐλύθην＝ἐ-λύ-θη-,词首部(过去时词首叠音)＋词干部＋插入部(-ν 为语态人称词尾),加相应人称词尾可构成不定过去时的被动态和将来时的被动态。

这些时态—语态词干都具有建构性(不仅构成自身,还可构成别的时态—语态);现在你可以明白,为什么将来时的被动态没法靠将来时词干来构成。掌握古希腊语词的词干,不仅对于学习古希腊语词的变格、变位有帮助,对于掌握语义也很有帮助。

→汉语也有"词干"吗?《说文解字》列540"部首",以统9353字。"部首"是否可以被看作汉语的"词干"?《易传·乾》:"大哉乾元,万物资始,乃统天。""元"="始也,从一";"天"="颠也,至高无上,从一、大"(徐复、宋文民,《说文五百四十部首正解》,南京:江苏古籍出版社,2003,页1)。

我们已经而且将会进一步看到，动词的具体形式其实是由这些时态词干加相应的人称词尾来构成的，而且一般而言，构成是规则的。在古希腊语词典（或者专门的古希腊语动词词典）中，通常除了写出其现在时主动态直陈式第一人称形式比如说 ἄρχω[开始、统治]（由此可以得到这个动词的基本词干和基本词义）外，还会写出这个动词的其他时态词干（比如其将来时词干形态 ἄρξω），由此我们才知道如何构成其将来时态的具体人称形式。

反过来，如果在阅读时遇到比如说 σώσει 这个语词，我们就要猜一下，第二个 -σ 很可能是将来时的时态记号，于是，在查找词典时，就要找以 σω- 开头的动词，当找到 σώζω，就可以看到随后还有其将来时词干形式 σώσω，于是得知，σώσει 是 σώζω[救]的将来时第三人称单数[他将要救]。

同样，当我们在阅读中碰到比如说 λύσονται 这个词形，就可以先还原其第一人称单数形式 λύσομαι，再由此被动态还原为其主动态形式 λύσω，然后去掉插入部的 -σ- 记号，就可以从词典中查找到"原形"，最后依据这一词条中所记的将来时形式核对一下是否确然。

再比如说，当阅读时遇到 ἄξω 这个语词，我们就要猜一下，由于将来时词干以 -σ 结尾，往往会与后面词尾部的辅音字母发生音变，那么，这里的双辅音 ξ 很有可能是由于将来时记号 -σ 变来的，因此可以推想，其动词的词干有三种可能 ἄκω — ἄγω — ἄχω，于是，就得在词典里把这三个动词都查一下，最终可以在 ἄγω 的词条中找到其将来时词干 ἄξω。

布克哈特在比较德语与古希腊语时曾说，德语简直是在"助动词的泥沼"中挣扎（其实英语、法语同样如此），古希腊语单单四种时态（现在时、将来时、不定过去时、现在完成时）就可能提供非常丰富的表达层次。

动词在句子中的位置

希腊文的语序没有固定格式，但动词通常在句子末尾。比如谚语说：

Ἐλέφας μῦν οὐ θηρεύει. 大象逮不到老鼠。

Ἐλέφας[大象]（主格）；μῦν=ὁ 或 ἡ μῦς, μυός[老鼠]的四格单数；θηρεύει=θηρεύω[猎捕]的现在时单数第三人称。

为了强调,动词也常见于句首——由于古希腊文没有现在进行时,现在时既表达现在时间中的一般行为,也表达现在正在进行的行为。

动词所支配的宾语的格位

动词支配的宾语通常为第四格,但并非一定是四格,有的时候会支配二格或三格(通德文的习者比较容易理解),称为二格宾语或三格宾语。因此,对这类动词要连同它所支配的宾语的格位一起记住:称为"支配属格宾语的动词"或"支配与格宾语的动词"。

Πολλάκις βλάπτει τὸν ἄνδρα ἡ ὀργή. 怒气常常伤害这人。(四格宾语)
πολλάκις[许多]的副词形态[经常];βλάπτει=βλάπτω[妨碍、伤害];ὀργή[发怒]。

ἀκούω τῆς φωνῆς. 我听这声音。(二格宾语)
Πολέμου οὐκ ἄρξομεν. 我们不会挑起战端。(二格宾语)
ἀποκρίνομαι τῷ φιλοσόφῳ. 我回答这哲人。(三格宾语)

有的时候,动词支配宾语时还带介词,比如:*πιστεύω εἰς τὸν κύριον*[我信靠主]。这类动词往往是所谓不及物动词(无需宾语语义也完整),介词短语起补充语义的作用。

支配二格抑或三格宾语又抑或带介词的宾语,要由动词本身来决定,因此,必须注意动词所支配的宾语的格(词典中通常会注明某个动词支配二格抑或三格宾语,支配四格宾语者则无需特别注明)。

公元前6世纪中期的著名抒情诗人阿纳克芮翁(Anacreon)的一首情诗这样结尾:

Κλευβούλου μὲν ἔγωγ' ἐρέω, 我要克勒俄布洛斯,
Κλευβούλῳ δ' ἐπιμαίνομαι, 我为克勒俄布洛斯发狂,
Κλευβούλον δὲ διοσκέω. 行遍天涯海角,我也要找到克勒俄布洛斯。

ἔγωγ'=ἔγω+γε,ἐγώ的强调形式;ἐρέω[欲爱](二格宾语),在当时就是口语,相当于现代汉语口语的"想要";ἐπιμαίνομαι[发狂、爱得发狂],支配三格宾语;διοσκέω=复合动词,由 διος[宙斯神的]-κέω[破开]构成,意为"满世

界地寻觅"。这首诗为古伊奥尼亚方言,有些语词同阿提卡方言略有不同,比如 Κλευβούλου 在阿提卡方言作 Κλεοβούλου, ἐρέω 作 ἐράω。可见,方言的差别,首先是元音不同。μὲν 与 δὲ(=δ'为省音写法,因后面一个语词开首为元音)为关联语气副词,相当于"尽管……但是"。

2 动词的语态和语式

古希腊动词的时态大致可分为三个时段：1. 现在时段（现在时和现在完成时），2. 过去时段（过去时、不定过去时、过去完成时），3. 将来时段（将来时）。动词时态的词形变化比较繁复，在进一步学习时态词形变化之前，我们还需要先了解动词的语态和语式。

古希腊语动词有三种语态和五种语式（或称语气）：直陈式、命令式、不定式、虚拟式、祈愿式，每种语式都有自己的词尾形式，在学习现在时的时候，乘词形变化比较简单，我们先掌握其他两种语态和四种语式的基本构形。

被动态和中动态

现在时主动态的形构我们已经学过了，这里进一步学习被动态。现代西方语文中被动态很常见，我们不难理解古希腊语的被动态，需要掌握的仅是其形式构成。现代西方语言的被动态用介词 by — par — von 所带的名词作被动行为的主动者，在古希腊语中，主动者靠带属格的介词 ὑπό 来表达，或者是通过施动与格来表达。

需要注意，现在时被动态指一个行为，而非一种状况（这要用现在完成时被动态来表达）。

现在时被动态

单数：παιδεύ-ο-μαι — παιδεύ-η — παιδεύ-ε-ται

复数：παιδευ-ό-μεθα — παιδεύ-ε-σθε — παιδεύ-ο-νται

可见，现在时的被动态和中动态形式都由词干部＋插入部＋（人称）词尾部构成。插入部是词尾与词干的联结元音，以 μ 或 ν 开头的词尾加 -ο，如果是其他字母，则加 -ε（仅第二人称单数没有），然后分别加上人称词尾：

单数：-μαι[我] — σαι[你]（缩变为 -η，没有元音融合）— ται[他、她、它]

复数：-μεϑα[我们] — σϑε[你们] — νται[他们]

由于通常不出现人称代词，遇到这样的词尾，就得想到可能是动词的主词。

Ταῦτά μοι πέπρακται. 我做了这些事。

πέπρακται=πράσσω[做]现在完成时被动态三单。直译"这些事是由我做的"，施动与格经常用于被动态。值得再次强调，被动态是西方语文的特色，汉语很少被动态用法，翻译应该是把一种语文习惯译成另一种语文习惯，中译最好把被动态转为主动态。

请试试将下面的主动态转换为相应时态和人称的被动态：

γράφει — παιδεύεις — ἄγετε — νομίζω — ἔχουσιν — λέγειν — βλάπτομεν — κωλύεις — πράττει

现在时中动态

古希腊语除主动态和被动态外，还有第三种语态——在这种语态中，句子主语出于自身利益而发出的动作某种程度上反施于自身，因此，既是能动、主动的，又是受动、被动的。这种语态被称为中动态，尽管不十分贴切，却表明它是介乎主动态和被动态之间的动词语态。

中动态就语法性而言有不同于主动态和被动态的人称词尾形式，换言之，中动态通过人称词尾来体现。不过，现在时直陈式的中动态与被动态的人称词尾形式一样（注意，其他时态并非如此）。既然中动态介乎主动态和被动态之间，就得搞清楚中动态与主动态和被动态的异同。

中动态与被动态的异同

两者在大多数时态（现在时、过去时、现在完成时、过去完成时）里形式都相同：παιδεύομαι 既有"我教育自己"或"我为自己教育"（中动态），也有"我受教育"（被动态）的意思。只是在将来时和不定过去时，两者的词尾形式才有分别。

但不能以为，中动态是从被动态派生出来的，中动态其实更原始。虽然被动态在语法中占相当比重，但从根本上讲，被动态只是主动态的颠倒。无论说"他欺骗我"还是说"我遭他欺骗"，对我来说，结果同样惨——差别仅在于，后者强调受害者，前者强调施动者。与此不同，中动态表示的动作由主语出发又施及自身，尽管总是表达行动施及主语自身，含义却是：主语同时也是其行为的宾语。

中动态的反身含义可以解释中动态向被动态的过渡：τύπτομαι[我打自己、我让自己被打、我被打]；这种情形在西方现代语言中近似于所谓"反身动词"或"自返动词"。比如法文的某些动词前面加 se：se lever[起来、起床]，se demander[自问]，se consacrer[献身]，以及 il se trouve[位于]。德语的某些动词通过加 sich 来表达反身含义，比如 es findet sich 而非 es wird gefunden。法语说 la maison se bâtit，德语说 baut sich。

古希腊的一则谚语说：
Ἰχθῦν νήχεσθαι διδάσκεις. 你教鱼儿游水（班门弄斧）。

χθῦν = ὁ ἰχθῦς, ἰχθύος[鱼]（词干 ἰχθυ-）的四格单数，作宾语；διδάσκεις = διδάσκω[教]的现在时第二人称单数；νήχεσθαι = νήχομαι[游水]现在时中动态不定式，这里鱼儿"游"的是自己。

如此强调中动态与被动态的差别，乃因为初学者常因现在时中动态与被动态的词尾相同而不予区分。不妨再次提请注意，中动态与被动态的词尾仅在某些时态相同，而非所有时态都相同，因此要区分三种情形：
1. 中动态与被动态的词尾形式相同；
2. 纯中动态形式（有独立的词尾）；
3. 纯被动态形式（有独立的词尾），纯中动态形式只能对应现代西方语言的主动态，仅第一种情形既可译为主动态，也可译为被动态。

中动态与主动态的异同

虽然被动态与中动态在多数时态的构成形式相同，用法还是容易区分的，因为中动态可以支配直接宾语。中动态有的时候看起来就是主动态，在这一意义上，不能完全把希腊语的中动态等同于现在西方语言的反身动词（德语翻译古希腊语的中动态有时得用 mir、für mich）。

尽管如此，古希腊文的主动态与中动态的差别还是很明显，虽然由中动态表达的色彩各种各样，翻译时需要从文脉来确定译法。中动态强调的是，主语以特殊方式参与行动，比如 πολιτεύω 仅仅明确"我是城邦公民"这个事实，中动态 πολιτεύομαι 却有"我确认自己是城邦公民"的意思。因此，词典通常会列出中动态的语义项，需要留意。

一些动词的中动态本来反身的含义很重,后来才逐渐变得淡薄,仅剩下主动态的含义,如 βούλομαι[我想要、我愿]、ἔρχομαι[我走],拉丁文所谓的"异态动词"(Deponentia=被动态形式、主动态意义的动词)也是这种情形。

主动态与中动态的区别,最明显地见于:στρέφω[我转动(什么)]=στρέφομαι[我转身];再比如,λούω[我洗]在中动态 λούομαι 的意思为"我洗自己"(洗澡),παύω[我停止]的中动态 παύομαι 意为"我停下自己"(站住)。

更重要的是,中动态常常表达主语行为涉及自身利益:中动态 ψεύδομαι 带有的"我为自己的利益行骗"的含义,主动态 ψεύδω[我欺骗]就没有这个含义。

总之,中动态表明,动词的行为主体同时是行为对象(行为的受动者):要么行为在某种程度上返回主体(我洗澡),要么主体的行为涉及自身利益(我挣钱)。

赫拉克利特的一句箴言诗可看作中动态的经典例句:

Τὰ ψυχρὰ θέρεται, θερμὸν ψύχεται, ὑγρὸν αὐαίνεται, καρφαλέον νοτίζεται.
冷变暖,暖变冷,湿变干,干变湿。(残篇126)

ψυχρὰ=形容词 ψυχρός[冷的]中性复数;θέρεται=θέρω[变暖]现在时中动态单数第三人称;θερμόν=形容词 θερμός[暖的]中性,词干与 θέρω 相同;ψύχεται=ψύχω[呵气、变冷](比较 ἡ ψυχή[气息、灵、圣灵])现在时中动态单数第三人称;ὑγρὸν=形容词 ὑγρός[湿润、潮湿]中性;αὐαίνεται=αὐαίνω[变干]现在时中动态单数第三人称;καρφαλέον=形容词 καρφαλεός[干燥的]中性;νοτίζεται=νοτίζω[变湿润]现在时中动态单数第三人称。

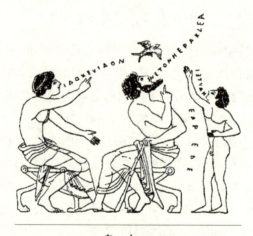

鸟　卜

异态动词

一个动词如果是"常态"的话,则语态与其形式是一致的。但有的动词没有主动态形式,其主动态含义用被动态或中动态形式来实现,这类动词就称为异态动词(deponent verbs,即被动态形式的主动义动词)。词典在注录这类动词时,注的是现在时被动态第一人称形式,我们必须清楚其含义完全是主动态的,比如:ϑεάομαι[看、观照],πορεύομαι[去、往],看起来都是被动形态,含义却是主动义的。这类动词的变位仍然按被动态规则来变,用法却与主动态没有差别。

比如:βούλομαι νικᾶν. 我想要获得胜利。

有的被动态动词具有主动态含义,却并非异态动词。柏拉图的《法义》中写道:

φοβοῦμαι τοὺς μοχϑηρούς. 我害怕那些邪恶的人。

与主动态 φοβέω[吓唬]比较,被动态的 φοβοῦμαι 只是表达主动含义的"害怕",翻译时不要理解为被动态。

有的主动态动词具有被动态含义,却并非异态动词:

Ὁ πατὴρ ὑπὸ τῶν τριάκοντα ἀπέϑανεν. 父亲死于三十僭主手下(父亲被三十僭主杀害)。

ἀπέϑανεν = ἀποϑνῄσκω 不定过去时强变化三单,ἀποϑνῄσκω[死、死去]是作为 ἀποκτείνω[杀死、处死]的被动态来用的。换言之,这是一个主动态的动词,却含有被动的意思。

下面三个句子的动词相同,但语态不同,注意被动态与中动态的差别:

Οἱ ἀγροὶ κατασκευάζονται. 人们耕地(直译:地被耕过了)。
Οἱ γεωργοὶ ἐν τῇ νέᾳ κώμῃ κατασκευάζονται. 农民们在新村子里料理(家务)。
Πολλοὺς ἀγροὺς κατασκευάζονται. 他们料理许多耕地。

练习

1 翻译下面的动词,注意主动态与中动态的差别:

ἀπέχω — ἀπέχομαι; φαίνω — φαίνομαι; παύω — παύομαι;
ἀπαλλάττω — ἀπαλλάττομαι; νέμω — νέμομαι

2 翻译下面的句子，注意动词用法的差别：

Ἐν πολέμῳ πολλὰ κακὰ γίγνεται.

Οὐκ ᾠόμην(= οἶμαι)τοὺς συμμάχους οὕτω κακοὺς εἶναι.

Πυνθανόμεθα τοὺς φίλους λύπην παρέχειν ὑμῖν.

Οἱ γεωργοὶ τῶν πόνων ἀπαλλάττονται.

Ὁ δῆμος κακῶν ἔργων οὐκ ἀπείχετο.

Οἱ οὐρανοὶ ὑπὸ Ἀναξιμάνδρου θεοὶ ἐνομίζοντο εἶναι.

Ἡμεῖς βουλόμεθα εἰρήνην ἔχειν.

Μή μοι ὀργίζου, ὦ φίλε.

3 οὐκ ἀναγκάζομαι 的译法可以是："我不会受强迫""人们不强迫我""我不会让自己受强迫"；νομίζεται 的译法可以是："会被认为"（被动态译法）、"人们假定"、"这该会是"；请尝试用这些不同译法翻译下面的句子：

Ἡ σωφροσύνη ἀρετὴ εἶναι νομίζεται.

Οἱ μὲν φαῦλοι βλάπτονται, οἱ δὲ σοφοὶ οὔ.

Οὔτε κωλύῃ οὔτε ἀναγκάζῃ· σοφὸς γὰρ εἶ.

4 翻译下面这个句子，注意现在时直陈式的 οἴομαι 的连接像 βούλομαι 一样：

Ἆρ' οὐκ οἴει χαλεπώτατά με φέρειν, ὅτι ὁ φίλος ἀδίκως ἀποθνῄσκει;

不定式

在印欧语系的古老形态中，不定式与分词一样，是动词的未限定形态的表意手段，因此，古希腊语动词的不定式不具动词原形的含义，相当于动词原形的是动词的词干。

但与现代西方语文一样，古希腊语的动词不定式具有修辞作用和其他语法功用，比如作为助动词不带人称时态地给出一行为，与主动词连用。作为修辞手段，具有要求、劝导甚至命令的含义。

现在时不定式的构成，是在现在时动词的词干上加上不定式词尾 -ειν（基本形构：词干部＋词尾部）：

如 παιδεύ-ω＝παιδεύ-ειν（主动态）— παιδεύ-ε-σθαι（中动态和被动态）

不定式的语态和时态

古希腊语动词不定式最大的特点是有时态—语态的区分,或者说诸多时态—语态有自己的不定式形式,因此,与现代西方语文甚至与拉丁文不同,古希腊语的不定式形式颇多。首先,动词的各种语态有不定式形式(如被动态不定式);其次,动词的各种时态有不定式形式。

不定过去时的主动态和中动态的不定式由不定过去时词干构成,而且带有时态记号-σα:

παιδεῦ-σαι(主动态) — παιδεύ-σα-σθαι(中动态)

不定过去时被动态的不定式由不定过去时被动态词干构成,并带有-θε记号,但要变成长音-θη:παιδευ-θῆ-ναι。

强变化的不定过去时不定式由其不规则的词干构成,比如λείπω的(强变化)不定过去时主动态是λιπ-εῖν,中动态是λιπ-έσθαι。

现在完成时的不定式,由完成时词干和词首叠音加不定式词尾构成:

主动态:πε-παιδευ-κέ-ναι;中动态—被动态:πε-παιδεῦ-σθαι(没有时态记号-κέ-)

否定不定式用μή。

请尤其注意不定式的三种基本词尾:-ειν、-ναι、-σθαι。

弱变化(即非强变化)的不定过去时主动态的声调在次音节上,从而算是声调规则的例外;不定过去时被动态不定式的声调同样不规则。

不定式的用法

从语法学上讲,不定式位于动词和名词之间,源出于动词却又可以变格(尽管实际上不变格),最基本的作用是与情态动词或其他特别的动词连用(与现代西方语文一样),因而仍然作动词用。

θέλω ἀκούειν τὸν λόγον. 我愿意倾听这话。

τὸν ἀδελφὸν δῶρα πέμψαι κελεύομεν. 我们吩咐这兄弟送去礼品。

不定过去时不定式πέμψαι(=πέμπω[送去、派遣])是主干动词κελεύομεν的宾语,而这个宾语相当于一个不定式短语,因为作为动词的不定式带有自己的宾语δῶρα[礼物]。

名词化的不定式

古典希腊语发展出一种更为自由地使用不定式的方式,这就是不定式与冠词连用(比如τὸ παιδεύειν),从而作为动词的不定式显得名词化了(可以叫作"动名词"=verbal noun)。后来,古希腊作家广泛应用这种名词化的不定式,甚至用来代替整个从句。作名词用时,不定式都被当作没有词形变化的(indeclinable)中性名词,其冠词是中性;虽然没有变格,不等于在句中没有语法格位。换言之,即便是属格、与格或宾格,也没有词尾变化,但冠词则要变格。不定式本身没有词形变化(但要注意不同语态和时态的不定式形式),但冠词显明了其语法格位。

ἐν τῷ παιδεύειν[在这教育的时候] — πρὸ τοῦ γράψαι[在这书写之前] — τῷ γράφειν[凭靠这书写]。

"是"动词的不定式εἶναι加上冠词τὸ,被古希腊哲人用来表示"存在/是"(τὸ εἶναι),德文译作das Sein。在20世纪的德国大哲海德格尔看来,这种把不定式改造成动名词的做法,实际上让"居于不定式中的空"得到了落实。因为在这里只有存在者在着,"那个存在却没有了"。他因此发出警告说,"这个语词形式注定就是要将一切清空",以至于可以说它是"一个空空如许的语词":

> 我们切不可被灌了迷魂汤而误入某个动名词的最空洞形式中,我们也不可沉溺在那不定式"是/在"的抽象中。如果我们想要由语言出发,完全通行无阻地去"是/在",我们就得把目光放在:我是/在,你是/在,他、她、它是/在,我们是/在等等;以及我曾经是/在,我们曾经是/在,我们一直是/在等等上。但即使如此,我们对"是/在"在这里是什么以及它的本质何在这样的问题的理解,丝毫未变得更加清楚。实情刚刚相反!(海德格尔,《形而上学导论》,王庆节译,北京:商务印书馆,2015,页78)

通过这番辨析,海德格尔试图阐明他的存在论:存在得靠具体的亲在(Da-sein)敞开自身。

> 我们说:"我是/在。"任何人可以说这里意指的存在是说话人自己:我的存在/是。这个存在在何处?在到何方?看来这必须是我们最早就清楚的东西,因为没有任何其他存在者像我们自己这样,靠得如此之近。……然而在此应该说:每个人对自己本身都最远,如此之远,就像这个"我"对于在"你是/在"中的那个"你"一样远。(同上,页78—79)

不定式介词短语（目的状语）

作为动名词的不定式经常与介词连用构成短语，比如，εἰς τὸ παιδεῦσαι [为了受教育]，这类短语一般带有目的状语含义。与介词连构的带冠词的不定式的译法，主要依介词来决定：

καλόν ἐστι <u>τὸ ἀποϑανεῖν</u> ὑπὲρ τῶν ἀδελφῶν. 为兄弟而死，多么美好。

在这里，不定式作名词，由于仍然保留动词意味，因此还带有自己的介词短语"为兄弟而……"（语法上把介词结构 ὑπὲρ τῶν ἀδελφῶν 称为 τὸ ἀποϑανεῖν 的补语）。

ἦλϑεν πρὸς τὸν προφήτην <u>τοῦ βαπτισϑῆναι</u>. 他去先知那里，以便受洗。

ἦλϑεν = ἥκω [来、来到] 不定过去时第三人称单数。介词短语 πρὸς τὸν προφήτην 作状语，这里介词 πρὸς 支配四格，有"到那里"的动态含义。带冠词的不定式（被动态形式）τοῦ βαπτισϑῆναι 作名词，冠词为二格形式，不定式虽然也是二格，但形式不变。

不定式介词短语表明，作动名词的不定式仍然是动词，如分词一样，它可以有自己的副词和直接宾语，但与分词不同，它不能有自己的主词——不定式的主词实际上是直接宾语，并非主语：

ταῦτα δὲ εἴπον ὑμῖν εἰς τὸ μὴ γενέσϑαι ὑμᾶς δούλους τῆς ἁμαρτίας.
我给你们讲这些事情，为的是让你们不致成为罪的奴隶。

不定式短语作目的状语比主句还长，相当于目的状语从句。换言之，不定式短语即现代西方语文中的从句。这个句子一看就知道出自《新约》：信仰耶稣基督就可以免除"罪"的奴役。然而，什么是"罪"，信徒是否就不再"犯罪"，凡此都是问题。

必须记住，不定式既可作名词也可作动词，而作动词时有时态（只表动词形态，在间接陈述句中也表时间）和语态；可带宾格主语[除了不定式代替第二人称命令式时要带主格主语之外]，支配动词限定形式的任何语法结构；不定式除了被冠词修饰，还可被副词修饰。下面来看一些具体的例子，注意各种依附于不定式的附加成分。

1. 关联不定式（不定式加中性冠词）作用和名词一样：

καλόν τὸ πολλὰ <i>μεμαϑηκέναι</i>. 多学知识好。

ἤκουμεν ὑπὲρ τοῦ τὴν ἀλήθειαν μαθεῖν. 我们来是为了获悉真相。

τῷ πολλὰ μανθάνειν σοφώτεροι γιγνόμεθα. 通过学习很多知识我们变得更聪明了。

διὰ τὸ τὴν πόλιν καταλυθῆναι οἱ πολῖται δοῦλοι ἐγένοντο. 由于城邦被毁，邦民成了奴隶。

2. 不定式作无人称动词，如 δεῖ、χρή、δοκεῖ（看来是）、ἔστι（是可能的）、ἔξεστι、οἶόν τέ ἐστι、συμβαίνει 的主语，或者做 ἐστί 加表语性形容词（如 ἄξιον、δίκαιον、αἰσχρόν、καλόν）的主语：

δεῖ ταῦτα καλῶς ποιεῖν. 有必要做好这些事情。

ἔδπξεν τοῖς Ἀθηναίοις ἀπελθεῖν. 对雅典人来说，看来最好是离开（雅典人决定离开）。

οὐ δὴ δίκαιον ταῦτα ποιῆσαι. 做这些事决不是正义的。

3. 不定式可作表语性主格：

τὸ δὴ Σωκράτη ἀποκτεῖναι τῷ ὄντι ἐστὶ τὴν πόλιν βλάπειν. 处死苏格拉底就是真正危害城邦。

4. 宾语不定式作 διδάσκω、κελεύω、βούλομαι、συνβουλεύω、φοβοῦμαι、κωλύω、ἐθέλω 等动词的直接宾语：

ὁ Σωκράτησ τοὺς νεανίας αὐτῶν ἄρχειν ἐδίδαξεν. 苏格拉底曾教过年轻人规管自己。

βούλομαι τοῦτο ποιῆσαι. 我要做这件事。

ἐκωλύσαμεν τοὺς πολεμίους τὸ πεδίον βλάψαι. 我们阻止敌人危害平原。

5. 补充性不定式把表示能力等的不及物动词的意义补充完整：

δυνάμεθα ταῦτα ποιῆσαι. 我们能做这些事。

6. 解释性不定式可把某些形容词，如 ἱκανός、ἄξιος、δυνατός 的意思补充完整：

διὰ ταῦτα ἄξιος ἐστιν ἀποθανεῖν. 由于这些事情，他该死。

7. 不定式由 ὥστε 引导，可用于自然结果从句：

οὕτω κακῶς πολιτεύονται ὥστε τὴν πολιτείαν καταλυθῆναι. 他们自我管理如

此糟糕以至于破坏了政体。

8. 在肯定的主干动词后，不定式用于由 *πρίν*(在……之前)引导的时间从句中：

ἀπῆλθε πρὶν τὸν ἀδελφὸν ἰδεῖν. 在看见他兄弟之前，他还是离开了(他在看见他兄弟之前就离开了)。

9. 在某些动词(如 *φημί*)后面，间接陈述句的动词用不定式(时态和原陈述句中的一样)。原陈述句中的过去时变为间接陈述句中的现在时不定式，过去完成时变为完成时不定式。直接陈述句的主语如果和间接陈述句的引导动词的主语不同，那么直接陈述句的主语就在间接陈述句中变成宾格形式。原句中的否定词(和小品词 *ἄν*)保持不变。

νομίζω τὸν Σωκράτη οὐκ ἀγαθὸν εἶναι. 我认为，苏格拉底不是好人。
我认为 *Σωκράτης οὐκ ἀγαθός ἐστιν.*
原句中的现在时直陈式在间接陈述句中已经变为现在时不定式。

νομίζεις τὸν Σωκράτη τοὺς νεανίας τὴν ἀρετὴν διδάξαι; 你认为，苏格拉底曾教过年轻人美德吗？
你认为 *Σωκράτης τοὺς νεανίας τὴν ἀρετὴν ἐδίδαξεν?*
原句中的不定式过去时直陈式在间接陈述句中已经变成了不定过去时不定式。

ἆρα νομίζετε ἡμᾶς τὸν ἀδελφὸν λῦσειν; 你们认为，我们该释放你们的兄弟吗？
你们认为 *λῦσουσι τὸν ἀδελφόν μου?*
原句中的将来时直陈式变成了将来时不定式。

νομίζετε ἐκείνους τότε κακὰ πρᾶττειν. 你们认为，他们那时正在做坏事。
你们认为 *ἐκεῖνοι τότε κακὰ ἔπραττον.*
原句中的过去时直陈式被现在时不定式代替。

νομίζετε ἐκείνους τὸν ἀδελφὸν λῦσαι ἄν, εἰ χρήματα ἔδωκα. 你们认为，如果给了钱，他们就会释放你们的兄弟。
你们认为 *ἐκεῖνοι τὸν ἀδελφὸν ἔλυσαν ἄν, εἰ χρήματα ἔδωκα.*

在过去时与事实相反条件句的结果从句中,不定过去时直陈式与 ἄν 连用,变成不定过去时不定式与 ἄν 连用。

10. 在动词 μέλλω、μελλήσω、ἐμέλλησα [将要,可能] 后面,将来时不定式的作用类似间接陈述句:
μέλλομεν ἐλᾶν διὰ τοῦ πεδίου. 我们打算穿过平原。

11. 不定式与某些词句连用:
στρατιώτᾱς τινὰς κατέλιπεν φυλάττειν τὴν πόλιν. 他留下一些士兵在后面保卫城邦。
τοῖς Ἀθηναίοις πέντε ἡμέρας ἔδοσαν ταῦτα ποιεῖν. 他们给了雅典人五天时间做这件事。

12. 不定式可以独立使用,和句子的其他部分没有句法关系,比如 ὡς ἔπος εἰπεῖν (可以说); ὡς ἐμοὶ κρῖναι (就我的判断来看,在我看来); ὀλίγου δεῖν (几乎,差得不多):
πάντες ὡς ἔπος εἰπεῖν αν'τὸν ἐφίλουν. 所有人可以说都爱他。

13. 不定式可用作感叹:
τὸν Ἀριστοφάνη ταῦτα γράφειν. 为了阿里斯托芬记述这些故事(那个阿里斯托芬记述了这些故事)!

14. 不定式有时可代替命令式或禁止虚拟式,表命令和禁止:
ὑμεῖς γε τὴν πόλιν σῶσαι. 你们啊,拯救城邦吧。
τὸν ἄγγελον μὴ βλαβῆναι. 可别让信使受伤。

15. 不定式有时可代替祈愿式表愿望:
ὦ θεοί, τὴν πόλιν σωθῆναι. 诸神啊,愿城邦得救。

16. 不定式用于 ἐφ' ᾧ 或 ἐφ' ᾧτε (以……为条件,为了) 之后,表示规定、条件:
οἱ Ἀθηναῖοι ἤθελον ἀφεῖναι τὸν Σωκράτη ἐφ' ᾧ μὴ διδάξαι τοὺς νεανίας. 雅典人愿意释放苏格拉底,条件是他别去教年轻人。

17. 有时不定式可代替祈愿式表愿望：
τοὺς Ἀθηναίους νικῆσαι. 愿雅典人获胜。

命令式

命令式用得最多的地方大概要算古希腊人悦耳的问候语 *χαῖρε*［你好！］，现代希腊语仍用这种问候，只是发音不同（顺带说，古希腊人互相以"你"相称，不像咱们北京人满口"您"）。古希腊语的第三人称也有命令式形式，从而比所有现代西方语文的命令式都要完备。现代西方语文在翻译命令式的第三人称时，往往要用虚拟式及助动词，古希腊文不过就是 *παιδευέτω*［他该施教］。

"是"动词的命令式：
单数 *ἴσθι* — *ἔστω*；复数 *ἔστε* — *ἔστων*

现在时命令式主动态：
单数 *παίδευ-ε*［你得教育］— *παιδευ-έ-τω*［他得教育］
复数 *παιδεύ-ε-τε*［你们得教育］— *παιδευ-όντων*［他们得教育］

新谐剧诗人斐勒蒙（Philemon，公元前386—前267年）本是叙拉古人，到雅典后（公元前307年取得雅典自由民身份）写了97部谐剧，三次获奖。"知识就是力量（权力）"的说法，最早出自这位诗人之笔。让我们注意他下面这句诗中语词的构词：
Μαθημάτων φρόντιζε μᾶλλον χρημάτων· τὰ γὰρ μαθήματ' εὐπορεῖ τὰ χρήματα.
你还是多操心知识而不是财富吧；知识发财。

────────────

φρόντιζε = *φροντίζω*［考虑、慎思、想办法、牵挂］（支配二格宾语）的命令式二单，比较 *σω-φροσύνη*；*εὐπορεῖ* = 缩音自 *εὐπορέει* = *εὐπορέω*［兴盛、富有；有办法、得到］；*χρημάτων* = *τὰ χρήματα*［金钱、财富］的二格。

与不定式一样，命令式也有多种时态—语态形式（将来时没有命令式）。现在，我们一并来了解这些构成形式。

现在时（及过去时）命令式中动态、被动态由现在时词干构成：
单数 παιδεύ-ου[你得被教育] — παιδευ-έ-σϑω[他得被教育]；
复数 παιδεύ-ε-σϑε[你们得被教育] -παιδευ-έ-σϑων[他们得被教育]；
παιδεύ-ου 实际由 παιδεύ-ε-σο 复合而成, -σ 脱落。

不定过去时命令式的主动态和中动态由不定过去时词干构成——没有过去时词首增音；除了主动态第二人称单数外，都有不定过去时记号：

主动态：单数 παιδεῦ-σον — παιδευ-σάτω；复数 παιδεύ-σατε — παιδευ-σά-ντων
中动态：单数 παιδευ-σαι — παιδευ-σά-σϑω；复数 παιδεύ-σα-σϑε — παιδευ-σά-σϑων

要特别留意命令式的词形变化：第二人称时，声调要尽量前移：παιδευε → 不定过去时 παίδευσον，这似乎意味着命令更增添了强调味道。现在时和过去时命令式的连接元音分别是 -ε 和 -ο，不定过去时是 -α（单数第二人称除外 παίδευσον）。

不定过去时被动态则按不定过去时的被动态词干构成——没有过去时词首叠音，但都带有时态词干记号 -ϑε（变成长元音 -ϑη）：
单数 παιδεύ-ϑη-τι — παιδευ-ϑή-τω；
复数 παιδεύ-ϑη-τε — παιδευ-ϑέ-ντων（后来有副形 -τωσαν）

强变化不定过去时的命令式由其特殊的词干加现在时命令式人称词尾构成，声调通常不规则，比如 λείπω[离开]（单数—复数）：
主动态：λίπ-ε — λίπ-ετε；中动态：λιπ-οῦ — λίπ-εσϑε
被动态（例词 κόπ-τω）：κόπ-ηϑι — κόπ-ητε

命令式虽然在词法形式上有时态差别，其实这种差别经常不是那么重要，翻译时不容易译出其不同的时态。

命令式的修辞用法

命令式经常起修辞作用，是重要的表达手段之一。
吩咐：

ὁ ἔχων ὦτα ἀκουέτω. 凡有耳的就当倾听。(《马太福音》,11.15)

ὁ ἔχων ὦτα 在这里是现在时分词短语，作主语，意为[那个有耳朵的人]; ἀκουέτω = ἀκούω 的现在时命令式三单。

ἀντὶ δὲ πληγῆς φονίας φονίαν. 血债要用血来偿！
πληγὴν τινέτω· 谁做谁受！(埃斯库罗斯,《祭酒人》,312—313)

ἀντί + 属格[代替、针对]; τινέτω = τίνω[赔偿、报答]的现在时命令式三单; ἡ πληγή[创伤]; φόνιος, α, ον[血淋淋的、杀人流血的]。

禁止：实际上是命令式的否定式，与 μή 连用；若要委婉地表达"禁止"，则常用虚拟式而非命令式：

Μὴ πιστεύσῃς τῷ κόλακι. 别信那个谄媚者。(四川话称谄媚为"添肥")

祝酒歌

古希腊人为酒神精神激励，喜好欢宴狂饮，从大量"会饮"题材的瓷瓶画上可以得知这一情形。"祝酒歌"是我们现代人的说法，古希腊人称席间曲(σκόλια, 直译为[桌上歌])，在当时深受欢迎。这是一种由客人们自己即兴用竖琴伴着轮唱的短歌，流传下来不少。家在伊奥尼亚(公元前6世纪后半叶)的阿那克热昂(Ἀνακρέων)是个放浪大诗人，他的"祝酒歌"快活地呼唤应侍的美少年：

φέρ᾽ ὕδωρ, φέρ᾽ οἶνον, ὦ παῖ,	倒水、上酒，少年哦，
φέρε δ᾽ ἀνθεμοῦντας ἡμῖν	给咱们拿那似锦的
στεφάνους, ἔνεικον, ὡς δὴ	花冠，(你)拿来吧，以便
πρὸς Ἔρωτα πυκταλίζω.	咱与爱神比试一番。

φέρ᾽ = φέρω[带来]现在时命令式 φέρε 的省音写法; οἶνον[酒]; ὦ παῖ[孩子]呼格; ἀνθεμοῦντας = ἀνθεμεῖν[戴花](比较 τὸ ἄνθεμον[花], 副形 τὸ ἄνθος)的分词，阳性复数四格，修饰 στεφάνους = ὁ στέφανος[花冠]; ἔνεικον = ἔνεγκον = φέρω 的(强变化)不定过去时命令式单数二人称; ὡς = 用法多样的副词，这里与命令式连用起目的指示作用[以便]; Ἔρωτα = Ἔρως, -ωτος[爱若斯、爱神]的四格; πυκταλίζω = πυκτεύω[用拳头来争斗](比较 ἡ πυγμή[拳头])的副形。

很多席间曲并非出自大诗人，虽往往托名大诗人，其实是伪作，尽管特别流传——例如那些风雅、带点色情味的呼唤。

Σύν μοι πίνε, συνήβα, συνέρα, συστεφανηφόρει,
σύν μοι μαινομένῳ μαίνεο, σύν σώφρονι σωφρόνει.
与我同饮，与我同度青春，与我齐爱，与我一起戴上花冠罢，
与我这狂醉者同狂，与清醒者同醒！

六个命令式以 πίνε 起头，紧接三个由介词 σύν 组成的复合动词，首先是 συνήβα(＝συν＋ἡβάω [正值青春年华、正当年少])，热烈地表达出情谊的共止共栖。注意第三个复合动词 συ-στεφανη-φόρει 由介词 σύν＋名词 στέφανος [花冠]＋动词 φορέω [戴上]) 复合而成，这种复合极为少见，却是古希腊语许可的构词。

我们也许会以为，这席间曲真的来自快活的酒兴。实际上，希腊人的真正兴趣在于以言语助兴，同时也是一种语言的放纵游戏，用热烈的文字面纱包裹人性的感官要求。

第一人称发出命令用劝勉虚拟式，第二、三人称发出的命令用命令式。时态表明动词形态。
ἴωμεν εἰς τὴν ἐκκλησίαν. 让我们（常）去参加公民大会吧。（劝勉）
ἔλθωμεν εἰς τὴν ἐκκλησίαν. 让我们去参加公民大会吧。（劝勉）
ἴτε εἰς τὴν βουλήν. （常）去议事会吧。
ἐλθὲ εἰς τὴν βουλήν. 去议事会吧。
ἴτω εἰς τὴν οἰκίαν. 让他（常）回家吧。
ἐλθόντων εἰς ἀγοράν. 让他们去集市吧。

所有人称的紧急命令和劝勉都可由 ὅπως 与将来时直陈式连用来单独表达：
ὅπως ἴμεν εἰς τὸ πεδίον. 我们务必进入平原。
ὅπως ταῦτο ποιήσεις. 你必要做这些事。

有时不定式可以代替命令式。当不定式代替第二人称的命令式时，可带一个主格主语。当不定式代替第三人称的命令式时，可带一个宾格主语（如 κελεύω 之类动词后的直接宾语和宾语不定式）：
σύ γε ταῦτα ποιῆσαι. 你得做这些事情。

τὸν Δημοσθένη χαίρειν. 向德墨斯忒尼致意（我跟德墨斯忒尼打招呼）。

第一人称通过由 μή 否定的劝勉虚拟式来表达禁止；时态表示动词形态。第二、三人称用由 μή 否定的现在时命令式，表示对进行中的重复的行为的禁止；用由 μή 否定的不定过去时虚拟式（禁止虚拟式），表示对某一行为的禁止。现在时虚拟式不表禁止；由 μή 否定的不定过去时命令式偶尔用来表示对某一行为的禁止。

μὴ κακὰ ποιῶμεν. 我们别（总）做坏事。
μὴ τοῦτο ποιήσωμεν. 我们别做这件事。
μὴ ταῦτα ποίει. 别（总）做这些事。
μὴ ταῦτα ποιήσῃ. 让他别（总）做这些事。
μὴ ταῦτα ποιησάτω. 让他别做这些事。

ὅπως μή 与将来时直陈式连用表紧急禁止：
ὅπως μὴ ταῦτα ποιήσεις. 你千万别做这些事。

由 οὐ μή 否定的将来时直陈式也可表紧急禁止
οὐ μὴ ταῦτα ποιήσεις. 别做这些事。

由 μή 否定的不定式也可表禁止：
σύ γε ταῦτα μὴ ποιῆσαι. 你别做这些事。
Σωκράτης μὴ διδάσκειν τοὺς νεανίας. 让苏格拉底别（总）教年轻人。

练习

1 比较下面三组句子，并描述不定式用法的作用：
Ἀτίγονος Ζήνωνι χαίρειν. —— Ἀτίγονος Ζήνωνι γράφει· χαῖρε.
Γράφω σοι ἥκειν πρὸς ἡμᾶς. —— Γράφω σοι· Ἧκε πρὸς ἡμᾶς.
Ἐλπίζω σε μὴ ἀντιλέγειν. —— Ἐλπίζω· Μὴ ἀντίλεγε.

2 斯托拜俄斯这样描述廊下派哲人：
οἱ σοφοὶ οὔτε ἀναγκάζουσιν οὔτε ἀναγκάζονται.
廊下派哲人这样描述自己：

οὔτε ἀναγκάζομεν οὔτε ἀναγκαζόμεθα.

一个好奇的人对廊下派哲人说：

ὑμεῖς οὔτε ἀναγκάζετε οὔτε ἀναγκάζεσθε.

一个大师对自己的学生说：

οὔτ' ἐγὼ ἀναγκάζομαι οὔτε σὺ ἀναγκάζῃ.

οὐ γὰρ ἔξεστιν ἀναγκάζεσθαι τοὺς σοφούς.

διὸ γίγνου σοφός (γίγνεσθε σοφοί).

μὴ ἀναγκάζου (μὴ ἀναγκάζεσθε) ὑπὸ τῶν κακῶν.

请找出这些句子中现在时被动态的不定式形式和命令式形式。

3 按相同的含义给下面的语词配对：

ἐρωτᾶν — ἕπεσθαι — ἐθέλειν — ἱστορεῖν — ἀφαιρεῖν — βούλεσθαι — ἀγανακτεῖν — χαλεπῶς — φέρειν — ἀποστερεῖν.

4 按 ἡ τοῦ ἀποθνήσκειν ὥρα 的格式用名词性不定式取代下列句子中的 ὁ θάνατος：

ὁ φιλόσοφος τὸν θάνατον οὐ φοβεῖται.

ἐν τῷ θανάτῳ ἡ ψυχὴ ἀπὸ τοῦ σώματος λύεται.

虚拟式

现代西方语言在表达虚拟式时，大多得靠助动词，古希腊语常常只需在连接元音（插入部）上作个小小变动，动词"语式"就会出现差别，比如，将 παιδεύ-*o*-μεν 插入部的连接元音延长，就从直陈语式切换到了虚拟语式 παιδεύ-ω-μεν。

不过，"是"动词的虚拟式形式与直陈式的形式有明显不同，尤其单数：

ὦ[我兴许是] — ᾖς[你兴许是] — ᾖ[他、她、它兴许是] — ὦμεν[我们兴许是] — ἦτε[你们兴许是] — ὦσι(ν)[他们兴许是]

现在时虚拟式由现在时词干＋虚拟式插入部＋人称词尾构成。

主动态：παιδεύ-ω — παιδεύ-η-ς — παιδεύ-η
παιδεύ-ω-μεν — παιδεύ-η-τε — παιδεύ-ω-σι(ν)

由于连接元音和词尾的融合，虚拟式单数第一人称形式与直陈式第一人称单数没有分别，均为 παιδεύ-ω；单数第二、第三人称复合元音 -ει 中的第一个音 -ε 延长成了 -η，而第二个音 -ι 则变成下标。

请比较"是"动词的现在时虚拟式词形与行为动词现在时虚拟式的人称词尾。

现在时虚拟式被动态，除了连接元音外，虚拟式的中动态和被动态与直陈式的中动态和被动态是一样的。

中动/被动态：παιδεύ-ω-μαι — παιδεύ-η — παιδεύ-η-ται

παιδευ-ώ-μεϑα — παιδεύ-η-σϑε — παιδεύ-ω-νται

虚拟式用法

无论词干如何，所有的虚拟式都用同样的词尾，因而词法形式比较简单，容易掌握，但翻译成现代语文时就比较难以掌握。古希腊语的虚拟式基本上仅用于现在时和不定过去时，完成时用得很少。时态对于虚拟式没有太大意义，因为，不定过去时虚拟式并非一定指过去时间的行为，现在时虚拟式也并非一定指现在时间的行为。

换言之，两种时态的虚拟式的区别不在时间，而在行为方式或者性质。不定过去时虚拟式指一般意义的行为，有泛指意味，现在时虚拟式通常指连续或重复的行为，相当于特指的行为。现代西方的英、德、法译很难区分这种差异，遑论汉译，两种时态的虚拟式译出来的句子几乎没有什么不同（在西文中通常译作过去时态要好些）。

虚拟式的用法可以大致分为两类：用于主句和用于从句。用于主句的时候，主要起修辞性作用，比如劝告、禁止、呼吁和修辞性问句（译成现代西语往往要用到助动词）。

共同劝勉虚拟式（呼吁、吁求，一般用第一人称复数，偶尔用第一人称单数）强调说话者的意愿。时态表动词形态。否定劝诫虚拟式用 μή，实际上，这种虚拟式用法相当于命令式：

ἄρχωμεν τῶν πόλεων. 让我们（日常性地）治理城邦吧。

εὖ παιδεύωμεν τοὺς παῖδας. 我们得好好教育（自己的）孩子！

ἐσϑίωμεν (δειπνῶμεν) σὺν τοῖς φίλοις. 让我们与朋友们一起吃（用餐）！

ἐσϑίω [吃、吞噬]； δειπνέω（缩音动词）[用餐]。

οὗτός ἐστι Σωκράτης ὅν ἀποκτείνωμεν. 就是这个苏格拉底，我们杀了他吧。（关系从句中的劝勉虚拟式）

否定性的命令和期望通常用虚拟式而非命令式，否定词是 μή 而非 οὐ：

μὴ ἔλϑωμεν εἰς τὴν πόλιν. 我们别进城！

μὴ μένωμεν ἐν τῷ σταδίῳ. 我们可别再待在跑场里！

σταδίῳ 是 στάδιον [跑场]（原意为尺度单位，规范跑道长度约 184 米）与格单数。

禁止虚拟式是由 μή 引导的不定过去式虚拟式，用于第二或第三人称，表示发出命令否定某次行为。如果发出的命令是否定进行中的重复的行为，则用 μή 加现在时命令式表示：

μὴ ἐρωτήσῃς μηδέν. 什么都别问！
μὴ ἔλθητε εἰς τὴν πόλιν. 别进城！
οὗτός ἐστι Σωκράτης ὅν μὴ ἀποκτείνητε. 就是这个苏格拉底，别杀他。（关系从句中的禁止虚拟式）

思虑/考量虚拟式（仅用于第一人称），询问说话者要做何事，否定用 μή：
τί λέγωμεν; 我们该说什么呢？
μὴ ἴωμεν εἰς τὴν πόλιν; 我们不是要进城去吗？
τί ἀγγείλω τοῖς πολίταις; 我要向城邦民宣布什么？
与此密切相关的是预期虚拟式，询问说话者没法掌控的事情。
τί πάθω; 要出什么事？
约翰打发两位门徒去问耶稣：
Σὺ εἶ ὁ ἐρχόμενος ἢ ἕτερον προσδοκῶμεν; 你就是将要来临的那一位，抑或我们得等待另一位呢？（《马太福音》，11:3）
ὁ ἐρχόμενος 是异态动词 ἐπ-έρχομαι [来到、突然来临] 的现在时分词主格单数 [将要来临者]，四格单数的 ἕτερον [另一个] 是 προσδοκῶμεν（＝προσδοκάω（缩音动词）[期待、期盼]的虚拟式一复）的宾语。

由 μή 引导的虚拟式可表示谨慎的肯定；由 μὴ οὐ 引导的虚拟式则表示谨慎的否定：

μὴ κακὸν ᾖ τοῦτο ποιεῖν. 这样做可能是错的。
μὴ οὐκ ἀγαθὸν ᾖ τοῦτο ποιεῖν. 这样做可能不好。

祈愿式

祈愿式（亦译"希求式"，拉丁语 Optativus＝optare [选择]）是古希腊文用来表达愿望或者带较强主观看法（能否实现尚不确定）的语式，等于现代西方语文的虚拟式。

祈愿式的"是"动词形式

εἴ-ην[我]— εἴ-ης[你]— εἴ-η[他、她、它]；εἶ-μεν[我们]— εἶ-τε[你们]— εἶ-εν[他们]

祈愿式的词形构成：将-ι加在连结人称词尾的元音后面，也就是说，在现在时、将来时和现在完成时中为-οι，从而，-οι成为祈愿式的首要标识（在不定过去时中为-αι，比如 παιδεύ-σαι-μι)。

比如：现在时 παιδεύ-<u>οι</u>-μι — 将来时 παιδεύ-<u>σοι</u>-μι — 完成时 πεπαιδεύ-<u>κοι</u>-μι

从人称词尾来看，主动态单数的三个人称词尾形式比较特别：第一人称为-μι，第二人称为-ς，第三人称则为语态标记本身：

 主动态 παιδεύ-οι-μι — παιδεύ-οι-ς — παιδεύ-οι — παιδεύ-οι-μεν — παιδεύ-οι-τε — παιδεύ-οι-εν

 中动/被动态 παιδευ-οί-μην — παιδεύ-οι-ο — παιδεύ-οι-το — παιδευ-οί-μεϑα — παιδεύ-οι-σϑε — παιδεύ-οι-ντο

可见，祈愿式由词干部＋插入部＋词尾部来构成。

祈愿式现在时的词尾更近过去时的词尾而非现在时的词尾，表明对于古希腊人来说，祈愿式不是现在发生的事情，而是虚拟式的假设。

不妨借助词法知识从下面的动词中找出祈愿式动词，并确定其人称和数，同时注意这些动词的时态标识。

ἀδικοῖεν — στείλειεν — κηρύξειαν (= κηρύξαιεν) - ἀγγελοῖεν — εἶεν — τιμῷεν — λίποιεν — κομισϑεῖεν — φανεῖεν — παύσοιεν

或者尝试将下面的动词变成相应的祈愿式形式：

μέλλουσιν — ἀναγκάζεσϑε — διαφέρουσιν — εἶ — πειρῶμαι — ἐπιχειρεῖ — ἐδίδαξα — ἐλάβομεν — ἤγγειλα — ἀποκρίνεται — ὑπισχνεῖσϑε — ἐπαύϑην — ᾄδω — ἀποστερεῖτε

古希腊语的祈愿式表现力十分丰富，无需像现代西语那样得靠助动词。但祈愿式后来逐渐蜕化，到了普通希腊文时期，已经少见，其功能由虚拟式取代。反过来看，在古风和古典希腊语时期，祈愿式又往往代替虚拟式。因此,祈愿式与虚拟式的词形虽然不同,用法却很难区分。

祈愿语式用法

通过祈愿语气来表达愿望,本身就是一种主观的表示,祈愿语式就是根据这种用法来命名的。整体来讲,祈愿式带有一点儿迷惑、误导之意。

καλῶς παιδεύοις τὸν υἱόν. 但愿你会好好教育儿子。

οἱ στρατιῶται φυλάττοιντ' ἄν τοὺς πολεμίους. 但愿士兵们兴许会警惕敌人。

λάθοιμι ἐπιβουλεύσας τῷ ἀδελφῷ. 但愿我算计兄弟时不被发现。

λάθοιμι = λανθάνω[不被注意到、不被看见]不定过去时强变化祈愿式一单;ἐπιβουλεύσας = ἐπιβουλεύω[要阴谋、设陷阱]不过时分词主格单数,比较 ἐπιβουλεύω τινί βουλή[诡计];分词短语 ἐπιβουλεύσας τῷ ἀδελφῷ[我针对兄弟搞诡计时]相当于状语从句。

祈愿式通常会用小品词 εἴθε([但愿……]引导愿望从句的副词)或 εἰ γάρ[倘若]引导,时态只表示动词的形态,否定用 μή:

εἴθε φυλάττοιντο ἀεί οἱ στρατιῶται τοὺς πολεμίους. 但愿士兵们一直警惕敌人(意为:我希望士兵们能总是警惕敌人)!

εἴθε νικήσαιεν οἱ Ἀθηναῖοι. 但愿雅典人获胜。

εἰ γάρ νικήσαιεν οἱ Ἀθηναῖοι. 倘若雅典人获胜就好了。

现在或过去不能实现的愿望可用如下方式表示:

1. 由 εἴθε 或 εἰ γάρ 引导的过去时直陈式表示现在未现实的某个愿望(或者过去正在进行/重复出现的未实现的愿望),否定用 μή:

εἴθε ἐνίκων οἱ Ἀθηναῖοι. 但愿雅典人(现在)正取得胜利。

εἰ γάρ ἐνίκων οἱ Ἀθηναῖοι. 倘若雅典人过去(常)取得胜利就好了。

2. 由 εἴθε 或者 εἰ γάρ 引导的不定过去时直陈式,表示过去某个没实现的愿望。否定用 μή:

εἴθε μή ἐνικήθησαν οἱ Ἀθηναῖοι. 但愿雅典人(那时)没有被打败。

εἰ γάρ μή ἐνικήθησαν οἱ Ἀθηναῖοι. 倘若雅典人(那时)没有被打败就好了。

3. ὤφελον (ὀφείλω 的强变化不定过去时), ὀφειλήσω, ὠφείλησα / ὤφελον, ὠφείληκα, -, ὠφειλήθην[欠(债)]加不定式(现在时不定式表示现在的未实现的愿望,或者过去进行中的重复的未实现的愿望,不定过去时不定式表过去某次未实现的愿望)。愿望动词可由 εἴθε, εἰ γάρ 或者 ὡς 引导:

ὤφελον οἱ Ἀθηναῖοι νικᾶν.

但愿雅典人(现在)正获得胜利 / 但愿雅典人(那时)(常)获得胜利。

εἰ γὰρ ὤφελον οἱ Ἀθηναῖοι νικῆσαι. 但愿雅典人(那时)已经获得胜利。

4. 过去时 ἐβουλόμην 或者过去时潜在式 ἐβουλόμην ἄν 加不定式,否定用 οὐ:

ἐβουλόμην (ἄν) τοὺς Ἀθηναίους νικᾶν. 我希望雅典人(现在)正取得胜利。

祈愿式的虚拟式用法

在古风希腊文和古典希腊文中,祈愿式也起虚拟式的作用,这时通常要用条件小品词 ἄν,翻译时要注意,不能译作祈愿式的"但愿"。换言之,一旦句子的祈愿式与小品词 ἄν 连用,就是在表达主观的看法,指说的事情可能已经是现实或将会成为现实,这就是所谓"可能的情形",但不等于"非现实的情形":

τίς οὐκ ἂν τὰ Ὁμήρου ποιήματα θαυμάζοι. 谁不会对荷马的诗作感到惊奇呢。

意为有人对荷马的诗不惊奇,这种情形不可能。

ἰατρὸς ἂν κρίνοιτο. 医生兴许会被判刑。

动词 κρίνοιτο 是被动态三单。

οἴομαι μέγα ἂν ἀναβοῆσαι τοὺς τοιούτους δικαστάς. 我认为,这样的一些法官兴许也会高声叫喊起来。

οἴομαι[我觉得],随后的不定式短语相当于一个宾语从句,句末的四格 τοὺς τοιούτους δικαστάς 是不定式的主语,μέγα ἂν ἀναβοῆσαι (= ἀνα-βοάω[喊叫、呼唤]不过时不定式),不定式附加 ἄν 也可以带有虚拟语气的色彩。

色诺芬在《居鲁士上行记》中写道(3.1.45):

ἀλλὰ πρόσθεν μέν, ὦ Ξενοφῶν, τοσοῦτον μόνον σε ἐγίγνωσκον, ὅσον ἤκουον Ἀθηναῖον εἶναι, νῦν δὲ (...) βουλοίμην ἂν ὅτι πλείστους εἶναι τοιούτους· κοινὸν γὰρ ἂν εἴη τὸ ἀγαθόν.

不过，色诺芬啊，我以往只是这样子听说你的，说你是个雅典人，而今（……）但愿我们能尽可能多些像(你)这样的人，那样的话，兴许大家都好。

见《凯若斯述要笺释》。

祈愿式表达可能的情形(与虚拟式没有差别)时往往用于条件从句，与 εἰ 连用，在这样的条件句下，主句的祈愿式与 ἄν 连用。

εἰ ἰατροῦ κατηγοροῖ τις, κρίνοιτο ἄν. 要是有谁控告这医生，他兴许就会被判刑。

κατηγοροῖ= κατ-ηγορέω[控告、指责](支配二格宾语)祈愿式三单；注意主句动词 κρίνοιτο 包含的主词是从句中的二格宾语。

祈愿式加上小品词 ἄν 表达的主观看法(所谓 Potentialis＝潜在祈愿语式或可能式动词)，往往比较温和。从句中的祈愿式无异于虚拟式，尤其当祈愿式的内容依赖主句而受制约时。

διηγεῖτο, ὡς ἔχοι. 他按实情报告。

这个句子虽短，却是个复句，主句就一个动词 διηγεῖτο(异态 δι-ηγέομαι[详细叙述]现在时三单)，ὡς ἔχοι(祈愿式三单)是比较从句[如他掌握的]，也仅仅一个动词。这里的祈愿语式出现在从属陈述(这类陈述的类型含间接引语)。如果 ὡς ἔχοι 用的是直陈式，主观性就不会很强。这里的祈愿式表明，他 διηγεῖτο[详细叙述]的仅仅是别人的说法(看法)，自己不担保是否如此。从句(ὡς ἔχοι)在句法意义上不仅有从属性，也有内在性，指对说话人自己的主观意见的陈述。这种具有所谓"内在从属性的祈愿式"(Optativus obliquus)只用于过去时态(过去时、不定过去时、过去完成时)，现在时和将来时用直陈式。

理解和翻译祈愿式，首先得认出某个动词是祈愿式。当祈愿式呈现为具体的时态和人称时，有时容易辨认有时则不易辨认。不妨尝试辨析下列动词形式哪些是祈愿式，注意它们以什么为标志，通过哪些特征可以确认其时态和人称：

λέγοι — γράφοιμεν — φαίνοιτο — ἀποκρινοίμην — ποιοῖμεν (ποιέ-οιμεν) - ἠγοῖσθε — ἱστοροίης — ἐρωτῷτε (ἐρωτά-οιτε) - ὁρῴην — εἴποις — ἀφίκοιντο — λυπήσοιμι — εἴην — πράξαιμι — ἀγγείλαιμεν — κωλυθεῖμεν — παυθείς — ποιησαίμεθα — εἴημεν — λίποιμι — ἀπειλοίμην

语态小结

当动词是主动态时，主语是动作的执行者：

οὐκ ἔπαυσαν οἱ πολῖται Σωκράτη. 城邦民们没有阻止苏格拉底。

ὁ διδάσκαλος ἐδίδαξε τὸν τοῦ ῥήτορος ἀδελφόν. 这个老师曾教过演说家的弟弟。

当动词是中动态时，句子主语出于自身的利益发出的动作某种程度上反施于自身：

ἐν μέσῃ τῇ ὁδῷ ἐπαύσατο Σωκράτης. 苏格拉底停在路中间。

ὁ ῥήτωρ τὸν ἀδελφὸν ἐδιδάξατο ὑπὸ τοῦ διδασκάλου. 演说家让他弟弟被这个老师教。

中译应为"演说家让这个老师教他弟弟"，为了更好地看清原文语态，例句的中译尽可能采用直译。

当动词是被动态时，主语接受来自外在施动者的动作：

οὐκ ἐπαύθη Σωκράτης ὑπὸ τῶν πολιτῶν. 苏格拉底没有被城邦民们阻止。

ὁ τοῦ ῥήτορος ἀδελφὸς ἐδιδάχθη ὑπὸ τοῦ διδασκάλου. 演说家的弟弟被这个老师教。

注意某些动词的主动态和中动态的语义不同：

αἱρῶ[拿起] — αἱροῦμαι[选择]；

ἀποδίδωμι[赠送] — ἀποδίδομαι[出售]

ἄρχω[统治] — ἄρχομαι[开始]

γράφω[书写] — γράφομαι[控告]

ἔχω[拥有] — ἔχομαι[黏附，靠近]

παύω[使停止] — παύομαι[终止，停止]

τίθημι (νόμον)[制定、颁布法律] — τίθεμαι (νόμον)[制定法律]

φυλάττω[保卫] — φυλάττομαι[警惕]

如果动词没有主动态形式，就被称为异态动词。有完全异态动词（如 βούλομαι, βουλήσομαι, —, —, βεβούλημαι, ἐβουλήθην），也有部分异态动词（如 ἀκούω, ἀκούσομαι, ἤκουσα, ἀκήκοα, —, ἠκούσθην）。异态动词与不定过去时

中动态连用，就是中动态异态动词（如 ἀφικνέομαι, ἀφίξομαι, ἀφικόμην, ―, ἀφῖγμαι, ―）。异态动词不与不定过去时中动态连用，而是与异态不定过去时被动态连用，就是被动态异态动词（如 δύναμαι, δυνήσομαι, ―, ―, δεδύνημαι, ἐδυνήθην）。所有的异态动词在英语中都译成主动态：

βούλομαι νικᾶν. 我想要获得胜利。
ἐβουλήθης νικᾶν. 你曾想获得胜利。
ἀκούσομαι Σωκτάτους. 我要听苏格拉底的话。

某些动词的将来时中动态常用作被动含义：

ἀδικέω	ἀδικήσομαι	我将被冤枉
ἄρχω	ἄρξομαι	我将被统治
διδάσκω	διδάξομαι	我将被教育
ἐπιβουλεύω	ἐπιβουλεύσομαι	我将被阴谋反对
ἔχω	ἕξομαι	我将被控制
χωλύω	κωλύσομαι	我将被阻止
τιμάω	τιμήσομαι	我将被尊敬
φιλέω	φιλήσομαι	我将被爱
φυλάττω	φυλάξομαι	我将被提防

ἡ ψέφυρα *φυλάξεται* ὑπὸ τῶν στρατιωτῶν. 这座桥将由士兵们守卫。
αἱ νῆσοι *ἄρξονται* ὑπὸ τῶν Ἀθηναίων. 这些岛屿将被雅典人统治。

有些动词有将来时被动态形式，也有作被动态用的将来时中动态形式。这些动词中，属于基本时态六（Principal Part VI）的将来时被动态，可表示某一次行为；与之对比，作被动态用的将来时中动态，表示进行中的重复的行为，这些动词包括：

ἄγω	ἄξομαι	ἀχθήσομαι
βλάπτω	βλάφομαι	βλαβήσομαι
δηλόω	δηλώσομαι	δηλωθήσομαι
καλέω	καλοῦμαι	κληθήσομαι
κρίνω	κρινοῦμαι	κριθήσομαι

λέγω	λέξομαι	λεχθήσομαι
πράττω	πράξομαι	πραχθήσομαι
τιμάω	τιμήσομαι	τιμηθήσομαι
φέρω	οἴσομαι	ἐνεχθήσομαι οἰσθήσομαι

βλάψεται ὑπὸ τῶν κακῶν. 他正要被坏人伤害。
他会(常)被坏人伤害。(进行中的/重复的行为)
βλαβήσεται ὑπὸ τῶν κακῶν. 他会被坏人伤害。(单次行为)

某些动词的主动态，以及某些动词的中动态异态形式，被用作其他动词的被动态，这类动词包括：

(καλῶς) λέγω 说(称赞)	(καλῶς) ἀκούω 被说(被称赞)
ἀποκτείνω 杀死	ἀποθνῄσκω 死去，被杀死
κατάγω 从流放中召回	κατέρχομαι (从流放中)归来
τέθηκα 放置，安放	χεῖμαι 被放下，躺下
(εὖ) ποιέω 优待	(εὖ) πάσχω 被优待
ἐκβάλλω 掷出，流放	ἐκπίπτω 被掷出，被驱逐
(εἰρήνην) ποιοῦμαι 创造(和平)	(εἰρήνη) γίγνεται (和平)被创造

3　过去时态

西方的古希腊文法教材把时态分成两大系统：第一时态（Primary tenses）系统，包括现在时、将来时、现在完成时三种时态；第二时态（Secondary tenses）系统包括过去时、不定过去时和过去完成时三种时态。为了切合汉语思维习惯，我们把将来时和完成时（现在和过去完成时）独立出来专门述及。我们将会看到，这样做有充分的词法学根据。

过去时

所有属于过去的时态被归在了一类，为什么呢？因为，在构成所有表示过去时态的动词时，都要在动词词干开头的辅音前加过去时词首增音 ἐ-（类似于一种前缀），这种词首增音乃直陈式过去时态的主要标记之一（所谓 Augmenttempus[增音时态]）。

Augment[增音]来自拉丁文 augmentare[增加]，意指添加在动词词干前的一个语素，这是印欧语系中标识过去时态的形式标志。

现在时不区分一般的和正在进行的现在行为，过去时则要区分。因此，说到过去的时态有两种：大致而言，一般的过去行为用过去时，过去正在进行的行为用不定过去时（在拉丁语中，古希腊语的不定过去时由现在完成时来表达，从而表明，拉丁语的现在完成时和古希腊语的不定过去时都表示过去具体发生的事情或行为）。

过去时的构成

主动态：ἐ-παίδευ-ο-ν —— ἐ-παίδευ-ε-ς —— ἐ-παίδευ-ε(ν)

ἐ-παιδεύ-ο-μεν —— ἐ-παιδεύ-ε-τε —— ἐ-παίδευ-ο-ν

ὁ Σωκράτης τοὺς νεανίας τὴν τοῦ ἀγαθοῦ ἀνδρὸς ἀρετὴν ἐδίδασκεν. 苏格拉底常教年轻人好人的德性。

动词 ἐδίδασκεν［（过去）教］这里支配两个四格宾语。

中动/被动态：ἐ-παιδευ-ό-μην — ἐ-παιδεύ-ου — ἐ-παιδεύ-ε-το
　　　　　ἐ-παιδευ-ό-μεθα — ἐ-παιδεύ-ε-σθε — ἐ-παιδεύ-ο-ντο

由于加了词首元音，过去时便是由四个部分来构成的：

词首部（过去时标志 ἐ-）＋词干部＋插入部（词干与词尾连结元音）＋人称词尾

比较 εἶναι 和行为动词 λέγω 的过去时形式，注意两者的差别：
ἔλεγον — ἦν；ἔλεγες — ἦσθα；ἔλεγε(ν) — ἦν
ἐλέγομεν — ἦμεν；ἐλέγετε — ἦτε；ἔλεγον — ἦσαν

过去时在形式上与现在时多有相同之处（不定过去时则完全不同）：
1. 词干与人称词尾的连结元音同样要么是 -o-（在 -μ 和 -ν 前面），要么是 -ε-（在其余的情形前面）；
2. 第三人称单数人称词尾的 -ν 同样可挪动；
3. 被动态和中动态的人称词尾同样相同：
o-μην［我被］— o-υ［你被］（从 ε-σο 缩变而来，有时，中动态用这个词尾）— ε-το［他被］— o-μεθα［我们被］— ε-σθε［你们被］— o-ντο［他们被］

不同的是，单数第一人称与复数第三人称的形式一样，需要依据文脉来断定是哪个人称。

请比较动词现在时与过去时主动态的构成在词形上的差异：
第一人称单复数：λέγω＝ἔ-λεγ-ον；λέγομεν＝ἐ-λέγ-ομεν
第二人称单复数：λέγεις＝ἔ-λεγ-ες；λέγετε＝ἐ-λέγ-ετε
第三人称单复数：λέγει＝ἔ-λεγ-ε(ν)；λέγουσιν＝ἔ-λεγ-ον

现在时与过去时被动态的构成某些方面明显类似，请比较：
第一人称单复数：παιδεύ-ο-μαι＝ἐ-παιδευ-ό-μην；παιδευ-ό-μεθα＝ἐ-παιδευ-ό-μεθα
第二人称单复数：παιδεύ-η(-ει)＝ἐ-παιδεύ-ου；παιδεύ-ε-σθε＝ἐ-παιδεύ-ε-σθε
第三人称单复数：παιδεύ-ε-ται＝ἐ-παιδεύ-ε-το；παιδεύ-ο-νται＝ἐ-παιδεύ-ο-ντο

"是"动词的过去时（词首增音 ε+ε＝η）：

ἦν[我] — ἦσθα[你] — ἦν[他/她/它]
ἦμεν[我们] — ἦτε[你们] — ἦσαν[他们]

第一人称单数与第三人称单数有相同的形式（比较英法德文的类似情形）；第二人称单数形式很特别，好像多出一个音节似的。

词首增音时的变音

如果动词词干的第一个字母为辅音，加过去时词首增音就不会导致语音变化（辅音与元音正好可以分隔开来）；如果词干第一个字母是元音，两个元音相连，读起来难免会出现元音缩变，结果通常是原来的元音变为长元音，比如 ἐ-变成长元音 ἠ-，随之，声调也会有变化——所谓"长"元音其实有多种形式：

ἐγείρω[唤醒]＝ἤγειρον；ἀκούω[听]＝ἤκουον；αἴρω[举起、动身]＝ἦρον。

ἄγω＝ἦγον；αἰσθάνομαι＝ᾐσθανόμαι；αὐξάνω＝ηὔξανον；εἰκάζω＝ᾔκαζον；ἐσθίω＝ἤσθιον；ἔχω＝εἶχον；εὔχομαι＝ηὐχόμην；ὀνομάζω＝ὠνόμαζον；οἴομαι＝ᾠόμην；ἥκω＝ἧκον。

要习惯于多反过来看，因为辞典不会著录过去时形式，看到 ἦγον 要知道是 ἄγω，才能从辞典中查找到这个语词。

这些变音大致可以按这样的规则来掌握：

α＝η；αι＝ῃ；ᾳ＝ῃ；αυ＝ηυ；ε＝η；ει＝ῃ；ευ＝ηυ；ι＝ῑ；ο＝ω；οι＝ῳ；υ＝ῡ；η＝ῃ；

这方面的情形一时半会儿记不住很自然，多接触慢慢会熟悉。重要的是知道原理，不要以为是印刷错误。需要记住，动词的声调不会因此是在过去时词首增音之前。

如果是复合动词，过去时词首增音加在哪里？加在前缀与动词词干之间：

περι-πίπτει＝περι-έ-πιπτε

这样一来，也会有音变。音变的位置，主要在介词的词尾，比如：

ἐκ-βάλλω＝ἐξ-έ-βαλλον；ἐκ-λύουσι＝ἐξ-έ-λυον；συμπίνετε＝συν-ε-πίνετε

倘若介词以元音结尾，或动词词干以元音开首，就要把介词的最后一个元音省掉：

ἀπο-κτείνω＝ἀπέ-κτεινον；παρασκευάζω＝παρ-ε-σκεύαζον；ἀπ-άγω＝ἀπ-ῆγον；ἀπ-αλλάττομαι＝ἀπ-ηλλαττόμην（动词词干的开首元音同样变起伏音）。

不定过去时

古希腊动词涉及过去的时态(past tense)有两种，一种称为一般过去时(imperfect，也译作"未完成过去时")，表达讲述人说话那一刻之前进行的行为或发生的事情。还有一种叫作不定过去时，希腊文叫作(ἀ-όριστος[尚未限定的]=Aorist)，意思是说话那一刻之前的过去时间中进行过的行为或发生过的事情。与一般过去时比较，可以看到，不定过去时更为强调过去已经进行或发生的行为。

从时间维度来把握古希腊语时态，总有隔膜，让人觉得说不清楚。因为，古希腊语时态标明的与其说是行为或事件发生的时间，不如说是行为或事件发生的方式。过去时用于表达过去一直或正在发生的行为或事件，不定过去时重在过去某一行为的具体发生(带起始和完结的性质)。从而，不定过去时比(一般)过去时显得更为生动，所叙述的过去发生的事情就像眼下发生的。

不定过去时是古希腊文中特有的，英文和德文中都没有这样的时态，法语的"过去时"(le passé composé de l'indicatif)与此近似。

"是"动词没有不定过去时形式，其含义由另外的动词替代。

不定过去时的构成

古希腊文词法中不定过去时的构成最复杂，我们逐步来掌握。先比较一下过去时与不定过去时主动态的形式构成，看看哪些形式是两者共有的，哪些形式是不定过去时特有的：

过去时：*ἐ-παίδευ-ο-ν* — *ἐ-παίδευ-ε-ς* — *ἐ-παίδευ-ε(ν)*
  ἐ-παιδεύ-ο-μεν — *ἐ-παιδεύ-ε-τε* — *ἐ-παίδευ-ο-ν*

不定过去时：*ἐ-παίδευ-σα* — *ἐ-παίδευ-σα-ς* — *ἐ-παίδευ-σε(ν)*
  ἐ-παιδεύ-σα-μεν — *ἐ-παιδεύ-σα-τε* — *ἐ-παίδευ-σα-ν*

可以看出，不定过去时的人称词尾前面有-*σα*-，这是不定过去时的时态标记(比较将来时的时态记号-*σο*或*σε*)。如果分解不定过去时的形式构成，则可以看到，它由词首部＋词干部＋插入部＋词尾部构成：

ἐ-[词首增音]＋*παιδευ*-[词干]＋*σα*[不定过去时标记](插入部)＋人称词尾

不定过去时属于过去时态系统，因此要加过去时词首增音 ἐ-。可是，必须记住：仅直陈式有过去时词首增音，不定过去时的其他语式（如虚拟式等）没有。

与过去时比较，要注意的是插入部的差别：过去时的人称词尾与词干之间的插入部是连接元音，不定过去时的人称词尾与词干之间不是连接元音，而是不定过去时记号 -σα-（在单数第三人称时，这个记号 -σα 变成 -σε，后面的 -ν 是可挪动的）。仅就人称词尾来看，除单数第一人称不同（过去时：-ν，不定过去时第一人称单数没有人称词尾）外，不定过去时与过去时是一样的：

-σα[我]，-ς[你]，-σε[他]（两者的第三人称单数都没有人称词尾）；
-μεν[我们]，-τε[你们]，-ν[他们]。

不定过去时中动态的构成同样如此，即在词干前面加过去时词首增音 ἐ-，词干后面加时态标记 -σα，然后再加与过去时中动态一样的人称词尾：

ἐ-παιδευ-σά-μην — ἐ-παιδεύ-σω（由 ασο 缩变而来，与过去时的 σο 不同）- ἐ-παιδεύ-σα-το

ἐ-παιδευ-σά-μεϑα — ἐ-παιδεύ-σα-σϑε — ἐ-παιδεύ-σα-ντο

与将来时一样，不定过去时的中动态与被动态的构成形式不同，被动态的构成要靠别的时态词干。

当在词干后面加不定过去时记号 -σα 时，与将来时加时态记号 -σο/ε 时一样，有时会引起变音，其情形与将来时遇到的一样，因而，不定过去时词干（词干＋σα）是无法推断出来的，必须通过查词典来确定。具体的音变规则，可参见将来时态的说明。

不定过去时被动态

不定过去时的被动态词干很重要，因为由此不仅可以构成不定过去时的被动态形式，还可以构成将来时的被动态形式。

先让我们比较一下过去时与不定过去时的被动态和中动态形式。

过去时中动态和被动态：

ἐ-παιδευ-όμην — ἐ-παιδεύ-ου — ἐ-παιδεύ-ετο

ἐ-παιδευ-όμεϑα — ἐ-παιδεύ-εσϑε — ἐ-παιδεύ-οντο

不定过去时中动态：

ἐ-παιδευ-σά-μην — ἐ-παιδεύ-σω — ἐ-παιδεύ-σα-το
ἐπαιδευ-σά-μεθα — ἐ-παιδεύ-σα-σθε — ἐ-παιδεύ-σα-ντο

不定过去时被动态：

ἐ-παιδεύ-θη-ν — ἐ-παιδεύ-θη-ς — ἐ-παιδεύ-θη
ἐ-παιδεύ-θη-μεν — ἐ-παιδεύ-θη-τε — ἐ-παιδεύ-θη-σαν

比较：

εἰ ὡρισάμην ἔρωτα ἀρχόμενος τοῦ λόγου[我在讲辞开头是否替爱欲下过定义]。

ὡρισάμην → ὁρίζω不过时中动态—单

δεῖν διαδοθῆναι τοῖς ἄλλοις Αἰγυπτίοις[得让这些东西传给其他埃及人]。

διαδοθῆναι → διαδίδωμι 的不过时被动态不定式

可以看到，不定过去时中动态的人称词尾与过去时中动态和被动态的人称词尾相同的情形比较多，不定过去时被动态的人称词尾则显得是独立的。过去时的中动态和被动态形式相同，不定过去时则不然。不定过去时的中动态带有不定过去时的词干标记(-σα-)，不定过去时的被动态则没有-σα标记，这说明其词形的构成与主动态和中动态都不同，属于另类。

οὕτω κακῶς ἐμαχέσαντο οἱ στρατιῶται ὥστε ἡ πόλις κατελύθη. 士兵们打得太差劲，结果城邦被摧毁。

Σωκράτης οὐχ ᾑρέθη στρατηγός. 苏格拉底没有被选为将军。

κατελύθη = κατα-λύω[消灭、消除]；ᾑρέθη = αἱρέω[选上]。

直陈式单句也可以表达愿望，由εἴθε或εἰ γάρ引导：比如，过去时或不定过去时直陈式表示不能实现的愿望(否定用μή)。

εἰ γὰρ ἐνικῶμεν τοὺς ξένους. 但愿我们(现在)正打败异邦人。

εἰ γὰρ μὴ ἐνικήθημεν ὑπὸ τῶν ξένων. 但愿我们(那时)没有被异邦人打败。

εἰ γὰρ τότε ἐν πάσαις ταῖς μάχαις ὑπὸ τῶν ξένων μὴ ἐνικώμεθα. 但愿那时在所有的战斗中我们没有被异邦人打败(意为：我希望那时在所有战斗中我们没有经常被异邦人打败)。

过去时表示现在未能实现的愿望(有时也指过去进行中重复的未实现的愿望)；不定过去式则表示过去某一个未实现的愿望。

不定过去时被动态词干由动词基本词干(现在时词干)加-θε构成，这个-θε在所有直陈语气中都变成长元音的-θη,比如 παιδευ-θη 就是不定过去时被动态词干。既然属于第二动态时态系统,不定过去时被动态也有过去时词首增音,与过去时相同。但特别的是,不定过去时被动态的人称词尾是过去时的主动态人称形式,而且,除了复数第三人称的词尾是-σαν,而非-ν外,都与过去时主动态直陈式的形态一样。因此,这一动词被动态的标志就是基本词干与人称词尾中间的-θε,其人称词尾为主动态。

ἐπειδὴ ὁ ῥήτωρ στρατηγὸς ᾑρέθη, ἡ πόλις ἐνικήθη. 这位演说家当选将军之后,城邦被打败了。

ἕως οἱ στρατιῶται ὑπὸ τοῦ σοφοῦ στρατηγοῦ ἐτάττοντο, οὐκ ἐνικήθη ἡ πόλις. 只要由这个明智的将军来指挥士兵们,城邦就不会被打败。

ἐτάττοντο=τάσσω[安排、调度];这两个句子都是主从复句,前者为时间状语从句,后者为条件从句;注意对比过去时与不定过去时被动态的词尾差异。

插入部的音素变化

不定过去时被动态的构成特性仍然主要在于插入部,如果动词词干的最后一个字母是辅音 π 或 β,就要变成 φ,辅音 κ 或 γ 要变成 χ,辅音 τ、δ 或 θ 要变成 σ,规则为:

π、β + θ = φθ;如 πέμπω[派遣] = ἐπέμφθην

κ、γ + θ = χθ;如 ἄγω[引领] = ἤχθην

τ、δ、θ + θ = σθ;如 πείθω[劝说] = ἐπείσθην

反过来,我们要由此知道如何将一个这样的动词形式还原到其基本词干(而非仅仅是不定过去时被动态词干)形式,从而在字典中找到这个动词的基本含义。

异态动词的不定过去时和将来时

有的异态动词没有中动态,仅有被动态。比如:

ἀποκρίνομαι[我回答]的不定过去时为 ἀπεκρίθην;

γίγνομαι 的不定过去时为 ἐγενόμην 或 ἐγενήθην,其含义都是主动态。

不定过去时的译法

过去时表达一般的过去时间中的行为以及这一行为与现在的关系,可译作[曾教育];不定过去时表达特定的过去时间中的行为,不注重与现在的关系,可译作[那时正在教育];在汉译中,过去时和不定过去时的区分主要通过时间副词来表达:

Σωκράτης τοὺς νέους πρὸς ἀρετὴν ἐπαίδευεν. 苏格拉底教育青年成德。

Σωκράτης Πλάτωνα καὶ Ξενοφῶντα ἐπαίδευσεν. 苏格拉底曾教柏拉图和色诺芬。

汉语表达时间靠副词和文脉，由于苏格拉底明显是历史上的人物，"苏格拉底教育青年"已经表达过去时，若表达不定过去时，可用"曾经"一类副词。

不定过去时的虚拟式和祈愿式

前面说过，不定过去时是动词中最复杂的，甚至可以说，不定过去时是独立的一套动词变位系统，需要专门背记。这里我们进一步学习掌握其虚拟式和祈愿式。

过去时、过去完成时和将来时都没有虚拟式，在不定过去时虚拟式中，作为不定过去时标志的连接元音-α-消失了。除直陈式外，不定过去时中包括虚拟式在内的所有语式都没有这个零件，这点要引起注意。因为，虚拟式不定过去时表达的不是过去的时态（因此也没有过去时词首叠音），而是一种"行为方式"，从而并不说明行为的时间，而是说明行为持续的时间段——即它的开始或结束。

与被动态直陈式一样，不定过去时的被动态虚拟式有主动的人称词尾，这些词尾（含连结元音）都与现在时主动态的虚拟式一样，但声调不规则（不尽量前置），因为，被动态词干后面的-θε已经因紧接它的元音而缩变。

主动态

παιδεύ-σ-ω — παιδεύ-σ-η-ς — παιδεύ-σ-η

παιδεύ-σ-ω-μεν — παιδεύ-σ-η-τε — παυδεύ-σ-ω-σι(ν)

中动态

παιδεύ-σ-ω-μαι — παιδεύ-σ-η — παιδεύ-σ-η-ται

παιδευ-σ-ώ-μεθα — παιδεύ-σ-η-σθε — παιδεύ-σ-ω-νται

被动态

παιδευ-θ-ῶ — παιδευ-θ-ῇ-ς — παιδευθ-ῇ

παιδευ-θ-ῶ-μεν — παιδευ-θ-ῇ-τε — παιδευ-θ-ῶσιν

将不定过去时虚拟式的词尾与现在时虚拟式的词尾构成相比较，可以看出前者仅仅是在词干与人称词尾之间插入了-σ-或-θ-。

σπεύσωμεν. 我们得赶紧！（共同劝勉虚拟式）

σπεύδω[加紧、加快]不过时虚拟式一复。

πιστεύσωμεν εἰς τὸν κύριον. 让我们信靠主吧！(共同劝勉虚拟式)
πιστεύω[信任、信赖]的不过时虚拟式一复。
μὴ πιστεύσῃς τῷ κόλακι. (你)别信谄媚者！
πιστεύσῃς＝πιστεύω(支配与格宾语)的不过时虚拟式二单，κόλακι＝ὁ κόλαξ, κόλακος[阿谀逢迎者、马屁精]的与格单数。

不定过去时祈愿式

主动态

παιδεύ-σαι-μι — παιδεύ-σαι-ς (-σεια-ς)— παιδεύ-σαι(-σειεν)

παιδεύ-σαι-μεν — παιδεύ-σαι-τε — παιδεύ-σαι-ε-ν (-σειαν)

中动态

παιδευ-σαί-μην — παιδεύ-σαι-ο — παιδεύ-σαι-το

παιδευ-σαί-μεθα — παιδεύ-σαι-σθε — παιδεύ-σαι-ντο

被动态

παιδευ-θεί-ην — παιδευ-θ-εί-ης — παιδευ-θ-εί-η

παιδευ-θ-εῖ-μεν — παιδευ-θ-εῖ-τε — παιδευ-θ-εῖ-εν(εῖ＝εί+η, 即 είη, 和单数一样)

请比较不定过去时的不定式：

主动态 παιδεῦ-σαι — 中动态 παιδεύ-σασθαι — 被动态 παιδευ-θῆ-ναι

请比较不定过去时中动态的分词：

παιδευ-σάμενος — παιδευ-σαμένη — παιδευ-σάμενον (2—4格从略)

所有这些不定过去时的形式，都并不带过去含义；不同语式的变格差别，主要是词干与词尾的连接，但要注意声调的位移。

不定过去时的词形变化复杂，还因为有太多的强变化形式，这些形式的动词在变位时有的词干会发生变化。

无构干元音不定过去时

动词词干在构成不定过去时这一时态时，词干与时态—语态人称词尾之间没有出现构成元音，直接用词干元音＋人称词尾，就是所谓无构干元音不定过去时(athematic Aorist 或 Wurzelaorist[词根不定过去时])，意指在不定过去时的构成中没有显而易见的构词要素,只有一个不可再切分的基本词干。

每个动词只有一个词干(该词的基本部分),该动词的任何变化形式都必须包含这一部分,也就是说以词干为基础衍生出具体的时态、语态及其人称形式。比如,λύω[解开]的词干为 λυ-,这部分不变化。

但好些动词的词干其实还包含更基本的成分＝词根,正是词根显出动词与名词、形容词的亲缘关系。例如,τιμάω[敬重、珍爱](动词)— ἡ τιμή [价格、价钱、荣誉](词干 τιμα-)— ἡ τίσις[赔偿、罚款](词干 τισι-)— τίμιος [受尊敬的、贵重的](词干 τιμιο-)— τίμημα[价钱、尊敬](词干 τιμηματ-),所有这些语词的词干都由词根 τι-衍生而来,动词 τίω[看重、估价]就是纯词根形式,不可再分。

因此,词干实际可分两类:简单词干(如 λύω 的词干与词根相同)和复合词干(在词根上附加词尾而成,如 τιμάω 由词根 τι-加-μα 而成)。但即便复合词干也得作为一个整全结构来看,为该动词最基本的不变部分,不可把比如词根 τι-后所加的-μα 看成可变部分。需要注意的倒是,动词词根也会以不同时态的形式出现,如 λείπω[留下、放弃]:λιπ(不定过去时 ἔλιπον)— λειπ (现在时、将来时)— λοιπ(现在完成时 λέλοιπα)。

最常见的这类动词有:
ἵσταμαι[站立、站到](词源 ἵστημι)＝ἔστην,词干 στη-,στα-;
βαίνω[踏上、去到](词源 βάω)＝ἔβην,词干 βη-,βα-;
γιγνώσκω[认识、了解](词源 γνοέω)＝ἔγνων,词干 γνω-,γνο-。

我们来看这三个动词的不定过去时的几种重要形式,是否能找出一些共有的规则。

不定过去时直陈式:

ἔ-στη-ν — ἔ-στη-ς — ἔ-στη, ἔ-στη-μεν — ἔ-στη-τε — ἔ-στη-σαν
ἔ-βη-ν — ἔ-βη-ς — ἔ-βη, ἔ-βη-μεν — ἔ-βη-τε — ἔ-βη-σαν
ἔ-γνω-ν — ἔ-γνω-ς — ἔ-γνω, ἔ-γνω-μεν — ἔ-γνω-τε — ἔ-γνω-σαν

不定过去时虚拟式:

στῶ — στῇ-ς — στῇ, στῶ-μεν — στῆ-τε — στῶ-σι(ν)
βῶ — βῇ-ς — βῇ, βῶ-μεν — βῆ-τε — βῶ-σι(ν)
γνῶ — γνῷ-ς — γνῷ, γνῶ-μεν — γνῶ-τε — γνῶ-σι(ν)

不定过去时祈愿式：

στα-ί-ην — στα-ί-ης — στα-ί-η, στα-ῖ-μεν — στα-ῖ-τε — στα-ῖ-εν
βα-ί-ην — βα-ί-ης — βα-ί-η, βα-ῖ-μεν — βα-ῖ-τε — βα-ῖ-εν
γνο-ί-ην — γνο-ί-ης — γνο-ί-η, γνο-ῖ-μεν — γνο-ῖ-τε — γνο-ῖ-εν

不定过去时命令式：

στῆ-θι — στῆ-τε；βῆ-θι — βῆ-τε；γνῶ-θι — γνῶτε。

不定过去时不定式：

στῆ-ναι — βῆ-ναι — γνῶ-ναι

不定过去时分词（阳、阴、中性的主格和二格）：

στάς, -άντος — στᾶσα, -σης — στάν, -στάντος
βάς, βάντος — βᾶσα, -σης — βάν, βάντος
γνούς, γνόντος — γνοῦσα, -σης — γνόν, γνόντος

我们很早就遇到动词 γνῶθι[认识你自己]，当时还不能理解，为什么这个命令式的形式很特别。现在，通过学习不定过去时的特殊形式（无构干元音不定过去时），我们才算搞清楚这个动词为何特殊。

Ἀνέγνων, ἔγνων, κατέγνων. 认出、逮捕、指控。

ἀναγιγνώσκω[认出、承认、识别、阅读]，比较 γιγνώσκω；ἑάλων = ἁλίσκομαι [被征服、被捉住、赢得；被查获]的强变化不定过去时；καταγιγνώσκω[发觉、发现；指责；判处]，καταγιγνώσκω(τινός)[指责某人]。

不妨尝试翻译下面这个例句：

κατὰ πόλλ' ἄρ' ἐστὶν οὐ καλῶς εἰρημένον τὸ "Γνῶθι σαυτόν". χρησιμώτερον γὰρ ἦν τὸ "Γνῶθι τοὺς ἄλλους".（米南德辑语 203）

在词典中查找动词的原形

在词典中，动词以现在时第一人称单数的形式注录，如果在阅读中遇到比如 ἤγειρον 这个词，首先得还原到其现在时第一人称形式，才可能在词典中查找到这个动词。因此，学会还原一个动词的词典原形非常重要。然而，倘若没有清楚掌握词首部、插入部和词尾部的各种形式，显然无法还原。

比如，当遇到以 ἠ-开头的动词，其词尾又是 -ον、-ες、-εν、-ομεν、-ετε、-ον（或者 -σαν）结尾的话（如 ἤγειρον），就要想到 ἠ- 可能是过去时词首增音的变音（含声调的位移），词尾的 -ον 是过去时第一人称单数和第三人称复数词尾，从而才可能将 ἤγειρον 还原为 ἐγείρω，进而在词典中查找到这个动词。

我们难免会哀叹"这该有多难啊"，的确如此。但我们应该知道，对于西方人来说同样很难，因此有了专门帮助人们还原不易还原动词原形的动词词典：

N.Marinone, F.Guala ed., *Verbi greci*, Milano, 1970.

练习

1. 将下面的动词形式变成相应人称的过去时形式：
   νομίζεις — γράφετε — βλάπτουσιν — ἥκει — γίγνονται — ἐλπίζουσιν — παρα — σκευάζομεν — πράττουσιν — ἔχετε — ἀναγκάζῃ — χαίρεις — ἀνα-μένω — ἀπαλλάττεσθε — εὐχόμεθα

2. 下面三个动词的形式具有多种词义可能，请确定每个动词具有哪些可能的时态人称词尾：
   ἥκετε (3) — διῆγον (2) — ἐξέλυον (2)

3. 将下面的动词过去时还原为现在时主动态第一人称单数形式（词典中的动词形式）：
   ἠναγκάζετο — προσέφερε — κατεσκευάζοντο — ἤγομεν — ἀντέλεγες — εἶχε — ηὔχου — ἀνέμενεν — ἐξελύομεν — συνέπινον

4. 下面两个句子中有 εἶναι 的过去时形式，请确定其单数形式：
   ἔστε πρᾷοι πρὸς τοὺς οἰκείους.
   σώφρων ἴσθι καὶ ἧκε πρὸς ἐμέ.

5. 将下面的过去时动词转换成相应人称的现在时形式：
   ἀπείχετο — ἔβλεπε — ἐσέβου — ἠσπαζόμεθα — ᾤεσθε — παρεῖχον (2) — ἠσθίετε — ἀνέφαινε

6. 用下面的动词现在时构成相应的不定过去时：
   κωλύουσιν — παύει — ποιεῖν — φυλάττετε (-πράττω) — στρέφω (-γράφω) — κατασκευάζεσθε — νομίζουσα — ἀποκρύπτου — φονεύουσιν — ὁρμῶμεν

τιμῶ

7. 试说明下面的不定过去时动词的形成特点：

πέμπω — ἔπεμψα, γράφω — ἔγραψα, κρύπτω（词干 κρυφ-）— ἔκρυψα, λέγω — ἔλεξα, πράττω（词干 πραγ-）— ἔπραξα, ἄρχω — ἦρξα, οἰμώζω（词干 οἰμωγ-）— ᾤμωξα, νομίζω（词干 νομιδ-）— ἐνόμισα, ἐργάζομαι — ἠργασάμην, παρασκευάζομαι — παρεσκευασάμην

8. 写出下列动词的不定过去时形式：

ἀποκτείνουσιν — τείνει — ἀγγέλλωμεν — κρίνητε — αἴρειν — διαφθείρεις — ἀποκρίνεσθαι — στέλλωσιν — νέμε — μένοντες

9. 对比过去时与不定过去时的构成，找出两者的共同之处：

主动态

ἔ-παιδευ-ον — ἔ-παιδευ-ες — ἔ-παιδευ-ε(ν); ἐ-παύ-ομεν — ἐ-παύ-ετε — ἔ-παυ-ον

ἔ-παυ-σα — ἔ-παυ-σας — ἔ-παυ-σε; ἐ-παύ-σαμεν — ἐ-παύ-σατε — ἔ-παυ-σαν

παῦσαι — παύσας(-σαντος) — παύσασα(-σάσης); παῦσαν(-σαντος) παῦσον — παύσατε

中动态

ἐ-παυ-όμην — ἐ-παύ-ου — ἐ-παύ-ετο; ἐ-παυ-όμεθα — ἐ-παύ-εσθε — ἐ-παύ-οντο ἐ-παυ-σάμην — ἐ-παύ-σω — ἐ-παύ-σατο; ἐ-παυ-σάμεθα — ἐ-παύ-σασθε ἐ-παύ-σαντο

παύσασθαι — παυσάμενος — παυσαμένη, παυσάμενον — παῦσαι — παύσασθε

10. 说明下列句子中的动词该译作被动态还是主动态：

(1) τὸν μέγαν λύκον ὁ ποιμὴν οὐκ ἐφοβήθη.
(2) ὑπὸ τοῦ φίλου Ξενοφῶν εἰς Δελφοὺς ἐπέμφθη.
(3) σωκράτης τοῦ νεανίου πειραθεὶς πρὸς τὸν Πρωταγόραν ἔρχεται.
(4) αἱ γυναῖκες τῶν ἀνδρῶν ἐδεήθησαν μὴ στρατεύσασθαι.
(5) οἱ θεοὶ τῷ Οἰδίποδι ὠργίσθησαν.

11. 借助学过的词法知识按 ἐ-παύ-θη-ν 这一示例分离下面的动词形式中的词干和其他词素：

ἐκωλύθημεν — παιδευθῆναι — ἐποιήθη — τιμηθέντες — ἐφυλάχθησαν — νομισθείσης — ἐπράχθη — ἠναγκάσθητε — φιληθείς — ἐβλέφθης

12. εἴρετε — ἠγείρατε 这两个词的词干（划线部分）基于时态的差异，请给出一个词形学的说法。

13 请将下面的 βαίνω — γιγνώσκω — ἵσταμαι 的所谓"无构干元音不过时"按人称、数和语态归类，并挑出其中的不定式和分词形式：

γνῶμεν — ἔγνωτε — σταίην — ἔστη — γνῷς — γνοῖμεν — σταῖεν — ἔβητε — βῆναι — γνόντες — γνῶτε — βάς — στᾶσα — γνῶναι — ἔστης — στῆθι

14 下面的语词其实都派生于词干 βαλ-，你注意到这个词干有了何种变化？

βάλλω — τὸ βέλος — ὁ διά-βολος — βέβληκα — τὸ πρό-βλημα

4　将来时态

将来时表达将来发生的事情，其用法没什么可说的，其形式构成则需要多说几句。

先让我们记住将来时的"是"动词的形式：

ἔσομαι [我将是] — ἔσῃ [你将是] — ἔσται [他/她/它将是] — ἐσόμεθα [我们将是] — ἔσεσθε [你们将是] — ἔσονται [他们将是]

εἰμί 的词干其实是 ἐσ-，在现在时（三单、一复和二复）以及过去时的形式中，εἰμί 的词干往往省略 σ-，在将来时状态下才完全显出。因此可以说，εἰμί 的现在时（及过去时）词干形式与将来时的词干形式不一样，由此可以引出理解将来时构成的要点。

将来时词干

现在时和过去时依据现在时词干加各自的人称词尾来构成，与此不同，将来时的主动态和中动态的构成是通过增延现在时词干来构成，至于人称词尾则与现在时完全相同，也没有词首增音之类（像过去时那样），因此，将来时与现在时的差别，仅在于词干有所变化，于是形成了自己的独立词干，称为"将来时词干"。

"将来时词干"的构成原则上很简单，就是在现在时词干后面加 -σ 而形成，这个插入现在时词干与人称词尾之间的 -σ 就是将来时的标志，换言之，παιδεύ-σ- 就是将来时词干：

主动态：παιδεύ-σ-ω — παιδεύ-σ-εις — παιδεύ-σ-ει
παιδεύ-σ-ομεν — παιδεύ-σ-ετε — παιδεύ-σ-ουσι(ν)

中动态：*παιδεύ-σ-ομαι* — *παιδεύ-σ-η* — *παιδεύ-σ-εται*

　　　　παιδευ-σ-όμεϑα — *παιδεύ-σ-εσϑε* — *παιδεύ-σ-ονται*

不定式形式：*παιδεύ-σ-ειν* — *παιδεύ-σ-εσϑαι*

　　这样看来，将来时的构成不是很简单吗？其实不然，因为，将来时的时态标记-*σ*-(*παιδεύ-σ-ο-μεν*)出现在插入部位置，这里是词干与人称词尾的连接部位，插入一个固定的辅音，难免引起发音上的不顺，于是会出现语音变化。*παιδεύ-σ-ω*之所以看起来简单，不过因为-*σ*-刚好插入两个元音之间，倘若动词词干以辅音字母结尾，再加-*σ*不就成了双辅音吗？双辅音往往会出现音变。大致来讲：

　　1. 当词干的结尾辅音为唇辅音-*π*-*β*-*φ*以及双辅音-*πτ*时，与-*σ*相加就变成双辅音 *ψ*，于是，*πέμπω*的将来时为 *πέμψω*，*γράφω*的将来时为 *γράψω*；*κρύπτω*[掩藏、掩盖]的将来时为 *κρύψω*；

　　2. 当词干的结尾辅音为腭辅音-*κ*-*γ*-*χ*以及双辅音-*ττ*，与-*σ*相加就变成双辅音 *ξ*，于是，*ἄγω*的将来时是 *ἄξω*，*ἄρχω*的将来时是 *ἄρξω*，*φυλάττω*[监护、守护]的将来时为 *φυλάξω*；

　　3. 当词干的结尾辅音为齿辅音-*τ*-*δ*-*ϑ*以及-*ζ*时，在加-*σ*时需要省略掉这些辅音，于是，*πείϑω*的将来时是 *πείσω*，*ϑαυμάζω*[惊讶、惊异]的将来时为 *ϑαυμάσω*。

　　反过来，在阅读时遇到 *πείσω*，我们在词典中若查不到这个语词（有的词典会独立列出这类将来时形式），就要想到可能是将来时，变音自 *πείϑω*，再查证词典，就可以在 *πείϑω* 中找到 *πείσω*。

　　因此，如果我们把将来时词干当作独立的词干来记，就容易习惯多了：*ἄρξ-ω* = *ἄρχω*；*ἄξ-ω* = *ἄγω*；*γράψ-ω* = *γράφω*；*βλέψ-ω* = *βλέπω*

　　λέξω τορῶς σοι πᾶν χρήζεις μαϑεῖν. 我将会清清楚楚对你说你需要懂得的那一切。

　　语出埃斯库罗斯《被缚的普罗米修斯》（行609）。当我们一看到 *λέξ-ω*，由于我们记住了 *λεξ*-是将来时词干，就很容易得知它是 *λέγω* 的将来时。*τορῶς* 是 *τορός*[刺耳的、尖锐的、清楚的]副词化，*σοι* 是间接宾语；*πᾶν* 是宾语，*χρήζεις*[你需要、你应该] *μαϑεῖν*[懂得]为宾语从句。

　　我们没有提到将来时被动态的构成，因为，将来时的中动态形式与被动态形式不同形（现在时和过去时的中动态形式与被动态形式同形），要构成将来时的被动态形式,还不能靠将来时词干,需要借助别的时态词干。

动词词干的时态变异

可是,有的动词的时态词干也无法靠将来时词干来确认,因为其形态也有不规则的情形,也就是说,时态词干并非在任何情况下都由词干加规则的词首部和插入部来构成。

比如,当阅读时遇到 ἀπελεύσεσθε,可以首先猜,ἀπ 可能是复合动词的词首(即介词 ἀπό 的省写),去掉这个词首,便得到这个动词的非复合形式 ἐλεύσεσθε。从如此词尾可以推知,其第一人称单数当为 ἐλεύσομαι,再进一步从插入部的 -σ- 可以看出,这是将来时形式,可是,即便去掉插入部的将来时记号,仍然没法从词典中查寻到其词典原形。这个语词的词典原形为 ἔρχομαι[动身、来、去],其词干有两种:ἐρχ-(构成现在时和过去时)和 ἐλευθ-(构成将来时、不过时和完成时)。

可见,我们无法按规则逐步分解得知,ἐλεύσεσθε 是 ἔρχομαι 的将来时形态 ἐλεύσομαι 的人称变化,从而得知,ἀπελεύσεσθε 最终可还原到 ἀπέρχομαι[走开、离开],因为,词干部已经不同。

对这类难词,一般可看作不规则动词。换言之,有的动词在构成特定的时态—语态时,不是靠上述规则的时态词干(动词词干未变,仅加上特定的时态—语态标记)来构成,而是词干本身发生变异。凡词干部发生变异,都属于不规则的动词形态(其实是另一种规则,即变动部位不同=词干变动),从而其现在时词干与其他时态的词干不同,需要分别单独掌握。这听起来很让人烦,其实,现代西方语言中同样有这类不规则动词。

又比如,κηρύσσω 的词干不是 κηρυσσ-,而是 κηρυκ-,其将来时构成是从 κηρυκ- 变成 κηρύξω;βαπτίζω 的词干不是 βαπτιζ-,而是 βαπτιδ-,其将来时的构成是从 βαπτιδ- 变成 βαπτίσω。

因此,掌握一个动词,需要同时掌握其六个基本时态 — 语态的词干形态,不仅为了方便,也有助于我们区分规则动词与不规则动词,从而在查阅词典找动词语义时少花费无用功(不规则动词无法按规则方法还原)。

将来时构成不规则的动词就有好些,得逐个单独掌握(好的古希腊语词典多会注录不规则的词干）。这些动词大多是表达感觉的日常动词，大致有两类情形：

将来时的元音缩变

词干以流音（亦称"滑辅音"）如-λ-ϱ或鼻辅音如-μ-ν结尾的动词，其将来时构成会有元音缩变，以至失掉将来时的时态标记：

μένω[现在时]＝μεν-έσω（将来时）缩变成μενῶ[将来时]；
比较：ἀγγέλλω[送信、传递消息]＝ἀγγελ-έσω — ἀγγελῶ；
τείνω[拉长、拉紧、伸展]＝τεν-έσω — τενῶ；
φαίνω[带到光亮处、显示]＝φαν-έσω — φανῶ；
νομίζω[保持习惯、奉行风俗]＝νομιῶ；
ἐλπίζω[盼望、期待]＝ἐλπιῶ也是类似情形。

不规则动词的将来时元音变更

γίγνομαι[变成]＝γενήσομαι；πείθομαι[顺从]＝πείσομαι；ἔχω[有]＝σχήσω或ἕξω；φέρω[背负]＝οἴσω；

有的不仅词干变更，还变更了语态——本来是"常态"动词，用于将来时的时候变成了异态动词（中动态形式）：ἀκούω[听]＝ἀκούσομαι。

λαμβάνω[拿起]＝λήψομαι；λέγω[说]＝ἐρῶ（亦可以是λέξω）；ὁράω[看]＝ὄψομαι；πάσχω[经受]＝πείσομαι；πίπτω[跌倒]＝πεσοῦμαι。

时态词干形态特殊的动词（不规则动词），通常列在词典难词表中，需要个别来记。

当我们掌握了第三变格类名词和形容词的变格原理，也就逮着了古希腊语名词繁复的要津；同样，当我们了解到动词的时态 — 语态词干和词干的时态变异原理，也就逮着了古希腊语动词繁复的全部要津（不过如此而已）。你也许觉得脑子越来越晕乎，这没有关系。随着接下来的学习，你会慢慢明白过来。

懂得生活的道理需要年轮的厮磨。帕默尼德问青年苏格拉底，有关于"丑"东西的"相"吗？青年苏格拉底回答说绝对没有。帕默尼德说 Νέος γὰρ εἶ ἔτι, ὦ Σώκρατες [你还年轻哦，苏格拉底]（柏拉图，《帕默尼德》，130c5-e1）。懂得词法的道理，同样需要与词法厮磨的时间。重要的是，对动词的时态 — 语态词干和词干的时态变异原理有了初步印象，往后的学习就要容易好多好多——真的不骗你。

将来时被动态

将来时被动态直陈式必须专门来学习,因为其词干形式并非基于将来时,而是借用不定过去时被动态的词干($παιδευθη$-),加将来时的时态标记$σ$-,再加人称词尾构成。

单数:*παιδευ-θή-σ-ομαι* — *παιδευ-θή-σ-η* — *παιδευ-θή-σ-εται*
复数:*παιδευ-θη-σ-όμεθα* — *παιδευ-θή-σ-εσθε* — *παιδευ-θή-σ-ονται*

既然将来时属第一动词时态系统,就没有过去时词首叠音;与不定过去时被动态的人称词尾不同,将来时被动态的人称词尾与将来时中动态一样,因而是被动形态的人称词尾。

εἰ μαθηταί ἐσμεν τοῦ κυρίου σωθησόμεθα. 一旦我们是主的门徒,我们就将得救。

主句是句尾的 *σωθησόμεθα*(=*σῴζω*[救、保全]将来时被动态[得救、获救]一复);注意,条件句的表语 *μαθηταί*[学生、门徒]与修饰它的属格定语 *τοῦ κυρίου* 被系词 *ἐσμεν* 分隔开了。

ὅς ἂν πιστεύσῃ σωθήσεται.(无论谁)信靠,就会得救(凡信靠的,就会得救)。

ὅς 本身是关系代词,这里借用作不定代词[某人],与 *ἄν* 连用具有让步意味;*σωθήσεται* 是 *σῴζω*[救、保全]将来时被动态三单。

表愿望的祈愿式说明将来的愿望,有时不用引导词,有时由 *εἰ γάρ* 或 *εἴθε* 引导;否定这种祈愿式用 *μή*:

σώσειεν ὁ θεός τὴν πόλιν. 愿神拯救城邦(意为:我希望神会拯救城邦)!
μὴ λυθείη ἡ εἰρήνη. 但愿别破坏和平(意为:我希望和平不会被破坏)。

带 *ἄν* 的可能性祈愿式(Potential Optative)说明可能会发生的事情;否定这种祈愿式用 *οὐ*:

σώσειεν ἂν ὁ θεός τὴν πόλιν. 神兴许会拯救城邦。
οὐκ ἂν λυθείη ἡ εἰρήνη. 但愿和平不会被破坏。

练习

1. 把下面的现在时形式转写为将来时形式，并悉心比较两者的差异。

   ἀγγέλλετε — διαφθείρων — αἴρει — νέμοντες — αἴρω — φαίνεται — ἐγείρει — στέλλομεν — ἀποκρίνονται — μένομεν — ἀποκτείνεις — τείνω — κρίνειν — φαίνῃ

2. 阅读下面的短文，注意动词将来时的形式：

   多尔孔中圈套

   a) Ἀποκρύψομαι παρὰ τῇ πηγῇ καὶ τηρήσω τὴν ὥραν, ᾗ Χλόη τὰς αἶγας ἐπ-άξει.

   b) Ὁρμήσω ἐπὶ τὴν παῖδα ὥσπερ λύκος· ἡ δὲ τὸν Δάφνιν καλέσει, ἀλλ' ἐκεῖνος οὐκ ἀκούσεται αὐτὴν βοῶσαν / αὐτῆς βοώσης.

   c) Κομιῶ τὴν Χλόην εἰς τὴν οἰκίαν καὶ παρασκευάσω οἶνόν τε καὶ σῖτον, καὶ κελεύσω αὐτὴν πίνειν καὶ ἐσθίειν.

   d) Ἐλπίζω αὐτὴν ὀλίγον μὲν χρόνον σιωπήσειν λυπουμένην καὶ φοβουμένην, αὐτίκα[立刻] δὲ γελάσεσθαι (有些主动态的动词的将来时是中动态，但并不影响其主动态的含义。)

   e) Ἡμεῖς δ' εὐτυχήσομεν.

   比较：ταύτῃ τῇ ὥρᾳ＝围绕这一时间、处于这个时刻，时间与格(Dat.temporis)用法，与时间二格的语法作用一样。

3. 请确定下面两句子中动词的语态，并说明其将来时被动态如何构成：

   ὁ γεωργὸς τὰ ὄργανα οὐ ποιήσεται.

   τὰ ὄργανα ὑπὸ τοῦ γεωργοῦ οὐ ποιηθήσεται.

   ὄργανα＝τὸ ὄργανον[工具、器具；器官、乐器；成品]的复数，比较 ἔργον；

   必要时可查对下列动词形式：

   οἰκοδομηθήσονται — τιμηθησόμενος — παυθήσεσθαι — ὀργισθήσεσθε — κομισθήσομαι — διδαχθήσῃ — πραχθήσεται — εὐωχήσονται (＝εὐωχέω [(好好)款待、热情招待], εὖ+ἔχω)，比较 εὐωχέομαι [好味道、香喷喷、摆饭菜]。

4　εἰμί 的将来时是 ἔσομαι（第三人称单数为 ἔσται），请将下面的动词形式变成将来时：

εἶ — εἰσίν — ἐστέ — ἐστίν — ὤν — οὖσαι — ἐσμέν — εἶναι — ὄντι — ὄντων

5　不定式和分词可按人称、数和语态（主动 — 中动态）来加以区分。请按此方法整理下面的动词将来时，并指出其构成方法。从动词的将来时的构成来看，如何确定 -ίζω？

ποιήσεις — παύσονται — τιμήσομεν — νομιῶ — κελεύσουσιν — πράξω — γράψετε — κρύφειν — παρασκευάσοντες — σκέψεται — δεήσῃ — ἐργασόμενοι — παιδεύσουσαν — κομιοῦσιν — θάψει — βοήσεις — ἀγανακτήσομεν — θεωρήσει — νομιεῖτε

5 完成时态

古希腊语的完成时不等于英文的完成时,因为,古希腊语的完成时实际上不具时态的含义,而是描述已经完成的行为或事件:完成时表达的与其说是行为或事件的时间,不如说是行为的方式和行为的结果。

如果仅讲述某一现在的行为或事件,并不强调其完成性质,就用现在时;如果讲述某一过去的行为或事件,并不强调其完成的性质,就用过去时。比如:γέγραπται[(经上)所记]的意思不是强调现在完成的时间,而是强调"已经写下来"这一行为后果,尽管这一"写下"的行为发生在过去某个时候。

现在完成时

与不定过去时一样,"是"动词没有现在完成时形式,其含义由另外的动词替代。

就动词的词形构成而言,完成时的词形构成最为繁复,充分认识其繁复性何在,不仅对我们把握这种词形的构成会很有帮助,对深入掌握动词也大有帮助。

完成时词形构成的特点或者说难点主要体现在以下两个方面。

词首叠音(Reduplicatio)

完成时的词形构成需要在现在时词干前增加一个元音-ε,构成所谓"叠音",这是所有形式的完成时(现在完成时和过去完成时)的标识。如果是元音开头的现在时词干,这个增加的元音-ε就会与词干开头的元音产生变音,比如:

ὁ-πλίζω[武装]=ὤ-πλικα[已经武装起来];αὐξάνω[增多]=ηὔ-ξηκα[已经增多]

这样的变化与过去时的词首增音相似,但不等于就是词首增音。所谓 Reduplicatio 这个拉丁语的原意是"双份",指词干开首音节的重叠,重叠时难免发生变音(当然也有不发生变音的情形),在印欧语系中,这种词首叠音现象在动词时态的构成中相当普遍。

如果是辅音开头的现在时词干,则要将第一个辅音字母重复加在 -ε 前面(比较德语完成时的构成:geben — gegeben);

比如:παιδευ- 的第一个辅音字母是 π-,加上 -ε 成为 πε,构成 πε-παιδευ-。

完成时时态标记

在动词词干后面还需要加完成时标记 -κα,再加人称词尾。

完成时直陈式主动态的规定形式是:

πε-παίδευ-κα — πε-παίδευ-κα-ς — πε-παίδευ-κε(ν)

πε-παιδεύ-κα-μεν — πε-παιδεύ-κα-τε — πε-παιδεύ-κα-σι(ν)

可以把 παιδευκα- 看作完成时词干,我们看到,除了第三人称单数时 -κα 变成 -κε 以外,其他人称的单复数都是 -κα,没有连接元音,与不定过去时一样。

现在完成时的中动态/被动态

完成时直陈式的中动态/被动态则完全不需要加 -κα,以至于现在完成时的中动态无异于有自己的时态词干(第五时态词干:没有 -κα,直接就是 -α,仅有完成时词首叠音),而且没有连结元音(不定式和分词同样如此),人称词尾直接加在词干上。因此,完成时的真正标记其实是词首叠音。比较:γράφω = γέ-γραφ-α;λείπω = λέ-λοιπ-α。

πε-παίδευ-μαι — πε-παίδευ-σαι — πε-παίδευ-ται

πε-παιδεύ-μεθα — πε-παίδευ-σθε — πε-παίδευ-νται

不定式形式:主动态 πε-παιδευ-κέναι;被动—中动态 πε-παιδεῦ-σθαι。

需要注意,词干以辅音结尾的动词,其完成时中动/被动态的第三人称复数皆由分词形式表达,即以完成时中/被动态的阳性主格复数分词+是动词第三人称复数 εἰσί(适用于现在完成时)或 ἦσαν(适用于过去完成时)。比如,ἀγγέλλω 的现在完成时中/被动态的第三人称复数应为 ἠγγέλ-νται,实际却由 ἠγγελμένοι εἰσί 表达;πείθω 的现在完成时中/被动态的第三人称复数则为 πε-πεισ-μένοι εἰσί。如此替代的理由在于避免辅音发音的困难。

请比较下面的完成时主动态和被动态，看是否能发现构成上的共同点：

主动态	—	被动态
πε-παίδευ-κα	—	πε-παίδευ-μαι
ἤγγελ-κε	—	ἤγγελ-ται
πε-πεί-κα-μεν	—	πε-πεί-σμεθα(πείθω)
πε-φονεύ-κα-σιν	—	πε-φόνευ-νται
διεφθάρ-κα-τε	—	διέφθαρ-θε

由此可以理解，现在完成时的词形构成让我们感到繁难，主要在于词首叠音和在现在时词干后面加完成时时态—语态记号出现的各种例外情形。比如，辅音开头的词干加词首叠音-ε时要重复开头的辅音，但如果是两个或两个以上的辅音开头（含双辅音开头），反而不需要重复开头的辅音，以至于看起来与过去时或不定过去时的词首增音没有区别：

κτίζω［修建、建造］＝ἔ-κτι-κα（过去时 ἔ-κτιζ-ον）
στρατεύω［出征、从军］＝ἐ-στράτευ-κα（过去时 ἐ-στράτευ-ον）
ζητέω［寻求、寻找］＝ἐ-ζήτη-κα（不过时 ἐ-ζήτη-σα）
ψεύδομαι［被骗、落空］＝ἔ-ψευσ-μαι（不过时 ἐ-ψευ-σάμην）

以辅音 ϱ 开头的词干也如此：ῥίπτω＝ἔ-ῤῥι-φα（不过时 ἐ-ῤῥι-ψα）；

还有特殊的情形，比如 γιγνώσκω＝ἔ-γνω-κα（而非如 μι-μνήσκομαι＝μέ-μνημαι［回忆］），这类特殊的变化我们不妨当作不规则动词来记。

不妨比较规则的完成时主动态与不定过去时主动态什么地方尤其相似：

单 数		复 数	
不过时	完成时	不过时	完成时
ἔ-παυ-σα	πέ-παυ-κα	ἐ-παύ-σα-μεν	πε-παύ-κα-μεν
ἔ-παυ-σας	πέ-παυ-κας	ε-παύ-σα-τε	πε-παύ-κα-τε
ἔ-παυ-σε(ν)	πέ-παυ-κε(ν)	ἔ-παυ-σαν	πε-παύ-κα-σιν

词首叠音带来的音变

加词首叠音-ε 构成词首部和加时态标记构成插入部时往往不可避免发生变音，这主要有三种情形。

1. 叠音的单辅音化:如果词干以双辅音字母 φ — χ — ϑ 开头,在叠加这些双辅音时,要变成单辅音 π — κ — τ,也就是用 τ — π — κ 代替 ϑ — φ — χ,不定式和分词也如此。比如:

φονεύω[杀死]=πε-φόνευ-κα;χορεύω[舞蹈]=κε-χόρευ-κα;
ϑύω[献祭]=τέ-ϑυ-κα;χρίω[涂抹、抹油]=κέ-χρι-κα。

叠音与词干前的 ε 相连的只发一次读音的辅音(ρ 除外);与默辅音或流音相连时,仅第一个辅音叠音。

2. 如果词干开首是两个辅音(而非双辅音字母),后一个辅音是流音(或鼻音),叠加时则仅取前一个辅音:

κλείω[关上]=κέ-κλει-κα;δράω[做]=δέ-δρα-κα;πνέω[呼吸、气息]=πέ-πνευ-κα

倘若以 ρ 或辅音(除了默辅音和流音)连接开头,词干前的 ε-作为词首叠音的替代;

3. 词干元音延长:如果词干以元音开头,叠加词首元音自然就会出现元音合拼,从而变成长元音:

ἀριστεύω[当第一]=ἠ-ρίστευκα;εὔχομαι[祈望、祈求]=ηὖ-γμαι;

插入部的变音同样主要有三种情形。

1. 词干最后一个字母为元音时,要先把它变成长元音,再加-κ,比如缩音动词:φιλέω=πε-φίλη-κα;ἀγαπάω=ἠ-γάπη-κα;

2. 词干以齿辅音(δ, τ, ϑ)或 ζ 结尾时,就要在加-κ 时,省去这个辅音,如ἐλπίζω(词干为 ἐλπιδ-)=ἤ-λπι-κα;ἁρπάζω=ἥρπα-κα,πείϑω=πέ-πει-κα;

3. 词干以流辅音(λ, ρ)或鼻辅音(μ, ν)结尾时,加-κ 之后,可能词干结尾要增添-ε,并在-κ 前变为长元音,如 ἐϑελω=ἠϑελη-κα,μένω=με-μέν-ηκα。

此外还有唇辅音和腭辅音的情形,不再一一举例(参看"强变化时态")。

中动-被动态构成时的变音主要有两种情形。

1. 如果动词词干最后一个字母为元音,通常要变成长元音,再加中动态或被动态的人称词尾(与将来时、不定过去时、现在完成时主动态、不定过去时被动态一样):

με-μαρτύρη-μαι 来自 μαρτυρέω。

2. 如果词干最后的字母为辅音,完成时的词干与人称词尾之间的连接很容易造成发音上的困难,为了避免这种情形,词干的尾音字母会发生改变，情形有如所谓"辅音动词"，比如 πεφύλαγμαι 变成 πεφύλακται，完成时 γέγραμμαι（单数第三人称为 γέγραπται）来自 γράφω。这种变音要么是出现发音脱落现象，要么是出现同化音现象，具体规则可以参看"辅音动词"的辅音类型来掌握。

请对比几个常用动词的现在时与完成时，尤其注意变音规则：

πέμ<u>π</u>ομαι＝πέ-πεμ-μαι; γρά<u>φ</u>εται＝γέγρα<u>π</u>ται;
βλά<u>π</u>τῃ＝βέ-βλα-<u>ψ</u>αι; φυλά<u>ττ</u>εσθε＝πε-φύλα-<u>χ</u>θε;
φαί<u>ν</u>εται＝πέ-φα<u>ν</u>ται; φαί<u>ν</u>ονται＝πεφασμένοι εἰσίν;
ἄ<u>γ</u>εσθε＝ἦ<u>χ</u>θε; πρά<u>ττ</u>εσθαι＝πε-πρᾶ-<u>χ</u>θαι;

如果你能自己归纳一下观察结果的话，就不妨追溯一下这些动词最早的读音方式，如 πέφασμαι 来自 πέφανμαι。

一般而言，古希腊语动词的形构最复杂的是插入部，但有时是在词首部，比如，完成时的被动态动词。倘若是复合动词，由于有介词性的复合前缀，又有完成时的词首叠音，词首部就变得比较复杂，比如：

带叠加辅音的例子 συμ-βε-βούλευ-ται，不带叠加辅音的例子 παρ-ε-σκεύσα-ται（παρά 省掉词尾 a 音）。

叠音导致元音延长的例子 παρ-ε-ή-ρπασ-μαι（παρά 没有省掉词尾 a 音。而是变成-ε, η 是由于叠加-ε 导致的元音延长）

分解完成时的词形

分解动词的完成时词形，无论被动态还是主动态，重要的都是注意把握词首部，尤其复合动词的词首部。因为，除了介词性前缀外，完成时的词首叠音比较复杂。不妨从后面往前分解：最后是人称和语态词尾（-ται, -μαι），紧接词干，没有插入部；然后是词干以及时态标记；再看词的最前面，可以看到介词性前缀（其他常见的还有比如 δια-）；在介词性前缀与词干之间，就是比较复杂的完成时词音叠音，也属于词首部。

不妨试试按上述要领来分解下面的语词：

主动态：ἐστρατήγηκε — κεκινδύνευκα — ἀποβεβλήκασιν（＝βάλλω）— συγκεχωρήκαμεν — νενικηκέναι — συμβεβουλεύκατε

被动态和中动态：πεποίηται — κεκωλύμεθα — πεφονευμένος — ἔκτισται（＝κτίζω）— πεφυλάγμεθα（＝φυλάττω）— τέταγμαι — κεκηρυγμένος — διέφθαρσαι — ἤγγελται — γέγραπται（＝γράφω）— ἡρπασμένοι — εἴργασται — ἐστρατευμένω — ἔψευσμαι

过去完成时

过去完成时指从过去的时间段来看已经完成的行为,属于过去时态系统(第二动词系统),因此要带过去时的词首增音。过去完成时与现在完成时都表达已经完成的行为(差别仅在所要表达的时间角度),有共同的词首叠音和时态-语态记号,区别在于人称词尾(但过去完成时主动态从属现在完成时主动态系统,中动态和被动态则属于现在完成时的中动态系统)。

因此,过去完成时作为现在完成时的附属时态,其构成形式和时态含义与现在完成时非常接近。就词形构成而言,过去完成时有的时候要由六个部分组成,简直就像是件由语素构成的艺术品。

过去时词首增音+完成时词首叠音+词干+时态—语态记号+连接元音+人称词尾

主动态:
ἐ-πε-παιδεύ-κ-η ἐ-πε-παιδεύ-κ-ης ἐ-πε-παιδεύ-κ-ει(ν)
ἐ-πε-παιδεύ-κ-ε-μεν — ἐ-πε-παιδεύ-κ-ε-τε — ἐ-πε-παιδεύ-κε-σαν

晚期希腊语用-ει作为时态元音,人称词尾变为-ειν, -εις, -ει(ν), -ειμεν, -ειτε, -εισαν。

中/被动态:
ἐ-πε-παιδεύ-μην — ἐ-πε-παίδευ-σο — ἐ-πε-παίδευ-το
ἐ-πε-παιδεύ-μεθα — ἐ-πε-παίδευ-σθε — ἐ-πε-παίδευ-ντο

为了帮助记忆,请比较现在完成时和过去完成时主动态的人称词尾:
现在完成时:- α — ας — ε(ν); — αμεν — ατε — ασι(ν)
过去完成时:- η — ης — ει(ν); — εμεν — ετε — εσαν

过去完成时作为完成时词干的扩展用得不多,当中动态和被动态时,它用的是过去时和不定过去时的词尾(二人称单数为-σο),在主动态时,它的一些词尾具有明显的并音现象。尽管如此,还是能够理顺下面六个动词的正确顺序:

ἐπεπαύκεμεν — ἐπεπαύκει — ἐπεπαύκετε — ἐπεπαύκειν (ἐπεπαύκη) — ἐπεπαύκεις

(ἐπεπαύκης)

现在完成时强调的是，某一行为或事件从现在的角度看已经完成，如果说话人要强调在过去的时间里某一行为或事件已经完成，就要用过去完成时。让我们来比较，

柏拉图在《王制》中关于荷马这样写道：
τὴν Ἑλλάδα πεπαίδευκεν οὗτος ὁ ποιητής. 恰是这位诗人教化了整个希腊。这话表明，说话人强调，就眼下来讲，荷马已经教化了整个希腊。

ὅμηρος τὴν Ἑλλάδα ἐπεπαιδεύκει. 荷马那时就教化了整个希腊。

这话与上面一句的差别在于，说话人强调，就过去的某一时刻来讲，荷马已经教化了整个希腊。前一句表达强调的是，荷马养育整个希腊是迄今已经完成的事情；后一句强调的是，荷马养育整个希腊在（过去的）当时已经完成。

完成时式表达某件事情结束了、过去了，这是完成时最一般的定义。但作家并非从语法定义出发来写作，如果遇到完成时形式的动词与完成时的语法定语不相符的用法，不必感到奇怪，重要的是把握完成时在哪些方面与过去时和不定过去时不同。

练习

1 写出下列动词的完成时形式：
μιμοῦμαι — κωλύῃ — φαινόμεθα — ψεύδεται — παιδεύονται — ἐργαζόμενος — γραφόμενα

2 下面的完成时主动态分词的变格没有写完，你能把它们写出来吗？
πεπαυκώς — πεπαυκότος — πεπαυκότι ……
πεπαυκυῖα — πεπαυκυίας ……
πεπαυκός — πεπαυκότος ……

3 写出下列动词的复数形式：
πεφύλαξαι — τέτακται — ἤγγελσαι — βέβλαμμαι

4 请按以下两种方法区分下列动词的虚拟形式：要么根据时态（现

在时/过去完成时），要么根据现在时中动态词尾变化的属性。

θαυμάζω — γελᾶ — φέρῃς — τρέφωμεν — ποιήσῃ — διδαχθῇ — τιμῶμεν — ἐλαύνητε — θρέφω — κομίσωσιν — παιδευθῶσιν — βούλῃ — μεταπέμφηται — συμβουλεύωμαι — πεμαφθῶμεν — αἰτιᾶσθε — ἐπαινῶσιν — ὠνώμεθα — ἐπιθυμήσῃς — παύσωμεν — λάβω — γράφητε — καταλίπωμεν

这些动词形式的共同点是什么？其中哪些动词由于时态和语式的不同而意思不同？哪几个动词组的虚拟式和直陈式的形式相同？

时态用法小结

掌握动词的时态用法，尤其需要注意不能按我们所熟悉的英文时态来理解。此外，有些希腊语动词的时态用法也不能按其时态形式本身来理解，需要根据具体情况来掌握。比如，某些动词在句子次干结构（亦称 secondary sequence[二级序列]）中的时态用法与在主干结构中的用法不同。下面我们通过一些简单例句对时态用法需要注意的地方做一个简要的小结，请注意一个句子的不同译法的差异。

直陈式的时态

1. 现在时直陈式说明现在正在进行的重复出现的行为：

διδάσκω τοὺς νεανίας. 我正在教育年轻人（正在进行的行为）。
我（常）教育年轻人（重复出现的行为）。

ἥκω 的现在时等于英语中的完成时：
ἥκομεν. 我们已经到了。

εἶμι 的现在时在古希腊语中用作 ἔρχομαι 的将来时：
ἴμεν εἰς τὴν πόλιν. 我们将进城去。

当与表示过去时间的词连用时，现在时相当于英语中的现在进行完成时：

πάλαι τοῦτο ποιῶ. 我已经做这个很长时间了。

历史现在时是一种现在时态，有不定过去时或过去时的作用。历史现在时态支配二级序列：

κελεύει τοὺς Ἀθηναίους στρατιώτας πέμψαι ἵνα μὴ καταλυθείη ἡ γέφυρα.
他命令雅典人出兵是为了桥不被摧毁。

历史现在时 *κελεύει* 之后，在作为次干结构（二级序列）的目的从句中是不定过去时祈愿式。

2. 过去时直陈式说明过去正在进行的重复出现的行为：

ἐδίδασκον τοὺς νεανίας.
我那时正在教年轻人（正在进行）／我过去常教年轻人（重复发生）。

ἥκω 的过去时相当于英语中的过去完成时：
ἧκες. 你那时已经到了。

被 *εἰ γάρ* 或 *εἴθε* 引导，过去时直陈式表示现在未达成的愿望（或者过去正在进行的或重复出现的未达成的愿望）：

εἰ γὰρ ἐνικῶμεν. 我希望我们正取得胜利（现在时）。
我希望我们那时正取得胜利（过去正在进行）／我希望我们那时（常）取得胜利（过去重复）。

过去时直陈式用在与事实相反条件句的条件从句中，或者与 *ἄν* 连用的结果从句中，说明事情在现在并没有发生（或者以正在进行的重复出现的形态表示在过去也没发生）：

εἰ οἱ ῥήτορες ἔβλαπτον τὴν πόλιν, αὐτοὺς ἂν ἐπαύομεν.
如果演说家们正危害城邦，那我们会阻止他们（现在时与事实相反）。
如果演说家们那时已在危害城邦，我们那时就应该会阻止他们（正在进行，与过去事实相反）。
如果演说家们那时（常）危害城邦，我们本该（惯常地）阻止他们。

过去时直陈式与 *ἄν* 连用，说明过去可能正在进行中的重复的行为：
ἐνικῶμεν ἄν.
我们那时可能正取得胜利（正在进行）。
我们那时可能（常）取得胜利（重复出现）。

过去时直陈式加 *ἄν*，表示与现在事实相反或者与过去事实相反的正在进行中的重复的行为：

ἐπαύου ἄν. 你本该被阻止（现在与事实相反）。

你那时应该被阻止（与过去事实相反的进行中的行为）。

你应该（常）被阻止（与过去事实相反的重复的行为）。

过去时 *ἔδει* 和 *ἐχρῆν*，以及其他表义务、必要性、礼貌或可能性的无人称动词的过去时，可与不定式一起使用，表示不定式所带的动作没有完成：

ἔδει τὸν Σωκράτη δίκην διδόναι. 苏格拉底应该遭受处罚（但是他没有）。

苏格拉底应该（经常）遭受处罚（但他没有）。

ἔδει τὸν Σωκράτη δίκην δοῦναι. 苏格拉底应该已经遭受处罚（但他没有）。

一个意向动词的过去时（Conative Imperfect）表示过去的某种尝试行为：

ἐδίδου χρήματα τοῖς ῥήτορσιν. 他试图给演说家们钱／他给演说家们钱。

ἔπειθον τὸν Σωκράτη φυγεῖν. 他们正试图劝说苏格拉底逃走。

一个反复动词的过去时（iterative imperfect），即与 *ἄν* 连用的过去时，表示过去重复出现的行为：

ἐδίδασκεν ἄν τοὺς νεανίας. 他过去常教育年轻人。

3. 将来时直陈式要么表示将来进行中的重复的行为，要么表示将来的某个行为：

διδάξω τοὺς νεανίας. 我正要教年轻人（进行中的行为）。

我教育年轻人（重复的行为，或者单次行为）。

由 *οὐ μή* 否定的将来时直陈式，表示紧急禁止：

οὐ μὴ καταλύσετε τὴν δημοκρατίαν. 不许败坏民主制。

4. 不定过去时直陈式说明发生在过去的某一次行为：

εἶδον τὸν ἀδελφὸν τὸν Σωκράτους. 我曾看见苏格拉底的兄弟。

不定过去时直陈式由 *εἰ γάρ* 或 *εἴθε* 引导，表示过去没有实现的愿望：

εἰ γὰρ ἐνικήσαμεν. 我希望我们曾经得胜过。

与事实相反条件句的条件从句中的不定过去时直陈式，或者结果从句中的不定过去时直陈式加 ἄν，说明过去某次行为实际上并没有发生：
εἰ τὸν ἀδελφὸν εἶδον, χρήματα αὐτῷ ἔδωκα ἄν.
倘若我见过你的兄弟，我就会给他钱。

不定过去时直陈式加 ἄν，可表示过去可能发生的某一次行为：
ἐπαύθης ἄν. 你可能已经被阻止了。

不定过去时直陈式加 ἄν，也可表示过去与事实相反的某一次行为：
ἐπαύθης ἄν. 你应该已经被阻止了（但是你没有被阻止）。

格言不定过去时（Gnomic Aorist），用来表达一般真理的不定过去时，支配首级序列：
ἐάν τις τοῦτο ποιήσῃ, δίκην ἔδωκεν ἵνα βλαβῇ ἡ πόλις.
倘若有人做了这件事，那他受到惩罚是为了城邦不受到危害。
（现在一般时条件句，其中格言不定过去时代替了结论句中的现在时直陈式。）

不定过去时直陈式加 ἄν，可表示过去重复出现的行为（反复不定过去时）：
ἐδίδαξεν ἄν τοὺς νεανίας. 他过去常教育年轻人。

一个表状态或条件的动词，其不定过去时常说明某种状态或条件的开始（表示不定过去时）：
μετὰ τὴν μάχην ἐδούλευσαν. 战争后他们变成了奴隶。

5. 完成时直陈式，表示现在已完成的行为：
πολλὰ γέγραφα. 我已经写了很多。

一些动词的完成时表示现在时，如 οἶδα（知道）；ἕστηκα（站立）：
ἴσμεν τὸν Σωκράτη ἀγαθὸν ὄντα. 我们知道苏格拉底是好人。

6. 过去完成时直陈式表示在过去已完成的行为:
πολλὰ ἐγεγράφη. 我那时已经写了很多。

在完成时包含现在时意涵的地方,过去完成时有过去时的功能:
ᾔσμεν τὸν Σωκράτη ἀγαθὸν ὄντα. 我们知道苏格拉底是好人。

虚拟式的时态

1. 现在时虚拟式表示进行中的重复的行为:
ἀεὶ φυλαττώμεθα τοὺς πολεμίους. 让我们总是警惕敌人(进行中的行为)。
让我们(常)警惕敌人(重复的行为)。

φοβούμεθα μὴ κακὰ ποιῇς. 我们担心你可能/正要做坏事(进行中的行为)。
我们担心你可能/要(常)做坏事(重复的行为)。

2. 不定过去时虚拟式表示某一行为:
νῦν φυλαξώμεθα τοὺς πολεμίους. 让我们现在抵抗敌人。

3. 完成时虚拟式表示已完成的行为:
πεφυλαγμένοι ὦμεν τοὺς πολεμίους. 我们已经抵抗了敌人。
φοβοίμεθα μὴ κακὰ πεποιηκὼς ᾖς. 我们担心你已经做了坏事。

祈愿式的时态

非间接陈述句或间接疑问句中(如独立祈愿式)出现的现在时、不定过去时或完成时祈愿式,时态只表示动词形态。所有(如在间接陈述句中)代替原句中直陈式的祈愿式,保留和原直陈式一致的时间和形态。 所有(如二级序列的间接思虑疑问句中)代替原句中虚拟式的祈愿式,只说明原虚拟式的形态。

1. 非间接陈述句或间接疑问句中的现在时祈愿式,只说明进行中的重复的形态:
εἰ γὰρ πέμποιεν τοὺς στρατιώτας. 但愿他们正派出士兵!(进行中的行为)
但愿他们(常)派出士兵!(重复的行为)
ἐφοβούμεθα μὴ κακὰ ποιοίης. 我们担心你那时可能/正要做坏事(进行的行为)。

我们担心你那时可能/(常)做坏事。(重复的行为)

2. 非间接陈述句或间接疑问句中的不定过去时祈愿式,只表示某一行为:

*εἰ γὰρ **πέμψαιεν** τοὺς στρατιώτας.* 但愿他们派出士兵!
*ἐφοβοίμεθα μὴ κακὰ **ποιήσειας**.* 我们担心你可能/要做坏事。

3. 非间接陈述句或间接疑问句中的完成时祈愿式,只表示已完成的行为:

*εἰ γὰρ **πεπομφότες εἴησαν** τοὺς στρατιώτας.* 但愿他们已经出兵!

4. 在间接陈述句或间接疑问句中,现在时祈愿式可代替原陈述句或疑问句中的现在时直陈式、过去时直陈式、现在时虚拟式或现在时祈愿式:

*εἶπεν ὅτι Σωκράτης **διδάσκοι** τοὺς νεανίας.* 他说苏格拉底正在教年轻人。
他说 *Σωκράτης διδάκει τοὺς νεανίας*。
(二级序列中不定过去时直陈式 *εἶπεν* 后,原句中的现在时直陈式已经变成现在时祈愿式。)

*εἶπεν ὅτι Σωκράτης τότε **διδάσκοι** τοὺς νεανίας.* 他说苏格拉底那时正在教年轻人。
他说 *Σωκράτης τότε ἐδίδακε τοὺς νεανίας*。
(二级序列的不定过去时直陈式 *εἶπεν* 后,原句中的过去时直陈式已经变成现在时祈愿式。)

*εἶπεν ὅτι Σωκράτης δίκην δώσοι εἰ τοὺς νεανίας **διδάσκοι**.* 他说如果苏格拉底(常)教年轻人就将要遭受惩罚。
他说 *Σωκράτης δίκην δώσει ἐὰν τοὺς νεανιας διδάσκῃ*。
(原陈述句的将来真实条件句的条件句中,现在时虚拟式表示进行中的重复的行为,但在不定过去时直陈式 *εἶπεν* 后面的二级序列中,现在时虚拟式已经变成现在时祈愿式。)

*εἶπεν ὅτι Σωκράτης δίκην **διδοίη** ἄν εἰ τοὺς νεανίας **διδάσκοι**.* 他说如果苏格拉底(常)教年轻人就(常)会受到处罚。

他说 Σωκράτης δίκην διδοίη ἄν εἰ τοὺς νεανίας διδάσκοι。

（在将来虚拟条件句的条件句中，或者加 ἄν 的结论句中，原句中的现在时祈愿式表示进行中的重复的行为，这在间接陈述句中保持不变。）

5. 在二级序列的间接陈述句、间接疑问句和表努力的宾语从句（Object Clause of effort）中，将来时祈愿式只可代替原句中的将来时直陈式：

εἶπεν ὅτι Σωκράτησ δοδάξοι τοὺς νεανίας. 他说苏格拉底会教育年轻人。

他说 Σωκράτης διδάξει τοὺς νεανίας。

（在不定过去时直陈式 εἶπεν 后，原句的将来时直陈式在二级序列中已经变为将来时祈愿式）

ἐμηχανᾶτο ὅπως τῆς πόλεως ἄρξοι. 他正设法治理城邦。

（在二级序列中，将来时祈愿式代替了常用的将来时直陈式。）

6. 间接陈述句或间接疑问句中的不定过去时祈愿式，可代替原陈述句或疑问句中的不定过去时直陈式、不定过去时虚拟式或不定过去时祈愿式：

εἶπεν ὅτι Σωκράτης διδάξειε τοὺς νεανίας. 他说苏格拉底在教/教过年轻人。

他说 Σωκράτης ἐδίδαξε τοὺς νεανίας。

（不定过去时直陈式 εἶπεν 后，原句中的不定过去时直陈式在二级序列中变为不定过去时祈愿式。）

εἶπεν ὅτι Σωκράτης δίκην δώσοι εἰ τοὺς ναενίας διδάξειεν. 他说如果苏格拉底教过年轻人就该受到处罚。

他说 Σωκράτης δίκην δώσει ἐαν τοὺς νεανίας διδάξῃ。

（在将来真实条件句的条件从句中，原陈述句里的不定过去时虚拟式表示某一次行为；但是在不定过去时直陈式 εἶπεν 后，不定过去时虚拟式在二级序列中被不定过去时祈愿式代替；ἐαν 变为 εἰ。）

εἶπεν ὅτι Σωκράτης δίκην δοίη ἄν εἰ τοὺς νεανίας διδάξειεν. 他说如果苏格拉底要教年轻人就会受到惩罚。

他说 Σωκράτης δίκην δοίη ἄν εἰ τοὺς νεανίας διδάξειεν。

（在将来虚拟条件句的条件句和带 ἄν 的结论句中，原陈述句中的不定过去时祈愿式表示某一次行为，在间接陈述句中保持不变。）

7. 在间接陈述句或间接疑问句中,完成时祈愿式可代替原陈述句或疑问句中的完成时直陈式、过去完成时直陈式、完成时虚拟式或完成时祈愿式:

εἶπεν ὅτι Σωκράτης **δεδιδαχὼς εἴη** τοὺς νεανίας. 他说苏格拉底教过年轻人。

他说 Σωκράτης δεδίδαχε τοὺς νεανίας。

(不定过去时直陈式 εἶπεν 后,原陈述句中的完成时直陈式在二级序列中已经变成完成时祈愿式。)

εἶπεν ὅτι Σωκράτης τότε **δεδιδαχὼς εἴη** τοὺς νεανίας. 他说苏格拉底那时曾教过年轻人。

他说 Σωκράτης τότε εδεδιδάχει τοὺς νεανίας。

(不定过去时直陈式 εἶπεν 后,原陈述句中的过去完成时直陈式在二级序列中已经变成完成时祈愿式。)

命令式的时态只表示动词的形态。

1. 现在时命令式只表示进行中的重复的行为:

δίδασκε τοὺς νεανίας. 正在教育年轻人(进行中的行为)/ 教育青年(重复的行为)。

2. 不定过去时命令式只表示某一次行为。不定过去时命令式也常被不定过去时虚拟式(禁止虚拟式)代替,表示对某一行为的否定命令:

διδαξάτω τοὺς νεανίας. 让他教年轻人。

μὴ βλάψατε τὴν πόλιν. 别危害城邦。

也常用禁止虚拟式表达:μὴ βλαφητε τὴν πόλιν。

3. 完成时命令式表示行为已完成:

ταῦτα **εἰρήσθω**. 这些事已经被人说出来了。

除间接陈述句中的不定式,μέλλω 后的将来时不定式(ἔδει 之类动词后的不定式表示未完成的义务,ὤφελον 后的不定式表示达不成的愿望)之外,不定式时态只显示动词形态:

1. 如果不是在间接陈述句中,不是在 ἔδει 后表示未完成的义务,或者也不是在 ὤφελον 后表示达不成的愿望,那现在时不定式只表示进行中的重复的行为:

κακὸν τὸ ταῦτα πρᾱττειν. 正在做的这些事情是坏的(进行中的行为)。
(常)做这些事情是坏的(重复的行为)。

2. 不定过去时不定式不是在间接陈述句中,也不是在 ἔδει 后表示未完成的义务,或者在 ὤφελον 后表不能实现的愿望,那么不定过去时不定式只表示某一次行为:

ἐκέλευσα αὐτὸν λῦσαι τοὺς δούλους. 我命令他释放奴隶。

3. 非间接陈述句中的完成时不定式只表示已完成的行为:

κακὸν τὸ ταῦτα μὴ πεποιηκέναι. 不做完这些事情是不好的。

4. 在过去时 ἔδει 和 ἐχρῆν 之后,或者在其他的表示义务、必要性、礼貌、可能性的非人称动词的过去时之后,现在时不定式可表示现在或过去正在进行中的重复出现的没有实现的义务;不定过去时不定式则表示过去时间中某一次未实现的义务:

ἔδει ὑμᾶς στρατιώτας πέμπειν. 你应该正要出兵(但是你没有)。
你应该(常)出兵(但是你没有)。

ἔδει ὑμᾶς στρατιώτας πέμψαι. 你应该已经出兵(但是你没有)。

5. 在 ὤφελον (ὀφείλω 的强变化不定过去式,"有义务,应该做(某事)", ὀφειλήσω, ὠφείλησαι / ὤφελον, ὠφείληκα, -, ὠφειλήθην)之后,现在时不定式以现在或过去进行中的重复出现的形态,表示未实现的愿望;不定过去时不定式表示过去某一个未实现的愿望:

ὤφελες ταῦτα ποιεῖν. 但愿你正在做这些事情(但是你没有)。
但愿你曾(常)做这些事情(但是你没有)。
ὤφελες ταῦτα ποιῆσαι. 但愿你已经做完了这些事情(但是你没有)。

6. 在间接陈述句中,现在时不定式可代替原陈述句的现在时直陈式、(过去时直陈式、现在时祈愿式):

νομίζω Σωκράτη διδάσκειν τοὺς νεανίας. 我以为苏格拉底正在教年轻人。
(原句中的现在时直陈式变成了现在时不定式:我以为 Σωκράτης διδάσκει τοὺς νεανίας。)

νομίζω Σωκράτη τότε **διδάσκειν** τοὺς νεανίας. 我以为苏格拉底那时正在教年轻人。

（原句中的过去时直陈式变成现在时不定式：我以为 Σωκράτης τότε διδάσκε τοὺς νεανίας。）

νομίζω Σωκράτη δίκην **διδόναι** ἄν εἰ τοὺς νεανίας διδάσκοι. 我认为如果苏格拉底要教年轻人就会受到处罚。

我认为 Σωκράτης δίκην διδοίη ἄν εἰ τοὺς νεανίας διδάσκοι。

（现在时祈愿式在原陈述句的将来虚拟条件句的结果从句中，表示进行中的重复的行为，在间接陈述句中被转变为现在时不定式，与 ἄν 连用。）

7. 将来时不定式在间接陈述句中代替原陈述句中的将来时直陈式：

νομίζω Σωκράτη **διδάξειν** τοὺς νεανίας. 我认为苏格拉底会去教年轻人。

（原句中的将来时直陈式已经转变为将来时不定式：我认为 Σωκράτης διδάξει τοὺς νεανίας。）

在动词 μέλλω、μελλήσω、ἐμέλλησα（将要，可能）之后，将来时不定式用来表示动词之后的时间（注：即"想要、将要"之后发生的行为）：

Σωκράτης μέλλει τοὺς νεανίας **διδάξειν**. 苏格拉底即将去教年轻人。

8. 不定过去时不定式在间接陈述句中可代替原陈述句中的不定过去时直陈式（或不定过去时祈愿式）：

νομίζω Σωκράτη τοὺς νεανίας **διδάξαι**. 我认为苏格拉底曾教过年轻人。

（原句中的不定过去时已经变成不定过去时不定式：我认为 Σωκράτης τοὺς νεανίας ἐδίδαξεν。）

νομίζω Σωκράτη δίκην **δοῦναι** ἄν εἰ τοὺς νεανίας διδάξειεν. 我认为如果苏格拉底要去教年轻人就会受到惩罚。

（不定过去时祈愿式与 ἄν 一起，在原陈述句的将来虚拟条件句的结果从句中，表示某一次行为，在间接陈述句中转变为与 ἄν 连用的不定过去时不定式：我认为 Σωκράτης δίκην δοίη ἄν εἰ τοὺς νεανίας διδάξειεν。）

9. 完成时不定式在间接陈述句中可代替原陈述句中的完成时直陈式（或过去完成时直陈式）：

νομίζω Σωκράτη τοὺς νεανίας δεδιδαχέναι. 我认为苏格拉底已经教过年轻人。

我认为 Σωκράτης τοὺς νεανίας δεδίδαχεν。

（原句的完成时直陈式转变为完成时不定式。）

νομίζω Σωκράτη τότε τοὺς νεανίας δεδιδαχέναι. 我认为苏格拉底那时已经教过年轻人。

我认为 Σωκράτης τότε τοὺς νεανίας ἐδεδιδάχειν。

（原句中的过去完成时直陈式已经变成完成时不定式。）

非间接陈述句中的分词的时态通常只显示动词的形态，但是上下文可以提示与主干动词时间相关的时间。分词在间接陈述句中代替直陈式，并与所代替的直陈式保持时、体一致。（分词在间接陈述句中代替祈愿式，并与所代替的祈愿式保持体（形态）的一致。）

1. 现在时分词在非间接陈述句中表示某一个行为正在进行或重复出现，通常与句子的主干动词的行为同时发生：

ἀγαθά ποιεῖ τὴν πόλιν ὁ Σωκράτης τοὺς νεανίας διδάσκων.
苏格拉底教年轻人对城邦有益。
苏格拉底以教年轻人的方式对城邦有益。
当他教年轻人时，苏格拉底对城邦有益。

ἀγαθά ἐποίει τὴν πόλιν ὁ Σωκράτης διδάσκων τοὺς νεανίας.
苏格拉底教年轻人过去常对城邦有益。
通过教年轻人，苏格拉底过去常对城邦有益。
当苏格拉底（常）教年轻人的时候，他对城邦经常有益。

现在时分词也可以表示正在进行或重复发生的行为，这一行为先于主干动词：

νῦν τιμῶμεν τοὺς τότε εὖ μαχομένους. 现在我们崇敬那时善于战斗的那些人。

2. 非间接陈述句中的将来时分词经常表示意图或目的：

ἦλθε *καταλύσων* τὴν πόλιν. 他来是想破坏这个城邦 / 他来破坏城邦。

3. 非间接陈述中的不定过去时分词表示某一个行为，这个行为要么与主干动词的行为同时发生，要么先于主干动词的行为发生：
εἰσελθὼν εἰς τὴν πόλιν αἶγας ἔθυσεν. 一进入城邦，他就献祭山羊。
ἔλαθεν εἰς τὴν πόλιν *εἰσελθών*. 他避开注意进入了城邦 / 他进入城邦未引起注意。

4. 非间接陈述句中的完成时分词表示一个已经完成的行为，这个行为先于主干动词的行为发生：
ταῦτα *πεποιηκὼς* ἀπῆλθεν. 做完这些事情，他就离开了。

5. 现在时分词在间接陈述句中可代替原陈述句中的现在时直陈式、（过去时直陈式和现在时祈愿式）：
ἀκούω Σωκράτη *διδάσκοντα* τοὺς νεανίας. 我听说苏格拉底正在教年轻人。
我听说 Σωκράτης διδάσκει τοὺς νεανίας。
（原陈述句中的现在时直陈式已变为现在时分词。）

ἀκούω Σωκράτη τότε *διδάσκοντα* τοὺς νεανίας.
我听说苏格拉底那时正在教年轻人（进行中的行为）。
我听说苏格拉底那时（常）教育年轻人（重复的行为）。
我听说 Σωκράτης τότε εδίδασκε τοὺς νεανίας。
（原陈述句中的过去时直陈式已被变为现在时分词。）

ἀκούω Σωκράτη δίκην *ἂν διδόντα* εἰ τοὺς νεανίας διδάκοι.
我听说，如果苏格拉底要去教年轻人就会受到惩罚。
我听说，Σωκράτης δίκην ἂν διδοίη εἰ τοὺς νεανίας διδάκοι。
（现在时祈愿式加 ἄν 在原来的将来虚拟条件句的结果从句中，表示进行中的重复的行为，在间接陈述句中则变为现在时分词加 ἄν。）

6. 将来时分词在间接陈述句中代替原陈述句中的将来时直陈式：
ἀκούω Σωκράτη *διδάξοντα* τοὺς νεανίας. 我听说苏格拉底将教育年轻人。
我听说 Σωκράτης διδάξει τοὺς νεανίας。
（原句中的将来时直陈式变为将来时分词。）

7. 不定过去时分词在间接陈述句中可代替原句中的不定过去时直陈式(或不定过去时祈愿式):

ἀκούω Σωκράτη τοὺς νεανίας διδάξαντα. 我听说苏格拉底曾教过年轻人。
我听说 Σωκράτης τοὺς νεανίας ἐδίδαξεν。
(原陈述句的不定过去时直陈式变为间接陈述句中的不定过去时分词。)

ἀκούω Σωκράτη δίκην ἄν δόντα εἰ τοὺς νεανίας διδάξειεν.
我听说如果苏格拉底要教年轻人就将会受到处罚。
我听说 Σωκράτης δίκην ἄν δοίη εἰ τοὺς νεανίας διδάξειεν。
(在原将来虚拟条件句的结果从句中,不定过去时祈愿式加 ἄν 表示某一次行为,在间接陈述句中已经变为不定过去时分词加 ἄν。)

8. 完成时分词在间接陈述句中可代替原句中的完成时直陈式(或者过去完成时直陈式):

ἀκούω Σωκράτη τοὺς νεανίας δεδιδαχότα. 我听说苏格拉底已经教过年轻人。
我听说 Σωκράτης τοὺς νεανίας δεδίδαχεν。
(原句中的完成时直陈式变为完成时分词。)

ἀκούω Σωκράτη τότε τοὺς νεανίας δεδιδαχότα. 我听说苏格拉底那时已经教过年轻人。
我听说 Σωκράτης τότε τοὺς νεανίας ἐδεδιδάχειν。
(原陈述句中的过去完成时直陈式变为完成时分词。)

6　强变化时态和不规则动词

学习将来时的时候已经提到过强变化,但强变化更多见于不定过去时和完成时。也就是说,现在时、过去时、将来时都有自己的时态标记,多数动词的不定过去时和完成时也有自己的时态标记,仅有一部分动词的完成时(仅主动态)和不定过去时(含主动、中动、被动)没有时态标记,需要通过变换词干元音来表达时态,因此称为不定过去时和完成时的强变化。那些有时态标记的,就相应地称为不定过去时和完成时的弱变化。

现在完成时的强变化仅见于主动态(因而也相应影响到过去完成时的主动态),不定过去时则见于主动、中动和被动态(从而也相应影响到将来时的被动态)。因而,强变化的动词在不定过去时这一时态中居多(这也是不定过去时繁复的原因之一)。

什么是强变化

印欧语言形成初期,时态并非用来标明时段,而是表达行为方式。最重要的方式有:持续的(durative)、起始的(ingressive)、后效的(effective)、完成的(perfektive)和重复的(iterative)。后来,行为方式的表征逐渐退化,变成时段表征。古希腊语处于这一语言发展过程的早期阶段,个别时态还带有行为方式的意味(如 ἀόριστος[不定过去时]),大多时态的行为方式意味已经退化。于是,就出现了这样的语言现象:有的动词时态还没有形成自己的时态标记(有如没有行路的拐杖),得通过变换词干元音(表行为方式的做法)来标明自身所属的时态。所谓"强变化"就是"强行变化"。

据说 19 世纪的德国古典语文学家雅可布·格瑞姆(Jacob Grimm,1785—1863)发明了"强变化"这个术语(英语学界不用"强变化"这种说法,而用"第二变式")。印欧语系中的日耳曼语族都有这个共同性,因而,英语、德语中也有强变化动词。如英语:r<u>i</u>se=r<u>o</u>se, s<u>i</u>ng=s<u>a</u>ng, t<u>a</u>ke=t<u>oo</u>k。

所谓"强变化"指词干内部的变化(internal change),与此相对的"弱变化"(英语学界称为"第一变式")指靠外力(词尾的d、t)的屈折变化。不过,与古希腊文不同,判断英语动词变化的"强""弱",仍然主要看词尾,无论动词词干是否变化:bring=brought, sell=sold, think=thought 都是"弱变化",其词干变化是出于别的原因。

虽然动词的强变化只能死记,但多少了解一些变化情形,对记忆有益。

现在完成时主动态的强变化

首先,强变化现在完成时的构成没有-κα,然后是

1. 词首叠音导致词干元音变化:ἄγω=ἦχα;στέλλω=ἔσταλκα;πέμπω=πέπομφα;λείπω=λέλοιπα(ε变成α或ο);

2. 词首叠音导致词干辅音变化,具体来说,词干以唇辅音(β、π、φ)或-πτ结尾时,通常要变为φ,如βλέπω=βέβλεφα, κλέπτω=κέκλοφα;词干以腭辅音(γ、κ、χ)或-ττ结尾时,通常要变为χ,如φεύγω=πέ-φευγα, διώκω=δεδίωχα, κηρύττω=κεκήρυχα。

在完成时的构成中,换音(如στέλλω变成ἔσταλκα)和送气音(如ἄγω变成ἦχα)起着重要的作用,尤其不带时态符号-κ-的"强变化"完成时(如γράφω=γέγραφα, πέμπω=πέπομφα)更如此。

下面的"强变化"完成时动词,只需稍加推理便不难还原到其现在时词干:

ἀπέκτονα — κεκήρυχας — τετάχαμεν — κεκρύφασιν — ἐπέσταλκε — ἦρχα — λέλοιπα — τετρόφασιν (2) — ἐρριφέναι — πέπραχας — ἔστροφεν

不定过去时的强变化

与现在完成时的强变化一样,强变化的不定过去时没有时态标记-σα,但与现在完成时的强变化不同,不定过去时的强变化往往有自己的词干形式,称为不定过去时的强变化词干,以至于整个词看起来是另一个词(其实,正因为如此,强变化不定过去时甚至比现在时更接近原初的动词词干形态),因而更难按规则还原强变化的不定过去时动词,除非从词典先找到其词干形式。

比如,λαμβάνω的不定过去时为ἔλαβον,词干为λαβ-,而现在时词干为

λαμβαν-；βάλλω[抛、投]的不定过去时为ἔβαλον，词干为βαλ-，而现在时词干为βαλλ-。因此，不定过去时强变化的词干，要作为一种单独的词干类型来掌握。由此词干，才可以构成不定过去时强变化的主动态和中动态。

英语的古希腊语法学叫作"不定过去时第二式"(second aorist)：所谓"不定过去时第一式"(first aorist)指所有以-a(异态动词为-αμην)为第一人称单数词尾的不定过去时(=ἐπαίδευ-σ-α)，凡不是以这种词形结尾，而是以-ον(与过去时相同，比如ἔ-λιπ-ον，异态动词为-ομην)为第一人称词尾的不定过去时，都叫作"不定过去时第二式"。

其次，强变化的不定过去时仍然是第二时态系统中的一员，因此，与过去时一样有过去时词首增音。比如，λείπω[放弃、离开]的不定过去时强变化词干是λιπ-，加过去时词首增音ἐ-在λιπ-前面，就构成ἔ-λιπ-ον；同样，ἔρχομαι的不定过去时强变化词干是ἐλθ-，开首字母为元音，加过去时词首增音就变成长音，即变成ἦλθ-ον。

第三，既然属于第二时态系统，强变化不定过去时的人称词尾与词干之间的连结元音同样是-ο-或-ε-，与现在时和过去时一样。换言之，除了过去时是由现在时词干构成，而强变化不定过去时直陈式由强变化不定过去时词干构成外，强变化不定过去时直陈式与过去时的构成一样(连接元音+人称词尾)。比如，ἐλείπ-ο-μεν[我们那时正离开](过去时)=ἐλίπ-ο-μεν[我们当时曾经离开](强变化不定过去时)。

有时候，强变化不定过去时与过去时仅一个字母之差：
ἐβάλλ-ο-μεν[我们那时正扔](过去时)=ἐβάλ-ο-μεν[我们当时曾经扔](强变化不定过去时)。

第四，所有动词的不定过去时被动态都与主动态 — 中动态不同形，强变化的情形同样如此(λείπω[放弃、离开]的不定过去时中动态形式为ἐλιπόμην，被动态则是另一种形式)：

λείπω[离开]的不定过去时直陈式主动态和中动态：

主动态 ἔ-λιπ-ο-ν — ἔ-λιπ-ε-ς — ἔ-λιπ-ε(ν) — ἔ-λιπ-ο-μεν — ἔ-λιπ-ε-τε — ἔ-λιπ-ο-ν

中动态 ἐ-λιπ-ό-μην — ἐ-λίπ-ου — ἐ-λίπ-ε-το — ἐ-λιπ-ό-μεθα — ἐ-λίπ-ε-σθε — ἐ-λίπ-ο-ντο

不定式：λιπ-εῖν — λιπ-έ-σθαι

请比较其虚拟式的主动态和中动态（注意：没有过去时增音）：

主动态 λίπ-ω — λίπ-η-ς — λίπ-η — λίπ-ω-μεν — λίπ-η-τε — λίπ-ω-σι(ν)

中动态 λίπ-ω-μαι — λίπ-η — λίπ-η-ται — λιπ-ώ-μεθα — λίπ-η-σθε — λίπ-ω-νται

请比较其祈愿式的主动态和中动态（注意：没有过去时增音）：

主动态 λίπ-οιμι — λίπ-οις — λίπ-οι — λίπ-οι-μεν — λίπ-οι-τε — λίπ-οιεν

中动态 λιπ-οίμην — λίπ-οιο — λίπ-οιτο — λιπ-οίμεθα — λίπ-οισθε — λίπ-οιντο

强变化不定过去时的被动态

一般而言，强变化的不定过去时被动态的构成形式与弱变化的不定过去时被动态的构成形式相同（因而，按英语的古希腊语法学，不定过去时被动态没有第一式与第二式的分别），也就是说，所谓的强变化主要体现在主动态和中动态，被动态很少强变化。比如，λείπω 的不定过去时主动态、中动态均为强变化（ἔλιπον-ἐλιπόμην），其不定过去时被动态则恢复为弱变化（ἐλείφθην）。

但是，有的动词的不定过去时主动态为弱变化形式，被动态却为强变化形式。比如，γράφω 的不定过去时被动态就是强变化的：

ἐ-γράφ-ην — ἐ-γράφ-ης — ἐ-γράφ-η — ἐ-γράφ-ημεν — ἐ-γράφ-ητε — ἐ-γράφ-ησαν

可以看出，所谓强变化不定过去时的被动态就是时态词干上没有 -θ-，除此之外，有些动词还会有元音变化，比如 κλέπτω 的被动态 ἐκλάπην。

μαίνομαι 的不定过去时为 ἐμάνην（将来时为 μανοῦμαι），正如 φαίνομαι 的不定过去时是 ἐφάνην，也没有 -θ-，这种情形见于各种辅音动词和流音动词。遇到这类动词的不定过去时，如果要还原到其相应的主动态现在时形式，显然不容易确认这些不定过去时被动态的形式，比如：

ὁ νεκρὸς ἐτάφη — ὁ βασιλέως θησαυρὸς κλαπῆναι λέγεται — οἱ γεωργοὶ ὑπὸ τῶν πολεμίων ἐβλάβησαν — ὁ σταλεὶς ἄγγελος οὐκ ἥκει — ἡ ἐπιστολὴ ἐγράφη — ἐὰν ὁ παῖς τραφῇ... — ἵνα οἱ πολέμιοι τραπῶσιν — οἱ στρατιῶται ἀπεστάλησαν — μὴ ἐκπλαγῆτε

倘若还原时遇到难处，不妨考虑：

1. 哪个词义最靠近文脉；
2. 与现在时词干形式相对比是否缺少一个 -τ- (比如 βλάπτω — ἐβλάβην)；
3. 词干是否因换音 (ε=α) 而发生变化 (比如 κλέπτω — ἐκλάπην)；
4. 是否出现送气音异化 (比如 θάπτω [词干为 θαφ-] = ἐτάφην)。

不规则动词

按一般词法规则无法把握的动词，称为"不规则的"动词。这类动词的词干往往有多种形式，因而，不规则的实际含义是基本词干更为多样，其各种时态 — 语态由不同的基本词干来构成。换言之，不规则动词不仅是词干变化，而且有多种变化。

比如，λαμβάνω [抓握、把握、拿]，词干为 λαβ-，但仅构成现在时和过去时；其词干元音延长而成的词干 ληβ- 则构成将来时 (仅中动态用法) λήψομαι、现在完成时 εἴληφα 和将来时被动态 ληφθήσομαι；其不定过去时主动态 (强变化) 的词干仍为 λαβ-：ἔλαβον，但不定过去时的被动态又成了 ληβ-：ἐλήφθην，现在完成时中动态及被动态也如此：εἴλημμαι。可见，λαμβάνω 不仅是词干变化，而且有两种不同的词干形式。

又比如，ὁράω [看见]，有三种词干形式：ὁρ-、ὀπ-、ἰδ-。因此，构成具体的时态时，就有不同的词干形式：将来时 (仅中动态用法) ὄψομαι (词干为 ὀπ-)，不定过去时 (强变化) εἶδον (词干为 ἰδ-)，现在完成时 ἑώρακα (词干为 ὁρ-，ἑω- 为双元音化的完成时词首叠音)；将来时被动态 ὀφθήσομαι (词干为 ὀπ-)，不定过去时被动态 ὤφθην (词干为 ὀπ-)，现在完成时被动态 ἑώραμαι 和 ὦμμαι (词干为 ὁρ-)。

ἐπειδὰν εἰς τὴν πόλιν ἔλθῃς, τὸν ἀδελφὸν ὄψει. 你进城之后，将会看见你的兄弟。

εἶμι ὅπως ὄψομαι τὸν ἀδελφόν. 我会去，以便能看我兄弟。

将来时直陈式可用于目的从句代替虚拟式和祈愿式。

ὁράω [看见] 为何有三种完全不同的词干？在希腊文中，用来表达"看见"的动词本来有多种，以表达"看见"的细微差异，后来，这些有差异但表达同一种行为的不同动词被汇集到一个固定的词形中。词干 ἰδ- 表达的是对所看见的东西的一种主观审理过程，它与仅在少数几个时态中才出现的动词 οἶδα [知道、认识] 的词干相同。

本来，词干 ἰδ- 是现在完成时（比较拉丁语：vidi[我已经看见]），希腊人将[已经看见]作为[已经知道]的证据，进而，"认识"便是对"已经看见"的东西的一种主观观照。

由此可以明白，ὁράω 的不定过去时（强变化）的词干为 ἰδ-（比较 Id-ée[观—念]）；ὁράω 作为现在时，其词干为 ὁρ-（比较 Panorama[全景]，意为"全—看"）；ὀπ-（Op-tik[视光—学]）仅用于将来时的中动形式。ὁράω 用得最多的是不定过去时（注意与过去时形式比较）：

（直陈式）εἶδον — εἶδες — εἶδεν；（虚拟式）ἴδω；（祈愿式）ἴδοιμι；（命令式）ἰδέ；（不定式）ἰδεῖν；（分词）ἰδών。

与此相关，οἶδα[看见]有三种词干形式：οἰδ-、εἰδ-、ἰδ-；οἶδα[看见]本来是个现在完成时形式，却作为现在时用。

主动态：οἶδ-α — οἶσ-θα — οἶδ-ε(ν) — ἴσ-μεν — ἴσ-τε — ἴσ-ασι(ν)

虚拟式：εἰδῶ — εἰδῇς …；祈愿式：εἰδείην — εἰδείης …

过去完成时（作过去时用）：

ᾔδ-η, -ειν — ᾔδ-ησθα, -εις — ᾔδ-ει — ᾔδ-ε-μεν, ᾖσμεν — ᾔδ-ε-τε, ᾖστε — ᾔδ-εσαν, ᾖσαν

将来完成时（作将来时用）：εἴσομαι — εἴσῃ — εἴσεται — εἰσόμεθα — εἴσεσθε — εἴσονται；

命令式：ἴσ-θι — ἴσ-τε；ἴσ-τω — ἴστων

完成时不定式：εἰδ-έναι；

完成时分词：阳 εἰδ-ώς, -ότος — 阴 εἰδ-υῖα, -υίας — 中 εἰδ-ός, -ότος

οἶδα τοὺς πολίτας ἄφρονας ἐσομένους. 我知道城邦民们将会（是）愚蠢（的）。（ἄφρονας 是宾格形式的表语性形容词。）

ᾔδειν ὅτι Σωκράτης τοὺς νεανίας ἐδίδαξεν. 他一直知道，苏格拉底教这些年轻人。

ἐρχόμεθα ἵνα ἴδωμεν αὐτόν. 我们来，为的是要见到他。

主句 ἐρχόμεθα（异态动词 ἔρχομαι 的一复；《奥德赛》，2.207）是现在时；从句 ἴδωμεν 是不定过去时（εἴδω 的不过时虚拟式一复），主句与从句时态不一致，是一种表意手段。当虚拟式用于从句时，尤其要注意与主句的关系。

在柏拉图那里，εἶδος 或 ἰδέα 虽然变成了观照的一般观念，对于古希腊的读者仍然十分形象化。苏格拉底在法庭上这样表达了自己的无知：

οὗτος μὲν οἴεταί τι εἰδέναι οὐκ εἰδώς, ἐγὼ δέ, ὥσπερ οὖν οὐκ οἶδα, οὐδὲ οἴομαι. ἔοικα γοῦν τούτου γε σμικρῷ τινι αὐτῷ τούτῳ σοφώτερος εἶναι, ὅτι, ἃ μὴ οἶδα, οὐδὲ οἴομαι εἰδέναι.

那个人认为知道自己不知道的事，而我既然不知道，也就不认为我知道。我觉得好像在这件事上总比他智慧一点，即我不知道的事，我就不认为我知道。(《苏格拉底的申辩》，21d5，吴飞译文)

这些不规则的动词在古希腊文中并不少见，它们通常与涉及身体感觉或者主观感知的日常行为相关；与现代西方语文中的不规则动词一样，每一个这样的动词都需要单独来记。

表达"说"的动词 εἴρω 基本不用现在时，表达现在时用 λέγω — φημί — ἀγορεύω 代替，但 εἴρω 的其他时态常用，并且经常替代 λέγω — φημί — ἀγορεύω 的相应时态：将来时 ἐρῶ(ἐρέω 的缩音)，不过时 εἶπον(强变化)，完成时 εἴρηκα，将来时被动态 ῥηθήσομαι，不过时被动态 ἐρρήθην，完成时被动态 εἴρημαι。比较 τὸ ἔπος[语词](Epos)：虚拟式 εἴπω，祈愿式 εἴποιμι，命令式 εἰπέ，不定式 εἰπεῖν，分词 εἰπών。

ἐάν ἔλθῃ, τί εἴπω; 如果他来了，我该说什么？

γίγνομαι[形成、生长]，词干为 γενη-，缩变为 γεν-；ἐγενόμην(过去时和不过时) — γενήσομαι(将来时) — γεγένημαι(现在完成时)[强变化形式为主动态 γέγονα] — γενέσθαι(不定式)。缩减词干形式 γεν-其实缩减自形容词 γενής，构成 γενεά[诞生、出生](比较 genealogy) — γένεσις[形成、创造](比较希伯来圣经开篇《创世记》的希腊语译名，注意属格形式 γενέσεως)。由 γεν-构成的形容词词尾-γενιος 具有主动的含义，并可转化为中性的名词词尾-γένιον，科学术语构造新词时常借助这个带有"创生"含义的词尾。

现在时分词 γενόμενος，比较 τὸ γένος[性别、种类]，ἐνδογενής[家内人](奴隶的自称，直译[生在家内的人])，ὁμογενής[同一家族的、同属的]。

γί-γνομαι 这个动词不仅十分常见，也相当难以掌握，有点像"是"动词，经常作为无人称句的动词，通常译作"变成、生成、发生、出现、被造成"，翻译时要看具体文脉。

ὁ νεανίας ἰατρός γενήσεται. 这个年轻人将成为一个医生。

οἱ ποιηταὶ κακίους γίγνονται. 这个诗人变得更坏了。

τοὺς νεανίας ἐδίδασκες ὅπως σοφώτεροι γένωνται. 你过去常教青年是为了他们将变得更聪明。

μὴ γένοιτο. 但愿这不会发生。
γένοιτο＝γίγνομαι 的强变化不定过去时祈愿式中动态第三人称单数。

ἐν ἐκείναις ταῖς ἡμέραις ἐγένετο ἱερεύς τις. 在那些日子里，一个祭司出现了。
πάντα δι' αὐτοῦ ἐγένετο. 万物靠他才生（万物靠他被造）。
εἶδεν τὰ γενόμενα. 他看到所发生的事情。
καὶ ἐγένετο αὐτὸν ἐλθεῖν. 正在那个当儿他来了。
宾格带不定式从属于 ἐγένετο，指"他来"发生在这个时刻。

καὶ ἐγένετο καὶ ἦλθεν. 正在这时候，他来了。
"他来"与某事情的发生同时。

μηχανᾶται ὅπως ἄν ταῦτα γένηται. 他正设法让那些事情发生。
表努力的宾语从句（Object Clause of Effort），除了用将来时直陈式之外，有时也用现在时态中的虚拟式。

Γένοι', οἷος ἐσσί. 但愿他成为你那样子（品达句）。
γένοι'＝γένοιο 的省音＝γίγνομαι 的不定过去时祈愿式第三人称单数，οἷος［如此这般的］；οἷος ἐσσί 是宾语从句，即 γένοιο 的宾语 οἷος ἐσσί［你那样］，指示性形容词 οἷος［如此这般的］的送气音使得前面的语词省去尾元音；ἐσσί 是εἶ［你是］的方言写法，直译为"成为你之所是的那样"。

索福克勒斯的一位剧中人临终前对自己的儿子的祝愿是：
Ὦ παῖ, γένοιο πατρὸς εὐτυχέστερος, τὰ δ' ἄλλ' ὅμοιος. 孩儿啊，但愿你比老爹幸运，即便其他方面都一个样。
γένοιο［但愿你］，随后是个不定式表语句短语（省略 εἶναι），属格的 πατρὸς［比父亲］是比较级形容词 εὐτυχέστερος（＝εὐτυχής［幸运的、幸福的］比较级）所要求的，四格的副词用法 τὰ δ' ἄλλ'（＝ἄλλος［别的］名词化复数四格，范围四格用法）作状语，连接起第二个表语 ὅμοιος［相同的］。

亚里士多德《诗术》（1451a36）中的名言：
Φανερὸν ... ὅτι οὐ τὸ τὰ γενόμενα λέγειν, τοῦτο ποιητοῦ ἔργον ἐστίν, ἀλλ' οἷα ἄν γένοιτο. 显而易见……诗人的作为不在于言述实际已发生的事，而在于

(言述)兴许会发生的事。

言述"实际已发生的事"指纪事书,言述"兴许会发生的事"指"作诗",也就是纪事与作诗的区分。

谐剧诗人米南德认为,这样的愿望才是理智的:
Μή μοι γένοιϑ' ἃ βούλομ', ἀλλ' ἃ συμφέρει. 但愿发生在我身上的事,不是我想要的,而是对我有益的。(米南德辑语481)

γένοιϑ' 是 γένοιτο (祈愿式),因后面所跟的语词以带送气号的元音开头,尾音产生缩变;动词 γένοιϑ' 包含的主词,引出两个关系从句:第一个 ἃ 是中性复数宾格,在从句中作宾语,与主句的无人称主语关联;第二个 ἃ 则是中性复数主格,动词 συμφέρει[有益处、带来益处]与 γένοιτο 一样,这里是无人称用法,句首的 μή 与这里的 ἀλλ' 构成"不是……而是……"的关联转折语气。

比较不定过去时的直陈式与虚拟式
αὐτὸς προδυμότερος ἐγένου τῶν στρατηγῶν[你自己比将官们更热切]
ἐγένου → 不定过去时二单
μηδὲν πλέον αὐτῷ γένηται[他没得逞]
γένηται → 不定过去时虚拟式三单

有个古希腊诗人赴宴时想得美(Skolion辑语,900 P [17d]):
εἴϑε λύρα καλὴ γενοίμην ἐλεφαντίνη καί με καλοὶ παῖδες φέροιεν Διονύσιον ἐς χορόν. 但愿我成为象牙雕成的美琴,美少年把我抬去狄奥尼索斯歌队。

λύρα=ἡ λύρα[七弦琴、竖琴;抒情诗]主格单数; ἐλεφάντινος, η, ον[象牙做的、象牙的]; ὁ ἐλέφας, αντος[大象、象牙]; Διονύσιον=Διονύσιος[狄俄尼索斯]的形容词化四单; χορόν=ὁ χορός[舞蹈、合唱队]四单。这是一个并列句,由两个单句构成,εἴϑε(感叹副词[但愿]),λύρα καλὴ γενοίμην ἐλεφαντίνη[我成为象牙雕成的美琴],动词 γενοίμην(γίγνομαι 的祈愿式一单,注意异态动词的祈愿式词尾形式)相当于系词,因此宾语 λύρα καλὴ ἐλεφαντίνη 是主格; καί με καλοὶ παῖδες φέροιεν[美少年把我抬到],καλοὶ παῖδες 是主语,注意宾语 με 已经是 λύρα, Διονύσιον 修饰介词短语中的名词 χορόν[舞会]。

强变化与不规则动词

不定过去时和完成时中的强变化,就是词干发生变化,那么,强变化是否该看作不规则动词？回答是否定的。不规则动词虽然与强变化一样为词干变化，却是指一个动词在好多时态—语态形式都会发生词干变化，强变化动词则仅在两个时态中的部分语态（现在完成时主动态、不定过去时主动—中动—被动态）为词干变化，在其他时态（比如现在时、过去时等）则是规则的。再说，印欧语系动词词干的元音交替其实相当规则，不当视为"不规则"动词。

不过，不规则动词在其不定过去时和完成时中，就体现为强变化，因而两种情形又显得有重叠（好些强变化的不定过去时动词，的确就是不规则动词）。

不规则动词的不定过去时

虽然不规则动词是常用动词，却并非每一种形式都常用，最常用的是不定过去时，因此必须单独逐个记牢这些动词的不定过去时形式。尤其这些动词的不定过去时的其他语式形式，必须单独掌握（英、法、德语中同样有一些这类动词）。下面的不规则动词的不定过去时（及其1分词、2不定式和3命令式）形式十分常见，必须熟悉：

ἄγω[进行、（朝某处）拖、拉] = ἤγαγον — ἀγαγεῖν；
ἔσχον[（我当时）有]: σχών — σχεῖν（现在时: ἔχω，注意与过去时形式比较）；
εἷλον[（我当时）拿、取]: ἑλών — ἑλεῖν；
ἦλθον[（我当时）去、来]（现在时 ἔρχομαι）: ἐλθών — ἐλθεῖν — ἐλθέ；
ἔφαγον[（我当时）吃]: φαγών — φαγεῖν；
ἔδραμον[（我当时）跑]: δραμών — δραμεῖν；
ἤνεγκον[（我当时）负载、携带]（现在时 φέρω）: ἐνεγκών — ἐνεγκεῖν；
ἔτυχον[（我当时）偶遇]: τυχών — τυχεῖν；
ἔπιον[（我当时）喝]: πιών — πιεῖν — πῖθι；
ἔπεσον[（我当时）跌倒]: πεσών — πεσεῖν；
ἔπαθον[（我当时）经受]: παθών — παθεῖν；
ἔμαθον[（我当时）询问、打听]: μαθών — μαθεῖν；
ἀπέθανον[（我当时）死]: ἀποθανών — ἀποθανεῖν。

常见不规则动词举隅

与现代西方语文一样，古希腊语的一些不规则动词恰恰十分常见，而且这些语词还多存活在现代西方语言的外来词中,我们当熟练掌握。

δοκέω[设想、看来是]:词干 δοκ-,现在时词干 δοκε-,将来时 δόξω(= δόκ-σω),不过时 ἔδοξα(= ἔδοκ-σα);比较 τὸ δόγμα(在 μ 前的 κ 要变成 γ),ὀρθόδοξος[正确信仰的、正教的],παρά-δοξος[相悖的、违反一般的]。

γαμέω[娶妻]:词干 γαμ-,现在时词干 γαμε-,将来时 γαμῶ(缩音自-εω),不过时 ἔγημα(γημ 来自 γαμ 的元音延长),完成时 γεγάμηκα;中动态 γαμέομαι[嫁人],将来时 γαμοῦμαι(γαμ-έομαι),不过时 ἐγημάμην,完成时 γεγάμημαι;比较 ὁ γάμος[婚礼、结婚、婚姻]。

ῥέω[流淌、流泻](缩音动词):词干 ῥυη-(现在时词干 ῥεϝ-),将来时 ῥυήσομαι 和不过时 ἐρρύην 均为被动态形式,完成时 ἐρρύηκα;比较 ὁ ῥυθμός[有规则的重复运动、有节奏的运动、节律;气质]以及 Rhythmus。

ἀφικνέομαι[到达、来到]:词干 ἀφικ-,由介词 ἀπὸ+ἱκνέομαι 而成,将来时 ἀφίξομαι,不过时 ἀφικόμην(不定式 ἀφικέσθαι,分词 ἀφικόμενος),完成时 ἀφῖγμαι。

βούλομαι[意愿]:词干 βουλη-,现在时词干 βουλ-(没有-ε),将来时 βουλήσομαι,不过时 ἐβουλήθην(被动态形式),完成时 βεβούλημαι;比较 ἀ-βουλία[欠考虑、犹豫不决]。

ἐβουλόμην ἂν αὐτοὺς ταληθῆ λέγειν. 我情愿他们那时说的是真话(意为:但愿他们正在说真话)。

τοιαῦτα ἔπαθον οἷα οὐκ ἂν βουλοίμεθα παθεῖν. 他们遭遇了我们不愿遭遇的事情。

ἐβουλόμην ἄν 与不定式连用,表示不能实现的愿望;关系从句中表达可能性,可用祈愿式。οἷα 与形容代词 τοιαῦτα 构成关联。

τέμνω[砍伤、切割、献杀]:词干 τεμ-或 τμη-,现在时词干 τεμν-,将来时 τεμῶ(缩音自 τεμέω),不过时 ἔτεμον,完成时 τέτμηκα;将来时被动态 τμηθήσομαι,不过时被动态 ἐτμήθην,完成时被动态 τέτμημαι;词干 τεμ- 构成名词性词干 τομ-,比较 τομή[砍后余下的一截、树桩;被砍的伤口],ἐπιτομή[截短、(作品)概要],τόμος[切片、(著作的)卷](比较拉丁文 tomus),ἄτομος[不可分割的、无限小的]＝ἡ ἄτομος[原子]（补充 οὐσία[本质、质料]）。

德谟克利特的所谓"原子"学说的名称是形容词 ἄτομος 的名词化 τὸ ἄτομον(本来为阴性冠词，如今惯用中性)，复合动词 ἀνατέμνω[切割、切开、切掉]—名词 ἡ ἀνατομή[解剖(身体)]。形容词 ἔντομος[切碎的]，在亚里士多德那里被实词化为中性名词 τὰ ἔντομα[昆虫]（比较英文 entomology[昆虫学]）。

有几个不规则动词体现为在词干后附加音节 -άνω：
λαμβάνω[拿、握]：词干 λαβ-(或 ληβ-)；比较 ἡ συλλαβή[抓紧、收拢、概括]，τὸ λῆμμα[接受的东西、收益]，在辩证法中所谓的[假设、前提]，δίλημμα[分裂、矛盾](直译:[双重假设])，ἡ λῆψις[拿获、捉住]，ἀνάληψις[拿起、修复、赔偿]，πρόληψις[预设]，ληπτός[捉拿到的]，ἐπίληπτος[已把握到的、被缚的]，引申为[发癫的]，比较 Epilepsie[羊癫风]（古人把这种病看作 ἱερά νόσος[圣病]）；完成时不定式主动态 εἰληφέναι：

苏格拉底说，辨识灵魂时要 εἰληφέναι τινὰ χαρακτῆρα ἑκατέρου τοῦ εἴδους [逮着每类形相各自的某些特征]。

αἰσθάνομαι[感觉、感知]：词干 αἰσθ(η)-，将来时 αἰσθήσομαι，不过时 ᾐσθόμην(强变化)，完成时 ᾔσθημαι；形容词 αἰσθητικός[可感觉的、可感知的]见于当今的所谓"审美学"一词，比较反义词 ἀναισθησία[无知觉、麻木]。

μανθάνω[(通过阅读)学习、询问、打听、弄明白]：词干 μαθη-(简化形式 μαθ-)，将来时 μαθήσομαι(中动态)，不过时 ἔμαθον(强变化)，完成时 μεμάθηκα；比较 τὸ μάθημα[课业、功课、知识、学问]，复数 τὰ μαθήματα[认识、知识](尤指对数值的知识)，形容词 μαθηματικός[好学的]，经亚里士多德变成[关涉数值学问的]；添上 τέχνη 就构成 ἡ μαθηματική[数值学说、数学]，ὁ μαθηματικός[数学家]。古希腊晚期作家由此引申出 ἡ χρηστομάθεια [需要学到的东西、属于学问的东西]，尤指[便于学习、印制精美的大诗人选集]。

τυγχάνω[碰到、偶遇]：词干 τευχ- 和 τυχ(η)-，将来时 τεύξομαι(中动态)，不过时 ἔτυχον(强变化)，完成时 τετύχηκα；比较 ἡ τύχη[命运、幸运女神](直译"撞到人身上的东西")，τεύχω[制造、编织、做(饭食)]，τὸ τεῦχος[制作一件东西的工具、容器](在亚历山大时期指做学问不可或缺的工具即"书"，因此

有与 πέντε [五] 合成的 πεντάτευχος [五经书] = 旧约中的前五书, 又称"摩西五经")。

有的不规则动词体现为现在时和过去时要附加音节 -σκω:

γιγνώσκω [看出、认出、认识]: 词干 γνο- (或延长元音 γνω-), 仅中动态形式 (不完全动词), 将来时 γνώσομαι, 不过时 ἔγνων (强变化), 完成时 ἔγνωκα, 将来时被动 γνωσθήσομαι, 不过时被动 ἐγνώσθην; 不过时分词一单 γνούς:

γνοὺς ὅτι διδασκάλων δέομαι. 我认识到我需要老师。

εὑρίσκω [寻找、找到、发现]: 词干 εὑρη- 和 εὑρε-, 将来时 εὑρήσω, 不过时 ηὗρον (强变化), 完成时 ηὕρηκα, 将来时被动态 εὑρεθήσομαι, 不过时被动态 ηὑρέθην, 完成时被动态 ηὕρημαι。阿基米德在为叙拉古王希耶罗二世的皇冠制作研究金子的含量比例时, ηὕρηκα [他发现了] 特别的比例规则, 于是有了一种所谓的 Heuristik [发明学说], 属于相关逻辑学的一部分。

ἀποθνήσκω [死、死去]: 源于极少用的简单动词 θνήσκω, 词干 θαν-, 将来时 ἀποθανοῦμαι (中动态), 不过时 ἀπέθανον (强变化), 完成时 τέθνηκα; 比较 ὁ θάνατος [死亡], ἀθάνατος [不死的], ἀθανάσιος [以永生的方式、不朽的] (比较著名希腊教父 Athanasios [阿塔纳修斯] 的名字), ἀθανασία [不死、永生], εὐθανασία [轻松、幸福的死] (靠医生减轻死的痛苦)。

ἕτοιμά ἐστιν ὑπὲρ τούτων ὑπεραποθνήσκειν. 他们准备为了这些去死。

διδάσκω [传授、教授]: 词干 διδαχ- (默辅音词干, 源于词根 δαχ-), 将来时 διδάξω (源于 διδάχ-σω), 不过时 ἐδίδαξα, 完成时 δεδίδαχα, 将来时中动态 διδάξομαι, 不过时中动态 ἐδιδαξάμην, 将来时被动态 διδαχθήσομαι, 不过时被动态 ἐδιδάχθην, 完成时被动态 δεδίδαγμαι; 比较 ὁ διδάσκαλος [教师、老师], διδασκαλία [(雅典戏剧中的) 演员引示、演出指引] (比较欧洲近代最早的戏剧杂志的名称 Didaskalia), διδακτός (由动词变来的形容词) [学来的、能够学会的], αὐτοδίδακτος [可自学的], 添上 τέχνη = ἡ διδακτική [教学法]。

ταῦτά τε οὖν πάντα ἐδίδασκέ με. 他教 (过去时) 我所有这些。

εἰ Σωκράτης διδάσκοι τοὺς νεανίας, σοφοὶ ἐγίγνοντο. 如果苏格拉底曾教过 (过去时祈愿式) 年轻人, 那他们就会变聪明。

εἰ Σωκράτης διδάξειε τοὺς νεανίας, γίγνοιντ᾽ ἂν σοφοί. 如果苏格拉底一直

教(将来时祈愿式)年轻人,他们应该会变聪明(主句作为结果也用祈愿式)。

下面从现在时或过去时直陈式条件句与主句的关系来熟悉两个不规则动词(διδάσκω[传授、教授]和γίγνομαι[形成、生长])的用法:

εἰ Σωκράτης διδάσκει τοὺς νεανίας, σοφοὶ γίγνοται. 如果苏格拉底在教那些年轻人,那他们就变得聪明。

εἰ Σωκράτης ἐδίδαξεν τοὺς νεανίας, σοφοὶ ἐγένοντο. 如果苏格拉底曾教过那些年轻人,那他们就会变聪明。

εἰ Σωκράτης ἐδίδασκε τοὺς νεανίας, σοφοὶ ἐγίγνοντο. 如果苏格拉底那时在教那些年轻人,他们那时就变得聪明。

μιμνήσκω[记忆、回忆、记起],词干μνη-,散文中常用作复合动词ἀνα-或ὑπο-μιμνήσκω,将来时μνήσω,不过时ἔμνησα,完成时(不用),将来时被动态(中动态含义)μνησθήσομαι,不过时被动态ἐμνήσθην,完成时被动态μέμνημαι;μνήμων(形容词)[记得的、牢记的],μνήμη[记忆、记忆力、纪念],ἄμνηστος[记不起来的],ἀμνηστία[忘记、宽谅](直译"不记住、不提及")。

有的不规则动词的现在时词干与其他时态的词干完全不同,甚至面目全非(有两种及以上的不同词干,且词源上不相干),可称为混合词干的不规则动词,需要特别注意掌握。因为,在一般的古希腊语词典中,这些不规则动词的其他时态的词干往往没有按字母顺序出现,要找到很难。

αἱρέω[握、拿、取走;征服、领会、选取]:词干αἱρε-、ἑλ-,将来时αἱρήσω,不过时εἷλον(强变化,εἰ为过去时词首增音造成),完成时ᾕρηκα,将来时被动态αἱρεθήσομαι,不过时被动态ᾑρέθην,完成时被动态ᾕρημαι;比较ἡ αἵρεσις[选择、挑选、思量、规划](后来引申为一种哲学取向、小团伙、小教派,比较Häresie[异端邪说])。

Ἕλοιμί κεν ἤ κεν ἁλοίην. 要么我得胜杀死你,要么我被[你]杀死。(《伊利亚特》,22.253)

ἕλοιμί = αἱρέω 不过时虚拟式一单;ἁλοίην = ἁλίσκομαι 不过时虚拟式被动态一单;κεν = ἄν。

ἔρχομαι[去、来]：词干 ἐρχ-，ἐλ(υ)ϑ-，将来时 ἐλεύσομαι（很少见，常用 εἶμι），不过时 ἦλϑον（强变化，分词 ἐλϑών，不定式 ἐλϑεῖν），完成时 ἐλήλυϑα。

ἤειν ἄν πολλάκις εἰς τὴν πόλιν. 他可能经常来这座城市。
ἦλϑεν ἄν ἐκείνῃ τῇ ἡμέρᾳ εἰς τὴν πόλιν. 那天他可能来了这座城市。
过去时直陈式加 ἄν，表示过去可能正在进行的或重复（经常）发生的行为；不定过去时直陈式加 ἄν，表示过去可能发生的某一次行为（否定用 οὐ）。

ἐπειδὴ εἰς τὴν πόλιν ἔλϑοις, τὸν ἀδελφὸν ἑώρας. 你（过去）每次进城，你都会看你兄弟。
祈愿式用于过去时一般时间从句，相当于过去时一般条件从句。

注意加了前缀的情形：
Μήποτε ἡμᾶς πόϑος δόξης ἐπέλϑῃ. 我们千万别追逐名利！
ἐπέλϑῃ＝ἐπ-ἔρχομαι[来到、突然来临]不过时虚拟式三单；πόϑος[渴望、思念、怀念、痛惜]主格单数；δόξης＝δόξα[声望、荣誉、名声]的二格单数；直译为"对名望的渴望千万别来到我们身上"。

ἐσϑίω[吃]（比较德文 essen）：词干 ἐδ-，φαγ-，将来时 ἔδομαι，不过时 ἔφαγον（强变化），完成时 ἐδήδοκα；比较 σαρκοφάγος[食肉的]，λίϑος σαρκοφάγος[碎尸石]（λίϑος[石头]）。
τί φάγωμεν 我们该吃什么？
φάγωμεν＝ἐσϑίω[吃、吞噬]的强变化不过时虚拟式一复。

τρέχω[跑]：词干 τρεχ-，δραμ(ε)-，将来时 δραμοῦμαι，不过时 ἔδραμον（强变化），完成时 δεδράμηκα；比较 ὁ δρόμος[奔跑、赛跑]（a-o 换音：δραμ-δρομ），ὁ ἱππόδραμος[马道]。

φέρω[背、提、携带、承受]：词干 φερ-，οἰ-，ἐνεγκ-；将来时 οἴσω，不过时（强变化）ἤνεγκον（副形 ἤνεγκα），完成时 ἐνήνοχα，将来时被动态 ἐνεχϑήσομαι，不过时被动态 ἠνέχϑην，完成时被动态 ἐνήνεγμαι。
比较 περιφερής[依圆周旋转的、周而复始的]，ἡ περιφέρεια[圆周、圆形面]（比较 Peripherie），ἡ φορά[运走、带来；偿还、还债；运动、移动]（源于 φερφορ），ἡ μεταφορά[运输、转送；喻意、隐喻]（比较 Metapher），χριστοφόρος＝[背基督的人]（常用于人名）。

πρός γ' ἐνεγκεῖν δυνατὸν σκεύη[能骡运装备]
ἐνεγκεῖν → φέρω 的不过时不定式

ἔχω[拥有、持有]：词干 ἐχ-、σεχ-、σχε-；过去时词首增音为 ει-，而非 η-。因此，过去时 εἶχον，将来时 ἕξω 和 σχήσω，不过时 ἔσχον，完成时 ἔσχηκα，将来时中动态 ἕξομαι 和 σχήσομαι，不过时中动态 ἐσχόμην，完成时中动态 ἔσχημαι。

为什么 ἔχω 的将来时变成了送气的 ἕξω — ἕξομαι？据语文学家解释，ἔχω 的词干实际是两个 σεχ-/σχ-，词干 σεχ-开头的 σ 在元音前脱落，由送气音替代变成 ἑχ。依据元音规则，如两个连续的音均为送气音，则要省去其中一个，于是现在时的 ἕχω 变成了 ἔχω；将来时 χ 与 σ 复合为 ξ，开头的 ε 恢复送气，于是变为 ἕξω。

比较 ἡ ἐποχή[停驻、停住点、时段]（比较 Epoche），τὸ σχῆμα[（保持住的）姿势、外形、形像、轮廓、仪表]（比较 Schema，广东话"有型"），ἡ σχολή[空闲时间、闲暇、悠闲的探讨]，尤指用于从事学问的[清闲]（比较拉丁语 schola，英语 school，德语 Schule，法语 Scholar）。

πίνω[饮]：词干 πιν-、πι-、πο-、πω-；将来时 πίομαι，不过时 ἔπιον（强变化），完成时 πέπωκα，将来时被动态 ποθήσομαι，不过时被动态 ἐπόθην，完成时被动态 πέπομαι；τὸ συνπόσιον[会饮]，柏拉图的《会饮》中有这个动词的不定过去时命令式用法：πίθι ἢ ἄπιθι[喝还是不喝]。

πίπτω[落下、倒下、跌倒]：词干 πε-（来自 πετς-），πτω-；将来时 πεσοῦμαι，不过时 ἔπεσον（强变化），完成时 πέπτωκα；这个语词的含义和词干与 πέτομαι[飞、飞奔、飞跑]有亲缘关系；περιπετής[搂抱的、（用袍子）蒙住的]，ἡ περιπέτεια[（事件或命运的）骤变]（尤指戏剧中人物命运的逆转，比较 Peripetie），τὸ σύμπτωμα[落到某人头上的事情、遭遇；症候]（指某种疾病引起的同时出现的表征，我们俗话说，"什么都遇到一起了"（比较 symptom[症候]）。

πάσχω[承受、经受、遭受]：词干 πενθ-、παθ-；将来时（中动态）πείσομαι（源于 πένθ-σομαι，不要与 πείσομαι[将顺从、听从]搞混），不过时 ἔπαθον（强变化），完成时 πέπονθα；比较 τὸ πάθος[遭遇、受苦、激情]，παθητικός[充满热情的、有感受力的]，ἀπαθής[冷漠的、没有感受力的]，ἡ συμπάθεια[一同感受、同情]，ἡ ὁμοπάθεια[类似疗法、顺势疗法]（通过激起相同感受来治疗，原意为：相同状况的相同感受）。

练习

1. 比较下面四对语词的构成关系
   οἶδα — *πέπαυκα*; *εἰδώς* — *εἰρηκώς*; *ᾔδει* — *ἐπεφυλάκει*; *εἰδέναι* — *ἀκηκοέναι*

2. 拉丁语 vivi 与 *οἶδα* 有词源关系，请从这一角度解释 *οἶδα*；

3. 用相应的 *εἰδέναι* 的形式取代下面的 *γιγνώσκειν* 的形式：
   γιγνώσκεις — *γιγνώσκομεν* — *γιγνώσκοντες* — *γιγνώσκουσα* — *ἐγίγνωσκον*（2）— *γίγνωσκε* — *γιγνώσκοιμι* — *γιγνώσκῃ* — *γιγνώσκοι* — *ἐγίγνωσκες* — *γιγνώσκουσιν*（2）

4. 收集下面这则伊索寓言中的所有表明进一步动作及其地点变换的动词，包括不定过去时；

   小心为妙[49]

   狐狸来到一只装病的狮子跟前：

   Τοῦ δὲ λέοντος εἰπόντος "κακῶς" καὶ τὴν αἰτίαν ἐρομένου, δι' ἣν οὐκ εἴσεισιν, ἔφη, "Ἀλλ' ἔγωγε εἰσῆλθον ἄν, εἰ μὴ ἑώρων πολλῶν εἰσιόντων ἴχνη, ἐξιόντος δὲ οὐδενός."

   狮子对狐狸说：

   Εἴσιθι, ὦ φίλε· εὖ ἴσθι, ὅτι κακῶς πράττω. Ἴσθι φίλος ἀγαθός, μή με καταλίπῃς.

   ἴχνη = *τὸ ἴχνος*; *ἴσθι* 这个形式既见于 *εἰμί*，也见于 *οἶδα* 的命令式形式，在狮子对狐狸的回答中，这个形式是从哪个动词来的？

5. 试比较过去时与强变化的不定过去时的形式构成，找出其共同点和差别：
   ἐ-λάμβαν-ο-ν — *ἔ-λαβ-ο-ν*; *ἐξ-έ-βαλλε-(ν)* — *ἐξ-έ-βαλ-ε-(ν)*; *ἐ-λείπ-ο-μεν* — *ἐ-λίπ-ο-μεν*; *ἐ-λέγ-ε-τε* — *εἴπ-ε-τε*; *ἐ-λείπ-ο-ντο* — *ἐ-λίπ-ο-ντο*; *κατ-ε-λαμβαν-ό-μην* — *κατ-ε-λαβ-ό-μην*

7　变音动词

古希腊人有这样的倾向:为避免两个元音在发生音素结合(比如在插入部词干与人称词尾结合)时直接相连,往往会有叠音。元音叠音的结果不外乎两种:元音延长(过去时词首增音时,遇到词干以元音开头的动词要将短元音变成长元音),词法术语叫"合拼";元音缩短,词法术语叫作"元音缩变"。

这还仅仅是元音叠音的情形,还有类似的辅音叠音的情形,我们把这类动词统称为"变音动词"。

缩音动词(-αω动词)

当动词的词干以两个近似元音结尾时,会发生元音缩变(contraction[收缩]),这类动词称为"缩音动词",比如:δράω[做、完成、做成](比较名词τὸ δρᾶμα[戏剧])、φιλέω[爱]、δηλόω[显明、敞开]。

实际上,仅仅当动词词干的最后一个字母为 -α、-ε、-ο时,才可能会是缩音动词,因此,这样的动词也称为-άω -έω -όω动词(语法书通常合称为-αω动词)。

由于将来时、不定过去时、现在完成时等时态的构成要在词干与人称词尾之间插入时态记号,从而已经避免了两个近似元音的结合,所谓"缩音动词"的变音规则其实仅仅见于现在时和过去时(注意含各种语态和分词)。

缩变规则

-α词干: αε=α　αει=ᾳ　αη=α　αῃ=ᾳ　如 τίμα-ε=τίμα(命令式二单)
　　　　 αο=ω　αοι=ῳ　αου=ω　αω=ω　如 τιμά-ω=τιμῶ

-ε词干: εε=ει　εει=ει　εη=η　εῃ=ῃ　如 ποίε-ε=ποίει(命令式二单)
　　　　 εο=ου　εοι=οι　εου=ου　εω=ω　如 ποιέ-ομεν=ποιοῦμεν

-ο词干: οε=ου　οει=οι　οη=ω　οῃ=οι　如 δηλό-ει=δηλοῖ
　　　　 οο=ου　οοι=οι　οου=ου　οω=ω　如 δηλό-ω=δηλῶ;

尤其注意：-αω结尾的动词，其现在时主动态不定式词尾-άειν要缩变为-ᾶν（如 τιμ-άειν＝τιμ-ᾶν）；-οω结尾的动词，其现在时主动态不定式从ο-ειν缩变成 ουν（如 δηλόειν＝δηλοῦν）。

缩音动词在遇到时态记号（比如：将来时的-σ＋ο/ε，弱变化不定过去时的-σα，不定过去时被动态的-ϑε）时都是有规则地并音：亦即将时态记号前面的元音变为长元音（α或ε变成η）。应该清楚，这是元音的合拼（变长），而非元音缩变，而且是加时态记号时出现的并音。

在阿提卡作家那里，常可见到现在时祈愿式单数 νικαοίην — νικαοίης — νικαοίς 的缩音次形：νικῴην — νικῴης — νικῴη。

在古风希腊文里（尤其诗人笔下），也有应该元音缩变而没有缩变的情形（普通希腊文少见）。

νικάω＝νικῶ，νικάομεν＝νικῶμεν，νικάων（分词）＝νικῶν，νικάουσι(ν)＝νικῶσι(ν)，νικάοιμι（祈愿式）＝νικῷμι，νικάετε＝νικᾶτε，νικάεις（二单）＝νικᾷς，νικάῃς（虚拟式二单）＝νικᾷς，νίκαε（命令式二单）＝νίκα

ἐν τούτῳ νίκα. 以此符得胜。

νίκα 是命令式形式，这句话直译意为［你在这个东西中得胜吧］。康斯坦丁大帝在与 Maxentius 争夺王位时，据说天上降下祥瑞，是个十字架符号，上面写着这句话。

εἰ γὰρ μὴ νικῷεν οἱ πολέμιοι. 但愿敌人别打赢（意为：我希望敌人别打赢）。

表愿望的祈愿式说明将来的愿望，由 εἰ 引导。

ὅπως νικήσεις. 你务必要赢。

ὅπως μὴ νικηϑησόμεϑα. 我们保证不被打败。

在将来时的用法中，如果由 ὅπως 或者 ὅπως μή 来引导表达努力的宾语从句，将来时直陈式可作为紧急命令或规劝的相应部分独立使用。

我们学习古希腊文不是为了写作，而是为了阅读古代经典。因此，重要的是掌握原理，懂得还原动词的"原形"（词典注录形式）。各种缩音规则使得有的动词出现多种语态的人称词尾有相同的形式，比如 δηλοῖς 有三种可能性（现在时第二人称单数直陈式、虚拟式、祈愿式主动态），δηλοῖ 甚至有五种可能性（现在时第三人称单数直陈式、虚拟式、祈愿式主动态，现在时第二人称单数直陈式、虚拟式中动态和被动态［参见《凯若斯述要笺释》中的

"语法简表"]),需要小心分辨。

εὐτυχοίης καὶ τύχοις ὅσων ἐρᾶς. 祝你幸福,万事如意!
τύχοις[但愿你得到],支配二格宾语,因此宾语是二格的 ὅσων, ἐρᾶς[你渴望]为宾语从句,本来当有关系代词,这里宾语吞掉了关系代词,在关系清楚的情况下,常见这种吞掉关系代词的情形。直译为:你得到你渴望的一切。
εὐτυχοίης＝εὐτυχέω[运气好、顺利]祈愿式二单[但愿你幸福];ἐρᾶς＝ἐράω（τινός）[爱（某人）、欲求]（缩音动词）虚拟式二单;τύχοις＝τυγχάνω[撞上、碰见;获得、取得]祈愿式二单。

μὴ φθονήσῃς μηδενί. 别妒忌任何人!
φθονήσῃς＝φθονέω[妒忌、嫉妒]的不过时虚拟式二单。

考古学家发掘出一个古希腊的葡萄酒桶,看见上面写道:
Πίε. μὴ δίψα. ζήσαις. 喝吧。别渴着。愿你活着。
πίε＝πίνω[饮]的不过时命令式二单,δίψα＝缩音动词 διψάω[口渴]的不过时命令式二单,ζήσαις＝缩音动词 ζάω 的不过时祈愿式二单。

有一首亚历山大时期的民间情诗,其中出现了好几个缩音动词:

要是你爱我

εἴ με φιλοῦντα φιλεῖς, διπλῆ χάρις. 要是你爱我这个有情人(爱者),就是双重的福分;
εἰ δέ με μισεῖς, τόσσον μισῴης, 但要是你恨我,你恨我之深,
ὅσσον ἐγώ σε φιλῶ. 便一如我爱你之深。
λέγουσιν, ἃ θέλουσιν. 他们愿说什么,就说去吧;
λεγέτωσαν, οὐ μέλει μοι. 无论他们会说什么,我都不在乎;
σὺ φίλει με. συμφέρει σοι. 爱我吧!这会对你有好处。

――――――――――

φιλέω[爱]— ἀδικέω[做错事;伤害、虐待]— ἀγανακτέω[感到不快;生气]— μισέω[憎恨]都是缩音动词(见《凯若斯述要笺释》)。

以 -όω 结尾的缩音动词明显比 -έω 和 -άω 结尾的缩音动词少见,因此,记住如下规则很有用:

ο + ε — ο — ου＝ου：κοίνου ⟨ κοίνοε；κοινοῦμεν ⟨κοινό-ομεν

ο + η — ω＝ω：κοινῶ ⟨κοινόω；κοινῶτε ⟨κοινόητε

ο + ει — οι — η＝οι：κοινοίην ⟨οοίην；κοινοῖ ⟨κοινό-ει/κοινό-η

→ 现在时主动态不定式为 κοινοῦν ⟨κοινό-ε-ιν；比较 τιμᾶν。

不妨以上面的例子为参照分解下面的缩音动词：

ἐδούλουν — δικαιοίης — ἐλευθεροῖς — πλήρου — δουλῶν — δουλούμεθα — δουλῶτε — πληροίη — δούλου — ἐδουλοῦ

缩音动词的声调

元音缩变音节如果尚未缩变前就有声调，缩变后仍然有声调；倘若元音缩变在次音节或前音节，声调可按声调通则获得；倘若元音缩变在尾音节，则有一个起伏音。

φιλέομεν — φιλοῦμεν：元音缩变在次音节，而且有声调，因此，ου 必须有声调；按声调规则，尾音节为短元音，次音节是长元音且有声调的话，必定是起伏音。

τιμαόμεθα — τιμώμεθα：元音缩变在前音节，而且有声调，缩变后也有声调，按声调通则，近昂音可以置于前音节。

δηλόεις — δηλοῖς：元音缩变在尾音节，有声调，元音缩变后仍然有声调。如果这些元音缩变的音节都没有声调，元音缩变后也没有声调。

将来时有元音缩变的动词

有一些动词虽然本身不是缩音动词，但在将来时态的主动态和中动态会出现元音缩变的情形（记住，将来时态的被动态的构成与主动态、中动态的构成不在一个系统）。不过，这种情形表现为尾音节的声调变化（变为起伏音），尽管如此，词形学上仍然称为动词将来时态的元音缩变。

请看[传告]的六种时态词干的将来时词干：

ἀγγέλλω — <u>ἀγγελῶ</u> — ἤγγειλα — ἤγγελκα — ἤγγελμαι — ἠγγέλθην

请细心比较：μένω（现在）＝μενῶ（将来）；μένεις＝μενεῖς

（现在）μένων — μένουσα — μένον

（将来）μενῶν — μενοῦσα — μενοῦν

辅音动词

在学习缩变动词时，我们已经知道，以元音 -α，-ε，-ο 结尾的词干，在现在时的构成时会与随后的人称词尾元音或连接元音发生元音缩变；同样道理，如果词干以辅音结尾，在构成某些时态的时候会因随后的时态标记或人称词尾的开首辅音而产生变化，这类动词就是所谓"辅音动词"（Verba muta［默辅音动词］＝拉丁语 mutus［哑默的］）。

辅音按发音位置分为：唇辅音（β — π — φ）、腭辅音（γ — κ — χ）、齿辅音（δ — τ — ϑ）。在构成现在时和过去时的情形下，辅音词干的动词不会遇到什么困难，因为这两个时态的人称词尾都以元音开头，如果要构成比如说将来时、不过时、完成时以及过去完成时，由于要在插入部加特定记号（通常为辅音字母开头），就会出现辅音变化。

唇辅音词干：κρύπτω［隐藏、藏匿］（比较 apokryph）＝将来时 κρύψω，不过时 ἔκρυψα，完成时 κέκρυφα，过去完成时 ἐκεκρύφειν。

腭辅音词干：διώκω［追踪、迫害］＝将来时 διώξω — διώξομαι（中动）— διωχϑήσομαι，不过时 ἐδίωξα — ἐδιωξάμην（中动）— ἐδιώχϑην，完成时 δεδίωχα，过去完成时 ἐδεδιώχειν。

齿辅音词干：πείϑω［劝说、说服］＝将来时 πείσω — πείσομαι（中动）— πεισϑήσομαι（被动），不过时 ἔπεισα — ἐπεισάμην（中动）— ἐπείσϑην（被动），完成时 πέπεικα，过去完成时 ἐπέπεικειν。

μὴ κλέψῃς.（你）不可偷盗！（禁止虚拟式）
κλέψῃς＝κλέπτω［偷窃、欺骗、隐瞒］不过时虚拟式二单，因插入 -σ- 发生变音。

φιλοσοφία ἐστιν χαρίεν, ἐάν τις αὐτῆς μετρίως ἅψηται. 当哲学以适当的方式攫住某人时，它才迷人。

ἅψηται＝ἅπτω［拴上、缠住；接触、点燃］的不过时虚拟式中动态三单（注意变音规则：πτ＋σ＝ψ）。从句是过去真实的条件从句，主句是个表语句，表语 χαρίεν（＝χαρίεις［慈祥的、令人喜爱的；文雅的］）是形容词中性单数主格，表达某物的性质，通常用中性；条件从句 ἐάν ... 的主词是 τις，谓语是句末的 ἅψηται［被缠住］。

阴性属格单数的 αὐτῆς 这里是来源二格用法，相当于施动与格，阴性表明它指代的是主句中的 φιλοσοφία，μετρίως（＝μετρίος［适度的、适中的；少量的］副词化）的词尾告诉我们，它是形容词变来的副词。

不少辅音词干动词的现在时和过去时词干结尾为双辅音（比如唇辅音与齿辅音结合的 -πτ＝κρύπτω［隐藏、藏匿］），尤其要注意词干以双齿辅音 -ττ 结尾的，比如 πράττω［做］，因为，它在其他时态是腭辅音词干 πραγ-，因此，

将来时 πράξω —— πράξομαι（中动）—— πραχθήσομαι（被动），

不过时 ἔπραξα —— ἐπραξάμην（中动）—— ἐπράχθην（被动），

完成时 πέπραχα —— πέπραγμαι（中被动）。

ταῦτα ἔπραξας ὅπως ἂν τὴν πόλιν σώσειας. 你做这些事情，为的是解救城邦。

ὅπως 引导的祈愿式，可用于目的从句（加 ἄν）。

比较 τάττω［安排］的现在完成时：τέ-ταγ-μαι —— τέ-ταξαι（缩音自 τε-ταγ-σαι）—— τέ-τακ-ται（缩音自 τε-ταγ-ται）—— τε-τάγ-μεθα —— τέ-ταχθε（缩音自 τε-ταγ-σθε）—— τε-ταγ-μένοι, -αι εἰσί（此即完成时第三人称复数的替代形式）

不定式 τε-τάχθαι（缩音自 τε-ταγ-σθαι）；分词 τε-ταγ-μένος, -η, -ον。

这样的变化并非没有规则，要掌握这些规则，必须先记住辅音的音位，然后记住其变化规则。掌握这些规则，对于动词的还原十分有用。

在学习现在完成时的构成时，我们已经提到现在完成时中动 —— 被动态构成时的辅音动词的变音，这里以辅音词干的动词构成不定过去时主动态为例来看变音规则：

腭辅音 γ —— κ —— χ 以及 -ττ＋σ＝ξ，

ἄρχω［居首位、统治］＝ἦρξα；φυλάττω［守护］＝ἐφύλαξα.

唇辅音 β —— π —— φ 以及 -πτ＋σ＝ψ，

βλέπω［瞧］＝ἔβλεψα；βλάπτω［损害］＝ἔβλαψα.

齿辅音 δ —— τ —— θ 以及 -ζ＋σ＝σ，

νομίζω［以为］＝ἐνόμισα.

掌握这样的规则，必须小心前面的辅音（词干辅音）与什么样的辅音（后面的辅音）相遇。现在完成时中动/被动态由于没有连接元音而产生的辅音音变细则为：

腭辅音 γ —— κ —— χ 以及 -ττ＋μ＝γμ, ＋τ＝κτ, ＋σθ＝χθ

δεδίωκ-μαι＝δεδίωγ-μαι, ἦρκ-μαι（ἄρχω）＝ἦργ-μαι

唇辅音 β —— π —— φ 以及 -πτ＋μ＝μμ, ＋τ＝πτ, ＋σθ＝φθ

τέτριβ-μαι（τρίβω［搓、揉］）＝τέτριμ-μαι, πέπεμπ-μαι＝πέπεμ-μαι

齿辅音 δ — τ — ϑ 以及 -ζ + μ = σμ, + τ = στ, + σϑ = σϑ

πέπειϑ-μαι = πέπεισ-μαι

比如 λείπω［离开］的现在完成时中动/被动态：λέλειμμαι（缩音自 λε-λειπ-μαι）— λέ-λειψαι（缩音自 λε-λειπ-σαι）— λέ-λειπ-ται — λε-λείμμεϑα — λέ-λειψϑε（缩音自 λε-λειπ-σϑε）— λε-λειμμένοι, -αι — 不定式 λε-λεῖψϑαι（缩音自 λε-λειπ-σϑαι）；分词 λε-λειμμένος, -η, -ον

可见，辅音动词的变音与具体时态—语态的标记相关，比如辅音动词在构成不定过去时和将来时被动态时的变音：

腭辅音 γ — κ — χ 以及 -ττ + ϑ = χϑ, ἄγω［领导、引导］= ἤχϑην
唇辅音 β — π — φ 以及 -ππ + ϑ = φϑ, βλέπω［瞧见］= ἐβλέφϑην
齿辅音 δ — τ — ϑ 以及 -ζ + ϑ = σϑ, πείϑω［闲谈、劝导］= ἐπείσϑην

流音动词

所谓流音指 λ、μ、ν、ϱ 这几个辅音，如果动词词干以这几个辅音结尾，就是流音动词（Verba liquida）——实际上是辅音动词的一种特别类型。

流音动词主要在构成将来时主动态、中动态以及弱变化不定过去时的主动态和中动态时会有特殊性。构成将来时主动态和中动态时，流音动词不是像通常那样在词干后面加 σ + ο/ε，而是加 ε + ο/ε 发生音变，即 ε 与随后的连结元音按缩变规则变音，因而，其构成与 -εω 动词的现在时一样。

主动态：κρινῶ — κρινεῖς — κρινεῖ — κρινοῦμεν — κρινεῖτε — κρινοῦσι(ν)
中动态：κρινοῦμαι — κρινῇ — κρινεῖται — κρινούμεϑα — κρινεῖσϑε — κρινοῦνται

可见，流音动词将来时的主动态直陈式的单数第三人称和复数第三人称与其现在时的形式仅有声调差别。

现在系统的动词词干常不明显，因此，流音动词的将来时与现在时的差别，有时不仅在于将来时所加的 -ε，比如：βάλλω 的将来时是 βαλῶ，因为其词干是 βαλ-，而非 βαλλ-。有的动词仅仅在将来时才有流音词干，其他时态没有：λέγω 的将来时是 ἐρῶ。

流音动词的弱变化不定过去时的主动态和中动态，不是在动词词干上加 -σα，而是仅仅加 -σ，然后词干会稍有变化——词干中的元音通常变成长音；不过，-ε 不是变成 -η，而是变成 -ει。至于语式的变化，则没有差别：

μένω[停留]：词干 μεν-

ἔμεινα（直陈式）— μείνω（虚拟式）

μεῖναι（不定式）— μείνας; ασα; αν（分词）

ἔ-μεινα — ἔ-μεν-σα（不过时主动态和中动态）

再举两个常见的例词：

ἀγγέλλω[递消息]，词干 ἀγγελ(λ)-，缩音自 ἀγγελέ(σ)ω，ἀγγελεῖς — ἀγγελεῖ

将来时主动态—中动态：ἀγγελῶ — ἀγγελοῦμαι

不过时主动态和中动态：ἤγγελ-σα — ἤγγειλα

比较完成时：主动态 ἤγγελκα — 被动态 ἤγγελμαι

将来时和不定过去时被动态：ἀγγελθήσομαι — ἠγγέλθην

φαίνω[显明、指出]，词干 φαν-

将来时主动态—中动态：φανῶ — φανοῦμαι

不过时主动态和中动态：ἔ-φηνα — ἐφηνάμην

强变化的不定过去时以及其他不规则动词也会遇到流音词干的情形，比如，βάλλω 的不定过去时是 ἔβαλον，其形式就是强变化。不过，有的动词的现在时词干是流音结尾，却并非就是流音动词，比如：λαμβάνω 就不是流音动词，其词干是 λαβ-。换言之，有的动词的词干无法推断出来，必须靠查词典确认。

有的辅音动词的不定过去时被动态构成时不带 θ-，词干也不规则，可以看作同类情形：

κλέπτω[偷窃]＝ἐκλάπην，τρέπω[转动]＝ἐτράπην，στέλλω[寄送、派遣]＝ἐστάλην，διαφθείρω[变坏、腐烂]＝διεφθάρην。

由此可见，动词的不定过去时相当繁杂，需要单个来掌握的情形实在不少。

练习

1 下面的以 -όω 结尾的动词是从名词词干派生出来的，请尝试还原为名词词干：

κοινόω — δικαιόω — ἐλευϑερόω — δουλόω

2. 根据下面的词形归纳以 -αω 和 -εω 结尾的动词的不定过去时的构成规则：

ἐπώλησαν — ἠρώτησα — ἐποιήσατο — ἐπεϑύμησε — ἀγνοῆσαι — ἐπιχειρήσαντες — ὡρμήσατε

3. 比较动词 ὠνέομαι — ἡγέομαι — δέομαι 的形式，找出它们的相同处，确定相同处是否规则：

ὠνεῖται — ὠνούμεϑα — ὠνεῖσϑε — ὠνοῦνται

ἡγεῖται — ἡγούμεϑα — ἡγεῖσϑε — ἡγοῦνται

δεῖται — δεόμεϑα — δεῖσϑε — δέονται

4. 按主动态和被动态、现在时和过去时、直陈式和命令式各人称以及不定式和现在时分词形式排列下面的 ἐρωτάω 的各种形式，描述以 -α 结尾的动词词干的缩音规则：

ἐρωτᾷς — ἠρώτα — ἐρωτᾶται — ἐρωτᾷ (2) - ἐρωτᾶσϑαι — ἐρωτώμενοι — ἐρωτᾶν — ἐρωτῶν (2) - ἐρωτῶσιν (2) - ἐρώτα — ἠρωτᾶτο — ἠρώτων — ἐρωτῶμεν — ἐρωτᾶτε (2) - ἠρωτᾶτε — ἐρωτώμεϑα — ἐρωτῶσα — ἐρωτᾶσϑε(2) - ἠρωτῶ

5. 动词 χρῆσϑαι 的词干以 -η 结尾，从下面给出的这个动词的形式来看，其缩音与词干以 -αω 结尾的动词的缩音有什么不同：

χρῶμαι — ἐχρῆτο — χρώμενος — χρῆσϑε — ἐχρῶ — χρώμεϑα — χρῆ — ἐχρώμην

请按相应的形式给 κτάομαι 变位。

6. 清辅音(κ — π — τ)词干的辅音动词的不定过去时被动态的构成形式，需要借助发音规则，这些规则其实不限于此用，也见于其他情形，请认清下面的情形：

ὑπ(ὸ) οὗ = ὑφ' οὗ; ἐπ(ὶ) ἵππον = ἐφ' ἵππον; ἐ-πέμπ-ϑην = ἐπέμφϑην; ἐ-λείπ-ϑην = ἐλείφϑην; οὐκ ὁμολογῶ = οὐχ ὁμολογῶ; ἤγ-ϑην = ἤχϑην (ἄγω);

ἐπράγ-ϑην = ἐπράχϑην (πράττω, 词干为 πραγ-)

7. 词干以元音 -ε 结尾的动词在与随后的元音结合时，两个元音要缩变，请将下面的 πράττω 的各种形式与相应的 ποιέω 的形式对应起来，找出哪些发生了缩变：

例子：ἐπράττετε — ἐποιεῖτε (从 ἐποιέ-ετε 缩变而来) — πράττοντος —

πρᾶττε — πράττομεν — πράττεται — πράττουσι — πράττεσθαι — ἔπραττον — πράττουσαι — πράττει — ποιοῦμεν — ποιοῦσιν — ποιεῖται — ποιοῦντος — ποίει — ποιεῖ — ποιεῖσθαι — ποιοῦσαι — ἐποίουν

8 流音动词的不定过去时的时态记号 -σ- 脱落，由此产生的影响是什么？
ἔνειμα — ἐμείνατε — ἠγγείλαμεν — ἤγειρε — διέφθειραν — ἔφηνα — ἐκρῑνατε — ἦρα — ἔστειλαν

9 请比较：ἐποίησα, ἐζήτησα, ἐφίλησα, 然而 ἐκάλεσα；
同样，ἐτίμησα, ἐνίκησα, ἐβόησα, 然而……

8 -μι动词

希腊语的动词有两种最为基本的词形系统:(1)现在时第一人称主动态词尾为-ω的所谓-ω动词;(2)现在时主动态第一人称词尾为-μι(比较"是"动词第一人称单数 εἰ-μί)的所谓-μι动词。由于绝大多数动词是-ω动词,因此通常都从-ω动词开始学习动词词法。

其实,-μι动词比-ω动词要古老得多,后来逐渐被后者代替而已,因而,-μι动词可以说是古老动词的遗留形式(也许,εἰ-μί是完整地保留下来的最古老的-μι动词之一)。

-μι动词虽为数不多,但颇为常用。我们需要知道,-μι动词有一套独立的变位系统,但两种系统的某些形式规则也有相同的地方。比如,τίθη-μι(第一人称单数)的第三人称单数是 τίθη-σι(ν),反过来,παιδεύω 的祈愿式则为 παιδεύο-ι-μι。一般而言,两类动词的差别,主要在于现在时、过去时(主动、中动和被动态)以及不定过去时(主动和中动态)。

-μι动词的词形构成

以 δίδωμι[给]为例,词干为 δο-或 δω-,倘若是-ω动词,就会是 δόω,但却是 δίδω-μι。这是最常见的-μι动词的构成,还有一种是词干与词尾中间插入一个 νν,比如 δείκ-νυ-μι。δίδωμι[给]这个动词的六个基本的时态词干分别为:

δίδω-μι — δώ-σω — ἔ-δω-κα — δέδω-κα — δέδο-μαι — ἐ-δό-θην

-μι动词主要在现在时各语式的变化特别,即要在词干前面加词首叠音(注意:与现在完成时的词首叠加不同):

现在时直陈式:δίδω-μι — δίδω-ς — δίδω-σι(ν) — δίδο-μεν — δίδο-τε — διδό-ασι(ν)

可以看到,词干末尾的元音(带叠加时为 διδο-)在单数人称时要变成长

音,复数人称则不变;此外,人称词尾直接加在词干上,没有连结元音,这些词尾为:

第一人称单复数 -μι, -μεν

第二人称单复数 -σ, -τε

第三人称单复数 -τι(或-σι), -σι(ν)

现在时虚拟式 διδῶ — διδῷς — διδῷ — διδῶ-μεν — διδῶ-τε — διδῶ-σι(ν)

现在时声调符号表明,其人称词尾有缩变,与-ω动词相同。

现在时祈愿式:διδο-ί-ην — διδο-ί-ης — διδο-ί-η — διδο-ῖ-μεν — διδο-ῖ-τε — διδο-ῖ-εν

现在时命令式:δίδου — διδότω[让他给];δίδοτε — διδόντων[让他们给]

不定式:διδό-ναι

分词:διδούς(阳) - διδοῦσα(阴) - διδόν(中) = 属格:διδόντος — διδούσης — διδόντος

分词的阳、中两性的变化是规则的,按第三变格类变格,复数的三格都是διδοῦσι(ν);阴性按第一变格类变格。不过,声调号在主格是不规则的,不按尽量向前的规则,因此,除了阴性属格的διδουσῶν按名词第一变格类的特别规则外,其余的都按名词声调规则。

ὅς ἂν τοῦτο ποιήσῃ δίκην δίδωσιν. 无论谁做了这件事,都要受到惩罚。

ὅς与ἄν连用,是让步从句的标志"无论谁"。

εἰ ἔλθοι, μὴ δῶτε αὐτῷ μηδέν. 要是他要来,(你们)别给他任何东西。

将来时词干δώσω的人称变化是规则的,词干δο-的ο在将来时记号-σ-前面变成长音-ω,与δηλόω情形相同;依据δώσω,可以构成所有将来时主动和中动态,与-ω动词没有不同。

ἐάν τοῦτο ποιήσῃς, δίκην δώσεις. 要是你[将来]做了这件事,你就会受到惩罚。

ἐάν κακά ποιῇς, δίκην δώσεις. 如果你(常)做坏事,你将会受到惩罚。

在将来时条件句的结果从句中,一个带常用否定词μή的独立虚拟式,可用将来时直陈式或祈愿式代替:

ἐάν ἔλθῃ, μὴ δῶμεν αὐτῷ μηδέν. 要是他来了,我们什么都别给他。

除了 -κ 代替 σ 外，不定过去时 ἔδωκα 的人称变化也是规则的；现在完成时 δέδωκα 同样如此；现在完成时的中动态 δέδομαι 除了词干末的元音在人称词尾前没有变长外，也是规则的，可依次构成中动态和被动态的人称词尾。

不定过去时被动态词干 ἐδόθην，词干末的元音在时态记号 -θε 前不变成长音，除此之外都是规则的，所有不定过去时被动态和将来时被动态都由 ἐδόθην 构成。

过去时的变位：ἐδίδουν — ἐδίδους — ἐδίδου — ἐδίδομεν — ἐδίδοτε — ἐδίδοσαν

由于过去时属于现在时系统，因此也要有词首叠加 δι-，而且与现在时一样，词干末的元音在单数时变成长音，但不变成 -ω，而是变成 -ου；过去时人称词尾除了复数第三人称以 -σαν 代替 -ν 外，都与 -ω 动词相同。

δίδωμι 的现在时和过去时的中动态和被动态的形式是规则的，不过要留意其命令式形式：

二单 δίδο-σο — 二复 δίδο-σθε；
三单 διδό-σθω — 三复 διδό-σθων。

不定过去时的人称变化很特别：直陈式用弱变化，其他语式用强变化。
不定过去时主动态直陈式：

ἔ-δω-κα — ἔ-δω-κας — ἔ-δω-κε(ν) — ἔ-δο-μεν — ἐ-δό-τε — ἔ-δο-σαν

可以看到，时态的人称词尾有的用 κ 代替了 σ，除此之外，与παιδεύω的弱变化不定过去时主动态的人称变化一样：ἐπάιδευσα。

不定过去时的虚拟式形式与现在时主动态虚拟式的差别仅在没有词首叠加：

δῶ — δῷ-ς — δῷ — δῶ-μεν — δῶ-τε — δῶ-σι(ν)

不定过去时的祈愿式与现在时主动态祈愿式的差别同样仅在没有词首叠加：

δο-ί-η-ν — δο-ί-η-ς — δο-ί-η — δο-ῖ-μεν — δο-ῖ-τε — δο-ῖ-εν

不定过去时的命令式形式为：

δός — δότω[让他给]；δότε — δόντων[让他们给]

除了第二人称单数 δός 外，都与现在时主动态的命令式一样。

$δίδωμι$ 的不定过去时的不定式形式为：$δοῦ$-$ναι$。

$δίδωμι$ 的不定过去时的分词形式为：

$δούς$(阳) — $δοῦσα$(阴) — $δόν$(中)，变格与现在时分词 $διδούς$ 相同。

赫西俄德笔下著名的 $Πανδώρα$ [潘多拉] 的名字的含义是：$ἡ$ $παν$-$δώρα$ [被赐予一切者(＝大地)]，亦即 $πᾶς$ + $δῶρον$ [接受众神的赐予的女子＝大地]。

希腊化时期的著名自然学家阿基米德(公元前287—前212)说：

$Δός$ $μοι$, $ποῦ$ $στῶ$, $καὶ$ $τὴν$ $γῆν$ $κινήσω$. 给我一个立足点，我就会让大地动起来。

原句是多里斯方言(阿基米德是叙拉古的多里斯方言区人)，这里转写成了阿提卡方言。多里斯方言写法为：$Δός$ $μοι$, $πᾶ$ $βῶ$, $καὶ$ $τὰν$ $γᾶν$ $κινῶ$。

$δός$＝$δίδωμι$ 的不定过去时命令式；$ποῦ$＝地点副词[何处、某处]；$στῶ$＝$ἔστην$[站立]不定过去时虚拟式；在这里，虚拟式的含义是：要考虑在何处落脚，已成名言的中译并没有传达出这一含义；$κινήσω$＝$κινέω$[动](比较名词 $τὸ$ $κίνημα$[运动])将来时单数第一人称。$βῶ$＝$βαίνω$ 的不定过去时虚拟式，$βαίνω$ 的不定过去时为无词干元音 $ἔβην$，祈愿式 $βαίην$，不定式 $βῆναι$，现在时分词 $βάς$；$βαίνω$ 的用法经常与 $ἵστασθαι$[踏上]同义，而且多与介词 $ἀνα$-，$ἀπο$-，$ἐκ$-，$κατα$- 等构成复合动词。

在阿尔基福绒(Alkiphron)编造的情书中，菲罗墨涅(Philomene)的男友克力同(Kriton)太吝啬，她直截了当给克力同写信断绝关系：

$Τί$ $πολλὰ$ $γράφων$ $ἀνιᾷς$ $σαυτόν$; $πεντήκοντά$ $μοι$ $χρυσῶν$ $δεῖ$ $καὶ$ $γραμμάτων$ $οὐ$ $δεῖ$. $Εἰ$ $μὲν$ $οὖν$ $φιλεῖς$, $δός$· $εἰ$ $δὲ$ $φιλαργυρεῖς$, $μὴ$ $ἐνόχλει$. $Ἔρρωσο$.

你写这么多(信)干嘛？咱需要五十枚金币，不需要(情)书。要是你在爱着，就给(钱)！要是你爱钱，就别烦(我)。拜拜！

$γράφων$＝$γράφω$[雕、刻；书写]现在时分词；$ἀνιᾷς$＝(缩音动词)$ἀνιάω$[使悲哀、使苦恼；发愁]现在时二单，比较：$νικᾷς$；$μοι$ $χρυσῶν$ $δεῖ$[我需钱]；$δός$＝$δίδωμι$[给、奉献]强变化不定过去时命令式二单；$φιλαργυρεῖς$＝(缩音动词)$φιλαργυρέω$[贪财、一毛不拔]现在时第二人称单数，构词为 $φιλ$-加 $ὁ$ $ἄργυρος$ 或 $τὸ$ $ἀργύριον$[金钱](比较法语 l'argent)；$μή$＝在否定句中有命令含义；$ἐνόχλει$＝(缩音动词)

ἐν-οχλέω[成为麻烦、困扰、打扰]现在时命令式第二人称单数,比较:ὁ ὄχλος[人群、群氓;混乱](比较Ochlokratie);ἔρρωσο=ῥώννυμι[使变强有力;变强壮]中动态完成时命令式第二人称单数[祝你健康](书简结尾时的套语,相当于"再见",比较拉丁语Vale)。

-μι动词例词

τίθημι[置放](词干为θη-/θε-,时态词干为τίθημι — θήσω — ἔθηκα — τέθηκα — τέθειμαι — ἐτέθην):

现在完成时加词首叠加时与δίδωμι一样,将来时是规则的;过去时形态则有现在时态的特有记号τι-(ἐτίθεντο),却并非现在时(比如,ἐτίθεντο是过去时中动态直陈式复数第三人称)。不定过去时以κ代替σ,与δίδωμι一样是规则的;现在完成时中动态的词干不是变成θη-,而是θει-(有时完成时主动态亦如此);不定过去时被动态的词干不变成长元音,但θε-要变成τε-,以免出现两个θ-(ἐτεθην);其分词形态是τιθείς。

与δίδωμι一样,τίθημι的不定过去时主动态的直陈式是弱变化,其他语式的不定过去时主动态却是强变化,词干仅为θε-(比较其现在时的词干形态:τιθε-),强变化不定过去时的分词形态是θείς。

倘若在阅读中遇到比如说ἀνεθέμην(=ἀνατίθημι[放在…上]),就可以这样来还原:ἀν-明显是介词ἀνα-,ε-为过去时词首叠音,θε-为词干,-μην则是过去时中动态单数第一人称词尾,由此得知,这个词是强变化不定过去时中动态直陈式单数第一人称。

ἵστημι[竖立、站立(不及物);使站立、使竖立(及物)],时态词干为ἵστημι — στήσω — ἔστησα(及物)/ ἔστην(不及物) — ἕστηκα(不及物) — ἕσταμαι — ἐστάθην:

作为不及物动词(用于现在完成时和强变化不定过去时),词干是στα-,现在时有词首叠加(由加ἱ-而成),注意其现在时中动态和被动态的人称词尾,除虚拟式外,都是直接加在带词首叠加的词干后面,没有连结元音;将来时和弱变化的不定过去时是规则的,词干στα-在加时态记号的σ-前要变成长元音的στη-,但现在完成时中动态和被动态则保留词干的原形,不变成长元音;不定过去时被动态同样保留词干的原形。

ἵστημι的现在时分词形态是ἱστάς;与δίδωμι、τίθημι等动词不同,ἵστημι有完整的弱变化不定过去时(及物动词);强变化的不定过去时(主动态ἔστην)

则是不及物动词(没有中动态)。同样,除了有弱变化的现在完成时主动态分词 ἑστηκώς 外, ἵστημι 还有强变化的现在完成时分词形态(ἑστώς — ἑστῶσα — ἑστός),其属格为 ἑστῶτος。

复合性的 μι-动词:ἀφίημι[抛、扔;派遣、送走;遗弃、离婚;释放、赦免]=由介词 ἀπό(在带气号的元音前变为 ἀφ'-)加 ἵημι([放走、送走]:ἵημι — ἥσω — ἧκα — εἵθην — εἷκα — εἷμαι)而成,词干为 ἑ-,前面的 ί-是现在时系统记号,于是词干 ἑ-变成长元音 η-,但其强变化的不定过去时词干仍然是 ἑ-;比如,ἀφείς 就是强变化不定过去时的分词(εἵς 是从词干 ἑ-而来,一如 θείς 是从 θε-而来);此外,这个动词的弱变化不定过去时主动态用 κ-代替 σ。

下面归纳几个主要的-μι 动词各时态—语态的第一人称形式:

主动态(依次为现在时—过去时—将来时—不过时—完成时—过去完成时)

τίθημι — ἐτίθην — θήσω — ἔθηκα — τέθηκα — ἐτεθήκειν

ἵημι — ἵην — ἥσω — ἧκα — εἷκα — εἵκειν

δίδωμι — ἐδίδουν — δώσω — ἔδωκα — δέδωκα — ἐδεδώκειν

中动—被动态同形(依次为现在时—过去时—完成时—过去完成时)

τίθεμαι — ἐτιθέμην — (代用形式 κεῖμαι) — (代用形式 ἐκείμην)

ἵεμαι — ἱέμην — εἷμαι — εἵμην

δίδομαι — ἐδιδόμην — δέδομαι — ἐδεδόμην

ἵσταμαι — ἱστάμην — …… ……

中动态(仅将来时—不过时)

θήσομαι — ἐθέμην;πεθήσομαι — ἐτέθην

被动态(仅将来时—不过时)

ἥσομαι — εἵμην;ἐθήσομαι — εἵθην;δώσομαι — ἐδόμην

δοθήσομαι — ἐδόθην;στήσομαι — ἐστησάμην;σταθήσομαι — ἐστάθην

ἵστημι 的不定过去时形式(强变化)ἔστην 经常出现,应该特别注意:

直陈 = ἔστην — ἔστης — ἔστη — ἔστημεν — ἔστητε — ἔστησαν

虚拟 = στῶ — στῇς — στῇ — στῶμεν — στῆτε — στῶσι(ν)

祈愿 = σταίην — σταίης — σταίη — σταίημεν（σταῖμεν）— σταίητε（σταῖτε）— σταίησαν（σταῖεν）

命令 = στῆθι — στήτω；στῆτε — στάντων

不定式 = στῆναι

分词 = στάς — άντος — στᾶσα — άσης — στάν — άντος

无构干元音的 -μί 动词

有几个 -μι 动词为无构干元音（＝词干与时态的人称词尾之间没有构成元音）的动词，仅有现在时和过去时形式（故称为 Wurzelpräsentia［根音现在时］），最常见的是两个动词：εἶμι［将去］和 φημί［说、主张］。

εἶμι［将去］与"是"动词 εἰμί 形式很相似（注意不要看错），仅具有现在时和过去时形式，但现在时的实际含义为将来时，其词干为 ι-（比较拉丁语 i-re［去］）：

现在时

直陈式 = εἶμι — εἶ — εἶσι(ν) — ἴ-μεν — ἴτε — ἴ-ασι(ν)

虚拟式 = ἴ-ω — ἴ-ης — ἴη — ἴ-ωμεν — ἴ-ητε — ἴωσι(ν)

祈愿式 = ἴ-οιμι/ἰ-οίην — ἴοις — ἴ-οι — ἴ-οιμεν — ἴ-οιτε — ἴ-οιεν

命令式 = ἴ-θι — ἴ-τω — ἴ-τε — ἰ-όντων；不定式 = ἰέ-ναι

现在时分词 = ἰών — ἰοῦσα — ἰόν（二格：ἰ-όντος — ἰ-ούσης — ἰ-όντος）

过去时

直陈式：ᾖ-α/ᾔ-ειν — ᾔ-εις — ᾔ-ει(ν)；ᾖ-μεν — ᾖ-τε — ᾖ-σαν / ᾔ-εσαν

εἰμί 的有些形式很容易与 εἶμι［将去］的一些形式搞混，请分辨下面的语词分别属于哪个，注意两者特别容易搞混的，并找出其中有一个形式在这两个动词那里完全一样：

ὦ — ἦσαν — ἔστε — εἴην — ἰέναι — ἰών — ἴτε — εἶ — ἐστί — εἴημεν — ἦν — ἦμεν — ἴοιτε — εἶσιν — ἴασιν — ᾖ — ἐστέ — ᾔει — ἦσαν — εἶναι — ἴτω — ἴσθι — ἔσται — οὖσα — εἰσί

φημί［说、主张］（词干为 φα —）：仅有现在时和过去时形式，但常见于过去时用法。

现在时

φημί［我说］、φής［你说］、φησί(ν)［他说、据说］

φαμέν[我们说]、φατέ[你们说]、φασί(ν)[他们说、人们说]
虚拟式：φ-ῶ — φ-ῇς — φ-ῇ — φ-ῶμεν — φ-ῆτε — φ-ῶσι(ν)
祈愿式：φα-ίην — φα-ίης — φα-ίη — φα-ῖμεν/φα-ίημεν — φα-ῖτε/φα-ίητε — φα-ῖεν/φα-ίησαν
命令式：φά-θι — φά-τω; φά-τε — φά-ντων
过去时直陈式：ἔφη-ν — ἔφη-σθα/ἔφη-ς — ἔφη — ἔφα-μεν — ἔφα-τε — ἔφα-σαν

下面是两个例句：
φῇ δὲ τέχνῃ λέγειν. 他说他会凭技艺言说。
φήσει ἴσως ὁ συγγραφεύς. 那个作者也许会说。
φῇ虚拟式现在时三单；φήσει不过时虚拟式三单或将来时三单。

最常见的是叙事中的插入用法，ἔφην[我（当时）说]和 ἔφη[他（当时）说]：
Ἀληθῆ, ἔφη, λέγεις. 他说，你真的这么主张么？
多里斯方言用 ἔφα 代替 ἔφη。在柏拉图和色诺芬的叙述体对话作品中，由于对话是在间接框架中出现的，ἔφην[我（当时）说]和 ἔφη[他（当时）说]出现的频率非常高。

普鲁塔克笔下的皮洛斯（《伦语》[*Moralia*]，184c）：
Ἐπεὶ δὲ συμβαλὼν Ῥωμαίοις Πύρρος δὶς ἐνίκησε πολλοὺς τῶν φίλων καὶ τῶν ἡγεμόνων ἀπολέσας, "Ἄν ἔτι", ἔφη, "μίαν μάχην Ῥωμαίους νικήσωμεν, ἀπολώλαμεν"
皮洛斯遭遇罗马人，失去了许多朋友和将领之后，赢得了第二次胜利。这时他说："如果我们再打赢一次罗马人，我们就输了。"

συμβαλὼν=συμβάλλω[投掷到一起、合到一起；比较]强变化不定过去时分词，比较 βάλλω；ἡγεμόνων=ὁ ἡγεμών, όνος[带路人；将领]的二复，比较 ἡγέομαι；ἀπολέσας=ἀπόλλυμι, ἀπολλύω[消灭；丧失；失去]（中动态 ἀπόλλυμαι）不定过去时（ἀπώλεσα）分词；ἀπολώλαμεν=ἀπόλλυμι, ἀπολλύω 的完成时（ἀπωλώλεκα）一复。

主语是 Πύρρος（希腊西北部厄皮鲁斯[Epirus]的国王，公元前280年，塔伦特[Tarent]城邦请求他帮助抗击罗马人），句子主干是 δὶς ἐνίκησε[第二次获胜]，ἐπεὶ δὲ συμβαλὼν Ῥωμαίοις[当遭遇罗马人]和 πολλοὺς τῶν φίλων καὶ τῶν ἡγεμόνων ἀπολέσας[失去了许多朋友和将领]都是关联分词短语，构成双翼句型。第二句是个主从复句，ἄν引导一个虚拟的条件句（比较Ἄν θεὸς θέλῃ, οὐκ ἄν ἀπολοίμην）；四格的μίαν μάχην作νικήσωμεν的补语（比较μακρὰν ὁδὸν πορεύεσθαι, πολλοὺς κινδύνους κινδυνεύειν）。西方成语"皮洛斯式的胜利"指得不偿失的胜利：皮洛斯获得了政治利益，却失去了德性。

将下面的φημί的各种形式与εἰμί的相应形式作番比较，找出两者在构成方式上的偏差。

φαμέν — φῶ — φάθι — ἔφησθα — ἔφασαν — φάτε — φαίην — ἔφην — ἔφη — φής — φησίν — φασίν — ἔφαμεν

练习

1 比较下面的动词一致的地方：

   现在时 τίθημι   ἵστημι   ἵσταμαι
   过去时 ἐτίθην   ἵστην   ἱστάμην
   不过时 ἔθηκα   ἔστησα   ἔστην
   完成时 τέθηκα   —   ἕστηκα

2 将下面的βάλλω的各种形式与相应的ἵημι的各种形式排列在一起；变位时，δίδωμι的形式构成一致性在何处对你有帮助？

   βάλοι — βάλλεται — βάλῃς — βάλλουσιν — ἔβαλον — βαλεῖ — βάλλει — βάλλειν — βάλλων — ἐβάλλομεν — βάλλωμεν — βάλλοιτε — βάλλε — ἔβαλλον

   ἵει — ἱέναι — ἱᾶσιν — ἵειν — ἵεσαν — ἱείς — ἧκα — ἱείητε — ἥσει — ἵεμεν — εἵη — ἵωμεν — ἵησιν — ᾗς — ἵεται

3 确定下面的语词的词形：

   δείκνυσιν — δεικνύοιμεν — ἐδείκνυς — δεικνύντας — δείξομεν — δέδεικται — δεδείχατε

4 写出与下面的动词相应的δείκνυμι的形式：

   ὄμνυμεν — ὤμνυσαν — ὀμνύοιμι — ὀμνύωσιν — ὤμνυτε — ὀμώμοκας — ὤμοσα — ὠμωμόκει

   ἀπολεῖς — ἀπόλλυσθαι — ἀπόλλυσαι — ἀπώλετο — ἀπόλωλεν

9　动词还原与词形规则

所谓动词还原,就是遇到作品中的具体动词能还原到它的"原形"——我们已经知道,所谓动词"原形"就是词典给出的动词注录形式(第一人称单数:παιδεύω)。在阅读中,我们遇到的却经常并非这个"原形"。由于古希腊语动词的复合词很多,时态、语态的形式变化异常复杂,要还原"实际"动词的原形,经常很费神。19世纪的德国古典语文学家 Georg Traut 编了一部词典 *Lexikon über die Formen der griechischen Verba*(Gießen, 1867),可以叫作古希腊的《经典衍词》:从古代作品中挑出较为多见的"实际"动词形式(注明作品位置),然后注出动词原形。

比如:ὠνίναντο=过去时三人称复数,柏拉图《王制》,380b。

一百多年来,此书一再重印(Darmstadt, 1998),由此可见,即便西方的古希腊文专家,也未必完全有把握还原动词。尽管如此,我们没法靠这类词典解决所有的"实际"动词形式,因为这类词典挑选的仍然多为所谓"难词"。我们还是得从词法规则入手,尽可能提高还原动词"原形"的能力。

还原动词"原形",必须清楚动词"衍词"的三大基本原理:动词的复合构成、动词的时态—语态构成,以及变音——麻烦更在于,这三者经常交织在一起。

如果还原一个复合动词的"原形",必须熟悉元音合并[叠加]、元音缩变、辅音融合以及省音等音韵规则,不熟悉这些音变规则,就在词典中找不到其原形。例如 καθίστημι 由 κατά 和 ἵστημι 复合而成,为了避免元音-α 和-ι 相撞,前一个元音被省掉,省音又引发音变——被省元音前面的-τ 被-ι 上面的送气音同化而成了送气音-θ。

不消说,我们所学过的不定过去时、完成时的主动态和被动态构成中的变音规则,对于"还原"动词"衍词"都非常重要。

同样,懂得了动词的元音缩变,意味着反过来掌握了还原动词原形的重要方法之一。在阅读时,如果遇到比如说 φανερωθείς,首先就当看出,其中的-θε是不定过去时被动态记号,去掉这个记号,动词的词干就是 φανερω。但我们知道,动词词干结尾的元音在时态记号-θε前面要变长,就可以推知,词干结尾的-ω是由-ο变长而来。因此,这个动词的词干当为 φανερο-,在词典中的"原形"当为 φανερόω。

再如,阅读时遇到 ἠρωτήθη,就当看出,词尾的-θη是不定过去时被动态直陈式的第三人称单数;但我们知道,不定过去时被动态直陈式有其过去时词首叠音(比如 ἐλύθη),当动词的第一个字母是元音时,它会因词首叠音而变成长音。因此,接下来当把开头的元音字母变短。可是,η不仅来自ε-,也可能来自α-。再说,ἠρωτήθη中-θη前面的-η-很可能是词干最后一个字母的变长形态,这个-η-同样不仅来自ε-,也可能来自α-。于是,为了确定ἠρωτήθη 的"原形",就得设想四种可能性:ἀρωτέω — ἀρωτάω — ἐρωτέω — ἐρωτάω,除非逐一翻查词典,我们没有别的办法确定,ἠρωτήθη 究竟源于哪个动词。

至于不规则的情形,比如 καλέω 在将来时和不定过去时的时态记号的-σ前面不变成长元音,就索性当作不规则动词来看待。

复仇女神

中动—被动态的命令式、不定式和分词的人称词尾也都是直接连在词干上的,分词和不定式的声调在尾音节;完成时的命令式较少见,因为,命令式大多指向将来的行为,而完成式表达的是已完成的动作。完成时的命令式只用在中动态动词用作现在时的完成时(完成时的形式,但含义为现在时),比如,ἔρρωσο 就是以-μι为词尾的动词 ῥώννυμι[强健]的中动态命令式完成时,其意为"要变得强健、健康",常见于分别时的套话"祝你健康"(尤其书信中,相当于拉丁语的 vale)。

据希罗多德说,波斯国王大流士想要报伊奥尼亚造反之仇,每天让一个希腊奴隶提醒自己:

Ὦ δέσποτα, μέμνησο τῶν Ἀθηναίων. 主子,记住希腊人!

μέμνησο＝μέμνημαι[记得、记起、想起]的中动态现在时用法的完成时命令式,现在时为 μιμνήσκομαι。色诺芬记叙苏格拉底言行的名作用这个语词作为书名,20世纪的著名政治哲学史家沃格林把这个语词上升到政治哲学概念的高度:埃里克·沃格林,《记忆:历史与政治理论》,朱成明译,上海:华东师范大学出版社,2017。

"复仇"是古老的政治哲学的述题,西方思想尤见于荷马、埃斯库罗斯、希罗多德等;中国的相关思想则见于《春秋》经传等,尤其司马迁《史记·伍子胥列传》。亦参涂又光,《楚国哲学史》,武汉:湖北教育出版社,1995,页146—184。

将来时和不定过去时的被动态的词形构建较为独特,两者的时态标志是 -θε,元音延长为 -θη,如 παιδευ-θή-σομαι — ἐπαιδεύ-θη-ν,再不然就是与词尾融合,如来自 παιδευ-θέ-ω 的 παιδευθῶ(不定过去时虚拟式)。将来时被动态在 θη 之后还有时态标志 -σ(比较将来时主动态和中动态)及连接元音和中动态词尾 παιδευθή-σ-ο-μαι;不定过去时本来的主动态词尾发生脱落(如其直陈式,尤其复数形式),这也可说明,后来产生的特殊的被动形式是怎么来的。

中动—被动态的虚拟式和祈愿式词尾 παιδευθῶ — παιδευθείην 等等让我们想起与作助动词的 εἰμί 相应的动词的语式,我们在完成时中动态被动态里已经学过这个动词的语式;分词 παιδευ-θείς 的词尾与第三变格的三词尾形容词一样,如:χαρίεις — χαρίεσσα — χαρίεν[和颜悦色的、优雅的、妩媚的](由 χάρις[优美、漂亮、妩媚;恩惠、好意、感激]引申而来,比较拉丁语的 Charis)。

还需要提到的一个常见情形是:一个动词的词形有可能是多个时态和语态,甚至多个不同的动词形式。比如,

τούτου δὴ πέρι, ὦ Σώκρατες, οὐκέτι μῦθόν σοι ἐρῶ ἀλλὰ λόγον. 关于这一点,苏格拉底,我将不再给你讲神话,而是论述。(柏拉图,《普罗塔戈拉》,324d8) ἐρῶ = ἐράω 的四种时态语态（现在时第一人称单数直陈式、虚拟式；现在时命令式二单；过去时二单）；同时还是 ἐρέφω 现在时一单，以及 ἐρῶ 将来时一单。

可见，要获得还原动词的能力，必须熟练掌握动词的各种词形规则。

元音变换

按照比较语言学的说法，一个词的音素特征既会随着流传到另一门语言而改变，也会随时间推移按某一规则在自身语言躯体中衍变：元音变弱、变短，融合或排斥，抑或被拖长、升高、增强——尤其是声调改变的时候。辅音的变化整体来说比较保守，但也会随着时间推移和迁徙而改变。相邻音节的不同音素变得彼此相似，或者经过改变而相互分离。音素根据一定的规则流变，在希腊语那里尤其明显。流变主要发生在可变的元音里，所以，从希腊语的元音系统特别能品味到语音变化的一些迷人的形式规则。

早在原始印欧语里，同源的词语或词语部分内部就经常发生元音变换，雅可布·格瑞姆称为"换音"（Ablaut），这在德语里也能看到，比如，强变化动词的时态构成就靠"换音"：binde — band — gebunden；werde — ward — geworden。希腊语的元音变换更灵活。

换音的原因在于原初印欧语的声调转移，比如高音的 é 因声调转移到次音节而成为 o，比如 πέμπω[我陪伴]与 πομπή[侍从]。这一现象也出现在那些声调转移已经不那么明显的词语上，甚至出现在具有相同声调的按类推法构成的词语上，比如 λόγος[言辞]来自 λέγω[我说]。

一个词语内挨着的两个元音常常会合拼为一个全新的元音，语法学家把这一变换称为"并音"（Kontraktion）。动词在变位时经常会有"并音"，但并非没有规律。

1. 两个相同的元音通常合拼为这个元音的长元音：κέραα[角[（复数）合拼成 κέρᾱ。然而，ε+ε 和 o+o 本来应该读作 ē 和 ō，可字形上却变成了 ει 和 ου。因此，φιλεῖτε[你们喜爱]源于 φιλέετε，στεφανοῦμεν[我们用花环装饰]源于 στεφανόομεν。

2. 当两个不同的元音合拼时，一般来说主要是比较圆润的或在前面元音占主导地位：比如 τιμάομεν[我们敬重]中的 o 音合并而成 τιμῶμεν，ποιέομεν[我们做]成了 ποιοῦμεν；英语中的外来词 enthusiasm[热心]的词干元音 u 也可以看作是 ε 和 o 的合拼，源于 ἐνϑεοσιασμός 的 ἐνδουσιασμός。在 τιμάετε[你们敬重]的 α 和 ε 音相遇时，并音成前面的元音 τιμᾶτε。与此类似，γένεα[氏族]（复数）成为 γένη（长音 e）。

并不是在所有情况下都会发生这种合拼收缩，诗人尤其荷马往往并不使用并音形式。这是出于顾及音节的需要，尤其遇到三音节的扬抑抑格时：ἄλγεα[疼痛]（比较 neuralgic[神经痛的]）而不是 ἄλγη；φρονέων[在思考]而不是 φρονῶν。

动词词形规则

整理动词词形规则宜从语态形式入手，也就是说，将主动态的形式规则（亦称首级形式规则）和中动态—被动态的形式规则（亦称二级形式规则）分开来归纳（从而首先得清楚何谓"异态动词"）。

有少数动词在某个时态中是异态动词，在其他时态中却不是：βαίνω 的将来时仅有中动态，因而，其将来时是个异态动词（βήσομαι），而现在时并非异态动词。一般而言，如果一个动词的现在时形态是异态动词，其过去时态也是异态动词。

主动态的形式规则

现在时＝直陈 παιδεύω — 虚拟（ἵνα）παιδεύω — 祈愿（εἴθε）παιδεύοιμι — 命令 παίδευε — 不定式 παιδεύειν — 分词 παιδεύων；

过去时＝ἐπαίδευον；

将来时＝直陈 παιδεύσω — 祈愿 παιδεύσοιμι — 不定式 παιδεύσειν — 分词 παιδεύσων；

不定过去时＝直陈 ἐπαίδευσα — 虚拟（ἵνα）παιδεύσω — 祈愿（εἴθε）παιδεύσαιμι — 命令 παίδευσον — 不定式 παιδεῦσαι — 分词 παιδεύσας；

现在完成时＝直陈 πεπαίδευκα — 虚拟（ἵνα）πεπαιδεύκω — 祈愿（εἴθε）πεπαιδεύκοιμι — 命令 πεπαίδευκε — 不定式 πεπαιδευκέναι — 分词 πεπαιδευκώς；

过去完成时＝ἐπεπαιδεύκειν。

中动/被动态的形式规则

中动/被动态合式

现在时＝直陈 παιδεύομαι — 虚拟（ἵνα）παιδεύωμαι — 祈愿（εἴθε）παιδευοίμην — 命令 παιδεύου — 不定式 παιδεύεσθαι — 分词 παιδευόμενος；

过去时＝ἐπαιδευόμην；

现在完成时＝直陈 πεπαίδευμαι — 虚拟(ἵνα) πεπαιδευμένος ὦ — 祈愿 (εἴθε) πεπαιδευμένος εἴην — 命令 πεπαίδευσο — 不定式 πεπαιδεῦσθαι — 分词 πεπαιδευμένος；

中动态

将来时＝直陈 παιδεύσομαι — 祈愿 πειδευσοίμην — 不定式 παιδεύσεσθαι — 分词 παιδευσόμενος；

不定过去时＝直陈 ἐπαιδευσάμην — 虚拟(ἵνα) παιδεύσωμαι — 祈愿(εἴθε) παιδευσαίμην — 命令 παίδευσαι — 不定式 παιδεύσασθαι — 分词 παιδευσάμενος；

被动态

将来时＝直陈 παιδευθήσομαι — 祈愿 παιδευθησοίμην — 不定式 παιδευθήσεσθαι — 分词 παιδευθησόμενος；

不定过去时＝直陈 ἐπαιδεύθην — 虚拟(ἵνα) παιδευθῶ — 祈愿(εἴθε) παιδευθείην — 命令 παιδεύθητι — 不定式 παιδευθῆναι — 分词 παιδευθείς。

音韵规则

除形式规则外，动词构成还有音韵方面的规则：

3.1 缩音动词(Verba contracta)＝词干以元音-α、-ε、-o结尾时，加人称词尾会出现元音缩变(＝阿提卡方言中所有以-αω -εω -οω结尾的动词均要缩变；荷马诗作中时见以-οω结尾的动词，荷马诗作及希罗多德的著作中也多用-εω结尾的动词，不用-οω结尾的动词)。

3.2 辅音动词(Verba muta)＝词干以辅音字母结尾，在构成某些时态时会有辅音缩变，从而导致词形变化，流音动词(Verba liquida)属于其中的一个特别的种类。

动词词干在音韵上分为两类：元音词干和辅音词干(有各种类型，主要指词干最后的那个辅音而言)；元音词干动词也称纯动词，以辅音结尾的词干的动词也称为辅音动词(含流音动词)。

3.3 词首增音：动词词干之首的增音，是动词时态构成的重要形式，词首增音引致的语音变化使得动词的词首部难以掌握，还原动词的(词典注录)原形十分困难，因此当清楚词首增音的三种基本形式：

音节增音：在以辅音起始的动词之首加 ε-，凡以辅音起首的动词在构成直陈式过去时及不定过去时要音节增音(比如 λύω＝ἔλυσα)；以两个辅音(默辅音及流音除外)及双辅音(χ—ξ—ψ)和 ϱ 起首的动词，在构成完成时态时要音节增音(比如 στέλλω[安排好、派遣]＝ἔσταλκα)；某些以元音起始的动词也与辅音起始的动词一样采用音节增音(比如 ὠθέω[推]＝过去时

ἐώθουν—完成时 ἔωσμαι—不定过去时被动态 ἐώσθην)。

音变增音：无异于语音交替，即将单元音或双元音起始的动词的开首元音变为相应的长元音，或进行语音交替；以短元音起首的动词，过去时及不定过去时要以音变的形式增音，将起首的短元音变为相应的长元音（比如 ἄγω = ἦγον；οἰκέω[住在、占据] = 过去时 ᾤκεον—不定过去时 ᾤκησα）；若动词起首是长元音，则不变化；以短元音起始的动词构成完成时态时要音变增音；若动词以双元音起始，其音变增音以第一个元音为准，αι 或 α = η，οι = ω，比如 οἰκέω = ᾤκηκα；αἰτέω[索取、乞求] = 不定过去时 ᾔτησα—完成时 ᾔτηκα。

叠音：除增加 ε- 之外还要在 ε- 之前重复该动词原来的第一个辅音；以辅音起首的动词，在构成完成时态时要重复起首的辅音，再加 -ε（比如 λύω = λέ-λυκα）；遇到复合动词，增音插入介词与动词词干之间，介词的结尾元音在增音的 ε- 之前去掉（περί 和 πρό 除外）。在荷马诗作中，过去时及不定过去时的增音省略，叠加增音因此极少出现；某些以 ἁ-、ἑ-、ὀ- 起始的动词在构成完成时的时候，需增音两个字母，原起始的元音仍作音变增音（比如 ἀρόω[耕耘] = ἀρήροκα），这叫作"阿提卡方言的重复增音"。

强变化时态（Starke tempora）

有些动词的不定过去时和完成时的构成靠词干变化来达成，称为不定过去时和完成时的强变化（或第二式）构成。

普通希腊文常用弱变化的不定过去时词尾来代替强变化的不定过去时词尾：εἶπαν 代替了 εἶπον（复数第三人称），εἰπόν 代替了 εἰπέ（命令式）。

不规则动词

词干本身在时态变化时不规则的动词，常有多个词干的情形，必须逐个来记。

分词形式

古希腊语动词的分词，不仅构成形式复杂，用法也复杂，需特别注意。

分词形式的主格与三尾形容词的词尾相同，在第四格和不定过去时被动态时的变格，如第三变格形容词的 T 词干，阴性则与 A 变格的形容词词尾相同；主动态的现在时和将来时的词干尾音是 -οντ，不定过去时的词干尾音为 -αντ（如同形容词 πάς，词干为 παντ-）。

拉丁文和德语的主动态分词的词干尾音也是 n + 齿音：erudient（主格 erudiens）— 德语 erziehend。完成时分词主动态的词干形式很古老

(πεπαιδευκοτ)，其阳性和中性的单数第二格为 πεπαιδευκώς，其阴性形式 πεπαιδευκυῖα 不是由 T 词干构成。

请特别注意中动—被动态的形式规则，因为，初学者往往偏重掌握首级（主动态的）动词，再说，中动—被动态（含异态动词）的词形确实比主动态的词形复杂些，从而更难掌握。为此，宜对中动—被动态的形式规则作一番进一步回顾。

中动态和被动态的词形构成本质上与主动态相似，主时态（Haupttempora＝现在时、将来时及完成时）和副时态（Nebentempora＝过去时、不定过去时、过去完成时）各有其词尾：

主时态：-μαι -η -ται / -μεθα -σθε -νται

第二人称单数的词尾-η 由-εσαι 去掉-σ 后缩变而来；

副时态：-μην -σο -το / -μεθα -σθε -ντο

词尾-σο 由-ε 与脱落掉-σ 后与前面的连接元音-ου 缩变而成；παιδευου（单数第二人称现在时命令式）由 παιδεύ-ε-σο 变来，-ἐπαιδεύου（单数第二人称过去时）由 ἐπαιδεύ-ε-σο 而来；中动态不定过去时的连接元音-α 在词尾元音-σο 省略-σ 后与-ο 缩变成-ω，比如 ἐ-παιδεύ-σ-α-σο 变为 ἐπαιδεύσω。

中动—被动态的语式构成本质上与主动态相同，譬如延长连接元音-ε 和-ο 形成虚拟式：παιδεύ-ω-μαι — παιδεύ-η-σθε；带-οι 的祈愿式的现在时和将来时分别为 παιδευ-οί-μην — παιδευ-σ-οί-μην；中动态的不定过去时带 -αι：παιδευ-σ-αί-μην。

尤其要注意完成时、过去完成时、将来时和不定过去时被动态，因为，完成时和过去完成时没有连接元音和时态标志，表示人称的词尾直接与词干相连：πε-παιδεύ-μαι — ἐ-πε-παιδεύ-μην。命令式和祈愿式则换用成分词被动态和助动词（这种换用在古希腊语中也很少见）：ὦ — ἦς 等等以及 εἴην — εἴης 均为 εἰμί 的虚拟式和祈愿式词形。在这里，古希腊语的词形构建与拉丁语一致：ἐὰν πεπαιδευμένος ὦ [倘若我受过教育]。

练习

1 下面三个动词的词尾其实每个各有两个含义，加起来共6个（现在时复3、过去时复3、现在时分词复3及阳性单4、中性单1和中性复4），请确定分别是哪两个：

ἐπώλουν — ἐπαινοῦσιν — ἐπιθυμοῦντα

2　确定下面的动词的人称、数、时态、语态和语式，注意有的动词是复合动词：

μετεπέμφατο — ᾐτιάθην — πορευθείη — ἤγγειλαν — πεπεισμένοι ὦμεν — ἐπέφαντο — βεβλήκασιν — ἀποκεκριμένος — εἶχον — ἦχα — νομιεῖς

3　ἀκ-ήκοα 是 ἀκούω 的完成时，有所谓"阿提卡式的词首增音"，什么叫"阿提卡式的词首增音"？

四　非变格词类

　　希腊文中没有词形变化的词类很少,只有数词(极少数要变格)、副词和介词。

1 数 词

与我国古人一样,古希腊人不晓得有阿拉伯数字,而是用自己的数词。但阿拉伯数字并非阿拉伯人的发明,而是古印度人的发明,阿拉伯人把它引入了欧洲而已。

与数相关的语词有三种:序数词(第几)、基数词和次数词(几次)。

序数词

古希腊语的序数词可看作形容词,因此要变格,但比较简单,有阳阴中三性属的不多,大多性属共享:

πρῶτος, -η, -ον[第一],比如,πρῶτος ἀφίκετο. 他第一个到达(形容词作副词,起修饰动词的作用)。

δεύτερος, -α, -ον[第二],比较 Δευτερονόμιον(希伯来圣经中《申命记》篇名的希腊文翻译)。

τρίτος, -η, -ον[第三],比如,τὸ τρίτον τῷ σωτῆρι[第三杯献给救主]。

τέταρτος, -η, -ον[第四],在柏拉图《蒂迈欧》开场,苏格拉底说:εἷς, δύο, τρεῖς; ὁ δὲ δὴ τέταρτος ἡμῖν[一、二、三……我们中间的第四位呢]。

πέμπτος[第五]以下三性属的词尾相同。

基数词

严格说来,基数词也属于形容词性质,但仅为数不多的几个有阳、阴、中的分别(比如一、三、四、八等),二没有,但有格的变化 = δύο — δυοῖ(ν) — δυοῖ(ν) — δύο,五以后的数词都没有变格。

1=有阳阴中的区分和变格形式(三尾):

εἷς[阳] — ἑνός — ἑνί — ἕνα;

ἕν [中] — ἑνός — ἑνί — ἕν;

μία[阴]- μιᾶς — μιᾷ — μίαν;
实际上,阳性和中性的属格和与格是相同的。

ἑνὸς ὑπήκοα λόγου τὰ ἐπὶ γῆς καὶ μιᾶς πολιτείας, ἕνα δῆμον ἀνθρώπους ἅπαντας ἀποφῆναι βουλόμενος, … εἷς ἂν νόμος ἅπαντας ἀνθρώπους διῳκεῖτο καὶ πρὸς ἓν δίκαιον ὡς πρὸς κοινὸν ἐπέβλεπον φῶς.
他[亚历山大]想要显明,大地上的一切都臣服一个理,只有一种政制,全体世人[全人类]都是一个人民……全体世人都受制于一部法律,朝向一种正义,犹如朝向共同仰望的光照。(普鲁塔克,《论亚历山大的机运或德性》,330d)
这里出现了"一"这个数词的三种性属的词形,与其界定的语词的性数格相关。

ἡ πόλις ἓν στάδιον ἀπέχει τῆς θαλάττης. 这个城市离大海一站远。
这里的四格作状语,表空间距离。

"一"的否定性数词(οὐδείς — οὐδεμία — οὐδέν[一个没有]; μηδείς — μηδεμία — μηδέν[一个没有])同样有变格,变格类与εἷς[阳]- ἕν[中] — μία[阴]相同(注意οὐδ' εἷς＝οὐδείς)。
οὐδεὶς ἀμαθίας ἐλεύθερος· δεῖ οὖν ἑκάστῳ διδασκάλου. 没人免于无知;所以人人需要老师。
ἀμαθίας[无知]这里是分离属格用法。

οὐ τῶν ἄλλων διαφέρω οὐδέν. 我一点也不比其他人好。
τῶν ἄλλων 为比较属格用法。

οὐδὲν ἀμείνων εἰμι τοῦ ἀδελφοῦ. 我一点也不比我哥哥好。
四格作状态副词。

2＝没有性属区分,但有变格形式(主格、宾格相同,属格、与格相同):
δύο — δυοῖ(ν) — δυοῖ(ν) — δύο。

3＝有阳阴中的区分和变格形式(双尾):
τρεῖς[阳阴] — τριῶν — τρισί(ν) — τρεῖς

τρία[中] — τριῶν — τρισί(ν) — τρία

可见属格和与格三性相同。

4＝有阳阴中的区分和变格形式：

τέτταρες[阳阴] — τέτταρα[中]；

变格与 εἷς[阳] — ἕν[中] — μία[阴]的变格规则相同。

Διογένης ἐρωτηθείς, τί ἐστι φίλος, μία ψυχή (ἔφη) ἐν δυσὶ σώμασι κειμένη.
第欧根尼被问到什么是友谊时，他说：两个身体中躺着一个灵魂。
ἐρωτηθείς 被动态三单，τί ἐστι φίλος 相当于宾语从句；μία ψυχή[一个灵魂]是主语，句尾的 κειμένη 为谓语，ἐν δυσὶ σώμασι 为介词短语。

5 以后的其他数词直到两百，都没有变格（括号中的为序数词）。

5＝πέντε(πέμπτος)—6＝ἕξ(ἕκτος)—7＝ἑπτά(ἕβδομος)—8＝ὀκτώ, -η, -ον (ὄγδοος)—9＝ἐννέα(ἔνατος)—10＝δέκα(δέκατος)—11＝ἕνδεκα(ἑνδέκατος)—12＝δώδεκα(δωδέκατος)—13＝τρεῖς(τρία) καὶ δέκα(τρίτος καὶ δέκατος)

20＝εἴκοσι(ν)（εἰκοστός）—21＝εἷς καὶ εἴκοσι(ν)（πρῶτος καὶ εἰκοστός）……

100＝ἑκατόν(ἑκατοστός)—200＝διακόσιοι, -αι, -α(διακοσιοστός)

1000＝χίλιοι, -αι, -α(χιλιοστός)。

ὕστερον δέκα ἡμέραις ἀφίκετο. 他晚到了十天。

古希腊语的数字符号

汉语表达序数词从前用"壹、贰、叁……"，古希腊语也有用于数的符号，熟悉这些代表数的符号很有用，因为，古希腊文典稍微旧一些的版本（如 20 世纪初），在标明卷数时，还用这种符号，不熟悉的话，就没法找到卷数。

希腊文的数字符号用字母标识，比如从一到十的表达为：

Α — Β — Γ — Δ — Ε — ς — Ζ — Η — Θ — Ι
1　 2　 3　 4　 5　 6　 7　 8　 9　 10

可见，从一到十几乎按字母顺序，唯有6用字母 ς 来表示(头上是"尖角"形)，注意勿与字母-ς 搞混(没头上的"尖角")，此外，为了与通常的字母区别开来，一般附加省略号(')，记作：

α' = 1(读作 α στίγμα[记号])，β' = 2，ς' = 6，ζ' = 7 …… ι' = 10，

接下来 ια' = 11，ιβ' = 12 ……

然后 χ' = 20，χα' = 21。

从 λ' = 30 可按字母顺序类推到 π' = 80；但 90 是个已经消失的字母，形状有点像如今的问号：Ϟ' = 90(Ϟ 读作 koppa，Ϡ 读作 sampi)。接下来又好认了：ρ' = 100，σ' = 200，ω' = 800。

但九百又是一个读作 σαμπῖ 的怪符 Ϡ(小写作 ϡ)，随后是 α = 1000，β = 2000，ι = 10000。

在印出的文本中，两千以上的就用前面的序数词表达，而且，与拉丁文一样，有庆祝意味的铭文体写法，比如：, ΑΑΠΕ = 1985 = (拉丁语记法) MCMLXXXV。

直到19世纪，古典作品比如荷马叙事诗，仍然用这样的符号来表明卷数。看古代文本，更需要了解这种符号，比如官方文告中的用法。托勒密二世(公元前285—前247年)的一则谕告这样开始：

Βασιλεύοντος Πτολεμαίου τοῦ υἱοῦ Πτολεμαίου κδ ἐφ' ἱερέως Ἀριστονίκου τοῦ Περιλάου Ἀλεξάνδρου καὶ θεῶν Ἀδελφῶν.

时在托勒密之子托勒密王二十四年，阿里斯托尼科斯值为四方之王亚历山大及神圣兄妹之祭司……

这是官式文告的开首语(独立二格短语)，表明文告发布的时间，分为两个部分，前一个部分：*βασιλεύοντος*(现在分词属格)*Πτολεμαίου τοῦ υἱοῦ Πτολεμαίου*[托勒密之子托勒密的]，相当于"大清王朝光绪三十二年……"。*κδ* 这里是数字：*κ* = 20；*δ* = 4；省略了二格的 *ἔτους*，本来是 *κδ ἔτους*[24年]。

后半部分为同位短语，由介词 *ἐφ'*(= *ἐπί*，因后面的语词开首有送气音而变音)引导；随后的 *ἱερέως*(= *ἱερεύς*[祭司]的属格，变格如 *βασιλεύς*)是 *Πτολεμαίου* 的同位语。

Περιλάου(= *Περίλαος* 的属格)是亚历山大大帝的尊称，意为[四方之王](*Περι-λαος*)。在托勒密时代，亚历山大大帝被尊为神，每年要举行朝拜，

成为托勒密王朝的重要祭仪。每年的朝拜都要更换祭司,由托勒密王指定,这位祭司的名字因此也成为王室文件的日期标记。

ϑεοί Ἀδελφοί [神圣的兄妹],指托勒密二世和他的夫人,因为他娶了与自己有一半血缘的妹妹 Arsinoä,为此他得了个绰号叫作 Philadelphos[恋妹者]。

下面来读几段涉及数字的文字。

据第欧根尼·拉尔修记叙,苏格拉底最著名的弟子之一阿里斯提珀斯(Aristippos)有一次这样表达自己对自由的理解(《名哲言行录》,2.72):

Ἀρίστιππος συνιστάντος τινὸς αὐτῷ τὸν υἱὸν παιδεῦσαι πεντακοσίας δραχμὰς ᾔτησεν. τοῦ δὲ εἰπόντος. "Τοσούτου δύναμαι ἀνδράποδον πρίασθαι," "Πρίασο," ἔφη, "καὶ ἕξεις δύο."

某人延请阿里斯提珀斯教育他的儿子。阿里斯提珀斯索要五百德拉赫马。这个人说:"用这么多钱我都可以买个奴隶了!"阿里斯提珀斯说:"那你就去买一个吧!这样你就有两个奴隶了。"

注意不定式 παιδεῦσαι 所起的作用,比较下面的句子的同样用法,并试着翻译:

πρωταγόρας παρεῖχε ἑαυτὸν ἐρωτᾶν τῷ Σωκράτειν.
σόλων ᾑρέθη διαλλάττειν τοὺς πολίτας.
κῦρος τοῖς ἄρχουσι ἐπέτρεφε τὰ χρήματα διανέμειν.
注意二格 τοσούτου 表达的含义。

骰子(Anthologia Palatina XIV 8)

Ἕξ, ἕν, πέντε, δύο, τρία, τέσσαρα κῦβος ἐλαύνει. 骰子的点数刚好 6,1,5,2,3,4。

ὁ κύβος[正六面体、立方体;骰子];τέτταρες, α 或 τέσσαρες, α[四];比较 τετρακόσιοι。

这是诗句,有格律;骰子的数字顺序看似随意,其实与诗律有关(如这里用起伏声调的 κῦβος 代替高声调的 κύβος),从而可能隐含某种规则。

孤独的思想家赫拉克利特(Ἡράκλειτος)有一句名言可看作是自我意识

的表达，他的箴言晦涩难解、难以捉摸，因此被称为 ὁ σκοτεινός[晦涩的人]，但这句的意思还很清楚：

Εἷς ἐμοὶ μύριοι, ἐὰν ἄριστος ᾖ. 在我看来，一人抵万人（众人），倘若他最优秀的话。(辑语，B49)

εἷς[一个人]是主词（主格），ἐμοί[我]是与格（间接宾语），意为[对我来说]，μύριοι[万人]是表语（主格），系词省略；ἐὰν（副词）[如果]，形容词 ἄριστος[最优秀的]为表语，主词包含在系词 ᾖ[他是]中。这里的"一人"是与其他众人对比而来，但原文仅是一个数词"一"。

"一"是所有数目的开端和起点，与不可数的 μύριοι 形成对比；这"一人"既是无数的"众人"之一，又是无数"众人"的起首（元）。按老子的说法，这"一人"尤其得小心在"众人"中隐藏自己的出类拔萃，否则会很有危险。

日晷所记（Anthologia Palatina X43）

ἓξ ὧραι μόχθοις ἱκανώταται. αἱ δὲ μετ' αὐτὰς γράμμασι δεικνύμεναι ζῆθι λέγουσι βροτοῖς.

六小时对辛劳来说完全足矣，不过，它们也用文字对终有一死的人说：活吧！

ὁ μόχθος[艰辛、痛苦、困苦]；τὸ γράμμα, ατος[字母、字]；τὰ γράμματα[书信、文件；文章、书卷]；ζῆθι = ζῆ；βροτός, ή, όν[会死的人类、凡人]，来自 μρο-τός。

不妨参照李白或苏东坡（两人碰巧都是我们四川人）诗作给这首小诗想个合适的标题，并分析诗律。

奥林匹亚的宙斯神殿（Pausenias, V, 10.3）

τοῦ ναοῦ δὲ Δώριος μέν ἐστιν ἡ ἐργασία, τὰ δὲ ἐκτὸς περίστυλός ἐστιν. πεποίηται δὲ ἐπιχωρίου πώρου. ὕψος μὲν δὴ αὐτοῦ τὸ ἐς τὸν ἀετὸν εἰσιν οἱ ὀκτὼ πόδες καὶ ἑξήκοντα, τὰ δὲ ἐς μῆκος τριάκοντα καὶ διακόσιοι. τέκτων δὲ ἐγένετο αὐτοῦ Λίβων ἐπιχώριος.

神庙的风格虽然是多里斯式，外围却有廊柱环绕。神庙由当地的石灰石建造而成，至鹰顶的高度足68英尺，长度则有230英尺。建筑师则是本地人李奔。

ὁ ναός[神的住处、庙宇；庙宇的内殿]；Δώριος=[多里斯式的]；ἡ ἐργασία

[建造、工作、劳作]；ἐκτός(支配二格的副词和介词)[在…外边、除……外]；περίστυλός[廊柱环绕的]；πώρου = πῶρος[石灰石]属格；τὸ ὕψος, ὕψους[高、高度；顶点]；ἀετόν = ἀετός[鹰]宾格单数；ὀκτώ[八]；τὸ μῆκος, μήκους[长度、高度、广大；巨大]，比较 μακρός；διακόσιοι[二百]。

祝酒歌（Skolion fr. 890 P, 7D）

ὑγιαίνειν μὲν ἄριστον ἀνδρὶ θνατῷ. 对凡人来说，健康第一，
δεύτερον δὲ φυὰν καλὸν γενέσθαι, 第二才是模样儿生得俊美，
τὸ τρίτον δὲ πλουτεῖν ἀδόλως, 第三再是生财有道，
καὶ τὸ τέταρτον ἡβᾶν μετὰ τῶν φίλων. 第四才是与所爱的人共度青春。

ὑγιαίνω[健康；头脑健全、头脑清楚]，比较 ὑγίεια；θνατῷ = θνατός(多里斯方言) = θνητός 的属格；φυάν = ἡ φυά(多里斯方言) = ἡ φυή的四单；πλουτέω[变富、变阔气；(+属)富于]，比较 πλοῦτος；ἀδόλως = ἄ-δολος, ον[不狡猾的、真诚的]的副词，比较 ὁ δόλος[钓饵；诡计、阴谋]；τέταρτος, η, ον[第四]；ἡβάω[成为青年、正茁壮；朝气蓬勃]。

注意 φυάν 受什么支配，以及这个四格在这里所起的句法作用。

这首小曲是男人唱给男人听的；即便在今天来看，人们看重的仍然首要是健康。无人称句的主语可以是不定式或带不定式的第四格，有时这个带不定式的四格不完整，省略了作主语的第四格；比如这里大致省略了 ἄνδρα，或者干脆就是 τινά[某人]。

婚礼请柬（Pap. Ox. Oxyr. I 111）

ἐρωτᾷ σε Ἡραΐς δειπνῆσαι εἰς γάμους τέκνων αὐτῆς ἐν τῇ οἰκίᾳ αὔριον, ἥτις ἐστὶν πέμπτη, ἀπὸ ὥρας θ'. 赫拉伊斯诚邀你明晨即第五日九时莅临寒舍参加他孩子的婚礼。

Ἡραΐς(女孩名) - ὁ γάμος[结婚、婚姻] — αὔριον(副词)[明晨、明天早晨] — πέμπτη[第五] — ἑκατόν[百] — χίλιοι[千]。

练习

1 在下面的现代西方语词中隐藏着哪些古希腊的数字？

Hexameter—Tetrachlorkohlenstoff —Pentagramm—Oktode（比较 Diode）—Pfingsten（意大利语 Pentecoste, 法语 Pentecôte）—Hekatombe— chiliastisch —Myriade —Dekagramm

2 用下面的基数词构成相应的序数词（比如 εἷς — πρῶτος），并按个位、十位、百位归类：

ἑξακόσιοι — εἴκοσιν — δέκατος — τέταρτος — εἰκοστός — δέκα — δεύτερος — τρεῖς — ἔνατος — τέτταρες — ἑξακοσιοστός — δύο — ἑξήκοντα — τρίτος — ἐννέα — ἑξηκοστός

3 下面是现代希腊语的数词，你能认识多少？

τετρακόσιοι — εἴκοσι — τρεῖς — δυό ἕνδεκα — ἕξι — ἐννιά — ἑκατό — ἑβδομῆντα — διακόσιοι — τριάντα — τέσσερες — ἕνας — ὀχτώ μιά

4 比较下列语词的词尾，并写出 εἷς 和 οὐδείς 的全部形式。

εἷς φύλαξ — μία χώρα — ἓν ἔργον; ἑνός φύλακος — μιᾶς χώρας — ἑνός ἔργου;

οὐδεὶς φύλαξ — οὐδεμία χώρα — οὐδὲν ἔργον.

5 给下面的句子填入 οὐδείς 的适当形式：

（1）Ὁ σοφὸς ὑπ᾽ ... βλάπτεται.（2）Ὁ σοφὸς ... πράγματα παρέχει.（3）Ὁ σοφὸς ... διαβάλλει.（4）Ὁ σοφὸς .../... φοβεῖται.（5）Ὁ σοφὸς ... ἀγανακτεῖ.（6）Ὁ σοφὸς ... ἀπειλεῖ.

2　副词及小品词

小品词(Partikeln＝particula[不变的小成分])指没有词形变化、语法功能不一(比如连接成分、加强语气、表达情态等等)的小词，副词、连词、语气词以及介词通常归在这个词类，下面分而述之。

副　词

副词(ad-verb)顾名思义是依附于动词的，在句子中作状语(比较 adverbiale[状语]：附属于动词的)，用来修饰动词。古希腊语的副词有两类，一类本身即为副词(所谓"纯粹副词")，一类为形容词变来的("派生副词")。

"派生副词"无非是形容词的副词化，数量不小，其形式构成非常简单，将形容词的阳性复数属格的尾音 καλῶν(＝主格 καλός)替换成 καλῶς 即成副词：καλός＝καλῶν＝καλῶς，因此，-ως 就是形容词派生而来的副词的固定词尾，而且没有变格。

埃斯库罗斯笔下的埃阿斯决定用自杀来赎自己受辱之罪时曾说：
ἢ καλῶς ζῆν ἢ καλῶς τεθνηκέναι 要么高尚地活，要么高尚地死。

ἢ 是选择连词[要么、或者]，两个连用便是[要么……要么；或者……或者]；ζῆν 是 ζάω[活]的不定式，为什么是这样的不定式形式？因为 ζάω 是缩音动词；τεθνηκέναι 是 θνήσκω[死]的现在完成时不定式。

并非所有的形容词都可以这样摇身一变用作副词，ἀγαθός 这个非常常见的形容词如此变作副词就少见，古代作家喜欢用的相关副词是从相当古老的形容词 εύς[好的、勇敢的、高尚的]变来的 εὖ，在好些现代西方语文的外来词中还能见到这个语词的身形：Euphonie[和谐音]，Euphorie[兴奋]，Eurhythmy[和谐的节律]。

第三变格的形容词变来的副词，构成方式都一样，βραχύς＝阳性属格复数 βραχέων＝βραχέως，同样，ἡδύς＝ἡδέως，εὐδαιμόνων＝εὐδαιμόνως。

由形容词变来的副词也可以升级，副词比较级的构成，取自形容词中性四格单数，最高级的构成取自中性四格的复数形式，其形式与形容词差不多，需要留意区分：

καλῶς — κάλλιον — κάλλιστα

不过，一些常见副词的升级形态是特殊的，必须小心掌握。

δικαίως — δικαιότερον — δικαιότατα[公义地]
ταχέως — θᾶττον — τάχιστα[快地]
σοφῶς — σοφώτερον — σοφώτατα[明智地]
σαφῶς — σαφέστερον — σαφέστατα[清楚地]
μάλα — μᾶλλον — μάλιστα[很、非常]

Ἰσχυρῶς τὸν Πρωταγόραν θαυμάζω, ἰσχυρότερον τὸν Πλάτωνα, ἰσχυρότατα δὲ τὸν Σωκράτη.

我忒惊讶普罗塔戈拉，更惊讶柏拉图，对苏格拉底则惊讶得无以复加。

动词 θαυμάζω[惊讶、惊诧]已经包含主词[我]，四格冠词 τὸν 也表明了 Πρωταγόραν 是宾格，ἰσχυρῶς 的词尾表明它是形容词 ἰσχυρός[强有力的、刚健的]变来的副词，ἰσχυρότερον 是其比较级形式，ἰσχυρότατα 是其最高级形式。如果哲学源于"惊诧"，苏格拉底的生活方式就是最高的哲学。

虚拟语式的副词

时间介词 ἕως[当……时候]与带有副词 ἄν 的虚拟式连用时，表达[直到……]的含义，而 ἕως 单独用作介词时，就是[当……时候]，动词通常为直陈式：

μείνατε ἕως ἄν ἔλθω. 你们待在那里，直到我来。

ἔλθω＝ἔρχομαι 的(强变化)不定过去时虚拟式一单。

副词 ἵνα 的多种用法：ἵνα 与虚拟语气的动词连用，除了表达目的，还可表达劝告，比如耶稣的名言，

αὕτη ἐστὶν ἡ ἐντολὴ ἡ ἐμὴ ἵνα ἀγαπᾶτε ἀλλήλους. 这是我的诫命，你们要彼此相爱。

假设从句通常由副词 εἰ 引导，主句用副词 ἄν 表达主从复句的关联（虽然这个 ἄν 有的时候被省略）：

κύριε, εἰ ἦς ὧδε, οὐκ ἂν ἀπέθανεν ὁ ἀδελφός μου. 主啊，你要是在这里，我弟弟一定不会死。

ἀπέθανεν=ἀπο-θνῄσκω [死、死去] 的（强变化）不定过去时。

语法性副词

凡并非副词本身，而是别的词类（名词、动词不定式、分词等等）用作副词的情形，称为语法性副词。比如，不定过去时分词有时候用作副词修饰主动词，或者说，表达与主动词同一的行为：

ἀποκριθεὶς εἶπεν ὁ Ἰησοῦς. 耶稣当时回答说。

这里的分词其实起副词（状语）作用。

οἱ Ἕλληνες ἐπεὶ τοῖς βαρβάροις μάτην διελέχθησαν, αὐτοῖς ἐμαχέσαντο.
在与蛮夷徒劳地交谈后，希腊人与他们开战。

διελέχθησαν=διαλέγεσθαι [交谈] 的不定过去时中动态分词，这里的三格受介词支配，因此当译作从句；ἐμαχέσαντο=μάχεσθαι [战斗] 的不定过去时中动态。

对这类情形，需要注意的是词类用法的转换。一般来讲，现在时分词才具有这种表达作用，而不定过去时分词通常表达的是先于主动词的行为。不过，分词的时态含义有的时候并不重要，以至于分词具有"无时间性"。

否定副词

纯粹的副词不是形容词变来的，自身就是副词，比如否定副词 οὐ 和 μή。
οὐ 是个后倾附读的副词，用法比较单一，通常放在所否定的行为（动词）前面；

οὐ γράφετε. 你们没有写。

χλόη τὸν Δόρκωνα οὐ φιλεῖ. 克露娥不爱多尔孔。

μή 的用法要多样些，比如，命令式就只能用 μή，不能用 οὐ。

μὴ γράφετε! 你们别写！

μὴ δείξητε τὰ τείχη τῷ νέῳ στρατηγῷ. 别把城墙指给年轻的将军。

μὴ γλαῦκ' εἰς Ἀθήνας. 不带一个猫头鹰去雅典。

γλαῦκα=ἡ γλαῦξ[猫头鹰]的四格单数，属格单数为 γλαυκός，词干 γλαυκ；γλαῦξ[猫头鹰]转义为[雅典钱币]，因为雅典钱币上印有猫头鹰的图案。这谚语的意思是"多此一举"，因为雅典有很多猫头鹰，荷马诗作中已经有这样的说法：γλαυκῶπις Ἀθήνη[猫头鹰的雅典]。Ἀθήνας=Ἀθῆναι（复数，因为雅典由多区组成）的四格专有名词。

当一个问句期待的是否定回答时，通常用带 μή 的直陈式来表达；相反，如果期待的是肯定回答，就用带 οὐ 的直陈式：

μὴ ἰσχυρότεροι αὐτοῦ ἐσμεν. 难道我们比他强？

μή 可以单独用于命令、希望等祈使句，带有动词意味，比如谚语：

Μὴ παιδὶ μάχαιραν. 不可对孩子用刀！（不可杀孩子！）

παιδὶ=ὁ παῖς[孩子]三格单数；μάχαιραν=ἡ μάχαιρα[刀]四格单数。

οὐδέ=οὐ 经常与语气词 δέ 合并，作为连结副词，意思是[也不、亦不]；οὐδέ 与 οὐδέ 连用，成了关联性副词 οὐδέ... οὐδέ... [既不……也不……]（比较 καί 与 καί 连用）。

要注意区分否定副词 οὐδέ 与否定代词 οὐδέν。据斯托拜俄斯（Stobaios, IV, 53, 28）记叙，哲人皮戎（Πύρρων=Pyrrhon，约公元前 300 年，著名怀疑论者，旧译"皮浪"）有这样一段对话：

Πύρρων ἔλεγε μηδὲν διαφέρειν ζῆν ἢ τεθνάναι, καί τις ἔφη πρὸς αὐτόν· "Τί οὖν σὺ οὐκ ἀποθνήσκεις." ὁ δέ· "Ὅτι," εἶπεν, "Οὐδὲν διαφέρει."

皮戎老说，生或死没差别，于是，有人对他说："那么你怎么不这会儿就去死呢？"他说："因为生死没什么差别。"

人名 Πύρρων 是主格作主语，动词 ἔλεγε 是过去时表达过去的一贯行为，因此这里可以译作"老说"，μηδὲν διαφέρειν ζῆν ἢ τεθνάναι 整个儿是不定式短语作 ἔλεγε 的宾语（相当于一个宾语从句）。

这里出现了三个不定式，后两个不定式 ζῆν（=ζάω 的现在时不定式）ἢ τεθνάναι（=θνήσκω[死]现在完成时不定式，作现在时不定式用）这里作名词（四格），δια-φέρειν[把……带去；（不及物）和……不同]是动词用法，μηδὲν 是否定代词 μηδ-είς 的中性单数，这里用作副词，修饰 διαφέρειν，相当于 μηδέ。

καί τις ἔφη[说]（＝φημί[说、主张]的过去时三单）πρὸς αὐτόν·，注意这里是冒号，Τί οὖν σὺ οὐκ ἀποθνήσκεις[你怎么不现在就去死哩]，这里的动词ἀποθνήσκεις多了一个前缀ἀπο-；ὁ δέ … [可他……]，前面提到的人，再次出现可以仅用冠词，δέ这里体现出语气副词的作用。

回答句的语序按中文习惯调整一下就清楚了：ὁ δέ εἶπεν ὅτι οὐδέν διαφέρει；ὅτι 引导一个从句作 εἶπεν 的宾语；οὐδέν 与 μηδέν 一样，是否定代词 οὐδ-είς 的中性单数，这里用作副词，相当于 οὐδέ。

→ 塞克斯都·恩披里科，《皮浪学说概要》，崔延强译，北京：商务印书馆，2019。

双重否定

οὐδείς ὅστις οὐ 的用法：这个短语式的用法要作为一个语词来理解[每个人]（直译"没有哪个人没有、每个人都"），这种由两个代词（否定代词＋概括性关系代词）加否定副词连成的词组实为一个语词（相同用法参见希罗多德《原史》3.72），又比如希罗多德《原史》5.97：οὐδέν ὅτι οὐ[每件事情]。

οὐδενί συνεχώρησα οὐδέν[我没有与任何人混在一起]，两个否定代词，后一个 οὐδέν 并非否定含义，而是强化前一个 οὐδενί[没有任何人]（与格）。这样的情形取决于：后面的否定与其所紧跟的否定是连在一起的；倘若干脆仅仅用 οὐ，就不是与前面的否定连在一起的了，从而会抵消前面的否定，成为肯定的含义，比如：οὐδείς οὐκ（直译"并非没有一个人"）指[每个人]；用 μή 时也是同样的情形。

柏拉图《普罗塔戈拉》317c：

οὐδενὸς ὅτου οὐ πάντων ἂν ὑμῶν καθ᾽ ἡλικίαν πατὴρ εἴην. 就年龄这点来说，我算得上你们任何一个的父亲。

荷马笔下的奥德修斯智胜食人的 ἀντίθεον Πολύφημον, ὅου κράτος ἐστί μέγιστον πᾶσιν Κυκλώπεσσι[神样的波吕斐摩斯，独目巨怪中数他最强大]（1.70，王焕生译文）的细节十分著名：奥德修斯与波吕斐摩斯畅饮，说话时"话语里饱含诡骗"，他巧妙地利用否定副词说，自己名叫 Οὖτις（＝Οὐδείς）。

波吕斐摩斯得意地说，他会先吃掉其他人，最后才吃这位 Οὖτις。奥德修斯先把波吕斐摩斯整醉，然后让人用烧红的橄榄木捅他的眼睛；波吕斐摩斯痛得大呼自己的弟兄们来救命：Ὦ φίλοι, Οὖτίς με κτείνει[哥儿们啊，Οὖτίς 杀我]。波吕斐摩斯的哥儿们都听见了，却没有一个来救他（《奥德赛》9.360—408）。

双重否定 οὐ μή 的用法

被 οὐ μή 否定的将来时直陈式可表达对将发生事情的强烈否定：

οἱ πολέμιοι οὐ μὴ νικήσουσιν. 敌人绝不会赢！

被 οὐ μή 否定的将来时直陈式也可表示紧急禁止：

οὐ μὴ τοῦτο ποιήσεις. 你可不要做这事[别做这事]！

由双重否定 οὐ μή 引导的虚拟式（经常是不定过去时虚拟式）表示强烈否定将来：

οὐ μὴ τοῦτο ποιήσῃ. 他绝不会做这件事！

"担心、惧怕"一类动词所带起的从句叫作担心从句（Fear Clasuse），这类从句的引导词是 μή，而非 ὅτι，因此，μή 不是否定含义，而是语气含义，作引导虚拟式或祈愿式从句的引导词（中译用表达虚拟语气的副词[恐怕]、[兴许]）：

φονοῦνται μὴ Σωκράτης ἀποδανεῖται ὑπὸ τῶν πολιτῶν. 他们担心，苏格拉底会被城邦民们处死。

比较 Οὐ φοβησόμεθα ἡμεῖς τοὺς ἀπὸ τῶν νήσων. 我们不会害怕从岛上来的人。

这个句子中的否定副词 οὐ 否定的是动词 φοβησόμεθα 本身，但在下面的句子中，μή 不是否定副词，而是从句的引导词（类似 ὅτι）：

φοβοῦμαι μὴ ἔλθῃ. 我恐怕他会来。

φοβεῖται, μὴ διαφθείρηται τὸ γένος ἡμῶν. 他担心我们族类会灭掉。

这种主从句的结合由两个本来独立的句子构成："我们族类会毁灭"和"他对此感到担心"。这个（消极的）愿望依附于一个表示害怕的表达；愿望作为间接愿望句在句中作第四格宾语（怕谁或怕什么）。这种表达方式同直接消极愿望和虚拟式中的禁止一样，含有某事不应该发生的意思。

如果与表达担心的动词同时发生，或者先于担心这样的动词发生，那么该行为的动词用直陈式，由连词 μή 引导（否定用 μὴ οὐ）：

φοβοῦνται μὴ Σωκράτης ὑπὸ τῶν πολιτῶν ἀπέθανεν. 他们担心，苏格拉底被城邦民们处死了。

这种古希腊语的表达式在现代西方语文中没有对应的表达式，重要的是，φοβοῦμαι, μή …… 的 μή 不能理解为否定词，倘若要表达否定的担忧，就要加否定词 οὐ：

φοβοῦμαι, μὴ οὐ 我担心，不……（否定句）。

μὴ οὐ[但愿不会]和 οὐ μή 这两种表达式因此有重大差别：οὐ 在 μή 前是对担忧动词本身的否定（οὐ φοβοῦμαι, μή ...[一点儿不担忧会……]），在其后则是虚拟含义（φοβοῦμαι, μὴ οὐ[担忧恐怕不会……]）。

Ζεὺς φοβεῖται, μὴ οἱ ἄνθρωποι διαφθείρωνται. 宙斯担心，人会灭掉。
注意这个句子的原文与汉译在哪里显得结构不对应。

不妨试译下面的句子，注意其中的 οὐ 与 μή 的位置关系：
ὁ Δόρκων ἀποκρύπτεται, ἵνα μὴ ἴδῃ αὐτὸν ἡ παῖς.
Χλόη οὐ φοβεῖται, μὴ ὁ Δόρκων κακόν τι ποιήσῃ.
ὁ Δόρκων φοβεῖται, μὴ οὐ ἡ παῖς ἥκῃ.

通过与主动词 φοβοῦμαι 的关系来判定 οὐ μή 与 μὴ οὐ 的差别：
Χλόη. "*Οὐ* [*φοβοῦμαι*] *μὴ Δόρκων κακόν τι ποιήσῃ.*"
Δάφνις. "[*Φοβοῦμαι*] *Μὴ Δόρκων ἄνθρωπος ᾖ κακός / Μὴ οὐ Δόρκων ᾖ χρηστός.*"

如果从句中指向的行为后于主句中担心的动词发生，那么由连词 μή（否定用 μὴ οὐ）引导的动词在第一时态中用虚拟式，或者在第二时态中保留虚拟式，不用变为祈愿式。

φοβεῖται μὴ ταῦτα ποιήσῃς. 他担心你可能做这些事情[他担心你会去做这些事情]。

ἐφοβεῖτο μὴ οὐ ταῦτα ποιήσῃς. 他担心你不能做这些事情[他担心你不会做这些事情]。

第二时态中的过去时 ἐφοβεῖτο 之后的虚拟式保持不变。

否定副词 οὐ 和 μή 用法小结

我们已经看到，否定副词的用法颇为多样，需要通过大量阅读积累经验，才能准确把握，下面简要归纳一些基本用法规则。

凡可单独使用否定词 οὐ 或 μή 的地方，都可使用 οὐ 的复合词（如 οὐδείς, οὔτε）和 μή 的复合词（如 μηδείς, μήτε）。

否定词 οὐ 用于：
1. 陈述事实的直陈式

2. 期望获得肯定回答的疑问句：
ἆρ' οὐ ταῦτα πράξεις; 你不会去做这些事情吧？／你会去做这些事情，不是吗？

3. 表可能的祈愿式（和直陈式）
4. 非真实性直陈式
5. 反复直陈式
6. 除了属类或条件之外的分词
7. 所有条件句的结果从句
8. 过去时限定性时间从句
9. 原因从句
10. 带不被认为是类型特征的特殊先行词的关系从句
11. 真实结果从句
12. 由连词 *μή* 引导的担心从句
13. 与特殊定语连用

否定词 *μή* 用于：
1. 希望获得否定回答的疑问句
ἆρα μὴ ταῦτα πράξεις; 你不会去做这些事情，是吗？
2. 除了由连词 *μή* 引导的担心从句[和表示谨慎否定的单句(*μὴ οὐ* + 虚拟式)]之外所有的虚拟式
3. 所有表希望的动词[除了那些由 *βουλοίμην ἄν* 或 *ἐβουλόμην (ἄν)* 引导的愿望是用 *οὐ* 否定]
4. 现在时和（很少的）不定过去时禁止命令式
5. 由 *ὅπως* 引导的将来时直陈式表达的紧急禁令
6. 除了间接陈述句之外的所有不定式
7. 所有条件句的条件从句（包括带不定先行词的关系条件从句）
8. 将来真实时间从句以及现在和过去一般时间从句
9. 条件分词
10. 类属定语和分词
11. 目的从句（包括关系目的从句）
12. 表努力的宾语从句
13. 自然结果从句
14. 带不定先行词[或表独特类型限定先行词]的关系从句：
Σωκράτης ὅς μὴ ταῦτα πράττει ἀποθανεῖται.

苏格拉底，这类不会去做这些事情的人，将被处死。

在由 μή 引导的担心从句[和在谨慎肯定的虚拟式中]，μή 不表示否定。否定担心从句和否定谨慎肯定的虚拟式应该用 μή ού。

复合词 ού μή：
1. 与虚拟式或将来时直陈式一起表示对将来的强烈否定
2. 与将来时直陈式一起表紧急禁止

复合词 μή ού：
1. 否定担心从句
2. 虚拟式一起表谨慎的否定

在间接陈述句和间接疑问句中，原句中的否定词保留不变。
冗余否定（Redundant Negatives），即带否定含义的动词（如 κωλύω, παύω）后面的不定式常带一个多余的，即不必要和不可译的 μή：
κωλύουσι τὸν Σωκράτη μὴ ταῦτα πρᾶξαι. 他们阻止苏格拉底做这些事情。

否定带否定含义的动词本身时，不定式常带一个多余的 μή ού：
ού κωλύομαι τὸν Σωκράτη μὴ ού ταῦτα πρᾶξαι. 他们没有阻止苏格拉底做这些事情。

附着性的 ού（ού Adherescent）：当 ού 紧紧依附于某个单词时，它不仅仅否定这一个单词，还可使单词表示相反的含义：
ούκ ἐθέλουσι ταῦτα πρᾶξαι. 他们拒绝做这些事情。

附着性的 ού 可用于 μή 否定的地方：
εἰ ταῦτα πρᾶξαι ούκ ἠθέλησαν, αὐτὸς ἂν ἔπραξα.
如果他们那时已经拒绝做这些事情，我应该会自己做了它们。

重复否定：简单否定词（ού, μή）之后跟一个复合否定词或数个否定词（如 ούδείς μηδείς），或者一个复合否定词之后跟另一个复合否定词或数个否定词，可加强否定力度：
ού πράττει ούδεὶς ούδέν. 没人可做任何事情。

苏格拉底自述：

Ἐγὼ οὐδένα πώποτε οὐδὲν ἔβλαψα. 不管在哪方面，我都从来没有损害过任何一个人。

这句话的翻译从字面上看较原文有何偏离？请注意双重否定的用法及日常口语表达的特点。试举出一句汉语的双重否定句式。

但是，一个复合否定词之后跟一个简单否定词，表达肯定。对比下面两个句子：

οὐδεὶς οὐ τοῦτο ποιεῖ. 没有人没有正在做这件事情（即每个人都正做这件事情）。

οὐ τοῦτο ποιεῖ οὐδείς. 没人做这件事情。

连　词

古希腊文的小品词涉及范围很广，大致有如下几种作用。

连接句子或句子成分

καί … καί …［既……也……］

δέ［而且、和］

τε（置后，如拉丁语的 -que）［和、也］

τε … καί / τε … τε［既……也……］

καί 除了作为连结副词［和、也］外，还可以作为语气副词［甚至］：

γινώσκουσι καὶ τὰ τέκνα τὸν νόμον. 甚至小孩子也懂得规矩。

分解句子或句子成分

ἤ［或者］

εἴτε … εἴτε［要么……要么……］

ἤ … ἤ［要么……要么……］

μέν … δέ［一方面……另一方面］（关联副词）

πρῶτον［首先、第一］

ἀλλὰ μήν［进一步说］

ἔπειτα［由此、进一步说、接下来］

对立或反题语气

ἀλλά［但是、（不是……）而是］

ὁ μὲν … ὁ δέ [一个……另一个……]
οὐ μόνον … ἀλλὰ καί [不仅……而且……]
δέ [但是（而是）]
ὅμως [尽管、然而]

语气词

指古希腊文中起补足语气作用的小词——通常仅把起语气作用的小词称为小品词，以别于副词或连词。任何一门语言的小品词其实都是无法翻译的，但据说古希腊语的小品词（partikeln）尤其如此，因为，汉语（现代西文同样如此）缺乏意味相当的小品词来表示其闪烁其词或细腻的优雅。

在西文翻译中，译者常常不得不放弃翻译这些语气小品词，只要不影响文句。对我们来说，重要的是善用汉语的小品词来传达出相应的味道。

原因或因果语气

γάρ [因此、也就是说]
δέ [因此、也就是说]
καὶ γάρ [因此、就此而言]

结果性的语气

οὖν、δή、ἄρα、τοίνυν [于是、所以]
ὥστε（在主句中）[由此；以至于]
οὐκοῦν [于是、所以]
οὔκουν [所以不……]
οὕτω(ς) [于是、如此]

突出或强调的语气

γέ [至少]
μέντοι [当然、显然]
δήπου [显然]
γοῦν [至少、无论如何]
μήν [无论如何]
μήν [无论如何]

-περ（后缀用法）表达对实际情形的强化或者强调 εἴπερ[如果实际上]

<h3 style="text-align:center">询问、质疑的语气</h3>

ἆρα ... ἤ＝期待肯定或否定的回答
ἆρ' οὐ＝期待肯定的回答
ἆρα μή＝期待否定的回答
πότερον ... ἤ＝双重性的提问语气[是……还是……]

把握小品词的语义，仅靠词典的释义远远不够，必须通过大量阅读来获得感觉。对经典文本中的小品词的把握，必须凭靠西方古典语文学家的笺注（好的笺注本通常会解释小品词）。

有的小品词的语法作用范围较广，用法较多，需小心看待。

1. ὡς＝（副词）[若、如]，[因为……]；[当……]（同 ἐπεί 或 ὅτε），亦可作为从句的引导词如 ὅτι。

2. 语气小品词 μέν 和 δέ：如果前面有冠词，常用作代名词：

τοῦτο ἠρώτησαν αὐτόν, ὁ δέ ἀπεκρίθη αὐτοῖς. 他们问他这件事情，他回答了他们。

这里的冠词 ὁ 指代前面的 αὐτόν[他]。对于冠词的这种用法，必须小心，不能将这里的冠词 ὁ 视为代名词，它仍然仅仅是个冠词，除非与 μέν 或 δέ 连用。

3. 表达因果关系的副词 ὥστε[因此、以至于]可与宾格名词和不定式构成语法性短语：

ἐθεράπευσεν αὐτούς, ὥστε τὸν ὄχλον θαυμάσαι. 他医治了他们，以至于众人惊讶不已。

ὥστε 的声调看起来是违背声调规则的，其实，τε 本来是独立的前倾附读词，与 ὥσ 并在一起而已。

4. ἄν 与条件性的 εἰ 融合成 ἐάν（ἤν 或长音的 ἄν），与时间性的 ἐπειδή 和 ὅτε 融合成 ἐπειδάν 以及 ὅταν，动词用虚拟式；这类连接表达的是(1)"可能发生、出现"的事情，(2)"一旦发生"的事情，(3)"一再发生"的事情。

一本古老的希腊语练习书中写道（请尝试翻译）：

Ὅταν ἡ τῶν πολεμίων πόλις ἁλῷ, ἡμῶν τῶν ἑλόντων ἔσται καὶ τὰ σώματα καὶ τὰ χρήματα τὰ τῶν ἁλόντων.

小品词 ἄν

小品词 ἄν 用得很多，其用法需要通过大量阅读来掌握，这里仅简要归纳一些常见的用法规则。

直陈式加 ἄν：过去时或不定过去时。
1. 用于现在或过去与事实相反条件句的结果从句中。
2. 用于现在或过去非真实直陈式中。
3. 用于过去时表可能的直陈式（Potential Idicative）中。
4. 用于反复直陈式（Iterative Indicative）。

虚拟式加 ἄν：现在时或不定过去时，表动词的形态。
1. 用于将来真实条件句的条件从句或用于将来真实时间从句。
2. 用于一般现在时条件句的条件从句或用于一般现在时间从句。
3. 用于某些目的从句或表努力的宾语从句中。

祈愿式加 ἄν：现在时或不定过去时，表动词的形态。
1. 用于表可能的祈愿式（Potential Optative）。
2. 用于将来虚拟条件句的结果从句。
3. 用于次级结构中的目的从句。

原陈述句中的小品词 ἄν 在间接陈述句中保持不变，除了与 ἄν 连用的虚拟式在二级序列中变为不与 ἄν 连用的祈愿式。

只有在间接陈述句中，ἄν 才与不定式或分词连用。

练习

1 下面的句子中，哪些是副词，哪些是形容词：
πάντες τὸν Κῦρον βασιλικώτερον ἐνόμιζον εἶναι τῶν σὺν αὐτῷ παιδευομένων.
τί γελοιότερον ἢ φύλαξ φύλακος δεόμενος;
Κῦρος τὴν ἄρκτον φοβερώτατα ἐπιφερομένην οὐκ ἐφοβεῖτο (ὁ φόβος [畏、畏惧]，比较 φοβέοαμι).

2. 形容词 ἥσυχος[安静的]（比较名词 ἡσυχία）变成副词即为 ἡσύχως[安静地]；请按同样方式用下面的形容词构成副词：

καλός — σοφός — κακός — λυπηρότατος — ἄδικος — λαμπρότατος — ἄλλος — βασιλικώτατος — ἄξιος — δικαιότερος — πονηρότατος

3. 将下面的表达式中的小品副词变成比较级和最高级，并翻译成汉语：

χαλεπῶς φέρομεν — δικαίως ἄρχει — φοβερῶς ἀποθνήσκουσιν — ἀξίως τιμᾷ

4. 将 ἄλλη μὲν ἀνδρὸς δοκεῖ σοι εἶναι ὑγίεια, ἄλλη δὲ γυναικός 这句话改写成下面的句型：

Ἄλλη μέν ἐστι ῥώμη νεωτέρων, ἄλλη δὲ πρεσβυτέρων[老人和青年的身体能力不同]。

5. 翻译下面的句子，注意其中的 πότερον — ἤ 用法有什么特别处：

πότερον τὸν Πρωταγόραν σοφὸν εἶναι νομίζεις ἤ οὔ.

σκόπει, πότερον ἡγῇ τὸν Πρωταγόραν σοφὸν εἶναι ἤ οὔ.

6. ἐπεὶ δὲ συμβαλὼν Ῥωμαίοις Πύρρος δὶς ἐνίκησε[皮洛斯与罗马人闹翻后，赢得了第二次胜利]，比较下面四个句子，句法上有何差异：

Σωκράτης τοῖς φίλοις διελέγετο. —— ὁ ταῦρος τῷ λύκῳ ἐμαχέσατο.

Σύνειμι τοῖς ἀνθρώποις τοῖς ἀγαθοῖς. —— οὐχ ὁμολογοῦμεν τοῖς ἄλλοις.

7. 下面的句子中，与格起何种作用：

1. τίνι φίλοι πλουσιώτεροί εἰσιν ἤ Περσῶν βασιλεῖ;

2. τίς κάλλιον κοσμεῖ στολαῖς τοὺς φίλους;

3. τίνας ἀνθρώπους βασιλεὺς τῷ δωρεῖσθαι κτᾶται;

8. 把下面的疑问代词和疑问副词按类别（涉及人、事、地点—时间、多少、大小—选择、品质、方式）归在一起：

ποῖος — πόθεν — τίς — ὅποι — πότερον — πόσοι — ὅστις — τί — πῶς — ὅ τι — ποῦ — πότε — ὅπου

9. 请注意观察下面这个句子中选择连词 πότερον — ἤ 的汉译：

πότερον ἡ δικαιοσύνη ἐπιστήμη ἐστὶν ἤ τέχνη. 正义是否是知识抑或技能？

3 介 词

古希腊语的介词主要有两种使用方式:1. 作为独立的副词与(有特定格位的)名词搭配,构成介词短语作状语。

2. 作为副词成为复合名词或动词的构词要素,这时,其副词性的含义已经紧紧依偎在相连的名词或动词上：ἀνα-βαίνω[踏上、启程、动身、进军]—ἀνά-βασις(名词,色诺芬的一本书的书名)。即便在行文中介词与动词分写,介词自身的含义也取决于动词。

比如荷马《奥德赛》开首(1.8—9)：οἳ κατὰ βοῦς Ὑπερίονος Ἠελίοιο ἤσθιον [他们拿日神的牛来饱餐](杨宪益译文)

κατ-ήσθιον 分写,利用汉语习惯,中译与原文丝丝入扣。

掌握古希腊文的介词当依序注意如下要点：
(1) 记牢介词所支配的格(支配第几格以及一个或多个格);
(2) 记牢其基本含义(一种或多种);
(3) 熟悉介词短语,掌握介词的具体用途;
(4) 了解是否为构词语素以及是否有变音规则。

支配第二格的介词

ἀντί 基本含义：对着……、在……对面、在……面前;

用法：[代替、(宁取)……而不(取)……、等于、凭(表示恳求＝πρός＋属);对比、报复、加在……上]；ἀντὶ τοῦ ἀδελφοῦ[代替兄弟们]；ἀντὶ τοῦ πλούτου[取代财富]；

构成前缀：[针对],如 ἀντί-θεσις[对立论题、反题](比较法语 vis-à-vis);

变音规则：在元音前要省音＝ἀντααγωνιστής[对手、竞争者]。

ἀπό 基本含义：(空间)从……而来(去),(时间)自……以来,用法：ἀπὸ τῆς Ἀττικῆς[离开阿提卡]，ἀπὸ τούτου τοῦ χρόνου[这段时间以来、这个时期以来]，οἱ ἀπὸ Διός[宙斯的后裔们]（直译：从宙斯而来的）。

构词语素：比较 Apostel（ἀπο-στέλειν[派遣]），Apothese（直译：按照诸神的规定）。

变音规则：在送气音前，ο要去掉，π要变成 φ＝ἀφορισμός（划定界限、隔开来把握＝Aphorism[条文、格言]）。

ἐκ 或 ἐξ（元音前为 ἐξ，辅音前为 ἐκ）

基本含义：（空间）来自、（时间）自……以来；

用法：ἐκ πολλοῦ χρόνου[长期以来]，ἐκ τῆς πόλεως[从城里来]，ἐξ ἀρχῆς[开初]，ἐκ τούτων[按如下……；如下]。

构词语素：比较 Ex-egese, Aus-legung, ek-lektisch, Ek-stase（比较拉丁语 ex-，支配夺格）；比较英语和法文前缀 ex-，表示"出、外"，如 ex-clure[开除]、ex-patrier[逐出本国]，或者"前"，如 ex-mari[前夫]、ex-ministre[前部长]。

谚语：ἐξ ὀνύχων λέοντα.（从）爪子（认）出狮子（相当于汉语"露出马脚"）。ὀνύχων＝ὁ ὄνυξ, ὄνυχος[爪子、角]（词干 ὀνυχ-）的二格复数；λέοντα＝ὁ λέων, λέοντος[狮子]（词干 λεοντ-）的四格单数。

谚语：ἐλέφαντα ἐκ μυίας ποιεῖς. 把蚊子变成大象（相当于汉语"吹死牛"）。ἐλέφαντα＝ὁ ἐλέφας, ἐλέφαντος[大象]（词干 ἐλεφαντ-）的四格单数；μυίας＝ἡ μυῖα[蚊子]的二格单数；ποιεῖς＝ποιέ-εις 缩音而来＝ποιέω[做]（ποιῶ）的二人称单数。

ἕνεκα 基本含义：（置于支配的语词之后）由于、为了；

用法：τούτου ἕνεκα[正因为如此]，ὑγιείας ἕνεκα[为了健康]。

πρό 基本含义：（时间、空间）之前；

用法：[在……前]，如 πρὸ τῆς θύρας[在门前]，πρὸ τῶν πυλῶν[在大门口]，πρὸ τῆς μάχης[临战前]，πρὸ τοῦ φίλου[为了友谊]（直译"在友谊面前"）。

构词语素：表达时间和空间性的向前，经常带有预防措施的含义，如 προφήτης[预言者、先知]，πρό-λογος[前言、序文]，πρό-βλημα[障碍、遮挡、借口、提出的任务、聚讼纷纭的问题]（直译：[扔＝βάλλειν 在……前面]），προ-γυμνάσιον[预先练习、初级训练]，προ-φύλαξ[前哨]，προ-φύλαξις[预防措施]，比较英文、德文、法文前缀 pro-, pré-，如 prophète[先知、预言]，prologue

[序言]，prophylaxie[预防、预防术]。

支配第三格的介词

ἐν 基本含义：在……中（拉丁语中支配夺格的 in；比较法文介词 en 和前缀 en-, em[在其中]）。

用法：*ἐν Ἀθήναις*[在雅典]（*Ἀθήναις*＝仅复数用法，指城区总体），*ἐν νυκτί*[夜里]；比较 *παρ-έν-θεσις*[插入、附设（部分）]。

变音规则：在辅音字母 *π* 和 *φ* 前变成 *ἐμ*，比如 *ἐμ-φύσημα*[肺气肿]（有气在里面的气管），比较 *ἐμ-φυσάω*[吹起、吹胀]。

σύν 基本含义：与……一起。

用法：*σὺν ὑμῖν*[与你们一起]，*σὺν τοῖς θεοῖς*[在神们的帮助下]。

构词语素：现代西方语言中不少外来词带有 *σύν*，如 syn-these（*σύν-θεσις*），symmetrie（*συμ-μετρία = συν-μετρία*），Syllogism（*συλλογισμός = συν-λο-γισμός*[结算、总算、总数]）。

支配第四格的介词

Ἀμφί 基本含义：从两面、围绕，比较 *ἄμφω*[两者]（拉丁语 ambo；法文前缀 amph(i)-[在周围、双、两]，如 amphictyonie[古希腊近邻同盟]，amphisbène[（神话中的）双头蛇]）。

用法：*ἀμφὶ τὴν πόλιν*[城市周围]；*οἱ ἀμφὶ βασιλέα*[国王的随从]（直译"国王周围的人们"），冠词 *οἱ* 这里实词化，意为"这些人"，*ἀμφὶ βασιλέα* 起修饰作用，意为"（这些）围绕在国王四周（的人）"；*ἀμφὶ ἑσπέραν*[傍晚时分]；*ἀμφὶ μέσας νύκτας*[半夜时分]；*ἀμφὶ τὰ πεντήκοντα ἔτη*[大约五十年、接近五十年]。

ἀνά 基本含义：朝……；穿过……；越过……（比较法文前缀 ana-[自上而下、倒、逆]）。

用法：*ἀνὰ πᾶσαν τὴν ἡμέραν*[经过整整一天]，*ἀνὰ κράτος*[倾全力]，*ἀνὰ τὸ πεδίον*[越过平原]，*ἀνὰ τὸν ποταμόν*[逆流而上]。

εἰς（亦作 *ἐς*）基本含义：进入、朝向、按照（方向介词，拉丁语中支配四格的 in）。

用法：[直到、进入]，如 *εἰς ἀεί*[永远]，*εἰς τὴν πόλιν*[进城]，*εἰς τὴν ἑσπέραν*[将近傍晚时]，*εἰς τοὺς πολεμίους*[对敌]。

构词语素：*ἡ ἐπ-εἰσ-οδος*[入场、指引术]，以及由此引导出来的 *τὸ ἐπ-εισ-όδιος*[插入部、插曲]（*ἐπ-*=*ἐπί*[朝向]＋*εἰς*[进入]＋*ὁδός*[信道、路]），直译意为[那在此进入者]，尤指雅典肃剧中在合唱之间插入的对话。

谚语：*οὐκ εἰς κόρακας.* 岂不是见乌鸦（见鬼）。

支配第二格或第四格的介词

διά 基本含义：穿过（比较英文和法文前缀 dia-[横过、穿过；分离]，dia-chronie[历时性]）。

二格用法：穿过……，*διὰ τῆς χώρας*[穿过土地（空间）]，*διὰ τῆς πόλεως*[穿过城市]，*διὰ παντὸς τοῦ βίου*[整个一生]，*διὰ τοῦ ἀγγέλου*[通过使者（通过中介）]。

四格用法：由于，*διὰ τοῦτο*[正因为如此]，*διὰ ταύτην τὴν αἰτίαν*[由于这个原因]。

κατά 基本含义：朝下，与 *ἀνά* 相反；

二格用法：由……而来、朝……而去，*κατ' οὐρανοῦ*[从天而降]，*κατὰ τοῦ ἵππου*[下马（从马上下来）]。

四格用法：按照、顺着、朝向，*κατὰ τοὺς νόμους*[按照法律]，*κατὰ τὸν ποταμόν*[沿着河流、顺流而下地]，*κατὰ Περικλέα*[就伯利克勒斯时代而言]，*κατὰ γῆν*[朝着陆地（方向）]。

变音规则：如果后有元音，*κατά* 省去 *α* 变成 *κατ'*；如果后面的词的开首元音为送气音，*κατά*-的尾音节要异化为 *καθ*-，*καθ' ἡμέραν*[每天]，类似情形如 *ὑφ' ἡμῶν*[由我们]；作为前缀时也如此：*καθεύδω* 取代 *κατα-εύδω*；*καθάπερ ἐλέγετο*[如所说的那样]。

构词语素：*κατα-στροφή*[灾难]（直译"颠转过来的转变"），*κατά-λογος*[登记册、列举、目录]（比较法文前缀 cata-[在下]，如 catastrophe[突然降临的灾难，或肃剧的结局]，cataclysme[灾难]，catalogue[目录]）。

μετά 基本含义：之间、后面。

二格用法：与、一同，*μετὰ τῶν φίλων*[与朋友们]，*οἱ μετὰ Κύρου*[居鲁士一伙]，*μετὰ δακρύων*[含着眼泪]（直译"在眼泪之后"）。

四格用法：由……（主要为时间含义），*μετὰ τοῦτο*[此后]，*μετὰ τὸν πόλεμον*[战后]，*μετὰ Θεμιστοκλέα*[忒米斯透克勒（时代）以来]。

构词语素：（主要为）[骤变、转折]，如 *μετα-μόρφωσις*[变形、转变]，

μετα-φορά[转义、比喻(metapher)]。

变音规则:作为构词语素,在元音前,-α要被吞掉,如μετ-εμ-ψύχωσις[心灵转变];在送气元音前,μετά音变为μεϑ',如μεϑ' ἡμέραν[在白天]。比较法文前缀 méta-[变化、后面], métaphore, métamorphose[变形], métaphysique。

著名的 metaphysic 原为 τὰ μετὰ τὰ φυσικά,指亚里士多德的 Τὰ Φυσικά (《论自然》或《物理学》,探讨事物的原理和起因)之后的著作总汇,新柏拉图主义者最早用这种名称来指[超出自然的东西]。

ὑπέρ 基本含义:在……之上。

二格用法:顾及、为了、在……之上,ὑπὲρ φίλου κινδυνεύειν[顾及朋友们的危险], ὑπὲρ τῆς γῆς[在大地上面], ὑπὲρ τῆς πατρίδος[为了祖国]。

四格用法:越过、超出,ὑπὲρ δύναμιν[超出能力], ὑπὲρ τὰ πεντήκοντα ἔτη[超过五十年]。

构词语素:夸大(比较英文和法文前缀 hyper-),如 hyperbole (ὑπερ-βολή)。

支配第二格或第三格或第四格的介词

ἐπί 基本含义:在……上;朝……。

二格用法:在……上(回答在何处),ἐπὶ τοῦ ὄρευς[在山上], ἐπὶ Κύρου[在居鲁士时代];与方向性运动的动词连用时带[向……]的含义,ἐπὶ τοῦ ἅρματος καθῆσθαι[坐上战车], ἐπὶ τῆς Ἰωνίας ἀπιέναι[去往伊奥尼亚];也可用于表达时间,如 ἐπὶ Σόλωνος[在梭伦时代]。

三格用法:在……上(回答在何处),ἐπὶ τῷ ὄρει[在山上];ἐπὶ τούτῳ 或 ἐπὶ τούτοις[在这一(这些)意义上];ἐπὶ τῇ θαλάττῃ[在海上]。转义为[凭靠……;基于……目的;由于……原因], ἐπὶ τῷ ἀδελφῷ[凭靠兄弟的力量], ἐπὶ βλάβῃ[由于受到损害]。

四格用法:朝向(回答何往),ἐφ' ἵππον ἀναβαίνειν[骑上马], ἐπὶ δέκα ἔτη μισθοῦν[出租十年], ἐπὶ τὸν βασιλέα ἰέναι[朝国王走去]。

构词语素:ἐπίσκοπος[监护人、督察](比较拉丁文 epi-scopus;法文前缀 épi-[在上面;对、朝、向], épiscopat[主教], épilogue[跋、结语]), ἔφ-ορος[监督人、监护人](-ορος=ὁρᾶν[看]),亦为斯巴达高官名称[督察官](比较 Epi-log[跋、后记],直译"基于以上而来的话")。

变音规则:在送气音前要发生音变,比如 ἐφ' ἡδονῇ[为了享乐](基于享乐的目的);ἐφήμερος[日记](ἐφ᾽+ἡμέρα[天])。

παρά 基本含义:在旁边、紧邻。
二格用法:由某人处而来、由某方面来看,ἥκειν παρὰ βασιλέως[从国王那里来]。
三格用法:在……旁边、在某人附近,παρὰ τοῖς Πέρσαις[在波斯人那里]。
四格用法:朝向、其间、沿着、附近、抵触,φοιτᾶν παρὰ τὸν Σωκράτη[按时去苏格拉底那里],παρὰ(同 κατὰ) τὸ τεῖχος[沿着城墙],παρὰ τὸν ποταμόν[沿着河],παρὰ πάντα τὸν χρόνον[在整个这段时间里],παρὰ τοὺς νόμους[违法],παρὰ τὴν δόξαν[针对意见](比较 paradox)。
构词语素:复合词 πάρ-εστιν;比较法文介词 par(passer par le couloir[穿过走廊])和前缀 para-[旁、侧;避、防]。
谚语:Ἐγγύα, πάρα δ᾽ ἄτα. 为人担保,自找祸害。
πάρα=παρά+ἐστίν 的简写形式;ἐγγύα[担保](阴性名词)的多里斯方言,阿提卡方言为 ἡ ἐγγύη;ἄτα[损失](多里斯方言),阿提卡方言为 ἡ ἄτη(与女神阿特有关),方言差异多为元音。

περί 基本含义:围绕(与 ἀμφί[从两边]不同)。
二格用法:涉及、由于,περὶ τῆς εἰρήνης λέγειν[谈论和平],διαλέγεσθαι περὶ τῆς πολιτείας[进行涉及城邦的谈话]。
三格用法与四格用法(相同):[围绕],περὶ τὴν Πελοπόννησον[围绕伯罗奔半岛(周边)],περὶ μέσας νύκτας[午夜时分]。
构词语素:比较英文 peripheral[周边的],period[周期](περί-οδος);法文前缀 péri-[周围]=périohérie[周边、周围],péripatérisme=亚里士多德创立的 peripateticism[漫游派],源于 περιπατεῖν[游荡、漫步、走来走去],与通常人们说的 πάθος 没有关系。

πρός 基本含义:在什么面前、面对、向……。
二格用法:自……而来,πρὸς ἑσπέρας[自傍晚以来;来自西方],πρὸς πατρός[出自父系的],πρὸς θεῶν(誓语)[凭神们发誓]。
三格用法:在……旁,πρὸς τῇ θαλάττῃ[在海上];转义为[此外],πρὸς τούτῳ[除此之外],πρὸς τούτοις[此外]。
四格用法:针对……、朝向……,πρὸς βασιλέα πρέσβεις πέμπειν[给国王派

去信使]，*φιλίαν ποιεῖσθαι πρός τινα*[与某人结成情谊]，*πόλεμον ποιεῖσθαι πρός τινα*[向某人开战]，*πρὸς ταῦτα*[瞧那]，*πρὸς τί*[为何？]。

构词语素：pros-elyte[改宗者]（不是 pro-selyte）源于 *πρὸς*+*ἐλήλυθα*[到达]，指到达了一个新的生命学说之境。

ὑπό 基本含义：在什么位置。

二格用法：出自……那里、由，尤其用于被动态，*ὁ πατὴρ ὑπὸ τοῦ παιδὸς στέργεται*[父亲受到他孩子的爱戴]。

三格用法：在……下面（回答"哪里"），*ὑπὸ τῷ ὄρει*[在山脚下]，*ὑπὸ τοῖς νόμοις εἶναι*[按法律、守法]（直译"置身于法律之下"）。

四格用法：接近（方向性），*ὑπὸ νύκτα*[接近傍晚时、天快黑时]，*ὑπὸ τὴν γῆν*[去往大地]，*ὑπὸ τὸ δένδρον ἰέναι*[去到树下]，*ὑπὸ τὸν τύραννον γίγνεσθαι*[陷入僭政统治]。

构词语素：和 *σύν* 及 *ὑπέρ* 一样，经常用于构成复合名词和动词（比较 hypothek, hypostase；比较法文前缀 hypo-[下面；低、次]，hypogée[地下建筑、地下坟墓]）。

变音规则：在送气音前发生音变，如 *ὑφ' ἑαυτῷ*[在某人之下]。

介词短语

介词短语指由介词与名词或形容词一起构成的独立句法单位，通常有两种：形容词化和名词化的短语。形容词化的介词短语用法是，介词经常以一个词组的形式出现在名词及其冠词之间，成为一种形容词性质的短语，起修饰作用。

οἱ ἐν ἐκείνῃ τῇ πόλει σοφοί. 在那个城里的智者们。

这等于说：*οἱ σοφοὶ οἱ ὄντες ἐν τῇ πόλει*。这种介词短语也可以作为名词来用：*οἱ ἐν τῇ πόλει*[那些城里人]，也可以说：*οἱ ὄντες ἐν τῇ πόλει*。

名词化的介词用法是，介词与一个实词化的冠词一起成为名词性的表达，比如：

谚语：*τὰ ἐν ποσὶν ἀγνοεῖν.* 脚跟前的东西都不认识（有眼不识泰山）。

ποσὶν = *ὁ ποῦς, ποδός*[脚]（词干 *ποδ-*；比较拉丁文 pes, pedis）的三格复数；*τὰ ἐν ποσὶν* = *τὰ* 为中性复数，但 *ἐν* 为支配三格的地点介词，因此 *ποσὶν* 为三格复数，构成介词短语作名词[在脚跟前的东西]；*ἀγνοεῖν*（缩音自 *ἀγνοέ-ειν*）= *ἀγνοῶ*[看不见]（缩音自 *ἀγνοέω*，词干为 *γνο* = *γιγνώσκω*）的现在

时不定式。

学习介词要善于在阅读过程中随时注意介词短语所支配的格,并注意其功能(方向、位置、根据、同属、分离等),不妨尝试翻译下面的介词短语:

ἐν τῇ χώρᾳ — σὺν τοῖς φίλοις — εἰς τὴν Ἑλλάδα(= Ἑλλάς) — ἐπὶ τοὺς πολεμίους — ἄνευ τῶν ἐπιτηδείων — μετὰ τῶν ἀνδρῶν — διὰ τοῦ ποταμοῦ — διὰ τὴν ἀπορίαν — τῆς ἀπάτης ἕνεκα — παρὰ τῷ δήμῳ — ἀπὸ τῆς γῆς — πρὸ τῶν θυρῶν — πρὸς τὰς γυναῖκας — χωρὶς ἐμοῦ — ἐπὶ τῆς τραπέζης — παρὰ τῶν ἐμπόρων

下面这篇短文形象地描绘出雅典古城生活一景,请通过阅读搞清楚每个介词的格和用法来确定这幅图景。

雅典广场

<u>Ὑπὲρ</u> τῆς στοᾶς ἀετός ἐστιν. <u>ἐπὶ</u>[在⋯上面] τῆς στοᾶς παῖδες κάθηνται· εἷς <u>κατὰ</u>[从] τῆς στοᾶς κατέπεσεν καὶ ἐν τῇ ἀγορᾷ κεῖται. <u>πρὸ</u>[在⋯前] τῆς στοᾶς ἀνδριάς ἐστιν. ἀνήρ τις <u>ἐκ</u>[从] τῆς στοᾶς ἥκει, ἄλλος δ' <u>εἰς</u>[进] τὴν στοὰν εἰσέρχεται, ἄλλος δὲ διὰ τῆς ἀγορᾶς μέσης τρέχει, ἄλλος δὲ κύνα <u>ἀπὸ</u> τῆς ἀγορᾶς ἐλαύνει. <u>περὶ</u>[围绕] τὴν ἀγορὰν πολλοὶ οἶκοί εἰσιν. ἔστι καὶ δένδρα <u>πρὸς</u>[旁边] τῇ ἀγορᾷ· <u>ὑπὸ</u>[在⋯下] τοῖς δένδροις φιλόσοφός τις τοῖς φίλοις διαλέγεται· οἱ δὲ χαίρουσι <u>παρὰ</u>[在⋯旁边] τῷ φιλοσόφῳ ὄντες. νεανίας τις <u>πρὸς</u>[παρὰ=朝] τοὺς διαλεγομένους ἔρχεται.

ἀετός[鹰、老鹰] — κάθηνται=κάθ-ημαι[坐下] — κατέπεσεν=κατ-επείγω[匆忙、从事、急迫] — ἀγορᾷ=ἡ ἀγορά[聚会地、集市、广场]) - ἀνδριάς[雕像] — μέσης[中间] — τρέχει[跑] — ἐλαύνει=ἐλαύνω[推、拉、打、赶] — δένδρα[树木] — οἱ χαίρουσι[自愿者、爱好者] — Νεανίας[青年]。

你能给下面的句子填入正确的介词,就证明你对介词已经有感觉:

Σωκράτης πολλὰ ⋯ τῶν τοῦ φύλακος ἔργων λέγει.
δεῖ τοὺς φύλακας πράους εἶναι ⋯ τοὺς οἰκείους, ⋯ δὲ πολέμῳ χαλεπωτάτους.
οἱ δὲ φύλακες ⋯ τὴν ἀνδρείαν ⋯ τοῖς ἀνθρώποις τιμὰς ἔχουσιν.

五　构词法原理

　　了解古希腊语的构词法,就是分解性地认识古希腊语词,加深对语词的了解。这种分解性认识,是历代语文学家通过划分词群及其构成、对比大量古希腊语经典作品中的词语之间的关系、找出语词演化的横向和纵向规则得来的,因而是古希腊语文学的历史积累的产物。掌握构词法知识,不仅有助于准确把握词义,也有助于扩大词汇的记忆量。

1 词干和词根

古希腊语的每个可变格(名词、形容词)或可变位(动词)的语词都有自己的词干(即一个语词中蕴含实质意义的固定部分),词干后是随格位或人称的不同而变化的词尾,有如一棵树的分杈,而且不同的词干有不同的词尾。例如:ἀρχός[统帅]的词干为ἀρχο-,ἀρχή[开始]的词干为ἀρχα-,ἄρχων[统治者]的词干为ἀρχοντ-,由此引申出Archont[雅典的最高官员]。

从同源和同义的语词可以看到,词干还可继续被分解:去掉词干的尾音,剩下的那个最终不能再继续分解的就是词根 ἀρχ-,单音节的语词通常由此构成。

有的现代西方语言(如德语)的语词也要变格,但变化远不如古希腊语复杂,其主格形式通常与其词干相符(比较德语 Tag — Tag-es)。

古罗马时期的语文学家对语词的形式结构的认识还十分模糊,不大分得清楚哪部分是词干,哪部分是词根,哪些又是附加成分,见到外表上近似的语词,就误认为有含义上的联系。因此,古罗马的语文学家虽然也谈词源学,做了不少词源学方面的探讨,但搞错的不少。比如拉丁语的 vulpes[狐狸],其属格形式为 vulpis,要将其词根、词尾辨析出来并非难事,但却把这个词误作"飞脚"的意思——将 volvo[飞]与 pes[脚]想当然地捏合在一起。

lepus[兔]这个词,其属格变为 leporis,罗马人以为是"轻脚"的意思,想当然地把 levis[轻]和 pes[脚]捏合在一起。有的时候,这种想当然甚至将意义相反的语词也串在一起。比如,认为拉丁语的 bellum[战争]这个词由 bellus[美丽]变来,于是反其意而用之,因为"战争"不"美丽"。foedus[和平]被认为与"丑恶"有关,原因是"和平"不"丑恶"。

→ 岑麒祥编著,《语言学史概要》,北京:科学出版社,1964,页29—36。

扩充一个简单语词的词干，就可以构成新的语词。扩充的方法不外乎两种：

1. 给一个词干加上一个或多个音节（所谓"后缀"，拉丁语 suffigere［从后面别住］），通过这些附加部分，一个语词获得精确的含义，例如：-ιος 加在 ἀρχα 后 = ἀρχαῖος［开头—的、古老—的］，这样的构词法产生出来的语词称为派生词。

2. 将两个或更多的词干拼合在一起，形成一个新语词，由此产生的语词叫复合词，例如：ἀρχαιο-λογία 按字面和原初的含义是"古老的叙述"，后来演变成"古学（或）考古学"（拉丁文 archaeologia）。

利用这两种方式，古希腊语具有的构词可能性几乎没有限制。据说现代西方语言中唯德语在这一点上近似古希腊语，但古希腊语在构词方面的灵敏性则远非德文可以相比。因为，古希腊语的词根尾音形式（所谓词干）更为灵活：由简单的词干就能衍生好多语词，通过后缀，能既灵活又恰切地标明名词性和形容词性派生词的独特意义。

在通过复合方式构成新的语词方面，古希腊语也显得十分轻松——拉丁语就缺少这一点，难怪西塞罗嫌自己祖国的语言过于僵硬，拜倒在古希腊语的石榴裙下。不过，古希腊人懂得节制，并不滥用构词的灵活和轻松，构词时显得适度而清晰。不然的话，古希腊语早就像晚期梵文那样，词语恣意增积得不可收拾。在随后的学习过程中，我们将逐步介绍古希腊语的名词、形容词和动词的基本构词原理，以加深对古希腊语词的理解。

2 派生词

给词干加上后缀而产生的语词,就是派生词。

后缀附在词干尾上时,并非不着痕迹。因此,掌握派生词,首先要熟悉音韵规则(尾音要么音变,要么去掉)。比如,按辅音同化规则,若唇辅音($\pi — \beta — \varphi$)后面紧跟一个-μ,就得发生音变:

$\gamma\varrho\acute{\alpha}\varphi\omega$([我写],词干为 $\gamma\varrho\alpha\varphi$)+后缀-$\mu\alpha$=$\gamma\varrho\acute{\alpha}\mu\mu\alpha$[写下的东西、文字、字母],由此引申出 telegramm[电报](字面意思是"遥远地书写")、stenogramm[速记](字面意思是"急速地书写")。

当两个相同或相近的辅音挨在一起,就会发生相反的情形:通过改变前一个辅音来使两音脱离。比如,在一个齿辅音前的齿辅音($\tau — \delta — \vartheta$)就要变成-$\sigma$:

$\pi\lambda\acute{\alpha}\tau\tau\omega$[塑造、形构]的词干 $\pi\lambda\alpha\tau$-+后缀-$\tau\eta\varsigma$=$\pi\lambda\acute{\alpha}\sigma\tau\eta\varsigma$[雕刻家、雕塑家]。

从上述例子可以看出,后缀的种类有多种,分别附加在名词、形容词或(较少见)动词之后,每个后缀都标明与词干含义的特定关系。例如,词干 $\pi\lambda\alpha\tau$-表示"塑造",因此,$\pi\lambda\acute{\alpha}\sigma\tau\eta\varsigma$ 表示从事这项职业的人。由于 $\acute{\iota}\pi\pi o\varsigma$[马],$\acute{\iota}\pi\pi$-$\iota\varkappa\acute{o}\varsigma$ 就表明与马和其主人相关的特征,比如"骑士—的""具有骑士风度—的"。

在现代西方语文中,也可以见到与古希腊语的这种后缀相似的构词音节:名词结尾的-er 和形容词结尾的-lly(法语后缀-té,-tie 也可表示某种特点、性情,如 lucidité[清醒]、modestie[谦虚]、bonté[好心])。

下面来看几组按意思划分的派生名词和形容词的词群。

派生性名词

以-$\tau\acute{\eta}\varsigma$、-$\tau\acute{\eta}\varrho$、-$\tau\omega\varrho$ 为后缀的名词表示从事某种职业的人(比较法文后缀:-teur=阴性-trice,-er=阴性-ère,-iste 等表示做某种行为、从事某种职业

的人，比如 racon-teur[讲述者]，créa-teur[创造者]，fleur-iste[花匠、花商]，fermi-er[农场主]）：

ποιη-τής[诗人]（拉丁文 poeta），字面意思为"制造者""创造者""诗人"；

σω-τήρ[骑士、保护者、救主]（古希腊国王和基督的别名）；

ῥή-τωρ[讲故事和传奇的人]（引申为"雄辩家""演说家""论辩家"）。

有的物品名称也带这样的词尾，这是将物品拟人化的结果：

κρατήρ[搅拌器、搅拌罐]（因为形似又有"火山口"之义）；

λαμπτήρ[照明物]（比较法语 lanterne、德语 Laterne[提灯]）。

以 -εία、-σις 结尾的词，有如德语和法语以 -ung、-ei、-ie 结尾的名词，表示一种行当或作为：

παιδ-εία[教育、教养]；

ἀνάλυ-σις[（分析）答案]；

προφητ-εία[预言]（拉丁文 prophetia，法语 prophétie，德语 Prophetie 和 Prophezeiung）。

行当或作为的结果，用 -μα 表示：

πρᾶγμα[做成之事、业绩]（与之对应：πρᾶξις=[行为、工作、实践]）；

δόγμα[已决定的事、决议]（教条=教会公会议作出的有约束力的决议）。

以 -ία、-σύνη 结尾的词，与英语以 -ty 结尾、德语以 -heit 和 -keit 结尾的名词一样，表示某种特点、性情：

σοφ-ία[智慧]（Sophie）；

εὐφρο-σύνη[欢快]（引申出女孩名 Euphrosyne）；

σωφρο-σύνη[审慎]（希腊人的理想美德）；

φιλία[友谊]（比较 φιλό-της）。

后缀 -θρον、-τρον 表示方法和工具：

κλεῖθρον[闩]（源于 κλείω[关门]，比较拉丁文 claustrum[修道院]）；

κάτοπ-τρον[镜子]（词干 ὀπ-=[看]）；

σκῆπ-τρον[支撑物、杆]（源自 σκήπτω[支撑]，比较拉丁文 sceptrum，由此引申出 Szepter、Zepter[令牌]，z 在晚期拉丁语中发音 c）。

以 -τήριον、-εῖον（或 -ιον，比较拉丁文 -ium：praetorium[统帅的营帐]）和 -ών

结尾的词,指明场所:

βουλευ-τήριον[市政议事厅];

Μουσεῖον[缪斯的圣地](博物馆);

ᾠδ-εῖον[演唱厅、音乐厅](古代供艺术表演的圆形大厅);

γυμνάσ-ιον[体育馆](古希腊的竞技训练场);

Παρϑεν-ών[雅典娜少女(*παρϑένος*)庙]。

以-*ίδης*、-*άδης*、-*ίων*结尾、从姓氏派生出来的名词表明来源(俄语中以-witsch结尾的词就源于这种构词法:Nikolajewitsch=Nikolai的儿子):

Ἀτρε-ίδης=Atreus的儿子(Agamemnon和Menelaos);

Λαερτι-άδης=Laertes的儿子(Odysseus);

Κρον-ίων=Kronos的儿子(荷马叙事诗中宙斯的别名);

Ὑπερ-ίων=穹窿之子(太阳神的别名,荷尔德林用作小说篇名及主角名)。

与德语中以-chen、-lein和-ling结尾的词一样,以-*ιον*、-*ίδιον*、-*άριον*、-*ίσκος*结尾的小词,带有温存、悦耳的口吻:

παιδ-ίον[乖孩子];

κυν-ίδιον[小狗崽];

Λα-ίδιον[小莱依丝](雅典民主史上的名女、阿尔喀比亚德的情妇;*Λαΐς*的昵称);

ἱππ-άριον[小马儿];

βακτή-ριον[小棍](细菌、杆菌);

νεαν-ίσκος[小子];

Μουσάρ-ιον=[小穆萨尔](女孩名,著名德语作家维兰德用作其诗体小说的书名和主角名Musarion)。

派生性形容词

大多数形容词都含后缀,因为,除词义自身词干的形容词外,只有后缀能使形容词的词义更清晰(比如在德语中,此类用途的派生词音节有-lich、-sam、-bar、-ern、-ig、-isch;在法语中,形容词后缀-ier=阴性-ière,如 geurrier[战争的、好战的])。同样,古希腊语有一系列形容词后缀,可按类别和形式归为不同意群。

以 -ινος、-εος（通常缩音成 -ους）为后缀的形容词表示人或物的质料和类别（法语为 -eux＝阴性 -euse，如 ombreux [有阴影的]；德语为 -en、-ern，拉丁文为 -eus）：

λίϑ-ινος [石制的]（拉丁文 lapideus），源于 λίϑος [石头]；

χρυσέος（缩音成 χρυσοῦς）[金制的]，源于 χρυσός。

具有"蕴含、带有"含义的形容词以 -εις 为后缀（德语 -ig，拉丁文 -osus）：

σκιό-εις（拉丁文 umbr-osus）[有阴影的]（比较 σκιά [影子]）；

ἀνεμό-εις [有风的]（比较 ἄνεμος [风]）。

外部和内部的从属关系靠后缀 -ιος、-ικος、-ιμος 表达（德语 -lich 和 -isch；拉丁文 -ius）：

πάτρ-ιος [父亲的]（拉丁文 patrius）；

πολεμ-ικός [战争的]；

μάχ-ιος [可作战的、好争斗的]。

后缀 -ικός（即英语中来自希腊语的后缀 -ic），如

Grammat-ic＝γραμματική（形容词＋τέχνη，本意是 [书写技艺]）；

Politic＝πολιτική [治理城邦、共同生活的技艺]。

后缀 -ειδής 特别值得一提，意为"相似"，这本是个独立的词干＝[外表、样子]（εἶδος），比如，ϑεο-ειδής [像神的、诸神般的]。这并不是派生词，而是两个词干的复合，就像德语的派生词音节 -lich 和 -sam（-lich＝哥特式的 leiks [身体、形体]，-sam＝哥特式的 sama [本身]）；于是，kindlich＝[有孩子般形体的]，sittsam＝[出于同一礼仪、风俗或按伦常的]。

3　复合词

　　派生词为由一个词干衍生出来的新词,复合词则是由多个词干复合而成的新词。古典语文学家一般认为,拉丁文和罗曼语族(法语、意大利语、西班牙语、葡萄牙语等)偏好派生词,古希腊语和日耳曼语(德语)则偏好复合词;罗马人重视本质概念在含义上的单义、简明的确定性。

　　与此不同,古希腊语显示出希腊人极富创造性的复合能力,善于通过给所有精神上和感觉上的事物命名来把握事物,并通过组合让它们建立起相互关联。就德语而言,其语言的原始质料同样丰富多样,这些质料能组合成新的、更德意志的形态。总之,古希腊民族和德意志民族更倾向于概念广泛的多义性,喜欢通过想象力的激发不断拓展概念世界——正因为如此,我们在举例时多与德语比较。

　　→ 在德语《格林词典》中,带 Land[土地]的复合词有 730 个,带 Krieg[战争]的复合词有 615 个,带 Hand[手]和带 Kunst[艺术]的有 613 个,带 Geist[精神]的有 510 个,带 Menschen[人]的有 287 个,带 Liebe[爱]的有 287 个。大概还有约 600 个复合词没有统计,就此而言,德语在语言品质上与古希腊语有更多亲缘关系。

　　在古希腊语中,词尾灵活使得作家可以玩的复合语词游戏丰富多彩。但正如游戏本身一样,复合词的构成在种类和形式上又并非没有规矩:一个复合词无论由多少个词干复合而成,总得受其中一个词干的含义限定,从而得到更精确的界定。

　　先举个德语的例子:Land-wirt[农场主]中的 Wirt[主]受 Land[土地]限定或者说更精确地界定。Wirt 是这个复合词的基本词,Land 为限定词。和德语一样,古希腊语的所有语词(名词、形容词、副词、数词、介词、动词)都可以组成名词性的、形容词性的(和副词一起)以及动词性的复合词。

　　复合词由一个基本词干加上一个通常缩音或并音的限定词的词干而成,在古希腊语中,这个词干与主格有本质区别(但在新高地德语中,限定词词干大都与其主格相同）：

$γεωργός$[农场主]＝词干 $γη$-或 $γα$-[土地]＋$ἐργ$-[劳作]；

$θαλαττο$-$κρατία$[控海、海上统治、制海权]＝词干 $θάλαττα$＋$κράτος$[力量]。

→ "制海权"概念在今天颇为时髦，这与盎格鲁——美利坚的崛起有关，参见艾尔弗雷德·塞耶·马汉，《海权对历史的影响（1660—1783 年）》，李少彦等译，北京：海洋出版社，2013；比较约翰·黑尔，《海上霸主：雅典海军的壮丽叙事诗及民主的诞生》，史晓洁译，桂林：广西师范大学出版社，2012。

复合词在两个词干的复合处会发生各种各样的变化，比如，词干音素 -$α$ 或 -$η$ 经常会变成 -o：

$ψυχο$-$πομπός$[灵魂引领者]（赫耳墨斯神）（＝$ψυχή$[灵魂]＋$πέμπω$[护送、引领、陪伴]，词干元音 -$ε$ 换音成 -o）；比较 Psychology 和 Seelenkunde[心理学]；

$στρατ$-$ηγός$[陆军统帅、战略家]（＝词干 $στρατο$-[陆军]＋$ἀγ$-[率领]，-$α$ 延长成 -$η$）。

为了便于发音，如果第二个词干以元音开首的话，复合词通常会去掉第一个词干结尾的元音，第二个词干以辅音开首则不必：

$φιλό$-$σοφος$[热爱智慧者]— $φιλο$-$κίνδυνος$[好冒险的]— $φίλ$-$ιππος$[爱马的]— $φιλό$-$θηρος$[喜欢狩猎的]

为了便于发音，复合词通常会去掉第二个词干前的送气音，例如，

$σύν$-$οδος$[相会、结合、遭遇、结伙]（＝介词 $σύν$＋$ὁδός$[路]）；

$μέθ$-$οδος$[跟进、处理、方式]以及外来词则相反，仍然保留送气音，靠它的影响去掉 $μετα$ 的 -$α$ 而成为 $μεθ$（＝$τ$ 的送气音）。

名词与形容词构成复合词的可能性有多种，这尤其表现在限定词上（和德语一样，几乎所有词类都可用作限定词），例如，

以名词作限定词：$ναυ$-$μαχία$[船战、海战]（＝$ναῦς$[船]＋$μάχη$[战役]）；

以形容词作限定词：$Νεά$-$πολις$[新城；那不勒斯]（＝$νέος$[新的]＋$πόλις$ 城市）；

以副词作限定词：$εὐ$-$γενής$[（出生）好的]（＝$εὖ$＋$γενεά$[出生]，引申 Eugen[优生]）；

以数词作限定词：$πέντ$-$αθλον$[五项全能竞赛]；

以介词作限定词：περί-οδος[环行、绕行、循环]（周期）；ἀνα-λογία[类比、相似]（analog）。

以否定式前音节 ἀ- 以及 ἀν-（用在动词前）构成的复合词特别值得一提，因为这种复合构词法还广泛地见于现代西方语言（比较法语表示否定的前缀a-、an-；相应的英语、德语是un-，拉丁文为in-）：

ἄ-θεος[非神的、无神的]（=[无神论者]），ἀν-αρχία[无统治状态、无法制状态、无政府状态]（=ἀρχή[统治]；比较An-alphabet[文盲]，直译"不认识字母表的人"）。

现代西方语言在构成新词时，也用这种复合方式，如asozial（不合群的）、anormal（不正规的）。若将古希腊语的前音节加在一个拉丁语词（socialis、norma）前，就会被看成畸形。就后一个语词而言，要么用纯拉丁文abnorm，要么用纯希腊文anomal（源于ἀν-ώμαλος，字面意思是"不平的、不均匀的、违反规则的"）。比较法语athée[无神论的、无神论者]，anarchie[无政府状态]，areligieux[不虔敬的]，asymétrie[不对等]。

德语从古希腊语引进了不少复合词，显示出德语同古希腊语在柔韧和灵活性上有亲和力。德语的丰富表现力竟然得自古希腊文学的翻译，使原本外来的语言形式成了标准语言的组成部分，这在语言史上并不多见。

有日耳曼古典语文学家说，18世纪的德意志文人对古希腊诗歌的喜爱和翻译（成德语），对德语的发展起过不小的作用。比如，由名词和动词词干复合而成的形容词，在古代和中期高地德语中很少见。启蒙时期的著名古典学家沃斯（Johann H. Voß，1779—1822）用德语翻译荷马叙事诗时，按古希腊语模式复合成一些德语语词，虽然有些生硬，毕竟开了个头。比如männermordend（ἀνδροφόνος[杀人的]），zeusentsprossen（διογενής[宙斯所生的]）等等。

歌德在写作中搞复合词时，遵循的就是如此构词规则：neidgetroffen[心生嫉妒的]、siegdurchglüht[充满胜利的]、wellenbespült[波浪拍打的]。受古希腊语触动，席勒也说säulengetragene Dächer[柱子支撑的屋宇]、giftgeschwollene Bäuche[一肚子坏水]；克洛普斯托克（Klopstock）则说donnergesplitterte Wälder[遭雷劈的森林]、ruinenentflohene Griechen[逃离废墟的希腊人]；雷瑙（Lenau）有这样的说法：felsenstürzte Bache[冲垮岩石的小河]、duftverlorene Grenze[失去芳香的界限]。

→ 虽然翻译佛教典籍对汉语的发展有明显影响，但汉语本身在翻译佛典之前已经自成体统，与这里说的德语情形不可同日而语。参见梁晓虹，《佛教词语的构造与汉语语汇的发展》，北京：北京语言学院出版社，1994。

在动词的复合方面,古希腊语与德语的区别就大了。德语动词可以同各类词复合:与名词复合:teilnehmen[参加]、haushalten[持家];与形容词复合:feilhalten[陈列待售、待看]、vollführen[完成];与介词和副词复合:auffinden[偶然找到]、durchbringen[帮助……渡过难关]、hintergehen[到后面去、欺骗],wiederholen[重复]。

与此不同,古希腊语动词只能与介词复合,不过,如此复合却变幻无穷,充分显出古希腊语的柔韧性,也为希腊人偏好逻辑解析和哲学界定提供了方便——在动词前有一两个介词或副词已属常见,有三个以上也不足怪。

两个介词:συν-ανα-βαίνω[和(某人)一同走上、前往];παρα-κατα-τίθημι[把某物存放在某人处、寄托给(某人代为保管)];

三个介词:προσ-εξ-αν-ίσταμαι[站起身来(迎接某人)],这个词很难直译,必须转换为解释性描述:朝(προς)……站(ίσταμαι)起来(ἀν=ἀνά)要走出去(ἐξ)的样子。

在一本古代的词典里,还有四个介词的复合动词:συγ(=ν)-κατ-εξ-αν-ίστημι[起身反抗]=让某人与(συγ-)[某人]起(κατ-)身走出来(εξ-)坐到(αν-)某处。

不过,就复合词而言,复合功能最强的还要算形容词。从戏剧作品中可以看到,古希腊戏剧诗人特别喜欢玩几乎游戏般的词语复合,尤其谐剧作家,简直玩尽了复合词的功能。阿塔纳修斯喜欢搜集轶事,他从最早的肃剧诗人普腊提纳斯(Pratinas)的一部失传剧作中见到过这样一个形容词的庞然大物:

λαλο/βαρυ/παρα/μελο/ρυθμο/βάτας 饶舌、让人厌烦且违背韵律的

会饮图

与阿提卡的谐剧大师阿里斯托芬相比,普腊提纳斯的构造就小巫见大巫了:在《公民大会妇女》中,阿里斯托芬构造了一个有78个音节、长达7行的语词巨怪,可算复合词的登峰造极之作,也是古希腊语的柔韧性让人难以置信的证明——尽管其长度令人咋舌,还是让人馋涎欲滴:

…λοπαδο-τεμαχο-σελαχο-γαλεο- 盛满牡蛎、蜗牛、海鳝—
κρᾱνιο-λειψανο-δρῑμ-υποτριμ-ματο- 拌有醋和乳脂的牛羊杂拌—
σιλφιο-κᾱραβο-μελιτο-κατακεχυμενο- 黄油鹌烤兔肉—
κιχλ-επικοσσυφο-φαττο-περιστερ- 鸡冠幼雉加牛犊—
αλεκτρυον-οπτο-κεφαλλιο-κιγκλο- 田鸽脑糖浆—
πελειο-λαγωο-σιραιο-βαφη-τραγανο- 松露云雀—
πτερύγων. 的碗!

练习

1   名词 λόγος 与动词 λέγω 有相同的词干,又比如 οἱ Νομάδες[游牧人]—νομίζω[承认、按习惯做、尊重、相信],由于词干元音的变音而显得词干不同(比较德文的相同情形:singen—Gesang, fahren—Fuhre)。基督徒在元月6日都要庆祝 Epi-phanias,请查明这个语词的构成,同时注意其词尾-as。

2   举出与下面的名词和形容词有相同词干的动词:
σύμ-μαχος — πρᾶγμα — τέχνη — εὐ-βουλία — χείρ — γνώμη
χαρά — ἄπειρος — καταγέλαστος — παιδεία — ἄτιμος — λύπη

3   试比较 εὐ-πορία(丰裕)和 ἀ-πορία(贫乏),然后查阅《古希腊语汉语词典》,找出下面的语词的词义,并对比词干与前缀的结合:
εὐ-δοξία ἀ-δοξία δίκαιος ἄ-δικος εὔ-λογος ἄ-λογος βέβαιος ἀ-βέβαιος
εὔ-παις ἄ-παις πιστός ἄ-πιστος εὐ-νομία ἀ-νομία λυπηρός ἄ-λυπος

4   下面的形容词没有自己的阴性形式,此外,它们还具有什么其他共同特征?
ἄ-δικος — φίλ-ιππος — ἄ-κοσμος — εὔ-πορος — ὀλιγό-πιστος[信心不够的]
πάν-σοφος — φιλο-κίνδυνος — πάν-αρχος — ἔν-δοξος

5   与下面两个动词有相同词干的名词是什么:χαίρειν—λέγειν?

6 将形容词 ἀνϑρώπειος 和 ϑεῖος 还原为名词，并比较两者的词尾。
7 下面哪些语词由于带有前置元音 ἀ-或 ἀν-而具有否定含义？
ἀϑάνατος — ἀγαπητός — ἀβέβαιος — ἀδελφός — ἀδικία — ἀγρός — ἄφρων — ἀναπέμπω — ἀγνοέω — ἀδύνατος — ἀνδράποδον — ἀναίσϑητος — ἀπάτη
8 将 μονομαχία 一词与 monolog、monarchy、monopol、monography 比较，找出这些语词在词源上的共同性。
9 将下面词干相同的实词和动词配对，比较其相同的部分，并译出其动词的含义：
πονηρός — ἐπαινεῖν — ἀγνοοῦσιν — ἐπιστήμονες — οἰκείων
ἡ οἰκειότης — ἡ ἐπιστήμη — ὁ ἔπαινος — τὸ ἀγνόημα — ὁ πονηρός
10 举出与下列形容词有相同词干的动词：
φϑόνος — ϑέατρον — βλαβερός — μνήμη — οἶκος — χῶρος — ὠφέλιμος
11 在 γυμνάζω 这个动词后面，隐藏着一个你已经熟悉的形容词；由此来看，这个动词强调了古希腊人的体育活动的何种特性？
12 παιδοτρίβης 这个语词的基本成分是动词 τρίβω[磨/搓]，这种构词方式在现代西方语文中能找到对应吗？
13 靠你已经掌握的语词来推断下面你还不知道的语词：
ἀσεβής — ἀσεβέω — ἀσέβεια — εὐσεβής — εὐσεβέω — εὐσέβεια
ἀληϑής — ἀληϑεύω — ἀλήϑεια
ἀσφαλής — ἀσφαλίζομαι — ἀσφάλεια
14 如果你对古希腊文已经有所感觉，下面这些在现代西方语文中常见的语词你一眼就能认出是源于古希腊语的外来词，但你能辨识其词源含义吗？注意有的语词是复合词，辨识其词源含义时要拆开这些语词。
Nekrolog — Mantik — Aphäreas — orthodox — Holokaust — Kinematographie — Mnemotechnik — Hippokrene — schizophren — physiologisch — Katheder
15 下面的现代西方语文的语词都是源于希腊语的外来词，请写出它们的古希腊语原来的语词形式：
Archaic — Tropen — Pragmatiker — Despot — Askese — empiric — Ethology — Mathematic — Ieptosom Palaeontology — autark — protreptic
16 请比较下面的语词通过后缀 -σις 或 -μα 要表达的是什么：

πρᾶξις — πρᾶγμα; τάξις — στρασις/μάθημα — πάθημα

17 根据上下文说出 ἀπαγορεύειν 这个词的意思：

οἱ στρατιῶται ἀπαγορεύουσι μαχόμενοι.

ὁ στρατηγὸς τοῖς στρατιώταις ἀπεῖπε μὴ μάχεσθαι.

仿现代希腊语写法（加音调符号）：ἀπαγορεύεται τὸ καπνίζειν（[冒烟、吸烟]）。

附录　现代西方语文中的古希腊语词素

经过拉丁语的中介，几乎所有的西欧民族语言都不同程度地吸收了古希腊语词，随着年轮推移，这些语词融入了西欧语言。因此，我们可以在英、法、德、意、西班牙语中见到带古希腊语词素的词汇，而且数量不少，比如动物、作物和各种日常用具的名字，国家制度、职业和科学的概念等等。当然，各西欧语言接受古希腊语词的方式各种各样、迂回曲折，表现方式也多种多样，要么维持原样，要么或多或少近似，意思或保持不变或完全改变。

在现代西方语文中，古希腊语词素大致可分为两类：借词——其来源深藏于词干之中；外来词——基本上是原词，只是某些发音（通常尾音）不同，或声调或词性有变。

作为古希腊语词素的借词

所谓"借词"主要指西欧语言的语词中有借自古希腊语词的词根。除非古典语文学家，一般学人也看不出这些语词中有什么古典来源。比如，欧洲人喜欢吃的菜蔬 Pilz［蘑菇］（βωλίτης＝拉丁文 boletus）、Kerbel［雪维菜］（词形看起来像德语，其实源于 χαιρέφυλλον＝拉丁语 caerefolium，也就是人们喜欢的菜叶，χαίρει 是因为其芬芳扑鼻）和 Petersilie［香菜］（πετροσέλινον＝拉丁语 petroselinum），Minze［薄荷］（μίϑην＝拉丁语 menta）也属此列。

在现代欧洲人的装饰植物中，Veilchen［紫罗兰］（德语）源于 viola 这个短小的拉丁语词，但这个拉丁语词的词干却可追溯到古希腊语词 ἴον＝Φίον（读作 vion）。如今的欧洲人虽然知道 Dattel［海枣］的产地来源，一般却不知道这名称的古希腊语来源（δάκτυλος［手指］，因海枣手指似的叶片）。

现在的西方人多已意识不到，有些日常用具或器具的名称来源于古希腊语。如今的德国人可能会想当然地以为，德语的 Tisch［桌子］出自古德意志人的乡村婚礼上的用具,而这个语词实际却来自古希腊人喜欢掷的铁饼($δίσκος$=拉丁语discus;公元2世纪后,$δίσκος$也指"碗")。

与荷马笔下的桌子$τράπεζα$(Trapez[梯形])相似,古日耳曼人的桌子由一个支架和一个小木盘组成,吃饭时既当桌子又当放在面前的碗——塔西佗(Tacitus)对此有过描绘。德语的Kiste[箱子]也是经拉丁语cista来自古希腊语的$κίστη$。听起来像法语的Kanapee,来自古希腊语$κωνωπεῖον$(古希腊人用的一种有蚊帐的床,派生自$κώνωφ$[蚊子]),在晚期拉丁语中叫conopeum,到了中世纪叫canopeum[床帐],法语的Canape[有软垫的坐榻]由此变来。

古竖琴(Leier=$λύρα$—拉丁语lyra)、吉他拉琴(Ziter=$κιθάρα$,最初是西亚语词,拉丁语cithara)、管风琴(Orgel=$ὄργανον$=拉丁语organum)等乐器名,都源于古希腊语,尽管读音和词形已经不像古希腊,倒是这些乐器奏出的可爱乐音让人忆起古希腊的$μουσική$(拉丁语musica[缪斯的技艺])。

这些"借词"尚属人们在历史的生活过程中"自然而然"借来的一类,还有一类"借词"属于有意为之。意大利人文(古典)主义时期以来,现代自然科学家(尤其物理学、化学和医学)喜欢用古希腊语的词干来造新术语,或为技术发明和商业行为命名:大量新发明的仪器、制剂和药物的名称甚至用滥了源于古希腊语的词干。

由于自然科学家并非语文学家,在借用古希腊语造新词时犯点儿语言毛病不足为怪。比如,化学家很喜欢作为纯粹词缀来使用的词尾-yl,本来是古希腊的名词$ὕλη$[森林、树林、木材]。当然,这类"创造"也不乏才气,比如,布鲁塞尔的化学家赫尔蒙特(J. B. von Helmont, 1580—1644)发现了一种与空气不同的气体,可以用作燃料,便借用古希腊词$χάος$(空空的、巨大的空间,或者发出可怕气味的容器)构造出Gas一词(在荷兰语中,g音开头读如ch)。

1595年,地理学家在杜伊斯堡举办图片展,纪念刚去世的地理学家墨卡托(Gerardus Mercator, 1512—1594),该展取名为Atlas(古希腊神话中的国王$Ἄτλας$)。结果,后来所有的历史地图集都沿用这个名字。

现代医学得益于古希腊医术,但德国的医生少有人知道,德语的Arzt[医生]一词借自古希腊语,派生自晚期古希腊词$ἀρχιατρος$。这个语词本来的意思是太医或宫廷医生,拉丁语作archiater,经过晚期拉丁语形式arciater(c读如z),到古高地德语中演变成arzat,最后在中期古高地德语中定形为Arzt。可以说,Arzt这个词的前半部分是古希腊语动词的词干$ἀρχ$-[开始、最先存在、统治],后一部分才是古希腊语的名词$ιατρός$[医生](比较Psychiater［精神科医生］）。在德语中，ἀρχ-这个词干用作前缀的例子还有一些，比如说 Erzhischop［大主教］、Erzengel［天使长］、Erzkanzler［首相、总理］。

作为古希腊语素的"外来词"

所谓"外来词"指几乎直接拿来就用的语词。据说，现代科学（尤其医学、哲学和数学）中有上千专业词汇属于这类取自古希腊语的"外来词"。比如，古希腊语中词干尾音带 ι 的名词，通常几乎原模原样地径直作为外来词用于现代西方语文之中：Analyse（=ἀνάλυσις［解开、分开］）—Apokalypse（=ἀποκάλυψις［揭开］）— Krise（=κρίσις［选出、判定］）— Praxis（πρᾶξις［事实、行为、交易］）—Physis（φύσις［自然、天性］）。

17—18 世纪的西方学人，若多喝过几年古墨水，就喜欢使用外来词（或说话时带外来词的发音），以显示自己有教养。就像咱们的章太炎，据说他老先生作文后喜欢润色一遍，把如今常用的字换成三国前的字形（如今叫"异体字"）。

作为外来词被采用的古希腊语词当然不是全都一点儿变化没有。如果说借词因涉及词干而有实质性变化，那么，外来词的变化则体现为声调位移、尾音节变形、词性变异、读音变异等等。这些变化在英、法、德语中表现各异，了解一下这方面的情形，对于提高我们的现代西方语文知识不无裨益。

声调位移

古希腊语的 Ἡρακλῆς 声调在尾音节，到拉丁语中就成了 Hercules（声调在前音节，这是依循一条拉丁语的声调规则：多音节词的声调在前音节，前提是次音节为短音节；若次音节是长音节，则次音节重读。比如：

Ὅμηρος=Homerus　—　Σωκράτης=Socrates
Ἀριστοτέλης=Aristoteles　—　ποδάγρα=Podagra；

这些变化更多是为了词韵的明晰，而非令人头痛的词义变化。刚好颠倒过来的情形是，古希腊语中的前倒音节重读，在相应的拉丁语中变成次音节重读：若多音节的拉丁词声调落在次音节上，则这个音节必定是长音节，παράδειγμα［榜样、模范、先例、样品］拉丁语为 paradigma。这让人们在死记硬背古希腊语单词时很伤脑筋，因为在古希腊语的音调规则中，如此情形纯属例外。

在经过拉丁语演化为现代欧洲语言的过程中,古希腊语词常常丢失了开头的元音和结尾音:χορός经chorus变成了chor,τύραννος经tyrannus变成了tyrann;κάμηλος经camelus变成了Kamel;μονοπώλιον经monopolium变成了monopol。在丢掉古希腊语和拉丁语的词尾后,声调自然便落到了尾音节,尽管词形有时候直接来自拉丁语,有时候则采用法语形式,比如φιλόσοφος — philosophus,德语为Philosoph。同样的情形还有Demokrit — Hesiod — Korinth — Athen — Peloponnes。

19世纪30年代,英国报章上有不少关于一个叫Londonderry侯爵的议论,侯爵的名字由London和Derry组合而成,正确的发音有两个声调,听起来很顺耳。德语作家冯塔纳(Theodor Fontane,1819—1898)的父亲却把这名字看作一个词(因而只有一个声调),把唯一的声调放在前音节的o上,听起来浑然如雷,不顾同胞嘲讽他是猪嘴。

尾音节变形

从古希腊语词到现代西方语文的外来词的转化,并不像乍看起来那样任意;声调位移如此,词形的词尾变化也如此。

古希腊肃剧诗人的名字Αἰσχύλος,德语通常采用其拉丁语形式Aeschylus,开头元音和结尾元音显然变了(英语、法语变得更厉害),说Aischylos几乎会被人看作附庸风雅。Ai-按拉丁语的规则变成ae=ä,ei多半变成i,偶尔会是e,oi则变成oe。

伯利克勒斯时代的大艺术家Φειδίας的名字,现在只以拉丁语形式Phidias流通,要是碰到古希腊语形式的写法,人们根本就不知道是什么。古希腊语地名Μουσεῖον是缪斯经常住的地方,如今写作Museum[博物馆](词义也有改变,当然,古希腊语也可以有这层意思)。对于吕底亚富有的国王Κροῖσος,如今用的也是其拉丁语形式Croesus。英语和法语中的古希腊语外来词多不是采用其拉丁语形式,因而与德语的用法又有差别。

所有这些例子表明,词尾的变化多少有其规则。比如,

-ος和-ον在拉丁语和德语中都变成-us和-um,

-ρος在经过拉丁语到德语的过程中则丧失了整个词尾,于是,Ἀλέξανδρος成了简朴登场的Alexander。

-τρον,经过拉丁语词尾-trum到德语和英语中成了-ter,比如

μέτρον—metrum—Meter；Θέατρον—theatrum—theater。

总的来说，对词尾为-ος和-ον的第二变格类名词，德语通常采用经罗马人改变过的词尾形式(-us和-um)。不过，对产于Samos(萨摩斯)岛上的甜烈酒，现代西方人给它的标志性名称仍然为切合古希腊语原形的Samos。无论如何，不能把所有对古希腊语词原初形式的偏离都视为"出错"，因为，每个民族都喜欢在吸取外来语时按自己的习惯和意愿重塑语词形式，所谓约定俗成的最终就是"正确的"。

好些古希腊语专有名词的阴性词尾-η，在拉丁语中通常变为a，在德语中则或a或e；西方人为Ἑλένη — Helena、Helene[海伦]这全希腊最美的女人殷勤地保留了富有激情的拉丁语形式。在德语和法语中，有些名词词尾的e，其实就是古希腊语名词阴性词尾的遗留物：στρατηγός — strategus，法语为stratege或stratégie，德语为Stratege。

以-ια和-εια结尾的第一变格类名词，主要是些政治和科学的抽象名词，进入现代西方语言后，词尾大多变成-y或-e：monarchy＝μοναρχία[君主制]、aristokraty＝ἀριστοκρατία[贵族制]、sympathy＝συμπάθεια[同情]、Asthenie＝ἀσθένεια[衰弱](比较Neurasthenie[神经衰弱])。德语的名词词尾-ie，主要得自拉丁语和法语的中介作用，比如Philosphy＝φιλοσοφία＝拉丁语philosophia，法语philosophie。通过这些语言细节，我们可以看到欧洲人化用古希腊语词时的共同经验。

从dogmatic、dramatic、thematic这些形容词的词尾，可以看出以-ματ结尾的古希腊语词(比如dogmat)的词干；不过，其名词的复数词尾就不是古希腊语的了。比如德语的Dogmen、Dramen、Themen，法语和英语形式则用-s：Themas。在古典学书籍中，见到古希腊文式的写法(比如Themata)并不出奇。但Schemen是名词der Schemen[空洞的影像]的单数和复数同体形式，并非Schema的复数(Schema的复数是Schemate或Schemata)。

带词尾-εύς的专有名词如人名Περσεύς — Ἰδομενεύς — Ὀδυσσεύς，在拉丁语和现代西方语文中都原样保留了其尾音节＝Perseus — Idomeneus — Odysseus，但声调有改变。不过，Achilleus(Ἀχιλλεύς)的写法则有几种可能：拉丁语为Achilles(在诗句中则采用古希腊语形式，但声调总是落在次音节，因为拉丁语的声调永不在尾音节)。在德语中，除了这两种形式外，还有缩短形式的Achill(古典语文学家特别喜欢这样用)。至于阿喀琉斯的朋友和战友Πάτροκλος(或Πατροκλῆς)的名字，拉丁语和德语都是Patroclus。

还有一些外来词的使用处于摇摆未定的状况,比如在德语中,Hymnus、Mythus、Typus是古希腊名词 ὕμνος、μῦθος、τύπος 的拉丁语形式。但在特定的语境中,人们还是宁愿采用其古希腊语形式Hymnos、Mythos、Typos,德国人则赋予纯粹德语式的复数形式:Hymnen、Mythen、Typen。只有从这些复数形式出发,才能模拟德语的阴性弱变化名词(die Blume、die Blumen)倒过来给出的单数形式:die Hymne、die Mythe、die Type;法语形式hymne、mythe、type鼓励了这样的做法。

在使用阴性单数die Mythe时,现代西方人很少会真正带感情地想到古代的诸神和英雄的传说,只有熟悉古希腊经典的行家才会带着感情和教养意识来谈论普罗米修斯的Mythos。阴性名词Type则相反,只有在排字工人的行业语言中才遇得到正确的用法,因为,一般来说,他们对这个语词形式(作为"印刷字母")习以为常。eine Type的表达也许因此有了一个附带意思,即意指一个人的言辞无教养。

词性变异

所谓"词性"的改变,指在古希腊语是阴性的名词,后来成了比如说德语的阳性名词。要解释如此词性变化非常困难,古典语文学家多认为,这方面没有什么规则可言。为什么德国人说das Orchester[乐队](ὀρχήστρα是阴性)、der Asphalt[沥青;柏油](ἄφαλτος明明也是阴性)?为什么说der或das Katheder[讲台](καθέδρα为阴性),还有der Thermometer[温度计](其古希腊语词干 τὸ μέτρον是中性)?有个幽默说法:专管语言变化规律的教授恰巧在碰到德语时脑子乱了。其实,词性的变异并没什么道理好讲,纯属历史的任意。至多可以说,古希腊语词在被融入另一自成体系的语文系统(比如说德语)时,自然得适应这个系统的规矩。

最著名的例子是,βιβλία[书本](中性复数)在德语中成了阴性单数die Bibel[圣经],也许因为die Bibel被用来指称基督教的《圣经》="书中之书"。但die Amphibie[两栖类](古希腊语为中性复数 τὰ ἀμφίβια)和die Mikrobe[微生物](古希腊语为中性复数 τὰ μικρόβια)为什么也如此?除了归因于言语的任意性,没有谁说得清。

读音变异

从古希腊语而来的外来词,变化最大的要算读音。英国人和法国人根本不考虑古希腊语原来的发音,德国人则多采用拉丁化或法语化的读音,总之,几乎没有可能再按古希腊语原来的形式发音。

在声调方面,拉丁语发音总的来说规定了现代德语中的古希腊词语:

Sokrates — Isokrates — Hippokrates，不会用古希腊语的方式将它们念成 Sokrates — Isokrates — Hippokrates。不过，按此习惯，Pentmeter 和 Hexmeter 的发音倒接近古希腊语原初的发音，因为其声调本来就在前音节：πεντάμετρον — ἑξάμετρον。

有古典语文学家仍然坚持，对所有古希腊的人名要么采用古希腊语的词形和声调，要么采用通行的拉丁语词形和声调，比如，是 Clio 而非 Kleio（Κλειώ）、Erato（Ἐρατώ）、Thalia（Θαλεία）。总之，应该把历史地形成的一般用法，或诗人用语所认可的用法（如像 Iphigenie＝Ἰφιγένεια，拉丁语 Iphigenia）当作规矩或正确的。遗憾的是，语言学迄今也不承认甚至拒绝绝对标准，其理由是，语言并不是依据抽象规则来发展的，而是像生活本身一样，有机地生长。

最后来看看当今文化世界满天飞的 -ism（通常译为"主义"）这个词尾的由来。

-ism 可追溯到古希腊语的名词词尾 -ισμός（拉丁语形式为 -us），这一名词词尾派生自动词性的词尾 -ίζειν，原意指模仿，比如，ἑλληνίζειν 意为行为举止学希腊人模样，μηδίζειν 的意思是，模仿 Meder 说话、生活和思想。后来，古希腊语法学家用 -ισμός 来指语言的特性，尤其语言的正确用法。

到了近代，史学界的古典语文学家仿 Ἑλληνισμός 造了个新词 Hellenism，以指称古希腊历史上的晚期时代——在这一时代，古希腊的文明和语言成了整个地中海周边和近东世界接纳和效仿的风范。由此便一发不可收拾，在拉丁词汇的基础上，Protestantism、Naturalism、Fatalism、Egoism 等等（德语保留了拉丁语式的词尾 -us；18 世纪流行法语形式 egoisme）一类新词，用来指某种思想、学说和倾向——原意仍然是一种"模仿"。所谓"康德主义"，无异于模仿康德的枯涩风采，所谓"黑格尔主义"，无异于学黑格尔的神奇思辨，最终走进了古希腊人根本就不懂的 Ism—Epidemie（"主义"流行病）时代。

六 句 法

所谓句法(syntax)其实就是语法规则,通过描述如何构成句子的方式(词序、语序)和手段(语素、语句成分),归纳句子的各种结构和类型。学习一门语言不外乎两种方式:要么在生活中通过模仿言说学会一门语言,要么通过分析书本文字学会一门语言。学习现代外语还有模仿言说的机会,学习任何一门古典外语,都只能通过书本。西方语文是所谓分析性语文,掌握句型是我们理解原文的基础。当我们说某人的英语阅读理解力不是太好,意思通常指此人对英文的句法结构缺乏辨析能力。

与词法相比,古希腊语的句法更容易掌握。如果说古希腊语词法的繁难没有任何一门现代西方语言可以相比,那么,古希腊语的句法则不比任何一门现代西方语文复杂,而且还有明显相似的地方(比如由不定式短语和分词短语构成的扩展句形态)。如果我们在学习句法时感到繁难,则多半是受词法繁难牵绊。

与学习任何一门西方语文一样,句法感觉都是通过阅读而非靠语法书来获得的,因此,我们在这里仅介绍所有基本的句型,解析句法细节由述要笺释来承担。

1 单 句

句子是最基本的语言表达手段,形态丰富多姿,细节非常复杂。首先,我们应该知道句型不等于句式(疑问句、陈述句、感叹句、祈使句之类),而是指句子的结构方式。其次要记住,无论句型多么复杂,最基本的句型不外乎两类:表语句和行为句。

一个形式上完整的句子离不了两个成分:主词(主语)和谓词(动词)。动词仅有两类:联系动词[系词=所谓"是"动词]和行为动词,前者构成的句子称为表语句,后者构成的句子称为行为句。

基本句型(单句)不是表语句就是行为句,所谓复句不过是这两种单句类型的各种组合。

表语句

由"是"动词联系起来的两个名词或形容词构成的句式为表语句,表达"什么是什么"的陈述,其基本结构为主词—系词—谓词。由于主词和表语性谓词都是主格形式,语序对表达文意并非不重要。

Ἀριστοφάνης ποιητής ἦν. 阿里斯托芬是诗人。

ἦν 为"是"动词的过去时,位于句尾。Ἀριστοφάνης[阿里斯托芬]是主格,古希腊的人名也有格位变化,表语 ποιητής[诗人]也是主格。颠倒语序就成了"诗人是阿里斯托芬",显然语义不通。

表语句也可以带有其他附加语法成分,比如状语:

Ἄνθρωπος φύσει ζῷον πολιτικόν. 人生而是城邦的生命。(Ἀριστοτέλης[亚里士多德])

→ Ἄνθρωπος[人]是主词(主格),与格的 φύσει[自然、天性]表示方式作状语;ζῷον[生命]是表语,形容词 πολιτικόν 修饰 ζῷον。

古希腊语表语句的突出特点在于：1. 经常省略"是"动词；2. 语序自由。

ζῷα αἱ αἶγες. 母山羊是动物。

这个表达式不仅省略系词，而且表语在前面，直译就成了"动物是母山羊"，显然不通。

Οἰκτρὰ σύ, τέκνον, ἀθλία δ' ἐγὼ γυνή. 你好可怜哦，孩儿，我是多么不幸的女人呵。(欧里庇得斯，《赫库芭》，417)

这是两个并列的表语句，都省略系词，而且语序显得没章法，尤其第二句：表语 *ἀθλία γυνή*[不幸的女人]被主语 *ἐγώ*[我]分隔开(δ'=δέ 是语气副词)。由于语序和词法都无法帮助我们确定谁是主词谁是表语，只能靠句子文意来推断。从这一意义上讲，理解古希腊语的表语句并不容易，意思往往需要人们费劲地去猜。

Σκιᾶς ὄναρ ἄνθρωπος. 人是魂影之梦。(*Πίνδαρος*[品达])

系词省略，*ἄνθρωπος* 是主词，*ὄναρ*[梦]是表语(主格)，*σκιᾶς*[影子]是属格，修饰 *ὄναρ*。但把这个句子理解为"魂影之梦是人"，似乎也未尝不可。

所属表语句

表语句并非一定得有表语，比如：

εἰ μὴ ἥλιος ἦν, εὐφρόνη ἂν ἦν. 要是没有太阳，就只有黑夜。(赫拉克利特，辑语，99)

这是由两个表语句构成的主从复句：*εἰ μὴ ἥλιος ἦν*[假若没有太阳]，*ἥλιος* 是主词，*ἦν* 是系词，没有表语。这种语式表达的是：某物属什么或者某物在此，而非某物是什么。由此可见，系词 *εἶναι* 的确有"存在"的含义。

νὺξ ἐν μέσῳ ἦν. 这会儿是半夜。

主词是 *νύξ*[夜]，有系词(*ἦν*)，没有表语，介词短语 *ἐν μέσῳ*[在中间]是地点状语。这个句子的基本意思是"夜在(中段时分)"。

τὰ ἄστρα ἐν τῷ οὐρανῷ ἐστιν. 满天星辰。

οὐ σχολή αὐτῷ. 他没有空闲。

主词是 *σχολή*[空闲]，系词省略，与格的 *αὐτῷ* 是所属与格，直译就是"空闲在他那里"。这类句型十分常见，而且与中文的表达习惯差别比较大，翻译时要注意：所属与格表达的所属者往往是主语。比如，τῷ κοσμῳ νόος ἐστίν [宇宙有心智]相当于 ὁ κόσμος νόον ἔχει。

行为句

顾名思义，由行为动词构成的句子即行为句。行为动词分两类：及物和不及物动词。不及物动词的行为句没有宾语也完整：

νὺξ ἐν μέσῳ ἦν, καὶ παρῆμεν. 这会儿是夜半时分，我们到达。

行为动词 παρῆμεν（=πάρειμι 的过去时一复）没有所支配的宾语。

Εὐριπίδης ὁ ποιητὴς ἀπέρχεται. 诗人欧里庇德斯正要离开。

行为动词 ἀπέρχεται [离开]没有支配的宾语。人名 Εὐριπίδης 与 ὁ ποιητὴς 是同位语，一个名词置于另一个相同格位的名词或代词后面，以解释该名词或代词，被称为同位语。

及物动词必然会有宾语，比如最为简单的及物动词"有"：

οἱ ἄνθρωποι ψυχὰς ἔχουσιν. 人人有灵魂。

任何行为都会有发生的时间、地点、方式及其间接影响，因此，行为句会带有各种状语成分。

古希腊语及物动词的最大特点是：直接宾语并非一定是宾格，因为有些动词的直接宾语是与格（称为支配与格宾语的动词），有些则是属格（称为支配属格宾语的动词），记这类动词需要同时记住其支配什么格的宾语。

μιμνησκόμεθα τοῦ καλοῦ χρόνου. 我们回忆起美好时光。

ἀπέχεσθε κακῶν λόγων. 憎恨丑恶的言辞吧。

动词 μιμνησκόμεθα 和 ἀπέχεσθε 都支配二格宾语。

οἱ Θηβαῖοι οὐκ ἠπίσταντο τῇ νίκῃ χρήσασθαι. 忒拜人不懂利用胜利。

与格单数的 τῇ νίκῃ [胜利]是动词 χρήσασθαι [利用]（支配与格宾语）的宾语。这个句子的谓语 ἠπίσταντο 所支配的直接宾语是个不定式短语（动词不定式 χρήσασθαι 当理解为四格），由此可见，宾语未必就是一个语词，而是一个短语，这样的句子就显得句法成分有所扩展。

无论句子成分多么复杂，基本句型不外乎表语句和行为句——解析句子时，对于表语句，我们首先要确定：主词—系词—表语，对于行为句，我们则首先要确定：主词—谓语（动词）—宾语（如果动词是及物的话）。

请不妨用下面的语词构成两个有意义的句子：

ἡ — οἱ — τὴν — τοῖς — ἀρετή — ἀρετήν — ἄνϑρωποι — ϑεοῖς — πολέμοις — σύμμαχός — φίλοι — βεβαία — ἀγαϑοί — ἐστιν — γίγνονται — διά — ἐν

下面分别为五个前半句和五个后半句，请尝试配成五个完整的句子，注意冠词的引导作用：

ὁ ταῦρος τὸν λύκον ἐφόνευσε…; οἱ κύνες τὸν ποιμένα ἔδακνον…; ὁ ἔμπορος ἐπώλησε πολλὰ…; Σωκράτης ἐσκέψατο…; Κῦρος τὸν Κροῖσον ἠρώτησε…;

1. *… ἀγνοῶν, τί πονηρόν ἐστι.* 2. *…περὶ τοῦ πράγματος ἄλλην γνώμην ἔχοντα.* 3. *…μαχόμενος πρὸ τῶν βοῶν.* 4. *… ἀναπηδῆσαι οὐ δυνάμενον.* 5. *… ποῖον δεῖ τὸν φύλακα εἶναι.*

2　扩展句

构成一个句子的基要条件是主—谓成分完整,最重要的是谓语(系动词或行为动词)——在实际的句子中,无论系动词还是行为动词都会随主词的人称而有相应的变化,从而,这种动词实际上已经受到主词的限定,即便主词没有出现(希腊语经常不出现)。反过来说,词尾已经有人称和数的变化的动词叫作"受限定"动词,亦即受到主词的限定。如果动词在没有受到主词限定的情况下使用,就叫作未限定动词(infinite verbform=拉丁语 infinitus[未限定的]):不定式、各种分词都属于这种情形。

无人称句

在现代西方语言中我们经常遇到所谓无人称句,希腊语中同样有这一句型,即由无人称动词加不定式构成的句型,表达"必须、可能、应该"等含义。无人称动词通常只具有第三人称单数形式,而不定式短语(带宾格或与格)便是无人称动词的实际主语。

常见的无人称动词:δεῖ=δέω[需要、必需、缺乏]的第三人称单数(相当于法语的 il faut),主词的"它"其实是空的;换言之,δέω经常用作无人称性的第三人称单数,实际的主语用与格表示。

与今天谈情说爱一样,漂亮的女友不会少让男友花钱——早在古希腊的时候,谈情说爱的开销就很是不菲。在阿尔基福绒(Alkiphron)的情书文学中,佩拉勒(Pelale)对自己的女友丝玛丽雯(Simalion)抱怨:

δεῖ χρυσίου ἡμῖν, ἱματίων, κόσμων, θεραπαινιδίων. 我们需要钱、衣服、首饰、侍女。

δεῖ τινί τινος=直译"对于某人来说是必需的",意即"某人需要……(属格)"。第三人称单数的 δεῖ 是无人称动词:δεῖ μοι χρημάτων[我需要钱]。χρυσίου=τὸ χρυσίον[黄金;金币、金钱]的属格;τὸ ἱμάτιον[外衣、衣服、衣料];

τὸ θεραπαινίδιον = ἡ θεραπαινίς [使女、女佣、女仆] 的指小化形式。

无人称句往往支配一个带不定式的四格宾语；柏拉图《王制》中的苏格拉底这样说：

δεῖ τὸν φύλακα ἀγαθὸν εἶναι. 卫士必须是好人。

τὸν φύλακα ἀγαθὸν εἶναι 是个表语句，如果是独立的句子，τὸν φύλακα 和 ἀγαθὸν 就当都是主格，由于在这里处于宾格位置，所以两个都是宾格形式；但 τὸν φύλακα ἀγαθὸν εἶναι 虽为宾格不定式短语，却是实际主语。

比较其问句形式：ποῖον δεῖ τὸν φύλακα εἶναι; 卫士必须是什么样的人？
ποῖον 疑问形容代词 [什么样的]，四格。

过去时 ἔδει 和 ἐχρῆν，以及其他的表示义务、必然、礼貌、可能性的无人称动词的过去时和不定式连用，说明不定式所带的动作没有完成。用现在时不定式说明现在没完成的动作，或过去进行中的重复的行为。不定过去时不定式则表示过去某个未完成的行为。

ἔδει τὸν Σωκράτη δίκην διδόναι. 苏格拉底应该受到处罚（但是他没有）。
ἔδει τὸν Σωκράτη δίκην δοῦναι. 苏格拉底本该受到处罚（但是他没有）。

这也可用来表示过去可能履行了的简单义务或必须要做的事情。句子的具体意义通常由上下文来决定。注意下面两个句子的不同译法：

ἔδει τοῦτο ποιῆσαι. 他本该做完了这件事情（但他没有做 = 未实现的行为）。

这句的意思是：他必须做这件事情（他可能已经做了，也可能还没有），说明过去某段时间必须去做的事情。

πρέπει：πρέπω [相适合] 的第三人称单数，以宾格-不定式作实际主语。
οὐ πρέπει τὸν ἄδικον τῶν δικαίων ἄρχειν. 让（一个）不义者统治正义者们不合适。

ἔξεστι：所带起的与格加不定式作实际主语，表示"有可能/能够做……"。
ἔξεστί σοι εὑρεῖν χρόνον ἱκανόν. 你能找到足够的时间。
τοὺς πολεμίους βλάπτειν ἔξεστι τοῖς στρατηγοῖς. 众将官能够击溃敌人。

χρή：本为名词"必需"，转义为动词"应该"，以宾格加不定式作实际主语。

χρὴ ἡμᾶς τοῖς πολίταις κελεύειν. 我们应当命令那些公民。

τοὺς ναύτας χρὴ ἄνεμον καλὸν μένειν. 船员们应当等待吉风。

除了无人称动词，还可以其他方式构成表达"必须、可能、应该"的无人称句，比如：ἔστι + 不定式[有可能做……]。

οὐκ ἔστι Διί μάχεσθαι. 不可能和宙斯对抗。

ἔστι 为系动词 εἰμί 的第三人称单数，为前倾附读词，通常没有声调，但引导无人称句时必须有声调。

名词 ἀνάγκη[必然]可以作无人称动词用，带 ἔστι，再加与格/宾格 — 不定式，表示"必须做"。

ἀνάγκη ἔστι πέμπειν τοὺς στρατιώτας εἰς κίνδυνον. 必须派这些士兵去冒险。

μέλοι = μέλω[成为所关心的]祈愿式三单，常作无人称动词，如 μέλει μοι[我担忧]；比较 μελετάω；μέλει μοι τοῦ χώρου[我关心这个地方]。

如果去到山林，古希腊人先要给林泽女仙唱歌（Anthologia Palatina, XVI, 264 b）：

ταῖς Νύμφαις τόδε' ἄγαλμα· μέλοι δ'αὐταῖσιν ὁ χῶρος,
这首合咏献给林泽女仙：祈愿她们悉心照料这儿。
ναὶ μέλοι, ὡς κρήναις ἄφθιτα ῥεῖθρα ῥέοι.
真的，但愿照料流水永潺潺。

→ ἄγαλμα, ατος, τό[心爱的东西或礼物]；αὐταῖσιν = αὐταῖς[她们]与格复数 = αὐτός + ταῖς 的合拼；κρήναις = ἡ κρήνη[泉、源泉、井；水源]与格复数；ἄφθιτα = ἄ-φθιτος[不朽的、不灭的]主格复数；ῥεῖθρα = τὸ ῥεῖθρον[流动的水、水流]主格复数；ῥέοι = ῥέω[流动、流泻；使流动]（缩音动词）祈愿式三单。

这是个所属表语句，与格复数的 ταῖς Νύμφαις 是间接宾语，主词是 τόδ'（τό + δε 的合拼），系词省略，ἄγαλμα 是表语。μέλοι δ' αὐταῖσιν ὁ χῶρος 直译为"这地方成为她们所关心的"，ὁ χῶρος 是主语。ναί(语气副词[真的、的确])，第二个 μέλοι 包含的主词是随后 ὡς 引导的主语从句：与格复数的

κρήναις[溪水]是间接宾语，ἄφθιτα ῥεῖθρα 是不可数名词，因此动词 ῥέοι 是三单。

带不定式的第四格

在古希腊语中，大量的句型是在简单句的基础上附加未限定动词形式，从而形成扩展句。由于未限定动词形式没有出现人称变化，因此不能算是独立的句子（从而不能看作复句），但未限定动词形式毕竟给句子附加了行为句或表语句的因素，相当于辅句，所以，我们把这种带有附加的未限定动词形式的单句称为扩展句——由于这种句型出现得非常频繁，我们需要尽早把握，逐渐熟悉。

这种未限定动词形式在句中具体体现为短语形式，最为基本的两种为：带不定式的第四格短语和分词短语。由于这种短语带有未限定的动词形态，而动词虽然未限定但也有自己的主语和宾语，实际上是一个句子，只不过它们在句子中仅仅起辅助作用。掌握扩展句的要领在于，注意扩展成分（短语）与句子主干的关系：首先确认主干动词，再看扩展成分起什么作用。

著名的晚期希腊作家路吉阿诺斯是个幽默大师，他笔下的人物向神们祈求时念叨的都是些邪门的愿望：

ὦ θεοί, ὁ πατήρ μου ταχέως ἀποθάνοι. 哦，神们呵，但愿我老爸快点儿死。
ὦ θεοί, γένοιτο μοι νικῆσαι τὴν δίκην. 哦，神们呵，但愿我战胜正义。

δίκην = ἡ δίκη[正义、诉讼、惩罚]四单；比较 δίκαιος；Ὦ θεοί[哦，神们呵]，γένοιτο μοι[但愿我]，相当于无人称句，动词 γένοιτο 包含的主语实际上是随后的四格不定式短语 νικῆσαι τὴν δίκην[正义得胜]，νικῆσαι 是不定过去时不定式，包含的主词是 μοι，相当于带双四格的不定式短语中作主词的四格，四格单数的 τὴν δίκην 作不定式的宾语。

λέγω[说]或 νομίζω[认为]之类动词，可支配带不定式的第四格短语（Accusativus cum infinitivo，通常缩写为 A.c.I.；拉丁文中也十分常见）：

Σωφροσύνην καὶ δικαιοσύνην ἀρετὰς εἶναι νομίζουσιν. 他们认为，审慎和正派是美德。

这个句子的主干是 νομίζουσιν[他们认为]，主语和谓语都有了，行为动

νομίζω 随主语有了人称和数的变化。但句子还缺宾语(认为什么……)，接下来的 Σωφροσύνην καὶ δικαιοσύνην ἀρετὰς εἶναι [审慎和正派是美德]这整个不定式短语。我们看到，这个短语有三个四格名词 Σωφροσύνην καὶ δικαιοσύνην ἀρετὰς，还有一个不定式 εἶναι，实际上是个表语句 (Σωφροσύνην καὶ δικαιοσύνην — εἶναι — ἀρετὰς)，只不过动词(这里是系词)没有发生人称词形变化。这种附加的带不定式的四格宾语结构实际上相当于(或者可以改写为)宾语从句，补充谓语 νομίζουσιν 的语义，因此起辅助作用。请比较：

λέγουσιν, ὅτι τὰ τῶν ἀγαθῶν ἀρεταί ἐστι. 他们说，这些好(品质)是美德。

不难看出，带不定式的第四格相当于 λέγω 或 νομίζω 一类动词直接引出的从句，从而，第四格实际上是(从句)中的主格。比如，

νομίζω σε τὸν παῖδα εὖ παιδεύειν. 我相信你(宾格)会好好教育孩子(宾格)。

翻译时得把第四格 σε [你]看作受 νομίζω [我相信]支配的从句的主语，把不定式 παιδεύειν 看作 σε 的谓语，"孩子"则看作不定式的宾语。

ἔλεγον οἱ ἄνθρωποι αὐτὸν εἶναι τὸν προφήτην. 那时这些人说，他是先知。

四格宾语 αὐτὸν 其实是不定式短语结构中的主语。但我们可以注意到，主干句的动词是过去时，不定式却是现在时，从而间接陈述的时态和语式与主干句的时态和语式形式上不一致，尽管如此，两者仍然"内在地"保持一致，这意味着，即便形式上两者不一致，翻译时也要理解成一致。这个例句的主干句是过去时，不定式是现在时，但却是 ἔλεγον 的现在。如果按现在的语文规则，αὐτὸν εἶναι τὸν προφήτην 可以译作直接引语：那时，这些人说，"他是先知"。

双宾语和双主格

νομίζειν 这样的动词的主动态往往要求两个四格宾词，或支配带不定式的第四格，如果是被动态用法，其支配的两个宾格语词就成了双主格(doppelter Nominativ)，带不定式的第四格就变成主格加不定式(Nominativus cum infinitivo)。

试比较拉丁语的用法：iustitiam virtutem putant/iustitia virtus putatur.

ἡ δικαιοσύνη ἀρετὴ εἶναι νομίζεται. 人们认为，正派即美德。

直译为"正派被看作(被动态)一种美德"。西文经常用这种被动态的无人称表达，汉语少用这种表达，而是用"人们"这样的无人称句的主动态，

翻译时要习惯于把西文的被动态转为主动态。

受限定的不定式四格宾语

带一个不定式的四格宾语结构不仅可以出现在单句中,也可以出现在复句的从句中,比如出现在关系从句中。因此,在复杂的句子中,必须找准不定式短语受哪个句子(主句还是分句)限定,凡在从句中出现的都称为受限定的不定式四格宾语。

…, οὓς πολλοὶ ἐμοὺς μαθητάς φασιν εἶναι… 其中许多人声称是我的学生。

这个句子是苏格拉底在法庭上对陪审团说的,关系代词 οὓς 表明这个句子已经是个从句,πολλοί[许多人]是关系代词的同位语,从句的主干动词是 φασιν,其宾语为一个带不定式的四格宾语 ἐμοὺς μαθητάς εἶναι。

把握这类关系从句的含义并不困难,但翻译时可能性较多,比如,色诺芬《上行记》(3.1.4)中的一句:

(Κῦρος), ὃν Πρόξενος ἔφη κρείττω τῆς πατρίδος νομίζειν.

可以有如下三种译法:

Proxenos 说到他(居鲁士),而且把他看得比自己的家乡还重要。

那个 Proxenos,照他(Proxenos)说,居鲁士比他(Proxenos)的家乡还重要。

那个 Proxenos,用他自己的话说,他(居鲁士)比他(Proxenos)的家乡还重要。

多肢谓语和双翼句

如果在一个单句中出现不止一个关联分词,而且都与句子主干的主词的关联非常紧密,就会出现所谓"多肢谓语",也就是说,关联分词使得句子显得有了两个或多个谓语,其用法多见于补充下述三类动词:

1. 进一步表示某一特定存在状态的动词(比如"在那里""离开""藏匿"等等:ᾤχετο ἀπιών 他迅速离开[直译"他离开着走了"]);
2. 表示开始和结束的动词(如 ἄρχομαι λέγων[开始说话]);
3. 表示开心和痛苦的动词(χαίρω ἀποκρινόμενος)。

这种用法基于古希腊语的分词仍然保留动词性质这一特性(现代西方语言中的分词差不多已经失去这种性质),从而分词可以单独支配一个不定式的四格或者一个完整的句子。请看这样一个例句:

εὖ τῷ ἐμῷ πατρὶ συνεβούλευσας κελεύων αὐτὸν ἰέναι ἐπὶ Μασσαγέτας.
你很好地劝说了我父亲，吩咐他迁往马萨格腾人那里。（希罗多德语）

συνεβούλευσας = ［劝说］（支配三格宾语）的不定过去时二单；*κελεύων* = ［吩咐］的分词主格，表语性用法，与*συνεβούλευσας*的主动者是同一个人，修饰动词，且自己还带一个不定式加四格宾语及其介词短语（作状语）。这是分词的一般性表语用法（关联分词短语），相当于一个定语从句，可直译为"那个吩咐我父亲迁往……的你很好地劝说了……"在汉译中，通常需要给这样的句型断句。在翻译现代西方语文时，断句（拆开原来的句子结构重组）同样是一种非常重要的手段，不然句子会显得冗长。

ἔχαιρε δὲ τοὺς μὲν αἰσχροκερδεῖς πένητας ὁρῶν, τοὺς δὲ δικαίους πλουσιωτέρους ποιῶν, βουλόμενος τὴν δικαιοσύνην τῆς ἀδικίας κερδαλεωτέραν καθιστάναι.
他既喜欢看到贪得无厌的穷人，也喜欢帮撑那些正义的极为富裕的人，因为他想要让正义比不义更为有利可图。（色诺芬，《阿格西劳斯》，11.3）

ἔχαιρε … ὁρῶν［乐于、喜欢看到］的主动词与分词紧密结合，*ἔχαιρε ποιῶν*［喜欢或乐于做什么］同样如此。在这里，分词是对前置动词的必要补充（作为补足语），而非可有可无的扩展（故语法上称为多肢谓语）。在表达欢乐、痛苦的动词中，这种与分词的连结很常见，比如*χαίρω ἀποκρινόμενος*［我乐意回答］（直译"我很乐意作为回答者"）。翻译时，可考虑用切合汉语表达的语式（西方用不定式或副词）。

所谓"双翼句"指一个主干动词前后有一个关联分词作为多肢谓语，或者说两个围绕主干动词的关联分词有如双翼，其实就是多肢谓语的一种形式：

Κρέων ἄταφον ἐκβαλὼν κηρύττει αὐτὸν μὴ θάπτειν, θάνατον ἀπειλήσας τῷ θάψαντι.
克瑞翁把他扔出城外暴尸，颁令不准安葬，并威胁要处死安葬他的人。
→ 主干动词*κηρύττει*［颁令］前有分词*ἐκβαλὼν*后有分词*ἀπειλήσας*，有如形成双翼，这种句式在叙事文中很管用，可以使得句子不会因为动词太多而显得呆板。

下面是柏拉图笔下的苏格拉底对太阳祈祷的著名段落,由雅典民主政治晚期以刚愎自用闻名的政治家阿尔喀比亚德讲述。

苏格拉底向太阳祈祷(《会饮》,220c-d)

[220c3] Συννοήσας γὰρ αὐτόθι ἔωθέν τι εἱστήκει [Σωκράτης] σκοπῶν, καὶ ἐπειδὴ οὐ προυχώρει [220c5] αὐτῷ, οὐκ ἀνίει, ἀλλὰ εἱστήκει ζητῶν. καὶ ἤδη ἦν μεσημβρία, καὶ οἱ ἄνθρωποι ᾐσθάνοντο, καὶ θαυμάζοντες ἄλλος ἄλλῳ ἔλεγεν, ὅτι Σωκράτης ἐξ ἑωθινοῦ φροντίζων τι ἕστηκε.

有一天,苏格拉底自一大清早就站在一个地方出神地想着什么,没有想出什么名堂来,就纹丝不动,一直站那儿求索。就这样到了正午,人们发现他还在那儿,都惊奇地一个传一个地说:苏格拉底从天亮就站那儿在思索什么。

Τελευτῶντες [220d] δέ τινες τῶν Ἰώνων, ἐπειδὴ ἑσπέρα ἦν, δειπνήσαντες —— καὶ γὰρ θέρος τότε γ' ἦν —— χαμεύνια ἐξενεγκάμενοι ἅμα μὲν ἐν τῷ ψύχει καθηῦδον, ἅμα δ' ἐφύλαττον αὐτόν, εἰ καὶ τὴν νύκτα ἑστήξοι. ὁ δὲ εἱστήκει, μέχρι ἕως ἐγένετο καὶ ἥλιος ἀνέσχεν· [220d5] ἔπειτα ᾤχετ' ἀπιὼν προσευξάμενος τῷ ἡλίῳ.

到了傍晚,一些个伊奥尼亚人吃过晚饭,最终干脆搬出 [220d] 铺席——当时正是夏天——睡在凉飕飕的露天,同时望着他,看他是否会在那儿站个通夜。直到天亮,太阳升起来,苏格拉底果然还站在那里;他向太阳做了祷告,才走开。

→ 见《凯若斯述要笺释》。

分词短语

既然带有动词意味,作为形容词的分词就可以带有修辞性的副词,如果是及物动词,还可以带有宾语,从而构成短语形式,实际上起到的是现在西方语文中的从句或者带不定式的四格短语的作用(分词毕竟并非句子中的主动词,而是形容词化了的动词),因此,在翻译时,分词及其相关成分通常需要译作从句——分词短语是除带不定式的四格短语之外的第二种基本辅句。

ταῦτα συμβουλεύω σοι φανερῶς σφαλλομένῳ. 由于你明显失足，我要奉劝你这事。

主句是 ταῦτα συμβουλεύω σοι [我奉劝你这事]：主语包含在动词 συμβουλεύω 中，ταῦτα 是四格宾语；σοι 是与格间接宾语。

φανερῶς σφαλλομένῳ 为分词短语，也就是说，包含主语和谓语这两个句子的基本成分：分词 σφαλλομένῳ (= σφάλλω [绊倒、摇晃；受阻、受挫]的被动态 σφάλλεσθαι 的分词单数第三格)实际上就是包含主词的谓语(行为动词)。它还带有自己的副词 φανερῶς [明显地]，但在形式上分词毕竟是形容词，没有人称变化，但有格位变化。这里是与格单数，与 σοι 在数和格上保持一致，相当于界定 σοι，直译为[受到蒙骗的你]。

可以看到，搞清分词的格位和数非常重要，由此才能知道它作为形容词修饰谁——这里修饰的是主干句中作为间接宾语的 σοι。如果是主格单数的 σφαλλομένος，那就会是修饰主干句的主语 συμβουλεύω [奉劝]的[我]。"我奉劝"为主句，分词所表达的情形明显是主词行为的前因，这里可译作因果从句。

关联分词短语

所谓关联分词短语(Participium coniunctum)其实是动词的形容词用法：分词短语的主词(分词)如果与主干句的主语或宾语保持一致(有如对这个主语或宾语的形容描述)，这个分词短语就是关联性的分词短语。

ὁ ἀπόστολος λέγων ταῦτα ἐν τῷ ἱερῷ βλέπει τὸν κύριον.
这使徒在圣殿里正说着这些事情时，瞧见了主。

λέγων[正说着]与主格名词 ὁ ἀπόστολος[这位使徒]在性、数、格上一致，同时，作为动词，它又有时态和语态——在这里，其时态与主动词的时态一致，它有自己支配的宾语 ταῦτα，还有介词短语作为地点状语 ἐν τῷ ἱερῷ。在这里，λέγων 并非主词(属于次干结构)，ὁ ἀπόστολος 不能看成其主词，而是 λέγων 分别所表述的名词，相当于谓词性的形容词用法(直译：这个使徒是正在说话的)。

关联分词当然不是只能与主干句的主语相关联，也可以与宾语相关联。

《名哲言行录》记载(1.85—87),有一次,七贤之一比阿斯(Bias)与一群不信神的人同船,遇到罕见风浪,那些人怕死,赶紧呼求诸神来助;比阿斯用手指贴着嘴唇:

Σιγᾶτε, μὴ αἴσϑωνται ὑμᾶς ἐνϑάδε πλέοντας. 别出声,免得他们(诸神)察觉到你们已经行到这里了。

σιγᾶτε = σιγάω[沉默]现在时命令式;否定性副词 μή 这里与虚拟式连用,作为目的连词[以便不];αἴσϑωνται = αἰσϑάνομαι(中动态动词)[感觉]的(强变化)不定过去时虚拟式;πλέοντας = πλέω[航行、走水路]现在时分词四格复数,指"正在航行的人们"= ὑμᾶς 的同位语;ἐνϑάδε = 地点副词[这里]。

幽默是"明智"品质的体现,指精神上的通达、善解人意(从而与智慧相关),而非单纯搞笑。古希腊人在这方面似乎特别不同,幽默因此成了西方精神的品质特性之一:古代真正的大哲人善于幽默,柏拉图的作品就总体风格而言是谐剧,而非肃剧。

哲人不会把自己的生命寄靠在神身上,不信神本来就是哲人的品性,为什么哲人又要用神来吓唬不信神的人,要让他们信神? 本不信神而又要装得信神,幽默就是种种乔装手法之一。

βλέπομεν τὸν ἀπόστολον λέγοντα ταῦτα ἐν τῷ ἱερῷ. 我们看到使徒,他正在圣殿说这些事。

"使徒"是宾格(ἀπόστολον),表述它的分词也随之是宾格(λέγοντα)。

还可以与间接宾语相关联:
προσερχόμεϑα τῷ ἀποστόλῳ λέγοντι ταῦτα ἐν τῷ ἱερῷ.
正当使徒在圣殿里说这些事情时,我们走到他身边。

句子主干是 προσερχόμεϑα[我们前去],τῷ ἀποστόλῳ[使徒]为这个动词的三格宾语,分词短语的分词因此是三格单数。

ὁ πατὴρ τῷ φιλοσόφῳ τὸν παῖδα πρὸς ἀρετὴν παιδεύοντι χάριν ἔχει.
这位父亲知道酬谢那位哲人,(因为他)把儿子教成有好品德的人。

句子的主干动词为 χάριν ἔχει[酬谢],τῷ φιλοσόφῳ 是其与格宾语,分词

παιδεύοντι 为与格单数,从而清楚是修饰 τῷ φιλοσόφῳ,由于分词具有动词功能,它还带有自己的宾语 τὸν παῖδα πρὸς ἀρετήν,这样一来,τὸν παῖδα πρὸς ἀρετὴν παιδεύοντι 便形成分词短语。由于它在句子中与一个名词 τῷ φιλοσόφῳ 发生紧密关联(从而性数格保持一致 τῷ φιλοσόφῳ ... παιδεύοντι),尽管这个名词是主干句中的间接宾语,仍然是关联分词短语。

可以看出,这类关联分词短语(作为次干结构)在句子结构中无不与主干结构的某个成分(主、谓、宾)紧紧粘在一起(关联分词用法),翻译的时候,要善于拆开这样的结构,不然的话,汉语表达就不会自如(翻译现代西方语文同样如此)。

熟练掌握关联分词结构这类非常常见的古希腊语修辞手段(相当于如今的定语从句)的句型对于提高阅读速度很有用,下面看一篇短文。

《安提戈涅》楔子

古希腊肃剧的古代抄本往往在正文前面有一简短的内容提要,扼要介绍该剧的剧情,按我们中国的说法,就是"楔子"。下面这段文选出自《安提戈涅》(大约公元前442—前441年雅典的鼎盛时期上演)的楔子,安提戈涅的两个哥哥 Ἐτεοκλῆς 和 Πολυνείκης 分属城邦的保卫者和进攻者,他们双双在一场城邦内战中丧生:

ἀποθανόντα Πολυνείκη ἐν τῇ πρὸς τὸν ἀδελφὸν μονομαχίᾳ Κρέων ἄταφον ἐκβαλὼν κηρύττει αὐτὸν μὴ θάπτειν, θάνατον ἀπειλήσας τῷ θάψαντι.

波吕涅刻斯在兄弟相争中战死后,克瑞翁把他扔出城外曝尸,宣布不准安葬,并威胁要处死安葬他的人。

这个句子的主干在中间:*Κρέων — κηρύττει*[宣布]+不定式 *αὐτὸν μὴ θάπτειν*[不准安葬他];主干两边为关联分词短语,前面的 *ἀποθανόντα Πολυνείκη ἐν τῇ πρὸς τὸν ἀδελφὸν μονομαχίᾳ* 为四格分词短语,因此是修饰四格宾语 *αὐτὸν*[在兄弟相争中战死的波吕涅刻斯],中译时最好拆开,译作状语从句[波吕涅刻斯在兄弟相争中战死后];注意介词短语的构成 *ἐν τῇ μονομαχίᾳ* 还带一个介词短语作补语 *πρὸς*[针对]*τὸν ἀδελφὸν*;

Κρέων 后面的关联分词短语 *ἄταφον ἐκβαλὼν* 为主格,因此修饰 *Κρέων*[克瑞翁把这个未经安葬者扔出去];关联分词短语 *θάνατον ἀπειλήσας τῷ θάψαντι*[以死刑来威胁安葬他的人],与格的分词 *θάψαντι*[安葬者]作间接宾

语,分词 *ἀπειλήσας* 为主格单数,因此同样是修饰 *Κρέων*。

解析带有分词结构的句子的要领是:比如第一句,先找准主词和谓词,然后找出从属于主词的分词(关联分词),再确定从属于分词的语词和从属于谓词的语词。用图式来显示,句子的结构是:

  主词 *Κρέων*(带两个关联分词)——谓词 *κηρύττει*(支配作宾语的不定式 *θάπτειν*)

     | |

  分词1(*ἐκβαλών* 支配宾语) —— 分词2(*ἀπειλήσας* 支配两个宾语)

我们接着往下看:

  τοῦτον Ἀντιγόνη ἡ ἀδελφὴ θάπτειν πειρᾶται. καὶ δὴ λαθοῦσα τοὺς φύλακας ἐπιβάλλει κόνιν. οἷς ἀπειλεῖ θάνατον ὁ Κρέων, εἰ μὴ τὸν τοῦτο δράσαντα ἐξευρίσκουσιν. οὗτοι τὴν κόνιν ἀφελόντες οὐδὲν ἧττον ἐφρούρουν.

  妹妹安提戈涅企图安葬他。她躲过看守埋葬了死者。克瑞翁威胁看守们,要是他们找不出是谁干的话,就处死他们。看守们只好挖出死者,守着尸体。

  ἐπελθοῦσα δὲ ἡ Ἀντιγόνη καὶ γυμνὸν εὑροῦσα τὸν νεκρὸν ἀνοιμώξασα ἑαυτὴν εἰσαγγέλλει. ταύτην καταλαβόντες οἱ φύλακες Κρέοντι παραδιδόασιν. οὗτος καταδικάζει αὐτὴν καὶ ζῶσαν εἰς τύμβον κατέβαλεν.

  可是,安提戈涅走近时,发现了裸露的尸体,哀号起来,于是暴露了自己。看守们逮住安提戈涅,交给了克瑞翁。克瑞翁判安提戈涅死刑,将她活活丢进一个墓穴。

  ἐπὶ τούτοις Αἵμων, ὁ τούτου υἱός, ὃς ἐμνᾶτο ταύτην, ἀγανακτήσας ἑαυτὸν ἀποκτείνει. Εὐρυδίκη, ἡ τοῦ Κρέοντος γυνή, ταῦτα ἀκούσασα ἑαυτὴν ἀποκτείνει. καὶ τέλος θρηνεῖ Κρέων τὸν τοῦ παιδὸς καὶ τῆς γυναικὸς θάνατον.

  克瑞翁的儿子海蒙是安提戈涅的未婚夫(直译"他向她求婚"),他气愤不已,就自杀了。克瑞翁的妻子欧律狄刻听说这事后,也自杀了。最后,克瑞翁痛哭儿子和妻子的死。

→ 见《凯若斯述要笺释》。

形容用法和表述用法的区别

不仅要记住,形容用法的分词当译作定语从句,表述用法的分词当译作状语从句,而且要明白其所以然。在 ὁ ἀπόστολος λέγων ταῦτα ἐν τῷ ἱερῷ βλέπει τὸν κύριον 这个句子中,分词的位置显然不同,这种不同绝非没有语法意义,它表明,分词 λέγων 在这里与主词 ὁ ἀπόστολος 的关系要松得多,因而毋宁说更多是修辞主词的行为动作,而非主词自身的某种品质,如果变成形容性用法,重点就挪到了修辞主词自身。

关联分词短语与主干动词的时间关系并非总是一致。如果分词的行为与主动词的行为发生在同一时间,则无论主动词的行为是过去、现在抑或完成、将来时态,分词都要用现在时分词。不定过去时的分词仅仅表明其行为在时间上先于主动词的时间,现在时分词译作从句时,通常译作"当……时";不定过去时分词译作从句时,通常译作"当……之后"——翻译时,分词译作从句,不定过去时的分词与现在时的分词仅仅在时间表达方面有所不同。

πορευόμενος ἐν τῇ ὁδῷ εἶδεν τυφλόν. 正当他(那时)走在这路上时,他看到一个瞎子。

这里,分词与主动词所包含的主词一致,是表述用法;主动词 εἶδεν 是过去时,分词却为现在时,这表明,分词表述的行为的时间与主动词同时。

独立分词短语

独立分词短语(Participium absolutivum)也称为"独立二格结构"。倘若分词独立(脱离)于句子中的所有名词性成分(通过让分词处于二格状态来实现),分词便具有了独立(脱离)于句子主体的表达能力,不受句子所述结构的限制。

独立分词短语是古希腊语中非常重要的语法手段,请看这样一个句子:

τῶν πατέρων τοὺς υἱοὺς εὖ παιδευόντων ἡ οἰκία εὖ πράττει. 若父亲把儿子们教好,这个家就会旺。

主干是 *ἡ οἰκία εὖ πράττει*[这个家就会旺], *τῶν πατέρων τοὺς υἱοὺς εὖ παιδευόντων*[若父亲把儿子们教好]是主干的条件性陈述, 译成汉语(译成现代西语也一样)是从句, 原文却是一个二格分词短语, 在语法上不受句子主干支配, 却在句子的整体结构之中。

独立(二格)分词短语在句子结构中独立于主干结构(主谓宾), 也可以用作表语性分词:

ὁ ἀδελφὸς τῆς λεγούσης ταῦτα δοῦλός ἐστιν. 那个女人在说这些事情, 她兄弟是个奴隶。

这里的分词是二格(阴性), 还带有自己的宾语*ταῦτα*, 从而构成独立(二格)分词短语, 相对于主干句而保有自己的独立性; 这类句子必须拆开原句结构, 不可译作"那个在说这些事情的女人的兄弟是个奴隶"。这样译固然没有错, 却是糟糕的汉译。

用语法学的表述来讲: 当一个二格分词作为表语性用法带一个名词时, 就形成了一个二格结构。由于在整个句子中, 这种二格分词短语脱离了句子的主体结构(句子的主语和谓语), 形式和语义都显得独立, 语法上称为独立二格(Genitivus absolutus, 如拉丁文的"独立夺格"＝Ablativus absolutus)。由于分词本来是动词, 这种二格名词+二格分词的结构无异于一个独立的句子(有主—谓—宾), 相当于现代西方语文中的状语从句。

→ 若把Genitivus absolutus译作"绝对二格"或把Ablativus absolutus译作"绝对夺格", 会让人不知所云, 因为其含义是: 句子中有一个语法单元脱离句子主干的支配自成一体。同样, 西方近代政制史上著名的absolute monarchy意指某个君主国拥有"独立王权", 不受某个更高的主权者(无论是帝国皇帝还是罗马教宗)支配。若译作"绝对王权"同样引人误解, 译作"绝对主义王权"或"绝对主义"更是不知所云, 所谓"绝对主义国家"当指"独立王权国家"。比较佩里·安德森,《绝对主义国家的系谱》, 刘北成、龚晓庄译, 上海:上海人民出版社, 2001。

独立二格在古希腊文中十分常见。在现代西方语文中, 德语如果直接用二格表达, 语法上可以, 但十分别扭: schönes Wetter vorausgesetzt[如果天气好的话], 又如blutenden Herzens、guten Gewissens、frohen Mutes、stehenden Fußes等表达式。由于法语承接拉丁语的Ablativus absolutus[独立夺格], 独立二格用法并不少见: Cela posé, vous avez tort[基于这样的前提,你不对],但仍然不如古希腊文灵活。

相比之下,古希腊语的独立二格用法要有效力得多。拉丁语作家库尔提乌斯(Curtius)说,古希腊人一定是在语言变得僵化之前使用语言材料的,否则,他们不可能用那么柔软的语法如此清晰地传达出丰富多彩的内心资质以及对抽象思维的洞察。布克哈特曾感叹说,对古希腊作家来说,独立二格的分词用法有如天赐之物,他们也充分挥洒了这一天赐之物。

独立分词短语最重要的特征是:二格分词结构中分词(动词)的主语与句子主干的主语或宾语不相关联,从而,这个"独立"或者"脱离"性二格的分词实际上自己包含支配谓语的主语(二格主语)或宾语。因此,独立分词短语通常用来在一个句子中同时描述两个主体的不同行为:

εἰπόντων ταῦτα τῶν ἀποστόλων οἱ μαθηταὶ ἀπῆλθον. 使徒们说过这些后,门徒们就走了。

在这里,"使徒们"和"门徒们"是两个不同的行为者,两者的行为在一个句子结构中同时得到描述:属格复数名词 τῶν ἀποστόλων 受同样是属格的分词 εἰπόντων 支配,虽然这个分词还带有一个四格宾语 ταῦτα。如此属格结构使得整个短语与主干动词及其主语 οἱ μαθηταὶ ἀπῆλθον 没有直接连带关系,因而显得是独立的。

Περικλέους τελευτήσαντος Κλέων προέστη τοῦ δήμου. 伯利克勒斯死后,克勒翁成了民人的领袖。

Περικλέους τελευτήσαντος 均为二格,一看就是独立分词短语。

Πάντων δὲ θαυμαζόντων ἐπὶ πᾶσιν οἷς ἐποίει εἶπεν πρὸς τοὺς μαθητὰς αὐτοῦ. 当大家惊讶他(耶稣)做的所有这些事情时,他对自己的门徒说……

ἐποίει[他曾做],这里是 οἷς 的定语从句,省略了四格关系代词。εἶπεν πρὸς[他(当时)对……说];μαθητὰς[学生、门徒]的复数四格。πάντων δὲ θαυμαζόντων[所有的人感到惊讶],"所有的人"与耶稣不是同一行为者,这里的 θαυμαζόντων 与 πάντων 构成独立分词短语;"惊讶"的宾语还带了一个宾语从句 πᾶσιν οἷς ἐποίει,从句的动词(ἐποίει)不再是属格——οἷς 关系代词中性复数与格,受分词 ϑαυμαζόντων 要求的介词 ἐπί 支配＝ϑαυμαζόντων ἐπὶ πᾶσιν οἷς[对所有这些事情感到惊讶]因此形成分词结构。

独立分词结构使得作家在表述某个说法时可以相当方便地联系到一系列相关观点或情形,给出种种条件预设,或在描述某一事件时提供各种相关状况。由此我们可以进一步体会到,分词短语(关联分词和独立分词)是古希腊语非常重要的表达手段。布克哈特说过,古希腊语的分词形式"有如一个万世普适的逻辑系统,即便训练有素的古典语文学家也得花大力才能掌握"。

遇到分词短语时,首先得准确地将短语从句子主干中分离出来(找准哪些语词属于句子的主干、哪些属于分词短语),然后必须小心分辨,是关联分词短语(若然则进一步搞清楚哪个句子成分与这个分词关联),还是独立分词短语(若然则要搞清楚与句子主体的情状关系)。

在翻译分词短语时,保留原文结构显然不可能,关联分词当译作定语从句,独立分词结构当根据文脉译作时间状语从句或者因果、让步、条件从句等。

终于看到陆地啦

μακρά τινος ἀναγιγνώσκοντος καὶ πρὸς τῷ τέλει τοῦ βιβλίου ἄγραφόν τι παραδείξαντος "Θαρρεῖτε," ἔφη Διογένης, "γῆν ὁρῶ."

一次,一个人读一篇长文,当在卷尾处显示出空白时,第欧根尼喊道:"朋友,加油！我看见了目的地。"(《名哲言行录》,6.38,徐开来、溥林译文)

ἀναγιγνώσκοντος＝ἀνα-γιγνώσκω[知道、承认、识别、阅读]现在时分词二格,比较 γιγνώσκω；τέλει＝τὸ τέλος, ους[完成、实现；结局、终点]与格单数,比较 τελέω；βιβλίου＝τὸ βιβλίον —— ἡ βίβλος[书]的属格单数；ἄγραφόν＝ἄ-γραφος, ον[不成文的；公平的、自然的]四单,比较 γράφω；παραδείξαντος＝παρα-δείκνυμι[并排展示、相比较；描绘；显示]现在时分词二格；αἰτέω[要求、乞求],比较 αἰτία；ϑαρρεῖτε＝ϑαρρέω[鼓足勇气]现在时命令式复数二人称；γῆν＝ἡ γῆ[土地]四格单数, ἡ γῆ＝γέα 或 γαῖα 元音缩变而来(两个或三个相连的元音合拼为一个元音,称为"元音缩变")；ὁρῶ＝ὁράω[看]缩变而来(元音缩变)。

这个句子的结构是两个并列的独立分词短语 Μακρά τινος ἀναγιγνώσκοντος καὶ πρὸς τῷ τέλει τοῦ βιβλίου ἄγραφόν τι παραδείξαντος ＋主干句 Θαρρεῖτε, ἔφη Διογένης, γῆν ὁρῶ。主句其实就是 ἔφη Διογένης[第欧根尼说],

Θαρρεῖτε, γῆν ὁρῶ 是宾语从句。前面的两个并列的分词短语相当于如今的时间状语从句"当……"，主语 τινος—谓语（分词）ἀναγιγνώσκοντος 为分词短语中的主干（均为二格），但分词的宾语 μακρά 是宾格；第二个分词短语的分词 παραδείξαντος 的宾语是四格的 ἄγραφόν τι，这个短语还带有一个介词短语作状语 πρὸς τῷ τέλει τοῦ βιβλίου [在接近书的结尾处]。

练习

1. 比较下面两个句子，在翻译第二句时会出现什么样的问题：

   οἱ ἄνθρωποι τὸν Ἀναξίμανδρον σοφὸν εἶναι νομίζουσιν.

   ὁ Ἀναξίμανδρος (ὑπὸ τῶν ἀνθρώπων) σοφὸς εἶναι νομίζεται.

2. 下面两对句子表达的内涵相同，但句子结构不同，请描述两个句子的语法结构差异：

   ἀναξίμανδρος τοὺς οὐρανοὺς θεοὺς νομίζει.

   ἀναξίμανδρος τοὺς οὐρανοὺς θεοὺς εἶναι νομίζει.

   οἱ Στωικοὶ λέγουσιν, ὅτι αἱ τῶν ἀνθρώπων ψυχαὶ ἐκ τῆς τοῦ κόσμου ψυχῆς ἥκουσιν.

   οἱ Στωικοὶ λέγουσιν τὰς τῶν ἀνθρώπων ψυχὰς ἐκ τῆς τοῦ κόσμου ψυχῆς ἥκειν.

3. 将下面带 ὅτι 的句子转变为带动词不定式的四格宾语：

   εἷς τῶν ἑπτὰ σοφῶν λέγει, ὅτι ὁ τοῦ κόσμου νόος θεός ἐστιν.

   Ἀναξίμανδρος δὲ νομίζει, ὅτι πολλοὶ κόσμοι εἰσίν.

   τῶν δὲ Στωικῶν λόγος ἐστίν, ὅτι ὁ κόσμος ψυχὴν ἔχει.

   νομίζουσιν γάρ, ὅτι ὁ κόσμος ζῷόν ἐστιν.

4. 比较下面这个句子的原文和译文，找出原文和译文在句子构成上的差别，并说明其中的分词用法：

   Διογένης ἄνδρα τινὰ ἐκ τοῦ σταδίου ἥκοντα ἔβλεψεν. 第欧根尼瞧见一个男人从竞技场走来。

5. 下面两个句子中的分词用法有何差别？

   Κῦρον παῖδα ὄντα πάντες ἐθαύμαζον. 居鲁士还是孩子时，所有人都对他感到惊奇。

   Κῦρος παῖς ὢν ὑπὸ πάντων ἐθαυμάζετο. 居鲁士还是个孩子的时候，就让所有人感到惊奇。

6 在下面的句子中,现在时分词具有什么样的意义方向(时间、因果等),在以从句方式复述介词结构表达时,在何处搭配或转换分词结构?

Σωκράτης πειρώμενος τοῦ φίλου ἠρώτα·

τίνος ἕνεκα παρὰ Πρωταγόραν φοιτᾷς ἀργύριον τελῶν;

χαίρω ἀποκρινόμενος τοῖς ἐρωτῶσι.

οἱ ἔμποροι πάντα ἐπαινοῦσι πωλοῦντες.

οἱ δὲ ἐπιθυμοῦντες ὠνοῦνται ἀγνοοῦντες, τί ἐστι χρηστόν, τί πονηρόν.

7 感知动词的分词形式可以有两种译法:

λύκος ποιμένας εἶδεν πρόβατον ἐσθίοντας.

一匹狼曾看到

a. 在吃一只阉羊的牧人们;

b. 牧人们当时(是怎样)在吃一只阉羊。

后一种译法为从句译法,请照此方法试译下列句子。

(1) Λυσίας ἐπίσταται (γιγνώσκει / αἰσθάνεται / πυνθάνεται) τὸν Πείσωνα ἄνθρωπον κακὸν ὄντα.

(2) οἱ δοῦλοι ἀκούουσι τὸν Πείσωνα καλοῦντα / τοῦ Πείσωνος καλοῦντος ([听],二格经常用于直接的感知行为):Ποῦ ἐστε, ὦ δειλοί.

(3) ὁρᾷ ὁ Λυσίας τοὺς δούλους τὰ χρήματα ἐκφέροντας.

(4) ἔμαθε ὁ Πείσων τὸν Λυσίαν πολλὰ (χρήματα) ἔχοντα.

8 请翻译下面的句子:

(1) χαλεπῶς φέρω, ὦ Σώκρατες, ὅτι ὁρῶ σε ἀδίκως ἀποθνῄσκοντα.

(2) ὁ δειλὸς φοβεῖται ὁρῶν ἄνδρας πίπτοντας.

(3) βλέπει Διογένης ἄνδρα τινὰ ἐκ τοῦ σταδίου βαδίζοντα.

(4) οἱ παῖδες θεῶνται ἐνίους ἀτιμαζομένους.

9 运用已经学过的现在时分词的多种翻译可能性翻译下面的语词和句子:

(1) οἱ ἄρχοντες

(2) Ἀντίγονος τὸν Ζήνωνα σοφὸν εἶναι νομίζων γράφει· Ἧκε πρὸς ἐμέ.

(3) ὑπὸ Ζήνωνος τὸν Ἀντίγονον παιδεύοντος ὁ δῆμος πρὸς ἀρετὴν παρασκευάζεται.

10 尝试用尽可能多的方式翻译下面这个句子,比如将现在时分词译作主句或分句:

οἱ γεωργοὶ οὐ προβαίνοντες τῶν θυρῶν τὴν ἠρινὴν(ἠρινός[春天])ὥραν ἀνέμενον.

11 下面的句子中，哪些成分可以换用现在时分词来表达？

τῶν Κέλτων οἱ κατὰ πλοῦτον ἢ κατ' ἀνδρείαν διαφέροντες μέσοι κάθηνται.

τὸν Ἀναξίμανδρον πολλὰ περὶ τοῦ κόσμου λέγοντα οἱ ἄνθρωποι σοφὸν εἶναι ἐνόμιζον.

Κῦρος σὺν τοῖς ἄλλοις παισὶν παιδευόμενος πάντων πάντα κράτιστος ἦν.

οἱ Στωικοὶ τὸν κόσμον ζῷον εἶναι ἔλεγον ψυχὴν ἔχοντα.

12 比较下面两句，第二句由于加了 ὥσπερ，独立二格的含义发生了怎样的变化？

(1) οὐδεὶς τὰ βασιλεῖ μὴ σύμφορα λέγει αὐτοῦ ἀκούοντος.

(2) οὐδεὶς τὰ βασιλεῖ μὴ σύμφορα λέγει ὥσπερ (ὡς) αὐτοῦ ἀκούοντος.

13 翻译关联分词短语可有多种方式，切莫直译；通常译作状语从句：

μιμνησκόμενοι τῆς καλῆς ὥρας ... 当忆起那些美好的时日的时候……

还可以把分词短语译作主句，前提是吃透整句原文的意思，然后用因果副词构成的语句来表达原文中的主句，比如：

Δάφνις καὶ Χλόη τῆς καλῆς ὥρας μιμνησκόμενοι λύπην εἶχον. 达夫尼斯和克洛娥忆起那些美好的时日；于是，他们忧伤起来。

按上述提示翻译下面四个句子，先尝试直译，然后再尝试切合现在分词短语具体含义的译法，注意译法的多种可能性。

(1) βουλόμενος τὴν δικαιοσύνην τῆς ἀδικίας κερδαλεωτέραν εἶναι Ἀγησίλαος τοῖς δικαίοις πλοῦτον παρεῖχε.

κερδαλεωτέραν = κερδαλέος [有利的、带来好处的、贪婪的、狡猾的]；πλοῦτον = ὁ πλοῦτος [财富]，比较 πλούσιος（以及 Pluto-craty）。

(2) οὐκ ἀπαλλαττόμενοι τῆς λύπης Δάφνις καὶ Χλόη τὴν καλὴν ὥραν ἀνέμενον.

(3) οἱ θεοὶ τοῖς παισὶν εὐχομένοις χαρὰν παρεῖχον.

(4) Κροῖσος Κύρῳ πυνθανομένῳ τὴν γνώμην ἀποφαίνεται.

3　主从复句

所谓复句,顾名思义就是一个句子包含两个甚至两个以上的单句。就这些句子之间的关系而言,不外乎两大类:并列复句和主从复句。

并列复句的关系很简单,即两个或两个以上的句子并列,多见于叙述文。修昔底德《战争志》中有个并列句,出现五个动词的并列铺排,描述事件的进程或状况。

比较复杂的是主从复句:一个句子是主句,一个句子是从句,从而构成句子的主从关系。

并列复句主从复句之间的主从关系有多种,从句法上讲,需要搞清楚的主要是从句与主句的关系。

一个句子离不了实词(作主语或宾语的名词、形容词、代词)和动词(作谓语),从句与主句的关系,不是与实词相关就是与动词相关。因此,从句与主句的关系可以分为两大类型:

定语从句(attribut clauses)对主句的名词性句子成分的进一步限定或补充,但本身并不具有独立性,因此也称为"附加句"或"关系从句"(relative clauses),意即对主句中除动词之外的句子成分的附加描绘,起定语作用。

状语从句(adverbial clauses),对主句的谓语的发生时间、地点、原因、条件、结果的进一步说明。

还有第三种主从复句,即由主句引出的间接陈述(indirect statement),因处于宾语位置也被称为宾语从句(objektiv clauses)。

定语从句

若修饰名词的成分是句子而非形容词或不定式短语,就是定语从句,这类从句由关系代词引导,也称为关系从句(Relativsatz),起到对主句中的实词的定语作用,用得很普遍。把握这类从句的关键是,找准连接从句的关系代词与主句中的关联词的关系。名词有四个格位，定语从句可以与任何一个格位的名词构成定语关系。

主格
Σωκράτης ὅς τὴν πόλιν ἔβλαψεν ἄξιός ἐστι πᾶσιν θανάτου. 在所有人看来，危害了城邦的苏格拉底该被处死。

主句 Σωκράτης ... ἄξιός ἐστι 是个表语句，πᾶσιν 是三格宾语[对所有人来说]，不定式 θανάτου 是 ἄξιός 的补语，定语从句界定主词 Σωκράτης。

二格
δέομαι ἄλλου τινος λόγου, ὅς με πείσει. 我需要某种另一个说法，这说法能让我信服。

主句的宾语 ἄλλου λόγου 是二格，因为动词要求二格宾语，而它带有一个定语从句，在从句中，通过关系代词，主句中的宾语 λόγου 变成了主语，它支配的动词是 πείσει。这种句型在现代西方语文中也很常见，不难理解。比较难以把握的是与主句中的与格或属格成分相关联的关系从句。

三格
νῦν ἐπαινῶ σε ἐφ' οἷς λέγεις. 就你说的而言，我称赞你。

主句 ἐπαινῶ σε [我称赞你] 基于一个理由，而这个理由在主句中当是原因与格名词，这里变成了从句，需要有介词来连接，这时关系代词往往会发生简化：ἐφ' οἷς λέγεις 等于 ἐπὶ τούτοις, ἃ λέγεις。

四格
τοιαῦτα ἐπάθομεν οἷα πάθοιεν οἱ πολέμιοι. 我们遭遇到的事情，但愿敌人也遭遇到。

οἷα πάθοιεν 是宾语 τοιαῦτα 的关系从句，表愿望，因此用祈愿式。

事实性定语从句的动词用不定式，否定用 οὐ：
Σωκράτης ὅς τὴν πόλιν ἔβλαψεν ἄξιός ἐστι πᾶσιν θανάτου.
在所有人看来，危害了城邦的苏格拉底该被处死。

定语从句也可起条件从句(关系条件从句[Relative Protasis])的作用:
ὅς ἄν ταῦτα διδάσκῃ κακός ἐστιν. 无论谁教这些东西都邪恶。
如果有人教这些东西,那他就邪恶。

注意与非限定性先行词连用的关系从句带否定词 μή,可用来表示条件,其动词可以和简单条件句一样用直陈式:
ἅ μὴ οἶδα οὐ νομίζω εἰδέναι. 我不认为我知道我所不知道的东西。

否定词 μή 表示先行词是非限定性的,可表条件,相当于:
εἴ τινα μὴ οἶδα, ταῦτα οὐ νομίζω εἰδέναι. 如果我不知道某事,我就不会认为我知道。

命令式或者独立虚拟式或者祈愿式带常用否定词都可用于定语从句:
Σωκράτης ὅς ἀποθάνοι ἄξιός ἐστι πᾶσι θανάτου. 我希望被处死的苏格拉底,在所有人看来是该死。(在关系从句中的表愿望的祈愿式)

Σωκράτης ὅν μὴ ἀφῆτε ἄξιός ἐστι πᾶσι θανάτου.
苏格拉底——别放走他——在所有人看来应该处死。
你不应该放走的苏格拉底在所有人看来应该处死。(禁止虚拟式)

定语从句可表目的(将来时直陈式,否定用 μή)、结果或原因:
πέμπομεν ἐκ τῆς πόλεως τοὺς ἀγγέλους οἳ μὴ ἀποθανοῦνται.
我们正把信使们送出城,他们不会被杀死。
我们正把信使们送出城是为了不让他们被杀死。

οὕτως ἄφρων εἶ ὅστις τοῦτον οὐκ ἀφίης. 你如此愚蠢,竟然没让这个人走。
ἄφρων εἶ ὅς γε τοῦτον ἀφιεῖς. 你愚蠢,因为你让这个人走。

状语从句

与现代西方语文相比,古希腊语因大量使用分词短语而没有那么多状语从句。在这种情形下,分词的含义已经由相关的作为主动词的不定式(按现代西方语文的结构就是"主句")的含义规定了。尽管如此,古希腊语仍然有状语从句,而且同样可以分为好些类型。不同的类型往往有不同的关联副词作引导,把握状语从句需要首先注意关联副词。此外也要记住,所有从句都可以换成带不定式的四格,这时关联副词同样起作用(翻译成中文时需要加相应的副词):

时间从句(当……,在……之后)
地点从句(当在……)
原因从句(由于……)
结果从句(……以至于……)
目的从句(……为了……)
让步从句(尽管……,即便……,无论……)
条件从句(如果……)
方式从句(通过……,靠……,以此……方式)

语态顺序

语态顺序(Sequence of moods)指在某些复杂句中语态的前后次序,主要动词的 primary tense[第一时态系统](现在时、将来时、完成时、将来完成时的直陈)支配从属从句中的虚拟式(时态说明动词形态)称为"首级序列"。

主要动词的 secondary tense[第二时态系统](过去时、不定过去时、过去完成时的直陈式)支配从属从句中的祈愿式(时态说明动词形态)称为"二级序列"。

εἴ με ἀδικεῖς(直陈式), ἀγανακτῶ(虚拟式)[倘若你对我不起,我会生气]。

εἴ με ἠδίκεις(过去时直陈式)/ ἠδίκησας(不过时直陈式), ἠγανάκτουν ἄν(过去时直陈式)/ ἠγανάκτησα ἄν(不过时直陈式)[倘若你曾对我不起 / 倘若你做了对不起我的事情,我就已经生气了 / 我当时就生气了]。

ἐάν με ἀδικῇς(现在时虚拟式)/ ἀδικήσῃς(不过时虚拟式), ἀγανακτῶ(现在时虚拟式)[一旦你对我不起,我就会生气]。

ἐάν με ἀδικῇς(现在时虚拟式)/ ἀδικήσῃς(不过时虚拟式), ἀγανακτήσω(将来时直陈式)[一旦你要做对我不起的事情,我肯定会生气]。

历史现在时算作第二时态系统的主要动词;格言不定过去时算作第一时态系统的主要动词;所有的命令式、独立虚拟式或独立祈愿式都算第一时态系统。

→ 拉丁语中称为 consecutio temporum[时态顺序],指复合句中时态的特定次序,即对时态相对关系的严格规定。如果主句独立使用的动词为现在时,主从句事件为同时发生时,要求从句用虚拟式现在时,从句事件为先时发生时要求从句用虚拟式完成时,主句中动词为过去时的时候,从句动词相应地改用虚拟式过去时或过去完成时。

时间从句

关联副词:ὅτε — ὁπότε — ἡνίκα[当……时] — ἐπεί — ἐπειδή — ὡς[当……时;当……之后] — ἕως ἔστε — ἄχρι — μέχρι[一旦……就] — 时间从句与主句的关系不仅涉及时间,还涉及语式(假设、期望等),近似条件句,因此要注意动词的语态:

ὅτε(ὁπότε, εἴ)τις τοῦτο ποιοίη(ποιήσειεν), ἔχαιρον οἱ θεοί. 一个人一旦做了这些事情,诸神就高兴。

ὁ ποιητὴς οὐ πρότερον οἷός τε [ἐστι] ποιεῖν, πρὶν ἂν ἔνθεος γένηται. 在被神灵充满之前,诗人还不是这样一个会写诗的诗人。

ἐπειδὴ ὁ ῥήτωρ στρατηγὸς ᾑρέθη, ἡ πόλις ἐνικήθη. 在这位演说家被选为将军之后,城邦被打败了。

→ ᾑρέθη = αἱρεω[被选上]。

ἕως οἱ στρατιῶται ὑπὸ τοῦ σοφοῦ στρατηγοῦ ἐτάττοντο, οὐκ ἐνικήθη ἡ πόλις. 一旦士兵们由这个明智的将军来指挥,城邦就不会被打败。

时间从句的连词

ἐπεί[在……之后,当……时,每当](先于行为)
ἐπειδή[在……之后,当……时,每当](先于行为)
ἐπειδάν[在……之后,当……时,每当](先于行为)
ἕως[只要;和……同时,直到……时](与行为同时或在行为之后发生)
μέχρι[只要,直到……时](与行为同时或在行为之后发生)
ὅτε[当……时,每当](与行为同时发生)
ὅταν[一旦,每当](动作同时发生)
πρίν[在……之前,直到……时](在动作之后发生)

时间从句与时态的关系

过去时限定性时间从句用直陈式的过去时态:

ἐπειδὴ εἰς τὴν πόλιν ἦλθεν, τὸν ἀδελφὸν εἶδεν. 他进城之后，他看见了他的兄弟。

ἀπέθανεν ὅτε ᾔειν εἰς τὴν πόλιν. 他在进城的时候死了。

ἔμεινε ἐν ἀγορᾷ μέχρι τὸν ἀδελφὸν εἶδεν. 他在集市逗留，直到看见他的兄弟。

οὐκ ἀπῆλθεν πρὶν τὸν ἀδελφὸν εἶδεν. 他没有离开，直到看见他的兄弟。

带现在时或过去时一般时间从句的句子，遵循现在时或过去时一般条件句的句法：

ἐπειδὰν εἰς τὴν πόλιν ἔλθῃ, τὸν ἀδελφὸν ὁρᾷ. 每当他进城，他都会看见他的兄弟。

ἐπειδὴ εἰς τὴν πόλιν ἔλθοι, τὸν ἀδελφὸν ἑώρα. 每当他进城去，都会看见他兄弟。

一个带将来时时间从句的句子，遵循将来真实条件句的句法：

ἐπειδὰν εἰς τὴν πόλιν ἔλθῃ, τὸν ἀδελφὸν ὄψεται. 他进城之后将会看见他的兄弟。

ὅταν ταῦτα ποιῇ, εὐδαίμων ἔσται. 当他做这些事情的时候，他是快乐的。

μενεῖ ἐν ἀγορᾷ μέχρι ἂν τὸν ἀδελφὸν ἴδῃ. 他将留在集市，直到他看见他的兄弟。

οὐκ ἄπεισιν ἐκ τῆς πόλεως πρὶν ἂν τὸν ἀδελφὸν ἴδῃ.
他将不会离开城邦，直到他看见他的兄弟。

时间从句若指将来时间，通常遵循将来真实时间从句的句法，即用带ἄν的虚拟式来表示。时间从句的动词（ἔλθοι）在这已经被同化为主句的表愿望的祈愿式。

即便主干动词是现在时，但如果时间从句指向将来，那么它要遵循将来真实条件句的条件从句的句法：

μένει ἐν τῇ πόλει μέχρι ἂν τὸν ἀδελφὸν ἴδῃ.
他（现在）正在城里，直到他看见他的兄弟。

由πρίν（直到）引导的时间从句，用于否定的主句后，遵循上述例子中时间从句的规则。当πρίν支配不定式，指"在……之前"，用于肯定的主句后：

ἀπῆλθε πρὶν τὸν ἀδελφὸν ἰδεῖν. 他在看见他兄弟之前就离开了。
他离开了，在他看见他的兄弟之前。

地点从句

关联副词：ἐνταῦθα［这里、那里］——地点从句要么是时间状语从句，要么是定语性的关系从句：

οὗ ἄν τις ἑαυτὸν τάξῃ, ἐνταῦθα δεῖ μένειν. 无论有谁在那里安排自己，就得待在那里。

原因从句

原因从句的关联副词：ἐπεί［既然］— ἐπειδή［既然］— ὅτι［因为］— διότι［因为］— ὡς［由于，既然，因为］。

οἱ στρατηγοὶ ἐθαύμαζον, ὅτι Κῦρος οὔτε ἄλλον πέμπει οὔτε αὐτὸς φαίνοιτο. 将士们感到奇怪，因为居鲁士既没派遣别人，自己也没露面。
δέομαί σου παραμεῖναι ἡμῖν, ὡς ἐγὼ οὐδενὸς ἂν ἥδιον ἀκούσαιμι. 我需要你站在我们这边，因为我不愿听命于任何人。
ἐπεὶ τοὺς νεανίας ἐδίδαξεν, ἀπέθανεν ὁ Σωκράτης ὑπὸ τῶν πολιτῶν. 由于苏格拉底曾教过年轻人，城邦民们处死了他。

原因从句也可用关系代词引导：

ἄφρων ἐστὶν ὅς γε ταῦτα πράττει. 他疯了，因为他正在做这些事情（直译：正在做这些事情的他疯了）。

陈述事实的原因从句其动词为直陈式：

ἐπειδὴ οὐχ οἷός τ' ἦν τὴν γυναῖκα λιπεῖν, ἔμεινεν ἐν τῇ πόλει.
因为他不能离开他的妻子，所以他留在城里。
διὰ τοῦτο μένει ἐν τῇ πόλει ὅτι οὐχ οἷός τ' ἐστι τὴν γυναῖκα λιπεῖν.
因为他不能离开他的妻子，所以他为这个而留在城里。

ὡς οὐχ οἷός τ' ἐστι τὴν γυναῖκα λιπεῖν μένει ἐν τῇ πόλει.
因为他不能离开他的妻子，所以他正留在城里。

原因从句也可用非真实性直陈式或表示可能的祈愿式：

οὐ ταῦτα ἐποίησεν ὅτι ἀπέθανεν ἄν. 他没有做这些事情，因为他应该[已经]被杀死了。
οὐ ταῦτα ποιεῖ ὅτι ἀπέθανεν ἄν. 他没有在做这些事，因为他可能被杀死。

主干动词后的原因从句中的动词在含蓄间接陈述句中可用祈愿式，说明引证的理由：

ἔμεινεν ἐν τῇ πόλει ὡς οὐχ οἷός τ' εἴη τὴν γυναῖκα λιπεῖν.
他留在城里是因为，据他说，他不能离开他的妻子。

情状分词（circumstantial participle）也可表示原因。当这种分词由 ἅτε 或 οἷα 引导时，作者和言说者承担说明原因的责任。当分词由 ὡς 引导时，则由句子的主语或者句子中突出的其他人来说原因：

οὐχ οἷός τ' ὤν τὴν γυναῖκα λιπεῖν, ἔμεινεν ἐν τῇ πόλει.
因不能离开他的妻子，他留在城邦。

ἅτε οὐχ οἷός τ' ὤν τὴν γυναῖκα λιπεῖν, ἔμεινεν ἐν τῇ πόλει.
因不能离开他的妻子，所以他留在城邦。
→ 说话者说明原因。

ὡς οὐχ οἷός τ' ὤν τὴν γυναῖκα λιπεῖν, ἔμεινεν ἐν τῇ πόλει.
因为不能离开他的妻子，据他说，他留在了城里。
→ 理由由句子主语给出，而不是由说话者来陈述。

定语从句，尤其是当关系代词与分词 γε 一起用时，可用来说明原因，起原因状语作用，否定照例用 οὐ：

ἀγαθοί εἰσιν οἵ γε ταῦτα οὐ ποιοῦσιν. 没有做这些事情的他们是善良的。

他们是善良的,因为他们没有做这些事情。

结果从句

关联副词:*οὕτω... ὥστε*[……以至于……]。事实性的结果从句用直陈式;倘若是设想的结果用不定式或四格＋不定式。

τίς οὕτω δεινός ἐστι λέγειν ὥστε σε πεῖσαι. 谁能言善辞到[以至于]能让你信服哩。

比较英语中的句式 so...that...,我们在翻译作品中经常见到的"……以至于……",依据的就是这样的句式。其实,中文表达无需加"以至于",可以有多种表达方式。

οὕτω κακῶς ἐμαχέσαντο οἱ στρατιῶται ὥστε τὴν πόλιν λυθῆναι.
步兵们打得太差劲,结果城邦被毁。
εἰς τοσοῦτο τῆς ἀρετῆς ἀφίκετο ὥστε τιμᾶσθαι καὶ ὑπὸ ξένων.
他的美德达到了甚至让夷人尊敬的程度。

连词 *ὥστε*(使,如此……以至于,结果是)引导表示真实结果,与表示自然结果的不定式形成对比:

οὕτω κακῶς ἐμαχέσαντο οἱ στρατιῶται ὥστε οἱ πολίται ἔφυγον. 士兵们作战实在不力,城邦民纷纷出逃。
→ *ἔφυγον*=*φεύγω*[逃亡]。

连词 *ὥστε* 引导的自然结果从句动词用不定式,否定用 *νή*:

αὕτω καλῶς διδάσκεομεν ὥστε τοὺς μαθητὰς πολλὰ μανθάνειν.
我们教得如此好,使学生们正学会很多东西。
我们教得如此好,使学生(常)学到好多东西。
οὕτω κακῶς ἐκεῖνοι διδάσκουσιν ὥστε τοὺς μαθητὰς μὴ πολλὰ μανθάνειν.
这些人教得如此差,以至于学生正没有学到很多东西。
这些人教得如此差,以至于学生们(常)学不到很多东西。

实际结果(Actual Result)从句的动词用直陈式,否定用 οὐ:

οὕτω καλῶς διδάσκομεν ὥστε οἱ μαθηταὶ πολλὰ μανθάνουσιν.
我们教得如此好,以至于学生们学到很多东西。
οὕτω κακῶς ἐκεῖνοι διδάσκουσιν ὥστε οἱ μαθηταὶ οὐ πολλὰ μανθάνουσιν.
这些人教得太差,[以至于]学生没有学会很多东西。

ὥστε 也可引导命令式、劝勉或禁止的虚拟式、表可能的祈愿式,以及表可能的或非真实性的直陈式:

οὐκ ἴσασιν οὐδέν. **ὥστε διδάξωμεν αὐτούς**. 他们什么都不懂,因此让我们来教他们吧。
οὕτω κακῶς ἐκεῖνοι διδάσκουσιν ὥστε οἱ μαθηταὶ οὐκ ἂν πολλὰ μανθάνοιεν.
这些人教得太差,[以至于]学生们可能没有学到很多东西。

由 ὅστις 引导的关系从句也可表结果(结果关系从句),否定用 οὐ:

τίς οὕτω ἄφρων ἐστὶν **ὅστις τοῦτο οὐκ οἶδεν**;
谁会如此愚蠢到不知道这个?
谁会如此愚蠢以至于不知道这个?

金驴(普鲁塔克,《伦语》[Moralia], 178a-b)

Φίλιππος ὁ Ἀλεξάνδρου πατὴρ φρούριόν τι βουλόμενος λαβεῖν ὀχυρόν, ὡς ἀπήγγειλαν οἱ κατάσκοποι χαλεπὸν εἶναι παντάπασι καὶ ἀνάλωτον, ἠρώτησεν, εἰ χαλεπὸν **οὕτως** ἐστὶν **ὥστε** μηδὲ ὄνον προσελθεῖν χρυσίον κομίζοντα.
亚历山大的父亲菲力普想要攻下某座坚固的要塞,探子却报告说,这个要塞太难对付,根本无法攻克。菲力普问,这个要塞是不是难对付到连一头驴子都无法把金子运进去(直译"是否那么难,以至于⋯⋯")。

φρούριον = τὸ φρούριον[设有岗哨的地方、设防的堡垒、城堡、要塞]宾格单数,比较 φρουρέω; λαβεῖν = λαμβάνω[拿、占领;发现;收留]强变化不定过去时不定式;ὀχυρόν = ὀχυρός, ά, όν[坚固的;坚强的]宾格单数;ἀπήγγειλαν =

ἀπαγγέλλω[报告、述说、告诉]不定过去时第三人称复数；κατάσκοποι = ὁ κατάσκοπος[探子、斥候]主格复数，比较 σκοπέω；χαλεπὸν = χαλεπός, ή, όν[艰难的；难以对付的]宾格单数；παντάπασι（副词）[完全；完全是、当然]；ἀνάλωτον = ἀνάλωτος[未被拿下的、攻不破的；不被腐化的]；ἠρώτησεν = ἐρωτάω[问、询问；请求]不定过去时第三人称单数；ὄνον = ὁ ὄνος[驴]宾格单数；προσελθεῖν = προσέρχομαι[来到、接近；向……挺进；进攻]强变化不过时不定式；κομίζοντα = κομίζω[照顾、关心；带走、运走]现在时分词阳性宾格单数。

目的从句

用来说明原因或目的的从句回答"为什么"，由连词 ἵνα — ὡς — ὅπως[为了]引导（否定用 ἵνα μή, ὡς μή, ὅπως μή，或者只用 μή），根据语序决定其动词用虚拟式还是祈愿式。如主句动词属第一时态系统（即现在时及其命令式、虚拟式和祈愿式），从句用虚拟式，如主句动词属第二时态系统（过去时），从句用祈愿式。

ταῦτ' εἰπὼν ἀνέστη, ὡς περαίνοι τὰ δέοντα. 他站起来说这些，以便采取所需的措施。
περαίνοι = περαίνω[使结束、使达到目的]祈愿式。

ἴμεν εἰς τὴν πόλιν ἵνα Σωκράτη ἴδωμεν. 我们进城是为了见苏格拉底。
第一时态系统的将来时动词 ἴμεν 支配虚拟式。

ᾖμεν εἰς τὴν πόλιν ἵνα Σωκράτη ἴδοιμεν. 我们那时正要进城是为了能见苏格拉底。
第二时态系统的过去时 ᾖμεν 支配祈愿式。

ᾖμεν εἰς τὴν πόλιν ἵνα Σωκράτης ἴδωμεν. 我们正要进城去是为了能见苏格拉底。
第二时态系统的过去时 ᾖμεν 支配的虚拟式保持不变。

μαχεσώμεθα ἵνα μὴ καταλυθῇ ἡ πόλις. 让我们为了城邦不被消灭而战斗。
首级序列，劝勉虚拟式 μαχεσώμεθα 支配虚拟式。

ἄν 放入由 ὅπως 或 ὡς 引导的目的从句中，意义不变：

ἴμεν εἰς τὴν πόλιν ὅπως ἄν Σωκράτη ἴδωμεν. 我们将进城去是为了能见苏格拉底。

ἦμεν εἰς τὴν πόλιν ὅπως ἄν Σωκράτη ἴδοιμεν. 我们那时正要进城，为了去见苏格拉底。

将来时直陈式有时用于目的从句：

ἴμεν εἰς τὴν πόλιν ὅπως Σωκράτη ὀψόμεθα. 我们将进城去是为了能见苏格拉底。

在非真实的或与事实相反的直陈式目的从句中，动词用直陈式表示未实现的目的：

εἰ μὴ ἐκωλύθην, ἦλθον ἄν εἰς τὴν πόλιν ἵνα Σωκράτη εἶδον. 假如我没有被阻止，为了能见苏格拉底我会进城去。(但是我被阻止了，我没去，我也没看见苏格拉底。)

εἰς τὴν πόλιν ἦλθες ἵνα τοὺς νεανίας διδάξειας. 你进城去是为了能教育年轻人。

τοὺς νεανίας ἐδίδασκες ὡς σοφώτεροι γένοιντο.
你一直在教育年轻人，为了他们能变得更聪明。
διδάξειας（二单）和 γένοιντο（三复）均为不定过去时祈愿式，两者都是不规则动词。

在表达否定性的目的从句中，μή 可以代替 ἵνα μή，比如：

τοῦτο ποιεῖτε μὴ εἰσέλθητε εἰς κρίσιν. 为了不致受审，你们得做这事。
εἰσέλθητε＝εἰσ-έρχομαι[出庭]；这里的 μή 是目的状语副词。

如果目的的实现取决于一个与事实相反的直陈式条件句，那么目的从句中的动词采用直陈式，说明未实现的目的：

εἰ οἱ Ἀθηναῖοι μὴ ἀπέκτειναν τὸν Σωκράτη, ἐδίδαξεν ἄν τοὺς νεανίας ἵνα σοφοὶ *ἐγένοντο.*

倘若雅典人没有处死苏格拉底,那他本该教育年轻人,以便他们能变得聪明。

ἐμηχανᾶτο ὅπως ταῦτα γενήσοιτο. 他一直在设法,以便那些事情发生。

主句为过去时直陈式(*ἐμηχανᾶτο*),目的从句可用将来时祈愿式(*γενήσοιτο*),而非一定是常用的将来时直陈式。

ἐμηχανᾶτο ὅπως ταῦτα γένοιτο. 他一直在设法,使得将会发生这些事情。

主句为过去时直陈式(*ἐμηχανᾶτο*),目的从句可用不定过去时,而非一定是常用的将来时直陈式。

虚拟式用于目的从句,用连词 *ἵνα* 引导:

ὁ πατὴρ πολλὰ χρήματα ἀναλίσκει, ἵνα ἡ πόλις τὸν υἱὸν εὖ παιδεύῃ.
这父亲花大把钱,以便城邦好好培育儿子。

ὁ πατὴρ[父亲]加了冠词,系特指[这位父亲],四格复数的 *πολλὰ χρήματα*[许多钱财]是 *ἀναλίσκει*(*ἀν-αλίσκω*[花费、用掉、消耗完]现在时三单)的宾语;目的从句 *ἵνα ἡ πόλις τὸν υἱὸν εὖ παιδεύῃ* 更换了主词,换言之,主句和从句的主词可以不一致。

βλέπε τὴν διακονίαν, ἣν παρέλαβες ἐν κυρίῳ, ἵνα αὐτὴν πληροῖς.
他所领受那事奉主的职分,一定要尽力完成。(《哥罗西书》,4:17)

这个句子有助于我们比较命令式与虚拟式用法的差别:*βλέπε*(=*βλέπω*[瞧、看])是命令式二单,四格单数的 *τὴν διακονίαν*(=*διακονία*[服务、事务;供应])是其宾语,这里的命令式的含义就是要求、呼吁(可以用虚拟式代替),直译为[你应该看好这职分]。

ἣν παρέλαβες 是关系从句,*ἣν* 是关系代词阴性四单,指代前面的 *διακονίαν*,作 *παρέλαβες*(*παραλαμβάνω*[接受、接替;承接、领受]不定过去时二单)的宾语,介词短语 *ἐν κυρίῳ*[在主之中],注意不是[从主那里]。

ἵνα αὐτὴν πληροῖς 又是个从句,由目的连词 *ἵνα*[以便、为了]带起,通常是目的从句的标志,四格单数的 *αὐτὴν* 指代 *διακονίαν*,作 *πληροῖς*(缩音动词 *πληρόω*[填满、充满;完成]虚拟式二单)的宾语,目的从句通常用虚拟式。从而,虚拟式可以代替命令式,命令式却不能代替虚拟式的这种用法。

τί ποιῶμεν, ἵνα ἐργαζώμεθα τὰ ἔργα τοῦ θεοῦ·
我们该做些什么才算是做上帝的工作呢?(《约翰福音》,6:28)
ἵνα … 带起一个目的从句, *ἐργαζώμεθα* 为异态动词 *ἐργάζομαι* [工作、劳动]的虚拟式一复。

据说梭伦喜欢萨福的一首诗到了神魂颠倒的地步,他侄子有一次在酒宴上要为他朗诵那首诗,梭伦叫别念,年轻人觉得奇怪,梭伦说:

ἵνα μαθὼν αὐτὸ ἀποθάνω. 一旦我熟悉了它,我就会死。
这个句子虽然很短,却是个复句,主句 *μαθὼν αὐτὸ* 是一个表语句,主词是 *μαθών*(= *μανθάνω* [学习、熟悉;认识、了解],词干 *μαθη-*,缩略为 *μαθ-*)的不定过去时分词主格单数,分词可以带有自己的宾语, *αὐτό*(= *αὐτός* 的单数中性四格)就是 *μαθών* 的宾语,指代那首诗。句首的 *ἵνα* 和句尾的动词 *ἀποθάνω*(= *ἀποθνῄσκω* [死、死去]强变化不定过去时虚拟式一单)连用,动词 *ἀποθάνω* 和分词 *μαθών* 的原形都是不规则动词: *ἀποθνῄσκω* — *μανθάνω*。

由连词 *ἵνα、ὡς、ὅπως* [为了、以便](否定用 *ἵνα μή, ὡς μή, ὅπως μή*,有时只用 *μή*)引导的虚拟式,常用于目的从句,小品词 *ἄν* 也可放进由 *ὅπως* 或 *ὡς* 引导的目的从句中。

εἰς τὴν πόλιν εἶ ἵνα τοὺς νεανίας διδάξῃς. 你进城去是为了教育年轻人。
εἰς τὴν πόλιν εἶ ὅπως ἂν τοὺς νεανίας διδάξῃς. 你进城去是为了教育年轻人。
Τί ποιῶ/ποιήσω, ἵνα σῴζωμαι/σωθῶ· 我该做什么才会得救?
注意虚拟式带来的辅音变异: *σῴζωμαι/σωθῶ*。

同化语气:从句与它依靠的主句的意思密切关联,可和主句的语气保持一致。

ταῦτ' ἂν ἔπραξαν ἵνα τοὺς πολεμίους ἔπαυσαν. 为了阻止敌人,他们应该做这些事情。
目的从句里的动词在与事实相反的直陈式(*ἔπραξαν*)后同化为直陈式(*ἔπαυσαν*),说明未实现的目的。

νικῶμεν ὅτε ὁ ποιητὴς ἔλθοι. 但愿这个诗人到来时我们正取得胜利。

条件从句

关联副词：εἰ — ἐάν[如果]- ἄν[如果]。条件从句与主句的关系比较复杂，涉及现实的、非现实的、假设的等等，要注意语式的用法。

εἰ τοῦτο ποιεῖς(ποιήσεις, ἐποίησας), ἡμᾶς βλάπτεις(βλάψεις, ἔβλαψας). 如果你做（将做、已经做）这事，你就伤害（将伤害、已经伤害）我们（现实的不确定性）。

ἐάν τοῦτο ποιῇς(ποιήσῃς), ἡμᾶς βλάψεις. 倘若你做这事，你就会伤害我们（潜在的可能性）。

ἐάν τις τοῦτο ποιῇ(ποιήσῃ), χαίρουσιν οἱ θεοί. 倘若有人做这事，神们就会高兴。

εἰ τοῦτο ποιοίης(ποιήσειας), ἡμᾶς ἂν βλάπτοις(βλάψειας). 假若你做这事，你就会伤害我们（设想的可能性）。

εἰ τοῦτο ἐποίεις (εποίησας), ἡμᾶς ἂν ἔβλαπτες (ἐβλάψας) 要是你已经做了这事，你就已经伤害了我们（设想的现实性）。

ἐάν τοῦτο ποιήσῃ, δίκην μὴ δοίη. 如果他做了这事，但愿他不会受到惩罚。

这个条件句是虚拟的（主句为祈愿式），比较：εἰ τοῦτο ἐποίησεν, οὐκ ἂν δίκην δοίη. 要是他做过这事，他兴许不会受惩罚（条件句不是虚拟，但主句是虚拟的祈愿式）。

现在时直陈式条件句的结果从句：
ἐάν Σωκράτης τοὺς νεανίας διδάσκῃ, σοφοὶ γίγνονται.
倘若苏格拉底来教年轻人，他们就会变得聪明。

过去时直陈式条件句的结果句：
εἰ Σωκράτης τοὺς νεανίας διδάξειεν, σοφοὶ ἐγίγνοντο.
如果苏格拉底曾教过年轻人，那他们就会变得聪明了。

将来时直陈式完全真实条件句（Future Most Vivid）的条件从句和结果从句：

εἰ Σωκράτης τοὺς νεανίας μὴ διδάξει, οὐ σοφοὶ γενήσονται.
如果苏格拉底没有教年轻人，那他们将不会变得聪明。

将来时直陈式真实条件句（Future More Vivid）的结论句：

ἐάν Σωκράτης τοὺς νεανίας διδάξῃ, σοφοὶ γενήσονται.
倘若苏格拉底教年轻人，他们将会变得聪明。

过去时与事实相反条件句的条件从句和结果从句（与 ἄν 连用）：

εἰ Σωκράτης τοὺς νεανίας ἐδίδασκεν, σοφοὶ ἄν ἐγίγνοντο.
如果苏格拉底那时正在教年轻人，他们就应该会正在变聪明。

不定过去时直陈式与事实相反的条件从句和结果从句（与 ἄν 连用）：

εἰ Σωκράτης τοὺς νεανίας ἐδίδαξεν, σοφοὶ ἄν ἐγένοντο.
如果苏格拉底曾教过年轻人，他们就应该变聪明。
εἰ Σωκράτης τοὺς νεανίας τότε ἐδίδασκεν, σοφοὶ ἄν ἐγίγνοντο.
如果苏格拉底那时（常）教年轻人，他们就应该（常）变聪明了。
ὅτε τοὺς νεανίας διδάσκοις, ἐμάνθανον πολλά.
每回你教年轻人，他们都会学到很多东西。
祈愿式用于过去时时间从句，相当于过去时直陈式条件从句。

οὐ δὴ τοὺς νεανίδας διδάσκει ὁ Σωκράτης. ἐταύρτο γὰρ ἄν ὑπὸ τῶν πολιτῶν.
苏格拉底确实没有教年轻人。因为城邦民正好将阻止他。
οὐ δὴ τοὺς νεανίας ἐδίδασκεν ὁ Σωκράτης. ἐπαύετο γὰρ ἄν ὑπὸ τῶν πολιτῶν.
苏格拉底确实没有教过年轻人。因为城邦民阻止他。
οὐ δὴ ἐδίδαξεν ὁ Σωκράτης τοὺς νεανίας. ἐπαύθη γὰρ ἄν ὑπὸ τῶν πολίτων.
苏格拉底确实不曾教过年轻人。因为城邦民阻止了他。

过去时直陈式与 ἄν 连用，表示事情事实上并没有发生，相当于与事实相反的条件句中的结果从句。过去时的非真实直陈式，说明现在或过去进行中的或重复的行为在现实中并未发生。

不定过去时的非真实直陈式，表明过去在现实中并未发生的某一行为。和在条件句的结果从句中一样,否定非真实直陈式用 οὐ。这类句子经常会有一个心照不宣的条件从句"如果他正试着去教他们",或者"如果他曾试过去教他们"。

条件从句的虚拟式

古希腊人对思想和行为的条件限制很敏感,条件从句多用虚拟式,ἄν 是典型的虚拟句(非现实句)的标志,εἰ [如果、倘若]是典型的虚拟式条件句的引导副词。当然,条件句并非一定用虚拟式,也可以是直陈式。

虚拟条件句的引导副词多是 εἰ 与 ἄν 缩合而成的 ἐάν;换言之,εἰ 引导非虚拟的条件句,ἐάν 引导的则是虚拟的条件句。

ἐὰν κακὰ ποιῇς, δίκην δίδως. 如果你做坏事,就要受到惩罚。
ἐὰν τοῦτο ποιήσῃς, δίκην δίδως. 如果你做了这件事,就要受到惩罚。
ἐὰν ὁ πατὴρ τὸν υἱὸν εὖ παιδεύῃ, οὗτος αὐτῷ ὑπακούει.
倘若这父亲好好教儿子,儿子就会听他的话。

ὑπακούει＝ὑπακούω[听从](ὑπό＋ἀκούω;介词 ὑπό[从下面])的现在时三单(支配与格宾语);主句的主词反倒是指示代词 οὗτος,但从语境可以判定它指代条件句中的宾语 τὸν υἱόν;反身代词 αὐτῷ 则指从句中的主语 ὁ πατήρ。

廊下派晚期大师爱比克泰德讽刺当时(应该说每个时代都有)的那些装模作样、无病呻吟的文人说:

ἐὰν ὕδωρ πίνῃς, μὴ λέγε ἐκ πάσης ἀφορμῆς, ὅτι ὕδωρ πίνεις.
倘若你要喝水,就别找种种由头说你喝水。
πίνῃς＝πίνω[喝、饮]虚拟式二单;πάσης＝πᾶς 的阴性二格单数;ἀφορμῆς＝ἀφ-ορμή[出发地、基地、退隐处;借口、口实]的二格。ἐάν 引导虚拟条件句 ὕδωρ πίνῃς,宾语 ὕδωρ 是第三变格类名词;主句是个主从复句:μὴ λέγε 是命令式,因此否定用 μή,介词短语 ἐκ πάσης ἀφορμῆς 为状语,πᾶς 这里的意思是"各种各样的";ὅτι 引导的句子 ὕδωρ πίνεις 作 μὴ λέγε 的宾语,直译为:你别出于种种借口说你喝水。

ἄν 与时间性的虚拟条件小品词 ἐπειδή 和 ὅτε 缩合而成 ἐπειδάν 和 ὅταν;这样的虚拟条件句表达的意思是"可能的话……"或"一旦……"。

虚拟式用于将来真实时间从句或者现在时一般时间从句中，从句中的连词和 ἄν 结合在一起（如 ἐπειδάν, ὅταν），这种时间从句相当于相应条件句的条件从句：

ὅταν τοὺς νεανίας διδάσκῃς, μανθάνουσι πολλά. 无论你何时教青年，他们都会学到很多东西。

限定条件句

希腊语除了一般条件句和与事实相反条件句之外，还有过去时或现在时简单（又称为特殊或限定的）条件句，它既不是一般条件句也不是与事实相反的条件句。

现在时简单条件句的条件从句（由 εἰ 引导）和结果从句，两者要么用现在时直陈式，要么用完成时直陈式。过去时简单条件句的条件从句（由 εἰ 引导）和结果从句，两者都可用直陈式的所有过去时态：

εἰ νῦν νικῶμεν, θεοὶ αὐτοὶ ἡμᾶς σῴζουσιν.
如果我们现在正获得胜利，那是诸神自己正在拯救我们。

这个句子指现在发生的某个特定事件，而不是一般性的状况（如果我们获胜，就是诸神自己拯救了我们），也不是与事实相反的状况（如果我们[现在]正取得胜利，那诸神本该拯救我们）。

εἰ Σωκράτης τοὺς νεανίας ἐδίδαξεν, δίκην ἔδωκεν.
如果苏格拉底曾教过年轻人，那他受到了惩罚。

比较上面的句子和过去时一般条件句：If Socrates ever taught the young men, he always paid a penalty［如果苏格拉底总教年轻人，那他就常要受到惩罚］和过去时与事实相反条件句 If Socrates had taught the young men, he would have paid a penalty［如果苏格拉底曾教过年轻人，那他本该受到惩罚］。

条件句的两个部分（条件从句和结果从句）都指将来，除了常见的将来真实条件句（future more vivid）和将来虚拟条件句（future less vivid）之外，还有将来完全真实条件句（future most vivid）。其条件从句是 εἰ + 将来时直陈式，结果从句用将来时直陈式。这种条件句尤其常见于威胁和警告：

εἰ κακὰ ποιήσεις, δίκην δώσεις. 如果你做坏事,就会遭受惩罚。

在与事实相反的条件句中,过去时直陈式可表示过去进行中的重复行为,而不是现在的动作:

εἰ τοὺς νεανίας ἐδίδασκεν, δίκην ἐδίδου ἄν. 如果他正在教年轻人,那他就该受到惩罚。
如果他(常)教年轻人,他应该(常)受到惩罚。

除了被 *εἰ* 或 *ἐάν* 引导之外,条件从句还可以被关系代词引导(关系条件从句):

ὅς ἄν ταῦτα ποιήσῃ δίκην δώσει. 无论谁做这些事情都将受到惩罚。
如果有人做了这些事情,那么他将受到惩罚。

带将来时时间从句的句子,其句法和将来真实条件句的相同。带一般时间从句的句子,其句法遵循一般现在时和一般过去时条件句的句法:

ἐπειδὰν ταῦτα ποιήσῃς, δίκην δώσεις. 你做完这些事情之后,你会受到惩罚。
当你做这些事情的时候,你将受到惩罚。
将来真实时间从句说明先于主干动词的时间。

ἐπειδὰν ταῦτα ποιήσῃς, δίκην δίδως. 你做这些事情之后,你受到了惩罚。
当你做这些事情的时候,你遭受了惩罚。
现在一般时间从句说明先于主干动词的时间。

ἐπειδὰν ταῦτα ποιήσειας, δίκην εδίδους. 你做了这些事情之后,你(常)会受到惩罚。
当你做完这些事情的时候,你会(常)受到惩罚。
过去一般时间从句说明先于主干动词的时间。

混合条件句

一种形式的条件句的条件从句可以和另外一种形式的条件句的结果从句一起用,形成混合条件句(Mixed Conditional Sentence)。例如,将来虚拟条件句的条件从句可以和将来真实条件句的结果从句一起用：

εἰ Σωκράτης τοὺς νεανίας **διδάξειεν**, **δίκην δώσει**.
如果苏格拉底要去教年轻人，那么他将受到惩罚。
将来虚拟条件从句和将来真实结果从句构成混合条件句。

此外，条件从句中的时间可以和结果从句中的时间不同：

εἰ Σωκράτης τοὺς νεανίας **ἐδίδαξεν**, **δίκην ἂν ἐδίδου**.
如果苏格拉底曾教过年轻人，那么他就应该受到惩罚。
过去时与事实相反的条件从句和现在时与事实相反的结果从句构成混合条件句。

情状分词（Circumstantial Participle）可代替条件句的条件从句。否定该分词用 μή：

τοὺς νεανίας **διδάξας**, Σωκράτης δίκην ἂν ἔδωκεν. 曾教过年轻人，苏格拉底应该受到惩罚。
如果苏格拉底教过年轻人就应该受到惩罚。
条件分词充当过去与事实相反条件句的条件从句。

μὴ ταῦτα ποιῶν, οὐκ ἂν δίκην ἐδίδου. 没做这些事情，他不应该受到惩罚。
如果他没做这些事情就不应该受到惩罚。
情状分词充当现在与事实相反条件句的条件从句。

结果从句中的将来时直陈式或与 ἄν 连用的祈愿式，可被带各自专有否定词的独立虚拟式、祈愿式或命令式代替：

ἐάν οἱ ἄγγελοι ἔλθωσιν, **οὐ δεξόμεθα** αὐτούς. 倘若信使来了，我们不会接待他们。
ἐάν οἱ ἄγγελοι ἔλθωσιν, **μὴ δεξώμεθα** αὐτούς. 倘若信使来了，让我们别接待他们。
ἐάν οἱ ἄγγελοι ἔλθωσιν, **μὴ δεξαίεθα** αὐτούς. 倘若信使来了，我希望我们不要接待他们。

ἐάν οἱ ἄγγελοι ἔλθωσιν, δέξασθε αὐτούς. 倘若信使来了, 就接待他们。
ἐάν οἱ ἄγγελοι ἔλθωσιν, μὴ δεξῆσθε αὐτούς. 倘若信使要来, 别接待他们。

附带条件从句(proviso clause)

由 ἐφ' ᾧ 或者 ἐφ' ᾧτε (只要……, 为了……) 引导的不定式或 (有时) 将来时直陈式, 说明规定或附带条件, 否定用 μή:

ἀφήσομέν σε ἐφ' ᾧ μὴ τὴν πόλιν βλάπτειν. 我们会让你去, 条件是你别危害城邦 [只要你别危害城邦]。
ἀφήσομέν σε ἐφ' ᾧ μὴ τὴν πόλιν βλάψεις. 我们会让你去, 只要你别危害城邦。

比较条件从句

关联副词: ὡς (加强体 ὥσπερ)[正如] — ὅπως[如像]。

νῦν ποίει, ὅπως ἄριστόν σοι δοκεῖ εἶναι. 如你觉得最优秀的那样去做。
τὸ πέρας πάντων γίγνεται, ὡς ἂν δαίμων βουληθῇ. 一切都圆满了, 如神灵所愿。
Θουκυδίδης Ἀθηναῖος ξυνέγραψε τὸν πόλεμον τῶν Πελοποννησίων καὶ Ἀθηναίων ὡς ἐπολέμησαν πρὸς ἀλλήλους. 雅典人修昔底德所志之战, 乃伯罗奔半岛人与雅典人之战, 亦即相互厮杀之战。

这里的比较从句其实是在解释主句中的 τὸν πόλεμον。

让步从句

关联副词: εἰ καί 或 καὶ εἰ [=合拼 κεἰ; 即便] - ἐὰν καί 或 καὶ ἐάν (=合拼 κἄν)[即便]。

γελᾷ δ' ὁ μῶρος, κἄν τι μὴ γελοῖον ᾖ. 即便根本没有什么好笑的, 这呆子也笑。

关系代词 ὅς 与虚拟语气的副词 ἄν 连用, 具有让步的含义 [无论、只要、但凡], 其主句的动词多为现在时或者将来时:

ὅς ἂν τοῦτο ποιήσῃ δίκην δώσει. 无论谁做这件事都将受到惩罚。

ὅς ταῦτα ἐποίησε δίκην ἄν ἔδωκεν. 无论谁做了这些事都要受到处罚。
ὅς带有一个关系从句 ταῦτα ἐποίησε，关系从句可充当条件句的条件从句，并采用条件从句的句法关系。

地点副词与虚拟语气的副词 ἄν 连用同样如此：

ἕπεσθε, ὅπη ἄν τις ἡγῆται. 无论谁把你们带去哪里，你们都当去。
ἕπεσθε＝ἕπω[跟随]中动态；ὅπη[何处、哪里]；ἡγῆται＝ἡγέομαι。

εἰ 或 ἐπειδή 或 ὅτε 同带虚拟式的 ἄν 连用时，可以意指时间性的概括（让步）含义[无论何时]；如果表达空间性的概括（让步）含义[无论何处]，就用 ὅπου[不论在哪里]同带虚拟式的 ἄν 连用：

ὅπου δ' ἄν φαῦλος ᾖ, ἐντεῦθεν φεύγει. 哪里有卑鄙之人，他就逃离哪里。
ᾖ＝εἰμί 的虚拟式三单，注意与过去时三单 ᾖ 的区别（没有 ι 下标）；ἐντεῦθεν (副词)[从那儿]；φεύγει＝φεύγω[逃离、避开]现在时三单。

需要特别注意，好些关联副词如 εἰ — ὅτε 尤其 ὅτι — ὡς 出现在多种从句中，甚至可以兼用于定语从句和状语从句，需要靠其他句子要素来判定从句的类型。

宾语从句

如果动词的宾语是一个句子而非一个名词或不定式，就是宾语从句，往往由 ὅτι 或 ὡς 引导，这类从句往往是间接陈述句：

λέγουσιν, ὅτι τὰ τῶν ἀγαθῶν ἀρεταί ἐστι. 他们说，有些好品质是德性。
从句 ὅτι τὰ ... 是主句 λέγουσιν 的宾语。

λέγει ὅτι Σωκράτης τοὺς νεανίας ἐδίδαξεν. 他说，苏格拉底一直在教年轻人。
主句与从句的时态（或语态）可以不同，这里的主句是现在时，宾语从句是不定过去时。

εἶπεν ὅτι ἡ πόλις ἐνικήθη ἄν εἰ μὴ οἱ στρατιῶται καλῶς ἐμαχέσαντο. 他说，要

是士兵们没有打得漂亮的话,城邦兴许已经败了。

宾语从句本身还可以是一个主从复句:εἶπεν[他说]的宾语是一个复句,ἡ πόλις... 为主句,εἰ μὴ οἱ στρατιῶται... 为条件从句。

表达担心的宾语从句

表达祈愿、担心、惧怕一类的动词(φοβεῖσθαι[唯恐、生怕] — δεδοικέναι[担心])通常连带一个宾语从句(或带不定式的四格宾语),其引导词为μή。这时,μή不是否定含义的副词,而是"但愿""恐怕"的宾语(从句)的引导连词(相当于that — que — daß;如果从句要表达否定含义,就用μὴ οὐ)。

δέδοικα, μὴ ἐπιλαθώμεθα τῆς οἴκαδε ὁδοῦ. 我担心,我们忘了回家的路。
δέδοικα, μὴ οὐκ ἔξω, ὅτι δῶ ἑκάστῳ. 我担心我不知道应该给每个人什么。
这个宾语从句本身又是一个带有自己的宾语从句的复句。

μὴ ἄρα τοῦτο δέδιε, μὴ καὶ οὗτοι ἐπανάστασιν ἐπ' αὐτὸν βουλεύσωσι καὶ πόλεμον ἐξενέγκωσι πρὸς τοὺς θεούς. 他(宙斯)担心的难道不是,这些家伙(指凡人)会针对自己搞反叛密谋,发动针对诸神的战争?
ἐφοβεῖτο μὴ ταῦτα ποιήσειας. 他担心你会做这些事情。
担心从句中的动词常用祈愿式(ποιήσειας)。

宾语从句往往可以换成带不定式的四格宾语:

ἐγὼ δὲ ἠπόρουν καὶ ἐδεδοίκειν μή τί με ἐργάζεσθαι κακόν. 我被搞得茫然无措,真害怕他们会对我干坏事。

如果这类从句涉及的是接续的行为,则第一个接续的句子用虚拟式,第二个接续的句子用祈愿式(有如目的从句);如果这类从句指涉的是同时的或先于担心的行为,就用直陈式。

φοβοῦμαι μὴ λύσῃ τοὺς κακούς. 我担心,他会放过这些坏人(接续的行为)。
ἐφοβούμην μὴ οὐκ ἔλυσε τοὺς ἀγαθούς.
我曾担心,他不会放过这些好人(同时的行为)。

ἐμὲ γὰρ ἔδραξε μέν τι καὶ πάλαι λέγοντα τὸν λόγον, καί πως ἐδυσωπούμην κατ' Ἴβυκον, μή τι παρὰ θεοῖς ἀμβλακὼν τιμὰν πρὸς ἀνθρώπων ἀμείψω·

我刚才诵赋时，心里一直感到不对劲，隐隐约约感到，像伊比科斯说的，担心自己靠得罪神们来得到世人崇敬。(柏拉图，《斐德若》，242c7-d2)

ἔδραξε＝θράσσω[搅乱、扰乱]不定过去时三单；πάλαι(时间副词)[刚才]；ἀμβλακὼν＝ἀμπλακίσκω[犯错、犯罪]。

根据语态顺序，当担心的动作在动词担心之后发生，则用虚拟式或祈愿式；如果担心的对象与动词担心同时发生，或先于动词担心发生，则用陈述语气：

φοβούμεθα μὴ ἡ πόλις καταλυθῇ. 我们担心城邦可能/将会被消灭。
第一时态系统的现在时 φοβούμεθα 支配虚拟式。

ἐφοβούμεθα μὴ ἡ πόλις καταλυθείη. 我们那时担心城邦可能/将会被消灭。
在二级序列中过去时 ἐφοβούμεθα 后用祈愿式。

ἐφοβούμεθα μὴ ἡ πόλις καταλυθῇ. 我们那时担心城邦可能/将要被消灭。
在二级序列中过去时 ἐφοβούμεθα 后的虚拟式保持不变。

将来时直陈式很少代替虚拟式用于担心从句：

φοβούμεθα μὴ ἡ πόλις καταλυθήσεται. 我们担心城邦可能/将会被消灭。

表努力的宾语从句

这种从属句用作努力、力求等动词的直接宾语(Object Clauses of Effort)，回答"什么"，与之相对，回答"为什么"则用目的从句。表努力的宾语从句由连词 ὅπως 引导(否定用 ὅπως μή)，即使在二级序列中一般也用将来时直陈式：

μηχανᾶται ὅπως ἡ πόλις καταλυθήσεται. 他正图谋破坏城邦。
ἐμηχανᾶτο ὅπως ἡ πόλις καταλυθήσεται. 他那时正图谋破坏城邦。
μηχανᾶται ὅπως ἡ πόλις μὴ καταλυθήσεται. 他正努力使城邦不被消灭。

这种从句有时独立使用,表紧急命令或劝勉:

ὅπως μὴ ταῦτα ποιήσεις. 务必别做这种事。

在第二时态系统的主要动词后,将来时直陈式在含蓄间接陈述句中有时被将来时祈愿式取代:

ἐμηχανᾶτο ὅπως ἡ πόλις καταλυθήσοιτο. 他那时正设法破坏城邦。

有时,表努力的宾语从句遵循目的从句的规则,根据语序要么采用虚拟式,要么采用祈愿式。时态只表示动词的形态:

μηχανᾶται ὅπως ἡ πόλις καταλυθῇ. 他正设法使城邦被摧毁。

在首级序列中,现在时 μηχανᾶται 支配表努力的宾语从句,用不定过去时虚拟式代替更常用的将来时直陈式,说明某一次行为。

ἐμηχανᾶτο ὅπως ἡ πόλις καταλύοιτο. 他那时正设法使城邦被摧毁。

过去时 ἐμηχανᾶτο 在二级序列中支配表努力的宾语从句,用现在时祈愿式代替更常用的将来时直陈式,说明进行中的重复的行为。

ἐμηχανᾶτο ὅπως ἡ πόλις καταλύηται. 他那时正设法毁灭城邦。

二级序列,过去时 ἐμηχανᾶτο 后表努力的宾语从句中,现在时虚拟式保持不变,说明正在进行中的重复的行为。

间接陈述句

一个陈述句可被直接或间接地引用,直接引用保留原话不变,但需要加引号;间接引用则需把原来的陈述或问题(话语、思想、感知)整合进一个复杂句中。

λέγει ὁ κατήγορος, ὡς ὑβριστής εἰμι. 那位起诉人说,我张狂得很。

从句 ὡς ὑβριστής εἰμι 充当的是主句的宾语,反过来说,主句的宾语当是一个名词,这里是由一个句子来充当,从而与主句构成主从关系。可以看到,这

类宾语从句要么由 ὡς 要么由 ὅτι 带起，实际上是在陈述别人的说法。ὡς ὑβριστής εἰμι[我张狂得很]仅仅是 ὁ κατήγορος 的说法，"我"是否如此，另当别论，现代西方语文在翻译时要把 εἰμι 改为虚拟式。

古希腊文中并没有如今所谓的间接引语和直接引语的区分，没有打引号的做法，在翻译时要注意判定是直接引语还是间接引语——多为间接引语，因为直接引语的表达式往往用 ἔφη[他说]引导：

Ἀνάχαρσις ἐρωτηθεὶς ὑπό τινος, τί ἐστιν πολέμιον ἀνθρώποις. "Αὐτοί" ἔφη, "ἑαυτοῖς." 有人问阿纳克尔塞斯，对人来说，什么是敌人。他回答说："他们自己。"

这里可以清楚看到两种引语的差别：τί ἐστιν πολέμιον ἀνθρώποις 是间接引语（ἐρωτηθεὶς ὑπό τινος[有个人问]的宾语从句）；Αὐτοί ἑαυτοῖς 是 ἔφη 的宾语从句，但是直接引语。

比较：

Κῦρος ἔλεγεν, ὅτι ἡ ὁδὸς ἔσοιτο πρὸς βασιλέα. 居鲁士说，但愿这会是通向王权之路。

ἔσοιτο＝ἔσται 的祈愿式，表达间接引语。

间接引用的陈述句的动词是直陈式（潜在祈愿式，或将来虚拟条件句的条件从句中的祈愿式）称为间接陈述句；如果间接引用的是疑问句，则称之为间接疑问句。

陈述句的命令式、表愿望的祈愿式、劝勉虚拟式和禁止虚拟式都可被间接引用，或者把它们变成命令动词的宾语（如"他命令约翰做这件事"，就是"约翰，做这件事（John, do this）"的间接陈述形式），或者把它们被转化成间接陈述句（"我说我们要走了"，就是"让我们走吧"的间接陈述形式）。

单句和复杂句的主句与间接陈述句中的从属句要区别对待，先看间接陈述句中的单句，其句式结构大致有三种。

1. 限定结构

在某些动词（如 λέγω、ἀκούω 等）后，间接陈述句可用连词 ὅτι 或者 ὡς（相当于英语中的 that）引导。

在首级序列中，间接陈述句不改变原来直陈式（或祈愿式）的语气或时态。

原陈述句的直陈式在二级序列的间接陈述句中变为相同时态的祈愿式，或者仍然保留直陈式以加强语气。过去时或过去完成时直陈式经常保持不变，但是，当上下文清晰表明所陈述的内容时，过去时直陈式可变为现在时祈愿式，过去完成时直陈式可变为完成时祈愿式。非真实的或与事实相反的直陈式总是保持不变。

因此，原陈述句的直陈式在二级序列的间接陈述句中可变为祈愿式；原陈述句的祈愿式在首级序列和二级序列中都保持不变。

原陈述句的否定词[和小品词 ἄν]在间接陈述句中都保持不变。

*λέγετε ὅτι Σωκράτης τοὺς νεανίας **διδάξει**.* 你说苏格拉底将会去教年轻人。

你说 *Σωκράτης τοὺς νεανίας διδάξει*。

在现在时直陈式 *λέγετε* 后，原陈述句中的将来时直陈式在首级序列中保持不变。

*ἐλέγετε ὅτι Σωκράτης τοὺς νεανίας οὐ **διδάξοι**.* 你（常）说苏格拉底不会去教年轻人。

你说 *Σωκράτης τοὺς νεανίας οὐ διδάξει*。

在过去时 *ἐλέγετε* 后，原陈述句中的将来时直陈式在二级序列中变为将来时祈愿式。

*ἐλέγετε ὡς Σωκράτης τοὺς νεανίας **διδάξει**.* 你说苏格拉底会去教育年轻人。

你说 *Σωκράτης τοὺς νεανίας διδάξει*。

在过去时 *ἐλέγετε* 后的二级序列中，原陈述句的将来时直陈式保留不变以加强语气。

ἀκούσει ὅτι οἱ στρατιῶται ἔφυγον. 你听说士兵逃跑了。

你听说 *οἱ στρατιῶται ἔφυγον*。

在将来时直陈式 *ἀκούσει* 后的首级序列中，原陈述句的不定过去式直陈式保持不变。

*ἤκουσας ὡς οἱ στρατιῶται **φύγοιεν**.* 你听说士兵们逃跑了/已经逃跑。

你听说 *οἱ στρατιῶται ἔφυγον*。

在不定过去时直陈式 *ἤκουσας* 后，原陈述句的不定过去时直陈式在二级序列中变为不定过去时祈愿式。

ἤκουσας ὅτι οἱ στρατιῶται μετὰ ἐκείνην τὴν μάχην τότε ἔφευγον.
你听说那次战斗之后士兵们在逃跑。
你听说 *οἱ στρατιῶται μετὰ ἐκείνην τὴν μάχην τότε ἔφευγον*。
在不定过去时直陈式 *ἤκουσας* 之后，原来的过去时直陈式在二级序列中保持不变。

ἤκουσας ὅτι οἱ στρατιῶται μετὰ ἐκείνην τὴν μάχην τότε φεύγοιεν.
你听说那次战斗后士兵们一直在逃跑。
你听说 *οἱ στρατιῶται μετὰ ἐκείνην τὴν μάχην τότε ἔφευγον*。
在不定过去时直陈式 *ἤκούσας* 之后，原来的过去时直陈式在二级序列中变为现在时祈愿式。

ἀκούσει ὅτι οἱ στρατιῶται φύγοιεν ἄν. 你听说士兵们可能会逃跑。
你将听说 *οἱ στρατιῶται φύγοιεν ἄν*。
原陈述句中表可能的祈愿式用不定过去时表示某一次行为，在将来时直陈式 *ἀκούσει* 后的首级序列中保持原祈愿式不变。

ἤκουσας ὅτι οἱ στρατιῶται φεύγοιεν ἄν. 你听说士兵们可能会逃跑。
你听说 *οἱ στρατιῶται φεύγοιεν ἄν*。
原句中表可能的祈愿式用现在时表示进行中的重复的行为，在不定过去时直陈式 *ἤκούσας* 之后的二级序列中保持原祈愿式不变。

ἤκουσας ὅτι οἱ στρατιῶται ἔφυγον ἄν. 你听说士兵们可能逃跑了。
你听说 *οἱ στρατιῶται ἔφυγον ἄν*。
原句中的不定过去时直陈式与 *ἄν* 连用，用过去时潜在直陈式或过去虚拟直陈式说明发生的某一次行为，在不定过去时直陈式 *ἤκουσας* 后的二级序列中必须保持不变。

2. 不定式加宾格主语

在某些动词(如 *φημί*、*νομίζω*)之后，直接陈述句的动词在间接陈述句中转变为同时态的不定式。原来的过去时直陈式转变为间接陈述句中的现在时不定式，原来的过去完成时直陈式转变为完成时不定式。语法结构不受主要动词的时态影响。

原陈述句的否定词(和小品词 ἄν)在间接陈述句中保留不变。

如果间接陈述句的主语不同于引导动词的主语,那么间接陈述句的主语就变成宾格主语。原陈述句中的表语性主格变成表语性宾格。

如果间接陈述句的主语和引导动词的主语相同,则一般被省略。原句中的表语性主格依然是表语性主格。

νομίζω Σωκράτη τοὺς νεανίας οὐ **διδάξαι**. 我认为苏格拉底没有教过年轻人。

我认为 Σωκράτης τοὺς νεανίας οὐκ ἐδίδαξεν。

原陈述句中的不定过去时直陈式变为不定过去时不定式。

ἐνομίζον Σωκράτη τοὺς νεανίας **διδάξαι**. 我(常)认为苏格拉底教过/已经教过年轻人。

我认为 Σωκράτης τοὺς νεανίας ἐδίδαξεν。

原句中的不定过去时直陈式变为不定过去时不定式。

νομίζω Σωκράτη τοὺς νεανίας τότε **διδάσκειν**. 我认为苏格拉底那时正在教年轻人。

我认为 Σωκράτης τοὺς νεανίας τότε ἐδίδασκεν。

原句中的过去时直陈式变为现在时不定式。

νομίζω Σωκράτη τοὺς νεανίας τότε **δεδιδαχέναι**. 我认为苏格拉底那时已教过年轻人。

我认为 Σωκράτης τοὺς νεανίας τότε ἐδεδιδάχειν。

原句中的过去完成时直陈式变为完成时不定式。

νομίζεις τοὺς νεανίας **διδάξειν**. 你以为你会去教年轻人。

你认为 τοὺς νεανίας διδάξω。

原句中的将来时直陈式变为将来时不定式。间接陈述句没有主语,因为它的主语和引导动词(νομίζεις)的主语是一样的("你")。

νομίζω αὐτὸν τοὺς νεανίας **διδάξειν**. 我认为他会去教年轻人。

我认为 τοὺς νεανίας διδάξει。

原句中的将来时直陈式变为将来时不定式。原陈述句的主语包含在

动词 διδάξει 中，在间接陈述句中，变为不定式的宾格主语。

νομίζω Σωκράτη οὐκ ἀγαθὸν εἶναι. 我认为苏格拉底不是好人。

原句中的现在时直陈式已变为现在时不定式。主格形式的表语性形容词变为宾格形式的表语性形容词：我认为 Σωκράτης οὐκ ἀγαθὸς ἐστιν。

νομίζεις ἀγαθὸς εἶναι. 你认为你是好人。

原句中的现在时直陈式已变为现在时不定式。间接陈述句没有主语，因为它的主语和引导动词（νομίζεις）的主语一样（你）。主格形式的表语性形容词依然保持主格形式：你认为 ἀγαθὸς εἶναι。

νομίζω Σωκράτη τοὺς νεανίας διδάσκειν ἄν.
我认为苏格拉底那时可能教年轻人了（习惯性地）。
我认为苏格拉底应该正在/本该教年轻人（习惯性地）。
我认为 Σωκράτης τοὺς νεανίας διδάσκοι ἄν。
我认为 Σωκράτης τοὺς νεανίας ἐδιδάσκεν ἄν。

原陈述句要么是现在时祈愿式加 ἄν，表示正在进行中的重复的可能性的祈愿式；要么是过去时加 ἄν，表示进行中的重复的过去的可能性；要么是与现在事实相反的直陈式或与过去事实相反的直陈式，表示进行中的重复的行为。具体含义由上下文来决定。

νομίζω Σωκράτη τοὺς νεανίας διδάξαι ἄν.
我认为苏格拉底可能已经教过年轻人。
我认为苏格拉底本该教过年轻人。
我认为 Σωκράτης τοὺς νεανίας διδάξειεν ἄν。
或者 Σωκράτης τοὺς νεανίας ἐδίδαξεν ἄν。

原陈述句或者是不定过去时祈愿加 ἄν，即表可能的祈愿式说明发生的某一次行为；或者是不定过去时直陈式加 ἄν，即过去可能的或过去与事实相反的直陈式表发生的某一次行为。具体含义由上下文来决定。

3. 分词加宾格主语

在某些动词（如 ἀκούω、δείκνυμι）之后，直接陈述句的动词在间接陈述句中变为同时态的分词。原陈述句中的过去时直陈式在间接陈述句中变为现在时分词，原陈述句中的过去完成时直陈式变为完成时分词。句法结构不受主要动词的时态影响。

原陈述句的否定词(和小品词 ἄν)在间接陈述句中保持不变。

如果间接陈述句中的主语和引导动词的主语不同，则在间接陈述句中变为宾语主格，与动词转变成的分词保持一致。原陈述句中的表语性主格变成表语性宾格。

如果间接陈述句的主语和引导动词的主语相同，则一般省略，分词和主语保持一致。原陈述句的表语性主格仍保持为表语性主格。

ἀκούω Σωκράτη τοὺς νεανίας **διδάσκοντα**. 我听说苏格拉底正在教年轻人。

我听说 Σωκράτης τοὺς νεανίας διδάσκει。

原陈述句的现在时直陈式已变为现在时分词。

ἤκουσα αὐτὸν τοὺς νεανίας **διδάσκοντα**. 我听说他正在教年轻人。

我听说 τοὺς νεανίας διδάσκει。

原陈述句的现在时直陈式已变为现在时分词。原陈述句的主语包含在动词 διδάσκει 中，在间接陈述句中变成分词的宾格主语。

ἀκούω Σωκράτη τοὺς νεανίας τότε **διδάσκοντα**.
我听说苏格拉底那时正在教年轻人。
我听说 Σωκράτης τοὺς νεανίας τότε ἐδίδασκεν。
原陈述句中的过去时直陈式已变为现在时分词。

ἀκούω Σωκράτη τοὺς νεανίας τότε **δεδιδαχότα**.
我听说苏格拉底那时教过年轻人。
我听说 Σωκράτης τοὺς νεανίας τότε ἐδεδιδάχειν。
原陈述句中的过去完成时直陈式已经变为完成时分词。

δείξω οὐ κακὸς πολίτης **ὤ**. 我会证明我不是一个坏公民。
我会证明 οὐ κακὸς πολίτης εἰμί。
原陈述句的现在时直陈式已经变为现在时分词，因为分词的主语和引导动词的主语是一样的(注：我)，所以被省略，原陈述句的表语性主格保持表语性主格不变。

ἀκούω Σωκράτη τοὺς νεανίας **ἄν διδάσκοντα**.

我听说苏格拉底那时可能在(习惯性地)教育年轻人。
我听说苏格拉底应该正在/本该(习惯性地)教育年轻人。
我听说 Σωκράτης τοὺς νεανίας ἄν διδάσκοι。
或者 Σωκράτης τοὺς νεανίας ἄν ἐδίδασκεν。

原陈述句要么是现在时祈愿式加 ἄν,即表可能性的祈愿式,说明进行中的重复的行为;要么是过去时直陈式加 ἄν,即过去的可能性,表示进行中的重复的行为;要么是与现在事实相反的直陈式或与过去事实相反的直陈式,表正在进行中的重复的行为。其具体含义由上下文决定。

ἀκούω Σωκράτη τοὺς νεανίας ἄν διδάξαντα.
我听说苏格拉底可能教过年轻人。
我听说苏格拉底应该教过年轻人。
我听说 Σωκράτης τοὺς νεανίας ἄν διδάξειεν。
或者 Σωκράτη τοὺς νεανίας ἄν ἐδίδαξεν。

原陈述句要么是与 ἄν 连用的不定过去时祈愿式,即表可能的祈愿式说明发生的某一次行为;要么是与 ἄν 连用的不定过去时直陈式,即过去可能的或与过去事实相反的直陈式,表发生的某一次行为。其具体含义由上下文决定。

间接陈述句中的复句

在间接陈述句中,无论复杂句的主句是否使用限定性句法结构、不定式或分词,间接陈述句的所有从属从句的动词都保持限定性的,遵循下述规则。在间接陈述句中,条件句的条件从句作从句,结果从句则作主句。

在首级序列中,所有动词的语气和时态都保持不变。

在二级序列中,直陈式和所有虚拟式的第一时态系统变成祈愿式的相应时态,或者分别保留直陈式和虚拟式不变,以加强语气。直陈式和所有祈愿式的全部过去时态保持不变。

原陈述句的否定词保持不变。

与祈愿式或者独立直陈式连用的小品词 ἄν 在间接陈述句中保持不变。当原陈述句中的虚拟式变为祈愿式时, ἄν 或者作为独立分词,或者作为连词的一部分(如 ἐάν、ἐπειδάν、ὅταν),被省略掉。连词变为 εἰ、ἐπειδή 和 ὅτε。

注意下面的句子如何变为间接陈述句:

1. Σωκράτης, ὅς τοὺς νεανίας διδάκει, γραφήσεται.
苏格拉底，那个正在教年轻人的人，将被起诉。
λέγω ὅτι Σωκράτης, ὅς τοὺς νεανίας **διδάσκει**, γραφήσεται.
我说苏格拉底，那个正在教年轻人的人，将被起诉。
间接陈述的宾语从句本身是一个带定语从句的主从复句；现在时直陈式 λέγω 后的首级序列中复句的动词保持不变。

ἔλεγον ὡς Σωκράτης, ὅς τοὺς νεανίας **διδάσκοι**, γραφήσοιτο.
我（常）说苏格拉底，那个正在教年轻人的人，将被起诉。
过去时直陈式 ἔλεγον 之后二级序列的从属从句中的现在时直陈式（διδάκει）变为现在时祈愿式（διδάσκοι）。

ἔλεγον ὅτι Σωκράτης, ὅς τοὺς νεανίας **διδάσκει**, γραφήσεται.
我（常）说苏格拉底，那个正在教年轻人的人，将被起诉。
过去时 ἔλεγον 后的二级序列中，从属从句的现在时直陈式（διδάκει）保持不变，以加强语气。

νομίζω Σωκράτη, ὅς τοὺς νεανίας **διδάσκει**, γραφήσεσθαι.
我认为苏格拉底，那个正在教育年轻人的人，将被起诉。
现在时直陈式 νομίζω 后的首级序列里，从属从句中的现在时直陈式（διδάκει）保持不变。注意，即便在引导动词 νομίζω 之后单句的动词变成不定式（γραφήσεσθαι），从属从句的动词依然是限定性的。

ἤκουσα Σωκράτη, ὅς τοὺς νεανίας **διδάσκοι**, γραφησόμενον.
我听说苏格拉底，那个正在教育年轻人的人，将被起诉。
不定过去时直陈式 ἤκουσα 后，二级序列中的从属从句的现在时直陈式（διδάκει）变为现在时祈愿式（διδάσκοι）。注意，即便在引导动词 ἤκουσα 之后，单句的动词变为分词（γραφησόμενον），从属从句的动词还是限定性的。

2. ἐγράφη Σωκράτης ἐπεὶ τοὺς νεανίας ἐδίδασκεν.
苏格拉底被起诉，是因为他正在教年轻人。
ἀκούω γραφέντα Σωκράτη ἐπεὶ τοὺς νεανίας **ἐδίδασκεν**.
我听说苏格拉底被起诉，是因为他正在教年轻人。
现在时直陈式 ἀκούω 后的首级序列中，原因从句的动词形态（ἐδίδασκεν）

保持不变。

ἐνόμιζον γραφῆναι Σωκράτη ἐπεὶ τοὺς νεανίας ἐδίδασκεν.
我认为苏格拉底被起诉,是因为他正在教年轻人。
虽然是在二级序列中,但因为是直陈式的过去时态,所以原因从句的动词(*ἐδίδασκεν*)必须保持不变。

ἔλεγον ὅτι γραφείη Σωκράτη ἐπεὶ τοὺς νεανίας ἐδίδασκεν.
我(常)说苏格拉底会被起诉,是因为他正在教年轻人。
过去时直陈式 *ἔλεγον* 后的二级序列中,原因从句的动词保持不变(*ἐδίδασκεν*),虽然单句的动词已变为祈愿式(*γραφείη*)。

3. *Σωκράτης, ὅς οὐκ ἄν φύγοι, γραφήσεται.*
苏格拉底,这个不可能会逃跑的人,将被起诉。
λέγω ὡς Σωκράτης, ὅς οὐκ ἄν φύγοι, γραφήσεται.
我说苏格拉底,这个不可能会逃跑的人,将被起诉。
定语从句里表可能的祈愿式(*ἄν φύγοι*)在间接陈述句中保持不变。

4. *ἐάν μὴ κωλυθῇ, διδάξει τοὺς νεανίας.*
倘若他没有被阻止,他会去教年轻人。
λέγω ὡς ἐάν μὴ κωλυθῇ, τους νεανίας διδάξει.
我说倘若他没有被阻止,他会去教年轻人。
间接陈述的宾语从句本身是一个带条件状语从句的主从复句;在首级序列中,原陈述句的语气和时态在将来真实条件句的条件从句和结果从句中都保持不变。

ἤκουσα εἰ μὴ κωλυθείη διδάξοντα αὐτὸν τοὺς νεανίας.
我听说如果他没有被阻止,他就会去教年轻人。
不定过去时虚拟式在原将来真实条件句的条件从句中表示一般性的行为,但在间接陈述句的不定过去时直陈式 *ἤκουσα* 后的二级序列中,它变为祈愿式(*κωλυθείη*);分词 *ἐάν* 变为 *εἰ*。在将来真实条件句的结果从句中,将来时直陈式变为将来时分词(*διδάξοντα*)。

ἐνόμιζον ἐάν μὴ κωλυθῇ διδάξειν αὐτὸν τοὺς νεανίας.
我认为如果他不被阻止,他会去教年轻人。

不定过去时虚拟式在原将来真实条件句的条件从句中表一般性行为,在过去时 *ἐνόμιζον* 后的二级序列中保持不变,以加强语气。在结果从句中,原来的将来时直陈式变为将来时不定式(*διδάξειν*)。

5. *εἰ μὴ ἐκωλύθη, ἐδίδαξεν ἄν τοὺς νεανίας.*
倘若他不是被阻止了,他应该会去教年轻人。
ᾔδη εἰ μὴ ἐκωλύθη αὐτὸν ἄν διδάξαντα τοὺς νεανίας.
我知道如果他不是被阻止了,他应该会去教年轻人。

与过去事实相反条件句的条件从句中的不定过去时直陈式保持不变(*ἐκωλύθη*),因为间接陈述句的从属从句用的是直陈式的过去时态。结果从句的不定过去时直陈式加 *ἄν*,变为不定过去时分词加 *ἄν*。

间接疑问句

在表示"明白""想要知道""让……知道"一类动词后面,可以跟一个间接疑问句,而它原本是独立的问句,作为间接问句后便成了陈述性问句。比如,索福克勒斯的句子:

Ἀπορεῖ, ὅ τι χρὴ ποιεῖν. 他简直不知道该做什么(他简直没注意:"该干什么呢?")。

引导间接问句的疑问词有:*τίς*(就像直接问句 *Σκόπει, τί ...*)或 *ὅστις*(只在间接疑问句中);相应的是 *ποῦ — ὅπου, πῶς — ὅπως, ποῖος — ὁποῖος* 等等。

语式问题:倘若主句的动词是现在时(或将来时),则用直陈式。

ἠπόρει, ὅ τι χρείη ποιεῖν 他那时不知道自己需要干什么。
ἠπόρει = ἀπορέω 的过去时;*χρείη = χρὴ εἴη*。

倘若是过去时态,这种从句常常是带有内部从属性的祈愿式(Optativus obliquus);也可以是直陈式(如在现在时和将来时后面)。总起来说,具内部从属性的祈愿式可以出现在:1. 间接引语;2. 表示害怕的动词后面的间接愿望从句;3. 目的从句;4. 间接问句。

间接疑问句遵循间接陈述句句法的限定结构。原疑问句可能有直陈式、表可能的祈愿式，以及（审议和预期疑问句中的）虚拟式。在首级序列中，原疑问句所有的语气和时态都保持不变。在二级序列中，直陈式（或虚拟式）可变为相应时态的祈愿式，或保持时态不变，以加强语气。

原疑问句中的否定词（和小品词 ἄν）在间接疑问句中保持不变。

间接疑问句由间接疑问词（如 ὅστις、ὅπου）引导。有时，也会保留原疑问句中的直接疑问词（如 τίς、ποῦ）：

οἶδα ὅστις τοῦτο ποιεῖ. 我知道谁正在做这件事。

我知道问题 τις τοῦτο ποιεῖ 的答案。原疑问句的现在时直陈式在完成时直陈式 οἶδα 之后的首级序列中保持不变（ποιεῖ）。直接疑问词（τις）变为间接疑问词 ὅστις。

ᾔδη ὅστις τοῦτο ποιοίη. 我知道谁正在做这件事。

我知道 τις τοῦτο ποιεῖ 这个问题的答案。原疑问句的现在时直陈式 ποιεῖ 在过去完成时直陈式 ᾔδη 后的二级序列中变为现在时祈愿式 ποιοίη。直接疑问词变为间接疑问词。

ᾔδη τις τοῦτο ποιεῖ. 我知道是谁正在做这件事。

为了加强语气，原疑问句的现在时直陈式以及直接疑问词在过去完成时直陈式 ᾔδη 后的二级序列中都保持不变。

οἶδα ὅστις τοῦτο ποιήσειεν ἄν. 我知道谁可能做这件事。

我知道 τίς τοῦτο ποιήσειεν ἄν 这个问题的答案。原疑问句中表可能的祈愿式用不定过去时态表某一行为，在间接疑问句中保持不变。

οὐκ οἶδα ὅτι εἴπω. 我不知道我要说什么。

我不知道 τί εἴπω 这个问题的答案。原思虑疑问句的虚拟式用不定过去时态表发生的某一行为。在完成时直陈式 οἶδα 后的首级序列中保持不变。

οὐκ ᾔδη ὅτι εἴποιμι. 我不知道我说了/说过/要说什么。

我不知道 τί εἶπον 或 τί εἴπω 这些问题的答案。不定过去时祈愿式（εἴποιμι）在间接疑问句中代替了原事实疑问句的不定过去时直陈式（εἶπον），或者代替思虑疑问句中表一般性行为的不定过去时虚拟式($εἴπω$)。其具体含义由上下文决定。

间接疑问句的从属从句可以和间接陈述句的从属从句一样处理：

οὐκ οἶδα ὅτι ποιήσει ἐαν ἔλθῃ εἰς τὴν πόλιν. 我不知道如果他进城去他会做什么。

我不知道 *τί ποιήσει ἐαν ἔλθῃ εἰς τὴν πόλιν* 这个问题的答案。原将来真实条件句的条件从句的不定过去时虚拟式($ἔλθῃ$)在完成时直陈式 *οἶδα* 后的首级序列中保持不变。

οὐκ ᾔδη ὅτι ποιήσοι εἰ ἔλθοι εἰς τὴν πόλιν. 我不知道倘若他进了城要做什么。

对于 *τί ποιήσει ἐαν ἔλθῃ εἰς τὴν πόλιν* 这个问题，我不知道答案。原将来真实条件句的条件从句的不定过去时虚拟式($ἔλθῃ$)在过去完成时直陈式 *ᾔδη* 后的二级序列中变为不定过去时祈愿式($ἔλθοι$)，分词 *ἐαν* 变为 *εἰ*。

含蓄间接陈述句

在某些从属从句中，第二时态系统主要动词后的祈愿式用于含蓄间接陈述句，尽管主句不在间接陈述句中。比较下面各组句子：

1. *τοὺς στρατιώτας οὐκ ἐτίμων οἱ πολῖται ὅτι οὐκ ἠθέλησαν μαχέσασθαι.*
城邦民们不会崇敬士兵们，因为他们拒绝打仗。
直陈式在由 *ὅτι*[因为]引导的原因从句中是常规结构。

τοὺς στρατιώτας οὐκ ἐτίμων οἱ πολῖται ὅτι οὐκ ἐθέλοιεν μαχέσασθαι.
城邦民们不会崇敬士兵们是因为，如城邦民们所说，士兵们拒绝打仗。
这句话里，现在时祈愿式位于二级序列的含蓄间接陈述句中，代替现在时直陈式，说明城邦民们所知的原因。他们的原初想法是"*ὅτι οὐκ ἐθέλουσι μαχέσασθαι*"。

2. *ταῦτα πράττομεν μέχρι ἂν ὁ ἄγγελος ἔλθῃ.* 我们一直在做这些事情直到信使到来。

不定过去时虚拟式与 ἄν 连用表示发生的某一行为,用于时间从句表将来时间。

ταῦτα ἔπραττον μέχρι ὁ ἄγγελος ἦλθεν. 他们那时一直在做这些事情直到信使到来。

直陈式是过去时限定时间从句的常用句法结构,指过去某个特定的行为。这里的时间从句说明那时信使确实来了。

ταῦτα ἔπραττον οἱ Ἀθηναῖοι μέχρι ὁ ἄγγελος ἔλθοι
雅典人那时正在做这些事情,直到他们说,信使可能到了。

不定过去时祈愿式(ἔλθοι)在含蓄间接陈述句中,代替时间从句中的与 ἄν 连用的不定过去时虚拟式(ἔλθῃ),说明发生的事情都是由雅典人说出来的。雅典人的原话就是上面组句的第一句。时间从句并没有说明信使真的来了。

祈愿式从属从句

间接陈述句和间接疑问句中,主要从句的所有直陈式(非真实过去时直陈式除外)和所有的思虑性虚拟式及预期虚拟式,常变为相应时态的祈愿式。过去时和过去完成时一般保留直陈式不变,但有时过去时直陈式可用现在时祈愿式表示,过去完成时直陈式则用完成时祈愿式表示。在从属从句中,所有过去时直陈式都不需变成祈愿式,而所有与 ἄν 连用的虚拟式要变成祈愿式,则要把 ἄν 去掉。

εἶπεν ὅτι Σωκράτης τοὺς νεανίας διδάξειεν [*ἐπειδὴ εἰς τὴν πόλιν ἦλθεν*].
他说苏格拉底进城之后教过年轻人。

不定过去时直陈式 εἶπεν 后面的间接陈述句里,主句中原来的 ἐδίδαξειεν 已经被二级序列的同时态的祈愿式代替;而在时间从属从句中,过去时直陈式保持不变。

εἶπεν ὅτι Σωκράτης τοὺς νεανίας ἐδίδαξεν ἄν, εἰ εἰς τὴν πόλιν ἦλθεν.
他说如果苏格拉底进了城,他就应该教过年轻人。

间接陈述句的主要动词是一个与 ἄν 连用的不定过去时直陈式,是过去时与事实相反条件从句的结果从句;由于它是非真实过去时直陈式,所以即便它处在不定过去时直陈式 *εἶπεν* 之后的二级序列中，也不用变为祈愿式。由于间接陈述句的从属从句中所有的过去时直陈式保持不变，所以条件从句中的不定过去时直陈式也保持不变。

οὐκ ᾔδη ὅτι ποιήσαιμι. 我不知道我做了/已经做了什么［我不知道我要做什么］。

过去完成时 *ᾔδη* 后面，二级序列的不定过去时祈愿式可代替原来的询问事实问题的不定过去时直陈式，或者代替原来的不定过去时虚拟式，它表示对过去某次行为的思虑性的疑问。

练习

1. 给下面两个句子的语词所缺的词尾填空：
   οἱ Στωικ... λέγ... , ὅτι αἱ τ... ἀνθρώπ... ψυχ... ἐκ τ... τ... κόσμ... ψυχ... ἥκ...
   τῷ γὰρ κόσμ... , ὥσπερ πολλ... φιλόσοφ... λέγ... , ψυχ... ἐστιν.

2. 注意下面句子中副词 *ὡς* 的不同含义及其用法：
   （1）ὁ δειλὸς λέγει, ὡς χαλεπόν ἐστι γιγνώσκειν, πότεροί εἰσιν οἱ πολέμιοι.
   （2）Χλόη καὶ Δάφνις ἐμιμνήσκοντο, ὡς ἐφίλουν.
   （3）πολλοὶ νεανίαι παρὰ Πρωταγόραν ἐφοίτων ὡς δεινὸν ποιοῦντα λέγειν.
   （4）ὡς ἦλθεν ἡ τοῦ θνήσκειν ἡμέρα, Ἄλκηστις ὑπὲρ Ἀδμήτου ἀπέθανεν.

3. 凭靠文脉来确定下面的句子中 *ὡς* 的含义，哪些句子中，*ὡς* 可以用 *ἐπεί* — *ὥσπερ* — *ἵνα* 或 *ὅτι* 代替？
   （1）μάνθανε, ὡς ἔστι κύκλος τῶν ἀνθρωπείων πραγμάτων.
   （2）Κῦρος τὰς μηχανὰς παρεσκευάζετο ὡς προσβαλῶν τὸ τεῖχος.
   （3）ἡ ψυχή, ὡς λέγουσιν οἱ Στωικοί, ἐκ τῆς τοῦ κόσμου ψυχῆς ἥκει.
   （4）γίγνου ὡς βέλτιστος, ὦ παῖ.
   （5）ὡς δ᾽ ἐγένετο ἡμέρα, ὁ στρατηγὸς τοὺς στρατιώτας συνεκάλεσεν.
   （6）Ἡρακλῆς ἠλάσατο τὰς τοῦ Γηρυόνου βοῦς, ὡς τούτου ὄντος τοῦ δικαίου.

4. 在下面的三个句子中，关系从句是什么样的句子成分：
   Σωκράτης πρὸς Ἀπολλόδωρον, ὃς χαλεπῶς ἔφερε τῷ τοῦ φίλου θανάτῳ·

Δεῖ ἡμᾶς, ἔφη, ποιεῖν, ἃ ὁ θεὸς κελεύει.
ἃ γὰρ ὁ θεὸς κελεύει, οὐκ ἄδικά ἐστιν.

5　下面从句哪些是间接疑问句、哪些是关系从句：

（1）πάντες ἔφευγον οἱ Λυδοὶ ἀπὸ τῶν τειχῶν, ὅποι ἐδύνατο ἕκαστος.

（2）ἕκαστος, ὅπου ἂν φαῦλος ᾖ, ἐντεῦθεν φεύγει.

（3）οὐκοῦν οἴει ἂν αὐτὸν ἐν ἀπορίᾳ ἔχεσθαι, ὅ τι χρὴ εἰπεῖν.

（4）εἰπέ μοι, ὅπου τὰ τοῦ τυράννου δώματά ἐστιν.

（5）φράζε, ὅ τι θέλεις σημαίνειν.

6　解析下面的主从复句的结构，尤其看从句起什么作用：

（1）ἐπεὶ δὲ οἱ κύνες ἥπτοντο τοῦ Δόρκωνος, μέγα ᾤμωξεν.

（2）οἱ κύνες ἔδακνον κατὰ τοῦ δέρματος, πρὶν ἀναπηδῆσαι ἐδύνατο ὁ Δόρκων.

（3）ὁ δὲ δειλὸς στρατευόμενος λέγει, ὡς χαλεπόν ἐστι γιγνώσκειν, πότεροί εἰσι οἱ πολέμιοι.

（4）ὁ δειλὸς γέγει, ὅτι μάχαιραν οὐκ ἔχει.

（5）Ξενοφῶν συμβουλεύεται Σωκράτει περὶ τῆς πορείας, ἣν ἐπινοεῖ.

（6）Σωκράτης δ' ᾐτιᾶτο τὸν Ξενοφῶντα, ὅτι οὐ πρῶτον ἠρώτα, πότερον ἄμεινον αὐτῷ πορεύεσθαι ἢ μένειν.

（7）"Ἐπεὶ μέντοι οὕτως ἠρώτησας", ἔφη, "πάντα χρὴ ποιεῖν, ἃ ὁ θεὸς ἐκέλευσεν.

7　将下面的两组半截句子配对成有意义的四个完整句子：

（1）ἡ ἀρετὴ σύνεστιν …；（2）ὁ βεβαιότατος ἐν πολέμῳ σύμμαχος …；

（3）οἱ πρεσβύτεροι χαίρουσι …；（4）ἔργον οὔτε καλὸν λαμπρόν …

（a）… ταῖς τῶν νεωτέρων τιμαῖς.；（b）… χωρὶς τῆς ἀρετῆς γίγνεται；

（c）… τοῖς θεοῖς καὶ τοῖς ἀγαθοῖς ἀνθρώποις；（d）… ἐπαίνου ἀξιώτατός ἐστιν.

8　ὅτι［因为］与 ὅτι（= ὅ τι）［某种什么］显得很难区分出来，请细看下面的句子中涉及的是哪个 ὅτι 用法：

Δόρκων παρεφύλαξε, ὅτι ἐπὶ ποτὸν ἄγουσι τὰς ἀγέλας ποτὲ μὲν ὁ Δάφνις, ποτὲ δὲ ἡ παῖς.

οὐ φρονιμώτερος γέγονας, ὅτι τοὺς συντρέχοντας ἔφθασας.

οὐκοῦν οἴει ἄν με ἔχειν, ὅτι εἴπω;

ἐθέλω μετὰ σοῦ σκέψασθαι, ὅτι ποτέ σ'στιν ἡ ἀρετή.

9　通过汉译比较下面的句子，搞清以直陈式和以 πρίν 以及 ὥστε 后面所跟的不定式所要表达的是什么。

（1）*Οἱ στρατιῶται μέγα ἐβόησαν, πρίν τινα ἀκοῦσαι, ὅ τι λέγοι ὁ στρατηγός.*
在有人能够听到陆军将领要说什么之前，兵士们大声起哄。

（2）*Οὐ πρότερον ἐπαύσαντο βοῶντες, πρὶν χρήματα ἔλαβον.*
直到拿到钱，他们才不再喧闹。

（3）*Οἱ στρατιῶται οὕτως ἐβόησαν, ὥστε ὁ στρατηγὸς ἐφοβήθη.*
兵士们哗然，连他们的向导都害怕起来。

（4）*Ὁ θόρυβος τοσοῦτος ἦν, ὥστε καὶ τοὺς πολεμίους ἀκούειν.*
兵士们的喊叫声实在太大，连敌人都听得见。

七　修　辞

　　谈到修辞，首先需要区分修辞手法与修辞术——广义上的修辞手法就是讲究遣词、造句、谋篇，或者 εὖ λέγειν [善于言说]，涉及语词、句式（修辞格）和篇章结构三个层面。Ῥητορικὴ τέχνη [修辞术]（拉丁语 Ars rhetorica）则不仅是"善于言说"的艺术，还有独特的哲学和政治含义，如亚里士多德在《修辞术》所说：修辞术是辩证术的 ἀντίστροφος [对应物]。

　　在柏拉图笔下，修辞术受到柏拉图笔下的苏格拉底尖锐攻击（参见《斐德若》《高尔吉亚》），尽管柏拉图笔下的苏格拉底的修辞极为高妙。修辞术会用到各种修辞手法，但不等于具体的修辞手法；反过来说，善于用到各种修辞手法，不等于善用修辞术。

→ Manfred Landfester, *Einführung in die Stilistik der griechischen und lateinischen Literatursprachen*, Darmstadt, 1997.

1 常用修辞格

所谓"修辞格"(Rhetorische Figure),指有意偏离语言成分的正常序列的措辞方式。汉语也有丰富的修辞手法,我们都不难理解下面这些常见修辞方式:

首词重复

句子开首重复或对比地使用语词以造成清晰效果,即首词重复(Anapher → ἀναφορά = ἀναφέρω[升高、上升;提升、扬起],又译"前照应"),比如:

τιμῶμαι παρὰ θεοῖς[受到诸神称赞] — τιμῶμαι παρ' ἀνθρώποις[受到人们称赞]

这种修辞格相当于所谓首韵法(Alliteration)。我们知道,ὁμοιο-πρόφορον[押韵](προ-φορέω[往前带、往前送];比较 ὁμοιοτέλευτον = similiter desinens[韵脚])得音韵相同或 παρ-όμοιον[极相似,极类似]。汉语的押韵是同音而不同义,拼音文字要做到这一点比较难,但并非完全没有可能。

古罗马诗人恩尼乌斯(Ennius)用拉丁语来模仿希腊语的押韵,故意夸张(ann. 109 Vahlen2):o Tite, tute, Tati, tibi tanta, tyranne, tulisti。据说这个句子成了夸张的范例,算作瑕疵(vitium)。

排 比

重复并列句法结构相同的句子或短语,即所谓排比(Παρ-άλληλος[并排的、平行的、并列的] = Parallelism)的修辞手法。比如西方医术的奠基人希波克拉底(Ἱπποκράτης)有句箴言迄今还是西方医师的座右铭:

Ὁ μὲν βίος (ἐστί) βραχύς, ἡ δὲ τέχνη μακρά, ὁ δὲ καιρὸς ὀξύς, ἡ δὲ πεῖρα σφαλερά, ἡ δὲ κρίσις χαλεπή. 生命短暂,技艺恒长,时机飘忽,经验靠不住,决

断凝重千钧。

———————————

　　μακρά=μακρός[长的、高大的、深远的]阴性形式（比较 Makrocosmos，反义词为 Mikrocosmos）；ἡ πεῖρα[尝试、经验]，在拉丁语的 experimentum 中变成了词干；现代哲学大多相信所谓"经验"，而古希腊的扁鹊却说"经验"是 σφαλερά=σφαλερός[骗人的、靠不住的]（阴性）；ἡ κρίσις[诊断、判断、决断]；如今叫"危机"，看来，所谓"危机"指不得不"诊断"并下"决断"的时刻，如此"决断"当然是 χαλεπή=χαλεπός[凝重的、沉重的]。μὲν ... δέ 为关联搭配副词，相当于"尽管……但是"；μὲν 译为"尽管"分量太过；δέ 这个小品词在古希腊语中用得非常广泛，基本含义是转折连词，也不能总用"但是"敷衍了事，具体译法要看文脉的语气，常用来分开从句或句子成分。

　　在古希腊人眼里，时机有如神力，καιρός[恰切的时机]大写就是"时机"女神；对古希腊人来说，时机乃神所赐，因此他们拜 Καιρός 女神，她头上那溜额发专供人去抓（比较德语谚语：die Gelegenheit beim Schopf fassen[抓住机遇的额头]）。时机被描述为 ὀξύς[敏锐的、尖锐的]，若用来形容运动方式，则作"激烈的、突然的、敏捷的、易逝的"讲；用来形容"时机"则当译作[飘忽的、一闪而过的]，可见，翻译语词不能完全看词典中的词义项，还得按语境和具体语词关系作调整。

　　这是一连串省略系词的表语句的并列，呼应 μὲν 的 δέ 连续有三个，实际起语气作用。形成 A … B … C 的并列。句式单调重复本来是应该避免的行文大忌，但如此句式重复却显得具有韵味，因为具体的言辞突显了对比，有如我们的对仗。名词 ὁ βίος[生命]和 ἡ τέχνη[技艺]在语义上形成对比，作表语的形容词 βραχύς[短暂的]和 μακρά[长久的]语义同样形成对比。

<h3 style="text-align:center">交叉配列</h3>

　　将句法结构上相似的句子或短语以 χ 型结构顺序来排列，即所谓交叉配列（Chiasmus → χιάζωσμός=χιάζω[打×、勾销]），这同样是一种句法重复的修辞格，即第一句与第四句对应，第二句与第三句对应。

　　　　A……B
　　　　　B……A

　　由于注重用对比性质的语词，这种修辞格与所谓反衬修辞格很相近。
　　σὺν σοί[与你在一起] — χωρὶς ἐμοῦ[没有我]

反衬

语义对立的语词同时出现在一个表达中,以形成鲜明的对照,即所谓反衬(ἀντίθεσις[对立、对比],又译"对偶",ἀντίθετον＝contrapositum, oppositum, contentio, contrarium),有点儿像我们的"对偶"(但"对偶"未必相反)。

希波克拉底的箴言一开始就用了反衬:βίος — τέχνη, βραχύς — μακρά。古罗马帝国初期的散文大师塞涅卡译作:vita brevis, ars longa(歌德笔下的靡斐斯托模仿过这个说法)。塞涅卡把反衬与交叉配列当作一回事:si quid te vetat bene vivere, bene mori non vetat(epist. 17.5)。若排成诗行,bene vivere和bene mori,vetat和non vetat就构成十字交叉形式。

当然,反衬法强调用词含义上的对比。罗马帝国时期(公元2世纪)的希腊语作家、犬儒派哲人德莫纳克斯(Demonax, 70—170)有一句话为我们提供了精彩的对衬范例:

Ἐγὼ μὲν σε νῦν ἠρώτησα, σύ δέ μοι ὡς ἐπί Ἀγαμένονος ἀποκρίνῃ.
我现在问你,而你回答我则像在阿伽门农时代。

ἠρώτησα＝εἴρομαι不定过去时,这里有(过去当时的)[现在]的意思,因而有νῦν,与Ἀγαμέμνονος构成反题。除了νῦν[现在]与Ἀγαμέμνονος这个叙事诗中的人物对比外,本句中形成反题的语词因素还有动词(问与答)、人称代词(我与你)。

反衬与排比、交叉配列往往分不开,或者说反衬往往以排比或交叉配列的方式来呈现。

早期基督教群体分散各地,尚未形成统一的教会组织。亚历山大里亚的基督徒群体发展相当迅速,在当时颇具影响力——克雷芒就是其中的主导人物之一(史称这类人为"教会之父")。这位当地的"知识人"觉得自己有责任让受过古希腊传统教育的尚未信仰基督的亚历山大里亚城希腊人能够理解基督教信仰,于是他把新的信仰与古希腊哲学传统尤其柏拉图结合起来。

→ Joseph A. Fischer编辑、德译、笺注,*Die Apostolischen Väter*,希德对照,München,1956/1986(第九版);Klaus Wengst编辑、德译、笺注,*Schriften des Urchristentums*,希德对照,三卷,München,1984;塞尔瓦托·利拉,《亚历山大的克雷芒》,范明生译,北京:华夏出版社,2004;瓦纳尔·耶格尔,《早期基督教与希腊教化》,吴晓群,上海:上海三联书店,2016。

下面是克莱门所著《劝勉希腊人》(λόγος ὁ προτρεπτικός πρὸς Ἕλληνας)中的一段(XII. 121, 1—2):

劝勉希腊人

Σπεύσωμεν, δράμωμεν, ὦ θεοφιλῆ καὶ θεοείκελα τοῦ λόγου [ἄνθρωποι] ἀγάλματα σπεύσωμεν, δράωμεν, ἄρωμεν τὸν ζυγὸν αὐτοῦ, ἐπιβάλωμεν ἀφθαρσίαν, καλὸν ἡνίοχον ἀνθρώπων τὸν Χριστὸν ἀγαπήσωμεν.

让我们加油,让我们快跑,我们是圣道的形象,我们是上帝所钟爱的,是上帝照他自己的样子造出来的。让我们加油,让我们快跑;让我们负起我主的轭;让我们占有主赐的不朽;让我们热爱基督,他是人类高贵的驭手。

Φιλότιμοι τοίνυν πρὸς τὰ καλὰ καὶ θεοφιλεῖς ἄνθρωποι γενώμεθα, καὶ τῶν ἀγαθῶν τὰ μέγιστα· θεὸν καὶ ζωήν, κτησώμεθα. ἀρωγὸς δὲ ὁ λόγος· θαρρῶμεν αὐτῷ καὶ μήποτε ἡμᾶς τοσοῦτος ἀργύρου καὶ χρυσοῦ, μὴ δόξης ἐπέλθῃ, ὅσος αὐτοῦ τοῦ τῆς ἀληθείας λόγου πόθος.

我们热切地盼望这一壮观的景色,让我们成为上帝所爱的人;让我们占有最好的事物:上帝和永生。圣道就是我的救助者;让我们相信他,我们不要去追求银子、金子或荣誉,而要全力以赴地去追求真道本身。

这段劝诫词除采用首词重复、排比、交叉配置外,还连续用到省略连词(Asyndeton＝ἀ-σύνδετος[不连贯的、没有联系词的],比较 συνδέω)、渐进表达(Klimax,通过循序渐进的重复一连串语词、词组、分句,以获得一种上升的感觉,比较凯撒的名言:veni, vidi, vici[我来了,我看见了,我胜利了])等修辞格。

有教养的希腊人很熟悉 λόγος 这个语词,《约翰福音》用它指代上帝——"太初有道"。中译依据英译本迻译(克莱门,《劝勉希腊人》,王来法译,北京:生活·读书·新知三联书店,2002,页135—136),不妨对照希腊文原文,看看译文是否有不尽贴切之处。

叠词法

所谓 Hendiadyoin[叠词法]来自 ἕν διὰ δυοῖν[一个通过两个],指一种扩展的修辞格,即通过并用含义有关联或近似的两个语词(无论名词、动词、形容词还是副词)来突显一个语义项。

下面这段出自普鲁塔克《伯利克勒斯传》中的记叙,中译采用黄宏煦主编《希腊罗马名人传》（上册，陆永庭、吴彭鹏等译，北京：商务印书馆，1995）。与原文对照，译文未必贴切，你不妨尝试重译，并注意修辞：

> Ὁ δὲ πλείστην μὲν ἡδονὴν ταῖς Ἀθήναις καὶ κόσμον ἤνεγκε, μεγίστην δὲ τοῖς ἄλλοις ἔκπληξιν ἀνθρώποις, μόνον δὲ τῇ Ἑλλάδι μαρτυρεῖ, μὴ ψεύδεσθαι τὴν λεγομένην δύναμιν αὐτῆς ἐκείνην καὶ τὸν παλαιὸν ὄλβον, ἡ τῶν ἀναθημάτων κατασκευή, τοῦτο μάλιστα τῶν πολιτευμάτων τοῦ Περικλέους ἐβάσκαινον οἱ ἐχθροὶ καὶ διέβαλλον ἐν ταῖς ἐκκλησίαις βοῶντες ὡς ὁ μὲν δῆμος ἀδοξεῖ καὶ κακῶς ἀκούει τὰ κοινὰ τῶν Ἑλλήνων χρήματα πρὸς αὑτὸν ἐκ Δήλου μεταγαγών.

这给雅典城邦带来极大快乐和富丽外观，却给别[国]人带去巨大的惊恐；单单是这就为希腊人见证了关于雅典人的力量及其古老财富的说法绝非虚传——（我说的是）大肆兴建神庙，伯利克勒斯的政敌经常猛烈攻击和谴责他的这一举措，他们在公民大会上高喊："人民颜面扫地，到处挨骂，因为他们把希腊人的共同财富从德罗岛拿来放进了自己的腰包。"

这里可以看到叠词法的两种用法：

1. 把一个表达分解成两个并列的表达，两者的语义关系不在同一层次，比如 τὴν λεγομένην[说法]分解为 δύναμιν αὐτῆς ἐκείνην[他们（指雅典人）的力量]和 καὶ τὸν παλαιὸν ὄλβον[古老财富]。分解的 δύναμιν — ὄλβον 在同一个语义层次，但它们与 λεγομένην 不在同一个语义层次。

2. 两个语义相近的表达紧密相连，比如这里的 ἐβάσκαινον καὶ διέβαλλον[攻击和谴责]和 ἀδοξῶ καὶ κακῶς ἀκούω[颜面扫地，到处挨骂]。

戏剧性现在时

与西方现代语文一样，古希腊文有所谓"戏剧性现在时"（又称"历史现在时"）。这是一种修辞手法，即把本该用过去时态的动词转为现在时，以便给读者带来生动印象。

比如《居鲁士上行记》1.4.1—7 的 ἐξελαύνει = ἐλαύνω[驱赶（牛马）、驾驶（车船）；前行、挺进]（现在时第三人称单数）就出现在过去时的叙事段落中。现代西文在翻译时，可选择译作过去时或保留这种"戏剧性现在时"，汉译则无从体现其差别。

关系交叠

同样属于句法上修辞手法，即关系代词有时不像通常那样依赖于关系

从句的谓语,而是依赖于分词:

ἐμὲ ξένους ἑστιῶντα κατέλαβον, οὓς ἐκβαλόντες Πείσωνί με παραδιδόασιν.
我正招待客人们,他们气势汹汹逮住我,把客人们赶走,将我交给佩松。

关系代词 οὕς 与 ἐκβαλόντες 构成关联分词短语。在这种情形下,关系从句除有自己的主导谓语外,还有第二主导谓语——分词,它才实际决定关系代词的格位,这种情形就叫作关系上的交叠。在古希腊文中,这种关系交叠的修辞手段可以是一种非常短的表达式,却颇有表达力,在现代西方语文中没有相应的句法结构可以对应。

好些古希腊文表达式在现代西方语文中找不到对应句式,汉语找不到相应的表达句式也没有什么好奇怪。国朝学界曾有人说,古希腊文的汉译如果没有与原文句式对应就不算按希腊原文翻译,看来这种说法不可信。

虚拟陈述

指用一个设想的条件从句来表明主句所陈述的事情(作为条件情境的结果)是非现实的,主句的动词虽然不是虚拟的(不是非现实的),条件从句的非现实性(现在时虚拟式或过去时虚拟式)也已经规定了它的非现实性。这种句法上的修辞手法对于我们理解文意非常重要——古希腊语表达非现实的情形通常为:

1. 直陈式的过去时态;
2. 用带不确定性含义的小品词 ἄν[大概、兴许]。在这一例句里,用的是过去时,翻译时当注意为现在的虚拟含义(如果为过去的虚拟含义,则用不定过去时)。

要注意的是反向来表达的虚拟情景,这种表达方式的特点是,通过现在时和过去时两个时态的交织对比来表达虚拟陈述:条件从句(设想的非现实情境)用过去时间的非现实性,实为现在时间中的非现实性,从而,过去时无异于现在时虚拟式;表达过去时间中的虚拟情形用不定过去时,从而,不定过去时无异于过去时的虚拟式。

令人目瞪口呆的诚实

Philogelos[《笑林广记》](直译为"笑友",公元4世纪辑录的逸闻趣事集)159:

  Κυμαῖος μέλι ἐπίπρασκεν. ἐλθόντος δέ τινος καὶ γευσαμένου καὶ εἰπόντος, ὅτι πάνυ καλόν, ἔφη· εἰ μὴ γὰρ μῦς ἐνέπεσεν εἰς αὐτό, οὐκ ἂν ἐπώλουν.

  库迈俄人卖蜂蜜。有人走来，尝了尝，说："味道真好。"（库迈俄人说）"要不是因为有老鼠掉进去，我还不卖哩。"

  κυμαῖος=*κυμαῖοι*[蠢人]，源于 *Κύμη* 城，古希腊在今意大利地区的殖民地（约公元前750年）；*τὸ μέλι*[蜂蜜]；*ἐπίπρασκεν*=*πιπράσκω*[卖、卖出]的过去时；*ἐλθόντος*=[来]的不定过去时分词二格；*τινος* 二格单数；*γευσαμένου*=*γεύομαι*[先尝尝]（食品）不定过去时分词二格；*εἰπόντος*[说]过去时分词二格；*πάνυ καλόν*=[好极了]；*ὁ μῦς, μυός*[老鼠]；*ἐνέπεσεν*=*ἐμ-πίπτω*[掉进、落入]不定过去时虚拟式，比较动词 *πίπτω*[掉进、落下、临到]，强变化不定过去时形式为 *ἔπεσον*；*ἐπώλουν*=*πωλέω*[卖、出售]的不定过去时虚拟式。

  ἐλθόντος δέ τινος καὶ γευσαμένου καὶ εἰπόντος, ὅτι πάνυ καλόν, ἔφη· εἰ μὴ γὰρ μῦς ἐνέπεσεν εἰς αὐτό, οὐκ ἂν ἐπώλουν：句子主干是 *ἔφη*，其主语是前句的 *κυμαῖος*，宾语为主从复句 *εἰ μὴ γὰρ μῦς ἐνέπεσεν εἰς αὐτό*[要不是因为有老鼠掉进去]，*οὐκ ἂν ἐπώλουν*[我还不卖哩]；前面由三个独立分词（<u>*ἐλθόντος καὶ γευσαμένου καὶ εἰπόντος*</u>）构成的短语作 *ἔφη* 的状语，最后一个分词还带有一个宾语从句：*ὅτι πάνυ καλόν*。

  εἰ μὴ γὰρ μῦς ἐνέπεσεν εἰς τὸ μέλι, οὐκ ἂν ἐπώλησα αὐτό 意思是：正因为蜂蜜里掉进了老鼠我才卖。与用虚拟式的表达在含义上相同：*εἰ μὴ γὰρ μῦς ἐνέπεσεν εἰς τὸ μέλι, οὐκ ἂν ἐπώλουν αὐτό*。

哲人的冷嘲（《名哲言行录》，VI 59）

  Θαυμάζοντός τινος τὰ ἐν Σαμοθράκῃ ἀναθήματα ἔφη· πολλῷ ἂν ἦν πλείονα, εἰ καὶ οἱ μὴ σωθέντες ἀνετίθεσαν.

  有人曾对萨摩特拉克神庙里供品的丰厚表示惊异，第欧根尼就说道："如果那些没有被救起来的人也献供的话，供品还会更多。"（徐开来、溥林译文）

  θαυμάζοντός=[惊讶]现在分词单数二格；*Σαμοθράκῃ*=岛屿名（与格），位于爱琴海北部，是当时的一个神秘宗教圣地，信徒们在这里供奉有文字的纪念碑和画像，据说，他们在这里祈求，神可以感领到；*ἀναθήματα*=*τὸ ἀνάθημα, -ατος*[献祭品、供品、诅咒]复数；*πλείονα*=*πολύς*[许多]比较级[更多]（复数）；*σωθέντες*=*σῴζω*[解救、挽救]的被动态分词；*ἀνετίθεσαν*=

ἀνατίϑημι[放在……上、加于……；献给、竖立]第三人称复数。

与前句的句型结构一样，主干为 ἔφη，其宾语为条件复句 πολλῷ ἂν ἦν πλείονα, εἰ καὶ οἱ μὴ σωϑέντες ἀνετίϑεσαν; πολλῷ πλεῖον[越多越好]，这里的与格用法在于提供比较时的差别（尺度），如此用法称为差异与格（Dat. differentiae 或 Mensurae）；注意 οἱ μὴ σωϑέντες 的构成，μὴ 被框在冠词与（分词变来的）名词之间，直接否定带动词意味的名词。前面的独立分词短语 Θαυμάζοντός τινος τὰ ἐν Σαμοϑρᾴκῃ ἀναϑήματα 作状语，修饰（规定）ἔφη 的情景。

哲人与民间信仰的抵牾在古希腊就已经出现了，我国古代有类似记载吗？

宁愿没有（普鲁塔克,《伦语》,231 a）

Μεμφομένων δὲ τῶν φίλων, διότι ἰατρόν τινα κακῶς λέγει Παυσανίας, πεῖραν οὐκ ἔχων αὐτοῦ οὐδὲ ἀδικηϑείς τι, εἶπεν· Ὅτι, εἰ ἔλαβον αὐτοῦ πεῖραν, οὐκ ἂν ἔζων.

泡赛尼阿斯受到朋友们指责，因为他说了某个医生的坏话，而这医生其实与他没打过交道，也没对他做过什么不好的事情。泡赛尼阿斯（对朋友的指责）说："正因为如此（我才说），我要是与他有过交道，只怕已经不在人世啰。"

ἰατρὸν κακῶς λέγειν 说一位医生的坏话（直译"以恶作剧的方式称一位医生"）；μεμφομένων = μέμφομαι[谴责、责怪、抱怨]被动态分词二格；διότι（关系副词）[因为、因此]，与 ὅτι 同；Παυσανίας = 伯罗奔半岛战争期间的斯巴达国王；注意叫这名的人有好些，比如有个著名作家也叫这名；πεῖραν = ἡ πεῖρα[尝试、试验；经历]，比较动词 πειράομαι；ἀδικηϑείς = ἀδικέω[对某人（支配四格）做坏事、作恶；伤害某人]的被动态分词；ἔλαβον = λαμβάνω[把握、拿、取]的过去时；ἔζων = ζήω 的过去时。

句子主干为 εἶπεν[（泡赛尼阿斯）说]，其宾语为条件复句 ὅτι[正因为如此（我才说）]，εἰ ἔλαβον αὐτοῦ πεῖραν[我要是与他有过交道]，οὐκ ἂν ἔζων[只怕已经不在人世啰]。前面是独立分词短语 μεμφομένων δὲ τῶν φίλων[受到朋友们指责]作 εἶπεν 的状语，带起一个原因从句 διότι …, Παυσανίας 为从句主语，ἰατρόν τινα[某个医生]是宾语，此外，从句主语 Παυσανίας 还带两个关联分词 ἔχων 和 ἀδικηϑείς(πεῖραν ἔχω τινός 为固定说法[与某人（支配二格）有过交道、与某人有过亲身接触]）。由此可以见到，在古希腊文中，有的时候，从句比主句要包含更多的内容,语法成分也显得要复杂好多。

你能确认 πεῖραν οὐκ ἔχων αὐτοῦ οὐδὲ ἀδικηθείς τι 的不定代词 τι 是几格并代指什么吗?

人经常被比喻为羊,也有被比喻为狼的时候(霍布斯说"人对人像狼"),羊儿温顺,狼凶残。伊索曾就狼和羊写过多则寓言……

狼如果像羊(《伊索寓言》,282)

Λύκος ἰδὼν ποιμένας ἐσθίοντας ἐν σκηνῇ πρόβατον, ἡλίκος ἂν ἦν, ἔφη, θόρυβος ὑμῖν, εἰ ἐγὼ ταῦτ' ἐποίουν.

牧人们在小棚子里吃阉羊,狼看到了,于是说,要是我也做这事儿的话,你们那儿的喧闹该有多大啊。(意为实际上并没有那么做)

λύκος[狼];ἰδὼν[看]现在时分词;ποιμένας = ὁ ποιμήν, -ένος[牧人],比较动词 ποιμαίνω[当牧人];ἐσθίοντας = ἐσθίω[吃]现在时分词四格,ἐσθίω = ἔδω[吃],不定过去时为 ἔφαγον,名词 ἡ ἐδητύς, -ύος[吃、饭菜];σκηνῇ[帐篷、戏台、住处、小屋]的三格;πρόβατον[畜群、羊群、小羊];ἡλίκος[如此大的];ὁ θόρυβος[吵闹、捣乱、喧哗],比较动词 θορυβέω[吵闹、喧哗、喝彩、起哄];ἐποίουν[做]的过去时。

句子主干为 Λύκος ἔφη,其宾语从句是个复句:ἡλίκος ἂν ἦν θόρυβος ὑμῖν[你们那儿的喧闹该有多大哦],εἰ ἐγὼ ταῦτ' ἐποίουν;关联分词 ἰδὼν 引导一个分词短语 ποιμένας ἐσθίοντας ἐν σκηνῇ πρόβατον[牧人们在小棚子里吃阉羊]作 ἔφη 的状语,相当于状语从句。

注意虚拟陈述的词法特征,有助于区分现在的非现实条件("要是我能够")和过去的("要是我当时能够")非现实条件陈述:

οὐκ ἂν ἐν ἀπορίᾳ ἦμεν, εἰ φίλους εἴχομεν.
要是我们有朋友的话,我们就不至于陷入困境。
οὐκ ἂν ἐσώθη ὁ Λυσίας, εἰ μὴ τὰ χρήματα ἔλαβεν ὁ Πείσων.
要是佩松[当时]没有拿到钱,吕西阿斯就不会捡命一条。

2　古典作品中的用典

　　用典是古典作品中常见的修辞手法,同样有遣词、造句、谋篇三个层面,中西方古典作品皆然——不熟悉先秦作品,就不可能看出汉代以后中国文人的用典。同样,不熟悉荷马、赫西俄德,就不可能看出雅典古典时期作家的用典。此外,掌握经典作品中的用典,不仅在于查找典出何处,还得善于理解作者如何化用。比如,柏拉图《会饮》中有这样一段精彩的用典:

　　[192d2]καὶ εἰ αὐτοῖς ἐν τῷ αὐτῷ κατακειμένοις ἐπιστὰς ὁ Ἥφαιστος, ἔχων τὰ ὄργανα, ἔροιτο· Τί ἔσϑ' ὃ βούλεσϑε, ὦ ἄνϑρωποι, ὑμῖν παρ' ἀλλήλων γενέσϑαι;
　　两个人正这样抱着睡在一起时,假如赫斐斯托斯手拿铁匠家伙走到他们跟前,然后问:瞧这人儿,你们究竟巴望相互成为什么?

　　καὶ εἰ ἀποροῦντας αὐτοὺς πάλιν ἔροιτο· Ἆρά γε τοῦδε ἐπιϑυμεῖτε, ἐν τῷ αὐτῷ γενέσϑαι ὅτι μάλιστα ἀλλήλοις, ὥστε καὶ νύκτα καὶ ἡμέραν μὴ ἀπολείπεσϑαι ἀλλήλων;
　　假如见到这两个茫然不知,赫斐斯托斯就再问他们:是不是渴望尽可能相互粘在一起,以至于日日夜夜都相互不分离?

　　εἰ γὰρ τούτου ἐπιϑυμεῖτε, ϑέλω ὑμᾶς συντῆξαι καὶ [192e] συμφυσῆσαι εἰς τὸ αὐτό, ὥστε δύ' ὄντας ἕνα γεγονέναι καὶ ἕως τ' ἂν ζῆτε, ὡς ἕνα ὄντα, κοινῇ ἀμφοτέρους ζῆν, καὶ ἐπειδὰν ἀποϑάνητε, ἐκεῖ αὖ ἐν Ἅιδου ἀντὶ δυοῖν ἕνα εἶναι κοινῇ τεϑνεῶτε.
　　倘若你们渴望这样,我就熔化你们,让你们俩[192e]熔成一个,这样,你们就不再是两个人,只要你们活一天,在一起时就跟一个人似的;要是你们死,也死成一个,去到阴间也不会是俩。

典出《奥德赛》8.266以下（尤其321—343行）：阿芙萝狄特本是火神赫斐斯托斯的妻子，战神阿瑞斯爱上她，两神在床上欢爱时，赫斐斯托斯设计用铁链将其双双逮住。

[266] αὐτὰρ ὁ φορμίζων ἀνεβάλλετο καλὸν ἀείδειν / ἀμφ' Ἄρεος φιλότητος εὐστεφάνου τ' Ἀφροδίτης, / ὡς τὰ πρῶτ' ἐμίγησαν ἐν Ἡφαίστοιο δόμοισι / λάθρῃ· ...

这时，乐师弹起琴来，开始唱美妙的歌曲，唱的是阿瑞斯和华冠女神阿芙萝狄特恋爱的故事；他们怎样偷偷地在赫斐斯托斯家里幽会……

[290] ὁ δ' εἴσω δώματος ἤει / ἔν τ' ἄρα οἱ φῦ χειρὶ ἔπος τ' ἔφατ' ἔκ τ' ὀνόμαζε· / δεῦρο, φίλη, λέκτρον δέ· τραπείομεν εὐνηθέντε· / οὐ γὰρ ἔθ' Ἥφαιστος μεταδήμιος, ... /

阿瑞斯走进来，抓住她的手，对她说道："亲爱的，我们现在上床睡觉欢乐一番吧，因为赫斐斯托斯不在家……"

[295] ὣς φάτο· τῇ δ' ἀσπαστὸν ἐείσατο κοιμηθῆναι. / τὼ δ' ἐς δέμνια βάντε κατέδραθον· ἀμφὶ δὲ δεσμοὶ / τεχνήεντες ἔχυντο πολύφρονος Ἡφαίστοιο· / οὐδέ τι κινῆσαι μελέων ἦν οὐδ' ἀναεῖραι· / καὶ τότε δὴ γίνωσκον ὅ τ' οὐκέτι φυκτὰ πέλοντο.

他这样说，她也很愿意同他睡觉；他们就上床去睡；这时，巧匠赫斐斯托斯做的锁链就从四面把他们绑紧；他们不能够动身体，更不能够起来；他们发现自己无法逃脱。

赫斐斯托斯叫神们来，指望他们谴责，未料神们个个兴高采烈，恨不得自己有阿瑞斯的福气。柏拉图通过阿里斯托芬之口把荷马讲述的神们间的谐剧挪到人间来上演：在荷马那里是"神们"，在柏拉图这里是"人们"。柏拉图笔下的阿里斯托芬化用这个典故意在说明，对于人的愿望，神们即便想帮忙也没法（赫斐斯托斯见到两个欢爱者时用的称呼：ὦ ἄνθρωποι）。亚里士多德在《政治学》（1262b11以下）提到这一段，不过他指的是"相爱"（φιλεῖν）：

καθάπερ ἐν τοῖς ἐρωτικοῖς λόγοις ἴσμεν λέγοντα τὸν Ἀριστοφάνην ὡς τῶν ἐρώντων διὰ τὸ σφόδρα φιλεῖν ἐπιθυμούντων συμφῦναι καὶ γενέσθαι ἐκ δύο ὄντων ἀμφοτέρους ἕνα.

  同样,在关于爱欲的那些说法里,阿里斯托芬说,爱欲者们由于彼此强烈的相爱,渴望两者交融为一体。

  这里提到的"有关爱欲的说法"(ἐν τοῖς ἐρωτικοῖς λογοῖς)即指当时尚未取名的《会饮》。

  → 施特劳斯,《论柏拉图的〈会饮〉》,伯纳德特编,邱立波译,北京:华夏出版社,2011。

八 文　体

曹丕(187—226)的《典论·论文》将"文"分为四科八体："夫文本同而末异。盖奏议宜雅,书论宜理,铭诔尚实,诗赋欲丽"——诗体同样被视为文体之一种。陆机(261—303)的《文赋》将文分为十体,其中包括韵文——"诗缘情而绮靡,赋体物而浏亮,碑披文以丽质……"

相比之下,西方的文体显得要粗略得多。

1 诗 体

"散文是陶土做的,诗歌是青铜做的"(维克多·雨果)。诗歌因讲究韵律和声调使语言措辞受到不少限制,但这也对使用语文提出了更高要求——如果你要培养自己感受和驾驭文字的能力,就得从读诗和写诗做起(当然是格律诗)。

古希腊最早的诗人是游吟歌手($ἀοιδός=ἀείδω$)——这意味着,凡诗都是可以唱的乐歌,到后来,游吟诗人的称呼随着游吟歌手的消失而消失,诗人变得只写不唱。从今人能够看到的传世文献来看,"诗"($ἡ\ ποίησις=ποιέω$)和"诗人"($ὁ\ ποιητής$[诗人]=拉丁文 poeta)这两个古希腊语词的含义,最早见于希罗多德在《原史》中的用法:

> 据我看,赫西俄德以及荷马生活的年代大约离我四百年,但不会更早。正是他们为希腊人制作($ποιήσαντες$)了诸神谱系($θεογονίην$),并给诸神起名,把尊荣和诸技艺($τέχνας$)分派给神们,还描绘出诸神的模样。至于据说有比这些男人更早的诗人($ποιηταί$),我觉得[这些人]其实比他们生得晚。(2.53;比较2.23)

希罗多德还说,科林多歌手阿瑞翁(Arion)"作了酒神颂歌"($διθύραμβον\ ποιήσαντά$),这里与"作诗"一词连用的动词还有 $ὀνομάσαντα$ [命名]和 $διδάξαντα$[教给](《原史》1.23)。

→ 参见刘小枫,《巫阳招魂:亚里士多德〈诗术〉绎读》,北京:生活·读书·新知三联书店,2019。

古希腊的诗与我国古诗一样,是唱诵的,有其音律规则。音律由音步构成:一行诗句如果有六个音步就称为"六音步",有五个音步就称为"五音步"。一个音步必须包含一个元音,如果是长元音就是"长音步"(亦称"扬音步"),如果是短元音就是"短音步"(亦称"抑音步")。所谓"音律"就是长音步与短音步的搭配规则,如长—短格(亦称"扬—抑格"),或短—短—长格(亦称"抑—抑—扬格")。

不过,与我国古代的格律诗相比,古希腊的诗歌格律相对比较简单:不外乎有规律地、可数地变化元音的长短音节。语词本身的声调(所谓重音)仅仅标明了该词的不同音高变化,古代的诗歌朗诵者不会觉得语词的声调与诗句格律会有什么不合,相反,两者倒是相得益彰。

从荷马到罗马帝国晚期的叙事诗人诺恩努斯(Nonnus of Panopolis,公元4世纪末至5世纪初,亚历山大里亚城人,洛布丛书中有三卷),希腊叙事诗历时千年,长—短—短格六音步诗体一直是经典的、唯一标准的叙事诗律,后来的古罗马诗人传承了这样的诗律。这种诗律形式其实介乎散文体与固定格式之间,其轻柔的浮动和转承细致的匀称,特别适合于叙事诗。学习古希腊诗,重要的是掌握各种诗体的规则。下面我们大致了解一下基本的几种诗体,不必纠缠细节,知道一些基本概念就足够了。

叙事诗

ἔπος(ϝέπος εἶπον)最初的意思是吟唱者的语词(尤其语言的声音),译作"叙事诗"未尝不可,但得小心,不可在如今"史学"或"历史"的含义上来理解"叙事诗",似乎 ἔπος 是为了记载历史而写的诗篇。

在荷马的用法中,ἔπος 有[叙述、歌](伊8.8;14.44)-[建议、命令](伊9.100)-[叙述、歌咏](奥8.91;17.519)- [期望](伊14.212)-[(与行为相对的)言辞](伊15.234),比如 ἔπεσιν καὶ χερσὶν ἀρήγειν[用言和行帮助某人](伊1.77;奥11.346),还有[(说话的)内容、事情(近似 πρᾶγμα)、故事](伊11.652;17.701),比如 ῥηίδιον ἔπος[易于理解的事情](奥11.146)。

与 μῦθος 连用(奥4.597;11.561),ἔπος 更多指涉讲述的内容,μῦθος 则指涉讲述的精神形式(尼采的看法),或者:ἔπος 指涉的是讲述的外在层面,μῦθος 指涉的是内在层面的表达、内在心扉的敞开(Ameis 的看法)——从而,ἔπος 最恰当的译法当是"叙事诗"。

所谓"叙事诗"[叙事诗]就是行吟歌手唱诵的英雄颂歌,通常伴有音乐(伴以风琴演奏)且形式隆重。以古老的伊奥尼亚方言和埃奥利亚方言的叙事诗为基础,在长期的口传中,吟唱诗人们逐渐形成了特有的规范语言,还配置了一些修饰性的固定词语。荷马是最有成就的行吟歌手,他不仅唱诵,还收集、编写叙事诗——据说他编写的叙事诗并没有全都流传下来,在现存残篇中也很难看出古风时期希腊叙事诗的编写情况。

掌握六音步诗律,最重要的是学会看出元音的长短音,因为,行吟歌手在唱诵时会力求避免总是出现长—短—短韵律,那样就成了跳三步舞。

下面我们通过阅读《伊利亚特》1.225—232(王焕生译文)来了解六音步诗律。

阿基琉斯的责骂

[225]Οἰνοβαρές, κυνὸς ὄμματ' ἔχων, κραδίην δ' ἐλάφοιο,
你这醉鬼,生着一双狗眼和鹿子心,

οὔτε ποτ' ἐς πόλεμον ἅμα λαῷ θωρηχθῆναι
从不敢与众将士披挂上阵去迎敌,

οὔτε λόχονδ' ἰέναι σὺν ἀριστήεσσιν Ἀχαιῶν
也不敢与阿开奥斯俊杰们一起去打埋伏,

τέτληκας θυμῷ· τὸ δέ τοι κὴρ εἴδεται εἶναι.
你从不曾够胆儿,你觉得这等于送死。

ἦ πολὺ λώϊόν ἐστι κατὰ στρατὸν εὐρὺν Ἀχαιῶν
对你最适合的是,从阿开奥斯的宽广排阵中

[230]δῶρ' ἀποαιρεῖσθαι, ὅς τις σέθεν ἀντίον εἴπῃ,
抢一个说话与你顶嘴的人当战礼。

δημοβόρος βασιλεύς, ἐπεὶ οὐτιδανοῖσιν ἀνάσσεις·
你这个民脂民膏的王,统领着一帮蠢蛋;

ἦ γὰρ ἄν, Ἀτρεΐδη, νῦν ὕστατα λωβήσαιο.
兴许,阿特柔斯之子噢,这便是你最后的勾当。

我们首先需要知道如下规则:

1. 在标准的情形下(比如萨福),一个六音步诗行由5个长短短格和第六个缺一个音节的音步(长—短或长—长)组成。

2. 长短短格中的两个短音也可用一个长音来替代(短—短=长);这样的音步叫作长—长格(Spondeus)。

3. 本来就是长音的音素仍是长音(即所有复合元音如 αυ — ει — ου 等等,所有的 η 和 ω 及字典上所有标了长音符 ˉ 的 α — ι — υ)。此外,后跟有两个或更多辅音的元音,其音长也会受到影响。这种取决于元音在发音顺序的位置的韵律音长叫作位置长音;这在下面记为P,与N相对立(自然长音):

[225] Οἰνοβαρές, κυνὸς ὄμματ᾽ ἔχων κραδίην δ᾽ ἐλάφοιο
οὔτε ποτ᾽ ἐς πόλεμον ἅμα λαῷ θωρηχθῆναι

这行诗有两处值得注意，首先，后半部分堆积长音——大多数情况下都是长短短格的第五音步也成了双重韵律，这样就有了沉重压抑的效果，听者仿佛也能真切感受到坚实的胸甲有多沉重。

第二，*πόλεμον* 的最后一个音节是长音，因为在那里不能有短音，这叫作"韵律延长"。由此可以见到，行吟诗人在处理语言时受到限制，不能随意。这个词本来有四个短音节，只有延长第一个（韵律的）和最后一个（位置）音节，才符合六音步诗律。延长 *πόλεμον ἅμα* 仍然不能符合音步，因为 *ἅμα* 的头音 h 本来就源于 -σ-。

就把握诗的音步来说，以上规则已经足够，有了这些基础知识就可以正确唱诵古希腊的六音步诗行：

[227] οὔτε λόχονδ᾽ ἰέναι σὺν ἀριστήεσσιν Ἀχαιῶν
τέτληκας θυμῷ· τὸ δέ τοι κὴρ εἴδεται εἶναι.

就算有时会出现自然长音（如 *θυμῷ* 中的 -υ-），多数情况下其实都用不着查字典，因为前后语词已经提供了限定性约束：在六音步诗行中，不可能出现长—短—长这样的顺序，必须读作 − − −。

εἴδεται 也只能读作长—短—长：这里诗行要求有两个短音，我们就先给出两个短音，但找不出短音怎么办？这时我们应该想到另一个规则即元音短缩；若一个词的尾音是元音，下一个词的首音也是元音，有时就会出现元音缩短——在 231 行中 *ἐπεί* 的 -ει 就要相应缩短。

如果掌握了叙事诗的音步规则，到了学习戏剧诗时，诗律就可以一带而过，因为原则上说，肃剧合唱歌的诗律规则跟叙事诗一样。固然，肃剧合唱歌诗律的构造要复杂得多，但合唱歌诗律之难，仅在于诗律的运用——我们的目的只在能把它唱诵出来，不用理会声调结构诸元素的名称。因此，掌握了荷马诗律，我们就可以大起胆子去诵读比如索福克勒斯的《安提戈涅》中的"人颂"。

可以看到，只需长音长读、短音短读，原著的诗律风范便基本展露无遗。要注意的是，不要把长音与语词的声调搞混，或通过重音来强调长音，也就是说，不可用重音非重音的顺序来代替长短音的顺序。

因此，必须同时注意词语的声调：若语词声调与诗律的长音不重合，这时在诗行紧凑的语言内部便出现了一种特殊的紧张,古代的诵读者觉得非常过瘾,而我们几乎无法领会。即便现代西方语文的六音步诗行中,也没有这种难以言表的东西——也许正因为如此,六音步诗律才渐渐衰亡。

六音步诗行绝非仅仅具有音韵上的形式作用,早在古代就有人发现,荷马叙事诗只在描写主要行动或邦国行动时才用六音步诗行。换言之,对于并不那么尊贵的对象,则并不恪守六音步,似乎那样就会显得好笑。

戏仿荷马诗作的作品很多,最著名的可能要算《蛙鼠之战》(一般认为成于公元前500年左右,被视为最早的戏仿诗作),其效果就来自有板有眼的六音步与可笑行为之间的张力:偷奶酪的、卖掺水牛奶的以及面包大王之类相互打斗,以及他们与奥林波斯诸神之间的矛盾。

荷马语文

在词形构成和词尾方面,荷马叙事诗的语文与阿提卡希腊语经典作家(肃剧诗人、修昔底德、柏拉图、色诺芬)有很大不同,要致力研究荷马的诗语,需要特别掌握荷马语文的特色。不过,荷马语文与后来的古典希腊文并非本质上不同,掌握起来不是我们想象的那样困难。

荷马语文的基本特点:

— 冠词仅用于指示性含义,$ἄνδρα$ 虽然没带冠词,仍指特定的人,又如 $ἅμα\ λαῷ$[和民人一起];相应的词形通常用作指示代词($τὸ\ δέ$[那却是]);

— 过去时态经常不用词首增音,比如 $πλάγχθη = ἐπλάγχθη = πλάζω$[使偏离、引诱](词干 $πλαγγ$)的不定过去时被动态;又如 $σύναγεν$ 而非 $συνῆγεν$;

— 特殊变格形式主要集中在单数第二格($-οιο, -αο, -εω, -ου$)和复数第三格($-οισιν$ 而非 $-οις$;$-ησιν$ 和 $-ης$ 而非 $-αις$);

— 很少出现名词和动词的并音;

— 复合动词的介词不像后来的希腊语那样跟动词粘得很紧($ἀποαιρεῖσθαι$ 而非 $ἀφαιρεῖσθαι$),有时甚至完全分离(如德语中的复合动词);比如诗句中的 $κατεσθίω$ 被写成:$κατὰ\ βοῦς\ ἤσθιον$ …

用什么文体来翻译荷马叙事诗向来有两派观点:诗行派和散文派——诗行派占绝对优势,因为荷马的原作是"诗",据说如果用散文体译会让读者误以为荷马写的是小说(这说法不成立)。散文派则认为,现代语言无法传达出荷马诗律的原汁原味,译文也无法与原诗行一一对应,在音步和韵律方面几至点滴无存,散文比诗体更容易准确传达意味(这理由充分)。

→ 散文体译本的成功之作有：T.E. Shaw 译本、W.H. Rouse 译本、Smauel Butler 译本、A. Lang 译本，尤其 E.V. Rieu 的英译本和 Victor Bérard 的法译本（*L' Odyssée*, Les Belles Lettres 1953）、Schadelwaldt 的德译本（Reinbek, 1958）。

汉译西洋古诗无法体现原文格律，已经是一些翻译大师得出的宝贵经验：杨宪益用散文体译《奥德赛》、杨周翰用散文体译《埃涅阿斯纪》、田德望用散文体译《神曲》都是例证。

诉 歌

德语大诗人里尔克的 *Duiner Elegie* 被译作《杜伊诺哀歌》，可是，Elegie 这个词在古希腊（= ἡ ἐλεγεία [ᾠδή]）本来并非指内容上"悲歌般"忧郁的哀歌，而是指一种歌唱形式（正如古希腊的"肃剧"所展现的并非我们以为的不幸之悲，而是发现人生真相时的慨然之情）——古希腊的抒情诗指用弦琴伴唱的诗，ἡ ἐλεγεία 则指用吹簧管（αὐλός）伴唱的诗，因而，与抒情诗的区别首先在于伴唱乐器不同。

ἡ ἐλεγεία 本是个外来词，按尼采的考订，其词源 ᾠδή [歌唱] 或 ἐλεγεῖον（词源上与 ἔπος [话语、叙述] 相关）本是亚美尼亚语。亚美尼亚语的 Elek 就是 αὐλός [簧管]，其音律传到希腊人那里，就叫作 ἔλεγος（ἐλεγεῖος）— ἐλεγεῖον [ἔπος]。后来，ἐλεγεῖον 被用来专指双行律诗（ποίημα δι᾽ ἐλεγείου）。总之，Elegie 源于一种有强烈感染力的歌唱，最早的 Elegiker（ἔλεγος，这个词可能来自小亚细亚）即用簧管伴奏的乐师，后来才不再是一种音乐类型。

古代解释者把 ἔλεγος 与 ἐ-λέγειν [哭—唤] 联系起来，让 ἔλεγος 担当哀挽死者的悲歌。因此，ἔλεγοι 起初的确具有悲伤品格，由簧管伴唱，可以称为哀诉的歌，吟唱的人就叫作 ἔλεγος（不妨称为 [哀诉歌手]，最早的著名 ἔλεγος 据说是 Olympos 和 Klonas）。

但到后来，这种类型的歌变成了各种诉调，失去了"哀"的品格，甚至不再由簧管伴唱，形式上成双行诗，而且变得政治化，可以唱出政治号召、哲学反思和爱情宣言——我们显然不能把这些内容的歌称为"哀歌"，比如古罗马诗人奥维德（Ovide）著名的 *Ars amatoras*（《爱经》）就是这种诗体形式，因此不妨称为"诉歌"。

→ Friedrich Nietzsche, *Zur Vorlesung: Die griechischen Lyriker*, 见 *Frühe Schriften*（《早期文稿》），卷五，前揭，页 378—381；费格拉、纳吉编，《诗歌与城邦：希腊贵族的代言人忒奥格尼斯》，张芳宁、陆炎译。北京：华夏出版社，2014；鲍勒，《古希腊早期诉歌诗人》，赵翔译，北京：华夏出版社，2017。

两行诗加上五音步中的停顿（Caesur），使诉歌特别适合表现思想中令人回味的盘桓。沉思在六音步中翱翔，奏出思想的和弦，五音步则让它渐渐停息。诉歌最终定型为一种短小的诗，繁荣期在七贤时代——波斯战争以后，诉歌成了书面文学，可以传授，据说政治家、肃剧诗人、纪事作家（修昔底德）、哲人（恩培多克勒、柏拉图、亚里士多德）都写诉歌。

到了奥古斯都时代，诉歌成了经典作家奥维德、提布卢斯（Tibull）、普罗佩提乌斯（Propertius）的诗作格式，从而几乎成了一种格律，一直延续到近代。也许可以说，诉歌有如我国《诗经》中的诗，经历了相当长的历史演化过程，并逐渐形成为一种格式，对后世的诗歌创作乃至文教都有决定性影响。

值得提到：善写诉歌的梭伦曾给雅典的后人留下这样一句诗：… πολλὰ ψεύδονται ἀοιδοί …［歌手们谎话连篇］（21D）。

抒情诗

抒情诗源于音乐（歌唱）的语言形态（唱词），抒情诗的段落划分以乐句为基础。虽然一般来说，各种形式的古希腊抒情诗总称为一类，其实在格律和音韵形式方面，抒情诗并不与叙事诗和戏剧诗截然不同。抒情诗的特征是由弦乐器伴奏吟唱，最早的叙事诗也如此。毋宁说，抒情诗的形式更纯粹，不像早期诉歌那样为混合的形式。

狭义的抒情诗从形式上讲是乐句（μέλος［节、唱段、旋律］）的组合，直接在乐器（Lyrik = ἡ λύρα［七弦琴/古竖琴］）伴奏下吟唱。可歌唱性是这种诗歌的前提，有的是表达主观情感的独唱（如萨福的抒情诗），有的是在公共庆典上赞美诸神和英雄的合唱（如品达的抒情诗）。

→ E. Diehl 编，*Anthologia Lyrica Graeca*，两卷，Teubner, 1942—1952; Hermann Fränkel, *Early Greek Poetry and Philosophy: A History of Greek Epic, Lyric, and Prose to the Middle of the Fifth Century*, New York, 1962. 恩斯特·狄尔编，《古希腊抒情诗集》，王扬译，上海：上海人民出版社，2018。比较姚小鸥，《诗经三颂与先秦礼乐文化》，北京：北京广播学院出版社，2000；周延良，《诗经学案与儒家伦理思想研究》，北京：学苑出版社，2005。

米姆奈尔摩斯（Mimnermos = Μίμνερμος，写作年代大约在公元前630—前600年）辈分在抒情诗人中比较老，与阿尔基洛科斯（Archilochos）差不多同时代（稍晚），比卡利诺斯（Kallinos）和提尔泰洛斯（Tyrtaios）小些，但比忒奥格尼斯年长。

关于他的生平,古典语文学家知之甚少,无论出生地还是生年都不太清楚,尽管维拉莫维茨考订他是科洛弗尼人(Kolophonier),科林多附近,大约生活在前625年,韦斯特(West)则考订为司米尔奈人(Smyrnaier),并推断他至少在前660年就已经出生。但考来考去,这两个地方都不是他的出生地。普鲁塔克曾说,米姆奈尔摩斯的诗中提到过日食(参见米姆奈尔摩斯佚诗20),但前648年和前585年都出现过日食,究竟是哪一次,并不清楚。梭伦诗作有一首(佚诗,26.4)涉及到他,可见梭伦时代他还在世,而梭伦活了差不多80岁(前640—前560年),由此可以推断,两人的生年有交叉的一段时间。

米姆奈尔摩斯的诗作仅留下六首(共80行,其中有24行被断定是真作),有40行涉及青年—老年的对比主题。梭伦在自己写的诉歌中批评过米姆奈尔摩斯对老年的看法,从下面这首米姆奈尔摩斯诗的残句中,我们看到,他的老年观的确不敢恭维。

没有欢乐的老年 (fr. 1d)

Τίς δὲ βίος, τί δὲ τερπνὸν ἄτερ χρυσῆς Ἀφροδίτης;
谈何生命,谈何欢乐,若没珍贵的阿芙萝狄特?
τεθναίην, ὅτε μοι μηκέτι ταῦτα μέλοι,
宁可死掉算啦,倘若我再也得不到
κρυπταδίη φιλότης καὶ μείλιχα δῶρα καὶ εὐνή·
幽隐的情爱、温馨的馈赠和相拥而眠;
οἵ ' ἥβης ἄνθεα γίγνεται ἁρπαλέα
这些才是青春的花朵,诱人无从抗拒,
[5]ἀνδράσιν ἠδὲ γυναιξίν· ἐπεὶ δ' ὀδυνηρὸν ἐπέλθῃ
无论对男人还是女人。可是,随痛苦而来的
γῆρας, ὅ τ' αἰσχρὸν ὁμῶς καὶ κακὸν ἄνδρα τιθεῖ,
老年噢,马上把人变丑,不讨人喜爱,
αἰεί μιν φρένας ἀμφὶ κακαὶ τείρουσι μέριμναι,
烦人的种种忧虑不断纠缠着碾碎了他的心思,
οὐδ' αὐγὰς προσορῶν τέρπεται ἠελίου,
从此他再也不会享受张望阳光熙熙时的喜悦,
ἀλλ' ἐχθρὸς μὲν παισίν, ἀτίμαστος δὲ γυναιξίν.
不仅孩子们反感,连女人们也不屑:
[10]οὕτως ἀργαλέον γῆρας ἔθηκε θεός.

神啊就这样让老年心口儿疼痛不已。

――――――――
→ 见《凯若斯述要笺释》。

米姆奈尔摩斯抱怨青春过于短暂，其实反映了早期古希腊抒情诗的一个共同主题：志不出于情爱，辞不出于哀伤。不过，米姆奈尔摩斯的抒情诗追求音色恬美，对诗歌史影响很大：从梭伦到亚历山大里亚城的卡里马科斯（Kallimachos，公元前310/305—前240年），乃至古罗马诗人普罗佩提乌斯、贺拉斯，都得算他的学生。

迈向冥府（fr. 50 P）

再看一首生活年代在公元前530年左右的伊奥尼亚抒情诗人阿纳克瑞翁（Anakreon）的诗作。

Πολιοὶ μὲν ἡμὶν ἤδη 已经那么的灰白噢
κρόταφοι κάρη τε λευκόν, 我的双鬓，满头花白，
χαρίεσσα δ' οὐκέτ' ἤβη 妩媚无比的青春
πάρα, γηραλέοι δ' ὀδόντες, 一去不返，牙齿何其老朽，
γλυκεροῦ δ' οὐκέτι πολλὸς 甜蜜的生命时光呵，
βιότου χρόνος λέλειπται· 已然所剩无几；
διὰ ταῦτ' ἀνασταλύζω 我禁不住泪流满襟，
θαμὰ Τάρταρον δεδοικώς. 因塔尔塔罗斯就在面前惊惧不已。
Ἀΐδεω γὰρ ἐστι δεινὸς 冥府深渊真的
μύχος, ἀργαλῆ δ' ἐς αὐτὸν 好可怕，踏向那里的路
κάθοδος· καὶ γὰρ ἑτοῖμον 痛苦不堪；毕竟，无法逆转的是：
καταβάντι μὴ ἀναβῆναι. 下去就再也上不来！

→ 见《凯若斯述要笺释》。

这首诗体现了贪念今生，尤其贪念生命青春时光的心绪，虽然往往被视为常人心性的表达，其实仅仅是某类灵魂类型的心性。

戏剧诗

公元前5世纪初，雅典人成功阻止波斯人的入侵，到世纪末，却打了一场败家之战——修昔底德冷静地记述了这场战争。两起战事之间，就是所

谓雅典城邦的"五十年辉煌期"(Pentecontaetie＝πεντήκοντα[五十]＋τὸ ἔτος[年])。人类历史似乎总是在战争之间喘息,雅典则在喘息之间成了泛希腊的霸主。从轮换唱和狂欢游唱这一泛希腊的共同民俗演化而来的肃剧和谐剧,就在这一时期繁荣昌盛。

从民间表演到戏剧节

公元前600年时,据说富有诗才的科林多乐师阿瑞翁(Arion)使得这种民俗性的祭拜歌具有了确定的格律形式,即由歌队演唱(合唱和领唱)的酒神祭歌($διθύραμβος$＝Dithyrambos)。肃剧源于这种庄严肃穆的祭歌之间插入的情节表演,剧情围绕祭神展开。

最早发明有情节的轮唱的艺人忒斯匹斯($Θεσπίς$＝Thespis)出生在阿提卡的伊卡瑞亚(Ikaria)村社,当地风行酒神(狄俄尼索斯)崇拜和祭拜表演。据拉尔修说,忒斯匹斯与公元前594年推行政治改革的梭伦私交很好,而僭主庇西斯特拉图斯(Peisistratus＝$Πεισίστρατος$,约公元前600—前528年)与梭伦是亲戚,他当政(公元前560年)后把狄俄尼索斯祭拜表演从山区引入雅典城,设立了酒神戏剧节。

酒神戏剧节每年四月初举行,通常持续五天,上演新的肃剧,但在雅典只搞首演。提交新作的诗人无论有多少,节日期间仅安排三位诗人的作品上演,构成所谓三连剧,最后以一部所谓的"萨图尔剧"(又译"羊人剧")收尾。评选委员会将评选出最佳作品颁奖,因此,每年的酒神戏剧节是一次诗人们的竞赛。

我国古代没有"肃剧""谐剧"的分类,只有剧种的分类。如今我们已经习惯把古希腊的tragedy译作"肃剧"。我国研究和翻译古希腊文学成就斐然的罗念生先生曾指出,这个译法并不恰当,因为tragedy并非表达"伤心、哀恸、怜悯"的表演。Tragedy是个复合词,词尾的edy＝$ἡ\ ᾠδή$[祭歌]即伴随音乐和舞蹈的敬拜式祭唱:前半部分Trag的原意是"雄兽",与-edy合拼就是"雄兽祭歌",意即给狄俄尼索斯神献祭雄兽时唱的祭歌,形式庄严肃穆。因此,Trag-edy的恰切译法当是"肃剧"。汉语的"肃"意为"恭敬、庄重、揖拜",还有"清除、引进"的意思,与古希腊Trag-edy的政治含义颇为吻合。

→ 陈奇佳,《"肃剧"的命名及其后果——略论中国现代肃剧观念的起源》,载于《江海学刊》,2012年,第六期。

Com-edy的希腊语意为狂欢游行时纵情而又谐谑的祭歌,同样与酒神狄俄尼索斯崇拜有关。这种狂欢游唱形式后来发展成有情节的隐语式欢谑,译作"喜"剧就失去了这一含义,不妨译作"谐剧"——我国古人说:"谐之言皆也。辞浅会俗,皆悦笑也。"谐剧的隐语看似轻松、打趣,实则"大者兴治济身,其次弼违晓惑",因此"古之嘲隐,振危释惫"。

约定俗成的译法即便不甚恰切,也不宜轻举妄动。但西方文明进入中国才一百多年,从历史角度来看才刚开始,来日方长,译名或术语该改的话何不趁早?

戏剧形式

无论戏剧的严肃形式(肃剧)抑或轻快形式(谐剧),均与宗教性祭祀相关。从祭仪到戏剧的演化,关键一步是发展了有情节的轮唱:起先是歌队的领唱与合唱队的应答式轮流演唱,合唱队往往随歌起舞。

应答式轮流演唱已经可以展现情节,但剧情展示仍然大受限制,于是出现了专门的演员,与合唱歌队的歌和舞分开,各司其职,合唱歌队演唱的英雄传说才有了具体的人物再现。

肃剧的基本形式要素是合唱和戏段,也就是合唱歌队(埃斯库罗斯时期为12人,索福克勒斯时期为15人)与演员的交替表演。合唱歌队的表演(歌和舞)是祭神仪式原有的,演员的表演则是充分展开情节的戏段子。戏剧情节主要靠演员带唱腔的戏白推动,而情节多来自传统神话,因而演员表演的戏段子才是传统神话的承载者。

起初演员只有一个,为了展开戏剧情节,演员得靠戴不同的面具来变换角色。诗人埃斯库罗斯索性把演员增加到两个,到了索福克勒斯时代增加到三个。演戏的成分明显增多,但合唱歌队的歌唱和舞蹈仍然起结构性支撑作用。

合唱歌舞

Chorikon = χορικόν [合唱歌队]:形容词 χορός 的原意是[舞蹈、跳舞],用于戏剧既指歌舞队(译为"合唱队"容易丢失舞蹈要素),也指歌舞队表演歌舞的地方(古剧场中心的圆场)。合唱歌是诗体(抒情诗式),由双节(对节,押韵)和不押韵的尾节歌体构成。

合唱歌舞队的表演分几种形式:

1. 进场歌(τὸ πάροδος),合唱歌队进场行进时唱的合唱歌。

2. 肃立歌(στάσιμον),通常我们译作"合唱歌"。但 στάσιμον 的原意是"停住的、静止的",用于肃剧中指合唱队立定的时候唱的歌。"进场歌"同样是合唱队唱的,把 στάσιμον 译作"合唱歌"没法与"进场歌"区分。其实,进场歌与στάσιμον的差别首先在于歌唱时的位置和歌体形式,因此最好译作"肃立歌"(如此歌唱形式保留了最为古老的祭祀痕迹)。"进场歌"在剧的开头,形式单一,"肃立歌"跟在戏段后面,往往有多个曲节。

3. 插歌(μεσῳδός)歌队插入的不押韵的合唱。

4. 歌队与演员的轮唱(κομμός[悼歌])。

在祭神仪式中,合唱歌舞队的表演是主体,演员表演的部分是间插,所以"戏段"的原文是ἐπεισόδιον[附加的、加进来的](用于叙事诗指叙事中的插入段,用于戏剧指合唱之间插入的对白或独白),译作我国戏剧的"场"其实不妥,不妨译作"戏段"。

在肃剧发展的早期,合唱歌队扮演主要角色——以分曲节(段式)的歌唱将插入的戏段连接起来。因此,剧情实际上是在合唱歌队的歌舞表演织体中呈现给观众的:对于剧中事件,歌队用歌声呼唤诸神指点迷津,遇到灾难,歌队就将冤声传递上去,当然也直接参与剧情。

合唱歌队表演祭神歌舞的位置叫作"半圆歌舞场"(ὀρχήστα = ὀρχέομαι[跳舞、舞蹈]),即剧场前面的半圆形环状场地。这样的位置便于人们围观祭神歌舞的表演,歌队也站成半圆形——"半圆歌舞场"中央摆放供奉酒神的祭台。由演员主演的戏段子插入进来后,观众的位置便涌向一侧形成一个"看台"(θέατρον),面对演员展开行动的"戏台"(σκηνή,比较θυμέλη[神坛、祭台]),"半圆歌舞场"则挪到"戏台"一侧。"戏台"—"半圆歌舞场"—"看台"三合一的剧场风格由此固定下来,如今常见的剧场形态是,所谓"乐池"(实际上是陷进地面的"乐坑")将舞台与观众隔开。

结构要素

前台戏(πρόλογος):字面意思是开场戏白,顾名思义就是一出戏的开场部分,多在"前台"(προσκήνιον)表演。这时仿佛帷幕还没拉开,称为"前台戏"更准确,其作用看似引领合唱歌队入场,实际上是在铺设戏剧情境。

进场歌(πάροδος[过道、通路、通道]):歌队进场后所唱的第一首合唱歌,形式上要么是进行曲式短短长格的进戏段歌在诗体部分之前(《波斯人》《被缚的普罗米修斯》),要么是歌队直接运用诗体演唱。进场歌可用来开场(《波斯人》《被缚的普罗米修斯》),也可以跟在人物独白后面。

肃立歌(στάσιμον[停住的、静止的]):歌舞队立定时唱的合唱歌,没有短短长格或长短格节奏,通常出现在第一戏段之后。

戏段(ἐπεισόδιον[加进来的]):这个形容词用于叙事诗指叙事中的"戏段",用于戏剧指肃立歌之间插入的戏段。

退场(ἔξοδος):这个词的原意是[出外、出路],在戏剧中指戏剧的"出场",戏剧的最后一戏段(歌队)出场;在保存下来的肃剧中,一般是以与人物对白的方式出场。

退场戏与前台戏对应,由于剧情展开后需要和解,有时退场戏成了重头戏。然而,开场和退场毕竟不算一出戏的主体,而是构成一个完整的戏剧框架。

戏段插在两个肃立歌之间,紧跟最后一个肃立歌的是退场戏。从而,肃剧的形式就是戏段与合唱歌舞的交替。在整个公元前4世纪,戏剧的形式结构大都分为五折(μέρη;参见贺拉斯《诗艺》189—190),4个肃立歌起结构性支撑作用。这种程式一直持续到古罗马戏剧(塞涅卡),乃至近代英格兰伊丽莎白时代的戏剧和新古典戏剧。这种形式实际上有许多变体,因此几乎没有形式完全相同的两部肃剧。

歌调和念白

从古希腊诗歌发展史来看,戏剧诗是荷马叙事诗和古风抒情诗之后的又一种诗体形式,戏剧家实际上当称为戏剧诗人。一部剧作不过由剧中人物(演员)和合唱歌队的言辞两部分组成。歌队的合唱歌(尤其肃立歌)明显与古风抒情诗有传承关系,多带主观色彩,形式上富有歌唱性,语言上则具多里斯方言色彩——发音圆润、明亮。

人物戏白也有韵律(有如中国戏剧对白的腔调),但不严守传统的六音步,而是采用灵活的、更接近方言的短长格三音步,从而与叙事诗的格律有明显的亲缘关系。

在埃斯库罗斯时,肃剧的程式术语已经基本成形,主要用于戏剧的歌体和戏段的安排。毕竟,肃剧的基本形式是演员的戏白与合唱歌队的轮流交替。

Amoibaion=ἀμοιβαῖον,这个形容词的原意是[变换的、轮流的](来自动词ἀμείβω[轮换、交替]),用于戏剧中指人物间的"戏白"。

Arie=Ἄριος[人物的吟唱],要么是作为答语的诗句(诗体),要么是宣叙调(短短长格)。

Ephymnion=ἐφύμνιον[副歌](比较ὑμνέω[歌颂、赞美]):一首歌队立唱内的重叠句或叠唱句;亦有Epiparodos=ἐπιπάροδος[进场歌副歌]。

Epirrhema=ἐπίρρημα[附白]:这类乐曲是在歌队诗节对仗的歌曲中有

规律地插入人物的言谈；有时则相反。

Epode=ἐπῳδός[叠唱歌]：这个形容词的原意是"唱咒语治疗创伤的"，包括合唱歌的末节（位于首节与次节之后）、叠唱的歌词、双行体抒情诗、短诗［一对诗节（节/对节）的续歌、终曲］。

Kommos=κομμός[悼歌]：这个词的原意是[捶、哀悼]，用于戏剧指由歌队和演员轮唱的"悼歌"（*Trauergesang*）。

Mesodos=μεσῳδός[插歌]：歌队立唱中插入的不押韵的唱段，诗体。

Monodie=μονῳδία[不押韵的独咏]（埃斯库罗斯的《普罗米修斯》押韵）：这个词的原意是[独唱]。

Rhesis=ῥῆσις[剧词]：这个词的原意是[言辞]，属于某个人物的话语，短长格三音步或是（很少）长短格四音步，用于戏剧诗指"戏白"。

Stichomythie=στιχομυϑία[一行式戏白]：以一行诗交替戏白；短长格三音步或长短格四音步。

Threnos=ϑρῆνος[哀歌]，在"悼歌"（Kommos）或肃剧结尾时恸哭死者的哀号歌（押韵），有时也用于一行交替式的诗体戏白。

诗体格律

戏剧诗的格律没有什么特别，从风格上讲，戏剧诗是传统叙事诗和抒情诗的混合，了解荷马叙事诗和抒情诗的诗律，就不难把握戏剧诗的诗律。重要的是要知道，即便戏剧中的戏白，也是诗律体。比如《俄狄浦斯王》中俄狄浦斯审问老仆人一段的开头：

οἰ. [1162]πόϑεν λαβών; οἰκεῖον, ἢ 'ξ ἄλλου τινός;
  哪里来的？自己的，还是别人那里得来的？
  πο. ἐμὸν μὲν οὐκ ἔγωγ', ἐδεξάμην δέ του.
    当然不是我自己的，从别人那儿接受来的。
οἰ. τίνος πολιτῶν τῶνδε κἀκ ποίας στέγης;
  哪个邦民，来自哪家？

虽然是对白，仍然按诗体格律写成。这三行诗的格律如下：

  长-长-短-长 / 长-长-短-长 / 短-长-短-短
  长-长-短-长 / 短-长-短-长 / 短-长-短-长
  长-长-短-长 / 短-长-短-长 / 短-长-短-长

戏剧诗极大地扩展了诗体的形式——索福克勒斯最后的剧作《俄狄浦斯在科罗诺斯》在诗体风格方面显得相当错杂：不仅有极富弹性的戏白，也有音乐性很强的独咏、交互对唱和献祭式的歌咏段落，尤其是在索福克勒索那里少见的风俗戏段(312以下伊斯墨涅出现时的描写)。

铭体诗

在古典时期，希腊人就非常喜欢铭辞(ἐπί-γραμμα)，但在希腊化时期，铭体诗这一短诗形式才广为流行，大量用于感恩祭物、墓碑以及各种工艺品(如花瓶、梳妆品)上的ἐπιγραφαί[题辞]。这些带有很强个人色彩和艳情内容的铭辞，使得感恩祭物、墓碑或工艺品摆脱了实用性。

与铭辞(比如 Φειδίας μ' ἐποίησεν[Phaedias造就了我])不同，铭体诗(ἐπιγράματα[铭体诗集])是由一行六音步和一行五音步组成的双行诗(Didtichon, ὁ στίχος[行])，形式简洁、风格明快，形式上就容易给人特别的感受，也便于记住。六音步诗律急促，但激起的紧张在随后的五音步中得到释放——前句如喷泉奔涌，后句似潺流涓涓。

温泉关咏

诗人西蒙尼德(Σιμωνίδης=Simonides，公元前556—前468年)在希腊化时期被亚历山大里亚的语文学家列入九大抒情诗人之一，他写过好些诗来歌颂希腊人打败波斯人这件历史大事，多为铭体诗和酒歌。

公元前480年，斯巴达人为抵御波斯大军的进攻，国王勒奥尼达斯(Leonidas)亲自率领三百将士在温泉关打了一场气壮山河的峡谷阻击战，最后因寡不敌众全部壮烈牺牲。著名的温泉关铭体诗传诵千古，刻在温泉关石岩上(有学者怀疑并非出自西蒙尼德)。

Ὦ ξεῖν', ἀγγέλλειν Λακεδαιμονίοις, ὅτι τῇδε 客人呵，请向斯巴达人传扬吧，在此

κείμεϑα, τοῖς κείνων ῥήμασι πειϑόμενοι. 我们长眠，服从了家乡的神圣法律。

ὦ ξεῖν'= ξεῖνε的省写= ξεῖνος 或 ξένος[客人、外方人]呼格；ἀγγέλλειν[传报](比较 ἄγγελος[信使、天使])的现在时不定式；Λακεδαιμονίοις[拉克岱蒙人](斯巴达人的正式名称，专有名词[人名、地名]要大写)与格复数，作ἀγγέλλειν的间接宾语；τῇδε=副词作指示代词 ὅδε[这个]，意为：在这个地方

（位置）；κείμεϑα = κεῖμαι［躺、卧］的现在时第一人称复数；τοῖς ῥήμασι = τὸ ῥῆμα［所说的话、格言、诫令］（词干 ϱη- 和 εϱ-［言说］）的三格复数；κείνων = κεῖνος（ἐκεῖνος 指示代词［那个］）的二格复数，这里代指法律；πειϑόμενοι = πείϑομαι［被说服、被说动、听从、顺从］的现在时分词复数主格。

这首双行诗的音律是：第一行六音步，第二行五音步。音步由长短元音构成，长元音必须长读、短元音必须短读。以第二行为例：这个五（πέντε）音步诗行由四个长-短-短格（一个长元音和两个短元音）音步加两个半音步构成（五音步诗体的第四音步和第五音步必须总是长-短-短格，第一音步和第二音步也可以是长-长格）。

长-短-短　长-短-短　长-短-短　长-短-短　长-短-短　长-长
　　长-短-短　长-短-短　长／长-短-短　长-短-短　长

这首诗见证了古代的宗法伦理：所谓"法律"是 nomos。那个时候并没有如今的自由主义伦理或政党伦理，人们服从的也不是现代意义上的暴君，而是传统宗法、习俗或生活方式。

西塞罗将这铭文译成了拉丁文：

Dic, hospes, Spartae nos te hic vidisse iacentes,
dum sanctis patriae legibus obsequimur.
述说吧，客人：你在斯巴达看到，在此我们长眠，
服从了家乡的神圣法律。

---

dic = dīcere 的命令式；hospes［异乡人］；Spartae［在斯巴达］；iacentēs = iaceo［躺着］的完成时分词 iacitus 的四格复数；nōs tē hīc vīdisse iacentēs 是四格带不定式（A.c.I.）结构，tē 为实质性主语，nōs 为 vīdisse（完成时不定式）的宾语，iacentēs 是 nōs 的形容词定语，因是分词可以带副词 hīc［在此］。

不定式 ἀγγέλλειν 不容易翻译，因为这里是修辞用法，带有应该的情态意味，意思是"应该传扬"，相当于命令式。

为了传达原文的深远含义，西塞罗的翻译颇用心思，他不仅给"礼法"加了"神圣的"修辞，还加了"家乡的"定语（sanctae leges patriae），可以说是到位的意译：贴近原文的内涵和注重拉丁文表达的优美，而非死守音律。

六音步诗双行诗一直最流行,但写铭体诗的诗人们偶尔也采用抒情诗和戏剧诗的韵体。下面这首短长格,出自一个不信神的享乐主义者幽默地虚构的墓志铭:

我的墓志铭

Μή μου παρέλθῃς τοὐπίγραμμ', ὁδοιπόρε, 可别匆匆走过我的墓志铭呵,路人,

ἀλλὰ σταθεὶς ἄκουε, καὶ μαθὼν ἄπει. 驻足片刻听听,学到一点儿东西再走。

οὐκ ἔστ' ἐν Ἅιδου πλοῖον, οὐ πορθμεὺς Χάρων, 冥府里没船,没有摆渡的刻戎,

οὐκ Αἴακος κλειδοῦχος, οὐχὶ Κέρβερος [κύων]. 没有开锁的埃阿科斯,也没有[冥狗]刻尔波若斯。

[5] Ἡμεῖς δὲ πάντες οἱ κάτω τεθνηκότες 我们这些地下的所有死者,

ὀστέα τέφρα τε γεγόναμεν, ἄλλο δ' οὐδὲ ἕν. 变成了白骨和死灰,如此而已。

εἴρηκα. δι' ὀρθῆς ὕπαγε, ὦ ὁδοιπόρε, 话就说这些。赶紧上路吧,路人,

μὴ καὶ τεθνηκὼς ἀδόλεσχός σοι φανῶ. 免得我虽然死了还让你看来啰里八嗦。

这首诗巧妙地表达出:每个人的一生都不过是"过客",最终都会在冥府长眠(见《凯若斯述要笺释》)。请注意最后两行的韵律,一个长音节不论扬抑,都可以分成两个短音节。

比较曹丕(187—226,字子桓,曹操次子,与其父曹操和弟曹植并称"建安三曹")《典论·论文》中对人生"过客"的看法:

盖文章,经国之大业,不朽之盛事。年寿有时而尽,荣乐止乎其身,二者必至之常期,未若文章之无穷。是以古之作者,寄身于翰墨,见意于篇籍,不假良史之辞,不托飞驰之势,而声名自传于后。故西伯幽而演《易》,周旦显而制《礼》,不以隐约而弗务,不以康乐而加思。夫然,则古人贱尺璧而重寸阴,惧乎时之过已。而人多不强力,贫贱则慑于饥寒,富贵则流于逸乐,遂营目前之务,而遗千载之功。日月逝于上,体貌衰于下,忽然与万物迁化,斯志士之大痛也!

著名亚历山大里亚的语文学家和宫廷诗人卡里马科斯的铭体诗,主题涉猎广泛:战斗与胜利、虚弱与嫉妒、愤怒与嘲讽、爱欲与沉醉,但语言功力远不如前人。亚历山大时期,短诗非常流行也许是因为,古典精品摆在那里,没法超越,于是当时的诗人就偏爱短小的文学形式,卡里马科斯甚至说"大书是大难"(Μέγα βιβλίον, μέγα κακόν),有酸葡萄的味道。

Δωδεκέτη τὸν παῖδα πατὴρ ἀπέθηκε Φίλιππος 为父者斐利珀斯在此安葬12岁的儿子

ἐνθάδε τὴν πολλὴν // ἐλπίδα Νικοτέλην. 他巨大的希望,尼科忒勒斯。

δωδεκ-έτης[十二年的],比较 δώδεκα + τὸ ἔτος[年];ἀπέθηκε = ἀπο-τίθημι[放在一边、收藏、遗弃;放下]的不定过去时;ἀπο-τίθημι 有双重含义("自己分开"和"隐藏"),没法翻译;比较 ἡ ἀποθήκη[储藏室;储存物];ἐλπίδα = ἡ ἐλπίς, -ίδος[希望]宾格单数。读铭体诗时,当注意其诗的词语斟酌,也别忘了享受诗的乐趣。

用你温柔的双手拒绝(Anth. Pal. V 66)

Εὐκαίρως μονάσασαν ἰδὼν Προδίκην ἱκέτευον,
当我快乐地发现普若迪克独自待着,
καὶ τῶν ἀμβροσίων ἁψάμενος γονάτων·
便紧紧抱住她芬芳四溢的双膝热切恳求:
"Σῶσον", ἔφην, "ἄνθρωπον ἀπολλύμενον παρὰ μικρόν"
"救救吧,"我说,"救救快要迷失的男子,
καὶ φεῦγον ζωῆς πνεῦμα σύ μοι χαρίσαι.
给我一些尚未离我而去的微弱呼吸。"
ταῦτα λέγοντος ἔκλαυσεν· ἀποψήσασα δὲ δάκρυ,
说这些她流泪了,可还是擦去泪水,
ταῖς τρυφεραῖς ἡμᾶς χερσὶν ὑπεξέβαλεν.
用她柔嫩的双手,温柔地拒绝了我。

ἀμβρόσιος, α, ον[不死的、永生的;神的、神圣的];τὸ γόνυ, γόνατος[膝、膝盖];παρὰ μικρόν[一点一点地、一小部分一小部分地];κλαίω[哭、痛哭;哀悼];不定过去时:ἔκλαυσα;ἀποψάω[擦去、擦干净;(中动)从自己身上拍去(尘土);揩鼻涕];τὸ δάκρυ, υος[眼泪;一滴];τρυφερός, ά, όν[奢侈的、娇生惯

养的、柔弱的]；ὑπεκβάλλω[偷偷地扔出去、拒绝]。

阿那克里瑞翁的墓志铭（Anth. Pal.VII 28）

Ὦ ξένε, τόνδε τάφον τὸν Ἀνακρείοντος ἀμείβων
途经阿那克里瑞翁坟墓的异方人哟，
σπεῖσόν μοι παριών· εἰμὶ γὰρ οἰνοπότης.
路过时祭我一杯酒吧，因为我是酒鬼哦。

ὁ Ἀνακρέων, οντος[阿那克里翁]，公元前6世纪抒情诗人；ἀμείβω[交换、移动、穿过；改变；轮换]；σπένδω[在饮酒之前把一点酒倒在桌上、灶上或祭坛上献神：奠酒、致酒；浇、洒；立盟约]；不定过去时：ἔσπεισα；παρέρχομαι[从旁边走过、经过、流逝；超过]；ὁ οἰνοπότης（οἶνος + πίνω）[饮酒者、酒徒]。

亚历山大时期的诗人们好用家乡话写铭体诗，但六音步这一叙事诗体的诗律让诗人很容易把乡土话融入荷马式的表达和习语。近代以来，也有西方人仿铭体诗，大多不成功。英国诗人柯勒律治（1772 — 1834）干脆以仿作的方式来挖苦这些仿作：

What is an epigram? a dwarfish whole,
  its body brevity and wit its soul。
什么是铭体诗？一个矮小的整体，
  身材短小，机趣是其灵魂。

古希腊的铭体诗不带这种怪异的刻薄，即便成了一种文体，也服从音律规则。

2　散文体

散文体的文类包括很广，凡不讲究音律的都算散文。无论如何，这些文类是在写作历史中自然形成的，而非依据文体学的格式写出来的，文体学只是归纳而已。

公　文

最早的官方公告多为铭文，通常刻写在陶、金属、石灰石或大理石等硬质载体上。1813年在奥林匹亚出土的一个青铜板上，有一段城邦间的盟约，字迹清晰，据考订成文于约公元前6世纪（今藏大英博物馆）。起首句用多里斯方言写成，还带着音标符号 F（注意不是拉丁字母 F）：

盟　约

ἁ Ϝράτρα τοῖς Ϝαλείοις καὶ τοῖς Ἐρϝαοίοις. Συμαχία κ' ἔα ἑκατὸν Ϝέτεα, ἄρχοι δέ κα τοῖ. αἰ δέ τι δέοι. αἴτε Ϝέπος αἴτε Ϝάργον, συνέαν κ'ἀλάλοις τά τ' ἄλ[α] καὶ πὰρ πολέμου.

转化成我们所熟悉的书写形式：

Ἡ φράτρη τοῖς Ἠλείοις καὶ τοῖς Εὐηοίοις. Συμμαχία κ[ε]' εἴη ἑκατὸν ἔτη, ἄρχοι δὲ κε τῷ· εἰ δέ τι δέοι εἴτε ἔπος εἴτε ἔργον, συνεῖεν κ[ε]' ἀλλήλοις τά τ' ἄλλ[α] καὶ παρὰ πολέμου.

埃利斯人与赫拉埃亚人盟誓。百年联盟，始于是年：若有所需，或言辞或行动，双方将全方位，尤其在战争中相互帮助。（张强译文）

ἡ＝冠词在这里起指示代词作用；φράτρη[部族、基于契约的政治联盟]；

συμμαχία[攻守联盟;援助];ἔτη=缩音自 ἔτεα=τὸ ἔτος[年]复数;ἄρχοι=ἄρχω[开始]祈愿式三单;δέοι=δεῖ的现在时祈愿式;εἴτε … εἴτε 关联副词[要么……要么];συνεῖεν=συνείησαν=σύνειμι[在一起]祈愿式三复;ἀλλήλοις 相互代词与格。

Ἡ φράτρη τοῖς Ἠλείοις καὶ τοῖς Εὐυοίοις[这是埃利斯人与赫拉埃亚人之间的盟约],τοῖς Ἠλείοις 和 τοῖς Εὐυοίοις(Ἠλεῖοι 和 Εὐυοῖοι 均为伯罗奔半岛部落)都是与格,作 φράτρη 的补语;συμμαχία κε εἴη ἑκατὸν ἔτη[此盟惟当百年],κὲ=ἄν,这里与 εἰμί 的祈愿式 εἴη 连用;ἄρχοι(祈愿式三单)δέ κε τῷ[于兹起始],与格单数阳性的 τῷ=缩音自 τοί,这里起指示代词作用,指代 συμμαχία;εἰ δέ τι δέοι[不过,若有必要],εἰ δέ τι 为委婉语气,表达情态的无人称动词 δέοι 后跟不定式 συνεῖεν κε ἀλλήλοις[相互援手],εἴτε ἔπος εἴτε ἔργον[给个信也好,还是采取行动也好]是插入性的,相当于方式状语,最后的 παρὰ πολέμου 为时间状语[在战时],四格短语 τά τ' ἄλλα(ἄλλα[另一个]四格中性复数)καί 这里整个儿是副词短语,起强化语气的作用,意为"尤其、甚至",修饰 παρὰ πολέμου。

城邦的公共记录的载体在刊布前应为草纸或书板,决议成文后保存在公民大会所在地、议事厅或神母殿(Metroon)。公民决议的记录文本也有固定格式,下例是雅典公民大会就阿提卡同盟成员之一墨托涅(Μεθώνη)城邦(靠近马其顿的濒海丘陵,地理位置对雅典极具战略意义)的盟金问题作出决议的引言。原件为刻在大理石碑上的碑文,饰有表现雅典娜的浮雕,出土于雅典的狄奥尼索斯剧场(现藏雅典铭文博物馆)。据修昔底德《伯罗奔半岛战争志》(4.118.11)所载,该碑刻于公元前423年。

公民大会决议

Φαίνιππος Φρυνίχου <u>ἐγραμμάτευεν</u>. <u>Ἔδοξεν τῇ βουλῇ</u> καὶ τῷ δήμῳ, Ἐρεχθηὶς <u>ἐπρυτάνευε</u>, Σκόπας <u>ἐγραμμάτευε</u>, Τιμωνίδης <u>ἐπεστάτει</u>· Διοπείθης εἶπε.

弗吕尼克斯之子法伊尼普斯时为司书。议事会及民众决定——其时勒莱克塞奥斯部落在议事会轮值,斯克帕斯为司书,提莫尼德斯主持议事会,提议者为狄奥佩塞斯——如次:……(张强译文)

注意这里出现的动词都是公文体常见的用语(划线的语词)。ἐγραμμάτευεν=γραμματεύω[官事书写、任书记]过去时三单;ἔδοξεν=(无人称动词)δοκεῖ 的不过时三单;δοκεῖ τινι[某人(与格)认为好;某人(与格)决定](作出决议);βουλῇ=βουλή[(神的)意旨;计策、建议;议事会]的与格单数;由

城邦的十个村社各推选五十人构成，每月轮换，因此也叫作"五百人议事会"；ἐπρυτάνευε = πρυτανεύω[轮值、(在议事会)任期、当权]过去时三单，来自 πρυτανεία[议事会任期、主席团]）；ἐπεστάτει = ἐπιστατέω[主管；担任议事会主席、主持人]；εἶπε[说]三单；

Φαίνιππος Φρυνίχου ἐγραμμάτευεν[Phrynichos 的儿子 Phainippos 书记]，属格的 Φρυνίχου 相当于父名(姓氏)；Ἔδοξεν τῇ βουλῇ καὶ τῷ δήμῳ[议事会和人民作出决议]，βουλή καὶ δῆμος = [议事会和人民]意思是：βουλή 代表 δῆμος，因为议事会是阿提卡民主政制的执法和立法机构；Ἐρεχθηὶς ἐπρυτάνευε[勒莱克塞奥斯部落当值]，议事会每月由一个部落的代表当值(每月轮替)，这段铭文所记时，作出最后决议的部落轮到 Erechtheis (其名得自海神 Erechteus)；Σκόπας ἐγραμμάτευε[斯科帕斯记录]；Τιμωνίδης ἐπεστάτει[(Prytane 部落的)提莫尼德斯做主席]，主席每天主持议事会议，同时还主持公民大会；Διοπείθης εἶπε[狄奥佩塞斯提出提案]。

→ 张强译注，《古希腊铭文辑要》，北京：中华书局，2018。

纪　事

"纪事"（ἱστορίη）就是我们以前翻译的所谓"史书"——希罗多德的九卷 ἱστορίη 是现存最早的范本。ἱστορίη 通常被译作"历史"，但这个译法会产生严重误导，以为希罗多德写的是如今所谓"通史""断代史"一类的书。

如今所谓"历史"，给人的印象是指所谓客观发生的事情，"史学"意味着把主观的看法转换为客观的知识，但希罗多德的 ἱστορίη 与此都不相干。将 ἱστορίη 径直写作 historien 不对，在古典语文学界已属常识，有人主张最好译作 Inquiries——汉语依样画葫芦，把 historien 译作《历史》，当然也不对。

鉴于 ἱστορίη 的"探究"义，不妨译作《原史》（"原"者，穷究其本源也，《吕氏春秋》有《原乱》，《淮南子》有《原道》，韩愈有《原毁》）。

→ ἱστορίη 的语义，参见 B. Snell, *Die Ausdrücke für den Begriff des Wissens in der vorplatonischen Philosophie*, Berlin, 1924, 页 59 以下；比较 Seth Benardete, *Herodotean Inquiries*, Nijhoff, 1969/1999。

希罗多德的纪事的确非常强调"所见"（τῆς ἐμῆς ὄψις），以此作为基础的叙述。但《原史》中记叙的事情大多并非希罗多德自己亲身经历的，"所见"从何而来？希罗多德也提到"所闻"（κατὰ τὰ ἤκουον），有人因此说这是他所依傍的所谓"史学原则"。但问题是，希罗多德并非"所见"必录、"所闻"必记,而是有所选择。换言之,希罗多德并非要客观地记叙希波战争这一历史事件(如今的一些史学家喜欢如此来衡量希罗多德),而是要给为什么会发生希波战争一个解释——这就是所谓的"探原":庞杂的第一部分无异于是在试图呈现希波战争的"起因"。

希罗多德的纪事笔法自有其来源:从荷马叙事诗那里,希罗多德学到叙事语言和结构情节的能力;从苏格拉底之前的自然哲人们那里,希罗多德承继了探究万事万物"起因"的癖好;从雅典民主时期的肃剧诗人们那里,希罗多德接受了对生命和人世的肃剧性理解。凡此便构成了希罗多德《原史》的三大要素:虚拟叙事、探究原委、肃剧样式(尤其统治者的人生肃剧性:肆心和惩罚)。说到底,对于《原史》这部大书,与其当作如今所谓史书来读,不如当作一部肃剧式的纪事作品来读——至少在18世纪时,仍然有心明眼亮的人(如卢梭)懂得,希罗多德的《原史》是做诗,而非如今意义上的写史。

《原史》在卷九戛然而止,人们不清楚是缺佚抑或没来得及写完。然而,色诺芬的《希腊志》没有明确的开始,《原史》没有明确的结尾,可能都是作者的用意。《原史》在文学上的中心特征是叙事,但何谓"叙事"?希罗多德自己说:

ἐγὼ δὲ ὀφείλω λέγειν τὰ λεγόμενα, πείθεσθαί γε μὲν οὐ παντάπασιν ὀφείλω, καί μοι τοῦτο τὸ ἔπος ἐχέτω ἐς πάντα τὸν λόγον·

不过,我的义务是记叙人们讲述的一切,当然,我没义务什么都信;这个说法也适用于我的这全部叙述。(7.152)

ὀφείλω = ὀφείλω[有义务、应该做(某事)]现在时一单;πείθεσθαί = πείθω[劝说;(中动和被动)被说服、听从]现在时中动态不定式;ἐχέτω = ἔχω[有、拥有]现在时命令式三单。

所有的"叙事"都是"说法",叙事不在于所讲的事情是否真实,希罗多德要我们对他的整部《原史》的叙事也要抱持如此态度。

米利都的赫卡泰俄斯(Ἑκαταῖος / Hekataios)据说才是最老的古希腊纪事家(约前500年),他用这样两句话来开始自己的纪事——你不妨尝试翻译他的说法:

Ἑκαταῖος Μιλήσιος ὧδε μυθεῖται. τάδε γράφω, ὥς μοι δοκεῖ ἀληθέα εἶναι. οἱ γὰρ Ἑλλήνων λόγοι πολλοὶ καὶ γελοῖοι, ὥς ἐμοὶ φαίνονται, εἰσίν.

希罗多德是最早善于用散文讲述故事的古希腊语作家,对后世的文风影响很大。希罗多德的散文叙事非常重视或者说善于构拟情节,与此相关,希罗多德对长句有偏爱。这并非想通过玩词来显示自己驾驭语言的能耐,毋宁说,通过运用长句展现句子之间逻辑和时间的清晰关系,希罗多德要使得故事情节显得连贯而紧凑。

神话/故事

从词源上看,μῦθος[神话]的词根有三个可能的来源:μύω[封闭、(嘴、眼)闭上]、μνέω[发明、编造、得到秘诀、入秘教]、μύ[低声泣]或(表达对神奇的东西莫可名状的感受时的感叹词)[咦]。但μῦθος的词干是μυθο-(意为"讲述"),与μυθέομαι[讲述、思忖](已见于荷马)和μυθο-λογέω[讲述故事]的词干相同。

μῦθος的原意或基本词义亦是讲述故事,专指一种特定类型的故事叙述——也许是μνέω[发明、编造]的故事。μῦθος通常用来表达对事物的总体看法(令听者费神地μυθέομαι[思忖]),自成一体(μύω=[封闭]起来的),从而往往需要(寓意的或解析性的)解释。如果把神话与另一类叙事(history[纪事])作对比,神话的特征就清楚了。从叙事形式上讲,神话和纪事差别不大,都属于散文体,区别在于:纪事讲述实际发生过的事情,神话则讲述编起来说的关于诸神和英雄的事情。

古希腊的神族是关系复杂的大家族,内部充满争斗,宛如另一个世间。用现在的时髦学科术语来说,古希腊"神话系统"集宗教、文学、哲学、历史、自然科学(天象学、植物学)等如今分门别类的学科知识于一身(因此,无论从现在的哪门人文—社会学科角度来研究古希腊的"神话系统",都会不乏兴味),但对古代希腊人而言,这"神话系统"却是自己的民族性"生活方式"及其政制的基础。

古希腊神话的"原典"

神话起初都是口传,要成为"经书"还得由这个民族杰出的诗人形诸文字。

古希腊神话的"原典"在哪里?坊间有不少"古希腊神话"之类的书,20世纪60年代我国就流行过一部翻译过来的名著《古希腊的神话和传说》。

我们以为这就是古希腊神话的"原作",结果往往对古希腊的"神谱"越看越糊涂。后来才知道,《古希腊的神话和传说》一类的书,其实是赝品,即把"原作"中讲的故事搞类编。这类赝品早在古代希腊晚期就有了,但大多失佚,《阿波罗多洛斯书藏》是唯一留存者。

→ N. Festa 编, *Mythographi Graeci*, Leipzig, 1902; R. Wagner 编, *Mythographi Graeci*, Leipzig, 1926; F. Jacoby 编, *Die Fragmente der griechischen Historiker*, Leiden, 1957; R. L. Fowler, *Early Greek Mythography*, Oxford, 2000; 罗伯特·格雷夫斯,《希腊神话》,席路德、王瑢译,长沙:湖南文艺出版社,2022。

今人编的古希腊神话故事一类,除了看着玩没什么用。做古典研究,最有帮助的是神话词典。这方面的词典很多,最好的当推 Benjamin Hederrich 编, *Gründliches mythologisches Lexicon*, Darmstadt, 1996, 有 1251 页。汉译文献有鲍特文尼克等编,《神话词典》,黄鸿森、温乃铮译,北京:商务印书馆,1997;晏立农、马淑琴编,《古希腊罗马神话鉴赏辞典》,长春:吉林人民出版社,2006。研究文献:柯克,《希腊神话的性质》,刘宗迪译,上海:华东师范大学出版社,2017;理查德·巴克斯顿,《希腊神话的完整世界:神的传说,人的生活》,徐艳译,北京:九州出版社,2022。

古典时代的希腊文人往往只是简单地提到某个神话的片段,很少完整地讲述一个神话。要直接了解古希腊的"神话和传说",得读真正的原著——荷马的两部叙事诗、赫西俄德的《神谱》,它们是代表古希腊神话的两大源头性原典。

在希腊的古风时期,记叙神话(或者说采用神话口传来写作)的诗人可能还有好些,只是因为种种原因没有流传下来而已——"俄耳甫斯诗教"就是一个例证。俄耳甫斯与荷马、赫西俄德一样,首先是个会作歌(诗)的歌手,由于其作品没有流传下来,后人无从着手研究,其名声远不如荷马和赫西俄德——据克莱门说,俄耳甫斯教不过是狄俄尼索斯教的分支之一,其教义涉及未来生活中灵魂的命运,而俄耳甫斯不过是这一秘教的解释者,他是忒腊克人(《劝勉希腊人》)。不过,俄耳甫斯的"身位"并不亚于荷马和赫西俄德,因为他后来成了一种神秘宗教的神主,被信徒们秘密敬拜。

倘若读肃剧诗人和柏拉图的作品,我们会有这样的印象:荷马、赫西俄德的诗教是政制性的宗教,俄耳甫斯秘教则似乎像是如今所谓的"民间"宗教(与狄俄尼索斯酒神崇拜有密切关系绝非偶然),在当时已经相当有影响。要完整了解古希腊的宗教生活(政制)秩序,必须了解俄耳甫斯教的原典(政制和宗教不可分、经典和神话不可分)。但既然是民间性且秘传的宗教,原始文献在历史中大量失传就是可想而知的事情。关于俄耳甫斯及其教义,如今能看到的仅是古人闲说时留下的"辑语"(能见到的唯一原始文献,也许是"德维尼斯抄件")。但从希腊化时期的一部"祷歌集"中可以看到,俄耳甫斯诗教也提供了一个与赫西俄德的神谱系统有别的神谱。

→ 吴雅凌编译,《俄耳甫斯教辑语》,北京:华夏出版社,2006;《俄耳甫斯教祷歌》,北京:华夏出版社,2006。

神话中的主角

顾名思义,神话说的就是"神们"的事情。其实,这种理解大有问题。应该说,古希腊神话中的主角有三族:诸神、英雄们和怪兽们。因此,荷马的诗作和赫西俄德的诗作也会被算作"神话"。

英雄们也有自己的谱系,故事很多,与神们的故事一起为人们所传颂。比如,国王珀利阿斯的女儿阿尔刻斯提(Ἄλκηστις)就是个引人注目的女英雄。阿波罗神在马人阿德墨托斯那里赎罪时,牵线做媒,阿尔刻斯提成了阿德墨托斯的未婚妻。但阿德墨托斯命定早早病死,阿波罗因与阿德墨托斯结为知交,不愿意他死得早,便将命定神们灌醉,然后说服命定神们让阿德墨托斯摆脱早死之命。

命定神们答应了,条件是得有一人替死。可没谁愿意替死,其父母虽然年老,也不肯替死,唯有阿尔刻斯提愿意。于是,阿尔刻斯提成了英雄,死后神们嘉奖她,让阴间的女神珀耳塞福涅(Περσεφόνεια)把她从地府送回阳间。

→ 阴间女神珀耳塞福涅相传是宙斯和得墨忒尔的女儿,被哈得斯劫去地府,强逼她吞下石榴籽(姻缘不断的象征),被迫永远留在地府当哈得斯的妻子,她母亲求情,哈得斯同意珀耳塞福涅每年回地上看一次母亲。她每年从地府回来,成了古希腊死而复生之神,广受崇拜;作为冥后,她掌管地府中的妖怪,截断死者与活人的最后联系。

在柏拉图的《会饮》中,这段神话中的英雄故事是这样传衍的:

[179b4]καὶ μὴν ὑπεραποθνῄσκειν γε μόνοι ἐθέλουσιν οἱ ἐρῶντες, οὐ μόνον ὅτι ἄνδρες, ἀλλὰ καὶ αἱ γυναῖκες. τούτου δὲ καὶ ἡ Πελίου θυγάτηρ Ἄλκηστις ἱκανὴν μαρτυρίαν παρέχεται ὑπὲρ τοῦδε τοῦ λόγου εἰς τοὺς Ἕλληνας, [179c] ἐθελήσασα μόνη ὑπὲρ τοῦ αὑτῆς ἀνδρὸς ἀποθανεῖν, ὄντων αὐτῷ πατρός τε καὶ μητρός, οὓς ἐκείνη τοσοῦτον ὑπερεβάλετο τῇ φιλίᾳ διὰ τὸν ἔρωτα.

再说,唯有相爱的人才肯替对方去死,不仅男人这样,女人也如此。珀利阿斯的女儿阿尔刻斯提向[我们]希腊人充分证明,这种说法是真的:只有阿尔刻斯提肯替自己的丈夫去死,虽然她丈夫有父有母,她却因爱欲在情谊上远超他们。

→ ὑπεραποθνήσκειν = ὑπεραποθνήσκω[为……而死]现在时不定式;ἐθέλουσιν = ἐθέλω[愿意;乐于],不定过去时分词 ἐθελήσασα;ὑπερεβάλετο = ὑπερ-βάλλω[掷过;超过;越过]强变化不过时中动态三单。

据柏拉图笔下的普罗塔戈拉说,古希腊的智者喜欢讲神话其实有政治上的原因。在《普罗塔戈拉》中,我们看到他说:

[316c6] ξένον γὰρ ἄνδρα καὶ ἰόντα εἰς πόλεις μεγάλας, καὶ ἐν ταύταις πείθοντα τῶν νέων τοὺς βελτίστους ἀπολείποντας τὰς τῶν ἄλλων συνουσίας, καὶ οἰκείων καὶ ὀθνείων, καὶ πρεσβυτέρων καὶ νεωτέρων ἑαυτῷ συνεῖναι ὡς βελτίους ἐσο - [316d] μένους διὰ τὴν ἑαυτοῦ συνουσίαν, χρὴ εὐλαβεῖσθαι τὸν ταῦτα πράττοντα· οὐ γὰρ σμικροὶ περὶ αὐτὰ φθόνοι τε γίγνονται καὶ ἄλλαι δυσμένειαί τε καὶ ἐπιβουλαί.

[316c6]毕竟,一个异乡的人物,在各大城邦转,说服那儿最优秀的青年们离开与别人在一起——无论熟悉的人还是陌生人,老年人还是年轻人——来跟他在一起,为的是他们靠与他在一起[316d]将会成为更好的人——做这种事情必须得小心谨慎。毕竟,这些事情会招惹不少的妒忌,以及其他敌意乃至算计。

[316d3] ἐγὼ δὲ τὴν σοφιστικὴν τέχνην φημὶ μὲν εἶναι παλαιάν, τοὺς δὲ [d5] μεταχειριζομένους αὐτὴν τῶν παλαιῶν ἀνδρῶν, φοβουμένους τὸ ἐπαχθὲς αὐτῆς, πρόσχημα ποιεῖσθαι καὶ προκαλύπτεσθαι, τοὺς μὲν ποίησιν, οἷον Ὅμηρόν τε καὶ Ἡσίοδον καὶ Σιμωνίδην, τοὺς δὲ αὖ τελετάς τε καὶ χρησμῳδίας, τοὺς ἀμφί τε Ὀρφέα καὶ Μουσαῖον· ἐνίους δέ τινας ᾔσθημαι καὶ γυμναστικήν …

[316d3]要我说啊,智术的技艺其实古已有之,古人中搞[d5]这技艺的人由于恐惧招惹敌意,就搞掩饰来掩盖,有些搞诗歌,比如荷马、赫西俄德、西蒙尼德斯,另一些则搞秘仪和神喻歌谣,比如那些在俄耳甫斯和缪塞俄斯周围的人。我发现,有些甚至搞健身术……

ἰόντα = εἰμί[是]现在时分词;πείθοντα = πείθω[劝说、劝服;哄骗]的现在时分词;ἀπολείποντας = ἀπολείπω[留下;失去;被拉在后头]现在分词;

συνουσίας = ἡ συν-ουσία[聚会、交谈、交往]；πρεσβυτέρων = ὁ πρέσβυς[老人、长者]；ἐσο-μένους = εἰμί[是；存在]的将来时中动态分词；εὐλαβεῖσθαι = εὐ-λαβέομαι[当心、留意；畏惧、敬畏]现在时不定式；δυσμένειαί = ἡ δυσμένια[敌视、敌意]；ἐπιβουλαί = ἡ ἐπιβουλή[阴谋诡计]；μεταχειριζομένους = μετα-χειρίζω[握住、掌握、处理，从事]现在时分词；φοβουμένους = φοβέω[使害怕；吓跑]现在时分词；τό πρόσχημα[举在面前的东西；遮掩物、借口；装饰物、制服]；προκαλύπτεσθαι = προ-καλύπτω[用某物遮在前面；遮掩、伪装]现在时不定式；χρησμῳδίας = ἡ χρησμῳδία[念唱预言诗、预言、神示]；ἤσθημαι = αἰσθάνομαι[感知、感觉、听到、见到]现在完成时中动态一单；γυμναστικήν = γυμναστικός, ή, όν[喜欢体育锻炼的、擅长体育锻炼的]。

这无异于说，神话叙述是一种伪装或政治保护色。倘若如此，现代哲人说在古希腊思想中有一个从神话到逻各斯的发展过程，其实没这回事。要说神话与哲学有冲突，倒是真的。

→ W. Nestle, *Vom Mythos zum Logos. Die Selbstentfaltung des griechischen Denkens von Homer bis auf die Sophistik und Sokrates*, Stuttgart, 1942; Jean Pépin, *Mythe et Allégorie*, Paris, 1976; R. Buxton (ed.) *From Myth to Reason? Studies in the Development of Greek Thought*, Oxford, 1999.

哲学与神话的冲突

神话所讲的东西真实吗？从启蒙后的哲学理性来看，当然不是。如今，我们觉得神话都是迷信"传说"，听着好玩罢了。不过，这种对"神话"的"理性批判"不是现代启蒙运动以后才有的事情。早在古希腊时就有人说，神话是"不真实的故事"——谁说的呢？恰恰是某类哲人。

亚里士多德有个学生名叫帕莱普法托斯（Παλαιφατός = Palaiphatos），但这是个"艺名"，意为"会讲老故事的人"（比较 πάλαι ϱημί），是亚里士多德给起的，帕莱普法托斯原名叫什么，如今反而没有谁知道。他写过一本小书《不可信的故事》（Ἄπιστα），对45则神话中的说法给出了所谓"理性化"解释。

有人干脆认为，神话中所讲的事情压根儿就没发生过。但帕莱普法托斯不这样看，他认为，神话中记叙的事情是真实的：

ἐμοὶ δὲ δοκεῖ γενέσθαι πάντα τὰ λεγόμενα — οὐ γὰρ ὀνόματα μόνον ἐγένοντο, λόγος δὲ περὶ αὐτῶν οὐδεὶς ὑπῆρξεν· ἀλλὰ πρότερον ἐγένετο τὰ ἔργα, εἶθ' οὕτως ὁ λόγος ὁ περὶ αὐτῶν.

不过，我觉得，传说中说的所有事情都发生过——因为，倘若仅有（名称）叫法，关于它们的传说也就不会出现了。毋宁说，肯定先有事情发生，才会出现某种关于它的传说。(《不可信的故事》，前言）

既然如此，神话的记叙为何又是不可信的呢？亚里士多德的这位学生说：神话之为神话，关键在于对真实发生的事情作出了有悖自然法则的解释。换言之，神话中记叙的事情（的确发生过的事情）是真的，但神话对事情的讲法却是说起来都 οὐκ εἰκός [不像]、ἄπιστον 或 δύσπιστον [不可信]、ἀδύνατον [不可能]、ἀμήχανον [完全没可能]、ψευδές [撒谎]、μυθῶδες [神吹、带神话色彩]、παιδαριώδες [孩子气的]、μάταιον [蠢兮兮]、εὔηθες [傻乎乎]、γελοῖον [可笑]、καταγέλαστον [让人发笑]、ἀπίθανον [不令人信服]、φαύλως [蹩脚] 等等。

比如，神话中说，俄耳甫斯的琴声能感动野兽和石头，帕莱普法托斯说：

ψευδὴς καὶ ὁ περὶ τοῦ Ὀρφέως μῦθος, ὅτι κιθαρίζοντι αὐτῷ ἐφείπετο τετράποδα καὶ ἑρπετὰ καὶ ἄρνεα καὶ δένδρα.

关于俄耳甫斯的神话也是谎话，（说什么）他弹奏竖琴时，四脚动物、爬行动物、鸟儿、树木都跟着（动）。（《不真实的故事》，33）

俄耳甫斯的琴声具有感召力是真实的，但他的琴声感动的是人——秘教信徒们。这些信徒做崇拜时身着兽皮，或者扮成顽石样，手拿树枝。传说俄耳甫斯的琴声感动了野兽、石头和树木，其实感动的是人。

信奉基督的希腊知识人克莱门也把俄耳甫斯说成"骗子"，谴责他"受恶魔的影响，以音乐为幌子伤害人命"：

还有一个希腊传说更加离奇，据说，忒腊克（Thrace，旧译"色雷斯"）的一位术士仅靠他的歌声就能驯服野兽；对了，还靠音乐搬移橡树呢。（《劝勉希腊人》，前揭，页 8、10）

帕莱普法托斯的《不可信的故事》文笔清新、简洁，在希腊化时期算流传甚广的名著，在拜占庭的基督教世界，也许由于旨在揭穿"异教神话"的"假象"，《不可信的故事》一直是学校的教科书，直到10世纪还如此。后来此书在战乱中散佚,中古后期由僧侣学者根据找到的各种抄件重新拼接。1505年,西方学者再度引进,17世纪以来,成为学校的希腊文课本。

→ J. Stern 编辑、笺注,*Palaephatus On unbelievable Tales*,B.G.Teubner,1902,英译、注疏、导论版 Wauconda,1996;Kai Brodersen 德译、简注本,*Die Wahrheit über die griechischen Mythen. Palaiphatos' Unglaubliche Geschichten*,希—德对照,Stuttgart,2002。

希腊化时期的欧赫墨儒斯(Euhemerus,写作年代大约在公元前311—前298年间)的《圣纪铭文》(*Ἱερὰ ἀναγραφή* / Sacred Inscription,仅存残段)讲了一个故事:在印度洋上一个名叫"至尊"(Panchaia,来自希腊文 pan[全]+ *χαῖος*[高贵的、美好的])的小岛上发现了记载古希腊神话中的天神事迹的铭文。这些铭文说,乌拉诺斯、克洛诺斯、宙斯是伟大的古老氏族的国王,被感恩的民人尊奉为天神。

欧赫墨儒斯身处亚历山大大帝建立帝国的时代,他的目的也许是维护古老的诸神信仰,让铭文成为证明古希腊叙事诗和抒情诗中的天神的所谓"史料"。古罗马诗人恩尼乌斯曾将其译成拉丁文,想必也是为了教育罗马人。然而,这些铭文也证明,远古神话中的天神不过是历史上的英雄人物,并非真的是天神。

于是,"欧赫墨儒斯式的说法"(Euherism)被用来比喻一种双刃剑式的说法:史料既可被用来证明也可被用来解构古代神话。

古希腊神话的现代处境

关于古希腊神话在20世纪的基本处境,我们需要知道三件要事。第一,在现代启蒙理性的支配下,不少西方学者(包括大名鼎鼎的古典语文学家)编造并维持着这样一个说法:古希腊思想经历了从神话到哲学的进步。按照这样的观点,苏格拉底还在讲神话,岂不表明哲学在苏格拉底思维那里还没有成熟?

第二,19世纪以来,尤其20世纪,西方学界出现了大量对神话的历史主义或实证主义的研究,结构主义神话学是这类研究的最高、最成体系的成就,让人以为古代神话变得很红火。

其实,结构主义对神话的解释仍然是启蒙哲学式的所谓理知性的和历史的解释,不同之处在于解析神话的知识工具(结构主义语言学)。说到底,这类神话解析无异于解构神话——通过解读神话,人类学家要得到的是历史—社会的知识。

第三，19世纪，尤其20世纪西方学界的神话学越出了古希腊神话的传统范围，向其他民族的神话推进。由此出现了一个值得我们注意的问题：古希腊神话与其他民族的神话的差异。

不用说，古希腊神话与西方大传统有直接关系，在古希腊文教制度中也占有重要位置，但在其他民族的文明制度中，却并非如此，比如，非洲的某个部落流传的神话与文明大传统没有关系。又比如说，在中国古代文明中，神话（《山海经》）并不重要，屈赋中的神话已经被融入儒家体系。

→ 韦尔南，《古希腊的神话与宗教》，杜小真译，北京：生活·读书·新知三联书店，2001；弗兰克，《浪漫派的将来之神：新神话学十一讲》，李双志译，上海：华东师范大学出版社，2011；朝戈金编，《神话学导论》，田立年等译，北京：中国社会科学出版社，2014。值得注意的是，20世纪30年代以来，西方现代的人类学式神话学已被我国学者用于解析中国古代的神话诗文，参见：苏雪林，《屈原与〈九歌〉》，武汉：武汉大学出版社，2007；栾保群，《山海经详注》，北京：中华书局，2019；刘宗迪，《失落的天书：〈山海经〉与古代华夏世界观》，北京：商务印书馆，2006。

柏拉图笔下的神话

柏拉图作品中出现了不少神话，这是对所谓古希腊思想从神话发展到逻各斯这一现代哲学观点的有力反驳。启蒙理性观让我们不会去想这样一个重大问题：柏拉图明明知道神话是不真实的说法，为什么他笔下的苏格拉底还要讲那么多神话。

所谓神话不真实的说法其实有两种：一种是自然哲人的看法，凡神话都不真实（比如克塞诺梵娜说，荷马、赫西俄德讲的都不真实）；另一种是神话诗人之间的纷争。比如，赫西俄德说荷马写的东西不真实，但赫西俄德自己也写神话。后一种说法并未否认神话本身可以讲述真实，赫西俄德争辩的是，谁讲的神话更真实。

柏拉图笔下的所谓神话不真实的说法，属于后一类情形——柏拉图的苏格拉底在《王制》（卷二378d-e）中一方面攻击神话（诗），说神话人都是讲给孩童听的，而孩童无法领会其中譬喻，另一方面又推崇荷马的"谎话术"。在《斐德若》中，有一著名段落（229c4-230a7）说到神话的"真实"问题：

Φαι. ἀλλ' εἰπὲ πρὸς Διός, ὦ Σώκρατες, σὺ τοῦτο τὸ μυθολόγημα πείθῃ ἀληθὲς εἶναι;

斐德若：不过，向宙斯发誓，苏格拉底，你信服这神话传说是真的？

ΣΩ. ἀλλ' εἰ ἀπιστοίην, ὥσπερ οἱ σοφοί, οὐκ ἂν ἄτοπος εἴην,…

苏格拉底：我要是不相信，像那些聪明人那样，恐怕也算不上稀奇[出格]……

苏格拉底没说"神话传说"真抑或假（回避实质性问题），而是说自己没工夫去考究这些个问题。倘若"非要给那些人面马的样子（τὸ Ἱπποκενταύρων εἶδος）一个说法"，就会没个完，接下来还有什么吐火女妖（Χιμαίρας）、双翼飞马（Πηγάσων）以及其他许多根本无法探个究竟的奇奇怪怪的生物（φύσεων）：

αἷς εἴ τις ἀπιστῶν προσβιβᾷ κατὰ τὸ εἰκὸς ἕκαστον, ἅτε ἀγροίκῳ τινὶ σοφίᾳ χρώμενος, πολλῆς αὐτῷ σχολῆς δεήσει.

如果谁要是对其中的哪个不那么信，要探个真相出来，就得用他那实在粗糙的智能在这事儿上白白搭上好多清闲时间。

柏拉图作品虽然总体上是对话体，仍然带有很强的叙述性。这不仅指表演性对话与叙述性对话的区分，重要的是，柏拉图作品中有好些非常著名的神话叙事（《蒂迈欧》整体上讲就是个大神话）。这些神话不仅对理解柏拉图作品的意图相当关键，对理解整个西方思想的根本问题同样重要，晚近半个世纪以来，成了柏拉图研究的热门主题。据说，柏拉图作品中的神话叙事可分为两个大的类型：谱系神话和终末神话。前者主要涉及世界、人和神的诞生，或追溯认知的渊源，后者体现灵魂的最终命运及其重生。

→ 马特，《柏拉图与神话之镜》，吴雅凌译，上海：华东师范大学出版社，2008；张文涛编，《神话诗人柏拉图》，北京：华夏出版社，2010；Luc Brisson，*Plato the Myth Maker*，Uni. Of Chicago Press, 1998；Markus Janka / Christian Schäfer 编，*Platon als Mythologe: Neue Interpretationen zu den Mythen in Platons Dialogen*，Darmstadt，2002。

在古希腊文学传统中，神话非常常见，写神话的并非只有柏拉图，柏拉图的神话与其他作家的神话有何不同？施特劳斯告诉我们：要把握柏拉图对神话的独特理解，得看他如何用神话。施特劳斯慧眼独到地注意到，在柏拉图笔下，神话并非一定是瞎编故事。在《普罗塔戈拉》中，普罗塔戈拉所讲的"普罗米修斯盗火"神话，就是利用叙事情节来论证[逻各斯]某种道理——这意味着叙事性的"神话"也可以具有逻各斯性质。

在《高尔吉亚》的结尾处，苏格拉底讲了一个涉及普罗米修斯的神话故事，但在讲之前，苏格拉底明确对卡里克勒斯说，他讲的是 μάλα καλοῦ λόγου

［非常美的论说］，

> ὅν σύ μὲν ἡγήσῃ μῦθον, ὡς ἐγὼ οἶμαι, ἐγὼ δὲ λόγον: ὡς ἀληθῆ γὰρ ὄντα σοι λέξω ἃ μέλλω λέγειν.
>
> 尽管你兴许会视为神话，我却会视为逻各斯［论说］，因为，我将把我打算讲述的东西作为真实讲给你听。(《高尔吉亚》，523a1-2)

反过来，论说也未必一定是在讲真实，反倒有可能是在瞎编——在《普罗塔戈拉》中，普罗塔戈拉就把自己的一段糊弄在场听众的论说(323a8-324d1)叫作"神话"。在柏拉图笔下，神话（讲故事）与论说在传统上的形式区分被勾销了。神话或论说究竟是神话抑或论证，不能看形式上是叙事还是论述，得看说话的人自己怎么说。

在柏拉图笔下，苏格拉底讲神话最多。接下来的问题就成了：柏拉图的苏格拉底如何理解或运用神话。苏格拉底在《斐多》中说："一位诗人如果算得上诗人，就得 ποιεῖν μύθους ἀλλ' οὐ λόγους ［制作故事而非制作论说］。"(61b4)

神话与寓意文学

罗马帝国时期的希腊语作家路吉阿诺斯(Lukianos, 120—185)不仅写对话小品是高手，也是个编故事的高手，用今天的说法，叫作"小说家"——《真实的故事》(ἀληθής ἱστορία)从头至尾都是编造。这部作品是些短小故事的杂烩，有点像传奇故事的概述(ἐπιτομή)。小说表面上看来不会有什么高雅、崇高成分，但我们切莫把古代的这类文学与如今的"流俗文学"混为一谈。路吉阿诺斯的写作传承的是古希腊作家的寓意文学传统——如此传统在西方从未中断，比如斯威夫特的《格列佛游记》。

寓意文学的优劣关键在于寓意的高低。罗马帝国时期的希腊语作家特腊莱斯(Tralleis)的普弗勒贡(Phlegon)本是奴隶，获得自由后为喜欢传奇故事的皇帝哈德里安(Hadrian)编写日记，兼做文书工作。他写过一篇题为 περὶ μακροβίων καὶ θαυμασίων ［论长寿和惊异］的小说，描绘错生、变性、死者复苏之类离奇事情，但寓意深远。

同样是罗马帝国时期的希腊语作家路吉阿诺斯写过一个人变成驴的伤感故事（但据说是托名作品），堪称后来西方一系列变形记小说（直到卡夫卡的《变形记》）的源头。路吉阿诺斯让一个名叫路吉俄斯(Λούκιος)的青年讲述发生在自己身上的事情，显然是要加强故事的真实感。

路吉俄斯或驴子(Λούκιος ἢ ὄνος 13)

ἐγὼ δὲ σπεύδων ἤδη ἀποδύσας χρίω ὅλον ἐμαυτόν, καὶ ὄρνις μὲν οὐ γίγνομαι ὁ δυστυχής, ἀλλά μοι οὐρὰ ὄπισθεν ἐξῆλθε καὶ οἱ δάκτυλοι πάντες ᾤχοντο οὐκ οἶδ' ὅποι, ὄνυχας δὲ τοὺς πάντας τέσσαρας εἶχον καὶ τούτους οὐδὲν ἄλλο ἢ ὁπλάς, καὶ μοι αἱ χεῖρες καὶ οἱ πόδες κτήνους πόδες ἐγένοντο, καὶ τὰ ὦτα δὲ μακρὰ καὶ τὸ πρόσωπον μέγα. ἐπεὶ δὲ κύκλῳ περιεσκόπουν, αὑτὸν ἑώρων ὄνον.

我急匆匆立即脱光，给自己全身涂油，但我却没变成一只鸟，真倒霉，从我后面竟然出来一条尾巴，手指全都消失，不知道去哪儿啦，还剩一共四个指甲倒正像蹄子，我的手脚都变成一头牲畜的脚，耳朵长、脸盘子大。我转着圈一打量，看到自己竟是一头驴！

→ 见《凯若斯述要笺释》。

寓 言

在古希腊文中，"寓言"（μῦθοι）与神话是同一个语词，古人并没有细分寓言与神话，两者都是叙事。在今人看来，寓言与神话的区别在于篇幅和内容：寓言短小（有时仅仅一句俏皮隽永的叙述话），主角多是动物；神话则篇幅要大得多，主角是神们和英雄，有动物也多是怪兽。但就虚构故事而言，寓言与神话没有区别，都与 λόγοι 相对。

在伊奥尼亚方言中，μῦθος 也用作阿提卡方言中的 λόγος，反过来，阿提卡方言中的 λόγοι 也就是伊奥尼亚方言中的 μῦθοι；伊奥尼亚方言称"寓言"为 αἶνος。

古希腊的寓言产生于希腊东部即伊奥尼亚地区，据说那里的人特别喜欢讲述和倾听寓言故事。大多数古希腊寓言的作者或讲述者，其生平都不可考。希罗多德（《原史》1.34：Αἰσώπου τοῦ λογοποιοῦ）和阿里斯托芬（《鸟》651：ἐν Αἰσώπου λόγοις，亦参471，《马蜂》556，1256—1261，1448 等）都提到伊索寓言，希罗多德还说，伊索生活在公元前6世纪，暴死于德尔斐——当地人遵照神谕多次声明，凡因伊索被杀而要求赔偿的人都可到德尔斐地区去（《原史》2.134），但伊索很可能是传说中的人物，尽管这些传说后来发展成了一部小说。何况，伊索也不是写寓言的第一人，埃斯库罗斯（辑语42）提到过利比安寓言（fables libyennes），亚里士多德在《修辞学》中（1393b8-22）援引过某个生活于公元前630—前553年的 Stésichore 写的寓言。不过，如公元7世纪的伊西多若斯（Isidoros de Séville，见其 Etymologie, 1.40）所言，伊索寓言的确是这类文体发展的巅峰。

在苏格拉底时代,伊索寓言已经相当有名。很有可能伊索其实并没写过什么寓言,那些只是民间口头流传下来的"故事"。值得注意的倒是,伊索寓言据说是诗与哲学混合的滥觞。寓言讲述的大多是动物故事,喻指的则是人间的事情,作者似乎想要以浅俗的叙事含蓄地传达其他人难以接受的见解——柏拉图笔下的苏格拉底说自己写诗是模仿伊索寓言,恐非偶然。

所谓《伊索寓言》长期为口传,结集颇晚,不少"伊索寓言"其实出自较晚的时期。拉尔修的第欧根尼记载,希腊化时期的法勒隆人德漠特里俄(Demetrios Phalereus,公元前350—前280年)最早编辑《伊索寓言》,据说他是亚里士多德的弟子,"在学问和阅历丰富方面无人能及",曾任雅典执政官,著有Περὶ ἑρμηνείας[论风格],他的著作中——

ὧν ἐστι τὰ μὲν ἱστορικά, τὰ δὲ πολιτικά, τὰ δὲ περὶ ποιητῶν, τὰ δὲ ῥητορικά, δημηγοριῶν τε καὶ πρεσβειῶν, ἀλλὰ μὴν καὶ λόγων Αἰσωπείων συναγωγαὶ καὶ ἄλλα πλείω.

有些是历史的,有些是政治的,有些是关于诗人的,有些是关于修辞的,有些是公开的演讲和使节报告,当然,还有伊索寓言的集子和其他很多作品。(5.80,徐开来、溥林译文)

这个集子收集寓言约200则,但没有流传下来。如今见到的最早的成文寓言有两个来源:首先是公元1世纪的拉丁语作家斐德若(Phaedrus)用拉丁语韵文体记叙的97则寓言(附录33则),原材料多为所谓"伊索寓言";然后有公元2世纪用希腊语写作的罗马人巴伯里俄斯(Babrios)用希腊语韵文体记叙的122则"伊索寓言"(1844年才发现)。公元4—5世纪的拉丁语作家阿维阿努斯(Avianus)、罗慕路斯(Romulus)等编辑的《伊索寓言》已经是拉丁语的;希腊语辑本在拜占庭才得到传承,今本《伊索寓言》全编乃这些本子的合刊(约300则)。

→ 今本几乎都依据文艺复兴的辑本:Omnibonus Leonicenus译作拉丁文的辑本 *Aesopus*(Venedig, 1470),Lorenzo Valla拉丁文辑本 *Fabulae*(Utrecht, 1472),最重要的本子当是Bonus Accursius依据拜占庭文献辑成的 *Aissopu mythoi*(附Rinucius拉丁文译文, Mailand, 1480)。现代辑本很多,目前较善的本子是Ben Edwin Perry 编,*Aesopica: A Series of Texts Relating to Aesop or Ascribed to Him*, University of Illinois Press, 2007(拉丁文注疏)。

寓言文体好用虚拟式，但并非一定是虚拟式，因为，寓言并非一定就是虚构的故事。莱辛的说法不无道理：绝大部分伊索寓言以真实事件为依据，后继者才大多凭空虚构。伊索并不喜欢用虚构故事来解释普遍的道理，他要人理解他所虚构的故事与现实之间的相似处。寓言叙事的关键在于，不直接讲明想要讲的道理，而是通过讲述让人感到有趣、有噱头的小故事，曲折反映出作者想要表达的思想。意大利谚语有言：Se non è vero, è ben trovato［尽管说的不是真的，也算好发明］。因此可以理解，寓言文体在西方思想史上甚至成了一些大思想家隐微写作的方式——斯威夫特、培根、莱辛都是写作寓言的高手。当今仍然有哲人写寓言（奥威尔、柯拉科夫斯基），但水平明显下降。

鹰和狐狸

Ἀετὸς καὶ ἀλώπηξ φιλεῖν ἀλλήλους βουλόμενοι πλησίον ἑαυτῶν οἰκεῖν διέγνωσαν. καὶ δὴ ὁ μὲν ἀναβὰς ἐπὶ δένδρον τι ἐνεοττοποιήσατο. ἡ δὲ εἰσελθοῦσα εἰς τὸν ὑποκείμενον θάμνον ἔτεκεν.

鹰和狐狸约定互相友好相处，毗邻而居，以为这样可以密切交往，巩固友谊。于是，鹰飞上一棵大树，在那里孵化小鸟，狐狸则在树下的灌木丛里生育儿女。

Ἐξελθούσης δέ ποτε αὐτῆς ἐπὶ νομὴν ὁ ἀετὸς ἀπορῶν τροφῆς τὰ γεννήματα αὐτῆς ἀναρπάσας μετὰ τῶν αὑτοῦ νεοττῶν κατέφαγεν. ἡ δὲ ἀλώπηξ ἐπανελθοῦσα ὡς ἔγνω τὸ πραχθέν, οὐ μᾶλλον ἐπὶ τῷ τῶν νεοττῶν θανάτῳ ἐλυπήθη ὅσον ἐπὶ τῷ μὴ δύνασθαι ἀμύνεσθαι. διὸ πόρρωθεν στᾶσα, ὃ μόνον τοῖς ἀσθενέσι καὶ ἀδυνάτοις ὑπολείπεται, τῷ ἐχθρῷ κατηρᾶτο.

一天，狐狸出去觅食，鹰也在仔细观察，寻找食物，就飞进灌木丛，把小狐狸抓走，同自己的小鹰一起，饱餐了一顿。狐狸回来后，知道了发生的事情。他不仅为自己的儿女之死而悲痛，也为自己无法报复而伤心，因为他是走兽，无法追逐飞禽。于是，他只好站在远处诅咒敌人，这是缺乏能力的弱者仍可以做到的事情。

Συνέβη δ᾽ αὐτῷ τῆς εἰς τὴν φιλίαν ἀσεβείας οὐκ εἰς μακρὰν δίκην ὑπελθεῖν. θυόντων γάρ τινων αἶγα ἐπ᾽ ἀγροῦ ἀπὸ τοῦ βωμοῦ σπλάγχνον ἔμπυρον ἀνήνεγκεν· οὗ κομισθέντος εἰς τὴν καλιὰν σφοδρὸς ἐμπεσὼν ἄνεμος ἐκ λεπτοῦ καὶ παλαιοῦ κάρφους λαμπρὰν φλόγα ἀνῆψε καὶ διὰ τοῦτο καταφλεχθέντες οἱ νεοττοὶ ἐπὶ γῆν κατέπεσον.

καὶ ἡ ἀλώπηξ προσδραμοῦσα ἐν ὄψει τοῦ ἀετοῦ πάντας αὐτοὺς κατέφαγεν.

鹰背叛友谊的行为终究没有能躲过严厉的惩罚。一些人在地里用山羊献祭,鹰从树上飞下去,从祭台上抓起燃烧着的肠子。在他把那肠子带进巢里后,突然刮起了大风,干枯的树枝被肠子的火星燃着。那些小鹰还没有长好羽毛,就都被烧着了,落到了地上。这时狐狸迅速跑过来,当着鹰的面,把所有的小鹰都给吃掉了。(王焕生译文)

→ 见《凯若斯述要笺释》。

伊索寓言通过动物故事来解释人类的行为,旨在使人"认识自己",这恰恰也是柏拉图笔下的苏格拉底临终前讲神话的用意。按伊西多若思(Etymologie, 1.40)的说法,寓言通过虚拟不会说话的动物之间的对话来揭示人生某一层面的真实,乃因为古希腊人习惯于把人的灵魂视为"可怕怪兽"。

→ Leslie Kurke, "Plato, Aesop, and the Beginnings of Mimetic Prose", 载于Representations, Vol. 94, No. 1, Spring 2006, 页6—52。18世纪的启蒙哲学家孔狄亚克(Condillac)写过一本书叫《论动物》(*Traité des animaux*),他说:"倘若不是为了更好地认识我们人自己,了解野兽不会特别有趣(Il serait peu curieux de savoir ce que sont les bêtes, si ce n'était pas un moyen de connaître mieux ce que nous sommes)。"

启蒙运动时期的意大利文史家维柯在其《新科学》第一版第三卷中谈到"神话学和词源学的新原理以及神性诗学或异教神学的基本原理",他对"寓言"的词源解释是:

μῦθος的定义是"真实的叙述",但它依旧可作"寓言"解,而迄今为止大家都一直用后者来指"虚假的叙述";而λόγος是"真实的语言",尽管它通常是指"词源"或"词史"。因此,对于了解语词所标示的事物的起源的真实历史来说,我们所继承下来的词源学史极不令人满意。……最早的希腊人必定用μῦθος这个词(意思是"寓言",它大概就是拉丁语mutus)来指这些最初的语词。我们还发现,fabula这个词在意大利语中仍作favella[语言];这些语言是最初的fas gentium[氏族的宗教命令],一个不变的命令。……最初寓言的产生完全为着教育无知的普通人,而这也是诗的主要目的;因此,借助这个最初的寓言,异教徒世界最初的无知之人自己学会包括偶像和占卜的民间神学。

→《维柯著作选》,庞帕编,陆晓禾译,北京:商务印书馆,1997,页195—196、199。

据说最早把伊索寓言译介到中国的是明代传教士利玛窦,1625年(明天启五年)又有法国耶稣会神父金尼阁(Nicolas Trigaule, 1577—1628)口授、张庚笔传的20来则寓言(取名"况义");1840年,一家基督教教育机构出版过英汉对照的寓言集《意拾蒙引》。

"伊索寓言"译法是林琴南选译伊索寓言时取的名,"寓言"两字得自庄子,后来有汪原放译本(1929,据英文)。

→ 伊索,《伊索寓言》,王焕生译,北京:人民文学出版社,2008;比较王焕镳,《先秦寓言研究》,北京:中华书局,1965。

对 话

古希腊人喜欢辩论,对话在古希腊文学中很早就成为一种基本的文体形式,用来展现对立的意见,刻画人物性格,也用来中止或推动情节的发展。在古希腊的叙事诗、史书以及戏剧中,对话的作用丰富多彩。柏拉图把对话这种传统的文学形式发挥到极致,仅从语言上看,柏拉图的对话写得非常生动,充分发挥了口语的生活气息。在古希腊晚期,柏拉图的对话已经成了言谈的最高典范,一位希腊化时期的作家说过:"要是诸神说话像人,你们的国王也无非跟柏拉图一样说话。"

→ Rudolf Hirzel, *Der Dialog: Ein literarhistorischer Versuch*, Leipzig, 1895.

柏拉图发挥对话这种传统的文学形式,绝非仅仅出于文学上的偏好,而是与其哲学的追寻紧密相关——所谓辩证法,原文的意思就是"对话",所谓辩—证,首先指一种问—答过程,从而,对话文体在柏拉图那里并非仅是一种文学样式或修辞手段,更是思想和教育的方式:苏格拉底即便已经看穿对方的看法,也要让自己显得不懂的样子,刨根究底缠着对方提问,直到对方明白自己搞错了,于是重新开始探讨问题——这就是所谓"助产式地"产生认识。因此,柏拉图笔下的苏格拉底在谈话中尽量 εἴρεσθαι([让人家自己说],注意是被动态),在别人看来就是所谓的εἰρωνεία(装疯卖傻、装样子=Ironie通常被译作[反讽])。

总体而言,柏拉图的辩证法主要体现于三个方面:
(1) 苏格拉底与其谈话伙伴的对话(论辩)过程;
(2) 苏格拉底与其各种对话人物之间的生存性关系;

（3）柏拉图与其笔下人物尤其苏格拉底之间的意图性关系。

这些都可以被视为柏拉图作品中的戏剧性要素，阅读柏拉图作品切忌仅仅盯住其中的所谓"形而上学概念"看相，否则会致盲。

表演体和叙述体

柏拉图的对话作品在形式上分为两种基本形式：表演体（旧译"戏剧性"）的对话（如《美诺》）和叙述体（旧译"报告性"）的对话。所谓"表演体"对话，指对话是直接呈现出来的，有如舞台剧本。与此不同，叙述体对话虽然仍是对话，但基本结构却是叙述（由某人讲述的对话）。这两种对话形式的区分，在柏拉图那里具有深刻的思想用意。

就叙述体而言，重要的是注意讲述者是谁（《会饮》中讲述人有两个：阿波罗多洛斯转述别人的讲述＝双重叙述，《斐多》中的讲述人为斐多，《王制》通篇的讲述人是苏格拉底自己，《普罗塔戈拉》亦然）。

从语言上看，叙述性对话难免会出现很多插入语："我说""他说"——如此叙述性的对话文体，并非仅见于柏拉图，同样见于色诺芬等。

ἔφην（以及 ἔφη）和 ἦν（以及 ἦ）总是作为插入词出现，否则就得用 εἶπον＝（ἀγορεύω[说]的不定过去时）以及 εἶπε；ἦν＝ἠμί（φημί 的副形）[我说]的过去时第一人称单数，其原形是 ἔφην[我当时说]，第三人称单数是 ἦ＝ἔφη，注意不要与 εἰμί 的过去时第一人称单数 ἦν 搞混，虽然两个词在词形上一样。

两种对话体在形式上大为不同：在《王制》中，对话通过一个叙述者（"我"＝苏格拉底）的叙述呈现出来，《美诺》中的对话则是两个人直接的对话（《王制》的现有中译本无不尽力死守或贴近表演体对话形式，有的译本干脆删掉了叙述体的痕迹）。

有的时候，对话虽然没有"我说""他说"，仍然属于叙述体对话的叙述框架——省略"我说""他说"，叙述体对话反倒显得生动活泼。

柏拉图的对话文体并非直接等于戏剧的对话文体——戏剧中的对话通常是假想现在进行的，与此不同，柏拉图常常让对话发生在过去，从而让一个角色把所听到的或自己说过的逐句复述出来。总之，柏拉图对话文体的问和答、赞成和反对的过程，都是走向问题纵深的精神过程，为此柏拉图调动了一切可能的语言表达方式——从不显眼的小品词到发音、含义都带有意味的构词，由此形成柏拉图式的一些值得注意的语文特征。

对话文体与小品词

在对话文体中，经常出现一些小品词和口语表达，比如：εὖ（副词）

[好]；πως(副词)＝[某种方式、无论什么方式]，ἔγωγε[对于我来说、至少我](ἐγώ＋γε＝ἐγώ的强化形式)，ἆρα＝副词(引导问题时的强调语气)，(答语中的)ἀνάγκη ἐστίν[必然如此](比较 ἀναγκάζω, ἡ ἀνάγκη[强迫、强制；必然性；困境])，询问中的选择副词 εἴτε … εἴτε[要么、要么]，ἢ ου＝选择性语气[不是吗]，等等。

在《王制》(432c-e)中，苏格拉底讲述到他邀请格劳孔一起去寻找正义，说这种寻找须穿过重重问题的荆棘才有可能接近真实景象，有如猎人依野兽的足迹寻找野兽的藏身处。开始寻找之前，苏格拉底对格劳孔说，要是你先看到了，赶紧告诉我。格劳孔说，他还是跟从苏格拉底为好，"我所能看得见的只不过是你指给的东西罢了"——苏格拉底说，那么你就跟着我吧……

这段对话带有很强的叙述性，我们给其中出现的小品词画了下画线，便于你注意：古希腊语的小品词在叙述和对话作品中的作用十分重要，并非仅仅在于连接主从复合句，更多在于传达文意。可以说，没有恰切把握小品词的含义，要完美地把握(遑论译出)文句的味道，委实不可能。

寻找猎物

<u>Καὶ μήν</u>, εἶπον ἐγώ, δύσβατός <u>γέ</u> τις ὁ τόπος φαίνεται καὶ ἐπίσκιος· ἔστι <u>γοῦν</u> σκοτεινὸς καὶ δυσδιερεύνητος, <u>ἀλλὰ γὰρ</u> ὅμως ἰτέον·

不过，我(苏格拉底)说，这地儿实在太难走，不大看得见哦；哎哟，黑蒙蒙的，好难找，不过，不管怎的，咱们总得找呀。

Ἰτέον <u>γάρ</u>, ἔφη. 可不就是嘛，他说。

→ 见《凯若斯述要笺释》。

任何语言都有自己的小品词，而且恰恰是这些小品词最能体现一种语言的细微感觉——柏拉图对话中的小品词很多，而我们的翻译往往忽略这些小品词。当然，要找到恰当的汉语小品词来对应古希腊语的小品词，并不容易，这要求准确把握原文语气。

对话体少不了"是""否"的表达，多半由被问的人重复，通过连词 γάρ 或重音附读的小品词 γε 得到强调(否定时自然会附上 οὐ)。

<u>Καὶ</u> ἐγὼ κατιδὼν Ἰοὺ Ἰού, εἶπον, ὦ Γλαύκων. κινδυνεύομέν τι ἔχειν ἴχνος, καί μοι δοκεῖ οὐ πάνυ τι ἐκφεύξεσθαι ἡμᾶς. 可是，当我仔细往下瞧时，我叫了起来：哇！哇！格劳孔！恐怕咱们找到足迹啦，据我看呀，这回它溜不掉喽。

Εὖ ἀγγέλλεις, ἦ δ' ὅς· 你真好运呃！他于是说。

Ἦ μήν, ἦν δ' ἐγώ, βλακικόν γε ἡμῶν τὸ πάθος. 当真，我说，不过，咱们刚才一路过来可真有点儿傻。

Τὸ ποῖον; 怎讲？

Πάλαι, ὦ μακάριε, φαίνεται πρὸ ποδῶν ἡμῖν ἐξ ἀρχῆς κυλινδεῖσθαι, καὶ οὐχ ἑωρῶμεν ἄρ' αὐτό, ἀλλ' ἦμεν καταγελαστότατοι. 好长时间啦，我亲爱的，这玩意打开初就在咱们脚跟前晃动，咱们竟然没看见，岂不太可笑。

柏拉图把寻找正义比作寻找猎物，如此比喻的用意是什么呢？

柏拉图的《王制》非常口语化，现有中译本无一关注语气助词——如果我们尝试填上必要的语气助词，对话的生动随即跃然纸上……

颂　赋

从文学形式上讲，大约公元前5世纪，颂歌演变成一类讲究章法、精心写就的讲辞——颂赋体（τὸ ἐγκώμιον[赞词、颂辞、颂赋]，原意指表达欢迎的歌，词干与κῶμος[狂欢]同源），专门用来颂扬 ἄξιος ἐπαίνου[值得赞美、值得称赞]、ἐνδοξότατα[最著名、最有名望的]人。

按后来亚历山大时期的修辞书《致亚历山大的修辞术》（*Rhetorica ad Alexandrum*）的说法，"颂赋"的章法为：首先得说被赞颂对象何以有值得赞颂的好品性（ἔξω τῆς ἀρετῆς），这通常与被赞颂者优良的家庭出身和基于富裕的闲暇相关。然后，得说被赞颂者本人值得赞颂的好品性，通常得提到 σοφία[聪明才干]、δικαιοσύνη[正直端正]（比如信守 ὁ ὅρκος[誓约]）、ἀνδρεία[勇敢]和 ἐπιτηδεύματα ἔνδοξα[一生事业的辉煌]，再说到他的先辈（祖先），最后说到他 λαμπρόταται[最为光辉的成就]（包括直接对后来的好人的影响）——名副其实的"歌功颂德"。

色诺芬的《阿格希劳斯》被视为这类古希腊颂赋体的典范之作，章法完全符合托名亚里士多德著《致亚历山大的修辞术》所提到的规矩：首先讲阿格希劳斯的 εὐγένεια[优良出身]（1.2），然后叙述他的 ἔργα（ὅσα ... διεπράξατο）[所作所为]（1.6），逐渐过渡到称颂他 τὴν ἐν τῇ ψυχῇ ἀρετήν[心灵中的美德]（3.1），逐一述及他的虔敬（3.2）、坦诚（4.1）、有自制力（5.1，5.7专门说到 σωφροσύνη）、有勇气（6.1）和有聪明才干（6.4）以及其他美好品德（7.1）。

→ 在柏拉图的《会饮》中，各位讲者按约定当给爱若斯献上"颂辞"，实际仅斐德若和阿伽通的讲辞符合"颂辞"章法。Sir Kenneth Dover, *Plato Symposium*, Cambridge Uni. Press 1980, 页 12。《阿格希劳斯》的研究文献, 参见 Paul Cartledge 译笺, *Xenophon, Hiero The Tyrant and Other Treatises*, Penguin, 1997。

演说辞

演说堪称西方政治的传统"文化"特色, 兴于古希腊的城邦政体时代。演说需要技艺, 这门技艺称为 ἡ ῥητορική / rhetorikē [演说术]（又译"修辞术"）。

这个语词本是以 ikē 结尾的阴性单数形容词, 衍生为抽象名词, 从构词法来看, 即"言辞"和"技艺"这两个实词叠加而成的复合词。在古希腊语中, 这样的复合词并不少见, 比如我们所熟知的 politikē [政治术] 和 poiētikē [诗术], 而 aulētikē [簧管术] 一类用法更多, 这类语词无不是某个实词（动词或名词）加 τέχνη [术/技艺] 复合而成。

→ 美国汉学界的元老顾立雅（1905—1994）认为, 西方语文中的 technical 在汉语中的"最佳译法"是"数"。"数"在春秋以前的文献中罕见, 进入春秋时期后"则愈发常见", 但用于"技术"的含义在战国时期才流行于世。与此相应, "术"字即便在春秋时期的文献中也罕见, 进入战国时期时才"愈发常见", 而且几乎完全取代"数"——比较《广雅》"数, 术也"。顾立雅,《申不害：公元前四世纪中国的政治哲学家》, 马腾译, 南京：江苏人民出版社, 2019, 页 104—106。

τέχνη / technē 不能仅仅理解为如今的"技术", 按古希腊智识人的用法, 这个语词指某种具有实践效能的"知识"（ἐπιστήμη）。关于古希腊的演说辞和修辞术, 我国学界已经积累了一些翻译文献, 但这不等于我们已经理解了古希腊的 rhetorikē。比如说, 这个语词应该译作"演说术"还是"修辞术", 迄今仍然是个问题。严格来讲, 演说术仅仅是修辞术中的一种。但在古希腊的智术师那里, rhetorikē 的确仅仅指演说术, 或者说修辞术即演说术。对于苏格拉底来说, 情形绝非如此。从柏拉图的作品中可以清楚看到, 在雅典民主时代, 演说术与修辞术之辩曾演化成一场长达半个多世纪的政治思想冲突, 而我们迄今仍未深入探究过这场冲突的政治史乃至政治思想史含义。

演说是针对大庭广众的言辞行为, 今天称为公共言辞行为。除了古希腊之外, 我们在其他古代文明的政治生活中并没有看到类似的行为, 也没有看到大量演说辞流传下来。为何古希腊文明乃至后来的欧洲文明会形成一种演说文化传统, 这个问题并不容易回答。

→ F. Blass, *Geschichte der attischen Beredsamkeit*, 两卷, Leipzig, 1892; 罗念生译, 《古希腊演说辞选》, 见《罗念生全集》(卷六), 上海: 上海人民出版社, 2006。比较金志浩等编, 《影响历史的演说》, 上海: 上海知识出版社, 1995; Kai Brodersen编, *Große Reden: Von der Antike bis heute*, Darmstadt, 2002; 柏克, 《美洲三书》(其中有两篇演说辞), 缪哲译, 北京: 商务印书馆, 2003; 费伦, 《作为修辞的叙事》, 北京: 北京大学出版社, 2002; 刘亚猛, 《追求象征的力量: 关于西方修辞思想的思考》, 北京: 生活·读书·新知三联书店, 2004。

演说所需要的"技艺"即演说术是古希腊智识人的发明, 史称这类智识人为智术师。通史类的史书告诉我们, 演说术兴盛于雅典城邦的民主政治时期。可是, 我们断乎不能说, 雅典城邦的民主政体是古希腊演说术形成的土壤。因为, 发明演说术的智术师们没有一个是本土出生的雅典人, 而泛希腊城邦也并非个个都是民主政体。

毋宁说, 城邦政体本身才是演说形成的土壤。城邦是小型政治单位, 即以城市为中心加上地域相当有限的周边村社构成的政治体(雅典城邦约2万人), 城市平民是政治生活的主体——与此形成对照的是部落型政治体。演说总是与聚生在城市的民众相关, 要掌握城邦或者说掌握民众, 就需要演说术。部落政体没有城市, 也就没有民众, 从而无需演说。

有演说未必一定会产生演说术。演说之术作为一种政治性知识基于城邦人对政治生活的认识, 而这种认识只能来自少数智识人。著名演说家高尔吉亚(约公元前485—前376年)是演说术的发明者之一, 他的生平颇能说明这一点。

高尔吉亚生于西西里的希腊殖民地勒昂蒂尼城(Leontini), 早年曾跟从自然哲人恩培多克勒学习, 而他的本行是医术。高尔吉亚在自己的城邦成名很早, 但不是靠他的医术, 而是靠他的政治才干即能言善辩。当勒昂蒂尼城面临叙拉古城的兼并威胁时, 高尔吉亚已经年过六旬, 仍受城邦重托, 率领使团到雅典求援。

高尔吉亚在雅典的政治演说让雅典人着迷, 这促使他留下来开办演说术学校, 而他并非在雅典开办这类学校的第一人。高尔吉亚到雅典的时候, 时逢施行民主政体的雅典崛起, 他的学生包括雅典民主时期的三代名流: 伯利克勒斯、修昔底德算是老一辈学生, 克里提阿、阿尔喀比亚德、阿尔基达马斯(Alcidamas)等政治名流算中间辈, 演说家伊索克拉底和肃剧诗人阿伽通最年轻。高尔吉亚还游走希腊各城邦发表演说, 名满整个泛希腊, 名利双收, 不仅获得大量财富而且高寿。高尔吉亚去世之后, 据说希腊人还在庙宇为他立了一座金塑像。

→ 尼采,《古修辞讲稿》,屠友祥译,上海:华东师范大学出版社,2018;马鲁,《教育与修辞》,见芬利主编,《希腊的遗产》,张强等译,上海:上海人民出版社,2004;麦科米斯基,《高尔吉亚与新智术师修辞》,张如贵译,长春:吉林出版集团,2014;波拉克斯,《古典希腊的智术师修辞》,胥瑾译,长春:吉林出版集团,2014;沃迪,《修辞术的诞生:高尔吉亚、柏拉图及其传人》,何博超译,南京:译林出版社,2015;施特劳斯,《修辞、政治与哲学:柏拉图〈高尔吉亚〉讲疏》,李致远译,上海:华东师范大学出版社,2017。

罗马帝国时期的雅典智术师菲洛斯特拉托斯(Philostratus,170—247)在其《智术师传》(*Βίοι Σοφιστῶν* / *Vitae Sophistarum*,1.9)中称,高尔吉亚是"智术之父",在演说术方面,

> ὁρμῆς τε γὰρ τοῖς σοφισταῖς ἦρξε καὶ παραδοξολογίας καὶ πνεύματος καὶ τοῦ τὰ μεγάλα μεγάλως ἑρμηνεύειν, ἀποστάσεών τε καὶ προσβολῶν... περιεβάλλετο δὲ καὶ ποιητικὰ ὀνόματα ὑπὲρ κόσμου καὶ σεμνότητος. 他为智术师们开了先河,做出了努力,开启了"吊诡法"、"一气呵成"、"夸大"、"断隔句"、"入题法"……他还利用了有装饰并且庄严的充满诗味的词藻。(何博超译文)

当时诸多有名的外邦智术师到雅典发展,与雅典城邦崛起并试图取得泛希腊地区的领导权有直接关系,或者说,与希腊人形成自己的"大一统"国家有直接关系。高尔吉亚积极主张建立统一的希腊国家,他的晚辈学生伊索克拉底(Isocrates,公元前436—前338年)寄望雅典和斯巴达捐弃前嫌,联手实现泛希腊城邦的统一,共同对付波斯帝国。马其顿崛起之后,他马上转而寄望腓力王统一泛希腊城邦,并没有什么雅典情结。演说家德摩斯忒涅(Demosthenes,公元前384—前322年)则以坚持"城邦主义"闻名,他经常发表演说激励雅典人与斯巴达联手抵抗马其顿。德摩斯忒涅比伊索克拉底晚生半个世纪,可见,在泛希腊城邦是否应该统一的问题上,城邦智识人曾长期存在尖锐冲突。

→ 伊索克拉底,《古希腊演说辞全集:伊索克拉底卷》,李永斌译,长春:吉林出版集团,2015。

演说辞与修辞术

要推行参与式民主就得普及演说术教育,训练城邦民的演说技能。因此,外邦来的智术师们积极开办演说术学校,撰写传授演说术的小册子。由此可见,把演说术视为政治术意味着,在智术师看来,演说术是切合民主

政治的政治术,或者说,民主政治的政治术首先指具有掌控民众的言辞能力。在柏拉图笔下我们看到,普罗塔戈拉说,他传授的政治术涉及城邦民方面的"善谋"(εὐβουλία),"亦即如何在城邦民方面最有能耐地(δυνατώτατος)行事和说话"(《普罗塔戈拉》319a1)。

尽管诸多智术师努力办学,雅典城邦也没有能够做到普及城邦民的演说能力。究其原因,首先,演说术学校要收费,而且通常不菲,能进校学习的城邦民不多;第二,即便进了演说术学校,也未必都能成为演说家(ὁ ῥήτωρ)。毕竟,演说家即城邦政治家,反过来说,在民主的雅典,要成为政治家就得成为演说家。民主政体的政治人必须懂得如何掌握民众,而这也意味着他不得不被民众所掌握。在民主的雅典,没有演说能力的城邦民若要上法庭或参加公民大会,就得请人代写演说辞。

→ 雅典的演说辞与雅典民主政体及其法律状况的关系,参见 J. H. Lipsius, *Das Attische Recht und Rechtsverfahren*, Leipzig, 1905—1915 / Darmstadt 1966(重印);L. Burckhart / J. Von Ungern-Sternberg, *Große Prozesse im antiken Athen*, München, 2000;吕西阿斯等,《古希腊演说辞全集:阿提卡演说家合辑》,陈钒、冯金鹏、徐朗译,长春:吉林出版集团,2016。

高尔吉亚或普罗塔戈拉这样的外邦来的智术师既擅长写演说辞也擅长发表演说,但著名演说家未必是实际的演说家,而是写作演说辞的高手。吕西阿斯(Λυσίας,公元前445—前380年)作为演说家在雅典非常著名,由于是外来移民,没有完全公民权,他的才华只能用来替人写演说辞或教人写演说辞。伊索克拉底同样是外来移民,而且生性羞涩,也仅以教演说术和善于撰写演说辞名家。

由此看来,演说虽然是一种口头言辞行为,却基于文章写作,或者说,演说术首先是一种文章写作技艺。在雅典城邦,演说辞已经成为与诗歌、戏剧、论说、叙事[散文]并置的一种文类。正因为如此,rhetorikē 这个语词在今天也被译成"修辞术"。

智术师们撰写的演说术小册子没有一本流传下来,今人能够看到的关于演说术的一手文献,仅有亚里士多德的《修辞术》。严格来讲,这部讲稿的书名应该译作"演说术"。但亚里士多德不仅不是智术师,而且反智术师,他讲授演说术想必有其特别的用意。

→ 施特劳斯讲疏,《修辞术与城邦:亚里士多德〈修辞术〉讲疏》,何博超译,上海:华东师范大学出版社,2016。

亚里士多德把演说辞分为三类(γένος,复数 γένη[genus,复数 genera]),分别应用于三种公共场合,从而要求相应的语文样式(《修辞学》1.3)。

诉讼体(γένος δικανικόν[genus iudiciale])用于法庭论辩时提供证词或辩词,要求语风简朴,亦称"平实体"(γένος ἰσχνόν,拉丁语译作 genus tenue 或 genus humile),这类语文样式也适用于撰写政治报告和传授简要的道德教诲。

议事体(γένος συμβουλευτικόν[genus deliberativum])用于城邦议事会或公民大会审议涉及战争、财政、立法等议题时的发言,文风要求既显得有打动人的激情又不显得过分激动,也称"适中体"(γένος μέσον[genus medium]),即居于诉讼体的平实和演示体的宏大之间。

演示体(γένος ἐπιδεικτικόν[genus demonstrativum])用于公民大会或政治性集会,语文样式讲究气势,追求激发或震撼人心的效果,从而需要模仿肃剧风格,有肃剧英雄式的气概,因此也称"雄浑体"(γένος ἁδρόν)或"宏大体"(γένος μεγαλοπρεπές,拉丁文译作 genus grande 或 genus sublime[崇高体])。这种语文样式难免极尽修饰之能事,容易犯文辞夸张或卖弄才学的"毛病"(vitium)。

中古时期的基督教学者为了传授写作技艺,按这三种体式(Genera)来划分维吉尔的诗篇,或者说用维吉尔的诗篇作为三种体式的范本:《牧歌》(*Bucolica*)属于"平实体",《农事诗》(*Georgica*)属于"适中体",《埃涅阿斯纪》(*Aeneis*)则属于"宏大体"。按这样的文体框框来归类维吉尔的诗作肯定属于削足适履,但它让我们看到,古希腊演说辞的写作规则对古罗马文人以及后来的欧洲文人的影响。如果对比刘勰(约465—约520)在《文心雕龙·体性》篇中对文体风格的区分(八种体式:典雅、远奥、精约、显附、繁缛、壮丽、新奇、轻靡),那么我们会说,古希腊智识人的文体风格分类不如我国古人精细。但我们应该意识到,演说术仅仅涉及演说辞文体。

据古典文史学家考证,伊索克拉底的演说术学校有五项基本课程,学习时间3至4年,相当于今天的大学本科。头三门课程都涉及作文训练,即学会如何"构思/立意"(εὕρεσις[inventio],如今所谓"选题")、"谋篇布局"(τάξις[dispositio])和"措辞"(λέξις[elocutio]),相当于如今大学文科的作文课程。后两门课程是"记诵"(μνήμη[memoria])和"演诵"(ὑπόκρισις[pronuntiatio],发音及姿势),在今天也属于演讲学训练的必修课。虽然演说带有演示性,毕竟不是演戏,毋宁说,演说是一种刻意的表现行为。

无论哪种类型的演说辞,也无论演说辞针对何种具体事情,其实践目的都不外乎 ad persuadendum[具有说服力],让人信以为真。要实现这一目的,演说者首先需要有雕琢言辞的能力。在演说术学校的五项基本课程中,"措辞"技艺最为繁复,专业术语也特别多。

演说辞既要讲究文采,也要追求让人"易懂"(σαφήνεια[perspicuitas]),凡此都要求文饰功夫。所谓文饰(κόσμος[ornatus]),指为了雕琢言辞而采用的特别修辞手法,如单个语词的转义用法,即所谓"转喻、隐喻"(τρόποι[tropi],原意为"翻转")等。希腊文是注重音节的拼音文字,文饰技法中的各种修辞格(σχήματα[figurae],原意为"姿态/外姿")既涉及语音(如头韵法、韵脚),也涉及语义(如双关语[παρονομασία/adnominatio]之类)。

具体而言,修辞格有三个层面。一,词语修辞格(σχήματα λέξεως[figurae verborum 或 elocutionis]),即用词和词法方面的修辞格(带寓意的故意偏离严格的规则);二,句式修辞格,比如省略连接词,共轭式搭配(同一个词以不同意义与两个并立的句子成分发生关系);三,语义修辞格:比如顿呼(把不在场的人当作在场的人称呼)、设疑(Interrogario)、渐进表达等等。

凡此文饰训练都仅仅涉及狭义的修辞,与演说辞必须讲究的逻辑推论等更高层面的修辞效果无关,目的是让人学会如何自如地把握言辞,以取得"不同寻常"(τὸ ἄηθες)的文辞效果。比如,为了避免长篇演说辞让人感到厌倦,需要不断制造"陌生化"(ξενικόν)的语词效果,以重新唤起听众的注意力。

狭义的修辞的最高境界是恰如其分或得体,单纯追求文饰是一种缺点。演说术课程会教导何时使用及何时舍弃文采,若要让说辞显得客观得有如实录(如在法庭上提供证词的演说),文饰就必须省着些用,叙述显得平实才更令人信服。

文饰仅仅是最低层次的修辞技能,更高层面的修辞技能还涉及运用各种文体。比如,在叙述文体中插入对话体,不仅可以使得叙述生动活泼,还可以借人物的言辞(对话中的言辞)在他人的面具下表达自己。

一篇演说辞无论局部还是整体,文体和言辞都要善于variatio[通变],这是一条修辞规则,如《文心雕龙·通变》所说"文辞气力,通变则久"。

葬礼演说与激励城邦

雅典城邦有一种政治传统,即以公共仪式吊唁在战争中牺牲的同胞,赞美死者、抚慰家属、激励城邦民的致悼词(Epilaphios)是首要的仪式,即著名的葬礼演说。修昔底德记载的伯利克勒斯为伯罗奔半岛战争早期的牺牲者所致的悼词非常著名,甚至已经成为政治思想史上的经典文献。

吕西阿斯没有资格发表葬礼演说,但他写过教人如何写这类演说的范文。悼词开头少不了要回顾牺牲者们的丰功伟业，吕西阿斯的这篇葬礼演说辞是虚拟的，因此，他以希腊历史故事代拟：首先提到雅典人反抗亚马族人的战役，接着讲述了七将战忒拜的故事。

为死者而战(2.7—10)

[7]Ἀδράστου δὲ καὶ Πολυνείκους ἐπὶ Θήβας στρατευσάντων καὶ ἡττηθέντων μάχῃ, οὐκ ἐώντων Καδμείων θάπτειν τοὺς νεκρούς, Ἀθηναῖοι ἡγησάμενοι ἐκείνους μέν, εἴ τι ἠδίκουν, ἀποθανόντας δίκην ἔχειν τὴν μεγίστην, τοὺς δὲ κάτω τὰ αὑτῶν οὐ κομίζεσθαι, ἱερῶν δὲ μιαινομένων τοὺς ἄνω θεοὺς ἀσεβεῖσθαι, τὸ μὲν πρῶτον πέμψαντες κήρυκας ἐδέοντο αὐτῶν δοῦναι τῶν νεκρῶν ἀναίρεσιν, [8]νομίζοντες ἀνδρῶν μὲν ἀγαθῶν εἶναι ζῶντας τοὺς ἐχθροὺς τιμωρήσασθαι, ἀπιστούντων δὲ σφίσιν αὐτοῖς ἐν τοῖς τῶν τεθνεώτων σώμασι τὴν εὐψυχίαν ἐπιδείκνυσθαι·

[7]阿德腊斯托和珀吕内克攻打忒拜，在战斗中身亡，忒拜人不想让死者得到安葬。雅典人却认为，就算是这些死者行了不义，他们也因为死而遭受到最大的惩罚，何况冥府的神们会得不到本来属于自己的东西，而天上的神们也会因为（自己的）圣地受到玷污而受到亵渎。于是，雅典人先派出传令官，要他们去请求允许安葬死者，[8]因为，雅典人认为，是好男儿就该去找活着的敌人报仇，对自己没信心的人才会用死者的尸体来证明自己的勇气。

[9]οὐ δυνάμενοι δὲ τούτων τυχεῖν ἐστράτευσαν ἐπ' αὐτούς, οὐδεμιᾶς διαφορᾶς πρότερον πρὸς Καδμείους ὑπαρχούσης, οὐδὲ τοῖς ζῶσιν Ἀργείων χαριζόμενοι, ἀλλὰ τοὺς τεθνεῶτας ἐν τῷ πολέμῳ ἀξιοῦντες τῶν νομιζομένων τυγχάνειν πρὸς τοὺς ἑτέρους ὑπὲρ ἀμφοτέρων ἐκινδύνευσαν, ὑπὲρ μὲν τῶν, ἵνα μηκέτι εἰς τοὺς τεθνεῶτας ἐξαμαρτάνοντες πλείω περὶ τοὺς θεοὺς ἐξυβρίσωσιν, ὑπὲρ δὲ τῶν ἑτέρων, ἵνα μὴ πρότερον εἰς τὴν αὑτῶν ἀπέλθωσι πατρίου τιμῆς ἀτυχήσαντες καὶ Ἑλληνικοῦ νόμου στερηθέντες καὶ κοινῆς ἐλπίδος ἡμαρτηκότες.

[9]因为请求未能实现，雅典人就向忒拜人开战。其实，从前从来没有与忒拜人闹过不和，雅典人也并非要讨好活着的阿尔格维人，毋宁说，雅典人冒这样的险，不过因为他们认为，应该让阵亡者得到按礼法应有的东西。他们针对其中一方，为的却是双方：一方为了这些忒拜人不再犯错拿更多阵亡者去亵渎神们，另一方则为了阵亡者们不会再如此这般地回到自己的故土——既没有父辈的荣誉，又被剥夺了希腊人的礼法，还分享不了共同的希望。

[10] ταῦτα διανοηθέντες, καὶ τὰς ἐν τῷ πολέμῳ τύχας κοινὰς ἁπάντων ἀνθρώπων νομίζοντες, πολλοὺς μὲν πολεμίους κτώμενοι, τὸ δὲ δίκαιον ἔχοντες σύμμαχον ἐνίκων μαχόμενοι.

[10] 雅典人就是这样想的，当然，他们很清楚，打起仗来，机运对所有人都一样，何况他们招惹的敌人为数众多，但正义在他们这边，经过一场奋战，他们赢得了战斗的胜利。

→ 见《凯若斯述要笺释》。

桂冠演说

柏拉图晚年之时，雅典城邦的势力已经衰落，马其顿王国迅速崛起。这个时候，雅典城邦出现了一批出色的演说家[政治家]，德摩斯忒涅（Demosthenes，公元前384—前322年，有位著名的雅典将军也叫这个名字，不要搞混）名气最大。他说服忒拜城邦与雅典联手抗击马其顿，成了雅典城邦的政治领袖。公元前338年，希腊人与马其顿人在希腊半岛中部波俄提亚地区的凯罗内亚（Chaironeia）决战，马其顿国王菲力（Φίλιππος Β΄ ὁ Μακεδών，公元前359—前336年）兵分两路，自己亲率左路军突击。雅典—忒拜联军虽然人数占优势，但指挥失当，被菲力用方阵战法击破，雅典人称为"黑暗之日"。

凯罗内亚战役之后八年，雅典城邦给德摩斯忒涅送上了一顶荣誉"桂冠"，以示坚持城邦政体的决心。德摩斯忒涅获得桂冠后发表了演说，大谈自己如何配得上雅典城邦民给予他的荣誉，以及为什么要捍卫雅典城邦的独立。德摩斯忒涅的演说辞传世不少，这篇"桂冠演说"最为著名，早在古代晚期就被视为古希腊演说辞的杰作：朗吉努斯在其 Περὶ ὕψους（《论崇高：风格的激情》）中盛赞这篇演说 ἐμπνευσθεὶς ὑπὸ θεοῦ καὶ φοιβόληπτος[充满着神和太阳神的气息]（ἐμπνευσθεὶς 不定过去时被动态分词，比较 τὸ πνεῦμα）。

→ 汉森，《德摩斯提尼时代的雅典民主：结构、原则与意识形态》，何世健、欧阳旭东译，上海：华东师范大学出版社，2014；Ian Worthington 编，*Demosthenes. Statesman and Orator*, Leiden, 2000。

下面这个段落是整个演说辞的高潮（第208节），激情的展露、细腻的表达以及有力的叠套长句激起后人无尽的赞叹。

ἀλλ' οὐκ ἔστιν, οὐκ ἔστιν ὅπως ἡμάρτετ', ἄνδρες Ἀθηναῖοι, τὸν ὑπὲρ τῆς ἁπάντων ἐλευθερίας καὶ σωτηρίας κίνδυνον ἀράμενοι, μὰ τοὺς Μαραθῶνι προκινδυνεύσαντας τῶν προγόνων, καὶ τοὺς ἐν Πλαταιαῖς παραταξαμένους, καὶ τοὺς ἐν Σαλαμῖνι ναυμαχήσαντας καὶ τοὺς ἐπ' Ἀρτεμισίῳ, καὶ πολλοὺς ἑτέρους τοὺς ἐν τοῖς δημοσίοις μνήμασιν κειμένους ἀγαθοὺς ἄνδρας, οὓς ἅπαντας ὁμοίως ἡ πόλις τῆς αὐτῆς ἀξιώσασα τιμῆς ἔθαψεν, Αἰσχίνη, οὐχὶ τοὺς κατορθώσαντας αὐτῶν οὐδὲ τοὺς κρατήσαντας μόνους. δικαίως· ὃ μὲν γὰρ ἦν ἀνδρῶν ἀγαθῶν ἔργον ἅπασι πέπρακται· τῇ τύχῃ δ', ἣν ὁ δαίμων ἔνειμεν ἑκάστοις, ταύτῃ κέχρηνται.

可是，你们千万、千万不可迷惘啊，雅典乡亲们，你们曾为所有希腊人的自由和福祉不畏艰险——我愿发誓说：你们的祖先就曾在马拉松战役冲锋陷阵，在普拉泰阿战场浴血奋战，在萨拉米战役从阿忒米希安出海抗敌，无数英勇儿女长眠在烈士公墓，我们的城邦一视同仁地以他们配得上的让人敬仰的方式安葬了他们所有的人，听着！埃斯奇涅斯，安葬了所有人，而非他们中打过胜仗的人，也绝非仅仅只有其中的豪杰——公正地说，如此英雄儿女们的功业是他们所有人杀身成仁的，他们获得的幸运是神灵赋予每个人的。

→ 见《凯若斯述要笺释》。

"桂冠演说"并非葬礼演说，这段言辞却接近葬礼演说的风格，以至于这篇演说辞无意中历史地成为了雅典城邦本身的葬礼演说。德摩斯忒涅把在抵抗马其顿的战争中死去的勇士与雅典历史上的马拉松和萨拉米之战的勇士相提并论，起始句 Οὐκ ἔστιν οὐκ ἔστιν, ὅπως ἡμάρτετε[可是，你们千万、千万不可迷惘啊]充满激情，用布克哈特的话来说，它有如一道桥梁把光荣的过去与困顿的现在连结起来。

书　信

Ἡ ἐπιστολή[书信]（信差送来的东西，比较 ἐπιστέλλειν[送]，拉丁语 epistula）在古希腊很早就是一种文学类型，实际上古希腊的书信更多、更经常叫作 τὰ γράμματα（[写下来的东西]，中性名词 τὸ γράμμα 的复数；如今的信在我国古代也叫"书"）。

早在古希腊的古典时代，书信就不仅是一种私人或官方沟通和交流的媒介，也是"特殊"（κατ' ἐξοχήν[出色的]，字面意思是与突在上面的事物有关;法语 par execellence)文学体裁。换言之,书信并非一定是真的写给别人的通信,而是虚构的通信,即一种写作体裁。在致库瑞乌斯(Curius)的信(《致友人的信》2.4.1)中,西塞罗说:

> Epistularum genera multa esse non ignoras sed unum illud certissimum, cuius causa inventa res ipsa est, ut certiores faceremus absentes, si quid esset, quod eos scire aut nostra aut ipsorum interesset... Reliqua sunt epistularum genera duo, quae me magno opere electant; unum familiare et iocosum, alterum severum et grave.

> 你知道,书信有许多种类,但一种定然是由于这样的缘故才发明出来的,即告知不在我们跟前的人某些事情,以便他们知道这些要么对我们非常重要、要么对他们非常重要的事情。另外还有两种书信也令我非常愉快:一种是亲切、诙谐的信,另一种是严肃、厚重的信。(林志纯译文)

必须区分两种书信:1. 实际的书信——无论是写给个人的(比如伊壁鸠鲁的书信)还是写给某个小圈子的(比如保罗的书信);2. 作为一种文学体裁的虚构的书信。当然,有时两者很难区分:柏拉图书信究竟属于哪一类,迄今是个谜。早在雅典民主时期,演说家们就已经喜欢虚假的书信这种体裁。

在古罗马时期,拉丁语经典作家贺拉斯、奥维德(Ovid)甚至发明了诗体书信(比如奥维德的 *Epistulae heroidum*[《英雄书简》],共15首,用拉丁文挽歌体写成,仿希腊和罗马神话中一些受委屈的女英雄写给抛弃她们的英雄恋人的信),大受欢迎。诗体书信的出现充分表明,书信不是私人之间的交流媒介,而是一种文学形式:古罗马哲人塞涅卡的《道德书简》用书信这种亲切的表达形式来发挥廊下派的哲学观念,堪称书信文学的典范。

→ 塞涅卡,《塞涅卡道德书简:致鲁基里乌斯书信集》,刘晴译,北京:社会科学文献出版社,2021。

启蒙时代的一些大作家搞书信体小说(比如卢梭的《新爱洛伊斯》、维兰德的《阿里斯提珀》、歌德的《少年维特之烦恼》等等),可以说是在模仿古人。为什么要用虚构的书信体?原因可能与虚构对话体一样,都是哲人、文人凭借的斗争手段(而非仅仅是传达手段),以便在复杂的政治处境中更好地既表达自己的异见又保护自己。

情书是书信文体的主体,当然有真的也有虚构的——后来成了小说的一个亚种。晚期希腊时期,新一代智术师们特别热衷虚构情书,比如阿尔基福绒(Alkiphron,与路吉阿诺斯同时代并稍晚一些)虚构的情书就引人入胜,有19封流传下来,都是与艺女们(ἑταίρα — ἑταῖρος,原意为[同伴、伴侣],阿提卡语也指女友、情人)谈情说爱,但绝无今天色情作品(Pornography[色情]的古希腊语词源是 ἡ πόρνη[妓女])那样的味道——ἑταίρα[艺女]绝无道德上的贬义,尽管有艺女们的不少行话、爱欲的幽默(比较罗烨的《醉翁谈录》),并不下流,堪称希腊化时代的幽美小品,让我们感到当时希腊人的生活氛围。

情书的主角(写信人或收信人)往往假托历史名人 —— 比如马其顿政治家德墨特瑞俄斯(Demetrios)或谐剧诗人米南德,让当时的人读起来特别着迷。

→ Patricia A.Rosenmeyer, *Ancient Greek Literary Letters*, Routledge, 2006; John Muir, *Letters and life in the Ancient Greek World*, Routledge, 2008。

米南德致女友

托勒密二世盘踞埃及地区当王后,召谐剧诗人米南德做宫廷侍从,米南德喜不自胜,把消息告诉自己的女友格吕克娜(Γλυκέρα),但他装着对这差事不感兴趣,故意要她帮忙拿主意是否接受——阿尔基福绒笔下的米南德很会哄女友:

Ἐγὼ δ' οὐ περιμενῶ βουλάς, ἀλλὰ σύ μοι, Γλυκέρα, καὶ γνώμη καὶ Ἀρεοπαγῖτις βουλὴ καὶ Ἡλιαία καὶ ἅπαντα νὴ τὴν Ἀθηνᾶν ἀεί τε γέγονας καὶ νῦν ἔσῃ.

我盼望的绝不仅是建议,毋宁说,你之于我,格吕克娜呵,是见地,是最高的裁决,是最高法庭,是这一切,雅典娜作证,过去这样,永远这样。

περιμενῶ = περι-μένω [等待、期待]将来时;ἡ βουλή [意旨;建议、意见];Ἀρεοπαγῖτις βουλή = 建在 Ἄρειος πάγος 的议事会和最高法院;Ἡλιαία [法庭、大陪审团];νή = (加强语意的小品词,多用于以神的名义起誓和回答)[无疑、一定];ἡ Ἀθηνᾶ = [雅典娜女神](缩音自 Ἀθηνάα);γέγονας = γίγνεσθαι [生、诞生;产生]完成时(强变化)第二人称单数;ἔσῃ = εἶναι = εἰμί 将来时第二人称单数。

艺女腊米阿(Λαμία,是否真有其人大可怀疑)是德墨特瑞俄斯将军的

粉丝,她在给自己的崇拜者的信中写道:

  Ὅταν περιπλακείς με καταφιλῆς, πρὸς ἐμαυτὴν λέγω· οὗτός ἐστιν ὁ πολιορκητής; οὗτός ἐστιν ὁ ἐν τοῖς στρατοπέδοις; τοῦτον φοβεῖται ἡ Μακεδονία, τοῦτον ἡ Ἑλλάς, τοῦτον ἡ Θράκη; νὴ τὴν Ἀφροδίτην, τήμερον αὐτὸν τοῖς αὐλοῖς ἐκπολιορκήσω καὶ ὄψομαι τί με διαθήσει.

  你爱抚亲吻我时,我对自己说:这就是那位夺得城邦的勇将吗?这就是那位统领三军的统帅吗?马其顿害怕这位统帅,希腊和忒腊克也害怕这位统帅?向阿芙萝狄特发誓,今儿我要用箫打败他,看他拿我怎么办。

  → ὅταν = ὅτε ἄν 的合并,与虚拟式连用,带起时间性(涉及将来)的条件从句; περιπλακείς = περι-πλέκω [缠绕、拥抱;纠缠]的(强变化)不定过去时分词阳性;比较 δαρείς; καταφιλῆς =(缩音动词)κατα-φιλέω [爱抚、亲吻、亲昵]的虚拟式现在时二单; ὁ πολιορκητής [城邦征服者],马其顿的德墨特瑞俄斯(卒于公元前 282 年)的别名; τὸ στρατόπεδον [安营驻扎处、营地、驻扎的军队]; φοβεῖται =(缩音动词)φοβέομαι [使害怕;吓跑;吃惊]的中动态现在时第三人称单数;比较 ὁ φόβος; τήμερον = τὴν ἡμέραν = ἡ ἡμέρα [白昼、一日、一天]; ὁ αὐλός [管乐器、簧管]; ἐκπολιορκήσω = ἐκ-πολι-ορκέω [围城攻下(某城)]的将来时,这里暗指德墨特瑞俄斯的别名; ὄψομαι = ὁράω [看]的将来时; διαθήσει = δια-τίθημι [分开放、安排;处置;(中动)出售]的将来时。

  这些短信写得非常生动,尽管带虚构成分,我们至少可以看到,古希腊人实际上怎样给另一个人写信。毕竟,真实的书信往往早已随着生活的年轮湮没无痕,编造的情书反倒留下一些有趣逸事和机敏洞察,让我们看到过往生活的丰富性。

  真实的书信更真实感人,下面是基督教早期教父爱任纽(Irenaeus,130—202)写给丧失亲人的陶诺斐瑞斯和费隆的一封安慰书信,古典学者舒尔巴特(Schubart)称誉它"简洁、静穆而伟大":

为故者悲伤

  Εἰρήνη Ταοννώφρει καὶ Φίλωνι εὐψυχεῖν. οὕτως ἐλυπήθην καὶ ἔκλαυσα ἐπὶ τῷ εὐμοίρῳ ὡς ἐπὶ Διδυμᾶτος ἔκλαυσα, καὶ πάντα, ὅσα ἦν καθήκοντα, ἐποίησα καὶ πάντες οἱ ἐμοί, Ἐπαφρόδειτος καὶ Θερμούδιον καὶ Φίλων καὶ Ἀπολλώνιος καὶ Πλάντας. ἀλλ' ὅμως οὐδὲν δύναταί τις πρὸς τὰ τοιαῦτα. παρηγορεῖτε οὖν ἑαυτούς.

εὖ πράττετε.

Ἀθύρ α Ταοννώφρει καὶ Φίλωνι.

爱任纽愿陶诺斐瑞斯和费隆宽心。我为故者悲哀、哭泣,一如我为狄底马斯哭泣。我所做的一切,都是合适的,大家都这样认为,包括 Epaphrodeitos、Thermudion、Philion、Apollonios 和 Plantas。可是,谁不会做这些呢。你们要节哀! 多多保重! 于冬月初一。

[背面]致陶诺斐瑞斯和费隆。

→ 见《凯若斯述要笺释》。

古希腊人写信通常这样结尾:

σὺ δὲ εὖ πράττοις καὶ γράφοις ἀεὶ τοιαῦτα. 祝你一切都好,愿你一直都写这么一些事情。(Julian 375 d)

→ πράττοις(=πράττω)和 γράφοις 都是常用动词,-οι 是祈愿式的标志。

九　作品研读

　　古典语文学系本科高年级的主要课程是研读古典作品,与我国古典作品的研读一样,学生必须掌握文史常识、版本校勘和历代注疏的基本情况。我们若要从事古希腊作品的翻译,首先得掌握可靠的底本(校勘精良的本子)、找到西人最好的笺注和注疏,以此为基础着手翻译。

　　如果有人问某个译本是否依据希腊文翻译的,就是外行的问法;内行的问法是:依据的是哪个校勘笺注本。如果一部译作没有交代所依据的校勘笺注本,我们就有理由怀疑译本的专业性。

1　出土文本

最古老的古希腊文字的见证多是刻在石头或金属上的画瓶题字、公民决议（γράφειν 本意是"刻"），后来出现了更灵活、易于携带的书写用具：蜡板（δίπτυχον［两折品］或 δίπλωμα［双层物］，比较 Diplom［可信的证书］），即在双层板的一面直到背面四周都敷上蜡的薄板。最初做书用的材料则是割下来弄平的薄兽皮（所谓"羊皮卷"），制造这种材料自然花费昂贵。小亚细亚西北角的佩尔伽蒙城在希腊化时代是书写材料的制造中心，于是，Pergament［薄兽皮纸、羊皮纸］的名称流传至今。

在此之前，埃及人已经利用长在森林稀少的土地上的莎草（Papyros — Staude）为原料，不仅用来制造船缆、绳子，还做成很好用的书写材料——莎草"纸"。埃及人用这种由莎草芯造出来的纸书写，至少有4000年历史，其中3000年用的是他们自己的语言。

公元前650年前后，希腊人在尼罗河支流入海口上游的瑙克拉提斯（Naucratis，今亚历山大城东南约 72 千米）建立贸易站（1884 年，英国的埃及学家弗林德斯·皮特里［Flinders Petrie］首次发掘该遗址），与埃及人的往来贸易加强，发现了替代薄兽皮的材料。但直到亚历山大时代，希腊人大量迁居埃及地区，希腊语成了当时的普通话（官方语言），用莎草纸书写才逐渐普及。不过，在希腊半岛乃至赫尔库兰（Herculanum）遗址中都没有见到莎草纸写成的书。看来，只有在埃及荒漠干燥的空气中，这种纸质才有可能保存下来。

→ 约翰·高德特，《法老的宝藏：莎草纸与西方文明的兴起》，陈阳译，北京：社会科学文献出版社，2020。

1788年欧洲人才知道莎草纸，到了19世纪，盗墓者靠埃及当地阿拉伯农民指点，发现了一些古村遗迹，发掘出一些莎草纸卷。起初，盗墓者与当地农民一样，不知道这些东西是巨宝，要么当柴火烧掉，要么卖给商人——商人尽管也不知道是什么，毕竟知道卖给欧洲的博物馆。

1895/1896年间，英国的两位埃及学家格伦费尔（Bernard Pyne Grenfell, 1869—1926）和亨特（Arthur Surridge Hunt, 1871—1934）在开罗以南的法尤姆（Faijum，中埃及中心的绿洲城市）以及尼罗河谷西部边缘的奥克西林库斯（ὀξύρρυγχος / Oxyrhynchos）村废墟考古发掘时，发现了大量莎草纸古卷（Oxyrhynchus Papyri，经常缩写为 Pap. Oxy.），年代大约为公元前250年至公元700年间，主要为希腊文和拉丁文，也有埃及文、科普特文、希伯来文、叙利亚文和阿拉伯文文献，包括古希腊文学作品（早期希腊抒情诗、晚期希腊的戏剧、演说辞及纪事作品）和近东宗教文献（如《塞拉皮斯神迹》《新约》早期抄本、《托马福音》等）。尤其珍贵的是，其中有近两千封公务往来和私人交往书信，为今人提供了那个时代的直接记录。比如，我们可以看到古代书信的样式：第一句话以问候形式点明写信人与收信人，结尾没有签名，书信末尾告别的套话之后就是写信日期。

下面这封信可能出自公元前3世纪中期的一个亚历山大里亚城的希腊人家庭，父亲名叫克勒翁（Kleon），像是个负责搞水利工程的工匠，受国王托勒密二世之命，在法尤姆修建水渠和水坝，他的小儿子珀律克拉特斯（Πολυκράτης）在王室的管理部门做测量官员，收入菲薄。

求父帮忙

Πολυκράτης τῷ πατρὶ χαίρειν.

Καλῶς ποεῖς, εἰ ἔρρωσαι καὶ τὰ λοιπά σοι κατὰ γνώμην ἐστίν, ἐρρώμεθα δὲ καὶ ἡμεῖς. πολλάκις μὲν γέγραφά σοι παραγενέσθαι καὶ συστῆσαί με, ὅπως τῆς ἐπὶ τοῦ παρόντος σχολῆς ἀπολυθῶ. καὶ νῦν δέ, εἰ δυνατόν ἐστιν καὶ μηθέν σε τῶν ἔργων κωλύει, πειράθητι ἐλθεῖν εἰς τὰ Ἀρσινόεια. ἐὰν γὰρ σὺ παραγένῃ, πέπεισμαι ῥᾳδίως με τῷ βασιλεῖ συσταθήσεσθαι. γράφε δὲ ἡμῖν καὶ σύ, ἵνα εἰδῶμεν, ἐν οἷς εἶ καὶ μὴ ἀγωνιῶμεν. ἐπιμελοῦ δὲ καὶ σαυτοῦ, ὅπως ὑγιαίνῃς καὶ πρὸς ἡμᾶς ἐρρωμένος ἔλθῃς. Εὐτύχει.

珀律克拉特斯向父请安。

你过得好，诸事如意，这就好，我们过得也不错。我已多次写信给你，要你回来一趟，帮帮我，好让我摆脱眼下这份差事（或译：我眼下实在忙不过来）。现在，要是你能从工作中抽身，尽量来赶皇姐节庆。一旦你来这里，给大王说说帮帮我就容易了。请写信给我们，好让我们知道你在忙些什么，以免挂念。多多保重自己，健康、平安地回到我们这里。祝好!

→ 见《凯若斯述要笺释》。

下面这封信写于大约公元2—3世纪,写信的女孩子叫瑟热尼拉(Σερηνιλλα),也许离乡在亚历山大里亚城打工,她感到孤单,向父亲诉苦。从中我们不仅可以看到当时在埃及地区的希腊移民的生活状况(乃至宗教状况),还可看到阿提卡"普通话"的变异(口语发音的变化)。

女儿的孤单

Σερηνιλλα Σωκράτῃ τῷ πατρὶ πλῖστα χαίρειν. Πρὸ μὲν πάντων εὔχομαί σαι ὑγιαίνιν καὶ τὸ προσκύνημά σου ποιῶ κατ' ἑκάστην ἡμέραν παρὰ τῷ κυρίῳ Σαράπιδι καὶ τοῖς συννέοις θεοῖς. γεινώσκειν σε θέλω, ὅτι μόνη ἱμὶ ἐγώ. ἐν νόῳ ἔχῃς, ὅτι "ἡ θυγά(τ)ηρ μου ἱς Ἀλεξάνδρειαν ἔσσι", ἵνα καἰγὼ εἰδῶ, ὅτι πατέρα ἔχω, εἵνα μὴ ἴδωσείν με ὡς μὴ ἔχουσαν γονεῖς. καὶ ὁ ἐνιγὼν σοι τὴν ἐπιστολὴν δὸς αὐτῷ ἄλλην περὶ τῆς ὑίας σου, καὶ ἀσπάζομαι τὴν μητέρα μου καὶ τοὺς ἀδελφούς μου καὶ Σεμπρῶνιν.

瑟热尼拉向父亲苏格拉底致以衷心的问候。

首先,愿你身体健康;每天我都为你向主撒拉匹斯以及同住的神们祈告。但愿你知道,我很孤单。但愿你想得到,"我女儿在亚历山大里亚",这样我就知道,我有爸爸,这样你也知道,我并非没有父母。求你让捎这信的人捎封信回来,说说你的健康。拥抱母亲、弟弟,还有瑟木珀尼斯。

→ 见《凯若斯述要笺释》。

通过这封书信我们可以熟悉普通希腊语的书面语的拼写法,比如,在这封信中,i和ei不分。当发i—e—ai和e音时,口语与书面写法不同:

ἱμι → εἰμι; ἱς → εἰς; εἴνα → ἵνα; σαι → σε。

这是拼音文字容易出现的情况:地方性的语音变化会引致书面语拼写的混乱,因此西方语文有所谓"正字法"(规范语词的拼写)。反过来看,汉语方言众多却不会出现这类情形,因为汉语是图形文字。如果按"五四新文化运动"时期某些知识分子的主张,汉语改为罗马拼音文字,拼写必然会因方言差异而分崩离析。

普通希腊语在当时有如今天的英语,有教养的埃及家庭都重视学习希腊语,一位母亲写信给自己的儿子,要他努力学好埃及文,为的是教一个埃及医生的家庭学希腊语(文句按出土纸卷原样,未施加标点):

母亲致儿子

  Πυνθανομένη μανθάνειν σε Αἰγύπτια γράμματα σοι καὶ ἐμαυτῇ συνεχάρην διδάξεις παρὰ Φαλουῆτι (ἰατρῷ) τὰ παιδάρια καὶ ἕξεις ἐφόδιον εἰς τὸ γῆρας.

  得知你在学埃及文,为你,也为我自己感到高兴,你将在普法洛厄斯医生家教孩子们,为老人挣钱了。

  → πυνθάνομαι[打听、探知;听到……消息];比较强变化不定过去时 ἐπυθόμην,以及现在时分词 πυθόμενος;ἔμαθον=μανθάνω[学习、询问、理解]的强变化不定过去时,后跟带四格宾语的不定式短语:μανθάνειν σε;συνεχάρην =συγ-χαίρω[(和某人)共欢乐;(+与)祝某人快乐、祝贺](支配与格,比如这里的 σοι καὶ ἐμαυτῇ)的强变化不定过去时被动态(主动意味);νῦγ=νῦν;διδάξεις=διδάσκω 将来时二单;τὸ παιδάριον=παῖς[孩子]的昵称化,但在普通希腊语中,παῖς没有昵称形式;ἕξεις=ἔχω 将来时。

  在托勒密王朝,国王重视"文化建设",教师、诗人、演员享受一些特殊待遇——比如免盐税。下面是一位名叫阿珀罗尼俄斯的官员给属下写的公函(文本有脱漏,括号中的字母或语词是古文字学家推断的):

免除盐税

  Ἀπολλώνιος Ζωίλῳ χαίρειν. ἀφείκαμ[εν] τοὺ[ςτε διδασκάλους] τῶν γραμμάτων καὶ τοὺς παιδοτρίβας καὶ τ[οὺς…] τὰ περὶ τὸν Διόνυσον καὶ τοὺς νενικηκότας τ[ὸν Ἀλεξάνδρειον] ἀγῶνα καὶ τὰ βασίλεια καὶ τὰ Πτολε[μ]α[ῖ]α, κ[αθάπερ ὁ βασιλεὺς] προστέταχεν τοῦ ἁλὸς το[ῦ] τέλο[υ]ς αὐτούς τ[ε] καὶ [ἐκγόνους]. ἔρρωσο.

  阿珀罗尼俄斯问候佐伊洛斯。

  遵奉国王之令,为教语文的教师和体育教师以及[……]在狄俄尼索斯节上的……[亚历山大里亚节上的]赛会和托勒密[一世]节上的赛会冠军们,免除盐税,含其[子女]。祝好!

  ἀφείκαμεν=ἀφίημι[扔、抛、派遣;遗弃、释放]的现在完成时;ὁ παιδοτρίβης=[体育教练;教师、教员],比较:τρίβει;τοὺς … τὰ περὶ τὸν Διόνυσον[从事狄

奥尼索斯崇拜的人、肃剧演员];νενικηκότας＝νικάω[战胜、征服;击败]的现在完成时分词;ὁ Ἀλεξάνδρειος ἀγών＝为了敬拜已被尊为神的亚历山大大帝举行的赛会;τὰ βασίλεια καὶ τὰ Πτολεμαῖα＝敬拜托勒密王室举行的节庆;καθάπερ＝ὡς[正如、正像];προστέταχε＝προστάττω[(把某人)布置到(岗位上);下令、命令]的现在完成时;τοῦ ἁλός＝ὁ ἅλς[一块或一粒盐;(复)医用盐]的属格;这里受τοῦ τέλους(＝τὸ τέλος的属格,比较:τελεῖν)支配;ὁ ἔκγονος[儿子、孙子],由(ἔκ)某人所生的。

出土文字往往残缺不全(比较马王堆出土文献和郭店楚简等),需要古文字学家拟补以便释读。我们不可能、也没有必要做这方面的事情,应该知道的是:如今所谓的古希腊文原文,不是经过古典与文学家整理校勘的文本。研读某个具体古希腊经典文本,首先得掌握西方古典学家的相关校勘成果。

→ Bernard P. Grenfell, Arthur S. Hunt, *The Oxyrhynchus papyri*(＝Graeco-Roman memoirs, 103 vol.), London: Egypt Exploration Fund, 1898; Francesca Schironi, *From Alexandria to Babylon. Near Eastern Languages and Hellenistic Erudition in the Oxyrhynchus Glossary*(P.Oxy. 1802 + 4812), Berlin: de Gruyter, 2009; Philip W. Comfort, David P. Barrett, *The Text of the Earliest New Testament Greek Manuscripts*, Illinois: Wheaton, 2001.

2 古代文选

我国南北朝时期的梁朝(502—557)武帝萧衍长子萧统(501—531)主持编纂的《昭明文选》,是我国现存最早的文集,收录先秦至齐梁间130位作家的700余篇作品,按赋、诗、骚、诏、册、令、教等37类文体编排——以"事出于沉思,义归乎翰藻"为原则,没有收入经、史、子书。同时代人刘勰(约公元465—520年)的《文心雕龙》按当时文坛对"文"(含诗、乐府、赋等十类有韵作品)和"笔"(史传、诸子、论说等十类无韵作品)的划分,逐一讨论文体的性质、发展及写作要点,引用了211位文人的语录。希腊化时期亚历山大里亚城的语文学家已经开始编辑此类古希腊"集书",罗马帝国中期的希腊语作家第欧根尼·拉尔修($Διογένης\ Λαέρτιος$,约200—250)在《名哲言行录》中多次提到 $Ἀνϑολογία$ [文选](多卷本则为 $Ἀνϑολογίαι$),比如 $Ἀνϑολόγιον\ ἐπιγραμμάτων$ [铭体诗选集],但并没有流传下来。顾名思义,$Ἀνϑολογία$ 就是 $λογοί$ 的汇集,后来还有 $ἀνϑολόγημα$,因此也用 $ἐκλογαί$ 或 $συλλογαί$(偶尔用 $συναγωγή$ [$γνωμῶν\ ἤγουν$])。

→《昭明文选全本新绎》,樊运宽等译注,北京:文化发展出版社,2022;刘勰,《文心雕龙义证》,詹锳义证,上海:上海古籍出版社,1989;戚良德编,《〈文心雕龙〉与中外文论》,北京:崇文书局,2023。

著名的 $Ἰωάννης\ Στοβεύς$(斯托拜俄斯,Iohannes Stobaios,约公元5世纪,马其顿人)因当时的马其顿交通和贸易中心 Stoboi 城(中世纪被毁)得名,他为教儿子而编的名哲语录收罗了500多位古希腊哲人(其实把诗人、史家、演说家、医术家都算作"哲人"),书名用的一说(据《苏伊达辞书》)是 $Ἀνϑολόγιον$,一说(据圣佛提乌斯)是 $Ἐκλογαί\ Ἀποφϑέγματα\ Ὑποϑῆκαι$。

→ Thomas Gaisford (Hrsg.), *Iōannou Stobaiou Anthologion — Ioannis Stobæi Florilegium*, 4 Vol., Oxford: Clarendon, 1822—1824; Otto Hense (Hrsg.), *Ioannis Stobaei anthologii libri duo posteriores*, 3 Bände, Berlin: Weidmann, 1894—1912 / 重印 1958; M.

David Litwa(ed.), *Hermetica II: The Excerpts of Stobaeus, Papyrus Fragments, and Ancient Testimonies in an English Translation with Notes and Introductions*, Cambridge: Cambridge University Press, 2018。

雅典人的誓约(Stobaios, IV, 1, 48)

Οὐ καταισχυνῶ ὅπλα τὰ ἱερὰ οὐδ' ἐγκαταλείψω τὸν παραστάτην, ὅτῳ ἂν στοιχήσω. ἀμυνῶ δὲ καὶ ὑπὲρ ἱερῶν καὶ ὑπὲρ ὁσίων καὶ μόνος καὶ μετὰ πολλῶν. τὴν πατρίδα δὲ οὐκ ἐλάσσω παραδώσω, πλείω δὲ καὶ ἀρείω, ὅσης ἂν παραδέξωμαι. καὶ εὐηκοήσω τῶν ἀεὶ κρινόντων ἐμφρόνως καὶ τοῖς θεσμοῖς τοῖς ἱδρυμένοις πείσομαι καὶ οὕστινας ἂν ἄλλους τὸ πλῆθος ἱδρύσηται ὁμοφρόνως. καὶ ἂν τις ἀναιρῇ τοὺς θεσμοὺς ἢ μὴ πείθηται, οὐκ ἐπιτρέψω, ἀμυνῶ δὲ καὶ μόνος καὶ μετὰ πολλῶ. καὶ ἱερὰ τὰ πάτρια τιμήσω. ἵστορες θεοὶ τούτων.

我不会使神圣的甲胄受辱，更不会丢下同行的友伴。我将保卫神圣者和可敬者，无论独自一人，抑或与许多人一道。我不会有损父邦分毫，而要使传给我的父邦更大且更强。我将永远乐于听从裁决者，服从建立的法律及多数人会一致建立的其他东西。有谁破坏或不服从法律，我不会容许，我将惩罚他，无论独自一人，抑或与许多人一道。我将荣耀神圣的父邦。愿诸神成为这些的见证者。(张培均译文)

→ 见《凯若斯述要笺释》。

最早的选集并非都用 Ἀνθολογία 这个名称。出生于叙利亚的犬儒哲人墨勒阿格若斯(Μελέαγρος / Meleagros，约公元前140—前70年)编辑了最早的铭体诗选集，收47位诗人的诗作。每位诗人都被赋予一种用花编织的花冠，因此取名 Στέφανος[花冠集](其中不少诗很色情，叫"花间集"更恰当)。《花冠集》也收了墨勒阿格若斯自己的诗作，大多为艳情短句。比如他恭维自己的女友赫丽俄多娜(Heliodora)的闲聊天赋魅力无比：

闲聊天赋

Φαμί ποτ' ἐν μύθοις τὰν εὔλαλον Ἡλιοδώραν
我说过，说起话来无比妩媚的赫丽俄多娜在闲谈中，
νικάσειν αὐτὰς / τὰς Χάριτας χάρισιν.
总有一天会以自己的魅力战胜美惠三女神本身。

μύθοις = ὁ μῦθος[言语、言辞；谈话；命令]与格复数；*εὔλαλον* = εὔλαλος[说

话美妙动听的；说话多的]的宾格单数，比较女孩名Eulalie。Ἡλιοδώραν=[太阳的礼物]，构词 ὁ ἥλιος[太阳]+τὸ δῶρον[礼物]（比较人名Theodora[神的礼物]）；νικάσειν(=νικήσειν)=νικάω[战胜、征服；击败]将来时不定式。

Φαμί[我说]后跟带不定式的四格宾语（A.c.I.）：Ἡλιοδώραν νικάσειν αὐτὰς τὰς Χάριτας[将击败美惠三女神本身]，ποτ' ἐν μύθοις[在闲谈中]，这里可以看到μῦθος一词的本义用法[言辞、讲述、谈话]；以重复冠词带起的形容词四格τὰν εὔλαλον(=εὔλαλος，这个形容词来自动词，注意动词的构词εὖ+λαλέω，意思本来是真可惜，他有一种稍微有点儿滑稽的怪味)修饰Ἡλιοδώραν；χάρισιν[以种种魅力]为方式与格；自主代词复数四格的αὐτὰς修饰τὰς Χάριτας。

从风格来看，墨勒阿格若斯颇善于让俗语入诗，且让诗句不乏灵性。但这靠的是诗语的声调和韵律（注意划线音节），而非内容。现代西方语文也没法复制古希腊语的声调和韵律，不然的话，墨勒阿格若斯的俗语诗译成现代语文就真俗不可耐。比如他的另一首给其女友赫丽俄多娜献媚的双行诗：

花冠已然凋谢

Ὀ στέφανος περὶ κρατὶ μαραίνεται Ἡλιοδώρας 赫丽俄多娜头上的花冠已然凋谢；

αὐτὴ δ' ἐκλάμπει / τοῦ στεφάνου στέφανος 但她自己仍在放光，这花冠之冠噢。

ὁ στέφανος[环绕的一圈；花环]（比较西洋人名Stephan — Stefanie）περὶ=与格用法[围绕……]；κρατί=ὁ κράς[头、脑袋；顶、高处]的诗意与格，这个词不用于主格；在散文中，用ἡ κεφαλή[头、首、性命]；μαραίνεται=μαραίνω[使熄灭、熄灭、消逝；削弱]；ἐκλάμπω[照耀、发光；点燃]。

诗句第一行的主语是ὁ στέφανος περὶ κρατὶ Ἡλιοδώρας[Heliodora头上的桂冠]，谓语是μαραίνεται(μαραίνω的中动态μαραίνομαι[凋谢、萎缩]的现在时三单，比较μαρασός[消瘦]，如今的医学术语[老年消瘦]仍然为Marasmus)。

第二行：αὐτὴ δ'[但她本人]，动词ἐκλάμπει(ἐκ+λάμπω)的前缀ἐκ-有发出来的含义；τοῦ στεφάνου στέφανος直译为[桂冠之桂冠]，στέφανος是主格，τοῦ στεφάνου为修饰它的属格。末句为长短短格，似乎在恭维Heliodora是造物之冠，但这说法与第一行中的 στέφανος 的含义相矛盾。

《花冠集》选录的主要是亚历山大里亚时期的诗作，好些得以流传下来，成为后世诗人追仿的古诗——比如著名的罗马抒情诗人卡图卢斯（Catullus）和马尔提亚尔（Martial）。

亚历山大里亚时期的诗人安提帕特若斯（Antipatros of Sidon，约公元前155年）描述著名画家阿陪尔勒斯（Apelles，公元前270—前60年）的名作"阿芙萝狄特的诞生"非常有名：

Τὰν ἀναδυομέναν ἀπὸ ματέρος ἄρτι θαλάσσας 从大海母亲怀里冉冉浮出的

Κύπριν, Ἀπελλείου / μόχθον ὅρα γραφίδος, 白色浪花儿呵，瞧阿陪尔勒斯笔下的力作：

ὡς χερὶ συμμάρψασα διάβροχον ὕδατι χαίταν 她用手拢起被海水打湿的长发，

ἐκθλίβει νοτερῶν / ἀφρὸν ἀπὸ πλοκάμων. 把白色的浪花儿从湿漉漉的鬓发间拧下。

→ 见《凯若斯述要笺释》。

19世纪的法国诗人缪塞（Alfred de Musset，1810—1857）在自己的诗作中化用了这句：

Regrettez-vous le temps où le ciel sur la terre
你可怀念从前，当广天漫行
Marchait et respirait dans un peuple de dieux;
在大地上，呼吸于神族群间；
Où Vénus Astarté, fille de l'onde amère,
当维纳斯·阿斯塔特，苦潮之女，
Secouait, vierge encor, les larmes de sa mère,
尚是处子，抖落母亲的泪水
Et fécondait le monde en tordant ses cheveux?
滋润人间，恰只为拧干发丝？

→ 这是缪塞的长诗 Rolla 第一部分的开篇五行；Astarté 是古代腓尼基的女神，往往

与阿芙萝狄特相混。法国古典学者Salomon Reinach说，今人翻译古典的优美诗句时，简直就像一个没念过书的教堂差役指给别人看一件大师的作品。缪塞很聪明，他不翻译，而是用法语重写。

《花冠集》有不少铭体诗（ἐπιγράματα），但《花冠集》没有流传下来。980年，君士坦丁堡的皇宫总管克普法拉斯（Kephalas）编成了一部铭体诗集，将《花冠集》与大约公元40年间普菲力珀斯（Philippos of Thessalonike）编的又一部《花冠集》，以及公元6世纪阿伽蒂阿斯（Agathias）编的一部诗集，连同拜占庭诗人的铭体诗汇集在一起，从萨福直到拜占庭时期的诗人，著名的、不著名的、无名的诗人都有，共4000余首，洋洋大观。克普法拉斯的收录追求"全"而非"精"：有的寓意深刻（哀诉生命短暂），有的浮浅（诅咒盗墓者）甚至猥亵，对爱情要么美化、要么嘲讽。虽只能说是十足的大杂烩，倒也反映了世人心性的自然差异亘古不变。

17世纪初（1606年），有人在德国海德堡的帝王行宫（Palatina）藏书馆抄件部偶然发现了这个"大花冠集"的16卷抄件，于是命名为 *Anthologia Palatina*（也称为 *Anthologia Graeca*）。残缺的最后100页，18世纪时也在巴黎藏书馆被发现，莱辛著名的铭体诗研究与这一发现相关。今人编的古代诗人的诗集，大多取材自 *Anthologia Palatina*。

→ Johann Friedrich Dübner-Cougny（edd.）, *Epigrammatum anthologia palatina cum planudeis et appendice nova*, 3 voll., Parisiis, editore Ambrosio Firmin-Didot, Instituti francici typographo, 1881—1890; Andrew Sydenham, Farrar Gow, Denys Page（eds. trans.）, *The Greek Anthology: Hellenistic Epigrams*, Cambridge: Cambridge University Press, 1965; Hermann Beckby（Hrsg.）, *Anthologia Graeca*, 4 Bde., 希德对照, München: Heimeran Verlag, 1958—1965。

3　古典丛书

具有文明传统的国家都有自己的"古典丛书"。我国清代学人在丛书编修方面成就辉煌,但仍然需要按现代的出版样式(如施加标点)重新整理出版。自中华人民共和国成立以来,新版式的大型古典丛书取得了可喜成就,比如:《二十四史》(点校本)、《十三经清人注疏》、《新编诸子集成》、《中国古典文学丛书》、《中国古典名著译注丛书》、《历代史料笔记丛刊》(分为唐宋、元明、清代和民国系列)、《中国古典文学理论批评专著选辑》、《道教典籍选刊》、《理学丛书》、《中国思想史资料丛刊》、《易学典籍选刊》、《中国史学基本典籍丛刊》)等。不过,有待整理、句读、校注的古书仍不在少数。

西洋的古典丛书主要见于英、法、德、意诸语种,下面扼要介绍几种较为通行的著名大型丛书。

英　语

Loeb 丛书(古希腊—罗马经典著作),希—英、拉—英对照,大多不带注释,迄今仍不断更新,编修水平参差不齐。这是西方最为普及的古典丛书,但未必每种都最好。谁若翻译荷马、柏拉图或古希腊肃剧作品以 Loeb 丛书为底本,会被视为外行。

Cambridge Greek and Latin Classics 多为笺注本,水平较高,可惜价格不菲。

Clarendon Press 是经营古典作品的老牌出版社,出品上乘,但贵得要命。牛津的 Aris & Phillips Classical Texts 系列也有一些好书,但印制质量较差。

Classic commentaries on Latin and Greek texts(BCP)值得推荐,缩写 BCP 指 Bristol Classical Press,属于英国 Duckworth 出版公司。这套丛书分 BCP Greek texts 和 BCP Latin texts 两个系列,主要重印 19 世纪的权威考订本,大多含英文引介、纂释、辞汇。BCP Commentaries 系列重在纂释,多平

装,十分便宜,做功德事业,不像如今的某些出版社,制作堂皇精装,不是为了敬重古典作品,而是为了卖得尽可能昂贵或获取图书奖。

Bryn Mawr Commentaries 由 1972 年才创立的 Hackett Publishing 出品,这套古典注疏丛编以其注疏精审著称,逐渐成为文史学者的必备书,但对读者的语言有较高要求。该社的 Classical Studies 系列也出版了包括柏拉图研究在内的重要学术专著。

法　语

Les Belles Lettres 以编修出版古典作品闻名,出品质量精审(但价格太贵,除了少量平装本)。该出版社出版的系列古典丛书(Collection des Universités de France),搜罗至公元6世纪的古典文本,以16世纪的人文学者布德(Guillaume Budé)冠名(Collection Budé),由 Association Guillaume Budé 赞助。Imprimerie Nationale Editions 和 Flammarion 出版的古典作品丛书,质量上乘(注释尤其好),且价格不贵。

德　语

德语学界的希腊罗马古典文献丛书冠名为 Bibliotheca Scriptorum Graecorum et Romanorum Teubneriana,与英语学界的 Oxford Classical Texts (Scriptorum Classicorum Bibliotheca Oxoniensis)和法语学界的 Collection Budé 并列为西方学界三大古典文本校勘考订丛书,但唯有 Collection Budé 附有法文翻译,前两种则只有希腊与拉丁文本的校勘。

德语的 Reclams Universal — Bibliothek 中的古希腊罗马文学的双语本大都品质上乘(注释也不错),价格很便宜,可惜开本和字体太小,损害视力。Artemis 出版社的 Sammlun Tusculum 丛书(多双语)牌子虽老,但注释过于简略,价格还很贵。

以上略举的是涵盖面较广的"古典丛书",正如我国有"十三经注疏"或道藏之类,对流传下来的著述较多的作家,通常都有专门的丛书,列举不过来。

4　作品笺注

我国的经书系统形成于汉代:"传""记""注"一类著书形式的出现,标志着经典的形成——与此相似,古希腊的经书形成于亚历山大时期至罗马帝国晚期,其间已经出现经典作品的各类注疏,逐渐形成西学的古典注疏传统。

与我国古书的注疏一样,古希腊故书的注疏,涉及该作家的其他文本乃至同时代或先前时代作家作品。要把握古希腊经典作品语词和文句的含义,需要具备的不仅仅是古希腊语文的基本知识(所谓的"通"古希腊语),还需要熟悉几乎所有古希腊的经典作品(真正的"通古希腊语文")。古典语文学家的基本课业,就是熟读古希腊经典作品原文。

我国故书的注疏传统始于汉代,历史悠久,源远流长。经书"注"(直接解释正文的词义句意,本意为"灌入")、"疏"(既释正文,又释注文,本意为"通")基于训诂,"训诂"也称"故训""训故"(两字连文始于汉代),即解释古书词句——孔颖达有言,"诂者,古也。古今异言,通之使人知也;训者,道也,道物之形貌以告人";所谓"通古今之异辞,辨物之形貌,则解释之义尽归于此"。

就类别而言,有"独立训诂"(结合字形、语音解释词义,如《说文》训诂)与"隶属训诂"(结合文章语境解释词义,如《尔雅》及注体著作类)之分。

就方法而言,有"词义训诂"(解释词义、确定义项)、"文意训诂"(解释超出具体词义的文辞含义)、"名物训诂"(解释植物、动物、天文、地理、人事之类)之别。

就体式而言,有"正文体"(经典文本中对词语的解释)、"传注体"(随文解释古书词义、句意、章旨)、"专书体"(在前两种"体"基础上形成的专门性训诂著作)。

所谓"解"(解析词义、文句)、"释"(解释经文或汇集词语加以训解＝《说文》:"释,解也")、"注"(直接解释正文的词义句意)、"述"(注释词句或阐发文义)、"隐"(说解前人隐而未发的音义)、"微"(解释阐发微旨大义)、"诠"(具说书中事理)、"义"(诠释词、句、文意,有时侧重义理)、"笺"(在原注基础上进一步申畅经文,时亦注经文)、"章句"(论章辨句、敷畅大义)、"义疏"(既释经文,又释注文)、"疏证"(广采古籍以阐释、考订、补订某一经书),统统不过"传注体"式之一。

→ 马文熙、张归璧等编,《古汉语知识详解词典》,北京:中华书局,1996;陆宗达,《训诂简论》,北京:北京出版社,2002;太田辰夫,《中国语历史文法》,蒋绍愚、徐昌华译,北京:北京大学出版社,1987;胡奇光,《中国小学史》,上海:上海人民出版社,1990(重印);汪耀楠,《注释学纲要》,北京:语文出版社,1991;吴承学,《中国古代文体形态研究》(增订本),广州:中山大学出版社,2002;吴承仕,《经典释文序录疏证》,北京:中华书局,1984;鲁惟一主编,《中国古代典籍导读》,李学勤等译,沈阳:辽宁教育出版社,1997。

我国的经典注疏(包括文本校勘)于清代至民国初期在汉宋注疏的基础上取得了新的非凡成就,产生出一大批经典注疏名家:焦循、孙诒让、孙星衍、王先慎、陈立、廖平、杨树达……研读某部经典作品,首先得了解这部经典已经有过哪些注疏名家的注解本,不然就会事倍功半。比如,读《论语》得看简朝亮、刘宝楠、程树德、皇侃、姚永朴的注解本,而非从时髦的"今注"或"新解"入手。西方经学同样讲究注疏,19世纪以降亦是经典注疏成就斐然的时代,学习西方古典语文学,亦当知道经典注疏名家。

与我国经典注疏一样,这些笺注名家总是与具体的经典文本联系在一起,因此,当通过具体的经典作品来熟悉注疏名家——如果你想要精研或翻译某部古希腊经典,首先当尽力找到这类笺注本。比如,杰布(Richard C. Jebb, 1841—1905)的索福克勒斯作品笺注,伯内特(John Burnet, 1863—1928)的柏拉图《斐多》《申辩》笺注,多弗(Kenneth J. Dover, 1920—2010)等的修昔底德《战争志》笺注和阿里斯托芬《云》笺注,韦斯特(Martin L. West, 1937—2015)的赫西俄德笺注。

经典作家人名缩写

古典语文学家注疏的古希腊经典作品,经常引征其他作品,引征时通常采用作家名和作品名的缩写。较大的词典在释词时,也会注明著名诗人、作家的作品中用到这个语词的出处(比如著名的 H.G.Liddell / R.Scott 编、H.S. Jones 修订的 *A Greek-English Lexicon*[《希英大词典》])甚至例句(比较我国的《汉语大字典》和《汉语大词典》)。作家名和书名通常为缩写,我们必须逐步熟悉诸如此类的缩写。

虽然英、法、德语拼写古希腊人名有差异,但大致不会影响对缩写的判

断,只要熟悉古希腊的著名诗人和作家的原文名字,多半会猜出来。下面的例子以德文为例:

Hom.＝Homer[荷马];

Thuk.＝Thukydides[修昔底德];

Soph.＝Sophokles[索福克勒斯]。

当然,要认出比如说 D. Hal＝Dionysios von Halikarnassos 或 Ar. Byz.＝Aristophanes Byzantinus(拜占庭的)阿里斯托芬,就需要相当的古典学功夫了,好在词典通常会附有缩写表。

注明一段完整的引文,在注明著作中的具体出处时同样用缩写,包括注明卷、章、段、行:

Hom. Il. 204＝荷马,《伊利亚特》,卷二,204行;

Thuk. Ⅲ. 42＝修昔底德,《战争史》,卷三,第42章;

Aisch. Ag. 213＝埃斯库罗斯,《阿伽门农》,213行;

Plat. *Polit.* 或 *Rep.*, Ⅲ, 386c＝柏拉图,《王制》,卷三,386c段;

Xen. Kyr. Ⅳ 2, 12＝色诺芬,《居鲁士的教育》,卷四,第2章,12段;

Sp.＝晚期作家;

N.T.＝《新约》。

专业术语的缩写涉及面很广,除人名、书名外,篇目乃至期刊名和学术机构的名称,都需要缩写。

Etr.＝Etruscan 伊特鲁斯坎语

comm.＝commentary 注释,笺注

Ep.＝Epistulae 书信集

Apth. *Prog.*＝Aphthonius, *Progymnasmata* 阿弗索尼乌斯,童蒙修辞学

Anon. *De com.*＝Anonymus *De Comoedia* 佚名氏,《论谐剧》

An. pr.＝*Analytica priora* 前分析篇

Epict. diss.＝*Epicteti dissertationes* 伊壁鸠鲁学派论文集

Argon.＝*Argonautica* 阿尔戈英雄纪

Suppl.＝*Supplement* 增补;增刊

Ant. Journ.＝*Antiquaries Journal* 古代杂志

AAA＝*Athens Annals of Archaeology* 雅典考古年鉴

Ann. Ist.＝*Annali del Istituto di Corrispondenza Archaeologica*(1829—)考古通信机构年鉴

BASP＝*Bulletin of the American Society of Papyrologists* 美国纸草学家

学会通报

Bibl. Éc. Franc. = *Bibliothèque des Écoles françaises d'Athénes et de Rome*（1877—）法国雅典与罗马学院文库

→ 顾枝鹰编译,《古典学译名手册》,中国社会科学院外国文学研究所古典学研究室试刊本,2024。

经典作家词典

古人编的词典最著名的当推《苏伊达辞书》(A.Adler 编,*Sudae Lexicon*,五卷本,Leipzig,1928—1938)。

现代的古典语文学家编撰词典的丰硕期在19世纪(尤其德语的古典学界),当时的学者编撰的《荷马词典》《索福克勒斯词典》《柏拉图词典》承接亚历山大学派的遗风(比如迄今还在用的 E.E.Seiler 编:*Griechisch—Deutsches Wörterbuch über die Gedichte des Homeros und der Homeriden*,Leipzig,1863,第六版),但好多用传统学术语言拉丁语释词,除非古典学系的学生,一般研究生用起来也很难。

研究某个古希腊的大作家,当尽可能掌握西人所编撰的词典。以柏拉图为例:

Timaeus Grammaticus,*Lexicon vocum Platonicarum*,Leibzig 1828,重印 Hildesheim 1971;

Fr.Ast,*Lexicon Platonicum*,1835—1838,重印 Darmstadt 1965;

M.Stockhammer,*Plato Dictionary*,New York 1963;

E.des Places,*Lexique de la langue philosophique et religieuse de Platon*,Paris 1964;

H.Perls,*Lexikon der platonischen Begriffe*,Bern 1973;

O.Gigon,*Lexikon der Namen und Begriffe*,Zürich 1975(释词很差,从现代哲学观念来选择要解释的概念,解释亦未紧贴文本,但人物注释非常有用);

L.Brandwood,*A Word Index to Plato*,Leeds 1976;

Luc Brisson,*Le vocabulaire de Platon*,Paris 1998(释词不错,贴近文本,但选词太少)。

若问西方学界哪个柏拉图的译本最好,这样的问题难以回答。如今,业内人士用功译注的是某一部或多部柏拉图的作品,因而,可以而且值得问的是:柏拉图的具体某个作品最好的译本是哪个。

正如我们读《谷梁传》得借助廖平的《谷梁古义疏》、钟文烝的《春秋谷梁经传补注》，读《公羊传》得靠陈立的《公羊义疏》，倘若要想研读某部古希腊的经典作品（无论荷马还是肃剧诗人或柏拉图），都必须先掌握这个作家的这部作品的译本、笺注和义疏的进展，而非依据一般流行的"全集本"。

文本考订

文本在流传过程中难免会产生文字错误，因此需要修复文本（constititio textus），这种工作称为文本考订。显然，文本考订首先需要确认原初的原文，以此为基准，以考订的眼光看待抄件文本。

但是，经常出现的情形是，原初文本很难确定，从而需要倒过来，通过对比不同的抄本来接近原始文本。因此，文本考订还需要对勘所谓的附传本（引文和摘录、模仿乃至改写和翻译）。

第一步"对勘"（recensio）：收集文本材料后，考订并检验材料的相互关系，排除依赖已知抄件的材料，并确定剩余材料的相似点，以便找到传本中最可信的文本。

第二步"复核"（examinatio）：检验最可信的文本是否可以当作原件（就本义而言的传本）。假如传本极有可能不是原文，就需要对其做出好、可疑或差的评价。

第三步"校勘"（Konjektur）：通过修正损坏的地方、拟补遗漏、删去（Athetese）添加（Interpolationen），修复出原始文本（emendatio, divinatio）。

Burnet[伯内特]版的柏拉图全集校勘本很有名，西方学界用了一个多世纪，迄今还在用，但其中仍然有一些鱼虫之误。

例一 《会饮》中"心软的家伙"

ὁπόθεν ποτὲ ταύτην τὴν ἐπωνυμίαν ἔλαβες τὸ μαλακὸς καλεῖσθαι[我还真不知道，你从哪儿得了个绰号叫"心软的家伙"]。

τὸ μαλακὸς[柔软的]（敏感的），反义词是ἄγριος[坚硬的]（麻木的）。阿波罗多洛斯在苏格拉底的临终时刻抑制不住号啕大哭（《斐多》117d），表明他生性软弱。在《王制》中（410d），ἀγριότης 和 σκληρότης 对举，与 μαλακία 和 ἡμερότης 对举。

在这里的文脉中，μαλακὸς显得很奇怪，难以理解。在另一抄本中，这里不是μαλακός[心软的]，而是μανικός[疯癫的]："你怎么会得了个绰号叫'疯癫的家伙'？"这个说法与下面（e1-3）的意思吻合，也与这里的后一句吻合："你啊，总这样说话，恼怒（ἀγριαίνεις）你自己，恼怒别人，除了苏格拉底。"不难设想，"心软的家伙"不大容易恼怒。

例二 《斐德若》的"粗话"

ἐν τῷ πρόσθεν δ' εἴ τι λόγῳ σοι ἀπηχὲς εἴπομεν Φαῖδρός τε καὶ ἐγώ[要是斐德若和我在早前的讲辞中对您说了什么粗鲁无礼的话]。

"粗话"按伯内特本是"不和谐的话"(ἀπηχὲς),按另一个抄本,ἀπηχὲς[不和谐的]是ἀπηνὲς[无礼的]之误,仅一个字母之差。

→ M. L. West, *Textual Criticism and Editorial Technique: Applicable to Greek and Latin Texts*, Stuttgart, 1973；豪斯曼等,《西方校勘学论著选》,苏杰译,上海：上海人民出版社,2007；张强,《西方古典著作的稿本、抄本与校本》,《历史研究》,2007年第4期。

5　文本析读

　　任何一部篇幅较大的作品都由一些相对独立的短小文本段落构成,我们可以把这些段落称为一部作品的细节,掌握这些细节是析读一部作品的关键。阅读经典作品的细节,必须按尼采的教导:眼睛要放尖些,手指要移动得慢些——必须学会缓慢阅读。为此,我们需要掌握一些最基本的文本析读方法。

　　析读一段文本,不外乎要搞清楚文本(1)说了什么、(2)如何说,由此(3)揣摩作者通过这样说出(写下的)"什么"和"如何"说(写)想要传达的思想蕴涵。作者想要表达的思想,除非形诸文字,我们并不知道,但作者要表达的思想经常并不直接等于文本的字面所说(文本说了什么)。

　　这样一来,作者的意图与文本字面之间便形成了理解上的张力或者差异。既然文本字面说的并不直接等于作者所想要说的,作者如何说就显得非常重要。我们能接触到的毕竟唯有文本(而非作者的意念本身),要把握作者的意图,只有凭靠文本中的如何说。为了把握经典大师们的真实想法,就得以非常小心的态度来看待文本,这就是看他如何说。

　　细看文本的如何说,必须基于对文本的形式性理解——字面理解,这是细读文本的起点。从字面上看,文本由三个层面相辅相成地构成:词义、辞句和文脉(文本的大段落)。这三者之间的关系既有分别,又很难全然割裂,阅读时当从哪个层面入手呢?

　　阅读通常从扫清"生词"入手,其实,所谓扫清"生词"是个含混的说法,因为,不少"生词"并非通过词典就能解决问题。比如说,遇到一个多义项的语词,该选取哪个词义项呢?某种程度上可以说,没可能先搞清楚全部语词的含义再来解析辞句和文脉,因为,语词的语义经常需要靠句法和文脉来确定。

　　阅读一段文本最好从第三个层面着手:在细读具体的文本之前,当首先尽可能大致了解文本的写作背景、形式特征、基本主题以及整体结构,从而使得细读细节不至于舍本逐末。比如,要把握修昔底德《战争志》中的某篇演说,首先就得注意这篇演说所处的文脉位置(文本位置),想想这篇演说为什么会被安排在这个文本位置。

把握文脉

光靠词义和句法解析还不能完全吃透文本,尤其是有一定难度的文本。对一个陈述所表达的含义,往往需要经过仔细的斟酌和比较,这时,更重要的是所谓"背景知识"(靠平时多读中文方面的研究文献和翻译作品来积累,临时抱佛脚不管用)。尤其那些从一部篇幅较大的作品中选取的段落,更需要这方面的背景知识:必须对整部作品的概况有所了解。在选择要了解的作品的版本时,尤其要注意是否有注释和题解等等。通过平时的大量阅读,可以在相当程度上消除与古典作品在时间、文化背景上的距离。

通常人们以为,阅读哲学类文章,对预备知识的要求要高得多,似乎阅读叙事性作品比较容易,其实不然。古代大作家的叙事性作品大多有寓意,表面看起来行文平铺直叙,又没有什么抽象术语,实则寓意深远,要求的背景知识绝不亚于哲学文章。阅读哲学文章,只要逮住某派学说的要义也就大致行得通,但叙事性作品就并非如此。

通读文本时,首先找出觉得有困难的成分(单词、词群),确定最易理解的地方,从而建立起一个理解的立足点,作为阅读的突破口。不过要注意,别凭想象去扩张这个立足点。有的单词即便自己觉得有把握,也不妨查查词典。

辨识词义

每篇文本相对来说都有一些简单的单词和词群,其含义基本上不难确定,但也有一些确实多义或显得多义的语词,让人感到棘手,难以从其多个"词典含义"中选定一个词义。遇到这类问题词,不必急于选定某个词义,而是暂时放下,不妨从较为易于理解的段落入手(有时,读书需要从前跳到后面,再回到前面)。

以色诺芬《上行记》中的小居鲁士的演说(见《凯若斯古希腊文读本》[上册])为例,首先区分语词的难易:

(1)容易的:通常为一些常见的、不会因词形变化而改变词义的语词,如:ἀλλά — καί — εἰς — Ἕλληνες — συμμάχους;

(2)较容易的:这类语词出现频率较高,其词干不难识别,可以通过单

一明确的词尾认定其词义,如:νομίζων — ὑμᾶς — ταῦτα;

(3) 较难的:其词干和含义难以马上确定的语词,如:αἰσχυνεῖσθαι — γνώσεσθε;

(4) 很难的:其词形与词典原形几乎面目全非,如:ἑλοίμην — ἀνάσχησθε。

对付难词,既要仔细辨别其形式构成(包括声调符号),也要注意上下文。比如,想想 ἀπορῶν 可以还原到哪个基本词形(＝ἀπορέω — ἄπορος — ἀπορία)。在试着确认一个词形时,心里要清楚,这个选择是否是以及为什么是唯一正确的答案,如果可能的话,在相同的句法层面找出一个与 ἀπορῶν 词义相反的词,并问这个反义词可以还原为哪些词?

下面的语词都很难在词典中查到:

προσέλαβον — ἔσεσθε — ἴστε — ἑλοίμην — ἐπίασιν — ἀνάσχησθε — οἴκοι — ἀπελθεῖν — ἑλέσθαι

ὅπως 在文本中出现了两次,前一次与后一次含义不同,需要查找词典搞清这个语词的多种用法,词典会告诉你:

ὅπως＋虚拟式＝[以此];

ὅπως＋将来时直陈式:(从句)作从句引导词;(主句):[但愿……]。

ἄν 的情形同样如此,其具体含义要靠句法知识来确定。

句法解析

对付句子同样可以像对付单词那样,先从容易理解的部分入手。所谓"容易的"部分,指依据词尾的词形不难划分句子构成的成分。需要特别提请注意的是那些所谓的"小品词",尤其是连词。

例如:小居鲁士的演说中有个地方出现了两次 ὑμῶν,其含义就得依文本的句法来把握,也就是要搞清楚它们各自属于哪个句法上的词组。在这里,καί 划开了两个独立二格的词组:第一个 ὑμῶν 属于 ἀνδρῶν ὄντων[倘若你们……]。由于中间插有主语 ἐγώ,第二个 ὑμῶν 与 γενομένων 的联系变得不那么明显,这个词在这里更像一个起分离作用的部分二格用法,从属于 τὸν βουλόμενον,分词在这里加了冠词,从而具有概括化的含义,因此这里的意思是:小居鲁士说"无论谁,凡想要……"。

不妨按上面的方式搞清楚下列格位词的从属性和句法功能:

ἀνθρώπων — πολλῶν — βαρβάρων — τῆς ἐλευθερίας — ὑμᾶς — κραυγῇ πολλῇ

要想知道 ἄξιοι τῆς ἐλευθερίας, ἧς … 的意思，得首先知道这样的句法知识：原本应该有的关系代词（这里为第四格，第二格或第三格同样如此）往往会被其关系词吞掉（同化），从而，这个关系词带起的关系从句直接代替了被吞掉的关系代词，比如：ἔστε ἄξιοι ἧς κέκτησθε ἐλευθερίας。

在小居鲁士的演说中还有类似的关系代词被同化的例子，你不妨找找看。

要理解 εὖ τῶν ἐμῶν γενομένων，显然得知道独立二格的语法属性；在 πολλοὺς δὲ οἶμαι ποιήσειν 中，第四格 πολλοὺς 单纯从形式上看既可以充当主语（四格加不定式），也可以作 ποιήσειν 的宾语。

应该注意到 τὸν μὲν … πολλοὺς δὲ 的关联对比：τὸν μὲν οἴκαδε βουλόμενον ἀπιέναι τοῖς οἴκοι ζηλωτὸν ποιήσω ἀπελθεῖν, πολλοὺς δὲ … 。搞清楚 πολλοὺς 在句子中的作用后才能把握 ποιήσειν 的含义。

可以看到，在丰富多样的句子成分中，正确划分诸如独立二格、表语性分词和四格加不定式等句法要素十分重要。不妨试试划分小居鲁士的演说中下面这个句子的结构，说清楚句子各成分的从属性和作用：

συμμάχους — τὰ ἄλλα — ἀπιέναι — τοῖς οἴκοι — ἀπελθεῖν — ἕλεσθαι

对付较长的复合句，重要的是首先找出主干句，然后再弄清楚你所设想的从句的属性。比如，你可按此方法分析小居鲁士的演说中的这个复合句：

τὸ μὲν γὰρ πλῆθος πολὺ καὶ κραυγῇ πολλῇ ἔπίασιν· ἂν δὲ ταῦτα ἀνάσχησθε, τὰ ἄλλα καὶ αἰσχυνεῖσθαί μοι δοκῶ, οἵους γνώσεσθε τοὺς ἐν τῇ χώρᾳ ὄντας ἀνθρώπους.

然后说明，何种程度上间接问句可设想为从属于两个上一级句子。

试试描述一下结束句的结构，要特别注意平行（有前提条件）和对比。

作家的独特修辞风格会增加文本的理解难度，比如小居鲁士的演说中的一句：τὸ μὲν γὰρ πλῆθος πολὺ καὶ κραυγῇ πολλῇ ἔπίασιν· 通过 πολὺ 可以看出，这里省略了 ἐστί（省略句=Ellipse），由此出现了主语的变换（"他们推进"）。"根据意思来建构（句法结构）"是一条重要的句法分析原则，这里正好可以用上。尽管 πλῆθος 是中性单数，但其从属谓语仍然为复数（因为是许多人在讲话）。在这种情况下，你觉得该如何解释 πολὺ 的句法功能？

首先还得从这段演说所在的文本位置（第一卷）来考虑文本的含义：居鲁士在这段讲辞中间说到的 πλῆθος 指谁？他演说时的处境如何？πολύ / πολλῇ κραυγῇ 与 τὰ ἄλλα 的对立是怎样的？οἵους γνώσεσθε τοὺς ἐν τῇ χώρᾳ ὄντας ἀνθρώπους这句话背后所依据的判断(文本中没有说)是什么？应该从哪个关系角度来看待 αἰσχυνεῖσθαί μοι δοκῶ？演说辞运用了哪些对比强烈的词语来分别描述？

Καιρός
A Survey of Ancient Greek Philology
Vocabulary and Notes

凯若斯
述要笺释

附经典作品语汇、词法简表

刘小枫　编修

华东师范大学出版社
·上海·

华东师范大学出版社六点分社　策划

国家社会科学基金重大项目"《牛津古典大辞典》中文版翻译"
（项目批准号：17ZDA320）（阶段）成果

目　录

说明 / 1

述要笺释 / 1
    语法 / 3
        形容词 / 3
        祈愿式 / 4
        缩音动词 / 4
        多肢谓语和双翼句 / 5
        关联分词短语 / 8
    修辞 / 12
        常用修辞格 / 12
        古典作品中的用典 / 13
    文体 / 17
        叙事诗 / 17
        抒情诗 / 19
        铭体诗 / 22
        神话 / 24
        寓言 / 25
        对话 / 27
        演说辞 / 28
        书简 / 46
        作品研读 / 48

经典作品词汇(郑兴凤　贺方婴　编译) / 53
    一　荷马 / 55

二　诗歌 / *67*
　　三　哲学 / *73*
　　四　肃剧 / *80*
　　五　希罗多德 / *91*
　　六　修昔底德 / *100*
　　七　柏拉图 / *106*
　　八　色诺芬 / *122*
　　九　亚里士多德的日常词汇 / *132*
　　十　亚里士多德的科学词汇 / *141*
　　十一　史书 / *148*
　　十二　《新约》/ *153*

词法简表（郑兴凤　编译）/ *165*
　　一　音调及其规则 / *167*
　　二　介词 / *188*
　　三　名词 / *191*
　　四　形容词 / *202*
　　五　分词 / *212*
　　六　代词 / *225*
　　七　数词 / *232*
　　八　动词的基本形式 / *236*
　　九　-ω 动词 / *239*
　　十　-μι 动词 / *264*
　　十一　动词的其他规则形式 / *282*
　　十二　六种基本时态例词表 / *285*

希腊文史年表 / *290*
　　古风时期 / *293*
　　古典时期 / *295*
　　希腊化时期 / *296*
　　罗马帝国时期 / *299*
　　拜占庭时期 / *301*
　　奥斯曼帝国时期 / *309*
　　现代希腊时期 / *311*

参考文献 / *317*

说　明

　　述要中出现的范文已经随文提供释词或句解,旨在减轻阅读述要的难度。个别范文较长,不便随文提供释词或句解,遂收在附录(目录标注范文在述要中出现的位置)。为了锻炼阅读能力,保留了一些未加确认时态及人称的语词,范文也未一律给出句解,读者可自行尝试。

　　经典作品语词相当于学习古希腊语需要掌握的最低限度词汇,词法简表则是初学者难免需要经常翻查的工具。

述要笺释

语 法

形 容 词

柏拉图的《克力同》(51a8-9)

τε καὶ=联系副词用法[既什么、也什么];

ἄλλων=代词 ἄλλος [他人、他者、别人]阳性复数二格;

προγόνων=πρόγονος[祖先](构词:προ[介词:前]+-γόνος[出生])复数二格;

ἀπάντων=ἅπας(=πᾶς 的次形)阳性复数二格(ἅπας—ἅπασα—ἅπαν[每个的、所有的]);

这句话是表语句,主语为 ἡ πατρίς[祖国],作表语的形容词都是比较级,名词 μήτηρ[母亲]、πατήρ[父亲]、ἡ πατρίς[祖国](源自 πατρός[父亲])、πρόγονος[祖先]都属变格不规则的第三变格类名词。从句法上讲,属格也可用以指原因,从而可译作:"从母亲、父亲甚至所有其他祖先的角度来看……"

比较级 ἁγιώτερον 的原形 ἅγιος[神圣的、圣洁的、虔敬的]常见于《新约》,如 ἅγιον πνεῦμα[圣灵],词干尾音因前面的短音节 γι-而延长。

ἡ πατρίς 是阴性名词,形容词表语是中性,意为"祖国"是"更为值得崇敬、更为崇高、更为神圣的[东西]"。城邦(国家)对于个人具有首要的优先地位,家庭和朋友排在第二位,对希腊人和罗马人的政治生活而言,这是公认的原则(比较西塞罗《论义务》1.57)。爱国是政治的自然德性,苏格拉底没有因为祖国的政制是他认为不好的政制而不爱国。

τίμιος 是用于 τἀνθρώπινα [人间事务]最崇高的谓词,σεμνός[庄严神圣的]也可用在 τὰ θεῖα[神的事务]上,而 ἅγιος[神圣的、纯洁的]几乎只能用在 τὰ θεῖα[神的事务]上。

祈 愿 式

《居鲁士上行记》3.1.45

ἀλλὰ πρόσθεν(副词[从前])μέν 连串语气副词,与后面的νῦν δέ[而今]构成关联,从而句子结构是 πρόσθεν μέν … νῦν δέ[从前……而今]带起的并列句。前一句的句子中又有一个关联副词:由形容性指示代词 τοσοῦτον(= τοσοῦτος[这样大、这样多])与指示性形容词 ὅσον(= οἷος[这样的、如此的]中性四格)构成关联搭配,意为"如此这样……就像……",从而句子结构又是一个并列句。

前一句为 μόνον σε ἐγίγνωσκον(= γιγνώσκω 的过去时一单)[我仅仅知道你],四格中性复数的 μόνον 作副词;第二句的动词 ἤκουον(= ἀκούω[听])支配的宾语是随后的四格加不定式短语 Ἀθηναῖον εἶναι[你是个雅典人],这个不定式短语显然是个表语句,εἶναι 包含的主词是前面的 σε。

接下来是转折后的一句,用了两个祈愿式现在时动词(前句用过去时):βουλοίμην(= βούλομαι 祈愿式一单)和 εἴη(= εἰμί 的祈愿式三单)。βουλοίμην[我但愿]虽然是单数,有时也代替复数,要依语境来判定。这个动词已经构成句子主干(主词和谓语都有了),宾语是随后的双四格不定式短语 πλείστους εἶναι τοιούτους[大多数人都是这样的人],τοιούτους(= τοιοῦτος[如此这般的])是指示性形容词用法,与 πλείστους(πλεῖστοι[多数人]四格复数)构成表语句;ὅτι / ὡς 可跟形容词或副词的最高级连用,表示最高程度的可能性,如 ὡς σοφωτάτη ἡ βουλή ἦν[这一计划再智慧不过]。

最后的 κοινὸν γὰρ ἂν εἴη τὸ ἀγαθόν 是个独立的句子,注意小品词 γὰρ 的作用。这是个表语句,τὸ ἀγαθόν 为主语,κοινόν 是表语,直译为:这好处兴许就会是共同的。

回头看这两个祈愿式动词,我们不难体会到,前一个 βουλοίμην 是祈愿意味,后一个 εἴη 则更多是虚拟式意味。

缩 音 动 词

要是你爱我

φιλοῦντα = φιλέω[爱]现在时分词阴性四单;

διπλῆ = διπλός[双层的、双重的、对叠的]阴性单数;

χάρις, ἡ[漂亮、幽美;可爱、魅力;恩爱、好处];

μισεῖς = μισέω[憎恨];μισῴης 为现在时虚拟式二单;

τόσσον(= τόσος[巨大的、长久的]中性变来的副词)[如此多、如此大、如

此长];

ὅσσον=(＝ὅσος[与……一样巨大的、长久的、多的]中性变来的副词)[那样多、那样大、那样长];

λεγέτωσαν＝λέγω的现在时命令式三复次形(这种形式出现得较晚,由此可以推定这首诗出现得晚);

μέλει＝μέλω[让人关心、让人操心]现在时命令式,不是第三人称单数;支配第三格宾格(实际的主语,即挂虑的人);

συμφέρει＝συμ-φέρω[收到一起、贡献、一同分担、相好],这里的第三人称单数为无人称用法,意为"对……有益、有好处",支配第三格宾格(实际的主语,即受益者)。

无人称动词:有的动词只有第三人称单数用法,称为"无人称动词",其实际主语为它所支配的与格宾语,这种情形下,与格宾语在我们汉语的感觉中实际上是主语。有的动词虽然并非只有第三人称单数形式,但经常用作"无人称动词",比如这里的 μέλει。

起首的条件句的宾语 φιλοῦντα 是现在分词作名词用,我们可以体会到这个名词的生动意涵:正在爱着的人;φιλεῖς 是缩音动词二单,看起来与非缩音动词没什么不同;διπλῆ χάρις[双重好处]是个表语句,省略系词和形式主语,仅有表语。

εἰ δέ με μισεῖς[要是你恨我],注意小品词 δέ 的转折语气,μισεῖς 也是缩音动词,比较随后的现在时虚拟式二单 μισῴης;

τόσσον … ὅσσον[如此……就像……]构成关联副词;

λέγουσιν, ἅ θέλουσιν 是个主从复句:λέγουσιν 的宾语省略了,关系代词中性复数的 ἅ 引出的从句作宾语,θέλουσιν(＝θέλω)是情态动词,实际上省略了 λέγειν。

λεγέτωσαν(λέγω 的将来时祈愿式三复)相当于一个假设条件句,οὐ μέλει μοι 是主句,μέλω 的现在时三单经常用作无人称动词,"让谁担心"用关涉与格;οὐ φιλει με,注意这里的 φιλει 是命令式二单,但看起来像直陈式三单;συμ-φέρω 的现在时三单经常用作无人称动词[带来益处],给谁带来好处用关涉与格。

多肢谓语和双翼句

苏格拉底向太阳祈祷
《会饮》220c-d
συννοέω[和……一同思考、考虑;理解、同时知道],比较 νόος;

αὐτόθι 和 αὐτοῦ(小品词)[当场、在这儿;立即];
ἕωθεν[从黎明起、在黎明、在清晨];
ἕστηκα＝ἵστημι[使立起;竖立;安置;站立]的现在完成时;
προ-χωρέω[前来、向前进;(事业)发展];
ἀνίημι[向上送、喷、长出;露出、释放],比较 ἵημι;

[220c3] Συννοήσας γὰρ αὐτόθι ἕωθέν τι 为关联分词短语,主干动词 εἱστήκει(＝ἵστημι 的过去完成时三单)还带有一个关联分词 σκοπῶν(＝σκοπέω),前一个关联分词为不过时,相当于时间状语从句,后一个关联分词为现在时,相当于方式状语从句;ἐπειδὴ οὐ προὐχώρει αὐτῷ 是个无人称句,直译为"在他那里(冥想)没有进展";οὐκ ἀνίει(＝ἀνίημι 的过去时三单),ἀλλὰ εἱστήκει ζητῶν(＝ζητέω 的现在时分词)。

ἡ μεσημβρία(μέσος＋ἡμέρα)[日中、正午;南方];

[220c6]以下,句子结构不复杂:οἱ ἄνθρωποι ᾐσθάνοντο(＝αἰσθάνομαι[发觉]过去时三复);θαυμάζοντες ἄλλος ἄλλῳ ἔλεγεν(过去时三复)句的关键是 ἄλλος ἄλλῳ,直译为"其他人对其他人(说)",随后是 ἔλεγεν 的宾语从句 ὅτι Σωκράτης …, ἐξ ἑωθινοῦ(＝ἕωθεν) φροντίζων(＝φροντίζω[冥思苦想]的现在时分词)τι 要看作关联分词短语,修饰 ἕστηκε(＝ἵστημι 的现在完成时三单)。

τελευτάω[使完成、实现;使完结],比较 τελευτή;
ἡ ἑσπέρα[黄昏、傍晚;西方];
θερμός, ή, όν[温的、滚烫的;急躁的、剧烈的;热的];比较 τὸ θέρος, θέρους[夏天];
τότε(副词)[那时候、当时],比较 ὅτε;
ἐκ-φέρω[带走、取走;生育、使实现];
τὰ χαμεύνια＝χαμεῦνη[地铺、矮床;床架];
ψύχει＝τὸ ψῦχος[凉、冷;寒冷;冬天];

[220b]句子结构比较散,但并不复杂。首先,关联分词 τελευτῶντες 为复数主格,从而 τινες τῶν Ἰώνων 便是主语,ἐπειδὴ ἑσπέρα ἦν[已经到了晚上]为状语从句,关联分词 δειπνήσαντες(＝δειπνέω 不过时分词一复)为复数主格。当 τελευτῶντες 构成连续列举关系,- καὶ γὰρ θέρος τότε γ' ἦν - 为插入句[当时正是夏天],关联分词短语 χαμεύνια ἐξενεγκάμενοι(＝ἐκ-φέρω 的不过时分词一单)继续与 τελευτῶντες 构成连续列举关系,然后才是主句 ἐν τῷ ψύχει καθηῦδον(καθούδω[睡觉]的过去时三复)。关联副词短语 ἅμα μὲν …ἅμα δ'[一边……一边]连接两个主要动词 καθηῦδον 和 ἐφύλαττον(＝φυλάσσω 的过去时三复);εἰ καὶ τὴν νύκτα ἑστήξοι(＝ἵστημι 的将来完成时祈愿式)为 ἐφύλαττον 的目的状

语从句。动词的祈愿式与 εἰ 连用,表明带有虚拟的含义。注意第一个关联分词 τελευτῶντες 在这里作副词修饰 καθηῦδον,意为"终于,他们睡了"。

μέχρι[直到、到……为止](支配二格的介词),μέχρι τῆς ἑσπέρας[直到晚上];(连词)μέχριἕως ἐγένετο[直到晨曦展露];

ἀνέσχεν = ἀνέχω[升起]的不过时三单;

ᾤχετ' = οἴχομαι[走开]的过去时三单,比较将来时 οἰχήσομαι;

ἀπιών = ἄπ-ειμι[不在、缺乏;起开、离去]的现在时分词一单,比较不定式 ἀπιέναι;

προσευξάμενος = προσ-εύχομαι[祷告、祈祷]的不过时分词一单,προσ-εύχομαι τῷ ἡλίῳ[朝着太阳祈祷],比较 ἡ εὐχή[祈祷、希望;诅咒]和 εὔχομαι;

[220b5]动词 ᾤχετ' 有两个关联分词作补充:注意 ἀπιών 为现在时,从而与 ᾤχετ' 同时,意为"离去着走开",προσευξάμενος 为不过时,因而这个行为先于 ᾤχετ',当译作"祈祷之后……"

δέδοικα 和 δέδια = δείδω[怕、畏惧、(+περί)为……担心]的完成时(现在时含义)

περι-ίσταμαι = περι-ίστημι[安置在周围、使转变成;包围]的现在时被动态;

κοιμάομαι 和 κατακοιμάομαι[使入睡;入睡、长眠];比较 κεῖμαι;

ἡ εἰκών, όνος[画像、雕像;影像;比喻],比较 ἔοικα;

τὸ τέλος, λευς[完成、实现;结局、终点],比较 τελέω;

请结合下列问题来阅读这段文字:

1. 第一句中的 τι 受什么支配?搞清楚第一句中有多少主谓词,这些动词形式(包括分词)绝大部分与哪个主语发生关系,哪个形式造成了一个例外?

2. 第三句中的 τελευτῶντες 本是个多肢谓语用法的现在时分词,这里却是副词化用法,该如何翻译?

3. ἐξενεγκάμενοι 的直陈式现在时形式是什么?这里用中动态要表达什么含义?这句话结尾时的 ἑστήξοι 这个形式是怎么来的,其时态和语态是什么?

4. 翻译最后一句中的 ᾤχετο ἀπιών 时如何顾及与 οἴχομαι 和 ἄπειμι 含义的相似?

5. 为什么这段苏格拉底轶事由阿尔喀比亚德而非阿里斯托得莫斯

讲述?

在现实生活中的一般人看来,哲人的举止总显得有些稀奇古怪。柏拉图的《会饮》尤其凸显了苏格拉底言行举止让人感到稀奇古怪的地方——我们要注意的是,柏拉图如何来展现苏格拉底的"怪癖":通过他的弟子之口转述。他的讲述基调是:赞扬苏格拉底身上具有超常的自我把持力,这一力量使苏格拉底无论在什么境遇中——不管是在嬉闹的庆宴场合还是打仗失利撤退时,都始终沉着、镇静,保持头脑的清醒。

施特劳斯说,这一段赞苏格拉底在夏天的耐性,与前面赞苏格拉底在冬天的耐性对照。西塞罗的对话作品《论共和国》时间在冬天,人们寻求阳光,《论法律》的对话发生在夏天,人们寻求荫凉。太阳在夏天让人难受,苏格拉底偏偏在夏天寻求太阳——寻找最强烈的东西;这里重要的并非沉思,而是耐性。苏格拉底对太阳祈祷,而太阳是宇宙神(对比阿里斯托芬的颂辞)。为什么是伊奥尼亚人而非雅典人在看着苏格拉底,并非要点,重要的是,阿尔喀比亚德没有好奇。

吕克·布里松(Luc Brisson)认为,柏拉图在这里记叙的苏格拉底的这一行为反驳了《申辩》里人们对苏格拉底不敬神的指控。布里松忘了,雅典人指控的是苏格拉底不敬城邦的神,引入新神。因此,这里的记叙与其说反驳,不如说证实了雅典城民对苏格拉底的指控。

关联分词短语

《安提戈涅》楔子

ἀποθανόντα = ἀποθνήσκω[死、死去];强变化不定过去时 ἀπέθανον 的分词四单;

Πολυνείκη = Πολυνείκης 四格;

ἡ μονομαχία[争斗、战斗、斗争];

ἄταφον = ἄταφος, ον[未安葬的、无坟墓的]四单;比较 θάπτω;

ἐκβαλών = ἐκβάλςω[扔出、抛出]的现在分词;

κηρύττει = κηρύττω[当传令官、宣布、召集;晓谕、颂扬、宣讲]三单;

θάπτειν = θάπτω[埋葬、安葬、举行葬礼]不定式;

ἀπειλήσας = ἀπειλέω[威胁;夸口;保证、许诺]不过时分词主格单数;

ἡ ἀδελφή[姐妹;女眷、妻子];比较:ἀδελγός;

πειρᾶται = πειράω[试图、企图]三单;

λαθοῦσα = λανθάνω[不被注意、不被看见;使遗忘;忘记]强变化不定过

去时 ἔλαθον 的分词主格单数；

ἐπιβάλλει＝ἐπιβάλλω[抛洒]三单；

κόνιν＝ἡ κόνις[尘土、灰烬]四格；

ἀπειλεῖ＝ἀπειλέω[威胁]三单；

δράσαντα＝δράω[做、完成]不过时分词四单；εὖ（κακῶς）δρᾶν τινα 对某人做好事（坏事）；

ἐξευρίσκουσιν＝ἐξ-ευρίσκω＝εὑρίσκω[发现、发明；找出、得到、获得]三复（不过时为强变化 ηὗρον）；

ἀφελόντες＝ἀφαιρέω[抓走、抢走；削减；饶恕；夺走]；（＋μη，＋不定式）[阻止（别人做）]；

ἥττων，ον[较小的、较差的、较弱的；被……制服的；顶不住……的]；

ἐφρούρουν＝φρουρέω[守卫]三复；

τοῦτον（指代 αὐτὸν＝ἀποθανόντα）Ἀντιγόνη ἡ ἀδελφὴ θάπτειν πειρᾶται[妹妹安提戈涅试图安葬他]。

Καὶ δὴ λαθοῦσα τοὺς φύλακας 为关联分词短语[躲过看守]（τοὺς φύλακας λαθών[在看守面前隐藏、躲过看守]）；句子主干是 ἐπιβάλλει κόνιν[她抛洒尘土]。

Οἷς ἀπειλεῖ θάνατον ὁ Κρέων[克瑞翁威胁要处死看守]，主语是 ὁ Κρέων，宾语是关系代词与格阳性复数的 οἷς[这些人]，指代前面提到的 φύλακας；如果关系代词是在句号或分号之后，应视为指示代词，语法上称为关系性连结；四格名词 θάνατον 作 ἀπειλεῖ[威胁]的补语，整句直译为"克瑞翁用处死来威胁他（看守）"。条件从句 εἰ μὴ τὸν τοῦτο δράσαντα ἐξευρίσκουσιν[要是他们找不出是谁干了这桩事]，τὸν δράσαντα 分词作名词时可以带自己的宾语（τοῦτο）。注意代词 τοῦτο，仍然指埋葬死者的那个人，中译时最好译全。

οὗτοι（代词复数主格）带的主干为 τὴν οὐδὲν ἧττον ἐφρούρουν[他们监视着尸体]，冠词 τὴν 指代前面提到的"尸体"，οὐδὲν ἧττον＝固定短语[只好]（直译：没有什么可再少了）作状语；κόνιν ἀφελόντες 为关联分词短语，分词 ἀφελόντες 为主格复数，因此当是与 οὗτοι 关联[他们（看守们）扫去尘土]。

ἐπελθοῦσα＝ἐπ-έρχομαι[走向、进攻；来到；讨论]不过时分词一单阴性；词干为强变化不定过去时 -ῆλθον；

γυμνὸν＝γυμνός，ή，όν[裸体的、赤手空拳的；只穿衬衣的；暴露的（事实）]；

εὑροῦσα＝εὑρίσκω[发现、发明；找出、得到、获得]强变化不定过去时分词主格阴性一单；比较 αἱρέω(主动)[拿、抓；取走；征服；领会]；(中动)[取得；选择；推选]；(被动)[被捉拿、被选上]的强变化不定过去时 εἷλον，不定式 ἑλεῖν；

νεκρὸν = ὁ νεκρός[尸体；正在死的人]；

ἀνοιμώξασα = ἀν-οιμώζω[放声痛哭]不定过去时分词主格阴性一单；

εἰσαγγέλλει = εἰσαγγέλλω[进去传报、传达、(对重大罪犯)提出公诉；泄露]三单；

καταλαβόντες = καταβάλλω[扔下、使落下；打倒；打基础]分词一复；

παραδιδόασιν = παραδίδωμι[移交、转交]三复；

καταδικάζει = καταδικάζω[判决、判处(死刑)；使(某人)受到判处]三单；

ζῶσαν = ζήω[活、生活；过活]现在时分词 ζῶν - ζῶσα 的四单；比较：ζῷον；

τύμβον = ὁ τύμβος[埋骨灰的坟堆；(泛)坟墓]；

κατέβαλεν = καταβάλλω 不过时三单；

ἐμνᾶτο = μνάομαι[求婚；追求、恳求得到]不过时祈愿式三单；

ἀποκτείνει = ἀποκτείνω[杀死]三单；

ἀγανακτήσας = ἀγανακτέω[感到不快、气愤、恼怒]不过时分词主格；

τὸ τέλος[完成、实现；结局、终点；决定]；这里为副词做法 τέλος[最终的]；比较：τελέω；

θρηνεῖ = θρηνέω[哀悼、悲痛、痛哭]三单；

Εὐρυδίκη = 克瑞翁的妻子；

θρηνεῖ = θρηνέω[悲哭、悲悼]三单；

ἐπελθοῦσα δὲ ἡ Ἀντιγόνη καὶ γυμνὸν εὑροῦσα τὸν νεκρὸν ἀνοιμώξασα. 主干是：ἡ Ἀντιγόνη - εἰσαγγέλλει - ἑαυτήν[安提戈涅暴露了自己]。围绕这个主干，有三个关联分词(均为主格单数)，其中一个分词带有自己的宾语，从而是关联分词短语：ἐπελθοῦσα[前去] - γυμνὸν εὑροῦσα τὸν νεκρὸν[发现了裸露的尸体] - ἀνοιμώξασα[哀号起来]。

注意反身代词(尤其第三人称反身代词)的特点：第三人称反身代词的属格(ἑαυτοῦ, -ῆς / -ῶν)可代替缺少的三人称物主代词的属格，位于冠词与名词之间：τὸν ἑαυτοῦ φίλον; ὁ στρατιώτης τρέχει ἐπὶ στηνὴν αὐτοῦ[这个士兵跑去他的(另一个人的)帐篷] = ἐπὶ τὴν ἑαυτοῦ σκηνήν[自己的帐篷]。

ταύτην καταλαβόντες 为关联分词短语，分词 καταλαβόντες 为主格复数，因此是修饰主语 οἱ φύλακες 的；Κρέοντι παραδιδόασιν[交给克瑞翁]；宾语 ταύτην 相当于 τὴν + αὐτήν，主干动词与分词短语支配的宾语为同一个宾语，这句实际上等于：Οἱ φύλακες ἰδόντες τὴν Ἀντιγόνην κατέλαβον αὐτήν.

οὗτος(指代 Κρέων)καταδικάζει αὐτὴν[克瑞翁判安提戈涅死刑];καὶ ζῶσαν(四格分词阴性＝αὐτὴν)εἰς τύμβον κατέβαλεν[将她活活丢进一个墓穴]。

ἐπὶ τούτοις Αἵμων, ὁ τούτου υἱός, ὃς ἐμνᾶτο ταύτην, ἀγανακτήσας ἑαυτὸν ἀποκτείνει 的主干是：Αἵμων, ὁ τούτου υἱός[海蒙——克瑞翁的儿子](冠词 τούτου 的指代要译出来) - ἑαυτὸν ἀποκτείνει[自杀了], ὃς ἐμνᾶτο ταύτην 是 υἱός 的关系从句[他向她求婚],关联分词短语 ἐπὶ τούτοις ἀγανακτήσας[他对这些承受不了]的分词为主格,修饰 υἱός。这一句的语序很零散,但关系很清楚。

Εὐρυδίκη, ἡ τοῦ Κρέοντος γυνή[欧律狄刻——克瑞翁的妻子],关联分词短语 ταῦτα ἀκούσασα[听说了这事之后]修饰 γυνή,注意分词的时态与主干动词 ἑαυτὴν ἀποκτείνει[自杀]的时态关系。

τέλος 四格名词作时间副词[最后], θρηνεῖ Κρέων[克瑞翁痛哭] - τὸν τοῦ παιδὸς καὶ τῆς γυναικὸς θάνατον[他儿子和妻子的死], τοῦ παιδὸς καὶ τῆς γυναικὸς 均为属格单数。

修　辞

常见修辞格

劝勉希腊人

σπεύσωμεν=σπεύδω[使加快、催促;加快;着急]不定过去时虚拟式一复;比较 σπουδή;

δράωμεν=τρέχω[奔跑、快速移动]强变化不定过去时虚拟式一复;

θεοείκελα=θεοείκελος, ον[像神的、神一般的]呼格复数;

τὸ ἄγαλμα, ατος[心爱的东西(或礼物);神像;雕像],这里指"贵重的影像";

ἄρωμεν τὸν ζυγὸν αὐτοῦ. [让我们……!]对自己所属群体的吁求,用虚拟式成为"关联性吁求"(coniunctivus hortativus)。

ἐπιβάλωμεν=ἐπιβάλλω[扔到……上;予以;走向前、应做]强变化不过时虚拟式一复;

ἡ ἀφθαρσία[不朽、永生];

ἡνίοχον=ὁ ἡνίοχος[掌握缰绳的人、御者;(喻)驾御者]宾格单数;

ἀγαπήσωμεν=ἀγαπάω[欢迎;爱;喜欢]不定过去时虚拟式第一人称复数;

αἴρω[使升起、出发;振作],不定过去时ἦρα;

φιλότιμοι=φιλότιμος, ον[爱荣誉的、慷慨、自负;名望]主格复数,比较 φίλος+τιμή;

τοίνυν(副词)[于是、所以;而且、此外];

καλά=καλός, ή, όν[美的;优良的;高贵的]宾格复数;

γενώμεθα=γίγνομαι[生;产生;变成]强变化不过时虚拟式中动态第一人称复数;

μέγιστα=μέγας, μεγάλη, μέγα[大的;重要的]宾格复数;

κτησώμεϑα＝κτάομαι[取得、招致；已拥有]不过时虚拟式中动态第一人称复数；

ἀρωγὸς＝ἀρωγός, όν[有帮助的、有益的]；

ϑαρρῶμεν＝ϑαρρέω 和 ϑαρσέω[有勇气、受鼓舞；胆大包天；有信心]不定过去时虚拟式第一人称复数；

μήποτε(副词)[从不、也许；免得]，μή＋ποτέ；

τοσοῦτος＝τοσοῦτος, αὕτη, -οῦτο[这样大的；只有这样大的]阳性主格单数；

ἀργύρου＝ὁ ἀργύρος＝τό ἀργύριον[一块银币；银钱]属格单数；

χρυσοῦ＝ὁ χρυσός 和 τό χρυσίον[黄金；金钱]属格单数；

δόξης＝ἡ δόξα[想法、一般见识；声望]属格单数；

ἐπέλϑη＝ἐπέρχομαι[走向、来到、讨论]强变化不定过去时虚拟式中动态第二人称单数，或强变化不定过去时虚拟式第三人称单数；

ὅσος＝ὅσος, ὅση, ὅσον[像……一样的]主格单数；

ἡ ἀλήϑεια[真实、真话、真诚；真相、事实]，构词 ἀ＋λανϑάνω；

ὁ πόϑος[想望、渴望、思念]；

古典作品中的用典

《会饮》[192d2]

κατακειμένοις＝κατακείω[想躺下]现在分词(或完成分词)中动态与格复数，是 κατάκειμαι[躺下；卧床]的愿望动词；

ἐπιστάς＝ἐφίστημι[安置、建立；使停止(前进)；注意]现在分词(或不定过去时分词)阳性主格单数；

Ἥφαιστος＝火神，宙斯和赫拉所生之子，掌管锻艺和手工艺；

ὄργανα＝τό ὄργανον[工具；(身体上的)器官；乐器；成品]宾格(或主格)复数；

ἔσϑ'(副词)[直到、迄今；只要、当]；

ἀποροῦντας＝ἀπορέω[没办法、不知所措；缺少、贫乏]现在分词阳性宾格复数；

ἐπιϑυμεῖτε＝ἐπιϑυμέω[渴望、渴求]现在时(或过去时)祈愿式第二人称复数；

ἀπολείπεσϑαι＝ἀπολείπω[留下；失去；放弃；缺少]不定式中动态(或被动态)；

συντῆξαι＝συντήκω[使熔成一团、熔化]不定过去时不定式；

συμφυσῆσαι=συμφυσάω[(把金属片)结合在一起、铸造在一起]不过时不定式；

ἕνα=εἷς, μία, ἕν[一、一个]阳性宾格单数；

γεγονέναι=γίγνομαι[生、是；产生、来到、发生]现在完成时不定式；

ζῆτε=ζάω[活；有活力]现在时命令式(或虚拟式)第二人称复数；

ἀμφοτέρους=ἀμφότερος, α, ον[两边的、双方的]阳性宾格复数；

ἐπειδὰν(副词)[一旦、一经]；

ἀποθάνητε=ἀποθνήσκω[死、死去]强变化不定过去时虚拟式第二人称复数；

ἐκεῖ(副词)[在那地方、在那里；到那里；从那时起]；

τεθνεῶτε=θνήσκω[死、死亡、灭亡]现在完成时分词阳性主格(或宾格)双数；

《奥德赛》8.266

αὐτὰρ(副词)[但是、然而、况且]；

φορμίζων=φορμίζω[弹奏弦琴]现在分词阳性主格单数；

ἀνεβάλλετο=ἀναβάλλω[向上抛掷；推迟；开始唱歌]过去时中动态(或被动态)第三人称单数；

ἀείδειν=ἀείδω[唱(歌)、啼；咏唱、歌颂]现在时不定式；

φιλότητος=ἡ φιλότης, ητος[友爱、热情；邦际间的友谊；情欲]属格单数；

εὐστεφάνου=εὐστέφανος, ον[胸带束得很好的；戴着美好的花冠的]属格单数；

πρῶτ'=πρῶτα=πρῶτος, η, ον[第一的；最初的；首先]；

ἐμίγησαν=μίγνυμι[混合；使合并；交配]强变化不定过去时被动态第三人称复数；

δόμοισι=ὁ δομος[房屋、家；房间]与格复数；

λάθρη(副词)[偷偷地、隐秘地]。

《奥德赛》8.290-295

εἴσω(副词)[进、入；在里面]；

δώματος=τό δῶμα[房屋；房间；住处]属格单数；

ἤει=εἶμι[来、去；走过]过去时第三人称单数；

φῦ=φύω[使生长、产生、生；生长、诞生]强变化不定过去时第三人称单数；

χειρί=ἡ χείρ[手]与格单数；
ἔπος=ἔπος[字、言辞；讲话；预言、神示、诗句]主格(或宾格)单数；
ἔφατ=ἔφατο=φημί[说、相信；命令]过去时第三人称单数；
ὀνόμαζε=ὀνομάζω[叫(某人的)名字；提起名字、命名]过去时第三人称单数；
φίλη=φίλος, η, ον[亲爱的；(名)爱人]阴性呼格单数；
λέκτρον=τό λέκτρον[床、榻；婚姻]；
τραπείομεν=τρέρπω[使喜悦；(中动和被动)高兴、满意]不定过去时虚拟式被动态第一人称复数；
εὐνηθέντε=εὐνάω[使上床、使入睡；(被动)上床、长眠]不定过去时分词被动态主格复数；
ἔθ'=ἔτα或ἔται=ὁ ἔτης, ου[同氏族的人、族人；城市居民、公民]主格单数(或与格单数)；或ἔθ'=ἔτι(副词)[尚、还；仍然；更、此外]；
μεταδήμιος=μεταδήμιος, ον[本地方的；跟人民在一起的、在人民当中的]阳性主格单数；
φάτο=φημί[说、相信；命令]强变化不定过去时(或过去时)第三人称单数；
ἀσπαστόν=ἀσπαστός, ή, όν=ἀσπάσιος[受欢迎的；令人愉快的]阳性宾格单数；
ἐείσατο=εἶμι[来、去；走过；前进]不定过去时中动态第三人称单数；
κοιμηθῆναι=κοιμάω[使入睡、使平静下来；(中动和被动)睡下、长眠]不定过去时不定式被动态；
δέμνια=τό δέμνιον[床褥；床]宾格复数；
βάντε=βαίνω[走；动身；过去]不定过去时分词主格双数；
κατέδραθον=καταδαρθάνω[熟睡、入睡]强变化不定过去时第三人称复数；
δεσμοί=ὁ δεσμός[拴系物、绳索、船缆；桎梏、纽带]主格复数；
τεχνήεντες=τεχνήεις, εσσα, εν[巧妙制成的；灵巧的]阳性主格复数；
ἔχυντο=χέω[倒出、使流出；倾注；撒、落下；撒下]强变化不过时中动态三复；
πολύφρονος=ὁ, ἡ πολύφρων, ονος[多心计的、非常机敏的、非常精明的]属格单数；
κινῆσαι=κινέω[使移动、促进；发动、开创；激发]不定过去时不定式；
μελέων=τό μέλος, εος[肢；(复)整个身体；歌声、乐声]属格复数；或

μέλεος, α, ον[无效的、不中用的;不幸的、悲惨的]属格复数;

ἀναεῖραι＝ἀναείρω[(摔跤者)举起(对方);举抬起(手祈祷);夺走(奖品)]不定过去时不定式;

γίνωσκον＝γιγνώσκω[看出、得知、认识;考虑、判断]过去时第三人称复数;

φυκτὰ＝φυκτός, ή, όν[可以逃避的、能逃避的;逃避了的];

πέλοντο＝πέλω[来、升起;变成、一直是]过去时中动态(或被动态)第三人称复数。

文 体

叙 事 诗

《伊利亚特》1.225-232

第225行

οἰνο-βαρές＝οἰνοβαρής, ές[大醉的]呼格,构词οἶνος[酒]＋βαρύς[重的];

κυνός＝ὁ, ἡ κύων[狗]属格;

ὄμματ(α)[眼睛];

κραδίην＝κραδία[心、心脏;心愿、心愿];

ἐλάφοιο＝ὁ, ἡ ἔλαφος[鹿]属格单数,οιο＝-ου-;

形容词 οἰνοβαρές 作名词,κυνὸς ὄμματ' ἔχων, κραδίην δ' ἐλάφοιο 为关联分词短语。

第226行

ἐς＝εἰς[进入、到……中间;直到];

λαῷ＝λαός[民人;(荷马)民众、兵士、军队]与格单数;

θωρηχθῆναι＝θωρήσσω[穿上护胸甲、穿上铠甲;使喝醉]不定过去时被动态不定式,比较θώραξ, -ακος;

οὔτε ποτ'[从未];

ἐς πόλεμον θωρηχθῆναι[披挂上阵迎敌],

ἅμα λαῷ[与众将士];

第227行

λόχον＝ὁ λόχος[设伏的地方、埋伏], λόχον δ(ε)＝[设圈套](通过后缀 -δε 表明方向);

ἰέναι＝εἶμι[去]现在时不定式;

ἀριστήεσσιν＝ἀρίστοις＝ἀριστεύς[最优秀的人]复数与格；

λόχονδ᾿ ἰέναι[去打埋伏]；

第228行
τέτληκας＝τλήω＝τλάω[负担、忍受、顺从；坚持](动词词干)完成时主动态第二人称单数，见于指扛起天穹的大力士Atlas；

θυμῷ＝θυμός与格单数；

τοι＝σοι；

κήρ[死亡女神、死亡、死神；厄运、灾难]；

εἴδεται＝εἴδω[看见、知道]＝εἶδον现在时中动态第三人称单数，词干为εἰδ-；

诗句到这里才出现主干动词，τέτληκας与οὔτε … οὔτε构成关联，因此，前面的两个不定式都是τέτληκας的补语，τλήω与不定式连用，意为[够胆儿、能承担起]，θυμῷ为原因与格，τέτληκας θυμῷ意为"因为血气够胆儿"，οὔτε … οὔτε予以否定；τὸ δέ τοι κὴρ εἴδεται εἶναι[这对于你来说显得是死亡]，εἴδεται中动态作被动态[显得]。

第229—230行
λώιον＝λωίων[更想要的、更合意的]四单；

στρατὸν＝στρατός[大军]四单；

εὐρὺν＝εὐρύς[宽广的、宽阔的]四单；

δῶρ(α)[礼物]；

ἀποαιρεῖσθαι＝ἀφαιρέω[抓走、抢走]中动态[取走、夺走]不定式；

σέθεν＝σύ属格，本义为[(在你看来)处于]，受ἀντίον支配；

εἴπῃ＝εἶπον强变化不定过去时虚拟式三单，比较ἀγορεύω；

ἢ(与前面比较)πολὺ(πολύς的中性四单)λωίον ἐστι为情态形容词表语句结构，后跟不定式短语κατὰ στρατὸν εὐρὺν Ἀχαιῶν(状语)δῶρ᾿ ἀποαιρεῖσθαι[抢来礼物]，ὅς τις … 句为关系从句界定δῶρα，σέθεν ἀντίον εἴπῃ直译为"针对你说话"，亦即"顶嘴"；ὅς τις为概括性关系代词"无论谁"，但与δῶρα的关系在意思上颇为含混，意为：谁顶嘴就把谁抓来作为礼物。

第231—232行
δημο-βόρος[吃民众的、搜刮民脂民膏的]；

οὐτιδανοῖσιν＝οὐτιδανός, ή, όν[无用的、不中用的、不值一文的], οισιν＝-οις-；

ἀνάσσεις＝ἀνάσσω[做主宰、统治、管辖]现在时二单；

ὕστατα＝ὕστατος, α, ον[最后的、最后面的]副词化用法的中性复数；

λωβήσαιο＝λωβάομαι[虐待、伤害、毁损、残暴]不定过去时祈愿式第二人称单数；

ἐπεὶ οὐτιδανοῖσιν ἀνάσσεις[你至多统率一帮蠢蛋], ἦ γὰρ ἄν[再不然], Ἀτρεΐδη, νῦν ὕστατα(最后的)λωβήσαιο：这就是你今儿最后会干的卑鄙勾当。

抒 情 诗

没有欢乐的老年

τερπνὸν＝τερπνός, ή, όν[令人喜悦的、使人愉快的]；

χρυσῆς＝χρύσεος, η, ον[黄金的；金色的；幸福的、富有的]属格单数；

ἄτερ(副)[没有、除……之外；远离](支配二格)；

τεθναίην＝θνήσκω[死、死亡；灭亡]现在完成时祈愿式第一人称单数；

μηκέτι(副)[不再……、也不再、也不]；

μέλοι＝μέλω[成为所关心的对象；关心、照料]现在时祈愿式三单；

κρυπτάδιος, η, ον[秘密的、瞒着人的]；

φιλότης＝ἡ φιλότης, ητος[友爱、热情、亲密；邦际间的友谊]主格单数；

μείλιχα＝μείλιχος, ον[温和的、和蔼的；可喜的]中性复数；

ἡ εὐνή[床、巢；坟墓]；

ἡ ἥβη[青春、年轻；朝气；青年]；

τὸ ἄνθος, εος[花朵、鲜花；青春、精华]中性复数；

ἁρπαλέα＝ἁρπαλέος, α, ον[抓住的、攫取的；吸引人的], 比较 ἁρπάζω；

ἠδέ[和、同、并]；

Τίς δὲ βίος, τί δὲ τερπνὸν ἄτερ χρυσῆς Ἀφροδίτης[何为生命,何为欢乐,若没有金色的阿芙萝狄特], 省略系词, ἄτερ 支配二格, 所以 χρυσῆς Ἀφροδίτης, 形容词 χρυσῆς 本义为"金色的", 这里依据语境译作"珍贵的"。

τεθναίην, ὅτε μοι μηκέτι ταῦτα μέλοι, κρυπταδίη φιλότης καὶ μείλιχα δῶρα καὶ εὐνή 为主从复句, 主句仅一个动词 τεθναίην(注意时态和语态：现在完成时祈愿式第一人称单数)[我宁可死掉]; 假设条件句为 ὅτε μοι μηκέτι ταῦτα μέλοι[倘若我再也得不到这些], 主语为 ταῦτα, 注意否定副词 μηκέτι 意为[不再], 随后的 κρυπταδίη φιλότης[隐秘的情爱]καὶ μείλιχα δῶρα[温馨的馈赠] καὶ εὐνή 具体说明 ταῦτα, εὐνή 本义是[床], 喻指与所爱的人拥抱着睡在一起,

形容词 μείλιχα 既修饰 δῶρα 也修饰 εὐνή——实际上三者是一回事情。

οἵ 引导关系从句,界定 κρυπταδίη φιλότης καὶ μείλιχα δῶρα καὶ εὐνή,注意动词用的是 γίγνεται,无异于宣告新的生命价值的诞生,宾语为 ἄνθεα ἁρπαλέα,属格的 ἥβης 为其定语[青春的诱人花朵];与格复数的 ἀνδράσιν ἠδὲ γυναιξίν 作间接宾语[无论对男人还是女人]。

ὀδυνηρὸν＝ὀδυνηρός, ά, όν[痛苦的、苦恼的];
ἐπέλθῃ＝ἐπέρχομαι[走向、进攻;来到、突然来临;流转、循环;讨论、完成]强变化不定过去时虚拟式第三人称单数;
τὸ γῆρας, ως(γέρων)[老年;蛇蜕下的皮];
τιθεῖ＝τίθησι＝τίθημι[设置;使……成为……(支配双宾语)]三单;
ὁμῶς[同样地、同等地、一起;(+与)像……那样];
αἰσχρὸν＝αἰσχρός, ά, όν[耻辱的、羞耻的;丑恶的、卑鄙的];
μιν[他、她、它]宾格单数;
φρένας＝αἱ φρένες[想法、思考]宾格复数,比较 σώ-φρων;
τείρουσι＝τείρω[磨损、困扰;受折磨]现在时第三人称复数;
ἡ μέριμνα[关心、焦虑;心思;思想];
αὐγὰς＝ἡ αὐγή[光亮、光芒;黎明]宾格复数;
προσορῶν＝προσοράω[看、瞧]现在时分词;
τέρπομαι＝τέρπω[使喜悦;(被动和中动)高兴、满意、享受]现在时中动态第三人称单数;
ἠελίου＝ὁ ἠέλιος＝ὁ ἥλιος[太阳、光明;日出的地方;白昼]属格单数;
ἐχθρὸς＝ἐχθρός, ά, όν[可恨的;仇恨的];
παισίν＝ὁ, ἡ παῖς[孩子;少年、青年;奴隶]与格复数;
ἀτίμαστος＝ἀτίμαστος, ον[不受尊重的、受轻视的]主格单数;
ἀργαλέον＝ἀργαλέος, α, ον[可怕的、痛苦的;令人烦恼的];

[5—9]行是主从复句,从句为 ἐπεὶ δ' ὀδυνηρὸν ἐπέλθῃ γῆρας[可是,老年马上随着痛苦而来],注意 ἐπεὶ δ' 的转折语气[一旦],主语是 γῆρας[老年],形容词中性 ὀδυνηρὸν 作副词,直译为[痛苦地(到来)];ὅ τ' αἰσχρὸν ὁμῶς καὶ κακὸν ἄνδρα τιθεῖ 为 γῆρας 的关系从句,τιθεῖ(＝τίθημι)支配双宾语:αἰσχρὸν καὶ κακὸν ἄνδρα[使得人变丑、变得讨厌]。

随后三句描述老年的悲惨:αἰεί μιν φρένας ἀμφὶ κακαὶ τείρουσι μέριμναι[烦人的忧虑不断纠缠着碾碎了他的心思],句子结构为:主语 κακαὶ μέριμναι(复数)— 谓语 τείρουσι — 宾语 μιν(指 ἄνδρα),介词短语 φρένας ἀμφί 即 ἀμφί φρένας，因诗律需要而倒置，作状语，直译为［缠绕着种种思虑］。

οὐ δ' αὐγὰς προσορῶν τέρπεται ἠελίου［他再也不会怀着享受张望阳光］，动词 τέρπεται 隐含的主语是 ἄνδρα，αὐγὰς προσορῶν 为关联分词短语，句末的 ἠελίου 是 αὐγὰς 的属格定语，属于分词短语结构，因诗律需要而分置。

ἀλλ' ἐχθρὸς μὲν παισίν, ἀτίμαστος δὲ γυναιξίν［他让孩子们反感，女人们不屑］是省略系词的表语句，ἐχθρὸς 和 ἀτίμαστος 都是表语性谓词（主格），παισίν 和 γυναιξίν 为与格，分别作 ἐχθρὸς 和 ἀτίμαστος 的补语。

最后一句 οὕτως ἀργαλέον γῆρας ἔθηκε θεός［神啊就这样让老年揪心不已］总结前面的描绘，ἔθηκε 支配双宾语，ἀργαλέον γῆρας ἔθηκε 直译为"使得老年痛苦不堪"。

迈向冥府
πολιοὶ＝πολιός, ή, όν［白的、灰色的］；
ἤδη（副）［已经、从此；已经是、正好是］；
ὁ κρόταφος［额角；脸的边缘、侧面；陡坡］；
κάρη＝τὸ κάρη, ητος［头］；
λευκόν＝λευκός, ή, όν［光洁的、澄清的；白的、清晰的］；
χαρίεσσα＝χαρίεσσος［妩媚无比的］；
ἡ ἥβη［青春］；
γηραλέοι＝γηραιός, ά, όν［年老的］；
ὀδόντες＝ὁ ὀδούς, ὀδόντος［牙齿；叉］的复数；
γλυκύς, εῖα, ύ（γλυκερός, ά, όν）［甜的、香的；讨人喜欢的、可爱的；愚蠢的］；
πολλός＝ὁ πολύς［多、许多；长、长久］主格单数；
ὁ βίοτος［生活；生计；物产］，这里等于 βίος；
λέλειπται＝λείπω［离开、遗留；（被动）被留下来、还剩、失去］过去完成时中动态第三人称单数；

头 2 行均为省略系词的表语句：1. πολιοὶ μὲν ἡμῖν ἤδη κρόταφοι［我的双鬓已经是灰白的］，ἡμῖν ἤδη 同样支配下面的三个表语句；2. κάρη τε λευκόν［头是白的］；第 3 行的动词也差不多是个表语句，因为 οὐκέτ' πάρα［已经不在］的 πάρα 在这里等于 πάρεστιν。χαρίεσσα 修饰 ἥβη［妩媚无比的青春］，χαρίεσσα 修饰 ἥβη；4. γηραλέοι δ' ὀδόντες 也是省略系词的表语句，直译"牙齿是老年的"。

［5—6］γλυκεροῦ δ' οὐκέτι πολλὸς βιότου χρόνος λέλειπται［甜蜜的生活已为

时不多], 主语为 χρόνος, γλυκεροῦ βιότου 是其属格定语, οὐκέτι πολλὸς(=πολύς, 这里作副词)修饰动词 λέλειπται。

ἀνασταλύζω=ἀνασταλύζω[热泪盈眶、眼泪夺眶而出]现在时直陈式第一人称单数;

θαμά(副)[大量地、紧密地;时常地];

δεδοικώς=δείδω[怕、畏惧]现在完成时分词阳性单数;

ὁ Τάρταρος[冥土下面的深坑;泛指冥界];

Ἀίδεω=Ἀίδης 的属格, 等于 Ἀίδου;

ὁ μυχός[最里头的地方、最深处;妇女的内室;深入内地的港湾];

ἀργαλῆ=ἀργαλέος, α, ον[可怕的、痛苦的;令人烦恼的];

ἐς=εἰς[进入、到……里面去;直到];

ἡ κάθοδος(κάτοδος)[下行;回来;重复];

ἑτοῖμον=ἑτοῖμος, η, ον[已在手边的、预备好的];

καταβάντι=καταβαίνω 分词四格单数;

ἀναβῆναι=ἀναβαίνω[向上走、上船;使向上去]不定过去时不定式;

διὰ ταῦτ' ἀνασταλύζω[我因此而热泪盈眶], 关联分词短语 θαμὰ Τάρταρον δεδοικώς 中的分词 δεδοικώς 与 ἀνασταλύζω 隐含的主语一致; θαμὰ Τάρταρον[太靠近塔尔塔洛斯]为副词短语作状语, 换言之, Τάρταρον 作副词 θαμά 的补语。

随后是两个表语句: Ἀίδεω γάρ ἐστι δεινὸς μύχος[冥府的深渊实在太可怕]主词是 Ἀίδεω μύχος; ἀργαλῆ δ' ἐς αὐτὸν κάτοδος[踏向那里实在痛苦不堪], ἐς αὐτον 为 κάτοδος 的补语。

καὶ γὰρ ἑτοῖμον καταβάντι μὴ ἀναβῆναι 的句型是省略系词的表语句 ἑτοῖμον[这是已经确定了的]+带不定式的四格 καταβάντι μὴ ἀναβῆναι[下去了就不再上来], 不可忽视小品词 καὶ γὰρ 的作用。

铭 体 诗

我的墓志铭

μή=禁令式用法[不可];

μου(音调附读)=这里与 τοὐπίγραμμα 连用[我的墓志铭];

παρέλθῃς=παρ-έρχομαι[从旁边走过、越过;超过]强变化不过时虚拟式第二人称单数;

τοὐπίγραμμ'=τὸ ἐπίγραμμα[题名、墓志铭;碑铭体诗],但这里不仅指墓志铭,也指墓碑本身;

ὁδοιπόρε=ὁ ὁδοιπόρος[行路人、旅客;旅途上的同伴]呼格,构词 ἡ ὁδός[道路]+ὁ πόρος[旅行];

σταθείς=ἵστημι[使竖立;安置]不过时被动态分词,这里是中动态用法,通常用不及物的强变化不过时分词 στάς;

ἄκουε=ἀκούω[听、听从、听懂]过去时;

μαθών=μανθάνω[学习;询问;看出]强变化不定过去时分词;

ἄπει=ἄπ-ειμι[不在、缺席;缺少]第二人称单数;注意构词为 ἀπό+εἶμι(而非 εἰμί);

Μή μου παρέλθῃς τοὐπίγραμμ'[可别错过我的墓志铭呵];ὁδοιπόρε 为呼格;ἀλλά 之后有两个动词,分别各带有自己的分词:σταθείς ἄκουε[驻足倾听罢],分词 σταθείς 作状语;καὶ μαθών ἄπει,分词 μαθών 作状语。

ἐν Ἄιδου=οἰκίᾳ(哈得斯家中)的补语, Ἄιδου=Ἄιδης 的属格。

τὸ πλοῖον[船],比较 πλέω[航行];

ὁ πορθμεύς[艄公;船夫、水手];

κλειδοῦχος[掌管钥匙的人],构词 κλεῖδα(ἡ κλείς[钥匙]的宾格单数,拉丁语 clavis)+ἔχων。

οὐχί=οὐ 的强化式;

ὁ κύων=κυνός[狗]的属格;κυνικός=哲学学派的绰号;此外,这个语词在诗句中是多余的,大概是后来的 Κέρβερος 的解释性补充;

Οὐκ ἔστ' ἐν Ἄιδου πλοῖον[冥府里没有船], οὐ πορθμεύς Χάρων[没有摆渡的刻绒], οὐκ Αἴακος κλειδοῦχος[没有开锁的埃阿科斯], οὐχί Κέρβερος κύων[也没有冥狗刻尔波若斯]。

κάτω[下、向下;在下面、在下方];

τεθνηκότες=θνήσκω[死、死亡;消亡](更为常见的形式为 ἀποθνήσκω)的完成时分词;

ὀστέα=τὸ ὀστοῦν(ὀστέον)[骨、骨头];

τέφρα[灰烬、骨灰](伊奥尼亚方言 ἡ τέφρη);

οὐδὲ ἕν[一个没有](直译[也没有一个])=οὐδέν(即 οὐδείς 的中性);

[5] Ἡμεῖς δὲ πάντες οἱ κάτω τεθνηκότες[我们这些所有地下的死者]为主语,宾语 ὀστέα τέφρα[白骨与死灰],动词为 γεγόναμεν;ἄλλο δ' οὐδὲ ἕν[如此而已]。

εἴρηκα＝ἀγορεύω[发言、审议；宣布]完成时第一人称单数；

ὕπαγε＝ὑπάγω[带到……下面；引走；慢慢引导]命令式，构词为ὑπό＋ἄγω，注意其不及物含义的用法；

ἀδόλεσχος[闲谈者；精明人]；

σοι＝σύ与格；

φανῶ＝φαίνω[使出现；揭开；展示]中动态形式(φαίνομαι)的强变化不定过去时(ἐφάνην)被动态虚拟式第一人称单数；

第6和7行：εἴρηκα[我说完了]；δι' ὀρθῆς ὕπαγε[赶紧上路罢]，δι' ὀρθῆς＝διά ὀρθῆς，介词διά带属格形容词ὀρθῆς(＝ὀρθός[直立的；直线的；平稳的]属格阴性)作状语，意为[径直地]；最后一句的主干为μή σοι φανῶ[以免我让你看起来]是个ἀδόλεσχός[啰嗦鬼]，μή这里等于ἵνα μή带虚拟式，并非否定含义，而是表达担心；καί这里与分词τεθνηκώς(＝θνήσκω的完成时分词单数主格)连用，带有限制意味[尽管、虽然我已经死了]。

神　　话

变形记

σπεύδων＝σπεύδω[使加快；急于追求]现在时分词阳性主格单数；

ἤδη(副词)[已经、立即；已经是]；

ἀπο-δύσας＝ἀπο-δύω[剥夺；脱光]不定过去时分词；

χρίω＝χρίω[涂；擦]现在时直陈式(或虚拟式)第一人称单数；

ὅλον＝ὅλος, η, ον[整个的、全部的；完全的]主(或宾)格单数；(作副词)ὅλον或τὸ ὅλον[全部地]；

ἐμαυτόν＝ἐμαυτοῦ, ἐμαυτῆς[我自己的]宾格单数；

ὄρνις＝ὁ, ἡ ὄρνις[鸟]主格单数；

δυστυχής＝δυστυχής, ες[不幸的；倒霉的]主格单数；

οὐρὰ＝ἡ οὐρά[尾巴]主格单数；

ὄπισθεν(副词)[在后边、在后面；以后]；

ἐξ-ῆλθε＝ἐξ-ῆλθεν＝ἐξ-ἔρχομαι[从……出来、离开、出征；期待]强变化不定过去时第三人称单数；

δάκτυλοι＝ὁ δάκτυλος[手指]主格复数；

ᾤχοντο＝οἴχομαι[已经走了；射出、失去]过去时第三人称复数；

οἶδα＝εἴδω[知道、看见]过去时第一人称单数；

ὅποι(副词)[向哪里；到哪里]；

ὄνυχας＝ὁ ὄνυξ, υχος[(禽兽的)爪、蹄；(人的)手指甲、脚趾甲]宾格复数；

τέσσαρας＝αἱ, οἱ τέσσαρες, τά τέσσαρα[四]；

εἶχον＝ἔχω[有、拥有]过去时第一人称单数；将来时：ἕξω；

ὁπλάς＝ἡ ὁπλή[蹄、马的单蹄、(亦指牛、猪等的)偶蹄]宾格复数；

κτήνους＝τὸ κτῆνος[畜群；牲畜]属格；派生自 κτάομαι[取得、招致；已拥有]；

ἐγένοντο＝γίγνομαι[生；产生；变成]强变化不定过去时中动态第三人称复数；

τὰ ὦτα＝τὸ οὖς[耳、耳朵](属格 ὠτός)主格复数；

πρόσωπον＝τὸ πρόσωπον[脸；外貌]主格单数；

κύκλῳ＝ὁ κύκλος, ου[圆圈；环形物体、眼球]与格单数；(作副词)κύκλῳ[环绕、转圈]；

περι-ε-σκόπουν＝περι-σκοπέω[向周围看、仔细观察；从各方面考虑]过去时第一人称单数；

ἑώρων＝ὁράω[看、注视]过去时第一人称单数；

ὄνον＝ὁ, ἡ ὄνος[驴]宾格单数。

寓　　言

鹰和狐狸

第一自然段

ὁ ἀετός[鹰]；

ἡ ἀλώπηξ[狐狸；狡猾的人]；

πλησίον(副词)[靠近、邻近]；πλησίον τοῦ οἴκου[房子附近]；

διέγνωσαν＝διαγιγνώσκω[分辨、区别；决定；判决]不定过去时；

τὸ δένδρον[树、果树]；

ἐνεοττοποιήσατο＝νεοττο-ποιέω[筑巢]，比较 ὁ νεοττός；

εἰσελθοῦσα

τὸν ὑποκείμενον＝ὑπόκειμαι[躺在下面、靠近；建议、假设]，比较 κεῖμαι；

θάμνον＝ὁ θάμνος[密林、灌木林]；

ἔτεκεν

第二自然段

ἐξελθούσης＝ἐξ-έρχομαι[从……出去、离开、出征；期待]；

νομήν＝ἡ νομή[牧场、牧草；(遗产)分配]＝这里为[觅食]；

ἀπορῶν＝ἀπορέω[没办法、不知所措;缺少](支配二格宾语)现在分词，比较 ἀπορία；τροφῆς ἀπορεῖν[缺吃的、没吃的]；

τὰ γεννήματα＝τὸ γέννημα[孩子、产品;生育、产生]；

ἀναρπάσας＝ἀναρπάζω 不过时分词；

νεοττῶν＝ὁ νεοττός[刚孵出的小鸟、小鸡;小动物;小孩]；

κατέφαγεν＝κατεσθίω[吃、吞食;咬;腐蚀]；

ἐπανελθοῦσα＝ἐπανέρχομαι[回到、回去、来到;登上]；

ἔγνω＝γιγνώσκω[看出、认识;考虑、判断]强变化不定过去时，将来时：γνώσομαι，完成时：ἔγνωκα，不定过去时不定式：ἔγνωσμαι，不定过去时分词：ἐγνώσθην；

ἀμύνεσθαι＝ἀμύνω[防守、帮助;保卫自己、处罚]；

πόρρωθεν＝πόρρω-θεν[从远处]；

στᾶσα＝ἵστημι[使立起;竖立](现在时被动态 ἵσταμαι)强变化不定过去时 ἔστην 的分词阴性；

ὑπολείπεται＝ὑπολείπω[留下、剩下;不足]；

κατηρᾶτο＝καταράομαι(异态)[求神降罚于某人、诅咒]；

第三自然段

συν-έβη＝ἔβην＝βαίνω[走、动身;使前进]强变化不定过去时，将来时 βήσομαι，完成时 βέβηκα；

ἀσεβείας＝ἡ ἀσέβεια (ἀσεβής)[大不敬、亵渎]；

οὐκ εἰς μακρὰν(固定短语)[不一会儿、马上]；

ὑπελθεῖν＝ὑπέρχομαι[进入;进去、透过、讨好、欺骗]；

τοῦ βωμοῦ＝ὁ βωμός[台子、祭坛;台阶]；

τὸ σπλάγχνον[内脏;祭祀宴、怜悯心]；

ἔμπυρον＝ἔμπυρος, ον[在火上的、烧焦的;烧热的]；

ἀνήεγκεν＝ἀνάπτω[悬挂;点燃]；

τὴν καλιὰν＝ἡ καλία[木屋;谷仓;鸟窝;放神像的木盒]；

σφοδρός, ά, όν[剧烈的;激烈的、热烈的]；

λεπτοῦ＝λεπτός, ή, όν[去掉外壳、细的、瘦弱的;精巧的、细腻的]；

παλαιοῦ＝παλαιός, ά, όν[上年纪的、古老的、过时的]；

κάρφους＝τὸ κάρφος[干草、干树枝;外皮;木杖]；

φλόγα＝ἡ φλόξ[火、电光]；

ἀνῆψε＝ἀνα-φέρω[带上来、起来、赞扬;升起]；

διὰ τοῦτο(固定搭配)[所以]；

καταφλεχϑέντες＝καταφλέγω[烧毁、烧光]；

κατέπεσον＝κατα-πίπτω[落下、降落；低落]；

ὄψει＝ἡ ὄψις, ὄψεως[景象、形象；视力、视线]，比较 ὀφϑαλμός。

阅读提示：划分文本的句子成分，尤其注意分词短语的用法。

结合下列问题解析这段文字：在第二个自然段中，为什么一会儿是 αὐτῆς，一会儿是 αὐτοῦ？这段中的 οὐ μᾶλλον - ὅσον 没法直译，如何用好的中文来表达？第三自然段中的 τῆς ἀσεβείας 受什么支配？εἰς τὴν φιλίαν 这一表达式起什么样的句法作用？

找出这个自然段中的分词短语的范围，注意与主要动词在哪里接壤。

对　　话

寻找猎物

δυσβατός[难以通行的]＝δύς＋βατός(βαίνω[去、走]变来的动词性形容词)；

φαίνεται＝φαίνω[显示、指给看]现在时中动态直陈式；

ἐπίσκιος[遮住的、有阴影的](比较名词 ἡ σκιά[阴影、影子])；

δύσβατός γέ τις ὁ τόπος φαίνεται καὶ ἐπίσκιος 的主干是 ὁ τόπος φαίνεται，形容词 δύσβατός 和 ἐπίσκιος 是 φαίνεται 的补语(省略系词的不定式)。

σκοτεινός[黑蒙蒙的、阴暗的、含糊的]，赫拉克利特用于名词 ὁ σκοτεινός[幽暗、模糊、朦胧]；所有这些用词都暗示打猎场景，寻找猎兽的踪迹；

δυσδιερεύνητος[难以寻找的]＝δυς＋δι-ερευνάω[寻踪、仔细探查]，构词同于 δύς＋βατός；

ἰτέον γάρ(省略系词 ἐστίν)[的确是这样、没什么可说的]，οὐκ ἰτέον[当然不是这样]；肯定的其他表达法还有 πάνυ γε[完全如此、确实如此]。

κατιδών＝καϑοράω[往下看、俯视；寻觅、查看]不定过去时分词，也是可以用于寻猎时的语词；这里的 καϑοράω[往下看]与整个《王制》开篇的第一个语词 κατέβην[下到、往下走]似乎有一种呼应，透露出柏拉图哲学的基本品质：这种哲学重在往下看(政治哲学)，而非往上看(形而上一学)。

ἰού, ἰού＝狩猎人的欢快喊声，大致相当于我们的"哇！"——当打猎发现猎物的足迹(τὸ ἴχνος)时会发出这种欢呼；这样的口语表达充分增强了戏剧

味道;

κινδυνεύομεν=*κινδυνεύω*[面临危险](比较名词 *ὁ κίνδυνος*[危险、艰险、风险、考验]),这里所谓的[危险],不是从打猎场景来讲的,因为,这个语词经常用来表达客气的、有所保留的个人看法,意为[在我看来、我觉得恐怕……];在柏拉图笔下,这种客气的保留性表达式有多种,比如后面一段最后一句中的 *ὦ μακάριε*,字面意思是"你这幸运的家伙",客气用法含义是"我亲爱的";其他例子还有:*ὦ ἀγαθέ*[宝贝儿]、*ὦ δαιμόνιε*[鬼家伙],或者打趣意味的 *σχέτλιε*[讨厌鬼];

ἐκφεύξεσθαι=*ἐκφεύγω*[逃脱]将来时中动态不定式,带四格宾语 *ἡμᾶς*;

εὖ ἀγγέλλεις 字面意思是"你传来好消息",实际含义是"算你的功劳",或者:你幸运是你先看到的;比较由此而来的名词 *τὸ εὐαγγέλιον*,在古代的词典中,这词的意思是"传好消息的奖赏",后来(在《新约·福音书》中)成了"好消息"(福音);

βλακικόν=*βλακικός*[傻的、蠢的]中性;

τὸ πάθος[受苦、折磨](泛指所有身体上和精神上的受创,这里的含义是[经历、经受过的事情]),源于动词性的词干 *παθ-*;

ποῖον 字面意思为"怎么回事",疑问代词 *ποῖος*[怎么]的中性,在这里,冠词的含义是特别强调所疑问的"这究竟是(怎么回事)";

πάλαι(副词)[长时地、久远地],比较形容词 *παλαιός*(比较英文 paleography);

πρὸ ποδῶν(=*ὁ ποῦς*, *-ποδός*[脚]二格复数)[在脚跟前];

ἐξ ἀρχῆς[从一开始](固定说法);

κυλινδεῖσθαι=*κυλινδέομαι*[滚过、碾过](比较名词 *ὁ κύλινδρος*);

ἑωρῶμεν=*ὁράω*[看]过去时(带双词首增音);

καταγελαστότατοι=*καταγέλαστος*[可笑的]最高级。

演 说 辞

为死者而战

[7—8]

这个句子很长,我们先顺着原文语序来解析。

στρατευσάντων=*στρατεύω*[从军、当将领率兵出征]不定过去时分词属格复数;

ἡττηθέντων=*ἡττήθην*=*ἡττάομαι*[被打败、战败、制服、屈服]不定过去时

分词被动态属格复数；比较 ἥττων；ἡττάομαι τῶν πολεμίων；

μάχη＝ἡ μάχη[战争、斗争、战役；争吵；竞争]与格单数；比较 μάχομαι；

Ἀδράστου δὲ καὶ Πολυνείκους 两个人名都是二格，介词短语 ἐπὶ Θήβας 作二格分词 στρατευσάντων[出征]的补语，由此可见，这是独立二格短语[阿德腊斯托和珀吕内克远征忒拜]；καὶ ἡττηθέντων μάχη[被打败]同样是独立二格短语；可以清楚看到，显示独立二格的是主语和谓语的二格：Ἀδράστου δὲ καὶ Πολυνείκους - στρατευσάντων καὶ ἡττηθέντων；两个状语 ἐπὶ Θήβας 和 μάχη 仍然是自身的语法格位。

ἐώντων＝ἐάω[让、允许；不去管它、听之任之]现在时分词属格复数；
θάπτειν＝θάπτω[埋葬、安葬]现在时不定式；
νεκρούς＝ὁ νεκρός, οῦ[尸体]宾格复数；

οὐκ ἐώντων Καδμείων 都是二格，看来也是独立二格短语；主语 Καδμείων 和谓语 ἐώντων 为二格，ἐώντων 这个动词相当于助动词，需要不定式的补充，因此带起不定式 θάπτειν 及其宾语 τοὺς νεκρούς[忒拜人不想安葬死者]，注意 θάπτειν τοὺς νεκρούς 的语法格位不变。

ἡγησάμενοι＝ἡγέομαι[领先、带领、指挥；认为、相信]不过时分词中动态主格复数；
ἠδίκουν＝ἀδικέω[做错事、犯错误；虐待某人]过去时第三人称复数；
ἀποθανόντας＝ἀποθνήσκω[死、死去]不过时分词阳性宾格复数；
μεγίστην＝μέγας, μέγη, μέγα[大的]阴性宾格最高级；
κάτω(副词)[向下、朝下；在下面]，比较介词 κατά；
κομίζεσθαι＝κομίζω[照料、关心；带走、搬走、使重新得到]现在时不定式被动态；
ἱερῶν＝ἱερός, ά, όν[属于神的；神圣的]属格复数；
μιαινομένων＝μιαίνω[沾染上(灰尘、血迹等)；污染、亵渎]现在时分词被动态属格复数；
ἀσεβεῖσθαι＝ἀσεβέω[不敬(神)、亵渎]现在时被动态不定式，比较 σέβομαι；

Ἀθηναῖοι ἡγησάμενοι[雅典人认为]，句子的主词出现了，与前面两个分词短语的主词都不同(阿德腊斯托和珀吕内克—忒拜人)，但主干动词并没有随之出现，ἡγησάμενοι 是关联分词(主格复数)。不过，这个分词在这里明显起动词的作用，不妨干脆叫作副主干动词，ἡγέομαι[认为]这样的动词的宾语一定会是个带四格的不定式。随之果然出现了四格的 ἐκείνους μέν，但接下来的是一个条件从句 εἴ τι ἠδίκουν［就算他做了什么不义的事情］，εἴ 后面跟不定代词 τι 带有让步意味。条件句之后再是 ἡγησάμενοι 的宾语，换言之，ἡγησάμενοι 支配的作宾语的带四格的不定式被一个条件从句隔开了。由此可以断定，这个条件从句从属于 ἡγησάμενοι 支配的带四格的不定式短语：ἐκείνους μέν ⋯ ἀποθανόντας δίκην ἔχειν τὴν μεγίστην［也已经遭受了死亡这一最大的惩罚］。这个不定式短语共出现了四个四格名词：从句前面的 ἐκείνους 与 ἀποθανόντας 为不定式的主词［那些已经死去的人们］，δίκην-τὴν μεγίστην 为不定式 ἔχειν 的宾语，形容词 μεγίστην 以重复冠词的方式后置起强调作用。

　　接下来还有不定式，表明 ἡγησάμενοι 的宾语还没有完，这个不定式也有两个四格宾语：四格的 τοὺς δὲ 与前面的 ἐκείνους μέν 构成了一个 μέν - δέ 关联，因此是不定式中的实质主语。κάτω 为副词，但在这里被冠词 τοὺς 框住，成了名词［那些在下面的］（指生活在冥府的神们），四格的 τὰ αὑτῶν 为不定式 οὐ κομίζεσθαι 的宾语［没有得到属于自己的东西］。这个不定式短语与前一个在内容上有紧密的关联（因此有 μέν - δέ），意思是：那些战死的人本来应该（在自然死亡后）去到冥府，成为冥神的所有物，由于战死而不能去到冥府，冥神们就得不到属于自己的东西。注意 τὰ αὑτῶν 的构成：冠词＋属格的 αὑτῶν［属于自己的东西］。

　　后面还有不定式短语，说明 ἡγησάμενοι 的不定式宾语还没有完。第三个不定式宾语与第一个不定式宾语有一点相似：ἐκείνους μέν ⋯ ἀποθανόντας δίκην ἔχειν τὴν μεγίστην［也已经遭受了死亡这一最大的惩罚］带有一个条件从句。这表明不定式短语作为一个实质性的句子可以有自己的扩展成分，扩展的方式多种多样，前面是通过插入条件从句来扩展，这里则是通过带一个独立二格短语 ἱερῶν δὲ μιαινομένων［圣地受到玷污］来扩展。不定式的实际主语是四格的 τοὺς ἄνω，与前面的 τοὺς κάτω 一样，ἄνω 本是副词［向上、在上］，被冠词框住而成了名词［那些在上面的］。θεούς 是其同位语，不定式 ἀσεβεῖσθαι 为被动态，因此意为"在天上的神们则蒙受耻辱"。必须注意，由于独立分词短语与不定式短语的关系在这里非常紧密，两个主词（ἱερῶν 和 τοὺς ἄνω θεούς）虽然是不同的所指，却很接近，独立分词短语当理解为原因状语："由于圣地受到玷污，神们蒙受耻辱。"

　　回顾一下，这个句子中的两个独立分词短语与主干句构成状语关系，主干句的关联分词引出了三个不定式短语作宾语（相当于三个分句），其中第一和第三个不定式短语还带有自己的扩展成分：条件从句和独立分词短语。从而，这个句型提醒我们，当注意条件从句和分词短语所从属的位置

（属于主干结构还是次级结构）。

这段文字的特点是出现太多主词，不妨依中译的语序来看看这些主词及其谓语的形态。阿德腊斯托和珀吕内克攻打忒拜[Ἀδράστου δὲ καὶ Πολυνείκους ἐπὶ Θήβας στρατευσάντων]，在战斗中身亡[καὶ ἡττηθέντων μάχῃ]，忒拜人不想让[οὐκ ἐώντων Καδμείων]死者得到安葬[θάπτειν τοὺς νεκρούς]。雅典人却认为['Αθηναῖοι ἡγησάμενοι]，就算是这些死者行了不义[εἴ τι ἠδίκουν]，他们也因为死而遭受到最大的惩罚[ἐκείνους μέν … ἀποθανόντας δίκην ἔχειν τὴν μεγίστην]（这一句的语序与中译差别较大），何况冥间的神们会得不到本来属于自己的东西[τοὺς δὲ κάτω τὰ αὑτῶν οὐ κομίζεσθαι]，而天上的神们也会因为（自己的）圣地受到玷污而受到亵渎[ἱερῶν δὲ μιαινομένων τοὺς ἄνω θεοὺς ἀσεβεῖσθαι]（这一句的语序与中译差别较大）。

τὸ πρῶτον[第一]；
πέμψαντες＝πέμπω[派遣；护送]不定过去时分词阳性主格复数；
κήρυκας＝ὁ κῆρυξ, ηκος[传令官；信使]宾格复数，比较 κηρυττω；
ἐδέοντο＝δέω[需要、恳求]过去时中动态第三人称复数；
δοῦναι＝δίδωμι[给；准许；交出]强变化不定过去时不定式；
νεκρῶν＝ὁ νεκρός, οῦ[尸体]属格复数；
ἀναίρεσιν＝ἡ ἀναίρεσις, εως[（尸体的）运走、出殡]宾格单数；

现在才终于出现主干句'Aθηναῖοι 的谓语和宾语，但在主干动词出现以前，还有一个关联分词短语 τὸ μὲν πρῶτον πέμψαντες κήρυκας[先派出传令官]，πέμψαντες[派出]的语法位置与 ἡγησάμενοι 相同，四格的 τὸ μὲν πρῶτον 作副词用法为状语[首先]；主干动词 ἐδέοντο[恳求]支配二格宾语 αὑτῶν（注意这里的指示代词[他们]具体指谁，中译必须译出实词才清楚），这个动词通常要跟不定式短语才完整，因此随后有四格宾语＋不定式的短语 δοῦναι τῶν νεκρῶν ἀναίρεσιν[安葬死者]，四格宾语 ἀναίρεσιν 带有自己的属格定语 τῶν νεκρῶν，由于 ἀναίρεσιν 具有动词意味，其属格定语实际上是其宾语。

νομίζοντες＝νομίζω[相信、认为]现在时分词阳性主格复数；
ζῶντας＝ζάω[活；有活力]现在时分词阳性宾格复数；
ἐχθρούς＝ἐχθρός, ά, όν[可恨的；仇恨的]宾格复数；
τιμωρήσασθαι＝τιμωρέω[帮助、援助；报复；向某人报复、惩罚某人]不定过去时中动态不定式；

句子还没有完，在主干动词之后又有关联分词短语 νομίζοντες[雅典人相信]，语法位置与 πέμψαντες 相同，构成围绕主干动词 ἐδέοντο 的双翼结构，而

且 νομίζω 这个动词必然跟带四格的不定式短语。但接下来我们看到两个不定式 εἶναι - τιμωρήσασθαι，怎么解析？ἀνδρῶν μὲν ἀγαθῶν εἶναι 这个不定式短语要作为一个不定式的四格名词来看（语法上称为"整个四格加不定式的实词化"，其实就是不定式变成名词时自身的整个短语都变成了名词），在不定式中作主词。四格的 ζῶντας 分词是 τοὺς ἐχθρούς[仇敌]的形容词定语，作 τιμωρήσασθαι 的宾语[报复活着的仇敌]。可见，在这个不定式短语中间又包含一个不定式短语，我们又见到不定式短语的扩展方式：不定式短语作名词。

这个短语的意思是什么呢？我们当记得范围属格的用法指"理应属于某人的事情"，因此，ἀνδρῶν μὲν ἀγαθῶν εἶναι 的意思是"理应属于好男儿的事情"，ἀνδρῶν μὲν ἀγαθῶν εἶναι ζῶντας τοὺς ἐχθροὺς τιμωρήσασθαι 就可以译作"是好男儿就该去找活着的仇敌报仇"，意思是忒拜人没必要拿敌人的尸体出气。

ἀπιστούντων = ἀπιστέω[不相信、不信任]现在时分词属格复数，比较 πιστός；

σφίσιν = σφεῖς（反身代词三复）[他们、她们]与格复数（变格 = σφῶν - σφίσι - σφᾶς）；

τεθνεώτων = τεθνηκότων = θνήσκω[死、死亡；灭亡、消亡]现在完成时分词属格；

σώμασι = τὸ σῶμα, ατος[身体、身躯]与格复数；

εὐψυχίαν = ἡ εὐψυχία[好精神；勇敢]宾格单数；

ἐπιδείκνυσθαι = ἐπιδείκνυμι[展示；证明、指出]现在时不定式中动态；

最后一个不定式短语也是 νομίζοντες 的宾语，看起来同样比较复杂，不过跟前一个不定式短语一样，基本结构很简单，就是最后的 τὴν εὐψυχίαν ἐπιδείκνυσθαι[证明勇气]，复杂的地方首先在于 ἀπιστούντων δὲ，这个二格很难理解，什么意思？我们应该想到，这个不定式短语只有一个四格宾语 εὐψυχίαν，那么，实际上的主词在哪里（谁"证明勇气"）？

还应该注意到，前面的 ἀνδρῶν μὲν ἀγαθῶν εἶναι 夹着一个 μέν，而这里的二格分词（作形容词）ἀπιστούντων 跟有一个 δέ，从而与前面的 ἀνδρῶν μὲν ἀγαθῶν εἶναι 构成了 μὲν … δὲ 关联。于是，前面的所属二格不定式 ἀνδρῶν μὲν ἀγαθῶν εἶναι 让我们想到，这里的 ἀπιστούντω 很可能省略了 εἶναι。由此可以断定，这个二格的 ἀπιστούντω 就是这个不定式的主词[不相信的人（才会证明自己的勇气）]。随后的与格 σφίσιν αὐτοῖς[他们自己]是 ἀπιστούντω 的补语：

ἀπιστούντω σφίσιν αὐτοῖς εἶναι[那些不相信自己的人们]。至于介词短语 ἐν τοῖς τῶν τεθνεώτων σώμασι 就很清楚了，它属于修饰不定式 ἐπιδείκνυσθαι 的状语[用那些阵亡者的尸体来（证明勇气）]，由此又让我们看到不定式短语的扩展方式。

可以看到，这个 νομίζοντες 带起的分词短语显得复杂，主要因为它支配的作为宾语的两个不定式短语复杂。而两个不定式短语之所以复杂，则是因为其中有起名词作用的不定式短语（后一个为省略表达）。让我们从中译语序来看这个分词短语：

雅典人认为[νομίζοντες]，是好男儿就该去找[ἀνδρῶν μὲν ἀγαθῶν εἶναι]活着的敌人报仇[ζῶντας τοὺς ἐχθροὺς τιμωρήσασθαι]，对自己没信心的人[ἀπιστούντων δὲ σφίσιν αὐτοῖς]才会用死者的尸体来证明自己的勇气[ἐν τοῖς τῶν τεθνεώτων σώμασι τὴν εὐψυχίαν ἐπιδείκνυσθαι]。语序一点儿不乱，难掌握的地方已经清楚了。

再通观全句，我们可以看到，这一句包含了几乎所有最重要的古希腊语基本句型：

1. 独立分词短语 Ἀδράστου δὲ καὶ Πολυνείκους ἐπὶ Θήβας στρατευσάντων …

2. 关联分词短语 Ἀθηναῖοι ἡγησάμενοι …，支配三个不定式短语的宾语：ἐκείνους μὲν … ἀποθανόντας δίκην ἔχειν τὴν μεγίστην（中间夹带条件从句 εἴ τι ἠδίκουν）- τοὺς δὲ κάτω τὰ αὑτῶν οὐ κομίζεσθαι - τοὺς ἄνω θεοὺς ἀσεβεῖσθαι（带自己的独立分词短语 ἱερῶν δὲ μιαινομένων）；

主干句 τὸ μὲν πρῶτον πέμψαντες κήρυκας ἐδέοντο αὐτῶν δοῦναι τῶν νεκρῶν ἀναίρεσιν 又有双翼关联分词；

3. νομίζοντες 支配两个不定式短语的宾语：ἀνδρῶν μὲν ἀγαθῶν εἶναι（不定式短语作名词）ζῶντας τοὺς ἐχθροὺς τιμωρήσασθαι - ἀπιστούντων δὲ σφίσιν αὐτοῖς（不定式短语作名词，不定式省略）ἐν τοῖς τῶν τεθνεώτων σώμασι τὴν εὐψυχίαν ἐπιδείκνυσθαι。

[9]

δυνάμενοι＝δύναμαι[能、能够；被当作]现在时分词阳性复数；

ἐστράτευσαν＝στρατεύω[从军、当兵打仗；征兵]不定过去时第三人称复数；

οὐ δυνάμενοι δὲ τούτων τυχεῖν[由于他们（雅典人）未能成功]，一开始就是个分词主格复数。我们已经有经验，这当是个关联分词，这个分词的原形是情态动词 δύναμαι，因此要跟不定式才完整。τούτων τυχεῖν 的动词支配二格宾语，直译是"在这件事情上没有好运"，亦即"没有成功"；然后是主干句 ἐστράτευσαν ἐπ' αὐτούς [就与忒拜人打了起来]，这里的 αὐτούς 很清楚指代谁，但中译必须译出实词（现代西方语文同样如此）。

οὐδεμιᾶς＝οὐδείς, οὐδεμία, οὐδέν [没有一个、没有] 阴性属格单数；
διαφορᾶς＝ἡ διαφορά [不同、不和、争执；优点、益处] 属格单数；
πρότερον＝πρότερος, α, ον [较前的、在前的] 比较级；
ὑπαρχούσης＝ὑπάρχω [开始；开始形成、有] 现在时分词阴性属格单数；
ζῶσιν＝ζάω [活；有活力] 现在时分词与格复数；
ἡ διαφορά [不同、不和；卓越、优点]；比较 διαφέρω；
χαριζόμενοι＝χαρίζομαι（异态）[做使人高兴的事、开恩；慷慨地赠送；得到某人欢心] 现在时分词阳性主格复数，比较 χάρις；

οὐδεμιᾶς διαφορᾶς πρότερον πρὸς Καδμείους ὑπαρχούσης 句的主词是二格的 οὐδεμιᾶς διαφορᾶς，四格形容词 πρότερον 这里作副词，介词短语 πρὸς Καδμείους 为 διαφορᾶς 的补语 [针对忒拜人的不和]，ὑπαρχούσης 是 ὑπάρχω [开始；有] 的现在时分词二格。由此可以断定，这是个独立分词短语 [没有任何针对忒拜人的不和]。

否定代词 οὐδείς 要变格 (属格＝οὐδεμιᾶς)，这里有"从来就没有"的含义。

οὐδὲ τοῖς ζῶσιν Ἀργείων χαριζόμενοι 的主干语词是 χαριζόμενοι 这个分词主格复数，因此是个关联分词短语 [他们也不讨好活着的阿尔格维人]；
τεθνεῶτας＝θνήσκω [死；灭亡] 现在完成时分词阳性宾格复数；
ἀξιοῦντες＝ἀξιόω [值多少、重视；指望、心想] 现在时分词主格复数，比较 ἄξιος；
νομιζομένων＝νομίζω 现在时分词被动态属格复数；
τυγχάνειν＝τυγχάνω [击中、碰到、取得、达到目的；恰好在场、偶然发生] 现在时不定式；

ἀλλὰ τοὺς τεθνεῶτας ἐν τῷ πολέμῳ ἀξιοῦντες τῶν νομιζομένων τυγχάνειν [而是因为他们（雅典人）认为，战争中的死者应该得到习传给予的东西] 句起头的 ἀλλὰ 表明，这一关联分词短语的分词 ἀξιοῦντες 与前一个关联分词短语 οὐδὲ … χαριζόμενοι 是并列句。这个分词短语看起来比较复杂，是因为 ἀξιοῦντες [认为应该、认为值得] 支配的四格+不定式短语的不定式 τυγχάνειν 这个动词支配属格宾语。我们习惯的是两个四格宾语+不定式，而这里却是 τοὺς τεθνεῶτας ἐν τῷ πολέμῳ [战争中的死者]（不定式中的主词）。τῶν νομιζομένων 本来当是四格名词，这里因为是 τυγχάνειν 这个支配二格宾语的动词的宾语而是二格名词（分词变来的名词[风俗承认的东西]；动词 νομίζω 也有[按习惯承认、依风俗认为]），但语法性质仍然是宾语。

ἁμαρτάνω[未射中的、失误；犯错误]，将来时：ἁμαρτήσο-μαι，强变化不定过去时：ἥμαρτον，完成时：ἡμάρτηκα τῆς ἐξόδου[没找到出路]；反义 τυγχάνω；
ἑτέρους = ἕτερος, α, ον[另一个、两者中的一个；另外的]阳性宾格复数；
ἀμφοτέρων = ἀμφότερος, α, ον[两边的、双方的]属格复数；
ἐκινδύνευσαν = κινδυνεύω[冒险；碰巧]不定过去时第三人称复数；
πρὸς τοὺς ἑτέρους ὑπὲρ ἀμφοτέρων ἐκινδύνευσαν[他们冒险与两个对手中的一方开战]，这里第二次出现主干动词 ἐκινδύνευσαν[他们冒险]。此句比较困难的是两个含义相反的介词连在一起用：πρὸς[针对]（四格）τοὺς ἑτέρους[其中之一]和 ὑπὲρ[为了]（二格）ἀμφοτέρων[双方]。对于这样的句子，我们必须吃透原文的含义，用意译方式来表达，没法贴紧字面来翻译。这里的意思是：雅典人与忒拜人开战，虽然针对的是打斗双方中的一方，其实是为了打斗的双方都好，于是就有了 πρὸς τοὺς ἑτέρους ὑπὲρ ἀμφοτέρων 的表达。

μηκέτι（副）[不再……；也不……]；
τεθνεῶτας = θνήσκω[死；灭亡]现在完成时分词阳性宾格复数；
ἐξαμαρτάνοντες = ἐξαμαρτάνω[失误；犯错误]现在时分词阳性复数；
πλείω = ὁ, ἡ πλείων[更大的、更多的]宾格复数，是 πολύς 的比较级；
ἐξυβρίσωσιν = ἐξυβρίζω[傲慢、狂妄]不定过去时虚拟式第三人称复数；
ὑπὲρ μὲν τῶν[为了双方]重复前面的介词短语，随后是以从句的形式来具体解释这个 ὑπὲρ[为了……]：ἵνα … 引导的这个目的从句实际上是个复句，因为带有一个关联分词短语 μηκέτι εἰς τοὺς τεθνεῶτας ἐξαμαρτάνοντες πλείω，从句的主语包含在主干动词 ἐξυβρίσωσιν[冒犯、违忤]之中，περὶ τοὺς θεούς 是这个动词的补语。主格复数的分词 ἐξαμαρτάνοντες 与 ἐξυβρίσωσιν，它也带有自己的介词短语作补语 εἰς τοὺς τεθνεῶτας[错误对待阵亡者]，宾格复数的 πλείω 与 μηκέτι 构成副词性搭配，直译为[不再有更多]。整句的意思是：这些忒拜人不再拿更多的阵亡者去亵渎神们。

ἑτέρων = ἕτερος, α, ον[另一个、两者中的一个；另外的]属格复数；
ἀπέλθωσι = ἀπέρχομαι[走开；离开到……去]强变化不定过去时虚拟式第

三人称复数；

  πατρίου＝πάτριος, (α), ον (πατήρ)[父亲的、属于自己父亲的]属格单数，比较：πατρῷος, (α), ον[祖先的、祖先传下来的]；

  τιμῆς＝ἡ τιμή[价值、尊敬、地位、荣誉；评价、惩罚]属格单数；

  ἀτυχήσαντες＝ἀτυχέω[不走运、落空]不过时分词阳性主格复数，支配属格宾语；

  Ἑλληνικός, ή, όν[希腊人的、像希腊人的]；比较 Ἕλλην；

  στερηθέντες＝στερέω[剥夺；夺走]不定过去时分词被动态阳性主格复数；

  κουνῆς＝κοινός, ή, όν[共同的；公共的]阴性属格单数；

  ἐλπίδος＝ἡ ἐλπίς, ίδος[希望；预料；忧虑]属格单数；

  ἡμαρτηκότες＝ἁμαρτάνω[失误、失去；犯错误]现在完成时分词阳性主格复数。

  ὑπὲρ δὲ τῶν ἑτέρων 与前面的 ὑπὲρ μὲν τῶν 构成关联（注意 μὲν … δὲ），τῶν ἑτέρων 表明，其实前面的 ὑπὲρ μὲν τῶν 也有一个 ἑτέρων，省略了而已。ἵνα … 引导的目的从句与前面的 ἵνα … 从句的语法作用相同：μὴ πρότερον εἰς τὴν αὑτῶν ἀπέλθωσι [他们不必回到自己的故土]是从句的主干，介词短语 εἰς τὴν αὑτῶν 省略 γῆν，作动词 ἀπέλθωσι 的补语，中性四格的 πρότερον[更早、先就]作副词，这里的意思是[如此这般]，修饰动词[不必如此这般地回到……]。

  随后是三个关联分词短语构成排比修辞，相当于在说明这个 πρότερον：1. πατρίου τιμῆς ἀτυχήσαντες[失去了父辈的荣誉]；分词 ἀτυχήσαντες 这里意为[丢失了……的人]，ἀτυχέω 这个动词支配属格宾语。2. καὶ Ἑλληνικοῦ νόμου στερηθέντες[被剥夺了希腊的礼法]，分词 στερηθέντες 为被动态，意为[被剥夺了的人]，Ἑλληνικοῦ νόμου 为范围属格作补语，指在哪方面被剥夺。3. καὶ κουνῆς ἐλπίδος ἡμαρτηκότες[丢失了共同的希望]，分词 ἡμαρτηκότες 这里意为[丧失了……的人]。

  整个句子显得非常繁复，解析的关键在于把握住两个主干动词：ἐστράτευσαν ἐπ᾽ αὐτούς[他们向忒拜人开战] - πρὸς τοὺς ἑτέρους ὑπὲρ ἀμφοτέρων ἐκινδύνευσαν[冒险与其中一方的人（为敌）。然后要注意两个关节点：首先，连接两个主干动词的转折连词 ἀλλὰ，它使得两个主干动词 ἐστράτευσαν - ἐκινδύνευσαν 连得非常紧，实际上就是一个意思，ἀλλὰ 变换的是 ἐστράτευσαν - ἐκινδύνευσαν 的原因。

  我们可以看到，围绕这两个主干动词有些什么扩展成分：

第一个主干动词 *ἐστράτευσαν ἐπ' αὐτούς* 前面有一个关联分词短语 *οὐ δυνάμενοι δὲ τούτων τυχεῖν*，相当于时间状语（请求没有成功之后才开战）；后面有一个独立分词短语 *οὐδεμιᾶς διαφορᾶς πρότερον πρὸς Καδμείους ὑπαρχούσης*，显得是转向原因的过渡。接下来的关联分词短语 *οὐδὲ τοῖς ζῶσιν Ἀργείων χαριζόμενοι* 应该属于后一个主干动词，*ἀλλὰ* 连接有一个关联分词短语 *τοὺς τεθνεῶτας ἐν τῷ πολέμῳ ἀξιοῦντες τῶν νομιζομένων τυγχάνειν*，可以看到 *οὐδὲ … ἀλλὰ* 的关系连接，从而这两个关联分词短语同属第二个主干动词 *πρὸς τοὺς ἑτέρους ὑπὲρ ἀμφοτέρων ἐκινδύνευσαν*。可是，两个主干动词之间的独立分词短语的 *οὐδεμιᾶς* 也可以同 *ἀλλὰ* 构成关系连接，使得两个意群的划分变得十分含糊。

第二，介词短语 *ὑπὲρ ἀμφοτέρων* 的延伸作用，引申出两个目的状语从句：*ὑπὲρ μὲν τῶν … ὑπὲρ δὲ τῶν ἑτέρων*。

这两个目的状语从句的修辞手法显得带有相当的论述性，有如我们在写文章时经常说的：一方面……另一方面。第一个从句带有一个关联分词短语 *μηκέτι εἰς τοὺς τεθνεῶτας ἐξαμαρτάνοντες πλείω*，第二个从句则尾随三个关联分词短语 *πατρίου τιμῆς ἀτυχήσαντες - καὶ Ἑλληνικοῦ νόμου στερηθέντες - καὶ κοινῆς ἐλπίδος ἡμαρτηκότες*.

[10]
διενοήθην = διανοέομαι[思考、打算]不定过去时分词阳性主格复数，比较 *νόος*；

τύχας = ἡ τυχή[好运、幸运；命运；机会]属格单数；

κτώμενοι = κτάωμαι[取得、赢得、招致；已拥有]现在时分词阳性主格复数；

σύμμαχον = σύμμαχος, ον[共同战斗的；帮手、支援者]；

ἐνίκων = νικάω[战胜、征服；击败]过去时第三人称复数；

μαχόμενοι = μάχομαι[战争、打仗；争吵、对抗；竞争]现在时分词阳性主格复数；

最后一句大量采用关联分词构成句子，变位动词几乎在最后（*ἐνίκων*[他们战胜]），前面有四个关联分词短语，这是一种典型的修辞手法。我们来看看这四个关联分词短语的关系：

1. *ταῦτα διανοηθέντες*[雅典人就是这样想的]，分词为主格复数，在语境中很清楚指谁；接下来的句型都相同，因此随之的 *καί* 的意味就要尤其小心。

2. 第二个分词短语稍微复杂一点,因为分词 νομίζοντες 必然带起一个四格＋不定式结构,尽管这里省略了不定式,我们还是可以很容易看出 τὰς ἐν τῷ πολέμῳ τύχας[在战争中机运]是 κοινὰς[共同的]省略了 εἶναι, 属格的 ἁπάντων ἀνθρώπων[对所有人而言]是补语,整句意为[尽管他们认为,战争中,机缘对所有人都一样]。

3. πολλοὺς μὲν πολεμίους κτώμενοι[而且招惹众多敌人]中间的 μὲν 与下一句中的 δὲ 构成转折意味。

4. τὸ δὲ δίκαιον ἔχοντες[然而正义在自己这边];接下来是主干句 σύμμαχον ἐνίκων[他们赢得了战斗],最后还有一个关联分词 μαχόμενοι[他们通过奋战]作状语。

全句显得是一个双翼结构,但其中的一翼与另一翼不平衡。前面四个关联分词语气不断转折,头两个之间的 καὶ[当然]非常重要;第3—4两个分词短语有 μὲν … δὲ 的转折。最后的关联分词 μαχόμενοι 则是副词用法,修饰动词。

《为死者而战》文本解析

解析文本的修辞,要同时关注语义[遣词]、句法[造句]和文脉[谋篇]这三个相辅相成的层面。首先需要明白,我们没有可能先搞清楚全部语词的语义,再转向句法(句子结构)和文脉(对文本的整体理解)。因为,语词的语义经常需要靠句法和文脉来确定。总体来说,把握一篇文本的修辞特色,涉及上述三个大的方面,而古典语文学家建议,最好从第三个方面着手。

准确掌握语词含义

举个简单的例子:副词 κάτω 在词典中的基本语义是"向下、在下方",但在文中,这个副词由于带有冠词(τοὺς κάτω)而名词化了。古希腊语当中的这种句法现象在现代西方语文里也有(比如德语 die da unter[下面的那个])。当出现 οἱ κάτω 用法的时候,意思就可能有多个,如"南方人"或"沿海人"(从住在山上的人的眼光看去,他们是居住在"下方的"人)。然而,从这篇文选的题目来看,这个词又有一层重要含义,即"死者"。ἡ ἀναίρεσις[葬礼、安葬]的标记以及安提戈涅的传说,它们更多指 οἱ κάτω[死者、地底下的人]。

中型以上的词典在说明这个词的语义时,会给出一些句法条件,但词典无法提供在具体的文脉中该如何取舍这些条件,因为这需要以对文本的整体理解为前提。

在一部中型词典中,κάτω 词条如下:

κάτω 副词(κατά),(1)向下、往下。εἰς τὸ δυνατώτατον κάτω[尽可能的深];κάτω διεχώρει αὐτῷ[他拉肚子了];尤其 κάτω ἔρχεσθαι,比如"捐给死者的东西",按古时候的信仰,捐给死者的东西可以到达地下。(2)下面的、在……下方、在很深的下面;与第二格搭配:在……以下的;τὸ 和 τὰ κάτω[下面的部分],由此,τὰ κάτω[位于南方的东西](希罗多德,1.142)。其他:(a)靠近海的、沿海的,由此,οἱ κάτω[沿海的人];τὰ κάτω[沿海地区];οἱ κάτω τῆς Συρίας[叙利亚南部人];(b)地下的;由此,οἱ κάτω[地下的人、死者];οἱ κάτω θεοί[阴间神祇];《新约》:κάτω τῆς γῆς[下面的世界](即:大地)。

细看词典中的这些词义项,想想把 κάτω τῆς γῆς 译成"在地底下"是否可行?

一本中型词典中,大多数古希腊语单词至少有两个词义项,至于哪个释义符合阅读时遇到的特定语义,要看具体文脉。例如:文中第一句的 ἡγεῖσθαι 就不可能是"指路"或"引导"的含义,不然的话,还需带一个第三格或第二格宾语。由于有四格加不定式 ἐκείνους ἔχειν 作为其宾语,于是,凭靠句法方面的知识,我们可以确定,ἡγεῖσθαι 的含义为"认为、看法"。

因此,为了确定一个语词的语义,需要根据句法来确定

(1) 该词在句子结构中处于什么位置;

(2) 搞清语义关联,即哪个词义项的意思更接近文本的主题。

比如,就眼下这个文本而言,不妨查阅词典按这个方法搞清下列语词的含义:

δίκην - ἱερῶν - ἀπιστούντων - τυχεῖν - ἀξιοῦντες - ἐκινδύνευσαν

当然,已变化了的动词得还原到"词典原形"。

句子结构(句法分析)

(1) 找出主干结构:句法分析首先当确认句子的主干结构,搞清实词(名词和形容词)的格位是首要的步骤。句子中总会有实词,其词尾必定表示其格位,从而指明了该语词在文本中的关系属性,但在作出最终判断之前,有必要先审视每个格各自的作用。例如:文本中的第二格 αὐτῶν 是受 ἐδέοντο 支配的,因为这个动词要求有一个第二格宾语。这种情形使得句法与词法(语义层面)具有内在关系。

τῶν νεκρῶν 是 ἀναίρεσιν 的定语,这又是根据对含义的理解(文本文脉)得

出的结论。

你不妨看看,下面的语词及其词形受什么限制,其格位的作用是什么?
αὐτῶν - ἀνδρῶν ἀγαθῶν（比较 φιλοσόφου ἐστίν [这里指一位哲人]）- ζῶντας - ἀπιστούντων（该补充哪种动词形式）- τούτων - Ἀργείων - τῶν νομιζομένων - ἁπάντων ἀνθρώπων

(2) 扩展的句子成分:搞清句子的主干其实与搞清句子主干的扩展成分分不开。比如,在眼下这个文本中,好几个地方都有"典型古希腊式"的四格加不定式结构、关联分词短语和独立分词短语等等。

阅读文本的方法应该是,首先找出那些含有这类句子成分在其中起"主导"作用的区域,把这些区域的内容隔离起来,使之能成为一个独立的简单句。例如: οὐδεμιᾶς διαφορᾶς πρότερον πρὸς Καδμείους ὑπαρχούσης,这里的独立分词短语"框住"的区域范围指:之前不曾与忒拜人有过冲突。

不妨先在练习本上划出各个分词短语和不定式短语的区域,指出各个不定式短语受什么支配,分词短语针对什么……划分时不妨想想,分词短语是否与主语有关联,以及该如何来判别这个句子? 什么地方让你感觉到判定独立分词短语的主词相当困难? 最后,说清楚每个划分出来的区域各自的含义。

(3) 从句:通过观察引导从句的句子标志和"小品词"(从属连词、关系和疑问代词及副词),其实很容易识别从句。你不妨试试,指出眼下的文本中有哪些从句? 它们由什么引导? 这些从句的结尾在哪里?

文 本 文 脉

(1) 文本之外:引言、标题、注释以及对文本的阅读参考提示等等,都有助于理解文本。不妨回忆一下(必要时查阅工具书,如《古希腊罗马神话鉴赏词典》),想想文本中提及的人名(Antigone、Polyneikes、Adrastos、Theben)之间有什么关联? 希腊文 οἱ Καδμεῖοι 指谁? Kadmos 又是谁? 参照"Romulus 的天使"[罗马人]想想名字的构成。

(2) 考索词语材料:本文的标题是"为死者而战",如果说这个标题选得恰当,那是因为"战斗"和"死亡/死者"这些语词发挥的作用。不妨试试,找出与之相应的词汇,然后归类;注意重复出现了哪些语词? 在什么地方,不同的概念指的是同一回事? 什么地方又强调了对立?

(3) 体式手法:通过运用表现体式的修辞手法,作者可以突出表现自己认为重要的东西。因此当注意观察,哪些语词处在显著位置(句首或句尾

以及其他什么地方)。不妨试试说出下面段落中使用的表现手法,解释其作用:

ἐπὶ Θήβας στρατευσάτων καὶ ἡττηθέντων μάχη

δίκην ἔχειν τὴν μεγίστην

(4) 说话人[作者]针对听者[读者](接收者)的意图:请设想一下,一个雅典的听者/读者会如何判断文中描述的雅典人的远征;文中讲述的内容和描述手法会从哪个方向影响听者或读者对其他军事行动的判断?不妨想想,文选给雅典人下意识地(因为没有明说)指出了什么。根据这一"设想的场景",从古希腊神话中找出雅典的类似情况(关键词:Theseus - Oidipus, Aigeus - Medea, Orest – Areopag)。

(5) 文本类型:吕西阿斯的这篇悼词化用了一则"英雄传说"的典故,这位修辞家是如何把握其所述的内容的?

桂 冠 演 说

这个句子很长,可以划分为三个意群段来解析,第一段到第二行的 μὰ 之前为止。

οὐκ ἔστιν ὅπως=[……是根本不可能的/绝不可能的](明确的否定),主语从句的固定表达式,引导出一个从句;

ἡμάρτετε = ἁμαρτάνω [失误、犯罪;搞错]强变化不定过去时第二人称复数;

ἄνδρες Ἀθηναῖοι=[雅典人呵](集会上的呼语);

τὸν κίνδυνον = ὁ κίνδυνος [危险、考验、战斗]宾格单数;

ἀράμενοι = αἴρω (主动)[使升起、举起;振作;消灭]不定过去时中动态(ἠράμην)的分词主格复数;比较将来时:ἀροῦμαι(注意 αἴρω 用作中动态时意为"夺走;忍受、着手");

Οὐκ ἔστιν, οὐκ ἔστιν ὅπως [……是根本不可能的],明确的否定语式,两次重复 οὐκ ἔστιν 乃所谓 ἐπ-αναδιπλόσις [叠句法],通常用于强化感情;οὐκ ἔστιν 形式上是个主语从句。换言之,ἔστιν 包含一个无人称的形式主语,实质主语则是随后的句子 ἡμάρτετε [你们](指听众)错失(机会),呼格的 ἄνδρες Ἀθηναῖοι [雅典人啊]为插入语,随后的关联分词短语相当于一个带四格的不定式短语作 ἡμάρτετε 的宾语。

τὸν ὑπὲρ τῆς ἁπάντων ἐλευθερίας καὶ σωτηρίας κίνδυνον ἀράμενοι [为所有人的自由和福祉不怕牺牲],分词 ἀράμενοι (= αἴρω [使升起、举起;振作])的不过时分词阳性)为主格复数,包含的主词是[你们],宾语是 τὸν … κίνδυνον,夹在冠

词和实词中间的是作目的状语的介词短语 ὑπὲρ τῆς ἁπάντων ἐλευθερίας καὶ σωτηρίας[为了所有人的自由和福祉]，属格复数的 τῆς ἁπάντων[所有人]指所有希腊人。关联分词 ἀράμενοι 既然是主格复数，就与 ἡμάρτετε 所包含的主词"你们（指听众）"相关联，时态为不定过去时，指已经过去的喀罗尼亚战役，但又与随后说到的"先辈们"相关联；德摩斯忒涅通过这种含混修辞意在让听众与自己的先辈们对比。

总体来看，这个句子有两个特别之处：(1) 强烈否定的主语从句句型 οὐκ ἔστιν ὅπως+从句；(2) 从句的宾语是一个关联分词短语；整句带有非常强烈的激励语式色彩。

μὰ=感叹词；通常引导誓语，与人们要对之发誓的神、人或事连用时支配宾格；

πρόγονος=πρό-γονος, ον[先诞生的、年长的]，比较 ὁ πρόγονος[祖先]；

προκινδυνεύσαντας=προ-κινδυνεύω[冒险在先、首当其冲]不定过去时分词宾格复数[战斗在前线的（人们）]；比较 κίνδυνος；

Μαραθῶνι=（地名）[马拉松]与格（Μαραθῶν 战役发生在公元前490年）；

παραταξαμένους=παρατάττω[把……排在旁边；并肩战斗]（哑默辅音动词）中动态 παρατάττουμαι[把自己的部队布成阵势]的不过时分词四复[并肩战斗的人们]；

ναυμαχήσαντας=ναυμαχέω[进行海战；对……打海战]不定过去时分词四复[与……在海上作战的人们]；比较 ἡ μάχη[战斗、战役；争吵；竞争]+ἡ ναῦς；

κειμένους=κεῖμαι[躺下、被毁灭；位于；存放]中动态现在时分词四复[躺下、长眠的人们]；

δημοσίοις=δῆμος 的与格复数；

μνήμασι=τὸ μνῆμα[纪念、坟墓；记忆]与格复数；

μὰ 是引导誓语的语气词，由它引导出来的语词为四格，因此，μὰ 与随后的四个四格名词构成了一个独立的语式结构。这四个四格名词的前三个都是由分词变来的，分词本身有动词含义，又可以带有附加的状语成分。从而，这三个分词变来的名词无异于一个单句。

(1) τοὺς Μαραθῶνι προκινδυνεύσαντας τῶν προγόνων[在马拉松你们的祖先冲锋陷阵]，主干是 τοὺς … προκινδυνεύσαντας[冲锋陷阵的（人们）]（直译为"在前线战斗的人们"）；τοὺς τῶν προγόνων 直译"祖先们的这些"，实际上包含

物主代词,因为物主代词一般会省略,只要不会引起误解,当译作"我们的祖先们的", Μαραθῶνι 为地点与格。马拉松战役是雅典人引以为豪的史迹,这一仗使得雅典人在泛希腊世界脱颖而出(因此用的是 προ-κινδυνεύω [冒险在先、首当其冲]这个动词)。

(2) καὶ τοὺς ἐν Πλαταιαῖς παραταξαμένους [在 Πλαταιαῖς 战役中并肩战斗的人们], τοὺς παραταξαμένους (παρατάττω) 与 τοὺς προκινδυνεύσαντας 不同,强调的是浴血奋战,而非最后战胜了敌人(προκινδυνεύσαντας 则带有打败敌人的自豪感),暗含的意思是,他领导的喀罗尼亚之战虽败犹荣。重要的是浴血奋战的精神,而非成败。此外,地点状语改用介词短语 ἐν Πλαταιαῖς (指公元前479年在此地发生的大战)而非重复地点与格,使得列举不单调; Πλαταιαῖς 为复数(与格),因为该地由多个移民聚集地构成(比较 Ἀθῆναι = 拉丁语 Athenae)。

(3) καὶ τοὺς ἐν Σαλαμῖνι ναυμαχήσαντας [在萨拉米战役中驾战船出海作战的人们](此战发生在公元前480年,是希波战争的转折点,而且是弱势对强势军力,埃斯库罗斯的《波斯人》为此写下颂歌), ναυμαχήσαντας 与 παραταξαμένους 一样,强调的是勇于出海抗敌,而非战胜了敌人;分词的地点状语在形式上与(2)同,但位置与(1)同。此外, ναυμαχήσαντας 还有一个补语,由随后重复的冠词引导: καὶ τοὺς ἐπ' Ἀρτεμισίῳ = τοὺς ναυμαχήσαντας ἐπ' (= ἐπί 支配与格) Ἀρτεμισίῳ。公元前480年,希腊人从 Ἀρτεμίσιον [Ἄρτεμις 的庙宇或圣地]出海抗击波斯人。

μὰ 引导的第4个宾语 πολλοὺς ἑτέρους τοὺς ἐν τοῖς δημοσίοις μνήμασι κειμένους ἀγαθοὺς ἄνδρας 的主干是 καὶ πολλοὺς ἑτέρους … ἀγαθοὺς ἄνδρας [以及其他无数健儿],中间夹着一个分词短语作形容词定语: ἐν τοῖς δημοσίοις μνήμασι κειμένους。主干是作形容词的分词 κειμένους (修饰 ἀγαθοὺς ἄνδρας), ἐν τοῖς δημοσίοις μνήμασι [(躺)在公墓]为 κειμένους 的状语, δημοσίοις μνήμασι 是专门给为国捐躯的人准备的墓地。安葬时也有一套公共仪式,修昔底德在记叙伯利克勒斯的著名"葬礼演说"前对雅典公墓及其葬礼仪式作了描述(《战争志》2.34;亦参泡赛尼阿斯, 1.29); ἀγαθοὺς ἄνδρας 就是葬礼演说中用来称呼捐躯者的专门用语,指他们的死是自己选择的。

ὁμοίως = ὅμοιος [同样的、共有的;有同等地位的]副词化;

ἔθαψεν = θάπτω [埋葬、安葬]不定过去时三单,比较 τάφος [坟墓] (Cenotaph [空墓]);

ἀξιώσασα = ἀξιόω [值多少、重视;指望、心想]不过时分词阴性四复[值得

的人们],比较形容词 ἄξιος;

ἡ τιμή[价值;受到的尊重、地位;估价];

Αἰσχίνη=Αἰσχίνης(人名)呼格;

οὐχί=(副)οὐ[不、不是、非]强化形式(表示强烈否定);

κατορθώσαντας=κατορθόω[使立直、使成功;兴隆、走运]不定过去时分词四复[走运的人们];

οὐδέ=οὐ+δέ(带转折语气的否定)[但没有;甚至没有](拉丁语 neque);

κρατήσαντας=κρατέω[变强大、征服;盛行]不定过去时分词四复[有能力的人们];比较 τὸ κράτος。

οὕς是关系代词ὅς的阳性四复,表明这是一个关系从句,四格复数的 ἅπαντας[所有那些人]进一步清楚表明 οὕς 指代的是前面提到的四种人。这个句子显得比较复杂,我们先找出句子主干:主语 ἡ πόλις … 谓语 ἔθαψεν … 宾语 οὕς ἅπαντας[这城邦埋葬了所有那些人]。然后,我们再来找出句子复杂的原因,以便搞清楚这个难句难在何处。

复杂的原因有三个:(1)语序让我们感到不习惯;(2)宾语 οὕς(=)ἅπαντας带有一个作定语的关联分词短语:τῆς αὐτῆς ἀξιώσασα τιμῆς[那些获得了值得获得的荣誉的],分词 ἀξιώσασα 是四格复数,由此可以确定是 οὕς ἅπαντας 的定语。属格的 τῆς αὐτῆς τιμῆς 受 ἀξιώσασα 支配(动词 ἀξιόω 支配二格宾语),分置在分词前后;Αἰσχίνη(Αἰσχίνης的呼格)为插入语,表明这话是针对他说的。(3)动词 ἔθαψεν 的宾语不仅是 οὕς ἅπαντας,还有 οὐχὶ τοὺς κατορθώσαντας αὐτῶν[而非他们中的成功者];οὐδὲ τοὺς κρατήσαντας μόνους[也绝非仅仅是他们中的豪杰]。这两个宾语实际上是对 οὕς ἅπαντας 的进一步说明,注意 ἅπαντας 与 μόνους 的对比,以及副词的用法:前面的 ὁμοίως 得到自主代词 αὐτῆς 的呼应,两个否定副词的前一个(οὐχὶ)在 ἅπαντας 与 μόνους 之间起强化对比作用,后一个(οὐδὲ)则强化 ὁμοίως。

我们的城邦一视同仁地以他们配得上的让人敬仰的方式安葬了他们所有人[οὕς ἅπαντας ὁμοίως ἡ πόλις τῆς αὐτῆς ἀξιώσασα τιμῆς ἔθαψεν],听着!埃斯奇涅斯,而非他们中的成功者[οὐχὶ τοὺς κατορθώσαντας αὐτῶν],也绝非仅仅只有他们中间的强者[οὐδὲ τοὺς κρατήσαντας μόνους]。

从开始到这里没有一个句号,实际上是一个完整的句子,语式和激情跌宕起伏,可谓一波三浪:

(1) ἀλλ' οὐκ ἔστιν, οὐκ ἔστιν ὅπως ἡμάρτετ', ἄνδρες Ἀθηναῖοι, τὸν ὑπὲρ τῆς ἁπάντων ἐλευθερίας καὶ σωτηρίας κίνδυνον ἀράμενοι —— 语法上可以看作一个

独立的句子；

（2）μὰ τοὺς Μαραθῶνι προκινδυνεύσαντας τῶν προγόνων, καὶ τοὺς ἐν Πλαταιαῖς παραταξαμένους, καὶ τοὺς ἐν Σαλαμῖνι ναυμαχήσαντας καὶ τοὺς ἐπ' Ἀρτεμισίῳ, καὶ πολλοὺς ἑτέρους τοὺς ἐν τοῖς δημοσίοις μνήμασιν κειμένους ἀγαθοὺς ἄνδρας——语法上也可以看作一个独立的句子（誓言语式），但与前句的分词短语 τὸν κίνδυνον ἀράμενοι 有内在关联；这里连续排比四个作为名词的不定过去时分词：προκινδυνεύσαντας - παραταξαμένους - ναυμαχήσαντας - κειμένους[冲锋陷阵—浴血奋战—出海抗敌—长眠不醒]。

（3）οὓς ἅπαντας ὁμοίως ἡ πόλις τῆς αὐτῆς ἀξιώσασα τιμῆς ἔθαψεν, Αἰσχίνη, οὐχὶ τοὺς κατορθώσαντας αὐτῶν οὐδὲ τοὺς κρατήσαντας μόνους——语法上不是一个独立的句子，而是关系从句，但义涵上有独立性。绝妙的主从复合句将修辞形式与精神气势绝好地融合在一起。

ἦν＝εἰμί 的过去时；

ἅπασι＝ἅπας[全部、总共]与格；

πέπρακται＝πράττω 完成时被动态三单；

ἔνειμεν＝（流音动词）νέμω[分配、占据、控制；放牧]不定过去时三单；将来时：νεμῶ，不定过去时：ἔνειμα；

ἑκάστοις＝ἕκαστος[每、各个、各自]（与 πᾶς 相对）与格复数；

κέχρηνται＝χράομαι＝χράω[（＋与）运用、利用、使用]完成时第三人称复数；注意支配与格宾语（τῇ τύχῃ ... ταύτῃ）。

副词 δικαίως 这里是独立用法[公正地说]，用于加强说辞的分量。ὃ μὲν γὰρ ἦν ἀνδρῶν ἀγαθῶν ἔργον, ἅπασι πέπρακται 是个复合句，主句是 ἅπασι πέπρακται[这个是由所有人做成的]，动词 πέπρακται 为被动态，它所包含的主词虽然是单数，却有一个定语从句来界定：ὃ（关系代词中性单数主格，与 πέπρακται 所包含的主词关联）μὲν γὰρ ἦν ἀνδρῶν ἀγαθῶν ἔργον[这是英雄儿女们的功业]。整句当译作"这一英雄儿女们的功业是他们所有人成就的"，ἅπασι 为施动与格，与前面的 οὓς ἅπαντας 呼应。后一句的句型与此类似：与格单数的 τῇ τύχῃ δ'[幸运]紧跟一个定语从句 ἣν（关系代词阴性单数宾格）ὁ δαίμων ἔνειμεν ἑκάστοις[神灵分派给每个人的幸运]，τῇ τύχῃ 虽是与格，却是主干动词 κέχρηνται 的宾语（支配与格宾语），ταύτῃ 指代 τῇ τύχῃ。

这两个句子有如我们所谓的"对仗"（注意其中的 μὲν … δ'，还有 ἅπασι 与 ἑκάστοις 的对比），形式上都是关系从句，前一个关系从句在主语位置，后一个关系从句在宾语位置：

ἅπασι πέπρακται + ὃ μὲν γὰρ ἦν ἀνδρῶν ἀγαθῶν ἔργον — τῇ τύχῃ δ' κέχρωνται+ταύτῃ ἦν ὁ δαίμων ἔνειμεν ἑκάστοις

书　简

为故者悲伤

句子省略 λέγει(Εἰρήνη 的谓语)，Ταοννώφρει 和 Φίλωνι 这里都是人名的与格，作间接宾语；

εὐψυχεῖν=εὐψυχέω[有好心情、安心；(墓志铭)安息吧!]这个动词不定式由副词 εὖ+实词 ψυχή 复合而成，作 λέγει 的补语；

οὕτως=(指示代词)οὗτος 的副词化[这样、如此]；

ἐλυπήθην=λυπέομαι[受困扰、感到苦恼](比较 ἡ λύπη)不定过去时被动态(中动态含义)一单；

ἔκλαυσα=κλαίω[哭、痛哭、啼哭]不定过去时(这里表达一种行为的出现)一单；

κλαίω 的词干本来是以 ϝ 结尾的 κλαϝ-，因而本来当是 ἔκλαϝσα，演变为 ἔκλαυσα；εὔμοιρος[有好福分的、幸福的]，常见于铭文，亦见于基督教铭文；Διδυμᾶτος=可能是爱任纽的儿子；

ὅσα=(形容代词)ὅσος[像……一样的]中性复数，与 πάντα 连用则成为概括化的关系代词[凡……的一切、全部]；

καθήκοντα=(无人称动词)καθ-ήκω[走下来；足够、合适]现在时分词中性；

ὅσα ἦν καθήκοντα=ὅσα καθήκει 的一种繁文式的仪式化表达，指坟墓风俗；

Θερμούδιον καὶ Φίλιον=中性的小化词尾 -ιον 指女性；这里表明了爱任纽的语气，指这些孩子们；

ὅμως=(副词)[虽然、尽管、仍旧]；

δύναται=δύναμαι[能够；等于]；比较：

ἵσταμαι=ἵστημι 的中动—被动态；

πρός=这里是宾格用法；

τοιαῦτα=(形容代词)τοιοῦτος[这样的、这种性质的]中性复数(变格如 οὗτος)；

παρηγορεῖτε=(缩音动词)παρ-ηγορέω[鼓舞、劝勉；开导、安慰]现在时命令式第二人称复数；此信用普通希腊语写成，在普通希腊语中，由于简化的表达趋势，第三人称复数也用来表达第一和第二人称复数；

εὖ πράττετε＝[好好干]，这里意为[过得好]，表明在这位写信者（女性）看来，这个表达比通常的写信结尾语 ἔρρωσθε 要雅些。

Ἀθύρ＝埃及文月份名称（相当于如今的 10 月 28 日—11 月 26 日），a 指第一天（一号）。

作品研读

求父帮忙

χαίρειν 这里是省略了的 λέγει 的补语,直译应该是:Polykrates 对父亲说,他(父亲)当快乐。迄今,希腊语的问候语仍然是这个迷人的 χαῖρε,祝人快乐、健康的意思;在书信中,单纯的不定式 χαίρειν 经常也可用作命令式。

ποεῖς(普通希腊语)= ποιεῖς, καλῶς ποεῖς[你做得好];

λοιπά = λοιπός[剩下的、其余的]四复;

γέγραφα = γράφω[雕、刻;书写]现在完成时一单;

παραγενέσθαι = παρα-γίγνομαι[在旁;帮助;到达、成熟]强变化不定过去时的不定式(比较不定过去时虚拟式:παραγένῃ);

συστῆσαι = συν-ίστημι[使联合起来;组成;站在一起](支配与格宾语)不定过去时不定式,比较不定过去时:συν-έστησα;

παραγενέσθαι καὶ συστῆσαί με 作 γέγραφα 的目的状语

σχολῆς = ἡ σχολή[空闲时间、悠闲、闲暇];

παρόντος = τὸ παρ-όν = πάρειμι[从旁边过去、经过;越过;临近]现在分词中性属格,ἐπὶ τοῦ παρόντος[在当下、当前];这个副词化的表达置于冠词 τῆς 和其所属的实词 σχολῆς 之间便成了谓词性形容词;属格 τῆς σχολῆς 是 ἀπολυθῶ 的宾语;

ἀπολυθῶ = ἀπο-λύω[解开、遣散;摆脱]不定过去时被动态虚拟式,比较:不定过去时 ἀπ-έλυσα,亦比较:ἐπαιδεύ-θην;

δυνατόν = δυνατός, ή, όν[有力量的、有能力的]中性单数;来自 δύναμαι;

μηδέν = μηδέν[没有一个、毫无],而中性 μηδέν 常作副词,意为[绝不、并没有];

πειράθητι = πειράζω[试验、尝试;试图、企图]被动态(主动意味)πειράομαι 的不定过去时命令式;不定过去时 ἐπειράθην 的被动态实际为异态动词;

τὰ Ἀρσινόεια = 朝拜被抬高为女神的托勒密的姐姐 Arsinoe 的节日;

πέπεισμαι＝πείθω[劝服、劝说]完成时被动态，τῷ βασιλεῖ是其宾语，宾格加不定式短语με ... συσταθήσεσθαι(＝συν-ίστημι的将来时不定式)为其补语；

ῥᾳδίως＝ῥᾴδιος[容易的、轻便的;顺从的]副词化；

εἰδῶμεν＝οἶδα＝εἴδω[知道、看见]现在时虚拟式；比较:虚拟式:εἰδῶ，祈愿式:εἰδείην，不定式:εἰδέναι，分词:εἰδώς；

ἐν οἷς＝关系代词ὅς的与格复数中性；

ἀγωνιῶμεν＝(缩音动词)ἀγωνιάω[斗争、竞赛;担心、害怕]现在时虚拟式；

ἐπιμελοῦ＝ἐπιμελέομαι[注意、关心、经营](支配属格宾语，比如这里的σαυτοῦ)中动态现在时命令式；

ὑγιαίνω[健康、头脑清楚]，来自形容词ὑγιής；

εὐτύχει＝εὐτύχεε＝(缩音动词)εὐτυχέω[运气好、成功;顺利]现在时命令式，来自形容词εὐτυχής；这封书简结尾时没有用信末祝语ἔρρωσο(代替"再见"，迄今仍是欧洲人的书信习惯)，而是更高的修辞格，这也是一种书简结尾格式。

女儿的孤单

Σωκράτη＝Σωκράτει[苏格拉底]，与阿提卡方言一样，作为第一变格名词来变格；

πλῖστα＝πλεῖστα＝πλεῖστος, η, ον[最多的、最大的;(中作副)最]；

εὔχομαί σαι ὑγιαίνιν＝εὔχομαι[我祈求]σε ὑγιαίνειν[健康]；

τὸ προσκύνημά σου＝[在你面前屈尊、下跪]；

ἑκάστην＝ἕκαστος, η, ον[每个、各个、各自]；

Σαράπις＝希腊人也敬拜的一个埃及神，亦称Serapis[六翼天使]；

συννέοις＝συννάος, ον[共同享有一所庙宇的]；也许指国王和王后，因为国王也被当作神敬拜；

γεινώσκειν＝γι(γ)νώσκω[看出、认识;考虑、判断]；

μόνη＝μόνος[孤独的、唯一的;非凡的]；

ἰμί＝εἰμί[是]；

ἐν νόῳ＝ὁ νόος[神智、理智]；

ἔχῃς＝ἔχω[有、拥有]现在时虚拟式，这里表达愿望；

ἡ θυγάτηρ , θυγατρός[女儿]，第三变格名词(变格同πατήρ - πατρός；μήτηρ - μητρός)；

ἰς＝εἰς；

ἔσσι＝ἔστι＝εἰμί［是］；
καἰγώ＝καὶ ἐγώ［尤其我］；
εἰδῶ＝οἶδα［看见、知道］现在时虚拟式；
εἵνα＝ἵνα［以便、好……］；
ἰδωσειν＝εἰδῶ［看见、知道］强变化不定过去时虚拟式；支配随后的分词短语 ὥς με μή … ἔχουσαν；
γονεῖς＝ὁ γονεύς［父辈、祖先；（复数）父母，双亲］四格复数（本为 γονέας）；
ἐνιγῶν＝ἐνεγκών（ἤνεγκών）＝φέρω［负载；忍受、承受］强变化不定过去时分词；
ὁ ἐνινών σοι τὴν ἐπιστολὴν δὸς αὐτῷ＝当时的口语表达，意为"这个可怜的人，给他点什么罢"；
τῆς ὑίας＝τῆς ὑγιείας［健康］
ἀσπάζομαι［欢迎、致意；拥抱］。

雅典人的誓约
καταισχυνῶ＝καταισχύνω［使受辱、辱没；感到羞惭、敬畏］将来时或现在时第一人称单数（或不定过去时或现在时虚拟式第一人称单数，或不定过去时中动态第二人称单数）；
ἐγκαταλείψω＝ἐγκαταλείπω［留在后头、丢下；落后］将来时第一人称单数；
ὁ παραστάτης, ου［站在旁边的人、保护者；友伴、支持者］；
στοιχήσω＝στοιχέω［排成一行、排成队列；（＋与）和（某人）同行、和（某人）意见一致］将来时第一人称单数（或不定过去时虚拟式第一人称单数，或不定过去时中动态第二人称单数），στοιχέω τινί［和某人同行］或［与某人意见一致］；
ἀμυνῶ＝ἀμύνω［防守、帮助、支援；保卫自己、复仇、惩罚］将来时第一人称单数（或不定过去时虚拟式第一人称单数，或不定过去时中动态第二人称单数；或现在时虚拟式或直陈式第一人称单数）；
ἐλάσσω＝ἐλάσσων, ον［较少的、较小的、较差的］比较级；
παραδώσω＝παραδίδωμι［交出去、交给；投降、出卖；准许］将来时第一人称单数；
ὁ, ἡ, τό ἀρείων, -ον（ἄριστος）［更好、更强壮、更勇敢］；
ὅσης＝ὅσος, ὅση, ὅσον［像……一样的］阴性属格单数；
εὐηκοήσω＝εὐηκοέω（εὖ ＋ ἀκούω）［肯听话、愿意听话］将来时第一人称单

数(或不定过去时虚拟式第一人称单数,或不定过去时中动态第二人称单数);

ἔυφρων, ον (σώφρων)[高兴的、愉快的、使人心里高兴的;好意的、和善的];

ἱδρυμένοις=ἱδρύω[使坐下、坐;建立;安顿]现在时完成时分词中动态或被动态与格复数;

πείσομαι=πείθω[说服、劝说;服从、相信]将来时中动态第一人称单数(或不定过去式虚拟式中动态一单,或πάσχω[遭受]的将来时中动态一单);

ἱδρύσηται=ἱδρύω[使坐下、坐;建立;安顿]不定过去时虚拟式中动态第三人称单数;

ὁμοφρόνως=ὁμόφρων, ον (ὅμοιος + φρονέω)[意见一致的、和睦的]副词形式;

ἀναιρῇ=ἀναιρέω[提起、举起;消灭、废除];(中动)[担任;得到]现在时直陈式(或虚拟式)中动态或被动态第二人称单数(或现在时虚拟式第三人称单数);

ἵστορες=ὁ ἵστωρ, ορος (οἶδα)[精通法律的人、审理者:主审人、法官、见证者]。

阿芙萝狄特的诞生

τὰν ἀναδυομέναν(多里斯方言)=τὴν ἀναδυομένην=ἀναδύομαι[升上水面;退回、逃避]现在时分词宾格阴性单数;从大海里冒出来的女神名叫 Anadyoméne;

ἄρτι[现在;刚才;一会儿];

Κύπριν=Κύπρις[塞浦路斯]宾格;

Ἀπελλείου=Ἀπέλλης(派生于形容词 Ἀπέλλειος)属格;

μόχθον=ὁ μόχθος[艰辛、痛苦、困苦]宾格单数;

γραφίδος=ἡ γραφίς[写字的笔、雕刻刀;刺绣]属格;

συμμάρψασα=συμ(ν)-μάρπτω[抓起(某物)]不定过去时分词阴性;

διάβροχος[打湿的、潮湿的;泡透的],构词:διά + βρέχω[浸入;洒水、打湿];

ὕδατι=τὸ ὕδωρ[水]与格单数;

χαίταν(多里斯方言)=χαίτην=ἡ χαίτη[飘垂的长发、鬃毛;树叶]宾格;

ἐκθλίβω[压、挤;压榨、压迫];

νοτερῶν=νοτερός[湿的、潮湿的]属格;

ὁ ἀφρός[浪花间的白沫；泡沫]，"阿芙萝狄特"由此而来，词尾的-δίτη并非来自 δύομαι[使沉入、跳进；落下]；

πλοκάμων＝ὁ πλόκαμος[一绺、一卷]属格，这个词常见于荷马；

诗句起头的宾语是个由带冠词的现在时分词 τὰν ἀναδυομέναν 带起的短语 ἀπὸ ματέρος ἄρτι θαλάσσας Κύπριν，这样的原文在翻译时得译作一个句子：ἀναδυομέναν 带起的短语 ἀπὸ ματέρος ἄρτι θαλάσσας[刚刚从大海母亲怀里浮出来的]，ἀπὸ ματέρος … θαλάσσας(多里斯方言＝ματρὸς … θαλάσσης)[从大海母亲(怀里)]。

宾格的 Κύπριν[塞浦路斯]为 τὰν ἀναδυομέναν 的同位语，动词为 ὅρα(＝ὁράω 的过去时)。阿芙萝狄特被看作大海的女儿，传说出生在希腊东南部地中海最大的岛屿塞浦路斯附近海面，岛上有许多祭祀阿芙萝狄特的庙宇。不过，Κύπρις 并非希腊本来的词汇，原意是"诞生的浪花"；Ἀπελλείου μόχθον γραφίδος 同样是 ὅρα 的宾语：μόχθον[劳作]为宾格，Ἀπελλείου γραφίδος 为属格定语。

第3—4行：ὡς… 引导的从句仍然是上一行 ὅρα 的宾语，χερὶ 为工具与格用法[用手]，从句主语为不定过去时分词阴性的 συμμάρψασα[当时正抓起……的](注意时态所表达的出水时的动态)，指前面的 Κύπρις。随后的 διάβροχον ὕδατι χαίταν 为分词支配的宾语，διάβροχον χαίταν[打湿的头发、长发]，与格的 ὕδατι[水]为形容词 διάβροχον 的补语[被水打湿的]。围绕分词 συμμάρψασα 构成的这个短语 χερὶ συμμάρψασα διάβροχον ὕδατι χαίταν 整个为主语，翻译时同样需要译成一个句子。从句动词是 ἐκθλίβει[挤压]，宾语是 ἀφρὸν[白泡]，属格形容词 νοτέρων 属于介词短语 ἀπὸ πλοκάμων[从湿润的鬓发]。

经典作品语汇

郑兴凤　贺方婴　编译

[编修按]德国古典学家托马斯·梅耶(Thomas Meyer)、赫尔曼·斯坦塔尔(Hermann Steinthal)合编的《古希腊语基础词汇和构筑性词汇》(Grund - und Aufbauwortschatz Griechisch)长期深受德语国家人文中学高中生和大学本科生的喜爱。这部词汇手册从古希腊各类经典作品(从荷马到《新约》)中挑选出最常见的语词,汇编为两部分:基础词汇(1280个)和构筑性词汇(2605个)。

挑选基础词汇的原则是:选录至少三位经典著作家常用的语词。显然,掌握这些词汇,对于提高阅读经典著作原文的速度大有好处。所谓构筑性词汇指按作家(荷马、修昔底德、柏拉图等)和文类(肃剧、诗歌、哲学)分类(共12类)汇编的基本语汇,偏重某个作家或文类中的常见或基本语词。

《凯若斯古希腊文读本[上册]》已经包含所有1280个基础词汇(实际超出这个范围),这里仅辑录构筑性词汇部分。凡词干相同者,以名词起首(派生于动词的名词,则以动词起首),随后为动词、形容词和派生名词,分别用连接号"-"隔开,置于同一个编号中。形容词的二尾和三尾用括号标明,复合词则用竖线分隔词缀与词干。

哲学、肃剧、色诺芬、柏拉图、《新约》由贺方婴编译,其余7类由郑兴凤编译,语词释义依据罗念生、水建馥编《古希腊语汉语词典》。

一　荷　马

荷马诗文是古希腊语文的源头，与后来发展成形的古典希腊语文相比，荷马语汇的构词有诸多特色。

形容词前缀：

ἐρι-［很、极、十分］；比如：ἐρικυδής, ές［十分著名的、极荣耀的、盛大的］；

νη-［表示否定的前缀，与短α、ε、o拼合的形容词和名词］；比如：ἡ νηνεμίη［无风、平静］- νημερτής, ές［无过失的、无失误的］- νηλεής, ές［无怜悯的；无人怜悯的］。

形容词后缀：

-όεις, -όεσσα, -όεν［满的、完全的］，比如：αἱματόεις［流血的；充血的］- δακρυόεις［流泪的；痛哭流涕的］。

动词后缀：

-σκ-［表示动作开始的；紧张的、深入的］，比如：εἴασκε［他让、他容许］- ἔχεσκε［他保持、他拥有］；

-τα＝της，比如：ὁ ἱππότα, του［驾者；骑者、骑士］。

具有格位性质的后缀：

-φι，1. 工具格；比如：κρατερῆφι βίηφι［以明显占优势的力量］；2. 夺格；比如：ἐξ εὐνῆφι［起床］。

复合动词的 Temsis［插入法］（源自 τέμνω［切割］），即将复合动词的前缀与词干分置，中间插入其他语词：比如：ἐκ δ' ἔβαν＝ἐξέβησαν［他曾走出来］；ἐπὶ κνέφας ἦλθε＝κνέφας ἐπῆλθε［黑暗降临］。

介词的结尾元音有时会省略（所谓 Apokope［尾音脱落］，源自 ἀποκόπτω［敲掉；阉割］；比如：ἀνστήσας＝ἀναστήσας［立起；对抗］；κάλλιτε（＜κάτλιτε）＝κατέλιπε［他回来了］。

出于韵律需要延长元音(在长短短格中变成长元音),比如:

ἔλλαβε	ἔλαβε	他曾抓住;他曾找到
μοῦνος	μόνος	孤独的;唯一的
χρύσειος	χρύσεος	黄金的;最美的
εἰν	ἐν	在……内
εἵνεκα	ἕνεκα	因为……,多亏……

从 αο 而来的缩约元音 ω 延长为 οω,比如:κομόωντες Ἀχαιοί (κομόωντες 是 κομάω 的现在分词)[蓄长发的 Ἀχαιοί 人];ἀντιόων(= ἀντιάω 的分词)[遇见;寻求]。

词首增音(源自 προτίθημι[放在……前面;展出;奉献];在长短短格中由短音形成),比如:ἐείκοσι = εἴκοσι[二十] - ἐέλπομαι = ἔλπομαι[希望;害怕] - ἐΐση = ἴση[相同的;同样的]。

有些日常语汇与古典希腊语有语音上的差异:

荷马写法	古典写法
ἀείδω	ᾄδω
αὖτις	αὖθις
δεύομαι	δέομαι
ἔμμεναι(不定式)	εἶναι
ὁ ἠέλιος	ὁ ἥλιος
ἰθύς	εὐθύς
ἡ νηῦς	ἡ ναῦς
ἀ-πιθέω	ἀ-πειθέω
τανύω	τείνω

荷马笔下的一些简单动词,在古典希腊语中词干有所扩展,但含义相同:

荷马用法	古典用法
ἐλάω	ἐλαύνω
ἔλπομαι	ἐλπίζω
κέλομαι	κελεύω
λήθω	λανθάνω
μίσγω	μείγνυμι
σαόω	σῴζω

荷马几乎不用冠词；荷马笔下的 ὁ 和 ὅς 是指示代词。

荷马笔下的代词写法与古典希腊语的写法多有不同：

荷马写法	古典写法	含 义
ἐγών	ἐγώ	我
属格：ἐμεῖο 和 ἐμέθεν	属格：ἐμοῦ	我的
ἄμμες	ἡμεῖς	我们
ὔμμες	ὑμεῖς	你们
ἕο 和 εἷο	αὐτοῦ, ἑαυτοῦ	他的、她的、它的
ἕ	αὐτόν, ἑαυτόν	他、她、它
μιν（附读的）	αὐτόν, αὐτήν	他、她
τεός	σός	你的
ἑός 和 ὅς	αὐτοῦ	他的、她的、它的
σφέτερος	αὐτῶν, ἑαυτῶν	他、她、它、你们（自己的）

荷马笔下有两个特别的介词：

νόσφι(ν) +属格［远离（某处）；除……之外］

ποτί 和 προτί＝πρός

荷马语文与古典希腊语差别最大的是副词。

1. 地点副词（有时也用作支配属格的介词）

副 词	含 义
ἄγχι 和 ἀγχοῦ	近、接近；与……相似
比较级：ἆσσον	更近、更靠近

续表

副　词	含　义
ἄνευϑεν 和 ἀπάνευϑεν	远远地、遥远地(参见:ἄνευ)
ἄντα 和 ἔναντα 和 ἀντίον	面对面地(参见:ἀντί)
ἄντην	对着;公开地
ἄψ	往回;再(参见 ἀπό)
ἑκάς	离……远、离得遥远地
ἑτέρωϑεν	从另一边来的;在对面的(参见:ἕτερος)
ϑύραζε(⟨ϑυρασδε⟩)	向门口;出门、到外边;在外面
ὅϑι	在那儿、在那里(关系副词,与阿提卡方言 οὗ 一样)
τῆλε	隔得远、遥远地
τηλόϑεν	从远处、从外地
χαμᾶζε	到地上、在地上
χαμαί	到地上、在地上

2. 时间副词

副　词	含　义
αἶψα	迅速地、立即
ἄφαρ	立刻;于是;继续不断地
δήν 和 δηρόν	很久、长期;很久以前
νέον	短地;新地
τόφρα(ὄφρα 的指示代词等等)	直到那时;当时

3. 方式和方法副词

副　词	含　义
ἀκέων 和 ἀκήν	静悄悄地、无声地
αὔτως	就是这样、像一个……;只不过;和原先一样
ὁμῶς	同样地;像……那样(参见:ὅμοιος)

4. 连词和小品词

荷马写法	古典写法	含 义
αἰ	εἰ	假如、如果
αἴϑε	εἴϑε	但愿……!
αὐτάρ	ἀτάρ	但、然而
ἠέ	ἤ	或者
ἦμος		当……时候(在时间状语从句中)
ἠΰτε		如同、正如(在比喻开始的时候)
κε(ν)	ἄν	
ὄφρα		只有在……时候、直到……时(参见：τόφρα)；以至(相当于ἵνα)

1. ἄγαν[极、非常] — ἀγαυός(ή - όν)[显赫的；辉煌的]
2. ἄγνυμι[打碎；(声音)传开]
3. ἡ ἀγορά[大会；市场] — ἀγείρω[收集、聚集；(为神)化缘] — νεφεληγερέτα(νεφέλη + ἀ)[收集云的(宙斯)] — ἀγορεύω[(在公民大会上)发言；宣布]
4. τὸ ἄϑλον[(竞赛的)奖品] — ὁ ἄεϑλος[竞赛、斗争]
5. αἰγίοχος(源自 ἔχω)[持盾的(宙斯)]
6. ἡ αἰδώς[羞耻心；尊敬心] — αἰδοῖος(η - ον)[可敬的、有价值的；羞惭的]
7. αἰνός(ή - όν)[故事、寓言、谚语、决议]
8. ἡ αἴξ, αἰγός[山羊]
9. αἰπύς(εῖα - ύ)[高的；(喻)十足的] — Πύλου αἰπὺ πτολίεϑρον[皮洛斯的高耸城堡] — αἰπὺς ὄλεϑρος[彻底毁灭]
10. ἡ αἶσα[(神注定的)命运；定数] — κακὴ Διὸς αἶσα παρέστη[宙斯的恶愿降临] — αἴσιμος, ον 和 ἐν-αίσιμος, ον[命中注定的；合情合理的]
11. ἡ αἰχμή[矛尖、(箭)尖；矛、战争] — ὁ αἰχμητής, τοῦ[矛兵、战士]
12. ἄκρος[在末端、在最外边的；最高明的] — ἀκοντίζω[投矛；刺伤]
13. τὸ ἄλγος[疼痛、悲痛、苦恼] — ἀργαλέος(η - ον)[可怕的；令人烦恼的]
14. ἀλεείνω 和 ἀλέομαι 和 ἀλεύομαι 和 ἀλύσκω[躲避、逃避、避免(做某事)] — κῆρα μέλαιναν ἀλεείνειν[躲过可怕的死亡]

15. ἡ ἀλκή[体力;防护] — ἀλέξω[阻挡、防卫]
16. ἄλλομαι[跳跃、跳过]
17. ἀμείβ/ομαι[轮换;回答] — ἀπ-αμείβομαι[回答]
18. ἀμύμων, ον(属格:ονος)[无可挑剔的、极好的]
19. ὁ ἀνήρ[男人;凡人] — ἀγήνωρ(属格:νορος)(ἄγαν + ἀ.)[英勇的;辉煌的;高傲的]
20. ἀντίος[面对面的;对立的] — ἀντιάω 或 ἀντιάζω[遇见;去祈求]
21. ἄνωγα(现在完成时)[我已命令、我已催促]
22. ἀολλής, ες[大家在一起的;成群的] — Ἀργεῖοι δ' ὑπέμειναν ἀολλέες[阿尔戈斯人严阵等待]
23. ἀπαυράω[取走、抢走;享受]
24. ἀπειλέω[迫使;威胁、夸口]
25. ἄρα[于是;(阿提卡方言用法)所以] — ἁρμόττω[接合、安排;合适] — ἀραρίσκω[联接;使满意] — ἄρνυμαι[得到、争得(奖品、荣誉)]
26. ὁ ἄργυρος[银子;银钱] — ἀργύρεος(η - ον)[银的(弓)]
27. ἀρήϊος(η - ον)[忠于战神的、好战的] — Μενέλαος ἀρήϊος[好战的墨涅拉奥斯]
28. ἡ ἄρουρα[耕地、(泛)土地;(喻)生育孩子的妇女]
29. ἀτάσθαλος, ον[狂妄的、鲁莽的]
30. ἀτρεκής, ές[真实的;公正的] — ἀτρεκέως μαντεύσομαι[我将真实预言]
31. αὔω[呼喊;发出响声;召唤(某人)] — κέκλετ' αὔσας[他大声呼唤]
32. ἀφνειός(ή - όν)[有钱的、富有的]
33. τὸ ἄχος[悲伤、忧愁;(身体上的)疼痛] — ἄχνυμαι[悲伤、悲痛] — ἀκαχίζω[被……所苦、苦于(年老)]
34. γλαφυρός(ή - όν)[中空的;光滑的;优美的]
35. τὰ γυῖα[四肢、手脚;身体] — γυῖα λέλυντο[他们已经四肢瘫软]
36. ἐδάην(词干不过时)[打听、学到、学习](不定式: δαῆναι 或 δαήμεναι) — 完成分词: δεδαώς(属格:ότος)[明智的;内行的] — δαΐφρων(属格:ονος)[一心恋战的、勇敢的;熟练的、精明的]
37. ἡ δαίς[筵席、宴会;肉] — δαίνυμι[设宴、宴客] — δαίνυμαι[饮宴;(喻)(毒药)吞噬] — δατέομαι[(大家)分(某物);分]
38. τὸ δέπας, παος[酒杯;调酒缸]

39. δήϊος[敌对的、毁灭性的] — δηϊόω[杀死;荡平] — ἡ δηϊοτής, ητος[战斗;垂死挣扎]

40. δολιχός(ή - όν)[长的、漫长的] — δολιχό-σκιον ἔγχος[有长影的铜枪]

41. τὸ δόρπον[晚餐]

42. δύο[二] — δοιός(ή - όν)[两倍的;双重的]

43. ἐν-δύομαι[自己穿上;进入] — δύω[使沉入、给穿上(衣服);跳进]

44. ἔδω 和 ἐσθίω[吃;(喻)吞噬](不过时:ἔφαγον) — ἡ ἐδητύς, ύος[肉食、食物] — ὁ ὀδούς, ὀδόντος[牙齿;齿状物:叉]

45. τὸ εἶδος[形状;形式;(哲学)意念] — εἴδομαι[出现;看去像是]

46. ἡ εἰκών[画像;幻象;比喻] — ἔοικα[像是;适合于、……是合适的] — ἀ-εικής, ές[悲惨的;不体面的] — ἐοικώς(υῖα - ός)[合适的;可能的]

47. τὸ εἷμα, ατος[衣服;外衣;毯子] — ἕννυμι[穿;披]

48. ἠρόμην(ἐρωτάω)[问;恳求] — εἴρομαι[问、询问]

49. ἡ ἑκατόμβη(ἑκατόν + βοῦς)[百牛祭(是一种盛大的祭典,所献牺牲未必是牛,也不一定献一百头)]

50. τὰ ἔναρα[从敌人身上剥下的武器、战利品] — ἐναρίζω 和 ἐξ-εναρίζω[剥下(敌人尸体上的武器);(在战斗中)杀死]

51. ἐννοσίγαιος(γαῖα)和 ἐνοσίχθων(χθών)[震撼大地的神(海神波塞冬的称号之一)]

52. τὸ ἔπος[字、言辞;讲话;预言、神谕] — εἰπεῖν[说;提起] — ὁ ὄψ, ὀπός[声音:话声、歌声;话]

53. ἐρείπω[使倒塌;倒下]

54. ἐρύκω[阻止;使分开]

55. 注意:ἐρύομαι[为自己拉;救出]

56. 注意:ἐρύω[拖、拉;拖回(尸首);(喻)夺走]

57. ἐτεός(ά - όν)和 ἐτήτυμος(ά - όν)[真正的;地地道道的]

58. εὐρύς(εῖα - ύ)[宽、宽广的]

59. εὖ[好;友好地;幸运地] — ἐΰς 或 ἠΰς, ἠΰ[好的、勇敢的]

60. ζώω[生活;居住] — ἡ ζωή[生活用品、资产;生命] — ζωός(ή - όν)[活的、活着的]

61. ἡγέομαι[领先、统治;认为] — ὁ ἡγεμών[带路人;(军队的)将领] — ἡγεμονεύω[走在前面带路、指挥;统帅、统治]

62. ἡδύς[可口的、悦耳的;亲爱的] — ἁνδάνω[使喜欢] — Ἀγαμέμνονι

ἥνδανε θυμῷ[阿伽门农心里喜欢]

63. τὰ ἡνία[缰绳、马勒] — ὁ ἡνίοχος(ἡ. + ἔχω)[掌握缰绳的人、御者；(喻)领导人]

64. ἠριγένεια[清晨出生的]

65. τὸ ἦτορ, ἤτορος[心、心脏；情感的器官；智慧的器官]

66. ἡ ἠώς, ἠοῦς[黎明、清晨、上午；东方；一天(古希腊人以早晨计日，所以 ἠώς 也引申为一日)；(专名)Ἠώς[黎明女神] — ἦμος δ' ἠριγένεια φάνη ῥοδοδάκτυλος ἠώς[当那初升的有玫瑰色手指的黎明呈现时]

67. θαμβέω(不过时分词：ταφών；现在完成时：τέθηπα)[惊讶；使惊恐]

68. θρώσκω(不过时：ἔθορον)[跳、攻打；跳上]

69. ἰάχω[呼喊、宣布；(乐器)发出声音、(海涛)呼啸]

70. ἱκνέομαι[来、到达；祈求] — ἵκω 和 ἱκάνω[来、到达(某个地点或某个时间)] — νέομαι[来；赴战场]

71. ὁ ἵππος[马；战车] — ἱππόδαμος(ἱ. + δαμάω)[驯马的] — ὁ ἱππότα(只有主格)[骑者、骑士]

72. ἡ ἴς, ἰνός[力量；肌肉] — ἶφι[孔武有力、勇敢地] — ἴφθιμος(η - ον)[强壮的；勇敢的；高贵的]

73. ἵστημι[使立起；使竖立] — ὁ ἱστός[桅杆、柱；(织布机上直竖的)纬线立柱]

74. καρπάλιμος, ον[很快抓住的、迅速的]

75. τὸ κέρδος[利益、贪得心；狡猾] — κέρδιον[更贪心的；更有利益的] — ἐμοὶ δέ κε κέρδιον εἴη…[对我也许更好些……]

76. κιχάνω[到达；碰到]

77. κίω[走；(船)航行]

78. κλίνω[使倾斜、使溃退；(被)斜倚] — ἡ κλισίη[躺卧处；帐篷、木屋；床]

79. εὐκνήμις(属格：ιδος)[有好胫甲的]

80. ἡ κόμη[头发、胡须；(喻)(彗星的)尾巴] — κομάω[蓄长发、(喻)自以为荣；(马颈项上)有鬃毛装饰] — κάρη κομόωντες Ἀχαιοί[长头发的阿开奥斯人]

81. ἡ κονίη[灰尘、沙子；(复)灰烬]

82. ἡ κόρυς, υθος[头盔；头皮] — κορυθαίολος[头盔闪闪发亮的]

83. τὸ κράτος[力量、强力；(泛)权力] — κρατερός(ή - όν)[强大的；强烈的]

经典作品语汇 | 63

84. τὸ κρέας, κρέως[肉;肉体]
85. κρείων(属格:οντος)(形)[统治的;命令的];(名词)[君主、国王] — κρείων ἐνοσίχθων[震地神](海神波塞冬的别号之一)
86. τὸ κῦδος, δους[光荣、荣誉] — Ὀδυσεῦ, μέγα κῦδος Ἀχαιῶν[奥德修斯啊,阿开奥斯人的巨大光荣啊!] — κυδάλιμος, η, ον[荣耀的;高贵的]
87. λανθάνω[不被注意到;使忘记] — λήθομαι[忘记]
88. λιγύς(εῖα - ύ)和 λιγυρός(ή - όν)[清晰的、尖厉的]
89. ὁ λοιγός[灾祸、死亡]
90. μάρναμαι[战斗;拳击;(喻)奋斗]
91. ἡ μάστιξ, ιγος[鞭子;(喻)惩罚]
92. ἡ μάχη[战争;争吵] — ὁ πρό-μαχος[先锋、前锋]
93. μέγας[大的、重大的] — τὸ μέγαρον(复数:τὰ μέγαρα)[大屋、寝室;宫殿、庙堂]
94. τὸ μένος[体力;毅力;精神] — μενεαίνω[指望、渴望;愤怒] — μέμαα(现在完成时)[渴望] — ὁ μνηστήρ, ῆρος[求婚者]
95. μερμηρίζω(不过时:μερμήριξα)[忧虑不安;盘算]
96. μήδομαι[心中思忖、策划;关心] — ὁ μέδων, οντος[保护者、统治者、守护神] — ἡ μῆτις, ιος[智慧;巧计]
97. τὰ μῆλα[羊群、家畜]
98. ὁ μηρός[大腿的上半部分;腿骨]
99. μόγις[吃力地;几乎没有] — μογέω[吃力、苦恼;苦干]
100. ὁ μῦθος[言语;谈话;神话] — μυθέομαι[说、解释;自己对自己说]
101. μῶνυξ(属格:υχος)[奇蹄的(马);(喻)健蹄的]
102. τὸ νεῖκος[争吵、辱骂、打官司;争吵的起因] — νεικέω 或 νεικείω[争吵;用言语惹恼、指控]
103. νεύω[(基本意义)向任何方向倾斜;点头示意;(喻)衰落]
104. ὄβριμος, ον[强大的、狂暴的、凶猛的] — ὄβριμον ἔγχος[凶猛的长矛]
105. ὀδύρομαι[悲叹、痛哭]
106. ἡ ὀϊζύς, ύος[苦难、辛苦] — ὀϊζυρός(ή - όν)[悲哀的、痛苦的]
107. οἶος(η - ον)[单独的、孤独的;(同类中)唯一的、出色的]
108. ὁ/ ἡ ὄϊς(属格:ὄϊος 或 οἰός)[绵羊、羊]
109. ὁ ὀϊστός[箭]

110. ὀλοφύρομαι[痛哭、表同情；哭(某人)]

111. ἡ ὄψις[景象、形象；视力、眼睛] — αἶθοψ, οπος(ὄψις + αἰθήρ)[火光闪闪的；(喻)烈火般的] — γλαυκῶπις[目光炯炯的(雅典娜女神)]

112. ὀπάζω[使跟随；给予；跟踪] — τούτῳ Κρονίδης Ζεὺς κῦδος ὀπάζει[宙斯会把荣誉赐给那个人]

113. τὸ ὅπλον[(基本意思：工具)；船具；(常用复)武器] — ὁπλίζω[预备、武装好]

114. ὄρνυμι[鼓动；使起身] — ὀρίνω[搅动、(喻)激发；激起某人去做(某事)] — ὀρούω[猛冲；急于要(做)]

115. ὁ ὅρκος[誓言；誓言的见证] — τὸ ὅρκιον[誓言](复数：τὰ ὅρκια[誓言；(常用复)誓约、条约]) — τὸ ἕρκος, κους[院墙；(捕鸟兽的)网罗；防御工事；(喻)防卫] — ποῖόν σε ἔπος φύγεν ἕρκος ὀδόντων ! [从你的齿篱里溜出了一些什么话？]

116. ὀτρύνω[激励、唤醒；催促] — ἔμ᾽ ὀτρύνει κραδίη…[我的心灵鼓励我……]

117. τὸ οὖδας, οὔδεος[地面、地；(室内的)地板]

118. οὐτάω 或 οὐτάζω[使受伤、打伤]

119. (ὀχθέω)通常为不过时分词：ὀχθήσας[发怒的；勉强的] — μέγ᾽ ὀχθήσας προσέφη[他无比愤怒地对(他)说]

120. πᾶς[所有的；全部的] — πάγχυ(副词)和 πάμπαν(副词)[全部、全然；彻底] — ἔμπης(副词)[无论如何；仍；总还没有] — Ζεὺς δ᾽ ἔμπης πάντ᾽ ἰθύνει[宙斯在帮助瞄准] — ἀλλὰ καὶ ἔμπης οὐ λήξω[但我绝不会停止(战斗)]

121. τὸ πεδίον[平地、原野；(喻)大海] — ἔμ-πεδος, ον[在原地(不动)、坚定；永久的]

122. πέραν[在那边；到对面] — ὁ πόρος[摆渡、渡口；(完成某事的)方法] — πορίζομαι[给自己提供、得到] — διαμπερές(副词)[深入地穿过(某地)；一直] — ἔπορον(不过时不定式：πορεῖν)[带给、赐给；完成(或实现)某事] — τεύχεα, τά οἱ πόρε χάλκεος Ἄρης[阿瑞斯赠送的铠甲]

123. πέλω[来；变成、一直是] — ἡ ἀμφί-πολος[女仆]

124. πήγνυμι[插、钉牢；搭在一起、装配；使凝固] — πήγνυμαι[建造；凝固](不过时2：ἐπάγην；现在完成时：πέπηγα)

125. πίων[肥的、有肥油的；丰饶的] — πίειρα[肥沃的(土地)、丰盛

的] — πῖον[多脂的牛奶] — πίονα μῆλα[有肥膘的羊群]

126. πλάζομαι[漂流、走入歧途](不过时:ἐπλάγχθην)
127. ἐϋ-πλόκαμος, ον[有美好的鬈发的]
128. ὁ πόλεμος[战斗、战争] — πολεμίζω[开战、竞争、争论;攻打]
129. τὸ πτερόν[(常用复)羽毛;有翅膀的生物;兆头] — πέτομαι[展翅、飞驰;(喻)飞舞] — πτερόεις(εσσα - εν)[有羽毛的、有羽翼的、带翅膀的] — ἔπεα πτερόεντα προσηύδα[他说出了有翼飞翔的话语](荷马叙事诗中,诗人想象话有翅膀,从说者口中飞出,飞向听者)
130. τὸ πτολίεθρον[城市;城邦]
131. ὁ πτωχός[畏缩的人;乞丐;穷人]
132. ῥάδιος[容易的、轻便的;顺从的] — ῥεῖα(副词)[容易地、轻易地] — θεοὶ ῥεῖα ζώοντες[生活舒适的天神]
133. ῥέζω[做、办;祭(神)]
134. τὸ σάκος, κους[盾;(喻)保护人]
135. τὸ σημεῖον[标记、从神那里来的预兆、(盾牌上的)纹章;(逻辑)(作出推论的)或然的证据] — τὸ σῆμα, ατος[标记;预兆]
136. σμερδαλέος(η - ον)[(看上去或听起来)骇人的、可怕的] — σμερδαλέα ἰάχων[骇人的哀号]
137. 词根:σεπ-(参见 ἐνέπω)— ἄ-σπετος, ον[说不出的、数不清的] — θεσπέσιος(η - ον)(θεός +σεπ-)[神奇的(歌声)、神圣的;不可言说的;可怕的(自然现象)]
138. τὸ σπέος, σπέους[洞穴、石窟] — ἐν σπέσσι γλαφυροῖσι[在平滑的洞穴里]
139. τὸ στῆθος, θους[(男人和女人的)胸、(动物的)胸部;(喻)(作为所谓情绪的器官的)心]
140. (ἡ στίξ), στιχός…(主格已作废,只见用属格,单 στιχός,主和宾,复 στίχες, στίχας)[(军队的)行、行列;(诗的)一行]
141. ὁ/ἡ σῦς, συός[猪] — ὁ συφορβός 或 ὑφορβός 和 ὁ συβώτης, του[牧猪人、猪倌]
142. τὸ τάλαντον[天平;用天平称出来的东西] — ἔτλην[负担、顺从;坚持] — ἀτάλαντος, ον[等重的、相等的] — πολύτλας(只有主格)(πολύς — τλῆναι)[极坚忍的、坚苦卓绝的、极有毅力的] — πολύτλας δῖος Ὀδυσσεύς[坚忍的神样的奥德修斯]
143. ἐπι-τέλλω[命令、嘱咐(某人做某事);(日月星辰)升起]

144. τέμνω[在战斗中砍伤；砍成块：献杀、献祭] — ἡ ταμίη[做家务的妇女、女管家]

145. τυτθός(ή - όν)[小的、幼小的]

146. ὑπό[(+属)(表地点)从下面、(表作用、原因、情况等)被……;(+与)(表地点、从属)在……之下；(+宾)(表地点)到……之下、(表时间)将近] — ὑπόδρα ἰδών[从下面看、斜视、怒视]

147. ἡ ὑσμίνη[战斗]

148. φαίνω[带到光亮处、使出现；揭开；发光] — φαεινός(ή - όν)和 φαίδιμος, ον[发亮的、光辉的；清亮的；(泛)辉煌的、漂亮的]

149. ἡ φάλαγξ, αγγος[(荷马叙事诗)横列阵线、战阵的中间部分、营地；圆木头]

150. φέρω[携带；承受；生产] — φέρτερος(α - ον)[较刚毅的、较勇敢的、比……更好的] — ἐπεὶ πολὺ φέρτερόν ἐστι(+不定式)[因为他(比你)更强得多；因为他太强大] — ὁ δίφρος[车板、战车；臥床、座]

151. φθίνω 和 φθίω(将来时：φθείσω)[(不及物)消歇、耗损、(时间)流逝；(及物)使衰弱、浪费]

152. φίλος[亲爱的；可爱的] — ἡ φιλότης, ητος[友爱、热情；邦际间的友谊；情欲]

153. ὁ φόνος[杀人；杀人流出的血；被杀的尸体] — ἔπεφνον 或 πέφνον(词干 φεν-的不过时音节重叠)[我曾杀死]

154. φρονέω[有思想；有理性] — ἡ φρήν[(人体内分隔胸腔和腹腔的)横膈膜；(作为产生情绪或情感的部位的)心；意志] — περί-φρων(属格：ονος)[周密思考的；目中无人的] — πρό-φρων(属格 ονος)[一心一意的、乐意的；热心的]

155. χάζομαι[退后；(+属)从……撤退]

156. ὁ χαλκός[铜；铠甲、铜币] — χάλκεος(η - ον)或 χάλκειος(η - ον)[铜的；结实的、顽强的]

157. ὁ χιτών, ῶνος[男子穿的贴身长袍；铠甲]

158. ἡ χλαῖνα, ης(穿在 χιτών[贴身衣]外面的)[上衣、斗篷](一块长方形毛呢毯，披在肩上，以锁针扣住，解下后可作睡觉时的被盖)

159. χώομαι[发怒；(对某人)生气；(为了某人或某事)感到气愤]

二　诗　歌

古希腊诗人用各自的方言写作，诗歌语文呈现为各种方言形式。这里辑录的语汇，凡形容词阴性词尾统一以伊奥尼亚方言的 -η 形式给出（在多里斯方言中为 -α）。同样，比如说名词 τὸ κάρη 亦给出伊奥尼亚方言形式（相应的多里斯方言为 κάρα）。

在诗作中，由于诗人常常以"简洁法"（simplicia）使用动词，一个简单动词（通常含义较多）的语义往往相当于一个复合动词（通常含义较少而明确）的语义。

比如，下面的情形极为常见：

诗歌用法	含　义	日常词汇用法	含　义
ἕζομαι	坐；坐下	καθέζομαι	坐下；逗留
εὕδω	睡下；休息	καθεύδω	躺下；睡觉
ἧμαι	坐；逗留	κάθημαι	坐下；就座
ὄλλυμι	毁灭；丧失	ἀπόλλυμι	彻底消灭；丧失

此外，诗人的有些用词与日常用词的写法不同，但含义相同：

诗歌写法	含　义	日常写法	含　义
τὸ ἦμαρ, ἤματος	一天；白昼；日子	ἡ ἡμέρα	白昼；(喻)日子
κατα-κτείνω	杀；杀死	ἀπο-κτείνω	杀死；处死；累得要死
τὸ τέκος, κους	孩子	τὸ τέκνον	生下的孩子；男孩；女孩
τὸ φάος, φάους	光线；光明；目光	τὸ φῶς, φωτός	光线；光明；目光

1. τὸ ἄγαλμα [心爱的东西或礼物（尤指献给神的）；神像；雕像] —

ἀγλαός(ή - όν)[美丽的、漂亮的;有名的] — ἡ ἀγλαΐα[华丽、浮华;(大写)美乐女神之一]

2. ὁ αἰθήρ, θέρος[以太;太空;灵魂的神圣的成分]

3. ἀΐσσω[猛冲、急于要……;快速推动]

4. ἀλάομαι[流浪;彷徨不安] — ἀλήτης, του[流浪的、漂泊的;(名词)流浪者]

5. τὸ ἄλγος, γους[疼痛、悲痛、苦恼] — ἀλγέω[(身上)疼痛;痛苦;(喻)悲伤] — ἀλγεινός(ή - όν)[引起痛苦的;感到痛苦的]

6. ἄδω[唱、啼;咏唱、歌颂] — ἡ ᾠδή[歌、咏唱的诗歌;歌唱] — ἡ ἀοιδή[歌、歌唱;歌曲] — ὁ ἀοιδός[歌手]

7. ἅλις(副词)[成堆地;大量地;足够地]

8. ἡ ἀλκή[体力;精力;防护] — ἄλκιμος(η - ον)[强大的;强壮的;勇敢的]

9. ὁ ἄναξ, ἄνακτος[主、王、神;主宰;主人] — ἡ ἄνασσα[女主上;女王;公主] — ἀνάσσω[做主宰;统治;管辖]

10. ἡ ἀρά[祝告;诅咒;祸害] — ἀράομαι[祈神、祷告;求神使某事发生;诅咒(某人)]

11. ἀρήγω[帮助;应当] — ἀρωγός, όν[有帮助的、有用的;(名词)援助者]

12. ἡ ἄτη[(天神促成的)狂妄;破坏;祸害]

13. ἡ αὐδή[人声;话语;神示] — αὐδάω[说;讲;打招呼]

14. ἄχθομαι[被加上重担;烦恼] — τὸ ἄχος, ἄχους[悲伤;悲哀;痛楚]

15. ὁ βίος[生命;生计;生平] — ὁ βίοτος 和 ἡ βιοτή[生活;生计;物产]

16. βλέπω[看;显得;信赖] — τὸ βλέφαρον[眼皮、眼睑;(复)眼睛]

17. βροτός(ή - όν) 和 βρότειος, ον[会死的;凡人的] — ἄμβροτος, ον[永生的;神圣的] — ἀμβρόσιος, ον[不死的;神圣的]

18. τὸ γένος[氏族;后代;种族] — γίγνομαι[生;产生;变成] — γείνομαι[诞生;生子] — γεγαώς, αυῖα(源自 γίγνομαι 的现在完成时分词;γα < γεν) 和 γεγώς, ῶσα(属格:(a)ῶτος)[已生下来;生存] — Ἑλένη, Διὸς ἐκγεγαυῖα[赫勒涅,宙斯的女儿] — ὁ κασίγνητος[兄弟;姐妹]

19. γηθέω[高兴;欢喜](现在完成时: γέγηθα)

20. ὁ γόος[哭泣;哀号] — γοάω[呻吟;哀悼]

21. ἡ δαίς, δαιτός[筵席;食物]

22. δαμάω 或 δαμάζω[使驯服;使出嫁;征服] — ὁ δμώς, δμωός[战俘;奴

隶] — ἡ δμωή[(战败后沦为奴隶的)女俘;女奴]

23. δήϊος(η-ον)或 δάϊος(η-ον)[敌对的、不幸的;熟悉的]
24. ἡ δίνη[旋转;旋涡] — δίνω[使急速旋转;打旋涡]
25. δῖος(α-ον)[天神似的、强大的、神圣的;源自宙斯的]
26. οἰκο-δομέω(ὁ οἶκος)[筑房;修建;建设] — ὁ δόμος 和 τὸ δῶμα, ατος(常见复数用法)[房屋、家;房间] — τὸ δέμας(只见用主格和四格)[(人的)身体;身材]
27. τὸ ἔγχος, χους[长矛;武器]
28. ἕνεκα[因为、由于;多亏] — οὕνεκα(οὗ ἕνεκα)[为此、由于]
29. ἐνέπω 或 ἐννέπω[讲述;说;打招呼]
30. ἐπείγω[压下;催促] — ἐπείγομαι[匆匆往前赶]
31. τὸ ἔργον[工作、职业;竞赛] — ἔρδω 或 ἔρδω[做;做成](不过时不定式: ἔρξαι)
32. ἐρείδω[使顶住、支撑;倚靠在(某物)上]
33. ἐσθλός(ή-όν)[勇敢的、仁慈的;精明的]
34. ἡ εὐνή[床;坟墓]
35. ἥκω[已来到;已达到] — ἀφ-ικνέομαι[到达;回] — ἱκνέομαι[来到;诉求] — ἐφ-ικνέομαι[达到;说到;前去]
36. ὁ θάλαμος[内室;(羊群的)圈]
37. θάλλω[(花)盛开;正值盛年期] — θαλερός(ή-όν)[茂盛的;丰富的]
38. θέω[跑;飞;延伸] — θοός(ή-όν)[快捷的;灵活的]
39. ὁ ἵμερος[渴望;欲望]
40. ὁ ἰός[箭;矢]
41. καλύπτω[覆盖;包裹]
42. ἡ καρδία[心;意图] — τὸ κῆρ, κηρός 和 τὸ κέαρ(只见用主格和四格)[心;心胸]
43. τὸ κάρη[头](属格: κάρητος / καρήατος / κρατός)
44. κείρω[剪、割去;毁坏]
45. κελαινός(ή-όν)[黑的;黑暗的]
46. ἡ κέλευθος 和 τὰ κέλευθα[路;路程]
47. κεύθω[遮盖;隐藏起来]
48. κήδομαι[感到苦恼;关心] — τὸ κῆδος, δους[关心;婚姻关系]
49. ἡ κήρ, κηρός[心;心胸]
50. κλίνω[使倾斜、使溃退;斜倚]

51. κλύω[听、服从；被人谈到] — τὸ κλέος, κλέους[传闻、消息；名声] — κλυτός(ή - όν)和 κλειτός(ή - όν)和 κλεινός(ή - όν)[闻名的；美好的]

52. ὁ κοίρανος[主宰、统治者；(泛)主人]

53. ἡ κόμη[头发；胡须]

54. ὁ κόρος 或 κοῦρος[男孩；孩子；少年] — ἡ κόρη 或 κούρη[少女；女孩]

55. ὁ κρατήρ 或 κρητήρ, ῆρος[调酒缸](古希腊人先在这缸中把酒和水兑好，然后从缸里把酒舀入酒杯)

56. κυάνεος(η - ον)[深蓝色的；(泛)乌黑的]

57. τὸ κῦμα, ατος[隆起物；海浪；(喻)人流]

58. λάμπω[发光；使放光]

59. ὁ λαός[人民；(荷马叙事诗)民众]

60. τὸ λέχρος, χους 和 τὸ λέκτρον[床；(喻)婚姻] — ἡ ἄλοχος(ἀ-共同, λέχος)[同床人；妻子]

61. αἱ λιταί[祈祷] — λίσσομαι[请求；乞求]

62. λούω[洗；净化] — τὸ λουτρόν[浴室；洗澡水]

63. λυγρός(ή - όν)[悲哀的；为害的]

64. τὸ μένος, νους[体力；毅力；精神] — δυσ-μενής, ές[敌视的；敌对的] — ἡ μῆνις, ιος[愤怒；气愤] — μηνίω[发怒；生气]

65. μένω[站在原地不动、停留；等待] — μίμνω(现在时词首重复)[停下；等候]

66. τὸ νεῖκος, χους[争吵；争端]

67. νέρθε 和 ἔνερθε[在……下面；从下面](比较级：οἱ νέρτεροι[下界的神祇；下界的死者]；最高级：νείατος(η - ον)[最外面的；最低的])

68. τὸ νέφος, φους 和 ἡ νεφέλη[云；云雾；云团]

69. νήπιος(η - ον)[尚不会说话的；幼稚的]

70. ὁ νόστος[回家；旅行] — νοστέω[回；来；出行]

71. ἡ νύμφη[年轻的妻子；新娘]

72. νῶι(属格和与格 νῶιν)[我们俩、咱俩]

73. ξανθός(ή - όν)[黄的、金黄的、栗色的]

74. τὸ ξίφος, φους[一种宽刃的剑；长而直的剑]

75. οἴ 和 οἴμοι[(感叹词，表示痛苦，悲伤，怜悯，惊讶)啊、哎呀] — οἰμώζω[呻吟；怜悯]

76. οἷος[这样的、那样的] — ὅσος[像……一样的、和……一样多的] — τοῖος(η - ον)[这样的] — τόσος 或 τόσσος(η - ον)[巨大的、长久的]

77. ὁ οἰωνός[独自生活的鸟;显示预兆的鸟;预兆]
78. ὁ ὄλεθρος[毁灭;祸害] — ἀπ-όλλυμαι(现在完成时:ἀπ-όλωλα[覆灭;丧失])— ὀλοός(ή - όν)[毁灭的、致命的]
79. τὸ ὄνειαρ, ατος[给人带来利益和帮助的东西;有利条件、救助]
80. ὁράω[看;有视觉;(心中)看出] — εἰσ-οράω[观察;看重]
81. ὄρνυμι[鼓动;使起身] — ὄρνυμαι[活动;起身]
82. ὁ ὄχος[容纳某物的东西;运载工具](常见复数用法:τὰ ὄχεα) — τὸ ὄχημα, ατος[支撑者;车]
83. πάλλω[使平衡;摇动]
84. τὸ πάθος(<πνθος)[遭遇、痛苦;感情] — τὸ πένθος, θους[悲恸;大难] — πενθέω[悲伤、哀悼]
85. πάρος[以前;在……之前]
86. πείθομαι[信任、信赖](现在完成时:πέποιθα)
87. πέλω 和 πέλομαι[来;变成、一直是]
88. πέραν[在那边;到对面] — περάω[穿透;越过]
89. πέρθω[劫掠;毁坏]
90. τὸ πῆμα, ατος[不幸的遭受;害人的东西]
91. πλησίον(副词)[近、靠近] — πέλας(副词)[靠近;紧挨着] — πελάζω[接近;使靠近] — πλησίος(η - ον)[近的、靠近的]
92. τὸ πνεῦμα[风;呼吸、生命;神的感召;(宗)天使、上帝的灵] — πνέω[(风)吹;呼出气息] — ἡ πνοή 或 πνοιή[风;喘气、呼吸]
93. πολιός(ή - όν)[白的;灰色的]
94. ὁ πόσις, σεως[女子的配偶;合法的丈夫] — ἡ πότνια[主母、夫人、女王]
95. πότε[几时;什么时候] — οὔποτε(副词)[从来没有、从未]
96. ὁ πότμος[落到头上的命运;劫数]
97. ἡ πρύμνη 或 πρύμνα[船的后部;船尾]
98. ῥήγνυμι[打破;突破]
99. σεύομαι[奔跑、掠过;(喻)渴望](不过时三单:ἔσσυτο)
100. ἀ-σθενής[虚弱的;贫穷的] — τὸ σθένος, νους[力量;兵力]
101. τὸ σκῆπτρον[棍、杖;权杖]
102. σπένδω[在饮酒之前把一点酒倒在桌上、灶上或祭坛上献神:奠酒;(无宗教意义)浇](不过时:ἔσπεισα)— ἡ σπονδή[(对神的)奠酒、祭奠]

103. στένω 和 στενάζω[哀号;哭悼] — στενάχω 和 στεναχίζω[不住地哀号;哭悼]

104. στυγέω[痛恨;成为令人憎恶的事] — στυγνός(ή - όν) 和 στυγερός(ή - όν)[可恨的、敌视的;阴沉的]

105. σχέτλιος(η - ον)[能忍耐的、残忍的;可恨的]

106. τό τάλαντον[天平;用天平称出来的东西] — τάλας, αινα, αν(属格:αντος)[受苦的;莽撞的] 和 τλήμων, ον(属格:ονος)[忍耐的、勇敢的;充满苦难的] — ἔτλην[负担、顺从;坚持](是 τλάω 的不过时 2)(不过时不定式:τλῆναι)

107. ταρβέω[害怕;惊惶]

108. τέρπω[使喜悦;使高兴]

109. τό τεῦχος, χους[工具;服装] — τεύχω[制造、编织;使某人成为某种人]

110. τίθημι[放;安排;奉献](词干 θε-) — ἡ θέμις, ιστος[天理、正义、习惯法;(复)法令、神谕]

111. τίκτω[生育;生产] — τό τέκνον[生下的孩子:男孩、女孩;小兽] — οἱ τοκεῖς, έων[父母、双亲] — ὁ τόκος[生产、婴儿;利息]

112. τρέω[吓得发抖;被放逐]

113. τό φάσγανον[刀、剑]

114. φάσκω[说、伪称;相信] — φημί[说;相信;命令] — ἡ φωνή[声音;说话的能力;谚语] — φωνέω[发出清晰的声音、说话;呼唤]

115. φρονέω[有思想;有理性;注意] — φράζω[宣告;思考;料想] — ἡ φρήν, φρενός[(人体内分隔胸腔和腹腔的)横膈膜;(作为产生情绪或情感的部位)心;意志](常见复数用法 αἱ φρένες) — φράζομαι[自言自语、思考;觉察]

116. ὁ φώς, φωτός[人;男人;凡人]

117. χέω[基本含义:倒出、倾注;泼;降下](不过时:ἔχεα)

118. ἡ χθών, χθονός[大地、土地]

119. ὁ χόλος[胆汁;(喻)怒气] — χολόομαι[自己激起胆汁、发怒]

120. ὁ χρώς, χρωτός[皮肤;肌肉;(泛)身体]

121. ὠκύς, εῖα(έα), ύ[快的、快捷的;尖锐的](副词 ὦκα[迅速地])

三 哲 学

与诗人一样,重要的古希腊哲人用词都有自己的个性且会使用方言(尤其苏格拉底之前的哲人),柏拉图和亚里士多德这样的哲人也都有自己的用词个性。这两位大哲的语汇后文已经单列,这里辑录的是其他哲人笔下最为常见的语汇。

1. τὸ ἀγγεῖον[盛器;棺材]
2. ἡ ἀγορά[大会;市场] — ἀπ-αγορεύω[禁止、劝阻;放弃] — προσ-αγορεύω[称呼;相致意]
3. ἀεί(副词)[时常;永远] — ἀΐδιος, ον[永久的]
4. ὁ ἀήρ, ἀέρος[空气;雾气]
5. αἱρέομαι[取得;选择] — διαιρέω[分开;分配;解决] — ἡ αἵρεσις, σεως[征服;选择] — ἡ διαίρεσις, σεως[分开;分配;区别]
6. αἰσθάνομαι[感知;体会到] — ἡ αἴσθησις, σεως[(视、听方面的)感觉;知觉]
7. ἀκριβής[准确的;严格的] — ἡ ἀκρίβεια[准确;严格]
8. ἄλλος[另一个;另一种的、不真实的] — ἀλλοῖος(α-ον)[另一种的;不同的]
9. ἄξιος[值(多少)的;配得上] — ἡ ἀξία[价值;评价] — κατ' ἀξίαν[按价值]
10. συν-άπτω[使联合;使(军队)应战] — προσ-άπτω[(把某物)安放(到另一物上);加上]
11. ὁ ἄργυρος[银子、银钱] — ἐν-αργής, ές[可见的;明亮的]
12. ἁρμόττω[结合、安排;合适] — ἡ ἁρμονία[联结;联合;天命]
13. ἄττα 或 ἄσσα[(=ἄτινα,是 ὅστις 的中性复数)无论谁;无论什么东西] — ἄττα 或 ἄσσα[(=τινά)任何一个;某个]

14. βαίνω[走、动身；使往前走] — ἀμφισβητέω(ἀμφί + β.)[持异议；对立] — ἡ ἀμφισβήτησις, σεως[争论]

15. βάλλω[投、掷；跌倒] — προ-βάλλω[扔在……面前；冒险] — τὸ πρόβλημα, ατος[突出来的东西：海岬、障碍；提出的任务] — ἡ ὑπερ-βολή[远掷、优越；过渡] ←→ ἡ ἔλλειψις, ψεως[缺乏、不足] (ἐλλείπω[留下；缺乏])

16. γένος[氏族；后代；种族] — γίγνομαι[生；产生；变成] — συγ-γενής[与生俱来的；同族的] — ἡ γένεσις, σεως[起源；诞生] — ἡ συγγένεια[血族关系；亲属]

17. γνώμη[标志；判断力] — γιγνώσκω[看出、得知；考虑] — ἀ-γνοέω[不见；误解] — ἡ γνῶσις, σεως[调查；认识] — γνωρίζω[指出；认识] — γνώριμος, ον[熟识的、大家知道的] — ἡ ἄγνοια[无知；过错]

18. τὸ γόνυ[膝、膝盖] — τὸ τρίγωνον[三角；三角形的乐器]

19. γράφω[雕、刻；书写] — ἡ γραμμή[线；跑道上的起点线]

20. δείκνυμι[指出；使显现] — ἀποδείκνυμι[指出；任命] — ἡ δίκη[习俗；法律、正义] — δικάζω[判断；(中动)申诉] — ἡ ἀπόδειξις, ξεως[显出；证明] — τὸ δικαστήριον[法庭；法院]

21. δέχομαι[收、欢迎；接待] — ἐνδέχομαι[拿到手；接受、允许] — ἀπο-δέχομαι[接受；迎接回来；坚持] — καθ᾽ ὅσον ἡ φύσις ἐνδέχεται[缘于自然允许的事物；就自然而言]

22. δέω[拴、囚禁；(喻)(用咒语)镇住] — ὁ δεσμός[基本意义：拴系物：绳索；桎梏] — συν-δέω[拴在一起；(泛)使连在一起] — ὁ σύνδεσμος[别针；(语)连接词]

23. δίδωμι[给、(神)赐予；提供誓言] — ἐπι-δίδωμι[又给；捐赠] — ἡ ἐπίδοσις, σεως[(在紧急情况下，雅典向公民要求对城邦的)自愿捐献；(给士兵的)犒赏]

24. τὸ ἔθος[风俗、习惯] — τὸ ἦθος[常歇处、住处；风俗；性情] — εὐ-ήθης, ές[心地单纯的；(贬)头脑简单的]

25. ἡ εἰκών[画像；幻象；比喻] — εἰκώς[(是 εἴκω 的现在完成时 ἔοικα 的分词)同样的；合适的] — ἐπι-εικής, ές[合适的；公平合理的]

26. εἰμί[是；(无人称)可能……；存在] (不定式：εἶναι) — ἡ οὐσία[自己拥有的东西：财产；不变的本质]

27. ἐλέγχω[使受羞辱；使明白] — ὁ ἔλεγχος[考验；反驳]

28. τὸ ἔργον[工作、职业；竞赛] — ἐργάζομαι[工作；做] — ἡ ἐργασία[工

作;做工] — ὁ δημιουργός(ὁ δῆμος + ἐργ)[工匠;制造者] — δημιουργέω[当手艺人、做手工]

29. ἔχω[有;拥有;据有] — ἡ ἕξις, ἕξεως[(身体或精神上的)状态;训练成的习惯:技巧] — ἑξῆς 和 ἐφ-εξῆς(副词)[依次;贴近]

30. ἥμερος, ον(← →ἄγριος[野的;野蛮的])[驯服了的;(喻)文明的]

31. ἠρέμα(副词)[温和地;微微地] — ἠρεμέω[静下来;(+不定式)停止]

32. θεάομαι[看;注视] — θεωρέω[看;思考] — ἡ θεωρία[观看;观礼员的派遣;理论]

33. τὸ θέρος[热天、夏天;夏天的收获] — θερμός[温的;(喻)急躁的] — ἡ θερμότης, ητος[暖和、温暖;热心]

34. ὁ θυμός[心灵、生命;心;思想;血气] — ἐπι-θυμέω[渴求、渴望] — ἐπιθυμητικός, όν[渴望的](名词:τὸ ἐπιθυμητικόν[灵魂中司欲念的部分]

35. ὁ ἰατρός[医生;(喻)拯救者] — ἰατρεύω[成为医生;医生治疗某人] — ἰατρικός(ή - όν)[医师];(有关医疗的)名词:ἡ ἰατρική(暗含 τέχνη)[医术;外科手术]

36. ἴσος[同等的;平等的] — ἡ ἰσότης, ητος[同等;公正]

37. ἵστημι[使立起;使竖立] — καθίστημι[使安顿下来;任命] — ἡ κατάστασις, σεως[建立、任命;情况] — ἡ σύ-στασις, σεως[短兵相接;组织]

38. καθαρός[净化的;空旷的;完美的] — καθαίρω[弄干净;赎罪] — ἡ κάθαρσις, σεως[洗涤;净化]

39. κακός[坏的;不中用的;低贱的] — ἡ κακία[卑劣;耻辱]

40. κεράννυμι[掺和;(泛)混合(现在完成时被动态:κέκραμαι] — ἡ κρᾶσις, σεως[掺和;天气;(语)元音融合] — ἄ-κρατος, ον[未掺水的、纯的;绝对的]

41. κεῖμαι[被放下:躺下、被毁灭;位于(某处)] — ὑπό-κειμαι[躺在下面;建议、假定]

42. ἡ κεφαλή[头、首;某物的头部] — τὸ κεφάλαιον[头部;(喻)首领]

43. κινέω[使移动、促进;发动] — ἡ κίνησις, σεως[运动;动荡] — ἀ-κίνητος, ον[未移动的、懒惰的;不可触动的]

44. τὸ κράτος[力量、强力;(泛)权力] — ἡ ἀριστοκρατία(ἄριστος + κ.)[出身最高贵的人的统治、贵族政治]

45. λαμβάνω[拿、拥有;捉住] — δια-λαμβάνω[分别拿到;拥抱、领会;分

开] — μετα-λαμβάνω (τινός) [得到一份；占有（某物）] — περι-λαμβάνω [拥抱；包容；强迫]

46. ἀπο-λαύω (τινός) [享受（什么）；（反语）得到……的坏处] — ἡ ἀπόλαυσις, σεως [享受；利益]

47. λέγω [使躺下；计算；说] — διαλέγομαι [交谈、劝说；采用方言] — ὁ λόγος [表现思想的话；思想；原则] — ἡ λέξις, λέξεως [说话；风格] — διαλεκτικός (ή-όν) [善于论辩的] {名词：ἡ διαλεκτική (暗含 τέχνη) [（问答式）论辩术]} — ἄ-λογος, ον [不说话的；无理性的] — λογιστικός (ή-όν) [精通计算的；善于推理的] {名词：ἡ λογιστική (暗含 τέχνη) [计算能力]；名词：τὸ λογιστικόν [头脑；智力])}

48. λεῖος (α-ον) [（摸上去）平滑的；平坦的；（喻）温和的]

49. μανθάνω [通过阅读（或询问、实践、经验）学习；询问] — τὸ μάθημα, ατος [课业；知识] — ἡ μάθησις, σεως [学习；教育] — ὁ μαθητής, τοῦ [学子；门徒]

50. μένω [站在原地不动、停留；等待] — μόνιμος, ον [稳定的；坚定的]

51. τὸ μέρος [部分；份额；命运] — τὸ μόριον [一小部分；（语）词类]

52. τὸ μέτρον [尺度、标准；适度] — μετρέω [测量；跨过] — σύμ-μετρος, ον [可以用同一标准衡量的；相称的] — ἡ συμμετρία [相称、对称]

53. μιμέομαι [模仿、描绘] — ἡ μίμησις, σεως [模仿]

54. μουσικός (ή-όν) [缪斯们的；文艺的] ← 名词 ἡ μουσική (暗含 τέχνη) [缪斯们掌管之诸艺术]

55. μοχθηρός (ά-όν) [痛苦的；费力的] — ἡ μοχθηρία [苦境；无能]

56. νέμω [分配、据有；放牧（牛羊）] — ὁ νόμος [习惯；法律；曲调] — νομοθετέω (νόμος + τίθημι) [立法；用法律规定下来] — ἡ νομοθεσία [立法；法典] — ὁ νομοθέτης, του [立法者] — τὸ νόμισμα, ατος [习惯所承认的东西；通货、钱币]

57. τὸ νεῦρον [腱、力量；弦]

58. ξένος [客人；（订有世代相传互为宾主的约言的）朋友；（形）外国的、异乡的；陌生的] — ξενικός (ή-όν) [生客的、雇佣的；外地的]

59. ξηρός (ά-όν) [干的、干燥的；（喻）严肃的]

60. ἡ ὁδός [路；（说话或行事的）方式] — ἡ μέθ-οδος [用方法寻求；科学地探讨]

61. ὁ οἶκος [房屋、家；家政] — δι-οικέω [管理、指挥；住在不同的地

方] — ἡ διοίκησις, σεως[管理;治理;]

62. ὅμοιος[同样的、共有的;有同等地位的] — ὁμοῦ(副词)[一齐;同时] — ἡ ὁμοιότης, ητος[相像;相似]

63. ὁρμάω[推动;急于要(做)] — ἡ ὁρμή[冲击;出发]

64. ὁ ὅρος[边界;标准、限度] — ὁρίζω[把(某地)分开;限定;决定] — ἀφ-ορίζω 和 δι-ορίζω[标出地界;驱逐出境]

65. ἡ παροιμία[俗话、谚语;含有教育寓意的小故事]

66. τὸ πεδίον[平地、原野;(喻)大海] — ἐπί-πεδος, ον[在平地上的;(几)平面的](名词:ἡ ἐπίπεδος[平面])

67. πείθω[好言好语说服;祈求(天神息怒);贿赂] — πιθανός(ή - όν)[有说服力的;可信的]

68. πέραν(副词)[在那边;到对面] — ἄπειρος[无限的;无出口的] — ὁ πόρος[摆渡、渡口;(完成某事的)方法] — ἄπορος[没有通路的;难对付的] — τὸ πέρας, ατος[结局;(喻)目的] — εὐ-πορέω[兴盛;供给](比较 ἀ-πορέω[没办法;缺少]) — εὐπορῶ ἀποκρίνασθαι[我容易(能够)回答]

69. πήγνυμαι[插;凝固、凝结](不过时 2:ἐπάγην;现在完成时:πέπηγα)

70. πλάττω[铸造;(泛)使形成](不过时;ἔπλασα)

71. συμ-πλέκω[缠在一起;编织] — ἡ συμπλοκή[交织;挣扎]

72. ποιέω[做、制造;行事] — τὸ ποίημα, ατος[做成的东西:工艺品;作品] — ἡ ποίησις, σεως[制作;作诗、诗作] — ὁ ποιητής, τοῦ[制定者、立法者;诗人] — ποιητικός(ή - όν)[能创造的;诗的]

73. ῥέω[流、说出;使流动] — τὸ ῥεῦμα, ατος[流、河流;(喻)人流] — ὁ ῥυθμός[有规则的重复运动、节奏;比例]

74. ἐρρήθην(是 ἐρέω、ἐρῶ 的不过时被动态)[我曾说;我曾宣布](λέγω[使躺下;计算;说]) — ὁ ῥήτωρ, τορος[演说家;审判官;修辞学家] — ῥητορικός(ή - όν)[演说的、修辞学的;擅长演说的]←名词 ἡ ῥητορική (暗含 τέχνη)[演说术、修辞术]

75. σκέπτομαι[观察;思考] — ἡ σκέψις, ψεως[凭感官而获得的知觉;考虑]

76. σοφός[精通某项技艺的;有才智的] — ἡ σοφία[才智;知识;智慧] — ὁ σοφιστής, τοῦ[有技能的人、(泛)哲人;智者] — σοφιστικός (ή - όν)[智者派的;诡辩的] — ὁ φιλόσοφος(φίλος+σ.)[爱智慧的;哲学的] — φιλοσοφέω[爱智慧、追求科学;探讨] — ἡ φιλοσοφία[爱智

慧;哲学]

77. τὸ στοιχεῖον[小立柱;最基本的要素、语言的最基本的要素:简单音]

78. στοχάζομαι(τινός)[(+属)瞄准(某人或某物);(+属或宾)猜测]

79. στρέφω[使转动;使转变] — ἀντί-στροφος, ον[反转去对着的、相对的;回舞曲的] — ἡ μουσικὴ ἀντίστροφος τῆς γυμναστικῆς[缪斯们掌管之诸艺术是与体育相对的]

80. τείνω[用力使延伸;伸长] — συν-τείνω[拉紧、(喻)尽力;一心致力于……] — πρός τι 或 εἴς τι[由于什么缘故？为什么?] — τάδε πάντα εἰς ταὐτὸν συντείνει.[这一切皆针对一个并且是同一个事物]

81. τὸ τέλος[完成;结局] — ἀ-τελής, ές[无尽头的、不完全的;不能完成的]

82. ἡ τέχνη[技艺、手法;手艺] — τεχνικός(ή - όν)[巧妙的;精巧的]

83. τίθημι[放;安排;奉献] — συν-τίθημι[放置在一起、合并;观察] — ἡ θέσις, σεως[安放;交纳] — ἡ διά-θεσις, σεως[安排;出卖;状况] — ἡ ὑπό-θεσις, σεως[放在下面的东西:基础;假定;原则]

84. ἡ τιμή[价值;(喻)受到的尊重] — τιμάω[尊重;珍视] — τὸ τίμημα, ατος[价值、尊敬;估价]

85. ὁ τόπος[地点、地位;(喻)场合] — ἄ-τοπος, ον[不在原地的、不平常的;不自然的]

86. δια-τρίβω[揉碎、消耗;拖延] — ἡ διατριβή[(时间的)消磨、生活;(贬)虚度]

87. ὁ τύραννος[主子、主宰;君主] — τυραννικός(ή - όν)[专制君主的;僭主的、残暴的]

88. ὑγιαίνω[健康;(政治上)忠诚可靠] — ὑγιής, ές[健康的;头脑健全的] — οὐδὲν ὑγιὲς λέγεις οὐδ' ἀληθινόν[你说的既不正确也不真实] — ἡ ὑγίεια[健康;医治] — ὑγιεινός(ή - όν)[健康的;强健的]

89. φέρω[携带;承受;生产] — φορέω[常带;具有] — ἡ φορά[运走、偿还;重担、租金] — φορτικός(ή - όν)[适于载物的;(喻)成为重担的、庸俗的]

90. φθείρω[破坏;杀(人)] — ἡ φθορά[毁灭;道德上的败坏]

91. φρονέω[有思想;有理性;注意] — ἡ φρόνησις, σεως[意图;聪明]

92. φύω[使生长;产生] — φύομαι[生长;诞生] — εὐ-φυής, ές[长得好的;天生性情好的] — τὸ φυτόν[长成的东西:植物;(泛)生物、人] — σύμ-φυτος, ον[和(某人)一同生长的、天生的、有血亲关系的]

93. ἡ φωνή[声音、(乐器的)乐音;说话的能力] — σύμ-φωνος, ον[同声的;(喻)和谐的] — συμφωνέω[发出同样的声音;(喻)和……相和谐] — ἡ συμφωνία[声音和谐;乐队]

94. ἡ χείρ[手;爪] — ἐπιχειρέω[动手做(某事);攻击] — δυσ-χεραίνω[难忍受、讨厌;引起烦恼]

95. τὸ χρῶμα, ατος[皮肤;颜色]

96. ἡ χώρα[地方、地位;土地] — χωρέω[撤退;前行] — ἐγ-χωρεῖ[可允许] — ἐγχωρεῖ εἰσελθεῖν[可以允许进入]

97. ἡ ψυχή[气息、元气;(人死后依然具有生前形状容貌的)亡灵、(泛)(人的无实质的、不朽的)灵魂;性情] — ψυχρός[冷的;(喻)冷淡的、空虚的] — ἔμ-ψυχος, ον[有活气的、活生生的] — ψύχω[吹;使变冷、使精神爽快]

98. ἡ ᾠδή(ᾄδω)[歌;咏唱] — ἡ τραγῳδία [肃剧、英雄剧;(泛)严肃的诗]

四 肃 剧

肃剧诗人笔下的有些词汇的词形与日常写法不同,但含义相同,或者说有些日常语词在进入肃剧诗时,词形会发生变化：

肃剧诗人写法	日常写法
εἰσ-ακούω	ἀκούω
ἐξ-αμαρτάνω	ἁμαρτάνω
ἐκ-σῴζω	σῴζω
ὁ λεώς, ώ	ὁ λαός
τὸ πόλισμα, ατος	ἡ πόλις

1. ἡ ἀγκάλη[臂弯；环状的东西,如海湾]
2. ἁγνός(ή - όν)[清洁的、贞洁的；未玷污……的]
3. ἡ ἄγρα[捕捉；捕获物：禽兽]
4. ἀεί[时常；永远 — ὁ αἰών, ῶνος[生存期；世代；寿命]
5. ἀθρέω[细看；考虑]
6. ἐπ-αινέω[赞扬、劝告；多谢] — παρ-αινέω[劝告；建议] — αἰνέω[讲到、赞颂；发誓]
7. τὸ αἴνιγμα, ατος[谜语、隐语]
8. ἀίω[得知、听到；听从]
9. τὸ ἄκος, ἄκους[医治；(喻)(杀人后的污染的)驱除；(喻)救治的办法]
10. ἄκρος[在末端、在最外边的；最高明的] — ἡ ἀκμή[尖端；顶峰；精力] — ἡ ἀκτά[海岸；任何高起的地方] — ἡ ἀκτίς, ῖνος[光线；电光、(喻)光明]
11. ὁ ἀλάστωρ, τορος[不忘怀者、复仇者；受到天罚的人、恶人]

12. τὸ ἄλγος[疼痛、悲痛、苦恼] — ἀλγύνω[使痛苦、困扰]
13. ἅλιος(α - ον)[无结果的、无利益的]
14. τὸ ἄλσος, σους[有树木的地方、(特指)圣地(包括没树木的);林中空地]
15. τὸ ἄνθος, θους[花朵、花;类似花朵的东西、(浪)花;(喻)青春]
16. τὸ ἄντρον[山洞、岩洞]
17. ἀνύω 和 ἀνύτω[完成、长大成人;快做]
18. τὸ ἄρθρον[联接处、关节的承窝;(复)四肢]
19. ἄτερ(介词:跟属格)[没有、除……之外;远离]
20. ἡ αὐγή[光亮、光芒、黎明]
21. ἡ αὐδή[人声;话语;神示] — αὐδάω[说;讲;打招呼] — ἄν-αυδος, ον[无言的;不许说话的;不能以言语表达的]
22. αὐχέω[夸口、自负;夸口说……]
23. ἄχθομαι[被加上重担;烦恼;憎恶] — τὸ ἄχθος, θους[重担、负担;忧愁]
24. βαίνω[走、动身;使往前走] — τὸ βάθρον[(石像的)站立处:底基、基础;阶梯]
25. βαιός(ά - όν)[小的、弱小的、短暂的]
26. ἡ βάξις, ξεως[宣告、(神示的)颁发;消息]
27. βαρύς[重的、沉重的;严厉的] — τὸ βάρος, ους[重量、(喻)痛苦;(褒)大量]
28. ὁ βασιλεύς[(荷马叙事诗)军事首领;王、领袖;国王执政官] — ἡ βασίλεια[女王、王后]
29. βαστάζω[抬起;接触]
30. βλάπτω[妨碍;使伤心、蒙蔽] — ἡ βλάβη[伤害、破坏]
31. βλαστάνω[发芽、生长;使萌芽]
32. ἡ βορά[(食肉动物吃的)肉;(动物吃的同类动物的)肉]
33. βόσκω[饲养、养育] — ὁ βοτήρ, ῆρος[牧人] — τὸ βοτόν[饲养的东西:家畜、(喻)哺育中的生物:婴儿]
34. ἡ βουλή[(神的)意旨、计策;议事会] — βουλεύω[审议、策划;任议事员] — τὸ βούλευμα[(议事会的)决议、计划]
35. τὸ βρέτας, τεος[木雕神像]
36. τὸ βρέφος, φους[胎儿;新生儿、幼崽]
37. ἡ βροντή[雷;震惊]

38. τὸ γένος[氏族;后代;种族] — γίγνομαι[生;产生;变成] — εὐ-γενής, ές[出身好的;(思想)高尚的] — ἡ εὐγένεια[出身高贵;品格高尚] — ὁ γόνος 和 ἡ γονή[子女;家族;生产]

39. ὁ γέρων[老年人;长老] — τὸ γῆρας[老年;蛇蜕下的皮] — γηράσκω[变老;使变老;熟透了] — ἡ γραῖα[老太婆;年老的]

40. ἡ γυνή[女人;妻子] — γυναικεῖος(α - ον)[女人的;阴性的]

41. ὁ δαίμων[神、神灵;命运;(黄金时代介于神与人之间的)灵魂] — εὐδαίμων[有好运气的、幸福的] — εὐδαιμονέω[顺利、繁荣] — δυσ-δαίμων, ον[不幸的、苦命的]

42. δαμάω[使驯服;使出嫁;征服] — ἡ δάμαρ, αρτος[妻子]

43. δείδω[怕;畏惧] — δειλός[怯懦的;不幸的] — τὸ δεῖμα, ατος[恐惧;可怕的事情] — δειμαίνω[(只见用现在时和过去时)[怕;畏惧] — ἡ δειλία[怯懦;胆小] — δείλαιος(α - ον)(是 δειλός 的延长体)[胆小的、可怕的、可怜的]

44. ὁ δόμος[房屋、家;已筑好的部分:一层砖] — τὸ δέμας[身体;身材](只见主格和宾格)] — τὸ δέμνιον[(常用复)床褥;床]

45. δέρκομαι[看、注视、觉察到;闪亮] — ὁ δράκων, κοντος[龙(传说中的一种有翼的四脚爬虫);蛇、蟒]

46. ὁ δεσπότης[一家之主;主宰(指神、法律、爱情等)] — ἡ δέσποινα[主妇;公主、王后;娘娘(常和女神的名字连用)]

47. δύστηνος, ον[不幸的;糟糕的(粮秣)]

48. καθ-έζομαι[坐下;扎营] — ἡ ἕδρα 和 τὸ ἕδος, ἕδους[座位、住处、神庙;坐、开会]

49. εἰμί[是;(无人称)可能……;存在](不定式:εἶναι) — μέτ-εστί μοί τινος[我在某物上有份儿] — πρόσ-ειμι[附属于;有]

50. ἐκ[从、自从、自……之中] — ἐκ-διδάσκω[教会、教好] — ἐκ-μανθάνω[打听;深知;记住]

51. ἑλίσσω[绕弯、弯曲;(喻)左思右想]

52. ἡ ἐλπίς[希望;(对好事或坏事的)预料] — ἐλπίζω[希望;唯恐;料想] — ἄ-ελπτος, ον[出乎意料的;失望的]

53. ἡ ἐρινύς, ύος[复仇神;诅咒的话]

54. ἕρπω[爬、匍匐;缓缓移动;(喻)(战事)进行]

55. ἡ ἑστία[家中的火炉;家;家庭]

56. ἡ εὐχή[祈求;诅咒] — εὔχομαι[祈求;许下愿] — ἐπ-εύχομαι[(向神

祈求、诅咒;炫耀] — ἐπεύχομαι τοῖσδε ἀτυχεῖν[我诅咒这种糟糕的命运]

57. ἡ ἔχθρα[仇恨;敌意] — ἐχθρός[可恨的、仇恨的;(名词)敌人] — ἐχθαίρω[恨、仇恨]

58. ἔχω[有;拥有;据有] — ἀν-έχω[举起、颂扬;挡住]

59. τὸ ζυγόν[横杆:轭、一对;连接弦琴左右两角的横木] — ζεύγνυμι[使连在一起;拴紧、使结合]

60. ἡ ἥβη[青春;成年;(喻)朝气] — ἡβάω[成为青年;(喻)朝气蓬勃]

61. τὸ ἧπαρ, ατος[肝、肝脏(古代认为是支配感情,特别是怒气和爱情的器官)] — χωρεῖ πρὸς ἧπαρ γενναία δύη[真正的苦恼钻进你的心](Aj. 938 XO.)

62. ἡ ἡσυχία[寂静;休息] — ἥσυχος, ον[寂静的、平静的;寂静无声的]

63. ἡ θάλασσα[海、大海;咸湖] — θαλάσσιος(α, ον)[海的、海上的;精通海上的事情的]

64. θάπτω[埋葬;举行葬礼] — ὁ τάφος[葬礼;坟墓] — ἄ-θαπτος, ον 和 ἄ-ταφος, ον[未安葬的;不配被埋葬的]

65. θαρσέω[有勇气、壮胆;(贬)胆大包天] — τὸ θάρσος, σους 和 τὸ θράσος, σους[勇气、信心;(贬)胆大包天] — θρασύς(εῖα - ύ)[勇敢的、(贬)冒失的;(+不定式)敢于(做)]

66. θαυμάζω[惊异;钦佩] — τὸ θαῦμα, ατος[可惊奇的事物:奇景;惊异]

67. ὁ θεός[一般的神;永生的神] — ἄ-θεος, ον[无神的;被神抛弃的] — θεσπίζω[颁发神谕、说预言]

68. τὸ θηρίον[野兽、动物;小野兽] — ὁ θήρ, θηρός[野兽;怪兽(如狮身人面兽、马人、羊人)]

69. θιγγάνω(不过时:ἔθιγον)[轻触、(喻)触动(情感);握住]

70. ὁ θρῆνος[哀号、挽歌] — θρηνέω[哀悼、痛哭]

71. θροέω[大喊、宣布;恫吓]

72. ὁ θυμός[心灵、生命;心;思想] — θυμόομαι[发怒;烦躁]

73. θύω[献祭;杀牲向神求问] — ἡ θυσία[燔祭;献祭品] — τὸ θῦμα, ατος[牺牲、祭品]

74. ἵημι[使走、说;奔赴] — καθ-ίημι[放下去;进入比赛场]

75. ἰδεῖν[看见;知道(是εἴδω的不过时 2, εἶδον的不定式)] — οἶδα(τὸ εἶδος)[我看见、我知道] — ἱστορέω[探寻;询问] — κάτ-οιδα[确知]

76. ὁ ἱκέτης(ἥκω)[乞援人] — ἱκέσιος(α - ον)[保佑乞援人的(宙斯);乞求的] — ἱκεσία χερί(=χειρί)[用乞求的手] — ἡ ἱκέτις, ιδος[乞援人、请求庇护的人] — ἱκετεύω[乞援;恳求]

77. καίνω(不过时2:ἔκανον)[杀、宰、杀死]

78. ὁ καιρός[适当;适时;适当地点] — καίριος(α - ον)[合时宜的;在适当地点的] — χρὴ λέγειν τὰ καίρια[必须说得体的话]

79. καλός[美的;优良的;正直的] — τὸ κάλλος, λους[美(特指人体的美);美人]

80. τὸ κράτος[力量、强力;(泛)权力] — καρτερός[强大的;坚固的] — κρατύνω[使变强、统治、据有] — κάρτα(副词)[非常;很]

81. κεδνός(ή - όν)[关心的、可靠的]

82. κεῖμαι[被放下:躺下、被毁灭、位于(某处)] — κοιμάομαι[睡下、入睡;长眠] — ἡ κοίτη[躺卧处:床、(尤指)婚床;鸟兽的住处]

83. τὸ κέντρον[刺、(喻)刺激;两脚规的不移动的一只脚]

84. ὁ κεραυνός[雷、霹雳]

85. κλήω[关上(门)、关闭;围住]

86. κλίνω[使倾斜、使溃退;斜倚] — ἡ κλῖμαξ, ακος[梯子、阶梯;(把罪人捆在上面的)梯形刑具]

87. κλύω[听、服从;被人谈到] — τὸ κλέος[传闻、消息;名声] — εὔ-κλεής, ές[有好名声的、著名的] — ἡ εὔκλεια[好名声、名望、光荣]

88. ὁ κόμπος[(金属相撞或两物相磨擦时发出的)响声、踏步声等;(喻)大话] — κομπάζω[说大话]

89. ὁ κότος[怨恨;(晚期)嫉妒]

90. κραίνω[完成;结束;统治]

91. ὁ κτύπος[震响、车声、兵器撞击声] — κτυπέω[(树木等倒下时)发出扑通声、响彻;使发出响声]

92. κυρέω[碰上、达到;发生]

93. τὸ κῶλον[四肢;建筑的侧翼]

94. ἡ κώπη[柄、把手:桨的把手;剑柄]

95. λαμπρός[光亮的、清晰的、(喻)清楚的;闻名的] — λάμπω[发光;使放光] — ἡ λαμπάς, άδος[火炬、信号火光、流星;(形,诗,是λαμπρός的阴性)发亮的]

96. λανθάνω[不被注意到;使忘记] — λάθρα(副词)[隐秘地、不知不

觉地]

97. ὁ λειμών, ῶνος[河边潮湿的青草地、草地;花草]

98. λεύσσω[看、瞧]

99. ἡ λόγχη[枪矛的尖头;标枪]

100. ἡ λώβη[(言行上的)虐待;耻辱]

101. μαίνομαι[发狂;使发疯] — ὁ μάντις[说神示的人;预言者] — ἡ μανία[疯狂;疯狂的激情] — τὸ μαντεῖον 和 τὸ μάντευμα, ατος[神谕、预言;颁发神示的地方]

102. μακρός[(关于空间)长的、大的、高的;(关于时间)长久的] — μακράν(副词)[离得远地;长久地]

103. μέλεος(α - ον)[无效的;不幸的]

104. ἡ μέριμνα[关心、焦虑;心思;思想]

105. τὸ μέρος[部分;份额;命运] — ἡ μοῖρα[部分;派别;应得的份额;命运] — ὁ μόρος[注定的命运;厄运] — δύσ-μορος, ον[苦命的、不幸的]

106. μιαίνω[沾染上(灰尘、血迹等);染污] — τὸ μίασμα, ατος[(杀人造成的)污染;(喻)凶杀罪]

107. ἡ μνήμη[记忆;提及] — τὸ μνῆμα, ατος[纪念;纪念物]

108. μόγις[吃力地;几乎没有] — ὁ μόχθος[艰辛、痛苦] — μοχθέω[出大力、忍受]

109. ἔμολον(不过时2不定式:μολεῖν)[来、去]

110. μῶν(< μὴ οὖν)[(疑问词)难道……?]

111. μῶρος(α-ον)[愚蠢的;乏味的](比较 Oxymoron) — ἡ μωρία[愚蠢;荒唐]

112. νέος[年轻的、年轻人的;新奇的] — ὁ νεανίας, ίου[年轻人、青年;有年轻人性格的]

113. νιν = αὐτόν, αὐτήν[他、她、它]

114. ἡ νόσος[病;痛苦] — νοσέω[生病;苦恼]

115. νοσφίζω 和 ἀπο-νοσφίζω[退走、背弃;使离开]

116. ὁ νοῦς[神智、心灵;想法] — νοέω[看出;想要] — νουθετέω(νοῦς + τίθημι)[提醒、劝告] — ἡ πρό-νοια[先见;预计、神意]

117. ἡ ὀδύνη[(身体上的)痛苦;(精神上的)苦恼]

118. ὁ οἶκτος[同情;(因同情而发出的)哀叹、哭泣] — οἰκτρός(ά - όν)[可怜的、可悲的] — οἰκτίρω[引起……同情;痛惜]

119. ὀκνέω[畏缩、犹豫、怕(做某事)] — ὁ ὄκνος[畏缩、犹豫、胆怯]

120. ὁ ὄλβος[幸福、财富] — ὄλβιος(α - ον)[幸运的、幸福的、富裕的]

121. ὁ ὄλεθρος[毁灭;祸害] — ἀπ-όλλυμι[彻底消灭;丧失(性命、马匹等)] — ὀλέθριος(α - ον)[毁灭的、致命的;毁掉了的] — δι-όλλυμι[使毁灭、糟蹋;忘记]

122. ὁμοῖος[同样的、共有的;有同等地位的] — ὁμοῦ[一齐;同时] — ὅμαιμος, ον(ὁ.+ αἷμα)[同血缘的、有血缘关系的]

123. τὸ ὄνειδος, ους[责骂;耻辱] — ὀνειδίζω[责骂]

124. ὀνίνημι(τινά)(将来时：ὀνήσω;不过时：ὤνησα)[使(某人)得到好处;使(某人)喜欢] — ὀνίναμαι[(某人)得到好处;(某人)对……感到满意]

125. τὸ ὄνομα[人名;名声] — ἐπ-ώνυμος, ον[因某人或某事而得到名字的;用自己的名字给某物命名的] — ἔνθα ἐστ' ἐπώνυμος πέτρα πάγος τ' Ἄρειος[因此这座山崖被(恰当地)命名为"战神山"] — εὐ-ώνυμος, ον[有好名字的;吉利的] — δυσ-ώνυμος, ον[有不好名声的;有不祥名字的]

126. ὁράω[看;有视觉;(心中)看出] — ὁ ἔφορος[监督人、(军队的)将领;(斯巴达)督察官(共五位,他们甚至能监督国王们)] — ἐφ-οράω[观看、观察;看;找出]

127. ὀρθός[直立的;直的;(喻)平稳的] — ὀρθόω[使直立、建立;(喻)树立]

128. ὁρμάω[推动;急于要(做)] — ἐξ-ορμάω[派遣、推动;(疾病)发作]

129. οὐδαμοῦ[没有哪一处;决不] — οὐδαμά(副词)[没有一处;并没有]

130. ὁ οὐρανός[天;(众神所居住的)天上;宇宙] — οὐράνιος(α - ον)[天上的(星辰)、居住在天上的(神);(喻)巨大的]

131. οὔριος, ον[顺风的、(喻)顺利的;顺当的] — οὔριος πλοῦς[顺利航行]

132. ὀφείλω[欠(债);有义务] — ὀφλισκάνω(不过时 2：ὤφλον)[欠下罚款、招致;使自己招致]

133. ὁ πάγος[稳固的石头：山、山岩;凝固的东西：冰]

134. ὁ παιάν, ᾶνος[(专名)众神的医生、医生;凯旋歌]

135. ὁ παῖς[孩子;少年] — ἄ-παις[没有孩子的人]

136. παίω[敲打;驱逐]

137. πάρα[(基本意思)在……旁边;从……旁边来;沿着;(在复合词中的含义)在旁] — ἄναξ Αἰγέως γόνος πάρα[在旁边的是国王, Αἰγέως

的儿子] — νῦν γάρ οἰμῶξαι πάρα[因为现在正是悲叹之时](索福克勒斯：*El.* 788)

138. τὸ πεδίον[平地、原野；(喻)大海] — τὸ πέδον[地、土地] — πηδάω[跳；(喻)(心)跳、(脉搏)跳动]

139. πείθω[好言好语说服；祈求(天神息怒)；贿赂] — ἡ πειθώ, θοῦς[说服力；(心中的)迷惑；服从]

140. τὸ πέλαγος, γους[海；(喻)广大]

141. πένης[贫穷的做工人、穷人] — πονέω[劳苦、苦干(某事)；使(某人)劳苦] — ἐκ-πονέω[努力完成；锻炼] — ἐκπονεῖν σωτηρίαν[努力救援]

142. ὁ πέπλος[任何用来覆盖的织物：布、垫子；(妇女的)长袍；(男子的，尤其是波斯人一类东方人的)袍、长外衣]

143. πέρα[越过、超出；迟于] — ὁ πόρος[摆渡、渡口；(完成某事的)方法] — πορεύω[带过去；(把某物)带来；供应] — πέπρωται(现在完成时)[这是命中注定的]

144. ἡ πέτρα[岩；(海中的)暗礁；石头] — ὁ πέτρος[岩石；(喻)顽石、固执]

145. πικρός(ά - όν)[尖锐的；苦的]

146. πίμπλημι[使充满；担任] — πλήρης[充满……的；(泛)足够的] — πλέως(α - ων)[充满……的]

147. πίμπρημι[点燃、焚烧]

148. πίνω[喝、饮用；(喻)吸收] — τὸ ποτόν[饮料、(尤指)酒；泉] — τὸ πῶμα, ατος[一口(饮料)、一剂]

149. πνέω[(风)吹；呼出气息] — τὸ πνεῦμα[风；呼吸、生命；神的感召；(宗)天使、上帝的灵] — ἐκ-πνέω[呼气、咽气；(风)吹] — βίον ἐκπνεῖν[咽气]

150. ὁ πόθος[(对不在眼前或失去的亲人或物的)想望、痛惜] — ποθέω[渴望；(对失去东西的)怀念]

151. ἡ ποινή[(杀人者付给被杀者的亲属的)抵偿费；报复；(褒)报酬]

152. πρέπει[(无人称)……是适当；……是相宜] — πρέπω[可清楚看到或听到；很相像；相适合] — εὐ-πρεπής, ές[外表好看的、合适的；貌似合理的]

153. πρεσβύτερος[比较年长的；(泛)较重要的] — πρέσβυς(εια - υ)[老人；长者、长老；使节]

154. πρό[（表位置）在……之前；（表时间）在……之前；（表选择）先于（另一物）] — ἡ πρῷρα[船首；（泛）前头、正面]

155. τὸ πῦρ[火；炎热] — ἡ πυρά[生火的地方：火化的柴堆；埋葬处；焚献牺牲的祭坛]

156. ἐρρήθην（是 ἐρέω, ἐρῶ 的不过时被动态）[我曾说；我曾宣布]（λέγω[使躺下；计算；说]） — ἄ-ρρητος, ον[未说出的；不可告人的、不好意思说的]

157. ῥίπτω[抛、掷、浪费；投身于]

158. ἡ ῥώμη[体力；兵力]

159. σαφής[清楚的；说得很准的] — σάφα（副词）[明白地、显而易见地]

160. σέβομαι[惧怕、敬畏、崇拜（神明）；耻于（做）] — τὸ σέβας（只有主格和宾格）[（对神的）畏惧、（泛）敬重；令人敬畏的事物] — εὐ-σεβής, ές[虔诚的；神圣的] ← → ἀ-σεβής, ές[不敬神的] — εὐσεβέω[尊敬神明；孝敬父母] — ἡ εὐσέβεια[（对神的）敬仰；（对父母的）孝心]

161. ὁ σεισμός[震动、地震；（泛）激动；诬告] — σείω[震动；诬告]

162. τὸ σθένος[力量；兵力；做……的力量] — ἀσθενής[虚弱的；弱小的；不重要的] — σθένω[有力量；有权力]

163. ἡ σιγή[安静、沉默] — σιγάω[安静下来；（喻）（海、空气等）变宁静] — σῖγα（副词）[安静地；悄悄地] — σιωπάω[安静下来；不把……说出来]

164. τὸ σκάφος, φους[船身；耳的外室]；[挖掘；当中挖空的东西：盆、船]

165. ἡ σκιά[影子、鬼影、幻景；阴凉的地方]

166. σπανίζω[（某物）稀少；花光]

167. σπάω[抽；拔去；（喻）走上邪路]

168. τὰ σπλάγχνα[内脏；（喻）（作为产生情绪的部位的）心；（喻）怜悯心] — σπλάγχνα μοι κελαινοῦται[我心情忧郁]

169. 词干 στα- — ἵστημι[使立起；使竖立] — ὁ προ-στάτης, του[站在前头的人；领袖；庇护者]

170. ἡ στέγη[屋顶；有顶篷的地方] — στέγω 和 στεγάζω[遮盖得严密、遮住；保卫]

171. στείχω[走、进军]

172. στέλλω[安排好、派遣；带] — ὁ στόλος[（作战的）装备、出征、军

队] — ἀπο-στέλλω[送走;派遣] — ἡ στολή[(军队的)装备;阻力]

173. στέργω[父母爱子女、君主爱臣民;(泛)爱慕;满意]
174. ὁ στέφανος[环绕的一圈;花环] — στέφω[(像花似地)给围上;围绕]
175. συλάω[(从敌人的尸体上)剥下、抢夺(武器、铠甲等作为战利品);抢劫]
176. σφάζω[割喉咙;杀牲献祭;(泛)杀死] — ἡ σφαγή[杀牲献祭、创伤;喉头] — τὸ σφάγιον[牺牲;屠宰]
177. σῴζω[救活;拯救] — ὁ σωτήρ[救命人、拯救者、是守护神;(基督教)救世主] — σωτήριος, ον[拯救的;获救的]
178. τάλας[受苦的;莽撞的] — ἔτλην[负担、顺从;坚持] — ταλαίπωρος, ον[劳苦的、困苦的]
179. ὁ ταῦρος[公牛]
180. τείνω[用力使延伸;伸长] — προ-τείνω[举在……前面、冒危险;举起(双手祈求)]
181. τέρπω[使喜悦;使高兴] — τερπνός(ή - όν)[令人喜悦的] — ἡ τέρψις, ψεως[喜悦、欢乐]
182. τοι[(表示结论的前倾词)因此;真的] — τοιγαροῦν 和 τοιγάρτοι[因此真的;由于那个缘故]
183. τρέφω[使变坚硬;(泛)喂养] — ἡ τροφός[抚养者;乳母、母亲]
184. ὁ τύμβος[埋骨灰的坟堆;(泛)坟墓]
185. ἡ τύχη[从神们那里获得的东西:好运;时运] — ἡ εὐτυχία[幸运、成功] — εὐ-τυχής, ές[幸运的、顺利的] — δυσ-τυχής, ές[不幸的、倒霉的] — δυστυχέω[不幸、倒霉] — ἡ δυστυχία[不幸、倒霉]
186. ὁ ὑμέναιος[(新娘的护送人送新娘到新郎家去时唱的)婚歌;婚礼]
187. ὁ ὕμνος[(歌颂神或英雄的)颂歌] — ὑμνέω[歌颂;唱]
188. φαίνω[带到光亮处、使出现;揭开;发光] — φανερός[看得见的;公开的] — ἀφανίζω[使不见;夷平;使暗淡] — ἐμ-φανής, ές[水面等反射出来的;出现的、公开的] — ἄ-φαντος, ον[使消逝不见的;被遗忘的] — τὸ φάσμα, ατος[幻影;天上降下的预兆]
189. φάσκω[说、伪称;相信] — φημί[说;相信;命令] — ἡ φάτις(宾格:φάτιν)和 ἡ φήμη[天上来的声音、神示、谈话;(好的或坏的)名声] — εὔ-φημος, ον[有好兆头的;说吉利话的(人)]
190. τὸ φέγγος, γους[光线、阳光;(喻)愉快、光荣]

191. φεῦ[(感叹词)(表示悲哀、痛苦、愤怒)唉！(表示惊异)啊！]
192. τὸ φθέγμα, ατος 和 ὁ φθόγγος[声音、语言；(泛)鸣声、歌声]
193. φλέγω[放火烧、(喻)燃起；(火堆)燃烧] — ἡ φλόξ, φλογός[火、电光；(植)(红色的)香罗兰]
194. ἡ φρήν[(人体内分隔胸腔和腹腔的)横膈膜；(作为产生情绪或情感的部位的)心；意志] — φρονέω[有思想；有理性；注意] — φροντίζω[思考；设计；对某件事加以注意] — μέγα φρονέω[(人)心高志大、勇敢；(贬)狂妄自大] — εὔ-φρων, ον[高兴的；好意的] — ἡ φροντίς, ίδος[(对某事的)关怀；思考]
195. ὁ χαλινός[(马戴的)笼头；(泛)皮带]
196. ἡ χάρις[(容貌上的)美、荣光；(给别人或接受别人的)恩惠] — χαίρω[欢娱、对(某事)感到高兴] — χαῖρε[(命令语气，是相见时和分手时的客气话)欢迎！愿你快乐！再会！] — ἡ χαρά[欢喜；令人喜欢的事情]
197. χέρσος, ον[干燥的；干枯的；(喻)不育的(女子)] — ἡ χέρσος[陆地]
198. ἡ χθών[大地、土地] — χθόνιος(α - ον)[地下的、冥土中的；地下长出的；大地的]
199. χλωρός(ά -όν)[浅绿的、淡黄色的；新鲜的]
200. ὁ χορός[舞蹈；跳舞的地方、(古剧场当中)歌舞队表演歌舞的地方：(剧场中心的)圆场] — χορεύω 和 χορεύομαι[参加舞蹈；使(某人)跳舞]
201. χρή[(无人称)需要……、必须(做)……] — τὸ χρέος, χρέους[应偿还的债务、血债；(诗)事务]
202. χρήω[满足需要、(神或神示)发出必要的答复、预言] — χρήομαι[请求神示；盼望] — ὁ χρησμός[神的答复、神谕] — τὸ χρηστήριον[颁发神示的圣地、神的答复、(求神示时的)献祭、(喻)祭品]
203. ὁ χρόνος[时间；(人的)一生] — χρόνιος(α - ον)[长时间以后的；长久的]
204. ἡ χώρα[地方、地位；土地] — ἐγ-χώριος, ον[本地的]
205. ψαύω[轻触、攻击；射中；(喻)论及]
206. ψέγω[指责] — ὁ ψόγος[指责；应受谴责的过失]
207. τὸ ψεῦδος[假话；(柏拉图常把 ψεῦδος 用作)虚假] — ψευδής, ές[说假话的、不真实的]

五　希罗多德

希罗多德的用词有如下特点：

（一）在 a- 变格法中，ε-,ι-,ρ- 之后的 a 会变成 -η：
比如：

γενεή	γενεά	诞生；家世
σοφίη	σοφία	才智；知识
ὥρη	ὥρα	季节；一天中的时间

（二）希罗多德所属的东部语言地区，送气音逐渐消失。所以，希罗多德写成：

αὖτις[往回]而非 αὖθις，
ἀπικνέομαι（异态）[到达；回]而非 ἀφικνέομαι
ἐπέπομαι[跟踪；听从]而非 ἐφέπομαι

（三）所有代词词干 πο- 的 π- 变成 κ-，就成为形容词和副词：

κοῖος	ποῖος	什么样的；怎样
κόσος	πόσος	多少；某一数量的
ὁκοῖος	ὁποῖος	什么样的；像
κότε	πότε	几时；在某时
κῶς	πῶς	用什么方法；怎么
ὅκως	ὅπως	怎样；当

(四)希罗多德笔下通常不会出现阿提卡方言中的并音现象:

χρύσεος(έη - εον)[黄金的;金色的] 而非 χρυσοῦς(ῆ - οῦν)
ὄρεος(τὸ ὄρος的属格)[山;山脉] 而非 ὄρους
ὁ πλόος[航海;航程] 而非 ὁ πλοῦς

(五)以下常见于阿提卡方言的纪事作品中的日常词汇,在希罗多德却发生了语音变化:

希罗多德	阿提卡方言	希罗多德	阿提卡方言
γίνομαι[生;产生;变成]	γίγνομαι	ὁ μείς[一个月]	ὁ μήν
γινώσκω[看出、得知;考虑]	γιγνώσκω	μοῦνος[孤独的]	μόνος
διξοί[双的;分歧的]	δισσοί	ὁ νηός[庙宇]	ὁ ναός
εἵνεκα[因为;由于]	ἕνεκα	ἡ νηῦς[船、舰];属格 νεός	ἡ ναῦς, νεώς
ἐπείτε[当、一旦;既然]	ἐπεί		
ἰθύς[直的;正直的]	εὐθύς	οὐδαμά[无处;并没有]	οὐδαμῶς
ἰθέως[径直地;立即]	εὐθέως	ἡ ὀρτή[节日;节庆]	ἡ ἑορτή
ἑσσοῦμαι[被打败;被战胜]	ἡττάομαι	τὸ πρῆγμα[做出来的事、重大的事情;(复)情况]	τὸ πρᾶγμα

1. ἡ ἀγορά[大会;市场] —— ἀγορεύω[(在公民大会上)发言;宣告]
2. ἀγχοῦ(副词)[在近旁;靠近](最高级 ἀγχοτάτω[最近的;最像的])
3. ἄγω[引领;培养] —— ἀγινέω[引导;举行]
4. ὁ ἔπ-αινος [赞许;赞词] —— αἰνέω[讲到、赞颂;发誓]
5. ἀν-αισιμόω[用掉;吃光]
6. αἰτέω[问(某人)要、索取;假定] —— παρ-αιτέομαι[恳求;替某人请求原谅]
7. ἄκρος [在末端、在最外边的;最高明的] —— ἡ ἀκτή[海岸;任何高起的地方]
8. ἁλής, ές[群聚的;聚集的] —— ἡ στρατιὰ ἔπλωε ἁλὴς ἐπὶ τὸ Ἀρτεμίσιον [军队集合起来驶向阿尔忒弥西昂去了]

9. ἀμείβομαι[轮换；回答] — παρ-αμείβομαι[走过；略过不提]
10. ὁ ἀνήρ[男人；凡人] — ὁ ἀνδριάς, άντος[人像；雕像]
11. ἀντίος[面对面的；对立的] —ἀντιόομαι(异态)[交战；抵抗]
12. ὁ ἄργυρος[银子；银钱] — ἀργύρεος(η - ον)[银的]
13. ἄρδω[使(牛马)饮水、(河流)供给(饮水)；灌溉]
14. ἀρέσκω[赔偿；使欢喜] — ἄριστος[最好的；最勇敢的] — ἀριστεύω[做最优秀者；做最勇敢者]
15. ἡ ἄρουρα, ης[耕地；(泛)土地]
16. ἀρρωδέω和καταρρωδέω[怕；害怕]
17. ἄρχω[开始、准备；统治] — ὁ ὕπ-αρχος[副手；副帅]
18. τὸ ἄστυ[城；城市] — τὸ προ-άστιον[城市的前面：城郊；郊区的田产]
19. ἀτρεκέως(副词)[当然；一定]
20. αὐτίκα[立刻；譬如说] — παραυτίκα[立即、立刻]
21. ὁ αὐτόμολος[叛逃者] — αὐτομολέω[叛逃]
22. βάλλω[投、掷；跌倒] — συμ-βάλλω[投掷到一起；使(双方)相斗；比较] — ἡ συμβολή[会合；遭遇；(两个城邦为解决争端而订立的)条约]
23. βοῦς[牛] —ὁ βουκόλος[牧牛人]
24. τὸ βυβλίον[纸草写字纸；书籍]
25. τὸ γένος[氏族；后代；种族] — γίγνομαι[生；产生；变成] — ἐκγίγν.[出生于；(时间)逝去] — οἱ πρό-γονοι[祖先；(学派的)创始者] — ἐκ-γίνομαι(同ἐκγίγνομαι)[出生于；(时间)逝去] — ὁ γόνος[子女；家族；生产] — ὁ ἀπό-γονος[后裔；孙子]
26. ἡ γῆ或γαῖα[地；国土] — ἡ μεσόγαια(μέσος + γ.)[内地；内陆国家]
27. ἡ γνώμη[标志；判断力] — γιγνώσκω[看出、得知；考虑] — συγ-γινώσκω[和……有同样的想法；和……同谋]
28. δείδω[怕；畏惧] — 完成时 δέδοικα(时间同现在时) — δειμαίνω(只见用现在时和过去时)[怕；畏惧]
29. δέχομαι[收、欢迎；接待客人] — ἐκ-δέχομαι[从……接受；继承]
30. δοκέω[设想；看来是……] — δοκιμάζω[试金属的成分、检验；认可] — (ὡς)ἐμοὶ δοκέειν[在我看来(怎样)；我认为] — δόκιμος, ον[经过检验的；高尚的]
31. ὁ δοῦλος[奴隶(尤指生而为奴者)] — ἡ δουλοσύνη[奴役]

32. κατα-δύομαι[没入水中、沉没；潜入]（不过时 κατ-έδυσα[我曾击沉（一条船）]）

33. ἐάν[如果；既然] — ἐπεάν[一旦]（跟虚拟式）

34. τὸ εἶδος[形状；形式；（哲学）意念] — ἰδεῖν[看见；知道（是 εἴδω 的不过时 2，εἶδον 的不定式] — ἱστορέω[探寻；询问]

35. κατ-ειλέομαι[硬塞进、关进；卷起来]

36. τὸ εἷμα, ατος[衣服；外衣；毯子]

37. εἰμί[是；（无人称）可能……；存在]（不定式：εἶναι）— ἔπ-ειμι[上面有、由……主宰；随后到来] — πάρ-εστι[……可以的；……可能的]

38. εἴργω[关、围起来；阻止] — ἀπ-έργω[隔开；封闭]

39. ἑκάς(副词)[离……远；离得遥远地] — ἀν-έκαθεν(副词)[从上方；从开头]

40. ἕκαστος[每；各个] — ἑκάστοτε(副词)[每一回、任何时候]

41. ἡ ἐλαίη[厄莱亚树（误称为"橄榄树"）]

42. ἐλαύνω[驱赶；击] — ἐπ-ελαύνω[向……进军、向……直冲]

43. τὸ ἕλος, ἕλεος[河边低洼地；沼泽]

44. ἔπειτα[起初……；然后] — μετ-έπειτα(副词)[再后来、以后]

45. τὸ ἔργον[工作、职业；竞赛] — ἔρδω[做；做成]

46. ἐρυθρός(ή - όν)[红的、红色的]

47. ἔρχομαι[动身；回来] — παρεξ-έρχομαι(τί)[从……旁边溜过去；逾越……]

48. ἕτερος[另一个、两者中的一个；另外的] — μετεξέτεροι(αι - α)[其中某些人]

49. εὑρίσκω[找、发现；得到] — ἀν-ευρίσκω[找到；发现]

50. τὸ εὖρος[宽；宽度] — εὐρύς(έα - ύ)[宽的；宽阔的]

51. ἔχω[有；拥有；据有] — ἴσχω[使停止；（晚）= ἔχω 据有] — ἔχομαι(τινός)[黏附在……、（喻）依靠在；靠近……] — προ-ίσχομαι[举在自己面前；提议] — προσ-εχής, ές[靠近的；邻近的]

52. ζητέω[追寻；调查] — δί-ζημαι[寻找；企图]

53. τὸ ζυγόν[横杆；轭、一对；连接弦琴左右两角的横木] — ζευγνύω[使连在一起；拴紧、用桥连起来]

54. ἡγέομαι[领先；统治；认为] — ἀπ-ηγέομαι[领走；叙述] — κατ-ηγέομαι[引导；制定]

55. ἥδομαι[感到愉快] — ἄσμενος[喜欢] — ἀνδάνω[使喜欢]

56. ἡνίκα[在……时;每当] — τηνικαῦτα(副词)[在那时;在这种情况下]

57. ἡ ἠώς, ἠοῦς[黎明、清晨;东方]

58. ἡ θάλαττα[海、大海;咸湖] — παρα-θαλάσσιος, ον[在海边的]

59. θάπτω[埋葬;举行葬礼] — ὁ τάφος[葬礼;坟墓] — ἡ ταφή[埋葬;坟地]

60. θαυμάζω[惊异;钦佩] — τὸ θῶμα, ατος[可惊奇的事情;奇景;惊异] — θῶμα ποιέεσθαί τι[为某事感到惊讶;认为某事不可思议]

61. ὁ θεός[一般的神;永生的神] — ὁ θεοπρόπος[预言者、先知] — τὸ θεοπρόπιον[神谕;预言]

62. ἵημι[使走、说;奔赴] — κατ-ίημι[放下去;进入比赛场;(河水)冲下来]

63. ὁ ἵππος[马;战车] — ἡ ἵππος[骑兵队] — οἱ ἱππόται, τῶν[骑者;骑兵]

64. ἵσταμαι[站、站到……去;装作……样子] — ἐπίσταμαι[(+不定式)懂得(如何做);确信] — ἐπαν-ίσταμαι[起立;造反] — ὑπ-ίστημι[放在下面、安置;站在下面支持] — ἐξ-επίσταμαι[非常熟悉;记得]

65. καθαρός[净化的;空旷的;完美的] — καθαίρω[弄干净;赎罪]

66. καί[连接字或句子;也;虽然] — καὶ δὴ καί[此外;而且] — ἀπικνέονται ἐς Σάρδῑς ἄλλοι πάντες καὶ δὴ καὶ Σόλων[其他所有人都来到了撒狄,其中包括梭伦]

67. κείρω[剪;毁坏]

68. ὁ κιθών, ῶνος[男人穿的贴身长袍;铠甲](阿提卡方言:χιτών)

69. ὁ κολωνός[山岗、土山]

70. τὸ κράτος[力量、强力;(泛)权力] — καρτερός[强大的;强烈的] — κάρτα(副词)[非常;很]

71. τὸ κρέας, κρέως[肉;肉体;身体]

72. ὁ κρητήρ, ῆρος[调酒缸、酒杯;(岩石上的)杯形坑]

73. κρίνω[分开;评判;询问] — ἀπο-κρίνομαι[回答;辩护] — ὑπο-κρίνομαι[回答;扮演]

74. ὁ κροκόδειλος[蜥蜴;鳄鱼]

75. κτάομαι(异态)[取得、招致;已拥有] — προσ-κτάομαι(异态)[此外还得到;赢得]

76. λέγω[使躺下;计算;说] — ὁ λόγος[表现思想的话;思想;原则] — ἐπι-λέγω[选择;补充说] — ἐπι-λέγομαι[阅读;思考] — λόγιμος, ον

[值得一提的;著名的]

77. λείπω[离开;留下;落下(一件东西):缺少] — λοιπός[剩下的;留待……] — ἐπί-λοιπος, ον[剩余的]

78. ὁ λίθος[石、石头] — λίθινος(η - ον)[石的;石制的]

79. λούω[洗;净化]

80. ὁ μάγος[古波斯 Μῆδοι 族的人;古波斯专门给人详梦的先知;巫师]

81. μαίνομαι[发狂;使发疯] — ὁ μάντις[说神示的人、先知] — τὸ μαντήϊον[说预言的能力;神谕]

82. μανθάνω[通过阅读(或询问、实践、经验)学习;询问] — ἐκ-μανθάνω[打听;深知]

83. ἡ μάχη[战争;争吵] — ἡ μάχαιρα[刀;(作武器用的)短剑] — μάχιμος, ον[可作战的;好战的]

84. μέγας[大的;重大的] — τὸ μέγαρον[大屋、寝室;庙堂]

85. τὸ μέταλλον[矿、矿坑]

86. μηδίζω[墨狄亚(Μηδία,里海西南的古国,后来并入波斯)化;亲墨狄亚]

87. μίγνυμι[混合;使接触] — μίσγομαι(τινί)[和……混合;到达] — συμμίσγω(τινί)[使(某物)和另一物混合;相交往]

88. μιν(附读的)[是第三人称代词,宾格单数,兼用于阳、阴、中性]

89. ἡ μνήμη[记忆;提及] — ἐπι-μνάομαι[记起;提到] — τὸ μνημόσυνον[记忆;名声]

90. μύριοι[一万] — ἡ μυριάς, άδος[一万]

91. νέμω[分配、据有;放牧(牛羊)] — ὁ νομός(注意音调)[牧场;地区] — οἱ νομάδες, δων[牧人]

92. νέος[年轻的、年轻人的;新奇的] — ὁ νεηνίης, ίου(阿提卡方言:νεανίας)[年轻人;青年;少年]

93. νοστέω 和 ἀπο-νοστέω[回(家、国);出行]

94. ξένος[客人];(订有世代相传互为宾主的约言)[朋友];(形)[外国的、异乡的;陌生的] — ξένιος[有关待客的] — ἡ ξεινίη[客人受款待的权利、友谊;外侨的权利]

95. τὸ ξύλον[木头、木棍;树] — ξύλινος(η - ον)[木头的、木制的]

96. ἡ ὁδός[路;(说话或行事的)方式] — ἡ ἔσ-οδος[入口]

97. ὁ οἶκος[房屋、家;家政] — οἰκέω[住在;过活] — κατ-οίκημαι(是κατοικέω 的现在完成时被动态)[定居;治理] — συν-οικέω(τινί)[和

(某人)住在一起;和……一起殖民]

98. ὁ οἰστός [箭]

99. ὄλβιος(η - ον)[幸运的;富裕的]

100. τὸ ὄνομα[人名;名声] — ὀνομάζω[叫(某人的)你名字;提起名字;命名] — ἡ ἐπ-ωνυμίη[由某人或某事而来的名字;别名、名字] — ὀνομαστός(ή - όν)[被提及名字的;有名的]

101. ὁ ὄνος[驴]

102. ὀρέγομαι[伸出、伸展;(喻)想望] — ἡ ὀργυιή[两手臂平伸的两手之间的长度]

103. ὁ ὅρκος[誓言、盟誓] — τὸ ὅρκιον[誓言;誓约]

104. ὀρύττω[挖掘;掩埋] — τὸ ὄρυγμα, ατος[沟、坑、地道] — ἡ δι-ῶρυξ, υχος[渠、沟、运河]

105. ὅσος[像……一样的、像……一样多的] — ὅσοσπερ, ὅσηπερ, ὅσονπερ [恰好那么多的、恰好那么大的]

106. οὐδείς[没有一个、没有] — οὐδαμοί(αί - ά)[没有任何(人)、一个也没有]

107. ἡ ὄφις, ιος[蛇;蛇形的手镯]

108. παρά[在……旁边、靠近;沿着、朝向] — πάρ-εξ(介词,跟属格)[在……外面;除……之外]

109. πᾶς[所有的;全部的] — πάγχυ(副词)[全部、全然;彻底] — τὸ παρά-παν(副词)[一共;完全]

110. παύω[使停止;解除(某人的职务)] — κατα-παύω[使静止、减轻;阻止]

111. τὸ πεδίον[平地、平原;(喻)大海] — πεζός[徒步的;陆行的] — ὁ πούς [脚、足] — ἡ πέδη[脚镣]

112. τὸ πέλαγος, γεος[海;(喻)广大]

113. πέρα[越过、超出;迟于] — ὁ πόρος[摆渡、渡口;(完成某事的)方法] — τὸ ἐμ-πόριον[店铺、商店]

114. περί [在周围;绕着] — πέριξ(介词,跟宾格)在周围;(副)四面] — πέριξ τὸ τεῖχος οἰκέειν[在城墙周围定居]

115. ὁ πῆχυς, χεος[(肘和腕之间的)前臂、(泛)手臂;弓的中间的部分]

116. πίμπλημι[使充满;担任] — πλέος(η - ον)[充满……的;整整的]

117. πίπτω[降落;(在战场上)倒下;失去……] — περι-πίπτω(τινί)[拥抱(某人);遇上(某人)、陷入……]

118. πλέω[航行;漂流] — ἀνα-πλέω[向上游去、出海;回航]
119. πρό[(表位置)在……之前;(表时间)在……之前;(表选择)先于(另一物)] — πρὸ τοῦ[在此之前]
120. προσ-πταίω(τινί)[磕上(某物)、绊跌(某人);(喻)受阻挠]
121. ἡ πύλη[双扇门的一扇;(泛)进口] — τὰ προ-πύλαια[前门、入口;(专名)雅典卫城的入口:前门]
122. ἡ πυραμίς, ίδος[(埃)角锥形的塔:金字塔;(几)角锥体]
123. ῥέω[流、(从口中)说出;使流动] — τὸ ῥέεθρον[河流;河床]
124. ῥύομαι[保护、拯救;阻挡]
125. τὸ σημεῖον[标记、从神那里来的预兆、(盾牌上的)纹章;(逻)(作出推论的)或然的证据] — τὸ σῆμα, ατος[标记;预兆]
126. σίνομαι[抢劫、撕吃;(泛)损坏]
127. ὁ σῖτος[谷物;(雅典法律)(赠送给寡妇孤儿的)定量分配] — σιτέομαι[吃东西;吃饭]
128. σκέπτομαι[观察;思考] — ὁ σκοπός[瞭望者、守护者;目标] — ὁ κατά-σκοπος[斥候;探子]
129. τὸ σκεῦος[(作为灵魂的寄居处)人体] — ἡ σκευή[行头、服装;装束]
130. ἀπο-στέλλω[送走;派遣] — στέλλω[安排好、派遣;带]
131. στερέω[剥下;夺走] — στερίσκω(τινά τινος)[剥夺(某人某物)]
132. σφάζω[割喉咙;杀牲献祭;(泛)杀死]
133. ἡ σχεδίη[木排;(泛)舟]
134. ὁ σχοῖνος[灯芯草、一种芦苇;(长度单位)=2 波斯 παρασάγγαι,约等于 60 στάδια]
135. ταριχεύω[用烟熏盐渍腌肉;给尸体涂香料防腐、制作木乃伊]
136. ἐν-τέλλομαι[命令;下令](不过时:ἐν-ετειλάμην)
137. τέμνω[在战斗中砍伤;砍成块;献杀、献祭] — ἀπο-τάμνω(阿提卡方言:ἀποτέμνω)[割下;从……切下] — τὸ τέμενος, νεος[划出来作专用的一块土地;献给一位神的一块土地]
138. τῇδε[在这方向] — τῇ(副词)[这里;那里]
139. τίθημι[放;安排;奉献] — ἀνα-τίθημι[放在……上;献(还愿物)] — τὸ ἀνάθημα, ατος[放到庙中的东西:奉献物;娱乐]
140. τίνω[赔偿;赎罪] — τίνομαι[使别人赔偿;向别人报复] — ἡ τίσις, σεος[赔偿;(褒)报答;(贬)回报]

141. τὸ τόξον[弓;弓箭] — τοξεύω[用弓射;(喻)放出、说出]
142. ὑπέρ[表示某物(或人)在……之上;表示某物(或人)越过] — κατ-ύπερθε(副词)或(介词:跟属格)[在……上面(+属);深入内陆、往内地]
143. ὁ/ἡ ὗς, ὑός[猪;家猪、野猪]
144. ὑψηλός[高的;崇高的] — τὸ ὕψος, ὕψεος[高度、高;(喻)顶点]
145. ὕω[下雨]
146. φαίνω[带到光亮处、使出现;揭开;发光] — ἐκ-φαίνω[使显露;宣布]
147. φεύγω[逃跑;逃避] — ἐκ-φεύγω[逃出去;逸出]
148. ἡ φιάλη[浅圆或扁形物;(奠酒或饮酒的)大碗;(煮水的)锅]
149. ὁ φοῖνιξ, ικος(暗含紫红色)[紫红颜料;棕榈树、枣椰树]
150. ὁ χαλκός[铜;铠甲、铜币] — χάλκεος(η - ον)[铜的;顽强的]
151. ἡ χάρις[(容貌上的)美、荣光;(给别人或接受别人的)恩惠] — ἄ-χαρις, ρι[不美的;不令人感谢的]
152. τὸ χεῖλος, λεος[嘴唇;边]
153. ἡ χείρ[手] — τὸ ἐγ-χειρίδιον[短刀、匕首]
154. χίλιοι[千、一千] — ἡ χιλιάς, άδος[一千;一千年的时期]
155. χρή[(无人称)需要……、必须(做)……] — χρήομαι[请求神示;盼望] — ἀπο-χράω[足够] — ἀποχρᾷ μοι(τι)[对我来说(某事)足够了;我满足于(某事)] — δια-χρήομαι(τινί)[使用(某物);需要(某物)]
156. χρήω[满足需要];(神或神示)[发出必要的答复、预言](不过时被动态:ἐχρήσθη) — ὁ χρησμός[神的答复、神谕] — τὸ χρηστήριον[颁发神示的圣地、神的答复;(求神示时的)献祭、(喻)祭品]
157. τὸ χῶμα, ατος[堆起来的东西;土坝;坟头]
158. ἡ χώρα[地方、地位;土地] — ἐπι-χώριος, ον[属于当地的、本地的]

六　修昔底德

修昔底德的语词特性不多,堪称标准的古典希腊语作家。但是,修昔底德习惯于将 εἰς 写成 ἐς(比如将 εἰσβάλλω 写成 ἐσβάλλω),将 σύν 写成 ξύν(比如将 σύνοδος 写成 ξύνοδος)。

下面的词汇一律按标准的阿提卡方言形式。

1. ὁ ἄγγελος[信使;宣报者] — ἀγγέλλω[送信;宣告] — ἐπ-αγγέλλω[传出去;下指令] — περι-αγγέλλω[向四周传报;向四处号召人做(某事)]
2. ἄγω[引领;培养] — ἀνάγομαι[出海;(喻)着手] — ἀνταν-άγομαι[出海抵抗;(喻)攻击(某人)]
3. ὁ ἔπαινος[赞许;赞辞] — παρ-αινέω[劝告;建议] — ἡ παραίνεσις, σεως[劝告;建议]
4. αἴρω[使升起;振作] — ἀπ-αίρω[举起;(把舰队、军队)开走] — μετ-έωρος, ον[悬在空中的;(喻)(精神)振奋的]
5. αἰφνίδιος(α - ον)[出人意料的、突然的]
6. ἀκούω[听;听取] — ἐσ-ακούω[听从(某人);服从(某人)]
7. ἄκρος[在末端、在最外边的;最高明的] — ἀκμάζω[兴盛、繁荣;(无人称)正是时候]
8. ἁλίσκομαι[被征服、赢得;被查获] — ἡ ἅλωσις, σεως[获得;征服]
9. ἄλλος[另一个;另一种的、不真实的] — δι-αλλάσσω(τινά τινι)[换;(在意见上与某人)不相同;变友好]
10. ἡ ἔπ-αλξις, ξεως[防御工事:雉堞;防卫]
11. ἀμφότεροι[两边、双方] — ἀμφοτέρωθεν(副词)[从两边、从两端]
12. ἀντίος[面对面的;对立的] — ἐναντίος[相对的、敌对的;相反的] — τοὐναντίον(副词)[对着、当面]

13. ἄξιος[值(多少)的;配得上的] — ἀξιόω[值多少、重视;认为适于] — ἡ ἀξίωσις, σεως[有价值的事物:名誉;应得之物]

14. ἐξ-αρτύω[为……作好准备、准备提供]

15. βαίνω[走、动身;使往前走] — παρα-βαίνω[在……旁边走;逃避] — ἡ ξύμ-βασις, σεως[协议;协定]

16. βάλλω[投、掷;跌倒] — δια-βάλλω[投过;争吵] — ἡ διαβολή[争吵;指控] — ἡ προσ-βολή[(试金石的)接触、接吻;攻打]

17. ἡ γνώμη[标记;判断力] — γιγνώσκω[看出、得知;考虑] — δια-γιγνώσκω[分辨、决定(如何做)]

18. τὸ δέος(δείδω)[恐惧;畏惧;敬畏] — ἀδεής, ές[不怕的、安全的;不可怕的]

19. δέχομαι[收、欢迎;接待(某人)] — προσ-δοκάω[等待;认为] — ἀπροσδόκητος, ον[没预料到的、突然的]

20. ὁ δῆμος[乡区;民众、平民] — πανδημεί[人人;全体] — οἱ Ἀθηναῖοι πανδημεί ἐξέβαλον[全体雅典人一齐驱逐]

21. δίδωμι[给、(神)赐予;提供誓言] — ἐν-δίδωμι[交给;提供] — ἡ προ-δοσία[交出去、抛弃;背叛]

22. διώκω[追求;赶走] — κατα-διώκω[紧追、追逐] — ἡ δίωξις, ξεως[追逐;追求]

23. κατα-δύω[使沉入;沉没]

24. εἰμί[是;(无人称)可能……;存在](不定式:εἶναι) — ἡ περι-ουσία[多余、净利;存活]

25. ἑκών[自愿的、心甘情愿的] — ἑκούσιος(α - ον)[自愿的、心甘情愿的]

26. ἐλάσσων[较小、较差] — ἐλασσόομαι[减少、变差;不足]

27. ἕλκω[拖、拉;(喻)挑剔] — ἀν-έλκω[拉、拽;拉回] — ἡ ὁλκάς, άδος[拖船、货船]

28. ἡ ἐλπίς[希望;(对好事或坏事的)预料] — ἐλπίζω[希望;唯恐;料想] — ἀν-έλπιστος, ον[不指望……的;无希望的]

29. ἕτοιμος[已在手边的、预备好的;麻利的] — ἑτοιμάζω(τι)[预备(某事)]

30. ἡ ἕως, ἕω[清晨、早晨] — ἅμα ἕω[黎明;破晓]

31. ἡ ἤπειρος[大陆;(专名)希腊大陆] — ὁ ἠπειρώτης, του[陆地上的人;在小亚细亚大陆地上的](← →νησιώτης[岛上居民])

32. ἡ ἡσυχία[寂静;休息] — ἡσυχάζω[保持安静;保持不动]

33. θέω[跑;飞;延伸] — βοηθέω[援助、搭救] — ἐπι-βοηθέω 和 παρα-βοηθέω 和 προσ-βοηθέω[驰援、援助] — ξυμ-βοηθέω[共同帮助]

34. ὁ θόρυβος[人群的吵闹声、喝彩声;骚动] — θορυβέω[吵闹、喝彩;对……起哄]

35. ἵημι[使走、说;奔赴] — συνίημι[引到一起;(喻)听见] — ξυνετός (ή - όν)[精明的;好理解的]

36. ἵσταμαι[站、站到……去;装作……样子] — ἀνθ-ίσταμαι[抵抗;反抗] — περι-ίσταμαι[安置在周围、使转变为;包围、变为]

37. καλέω[呼唤、叫(某人的)名字、被称为] — προ-καλέομαι[叫喊着挑战;赌(喝酒)] — τὸ ἔγκλημα, ατος[控告;起诉书]

38. κεῖμαι[被放下:躺下、被毁灭;位于(某处)] — ἔγ-κειμαι(τινί)[置身于……之中;专心于(某事)]

39. ὁ κῆρυξ[传令官;(泛)宣报人] — ἐπι-κηρυκεύομαι(τινί)[(与某人)商谈;(与某人一起)出国作使节]

40. ὁ κίνδυνος[危险;考验] — κινδυνεύω[冒险;碰巧] — δια-κινδυνεύω[冒险;拼命(去做)]

41. κομίζω[照料;带走] — δια-κομίζω[送去;使恢复精力] — ἐσ-κομίζω[带进;进口]

42. ἐπί-κουρος[帮助的、支援的] — ἡ ἐπικουρία[防护、帮助;支援部队]

43. τὸ κράτος[力量、强力;(泛)权力] — κρατέω[变强大、征服;盛行] — ἡ δημοκρατία[民主、民主精神] — αὐτοκράτωρ, τορος[自由的、有全权的;专制的] — δημοκρατέομαι[有民主政体]

44. κρύπτω[掩藏;(喻)保守秘密] — κρύφα[(+属)不让某人知道、密而不宣] — κρύφα τῶν Ἀθηναίων[瞒着雅典人]

45. κωλύω[打断;禁止] — δια-κωλύω[阻碍]

46. λαμβάνω[拿、拥有;捉住] — ἀντι-λαμβάνομαι(τινός)[抓住(某物);参与(某事)]

47. λέγω[使躺下;计算;说] — συλ-λ.[集结或征集(军队);召集] — ὁ λόγος[表现思想的话;思想;原则] — ὁ ξύλλογος[(群众)聚会;(喻)集中精神] — ὁ παρά-λογος[超出计算之外的结果;错误的计算]

48. λείπω[离开;留下;落下(一件东西):缺少] — λοιπός[剩下的、残存的] — ἐγκατα-λείπω[留在后头、丢下] — ἐν τῇ νήσῳ φρουράν[留在

岛上看守] — ὑπό-λοιπος, ον [留下来的;活下来的]
49. ὁ λῃστής [抢劫者;海盗] — ἡ λῃστεία [抢劫、劫掠]
50. ὁ λόφος [(马、狮等动物的)脖子、背部、(人的)颈背;山脊]
51. λύω [解、打开;使变松弛] — καταλύω [解散、推倒;(从车轭)解下牲口] — ἡ κατάλυσις, σεως [解散、结束]
52. ἡ μάχη [战争;争吵] — ἡ συμμαχία [攻守联盟;(泛)援助] — ξυμμαχέω [作(某人的)战友;(泛)援助] — τὸ ξυμμαχικόν [盟军;盟约]
53. μέλλω [就要(做)、打算;命中注定] — τὸ μέλλον [以后的事情、结果;(语)将来时态] — ὁ μέλλων, λοντος 和 τὰ μέλλοντα, λόντων [以后的事情、结果] — ἡ μέλλησις, σεως [意图;未实现的意图]
54. μένω [站在原地不动、停留;等待] — ἐμ-μένω [坚持……;保持(友谊)] — τῇ ξυμμαχίᾳ [忠于联盟(盟约)] — περι-μένω [等待;等候]
55. μίγνυμι [混合、使接触;和……结交] — προσ-μίσγω (τινί) [混合、到达(某处);结交、和……遭遇]
56. ἡ ναῦς [船、舰] — τὰ ναυάγια, ίων [船只的失事、海难]
57. νέος [年轻的、年轻人的;新奇的] — νεωτερίζω [新改变、变革;革新]
58. ὁ νοῦς [神志、心灵;想法] — νοέω [看出;想要] — ἐπι-νοέω [用心思;想要]
59. ἡ ὁδός [路;(说话或行事的)方式] — ἡ ἔφ-οδος [(进军的)道路;方法] — ἡ κάθ-οδος [下行;回来、重复] — ἡ ξύν-οδος [集会、会议;(两军的)遭遇] — ἡ πρόσ-οδος [走近;收入]
60. ὁ οἶκος [房屋、家;家政] — ἡ οἰκία [房屋;同住在一家的人;家庭] — οἰκίζω 和 κατ-οικίζω [筑屋;去做移民] — ὁ οἰκιστής, τοῦ [居民者;殖民者]
61. ὀλίγος [小;少] — (οἱ) ὀλίγοι [寡头派;少数人]
62. ὁ ὅμηρος [(保证和平的)人质;抵押品]
63. ὄμνυμι [发誓;证实] — ξυν-όμνυμι (τινί) [(与某人)一同发誓;发誓为盟]
64. ὀρθός [直立的;直的;(喻)平稳的] — κατ-ορθόω [使立直;使成功] — ὀρθόομαι [站起来;成功]
65. ὁρμέω [下锚;停泊] — ἐφ-ορμέω [对着(某处)下锚;封锁] — πρὸς τὰς πολεμίας ναῦς ἐφ-ορμέω [对敌人的船只进行封锁] — τῷ λιμένι ἐφ-ορμέω [封锁港口]

66. ὁ ὅρος[边界;标准、限度] — μεθ-όριος(α - ον)(τινός)和 ὅμορος, ον(τινί)(ὁμοῦ + ὅρος)[在……之间有一条边界的;(喻)相似的]

67. ἡ ὄψις[景象、形象;视力、眼睛] — ὑπ-οπτεύω[怀疑;猜想] — ὕποπτος, ον[从下面看去的;(喻)猜疑的] — ὑπόπτως(副词)[怀疑地、妒忌地] — ἡ ὑποψία[猜疑、疑惧]

68. ἀντί-παλος, ον[和(某人)竞争的;和(某人)匹敌的]

69. ἡ πεῖρα[经历、试验;试图] — πειράομαι[试图(做);试验] — ἄ-πειρος[无经验的、未经历的] — πειράω[试、企图;试验] — τῶν τειχῶν πειράω[试着攻城] — ἡ ἀπειρία[缺少经验]

70. πέραν[在那一边;到对面] — περαιόομαι[运送过去;透过] — ἀντι-πέρας[对面] — ἐς τὴν ἀντιπέρας ἤπειρον[到对面的陆地]

71. πλέω[航行;漂游] — ὁ πλοῦς[航海、航程] — δια-πλέω[航过、渡过] — ἐσ-πλέω[往里航行] — ξυμ-πλέω[和(某人)一同航行;和(某人)一同游泳] — προσ-πλέω[航向……、驶向……] — ὁ ἐπί-πλους, ου[对敌舰的冲击;进军] — ὁ ἔσ-πλους, ου[驶入;进站]

72. ἡ πληγή[打击;创伤] — ἐκ-πλήττομαι[吓呆;(褒)惊异] — κατα-πλήττομαι[惊呆;大为震惊]

73. ὁ πόλεμος[战斗、战争] — πολεμέω[开战;攻打] — ξυμ-πολεμέω[和(某人)一同作战;助战]

74. ἡ πόλις[城;城邦] — πολιορκέω[围城;封锁] — τὸ πόλισμα, ατος[城、城市] — πολιτεύω(相当于 πολιτεύομαι)[成为公民;采取某种政体] — ἡ πολιορκία[围城、包围] — ἐκ-πολιορκέω[围城攻下(某城)]

75. πρέπει[(无人称)……合适的;……相合的] — εὐ-πρεπής, ές[外表好看的、合适的;貌似合理的]

76. οἱ πρέσβεις[长老们、元老们、首领们] — πρεσβεύομαι[年长、居首位;派遣使节]

77. τὸ σκεῦος[器具;躯体] — παρα-σκευάζω[准备;供应] — ἀ-παρασκεύαστος, ον[无准备的]

78. τὸ τάλαντον[天平、秤;用天平称出来的东西] — ταλαιπωρέω[辛劳;使吃苦、困扰]

79. τὸ τεῖχος[墙(尤指城墙);有墙围住的城] — τειχίζω[建筑城墙;筑工事] — τὸ τείχισμα, ατος[城墙、城堡] — ἀπο-τειχίζω[打围墙、筑工事;封锁] — ἀ-τείχιστος, ον[没有围墙的、未设防的;未封锁的]

80. ἡ τριήρης[三层桨战船] — ὁ τριήραρχος(τρ. + ἄρχω)[三层桨战船的

司令官;提供三层桨战船的人]

81. ἡ τύχη[从神们那里获得的东西:好运;时运] — τυγχάνω[击中;偶然遇见] — παρα-τυγχάνω[偶然遇到、处于;发生] — παρέτυχεν ὁ καιρός[偶然碰到机会] — περι-τυγχάνω(τινί)[(某人)遇上(某事);(灾难)临到(某人头上)]

82. φέρω[携带;承受;生产] — προ-φέρω[带到(某人)面前;宣布]

83. ὁ φόβος[恐惧;顾虑;(对统治者或神的)敬畏] — φοβέω[使害怕;吓走]

84. ἡ χώρα[地方、地位;土地] — ἀνα-χωρέω[回(家,城);撤退;(喻)退避] — ἐπανα-χωρέω[回返;撤退]

七 柏 拉 图

柏拉图用词极富个性、极为用心,有些即便是日常语词,柏翁也(似乎刻意)赋予自己独特的含义。有些日常语词的拼写与常用写法不同,但含义没有差别,比如:

柏拉图写法	常用写法
ϑαυμάσιος(α - ον)	ϑαυμαστός
μαλϑακός(ή - όν)	μαλακός
ἔμ-μετρος, ον	μέτριος
τὸ νόσημα	ἡ νόσος
φλαῦρος(α - ον)	φαῦλος
δια-κελεύομαι	παρα-κελεύομαι
δι-όλλυμι	ἀπ-όλλυμι

柏拉图用动词与诗人们相反,常用复合动词(verba composita),但柏拉图用的一些复合动词并非其本义(前缀与简单动词复合衍生成的语义),仅仅用前缀强调简单动词(verbum simplex)自身的含义而已,比如:

συγ - κεράννυμι(暗含:使融合)= 强调 *κεράννυμι*,而非复合动词 *συγ-κεράννυμι* 的本义

ἀπο-κρύπτω(暗含:藏起来)= 强调 *κρύπτω*,而非复合动词 *ἀπο-κρύπτω* 的本义

类似的还有:

柏拉图写法	日常写法
ἐξ-αγγέλλω	ἀγγέλλω
ἐπ-ακολουθέω 和 συν-ακολουθέω	ἀκολουθέω
ἐξ-αμαρτάνω	ἁμαρτάνω
ἐξ-αρκέω	ἀρκέω
παρα-δέχομαι	δέχομαι
μετα-διώκω	διώκω
ὑπ-είκω	εἴκω
ἐξ-ελέγχω	ἐλέγχω
συν-έπομαι	ἕπομαι
δια-κοσμέω	κοσμέω
δια-κωλύω	κωλύω
περι-μένω	μένω
ἀπο-νέμω 和 δια-νέμω	νέμω
δι-ομολογέομαι 和 συν-ομολογέω	ὁμολογέω
ἐπ-ονομάζω	ὀνομάζω
δια-περαίνω	περαίνω
ἐμ-πίμπλημι	πίμπλημι
ἐκ-πορίζω	πορίζω
ἀπο-τίνω 和 ἐκ-τίνω	τίνω
ἀπο-φαίνομαι	φαίνομαι
κατα-χρήομαι	χρήομαι

这种情形亦见于形容词：

κατά-δηλος ＝ δῆλος

ἐπί-λοιπος ＝ λοιπός

1. ἄγαμαι［惊奇；忌妒］（不过时：ἠγάσθην）
2. ἀγανακτέω［感到不快；气愤］
3. ἀγαπάω［欢迎；爱］— ἀγαπητός(ή - όν)［被爱的；满意于］— ἀλλ' ἀγαπητὸν καὶ τοῦτο［然而那也是让人满意的］(《克拉底鲁》430a1)
4. ἀγγέλλω［送信；宣告］— ἐπ-αγγέλλομαι［许诺；声称］
5. κατ-άγνυμι［打碎；摧毁］

6. ὁ ἀγρός[田地；乡村] — ἄγροικος, ον[住在乡下的；土气的；粗野的]

7. ἄγω[引领；培养] — ἄγε[来吧！] — δι-άγω[带过去；度日] — ἡ ἀγέλη[(牛或马)一群；(泛)一群、人群]

8. ὁ ἀγών[集会；(希腊人的)运动会] — ἡ ἀγωνία[争夺战斗的胜利；体育锻炼]

9. ᾄδω[唱；歌颂] — ἐπ-ᾴδω[伴随……唱歌；用歌唱蛊惑]

10. τὸ ἆθλον[(竞赛的)奖品] — ὁ ἀθλητής, τοῦ[选手；能手]

11. ἀθρέω[细看；考虑]

12. αἰνίττομαι[说谜语；暗示]

13. αἰσθάνομαι[感知；体会到] — αἰσθητός(ή - όν)[可以感觉到的]

14. ἐπ-αΐω(τινός 或 περί τινος)[听到(某事)；领会(某事)] — ὁ ἐπαΐων, οντος[专家；行家]

15. ἀκολουθέω[跟随；(喻)服从] — ἀκόλουθος, ον[跟随着的；一致的；(名词)陪同人员] — ταῦτα ἀκόλουθά ἐστιν τοῖς σοῖς λόγοις[这与你所说的话是一致的]

16. ἄκρος[在末端、在最外边的；最高明的] — ἀκροάομαι(τινός)(ἄκρος + οὖς)[听；听从(某人)]

17. ἀλγέω[(身上)疼痛；(喻)(心中)痛苦] — ἀλγεινός(ή - όν)[引起痛苦的；感到痛苦的] — ἡ ἀλγηδών, δόνος[疼痛]

18. ἄλλος[另一个；另一种的、不真实的] — ἀπ-αλλάττω[释放；遣走] — ἀλλοῖος[另一种的；别的] — ἀλλάττω 和 ἀλλοιόω[使改变；偿付] — ἡ ἀπαλλαγή[解脱；离异]

19. ἡ ἅμιλλα[比赛；对抗] — ἀμιλλάομαι[比赛；斗争]

20. ἀνιαρός(ά-όν)[悲哀的；令人烦恼的]

21. ἀντίος[面对面的；对立的] — τοὐναντίον[反面；(副词)对着](是 τὸ ἐναντίον 的元音融合)

22. ἄξιος[值(多少)的；配得上的] — ἀν-άξιος, ον[无价值的；不应受苦的]

23. ἀπαλός(ή-όν)[柔软的；(贬)柔弱的]

24. ἅπτομαι[接触；感知] — ἐφ-άπτομαι(τινός)[抓住(某物)；获得]

25. ὁ ἀριθμός[数目；计数] — ἀριθμητικός(ή - όν)[擅长计算的]{名词：ἡ ἀριθμητική(暗含 τέχνη)[算术]}

26. ἄρχω[开始、准备；统治] — ἡ ἀρχή[起始；王权] — ἀρχήν 或 τὴν ἀρχήν(副词)[首先]

27. ἀσκέω[精心制造;锻炼] — ἡ ἄσκησις, σεως[锻炼;行业]
28. αὖϑις(副词)[往回(走);再次] — εἰσ-αὖϑις(副词)[后来又;然后却]
29. τὰ ἀφροδίσια[Ἀφροδίτη 的节日;男女之乐]
30. βαίνω[走、动身;使往前走] — μετα-βαίνω[迁移;改变] — ἡ βάσις, σεως[步子;可以步行的地方]
31. βάλλω[投、掷;跌倒] — διαβάλλω[投过;越过;争吵] — παρα-βάλλω[扔在旁边;下赌注] — ἡ διαβολή[争吵;指控]
32. ἡ βάσανος[试金石;(喻)对真伪的检验] — βασανίζω[用试金石磨擦(金子);(喻)试验真假]
33. τὸ βιβλίον[写字纸、书籍;(著作中的)一卷]
34. ὁ βίος[生命;生计;生平] — βιόω[过活](将来时:βιώσομαι;不过时:ἐβίων)
35. βλάπτω[妨碍;使伤心、蒙蔽] — ἡ βλάβη[伤害] — βλαβερός(ά - όν)[有害的] — ἀ-βλαβής, ές[无害的;未受害的]
36. βλέπω[看;显得;信赖] — ἀπο-βλέπω[目光转而专注于(某物);尊重] — εἴς τι 或 πρός τι[由于什么缘故?为什么?] — εἰς τὰς τῶν ἄστρων φοράς[举目观察天体运动]
37. ἡ βουλή[(神的)意旨、计策;议事会] — βουλεύομαι[自己考虑;自己决定] — ὁ σύμ-βουλος[顾问]
38. βραδύς[慢的;(喻)迟钝的] — ἡ βραδυτής, ῆτος[缓慢]
39. ὁ γείτων, τονος[邻居]
40. γελάω[笑;笑话] — κατα-γελάω(τινός)[笑话……] — καταγέλαστος, ον[可笑的]
41. γέμω(τινός)[充满(某物)] — τὰ Ἀναξαγόρου βιβλία γέμει τούτων τῶν λόγων[阿那克萨戈拉的书充满着这类的话]
42. τὸ γένος[氏族;后代;种族] — γίγνομαι[生;产生;变成] — τρία ἔτη γεγονώς[已经三岁了](完成时分词) — συγ-γίγνομαι[和……一起诞生;和(某人)在一起] — γνήσιος(α - ον)[新生的;合法的]
43. ἡ γνώμη[标志;判断力] — γιγνώσκω[看出、得知;考虑] — δια-γιγνώσκω[分辨;决定(如何做)] — κατα-γιγνώσκω(τινός)[注意到(某事);指责;判处(某人)] — συγ-γιγνώσκω[和……有同样的想法;和……同谋] — ἡ συγγνώμη[(对某人)同情、体谅]
44. τὸ γόνυ[膝] — ἡ γωνία[(几)角;角落]
45. γράφω[雕、刻;书写] — γράφομαι(τινά)[为自己记笔记;控告某

人] — ὁ γραμματιστής, τοῦ[书记员;语法教师] — τὸ σύγ-γραμμα[写下来的东西:文件、书籍;条例] — ὁ ζωγράφος(ζήω + γράφω)[画家]

46. γυμνός[裸体的、赤手空拳的] — γυμνάζω[裸体锻炼;(泛)锻炼] — γυμναστικός(ή - όν)[喜欢体育锻炼的]{名词:ἡ γυμναστική(暗含 τέχνη)[体育]} — τὸ γυμνάσιον[体育学校、学校]

47. ἡ γυνή[女人;妻子] — γυναικεῖος(α - ον)[女人的;阴性的]

48. ὁ δαίμων[精灵;命运;(黄金时代介于神与人之间的)灵运] — εὐ-δαίμων[有好运气的;幸福的] — εὐδαιμονέω[顺利;繁荣]

49. δείδω[怕、畏惧] — δειλός[怯懦的;胆小的] — ἡ δειλία[怯懦;胆小]

50. δείκνυμι[指出;使显现] — δίκη[习俗;法律、正义] — ἀδικέω[做错事;虐待(某人)] — ἐν-δείκνυμαι[宣布;证明] — τὸ ἀδίκημα, ατος[虐待、委曲]

51. δέομαι[需要、乞求] — δέω(τινός)[需要(某物);缺少(某物)] — πολλοῦ δέω τοιαῦτα εἰπεῖν[我不想这样说]

52. δέω[拴、囚禁;(喻)(用咒语)镇住] — ὁ δεσμός[基本意义:拴系物:绳索;桎梏] — τὸ δεσμωτήριον[监狱]

53. δῆλος[明显可见的;确切无疑的] — δηλον-ότι(副词)[显然……;也就是说……]

54. ὁ δῆμος[乡区;民众、平民] — ἀπο-δημέω[离家远行] — ἐπι-δημέω[住在家里;归家]

55. διδάσκω[教] — ἡ διδαχή[教诲;(歌队的)训练]

56. δίδωμι[给、(神)赐予;提供誓言] — ἀπο-δίδομαι[出售;招人承包(税收)](不过时:ἀπ-εδόμην) — μετα-δίδωμι(τινί τινος)[给一部分、给予;把某物给予某人]

57. διπλοῦς[双幅的;双重的] — διπλάσιος(α - ον)[加倍的;双倍的]

58. διψήω[口渴;(喻)渴望] — ἡ δίψα[口渴]

59. δοκέω[设想;看来是……] — δοκεῖ[看来是……] — εὐδοκιμέω[有名声;受到重视] — δοκεῶ μοι[在我看来;我认为……] — δοκῶ μοι ἀδύνατος εἶναι[我认为没有这个能力] — συν-δοκεῖ(如:μοι[(在我看来)一样认为是;(在我看来)一同认为好]) — τὸ δόγμα, ατος[信念;判决] — εὐδόκιμος, ον[有名声的]

60. ἡ δραχμή[(钱币单位)德拉克马(合六个ὀβολοί,一般劳动人民每天的收入为四个ὀβολοί);(重量单位)德拉克马(约合66克)]

61. δράω[做、完成] — τὸ δρᾶμα, ατος[行动;(人物的)动作]

62. ἐν-δύομαι[自己穿上;进入] — δύομαι[沉入;跳进](不过时:ἔδυν)
63. δύσκολος, ον[填不饱的;不满意的]
64. ἐγείρω[唤醒;(喻)激起] — ἐγείρομαι[醒;奋起](现在完成时:ἐγρήγορα[我醒来])
65. τὸ ἐγκώμιον[赞歌;颂词] — ἐγκωμιάζω[赞扬]
66. ἡ ἐδωδή[食物;饲料]
67. τὸ ἔθος[风俗、习惯] — τὸ ἦθος[常歇处、住处;风俗;性情] — ἀ-ήθης, ες[不寻常的;没有个性的]
68. τὸ εἶδος[形状、形式;(哲学)形相、理式] — ἀ-ειδής ές[看不见的;不认识的] — τὸ εἴδωλον[形象;幻觉;肖像]
69. εἶεν[(感叹词)好的! 正是这样!;(表示不耐烦)好了!]
70. ἡ εἰκών[画像;幻象;比喻] — εἰκάζω[使像……;比作] — εἰκώς[同样的;合适的] — ἀπ-εικάζω[仿制;猜测] — εἰκῆ(副词)[无意地;偶然地]
71. εἵμαρται[这是注定的;命中注定]
72. εἰμί [是;(无人称)可能……;存在](不定式:εἶναι) — μέτ-εστι[在……当中;(无人称)……有份儿](如:μέτεστι μοί τινος [我在某物上有份儿]) — πρόσ-ειμι[附属于;有] — τῷ ὄντι(副词)和ὄντως(副词)[实际上;实在地;真正地](哲学:存在论)
73. ἕκαστος[每;各个] — ἑκάστοτε(ἑ. + ὅτε)(副词)[每一回;任何时候]
74. ἑκών[自愿的;心甘情愿的] — ἄκων[不情愿的;勉强的] — ἑκούσιος, ον[自愿的;心甘情愿的] — ἀκούσιος, ον[不情愿的;勉强的]
75. ἐλεύθερος[自由的;免去杀人罪的;坦率的] — ἀν-ελεύθερος, ον[不自由的;卑贱的;不慷慨的]
76. ἔνδον(副词)[在里头;在家里] — ἔνδοθεν(副词)[在里面、从自己心里;在里面的]
77. ἔνιοι[有些;某些] — ἐνίοτε(副词)[有时]
78. ἐξετάζω[审查;检验]
79. ἐπιτήδειος[适合于某种目的的;有用的] — ἐπιτηδεύω(τι)[一心从事(某事);专心致志做(某事)] — τὸ ἐπιτήδευμα, ατος[一生从事的事情;生活方式]
80. ἐράω[恋爱;渴望] — ὁ ἔρως[爱;情欲] — ὁ ἐραστής, τοῦ[热爱者;爱(儿女的)人] — ἐρωτικός(ή - όν)[有关爱情的;迷恋于……的]
81. τὸ ἔργον[工作、职业;竞赛] — ἐργάζομαι[工作;做] — ὁ γεωργός[耕

种者;农人] — ἀπ-εργάζομαι[做完;完成] — ἀργός, όν(<α-εργος)[不种地的;未做好的] — ἡ ἀργία[懒散;闲暇] — εὐ-εργετέω(τινά)[(某人)做好事;施恩惠] — ἡ εὐεργεσία[好事;恩情] — κακοῦργος, ον[做坏事的;伤害(别人)的] — πάρ-εργος, ον[附带的] — ἡ γεωργία[耕作]

82. ὁ ἑρμηνεύς, νέως[解说人(指诗人,据柏拉图说,他们是神意的解说人);通译;中间人]

83. ἐρωτάω[问;请求] — ἐπαν-ερωτάω[再问] — τὸ ἐρώτημα, ατος 和 ἡ ἐρώτησις, σεως[问话;询问]

84. ἑστιάω(τινά)[在家中接待(某人)、款待]

85. εὑρίσκω[找、发现;得到] — ἀν-ευρίσκω[找到]

86. ἡ ἔχθρα[仇恨;敌意] — ἐχθρός[可恨的;仇恨的];(名词)[敌人] — ἀπ-εχθάνομαι(τινι)[招惹(某人)仇恨;激起(某人)厌恶]

87. ἔχω[有;拥有;据有](分词:ἐχόμενος) — ἰσχυρός[强有力的;坚定的] — τὸ σχῆμα[外形;模样] — ἡ σχολή[空闲时间;悠闲的讨论] — ἔχομαι(τινός)[黏附在……、(喻)依靠在;靠近……] — καὶ ἄλλα ἃ τούτων ἔχεται[他把这些与那些连在一起] — πλεονεκτέω(τινός)(πλέον + ἔχω)[过分要求;胜过(某人)] — δι-ισχυρίζομαι[完全信赖;极力主张] — εὐ-σχήμων, ον[有好姿态的、优雅的;漂亮的] — ἡ ἀ-σχολία[无闲暇;职务;困难]

88. ζητέω[追寻;调查] — ἡ ζήτησις, σεως[探索;询问]

89. ἡγέομαι[领先;统治;认为] — δι-ηγέομαι[详细叙述] — ἡ διήγησις, σεως[叙述] — ὑφ-ηγέομαι[走在前面、引导;指出方法]

90. ἥδομαι[感到愉快] — ἀ-ηδής, ές(← →ἡδύς)[令人生厌的]

91. ἡ ἡλικία[年龄;成年、青春期] — τηλικοῦτος(αὕτη-οῦτο)(ἡ. + οὗτος)[多少? 多大?]

92. ἥμερος[驯服了的;文明的] — ἡμερόω[使驯服;征服]

93. ἠμί[我说](过去时1单:ἦν δ' ἐγώ[我说过];过去时3单:ἦ δ' ὅς[他说过])

94. ὁ θάνατος[死亡;尸体] — ἀ-θάνατος[不死的;永生的] — ἡ ἀθανασία[不死;永生]

95. θαρρέω[有勇气;(贬)胆大包天] — θαρραλέος(α-ον)[大胆的;(贬)胆大包天的] — ἡ θρασύτης, ητος[鲁莽;放肆]

96. θαυμάζω[惊异;钦佩] — τὸ θαῦμα, ατος[可惊奇的事物;奇景;惊异]

97. θεάομαι[看、注视] — ἡ θέα[观看;看见的东西:景象] — τὸ θέατρον[看戏处:剧场;观众](哲学)[静观]

98. ὁ θεός[一般的神;永生的神] — ἔν-θεος, ον[为神所凭附的;受神感召的] — ἐνθουσιάζω[为神所凭附;入迷] — θεοφιλής, ές(θεός + φίλος)[为神所喜爱的;受神爱护的]

99. ὁ θεράπων[仆从、仆人(指自由人,有别于奴仆)] — ἡ θεραπεία[服侍、(对神的)敬奉;一队随从]

100. τὸ θηρίον[野兽、动物;小野兽](在形式上是θήρ的指小词) — θηράω[狩猎;(喻)追逐] — ἡ θήρα[对野兽的狩猎、(喻)追求;猎物]

101. ὁ θόρυβος[人群的吵闹声、喝彩声;骚动] — θορυβέω[吵闹;对……起哄]

102. ὁ θυμός[血气、血性;心;思想] — θυμοειδής, ές[有血性的;热情的](名词:τὸ θυμοειδές[血气;活力])— θυμόομαι[发怒;烦躁]

103. ὁ ἰατρός[医生;(喻)拯救者] — ἰάομαι[医治、(喻)补救;被治好]

104. ἰέναι [走](εἶμι的现在时不定式)— ἐπαν-ιέναι[回来;返回](不过时:ἐπαν-ῆλθον)

105. ἵλεως, ων[慈祥的;欢乐的]

106. ὁ ἵππος[马;战车] — ἱππικός(ή - όν)[关于马的;善于骑马的]{名词:ἡ ἱππική(暗含 τέχνη)[骑术]}

107. ἵστημι[使立起;使竖立] — ἐφίστημι[放在……之上、安置;加在……上] — συν-ίσταμαι[站在一起;遭遇;联合] — ἐπίσταμαι[懂得(如何做);精通;确信] — ἐπι-στατέω(τινί)[主管(某事);担任公民大会(或议事会)的主席] — ὁ ἐπιστάτης, του[旁边的人:恳求者、帮助者;主持人] — περι-ίστημι[安置在周围;引起某种情况] — συν-έστηκα(ἔκ τινος)[站在一起;遭遇;联合](是συνίστημι的现在完成时)— ἐπιστήμων, ον[属格:ονος][精明的;有学识的]

108. καθαρός[净化的;空旷的;完美的] — ὁ καθαρμός[洗涤、净化;洗罪]

109. καὶ μάλα[的确是;尤其是] — καὶ πάνυ[尤其是]

110. καλέω[呼唤;叫(某人的)名字、被称为] — ἐγ-καλέω(τινί)[收回债款;控告] — τὸ ἔγκλημα, ατος[控告;起诉书] — προ-καλέομαι[叫喊着挑战;叫阵]

111. καλός[美的;优良的;正直的] — καλὸς κἀγαθός(κ. + ἀγαθός)[美且

善的;尽善尽美的] — πάγ-καλος, ον[极美的、极好的] — τό κάλλος, λους[美;美人]

112. ὁ καρπός[果实;(喻)收获] — καρπόομαι[收果实;掠夺] — ἡδονὴν καρποῦσθαι[享受欢乐]

113. κεῖμαι[被放下:躺下、被毁灭;位于(某处)] — κατά-κειμαι[躺下;卧床;放置]

114. κηλέω[迷惑;(泛)引诱]

115. κλέπτω[偷、窃;哄、骗] — ἡ κλοπή[偷窃;欺骗]

116. ἡ κλίνη[床、卧榻;尸体架]

117. κολάζω[修剪;纠正] — ἀ-κόλαστος, ον[放纵的;无教养的] — ἡ ἀκολασία[放纵;无节制]

118. κομψός(ή - όν)[穿戴精致的;精明的;精巧的]

119. ὁ κόσμος[秩序、规矩;装饰;宇宙] — κόσμιος(α - ον)[安排得很好的;守秩序的]

120. τὸ κράτος[力量、强力;(泛)权力] — κρατέω[变强大、征服;盛行] — ἡ δημοκρατία[民主;民主政体] — ἐγ-κρατής, ές(τινός) (← →ἀ-κρατής)[强有力的;占有……的、控制……的] — δημοκρατέομαι[有民主政体]

121. κρίνω[分开、评判;询问] — ἡ κρίσις[分开;争论] — ἡ διά-κρισις, σεως[分开、分解;判决]

122. κυβερνάω[掌舵;(喻)领导] — ὁ κυβερνήτης, του[掌舵人;(喻)(城邦的)掌舵人] — κυβερνητικός(ή - όν)[善于掌舵的]{名词:ἡ κυβερνητική(暗含 τέχνη)[驾船技术]}

123. κυλινδέομαι[打滚、(船)向前滚动;(在人们口中)传来传去]

124. λαμβάνω[拿、拥有;捉住] — ἀντι-λαμβάνομαι(τινός)[抓住(某物);勒住(某物)] — εὐ-λαβέομαι[当心、敬畏;守候] — ἡ εὐλάβεια[虔诚;对神的畏敬]

125. λανθάνω[不被注意到;使忘记] — ἐπι-λανθάνομαι[忘记] — ἡ λήθη[遗忘;忘记];基本形式:ἐπι-λανθάνομαι — ἐπι-λήσομαι — ἐπ-ελαθόμην ἐπι-λέλησμαι

126. λέγω[使躺下;计算;说] — συλλέγω[集结或征集(军队);(被)成为习惯] — τὸ λεγόμενον[(副词)俗话] — ὁ σύλλογος[(群众的)聚会;(喻)集中精神] — λόγον δίδωμι[为……辩解]

127. λοιδορέω[指责;亵渎(神明)]

128. ἡ λύρα[七弦琴;抒情诗、音乐]

129. λωβάομαι[虐待;残暴]

130. μαίνομαι[发狂;使发疯] — ὁ μάντις[说神示的人;预言者] — ἡ μανία[疯狂;疯狂的激情] — μανικός(ή - όν)[疯狂的;(主动)引起疯病的] — ἡ μαντεία[说预言的能力;神谕]

131. μανθάνω[通过阅读(或询问、实践、经验)学习;询问] — κατα-μανθάνω[细查;弄懂] — ἀ-μαθής, ές[无知的;粗鲁的] — ἡ ἀμαθία[无知;粗鲁]

132. ἡ μάχη[战争;争吵] — μάχομαι[战争;争吵] — δια-μάχομαι[坚持战斗;坚决主张]

133. ἡ μέθη[烈性酒;大醉] — μεθύω[喝醉;(喻)沉浸在]

134. τὸ μειράκιον(14岁到21岁的)[青少年];30岁左右的壮年男子被称为 μειράκιον(含有嘲讽的意思)

135. μέλει[(是 μέλω 的无人称)成为所关注的事物;关心……] — ἡ ἐπιμέλεια[关心;经管] — ἐπι-μελέομαι(τινός)或 ἐπι-μέλομαι[注意(某事);关心(某事)] — ἀ-μελέω(τινός)[不留心(某事);忽略(某事)] — ἡ ἀμέλεια[漫不经心];基本形式:ἐπι - μελέομαι — ἐπι-μελήσομαι — ἐπ-εμελήθην

136. τὸ μέλος[肢;歌声] — ἐμ-μελής, ές[合调的;和谐的]

137. μένω[站在原地不动、停留;等待] — ἐμ-μένω(τινί)[坚持……;保持(友谊)] — τῷ λόγῳ ἐμμένω[我坚持这种言说]

138. μεστός(ή - όν)(τινός)[满的(某物);(喻)满足]

139. τὸ μέτρον[尺度、标准;适度] — μέτριος[合度的;少量的] — ἄ-μετρος, ον[不可测量的;无节制的;没有节奏的] — ἡ γεωμετρία(γῆ + μέτρον)[测量土地;几何学]

140. μικρός[小;少] — ἡ μικρότης, ητος[小、少;贫乏]

141. μιμέομαι[模仿、描绘] — ἡ μίμησις[模仿] — τὸ μίμημα, ατος[模仿品] — ὁ μιμητής, τοῦ[模仿者] — μιμητικός(ή - όν)[模仿的]

142. ἡ μνᾶ[(重量名)=100 德拉克马;(钱币名)=100 德拉克马(60 μναῖ 为 τάλαντον)]

143. ἡ μνήμη[记忆;提及] — μνημονεύω[忆起;提到] — ἀπο-μνημονεύω(τι)[记忆(某事);记(某事)]

144. μουσικός[缪斯们的;文艺的] — ἄ-μουσος, ον[无艺术(音乐)修养的;不和谐的]

145. ὁ μῦθος[言语;谈话;神话] — παρα-μυθέομαι(τινά)[鼓励(某人);安慰(某人)] — μυθολογέομαι(μῦθος + λέγω)[讲神话;谈到]

146. νέμω[分配、据有;放牧(牛羊)] — ὁ νόμος[习惯;法律;曲调] — ἡ δια-νομή[分配] — ὁ νομεύς, έως [牧人;分配者] — παράνομος, ον[违法的;狂暴的]

147. νέος[年轻的、年轻人的;新奇的] — νεανικός(ή - όν)[年轻的;(贬)鲁莽的]

148. νή(τοὺς θεούς)(表示加强语意的小品词,多用于以神的名义起誓和回答,+宾)[无疑、一定]

149. ἡ νίκη[胜利、征服] — φιλόνικος, ον(νίκη + φίλος)[爱争吵的] — φιλονικέω[喜欢争吵;喜欢争论] — ἡ φιλονικία[爱争吵;争论]

150. ἡ νόσος[病;痛苦] — νοσέω[生病;苦恼] — νοσώδης, ες[有病容的;不健康的]

151. ὁ νοῦς[神智、心灵;想法] — νοέω[看出;想要] — διανοέομαι[思考;打算] — συν-νοέω[和……一同思考;理解] — νοητός(ή - όν)[属于思维的] — ἀ-νόητος, ον[没想到的;不理解的] — ἡ ἄνοια[缺乏理解力的;愚蠢的] — τὸ διανόημα, ατος[思想;幻想] — νουθετέω(νοῦς + τίθημι)[提醒;劝告]

152. ἡ ὁδός[路;(说话或行事的)方式] — ἡ σύν-οδος[集会;(两军)遭遇] — ἡ διέξ-οδος[出口;出路]

153. ὀδύρομαι[悲叹、痛哭]

154. ὁ οἶκος[房屋、家;家政] — οἰκέω[住在;过活] — συν-οικέω(τινί)[和(某人)住在一起;和……一起殖民] — ἡ οἴκησις, σεως[居住;住处] — οἰκίζω 和 κατ-οικίζω[筑屋;去做移民]

155. ὀλίγος[小;少] — ὀλίγου(副词)[几乎;差一点] — ὀλιγωρέω(τινός)[小看(某人)、轻视(某人)]

156. ὅμοιος[同样的、共有的;有同等地位的] — ὁμοιόω 和 ἀφ-ομοιόω[使相似;相比较;临摹] — ἀφομοιοῦντες τῷ ἀληθεῖ τὸ ψεῦδος[我们以假乱真] — ἀν-όμοιος, ον[不相像的]

157. τὸ ὄνειδος, ους[责骂;耻辱] — ὀνειδίζω[责骂]

158. ὀνίνημι(τινά)[使(某人)得到好处;使(某人)喜欢](将来时:ὀνήσω;不过时:ὤνησα)— ὀνίναμαι[得到好处;对……感到满意]

159. τὸ ὄνομα[人名;名声] — ἡ ἐπ-ωνυμία[由某人或某事而来的名字;别号] — ὁμώνυμος, ον(ὁμοῦ + ὄ.)[有同样名字的;同名而意义不

同的]

160. ὀξύς[尖的;敏锐的;性急的] — ἡ ὀξύτης, ητος[尖锐;(喻)敏锐]

161. ὁράω[看;有视觉;(心中)看出] — ἀ-όρατος, ον[看不见的;没经验的]

162. ὀρθός[直立的;直的;(喻)平稳的] — κατορθόω[使立直、使成功;成功] — ἐπαν-ορθόω[重建;修改] — ἡ ἐπανόρθωσις, σεως[修改]

163. ὀρχέομαι[跳舞;跳动]

164. ὀφείλω[欠(债);有义务] — ὀφλισκάνω[欠下罚款、招致;使自己招致](不过时2:ὤφλον)— δίκην ὀφλισκάνω[吃官司;败诉] — γέλωτα ὀφλισκάνω[招致嘲笑(或耻辱)]

165. τὸ ὄψον[煮好的肉、菜肴]

166. ὁ παῖς[孩子;少年] — ἡ παιδιά[儿戏;玩耍] — τὰ παιδικά(复,常指一个人)[宠爱少年的人] — ὁ παιδαγωγός(παῖς + ἄγω)[接送学童的奴隶;(泛)教师] — ὁ παιδοτρίβης, βου[体育教练;(泛)教师] — παίζω[像孩子那样做游戏;开玩笑;玩文字游戏]

167. πᾶς[所有的;全部的] — παντάπασιν(副词)和 τὸ παράπαν(副词)[完全;当然] — παντοδαπός(ή - όν)[一切种类的、各种各样的] — εἴδωλα παντοδαπά[各种各样的影像]

168. πείθω[好言好语说服;祈求(天神息怒);贿赂] — ἡ πειθώ, θοῦς[说服力;(心中的)迷惑;服从]

169. πένης[贫穷的做工人、穷人;(形)贫穷的] — ὁ πόνος[工作;痛苦] — πονηρός[辛苦的;拙劣的] — ἡ πενία[贫穷;缺乏] — δια-πονέω[苦心经营] — δια-πονέομαι(τι)[苦心经营(某事)] — ἡ πονηρία[邪恶;卑鄙]

170. πέραν[在那一边;到对面] — ὁ πόρος[摆渡、渡口;(完成某事的)方法] — ἡ πορεία[走路或跑路的步态;上路] — ὁ ἔμ-πορος[(船上的)乘客;商人]

171. προ-πηλακίζω[给溅上泥浆;(喻)抹黑]

172. πικρός(ά - όν)[尖锐的;苦的]

173. πίμπλημι[使充满;担任] — πλήρης[充满……的;(泛)足够的] — ἡ πλήρωσις, σεως[充满;满足]

174. πίνω[喝、饮用;(喻)吸收] — τὸ ποτόν[饮料、(尤指)酒;泉] — ἡ πόσις, σεως[饮、饮酒;饮料] — τὸ πῶμα, ατος[一口(饮料)、一剂]

175. πλανάομαι[漫游;(喻)感到困惑] — ἡ πλάνη[漫游;迷途;欺骗]

176. ἡ πληγή[打击;创伤] — πλήττω[打击;(喻)使惊愕] — ἐπι-πλήττω(τινί)[(用某物)打击(某人);抨击(某人)]

177. ὁ πλοῦτος[财富;(专名)财神] — πλουτέω[变富;(+属)富于……]

178. ὁ πόθος[(对不在眼前或失去的亲人或物的)想望、痛惜] — ποθέω(τι)[渴望(什么);(对失去东西)怀念]

179. ποικίλος[多花色的;(喻)多变化的] — ποικίλλω[刺绣;装饰;改变] — οὐδὲν ποικίλλω, ἀλλ' ἐλευθέρως λέγω ἅ μοι δοκεῖ[用不着转弯抹角,而是直接说出我所想的]

180. πολύς[多;大] — τὰ πολλά(副词)[多半;通常] — πολλαχῇ(副词)[在许多地方;屡次](参见:ταύτῃ等等) — πολλαχοῦ[在许多地方] — πάμπολυς(πόλλη, πολυ);(πᾶς + π.)[极大的;极多的]

181. πού[什么地方;也许] — δήπου(δή)和ἦ που(ἤ)[也许;总] — εἶχες δήπου ἄν τι εἰπεῖν[也许你还想说点什么]

182. πόρρω[远远地、在远处] — πόρρωθεν(副词)[从远处]

183. τὸ πρᾶγμα[做出来的事、重大的事情;(复)情况] — πράττω[通过;做事] — δια-πράττομαι[完成;结果] — πολυ-πραγμονέω[忙于许多事情;(贬)爱管闲事]

184. πρᾶος, ον[温和的;安慰的](也作阴性:πραεῖα)

185. πρέπει[(是πρέπω的无人称形式)属于……;适合……] — μεγαλο-πρεπής, ές[宏大的;崇高的]

186. πρεσβύτερος[比较年长的;(泛)较重要的] — πρεσβύτης,(属格)του[老的] — πρεσβεύω[年长、统治;使居长者的地位]

187. πρό[(表位置)在……之前;(表时间)在……之前;(表选择)先于(另一物)] — πρὸ τοῦ[在此之前]

188. ῥᾴδιος[容易的;顺从的] — ἡ ῥαστώνη[轻松;(性情的)平易]

189. ὁ ῥήτωρ[演说家、(雅典)(尤指)在公民大会上发表演说的政治家;修辞家] — ἐρρήθην(λέγω)[我曾说过] — τὸ ῥῆμα, ατος[说出来的语言;(语)动词] — ἄρ-ρητος, ον[未说出的;不可告人的] — ἡ παρρησία(πᾶν + ῥ.)[直言无隐;(贬)言语的放肆

190. σβέννυμι[使熄灭;消灭] — ἀπο-σβέννυμι[使熄灭;消逝]

191. σέβομαι[惧怕、敬畏、崇拜(神明);耻于(做)] — ἀ-σεβής, ές[不敬神的] — ἀσεβέω[不敬(神);亵渎]

192. ἡ σκιά[影子;幻象;阴凉地方]

193. σπάνιος(α - ον)[稀少的;缺乏……]

194. στερέω[剥夺；夺走] — στέρομαι(τινός)[被抢走(某物)] — ἐπιστήμης στέρομαι[我失去了知识]

195. ὁ στρατός[驻扎的军队、部队] — ὁ στρατηγός[带兵官、将军] — στρατηγικός(ή - όν)[关于将军的；精通兵法的]

196. σφόδρα[很；非常] — σφοδρός(ά - όν)[剧烈的；猛烈的]

197. τὸ τεκμήριον[可靠的迹象(或记号)；(逻)可靠的科学证明] — τεκμαίρομαι[凭记号或界限来确定、规定；凭迹象断定]

198. ὁ τέκτων, τονος[木匠、工匠；设计者] — τεκτονικός(ή - όν)[木匠的、善于建造的]

199. τὸ τέλος[完成；结局] — τελέω[完成；上税] — ἡ τελετή[入教仪式；入教宴] — τὸ τελευταῖον(副词)[最后] — λυσιτελέω(λύω + τ.)[偿还；有益]

200. τέμνω[在战斗中砍伤；砍成块:献杀、献祭] — τὸ τμῆμα, ατος[砍下的部分；一段] — ἡ τομή[砍后剩下的东西:树桩；切]

201. ἡ τέχνη[技艺、手法；手艺] — ἀ-τεχνῶς(副词)[真正地；完完全全地] — ἀτεχνῶς ὥσπερ ἐραστής[完全像个热爱者一样]

202. τίθημι[放；安排；奉献] — δια-τίθημι[分开放；朗诵] — μετα-τίθημι[放在……之间；修改] — ἡ θέμις, ιστος[天理、正义、习惯法；(复)法令、神谕]

203. ἡ τιμή[价值；(喻)受到的尊重] — τιμάω[尊重；珍视] — προ-τιμάω[更尊重；重视] — ἡ ἀ-τιμία[不光荣；(雅典法律)公民权利的丧失] — φιλότιμος, ον(φίλος + τ.)[爱荣誉的；慷慨的] — φιλοτιμέομαι[爱荣誉；以……自傲；热衷于做……] — ἡ φιλοτιμία[爱荣誉、慷慨；荣誉]

204. τοι[因此；真的] — τοιγαροῦν 和 τοιγάρτοι[因此；真的；由于那个缘故]

205. τὸ τραῦμα[创伤；损伤；(喻)失败] — τιτρώσκω[受伤；(船)毁坏](不过时:ἔτρωσα)

206. τρέπω[使转向；使溃退] — ὁ ἐπίτροπος[受托人、监护人] — ἀνα-τρέπω[推倒；激励] — προ-τρέπω[鼓励、怂恿；寻找] — ἐπι-τροπεύω[任监护人；管理]

207. τρέφω[使变坚硬；(泛)喂养] — τὸ θρέμμα, ατος[动物、生物；(贬)人] — ἡ τροφός[抚养者；乳母、母亲]

208. τρυφάω[娇生惯养；寻欢作乐；喜欢] — ἡ τρυφή[奢侈；骄傲]

209. ἡ τύχη[从神们那里获得的东西;好运;时运] — τυγχάνω[击中;偶然遇见] — εὐ-τυχής, ές[幸运的;顺利的] — ἐπι-τυγχάνω(τινί)和προσ-τυγχάνω(τινί)[击中(目标);遇到(某人);达到(目的)]

210. ἡ ὕβρις[(出自身强力壮或强烈感情的)狂妄行为;虐待] — ὑβρίζω[放荡;虐待、冒犯] — ὁ ὑβριστής, τοῦ[侮辱者、侮慢者;未经驯服的]

211. ὁ ὕμνος[(歌颂神或英雄的)颂歌] — ὑμνέω[歌颂;唱]

212. ὕπαρ(副词)[清醒地、真实地] ← → ὄναρ(副词)(τὸ ὄναρ)[在睡梦中]

213. φαίνομαι[出现;发生] — ἀ-φανής[不被看见的、隐晦的;消逝的] — ἀνα-φαίνομαι[被展示、出现;被称为] — κατα-φανής, ές[明显的、清楚的] — φαντάζομαι[想象;变明显;被幻影吓坏] — τὰ ἀριστερὰ δεξιὰ φαντάζεται[左方是旁观者的右方] — τὸ φάντασμα, ατος[表象;幻影;心中呈现的形象;意象]

214. φέρω[携带;承受;生产] — διαφέρω[把……带过去;和……不同] — συμφέρει[这有利于……;这对……有好处] — περι-φέρω[带往各处、使旋转;传播] — διαφερόντως(副词)[出众地;异常地] — πρόσ-φορος, ον[有用的;适当的] — τὸ συμφέρον, οντος[利益;好处]

215. φημί[说;相信;命令] — σύμ-φημι(τινί)[同意(某人);允许(某人)] — ἡ φήμη[从神那里来的声音、神示;声音、古语]

216. φεύγω[逃跑;逃避] — ἐκ-φεύγω[逃出去;逸出]

217. φθέγγομαι[发出声音、清楚说话;称为] — ὁ φθόγγος[人的声音、言语;动物的叫声]

218. ἡ φλυαρία[闲聊;胡说]

219. ὁ φόβος[恐惧;顾虑;(对统治者或神的)敬畏] — ἄ-φοβος, ον[无畏的;不引起恐惧的]

220. φρονέω[有心思;有理性;注意] — ἄ-φρων[没思想的;愚蠢的] — σώφρων[头脑健全的:清醒的、明智的] — ἔμ-φρων, ον[有知觉的;有理性的] — ἡ ἀφροσύνη[没头脑;(喻)糊涂行为] — ἡ σωφροσύνη[头脑健全:清醒、明智、谦虚]

221. χαλεπός[难的;困难的] — χαλεπαίνω(τινί)[对(某人)发脾气、对(某人)很严厉]

222. ὁ χαλκός[铜;铠甲、铜币] — ὁ χαλκεύς, έως[制造铜器的匠人;(泛)五金匠]

223. ἡ χάρις [（容貌上的）美、荣光；（给别人或接受别人的）恩惠] — χαρίεις(εσσα — εν) [慈祥的、优美的；文雅的]

224. ἡ χείρ [手] — μετα-χειρίζομαι [握住；经营]

225. χθές (副词) [昨天]

226. ὁ χορός [舞蹈；跳舞的地方、(古剧场当中)歌舞队表演歌舞的地方：(剧场中心的)圆场] — χορεύω [参加舞蹈；使(某人)跳舞]

227. χρή [(无人称)需要……、必须(做)……] — τὰ χρήματα [使用之物、财物；事物] — χρηματίζομαι [使自己致富；交谈] — χρηματιστικός(ή - όν) [逐利的；营利的] {名词：ἡ χρηματιστική (暗含 τέχνην) [经商赚钱的技术]}

228. ἡ χώρα [地方、地位；土地] — ἐπι-χώριος, ον [属于当地的；本地的]

229. ψέγω [指责] — ὁ ψόγος [指责；应受谴责的过失]

230. τὸ ψεῦδος [假话；(柏拉图常把 ψεῦδος 用作)虚假] — ψευδής, ές [说假话的、不真实的]

231. ἡ ψῆφος [（河床上的）小圆石；计数用的石子] — κατα-ψηφίζομαι (τινός) [投票判决(某人)]

232. ὠνέομαι [买]

233. ἡ ὠφέλεια [帮助；益处] — τὸ ὄφελος, λους [帮助、益处] — οὐδεὶς ὅτου τι ὄφελος (ἐστί) [没有一个有点价值的人]

八 色诺芬

色诺芬虽长期生活在"国外",却用纯正的阿提卡方言(标准的古典希腊语)写作。不仅如此,色诺芬的作品不谈自然哲人或柏拉图和亚里士多德喜欢谈的"形而上学",因而其语汇质朴,少有生僻词。

1. τὸ ἄγαλμα[心爱的东西或礼物(尤指献给神的);神像;雕像] — ἀγάλλομαι(τινί 或 ἐπί τινι)[(为某事)沾沾自喜;自夸;炫耀]
2. ἄγαμαι[惊奇、赞美;忌妒](不过时:ἠγάσθην)
3. ἄγω[引领;培养] — ἄγε! ἄγετε! [来吧!冲啊!] — δι-άγω[带过去;度日] — ἐσθίοντες καὶ πίνοντες διάγουσιν[吃吃喝喝过日子] — παρ-άγω[领着(某人)经过(某地);引入歧途] — προ-άγω[向前引导、促进;带路] — ὑπ-άγω[带到……下面;控告某人;慢慢引导]
4. ἀκολουθέω[跟随;(喻)服从] — ἐπ-ακολουθέω[紧随;听从] — ἀκόλουθος, ον[跟随着的;一致的]
5. τὸ ἀκόντιον[小矛] — ἀκοντίζω[投矛;刺伤、伤害]
6. ἄλκιμος, ον[强大的;勇敢的]
7. ἀνιάω[使悲哀;苦恼] — ἀνιάομαι[医治好;使复原]
8. ἀνύτω[完成、得到;快做]
9. ἀρήγω[帮助、宜于;(+宾)挡住]
10. τὸ ἄριστον[(日出时的)早餐;(晚期)午餐] — ἀριστάω[进早餐;进餐] — ἀριστο-ποιέομαι[做早餐]
11. ἁρμόττω[接合;合适] — ὁ ἁρμοστής, τοῦ[行政长官、总督(特指斯巴达派往小亚细亚各城市的行政长官)]
12. ἁρπάζω[抓走;抓住、(喻)理解] — δι-αρπάζω[撕碎;掠夺]
13. ὁ αὐλός[管乐器、双管、簧管]
14. τὰ ἀφροδίσια[Ἀφροδίτη的节日;男女之乐]

15. βαίνω[走、动身;使往前走] — βάδην(副词)[一步一步地(走);步行;逐渐地] — δια-βιβάζω[跨过;走过](是 διαβαίνω 的施动体)

16. ὁ βασιλεύς(荷马叙事诗)[军事首领;王、领袖];(雅典执掌宗教仪式和司法的)[国王执政官] — τὰ βασίλεια[王国;世袭的君主国]

17. ὁ βίος[生命;生计;生平] — βιοτεύω[维持生活]

18. βλάπτω[妨碍;使伤心、蒙蔽] — βλαβερός(ά - όν)[有害的]

19. τὸ βόσκημα, ατος[饲养的动物:牛羊;食物]

20. γελάω[笑;嘲笑] — κατα-γελάω(τινός)[笑话……、嘲笑]

21. τὸ γένος[氏族;后代;种族] — γίγνομαι[生;产生;变成] — δια-γίγνομαι[度过;生存] — διεγένοντο τὴν νύκτα πῦρ καίοντες[他们用火取暖度过了这一夜] — συγ-γίγνομαι[和……一起诞生;和(某人)在一起]

22. τὸ γέρρον[柳条制的东西:(绷上牛皮的)盾牌;(车子上的)柳条篷]

23. ἡ γνώμη[标志;判断力、意愿] — γιγνώσκω[看出、得知;考虑] — κατα-γιγνώσκω(τινός)[注意到(某事);指责;判处(某人)] — θάνατος αὐτοῦ κατεγνώσθη[他被判死刑]

24. γυμνός[裸体的;赤手空拳的] — ὁ γυμνής, ῆτος[轻装步兵]

25. ἡ δαπάνη[开销;经费;挥霍] — δαπανάω[消费;使耗尽]

26. ὁ δαρεικός[波斯金币,等于20个希腊 δραχμαί]

27. ὁ δασμός[分配;贡税]

28. δασύς(εῖα - ύ)[多毛的、粗糙的;稠密拥护]

29. ἡ δείλη[午后;晚上]

30. τὸ δεῖπνον[餐;进餐时间] — δειπνέω[进餐;进正餐] — δειπνο-ποιέομαι[进餐]

31. δέκατος[第十] — ἡ δεκάτη[什一、十分之一]

32. δεξιός[在右手边的;来自右方的;好兆头] — δεξιόομαι[伸出右手(表示欢迎、敬礼)]

33. δέομαι[需要、乞求] — δεῖ[必须;缺少] — τὸ δέον[需要的;适当的]

34. δή[现在、已经;于是] — δήπου[也许;总;一定] — οὐ δήπου καὶ σὺ εἶ τῶν τοιούτων ἀνθρώπων;[你恐怕还不是这种人吧?]

35. δῆλος[明显可见的;确切无疑的] — εὔ-δηλος, ον[很清楚的、容易区别的] — δηλον-ότι 副词[显然……、也就是说] — ἡλίσκοντο δηλονότι[他们显然被俘了]

36. δίδωμι[给、(神)赐予;提供誓言] — ἀπο-δίδομαι[出售;招人承包(税

收)](不过时：ἀπ-εδόμην) — δια-δίδωμι[传递；分配] — μετα-δίδωμι(τινί τινος)[给一部分、给予；把某物给予某人] — μετεδίδοσαν ἀλλήλοις ὧν εἶχον ἕκαστοι[他们便彼此分享各自所有的东西]

37. τὸ δίκτυον[网；渔网；猎网]
38. δοκέω[设想；看来是……] — δοκῶ μοι[在我看来；我认为] — οὐκ ἀπείρως μοι δοκῶ ἔχειν[我认为并非没有经验；我倒希望是经过了训练的(沈默译文)] — συν-δοκεῖ(μοι)[(在我看来)一样认为是；(在我看来)一同认为好] — τὸ δόγμα, ατος[信念；判决]
39. παρ-εγγυάω[传给旁边的人；托付给(某人)；扎营]
40. καθ-έζομαι[坐下；扎营] — ἡ ἐν-έδρα[埋伏] — ἐν-εδρεύω[打埋伏]
41. ἐθέλω[愿意；乐意] — ἐθελούσιος(α - ον)[自愿的]
42. ἡ εἰκών[画像；幻象；比喻] — εἰκώς[(等于 εἴκω 的完成时 ἔοικα 的分词)同样的] — εἰκῇ(副词)[无意地；碰运气]
43. εἰμί [是；(无人称)可能……；存在](不定式：εἶναι) — ἔν-ειμι[在……里面；(无人称)……是能力所及的]
44. ἐλαύνω[驱赶、前行；击] — πρα-ελαύνω[从旁边驱赶；驾车] — προσ-ελαύνω[转向(某处)；骑马]
45. ἐξαίφνης(副词)[忽然；突然]
46. ἐπιτήδειος[适合于某种目的的；有用的] — ἐπιτηδεύω(τι)[一心从事(某事)；(+不定式)专心致志(做某事)]
47. ἐράω[恋爱；渴望] — ὁ ἐραστής, τοῦ[热爱者；爱(儿女的)人]
48. τὸ ἔργον[工作、职业；竞赛] — ἐργάζομαι[工作；做] — ὁ γεωργός[耕种者、农人] — ἀπ-εργάζομαι[做完；创造] — ἀργός, όν (<ἀ-εργος)[不种地的；未做好的] — ἐν-εργός, όν[活动的；强有力的] — ὁ συν-εργός[联合工作的] — ὁ ἐργάτης, του[农人；制造者] — ὁ εὐ-εργέτης, του[做好事的人；恩人] — εὐεργετέω(τινά)[做好事；施恩惠] — γεωργέω[做农人；(喻)从事(某种事业)] — ἡ γεωργία[耕作]
49. ἐρρωμένος(η - ον)[强壮的](源自 ῥώμη[体力；兵力])
50. τὸ ἔρυμα[保护物；防御工事] — ἐρυμνός(ή - όν)[防卫得很好的；设防的]
51. ἐξ-ετάζω[审查；检验] — ἡ ἐξέτασις, σεως[调查；(军)检阅]
52. ὁ ἔφηβος[年轻人]
53. ἡ ἔχθρα[仇恨；敌意] — ἀπ-εχθάνομαι(τινί)[被恨；招惹(某人)

仇恨]

54. ἔχω[有;拥有;据有] — ἡ σχολή[空闲时间、闲散;悠闲地讨论] — πλέον ἔχω(τινός)(πλέον)[过分要求;和某人相比处于优势] — πλεονεκτέω(τινός)[要求得到比应得的更多的东西;占便宜;胜过(某人)] — ἡ πλεονεξία[贪心;优势] — μειονεκτέω(μεῖον)[太少、缺少] — σχολάζω[得闲、有时间做(某事);从事于学问] — ἡ ἀ-σχολία[无闲暇;职务]

55. τὸ ζυγόν[横杆:轭、一对;连接弦琴左右两角的横木] — τὸ ζεῦγος, γους[(同轭的)一对牛(或马)、一双;一对配偶]

56. ἡγέομαι[领先;统治;认为] — δι-ηγέομαι(异态)[详细叙述]

57. ἥκω[已来到;已达到] — ἀφ-ικνέομαι(异态)[到达;回] — ὁ ἱκέτης[乞援人] — ἐξ-ικνέομαι(异态)[达到;完成] — ἱκετεύω[乞援;恳求] — Ξενοφῶντα ἱκέτευσε βοηθῆσαι[他曾乞求过色诺芬的帮助]

58. ἡ ἡλικία[寿数、年龄;年轻人的血气] — τηλικοῦτος, αὕτη, οὗτο[多少? 多大年纪?]

59. θαρρέω[有勇气;(贬)胆大包天] — τὸ θάρσος, ους 或 τὸ θράσος, ους[勇气;(贬)胆大包天、莽撞] — θρασύς(εῖα - ύ)[勇敢的、(贬)冒失的;(+不定式)敢于(做)]

60. θεάομαι(异态)[看;注视] — ἡ θέα[观看;景象]

61. ὁ θεράπων[仆从、仆人(指自由人,有别于奴仆)] — θεραπεύω[服侍;奉承] — ἡ θεραπεία(τινός)[服侍、奉承;侍从]

62. θέω[跑;飞;延伸] — μετα-θέω[追;追逐]

63. τὸ θηρίον[野兽;动物] — θηράω[狩猎;追逐] — ἡ θήρα[对野兽的狩猎;猎物]

64. ὁ θυμός[血性、血气] — εὔ-θυμος, ον[振奋的;好心好意的] — θυμοειδής, ές[有血性的;热情的]

65. ἱερός[属于神的;神奇的;神圣的] — τὸ ἱερόν[庙宇] — καλλιερέω(καλός + ἱερόν)[献祭得到的好兆头;吉祥]

66. ἵημι[使走、说;奔赴] — ὑφ-ίεμαι[送下去;放松、屈服]

67. ὁ ἵππος[马;战车] — ὁ ἱππεύς[(荷马叙事诗)车士、骑者;(雅典)骑士等级] — ἱππεύω[骑马;当骑兵] — ἱππικός(ή - όν)[关于马的;善于骑马的] — ἡ ἱππική(暗含 τέχνη)[骑术] — τὸ ἱππικόν[马队;骑兵队] — ὁ ἵππαρχος(ἵππος + ἄρχω)[管辖马匹的;骑兵将领] — ὁ ἱπποκόμος(ἱ. + κομίζω)[马夫]

68. ἵστημι[使立起；使竖立] — ἐφίστημι[放在……之上、安置；加在……上] — ὁ ἐπι-στάτης, του 和 ὁ προ-στάτης, του[旁边的人：恳求者；主持人] — προστατεύω[当领袖；当摄政者]

69. κατα-καίνω[杀；杀死]（不过时：κατ-έκανον）

70. ὁ καιρός[适当；适时；适当地点] — οἱ ἐπι-καίριοι[重要人物（尤指军队的主要将领）]

71. καλέω[呼唤；叫（某人的）名字、被称为] — ἀπο-καλέω[召回（在外的人）；叫（某人的）名字] — συγ-καλέω[召集拢来；邀请赴宴]

72. καλός[美的；优良的；正直的] — καλὸς κἀγαθός[美且善的；尽善尽美的] — ἡ καλοκἀγαθία[高贵优秀的品格（尤指慷慨，与朋友有福同享等高尚性格）]

73. ὁ καρπός[果实；（喻）收获] — καρπόομαι[收果实；掠夺]

74. τὸ κέρδος[利益、贪心；狡猾] — κερδαλέος(α - ον)[贪婪的；有利益的]

75. ὁ κίνδυνος[危险；考验] — ἐπι-κίνδυνος, ον[处于危险中的；危险的]

76. ἡ εὔ-κλεια[好名声、光荣]

77. ἐγ-κλίνω[弯向；溃退；（语）作为前倾词而发音（前倾词无高音符号）] — κατα-κλίνομαι[躺下]

78. κόπτω[（用手）打；捣毁] — κατα-κόπτω[砍倒、歼灭；（用印模）铸造（钱币）]

79. ἐπί-κουρος[帮助的；保护的] — ἐπι-κουρέω[援助；(+与)帮助人摆脱（疾病、贫困等）]

80. ἀνα-κράζω[叫喊、提高声音]（不过时：ἀν-έκραγον）— ἡ κραυγή[吼叫、欢呼；（战士的）喊杀声]

81. τὸ κράτος[力量、强力；（泛）权力] — κρατέω[变强大、征服；盛行] — ἐγ-κρατής, ἐς(τινός)[强有力的；占有的、有节制的] — ἐγκρατὴς οἴνου[节制地饮酒] — ἡ ἐγκράτεια[自制、克制]

82. κρύπτω[掩藏；（喻）保守秘密] — ἀπο-κρύπτω[藏起来；隐居]

83. λανθάνω[不被注意到；使忘记] — ἀληθής[真实的；真诚的；确实的] — ἐπι-λανθάνομαι[忘记] — ἀληθεύω[说真话；成为事实；基本形式：ἐπι｜λανθάνομαι — ἐπι｜λήσομαι — ἐπι｜ελαθόμην — ἐπι｜λέλησμαι

84. λέγω[使躺下；计算；说] — ὁ λόγος[表现思想的话；思想；原则] — συν-ομολογέω (ὁμοῦ+ λόγος)[和(某人)说一样的话；同意(做)某事]

85. ὁ λῃστής[抢劫者、海盗] — ἡ λεία[抢到的东西] — λήζομαι[掳获；浩劫] — ἀπο-λαύω(τινός)[享受(什么)；(反语)得到……的坏处]

86. λείπω[离开；留下；落下(一件东西)：缺少] — δια-λείπω[空下一段时间；停顿]

87. ἡ λόγχη[枪矛的尖头；标枪]

88. λοιδορέω[指责；亵渎(神明)]

89. ὁ λόχος[埋伏；生育] — ὁ λοχαγός(λ.+ἄγω)[百夫长]

90. λυμαίνομαι[虐待；迫害]

91. ἡ λύπη[(身上的)疼痛；(精神上的)苦恼] — ἄ-λυπος, ον[不受痛苦的；不觉悲哀的]

92. μανθάνω[通过阅读(或询问、实践、经验)学习；询问] — κατα-μανθάνω[细查；弄懂]

93. μείων, μεῖον[更小的；较少的] — μειόω[使变小；使变坏]

94. μέλει[(μέλω 的无人称三单)成为所关注的事物；关心……] — ἡ ἐπιμέλεια[关心；经管] — ἐπι-μελέομαι(τινός)或 ἐπι-μελέομαι[注意(某事)；经管(某事)] — ἐπιμελής, ές [关心的；焦虑的] —ἀ-μελέω(τινός)[不留心(某事)；忽略(某事)] — μετα-μέλει μοι[我后悔……]；基本形式：ἐπι | μελέομαι — ἐπι | μελήσομαι — ἐπ | εμελήθην

95. μένω[站在原地不动、停留；等待] — ἀνα-μένω[等待；推迟] — δια-μένω[保持(某种状态)；坚持不变]

96. τὸ μέρος[部分；份额；命运] — ἡ μόρα[斯巴达陆军的一个团(共有六个团,每团的兵员为 400 至 900 不等)]

97. μεστός(ἡ - όν⟨τινός⟩)[满的(某物)；(喻)满足]

98. ὁ μισθός [酬金；(雅典)公务的酬金] — ὁ μισθοφόρος(μ.+ φέρω)[雇佣兵]

99. ναί [(表示十分肯定)真；(在对话或谈话中)(作回答语)是的] — νή[是、无疑(表示加强语意的小品词,多用于以神的名义起誓和回答]

100. νέος[年轻的、年轻人的；新奇的] — ὁ νεανίσκος[年轻人、青年]

101. ἡ νίκη[胜利、征服] — ἡ φιλονικία 和 ἡ φιλονεικία(νεῖκος)[爱争吵；争论]

102. ὁ νοῦς[神智、心灵；想法] — νοέω[看出；想要] — προ-νοέω[预先看出；预先计划]

103. ἡ νύξ[夜] — νύκτωρ(副词)[晚上、夜里]
104. ἡ ὁδός[路;(说话或行事的)方式] — ἡ πρόσ-οδος[走近;(复数)逼近;收入]
105. ὁ οἶκος[房屋、家;家政] — οἴκοι(副词)[在家]
106. οἰκτίρω[同情、怜悯]
107. ὅμοιος[同样的、共有的;有同等地位的] — ὁμοῦ[一齐;同时] — ὁμόσε(副词)[向着一个地方去] — ὁμόσε ἦλθον[他们集中到了同一地点:动手打架(发生冲突)]
108. τὸ ὄνομα[人名;名声] — εὐ-ώνυμος, ον[有好名字的;吉利的]
109. ὄπισθεν[在后边、次于;在……以后] — ὀψέ(副词)[很久、很晚]
110. τὸ ὅπλον[基本意思:工具;船具;(常用复)武器] — ὁπλίτης[重武装的;(名词)重甲兵] — τὰ ὅπλα[营地;仓库] — ὁπλίζω[预备;武装好]
111. ὀρθός[直立的;直的;(喻)平稳的] — ὄρθιος(α - ον)[陡峭的;高亢的]
112. ὁρμάω[推动;急于要(做)] — ὁρμάομαι[急于在(做)、想(做);开始] — ἐξ-ορμάω[派遣;推动] — ἐξ-ορμάομαι[脱离;推移]
113. ὁ ὅρος[边界;标准、限度] — τὰ ὅρια[边区;边境]
114. ἡ ὀσμή[气味;嗅觉]
115. ὅσον[像……一样的;大约] — ὅσον εἴκοσι[大约二十]
116. ἡ ὄψις[景象、形象;视力、眼睛] — τὸ πρόσ-ωπον[脸;面目、模样] — τὸ μέτ-ωπον[(两眼之间的部分)额头;一件东西的前面部分:正面]
117. τὸ ὄψον[煮好的肉、菜肴]
118. παιανίζω[唱颂歌]
119. ὁ παῖς[孩子;少年] — τὰ παιδικά(复,常指一个人)[宠爱少年的人]
120. παίω[敲打;驱逐]
121. ὁ ἀντί-παλος[敌人;战士]
122. τὸ παλτόν[挥舞的东西:梭镖、矛]
123. ὁ παράδεισος[花园;(圣经)伊甸园]
124. πᾶς[所有的;全部的] — παμπληθής, ές(πᾶν + πλῆθος)[全体人的、人数众多的] — παντάπασι(ν)(副词)[完全;(用作肯定的答语)完全是] — παντοδαπός(ή - όν)[一切种类的、各种各样的]
125. τὸ πεδίον[平地、原野;(喻)大海] — πεζός[徒步的;陆行的] —

πεζῇ(副词)[步行；走陆路] — ἀνα-πηδάω[跳、惊起；(泉水)涌出]

126. ἀνα-πετάννυμι[张开、铺开]

127. πένης[贫穷的做工人、穷人；(形)贫穷的] — ὁ πόνος[工作、苦工；痛苦] — πονέω[劳苦、苦干(某事)；使(某人)劳苦] — ἐκ-πονέω[努力完成；锻炼] — φιλόπονος, ον[爱劳动的；辛苦的]

128. πέραν(副词)[在那边；到对面] — ὁ πόρος[摆渡、渡口；(完成某事的)方法] — πορεύομαι[行走；走过] — ἡ πορεία[走路或跑步的步态；走路] — ὁ ἔμ-πορος[(船上的)乘客；商人]

129. πίνω[喝、饮用；(喻)吸收] — τὸ ποτόν[饮料、(尤指)酒；泉] — τὸ ἔκ-πωμα, ατος[杯子]

130. πλάγιος(α - ον)[斜着的、横的；(喻)变来变去的] — τὰ πλάγια[(军队的)侧翼、(身体的)两侧]

131. πλατύς(εῖα - ύ)[平的、宽的；咸的]

132. ποιέω[做；行事] — ἀντι-ποιέομαι(τινός)[要求(某物应属于自己)；(和某人)竞争……]

133. πολύς[多；大] — πάμπολυς, πόλλη, πολυ[极大的、极多的] — πολλαπλάσιος(α - ον)[许多倍的]

134. τὸ πρᾶγμα[做出来的事、重大的事情；(复)情况] — πράττω[通过；做事] — δια-πράττω 和 δια-πράττομαι 和 κατα-πράττω[完成；结果]

135. πραΰς(εῖα - ύ)[温和的；安慰的]

136. πρέπει[(无人称)……适当；……相宜] — μεγαλοπρεπής, ές(μέγας + π.)[宏大的、显赫的；崇高的]

137. ἐπριάμην[我曾买过](是 ὠνέομαι 的不过时2；πρίασθαι 则是 ὠνέομαι 的不过时2不定式)

138. πρότερος[较前的；在先的] — πρῶτος[第一的；最初的] — πρωτεύω[居首位；优越]

139. ἡ σάλπιγξ, ιγγος[号角；号声]

140. τὸ σκεῦος[器具] — συ-σκευάζομαι[收拾自己的行李；(贬)图谋] — ὁ σκευοφόρος(σκεῦος + φέρω)[运行李的人；随军的伕子]

141. δια-σπάω[撕碎；违反]

142. στερέω[剥夺；夺走] — στέρομαι(τινός)[被剥夺(某物)]

143. ὁ στέφανος[环绕的一圈；花环] — στεφανόω[环绕；(喻)给以荣耀]

144. ἡ στολή[(军队的)装备；阻力]

145. ὁ στρατός[驻扎的军队、部队] — ὁ στρατηγός[带兵官、将军] — ἡ

στρατηγία[将军的职权;将才]

146. στρέφω[使转动;使转变] — ἀνα-στρέφομαι[定居(某地);持身行事] — ἀπο-στρέφω[掉头;扭转;转弯]

147. ἀπο-σφάττω[切断喉管、杀死]

148. ὁ σφενδονήτης, του[弹弓手]

149. σῴζω[救活;拯救] — σῶς, σῶν[平平安安的;健全的]

150. ταπεινός(ή - όν)[低的;卑贱的]

151. ἡ τάξις[(队伍的)安排、阵势;义务] — τάττω[安排;驻扎] — ἀντι-τάττομαι[列阵(和敌军)对峙] — εὔ-τακτος, ον[排好队的;有秩序的] — ὁ ταξίαρχος(τάξις + ἄρχω)[小分队的队长]

152. τείνω[用力使延伸;伸长] — ἀνα-τείνω[伸出;达到]

153. τὸ τεκμήριον[可靠的迹象(或记号);(逻)可靠的科学证明] — τεκμαίρομαι[凭记号或界限来确定、规定;凭迹象断定]

154. τὸ τέλος[完成;结局] — τελέω[完成;上税] — πολυ-τελής, ές[多破费的;昂贵的]

155. τέμνω[在战斗中砍伤;砍成块:献杀、献祭] — ἀπο-τέμνω[割下;从……切下]

156. τίθημι[放;安排;奉献] — δια-τίθημι[分开放;朗诵] — τοὺς συνόντας οὕτως διατιθέναι, ὥστε[让在座的人陷于这样的情绪(或气氛)中,以至于他们……] — 注意:δια-τίθεμαι[出售;达成协议]

157. ἡ τιμή[价值;(喻)受到的尊重] — τιμάω[尊重;珍视] — προ-τιμάω[更尊重;重视] — φιλότιμος, ον(φιλέω + τ.)[爱荣誉的;慷慨的] — φιλοτιμέω[爱荣誉;(+与)以……自傲;热衷于做……] — ἡ φιλοτιμία[爱荣誉;荣誉]

158. τὸ τραῦμα[(人的)创伤;(喻)失败] — τιτρώσκω[受伤;毁坏](不过时:ἔτρωσα)

159. τρέπω[使转向;使溃退] — προ-τρέπω[鼓励;吩咐] — ἡ τροπή[转弯;敌人溃退]

160. δια-τρίβω[揉碎、消耗;拖延]

161. ἡ τύχη[从神们那里获得的东西:好运;时运] — τυγχάνω[击中;偶然遇见] — ἐπι-τυγχάνω(τινί)[击中(目标);达到(目的)]

162. φαίνω[带到光亮处、使出现;揭开;发光] — φαίνομαι[出现;发生] — ἀνα-φαίνομαι[出现;称为] — κατα-φανής, ές[明显的;清楚的]

163. ἡ φάλαγξ, αγγος[（荷马叙事诗）横列阵线；（晚期）由重甲兵组成的方阵]
164. φίλος[亲爱的；可爱的] — φιλικός(ή - όν)[友爱的]
165. φρονέω[有思想；有理性；注意] — σώφρων[头脑健全的：清醒的；谨慎的] — μέγα φρονέω[（人）心高气傲；（贬）狂妄自大] — ἡ εὐ-φροσύνη[高兴；快乐] — ἡ σωφροσύνη[头脑健全：清醒、明智、谦虚]
166. ὁ φύλαξ[看守者；保护者] — φυλάττω[警惕；保卫] — δια-φυλάττω[细心守卫；维护（法律）] — οἱ ὀπισθοφύλακες, κων(ὄπισθεν + φ.)[殿后部队]
167. φύω[使生长；产生] — ἡ φυλή[由若干有血缘关系的氏族、族盟组成的部落；阿提卡各部落的骑兵队] — τὸ φῦλον[种、类；（复）一群]
168. χαλεπός[难的；困难的] — χαλεπαίνω(τινί)[（风）强烈；（喻）（人）恼怒、对（某事）感到气愤]
169. ὁ χαλινός[（马戴的）笼头；（泛）皮带]
170. ἡ χάρις[（容貌上的）美、荣光；（给别人或接受别人的）恩惠] — χαρίζομαι[做使人高兴的事；欣然赠送] — ἀ-χάριστος, ον[不愉快的；忘恩负义的]
171. ἡ χείρ[手] — ἐγ-χειρέω[（把事情）揽在手中；攻击] — ὑπο-χείριος, ον[在手下的；在……的掌握之下的]
172. ἡ χιών, χιόνος[雪]
173. ὠνέομαι[买；贿赂]（不过时：ἐπριάμην）
174. ἡ ὥρα[按自然规律而分成的时间：季节；一天中的时间] — ὡραῖος (α - ον)[适应季节生产或成熟的；适时的；青春时期的]
175. ἡ ὠφέλεια[帮助；益处] — τὸ ὄφελος, λους[帮助、用处]

九　亚里士多德的日常词汇

亚里士多德笔下的一些语词的拼写与日常拼写不同，含义却相同，比如：

亚里士多德用法	日常词汇用法
παρ-ακολουθέω	ἀκολουθέω
ἐπι-ζητέω	ζητέω
δι-απορέω	ἀπορέω
ἡ ἀνδρία	ἡ ἀνδρεία
ἐπί-δηλος, ον	δῆλος (η - ον)
ἀνά-παλιν	πάλιν
οὐθέν (副词)	οὐδέν (副词)

此外：
γίγνομαι 简化为 γίνομαι
γιγνώσκω 简化为 γινώσκω

1. ἡ ἀγορά [大会；市场] — ἀπ-αγορεύω [禁止；放弃] — ἡ κατ-ηγορία [控告；谴责]
2. ἄγω [引领；培养] — ἐπάγω [领向、激励；带（军队）去抵抗] — προ-άγω [向前引导、产生；带路] — ἡ δι-αγωγή [运送；度日] — ἡ ἐπαγωγή [领向、引诱；（逻）归纳法]
3. αἱρέω [拿、抓；征服；领会] — διαιρέω [分开；分配] — ἀ-διαίρετος, ον [没有分开的；分不开的]
4. αἴρω [使升起；振作] — μετ-έωρος, ον [悬在空中的；（喻）（精神）振奋

的](名词：τὰ μετέωρα[天象、天体])

5. αἰσθάνομαι[感知；感觉到、体会到] — ἡ αἴσθησις[(视、听方面的)感觉；(复)感官；知觉] — αἰσθητικός(ή - όν)[能感觉的；可以感觉到的]

6. ἄλλος[另一个；另一种的、不真实的] — ἐπ-αλλάττω[变换；(拔河时)拉过来又拉过去：胜负未决] — ἐν-αλλάξ(副词)[交叉地、交替地] — ἡ ἀλλοίωσις, σεως[变化；改变]

7. ἀμφότεροι[两边、双方] — ἐπ-αμφοτερίζω[言行不符；踌躇于两种意见之间]

8. ἄνω[向上；向前] — ἐπάνω(副词)[在上面；以前]

9. ἀντίος[面对面的；对立的] — ἐναντίος[相对的；相反的] — ἡ ἐναντίωσις, σεως[反对、争执] — ὑπ-εναντίος, ον[相对抗的、相反的]

10. ἄξιος[值(多少)的；配得上的] — ἀξιόω[值多少、重视；认为适于] — τὸ ἀξίωμα, ατος[有价值的事物、身价；认为合适的事物、决议]

11. ἅπτομαι[接触、感知；点燃] — ἡ ἀφή[接触点、点火；接触]

12. ἀρκέω[挡开、保护；有用] — αὐτάρκης, ες(αὐτός + ἀ.)[自给自足的]

13. ἁρμόττω[接合；合身] — ἐφ-αρμόττω(τινί)[(及物)接在……上、使适合；(不及物)适合]

14. ἀπ-αρτάω[悬挂起来；分开]

15. ἄρχω[开始、准备；统治] — ὑπάρχω[开始；开始形成] — ἐνυπ-άρχω[存在；生来就有] — ἡ μοναρχία(μόνος + ἀ.)[一人统治：专权、专制] — ὀλιγαρχικός(ή - όν)(ὀλίγος + ἀ.)[少数人统治的：寡头政治的；倾向于少数人统治的：倾向于寡头政治的]

16. τὸ ἄστρον[星、星辰] — ὁ ἀστήρ, τέρος[星、(喻)著名人物：名星；火光]

17. ὁ αὐλός[管乐器；簧管]

18. βαίνω[走、动身；使往前走] — ἡ μετά-βασις, σεως[移民；改变] — ἡ παρέκ-βασις, σεως[逾越、背离]

19. ὁ βάναυσος[用炉火锻铸的：手艺人的；(喻)下贱的]

20. βαρύς[重的、沉重的；严厉的] — τὸ βάρος, ρους[重量、(喻)痛苦；(褒)大量]

21. βλέπω[看；显得；信赖] — ἐπι-βλέπω[看；羡慕]

22. τὸ γένος[氏族；后代；种族] — ἡ γενεά[诞生；家世] — εὐ-γενής, ές

[出身好的;(思想)高尚的]

23. γεύομαι[尝;(喻)考验] — ἡ γεῦσις, σεως[味觉;尝味]
24. ἡ γῆ[地;国土] — γεώδης, ες[土地的]
25. δείκνυμι[指出;使显现] — ἀποδείκνυμι[指出、拿出;指出(某人或某事)是……] — ἀποδεικτικός(ή - όν)[论证的、无可争辩的]
26. ὁ δεσπότης[一家之主;主宰(指神、法律、爱情等)] — δεσποτικός(ή - όν)[主人的;主宰一切的]
27. δέχομαι[收、受;接待] — δεκτικός(ή - όν)[适合于接受的、可接受的]
28. ὁ δῆμος[乡区;民众、平民] — δημοτικός(ή - όν)[为人民的;公共的]
29. δοκέω[设想;看来是……] — ἡ δόξα[想法、意见、判断;声望] — ἔν-δοξος, ον[得名望的、著名的;光荣的]
30. δύναμαι[能;被当作] — δυνατος[有力量的;有可能的] — ἡ δύναμις[力量;兵力] — ἀ-δυνατέω[没能力、没权力] — ἡ ἀδυναμία[无力、不可能] — ἡ δύναμις[力量;兵力] 31. ἐγγύς(副词)[近;将近;近乎] — σύν-εγγυς(副词)[接近;相似]
32. τὸ ἔθος[风俗、习惯] — τὸ ἦθος[常歇处、住处;风俗;性情] — συν-ήθης, ες[同住的、熟识的;习惯了的] — ἡ συνήθεια[同住;习惯] — ἠθικός(ή - όν)[有关道德的;表现道德性质的]
33. τὸ εἶδος[形状、形式;(哲学)形相、理式] — εἶδον[看见;知道] — οἶδα[我看见、我知道] — ἡ ἱστορία[探索到的知识;对打听到的情况的叙述]
34. τὸ ἔργον[工作、职业;竞赛] — τὸ ὄργανον[工具;(身体上的)器官] — ἐν-εργέω[活动;起作用] — ἡ ἐνέργεια[活力、活动;(语)主动语态] — δυνάμει ← → ἐνεργεία[潜在的、可能的] — περί-εργος, ον[过于费事的、瞎忙的] — ἡ λειτουργία[(雅典规定由富有公民轮流负担的)公益服务、(泛)服务;敬神的事务] — ὀργανικός(ή - όν)[(作为工具)有用的、适用的] — τὰ ὀργανικὰ τοῦ σώματος μέρη[有用的身体部分]
35. ἡ ἔρις[斗争;比赛] — ἐριστικός(ή - όν)[有关斗争的;有关争论的]
36. εὐθύς[直的;正直的] — ἡ εὐθυωρία[直;笔直]
37. ἔχω[有;拥有;据有] — συνέχω[抓在一起;包括] — ὑπερέχω[伸在……上面;站在上面] — ἡ συνέχεια[连续;坚持] — ἡ ὑπεροχή[突出部分;(喻)卓越]

38. ἡ ἥβη[青春;成年;(喻)朝气]
39. τὸ ἦχος, ἤχους[鸣声、喧哗;哀号]
40. θεάομαι[看、瞧] — θεωρέω[看、默查;作观礼使节(去求神谕或观看竞技表演] — θεωρητικός(ή - όν)[能思考的;理论上的]
41. ὁ θυμός[血气、血性] — ἐνθυμέομαι[思考;关切] — τὸ ἐνθύμημα, ατος[思考;推理;(以或然的事为前提的)修辞式推论,意思是"演说式推论",这种推论即三段论所提出的证明,是或然的证明,不完全可靠的证明,有别于科学的、真实可靠的证明。过去被学者误解为"省略式推论",即省略了前提之一的一种推论形式,这不是亚里士多德的本意。
42. ἴσος[同等的;平均分配的;(雅典)享有同等公民权的] — ἄν-ισος, ον[不相等的;(喻)不公平的] — ἰσάζω[使相等、使均等]
43. ἵστημι[使立起;使竖立] — μεθίστημι[放到另一个地方;放逐;改变] — ἐν-ίσταμαι[放进;开始;反对] — ἡ ἔνστασις, σεως[反对;异议] — ἐξ-ίστημι[使地位改变;失去] — ἡ ἀπόστασις, σεως[背叛;离开;距离] — ἡ διάστασις, σεως[分开;间隔;意见分歧] — τὸ διάστημα, ατος[间隔;(几)半径距离;(医)(骨骼的)脱离] — ἡ μετάστασις, σεως[迁居;改变] — ἡ ὑπόστασις, σεως[沉积在底下的东西:沉淀;放在下面的东西:支撑物、(喻)信任]
44. κάμπτω[使弯曲、坐下;使改变方向] — ἀνα-κάμπτω[向后弯曲]
45. κάτω[下;在下面] — ὑπο-κάτω(介词,跟属格)[在下面]
46. κεῖμαι[被放下:躺下、被毁灭;位于(某处)] — ὑπόκειμαι[躺在下面;建议、假定] — ἀντί-κειμαι[对着……躺下;对立] — τὸ ὑποκείμενον[抵押品、基础的东西]
47. κινέω[使移动、推动;发动] — κινητικός(ή - όν)[促动的、激动的]— εὐ-κίνητος, ον[轻巧的;灵活的]
48. τὸ κράτος[力量、强力;(泛)权力] — ἀ-κρατης, ες[无权力的;无力量的] — ἡ ἀκρασία[不能自制;虚弱]
49. κρίνω[分开、评判;询问] — συγ-κρίνω[使聚合;(以某物去和某物)对比]
50. ἐκ-κρούω[打落;打退]
51. λαμβάνω[拿、拥有;捉住] — ὑπολαμβάνω[从下面举起来、支持;接纳] — ἡ λῆψις, ψεως[拿、接受;(疾病的)袭击] — ἡ ὑπόληψις, ψεως[抓住要点;见解]

52. λανθάνω[不被注意到；使忘记] — ἀληθής[真实的；真诚的；确实的] — ἀληθεύω[说真话；成为事实]

53. λέγω[使躺下；计算；说] — διαλέγομαι[交谈、劝说；采用方言] — ὁ λόγος[表现思想的话；思想；原则] — λογίζομαι[点、计算；盘算] — ὁ λογισμός[计算、数目；盘算、推理] — ἡ διάλεκτος[对话、辩论；语言] — λογικός(ή - όν)[有关说话的；有理性的；论辩的](名词：ἡ λογική[逻辑、逻辑学]) — ἀνά-λογος, ον[成比例的、相似的] — ἡ ἀναλογία[比例、对比] — εὔλογος, ον[说得很好的、有理由的] — παρα-λογίζομαι[错算；虚伪地推理] — συλ-λογίζομαι[计算、总计；根据一些前提推断] — ὁ συλλογισμός[计算；推断、三段论法]

54. λείπω[离开；留下；落下（一件东西）；缺少] — δια-λείπω[空下一段时间；停顿]

55. λύω[解开、解放；使变松弛；解散] — ἀνα-λύω[解开、取消；解缆] — ἡ λύσις, σεως[解脱、释放；（困难的）解决]

56. μανθάνω[通过阅读（或询问、实践、经验）学习；询问] — τὸ μάθημα[课业；知识] — μαθηματικός(ή - όν)[喜欢学习的；属于科学（特别是数学）的]

57. μαλακός[软的；柔和的、（贬）脆弱的] — ἡ μαλακία[柔软；（贬）柔弱无能]

58. μείγνυμι[混合、使接触；和……结交] — μίγνυμι[混合、使接触；和……结交] — ἡ μῖξις, ξεως[混合；交往]

59. μέσος[在当中的；中等的、适中的] — ἡ μεσότης, ητος[中间；（语）中动]

60. τὸ μέτρον[尺度、标准；适度] — ἡ διά-μετρος(暗含：γραμμή)[直径；（可量45度以内斜角的）正弦规]

61. μόνος[孤独的、失去了；唯一的] — ἡ μονάς, άδος[（毕达哥拉斯的哲学）一元（是万物的始基）；（骰子的）一点]

62. νέμω[分配、据有；放牧（牛羊）] — οἰκονομικός(ή - όν)(οἶκος + ν.)[精通家庭管理的；节俭的] — ἡ οἰκονομία[家庭的管理、（城市的）治理]

63. ὁ νοῦς[神志、心灵；想法] — ἡ διάνοια[思想、概念；意图] — διανοητικός(ή - όν)[有关思想的]

64. ξηραίνω[使变干燥；导致便秘]

65. ἡ ὁδός[路；（说话或行事的）方式] — ἡ εἴσ-οδος[进入；岁入、税收]

66. ὅλος[整个的;完全的] — σύν-ολος, ον[全部的] — καθ-όλου(副词)[总之、一般地]

67. ὅμοιος[同样的、共有的;有同等地位的] — ὁμαλής, ές[平的] — ὁμαλός(ή - όν)[平的;平均的;(喻)中等的] — ἀν-ώμαλος, ον[不相等的;不规则的] — ὁμοιομερής, ές(ὅμ. + τὸ μέρος)[相同部分组成的、同样的] — ἀν-ομοιομερής, ές[不同部分组成的、不同的] — ὁμοιότροπος, ον(ὅμ. + ὁ τρόπος)和 ὁμογενής, ές 和 ὁμοειδής, ές[有同样生活习惯的;同属的]

68. τὸ ὄνομα[人名;名声] — ἀν-ώνυμος, ον[没名字的;无名的;不可名状的] — ὁμώνυμος, ον(ὅμοιος + ὄ.)[有同样名字的;同名而意义不同的] — ἡ ὁμωνυμία[同名;同音异义] — συν-ώνυμος, ον[和……同名的]

69. ὁράω[看;有视觉;(心中)看出] — συν-οράω[全都看见;一眼能看见;看清]

70. ὀρέγομαι[伸出;拿、抓;(喻)想望] — ἡ ὄρεξις, ξεως[渴望、贪图]

71. ὁ ὅρος[边界;标准、限度] — ὁρίζω[把(某地)分开;用分界线标出;决定] — ἀ-όριστος, ον 和 ἀδιόριστος, ον[没界限的、不确定的] — ὁ ὁρισμός 和 ὁ δι-ορισμός[划界;定义]

72. τὸ πάθος[遭遇;情感] — πάσχω[遭受] — παθητικός(ή - όν)[有感觉力的;消极的;激情的]— ἀ-παθής, ές[不觉痛苦的;不动情感的]

73. πᾶς[所有的;全部的] — πάμπαν(副词)[全然、完全]

74. παχύς(εῖα - ύ)[厚的、凝结的;迟钝的] — παχύνω[使变粗壮;(喻)使变迟钝]

75. τὸ πεδίον[平地、平原;(喻)大海] — ὁ πούς[脚、足] — ἐμποδών[在脚前;成为障碍;此刻] — ἐμποδίζω[套住脚;妨碍]

76. πέραν[在那边;到对面] — τὸ συμ-πέρασμα, ατος[结论;推论]

77. πίπτω[降落;(在战场上)倒下;失去……] — ἡ πτῶσις, σεως[掷下、(喻)灾殃] — τὸ σύμ-πτωμα, ατος[落到某人头上的东西:机会、遭遇;属性]

78. πλάγιος(α - ον)[斜着的;(喻)变来变去的(想法)]

79. τὸ πλάτος, τους[阔度;平面;纬度]

80. ποῖος[什么样的;怎样] — ἡ ποιότης, ητος[质、性质]

81. ἐπι-πολῆς(副词)[在顶上、在上面] — ἐπι-πολάζω[升到上面;占上风;盛行]

82. πολύς[多；大] — πολλαχῶς(副词)[多种方式]
83. τὸ πρᾶγμα[做出来的事、重大的事情；(复)情况] — πραγματεύομαι[做事、打官司；写作] — ἡ πραγματεία[勤奋；事业；哲学论述] — πρακτικός(ή - όν)[有效验的、烈性的]
84. πυκνός[紧密的、频繁的；安装得很严密的] — πυκνόω[使紧密；关上]
85. τὸ πῦρ[火；炎热] — πυρόω[用火烧、(喻)激动；烘]
86. ἡ ῥοπή[(天平一边的)坠下；(喻)天平的倾斜：转折点；砝码]
87. τὸ σημεῖον[标记、从神那里来的预兆、(盾牌上的)纹章；(逻)(作出推论的)或然的证据] — σημαίνω[以标记或记号表示；发信号叫人做……；宣告] — ἐπι-σημαίνω[加上标记；表示赞许]
88. ὁ σῖτος[谷物；(雅典法律)(赠送给寡妇孤儿的)定量分配] — τὸ σιτίον[粮食；(泛)食物] — τὰ συσ-σίτια[斯巴达兵士吃的节俭伙食；餐厅；会社]
89. δια-σπάω[撕碎；违反]
90. ἀπο-στέλλω[送走；派遣] — συ-στέλλω[拉到一起、缩减；(用尸布、袍子等)裹住]
91. στερεός(ή - όν)[坚实的、实的；(数)立体的]
92. στερέω[剥夺；夺走] — ἡ στέρησις, σεως[丧失；没收] — στερητικός(ή - όν)[否定的；反对的]
93. ἡ στιγμή[斑点、标点；(喻)一点点]
94. ἡ συ-στοιχία[(事物的)一连串、(观念的)一系列]
95. στρέφω[使转动；使转变] — ἀντι-στρέφω[转向另一方向；反驳] — δια-στρέφω[使扭曲；斜着眼看]
96. ἡ σφαῖρα[球；圆球、地球] — σφαιροειδής, ές[像球的、钝的；有球状的末端的]
97. τὸ σῶμα[(人或动物的)身体、生命；物体] — σωματικός(ή - όν)和 σωματώδης, ες [肉体的；有形体的]
98. τείνω[用力使延伸；伸长] — δια-τείνω[伸出；张开] — ἐπι-τείνω[拉紧；受苦刑；(喻)催促] — ἡ πρότασις, σεως[伸展；伸出来的东西、(逻)命题] — προ-τείνω[举在……前面、冒危险；举起(双手祈求)]
99. τὸ τέλος[完成；结局] — τέλειος[完全的；完成了的；全能的] — τελειόω[使完全；成熟] — ἡ ἐν-τελέχεια(τ. + ἔχω)[圆满实现(音译作"隐德莱希")]

100. τέμνω[在战斗中砍伤;砍成块:献杀、献祭] — ἄ-τομος, ον[没割过的;不可分割的;(喻)无限小的]

101. τὸ τί ἦν εἶναι[是其所是(是事物的所是)]

102. τίθημι[放;安排;奉献] — ἡ θέσις[安放;(诉讼保证金的)交纳;(待证明的)命题] — ἐκ-τίθημι[放在外头、弃置;阐明] — ἡ ἀντί-θεσις, σεως[对立;(逻)命题的对立;(修)对立句] — ἡ πρόσ-θεσις, σεως[放上;增添] — ἡ σύν-θεσις, σεως[组合;(喻)安排] — σύνθετος, ον[组合在一起的、复合的;拼凑出来的]

103. τίκτω[生育;生产] — ὁ τόκος[生产、婴儿;利息]

104. ἡ τύχη[从神们那里获得的东西:好运;时运] — τυγχάνω[击中;偶然遇见] — ὁ τυχών, όντος[偶然遇见的人、任何人]

105. ὑγιαίνω[健康;(政治上)忠诚可靠] — ὑγιάζω[使恢复健康;恢复健康]

106. ὑγρός[湿的;柔软的] — ἡ ὑγρότης, ητος[潮湿;柔软] — ὑγραίνω[打湿、灌溉;滋润]

107. φαίνω[带到光亮处、使出现;揭开;发光] — ἐμ-φαίνομαι[显现] — δια-φανής, ές[明显可见的;(喻)显著的] — ἡ φαντασία[展示;心目中出现的景象;(哲学术语)想象力]

108. φάσκω[说、伪称;相信] — φημί[说;相信;命令] — ἡ φωνή[声音;说话的能力、语言] — ἡ φάσις, σεως[言词;陈述] — ἡ ἀντί-φασις, σεως[对立的命题] — ἡ ἀπο-φασις, σεως[否定;否定小品词] — δια-φωνέω[不和谐、不协调]

109. φέρω[携带;承受;生产] — διαφέρω[把……带过去;和……不同] — μετα-φέρω[运输;改变;变成喻义] — ἡ μεταφορά[运输、改变;(修)喻义] — περι-φερής, ές[依圆周转动的;周而复始的;圆的] — ἡ περιφέρεια[圆、圆周] — ἀ-διάφορος, ον[不同的;出众的]

110. φθείρω[破坏;杀(人)] — φθαρτικός(ή-όν)[败坏的;有害的]

111. φίλος[亲爱的;可爱的] — ἡ φιλία[友情、爱情] — φιλικός(ή-όν)[友爱的]

112. ἡ φλόξ, φλογός [火、火光]

113. φοινικοῦς(ῆ-οῦν)[紫色的、深红的]

114. φύω[使生长;产生] — ἡ φύσις[生长、产生;自然形成的性质、本性] — φυσικός(ή-όν)[自然形成的、自然的;有关外部自然

的] — ὁ φυσιολόγος[博物学家;自然科学家]

115. συγ-χέω[倾倒在一起、毁掉;使(精神、思想、意见等)混乱] — δια-χέω[熔化;使分散]

116. χρήομαι[请求神示;盼望] — ἡ χρῆσις, σεως[用处、有用;神示、神谕]

117. ὁ χρόνος[时间;(人的)一生] — πολυχρόνιος, ον(πολύς + χρ.)[长时间的、悠久的、古老的]

118. ὁ ψόφος[响声;(泛)洪亮的噪声]

十　亚里士多德的科学词汇

亚里士多德是西方学术的奠基者，不少学术词汇的发明出自亚里士多德，比如生理学/医学、动物学、植物学、气象学的专业词汇。如今，这些词汇也已经成为我国学术的基本语汇。这里辑录的是亚里士多德作品中出现50次以上的科学词汇。有些语词属于日常词族，由于亚里士多德的用法而成了科学术语，而且现代学术语言还在继续使用，这里也辑录了亚里士多德笔下出现20次以上的这类日常词汇。

生理学/医学

1. ἡ αἰδώς[羞耻心；尊敬心] — αἰδέομαι[自惭、敬畏；同情；和解] — τὰ αἰδοῖα[（男女的）私处]
2. τὸ αἷμα[血、血液；血亲] — αἱματώδης, ες[似血的（粪便）、血色的] — ἔν-αιμος, ον[里面有血的；止血的]
3. αἴρω[使升起、动身；振作；抓起来] — ἡ ἀορτή[挂在肩上的口袋；（解）大动脉]
4. τὸ ἄρθρον[连接处、关节的承窝；（复）四肢] — δι-αρθρόω[用关节连接；（喻）叙述清楚]
5. ἡ ἀρτηρία[气管、喉咙；动脉]
6. ὁ βίος[生命；生计；生平] — μακρόβιος, ον(μακρός + β.)[长寿的]
7. βλέπω[看；显得；信赖] — τὸ βλέφαρον[眼皮；（复）眼睛] — ἡ βλεφαρίς, ίδος[睫毛]
8. τὰ βράγχια[（鱼的）腮；（医）支气管]
9. ὁ βραχίων, ίονος[臂（从臂到手）]
10. τὸ γάλα, ακτος[奶、乳汁]
11. τὸ γένος[氏族；后代；种族] — ὁ γονεύς[父亲、祖先；（复）父母] — ἡ γονή[子孙；种子；生子] — γόνιμος(η - ον)[有生产能力的] —

ἄ-γονος, ον[不生育的；无子女的]
12. ὁ δάκτυλος[手指]
13. δύο[二] — συν-δυάζω[使成双] — ὁ συνδυασμός[（动物）交配；组成对]
14. τὸ ἔμβρυον[胎儿、胚胎；新生儿]
15. ἐντός[在里面；在……之内] — τὸ ἔντερον[内脏、肚子、肠子]
16. τὸ ὑπό-ζωμα, ατος[从下边捆紧船身的绳子；(解)横膈膜]
17. τὸ ἧπαρ, ατος[肝、肝脏]
18. ὁ ἱδρώς, ῶτος[汗、汗水；(喻)用汗水换取来的东西：劳动成果]
19. τὸ ἰσχίον[髋骨上承接大腿骨的窠臼、髋关节；(复)臀部]
20. κάμπτω[使弯曲：坐下、弯曲跪下；使转变方向] — ἡ καμπή[转变处、转折处] — ἡ κάμψις, ψεως[弯曲；弯曲处]
21. τὸ κέντρον[刺、(喻)刺激；两脚规的不移动的一只脚]
22. ἡ κέρκος[(动物的)尾巴；(猥亵语)尾巴的尖儿：阴茎]
23. ἡ κεφαλή[头、性命；某物的头部] — ὁ ἐγ-κέφαλος[脑髓、脑子]
24. ὁ κηρός[蜂蜡；(作封印的)蜡] — τὸ κηρίον[蜂窝；(喻)诗歌集]
25. ἡ κνήμη[小腿、胫]
26. κοῖλος[空的；腹腔] — ἡ κοιλία[腹腔、肚子；肚肠、胃]
27. κρίνω[分开、评判；询问] — ἀπο-κρίνω[分开；选出] — ἐκ-κρίνω[选择；排队在外、分泌] — ἡ ἀπόκρισις, σεως 和 ἡ ἔκκρισις, σεως[分开；回答；(医)排泄、分泌]
28. τὸ κύημα, ατος[子宫] — ἡ κύησις, σεως[怀孕]
29. ἡ κύστις, ιδος[膀胱；皮囊；眼睛下面的肿眼泡]
30. τὸ κύτος, τους[中空物；躯体、体肤]
31. τὸ κῶλον[四肢；建筑的侧翼]
32. λιπαρός(ά - όν)[油似的；肥的；健壮的]
33. ὁ μαστός[乳房；(喻)圆丘]
34. ὁ μήν[月、一个月] — τὰ κατα-μήνια[月经]
35. ὁ μηρός[大腿的上半部分；(复)大腿骨]
36. ἡ μήτηρ[母、母亲] — ἡ μήτρα[子宫]
37. ὁ μυελός[骨髓；(喻)有营养的食物；脑髓；(喻)中枢]
38. ὁ μυκτήρ, ῆρος[鼻子；(复)鼻孔]
39. νέος[年轻的、年轻人的；新奇的] — ὁ νεοττός[刚孵出的小鸟、小鸡；小动物；小孩] — ἡ νεοττία[一窝孵出的小鸟；窝]

40. τὸ νεῦρον[腱、筋;(喻)力量] — νευρώδης, ες[多腱的;有力的]
41. ὁ νεφρός[肾]
42. ὁ ὀδούς[牙齿;齿状物:叉] — ὀδόντος[牙齿;齿状物:叉、锯齿]
43. οἴσω(是φέρω的将来时)[携带;承受;生产] — ὁ οἰσοφάγος[食管、食道]
44. ὁ ὀμφαλός[肚脐]
45. ὀργάω[(土地)变丰润;(动物)发情]
46. ἡ ὄρχις, χεως[睾丸;(雌性动物的)卵巢]
47. ἡ ὀσμή[气味;嗅觉]
48. τὸ ὀστοῦν[骨、骨头] — ὀστώδης, ες[像骨头的、骨质的]
49. ἡ οὐρά[尾巴] — τὸ οὐροπύγιον 或 ὀρροπύγιον[鸟的长翎子的尾部;鱼的尾鳍;动物的尾巴或臀部]
50. ὀχεύω[使(种马去同母马)交配;(公的动物同母的动物)交配] — ὀχεύομαι[结婚] — ἡ ὀχεία[(种马的)交配、(植物的)受粉]
51. περιττός[超过一般的;剩余的] — τὸ περίττωμα, ατος 和 ἡ περίττωσις, σεως[排泄物;粪便]
52. πέττω[使成熟;(胃)消化] — ἡ πέψις, πέψεως[用加热办法造成的软化;(食物的)蒸、(食物的)消化] — ἡ ἀ-πεψία[消化不良]
53. συμ-πλέκω[缠在一起;编织] — ἡ πλεκτάνη[编织成的东西:花环;(章鱼的)触须;(子宫内的)乳头状突起物:乳突]
54. ὁ πλεύμων 或 πνεύμων, ονος[呼吸器官:肺]
55. ἡ πληγή[打击;创伤;脉搏的跳动] — πλήττω[打击;(喻)使惊愕] — τὸ πλῆκτρον[打击用的东西:拨弦用的羽毛管或木条:拨子;(矛的)尖头]
56. τὸ πνεῦμα[风;呼吸、生命;神的感召;(宗)天使、上帝的灵] — ἀνα-πνέω[重新呼吸;吸气] — ἡ ἀναπνοή[重新呼吸、喘息]
57. ἡ ῥάχις, ῥάχεως[(人、兽的)脊、脊椎骨;像脊椎骨的东西]
58. ἡ ῥίς, ῥινός(常用复数:τὰ ῥίνη)[鼻、口鼻部;(复)鼻孔]
59. ὁ ῥύγχος[(猪、狗等的)鼻子;(鸟的)嘴、喙]
60. ἡ σάρξ[肉、肌肉;(复)肉体] — σαρκώδης, ες[有肉的、像有肉身的]
61. σήπομαι[变腐烂;(肠子)不吸收非营养物]
62. σπείρω[播种、生育;种] — τὸ σπέρμα[(植物的)种子;(动物的)胚种、精液] — σπερματικός(ή - όν)[肥沃的;多产的]
63. τὰ σπλάγχνα[内脏;(喻)(作为产生情绪的部位的)心]

64. ὁ σπλήν, σπληνός [(解)脾脏]

65. τὸ στῆθος, θους [(男人和女人的)胸、(动物的)胸部；(喻)(作为所谓情绪的器官的)心]

66. τὸ στόμα [嘴、口腔] — ὁ στόμαχος [喉咙、喉管；膀胱的颈状部分；子宫的颈状部分]

67. σχίζω [破开；(喻)有分歧] — πολυ-σχιδής, ες [分成许多支的、分趾的；(喻)意见分歧]

68. τήκω [熔化、(喻)心伤] — τὸ σύν-τηγμα, ατος [(有机体中的)液体]

69. τίκτω [生育；生产] — τὸ τέκνον [生下的孩子：男孩、女孩；小兽] — ἐκ-τίκτω [生育；产卵] — ζωοτόκος, ον (ζῷον + τ.) [产卵；卵生] [哺乳动物] (← → ᾠοτόκος, 源自 τὸ ᾠόν) — ζωοτοκέω [生蛋、产卵；卵生] (← → ᾠοτοκέω) — πολυ-τόκος, ον [多产的]

70. ὁ τράχηλος [颈项、脖子、喉咙]

71. τρέφω [使变坚硬；(泛)喂养] — θρεπτικός (ή - όν) [有关营养的；(医)植物性的]

72. τὸ ὕδωρ [水、雨水；(喻)时间] — ὑδατώδης, ες [像水的、潮湿的]

73. ὁ ὑμήν, ὑμένος [薄皮、脑膜；昆虫的翅膀]

74. ἡ φάρυγξ, υγγος [咽、咽喉；(牛等)自咽喉部垂下的皮肉；(复)咽喉病]

75. τὸ φλέγμα, ατος [火焰；(医)发炎、发热]

76. ἡ φλέψ, φλεβός [血管：静脉(或动脉)] — τὸ φλέβιον [小血管，是 φλέψ 的指小词]

77. φύω [使生长；产生] — προσ-φύομαι [生长在……上、依附在……上] — ἡ πρόσφυσις, σεως [生长；依附] — συμ-φύομαι [生长在一起；同化]

78. τὸ χεῖλος, λους [嘴唇、(猪、狗等的)口鼻部分；(喻)(河、杯、盅等的)边]

79. ἡ χολή [胆汁；(喻)怒气] — μελαγχολικός (ή - όν) (μέλας + χ.) [忧郁的；忧伤的]

80. τὸ χρῶμα [皮肤；肤色、面色] — ἡ χρόα 或 χροιά [(人的)皮肤、(泛)身体；皮肤的颜色]

81. ὁ χυμός [汁液；味道]

82. ἡ ψυχή [气息、元气；(人死后依然具有生前形状容貌的)亡灵、(泛)(人的无实质的、不朽的)灵魂；性情] — ψυχρός, χους [冷的；(喻)冷淡的、空虚的] — ἡ ψυχρότης, ητος[寒冷;(喻)(人情的)冷淡、(风格的)冷酷] — ἡ ψῦξις, ψύξεως[冷却;冷却法;(喻)困窘]

83. τὸ ᾠόν[(鸟类、蛇、鳄鱼等的)蛋、(鱼的)卵;(植物的)种子] — ᾠοτόκος, ον[产卵;卵生](← →ζωοτόκος)— ᾠοτοκέω[生蛋、产卵;卵生](← →ζωοτοκέω)— ἐπ-ῳάζω[孵化、孵卵]

动物学(种和属)

84. ὁ ἀλεκτρυών, όνος[公鸡、母鸡] — ἡ ἀλεκτορίς, ίδος[母鸡]

85. ὁ/ ἡ ἄρκτος[熊]

86. ὁ γέρανος[鹤]

87. ὁ δελφίς, ῖνος[海豚]

88. ὁ/ ἡ ἔγχελυς, υος[鳝鱼]

89. ὁ ἔλαφος[鹿]

90. ὁ ἐλέφας, αντος[大象;象牙]

91. ὁ ἐχῖνος[刺猬、海胆]

92. ἡ θάλαττα[海、大海;咸湖] — θαλάττιος(η - ον)[海的、海上的;精通海上事情的]

93. ὁ ἰχθύς[鱼、鱼类] — τὸ ἰχθύδιον[小鱼(是ἰχθύς的指小词)]

94. ὁ κάμηλος[骆驼]

95. ὁ κάραβος[似鹿角的甲虫;一种多刺的螃蟹]

96. ὁ κάρκινος[螃蟹;钳子]

97. τὸ κέρας[兽类的角、犄角;虫类的角、触角] — κερατοφόρος, ον[带犄角的;(喻)长角的]

98. ὁ κεστρεύς, έως[海鲅]

99. ὁ κηφήν, ῆνος[雄蜂;(喻)寄食于人的人]

100. ὁ κόκκυξ, υγος[(鸟)杜鹃、布谷鸟]

101. ὁ κόραξ, ακος[乌鸦、大鸦;像乌鸦的弯钩嘴的东西]

102. ὁ κροκόδειλος[蜥蜴;鳄鱼]

103. ὁ κτείς, κτενός[梳子;(复)手指、指头]

104. ὁ λύκος[狼;(复)(难驾驭的马戴的)嚼子上的尖齿]

105. τὸ μέλι, ιτος[蜂蜜;一种甜树脂] — ἡ μέλιττα[蜜蜂]

106. ἡ μυῖα[苍蝇]

107. ἡ μύραινα[海鳗;海蛇]

108. ὁ μῦς, μυός[鼠、老鼠]

109. ὁ ὀδούς[牙齿；齿状物] —— ἀμφώδων, δοντος(ἀμφί + ὀ.)[上下有颚有门牙的动物]

110. ὁ ὄνος[驴]

111. ὁ ὄνυξ, υχος[(禽兽的)爪、蹄、(人的)手指甲、脚趾甲] —— γαμψῶνυξ(属格：υχος)[(猛禽、猛兽)有弯曲的利爪的] —— μῶνυξ(属格：υχος)(μία + ὄ.)[奇蹄的(马)；(喻)健蹄的]

112. τὸ ὄρνεον[鸟]

113. τὸ ὄστρακον[陶器；硬壳、蛋壳] —— ὀστρακόδερμος, ον(ὄ. + δέρμα)[有像陶片一样的硬皮或硬壳的(螃蟹等)] —— μαλακόστρακος, ον(μαλακός + ὄ.)[有软壳的、软壳类的(动物)] —— τὸ ὄστρεον[蚝、牡蛎]

114. ἡ ὄφις, ὄφεως[蛇；蛇形的手镯]

115. ἡ πάρδαλις, λεως[豹]

116. τὸ πεδίον[平地、原野；(喻)大海] —— ὁ πούς[脚、足] —— ἄπους, ουν(属格：ἄποδος)[没有脚的；不能用脚的] —— δίπους, ουν[有两只脚的；两尺长的] —— πολύπους, ουν[有许多脚的、被许多脚践踏的] —— τετράπους, ουν[有四只脚的；四脚长的]

117. πέραν[在那边；到对面] —— πορεύομαι[行走；越过] —— πορευτικός(ή - όν)[走兽的；行走的]

118. ἡ πέρδιξ, ικος[(鸟类)鹧鸪、松鸡、雉]

119. ἡ περιστερά[家鸽]

120. ἡ πορφύρα[紫骨螺]

121. πρανής, ες[脸朝下的、面朝前的；下山的](通常为：τὰ πρανῆ, νῶν[(指人)正面；(指爬行动物)动物扑在地上时现出的背脊])

122. τὸ πτερόν[(常用复)羽毛；有翅膀的生物；兆头] —— πτηνός[有羽毛的、会飞的；长了羽毛的] —— ἡ πτέρυξ, υγος[(鸟的)羽翼、翅膀；鸟飞的迹象：预兆；] —— τὸ πτερύγιον[小羽翼(是 πτέρυξ 的指小词)] —— πτερωτός(ή - όν)[有羽毛的(鸟、箭等)；有翅膀的(鸟、昆虫等)] —— ἡ πτῆσις, σεως[飞] —— πτητικός(ή - όν)[能够飞行的]

123. ἡ σαύρα 和 ὁ σαῦρος[(动物)蜥蜴、四脚蛇]

124. τὸ σέλαχος, χους[(动物)发光鱼：鲨、鲨类] —— σελαχώδης, ες[(动物)发光鱼类的]

125. ἡ σηπία[乌贼、墨鱼]

126. ὁ σκορπίος[(动物)蝎、蝎子]

127. ὁ σκώληξ, ηκος[虫、蠕虫、(特指)蚯蚓；(复)(昆虫的)幼虫] —— τὸ

σκωλήκιον[小虫] — σκωληκοτοκέω(σκ. + τίκτω)[生虫]

128. ὁ σπόγγος[(动物)海绵]
129. ὁ σφήξ, σφηκός[马蜂、黄蜂]
130. ὁ ταῦρος[公牛]
131. τέμνω[在战斗中砍伤；砍成块：献杀、献祭] — τὰ ἔν-τομα[(献给死者的)牺牲]
132. τὸ ὕδωρ[水] — ἔν-υδρος, ον[多水的；水生的]
133. ὁ/ἡ ὗς, υός[猪、野猪、家猪]
134. φθείρω[破坏；杀(人)] — ὁ φθείρ, ρός[(昆)虱、(为害植物的)虫子]
135. ἡ φώκη[(动物)海豹]
136. δί-χαλος, ον[有分趾蹄的]
137. ἡ χελώνη[龟]

植物学

138. ἡ ἄκανθα, ης[(基本义)刺、棘：荆棘；(刺猬等的)刺] — ἀκανθώδης, ες[多刺的]
139. ἡ ἐλαία[厄莱亚树(误称为"橄榄树")] — τὸ ἔλαιον[厄莱亚油(误称为"橄榄油")]
140. ἡ ῥίζα, ης[(植物的)根、根须；(头发、牙齿等的)根部]
141. ἡ συκῆ和τὸ σῦκον[(植)无花果树]

天象学

142. ἡ ἀτμίς, ίδος[水蒸气]
143. ὁ βορέας[北风；北方] — βόρειος(α - ον)[北风的；北方的]
144. ἡ εὐ-δία[天气晴和；(喻)(心情的)平静]
145. ὁ θυμός[血气] — ἡ ἀνα-θυμίασις, σεως[蒸气、汽化]
146. λείπω[离开；留下；落下(一件东西)：缺少] — ἡ ἔκ-λειψις, ψεως[丢下；日食、月食]
147. τὸ νέφος, φους[云、云雾、云团]
148. ὁ νότος[南风、西南风；南边]
149. τρέπω[使转向；使溃退] — ἡ τροπή[转变；敌人溃退] — περὶ τροπὰς τὰς χειμερινάς[大约冬至]
150. ὁ χειμών[严冬、冬天；严寒天、风暴] — χειμέριος(α - ον)或χειμερινός(ή - όν)[冬天的、严寒的、有风暴的]

十一 史 书

1. ἀγγέλλω[送信;宣告] — ἐξ-αγγέλλω[通知;泄露秘密] — ἡ ἀγγελία [信息;公告]
2. αἰτέω[问(某人)要;假定] — ἀπ-αιτέω[讨还;要求]
3. ἄκρος[在末端、在最外边的;最高明的] — ἡ ἄκρα[末端;高处;山头] — τὸ ἀκόντιον[小矛] — ὁ ἀκοντιστής, τοῦ[投掷者;投枪手]
4. ἅμα[立刻;如同] — ἡ ἅμαξα[大车;车路]
5. τὸ ἀνδρά-ποδον[奴隶(尤指战争中被俘后被卖为奴的人)] — ἀνδραποδίζω[成为奴隶(尤指自由人战败后被出卖而沦为奴隶)]
6. ἁρπάζω[抓走;理解] — ἡ ἁρπαγή[钩桶的钩;耙]
7. ἡ αὐλή[(四合院的)院子;厅堂] — αὐλίζομαι[在庭院睡觉;居住、驻扎](不过时:ηὐλισάμην)
8. αὐτός[自己;自愿的] — ὁ αὐτόμολος[叛逃者]
9. βαίνω[走、动身;使往前走] — δια-βαίνω[跨步;走过] — ἡ διάβασις, σεως[渡过;(四季的)更替]
10. βάλλω[投、掷;跌倒] — εἰσβάλλω[扔进去;(河水等)泻入] — ἡ εἰσβολή[入侵;发作] — προσ-βάλλω[抛向;攻击]
11. ἡ γέφυρα[(荷马叙事诗)(河上筑的)水坝;桥;(两军之间)交战空地]
12. ἡ δαπάνη[开销;挥霍]
13. δηόω[使成为沙漠;蹂躏]
14. εἰμί[是;(无人称)可能……;存在] — ἔστιν[可能……;应该……] — ἔν-εστι[……力所能及的;是可以的]
15. ἑκάτερος[(两者中的)每一个] — ἑκατέρωθεν(副词)[在每一边;(在两边中的)任何一边]
16. ἐλαύνω[驱赶;击] — ἀπ-ελαύνω[驱逐;解除] — ἐξ-ελαύνω[赶出去;出征]

17. τὸ ἔρυμα, ατος [保护物；防御工事]
18. ἔρχομαι [动身；到达] — εἶμι [来；走过] — ἀπ-έρχομαι 和 ἄπ-ειμι (不定式：ἀπ-ιέναι) [走开；离开到……去]
19. ἡ ἐσθής, ῆτος [衣服；服装]
20. ἡ ἑσπέρα [黄昏；日没处、西方]
21. ἔχω [有；拥有；据有] — προ-έχω [举在面前、(喻)提出借口；突起]
22. ἕως [当……时候；只要] — τέως [当其时；一会儿]
23. ζήω [生活；居住] — ζωγρέω [活捉；使恢复生命和力气]
24. ἡγέομαι [领先；统治；认为] — ὁ ἡγεμών [带路人；(军队的)将领] — ἡ ἡγεμονία [先导；领导权]
25. ἥκω [已来到；已达到] — καθ-ήκω [走下来；足够]
26. ἡ ἡμέρα [白昼；(喻)日子] — ἡ μεσημβρία 或伊奥尼亚方言：ἡ μεσαμβρίη (μέσος + ἡ.) [正午；中午太阳在头顶的地方：南方]
27. θάπτω [埋葬；举行葬礼] — ἡ τάφρος [沟；壕]
28. θεάομαι [看；注视] — ἀξιοθέατος, ον (ἄξιος + θ.) [值得看的]
29. ἱερός [属于神的；神奇的；神圣的] — τὸ ἱερεῖον [(敬神或死者的)祭品(牛羊)；作为肉食的牛羊]
30. ὁ ἰσθμός [狭窄部分、颈；地岬]
31. ἀφ-ίσταμαι [放到一边去；离开] — ἡ στάσις [竖立、位置；政党] — ἡ ἀπόστασις, σεως [背叛；离开]
32. κακός [坏的；不中用的] — κακόω [虐待；伤害、毁灭]
33. κεῖμαι [被放下：躺下、被毁灭；位于(某处)] — ἐπί-κειμαι (τινί) [放在……上；迫近]
34. ὁ κίνδυνος [危险；考验] — ἀ-κίνδυνος, ον [无危险的]
35. ἀπο-κληίω 或 ἀπο-κλῄω [关在外头；阻止]
36. ὁ κόλπος [怀抱；海湾]
37. τὸ κράτος [力量、强力；(泛)权力] — κρατέω [变强大、征服；盛行] — ἐπι-κρατέω (τινός) [统治(某人)；占有(某人)]
38. κτάομαι [取得、招致；已拥有] — τὸ κτῆνος, νους [(复)畜群；(单)一头牲畜]
39. ὁ κυβερνήτης, του [掌舵人；领袖]
40. ὁ κύκλος [圆；环形物体] — κυκλόω [围绕；使构成圆圈]
41. λέγω [使躺下；计算；说] — ὁ λόγος [表现思想的话；思想；原则] — ἀξιόλογος, ον (ἄξιος + λ.) [值得一提的；著名的]

42. ὁ λιμός[饥饿、饥馑]

43. ἡ μάχη[战争;争吵] — σύμ-μαχος[(作为盟军)共同战斗的;和……联盟的] — ἡ συμμαχία[攻守联盟;(泛)援助]

44. μένω[站在原地不动、停留;等待] — κατα-μένω[停留在(某处);继续保持(某种状况)]

45. ἡ ναῦς[船、舰] — ὁ ναύτης[海员;同船的伙伴] — τὸ ναυτικόν[海军;舰队] — ὁ ναύαρχος(ναῦς + ἄρχω)[舰队司令] — ναυμαχέω(ναῦς + μάχομαι)[进行海战;(泛)对……作战] — ἡ ναυμαχία[海战]

46. νέμω[分配、据有;放牧(牛羊)] — ὁ νόμος[习惯;法律;曲调] — νέμομαι[分配给自己人、占有;居住] — αὐτόνομος, ον(αὐτός + νόμος)[在自己法律下生活的、独立自主的]

47. νέος[年轻的、年轻人的;新奇的] — νεωστί(副词)[新近、最近]

48. ἡ νῆσος[海岛;半岛] — ὁ νησιώτης, του[岛上居民] — ἡ χερρόνησος 或 χερσόνησος[与陆地相连的岛、半岛]

49. ὁ οἶκος[房屋、家;家政] — ἡ ἀπ-οικία[移民、殖民] — οἰκέω[住在;过活] — ἄπ-οικος, ον[远离家乡的;(名)殖民者、殖民地] — περί-οικος, ον[居住在周围的;(名)街坊] — τὸ οἴκημα, ατος[住舍;鸟笼;庙宇]

50. ὁράω[看;有视觉;(心中)看出] — φρουρέω[守望;守卫] — περι-οράω[向周围看;看见而不注意:宽容] — προ-οράω[向前望、预知] — ἡ φρουρά[守卫、监牢;驻防军] — ὁ φρουρός[看守人、防守兵] — τὸ φρούριον[设有岗哨的地方、要塞]

51. ὁρμίζω[进港;使稳定]

52. ὀρύττω[挖掘;开采]

53. ὁ πελταστής, τοῦ[轻盾兵]

54. πέμπω[送去、派遣;遣散] — δια-πέμπω[送往各处;送] — ἐκ-πέμπω[送出去、召唤;驱逐] — προ-πέμπω[先送出去、供给;护送] — συμ-πέμπω[一同派去;护送]

55. ἐμ-πίμπρημι 或 ἐμ-πίπρημι[放火烧;焚烧]

56. πλέω[航行;漂流] — ἀπο-πλέω[出航;出海] — ἐκ-πλέω[出航;出港] — κατα-πλέω[编织;卷入;结束] — παρα-πλέω[在旁边航行;驶过] — περι-πλέω[(船)绕着……航行;漂流]

57. ἡ πόλις[城;城邦] — πολιορκέω[围城;封锁]

58. τὸ πρᾶγμα[做出来的事、重大的事情;(复)情况] — πράττω[通过;做事] — συμ-πράττω[帮助(某人)做(某事);为(某人)做……]

59. *πρεσβύτερος*[比较年长的;(泛)较重要的] — *οἱ πρέσβεις, εων*[长老们、元老们、首领们] — *ἡ πρεσβεία*[年高;威严;(由老人组成的)使节团]

60. *τὸ σκεῦος*[器具;家什] — *κατα-σκευάζω*[安排;建立] — *ἡ κατασκευή*[准备、不动产;状况]

61. *σπένδομαι*[和别人一起奠酒(古希腊人以奠酒为盟):立盟约;订和约](不过时:*ἐσπεισάμην*) — *αἱ σπονδαί*[条约、和约] — *ὑπό-σπονδος, ον*[在条约(或休战协定的)保证之下的] — *τοὺς νεκροὺς ὑποσπόνδους ἀπέδοσαν*[根据休战和约,他们交还了死者的尸体]

62. *στενός(ή - όν)*[狭窄的;琐细的]

63. *ἡ στήλη*[大块石头;墓碑;界碑]

64. *ὁ στρατός*[驻扎的军队、部队] — *στρατεύω*[从军;征兵] — *ὁ στρατ-ηγός*[将军、指挥官] — *τὸ στράτευμα, ατος* 和 *ἡ στρατιά*[征仗;兵力] — *ὁ στρατιώτης, του*[服兵役的公民;(晚)职业兵] — *συ-στρατεύομαι*(异态)[一同进军] — *στρατηγέω*[当将军;指挥(某事)]

65. *στρέφω*[使转动;使转变] — *κατα-στρέφομαι(τινά)*[征服……、制服……]

66. *ἡ τάξις*[安排;次序] — *τάττω*[安排;驻扎] — *παρα-τάττω* 和 *συν-τάττω*[把……排在旁边;并肩战斗]

67. *τὸ τεῖχος*[墙(尤指城墙);堡垒] — *τειχίζω*[建筑城墙;设防]

68. *τίθημι*[放;安排;奉献] — *τίθεμαι τὰ ὅπλα*[(我)把武器堆起来:露营;(我)放下武器:投降] — *συν-τίθεμαι*[观察;安排;同意] — *ἡ συνθήκη*[(字句等的)组合;(复)条约]

69. *τὸ τόξον*[弓;(复)弓箭] — *ὁ τοξότης, του*[弓箭手;警察]

70. *τρεῖς, τρία*[三] — *ἡ τριήρης, ρου*[三层桨战船]

71. *τρέπω*[使转向;使溃退] — *τὸ τρόπαιον* 或 *τροπαῖον*[却敌纪念碑;战胜纪念柱]

72. *ὕστερος*[在后的;较差的] — *ὑστεραία*[第二天]

73. *φαίνω*[带到光亮处、使出现;揭开;发光] — *φαίνομαι*[出现;发生] — *ἐπι-φαίνομαι*[出现]

74. *φέρω*[携带;承受;生产] — *ἀπο-φέρω*[带走;呈递] — *ὁ φόρος*[带来送上的东西、贡款] — *σύμ-φορος, ον*[陪伴着的;有用处的] — *οἱ δορυφόροι(δόρυ + φέρω)*[持矛的禁卫军]

75. φεύγω[逃跑;逃避] — κατα-φεύγω[逃到……求庇护;求助于]
76. ἡ χώρα[地方、地位;土地] — χωρέω[撤退;前行] — ἀπο-χωρέω[从……走开;离开] — προ-χωρέω[前来;(事业的)发展] — ὑπο-χωρέω[往回走、回避;跟着一个一个往前走]
77. ἡ ψῆφος[(河床上的)小圆石;计数用的石子] — ψηφίζομαι[用石子作票投票;投票决定]
78. ψιλός[光的;没毛的] — οἱ ψιλοί[没有重甲的兵士:轻装兵士(弓箭手)]
79. ὡς(介词,跟宾格)[如同;作为]

十二 《新约》

《新约》语言为普通希腊文,与古典希腊文(阿提卡方言)有些差别,比如在用词方面,《新约》中的 γίνομαι =(阿提卡方言)γίγνομαι, γινώσκω =(阿提卡方言)γιγνώσκω。

《新约》中的中动态命令式形式 ἴδε =(阿提卡方言)ἰδέ,但基本上更多用 ἰδού;阿提卡方言的中动态命令式形式 ἰδοῦ 成了一个小品词,比如:ἰδού, ἀναβαίνομεν εἰς Ἱεροσόλυμα [看啊,我们现在上耶路撒冷去]。

1. τὸ ἄγαλμα [心爱的东西或礼物(尤指献给神的);神像;雕像] — ἀγάλλομαι [沾沾自喜;自夸;炫耀]
2. ἀγαπάω [欢迎;爱] — ἡ ἀγάπη [(夫妻之间,神人之间的)爱;救济] — ἀγαπητός(ή - όν)[被爱的;满意于(最小的祸害)]
3. ὁ ἄγγελος [信使;宣报者] — ἀγγέλλω [送信;宣告] — ἀν-αγγέλλω [带回消息、报告] — κατ-αγγέλλω [宣告;告发] — ἡ ἐπ-αγγελία [通告;许诺] — τὸ εὐ-αγγέλιον [报告好消息的人得到的报酬;喜讯] — εὐαγγελίζω 和 εὐαγγελίζομαι [带来好消息;(宗)宣传福音]
4. ἅγιος(α - ον)[神圣的;纯洁的] — ἁγιάζω [使成为神圣;奉献给(神)]
5. ἡ ἀγορά [大会;市场] — ἀγοράζω [赴市场;买、卖]
6. ἄγω [引领;培养] — συνάγω [领到一起;召集;使联合] — παρ-άγω [领着(某人)经过(某地)、越过;引入岔路] — ὑπ-άγω [带到……下面;征服] — ἡ συναγωγή [集会;召集]
7. ὁ ᾅδης, ᾅδου [哈得斯;冥土的神]
8. ἀεί [时常;永远] — ὁ αἰών, ῶνος [生存期;世代;寿命] — αἰώνιος(α - ον)[永远的;终身的]
9. αἰσχρός [耻辱的;丑恶的] — αἰσχύνομαι [受侮辱;感到羞辱] — κατ-αισχύνω [使受耻辱]

10. ἀκούω[听；听取] — ὑπ-ακούω[听；听从] — ἡ ὑπακοή[听从、顺从]

11. ἄκρος[在末端、在最外边的；最高明的] — αἱ ἄκανθαι[荆棘丛] — ἡ ἀκροβυστία[(阴茎的)包皮；未割礼的犹太人(或异教徒)]

12. ἁμαρτάνω[未射中的；犯错误] — ἁμαρτωλός, όν[有错误的、犯罪的]

13. ἀμήν(副词)[真的、的确]

14. ὁ ἀμπελών, ῶνος[葡萄园]

15. ἀντίος[面对面的；对立的] — ἀπ-αντάω[去迎着(朋友)；遇到] — κατ-αντάω[下到；说到] — ὑπ-αντάω[遇见；上前相见；(喻)相合]

16. ἄνω[向上；向北方] — ἐπ-άνω(副词和介词，跟属格)[在上面；以前] — ἐκάθητο ἐπάνω τοῦ λίθου[他坐在石头上]

17. ἀρέσκω[赔偿；使欢喜] — εὐ-άρεστος, ον[很讨人喜欢的]

18. ἀρνέομαι[否认、拒绝]

19. τὸ ἀρνίον[小羊、羊羔]

20. ὁ ἄρτος[小块小麦面包]

21. ἄρχω[开始、准备；统治] — ὁ ἀρχιερεύς, έως(ἄρχω + ἱερεύς)[祭司长；(耶路撒冷的)大祭司] — ὁ ἑκατόνταρχος 和 ὁ ἑκατοντάρχης, χου (ἑκατόν + ἄ.)[管一百人的军官：百夫长]

22. ἡ ἀσέλγεια[放肆]

23. ἀσπάζομαι[欢迎；拥抱] — ὁ ἀσπασμός[欢迎、喜爱]

24. τὸ ἄστρον[星、星辰] — ὁ ἀστήρ, τέρος[星；火光]

25. βαίνω[走、动身；使往前走] — τὸ βῆμα, ατος[步；台阶]

26. βάλλω[投、掷；跌倒] — ἡ κατα-βολή[抛下去：撒种、(喻)生育；奠基] — ἡ παρα-βολή[并列、比拟；比喻] — ἡ παρεμ-βολή[加入；列阵、扎营]

27. βαπτίζω[施浸礼] — ὁ βαπτιστής, τοῦ[施浸礼者；浸礼会教徒] — τὸ βάπτισμα, ατος[浸礼]

28. βασανίζω[用试金石磨擦(金子)；(喻)试验真假]

29. βαστάζω[抬起；接触]

30. ἡ βίβλος[莎草纸；(著作中的)一卷]

31. βλέπω[看；显得；信赖] — ἀνα-βλέπω[仰视；再看见] — ἐμ-βλέπω[注视]

32. τὸ βρῶμα, ατος[吃的东西] — ἡ βρῶσις, σεως[食物；侵蚀]

33. ἡ γέεννα, ης[耶路撒冷南边的欣嫩子谷，该处古代为火神教徒以活人燔祭之处。(喻)地狱的火、地狱(典故出于《旧约·耶利米书》19:6

和《新约·马太福音》5:22）]

34. γέμω(τινός)[充满(某物)] — πονηρίας γέμουσι[他们充满着恶意]

35. ἡ γνώμη[标志；判断力] — γιγνώσκω[看出、得知；考虑] — γνωρίζω[指出；认识] — γνωστός(ή - όν)[认识的] — ἡ γνῶσις, σεως[调查；认识] — ἡ ἐπί-γνωσις, σεως[认识；知识] — ἐπι-γινώσκω[观看；认识]

36. γράφω[雕、刻；书写] — τὸ γράμμα[字母、图画；(复)快信、文件] — ὁ γραμματεύς, έως[文书、录事]

37. δαίμων[神、神灵；命运；(黄金时代介于神与人之间的)灵魂] — δαιμόνιος[(荷马叙事诗常作呼格)(褒)神佑的人、(贬)神谴的人；神圣的] — δαιμονίζομαι[(中动)命中注定；(被动)被恶魔附身]

38. δείκνυμι[指出；使显现] — ἡ δίκη[习俗；法律、正义] — δικαιόω[认为正当；判决] — ἐν-δείκνυμαι[宣布；证明] — τὸ δικαίωμα, ατος[正当的行为；判罪]

39. δέομαι[需要、乞求] — ἡ δέησις, σεως[恳求]

40. δέρω[剥皮；鞭打](不过时：ἔδειρα)

41. δεῦρο[到这儿；到现在] — δεῦτε(副词=δεῦρο)[到这儿；到现在]

42. δέω[拴、囚禁；(喻)(用咒语)镇住] — ὁ δέσμιος[捆住的、(喻)(用咒语)镇住的] — τὸ ὑπό-δημα, ατος[鞋；靴子]

43. τὸ δηνάριον[罗马钱币(约合希腊币一个德拉克马δραχμή)]

44. διδάσκω[教] — ἡ διδαχή[教诲；(歌队的)训练] — ἡ διδασκαλία[教育；(戏剧中的歌队的)训练]

45. δίδωμι[给、(神)赐予；提供誓言] — παραδίδωμι[交出去、投降；准许] — ἡ παράδοσις, σεως[交下；投降；传说]

46. τὸ δίκτυον[网]

47. δοκέω[设想；看来是……] — δοκεῖ[(无人称)看来是] — εὐ-δοκέω[满意；同意(做)]

48. ὁ δοῦλος[奴隶] — ὁ σύν-δουλος[同做奴隶的人]

49. ἐγγύς[接近；临近] — ἐγγίζω[使靠近]

50. ἐγείρω[唤醒；(喻)激起] — γρηγορέω[清醒；基本形式：ἐγείρω — ἐγερῶ — ἤγειρα — | ἐγήγερμαι — ἠγέρθην

51. καθ-έζομαι[坐下；扎营] — τὸ συν-έδριον[议事会；议事厅]

52. τὸ ἔθνος[生活在一起的一群人：军队；种族] — τὰ ἔθνη, νῶν[非犹太人；外邦人]

53. τὸ εἶδος[形状;形式;(哲学)意念] — σύν-οιδα[和(某人)一起知道、参与] — τὸ εἴδωλον[形象,幻觉;肖像] — ἡ συν-είδησις, σεως[和别人共享的学识;消息]

54. εἰμί[来、去;走过] — πάρειμι[在旁边;来帮助] — ἐπὶ τὸ αὐτὸ εἶναι[相遇;聚会;碰到一块] — ἡ παρ-ουσία[在场;莅临]

55. εἴσω[进、入;在里面] — ἔσωθεν[从里面]

56. ἡ ἐλαία[厄莱亚树(误称为"橄榄树")] — τὸ ἔλαιον[厄莱亚油(误称为"橄榄油")]

57. ἐλεέω[怜悯] — τὸ ἔλεος, ἐλέους[怜悯;可怜的事物] — ἡ ἐλεημοσύνη[怜悯、施舍]

58. τὸ ἔργον[工作、职业;竞赛] — ἐργάζομαι[工作;做] — ὁ ἐργάτης, του[农人、手艺人] — ὁ συν-εργός[合作者、助手] — κατ-αργέω(ἀργός < α-εργος)[使闲置、废除]

59. ἐσθίω[吃;(喻)吞噬](不过时:ἔφαγον) — κατ-εσθίω[吃;腐蚀]

60. ἕτοιμος[已在手边的、预备好的;麻利的] — ἑτοιμάζω[预备]

61. εὐθύς[直的;正直的] — εὐθέως(副词)[直地;正直地]

62. ἡ εὐχή[祈求;诅咒] — εὔχομαι[祈求;许下愿] — προσ-εύχομαι[(向神)祷告;祈求] — ἡ προσευχή[祷告;祷告的地方]

63. ἔχω[有;拥有;据有] — ἡ πλεονεξία(πλέον + ἔχω)[贪心;优势]

64. ζηλόω[竞争、嫉妒] — ὁ ζῆλος[嫉妒心、热情;热心追求的事物:荣誉]

65. ζητέω[追寻;调查] — ἐπι-ζητέω[寻找;赶出(猎物)] — συ-ζητέω[(和某人)共同调查、共同研究]

66. ζήω[活、活着;居住] — τὸ ζῷον[生物、动物;写生] — ζωοποιέω[使活、使生长]

67. ἡ ζύμη[酵母] — τὰ ἄ-ζυμα[没有发酵的面包;逾越节]

68. ἡ ἡμέρα[白昼;(喻)日子] — σήμερον(副词)[今天]

69. ὁ θάνατος[死亡;尸体] — θανατόω[使死去;处死]

70. θέλω[(是ἐθέλω的缩短体)愿意;乐意] — ἐθέλω[愿意;乐意] — τὸ θέλημα, ατος[意愿、旨意]

71. τὸ θέρος[热天、夏天;夏天的收获] — θερίζω[夏收;(喻)砍杀]

72. θλίβω[压、挤;(喻)压迫] — ἡ θλῖψις, ψεως[压、挤;(喻)压迫、苦难]

73. ὁ θυμός[血气、血性] — μακροθυμέω(μακρός + θυμός)[对……有长期的耐性;容忍] — ἡ μακροθυμία[耐性、耐心] — ὁμοθυμαδόν(ὁμοῦ +

θυμός)(副词)[意见一致]

74. θύω[献祭；杀牲向神求问] — ἡ θυσία[燔祭；献祭品] — τὸ θυσιαστήριον[祭坛、神坛]

75. ὁ ἰατρός[医生；(喻)拯救者] — ἰάομαι[医治、(喻)补救；被治好]

76. ἴδιος[个人的；自己的] — κατ' ἰδίαν[单独、独自]

77. ἵημι[使走、说；奔赴] — ἀφ-ίημι[抛、掷；遗弃] — ἡ ἄφεσις, σεως[放走、豁免；(赛马的)起跑点] — ἁμαρτιῶν[(宗)赦罪]

78. ἵστημι[使立起；使竖立] — ἵσταμαι[站、站到……去；装作……样子] — ἀνθ-ίσταμαι[抵抗；反抗] — ἐξ-ίσταμαι[失去自制] — ἡ ἀνά-στασις, σεως[唤起、复活；起立]

79. καθαρός[净化的；空旷的；完美的] — καθαρίζω[弄干净、净化；(喻)保持语言纯正] — ἀ-κάθαρτος, ον[未净化的；(宗)未净洗的] — ἡ ἀκαθαρσία[(创伤的)肮脏；(喻)不高尚]

80. καθώς(κατά + ὡς)[依照、按照] — καθὼς γέγραπται[依照已写的；按照已定的]

81. ὁ κάλαμος[芦苇]

82. καλέω[呼唤；叫(某人的)名字、被称为] — προσ-καλέομαι[邀请；叫(某人)来帮助] — κλητός(ή - όν)[被召唤的；被选出来的] — ἡ κλῆσις, σεως[呼唤；(法庭的)传唤] — ἡ παρά-κλησις, σεως[召唤；呼唤]

83. ἀπο-καλύπτω[揭开、揭露] — ἡ ἀποκάλυψις, ψεως[揭开]

84. ὁ καπνός[烟雾]

85. κάτω[下；在下面] — ὑπο-κάτω(介词，跟属格)[在下面] — ὑποκάτω τῆς γῆς[在地下、在土里]

86. καυχάομαι(ἔν τινι)[大声(与某人)说话；(以某事)自夸] — ἡ καύχησις, σεως[夸口、自夸] — τὸ καύχημα, ατος[夸口]

87. κεῖμαι[被放下：躺下、被毁灭；位于(某处)] — ἀνά-κειμαι[放上、献上(祭品)；依靠(某人或某事)] — κατά-κειμαι[躺下；卧床；放置]

88. ὁ κλάδος[嫩枝、(尤指)厄莱亚枝(上缠羊毛，由请愿人拿在手中，作为向人求助的标志)]

89. κλάω[使破碎；折断]

90. κλείω[关上(门)、关闭；围住]

91. κλέπτω[偷、窃、哄、骗] — ὁ κλέπτης, του[窃贼；(泛)骗子]

92. ὁ κλῆρος[签、阄；摇签分配的东西：田产；牧师] — ὁ κληρονόμος

(κλῆρος + νέμω)[继承人] — κληρονομέω[得到一份田产、继承;做继承人] — ἡ κληρονομία[遗产;(泛)产业]

93. κοῖλος[空的;(特洛亚木马的)腔膛] — ἡ κοιλία[腹腔;肚肠]
94. κολλάομαι(τινί)[与(某物)粘合;(喻)与(某物)联合在一起]
95. ὁ διά-κονος[服侍的人;庙上的圣职人员] — δια-κονέω[服侍;提供]
96. ὁ κόπος[打击;苦恼] — κοπιάω[工作到精疲力尽;苦干]
97. ἐκ-κόπτω[敲掉;摧毁]
98. ὁ κράβαττος[(马其顿方言)很矮的床、床垫]
99. κράζω[叫;喊叫](不过时:ἔκραξα)
100. τὸ κράτος[力量、强力;(泛)权力] — καρτερέω[坚持;忠于(某人)] — παντοκράτωρ, τορος(πᾶν + κράτος)[极强大的、极有力量的(神明)] — προσ-καρτερέω(τινί)[坚持(某事);忠于(某人)]
101. κρίνω[分开、评判、询问] — ὁ κριτής[仲裁者;(雅典)(戏剧比赛的)评判员;(以色列的)士师] — ἀνα-κρίνω[盘问;调查] — κατα-κρίνω[判决] — τὸ κρίμα, ατος[判断;须判断(判决)的事情:问题;(宗)最后的审判] — ὁ ὑπο-κριτής, τοῦ[回答者;演员]
102. κρύπτω[掩藏;(喻)保守秘密] — κρυπτός(ή - όν)[掩藏起来的、秘密的]
103. κωφός(ή - όν)[钝的;哑的]
104. λαλέω[唠唠叨叨;(泛)说]
105. ὁ λαός[人民;(荷马叙事诗)民众]
106. λατρεύω[做佣工;(给某人)做奴仆;侍奉(神)]
107. λέγω[使躺下;计算;说] — ἐκλέγω[选择;从中拔掉] — ὁ λόγος[表现思想的话;思想;原则] — λογίζομαι[点、计算;盘算] — ὁμολογέω[说同样的话;(和某事物)协调一致] — ἐκλεκτός(ή - όν)[挑选的;上帝所挑选的] — δια-λογίζομαι[结账;盘算] — ὁ διαλογισμός[结算;盘算] — εὐ-λογέω[说(某人)好话;祝愿] — ἡ εὐλογία[好话;颂词] — ἐξ-ομολογέομαι[承认;颂扬]
108. λευκός[光洁的;白的] — ὁ λύχνος[灯;(复)卖灯市场] — ἡ λυχνία[灯台]
109. λύω[解开、解放;使变松弛;解散] — ἀπολύω[解开(绳子)、解放(某人);遣散(军队)] — ἡ ἀπολύτρωσις, σεως[释放;(基督教)救赎]
110. μακρός[(关于空间)长的、大的、高的;(关于时间)长久的] —

μακράν(暗含:ὁδόν)(副词)[离得远地;长久地] — μακρόθεν(副词)[从远处]

111. μανθάνω[通过阅读(或询问、实践、经验)学习;询问] — ὁ μαθητής, τοῦ[学子、门徒]

112. ὁ μάρτυς[见证;殉道者] — ἡ μαρτυρία[作证;见证] — τὸ μαρτύριον[证明] — δια-μαρτύρομαι[呼吁神和人作证;严重抗议;呼吁]

113. ἡ μάχη[战争;争吵] — ἡ μάχαιρα[刀;(作武器用的)短剑]

114. μένω[站在原地不动、停留;等待] — ὑπομένω[留在下面、活下来;等候] — ἡ ὑπομονή[留下;忍耐]

115. τὸ μέρος[部分;份额;命运] — μερίζω[分成若干份;瓜分] — δια-μερίζω[分开、(喻)引起纠纷;分配]

116. μεριμνάω[为……焦心]

117. ἡ μνήμη[记忆;提及] — τὸ μνῆμα, ατος 和 τὸ μνημεῖον[纪念;纪念物]

118. μοιχεύω(τινά)[(与某人)通奸]

119. τὸ μύρον[(从植物中提取的)香膏;卖香膏之地]

120. τὸ μυστήριον[秘密宗教仪式;神秘的事情]

121. μωρός(ά - όν)[愚蠢的;乏味的]

122. νέμω[分配、据有;放牧(牛羊)] — ὁ νόμος[习惯;法律;曲调] — ἡ ἀ-νομία[不守法]

123. νέος[年轻的、年轻人的;新奇的] — ὁ νεανίσκος[年轻人、青年]

124. νίπτω[洗手;使洁净、使净化]

125. ὁ νοῦς[神志、心灵;想法] — νοέω[看出;想要] — μετα-νοέω[事后(或太晚)才看出;事后改变想法、后悔] — ἡ μετάνοια[改变想法:后悔;(宗)忏悔]

126. ὁ νύμφιος[新郎、丈夫;女婿]

127. ξένος[客人;(订有世代相传互为宾主的约言)朋友;(形)外国的、异乡的;陌生的] — ξένιος[有关待客的] — ξενίζω[接待客人;装作外国人]

128. ξηραίνω[使变干燥;导致便秘]

129. ὁ οἶκος[房屋、家;家政] — οἰκέω[住在;过活] — οἰκοδομέω[筑屋;修建] — ἡ οἰκουμένη(暗含 γῆ)[有人居住的大地、有人居住的世界] — κατ-οικέω[定居;治理] — ὁ οἰκοδεσπότης, του (οἰ. + δεσπότης)[一家之长、家长] — ἡ οἰκοδομή[建筑;(喻)改进]

130. ἀπ-όλλυμαι[覆灭；丧失] — ἡ ἀπώλεια[毁坏、丧失]
131. ὅμοιος[同样的、共有的；有同等地位的] — ὁμοιόω[使相似、(将某事)比作(某事)]
132. ὁράω[看；有视觉；(心中)看出] — τὸ ὅραμα, ατος[景象]
133. ὁ ὅρος[边界；标准、限度] — τὰ ὅρια[边境、边疆]
134. οὐδείς[没有一个] — οὐδέν = οὐθέν[决不、当然不是] — ἐξ-ουθενέω[蔑视]
135. οὐαί(感叹词)[唉、哎哟(表示痛苦、愤怒)]
136. ὁ οὐρανός[天；(众神所居住的)天上；宇宙] — ἐπ-ουράνιος, ον[在天上的]
137. ὁ ὄφις, ὄφεως[蛇；蛇形的手镯]
138. ἡ ὄψις[景象、形象；视力、眼睛] — ἐν-ώπιον(τινός)[面对面、面对(某人)] — ἐνώπιον πολλῶν μαρτύρων[面对许多证人]
139. τὸ πάθος(πνθ)[遭遇；情感] — πενθέω(τι)[(为某事)悲伤]
140. ὁ παῖς[孩子；少年] — ἡ παιδίσκη[女孩；年轻的女奴隶] — ἐμ-παίζω(τινι)[(与某人)开玩笑；(与某人)做儿戏]
141. πᾶς[所有的；全部的] — πάν-τοτε[一切时候、经常]
142. τὸ πάσχα(不变格)[逾越节宰杀的羔羊；逾越节的宴席]
143. πατάσσω[撞、跳动；敲、打]
144. περι-πατέω[走来走去；用散步的方式教学]
145. πείθομαι[信任、信赖] — ἄ-πιστος[不被信任的；可疑的] — πέποιθα(现在完成时)[信任] — ἡ ἀπιστία[可疑之点；无信用]
146. ἡ πεῖρα[经历；试图] — πειράζω[试验；(宗)试探] — ὁ πειρασμός[试验；试探]
147. πέρα[越过、超出；迟于] — πορεύομαι[行走；走过] — εἰσ-πορεύομαι[领进；进入] — ἐκ-πορεύομαι[走开、开赴]
148. περισσός[超过一般的；剩余的] — περισσεύω[在数量上超过；有富余]
149. ἡ περιστερά[家鸽]
150. πιέζω[紧逼；(喻)压迫] — πιάζω[紧逼；(喻)压迫](πιέζω的俗体)
151. πίμπλημι[使充满；担任] — τὸ πλῆθος[大多数人、大部分；数量] — πληρόω[使满；凑足(某数)] — πληθύνω[使增加] — τὸ πλήρωμα, ατος[充满于某物的东西；饱足]
152. πίνω[喝、饮用；(喻)吸收] — τὸ ποτόν[饮料、(尤指)酒、泉] —

ποτίζω[使饮;(给植物)饮水] — τὸ ποτήριον[酒杯;(宗)圣餐中用的酒杯]

153. πίπτω[降落;(在战场上)倒下;失去……] — ἀνα-πίπτω[向后倒下、让步] — τὸ παρά-πτωμα, ατος[滑倒、失足;犯罪]

154. πλανάομαι[漫游;(喻)感到困倦] — πλανάω[使飘荡;引向错误] — ἡ πλάνη[漫游;迷途;欺骗]

155. ὁ πλοῦτος[财富] — πλουτέω[变富;富于……]

156. τὸ πνεῦμα[风;呼吸、生命;神的感召;(宗)天使、上帝的灵] — πνευματικός(ή - όν)[有关风或空气的;有关精神的、有关圣灵的]

157. ὁ ποιμήν[牧羊人] — ποιμαίνω[放牧;(喻)喂养]

158. ὁ πόρνος[娈童;淫乱的人] — ἡ πόρνη[妓女] — ἡ πορνεία[淫乱、卖淫]

159. ἡ πραΰτης, τητος[温和性情、和蔼]

160. πρό[(表位置)在……之前;(表时间)在……之前;(表选择)先于(另一物)] — πρωί 或 πρῴ(副词)[在早晨;(泛)早]

161. τὸ πτερόν[(常用复)羽毛;有翅膀的生物;兆头] — πτηνός[有羽毛的;长了羽毛的] — τὸ πετεινόν[飞禽、鸟类]

162. πτωχός(ή - όν)[乞丐的、贫穷的]

163. ἡ ῥάβδος[棍、杖;神杖]

164. 不过时: ἐρρήθην(λέγω)[我要说] — τὸ ῥῆμα, ατος[说出来的语言、谈到的事情;(语)动词] — ἡ παρρησία(πᾶν + ῥη-)[直言无隐;(贬)言语的放肆]

165. ἡ ῥίζα, ης[(植物的)根、基础部分;根源]

166. ῥύομαι[保护、拯救;赎出(某人)]

167. τὸ σάββατον[安息日、主日(在犹太教是礼拜一,在基督教是礼拜日);七日]

168. σαλεύω[使摇晃、使震撼;来回摇晃、(喻)(在痛苦或艰难中)颠沛]

169. ἡ σάλπιγξ, ιγγος[号角;号声] — σαλπίζω[吹号;像号声那样鸣响(或打雷)]

170. σέβομαι[惧怕、敬畏、崇拜(神明);耻于(做)] — ἡ εὐ-σέβεια[(对神的)敬仰、虔敬;(对父母的)忠心]

171. ἀ-σθενής[虚弱的;贫穷的] — ἀσθενέω[变虚弱、生病]

172. σιωπάω[安静下来;不把……说出来]

173. τὸ σκάνδαλον[(对野兽或敌人设下的)陷阱;(喻)绊脚石] —

σκανδαλίζω[使跌跤；触犯]

174. τὸ σκότος[阴暗；（图画的）阴影] — ἡ σκοτία[阴暗]
175. τὰ σπλάγχνα[内脏；（喻）（作为产生情绪的部位的）心] — σπλαγχνίζομαι[（杀牲献祭后）吃牺牲（牛羊）的内脏；怜悯（某人）]
176. ὁ σταυρός[直立的柱；（钉人用的）十字架] — σταυρόω[立上木桩；钉在十字架上]
177. ἀπο-στέλλω[送走；派遣] — ἐξαπο-στέλλω[打发走；休妻] — ὁ ἀπόστολος[使者；上帝的使者：使徒]
178. στηρίζω[使（某物）固定（在某处）、（喻）确定；停在某处]
179. στρέφω[使转动；使转变] — ἀναστρέφω[使翻转；使返回] — ἐπι-στρέφω[转向……；改正] — ἐπι-στρέφομαι[转来转去；改变] — ἡ ἀναστροφή[翻转；转回]
180. ἡ συκῆ[（植）无花果树]
181. ἡ σφραγίς, ῖδος[戒指上的印章；（盖上的）印章、标记] — σφραγίζω[盖印章；盖章证明]
182. ἡ τάξις[（队伍的）安排；战阵] — τάττω[安排；驻扎] — ὑπο-τάσσω[放在下面；服从]
183. ταπεινόω[使下降；使丢脸]
184. τείνω[用力使延伸；伸长] — ἀτενίζω[紧盯、注视]（α是表"共同、连系"的前缀）
185. ἐν-τέλλομαι[命令]（不过时：ἐν-ετειλάμην）— ἡ ἐντολή[指令、命令]
186. τὸ τέλος[完成；结局] — τέλειος[完全的；完成了的；全能的] — τελειόω[使完全；成熟]
187. τέμνω[在战斗中砍伤；砍成块：献杀、献祭] — περι-τέμνω[割下一圈；割去四边的东西] — ἡ περιτομή[割礼]
188. τίθημι[放；安排；奉献]（词干：θε-）— προτίθημι[放在……前面；展出；奉献] — ἀ-θετέω[背（信）；拒绝]（α：表"反义"的前缀）— ἡ δια-θήκη[安排后事；遗嘱；契约；圣约] — ἡ πρό-θεσις, σεως[在前面放置、公告、圣殿中供祭司吃的]陈设面包；论题] — ὁ θεμέλιος[基石]
189. ἡ τιμή[荣誉；（喻）受到的尊重] — τιμάω[尊重；珍视] — ἐπι-τιμάω(τινί τι)[尊重（某人）；评定（惩罚）（某人）]
190. ὑγιαίνω[健康；（政治上）忠诚可靠] — ὑγιής, ές[健康的；头脑健全的]

191. ὕστερος[在后的;较差的] — ὑστερέω(τινός)[落在(某人)后面;比(某人)后到]

192. ὑψηλός[高的;崇高的] — ὑψόω[提高;(喻)赞扬] — ὕψιστος(η - ον)[最高的;至高无上的(宙斯);极度的]

193. φαίνω[带到光亮处、使出现;揭开;发光] — φανερός[看得见的;公开的] — τὸ φῶς[光线、火光;目光] — φανερόω[使变明显;使出名] — ἐμ-φανίζω(← →ἀ-φανίζω[使不见;夷平;秘而不宣])[使显然可见,表明;指示]— φωτίζω[发光;照亮]

194. φάσκω[说、伪称;相信] — φημί[说;相信;命令] — βλασφημέω[说不敬神的话、亵渎;诽谤] — ἡ βλασφημία[不敬神的话;诽谤] — ὁ προ-φήτης, του[代言人、解释神意的人;(埃及)大祭司、解释《圣经》的人;预言者] — προφητεύω[解释神意;在圣灵的感召下说预言] — ἡ προφητεία[解释神意的天赋、在圣灵的感召下说预言的本领;善于讲道的能力] — ὁ ψευδοπροφήτης, του(ψεῦδος)[假预言者]

195. ἡ φιάλη[浅圆或扁圆物:(奠酒或饮酒的)大碗;(煮水的)锅]

196. ἡ χάρις[(容貌上的)美、荣光;(给别人或接受别人的)恩惠] — ἡ χαρά[欢喜;令人喜欢的事情] — τὸ χάρισμα, ατος[恩惠、(尤指)神的恩赐] — εὐ-χαριστέω[动人;感谢] — ἡ εὐχαριστία[感激;感恩]

197. ἐκ-χέω[泻出;浪费掉](不过时:ἐξ-έχεα)

198. ἡ χήρα[寡妇]

199. ὁ χιτών, ῶνος[男子穿的贴身长袍;铠甲]

200. ὁ χόρτος[喂养牲口的地方;(牛马吃的)饲料] — χορτάζω[关在圈里喂食;给(某人)吃饱]

201. ὁ χριστός[受膏者、基督(用来作希伯来文 Messiah["弥赛亚、救世主"]的译名)]

202. χωλός(ή - όν)[跛足的;(喻)残缺的]

203. τὸ ψεῦδος[假话;(柏拉图常把 ψεῦδος 用作)虚假] — ψεύδομαι[说假话;欺骗] — ὁ ψεύστης, του[撒谎者、骗子]

词法简表

郑兴凤 编译

[编修按]古希腊语的词形相当繁复,好些古希腊语法书无异于词法形式规则的展示。学习古希腊语的确需要一部词法手册这样的工具书,德国以出版辞书著名的Langenscheidt出版社出版的Leo Stock编 *Kurzgrammtik Altgriechisch*(Berlin、München,1984,不断重印)很好用,可惜因若干技术原因,未能收作附录。这个语法简表依据H. Hansen、G. M. Quinn编 *Greek: An Intensive Course*(New York,1987)提供的附录编译,表格由编译者制作。

一　音调及其规则

音调的一般规则

一个单词无论有多少个音节,音调只能出现在最后三个音节的其中一个上:尾音节(最末那个音节),次音节(倒数第二个音节),或者是前音节(从末尾开始的倒数第三个音节)。

音调符号

音调符号	音调名称	读音规则
´	昂　音	像乐音的高音一样上升
`	抑　音	像低音或为了升为高音的沉音
~	起伏音	在同一音节既扬又抑的高音

昂音的规则

出现在尾音节、次音节或者前音节上。

出现在短元音、长元音或复合元音上。

当句子要停顿下来,也就是说,句子接下来要么是逗号,要么是分号、句号、冒号时,昂音才可以出现在尾音节,倘若没有上下文地仅仅列举一个单词时,昂音也可出现在尾音节。

例外:(1) 疑问式的代词/形容词形式 τίς 和 τί 总是昂音:

τίς αὕτη 这个女人是谁?

(2) 当尾音节有昂音的单词后面跟着一个音调附读词语时,昂音保持不变:

ἀγαθούς τινας εἴδομεν. 我们见到一些好人。

昂音不能出现在次音节的情形为:此音节重读(is accented),并包含长元音或复合元音,而且尾音节包含短元音或复合元音被算作短元音。

为了音调的缘故,复合元音-αι和-οι处于最后时,均算作短元音——除了在祈愿式第三人称单数末尾仍算长元音。

例外:一个独立的单词与一个音调附读语词复合时,若尾音节有短元音或复合元音算作短元音,则昂音可能出现在长元音或复合元音的次音节:

εἴτε　　　（= εἰ + τε）

τάσδε　　（= τάς + -δε）

若仅仅是尾音节包含短元音或复合元音算作短元音,昂音可能出现在前音节上:

ἄδικα　　　ϑάλατται　　　ἄνϑρωποι

例外:由于音量的音位变换(metathesis)或类似于已经过音量的音位变换,尾音节因此而包含长元音时,昂音可能出现在前音节上:

πόλεως　　（→ πόληος）

πόλεων　　（类似于 πόλεως）

ἵλεως　　　（→ ἵληος）

抑音的规则

仅出现在尾音节。

出现在短元音或长元音或复合元音(双元音)上。

若另一个单词紧跟其后、中间没有停顿,就必须用抑音代替昂音,否则抑音不可能出现。

例外:

(1) 疑问代词/形容词形式 τίς 和 τί 从来不可能把昂音变成抑音:

τί τοῦτο; 这是什么?

(2) 音调附读的语词跟随于尾音节上有昂音的单词时,此昂音保不变:

ἀγαϑόν τι ποιοῦμεν. 我们正在做点儿善事。

起伏音的规则

起伏音仅仅出现在尾音节或次音节。

起伏音仅仅出现在长元音或复合元音。

当出现以下情况时起伏音必须出现在次音节:次音节重读且包含长元音或复合元音,尾音节包含短元音或复合元音算作短元音。

当尾音节包含长元音或复合元音算作长元音时,起伏音不可能出现在次音节:

例 词	起伏音规则
δῶρα	重读的次音节是长元音,尾音节又是短元音:要求用起伏音
δώρων	尾音节是长元音:禁止使用起伏音
νῆσοι	重读的次音节是长元音,在尾音节上的复合元音算作短元音:要求用起伏音
νήσοις	在尾音节上的复合元音算作长音:禁止使用起伏音
κελεῦσαι	不定过去时不定式的主动态:最末的复合元音算作短元音;要求在次音节的复合元音上使用起伏音
κελεύσαι	不定过去时祈愿式主动态的第三人称单数:当用于祈愿式的末尾之时,最末的复合元音算作长元音:禁止使用起伏音

例外:

(1) 独立的单词与音调附读词形成复合词时,若尾音节为短元音或复合元音算作短元音,昂音可能出现在次音节的长元音或复合元音上:

εἴτε　　　　　(= εἰ + τε)

τάσδε　　　　(= τάς + -δε)

(2) 起伏音可能出现在独立单词与音调附读词形成的复合词的前音节上。这种单词的尾音节可能为短元音、长元音或者复合元音:

ὧντινων　　　(= ὧν + τινῶν)

οἷστισι(ν)　　(= οἷς + τισί(ν))

音调总结
(1) -á - p -ú +停顿(即后有标点)
(2) -á - p -ù +没有停顿的单词
例外: τίς / τί + 没有停顿的单词
-á -p -ú + 音调附读词
(3) -á -p´-u 但不是 -á -p´-ŭ
例外: -á -p´-ŭ 用在一些有音调附读词的复合词里
(4) -á -p -ŭ
例外: -á -p -ū 此处的 ū 源于音量位变换或类似形式。
(5) -á - p -ū̃
(6) 如果 p̃ 为音调,必须是 -á -p̃ -ŭ
例外: -á -p̃- ŭ 用于有音调附读词的复合词
-ã̄- p- u 用于有音调附读词的复合词

说明：u＝尾音节；p＝次音节；a＝前音节
~＝短元音或者复合元音算作短元音
‾＝长元音或者复合元音算作长元音
未标明的音节可能为短元音、长元音或复合元音。

持续音调

一个单词迫于可能出现的音调变换（例如从起伏音变为昂音）或音节变换（例如从前音节变为次音节），它的音调才自然发生变化，换言之，在不违背通则的情况下，一个词的音调会尽量保持在同样的元音、复合元音之上，无论这个单词处于何种形式，此类单词的音调都持续不变。在改变位置之前，为了音调保持在同样的音节上要穷尽所有的可能性，持续音调才会发生变化。

大多数名词和形容词的音调都是不变的，而且它们与单数主格（中性形容词、阳性分词）的音调保持一致：

例词	规则
στέφανος	单数主格
στεφάνον	长的尾音节迫使音调保持在次音节
στέφανοι	复合元音-οι算作短元音
δῆμος	单数主格
δήμου	长的尾音节迫使其变为昂音
δῆμοι	复合元音-οι算作短元音

持续音调的例外

1. 单数主格的音调无论在哪里，所有第一变格类名词属格复数的尾音节都有起伏音：

γνώμη	φνωμῶν
θάλαττα	θαλαττῶν
πολίτης	πολῑτῶν

也就是说，所有第一和第三变格类的阴性形容词，包括第一和第三变

格类的分词,其阴性单数主格以短元音-α-结尾,它们在属格复数的尾音节上都有起伏音,不论主格单数的音调是怎样的:

βαρεῖα	βαρειῶν
λυθεῖσα	λυθεισῶν
λελυκυῖα	λελυκυιῶν
ποιοῦσα	ποιουσῶν
παύσασα	παυσασῶν

但是,第一和第二变格类的阴性形容词,包括第一和第二变格类的分词,其阴性主格单数以-η或-ā结尾,这种情况下,在属格复数里,音调不会变动:

ἀρίστη	ἀρίστων
δικαίā	δικαίων
λῡομένη	λῡομένων
λελυμένη	λελυμένων

2. 在主格单数里,尾音节上有音调的第一和第二变格类的名词和形容词,在属格和与格的单数和复数中,昂音变为起伏音:

ἀδελφός	ἀδελφοῦ	ἀδελγῶν
	ἀδελφῷ	ἀδελφοῖς

但是,在主格单数里,尾音节上有昂音的阿提卡变格类的第二变格类名词,其所有变格中的尾音节上保留昂音:

νεώς, νεώ, νεῴ, 等等。

3. 第二变格类名词 ὁ ἀδελφός, ἀδελφοῦ 的呼格单数的音调在前音节: ἄδελφε。

4. 当已缩音的第一和第二变格类形容词在尾音节上有音调时,所有变格都有起伏音:

χρῡσοῦς — χρῡσῆ — χρῡσοῦν

5. 单音节词干的第三变格类名词在属格和与格的单数和复数里，音调在尾音节上。在长元音或复合元音上，音调是起伏音，在短元音上则是昂音：

νύξ   νυκτός   νυκτῶν
           νυκτί   νυξί(ν)

但是，形容词 πᾶς、πᾶσα、πᾶν 在阳性和中性的属格和与格的复数里有持续音调：

πᾶς, πᾶν   παντός   πάντων
           παντί   πᾶσι(ν)

在属格和与格里，疑问代词/形容词有持续音调：

τίς   τίνος   τίνων
           τίνι   τίσι(ν)

名词 ὁ 或 ἡ、παῖς、παιδός 在双数属格和复数里有持续音调：

παῖς   παιδός   παίδων

名词 ἡ、γυνή、γυναικός 如有单音节词干，此名词是持续音调：

γυνή   γυναικός   γυναικῶν
           γυναικί   γυναιξί(ν)

6. 所有形容词的音调都是由中性主格单数的音调形式给定的。注意在一些第三变格类的形容词里，如果音调最初是在前音节上，由于音调的可能性规则迫使音调移到次音节：

εὐδαίμων   εὔδαιμον
ἡδίων   ἥδῑον

7. 第三变格类名词 θυγάτηρ、μήτηρ 和 πατήρ 的属格和与格单数在尾音节上有一个昂音(例如：μητρός, μητρί)，在呼格单数里有一个音调前置(例如：
θύγατερ, μῆτερ, πάτερ)，在所有其他情况下次音节上有一个昂音(例如：
θυγατέρες, θυγατέρων)。除词干 ἀνδρ- 在呼格单数(ἄνερ)和与格复数(ἀνδράσι
(ν))里被其他词干代替外，与单音节词干的第三变格类名词 ὁ、ἀνήρ、ἀνδρός
一样变格。

8. 有些名词和形容词的一些形态已有音量的音位变换，要打破音调的
可变规则才能保留持续音调：

πόλεως（→ πόληος） πόλεων（类似于音量的音位变换）
ἵλεως （→ ἵληος） ἵλεων （→ ἵληον)

9. 某些第三变格类名词词干末尾的 -σ- 已省掉，因此，在属格复数的尾
音节上产生一个起伏音：

γένος   *γενέσων 〉 γενέων 〉 γενῶν

但是，名词 ἡ、τριήρης、τριήρους 的所有变格音调都在次音节。因此，属格
复数是 τριήρων 而非 τριηρῶν(→τριηρέσων)。

10. Σωκράτης 和 Περικλῆς 一类第三变格类名词在呼格单数里音调前置：

Σώκρατες   Περίκλεις

11. 数词 εἷς、μία、ἕν 的第一和第三变格类及其复合词 οὐδείς、οὐδεμία、οὐδέν
以及 μηδείς、μηδεμία、μηδέν 在所有属格和与格里，音调都在尾音节：

οὐδείς   οὐδεμία   οὐδέν
οὐδενός   οὐδεμιᾶς   οὐδενός
οὐδενί   οὐδεμιᾷ   οὐδενί

12. 数词 δύο 在属格和与格里的尾音节有起伏音：δυοῖν

音调前置

在音调规则许可的情况下，音调尽可能从尾音节往后退，即所谓单词

的音调前置。

大多数动词形式有音调前置：

例　词	规　则
κελεύουσι(ν)	
ἐκέλευον	尾音节是短元音，或复合元音算作短元音，允许音调在前音节上
ἵσταμαι	
ἵστασο	
κελεύω	
κελεύοι	在尾音节里，长元音或复合元音算作长元音，迫使音调移到次音节
κελεῦσαι	
ἱστάμην	

音调前置的例外

1. 在已缩音的动词形式里，两个音节已经缩音为一个音节，如果缩音音节的一方在原来未被缩音的形式里产生了一个音调，则音调保留在新的已缩音的音节上。在已缩音的尾音节上的音调是起伏音；当尾音节包含短元音或复合元音算作短元音时，在已缩音的次音节上的音调仍是起伏音：

νῑκῶ　　　　　(→νῑκάω)
ποιεῖ　　　　　(→ποιέει)
ποιεῖσθαι　　　(→ποιέεισθαι)
ἐποιοῦ　　　　(→ἐποιέου)
ἀγγελεῖτε　　　(→ἀγγελέετε)

除了在词干以-α-、-ε-、-o-结尾、已缩音的词干性(thematic)动词现在时和过去时，以及词干以-α-、-ε-结尾、已缩音的将来时主动态和中动态，下列动词形式显示出来的缩音是未前置音调的缩音：

a. 不定过去时虚拟式被动态：

λυθῶ　　　(< λυθέω)

b. ἵστημι 的现在时直陈式主动态和完成时直陈式主动态的第三人称

复数：

ἱστᾶσι(ν)   (< ἱστάᾱσι(ν))
ἑστᾶσι(ν)   (< ἑστάᾱσι(ν))

c. ἵημι 的现在时直陈式的主动态第二人称单数的可选择形式：

ἱεῖς   (< ἱέεις)

d. 现在时虚拟式主动态和强变化动词的中动态/被动态，强变化不定过去时虚拟式的主动态和强变化动词的中动态：

ἱστῶ   (< ἱστέω)
τιθῶμαι   (< τιθέωμαι)
διδῶ   (< διδόω)
στῶ   (< στέω)   （参见：ἀποστῶ）
θῶμαι   (< θέωμαι)   （参见：ἀποθῶμαι）

e. οἶδα 和 ἵστημι 的完成时虚拟式主动态：

εἰδῶ   (< εἰδέω)
ἑστῶ   (< ἑστέω)

2. 在下列祈愿式形式里，音调不可能往后退而远于祈愿式词尾 -ι-：
a. 不定过去时祈愿式的被动态（可选择的复数形式）

λυθεῖμεν
λυθεῖτε
λυθεῖεν

b. 现在时祈愿式的主动态和无构干元音（athematic）动词的中动态/被动态：

διδοῖμεν

ἱσταῖο

τιθεῖντο

但是 δύναμαι 和 ἐπίσταμαι 的现在时祈愿式的中动态/被动态有音调前置：

δύναιτο

ἐπίσταιτο

c. 无构干元音的强变化不定过去时的祈愿式主动态和中动态：

δοῖμεν　　（参见：ἀποδοῖμεν）
θεῖσθε　　（参见：ἀποθεῖσθε）

d. οἶδα 和 ἵστημι 的完成时祈愿式主动态：

εἰδεῖτε

ἑσταῖτε

3. 强变化不定过去时命令式主动态的第二人称单数的以下形式在尾音节上有一个昂音：

εἰπέ　　（λέγω）
ἐλθέ　　（ἔρχομαι）
εὑρέ　　（εὑρίσκω）
ἰδέ　　（ὁράω）
λαβέ　　（λαμβάνω）

但是复合词时，这些命令式有音调前置：

ἄπελθε

4. 强变化不定过去时命令式的中动态第二人称单数在尾音节上有一个起伏音：

βαλοῦ

5. 下列不定式有一个固定的非音调前置：

无构干元音现在时主动态	διδόναι
弱变化不定过去时主动态	κελεῦσαι
强变化不定过去时主动态	βαλεῖν
强变化不定过去时中动态	βαλέσθαι
无构干元音强变化不定过去时主动态	στῆναι 例如 ἀποστῆναι
无构干元音强变化不定过去时中动态	δόσθαι 例如 ἀποδόσθαι
不定过去时被动态	κελευσθῆναι
现在完成时主动态	κεκελευκέναι
现在完成时中动态/被动态	κεκελεῦσθαι

6. 除第二人称单数的 εἶ、φῄς 外，动词 εἰμί 和 φημί 在现在时直陈式主动态里为音调附读。

但是，在一个从句或一个句子开头，εἰμί 的现在时直陈式第三人称单数的主动态有一个音调在次音节上：ἔστι(ν)

当 εἰμί 和 φημί 处于从句或句子开头时，其音调附读变为非音调附读，并且在尾音节上有音调。

7. 虽然复合动词有音调前置，但要注意以下例外情况：

a. 在有过去时直陈式词首增音（augment）的复合动词形式里，昂音不可能前置远于过去时直陈式的词首增音。

ἀπῆλθον	= ἀπό + ἦλθον
ὑπῆρχε(ν)	= ὑπό + ἦρχε(ν)
ἀπῆσαν	= ἀπό + ἦσαν

与没有过去时直陈式词首增音的复合动词形式相比，音调可能后退到前音节上：

| λῦε | ἀπόλυε |
| λῦσον | ἀπόλυσον |

b. 若为复合词,强变化不定过去时命令式中动态第二人称单数在尾音节上保留起伏音：αλοῦ、ἀποβαλοῦ

c. 若为复合词,下列命令式形式第二人称单数在次音节上有昂音：

δός	ἀπόδος
-ἕς	ἄφες
θές	κατάθες
σχές	ἀπόσχες

d. 当与单音节介词组成复合词时,无构干元音强变化不定过去时命令式中动态第二人称单数在尾音节上保留起伏音；当与双音节或一个以上音节的介词组成复合词时,则在次音节上有昂音：

δοῦ	προδοῦ	ἀπόδου
θοῦ	ἐκθοῦ	κατάθου

e. 若为复合词,所有的动词不定式都保持其音调不变：

διδόναι	ἀποδιόναι
δόσθαι	ἀποδόσθαι
λῦσαι	καταλῦσαι
στῆναι	ἀποστῆναι
εἶναι	συνεῖναι

f. 若为复合词,所有分词与阳性主格单数保持一致,其音调固定不变：

λῦον	καταλῦον
θείς	καταθείς
δόντες	ἀποδόντες
λελυκώς	ἀπολελυκώς
ὄν	ἐξόν

g. 当 ἔσται(εἰμί 的将来时直陈式中动态第三人称单数)为复合词时,音调保持不变:

| ἔσται | ἀπέσται |

8. 完成时主动态和中动态/被动态,音调不能前置而远于未形成复合词时的完成时词干的第一个音节:

ἦχα	συνῆχα
-εἶκα	ἀφεῖκα
——	ἀφῖγμαι

连接词的音调

连接词没有音调,常与跟随它们的单词或短语连贯发音。在正常情况下,连接词不会置于一个句子或从句的末尾。

下列单词是连接词:

(1) 冠词形式 ὁ-ἡ-οἱ-αἱ

(2) 否定副词 οὐ-οὐκ-οὐχ

例外:若副词出现在一个从句或句子末尾,则有一个昂音。

　　ἐπανίστανται, ἢ οὔ; 他们正举行起义,抑或不是?

(3) 介词 εἰς-ἐκ/ἐξ-ἐν

(4) 小品词(语助词) εἰ

(5) 连词 ὡς

音调附读

音调附读词与它们之前的依附词连贯发音。依附词的音调常常受音调附读的语词影响。依附词和音调附读语词的音调由以下规则决定。

音调附读包括:

(1) 不定代词/形容词 τις-τι

(2) 人称代词 μου-μοι-με-σου-σοι-σε

(3) 不定副词 ποθέν-ποι-ποτέ-που-πως

(4) 语助词(小品词) γε-περ-τοι

(5) 连词 τε

（6）εἰμί和φημί的现在时直陈式主动态。
εἶ和φής第二人称单数形式例外。

音调附读规则

（u＝尾音节；p＝次音节；a＝前音节；e＝单音节词音调附读；e‑e＝双音节词音调附读）

1. 有一个昂音在尾音节上、后面跟一个音调附读的语词，其昂音不会变为抑音；音调附读的语词不能有音调。

-a -p -ú + e　　　ποιητής τις　　　某个诗人
-a -p -ú + e‑e　　ποιηταί τινες　　某些诗人

2. 次音节上有昂音且后面跟随一个音调附读的语词，其音调不变。
如果音调附读的语词是个单音节词，就不会有音调：

-a -ṕ -u + e　　　λέγεις τε καὶ γράφεις.　　　你说和写。

如果音调附读的语词是双音节词，尾音节上就会有音调：在短元音上为昂音，在长元音或复合元音上为起伏音：

-a -ṕ -u + e-é　　μητράσι τισίν　　给/为了某些母亲
-a -ṕ -u + e-ē　　μητέρων τινῶν　　某些母亲的

按照这些音调规则，如果非音调附读的语词后面没有停顿，这个音调附读的语词在尾音节上的昂音就会变为抑音：

μητράσι τισὶ δῶρα δίδως. 你把礼物给予一些母亲。

3. 前音节上有昂音、后跟音调附读语词的单词，则不仅保留音调，尾音节上还有附加的昂音。音调附读的语词不带音调。

-á -p -ú + e　　　ἄδικά τε καὶ αἰσχρά　　不正义和可耻的事情
-a -p -ú + e‑e　　ἄδικοί τινες　　　　　某些不正义的男人

4. 尾音节上有起伏音、后跟音调附读的语词，则保留音调不变。音调附读的语词不带音调。

-a -p -ũ + e　　νενῑκηκυιῶν τε καὶ νῦν ἀρχουσῶν　　那些已得胜并现正行统治的女人
-a -p -ũ + e-e εἰδυιῶν τινων　　某些知情的女人

5. 次音节上有起伏音、后跟有音调附读的语词，则保留音调，并在尾音节上有附加的昂音。音调附读的语词不带音调。

-a -p̃ -ú + e　　νῆσός τις 某个岛屿
-a -p̃ -ú + e-e　αἶγάς τινας ἔκλεφας, ὦ μῆτερ; 母亲啊，你偷了一些山羊吗？

6. 当一个连接词后跟音调附读的语词或一系列音调附读的语词时，这个连接词有昂音。音调附读的语词不带音调。

εἴ τι κλέφειας, ὦ γύναι, βλαβείης ἄν. 女人啊，要是你偷了某种东西，你就会受到伤害。

7. 如果两个或更多的音调附读的语词彼此相随，除了最后一个音调附读的语词以外，每个音调附读的语词都有昂音。这个音调在双音节音调附读的语词的尾音节上：

εἴ τινές ποτέ τί φᾶσιν 如果某些人曾说过什么

按照1—6的规则，非音调附读的语词先于两个或更多的音调附读的语词，就会有音调，正如单个的音调附读的语词跟随其后一样：

ἐάν ποθέν τις ἥκῃ 如果某人已经从某个地方来了
δῶρόν τί τινι 给某人什么礼物
ἄρχοντές τινές ποτε 曾有某些个统治者

8. 一些音调附读的语词可能放在从句或句子的开头。如果是这样，它们在尾音节上就有昂音，而且受非音调附读语词的音调规则约束，例如，如果其后没有停顿，这个单词在尾音节上的昂音就会变为抑音：

τινὲς μὲν λέγουσι, τινὲς δὲ ἀκούουσιν. 一些人说，另一些人听。
ποτὲ μὲν λέγουσι, ποτὲ δὲ ἀκούουσιν. 有时他们说，有时他们又听。
φᾱσὶ γὰρ οὗτοι ὅτι ἠδικοῦντο. 因为这些人说他们正在变坏。
εἰσὶν οἵ τὴν δημοκρατίαν καταλύσουσιν. 有这样一些人，他们要破坏民主。

但 εἰμί 的现在时直陈式主动态第三人称单数，可能在句子或从句的开头，且有昂音在次音节上，意思是"有"或"可能"：

ἔστι σοφώτατός τις ἐνταῦθα. 这儿有个非常智慧的人。
ἔστιν ἀποφυγεῖν. 有可能逃跑。
这种形式可能在前面有否定的副词或连词：
οὐκ ἔστιν ἀποφυγεῖν. 不可能逃跑。

9. 当音调附读的语词后跟省音（非音调附读语词或音调附读的语词）时有音调：

τοῦτ' ἐστὶ κακόν. 这是坏的。
οἷοί τ' εἰσὶν ταῦτα ποιεῖν. 他们能做这些事。

词语倒装

当后面跟随由其支配的单词时，许多双音节介词的音调就会由尾音节转到次音节。比如以下这些介词：ἀπό、ἐπί、μετά、παρά、περί，以及 ὑπό，唯有 περί 可在散文体中经过词语倒装 (anastrophe)。
τούτω πέρι λέγωμεν. 让我们谈谈这些事情吧。

省 音

当一个单词末尾的短元音由于省音而省略掉时，如果省音的元音没有音调，这个单词的音调就不会受影响：

τοῦτ' οὐ γένοιτ' ἄν. 这不可能发生。
ἐλήλυϑ' ἐγὼ εἰς τὴν πόλιν. 我已经来到这座城邦。
ὅδ' εἶπεν ὅτι Σωκράτης ἀποϑάνοι. 这个人说，苏格拉底已经死了。

如果省音的元音有一个音调，前面的音节就有一个昂音：

πολλὰ ἔδομεν.（未省音）我们给了许多东西。
πόλλ' ἔδομεν.（已省音）我们给了许多东西。

但是，当以下单词末尾的音节是省音时，前面的音节就没有音调：介词；连词 *ἀλλά*、*οὐδέ*、*μηδέ*；音调附读 *τινά* 和 *ποτέ*。

ἀλλὰ ἱερέα τιν' ἴδοις ποτ' ἂν ἐφ' ἵππου; 但是，你可曾见过骑马的祭司？
οὐχ ἑώρακα μηδ' ἴδοιμι. 我未曾见过、不想看到。

当一个音调附读的语词跟在一个省音音节之后时，就会有一个音调：
ταῦτ' ἐστὶ κακά. 这些事情是坏的。

元音融合

在一个单词的末尾，当一个元音或复合元音与下一个单词开始的元音或复合元音由于元音融合而合并时，第一个单词常常省略音调，第二个单词则保持音调不变。省音号（'）有如一个弯曲的笔法（拉丁语：coronis），与不送气音符相同，置于因元音融合而来的元音或复合元音上。元音融合在诗歌中多于散文。

元音融合之前	元音融合之后
καλὸς καὶ ἀγαϑός	*καλὸς κἀγαϑός*
τὸ ὄνομα	*τοὔνομα*
καὶ ἐν	*κἀν*
ὦ ἀγαϑέ	*ὠγαϑέ*

已合并的两个音节的第一个音节有送气音符，因此，送气音符写在一个新的音节上：

ἡ ἀλήθεια   ἀλήθεια

指示性的"ί"

指示性的"ί"有时像后缀一样加到一个指示词后，以特别强调所指的人或事。元音 α、ε、o 在这个后缀之前省略。指示性的"ί"有一个昂音，如果随后的单词没有跟随停顿，这个昂音就变为抑音：

οὗτος	οὑτοσί
ὅδε	ὁδί
αὕτη	αὑτηί
τούτων	τουτωνί

ὁρᾷς ταδὶ τὰ χρήματα;
你看见这钱财了吗？
你正是在这里看见钱的吗？

可挪动的"ν"

当以下单词以元音或复合元音开始，在从句或句子的末尾时，可加可挪动的"ν"形式。增加可挪动的 ν 的部分，以阻止省音。

下列形式可增加可挪动的 ν：

1. 以 -σι 结尾的单词：

a. 第三变格类名词或形容词的与格复数，包括分词的第三变格类形式（与格复数以 -σι 结尾）：

παισί(ν)   αἰξί(ν)   εὐγενέσι(ν)   λελυκόσι(ν)

b. 以 -σι 和 -τι 结尾的第三人称动词形式：

λύουσι(ν)   ἀδικοῦσι(ν)   διδόᾱσι(ν)
λύωσι(ν)   ἀδικῶσι(ν)   διδῶσι(ν)
λύσουσι(ν)   ἀγγελοῦσι(ν)
λύσωσι(ν)   βάλωσι(ν)   δῶσι(ν)
λυθῶσι(ν)
λελύκᾱσι(ν) ἐστί(ν)   δίδωσι(ν)

c. 不变格的一般性数词 εἴκοσι(ν),"二十"。

2. 以 -ε 结尾的未缩音的动词第三人称单数形式：

ἔλῡε(ν)
ἔλῡσε(ν)
λύσειε(ν)
λέλυκε(ν)

由 -ε 缩音而来的动词形式不能加可挪动的"ν"：

ἠδίκει   (< ἠδίκεε)
ἐδίδου   (< ἐδίδοε)

3. εἶμι 的过去时直陈式第三人称单数：ᾔει(ν)

4. 所有动词的过去完成时第三人称单数：ἐλελύκει(ν)

弥补的元音拖长

变 化	例 子
α > ᾱ	ἱστάντσι(ν) > ἱστᾶσι(ν)
ε > ει	λυθέντσι(ν) > λυθεῖσιν
ι > ῑ	ἔκρινσα > ἔκρῑνα
ο > ου	γέροντσι(ν) > γέρουσι(ν)
υ > ῡ	δεικνύντσι(ν) > δεικνῦσι(ν)

缩 音

并 音		例 词	
αα	ᾱ	γέραα	γέρᾱ
αᾱ	ᾱ	ἱστάᾱσι(ν)	ἱστᾶσι(ν)
αε	ᾱ	νῑκάεσθαι	νῑκᾶσθαι
αει	ᾷ	νῑκάει	νῑκᾷ
αει'	ᾱ	νῑκάειν	νῑκᾶν

续表

并音		例词	
αη	ᾱ	νῑκάητε	νῑκᾶτε
αη	ᾷ	νῑκάῃ	νῑκᾷ
αο	ω	νῑκάομεν	νῑκῶμεν
αοι	ῳ	νῑκάοιμι	νῑκῷμι
αου	ω	νῑκάουσι(ν)	νῑκῶσι(ν)
αω	ω	νῑκάω	νῑκῶ
εᾱ	η	γένεα	γένη
	ᾱ	在 ε 之后或类似情形之后： Περικλέεα Περικλέᾱ χρύσεα χρῡσᾶ	
εᾶ	η	χρῡσέᾱ	χρῡσῆ
	ᾶ	ε、ι、ρ 之后： ἀργυρέᾱ ἀργυρᾶ	
εαι	η/ει	λύεαι	λύῃ/λύει
	αι	类似情形： χρύσεαι χρῡσαῖ	
εε	ει³	ἀδικέεσθαι	ἀδικεῖσθαι
εει	ει	ἀδικέει	ἀδικῆτε
εη	η	ἀδικέητε	ἀδικῆτε
εῃ	ῃ	ἀδικέῃ	ἀδικῇ
εο	ου	ἀδικέομεν	ἀδικοῦμεν
εοι	οι	ἀδικέοιμεν	ἀδικοῖμεν
εου	ου	ἀδικέουσι(ν)	ἀδικοῦσι(ν)
εω	ω	ἀδικέω	ἀδικῶ
εῳ	ῳ	χρῡσέῳ	χρῡσῷ
ηαι	ῃ	λύηαι	λύῃ
οα	ω	πειθόα	πειθώ
οε	ου	ἀξιόεσθαι	ἀξιοῦσθαι
οει	οι	ἀξιόει	ἀξιοῖ
οει³	ου	ἀξιόειν	ἀξιοῦν
οη	ω	ἀξιόητε	ἀξιῶτε

续表

并音		例词	
οη	οι	ἀξιόη	ἀξιοῖ
	ῳ	在虚拟式里:διδῷς, διδῷ, δῷς, δῷ, γνῷς, γνῷ (来源于 διδόῃς, διδόῃ 等等)	
οο	ου	ἀξιόομεν	ἀξιοῦμεν
οοι	οι	ἀξιόοι	ἀξιοῖ
οου	ου	ἀξιόουσι(ν)	ἀξιοῦσι(ν)
οω	ω	ἀξιόω	ἀξιῶ
οῳ	ῳ	νόῳ	νῷ

注：ει＝假性复合元音

二　介　词

介　词	属格(第二格)	与格(第三格)	宾格(第四格)
ἅμα		ἅμα τῇ μάχῃ 正在战斗时 ἅμα ἡμέρᾳ 黎明时分 ἅμα Σωκράτει 与苏格拉底在一起	
ἄνευ	ἄνευ ὅπλων 没有武器		
ἀντί	ἄργυρος ἀντὶ χρῡσοῦ 以银代金		
ἀπό	ἀπὸ τῆς πόλεως 来/离开城		
διά	διὰ τοῦ πεδίου 穿过平原		διὰ τὴν τούτων ἀρετήν 因为这些人的德性
εἰς			εἰς τὴν πόλιν 进/到城 ἀργύριον εἰς θυσίαν 祭祀的费用
ἐκ/ἐξ	ἐκ τῆς πόλεως 出城/来自城 ἐξ ἀγορᾶς 出集市/来自集市		
ἐν		ἐν πόλει 在城里	

续表

介词	属格(第二格)	与格(第三格)	宾格(第四格)
ἕνεκα	Σωκράτους ἕνεκα ἕνεκα Σωκράτους 由于苏格拉底的缘故		
ἐπί	ἐφ᾽ ἵππου 在马背上 ἐπὶ νεῶν 在船上	ἐπὶ τραπέζῃ 在桌子上 ἐπὶ τοῖσδε 关于这些术词 νόμος ἐπὶ τοῖς ξένοις 涉及外方人的律法	ἐπὶ τρεῖς ἡμέρας 三天以上(长于三天) ἐπὶ τοὺς πολεμίους 抵抗敌人 ἀναβῆναι ἐπὶ τὸν ἵππον 跨上马 ἥκω ἐπὶ τοῦτο 我为此目的而来
κατά	λόγος κατὰ Σωκράτους 针对(反)苏格拉底的言说		κατὰ τὸν νόμεν 按照(依照)律法
μετά	μετὰ τῶν φίλων 与(他的/她的/他们的)朋友们		μετὰ τὸν πόλεμον 战争以后 μετὰ τὸν ἡγεμόνα 跟从领袖
παρά	παρὰ βασιλέως 国王身边	παρὰ βασιλεῖ 在国王旁边 παρ᾽ Ὁμήρῳ 在荷马的房子处	παρὰ βασιλέα 朝国王那里 παρὰ τὴν ὁδόν 在道路旁边 παρὰ τὸν νόμον 违法 παρὰ τοὺς ἄλλους ἀνθρώπους 远/优于其他的人
περί	βιβλίον περὶ πολέμου 关于战争的书	περὶ τῇ χειρί (如:一只手镯)围绕手	περὶ τὴν νῆσον 这个岛屿周围 ἀνὴρ ἀγαθὸς περὶ τὸν δῆμον 犹如一个关心民人的好人 περὶ ταῦτα ὄντες 关于这些(已经涉及或占有)的东西

续表

介词	属格（第二格）	与格（第三格）	宾格（第四格）
πρό	πρὸ τοῦ πολέμου 战争之前 πρὸ τοῦ θανάτου （他／她／他们）死之前 πρὸ τούτου τί ἕλοισθ᾽ ἄν 这之前你选择什么？		
πρός	πρὸς τῶν θεῶν! 以诸神之名 靠诸神	πρὸς τῇ πόλει 在城附近 πρὸς τούτοις 除这些事以外	πρὸς τὴν πόλιν 朝这座城 εἰρήνη πρὸς ἀλλήλους 彼此和平 τὰ πρὸς τὸν πόλεμον 为了战争之事 （对战争之事的一点见解）
σύν		σὺν θεῷ 拜神之助 σὺν δίκῃ 凭正义	
ὑπέρ	ὑπὲρ τοῦ λιμένος 在港口 ὑπὲρ παίδων καὶ γυναικῶν 顾及（为了）孩子们和妻子们		ὑπὲρ θάλατταν 越过海洋 ὑπὲρ δύναμιν 超过（他的／她的／他们的）能力
ὑπό	ὑπὸ γῆς 在大地上 ἀδικεῖσθαι ὑπὸ τῶν ἐχθρῶν 被敌人虐待	οἱ ὑπὸ βασιλεῖ 国王的那些臣属（直译：处于国王控制之下的人）	ὑπὸ γῆν 在大地上 ὑπὸ νύκτα 傍晚时分 （天快黑时）
χάριν	Σωκράτους χάριν 由于苏格拉底的缘故 τοῦ λόγου χάριν 由于辩护的缘故		

三 名 词

第一变格类名词

格(单数)	阴 性				阳 性	
主格	-η	-ā	-a	-a	-ης	-ās
属格	-ης	-ās	-ης	-ās	-ου	-ου
与格	-ῃ	-ᾱ	-ῃ	-ᾱ	-ῃ	-ᾱ
宾格	-ην	-ᾱν	-αν	-αν	-ην	-ᾱν
呼格	与主格相同				-a, -η	-ā

格	阴 性
主格/宾格/呼格(双数)	-ā
属格/与格	-αιν
主格/呼格(复数)	-αι
属格	-ῶν
与格	-αις
宾格	-ᾱς

第二变格类名词

格(单数)	阳性/阴性	中 性
主格	-ος	-ον
属格	-ου	-ου
与格	-ῳ	-ῳ
宾格	-ον	-ον
呼格	-ε	-ον

主格/宾格/呼格（双数）	-ω
属格/与格	-οιν

格（复数）	阳性/阴性	中 性
主格/呼格	-οι	-α
属格	-ων	-ων
与格	-οις	-οις
宾格	-ους	-α

例词 ὁ νεώς, νεώ [庙宇]

对于第二变格类名词，以下两种情况不常见：

（1）已经经过了音量的音位变换（以前的形式 νηός 的元音音量已经转换为 νεώς）；

（2）在所有变格中主格的音调保持不变；不像在 ἀδελφοῦ 中的音调符号一样变化。

这种变格类也叫作"阿提卡变格"（Attic declension）

格	单 数	复 数
主格/呼格	νεώς	νεώ
属格	νεώ	νεών
与格	νεώ	νεώς
宾格	νεών	νεώς

（1）注意第二变格类的一般形式中的"ι"，出现在此类名词中，都要变成下标"ͅ"。

（2）νεώς 形式可以是 ὁ νεώς、νεώ 的单数主格/呼格，或复数宾格，或 ἡ ναῦς、νεώς 的单数属格。

第三变格类名词

格（单数）	阳性/阴性	中性
主格	—	—
属格	-ος	-ος
与格	-ι	-ι
宾格	-α, -ν	同主格
呼格	——	同主格

主格/宾格/呼格（双数）	-ε
属格/与格	-οιν

格（复数）	阳性/阴性	中性
主格/呼格	-ες	-α
属格	-ων	-ων
与格	-σι(ν)	-σι(ν)
宾格	-ας	-α

例如 1：第三变格类名词 ὁ 或 ἡ, βοῦς, βοός（公牛，母牛）

第三变格类名词 ὁ 或 ἡ, βοῦς, βοός（公牛，母牛）有两个词干，βου- 和 βο-。词干 βου- 出现在主格、宾格、呼格的单数和与格、宾格的复数里；词干 βο- 则出现在其他形式里。

格	单　数	复　数
主格	βοῦς	βόες
属格	βοός	βοῶν
与格	βοΐ	βουσί(ν)
宾格	βοῦν	βοῦς
呼格	βοῦ	βόες

(1) 注意与格的单数有两个音节。
(2) 比较该词的变格与 ἡ ναῦς, νεώς(船)的变格。

例如2：名词 ἡ τριήρης, τριήρους(三层船, 船)
名词 ἡ τριήρης, τριήρους, "三层船, 船"属于第三变格类名词，变化如下：

格	单　数	复　数
主格	τριήρης	τριήρεις (τριήρεσες)
属格	τριήρους (τριήρεσος)	τριήρων (τριηρέσων)
与格	τριήρει (τριήρεσι)	τριήρεσι(ν) (τριήρεσσι(ν))
宾格	τριήρη (τριήρεσα)	τριήρεις
呼格	τρῖηρες	τριήρεις (τριήρεσες)

(1) 该名词的词干是 τριηρεσ-。元音间的 -σ 已去掉，词干后面的元音又按缩音规则与词尾元音发生缩音。比较 τὸ γένος, γένους。
(2) 呼格的单数拥有单独的词干。记住其音调始终在次音节。
(3) 属格复数的音调和该词的其他形式一样，音调都在次音节。规范的缩音音调在尾音节。
(4) 宾格复数源于复数的主格和呼格。

例如3：ὁ Περικλῆς, Περικλέους[伯利克勒斯]类型的名词
名词 ὁ Περικλῆς, Περικλέους 属于第三变格类名词。其他许多专有名词和它一样变格，变格形式如下：

格	单　数
主格	Περικλῆς (Περικλέης)
属格	Περικλέους (Περικλέεσος)
与格	Περικλεῖ (Περικλέεσι)
宾格	Περικλέα (Περικλέεσα)
呼格	Περίκλεις (Περίκλεες)

(1) 该名词的词干是 Περικλεεσ-。元音间的 -σ 已经去掉，而且按缩音规则，词干最后的元音与属格、与格、宾格单数的最后一个元音发生缩音。比较 τὸ γένος, γένους。

（2）在属格单数中,词干最后的-ε-已经和末尾的-ο-缩音形成假性的复合元音-ου-。注意这个复合元音不可能与前面的-ε-依次缩音。比较 ποιοῦσι (〈ποιέουσι)。

（3）在与格单数中词干最后的-ε-已经和末尾的-ι-缩音形成复合元音-ει-。这个复合元音轮流与前面的-ε-缩音。比较：ποιεῖ(〈ποιέει)。

（4）在宾格单数中词干最后的-ε-已经和末尾的-α-缩音。注意结果与其说是-ᾱ-,不如说是-η-：当一系列元音-εεα-经过缩音时,此种情况就会有规律地发生。

（5）呼格单数单独拥有一个词干。注意音调前置。

例如4：名词 ἡ, αἰδώς, αἰδοῦς (害羞)

第三变格类名词 ἡ, αἰδώς, αἰδοῦς (害羞) 仅单数如此变格,形式如下：

格	单　数
主格	αἰδώς
属格	αἰδοῦς (αἰδόσος)
与格	αἰδοῖ (αἰδόσι)
宾格	αἰδῶ (αἰδόσα)
呼格	αἰδώς

（1）此名词的词干是 αἰδοσ-。元音间的-σ-省略引起词干最后的-ο-与属格、与格、宾格单数末尾的元音缩音。

（2）呼格单数与主格单数一致,两个都显示出词干延长。

例如5：名词 ἡ πειθώ, πειθοῦς (说服)

第三变格类名词 ἡ πειθώ, πειθοῦς (说服) 仅在单数时如此变格。形式如下：

格	单　数
主格	πειθώ
属格	πειθοῦς (πειθόος)
与格	πειθοῖ (πειθόι)
宾格	πειθώ (πειθόα)
呼格	πειθοῖ

（1）此名词词干最初是 πειθοι-；在属格、与格、宾格的词尾前，词干最后的 -ι 已经省掉。除宾格单数有一个音调代替起伏音以外，缩音遵从此规则。

（2）呼格单数拥有最初的词干。

例如6：名词 τό γέρας, γέρως（奖品，奖赏）

第三变格类名词 τό γέρας, γέρως（奖品，奖赏）的变格形式如下：

格	单　数	复　数
主格	γέρας	γέρᾱ(γέρασα)
属格	γέρως(γέρασος)	γερῶνγεράσων
与格	γέραι(γέρασι)	γέρασι(ν)(γέρασι(ν))
宾格	γέρας	γέρᾱ(γέρασα)
呼格	γέρας	γέρᾱ(γέρασα)

（1）这个名词的词干是 γερασ-。元音间的 -σ- 省略引起了词干最后的 -α 与最初的词尾元音缩音。缩音遵从此规则。

（2）主格、宾格、呼格的单数拥有单独的词干。

第一变格类名词

主格以 -η 或 -ā 结尾的（阴性）名词

主格/呼格（单数）	τέχνη	ψῡχή	χώρᾱ	ἀγορά
属格	τέχνης	ψῡχῆς	χώρᾱς	ἀγορᾶς
与格	τέχνῃ	ψῡχῇ	χώρᾳ	ἀγορᾷ
宾格	τέχνην	ψῡχήν	χώρᾱν	ἀγοράν
主格/宾格/呼格（双数）	τέχνᾱ	ψῡχᾱ´	χώρᾱ	ἀγορά
属格/与格	τέχναιν	ψῡχαῖν	χώραιν	ἀγοραῖν
主格/呼格（复数）	τέχναι	ψῡχαί	χῶραι	ἀγοραί
属格	τεχνῶν	ψῡχῶν	χωρῶν	ἀγορῶν
与格	τέχναις	ψῡχαῖς	χώραις	ἀγοραῖς
宾格	τεχνᾱς	ψῡχᾱς	χωρᾱς	ἀγορᾱς

主格以短音 -α 结尾的(阴性)名词

主格/呼格(单数)	θάλαττα	γέφῡρα	μΜοῦσα	μοῖρα
属格	θαλάττης	γεφύρᾱς	μΜούσης	μοίρᾱς
与格	θαλάττῃ	γεφύρᾳ	μΜούσῃ	μοίρᾳ
宾格	θάλατταν	γέφῡραν	μΜοῦσαν	μοῖραν
主格/宾格/呼格(双数)	θαλάττᾱ	γεφύρᾱ	μΜούσᾱ	μοίρᾱ
属格/与格	θαλάτταιν	γεφύραιν	μΜούσαιν	μοίραιν
主格/呼格(复数)	θάλατται	γέφῡραι	μΜοῦσαι	μοῖραι
属格	θαλαττῶν	γεφῡρῶν	μΜουσῶν	μοιρῶν
与格	θαλάτταις	γεφύραις	μΜούσαις	μοίραις
宾格	θαλάττᾱς	γεφύρᾱς	μΜούσᾱς	μοίρᾱς

主格以 -ης 或 -ᾱς 结尾的(阳性)名词

主格(单数)	πολίτης	ποιητής	νεᾱνίᾱς
属格	πολίτου	ποιητοῦ	νεᾱνίου
与格	πολίτῃ	ποιητῇ	νεᾱνίᾳ
宾格	πολίτην	ποιητήν	νεᾱνίᾱν
呼格	πολῖτα	ποιητά	νεᾱνίᾱ
主格/宾格/呼格(双数)	πολίτᾱ	ποιητά	νεᾱνίᾱ
属格/与格	πολίταιν	ποιηταῖν	νεᾱνίαιν
主格/呼格(复数)	πολῖται	ποιηταί	νεᾱνίαι
属格	πολῑτῶν	ποιητῶν	νεᾱνιῶν
与格	πολίταις	ποιηταῖς	νεᾱνίαις
宾格	πολίτᾱς	ποιητάς	νεᾱνίᾱς

第二变格类名词

阳性和阴性

主格(单数)	λόγος	ἄνθρωπος	στρατηγός	νῆσος
属格	λόγου	ἀνθρώπου	στρατηγοῦ	νήσου
与格	λόγῳ	ἀνθρώπῳ	στρατηγῷ	νήσῳ
宾格	λόγον	ἄνθρωπον	στραηγόν	νῆσον
呼格	λόγε	ἄθρωπε	στρατηγέ	νῆσε
主格/宾格/呼格(双数)	λόγω	ἀνθρώπω	στρατηγώ	νήσω

续表

属格/与格	λόγοιν	ἀνθρώποιν	στρατηγοῖν	νήσοιν
主格(复数)	λόγοι	ἄνθρωποι	στρατηγοί	νῆσοι
属格	λόγων	ἀνθρώπων	στρατηγῶν	νήσων
与格	λόγοις	ἀνθρώποις	στρατηγοῖς	νήσοις
宾格	λόγους	ἀνθρώπους	στρατηγούς	νήσους

中性

主格/呼格(单数)	ἔργον	δῶρον
属格	ἔργου	δώρου
与格	ἔργῳ	δώρῳ
宾格	ἔργον	δῶρον
主格/呼格/宾格(双数)	ἔργω	δώρω
属格/与格	ἔργοιν	δώροιν
主格/呼格(复数)	ἔργα	δῶρα
属格	ἔργων	δώρων
与格	ἔργοις	δώροις
宾格	ἔργα	δῶρα

	已缩音的名词	阿提卡变格
主格(单数)	νοῦς	νεώς
属格	νοῦ	νεώ
与格	νῷ	νεῴ
宾格	νοῦν	νεών
呼格	νοῦ	νεώς
主格/宾格/呼格(双数)	νώ	νεώ
属格/与格	νοῖν	νεών
主格/呼格(复数)	νοῖ	νεῴ
属格	νῶν	νεών
与格	νοῖς	νεῴς
宾格	νοῦς	νεώς

第三变格类名词

阳性、阴性、中性

主格(单数)	φύλαξ	αἴξ	ἐλπίς	χάρις	σῶμα
属格	φύλακος	αἰγός	ἐλπίδος	χάριτος	σώματος
与格	φύλακι	αἰγί	ἐλπίδι	χάριτι	σώματι
宾格	φύλακα	αἶγα	ἐλπίδα	χάριν	σῶμα
呼格	φύλαξ	αἴξ	ἐλπί	χάρι	σῶμα
主格/宾格/呼格(双数)	φύλακε	αἶγε	ἐλπίδε	χάριτε	σώματε
属格/与格	φυλάκοιν	αἰγοῖν	ἐλπίδοιν	χαρίτοιν	σωμάτοιν
主格/呼格(复数)	φύλακες	αἶγες	ἐλπίδες	χάριτες	σώματα
属格	φυλάκων	αἰγῶν	ἐλπίδων	χαρίτων	σωμάτων
与格	φύλαξι(ν)	αἰξί(ν)	ἐλπίσι(ν)	χάρισι(ν)	σώμασι(ν)
宾格	φύλακας	αἶγας	ἐλπίδας	χάριτας	σώματα

主格(单数)	μήτηρ	ἀνήρ
属格	μητρός	ἀνδρός
与格	μητρί	ἀνδρί
宾格	μητέρα	ἄνδρα
呼格	μῆτερ	ἄνερ
主格/宾格/呼格(双数)	μητέρε	ἄνδρε
属格/与格	μητέροιν	ἀνδροῖν
主格/呼格(复数)	μητέρες	ἄνδρες
属格	μητέρων	ἀνδρῶν
与格	μητράσι(ν)	ἀνδράσι(ν)
宾格	μητέρας	ἄνδρας

主格(单数)	γένος	τριήρης	Σωκράτης	Περικλῆς
属格	γένους	τριήρους	Σωκράτους	Περικλέους
与格	γένει	τριήρει	Σωκράτει	Περικλεῖ
宾格	γένος	τριήρη	Σωκράτη	Περικλέᾱ
呼格	γένος	τριήρες	Σώκρατες	Περίκλεις

续表

主格/宾格/呼格（双数）	γένει	τριήρει		
属格/与格	γενοῖν	τριήροιν		
主格/呼格（复数）	γένη	τριήρεις		
属格	γενῶν	τριήρων		
与格	γένεσι(ν)	τριήρεσι(ν)		
宾格	γένη	τριήρεις		

主格/宾格/呼格（双数）	γέρᾱ
属格/与格	γερῶν
主格/呼格（复数）	γέρᾱ
属格	γερῶν
与格	γέρασι(ν)
宾格	γέρᾱ

主格（单数）	πόλις	βασιλεύς	ναῦς
属格	πόλεως	βασιλέως	νεώς
与格	πόλει	βασιλεῖ	νηί
宾格	πόλιν	βασιλέᾱ	ναῦν
呼格	πόλι	βασιλεῦ	ναῦ
主格/宾格/呼格（双数）	πόλει	βασιλῆ	νῆε
属格/与格	πολέοιν	βασιλέοιν	νεοῖν
主格/呼格（复数）	πόλεις	βασιλῆς/βασιλεῖς	νῆες
属格	πόλεων	βασιλέων	νεῶν
与格	πόλεσι(ν)	βασιλεῦσι(ν)	ναυσί(ν)
宾格	πόλεις	βασιλέᾱς	ναῦς

主格（单数）	ἄστυ	βοῦς
属格	ἄστεως	βοός
与格	ἄστει	βοΐ
宾格	ἄστυ	βοῦν
呼格	ἄστυ	βοῦ
主格/宾格/呼格（双数）	ἄστει	βόε

续表

属格/与格	ἀστέοιν	βοοῖν
主格/呼格（复数）	ἄστη	βόες
属格	ἄστεων	βοῶν
与格	ἄστεσι(ν)	βουσί(ν)
宾格	ἄστη	βοῦς

四 形容词

第一和第二变格类形容词

三尾型形容词

	阳 性	阴 性	中 性
主格(单数)	καλός	καλή	καλόν
属格	καλοῦ	καλῆς	καλοῦ
与格	καλῷ	καλῇ	καλῷ
宾格	καλόν	καλήν	καλόν
呼格	καλέ	καλή	καλόν
主格/宾格/呼格(双数)	καλώ	καλά	καλώ
属格/与格	καλοῖν	καλαῖν	καλοῖν
主格/呼格(复数)	καλοί	καλαί	καλά
属格	καλῶν	καλῶν	καλῶν
与格	καλοῖς	καλαῖς	καλοῖς
宾格	καλούς	καλάς	καλά

主格(单数)	δίκαιος	δικαίᾱ	δίκαιον
属格	δικαίου	δικαίᾱς	δικαίου
与格	δικαίῳ	δικαίᾳ	δικαίῳ
宾格	δίκαιον	δικαίᾱν	δίκαιον
呼格	δίκαιε	δικαίᾱ	δίκαιον
主格/宾格/呼格(双数)	δικαίω	δικαίᾱ	δικαίω
属格/与格	δικαίοιν	δικαίαιν	δικαίοιν

续表

主格/呼格（复数）	δίκαιοι	δίκαιαι	δίκαια
属格	δικαίων	δικαίων	δικαίων
与格	δικαίοις	δικαίαις	δικαίοις
宾格	δικαίους	δικαίᾱς	δίκαια

双尾型形容词

	阳性/阴性	中性
主格（单数）	ἄδικος	ἄδικον
属格	ἀδίκου	ἀδίκου
与格	ἀδίκῳ	ἀδίκῳ
宾格	ἄδικον	ἄδικον
呼格	ἄδικε	ἄδικον
主格/宾格/呼格（双数）	ἀδίκω	ἀδίκω
属格/与格	ἀδίκοιν	ἀδίκοιν
主格/呼格（复数）	ἄδικοι	ἄδικα
属格	ἀδίκων	ἀδίδων
与格	ἀδίκοις	ἀδίκοις
宾格	ἀδίκους	ἄδικα

已缩音形容词

	阳 性	阴 性	中 性
主格/呼格（单数）	χρῡσοῦς	χρῡσῆ	χρῡσοῦν
属格	χρῡσοῦ	χρῡσῆς	χρῡσοῦ
与格	χρῡσῷ	χρῡσῇ	χρῡσῷ
宾格	χρῡσοῦν	χρῡσῆν	χρῡσοῦν
主格/宾格/呼格（双数）	χρῡσώ	χρῡσᾱ	χρῡσώ
属格/与格	χρῡσοῖν	χρῡσαῖν	χρῡσοῖν
主格/呼格（复数）	χρῡσοῖ	χρῡσαῖ	χρῡσᾱ
属格	χρῡσῶν	χρῡσῶν	χρῡσῶν
与格	χρῡσοῖς	χρῡσαῖς	χρῡσοῖς
宾格	χρῡσοῦς	χρῡσᾱς	χρῡσᾱ

	阳性	阴性	中性
主格/呼格（单数）	ἀργυροῦς	ἀργυρᾶ	ἀργυροῦν
属格	ἀργυροῦ	ἀργυρᾶς	ἀργυροῦ
与格	ἀργυρῷ	ἀργυρᾷ	ἀργυρῷ
宾格	ἀργυροῦν	ἀργυρᾶν	ἀργυροῦν
主格/宾格/呼格（双数）	ἀργυρώ	ἀργυρᾶ	ἀργυρώ
属格/与格	ἀργυροῖν	ἀργυραῖν	ἀργυροῖν
主格/呼格（复数）	ἀργυροῖ	ἀργυραῖ	ἀργυρᾶ
属格	ἀργυρῶν	ἀργυρῶν	ἀργυρῶν
与格	ἀργυροῖς	ἀργυραῖς	ἀργυροῖς
宾格	ἀργυροῦς	ἀργυρᾶς	ἀργυρᾶ

形容词的阿提卡变格

	阳性/阴性	中性
主格/呼格（单数）	ἵλεως	ἵλεων
属格	ἵλεω	ἵλεω
与格	ἵλεῳ	ἵλεῳ
宾格	ἵλεων	ἵλεων
主格/宾格/呼格（双数）	ἵλεω	ἵλεω
属格/与格	ἵλεῳν	ἵλεῳν
主格/呼格（复数）	ἵλεῳ	ἵλεα
属格	ἵλεων	ἵλεων
与格	ἵλεῳς	ἵλεῳς
宾格	ἵλεως	ἵλεα

例如：ἵλεως, ἵλεων（顺利的、适合的、慈悲的）型的第二变格类形容词

（1）这种形容词的阳性/阴性的主格单数最初是ἵληος。音量的音位变换产生了以上形式。

（2）-ι-出现在一般的第二变格类形容词词尾的任何地方，都以下标形式出现。比较：ἀγαθοί, ἵλεῳ。

（3）注意中性主格/宾格/呼格的词尾-α-是短音；一般的词尾由于音量的音位变换会产生长音-α-。

第三变格类形容词

双尾型形容词

格	阳性/阴性	中性
主格（单数）	σώφρων	σῶφρον
属格	σώφρονος	σώφρονος
与格	σώφρονι	σώφρονι
宾格	σώφρονα	σῶφρον
呼格	σῶφρον	σῶφρον
主格/宾格/呼格（双数）	σώφρονε	σώφρονε
属格/与格	σωφρόνοιν	σωφρόνοιν
主格/呼格（复数）	σώφρονες	σώφρονα
属格	σωφρόνων	σωφρόνων
与格	σώφροσι(ν)	σώφροσι(ν)
宾格	σώφρονας	σώφρονα

格	阳性/阴性	中性
主格（单数）	ἀληθής	ἀληθές
属格	ἀληθοῦς	ἀληθοῦς
与格	ἀληθεῖ	ἀληθεῖ
宾格	ἀληθῆ	ἀληθές
呼格	ἀληθές	ἀληθές
主格/宾格/呼格（双数）	ἀληθεῖ	ἀληθεῖ
属格/与格	ἀληθοῖν	ἀληθοῖν
主格/呼格（复数）	ἀληθεῖς	ἀληθῆ
属格	ἀληθῶν	ἀληθῶν

续表

格	阳性/阴性	中性
与格	ἀληθέσι(ν)	ἀληθέσι(ν)
宾格	ἀληθεῖς	ἀληθῆ

第一变格类和第三变格类形容词

格	阳性	阴性	中性
主格（单数）	βαρύς	βαρεῖα	βαρύ
属格	βαρέος	βαρείᾱς	βαρέος
与格	βαρεῖ	βαρείᾳ	βαρεῖ
宾格	βαρύν	βαρεῖαν	βαρύ
呼格	βαρύ	βαρεῖα	βαρύ
主格/宾格/呼格（双数）	βαρέε	βαρείᾱ	βαρέε
属格/与格	βαρέοιν	βαρείαιν	βαρέοιν
主格/呼格（复数）	βαρεῖς	βαρεῖαι	βαρέα
属格	βαρέων	βαρειῶν	βαρέων
与格	βαρέσι(ν)	βαρείαις	βαρέσι(ν)
宾格	βαρεῖς	βαρείᾱς	βαρέα

格	阳性	阴性	中性
主格/呼格（单数）	πᾶς	πᾶσα	πᾶν
属格	παντός	πάσης	παντός
与格	παντί	πάσῃ	παντί
宾格	πάντα	πᾶσαν	πᾶν
主格/呼格（复数）	πάντες	πᾶσαι	πάντα
属格	πάντων	πᾱσῶν	πάντων
与格	πᾶσι(ν)	πάσαις	πᾶσι(ν)
宾格	πάντας	πάσᾱς	πάντα

格	阳性	阴性	中性
主格/呼格（单数）	ἅπᾱς	ἅπᾱσα	ἅπαν
属格	ἅπαντος	ἁπάσης	ἅπαντος
与格	ἅπαντι	ἁπάσῃ	ἅπαντι
宾格	ἅπαντα	ἅπᾱσαν	ἅπαν
主格/呼格（复数）	ἅπαντες	ἅπᾱσαι	ἅπαντα
属格	ἁπάντων	ἁπᾱσῶν	ἁπάντων
与格	ἅπᾱσι(ν)	ἁπάσαις	ἅπᾱσι(ν)
宾格	ἅπαντας	ἁπάσᾱς	ἅπαντα

第一、第二、第三变格类形容词

主格（单数）	πολύς	πολλή	πολύ
属格	πολλοῦ	πολλῆς	πολλοῦ
与格	πολλῷ	πολλῇ	πολλῷ
宾格	πολύν	πολλήν	πολύ
主格（复数）	πολλοί	πολλαί	πολλά
属格	πολλῶν	πολλῶν	πολλῶν
与格	πολλοῖς	πολλαῖς	πολλοῖς
宾格	πολλούς	πολλάς	πολλά

主格（单数）	μέγας	μεγάλη	μέγα
属格	μεγάλου	μεγάλης	μεγάλου
与格	μεγάλῳ	μεγάλῃ	μεγάλῳ
宾格	μέγαν	μεγάλην	μέγα
呼格	μεγάλε	μεγάλη	μέγα
主格/宾格/呼格（双数）	μεγάλω	μεγάλᾱ	μεγάλω
属格/与格	μεγάλοιν	μεγάλαιν	μεγάλοιν
主格/呼格（复数）	μεγάλοι	μεγάλαι	μεγάλα
属格	μεγάλων	μεγάλων	μεγάλων
与格	μεγάλοις	μεγάλαις	μεγάλοις
宾格	μεγάλους	μεγάλᾱς	μεγάλα

第一变格类和第二变格类形容词的缩音

某些第一和第二变格类的形容词词干以元音-ε-和-ο-结尾。这种形容词的词干与变格的词尾发生缩音。形容词 χρυσοῦς, χρυσῆ, χρυσοῦν[金色的]是这类形容词的范例。在下表中,缩音清晰可见,在三种形式的主格中均是起伏音,在阳性和中性主格的单数中都以-ους和-ουν结尾。没有缩音的主格形式为 χρύσεος, χρυσέη, χρύσεον。注意,在范例中,每一形式的音调已完全变成起伏音(按缩音规则, χρύσεος 已变为 χρυσοῦς)。注意 χρύσεα 的中性主格和宾格复数的缩音为 χρυσᾶ(取代想象中的 χρυσῆ; 例如：γένεα > γένη),注意缩音 χρύσεαι > χρυσαῖ。

注意这类词尾的粗体部分。

阳性（单数）	阴性（单数）	中性（单数）
χρυσοῦς	χρυσῆ	χρυσοῦν
χρυσοῦ	χρυσῆς	χρυσοῦ
χρυσῷ	χρυσῇ	χρυσῷ
χρυσοῦν	χρυσῆν	χρυσοῦν
χρυσοῦς	χρυσῆ	χρυσοῦν
阳性（复数）	阴性（复数）	中性（复数）
χρυσοῖ	χρυσαῖ	χρυσᾶ
χρυσῶν	χρυσῶν	χρυσῶν
χρυσοῖς	χρυσαῖς	χρυσοῖς
χρυσοῦς	χρυσᾶς	χρυσᾶ
χρυσοῖ	χρυσαῖ	χρυσᾶ

像 ἀργυροῦς, ἀργυρᾶ, ἀργυροῦν(银色的)类形容词,除阴性单数外,都像 χρυσοῦς, χρυσῆ, χρυσοῦν 一样变格,阴性单数的词尾变格-ρ-后的-ᾱ-代替了-η-:

格	阴性单数
主格	ἀργυρᾶ
属格	ἀργυρᾶς

与格	ἀργυρᾷ
宾格	ἀργυρᾶν
呼格	ἀργυρᾶ

形容词的比较级

以 -τερος, -τερᾱ, τερον 结尾的形容词比较级
——变格与 δίκαιος, δικαίᾱ, δίκαιον 同
以 -τατος, -τατη, -τατον 结尾的形容词最高级
——变格与 ἀγαθός, ἀγαθή, ἀγαθόν 同

第一、第二变格类形容词的升级

词干以一个长音节结尾：

原形（原级）	词干	比较级	最高级	性、数、格
δεινός		δεινότερος	δεινότατος	阳性 主格 单数
δεινή	δειν-	δεινοτέρᾱ	δεινοτάτη	阴性 主格 单数
δεινόν		δεινότερον	δεινότατον	中性 主格 单数

词干以短音节结尾：

原形（原级）	词干	比较级	最高级	性、数、格
σοφός		σοφώτερος	σοφώτατος	阳性 主格 单数
σοφή	σοφ-	σοφωτέρᾱ	σοφωτάτη	阴性 主格 单数
σοφόν		σοφώτερον	σοφώτατον	中性 主格 单数

不规则变化的比较级：

原形（原级）	比较级	最高级	性、数、格
ἴσος	ἰσαίτερος	ἰσαίτατος	阳性 主格 单数
μέσος	μεσαίτερος	μεσαίτατος	阳性 主格 单数
παλαιός	παλαίτερος	παλαίτατος	阳性 主格 单数
φίλος	φιλαίτερος	φιλαίτατος / φίλτατος	阳性 主格 单数

第三变格类形容词的升级

第一、第三变格类形容词

原形（原级）	词干	比较级	最高级	性、数、格
ἀληθής	ἀληθεσ-	ἀληθέστερος	ἀληθέστατος	阳性 主格 单数
		ἀληθεστέρᾱ	ἀληθεστάτη	阴性 主格 单数
ἀληθές		ἀληθέστερον	ἀληθέστατον	中性 主格 单数
ἄφρων	ἀγρον-	ἀφρονέστερος	ἀφρονέστατος	阳性 主格 单数
		ἀφρονεστέρᾱ	ἀφρονεστάτη	阴性 主格 单数
ἄφρον		ἀφρονέστερον	ἀφρονέστατον	中性 主格 单数
βαρύς	βαρυ-	βαρύτερος	βαρύτατος	阳性 主格 单数
βαρεῖα		βαρυτέρᾱ	βαρυτάτη	阴性 主格 单数
βαρύ		βαρύτερον	βαρύτατον	中性 主格 单数

以 -των, -τον 结尾的形容词比较级
以 -ιστος, -ιστη, -ιστον 结尾的形容词最高级
——像 ἀγαθός, ἀγαθή, ἀγαθόν 的一样变格

格	阳性/阴性	中性
主格（单数）	καλλίων	κάλλῑον
属格	καλλίονος	καλλίονος
与格	καλλίονι	καλλίονι
宾格	καλλίονα/ καλλίω	κάλλῑον
呼格	Κκάλλῑον	κάλλῑον
主格/宾格/呼格（双数）	καλλίονε	καλλίονε
属格/与格	κλλιόνοιν	καλλιόνοιν
主格/呼格（复数）	καλλίονες/ καλλίους	καλλίονα/ καλλίω
属格	καλλιόνων	καλλιόνων
与格	καλλίοσι(ν)	καλλίοσι(ν)
宾格	καλλίονας/ καλλίους	καλλίονα/ καλλίω

不规则的形容词比较级和最高级的构成

原形（原级）	比较级	最高级	性、数、格
ἀγαθός	ἀμείνων	ἄριστος	阳性 主格 单数
	βελτίων	βέλτιστος	阳性 主格 单数
	κρείττων	κράτιστος	阳性 主格 单数
αἰσχρός	αἰσχίων	αἴσχιστος	阳性 主格 单数
ἐχθρός	ἐχθίων	ἔχθιστος	阳性 主格 单数
ἡδύς	ἡδίων	ἥδιστος	阳性 主格 单数
κακός	κακίων	κάκιστος	阳性 主格 单数
	χείρων	χείριστος	阳性 主格 单数
	ἥττων	（副词：ἥκιστα）	阳性 主格 单数
καλός	καλλίων	κάλλιστος	阳性 主格 单数
μέγας	μείζων	μέγιστος	阳性 主格 单数
ὀλίγος	ἐλάττων	ἐλάχιστος	阳性 主格 单数
πολύς	πλείων/ πλέων	πλεῖστος	阳性 主格 单数
ῥᾴδιος	ῥᾴων	ῥᾷστος	阳性 主格 单数
ταχύς	θάττων	τάχιστος	阳性 主格 单数

五 分 词

第一、第二变格类分词

词干元音动词的现在时分词中动态/被动态

	阳 性	阴 性	中 性
主格（单数）	λῡόμενος	λῡομένη	λῡόμενον
属格	λῡομένου	λῡομένης	λῡομένου
与格	λῡομένῳ	λῡομένῃ	λῡομέμῳ
宾格	λῡόμενον	λῡομένην	λῡόμενον
呼格	λῡόμενε	λῡομένη	λῡόμενον
主格/宾格/呼格（双数）	λῡομένω	λῡομένᾱ	λῡομένω
属格/与格	λῡομένοιν	λῡομέναιν	λῡομένοιν
主格/呼格（复数）	λῡόμενοι	λῡόμεναι	λῡόμενα
属格	λῡομένων	λῡομένων	λῡομένων
与格	λῡομένοις	λῡομέναις	λῡομένοις
宾格	λῡομένους	λῡομένᾱς	λῡόμενα

以下分词有同样的变格：

缩音动词的现在时分词中动态/被动态

格、数	阳 性	阴 性	中 性
主 格	νῑκώμενος	νῑκωμένη	νῑκώμενον
	ἀδικούμενος	ἀδικουμένη	ἀδικούμενον
	ἀξιούμενος	ἀξιουμένη	ἀξιούμενον

无构干元音动词的现在时分词中动态/被动态

διδόμενος	διδομένη	διδόμενον
ἱστάμενος	ἱσταμένη	ἱστάμενον
τιθέμενος	τιθεμένη	τιθέμενον
ἱέμενος	ἱεμένη	ἱέμενον
δεικνύμενος	δεικνυμένη	δεικνύμενον
κείμενος	κειμένη	κείμενον

将来时分词中动态

| λῡσόμενος | λῡσομένη | λῡσόμενον |

缩音动词的将来时分词中动态

| ἑλώμενος | ἑλωμένη | ἑλώμενον |
| ἀγγελούμενος | ἀγγελουμένη | ἀγγελούμενον |

将来时分词被动态

| λυθησόμενος | λυθησομένη | λυθησόμενον |

弱变化不定过去时分词中动态

| λῡσάμενος | λῡσαμένη | λῡσάμενον |

强变化不定过去时分词中动态

| βαλόμενος | βαλομένη | βαλόμενον |

无构干元音动词强变化不定过去时分词中动态

δόμενος	δομένη	δόμενον
θέμενος	θεμένη	θέμενον
-ἕμενος	-ἑμένη	-ἕμενον

完成时分词中动态/被动态

格	阳性	阴性	中性
主格（单数）	λελυμένος	λελυμένη	λελυμένον
属格	λελυμένου	λελυμένης	λελυμένου
与格	λελυμένῳ	λελυμένῃ	λελυμένῳ
宾格	λελυμένον	λελυμένην	λελυμένον
呼格	λελυμένε	λελυμένη	λελυμένον
主格/宾格/呼格（双数）	λελυμένω	λελυμένᾱ	λελυμένω
属格/与格	λελυμένοιν	λελυμέναιν	λελυμένοιν
主格/呼格（复数）	λελυμένοι	λελυμέναι	λελυμένα
属格	λελυμένων	λελυμένων	λελυμένων
与格	λελυμένοις	λελυμέναις	λελυμένοις
宾格	λελυμένους	λελυμένᾱς	λελυμένα

辅音词干的完成时分词中动态/被动态有相同的变格：

γεγραμμένος	γεγραμμένη	γεγραμμένον
πεπεμμένος	πεπεμμένη	πεπεμμένον
ᾐσχυμμένος	ᾐσχυμμένη	ᾐσχυμμένον
τεταγμένος	τεταγμένη	τεταγμένον
ἐληλεγμένος	ἐληλεγμένη	ἐληλεγμένον
κεκελευσμένος	κεκελευσμένη	κεκελευσμένον
πεφασμένος	πεφασμένη	πεφασμένον
ἠγγελμένος	ἠγγελμένη	ἠγγελμένον

第一和第三变格类分词

词干元音动词的现在时分词主动态

格	阳性	阴性	中性
主格/呼格（单数）	λύων	λύουσα	λῦον
属格	λύοντος	λυούσης	λύοντος
与格	λύοντι	λυούσῃ	λύοντι

续表

格	阳性	阴性	中性
宾格	λύοντα	λύουσαν	λῦον
主格/宾格/呼格（双数）	λύοντε	λυούσᾱ	λύοντε
属格/与格	λυόντοιν	λυούσαιν	λυόντοιν
主格/呼格（复数）	λύοντες	λύουσαι	λύοντα
属格	λυόντων	λυουσῶν	λυόντων
与格	λύουσι(ν)	λυούσαις	λύουσι(ν)
宾格	λύοντας	λυούσᾱς	λύοντα

已缩音动词的现在时分词主动态

格	阳性	阴性	中性
主格/呼格（单数）	νῑκῶν	νῑκῶσα	νῑκῶν
属格	νῑκῶντος	νῑκώσης	νῑκῶντος
与格	νῑκῶντι	νικώσῃ	νῑκῶντι
宾格	νῑκῶντα	νῑκῶσαν	νῑκῶν
主格/宾格/呼格（双数）	νῑκῶντε	νῑκώσᾱ	νῑκῶντε
属格/呼格	νῑκώντοιν	νῑκώσαιν	νῑκώντοιν
主格/呼格（复数）	νῑκῶντες	νῑκῶσαι	νῑκῶντα
属格	νῑκώντων	νῑκωσῶν	νῑκώντων
与格	νῑκῶσι(ν)	νῑκώσαις	νῑκῶσι(ν)
宾格	νῑκῶντας	νῑκώσᾱς	νῑκῶντα

格	阳性	阴性	中性
主格/呼格（单数）	ἀδικῶν	ἀδικοῦσα	ἀδικοῦν
属格	ἀδικοῦντος	ἀδικούσης	ἀδικοῦντος
与格	ἀδικοῦντι	ἀδικούσῃ	ἀδικοῦντι
宾格	ἀδικοῦντα	ἀδικοῦσαν	ἀδικοῦν
主格/宾格/呼格（双数）	ἀδικοῦντε	ἀδικούσᾱ	ἀδικοῦντε
属格/与格	ἀδικούντοιν	ἀδικούσαιν	ἀδικούντοιν
主格/呼格（复数）	ἀδικοῦντες	ἀδικοῦσα	ἀδικοῦντα
属格	ἀδικούντων	ἀδικουσῶν	ἀδικούντων
与格	ἀδικοῦσι(ν)	ἀδικούσαις	ἀδικοῦσι(ν)
宾格	ἀδικοῦντας	ἀδικούσᾱς	ἀδικοῦντα

格	阳性	阴性	中性
主格/呼格（单数）	ἀξιῶν	ἀξιοῦσα	ἀξιοῦν
属格	ἀξιοῦντος	ἀξιούσης	ἀξιοῦντος
与格	ἀξιοῦντι	ἀξιούσῃ	ἀξιοῦντι
宾格	ἀξιοῦντα	ἀξιοῦσαν	ἀξιοῦν
主格/宾格/呼格（双数）	ἀξιοῦντε	ἀξιούσιᾱ	ἀξιοῦντε
属格/与格	ἀξιούντοιν	ἀξιούσαιν	ἀξιούντοιν
主格/呼格（复数）	ἀξιοῦντες	ἀξιοῦσαι	ἀξιοῦντα
属格	ἀξιούντων	ἀξιουσῶν	ἀξιούντοιν
与格	ἀξιοῦσι(ν)	ἀξιούσαις	ἀξιοῦσι(ν)
宾格	ἀξιοῦντας	ἀξιούσᾱς	ἀξιοῦντα

无构干元音动词的现在时分词主动态

格	阳性	阴性	中性
主格/呼格（单数）	διδούς	διδοῦσα	διδόν
属格	διδόντος	διδούσης	διδόντος
与格	διδόντι	διδούσῃ	διδόντι
宾格	διδόντα	διδοῦσαν	διδόν
主格/宾格/呼格（双数）	διδόντε	διδούσᾱ	διδόντε
属格/与格	διδόντοιν	διδούσαιν	διδόντοιν
主格/呼格（复数）	διδόντες	διδοῦσαι	διδόντα
属格	διδόντων	διδουσῶν	διδόντων
与格	διδοῦσι(ν)	διδούσαις	διδοῦσι(ν)
宾格	διδόντας	διδούσᾱς	διδόντα

格	阳性	阴性	中性
主格/呼格（单数）	ἱστάς	ἱστᾶσα	ἱστάν
属格	ἱστάντος	ἱστάσης	ἱστάντος
与格	ἱστάντι	ἱστάσῃ	ἱστάντι
宾格	ἱστάντα	ἱστᾶσαν	ἱστάν
主格/宾格/呼格（双数）	ἱστάντε	ἱστάσᾱ	ἱστάντε

续表

格	阳 性	阴 性	中 性
属格/与格	ἱστάντοιν	ἱστάσαιν	ἱστάντοιν
主格/呼格(复数)	ἱστάντες	ἱστᾶσαι	ἱστάντα
属格	ἱστάτων	ἱστᾱτῶν	ἱστάντων
与格	ἱστᾶσι(ν)	ἱστάσαις	ἱστᾶσι(ν)
宾格	ἱστάντας	ἱστάσᾱς	ἱστάντα

格	阳 性	阴 性	中 性
主格/呼格(单数)	τιθείς	τιθεῖσα	τιθέν
属格	τιθέντος	τιθείσης	τιθέντος
与格	τιθέντι	τιθείσῃ	τιθέντι
宾格	τιθέντα	τιθεῖσαν	τιθέν
主格/宾格/呼格(双数)	τιθέντε	τιθείσᾱ	τιθέντε
属格/与格	τιθέντοιν	τιθείσαιν	τιθέντοιν
主格/呼格(复数)	τιθέντες	τιθεῖσαι	τιθέντα
属格	τιθέντων	τιθεισῶν	τιθέντων
与格	τιθεῖσι(ν)	τιθείσαις	τιθεῖσι(ν)
宾格	τιθέντας	τιθείσᾱς	τιθέντα

格	阳 性	阴 性	中 性
主格/呼格(单数)	ἱείς	ἱεῖσα	ἱέν
属格	ἱέντος	ἱείσης	ἱέντος
与格	ἱέντι	ἱείσῃ	ἱέντι
宾格	ἱέντα	ἱεῖσαν	ἱέν
主格/宾格/呼格(双数)	ἱέντε	ἱείσᾱ	ἱέντε
属格/与格	ἱέντοιν	ἱείσαιν	ἱέντοιν
主格/呼格(复数)	ἱέντες	ἱεῖσαι	ἱέντα
属格	ἱέντων	ἱεισῶν	ἱέντων
与格	ἱεῖσι(ν)	ἱείσαις	ἱεῖσι(ν)
宾格	ἱέντας	ἱείσᾱς	ἱέντα

格	阳性	阴性	中性
主格/呼格(单数)	δεικνύς	δεικνῦσα	δεικνύν
属格	δεικνύντος	δεικνύσης	δεικνύντος
与格	δεικνύντι	δεικνύσῃ	δεικνύτι
宾格	δεικνύντα	δεικνῦσαν	δεικνύν
主格/宾格/呼格(双数)	δεικνύντε	δεικνύσᾱ	δεικνύντε
属格/与格	δεικνύντοιν	δεικνύσαιν	δεικνύντοιν
主格/呼格(复数)	δεικνύντες	δεικνῦσαι	δεικνύντα
属格	δεικνύντων	δεικνῡσῶν	δεικνύντων
与格	δεικνῦσι(ν)	δεικνύσαις	δεικνῦσι(ν)
宾格	δεικνύντας	δεικνύσᾱς	δεικνύντα

格	阳性	阴性	中性
主格/呼格(单数)	ἰών	ἰοῦσα	ἰόν
属格	ἰόντος	ἰούσης	ἰόντος
与格	ἰόντι	ἰούσῃ	ἰόντι
宾格	ἰόντα	ἰοῦσαν	ἰόν
主格/宾格/呼格(双数)	ἰόντε	ἰούσᾱ	ἰόντε
属格/与格	ἰόντοιν	ἰούσαιν	ἰόντοιν
主格/呼格(复数)	ἰόντες	ἰοῦσαι	ἰόντα
属格	ἰόντων	ἰουσῶν	ἰόντων
与格	ἰοῦσι(ν)	ἰούσαις	ἰοῦσι(ν)
宾格	ἰόντας	ἰούσᾱς	ἰόντα

格	阳性	阴性	中性
主格/呼格(单数)	ὤν	οὖσα	ὄν
属格	ὄντος	οὔσης	ὄντος
与格	ὄντι	οὔσῃ	ὄντι
宾格	ὄντα	οὖσαν	ὄν
主格/宾格/呼格(双数)	ὄντε	οὔσᾱ	ὄντε
属格/与格	ὄντοιν	οὔσαιν	ὄντοιν
主格/呼格(复数)	ὄντες	οὖσαι	ὄντα
属格	ὄντων	οὐσῶν	ὄντων
与格	οὖσι(ν)	οὔσαις	οὖσι(ν)
宾格	ὄντας	οὔσᾱς	ὄντα

格	阳性	阴性	中性
主格/呼格（单数）	φάς	φᾶσα	φάν
属格	φάντος	φάσης	φάντος
与格	φάντι	φάσῃ	φάντι
宾格	φάντα	φᾶσαν	φάν
主格/宾格/呼格（双数）	φάντε	φάσᾱ	φάντε
属格/与格	φάντοιν	φάσαιν	φάντοιν
主格/呼格（复数）	φάντες	φᾶσαι	φάντα
属格	φάντων	φᾱσῶν	φάντων
与格	φᾶσι(ν)	φάσαις	φᾶσι(ν)
宾格	φάντας	φᾱσᾱς	φάντα

将来时的分词主动态

格	阳性	阴性	中性
主格/呼格（单数）	λύσων	λύσουσα	λῦσον
属格	λύσοντος	λῡσούσης	λύσοντος
与格	λύσοντι	λῡσούσῃ	λύσοντι
宾格	λύσοντα	λύσουσαν	λῦσον
主格/宾格/呼格（双数）	λύσοντε	λῡσούσᾱ	λύσοντε
属格/与格	λῡσόντοιν	λῡσούσαιν	λῡσόντοιν
主格/呼格（复数）	λύσοντες	λύσουσαι	λύσοντα
属格	λῡσόντων	λῡσουσῶν	λῡσόντων
与格	λύσουσι(ν)	λῡσούσαις	λύσουσι(ν)
宾格	λύσοντας	λῡσούσᾱς	λύσοντα

已缩音的将来时分词主动态

格	阳性	阴性	中性
主格/呼格（单数）	ἑλῶν	ἑλῶσα	ἑλῶν
属格	ἑλῶντος	ἑλώσης	ἑλῶντος
与格	ἑλῶντι	ἑλώσῃ	ἑλῶτι
宾格	ἑλῶντα	ἑλῶσαν	ἑλῶν
主格/宾格/呼格（双数）	ἑλῶντε	ἑλώσᾱ	ἑλῶντε

续表

格	阳性	阴性	中性
属格/与格	ἑλόντοιν	ἑλώσαιν	ἑλόντοιν
主格/呼格(复数)	ἑλῶντες	ἑλῶσαι	ἑλῶντα
属格	ἑλώτων	ἑλωσῶν	ἑλόντων
与格	ἑλῶσι(ν)	ἑλώσαις	ἑλῶσι(ν)
宾格	ἑλῶντας	ἑλώσᾱς	ἑλῶντα

格	阳性	阴性	中性
主格/呼格(单数)	ἀγγελῶν	ἀγγελοῦσα	ἀγγελοῦν
属格	ἀγγελοῦντος	ἀγγελούσης	ἀγγελοῦντος
与格	ἀγγελοῦντι	ἀγγελούσῃ	ἀγγελοῦντι
宾格	ἀγγελοῦντα	ἀγγελοῦσαν	ἀγγελοῦν
主格/宾格/呼格(双数)	ἀγγελοῦντε	ἀγγελούσᾱ	ἀγγελοῦντε
属格/与格	ἀγγελούντοιν	ἀγγελούσαιν	ἀγγελούντοιν
主格/呼格(复数)	ἀγγελοῦντος	ἀγγελοῦσαι	ἀγγελοῦντα
属格	ἀγγελούντων	ἀγγελουσῶν	ἀγγελούντων
与格	ἀγγελοῦσι(ν)	ἀγγελούσαις	ἀγγελοῦσι(ν)
宾格	ἀγγελοῦντας	ἀγγελούσᾱς	ἀγγελοῦντα

弱变化不定过去时分词主动态

格	阳性	阴性	中性
主格/呼格(单数)	λύ̄σᾱς	λύ̄σᾱσα	λῦσαν
属格	λύ̄σαντος	λῡσάσης	λύ̄σαντος
与格	λύ̄σαντι	λῡσάσῃ	λύ̄σαντι
宾格	λύ̄σαντα	λύ̄σᾱσαν	λῦσαν
主格/宾格/呼格(双数)	λύ̄σαντε	λῡσάσᾱ	λύ̄σαντε
属格/与格	λῡσάντοιν	λῡσάσαιν	λῡσάντοιν
主格/呼格(复数)	λύ̄σαντες	λύ̄σᾱσαι	λύ̄σαντα
属格	λῡσάντων	λῡσᾱσῶν	λῡσάντων
与格	λύ̄σᾱσι(ν)	λῡσάσαις	λύ̄σᾱσι(ν)
宾格	λύ̄σαντας	λῡσάσᾱς	λύ̄σαντα

强变化不定过去时分词主动态

格	阳性	阴性	中性
主格/呼格(单数)	βαλών	βαλοῦσα	βαλόν
属格	βαλόντος	βαλούσης	βαλόντος
与格	βαλόντι	βαλούσῃ	βαλόντι
宾格	βαλόντα	βαλοῦσαν	βαλόν
主格/宾格/呼格(双数)	βαλόντε	βαλούσᾱ	βαλόντε
属格/与格	βαλόντοιν	βαλούσαιν	βαλόντοιν
主格/呼格(复数)	βαλόντες	βαλοῦσαι	βαλόντα
属格	βαλόντων	βαλουσῶν	βαλόντων
与格	βαλοῦσι(ν)	βαλούσαις	βαλοῦσι(ν)
宾格	βαλόντας	βαλούσᾱς	βαλόντα

无构干元音动词强变化不定过去时分词主动态

格	阳性	阴性	中性
主格/呼格(单数)	δούς	δοῦσα	δόν
属格	δόντος	δούσης	δόντος
与格	δόντι	δούσῃ	δόντι
宾格	δόντα	δοῦσαν	δόν
主格/宾格/呼格(双数)	δόντε	δούσᾱ	δόντε
属格/与格	δόντοιν	δούσαιν	δόντοιν
主格/呼格(复数)	δόντες	δοῦσαι	δόντα
属格	δόντων	δουσῶν	δόντων
与格	δοῦσι(ν)	δούσαις	δοῦσι(ν)
宾格	δόντας	δούσᾱς	δόντα

格	阳性	阴性	中性
主格/呼格(单数)	στάς	στᾶσα	στάν
属格	στάντος	στάσης	στάντος
与格	στάντι	στάσῃ	στάντι
宾格	στάντα	στᾶσαν	στάν
主格/宾格/呼格(双数)	στάντε	στάσᾱ	στάντε

续表

格	阳性	阴性	中性
属格/与格	στάντοιν	στάσαιν	στάντοιν
主格/呼格（复数）	στάντες	στᾶσαι	στάντα
属格	στάντων	στᾶσῶν	στάντων
与格	στᾶσι(ν)	στάσαις	στᾶσι(ν)
宾格	στάντας	στάσᾱς	στάντα

格	阳性	阴性	中性
主格/呼格（单数）	θείς	θεῖσα	θέν
属格	θέντος	θείσης	θέντος
与格	θέντι	θείσῃ	θέντι
宾格	θέντα	θεῖσαν	θέν
主格/宾格/呼格（双数）	θέντε	θείσᾱ	θέντε
属格/与格	θέντοιν	θείσαιν	θέντοιν
主格/呼格（复数）	θέντες	θεῖσαι	θέντα
属格	θέντων	θεισῶν	θέντων
与格	θεῖσι(ν)	θείσαις	θεῖσι(ν)
宾格	θέντας	θείσᾱς	θέντα

格	阳性	阴性	中性
主格/呼格（单数）	-είς	-εῖσα	-έν
属格	-έντος	-είσης	-έντος
与格	-έντι	-είσῃ	-έντι
宾格	-έντα	-είσαν	-έν
主格/宾格/呼格（双数）	-έντε	-είσᾱ	-έντε
属格/与格	-έντοιν	-είσαιν	-έντοιν
主格/呼格（复数）	-έντες	-εῖσαι	-έντα
属格	-έντων	-εισῶν	-έντων
与格	-εῖσι(ν)	-είσαις	-εῖσι(ν)
宾格	-έντας	-είσᾱς	-έντα

格	阳性	阴性	中性
主格/呼格（单数）	γνούς	γνοῦσα	γνόν
属格	γνόντος	γνούσης	γνόντος
与格	γνόντι	γνούσῃ	γνόντι
宾格	γνόντα	γνοῦσαν	γνόν
主格/宾格/呼格（双数）	γνόντε	γνούσᾱ	γνόντε
属格/与格	γνόντοιν	γνούσαιν	γνόντοιν
主格/呼格（复数）	γνόντες	γνοῦσαι	γνόντα
属格	γνόντων	γνουσῶν	γνόντων
与格	γνοῦσι(ν)	γνούσαις	γνοῦσι(ν)
宾格	γνόντας	γνούσᾱς	γνόντα

格	阳性	阴性	中性
主格/呼格（单数）	δύς	δῦσα	δύν
属格	δύντος	δύσης	δύντος
与格	δύντι	δύσῃ	δύντι
宾格	δύντα	δῦσαν	δύν
主格/宾格/呼格（双数）	δύντε	δύσᾱ	δύντε
属格/与格	δύντοιν	δύσαιν	δύντοιν
主格/呼格（复数）	δύντες	δῦσαι	δύντα
属格	δύντων	δῦσῶν	δύντων
与格	δῦσι(ν)	δύσαις	δῦσι(ν)
宾格	δύντας	δύσᾱς	δύντα

不定过去时分词被动态

格	阳性	阴性	中性
主格/呼格（单数）	λυθείς	λυθεῖσα	λυθέν
属格	λυθέντος	λυθείσης	λυθέντος
与格	λυθέντι	λυθείσῃ	λυθέντι
宾格	λυθέντα	λυθεῖσαν	λυθέν
主格/宾格/呼格（双数）	λυθέντε	λυθείσᾱ	λυθέντε
属格/与格	λυθέντοιν	λυθείσαιν	λυθέντοιν

续表

格	阳性	阴性	中性
主格/呼格（复数）	λυθέντες	λυθεῖσαι	λυθέντα
属格	λυθέντων	λυθεισῶν	λυθέντων
与格	λυθεῖσι(ν)	λυθείσαις	λυθεῖσι(ν)
宾格	λυθέντας	λυθείσᾱς	λυθέντα

完成时分词主动态

格	阳性	阴性	中性
主格/呼格（单数）	λελυκώς	λελυκυῖα	λελυκός
属格	λελυκότος	λελυκυίᾱς	λελυκότος
与格	λελυκότι	λελυκυίᾱ	λελυκότι
宾格	λελυκότα	λελυκυῖαν	λελυκός
主格/宾格/呼格（双数）	λελυκότε	λελυκυίᾱ	λελυκότε
属格/与格	λελυκότοιν	λελυκυίαιν	λελυκότοιν
主格/呼格（复数）	λελυκότες	λελυκυῖαι	λελυκότα
属格	λελυκότων	λελυκυιῶν	λελυκότων
与格	λελυκόσι(ν)	λελυκυίαις	λελυκόσι(ν)
宾格	λελυκότας	λελυκυίᾱς	λελυκότα

六 代 词

人称代词

格	第一人称	第二人称
主格（单数）	ἐγώ	σύ
属格	ἐμοῦ/ μου	σοῦ/ σου
与格	ἐμοί/ μοι	σοί/ σοι
宾格	ἐμέ/ με	σέ/ σε
主格/宾格（双数）	νώ	σφώ
属格/与格	νῶν	σφῶν
主格（复数）	ἡμεῖς	ὑμεῖς
属格	ἡμῶν	ὑμῶν
与格	ἡμῖν	ὑμῖν
宾格	ἡμᾶς	ὑμᾶς

反身代词

第一人称

格	阳 性	阴 性
属格（单数）	ἐμαυτοῦ	ἐμαυτῆς
与格	ἐμαυτῷ	ἐμαυτῇ
宾格	ἐμαυτόν	ἐμαυτήν
属格（复数）	ἡμῶν αὐτῶν	ἡμῶν αὐτῶν
与格	ἡμῖν αὐτοῖς	ἡμῖν αὐταῖς
宾格	ἡμᾶς αὐτούς	ἡμᾶς αὐτάς

第二人称

格	阳　性	阴　性
属格（单数）	σεαυτοῦ/ σαυτοῦ	σεαυτῆς/ σαυτῆς
与格	σεαυτῷ/ σαυτῷ	σεαυτῇ/ σαυτῇ
宾格	σεαυτόν/ σαυτόν	σεαυτήν/ σαυτήν
属格（复数）	ὑμῶν αὐτῶν	ὑμῶν αὐτῶν
与格	ὑμῖν αὐτοῖς	ὑμῖν αὐταῖς
宾格	ὑμᾶς αὐτούς	ὑμᾶς αὐτάς

第三人称

格	阳　性	阴　性	阴　性
属格（单数）	ἑαυτοῦ/ αὐτοῦ	ἑαυτῆς/ αὐτῆς	ἑαυτοῦ/ αὐτοῦ
与格	ἑαυτῷ/ αὐτῷ	ἑαυτῇ/ αὐτῇ	ἑαυτῷ/ αὐτῷ
宾格	ἑαυτόν/ αὐτόν	ἑαυτήν/ αὐτήν	ἑαυτόν/ αὐτόν
属格（复数）	ἑαυτῶν/ αὐτῶν	ἑαυτῶν/ αυτῶν	ἑαυτῶν/ αὐτῶν
与格	ἑαυτοῖς/ αὐτοῖς	ἑαυταῖς/ αὐταῖς	ἑαυτοῖς/ αὐτοῖς
宾格	ἑαυτούς/ αὐτούς	ἑαυτάς/ αὐτάς	ἑαυτά/ αὐτά

或者……

属格（复数）	σφῶν αὐτῶν	σφῶν αὐτῶν
与格	σφίσιν αὐτοῖς	σφίσιν αὐταῖς
宾格	σφᾶς αὐτούς	σφᾶς αὐτάς

间接反身代词（第三人称）

格	阳性/阴性
属格（单数）	οὗ/ οὑ
与格	οἷ/ οἱ
宾格	ἕ/ ἑ
属格（复数）	σφῶν
与格	σφίσι(ν)
宾格	σφᾶς

形容词/代词 αὐτός, αὐτή, αὐτό

	阳 性	阴 性	中 性
主格（单数）	αὐτός	αὐτή	αὐτό
属格	αὐτοῦ	αὐτῆς	αὐτοῦ
与格	αὐτῷ	αὐτῇ	αὐτῷ
宾格	αὐτόν	αὐτήν	αὐτό
主格/宾格（双数）	αὐτώ	αὐτά	αὐτώ
属格/与格	αὐτοῖν	αὐταῖν	αὐτοῖν
主格（复数）	αὐτοί	αὐταί	αὐτά
属格	αὐτῶν	αὐτῶν	αὐτῶν
与格	αὐτοῖς	αὐταῖς	αὐτοῖς
宾格	αὐτούς	αὐτάς	αὐτά

冠 词

格	阳 性	阴 性	中 性
主格（单数）	ὁ	ἡ	τό
属格	τοῦ	τῆς	τοῦ
与格	τῷ	τῇ	τῷ
宾格	τόν	τήν	τό
主格/宾格（双数）	τώ	τώ	τώ
属格/与格	τοῖν	τοῖν	τοῖν
主格（复数）	οἱ	αἱ	τά
属格	τῶν	τῶν	τῶν
与格	τοῖς	ταῖς	τοῖς
宾格	τούς	τάς	τά

指示形容词/代词

格	阳 性	阴 性	中 性
主格（单数）	οὗτος	αὕτη	τοῦτο
属格	τούτου	ταύτης	τούτου
与格	τούτῳ	ταύτῃ	τούτῳ
宾格	τοῦτον	ταύτην	τοῦτο
主格/宾格（双数）	τούτω	τούτω	τούτω
属格/与格	τούτοιν	τούτοιν	τούτοιν
主格（复数）	οὗτοι	αὗται	ταῦτα
属格	τούτων	τούτων	τούτων
与格	τούτοις	ταύταις	τούτοις
宾格	τούτους	τούτᾱς	ταῦτα

格	阳 性	阴 性	中 性
主格（单数）	ἐκεῖνος	ἐκείνη	ἐκεῖνο
属格	ἐκείνου	ἐκείνης	ἐκείνου
与格	ἐκείνῳ	ἐκείνῃ	ἐκείνῳ
宾格	ἐκεῖνον	ἐκείνην	ἐκεῖνο
主格/宾格（双数）	ἐκείνω	ἐκείνω	ἐκείνω
属格/与格	ἐκείνοιν	ἐκείνοιν	ἐκείνοιν
主格（复数）	ἐκεῖνοι	ἐκεῖναι	ἐκεῖνα
属格	ἐκείνων	ἐκείνων	ἐκείνων
与格	ἐκείνοις	ἐκείναις	ἐκείνοις
宾格	ἐκείνᾱς	ἐκείνᾱς	ἐκεῖνα

格	阳 性	阴 性	中 性
主格（单数）	ὅδε	ἥδε	τόδε
属格	τοῦδε	τῆσδε	τοῦδε
与格	τῷδε	τῇδε	τῷδε
宾格	τόνδε	τήνδε	τόδε

续表

格	阳性	阴性	中性
主格/宾格（双数）	τώδε	τώδε	τώδε
属格/与格	τοῖνδε	τοῖνδε	τοῖνδε
主格（复数）	οἵδε	αἵδε	τάδε
属格	τῶνδε	τῶνδε	τῶνδε
与格	τοῖσδε	ταῖσδε	τοῖσδε
宾格	τούσδε	τάσδε	τάδε

相互代词

格	阳性	阴性	中性
属格/与格（双数）	ἀλλήλοιν	ἀλλήλαιν	ἀλλήλοιν
宾格	ἀλλήλω	ἀλλήλᾱ	ἀλλήλω
属格（复数）	ἀλλήλων	ἀλλήλων	ἀλλήλων
与格	ἀλλήλοις	ἀλλήλαις	ἀλλήλοις
宾格	ἀλλήλους	ἀλλήλᾱς	ἄλληλα

疑问代词/形容词

格	阳性/阴性	中性
主格（单数）	τίς	τί
属格	τίνος/τοῦ	τίνος/τοῦ
与格	τίνι/τῷ	τίνι/τῷ
宾格	τίνα	τί
主格/宾格（双数）	τίνε	τίνε
属格/与格	τίνοιν	τίνοιν
主格（复数）	τίνες	τίνα
属格	τίνων	τίνων
与格	τίσι(ν)	τίσι(ν)
宾格	τίνας	τίνα

不定代词/形容词

格	阳性/阴性	中性
主格（单数）	τις	τι
属格	τινός/του	τινός/του
与格	τινί/τῳ	τινί/τῳ
宾格	τινά	τι
主格/宾格（双数）	τινέ	τινέ
属格/与格	τινοῖν	τινοῖν
主格（复数）	τινές	τινά
属格	τινῶν	τινῶν
与格	τισί(ν)	τισί(ν)
宾格	τινάς	τινά

关系代词

格	阳性	阴性	中性
主格（单数）	ὅς	ἥ	ὅ
属格	οὗ	ἧς	οὗ
与格	ᾧ	ᾗ	ᾧ
宾格	ὅν	ἥν	ὅ
主格/宾格（双数）	ὥ	ὥ	ὥ
属格/与格	οἷν	οἷν	οἷν
主格（复数）	οἵ	αἵ	ἅ
属格	ὧν	ὧν	ὧν
与格	οἷς	αἷς	οἷς
宾格	οὕς	ἅς	ἅ

不定关系代词/间接疑问代词/形容词

	阳 性	阴 性	中 性
主格（单数）	ὅστις	ἥτις	ὅτι
属格	οὗτινος/ ὅτου	ἧστινος	οὗτινος/ ὅτου
与格	ᾧτινι/ ὅτῳ	ᾗτινι	ᾧτινι/ ὅτῳ
宾格	ὅντινα	ἥντινα	ὅτι
主格/宾格（双数）	ὥτινε	ὥτινε	ὥτινε
属格/与格	οἷντινοιν	οἷντινοιν	οἷντινοιν
主格（复数）	οἵτινες	αἵτινες	ἅτινα/ ἅττα
属格	ὧντινων/ ὅτων	ὧντινων	ὧντινων/ ὅτων
与格	οἷστισι(ν)/ ὅτοις	αἷστισι(ν)	οἷστισι(ν)/ ὅτοις
宾格	οὕστινας	ἅστινας	ἅτινα/ ἅττα

否定代词/形容词

	阳 性	阴 性	中 性
主格（单数）	οὐδείς	οὐδεμία	οὐδέν
属格	οὐδενός	οὐδεμιᾶς	οὐδενός
与格	οὐδενί	οὐδεμιᾷ	οὐδενί
宾格	οὐδένα	οὐδεμίαν	οὐδέν
主格（单数）	μηδείς	μηδεμία	μηδέν
属格	μηδενός	μηδεμιᾶς	μηδενός
与格	μηδενί	μηδεμιᾷ	μηδενί
宾格	μηδένα	μηδεμίαν	μηδέν

七 数 词

数词的变格

	一			二
	阳 性	阴 性	中 性	阳性/阴性/中性
主格	εἷς	μία	ἕν	δύο
属格	ἑνός	μιᾶς	ἑνός	δυοῖν
与格	ἑνί	μιᾷ	ἑνί	δυοῖν
宾格	ἕνα	μίαν	ἕν	δύο

	三		四	
	阳性/阴性	中 性	阳性/阴性	中 性
主格	τρεῖς	τρία	τέτταρες	τέτταρα
属格	τριῶν	τριῶν	τεττάρων	τεττάρων
与格	τρισί(ν)	Τρισί(ν)	τέτταρσι(ν)	τέτταρσι(ν)
宾格	τρεῖς	τρία	τέτταρας	τέτταρα

双 数

双数：名词和形容词

在每种变格里双数的各种词尾变化如下。这些词尾加在通常的词干后;音调不变。

	第一变格类	第二变格类	第三变格类
主格/宾格/呼格(双数)	-ā	-ω	-ε
属格/与格	-αιν	-οιν	-οιν

第一种变格的双数主格/宾格/呼格的词尾-ā和主格单数的词尾-ā相同。

双数:动词

动词的双数形式如下。与这儿所要求的无构干元音或词干元音一起，这些动词附带了常规的词干;音调是前置的。双数动词的单数和复数形式如下表。在阿提卡希腊语中没有双数动词的第一人称形式。

主动态	第一系统	第二系统	命令式
2	-τον	-τον	-τον
3	-τον	-την	-των

	中动态/被动态		
2	-σθον	-σθον	-σθον
3	-σθον	-σθην	-σθων

不定过去时被动态的双数使用主动态人称标志。

双数的用法

当涉及两个人或事物时,有时使用双数形式代替复数形式。在阿提卡希腊语中复数已经很大程度上代替了双数的功能。一个双数的主语常常支配一个复数动词。双数很大程度上使用于自然成双的东西,例如,τὼ χεῖρε[用双(两只)手]。

数 词 表

数的符号	基数词	序数词	次数词
α´ 1	εἷς, μία, ἕν	πρῶτος, η, ον	ἅπαξ
β´ 2	δύο	δεύτερος, α ον	δίς
γ´ 3	τρεῖς, τρία	τρίτος, η, ον	τρίς
δ´ 4	τέτταρες, τέτταρα	τέταρτος, η, ον	τετράκις
ε´ 5	πέντε	πέμπτος	πεντάκις
ϛ´ 6	ἕξ	ἕκτος	ἑξάκις
ζ´ 7	ἑπτά	ἕβδομος	ἑπτάκις
η´ 8	ὀκτώ	ὄγδοος, η, ον	ὀκτάκις
ϑ´ 9	ἐννέα	ἔνατος	ἐνάκις
ι´ 10	δέκα	δέκατος	δεκάκις
ια´ 11	ἕνδεκα	ἑνδέκατος	ἑνδεκάκις
ιβ´ 12	δώδεκα	δωδέκατος	δωδεκάκις
ιγ´ 13	τρεῖς(τρία) καὶ δέκα	τρίτος καὶ δέκατος	τρισκαιδεκάκις
ιδ´ 14	τέτταρες(-α) καὶδέκα	τέταρτος καὶ δέκατος	τετταρεσκαιδεκάκις
ιε´ 15	πεντεκαίδεκα	πεντεκαιδέκατος	πεντεκαιδεκάκις
ιϛ´ 16	ἑκκαίδεκα	ἑκκαιδέκατος	ἑκκαιδεκάκις
ιζ´ 17	ἑπτακαίδεκα	ἑπτακαιδέκατος	ἑπτακαιδεκάκις
ιη´ 18	ὀκτωκαίδεκα	ὀκτωκαιδέκατος	ὀκτωκαιδεκάκις
ιϑ´ 19	ἐννεακαίδεκα	ἐννεακαιδέκατος	ἐννεακαιδεκάκις
κ´ 20	εἴκοσι(ν)	εἰκοστός	εἰκοσάκις
λ´ 30	τριάκοντα	τριακοστός	τριακοντάκις
μ´ 40	τετταράκοντα	τετταρακοστός	τετταρακοντάκις
ν´ 50	πεντήκοντα	πεντηκοστός	πεντηκοντάκις
ξ´ 60	ἑξήκοντα	ἑξηκοστός	ἑξηκοντάκις
ο´ 70	ἑβδομήκοντα	ἑβδομηκοστός	ἑβδομηκοντάκις
π´ 80	ὀγδοήκοντα	ὀγδοηκοστός	ὀγδοηκοντάκις
ϙ´ 90	ἐνενήκοντα	ἐνενηκοστός	ἐνενηκοντάκις

续表

数的符号	基数词	序数词	次数词
ϱ´ 100	ἑκατόν	ἑκατοστός	ἑκατοντάκις
ο´ 200	διακόσιοι, αι, α	διακοσιοστός	διακοσιάκις
τ´ 300	τριακόσιοι	τριακοσιοστός	τριακοσιάκις
υ´ 400	τετρακόσιοι	τετρακοσιοστός	τετρακοσιάκις
φ´ 500	πεντακόσιοι	πεντακοσιοστός	πεντακοσιάκις
χ´ 600	ἑξακόσιοι	ἑξακοσιοστός	ἑξακοσιάκις
ψ´ 700	ἑπτακόσιοι	ἑπτακοσιοστός	ἑπτακοσιάκις
ω´ 800	ὀκτακόσιοι	ὀκτακοσιοστός	ὀκτακοσιάκις
ϡ´ 900	ἐνακόσιοι	ἐνακοσιοστός	ἐνακοσιάκις
͵α 1000 ͵β 2000 ͵γ 3000	χίλιοι, αι, α δισχίλιοι τρισχίλιοι …	χιλιοστός δισχιλιοστός τρισχιλιοστός …	χιλιάκις δισχιλιάκις τρισχιλιάκις …
͵ι 10000 ͵κ 20000	μύριοι, αι, α δισμύριοι/ δύο μυριάδες	μυριοστός δισμυριοστός …	μυριάκις δισμυριάκις …

（1）序数词的变格像 ἀγαθός, ἀγαθή, ἀγαθόν 一样。

（2）基数词从 5—100 没有变格；数词 1—4 当用于复合数词时都要变格。

（3）比 200 更大的基数词都像 ἀγαθός, ἀγαθή, ἀγαθόν 一样变格。

八　动词的基本形式

基本形态		时态词干		衍生自词干的动词形式
		形　式	名　称	
一	παιδεύω	παιδευ-	现在时词干	所有三种语态中的现在时直陈式、虚拟式、祈愿式、命令式、不定式、分词以及在所有三种语态里的过去时直陈式
	ἵστημι	ἱστη-/ ἱστα-	无构干元音现在时词干	
二	παιδεύσω	παιδευσ-	将来时主动态和中动态词干	主动态和中动态将来时直陈式、祈愿式、不定式以及分词
三	ἐπαίδευσα	παιδευσ-	弱变化不定过去时主动态和中动态词干	主动和中动态不定过去时直陈式、虚拟式、祈愿式、命令式、不定式以及分词
	ἔλιπον	λιπ-	强变化不定过去时主动态和中动态词干	
	ἔστην	στη-/ στα-	不定过去时主动态（中动态）词干	
	ἔθηκα	θηκ-/ θε-	不定过去时主动态和中动态混合词干	
四	πεπαίδευκα	πεπαιδευκ-	完成时的主动态词干	主动态里的完成时直陈式（虚拟式,祈愿式,命令式）、不定式,以及分词；主动语态里的过去完成时直陈式
五	πεπαίδευμαι	πεπαιδευ-	完成时的中动态和被动态词干	中动态和被动态完成时直陈式[虚拟式、祈愿式、命令式]、不定式以及分词；中动态和被动态过去完成时直陈式

续表

基本形态	时态词干		衍生自词干的动词形式
六 ἐπαιδεύϑην	παιδευϑ-	不定过去时被动态词干	被动态不定过去时直陈式、虚拟式、祈愿式、命令式、不定式以及分词
	παιδευϑησ-	将来时被动态词干	被动态将来时直陈式、祈愿式、不定式以及分词

元音的缩音发生在现在时（例如：τῑμάω, ποιέω, δηλόω）和将来时主动态和中动态里（例如：ἀγγελῶ, ἐλῶ）。祈愿式主动态例外，缩音动词使用的词尾和未缩音时的词尾相同。

例如1：动词 ζάω（居住）

动词 ζάω, ζήσω, —, —, —, "居住"，在现在时和过去时里有缩音，其形式与 τῑμάω 类型的词相似，不同之处在于：ζάω 缩音为 -η-，而无论何处 τῑμάω 都缩音为 -ā-。

此动词没有现在时中动态或过去时中动态。

	现在时直陈式主动态	过去时直陈式主动态	现在时虚拟式主动态	现在时祈愿式主动态
1（单数）	ζῶ	ἔζων	ζῶ	ζῷμι 或 ζῴην
2	ζῇς	ἔζης	ζῇς	ζῷς 或 ζῴης
3	ζῇ	ἔζη	ζῇ	
				（类似于 τῑμῷμι/τῑμῴην）
1（复数）	ζῶμεν	ἐζῶμεν	ζῶμεν	
2	ζῆτε	ἐζῆτε	ζῆτε	
3	ζῶσι(ν)	ἔζων	ζῶσι(ν)	

	现在时命令式主动态	现在时不定式主动态	现在时分词主动态
2（单数）	ζῇ	ζῆν	ζῶν, ζῶσα, ζῶν（类似于 τῑμῶν, τῑμῶσα, τῑμῶν）
3	ζήτω		
2（复数）	ζῆτε		

与 τῑμάω 类不同的缩音用粗体。缩音如：ζῇς, τῑμᾷς; ζῆτε, τῑμᾶτε。

例如2：动词 χράομαι [使用、经历、视为]

动词 χράομαι, χρήσομαι, ἐχρησάμην, —, —, κέχρημαι, ἐχρήσθην,（使用、经历、视为）在属格中起主语作用。

πῶς τούτῳ τῷ ἀργυρίῳ χρησώμεθα, ὦ πάτερ; 父亲，我们将如何花这笔钱？

此类动词在现在时和过去时有缩音，其形式类似 τῑμάω，除 χράομαι 缩音为 -η-。无论何处，τῑμάω 均缩音为 -α-。

时态	现在时 直陈式 中动态	过去时 直陈式 中动态	现在时 虚拟式 中动态	现在时 祈愿式 中动态
1（单数）	χρῶμαι	ἐχρώμην	χρῶμαι	χρῴμην
2	χρῇ	ἐχρῶ	χρῇ	χρῷο
3	χρῆται	ἐχρῆτο	χρῆται	
1（复数）	χρώμεθα	ἐχρώμεθα	χρώμεθα	
2	χρῆσθε	ἐχρῆσθε	χρῆσθε	
3	χρῶνται	ἐχρῶντο	χρῶνται	

	现在时 命令式中动态	现在时 不定式中动态	现在时分词中动态
2（单数）	χρῶ	χρῆσθαι	χρώμενος, χρωμένη, χρώμενον
3	χρήσθω		（类似于 τῑμώμενος, τῑμωμένη,
2（复数）	χρῆσθε		τῑμώμενον）
3	χρήσθων		

—— 与 τῑμάω 类型不同的缩音用粗体，缩音如：χρῇ, τῑμᾷ; χρῆσθε, τῑμᾶσθε。

九 -ω动词

现在时和过去时

现在时直陈式主动态

单数	1	λύω	νīκῶ	ἀδικῶ	ἀξιῶ
	2	λύεις	νīκᾷς	ἀδικεῖς	ἀξιοῖς
	3	λύει	νīκᾷ	ἀδικεῖ	ἀξιοῖ
双数	2	λύετον	νīκᾶτον	ἀδικεῖτον	ἀξιοῦτον
	3	λύετον	νīκᾶτον	ἀδικεῖτον	ἀξιοῦτον
复数	1	λύομεν	νīκῶμεν	ἀδικοῦμεν	ἀξιοῦμεν
	2	λύετε	νīκᾶτε	ἀδικεῖτε	ἀξιοῦτε
	3	λύουσι(ν)	νīκῶσι(ν)	ἀδικοῦσι(ν)	ἀξιοῦσι(ν)

过去时直陈式主动态

单数	1	ἔλῡον	ἐνίκων	ἠδίκουν	ἠξίουν
	2	ἔλῡες	ἐνίκᾱς	ἠδίκεις	ἠξίους
	3	ἔλῡε(ν)	ἐνίκᾱ	ἠδίκει	ἠξίου
双数	2	ἐλύετον	ἐνīκᾶτον	ἠδικεῖτον	ἠξιοῦτον
	3	ἐλῡέτην	ἐνīκάτην	ἐδικείτην	ἠξιούτην
复数	1	ἐλύομεν	ἐνīκῶμεν	ἐδικοῦμεν	ἠξιοῦμεν
	2	ἐλύετε	ἐνīκᾶτε	ἐδικεῖτε	ἠξιοῦτε
	3	ἔλῡον	ἐνίκων	ἐδικοῦν	ἠξίουν

现在时虚拟式主动态

单数	1	λύω	νῑκῶ	ἀδικῶ	ἀξιῶ
	2	λύῃς	νῑκᾷς	ἀδικῇς	ἀξιοῖς
	3	λύῃ	νῑκᾷ	ἀδικῇ	ἀξιοῖ
双数	2	λύητον	νῑκᾶτον	ἀδικῆτον	ἀξιῶτον
	3	λύητον	νῑκᾶτον	ἀδικῆτον	ἀξιῶτον
复数	1	λύωμεν	νῑκῶμεν	ἀδικῶμεν	ἀξιῶμεν
	2	λύητε	νῑκᾶτε	ἀδικῆτε	ἀξιῶτε
	3	λύωσι(ν)	νῑκῶσι(ν)	ἀδικῶσι(ν)	ἀξιῶσι(ν)

现在时祈愿式主动态

单数	1	λύοιμι	νῑκῷμι	ἀδικοῖμι	ἀξιοῖμι
	2	λύοις	νῑκῷς	ἀδικοῖς	ἀξιοῖς
	3	λύοι	νῑκῷ	ἀδικοῖ	ἀξιοῖ
双数	2	λύοιτον	νῑκῷτον	ἀδικοῖτον	ἀξιοῖτον
	3	λῡοίτην	νῑκῴτην	ἀδικοίτην	ἀξιοῖμεν
复数	1	λύοιμεν	νῑκῷμεν	ἀδικοῖμεν	ἀξιοῖμεν
	2	λύοιτε	νῑκῷτε	ἀδικοῖτε	ἀξιοῖτε
	3	λύοιεν	νῑκῷεν	ἀδικοῖεν	ἀξιοῖεν

现在时祈愿式主动态（可以选择的形式）

单数	1	νῑκῴην	ἀδικοίην	ἀξιοίην
	2	νῑκῴης	ἀδικοίης	ἀξιοίης
	3	νῑκῴη	ἀδικοίη	ἀξιοίη
双数	2	νῑκῴητον	ἀδικοίητον	ἀξιοίητον
	3	νῑκῳήτην	ἀδικοιήτην	ἀξιοιήτην
复数	1	νῑκῴημεν	ἀδικοίημεν	ἀξιοίημεν
	2	νῑκῴητε	ἀδικοίητε	ἀξιοίητε
	3	νῑκῴησαν	ἀδικοίησαν	ἀξιοίησαν

现在时命令式主动态

单数	2	λῦε	νίκα	ἀδίκει	ἀξίου
	3	λῡέτω	νῑκάτω	ἀδικείτω	ἀξιούτω
双数	2	λύετον	νῑκᾶτον	ἀδικεῖτον	ἀξιοῦτον
	3	λῡέτων	νῑκάτων	ἀδικείτων	ἀξιούτων
复数	2	λύετε	νῑκᾶτε	ἀδικεῖτε	ἀξιοῦτε
	3	λῡόντων	νῑκώντων	ἀδικούντων	ἀξιούντων

现在时不定式主动态

λύειν	νῑκᾶν	ἀδικεῖν	ἀξιοῦν

现在时分词主动态

阳性	λύων	νῑκῶν	ἀδικῶν	ἀξιῶν
阴性	λύουσα	νῑκῶσα	ἀδικοῦσα	ἀξιοῦσα
中性	λῦον	νῑκῶν	ἀδικοῦν	ἀξιοῦν

现在时直陈式中动态/被动态

单数	1	λύομαι	νῑκῶμαι	ἀδικοῦμαι	ἀξιοῦμαι
	2	λύῃ/λύει	νῑκᾷ	ἀδικῇ/ἀδικεῖ	ἀξιοῖ
	3	λύεται	νῑκᾶται	ἀδικεῖστον	ἀξιοῦται
双数	2	λύεσθον	νῑκᾶσθον	ἀδικεῖσθον	ἀξιοῦσθον
	3	λύεσθον	νῑκᾶσθον	ἀδικεῖσθον	ἀξιοῦσθον
复数	1	λῡόμεθα	νῑκώμεθα	ἀδικούμεθα	ἀξιούμεθα
	2	λύεσθε	νῑκᾶσθε	ἀδικεῖσθε	ἀξιοῦσθε
	3	λύονται	νῑκῶνται	ἀδικοῦνται	ἀξιοῦνται

过去时直陈式中动态/被动态

单数	1	ἐλῡόμην	ἐνῑκώμην	ἠδικούμην	ἠξιούμην
	2	ἐλύου	ἐνῑκῶ	ἠδικοῦ	ἠξιοῦ
	3	ἐλύετο	ἐνῑκᾶτο	ἠδικεῖτο	ἠξιοῦτο
双数	2	ἐλύεσθον	ἐενῑκάσθον	ἠδικεῖσθον	ἠξιοῦσθον
	3	ἐλῡέσθην	ἐνῑκάσθην	ἠδικείσθην	ἠξιούσθην
复数	1	ἐλῡόμεθα	ἐνῑκώμεθα	ἠδικούμεθα	ἠξιούμεθα
	2	ἐλύεσθε	ἐνῑκᾶσθε	ἠδικεῖσθε	ἠξιοῦσθε
	3	ἐλύοντο	ἐνῑκῶντο	ἠδικοῦντο	ἠξιοῦντο

现在时虚拟式中动态/被动态

单数	1	λύωμαι	νῑκῶμαι	ἀδικῶμαι	ἀξιῶμαι
	2	λύῃ	νῑκᾷ	ἀδικῇ	ἀξιοῖ
	3	λύηται	νῑκᾶται	ἀδικῆται	ἀξιῶται
双数	2	λύησθον	νῑκᾶσθον	ἀδικῆσθον	ἀξιῶσθον
	3	λύησθον	νῑκᾶσθον	ἀδικῆσθον	ἀξιῶσθον
复数	1	λῡώμεθα	νῑκώμεθα	ἀδικώμεθα	ἀξιώμεθα
	2	λύησθε	νῑκᾶσθε	ἀδικῆσθε	ἀξιῶσθε
	3	λύωνται	νῑκῶνται	ἀδικῶνται	ἀξιῶνται

现在时祈愿式中动态/被动态

单数	1	λῡοίμην	νῑκῴμην	ἀδικοίμην	ἀξιοίμην
	2	λύοιο	νῑκῷο	ἀδικοῖο	ἀξιοῖο
	3	λύοιτο	νῑκῷτο	ἀδικοῖτο	ἀξιοῖτο
双数	2	λύοισθον	νῑκῷσθον	ἀδικοῖσθον	ἀξιοῖσθον
	3	λῡοίσθην	νῑκῴσθην	ἀδικοίσθην	ἀξιοίσθην
复数	1	λῡοίμεθα	νῑκῴμεθα	ἀδικοίμεθα	ἀξιοίμεθα
	2	λύοισθε	νῑκῷσθε	ἀδικοῖσθε	ἀξιοῖσθε
	3	λύοιντο	νῑκῷντο	ἀδικοῖντο	ἀξιοῖντο

现在时命令式中动态/被动态

单数	2	λύου	νίκῶ	ἀδικοῦ	ἀξιοῦ
	3	λυέσθω	νικάσθω	ἀδικείσθω	ἀξιούσθω
双数	2	λύεσθον	νικᾶσθον	ἀδικεῖσθον	ἀξιοῦσθον
	3	λυέσθων	νικάσθων	ἀδικείσθων	ἀξιούσθων
复数	2	λύεσθε	νικᾶσθε	ἀδικεῖσθε	ἀξιοῦσθε
	3	λυέσθων	νικάσθων	ἀδικείσθων	ἀξιούσθων

现在时不定式中动态/被动态

λύεσθαι	νικᾶσθαι	ἀδικεῖσθαι	ἀξιοῦσθαι

现在时分词中动态/被动态

阳性	λυόμενος	νικώμενος	ἀδικούμενος	ἀξιούμενος
阴性	λυομένη	νικωμένη	ἀδικουμένη	ἀξιουμένη
中性	λυόμενον	νικώμενον	ἀδικούμενον	ἀξιούμενον

将来时主动态和中动态

将来时直陈式主动态

单数	1	λύσω	ἐλῶ	ἀγγελῶ
	2	λύσεις	ἐλᾷς	ἀγγελεῖς
	3	λύσει	ἐλᾷ	ἀγγελεῖ
双数	2	λύσετον	ἐλᾶτον	ἀγγελεῖτον
	3	λύσετον	ἐλᾶτον	ἀγγελεῖτον
复数	1	λύσομεν	ἐλῶμεν	ἀγγελοῦμεν
	2	λύσετε	ἐλᾶτε	ἀγγελεῖτε
	3	λύσουσι(ν)	ἐλῶσι(ν)	ἐγγελοῦσι(ν)

将来时祈愿式主动态

单数	1	λύσοιμι	ἐλῷμι	ἀγγελοῖμι
	2	λύσοις	ἐλῷς	ἀγγελοῖς
	3	λύσοι	ἐλῷ	ἀγγελοῖ
双数	2	λύσοιτον	ἐλῷτον	ἀγγελοῖτον
	3	λῡσοίτην	ἐλῴτην	ἀγγελοίτην
复数	1	λύσοιμεν	ἐλῷμεν	ἀγγελοῖμεν
	2	λύσοιτε	ἐλῷτε	ἀγγελοῖτε
	3	λύσοιεν	ἐλῷεν	ἀγγελοῖεν

将来时祈愿式主动态（可以选择的形式）

单数	1		ἐλῴην	ἀγγελοίην
	2		ἐλῴης	ἀγγελοίης
	3		ἐλῴη	ἀγγελοίη
双数	2		ἐλῴητον	ἀγγελοίητον
	3		ἐλῳήτην	ἀγγελοιήτην
复数	1		ἐλῴημεν	ἀγγελοίημεν
	2		ἐλῴητε	ἀγγελοίητε
	3		ἐλῴησαν	ἀγγελοίησαν

将来时不定式主动态

λύσειν	ἐλᾶν	ἀγγελεῖν

将来时分词主动态

阳性	λύσων	ἐλῶν	ἀγγελῶν
阴性	λύσουσα	ἐλῶσα	ἀγγελοῦσα
中性	λῦσον	ἐλῶν	ἀγγελοῦν

将来时的直陈式中动态

单数	1	λύσομαι	ἐλῶμαι	ἀγγελοῦμαι
	2	λύσῃ/ λύσει	ἐλᾷ	ἀγγελῇ/ ἀγγελεῖ
	3	λύσεται	ἐλᾶται	ἀγγελεῖται
双数	2	λύσεσθον	ἐλᾶσθον	ἀγγελεῖσθον
	3	λύσεσθον	ἐλᾶσθον	ἀγγελεῖσθον
复数	1	λυσόμεθα	ἐλώμεθα	ἀγγελούμεθα
	2	λύσεσθε	ἐλᾶσθε	ἀγγελεῖσθε
	3	λύσονται	ἐλῶνται	ἀγγελοῦνται

将来时祈愿式中动态

单数	1	λῡσοίμην	ἐλῴμην	ἀγγελοίμην
	2	λύσοιο	ἐλῷο	ἀγγελοῖο
	3	λύσοιτο	ἐλῷτο	ἀγγελοῖτο
双数	2	λύσοισθον	ἐλῷσθον	ἀγγεοῖσθον
	3	λῡσοίσθην	ἐλῴσθην	ἀγγελοίσθην
复数	1	λῡσοίμεθα	ἐλῴμεθα	ἀγγελοίμεθα
	2	λύσοισθε	ἐλῷσθε	ἀγγελοῖσθε
	3	λύσοιντο	ἐλῷντο	ἀγγελοῖντο

将来时不定式中动态

λύσεσθαι	ἐλᾶσθαι	ἀγγελεῖσθαι

将来时分词中动态

阳性	λῡσόμενος	ἐλώμενος	ἀγγελούμενος
阴性	λῡσομένη	ἐλωμένη	ἀγγελουμένη
中性	λῡσόμενον	ἐλώμενον	ἀγγελούμενον

将来时的被动态

将来时直陈式被动态

单数	1	λυθήσομαι
	2	λυθήση / λυθήσει
	3	λυθήσεται
双数	2	λυθήσεσθον
	3	λυθήσεσθον
复数	1	λυθησόμεθα
	2	λυθήσεσθε
	3	λυθήσονται

将来时祈愿式被动态

单数	1	λυθησοίμην
	2	λυθήσοιο
	3	λυθήσοιτο
双数	2	λυθήσοισθον
	3	λυθησοίσθην
复数	1	λυθησοίμεθα
	2	λυθήσοισθε
	3	λυθήσοιντο

将来时不定式被动态：λυθήσεσθαι

将来时分词被动态

阳性	阴性	中性
λυθησόμενος	λυθησομένη	λυθησόμενον

不定过去时

弱变化不定过去时主动态和中动态

		直陈式主动态	直陈式中动态
单数	1	ἔλῡσα	ἐλῡσάμην
	2	ἔλῡσας	ἐλύσω
	3	ἔλῡσε(ν)	ἐλύσατο
双数	2	ἐλύσατον	ἐλύσασθον
	3	ἐλῡσάτην	ἐλῡσάσθην
复数	1	ἐλύσαμεν	ἐλῡσάμεθα
	2	ἐλύσατε	ἐλύσασθε
	3	ἔλῡσαν	ἐλύσαντο

		虚拟式主动态	虚拟式中动态
单数	1	λύσω	λύσωμαι
	2	λύσῃς	λύσῃ
	3	λύσῃ	λύσηται
双数	2	λύσητον	λύσησθον
	3	λύσητον	λύσησθον
复数	1	λύσωμεν	λῡσώμεθα
	2	λύσητε	λύσησθε
	3	λύσωσι(ν)	λύσωνται

		祈愿式主动态	祈愿式中动态
单数	1	λύσαιμι	λῡσαίμην
	2	λύσαις / λύσειας	λύσαιο
	3	λύσαι / λύσειε(ν)	λύσαιτο
双数	2	λύσαιτον	λύσαισθον
	3	λῡσαίτην	λῡσαίσθην
复数	1	λύσαιμεν	λῡσαίμεθα
	2	λύσαιτε	λύσαισθε
	3	λύσαιεν / λύσειαν	λύσαιντο

		命令式主动态	命令式中动态
单数	2	λῦσον	λῦσαι
	3	λῡσάτω	λῡσάσθω
双数	2	λύσατον	λύσασθον
	3	λῡσάτω	λῡσάσθων
复数	2	λύσατε	λύσασθε
	3	λῡσάντων	λῡσάσθων

不定式主动态	不定式中动态
λῦσαι	λύσασθαι

强变化不定过去时主动态和中动态

		直陈式主动态	直陈式中动态
单数	1	ἔβαλον	ἐβαλόμην
	2	ἔβαλες	ἐβάλου
	3	ἔβαλε(ν)	ἐβάλετο
双数	2	ἐβάλετον	ἐβάλεσθον
	3	ἐβαλέτην	ἐβαλέσθην
复数	1	ἐβάλομεν	ἐβαλόμεθα
	2	ἐβάλετε	ἐβάλεσθε
	3	ἔβαλον	ἐβάλοντο

		虚拟式主动态	虚拟式中动态
单数	1	βάλω	βάλωμαι
	2	βάλῃς	βάλῃ
	3	βάλῃ	βάληται
双数	2	βάλητον	βάλησθον
	3	βάλητον	βάλησθον
复数	1	βάλωμεν	βαλώμεθα
	2	βάλητε	βάλησθι
	3	βάλωσι(ν)	βάλωνται

		祈愿式主动态	祈愿式中动态
单数	1	βάλοιμι	βαλοίμην
	2	βάλοις	βάλοιο
	3	βάλοι	βάλοιτο
双数	2	βάλοιτον	βάλοισθον
	3	βαλοίτην	βαλοίσθην
复数	1	βάλοιμεν	βαλοίμεθα
	2	βάλοιτε	βάλοισθε
	3	βάλοιεν	βάλοιντο

		命令式主动态	命令式中动态
单数	2	βάλε	βαλοῦ
	3	βαλέτω	βαλέσθω
双数	2	βάλετον	βάλεσθον
	3	βαλέτων	βαλέσθων
复数	2	βάλετε	βάλεσθε
	3	βαλόντων	βαλέσθων

不定式主动态	不定式中动态
βαλεῖν	βαλέσθαι

不定过去时分词主动态			不定过去时分词中动态		
阳性	阴性	中性	阳性	阴性	中性
βαλών	βαλοῦσα	βαλόν	βαλόμενος	βαλομένη	βαλόμενον

不定过去时被动态

不定过去时直陈式被动态

单数	1	ἐλύθην
	2	ἐλύθης
	3	ἐλύθη
双数	2	ἐλύθητον
	3	ἐλυθήτην
复数	1	ἐλύθημεν
	2	ἐλύθητε
	3	ἐλύθησαν

不定过去时虚拟式被动态

单数	1	λυθῶ
	2	λυθῇς
	3	λυθῇ
双数	2	λυθῆτον
	3	λυθῆτον
复数	1	λυθῶμεν
	2	λυθῆτε
	3	λυθῶσι(ν)

不定过去时祈愿式被动态

单数	1	λυθείην
	2	λυθείης
	3	λυθείη
双数	2	λυθεῖτον/ λυθείητον
	3	λυθείτην/ λυθειήτην
复数	1	λυθεῖμεν/ λυθείημεν
	2	λυθεῖτε/ λυθείητε
	3	λυθεῖεν/ λυθείησαν

不定过去时命令式被动态

单数	2	λύϑητι	κλάπηϑι
	3	λυϑήτω	κλαπήτω
双数	2	λύϑητον	κλάπητον
	3	λυϑήτων	κλαπήτων
复数	2	λύϑητε	κλάπητε
	3	λυϑέντων	κλαπέντων

不定过去时不定式被动态：λυϑῆναι

不定过去时分词被动态：λυϑείς, λυϑεῖσα, λυϑέν

完成时

现在完成时和过去完成时主动态

现在完成时直陈式主动态

单数	1	λέλυκα
	2	λέλυκας
	3	λέλυκε(ν)
双数	2	λελύκατον
	3	λελύκατον
复数	1	λελύκαμεν
	2	λελύκατε
	3	λελύκᾱσι(ν)

过去完成时直陈式主动态

单数	1	ἐλελύκη
	2	ἐλελύκης
	3	ἐλελύκει(ν)
双数	2	ελελύκετον
	3	ἐλελυκέτην
复数	1	ἐλελύκεμεν
	2	ἐλελύκετε
	3	ἐλελύκεσαν

现在完成时虚拟式主动态

单数	1	λελυκὼς ὦ		λελύκω
	2	λελυκὼς ᾖς		λελύκῃς
	3	λελυκὼς ᾖ		λελύκῃ
双数	2	λελυκότε ἦτον	或者	λελύκητον
	3	λελυκότε ἦτον		λελύκητον
复数	1	λελυκότες ὦμεν		λελύκωμεν
	2	λελυκότες ἦτε		λελύκητε
	3	λελυκότες ὦσι(ν)		λελύκωσι(ν)

现在完成时祈愿式被动态

单数	1	λελυκὼς εἴην		λελύκοιμι / λελυκοίην
	2	λελυκὼς εἴης		λελύλοις / λελυκοίης
	3	λελυλὼς εἴη		λελύκοι / λελυκοίη
双数	2	λελυκότε εἴητον / εἶτον	或者	λελύκοιτον
	3	λελυκότε εἰήτην / εἴτην		λελυκοίτην
复数	1	λελυκότες εἴημεν / εἶμεν		λελύκοιμεν
	2	λελυκότες εἴητε / εἶτε		λελύκοιτε
	3	λελυκότες εἴησαν / εἶεν		λελύκοιεν

现在完成时命令式主动态

单数	2	λελυκὼς ἴσθι
	3	λελυκὼς ἔστω
双数	2	λελυκότε ἔστον
	3	λελυκότε ἔστων
复数	2	λελυκότες ἔστε
	3	λελυκότες ὄντων

现在完成时的不定式主动态：λελυκέναι
现在完成时的分词主动态：λελυκώς, λελυκυῖα, λελυκός

现在完成时和过去完成时中动态/被动态

(辅音词干的现在完成时和过去完成时中动态/被动态见后)

完成时直陈式的中动态/被动态

单数	1	λέλυμαι
	2	λέλυσαι
	3	λέλυται
双数	2	λέλυσθον
	3	λέλυσθον
复数	1	λελύμεθα
	2	λέλυσθε
	3	λέλυνται

过去完成时直陈式中动态/被动态

单数	1	ἐλελύμην
	2	ἐλέλεσο
	3	ἐλέλυτο
双数	2	ἐλέλυσθον
	3	ἐλελύσθην
复数	1	ἐλελύμεθα
	2	ἐλέλυσθε
	3	ἐλέλυντο

现在完成时虚拟式中动态/被动态

单数	1	λελυμένος ὦ
	2	λελυμένος ᾖς
	3	λελυμένος ᾖ
双数	2	λελυμένω ἦτον
	3	λελυμένω ἦτον
复数	1	λελυμένοι ὦμεν
	2	λελυμένοι ἦτε
	3	λελυμένοι ὦσι(ν)

现在完成时祈愿式中动态/被动态

单数	1	λελυμένος εἴην
	2	λελυμένος εἴης
	3	λελυμένος εἴη
双数	2	λελυμένω εἴητον/ εἶτον
	3	λελυμένω εἰήτην/ εἴτην
复数	1	λελυμένοι εἴημεν/ εἶμεν
	2	λελυμένοι εἴητε/ εἶτε
	3	λελυμένοι εἴησαν/ εἶεν

现在完成时命令式中动态/被动态

单数	2	λέλυσο
	3	λελύσϑω
双数	2	λέλυσϑον
	3	λελύσϑων
复数	2	λέλυσϑε
	3	λελύσϑων

现在完成时不定式中动态/被动态：λελύσϑαι

现在完成时分词中动态/被动态：λελυμένος, λελυμένη, λελυμένον

辅音词干的现在完成时和过去完成时中动态/被动态

现在完成时直陈式中动态/被动态

单数	1	γέγραμμαι	πέπεμμαι	ἤσχυμμαι
	2	γέγραψαι	πέπεμψαι	ἠσχυμμένος εἶ
	3	γέγραπται	πέπειμπται	ἤσχυνται
双数	2	γέγραφϑον	πέπεμφϑον	ἤσχυνϑον
	3	γέγραφϑον	πέπεμφϑον	ἤσχυνϑον
复数	1	γεγράμμεϑα	πεπέμμεϑα	ἠσχυμμένοι εἰσί(ν)
	2	γέγραφϑε	πέπεμφϑε	ἤσχύμμεϑα
	3	γεγραμμένοι εἰσί(ν)	πεπεμμένοι εἰσί(ν)	ἠσχυμμένοι εἰσί(ν)

单数	1	τέταγμαι	ἐλήλεγμαι	κεκέλευσμαι
	2	τέταξαι	ἐλήλεγξαι	κεκέλευσαι
	3	τέτακται	ἐλήλεγκται	κεκέλευσται
双数	2	τέταχθον	ἐλήλεγχθον	κεκέλευσθον
	3	τέταχθον	ἐλήλεγχθον	κεκέλευσθον
复数	1	τετάγμεθα	ἐληλέγμεθα	κεκελεύσμεθα
	2	τέταχθε	ἐλήλεγχθε	κεκέλευσθε
	3	τεταγμένοι εἰσί(ν)	ἐληλεγμένοι εἰσί(ν)	κεκελευσμένοι εἰσί(ν)

单数	1	πέφασμαι	ἤγγελμαι
	2	πεφασμένος εἶ	ἤγγελσαι
	3	πέφανται	ἤγγελται
双数	2	πέφανθον	ἤγγελθον
	3	πέφανθον	ἤγγελθον
复数	1	πεφάσμεθα	ἠγγέλμεθα
	2	πέφανθε	ἤγγελθε
	3	πεφασμένοι εἰσί(ν)	ἠγγελμέοι εἰσί(ν)

过去完成时直陈式中动态/被动态

单数	1	ἐγεγράμμην	ἐπεπέμμην	ᾐσχύμμην
	2	ἐγέγραφο	ἐπέπεμφο	ᾐσχυμμένος ἦσθα
	3	ἐγέγραπτο	ἐπέπεμπτο	ᾔσχυντο
双数	2	ἐγέγραφθον	ἐπέπεμφθον	ᾔσχυνθον
	3	ἐγεγράφθην	ἐπεπέμφθην	ᾐσχύνθην
复数	1	ἐγεγράμμεθα	ἐπεπέμμεθα	ᾐσχύμμεθα
	2	ἐγέγραφθε	ἐπέπεμφθε	ᾔσχυνθε
	3	ἐγεγραμμένοι ἦσαν	ἐπεπεμμένοι ἦσαν	ᾐσχυμμένοι ἦσαν

单数	1	ἐτετάγμην	ἐληλέγμην	ἐκεκελεύσμην
	2	ἐτέταξο	ἐλήλεγξο	ἐκεκέλευσο
	3	ἐτέτακτο	ἐλήλεγκτο	ἐκεκέλευστο
双数	2	ἐτέταχθον	ἐλήλεγχθον	ἐκεκέλευσθον
	3	ἐτετάχθην	ἐληλέγχθην	ἐκεκελεύσθην
复数	1	ἐτετάγμεθα	ἐληλέγμεθα	ἐκεκελεύσμεθα
	2	ἐτέταχθε	ἐλήλεγχθε	ἐκεκέλευσθε
	3	ἐτεταγμένοι ἦσαν	ἐληλεγμένοι ἦσαν	ἐκεκελευσμένοι ἦσαν

单数	1	ἐπεφάσμην	ἠγγέλμην
	2	πεφασμένος ἦσθα	ἤγγελσο
	3	ἐπέφαντο	ἤγγελτο
双数	2	ἐπέφανθον	ἤγγελθον
	3	ἐπεφάνθην	ἠγγέλθην
复数	1	ἐπεφάσμεθα	ἠγγέλμεθα
	2	ἐπέφανθε	ἤγγελθε
	3	πεφασμένοι ἦσαν	ἠγγελμένοι ἦσαν

现在完成时虚拟式及祈愿式中动态/被动态

辅音词干的现在完成时虚拟式中动态/被动态及祈愿式中动态/被动态的形成不是采用屈折变化，而是靠助动词，所谓迂说法地形成（periphrastically），一如 λύω 的相应形式。

因此，例如：πεπεμμένος ὦ, ᾖς, ᾖ 等等。
    现在完成时虚拟式中动态/被动态
    πεπεμμένος εἴην, εἴης, εἴη 等等。
    现在完成时祈愿式中动态/被动态

现在完成时命令式中动态/被动态

单数	2	γέγραφο	πέπεμφο	ἠσχυμμένος ἴσθι
	3	γεγράφθω	πεπέμφθω	ἠσχύνθω
双数	2	γέγραφθον	πέπεμφθον	ἠσχύνθον
	3	γεγράφθων	πεπέμφθων	ἠσχύνθων
复数	2	γέγραφθε	πέπεμφθε	ἤσχυνθε
	3	γεγράφθων	πεπέμφθων	ἠσχύνθων

单数	2	τέταξο	ἐλήλεγξο	κεκέλευσο
	3	τετάχθω	ἐληλέγχθω	κεκελεύσθω
双数	2	τέταχθον	ἐλήλεγχθον	κεκέλευσθον
	3	τετάχθων	ἐληλέγχθων	κεκεκεύσθων
复数	2	τέταχθε	ἐλήλεγχθε	κεκέλευσθε
	3	τετάχθων	ἐληλέγθων	κεκελεύσθων

单数	2	πεφασμένος ἴσθι	ἤγγελσο
	3	πεφάνθω	ἠγγέλθω
双数	2	πέφανθον	ἤγγελθον
	3	πεφάνθων	ἠγγέλθων
复数	2	πέφανθε	ἤγγελθε
	3	πεφάνθων	ἠγγέλθων

现在完成时不定式中动态/被动态

γεγράφθαι	πεπέμφθαι	ἠσχύνθαι
τετάχθαι	ἐληλέγχθαι	κεκελεῦσθαι
πεφάνθαι	ἠγγέλθαι	

现在完成时分词中动态/被动态

阳　性	阴　性	中　性
γεγραμμένος	γεγραμμένη	γεγραμμένον
πεπεμμένος	πεπεμμένη	πεπεμμένον
ἠσχυμμένος	ἠσχυμμένη	ἠσχυμμένον
τεταγμένος	τεταγμένη	τεταγμένον
ἐληλεγμένος	ἐληλεγμένη	ἐληλεγμένον
κεκελευσμένος	κεκελευσμένη	κεκελευμένον
πεφασμένος	πεφασμένη	πεφασμένον
ἠγγελμένος	ἠγγελμένη	ἠγγελμένον

已缩音动词：ζάω, χράομαι

		现在时直陈式被动态	现在时直陈式中动态/被动态
单数	1	ζῶ	χρῶμαι
	2	ζῇς	χρῇ
	3	ζῇ	χρῆται
双数	2	ζῆτον	χρῆσθον
	3	ζῆτον	χρῆσθον
复数	1	ζῶμεν	χρώμεθα
	2	ζῆτε	χρῆσθε
	3	ζῶσι(ν)	χρῶνται

		过去时直陈式主动态	过去时直陈式中动态/被动态
单数	1	ἔζων	ἐχρώμην
	2	ἔζης	ἐχρῶ
	3	ἔζη	ἐχρῆτο
双数	2	ἐζῆτον	ἐχρῆσθον
	3	ἐζήτην	ἐχρήσθην
复数	1	ἐζῶμεν	ἐχρώμεθα
	2	ἐζῆτε	ἐχρῆσθε
	3	ἔζων	ἐχρῶντο

		现在时虚拟式被动态	现在时虚拟式中动态/被动态
单数	1	ζῶ	χρῶμαι
	2	ζῇς	χρῇ
	3	ζῇ	χρῆται
双数	2	ζῆτον	χρῆσθον
	3	ζῆτον	χρῆσθον
复数	1	ζῶμεν	χρώμεθα
	2	ζῆτε	χρῆσθε
	3	ζῶσι(ν)	χρῶνται

		现在时祈愿式主动态		现在时祈愿式中动态/被动态
单数	1	ζῷμι		ζῴην	χρῴμην
	2	ζῷς		ζῴης	χρῷο
	3	ζῷ		ζῴη	χρῷτο
双数	2	ζῷτον	或者	ζῴητον	χρῷσθον
	3	ζῴτην		ζῳήτην	χρῴσθην
复数	1	ζῷμεν		ζῴημεν	χρῴμεθα
	2	ζῷτε		ζῷητε	χρῷσθε
	3	ζῷεμ		ζῴησαν	χρῷντο

		现在时命令式主动态	现在时命令式中动态/被动态
单数	2	ζῇ	χρῶ
	3	ζήτω	χρήσθω
双数	2	ζῆτον	χρῆσθον
	3	ζήτων	χρήσθων
复数	2	ζῆτε	χρῆσθε
	3	ζώντων	χρήσθων

现在时不定式主动态	现在时不定式中动态/被动态
ζῆν	χρῆσθαι

现在时分词主动态			现在时分词中动态/被动态		
阳性	阴性	中性	阳性	阴性	中性
ζῶν	ζῶσα	ζῶν	χρώμενος	χρωμένη	χρώμενον
像 νῑκῶν、νῑκῶσα、νῑκῶν 一样变化			像 νῑκώμενος、νῑκωμένη、νῑκώμενον 一样变化		

动词 δεῖ, χρή

所有的限定形式均是第三人称单数

现在时直陈式主动态	δεῖ	χρή
现在时虚拟式主动态	δέῃ	χρῇ
现在时祈愿式主动态	δέοι	χρείη
现在时不定式主动态	δεῖν	χρῆναι
现在时分词主动态	δέον	χρεών(名词,主格,单数)
过去时直陈式主动态	ἔδει	(ἐ)χρῆν
将来时直陈式主动态	δεήσει	χρῆσται
不定过去时直陈式主动态	ἐδέησε(ν)	——

词干性动词的分词

现在时分词主动态

	阳性	阴性	中性
主格(单数)	λύων	λύουσα	λῦον
属格	λύοντος	λυούσης	λύοντος

已缩音的现在时分词主动态

	阳性	阴性	中性
主格(单数)	νῑκῶν	νῑκῶσα	νῑκῶν
属格	νῑκῶντος	νῑκώσης	νῑκῶντος
主格(单数)	ἀδικῶν	ἀδικοῦσα	ἀδικοῦν
属格	ἀδικοῦντος	ἀδικούσης	ἀδικοῦντος
主格(单数)	ἀξιῶν	ἀξιοῦσα	ἀξιοῦν
属格	ἀξιοῦντος	ἀξιούσης	ἀξιοῦντος

将来时分词主动态

主格（单数）	λύσων	λύσουσα	λῦσον
属格	λύσοντος	λυσούσης	λύσοντος

已缩音的将来时分词主动态

主格（单数）	ἐλῶν	ἐλῶσα	ἐλῶν
属格	ἐλῶντος	ἐλώσης	ἐλῶντος
主格（单数）	ἀγγελῶν	ἀγγελοῦσα	ἀγγελοῦν
属格	ἀγγελοῦντος	ἀγγελούσης	ἀγγελοῦντος

弱变化不定过去时分词主动态

主格（单数）	λύσᾱς	λύσᾱσα	λῦσαν
属格	λύσαντος	λυσάσης	λύσαντος

强变化不定过去时分词主动态

主格（单数）	βαλών	βαλοῦσα	βαλόν
属格	βαλόντος	βαλούσης	βαλόντος

现在完成时分词主动态

主格（单数）	λελυκώς	λελυκυῖα	λελυκός
属格	λελυκότος	λελυκυίᾱς	λελυκότος

现在时分词中动态/被动态

主格（单数）	λῡόμενος	λῡομένη	λῡόμενον

已缩音的现在时分词中动态/被动态

主格（单数）	νῑκώμενος	νῑκωμένη	νῑκώμενον
主格（单数）	ἀδικούμενος	ἀδικουμένη	ἀδικούμενον
主格（单数）	ἀξιούμενος	ἀξιουμένη	ἀξιούμενον

将来时分词中动态

| 主格（单数） | λῡσόμενος | λῡσομένη | λῡσόμενον |

已缩音的将来时分词中动态

| 主格（单数） | ἑλώμενος | ἑλωμένη | ἑλώμενον |
| 主格（单数） | ἀγγελούμενος | ἀγγελουμένη | ἀγγελούμενον |

将来时分词被动态

| 主格（单数） | λυθησόμενος | λυθησομένη | λυθησόμενον |

弱变化不定过去时的分词中动态

| 主格（单数） | λῡσάμενος | λῡσαμένη | λῡσάμενον |

强变化不定过去时分词中动态

| 主格（单数） | βαλόμενος | βαλομένη | βαλόμενον |

不定过去时分词被动态

| 主格（单数） | λυθείς | λυθεῖσα | λυθέν |
| 主格（单数） | λυθέντος | λυθείσης | λυθέντος |

现在完成时分词中动态/被动态

| 主格（单数） | λελυμένος | λελυμένη | λελυμένον |

辅音词干现在时分词中动态/被动态

主格（单数）	γεγραμμένος	γεγραμμένη	γεγραμμένον
主格（单数）	πεπεμμένος	πεπεμμένη	πεπεμμένον
主格（单数）	ᾐσχυμμένος	ᾐσχυμμένη	ᾐσχυμμένον
主格（单数）	τεταγμένος	τεταγμένη	τεταγμένον

续表

主格（单数）	ἐληλεγμένος	ἐληλεγμένη	ἐληλεγμένον
主格（单数）	κεκελευσμένος	κεκελευσμένη	κεκελευσμένον
主格（单数）	πεφασμένος	πεφασμένη	πεφασμένον
主格（单数）	ἠγγελμένος	ἠγγελμένη	ἠγγελμένον

十 -μι动词

δίδωμι, ἵστημι, τίθημι, ἵημι 的现在时和过去时

现在时态词干

δίδω-	ἵστη-	τίθη-	ἵη-
διδο-	ἵστα-/ἵστε-	τιθε-	ἵε-

现在时直陈式主动态

单数	1	δίδωμι	ἵστημι	τίθημι	ἵημι
	2	δίδως	ἵστης	τίθης	ἵης/ἵεῖς
	3	δίδωσι(ν)	ἵστησι(ν)	τίθησι(ν)	ἵησι(ν)
双数	2	δίδοτον	ἵστατον	τίθετον	ἵετον
	3	δίδοτον	ἵστατον	τίθετον	ἵετον
复数	1	δίδομεν	ἵσταμεν	τίθεμεν	ἵεμεν
	2	δίδοτε	ἵστατε	τίθετε	ἵετε
	3	διδόᾱσι(ν)	ἱστᾶσι(ν)	τιθέᾱσι(ν)	ἱᾶσι(ν)

过去时直陈式被动态

单数	1	ἐδίδουν	ἵστην	ἐτίθην	ἵην
	2	ἐδίδους	ἵστης	ἐτίθεις	ἵεις
	3	ἐδίδου	ἵστη	ἐτίθει	ἵει
双数	2	ἐδίδοτον	ἵστατον	ἐτίθετον	ἵετον
	3	ἐδιδότην	ἱστάτην	ἐτιθέτην	ἱέτην

续表

复数	1	ἐδίδομεν	ἵσταμεν	ἐτίθεμεν	ἵεμεν
	2	ἐδίδοτε	ἵστατε	ἐτίθετε	ἵετε
	3	ἐδίδοσαν	ἵστασαν	ἐτίθεσαν	ἵεσαν

现在时虚拟式被动态

单数	1	διδῶ	ἱστῶ	τιθῶ	ἱῶ
	2	διδῷς	ἱστῇς	τιθῇς	ἱῇς
	3	διδῷ	ἱστῇ	τιθῇ	ἱῇ
双数	2	διδῶτον	ἱστῆτον	τιθῆτον	ἱῆτον
	3	διδῶτον	ἱστῆτον	τιθῆτον	ἱῆτον
复数	1	διδῶμεν	ἱστῶμεν	τιθῶμεν	ἱῶμεν
	2	διδῶτε	ἱστῆτε	τιθῆτε	ἱῆτε
	3	διδῶσι(ν)	ἱστῶσι(ν)	τιθῶσι(ν)	ἱῶσι(ν)

现在时祈愿式主动态

单数	1	διδοίην	ἱσταίην	τιθείην	ἱείην
	2	διδοίης	ἱσταίης	τιθείης	ἱείης
	3	διδοίη	ἱσταίη	τιθείη	ἱείη
双数	2	διδοῖτον	ἱσταῖτον	τιθεῖτον	ἱεῖτον
	3	διδοίτην	ἱσταίτην	τιθείτην	ἱείτην
复数	1	διδοῖμεν	ἱσταῖμεν	τιθεῖμεν	ἱεῖμεν
	2	διδοῖτε	ἱσταῖτε	τιθεῖτε	ἱεῖτε
	3	διδοῖεν	ἱσταῖεν	τιθεῖεν	ἱεῖεν

现在时祈愿式主动态（可以选择的形式）

双数	2	διδοίητον	ἱσταίητον	τιθείητον	ἱείητον
	3	διδοιήτην	ἱσταιήτην	τιθειήτην	ἱειήτην
复数	1	διδοίημεν	ἱσταίημεν	τιθείημεν	ἱείημεν
	2	διδοίητε	ἱσταίητε	τιθείητε	ἱείητε
	3	διδοίησαν	ἱσταίησαν	τιθείησαν	ἱείησαν

现在时命令式主动态

单数	2	δίδου	ἵστη	τίθει	ἵει
	3	διδότω	ἱστάτω	τιθέτω	ἱέτω
双数	2	δίδοτον	ἵστατον	τίθετον	ἵετον
	3	διδότων	ἱστάτων	τιθέτων	ἱέτων
复数	2	δίδοτε	ἵστατε	τίθετε	ἵετε
	3	διδόντων	ἱστάντων	τιθέτων	ἱέντων

现在时不定式主动态

διδόναι	ἱστάναι	τιθέναι	ἱέναι

现在时分词主动态

阳性	διδούς	ἱστάς	τιθείς	ἱείς
阴性	διδοῦσα	ἱστᾶσα	Ττιθεῖσα	ἱεῖσα
中性	διδόν	ἱστάν	Ττιθέν	ἱέν

现在时直陈式中动态/被动态

单数	1	δίδομαι	ἵσταμαι	τίθεμαι	ἵεμαι
	2	δίδοσαι	ἵστασαι	τίθεσαι	ἵεσαι
	3	δίδοται	ἵσταται	τίθεται	ἵεται
双数	2	δίδοσθον	ἵστασθον	τίθεσθον	ἵεσθον
	3	δίδοσθον	ἵστασθον	τίθεσθον	ἵεσθον
复数	1	διδόμεθα	ἱστάμεθα	τιθέμεθα	ἱέμεθα
	2	δίδοσθε	ἵστασθε	τίθεσθε	ἵεσθε
	3	δίδονται	ἵστανται	τίθενται	ἵενται

过去时直陈式中动态/被动态

单数	1	ἐδιδόμην	ἱστάμην	ἐτιθέμην	ἱέμην
	2	ἐδίδοσο	ἵστασο	ἐτίθεσο	ἵεσο
	3	ἐδίδοτο	ἵστατο	ἐτίθετο	ἵετο
双数	2	ἐδίδοσθον	ἵστασθον	ἐτίθεσθον	ἵεσθον
	3	ἐδιδόσθην	ἱστάσθην	ἐτιθέσθην	ἱέσθην

续表

复数	1	ἐδιδόμεθα	ἱστάμεθα	ἐτιθέμεθα	ἱέμεθα
	2	ἐδίδοσθε	ἵστασθε	ἐτίθεσθε	ἵεσθε
	3	ἐδίδοντο	ἵσταντο	ἐτίθεντο	ἵεντο

现在时虚拟式中动态/被动态

单数	1	διδῶμαι	ἱστῶμαι	τιθῶμαι	ἱῶμαι
	2	διδῷ	ἱστῇ	τιθῇ	ἱῇ
	3	διδῶται	ἱστῆται	τιθῆται	ἱῆται
双数	2	διδῶσθον	ἱστῆσθον	τιθῆσθον	ἱῆσθον
	3	διδῶσθον	ἱστῆσθον	τιθῆσθον	ἱῆσθον
复数	1	διδώμεθα	ἱστώμεθα	τιθώμεθα	ἱώμεθα
	2	διδῶσθε	ἱστῆσθε	τιθῆσθε	ἱῆσθε
	3	διδῶνται	ἱστῶνται	τιθῶνται	ἱῶνται

现在时祈愿式中动态/被动态

					或	
单数	1	διδοίμην	ἱσταίμην	τιθείμην		ἱείμην
	2	διδοῖο	ἱσταῖο	τιθεῖο		ἱεῖο
	3	διδοῖτο	ἱσταῖτο	τιθεῖτο	(τιθοῖτο)	ἱεῖτο
双数	2	διδοῖσθον	ἱσταῖσθον	τιθεῖσθον	(τιθοῖσθον)	ἱεῖσθον
	3	διδοίσθην	ἱσταίσθην	τιθείσθην	(τιθοίσθην)	ἱείσθην
复数	1	διδοίμεθα	ἱσταίμεθα	τιθείμεθα	(τιθοίμεθα)	ἱείμεθα
	2	διδοῖσθε	ἱσταῖσθε	τιθεῖσθε	(τιθοῖσθε)	ἱεῖσθε
	3	διδοῖντο	ἱσταῖντο	τιθεῖντο	(τιθοῖντο)	ἱεῖντο

现在时命令式中动态/被动态

单数	2	δίδοσο	ἵστασο	τίθεσο	ἵεσο
	3	διδόσθω	ἱστάσθω	τιθέσθω	ἱέσθω
双数	2	δίδοσθον	ἵστασθον	τίθεσθον	ἵεσθον
	3	διδόσθων	ἱστάσθων	τιθέσθων	ἱέσθων
复数	2	δίδοσθε	ἵστασθε	τίθεσθε	ἵεσθε
	3	διδόσθων	ἱστάσθων	τιθέσθων	ἱέσθων

现在时不定式中动态/被动态

| δίδοσθαι | ἵστασθαι | τίθεσθαι | ἵεσθαι |

现在时分词中动态/被动态

阳性	διδόμενος	ἱστάμενος	τιθέμενος	ἱέμενος
阴性	διδομένη	ἱσταμένη	τιθεμένη	ἱεμένη
中性	διδόμενον	ἱστάμενον	τιθέμενον	ἱέμενον

δείκνῡμι, εἶμι, εἰμί, φημί, δύναμαι 的现在时和过去时

现在时态词干：

δεικνῡ- εἰ- ἐσ- φη-
δεικνυ- ἰ- *σ- φα- δυνα-

现在时直陈式主动态

单数	1	δείκνῡμι	εἶμι	εἰμί	φημί
	2	δείκνῡς	εἶ	εἶ	φής
	3	δείκνῡσι(ν)	εἶσι(ν)	ἐστί(ν)	φησί(ν)
双数	2	δείκνυτον	ἴτον	ἐστόν	φατόν
	3	δείκνυτον	ἴτον	ἐστόν	φατόν
复数	1	δείκνυμεν	ἴμεν	ἐσμέν	φαμέν
	2	δείκνυτε	ἴτε	ἐστέ	φατέ
	3	δευκνύᾱσι(ν)	ἴᾱσι(ν)	εἰσί(ν)	φᾱσί(ν)

过去时直陈式主动态

单数	1	ἐδείκνῡν	ᾖα/ᾔειν	ἦ/ἦν	ἔφην
	2	ἐδείκνῡς	ᾔεισθα/ᾔεις	ἦσθα	ἔφησθα/ἔφης
	3	ἐδείκνῡ	ᾔει(ν)	ἦν	ἔφη
双数	2	ἐδείκνυτον	ᾖτον	ἦστον	ἔφατον
	3	ἐδεικνύτην	ᾔτην	ἤστην	ἐφάτην
复数	1	ἐδείκνυμεν	ᾖμεν	ἦμεν	ἔφαμεν
	2	ἐδείκνυτε	ᾖτε	ἦτε	ἔφατε
	3	ἐδείκνυσαν	ᾖσαν/ᾔεσαν	ἦσαν	ἔφασαν

现在时虚拟式主动态

单数	1	δεικνύω	ἴω	ὦ	φῶ
	2	δεικνύῃς	ἴῃς	ᾖς	φῇς
	3	δεικνύῃ	ἴῃ	ᾖ	φῇ
双数	2	δεικνύητον	ἴητον	ἦτον	φῆτον
	3	δεικνύητον	ἴητον	ἦτον	φῆτον
复数	1	δεικνύωμεν	ἴωμεν	ὦμεν	φῶμεν
	2	δεικνύητε	ἴητε	ἦτε	φῆτε
	3	δεικνύωσι(ν)	ἴωσι(ν)	ὦσι(ν)	φῶσι(ν)

现在时祈愿式主动态

单数	1	δεικνύοιμι	ἴοιμι/ ἰοίην	εἴην	φαίην
	2	δεικνύοις	ἴοις	εἴης	φαίης
	3	δεικνύοι	ἴοι	εἴη	φαίη
双数	2	δεικνύοιτον	ἴοιτον	εἰήτον/ εἶτον	——
	3	δεικνυοίτην	ἰοίτην	εἰήτην/ εἴτην	——
复数	1	δεικνύοιμεν	ἴοιμεν	εἴημεν/ εἶμεν	φαῖμεν/ φαίημεν
	2	δεικνύοιτε	ἴοιτε	εἴητε/ εἶτε	φαῖτε/ φαίητε
	3	δεικνύοιεν	ἴοιεν	εἴησαν/ εἶεν	φαῖεν/ φαίησαν

现在时命令式主动态

单数	2	δείκνῡ	ἴθι	ἴσθι	φάθι (或 φαθί)
	3	δεικνύτω	ἴτω	ἔστω	φάτω
双数	2	δείκνυτον	ἴτον	ἔστον	φάτον
	3	δεικνύτων	ἴτων	ἔστων	φάτων
复数	2	δείκνυτε	ἴτε	ἔστε	φάτε
	3	δεικνύντων	ἰόντων	ἔστων/ ὄντων	φάντων

现在时不定式主动态

δεικνύναι	ἰέναι	εἶναι	φάναι

现在时分词主动态

阳性	δεικνύς	ἰών	ὤν	φάς (或 φάσκων)
阴性	δεικνῦσα	ἰοῦσα	οὖσα	φᾶσα (或 φάφουσα)
中性	δεικνύν	ἰόν	ὄν	φάν (或 φάσκον)

现在时直陈式中动态/被动态

单数	1	δείκνυμαι	δύναμαι
	2	δείκνυσαι	δύνασαι
	3	δείκνυται	δύναται
双数	2	δείκνυσθον	δύνασθον
	3	δείκνυσθον	δύνασθον
复数	1	δεικνύμεθα	δυνάμεθα
	2	δείκνυσθε	δύνασθε
	3	δείκνυνται	δύνανται

过去时直陈式中动态/被动态

单数	1	ἐδεικνύμην	ἐδυνάμην
	2	ἐδείκνυσο	ἐδύνω
	3	ἐδείκνυτο	ἐδύνατο
双数	2	ἐδείκνυσθον	ἐδύνασθον
	3	ἐδεικνύσθην	ἐδυνάσθην
复数	1	ἐδεικνύμεθα	ἐδυνάμεθα
	2	ἐδείκνυσθε	ἐδύνασθε
	3	ἐδείκνυντο	ἐδύναντο

现在时虚拟式中动态/被动态

单数	1	δεικνύωμαι	δύνωμαι
	2	δεικνύῃ	δύνῃ
	3	δεικνύηται	δύνηται

续表

双数	2	δεικνύησθον	δύνησθον
	3	δεικνύησθον	δύνησθον
复数	1	δεικνυώμεθα	δυνώμεθα
	2	δεικνύησθε	δύνησθε
	3	δεικνύωνται	δύνωνται

现在时祈愿式中动态/被动态

单数	1	δεικνυοίμην	δυναίμην
	2	δεικνύοιο	δύναιο
	3	δεικνύοιτο	δύναιτο
双数	2	δεικνύοισθον	δύναισθον
	3	δεικνυοίσθην	δυναίσθην
复数	1	δεικνυοίμεθα	δυναίμεθα
	2	δεικνύοισθε	δύναισθε
	3	δεικνύοιντο	δύναιντο

现在时命令式中动态/被动态

单数	2	δείκνυσο	δύνασο
	3	δεικνύσθω	δυνάσθω
双数	2	δείκνυσθον	δύνασθον
	3	δεικνύσθων	δυνάσθων
复数	2	δείκνυσθε	δύνασθε
	3	δεικνύσθων	δυνάσθων

现在时不定式中动态/被动态：δείκνυσθαι δύνασθαι

现在时分词的中动态/被动态

阳性	δεικνύμενος	δυνάμενος
阴性	δεικνυμένη	δυναμένη
中性	δεικνύμενον	δυνάμενον

κεῖμαι的现在时和过去时中动态

现在时态词干：κει-, κε-

		现在时直陈式	过去时直陈式	现在时虚拟式	现在时祈愿式	现在时命令式
单数	1	κεῖμαι	ἐκείμην	κέωμαι	κεοίμην	——
	2	κεῖσαι	ἔκεισο	κέῃ	κέοιο	κεῖσο
	3	κεῖται	ἔκειτο	κέηται	κέοιτο	κείσθω
双数	2	κεῖσθον	ἔκεισθον	κέησθον	κέοισθον	κεῖσθον
	3	κεῖσθον	ἐκείσθην	κέησθον	κεοίσθην	κείσθων
复数	1	κείμεθα	ἐκείμεθα	κεώμεθα	κεοίμεθα	——
	2	κεῖσθε	ἔκεισθε	κέησθε	κέοισθε	κεῖσθε
	3	κεῖνται	ἔκειντο	κέωνται	κέοιντο	κείσθων

现在时的不定式中动态：κεῖσθαι

现在时分词的中动态：κείμενος, κειμένη, κείμενον

δίδωμι, τίθημι, ἵημι的混合型不定过去时

时态词干：（δωκ-）　（θηκ-）　（ἡκ-）
　　　　　δο-　　θε-　　ἑ-

——圆括号中的形式是弱变化不定过去时。

不定过去时直陈式主动态

单数	1	(ἔδωκα)	(ἔθηκα)	(ἧκα)
	2	(ἔδωκας)	(ἔθηκας)	(ἧκας)
	3	(ἔδωκε(ν))	(ἔθηκε(ν))	(ἧκε(ν))
双数	2	ἔδοτον	ἔθετον	-εῖτον
	3	ἐδότην	ἐθέτην	-είτην
复数	1	ἔδομεν	ἔθεμεν	-εῖμεν
	2	ἔδοτε	ἔθετε	-εῖτε
	3	ἔδοσαν	ἔθεσαν	-εῖσαν

不定过去时虚拟式主动态

单数	1	δῶ	θῶ	-ῶ
	2	δῷς	θῇς	-ῇς
	3	δῷ	θῇ	-ῇ
双数	2	δῶτον	θῆτον	-ῆτον
	3	δῶτον	θῆτον	-ῆτον
复数	1	δῶμεν	θῶμεν	-ῶμεν
	2	δῶτε	θῆτε	-ῆτε
	3	δῶσι(ν)	θῶσι(ν)	-ῶσι(ν)

不定过去时祈愿式主动态

单数	1	δοίην	θείην	-είην
	2	δοίης	θείης	-είης
	3	δοίη	θείη	-είη
双数	2	δοῖτον	θεῖτον	-εῖτον
	3	δοίτην	θείτην	-είτην
复数	1	δοῖμεν	θεῖμεν	-εῖμεν
	2	δοῖτε	θεῖτε	-εῖτε
	3	δοῖεν	θεῖεν	-εῖεν

或 者

双数	2	δοίητον	θείητον	-είητον
	3	δοιήτην	θειήτην	-ειήτην
复数	1	δοίημεν	θείημεν	-είημεν
	2	δοίητε	θείητε	-είητε
	3	δοίησαν	θείησαν	-είησαν

不定过去时命令式主动态

单数	2	δός	θές	-ές
	3	δότω	θέτω	-έτω
双数	2	δότον	θέτον	-έτον
	3	δότων	θέτων	-έτων
复数	2	δότε	θέτε	-έτε
	3	δόντων	θέντων	-έντων

不定过去时不定式主动态

δοῦναι θεῖναι εἶναι

不定过去时分词主动态

阳性	δούς	θείς	-είς
阴性	δοῦσα	θεῖσα	-εῖσα
中性	δόν	θέν	-έν

δίδωμι, τίθημι, ἵημι 的强变化不定过去时中动态

时态词干：δο- θε- ἑ-

不定过去时直陈式中动态

单数	1	ἐδόμην	ἐθέμην	-είμην
	2	ἔδου	ἔθου	-εῖσο
	3	ἔδοτο	ἔθετο	-εῖτο
双数	2	ἔδοσθον	ἔθεσθον	-εῖσθον
	3	ἐδόσθην	ἐθέσθην	-είσθην
复数	1	ἐδόμεθα	ἐθέμεθα	-είμεθα
	2	ἔδοσθε	ἔθεσθε	-εῖσθε
	3	ἔδοντο	ἔθεντο	-εῖντο

不定过去时虚拟式中动态

单数	1	δῶμαι	θῶμαι	-ῶμαι
	2	δῷ	θῇ	-ῇ
	3	δῶται	θῆται	-ῆται
双数	2	δῶσθον	θῆσθον	-ῆσθον
	3	δῶσθον	θῆσθον	-ῆσθον
复数	1	δώμεθα	θώμεθα	-ώμεθα
	2	δῶσθε	θῆσθε	-ῆσθε
	3	δῶνται	θῶνται	-ῶνται

不定过去时祈愿式中动态

单数	1	δοίμην	θείμην	-είμην
	2	δοῖο	θεῖο	-εῖο
	3	δοῖτο	θεῖτο	-εῖτο
双数	2	δοῖσθον	θεῖσθον	-εῖσθον
	3	δοίσθην	θείσθην	-είσθην
复数	1	δοίμεθα	θείμεθα	-είμεθα
	2	δοῖσθε	θεῖσθε	-εῖσθε
	3	δοῖντο	θεῖντο	-εῖντο

不定过去时祈愿式中动态（可选择的形式）

单数	3	θοῖτο	-οῖτο
复数	1	θοίμεθα	-οίμεθα
	2	θοῖσθε	-οῖσθε
	3	θοῖντο	-οῖντο

不定过去时命令式中动态

单数	2	δοῦ	θοῦ	-οῦ
	3	δόσθω	θέσθω	-έσθω
双数	2	δόσθον	θέσθον	-έσθον
	3	δόσθων	θέσθων	-έσθων
复数	2	δόσθε	θέσθε	-έσθε
	3	δόσθων	θέσθων	-έσθων

不定过去时不定式中动态：

δόσθαι θέσθαι ἔσθαι

不定过去时分词中动态

阳性	δόμενος	θέμενος	-έμενος
阴性	δομένη	θεμένη	-εμένη
中性	δόμενον	θέμενον	-έμενον

无构干元音不定过去时：ἔστην, ἔγνων, ἔδῡν
（源于ἵστημι, γιγνώσκω, δύω）

时态词干： στη-　　　γνω-　　　δῡ-
　　　　　 στα-/στε-　 γνο-　　　δυ-

不定过去时的直陈式主动态

单数	1	ἔστην	ἔγνων	ἔδῡν
	2	ἔστης	ἔγνως	ἔδῡς
	3	ἔστη	ἔγνω	ἔδῡ
双数	2	ἔστητον	ἔγνωτον	ἔδῡτον
	3	ἐστήτην	ἐγνώτην	ἐδύτην
复数	1	ἔστημεν	ἔγνωμεν	ἔδῡμεν
	2	ἔστητε	ἔγνωτε	ἔδῡτε
	3	ἔστησαν	ἔγνωσαν	ἔδῡσαν

不定过去时虚拟式主动态

单数	1	στῶ	γνῶ	δύω
	2	στῇς	γνῷς	δύῃς
	3	στῇ	γνῷ	δύῃ
双数	2	στῆτον	γνῶτον	δύητον
	3	στῆτον	γνῶτον	δύητον
复数	1	στῶμεν	γνῶμεν	δύωμεν
	2	στῆτε	γνῶτε	δύητε
	3	στῶσι(ν)	γνῶσι(ν)	δύωσι(ν)

不定过去时祈愿式主动态

单数	1	σταίην	γνοίην	ἔδῡν在阿提卡语中没有祈愿式
	2	σταίης	γνοίης	
	3	σταίη	γνοίη	

续表

双数	2	σταῖτον	γνοῖτον
	3	σταίτην	γνοίτην
复数	1	σταῖμεν	γνοῖμεν
	2	σταῖτε	γνοῖτε
	3	σταῖεν	γνοῖεν
或者			
双数	2	σταίητον	γνοίητον
	3	σταιήτην	γνοιήτην
复数	1	σταίημεν	γνοίημεν
	2	σταίητε	γνοίητε
	3	σταίησαν	γνοίησαν

不定过去时命令式主动态

单数	2	στῆθι	γνῶθι	δῦθι
	3	στήτω	γνώτω	δύτω
双数	2	στῆτον	γνῶτον	δῦτον
	3	στήτων	γνώτων	δύτων
复数	2	στῆτε	γνῶτε	δῦτε
	3	στάντων	γνόντων	δύντων

不定过去时不定式主动态：στῆναι γνῶναι δῦναι

不定过去时分词主动态

阳性	στάς	γνούς	δύς
阴性	στᾶσα	γνοῦσα	δῦσα
中性	στάν	γνόν	δύν

ἵστημι 的现在完成时和过去完成时主动态

时态词干：ἑστα-（——在括号中的形式由词干ἑστηκ-形成）

		现在完成时 直陈式 主动态	现在完成时 虚拟式 主动态	现在完成时 祈愿式 主动态
单数	1	(ἕστηκα)	ἑστῶ	ἑσταίην
	2	(ἕστηκας)	ἑστῇς	ἑσταίης
	3	(ἕστηκε(ν))	ἑστῇ	ἑσταίη
双数	2	ἕστατον	ἑστῆτον	ἑσταῖτον/ ἑσταίητον
	3	ἕστατον	ἑστῆτον	ἑσταίτην/ ἑσταιήτην
复数	1	ἕσταμεν	ἑστῶμεν	ἑσταῖμεν/ ἑσταίημεν
	2	ἕστατε	ἑστῆτε	ἑσταῖτε/ ἑσταίητε
	3	ἑστᾶσι(ν)	ἑστῶσι(ν)	ἑσταῖεν/ ἑσταίησαν

		现在完成时 虚拟式 主动态	过去完成时 直陈式 主动态
单数	1	——	εἱστήκη
	2	ἕσταθι	εἱστήκης
	3	ἑστάτω	εἱστήκει(ν)
双数	2	ἕσταιτον	ἕστατον
	3	ἑστάτων	ἑστάτην
复数	1	——	ἕσταμεν
	2	ἕστατε	ἕστατε
	3	ἑστάντων	ἕστασαν

现在完成时不定式主动态：ἑστάναι

现在完成时分词主动态：ἑστώς, ἑστῶσα, ἑστός

οἶδα 的现在完成时和过去完成时主动态

时态词干：οἰδ-, εἰδ-, ἰδ-

		现在完成时 直陈式 主动态	现在完成时 虚拟式 主动态	现在完成时 祈愿式 主动态	现在完成时 命令式 主动态
单数	1	οἶδα	εἰδῶ	εἰδείην	——
	2	οἶσθα	εἰδῇς	εἰδείης	ἴσθι
	3	οἶδε(ν)	εἰδῇ	εἰδείη	ἴστω
双数	2	ἴστον	εἰδῆτον	εἰδεῖτον/ εἰδείητον	ἴστον
	3	ἴστον	εἰδῆτον	εἰδείτην/ εἰδείτην	ἴστων
复数	1	ἴσμεν	εἰδῶμεν	εἰδεῖμεν/ εἰδείημεν	——
	2	ἴστε	εἰδῆτε	εἰδεῖτε/ εἰδείητε	ἴστε
	3	ἴσᾱσι(ν)	εἰδῶσι(ν)	εἰδεῖεν/ εἰδείησαν	ἴστων

		过去完成时直陈式主动态
单数	1	ᾔδη/ ᾔδειν
	2	ᾔδησθα/ ᾔδεις
	3	ᾔδει(ν)
双数	2	ᾖστον
	3	ᾖστην
复数	1	ᾖσμεν/ ᾔδεμεν
	2	ᾖστε/ ᾔδετε
	3	ᾖσαν/ ᾔδεσαν

现在完成时不定式主动态：εἰδέναι

现在完成时分词主动态：εἰδώς, εἰδυῖα, εἰδός

-μι动词的分词

现在时分词主动态

	阳 性	阴 性	中 性	动 词
主格（单数）	διδούς	διδοῦσα	διδόν	(δίδωμι)
属格	διδόντος	διδούσης	διδόντος	
主格（单数）	ἱστάς	ἱστᾶσα	ἱστάν	(ἵστημι)

	阳性	阴性	中性	动词
属格	ἱστάντος	ἱστάσης	ἱστάντος	
主格（单数）	τιθείς	τιθεῖσα	τιθέν	(τίθημι)
属格	τιθέντος	τιθείσης	τιθέντος	
主格（单数）	ἱείς	ἱεῖσα	ἱέν	(ἵημι)
属格	ἱέντος	ἱείσης	ἱέντος	
主格（单数）	δεικνύς	δεικνῦσα	δεικνύν	(δείκνυμι)
属格	δεικνύντος	δεικνύσης	δεικνύντος	
主格（单数）	ἰών	ἰοῦσα	ἰόν	(εἶμι)
属格	ἰόντος	ἰούσης	ἰόντος	
主格（单数）	ὤν	οὖσα	ὄν	(εἰμί)
属格	ὄντος	οὔσης	ὄντος	
主格（单数）	φάς	φᾶσα	φάν	(φημί)
属格	φάντος	φάσης	φάντος	

强变化不定过去时分词主动态

	阳性	阴性	中性	动词
主格（单数）	δούς	δοῦσα	δόν	(δίδωμι)
属格	δόντος	δούσης	δόντος	
主格（单数）	στάς	στᾶσα	στάν	(ἵστημι)
属格	στάντος	στάσης	στάντος	
主格（单数）	θείς	θεῖσα	θέν	(τίθημι)
属格	θέντος	θείσης	θέντος	
主格（单数）	-εἵς	-εῖσα	-ἕν	(ἵημι)
属格	-ἕντος	-είσης	-ἕντος	
主格（单数）	γνούς	γνοῦσα	γνόν	(γιγνώσκω)
属格	γνόντος	γνούσης	γνόντος	
主格（单数）	δύς	δῦσα	δύν	(δύω)
属格	δύντος	δύσης	δύντος	

ἵστημι, οἶδα 现在完成时分词主动态

	阳性	阴性	中性	动词
主格（单数）	ἑστώς	ἑστῶσα	ἑστός	(ἵστημι)

续表

	阳 性	阴 性	中 性	动 词
属格	ἑστῶτος	ἑστώσης	ἑστῶτος	
主格（单数）	εἰδώς	εἰδυῖα	εἰδός	（οἶδα）
属格	εἰδότος	εἰδυίας	εἰδότος	

现在时分词中动态／被动态

	阳 性	阴 性	中 性	动 词
主格（单数）	διδόμενος	διδομένη	διδόμενον	（δίδωμι）
主格（单数）	ἱστάμενος	ἱσταμένη	ἱστάμενον	（ἵστημι）
主格（单数）	δυνάμενος	δυναμένη	δυνάμενον	（δύναμαι）
主格（单数）	τιθέμενος	τιθεμένη	τιθέμενον	（τίθημι）
主格（单数）	ἱέμενος	ἱεμένη	ἱέμενον	（ἵημι）
主格（单数）	δεικνύμενος	δεικνυμένη	δεικνύμενον	（δείκνυμι）
主格（单数）	κείμενος	κειμένη	κείμενον	（κεῖμαι）

强变化不定过去时分词中动态

	阳 性	阴 性	中 性	动 词
主格（单数）	δόμενος	δομένη	δόμενον	（δίδωμι）
主格（单数）	θέμενος	θεμένη	θέμενον	（τίθημι）
主格（单数）	-ἕμενος	-ἑμένη	-ἕμενον	（ἵημι）

十一　动词的其他规则形式

不定式比较

	主动态	中动态	被动态
现在时	παιδεύειν	παιδεύεσθαι	παιδεύεσθαι
已缩音的现在时	νῑκᾶν	νῑκᾶσθαι	νῑκᾶσθαι
	ζῆν		
		χρῆσθαι	
	ἀδικεῖν	ἀδικεῖσθαι	ἀδικεῖσθαι
	ἀξιοῦν	ἀξιοῦσθαι	ἀξιοῦσθαι
将来时	παιδεύσειν	παιδεύσεσθαι	παιδευθήσεσθαι
已缩音的将来时	ἐλᾶν	ἐλᾶσθαι	
	ἀγγελεῖν	ἀγγελεῖσθαι	
弱变化不定过去时	παιδεῦσαι	παιδεύσασθαι	παιδευθῆναι
强变化不定过去时	βαλεῖν	βαλέσθαι	
现在完成时	πεπαιδευκέναι	πεπαιδεῦσθαι	πεπαιδεῦσθαι
	ἑστάναι		
	εἰδέναι		
-μι 动词现在时	διδόναι	δίδοσθαι	δίδοσθαι
	ἱστάναι	ἵστασθαι	ἵστασθαι
	τιθέναι	τίθεσθαι	τίθεσθαι
	ἱέναι	ἵεσθαι	ἵεσθαι
	δεικνύναι	δείκνυσθαι	δείκνυσθαι
		δύνασθαι	
	ἰέναι		

续表

	主动态	中动态	被动态
-μι动词现在时	εἶναι		
	φάναι		
		κεῖσθαι	
-μι动词强变化不定过去时	δοῦναι	δόσθαι	
	θεῖναι	θέσθαι	
	-εἷναι	-ἕσθαι	
无构干元音不定过去时	στῆναι		
	γνῶναι		
	δῦναι		

动词过去时直陈式的词首增音

增音前的词干元音或双元音	增音后的词干元音或双元音
α	η
ᾱ	η
αι	ῃ
αυ	ηυ/ αυ
ε	η
ει	ῃ/ ει
ευ	ηυ/ ευ
η	η
ι	ῑ
ῑ	ῑ
ο	ω
οι	ῳ
ου	ου
υ	ῡ
ῡ	ῡ
ω	ω

情态形容词

动词	基本形态（Ⅵ）	情态形容词
λύω	ἐλύθην	λυτέος, λυτέᾱ, λυτέον
ἵστημι	ἐστάθην	στατέος, στατέᾱ, στατέον
νῑκάω	ἐνῑκήθην	νῑκητέος, νῑκητέᾱ, νῑκητέον
φυλάττω	ἐφυλάχθην	φυλακτέος, φυλακτέᾱ, φυλακτέον
γράφω	ἐγράφην	γραπτέος, γραπτέᾱ, γραπτέον

构成不规则的情态形容词：

βαίνω	-βατέος, βατέᾱ, βατέον
εἶμι	ἰτέος, ἰτέᾱ, ἰτέον
ἔχω	ἑκτέος, ἑκτέᾱ, ἑκτέον
	-σχετέος, σχετέᾱ, σχετέον
θάπτω	θαπτέος, θαπτέᾱ, θαπτέον
θύω	θυτέος, θυτέᾱ, θυτέον
κλέπτω	κλεπτέος, κλεπτέᾱ, κλεπτέον
λέγω	λεκτέος, λεκτέᾱ, λεκτέον
	ῥητέος, ῥητέᾱ, ῥητέον
μάχομαι	μαχετέος, μαχετέᾱ, μαχετέον
μανθάνω	μαθητέος, μαθητέᾱ, μαθητέον
μένω	μενετέος, μενετέᾱ, μενετέον
οἶδα	ἰστέος, ἰστέᾱ, ἰστέον
παύω	παυστέος, παυστέᾱ, παυστέον
πυνθάνομαι	πευστέος, πευστέᾱ, πευστέον
σῴζω	σωστέος, σωστέᾱ, σωστέον
τίθημι	θετέος, θετέᾱ, θετέον
φέρω	οἰστέος, οἰστέᾱ, οἰστέον
φεύγω	φευκτέος, φευκτέᾱ, φευκτέον

十二　六种基本时态例词表

1.现在时	2.将来时	3.不定过去时主动态/中动态	4.完成时	5.现在完成时被动/返身	6.不定过去时将来时/被动
ἀγγέλλω	ἀγγελῶ	ἤγγειλα	ἤγγελκα	ἤγγελμαι	ἠγγέλθην
ἄγω	ἄξω	ἤγαγον	ἦχα	ἦγμαι	ἤχθην
ἀδικέω	ἀδικήσω	ἠδίκησα	ἠδίκηκα	ἠδίκημαι	ἠδικήθην
αἱρέω	αἱρήσω	εἷλον	ᾕρηκα	ᾕρημαι	ᾑρέθην
αἰσθάνομαι	αἰσθήσομαι	ᾐσθόμην	—	ᾔσθημαι	—
αἰσχύνομαι	αἰσχυνοῦμαι	—	—	ᾔσχυμμαι	ᾐσχύνθην
ἀκούω	ἀκούσομαι	ἤκουσα	ἀκήκοα	—	ἠκούσθην
ἁμαρτάνω	ἁμαρτήσομαι	ἥμαρτον	ἡμάρτηκα	ἡμάρτημαι	ἡμαρτήθην
ἀξιόω	ἀξιώσω	ἠξίωσα	ἠξίωκα	ἠξίωμαι	ἠξιώθην
ἀποθνῄσκω	ἀποθανοῦμαι	ἀπέθανον	τέθνηκα		
ἀποκρίνομαι	ἀποκρινοῦμαι	ἀπεκρινάμην	—	ἀποκέκριμαι	
ἀποκτείνω	ἀποκτενῶ	ἀπέκτεινα	ἀπέκτονα		
ἀπόλλῡμι	ἀπολῶ	ἀπώλεσα	ἀπολώλεκα		
		ἀπωλόμην	ἀπόλωλα		
ἄρχω	ἄρξω	ἦρξα	ἦρχα	ἦργμαι	ἤρχθην
ἀφικνέομαι	ἀφίξομαι	ἀφικόμην	—	ἀφῖγμαι	
βαίνω	-βήσομαι	-ἔβην	βέβηκα	βέβαμαι	ἐβάθην
βάλλω	βαλῶ	ἔβαλον	βέβληκα	βέβλημαι	ἐβλήθην
βλάπτω	βλάψω	ἔβλαψα	βέβλαφα	βέβλαμμαι	ἐβλάβην
					ἐβλάφθην
βουλεύω	βουλεύσω	ἐβούλευσα	βεβούλευκα	βεβούλευμαι	ἐβουλεύθην

续表

1.现在时	2.将来时	3.不定过去时主动态/中动态	4.完成时	5.现在完成时被动/返身	6.不定过去时将来时/被动
βούλομαι	βουλήσομαι	—	—	βεβούλημαι	ἐβουλήθην
γίγνομαι	γενήσομαι	ἐγενόμην	γέγονα	γεγένημαι	—
γιγνώσκω	γνώσομαι	ἔγνων	ἔγνωκα	ἔγνωσμαι	ἐγνώσθην
γράφω	γράψω	ἔγραψα	γέγραφα	γέγραμμαι	ἐγράφην
δεῖ	δεήσει	ἐδέησε(ν)	—		
δείκνῡμι	δείξω	ἔδειξα	δέδειχα	δέδειγμαι	ἐδείχθην
δέχομαι	δέξομαι	ἐδεξάμην	—	δέδεγμαι	—
δηλόω	δηλώσω	ἐδήλωσα	δεδήλωκα	δεδήλωμαι	ἐδηλώθην
διδάσκω	διδάξω	ἐδίδαξα	δεδίδαχα	δεδίδαγμαι	ἐδιδάχθην
δίδωμι	δώσω	ἔδωκα	δέδωκα	δέδομαι	ἐδόθην
δοκέω	δόξω	ἔδοξα	—	δέδογμαι	-ἐδόχθην
δουλεύω	δουλεύσω	ἐδούλευσα	δεδούλευκα	δεδούλευμαι	ἐδουλεύθην
δύναμαι	δυνήσομαι	—	—	δεδύνημαι	ἐδυνήθην
δύω	-δύσω	-ἔδῡσα / ἔδῡν	δέδῡκα	-δέδυμαι	-ἐδύθην
ἐθέλω	ἐθελήσω	ἠθέλησα	ἠθέληκα	—	—
εἰμί	ἔσομαι				
εἶμι	—				
ἐλαύνω	ἐλῶ (<ἐλάω)	ἤλασα	-ἐλήλακα	ἐλήλαμαι	ἠλάθην
ἐλέγχω	ἐλέγξω	ἤλεγξα	—	ἐλήλεγμαι	ἠλέγχθην
ἐπίσταμαι	ἐπιστήσομαι	—	—	—	ἠπιστήθην
ἕπομαι	ἕψομαι	ἑσπόμην			
ἔρομαι	ἐρήσομαι	ἠρόμην			
ἔρχομαι	ἐλεύσομαι	ἦλθον	ἐλήλυθα		
ἐρωτάω	ἐρωτήσω	ἠρώτησα	ἠρώτηκα	ἠρώτημαι	ἠρωτήθην
εὑρίσκω	εὑρήσω	ηὗρον	ηὕρηκα	ηὕρημαι	ηὑρέθην
ἔχω	ἕξω / σχήσω	ἔσχον	ἔσχηκα	-ἔσχημαι	ἐσχέθην
ζάω	ζήσω	—	—	—	—

续表

1.现在时	2.将来时	3.不定过去时主动态/中动态	4.完成时	5.现在完成时被动/返身	6.不定过去时将来时/被动
ζητέω	ζητήσω	ἐζήτησα	ἐζήτηκα	ἐζήτημαι	ἐζητήθην
ἡγέομαι	ἡγήσομαι	ἡγησάμην	——	ἥγημαι	ἡγήθην
ἥκω	ἥξω	——	——	——	——
θάπτω	θάψω	ἔθαψα	——	τέθαμμαι	ἐτάφην
θύω	θύσω	ἔθῡσα	τέθυκα	τέθυμαι	ἐτύθην
ἵημι	-ἥσω	-ἧκα	-εἷκα	-εἷμαι	-εἵθην
ἵστημι	στήσω	ἔστησα / ἔστην	ἕστηκα	ἕσταμαι	ἐστάθην
καλέω	καλῶ	ἐκάλεσα	κέκληκα	κέκλημαι	ἐκλήθην
κεῖμαι	κείσομαι	——	——	——	——
κελεύω	κελεύσω	ἐκέλευσα	κεκέλευκα	κεκέλευσμαι	ἐκελεύσθην
κλέπτω	κλέψω	ἔκλεψα	κέκλοφα	κέκλεμμαι	ἐκλάπην
κρίνω	κρινῶ	ἔκρῑνα	κέκρικα	κέκριμαι	ἐκρίθην
κωλύω	κωλύσω	ἐκώλῡσα	κεκώλῡκα	κεκώλῡμαι	ἐκωλύθην
λαμβάνω	λήψομαι	ἔλαβον	εἴληφα	εἴλημμαι	ἐλήφθην
λανθάνω	λήσω	ἔλαθον	λέληθα	——	——
λέγω	λέξω / ἐρῶ	ἔλεξα / εἶπον	εἴρηκα	λέλεγμαι / εἴρημαι	ἐλέχθην / ἐρρήθην
λείπω	λείψω	ἔλιπον	λέλοιπα	λέλειμμαι	ἐλείφθην
λύω	λύσω	ἔλῡσα	λέλυκα	λέλυμαι	ἐλύθην
μανθάνω	μαθήσομαι	ἔμαθον	μεμάθηκα	——	——
μάχομαι	μαχοῦμαι	ἐμαχεσάμην	——	μεμάχημαι	——
μέλλω	μελλήσω	ἐμέλλησα	——	——	——
μένω	μενῶ	ἔμεινα	μεμένηκα	——	——
μηχανάομαι	μηχανήσομαι	ἐμηχανησάμην	——	μεμηχάνημαι	——
νῑκάω	νῑκήσω	ἐνίκησα	νενίκηκα	νενίκημαι	ἐνῑκήθην
νομίζω	νομιῶ	ἐνόμισα	νενόμικα	νενόμισμαι	ἐνομίσθην
οἶδα	εἴσομαι	——	——	——	——
ὁράω	ὄψομαι	εἶδον	ἑόρακα	ἑώραμαι	ὤφθην

1.现在时	2.将来时	3.不定过去时主动态/中动态	4.完成时	5.现在完成时被动/返身	6.不定过去时将来时/被动
			ἑώρᾱκα	ὦμμαι	
παιδεύω	παιδεύσω	ἐπαίδευσα	πεπαίδευκα	πεπαίδευμαι	ἐπαιδεύθην
πάσχω	πείσομαι	ἔπαθον	πέπονθα	——	——
παύω	παύσω	ἔπαυσα	πέπαυκα	πέπαυμαι	ἐπαύθην
πείθω	πείσω	ἔπεισα	πέπεικα	πέπεισμαι	ἐπείσθην
πέμπω	πέμψω	ἔπεμψα	πέπομφα	πέπεμμαι	ἐπέμφθην
πίπτω	πεσοῦμαι	ἔπεσον	πέπτωκα		
πιστεύω	πιστεύσω	ἐπίστευσα	πεπίστευκα	πεπίστευμαι	ἐπιστεύθην
ποιέω	ποιήσω	ἐποίησα	πεποίηκα	πεποίημαι	ἐποιήθην
πολῑτεύω	πολῑτεύσω	ἐπολῑ́τευσα	πεπολῑ́τευκα	πεπολῑ́τευμαι	ἐπολῑτεύθην
πρᾱ́ττω	πρᾱ́ξω	ἔπρᾱξα	πέπρᾱχα / πέπρᾱγα	πέπρᾱγμαι	ἐπρᾱ́χθην
πυνθάνομαι	πεύσομαι	ἐπυθόμην	——	πέπυσμαι	
σῴζω	σώσω	ἔσωσα	σέσωκα	σέσωσμαι / σέσωμαι	ἐσώθην
τάττω	τάξω	ἔταξα	τέταχα	τέταγμαι	ἐτάχθην
τελευτάω	τελευτήσω	ἐτελεύτησα	τετελεύτηκα	τετελεύτημαι	ἐτελευτήθην
τίθημι	θήσω	ἔθηκα	τέθηκα	τέθειμαι	ἐτέθην
τῑμάω	τῑμήσω	ἐτῑ́μησα	τετῑ́μηκα	τετῑ́μημαι	ἐτῑμήθην
τρέπω	τρέψω	ἔτρεψα / ἐτραπόμην	τέτροφα	τέτραμμαι	ἐτρέφθην / ἐτράπην
τυγχάνω	τεύξομαι	ἔτυχον	τετύχηκα	——	
φαίνω	φανῶ	ἔφηνα	πέφηνα	πέφασμαι	ἐφάνθην
φέρω	οἴσω	ἤνεγκα / ἤνεγκον	ἐνήνοχα	ἐνήνεγμαι	ἠνέχθην
φεύγω	φεύξομαι	ἔφυγον	πέφευγα	——	
φημί	φήσω	ἔφησα			
φθάνω	φθήσομαι	ἔφθασα / ἔφθην	——	——	

续表

1.现在时	2.将来时	3.不定过去时主动态/中动态	4.完成时	5.现在完成时被动/返身	6.不定过去时将来时/被动
φιλέω	φιλήσω	ἐφίλησα	πεφίληκα	πεφίλημαι	ἐφιλήθην
φοβέομαι	φοβήσομαι	—	—	πεφόβημαι	ἐφοβήθην
φυλάττω	φυλάξω	ἐφύλαξα	πεφύλαχα	πεφύλαγμαι	ἐφυλάχθην
χαίρω	χαιρήσω	—	κεχάρηκα	—	ἐχάρην
χορεύω	χορεύσω	ἐχόρευσα	κεχόρευμαι	κεχόρευμαι	ἐχορεύθην
χράομαι	χρήσομαι	ἐχρησάμην	—	κέχρημαι	ἐχρήσθην
χρή	χρῆσται	—	—	—	—

希腊文史年表

我国爆发辛亥革命那年(1911),时年32岁的英国古典学者齐默恩(Alfred Zimmern,1879—1957)出版了一部关于雅典城邦的专著,书名《希腊共和国》(*The Greek Commonwealth*)别出心裁,据说意在模仿British Commonwealth[不列颠共和国]。在作者笔下,"希腊"这个语词等同于"地中海世界":

> 对希腊人而言,地中海地区自成一体,地中海不是边界,而是贯通各地的交通干线;在他们看来,世界就是"以地中海为中心延展的大陆,其中心汇集于'我们的海'"。①

在说到希腊的"大陆"时,这位大英帝国鼎盛时期的古典学者又把"希腊"限定在希腊半岛,它的耕地包括"阿哥斯平原、雅典平原和厄琉西斯平原"以及"四面为山峦包围"的斯巴达平原(同上,页33)。看来,作者把自己笔下的古代雅典想象成了大英帝国。在当时的大不列颠人眼里,整个世界的确自成一体,海洋不是边界,而是贯通世界各地的交通干线——希腊半岛上的王国不过是大英帝国的附属国。

在此半个世纪前,德意志的人文地理学家卡尔·李特尔(1779—1859)提议,应该"将多瑙河以南的整个区域称为'希腊半岛'"。②差不多100年后(1941),德意志第三帝国的空降兵夺取克里特岛,然后登陆希腊半岛。1943年,英军在北非战场取得主动权后发起反攻,德军撤离希腊半岛。由于当时希腊共产党领导的武装抵抗组织已经实际控制希腊半岛,大英帝国

---

① 阿尔弗雷德·E.齐默恩,《希腊共和国:公元前5世纪雅典的政治和经济》,龚萍、傅洁莹、阚怀未译,上海:格致出版社,2011,页7。

② 马克·马佐尔,《巴尔干五百年:从拜占庭帝国灭亡到21世纪》,刘会梁译,北京:中信出版社,2017,页4。

在战后对掌控希腊王国这个附属国已力不从心,向美国求助。于是,美国接替大英帝国掌控希腊——这意味着掌控地中海这个古老的西方枢纽地带。

如今我们学习和研究古希腊文明,不能仅仅着眼于古代的希腊,还应该具有大历史视野和地缘政治眼光——不仅要熟悉克里特岛、伯罗奔半岛、雅典、马其顿、伊奥尼亚等政治地理名称的前世,也要了解其今生。地中海的政治地缘自3000年前形成以来,一直是一个整体,而地中海曾先后成为罗马帝国、阿拉伯帝国、神圣罗马帝国和奥斯曼帝国乃至大英帝国的内湖,尽管它们对地中海地缘的实际控制大多是局部性的。

公元前5世纪的古希腊史家们已将历史视为各个帝国轮流坐庄的历程,其时,雅典所领导的城邦同盟将数十个爱琴海列岛上零散分布的定居点以及地中海沿岸的滨海地区维系在一起,成了"统治世界的霸主",并把地中海称为"我们身边的海"。罗马人征服希腊人后,这个称谓变成了Mare Nostrum[我们的海]。在后冷战时代的国际地缘政治格局中,地中海是北约的南部前沿,而东地中海和巴尔干(这个政治地理名称在19世纪才出现)地区仍然是潜在的"火药桶"。

→ 休特利等,《希腊简史:从古代到1964年》,中国科学院世界史研究所翻译小组译,北京:商务印书馆,1974;尼古拉斯·杜马尼斯,《希腊史》,屈闻明、杨林秀译,上海:东方出版中心,2011;佩里格林·霍登、尼古拉斯·普塞尔,《堕落之海:地中海史研究》,吕厚量译,北京:中信出版社,2018。

史前时期

公元前7200年,希腊半岛上已经有人类定居,伯罗奔半岛东北部的阿尔格里德出土的石器时代中期墓地遗址证明了这一点。

米诺斯文明

公元前3000—前2000年,克里特岛出现王权部落,史称"米诺斯文明"。这不仅有考古发掘出的宫殿遗迹为证,克里特岛南部还出土了被称为"线形文字A"的书写系统,它看起来像是一系列用来表示音节、事物和数字的线形符号,要么刻在泥板上,要么刻在陶器上。

→ 比较:公元前2550年,神农氏衰,诸侯相伐,轩辕(黄帝)乃习用干戈,以征不顺。

公元前1700—前1500年,克里特岛上的米诺斯文明走向衰落。

公元前1500年,地中海东南角的迦南地区出现了世界上最早的字母系统(用一个单独的符号指代20个基本辅音中的一个),在接下来的数个世纪里,该地区发展出若干套字母系统。

→ 商朝(约公元前1600—前1046年)前期(亦称"先商"),中国已经出现甲骨文,遗存主要见于郑州商城。

迈锡尼文明

公元前1450年,生活在希腊半岛西南部的迈锡尼人夺取了克里特岛,并开始支配爱琴海地缘,据说他们来自中亚和安纳托利亚。迈锡尼人在线形文字A的基础上发展出线形文字B书写系统,并把这种新的文字带回希腊半岛本土,但它并没有成为希腊文形成的基础。

→ 公元前1447年,祖乙(卜辞作"且乙")时,巫贤任职,殷复兴。

公元前1400—前1200年,希腊半岛上出现多个部落王宫(迈锡尼、梯林斯、皮洛斯、忒拜),这一时期的政治生活是希腊神话的历史土壤:在线形文字B泥板上可以找到诸如宙斯、赫拉、波塞冬、赫尔墨斯和狄俄尼索斯的名字。

→ 公元前1324年,盘庚迁于殷,商自是称殷。

公元前1300年,特洛伊城兴盛,标志着迈锡尼文明的势力范围成功向东北方向延伸。当时的海岸线与现在的海岸线不同,特洛伊城不仅实际扼守着一个大海湾,还控制着安纳托利亚西北部和爱琴海诸岛北部,对于通过达达尼尔海峡进入黑海的商船来说,它还是唯一的深水港。

公元前1300—前1000年,腓尼基人发展出自己的字母系统,并于公元前9—前8世纪时传入希腊。

公元前1274年,为争夺叙利亚,埃及第十九王朝与赫梯帝国在卡迭石(Kadesh,今叙利亚霍姆斯附近奥伦特河畔)爆发大战,史称地中海区域有文字记载的最早会战,战后缔结的《埃及赫梯和约》成为最早的有文字记载的国际军事条约文书,两国正式划定边界。

公元前1220年,特洛伊城陷落,至公元前1000年,希腊半岛上几乎所有主要的定居地都被焚毁。原因可能有三种:自然灾害(地震)、外敌攻击("海上民族"的洗劫或来自北部的多里斯人入侵)或内部冲突。

→ 公元前1098年,周武王率诸侯伐纣,战于牧野,纣兵败,自焚死,殷亡。

→ 埃里克·克莱因,《文明的崩塌:公元前1177年的地中海世界》,贾磊译,北京:中信出版社,2018。

古风时期（古风希腊文）
公元前800—前480年

大约在公元前950至前750年间，伊奥尼亚（Ionia，雅典所在的阿提卡半岛以及邻近的爱琴海群岛和小亚细亚中部，即今土耳其境内西海岸南部狭长地带）以及希腊半岛开始出现城邦，希腊人借用腓尼基字母开发出一种新的字母系统，有了记录自己的政治经历的文字。

方言格局 泛希腊民族分为多支，伊奥尼亚、埃奥利亚（Aeolia，又译"爱奥利亚"，即小亚细亚北部）、多里斯（或译"多利安"，斯巴达所在的伯罗奔半岛大部）是其中的大支。现代考古发现了数以千计不同语群的碑刻铭文，可见小支颇多。历史语言学家倾向于把古希腊语方言分为西部和东部两支：东部方言为阿提卡—伊奥尼亚语群（爱琴海主要岛屿、西西里岛）、塞浦路斯语群、埃奥利亚语群，西部方言为多里斯语群和亚该亚（伯罗奔半岛北部）等其他小语群。东部方言柔和、西部方言粗率，阿提卡方言正好居间，但其洗练、严谨、优美的特点应该归功于古典时期文人们的写作。

公元前7世纪（神话诗时期）

前776年，首届奥林匹亚赛会（比较：前753年，罗马建城）。

→ 前771年，申侯引西夷、缯人、犬戎攻幽王，幽王举烽火征诸侯兵，兵莫至，遂杀幽王于骊山之下，尽取周财宝而去。诸侯共立太子宜臼，是为平王。

前745—前690年，新亚述帝国的扩张已经囊括塞浦路斯、安纳托利亚高原南部、巴勒斯坦以及叙利亚，并向埃及推进（前671年洗劫埃及古都孟菲斯）。

前733—前690年，希腊半岛上的科林多城邦向西西里岛乃至地中海西部殖民扩张，大希腊地缘政治格局开始形成，科林多亦是希腊半岛上首个崛起的强势城邦政体。

→ 公元前723年，管仲（姬姓，管氏，名夷吾）生于今安徽省颍上县。

前700年，赫西俄德写下《神谱》，前700—前650年，荷马的《伊利亚特》和《奥德赛》被记录下来。后来的欧洲人并非希腊人的后裔，由于荷马诗作的影响，特洛伊战争及其历史经验也成了他们的历史意识的基础——甚至成为欧洲文明认同的基础。

前682年，农作术（Archontats）引入雅典。

前664年，亚述人洗劫底比斯，并与埃及建立起一种名义上的臣属关系。

前650年前后，希腊人在尼罗河支流入海口上游的瑙克拉提斯（Naucratis）建立贸易站，成为小亚细亚—埃及—希腊半岛的三角贸易中转地，稍后又在支流入海口的几座岛屿上建立赫拉克里斯港（距今亚历山大城东南75千米）。

前630年，萨福出生于勒波斯岛，古希腊抒情诗的第一个黄金时代即将来临。

前624年，雅典首位立法者德腊孔（Drakon）立法，史称泛希腊世界第一部成文法典，极为严酷。

前615—前605年，新巴比伦王国崛起，亚述势力崩溃；公元前605年，巴比伦国王尼布甲尼撒二世的军队在幼发拉底河上游的卡尔凯美什城（Carchemish，今土耳其和叙利亚交界地带）剪灭亚述残余势力，并将埃及人逐出叙利亚和巴勒斯坦，获得了在新月沃土区域的霸权，亚述帝国从历史中消失。在此次战役中，新巴比伦王国军队不仅组织水平高，还有战场机动能力。在尼布甲尼撒二世之后的数十年里，希腊和波斯开始崛起。

公元前6世纪（抒情诗时期）

前594年，雅典的手工业富豪梭伦（Solon）改革德腊孔法制，使之变得温和。

前582—前573年，德尔菲竞技会、地峡竞技会、涅嵋竞技会先后举办。

前573年，毕达哥拉斯出生于萨摩斯岛。

→ 前571年，老子（姓李名耳，字聃）生，有《道德经》传世。

前560—前510年，雅典僭主庇西特拉图当权，建筑艺术（多里斯式和伊奥尼亚式建筑）和手工艺术（如陶瓶画）取得辉煌成就。

→ 前551年，孔子（孔氏，名丘，字仲尼）生，整理《诗》《书》，笔削《春秋》。

前550年，斯巴达城邦的吕库戈斯创制严酷的法典，建立伯罗奔半岛联盟，与哥林多城邦争夺泛希腊世界领导权。

前546年，波斯帝国开始向西扩张，生俘伊奥尼亚北部吕底亚国王，蚕食希腊城镇。

前544年，"晦涩诗人"赫拉克利特出生于伊奥尼亚地区以弗所（今土耳其伊兹密尔附近）的王族家庭。

前525年，波斯人征服埃及；肃剧诗人埃斯库罗斯出生在位于阿提卡西部萨罗尼克(Saronic)湾最北端的特里亚西奥平原(Thriasio)的埃琉西斯(Eleusis)。

前522年,颂歌诗人品达出生于希腊半岛中部波厄俄提亚(Boeotia,离忒拜不远)的小村库诺斯克法勒(Cynoscephalae)。

前515年,自然哲人帕墨尼德(又译"巴门尼德")生于埃利亚(Elia,意大利南部的希腊殖民城邦)。

前510—前508年,雅典僭主克莱斯忒涅改制,为阿提卡民主政制奠定了基础。

→ 前502年,鲁国史官左丘明(复姓左丘,名明;一说单姓左,名丘明)生,有《左氏春秋》《国语》传世。

古典时期(古典希腊文)
公元前500—前322年

前499—前479年,伊奥尼亚地区的希腊人反抗波斯统治,雅典人为支持当地的希腊同胞而与波斯开战。

波斯人入侵希腊半岛的企图遭到挫败,雅典城邦组建提洛同盟,奠定了崛起的基础。

前496年,肃剧诗人索福克勒斯出生于雅典西北郊的小乡村科罗诺斯(Colonus)。

前495年,自然哲人恩培多克勒生于西西里岛;自然哲人芝诺(Zeno of Elea)出生于意大利半岛南部的希腊殖民地埃利亚。

前490年,智术师普罗塔戈拉出生于忒腊克(旧译"色雷斯")的阿布德拉城。古忒腊克如今分属希腊东北部(西忒腊克)、保加利亚南部(北忒腊克)和土耳其西北部(东忒腊克)。

前484年,希罗多德出生在小亚细亚西南海滨的一座小城邦,当时该城邦已受波斯辖制。

前470年,苏格拉底出生在雅典一个普通公民家庭。

前462年,埃及在雅典支持下爆发反抗波斯统治的暴动,遭波斯镇压(至前454年)。

前461年,雅典和斯巴达因朝圣第一次发生武装冲突,两大城邦开始争夺泛希腊地区支配权。

前460年,修昔底德出生在雅典的一个贵族家庭;忒拜诗人品达开始写作竞技凯歌。

前458年,埃斯库罗斯的《波斯人》首演,完成《奥瑞斯提亚》三联剧。

前450年,青年苏格拉底拜见老人帕墨尼德。

前443年,伯里克勒斯在雅典进一步推行民主制。

前441年,欧里庇得斯(前480—前406年)的剧作首次在戏剧节获头奖;索福克勒斯的《安提戈涅》首演。

前440年,色诺芬出生在阿提卡的一个富有家庭;希罗多德写下《原史》。

前438年,帕特农神庙檐壁完工。

前431年,雅典与斯巴达之间爆发战争;索福克勒斯的《俄狄浦斯王》首演。

前427年,柏拉图出生在雅典一个较富裕的贵族家庭。

前424年,修昔底德开始撰写《战争志》。

前419年,阿里斯托芬(前446—前385年)的谐剧《云》首演。

前415年,阿尔喀比亚德带领雅典人远征西西里。

前411年,阿里斯托芬的反战谐剧《吕茜斯忒拉忒》首演。

前401年,色诺芬写下《上行记》。

前399年,苏格拉底在雅典被判处死刑。

前392年,伊索克拉底(前436—前338年)在雅典创设第一所修辞学校。

前387年,柏拉图在雅典城外西北角建立学园,写下多部苏格拉底对话作品。

前384年,亚里士多德出生于忒腊克南部的斯塔基拉(Stagira,紧邻马其顿)。

→ 前372年,孟子(姬姓,孟氏,名轲,字子舆)出生于鲁国邹(今山东邹城)。

前371年,斯巴达与忒拜争夺霸权战败,忒拜城邦开始崛起。

→ 前369年,庄子(名周)生于宋国蒙邑(今河南商丘东北,一说安徽省亳州市蒙城县)。

前365年,柏拉图着手写作《王制》(又译《理想国》)。

→ 西蒙·霍恩布洛尔,《希腊世界》,赵磊译,北京:华夏出版社,2015。

希腊化时期(通用希腊文)
公元前322—前146年

前359年,腓力二世成为马其顿国王,带领马其顿开始扩张。

前341年,享乐派创始人伊壁鸠鲁(前341—前270年)出生于萨摩斯岛。

→ 前340年,屈原(屈氏,名平,字原)出生于楚国丹阳秭归(今湖北省宜昌市),有《离骚》《九歌》《九章》《天问》等传世。

前338年,在喀罗尼阿战役中,马其顿国王腓力二世率军击败希腊联军,建立科林多同盟,试图统一泛希腊城邦。

前336年,腓力二世被刺,亚历山大三世即位。

前335年,亚里士多德在雅典建立学园。

前334年,廊下派创始人基提翁的芝诺(Zeno of Citium)出生于塞浦路斯岛(Cyprus)。

前332年,亚历山大夺取埃及,建立亚历山大城(今埃及北部港口城市),前330年洗劫波斯城,前327—前325年进兵中亚和南亚,前323年因患传染病死于巴比伦。

前313年,米南德在雅典写作新谐剧;廊下派和伊壁鸠鲁派哲人团体在雅典形成。

→ 齐国稷下学宫祭酒荀子(名况,字卿,约前313—前238年)生;《荀子》今存三十二篇,除少数篇章外,大部分是他自己所写。

前312年,亚历山大部将塞琉古一世(约前358—前281年)依托其辖制的原波斯帝国地域(以叙利亚北部为中心,包括今伊朗和亚美尼亚在内,初期还包括印度次大陆西北部),建立塞琉古王朝(Seleucid Dynasty,前312—前64年)。

前305年,亚历山大部将托勒密一世(前367—前282年)依托其辖制的埃及和叙利亚南部,建立托勒密王朝(Ptolemaic Dynasty,前305—前30年)。

前301年,亚历山大部将安提戈努斯一世(Antigonus I,前382—前301年)依托马其顿王国,试图重新统一亚历山大帝国,在小亚细亚的弗里吉亚小村伊普苏斯附近与托勒密王国和塞琉古王国军队交战,因其子德米特里一世(前337—前283年)轻率任性,遭遇惨败。安提戈努斯一世战死,而德米特里一世自己也被生俘,王国陷入内乱。公元前276年,德米特里之子安提戈努斯二世(约前319—前239年)巩固王位,依托马其顿和希腊半岛建立安提柯王朝(Antigonid dynasty,前276—前168年)。

前300年,欧几里得完成《几何原理》。

前283年,亚历山大城图书馆开启。

前285年,亚历山大城的犹太拉比开始将希伯来圣经译成希腊文,部分为直译,部分为意译,史称"七十子译本"。

前279年，凯尔特人入侵希腊半岛。

前274—前271年，塞琉古王朝与托勒密王朝的第一次叙利亚战争。

前260—前200年，塞琉古王朝与托勒密王朝的第二次至第五次叙利亚战争，塞琉古王朝遭受重创。前247年，帕提亚王国（Parthian Kingdom，今伊朗西部）摆脱塞琉古王朝控制；前200年，中亚地带的巴克特里亚（Bactria，兴都库什山以北，今阿富汗东北部）摆脱塞琉古王朝控制。

→ 前221年，秦兵入临淄，俘齐王田建，齐亡。秦王嬴政以统一之业成，更号为皇帝，以全国为三十六郡，郡置守、尉、监，废分封诸侯之制。

前215年，马其顿国王腓力四世与迦太基的汉尼拔结盟对抗罗马人的扩张。

前202年，汉尼拔在扎马战役中战败。

→ 前202年，出身农家、为人豁达大度的刘邦（前256—前195年）赢得楚汉之争，统一天下，建立汉朝，初定都洛阳，后徙都长安。

→ 沃尔班克，《希腊化世界》，陈恒、茹倩译，上海：上海人民出版社，2009；乔治·萨顿，《希腊化时代的科学与文化》，鲁旭东译，郑州：大象出版社，2012；F.W.沃尔班克、A.E.阿斯廷，《剑桥古代史（第七卷第一分册）：希腊化世界》，杨巨平等译，北京：中国社会科学出版社，2021。

前200年，罗马共和国开始东扩，与腓力五世的马其顿王国交战。

前197年，罗马人夺取希腊半岛联盟领导权，次年在科林多赛会上宣布，罗马是"希腊自由的保护者"。

前190年，罗马军团在马格尼西亚战役中击败安提俄克三世的塞琉古王朝军队，塞琉古失去对小亚细亚的控制。

前187年，罗马挫败希腊半岛中西部的埃托利亚联盟（Aetolian League）。

→ 前179年，汉代大儒董仲舒生于广川（今河北省景县境内），有《春秋繁露》等传世，他建议"罢黜百家，表章六经""推明孔氏，抑黜百家"——后世简称"罢黜百家，独尊儒术"。

前172—前168年，罗马在第三次马其顿战争中彻底征服马其顿，使之成为第一个归化罗马的希腊化王国。

前151年，罗马将领小斯基皮奥（Scipio Aemilianus）带降服罗马的希腊人珀律比俄斯（前200—前118年）远征伊比利亚半岛和北非，后者目睹了迦太基的毁灭，凭此经历写成《罗马兴志》。

前149年，马其顿成为罗马城邦共和国的一个行省；前146年，科林多城邦被毁（大量艺术品尤其雕像被运到罗马），整个希腊半岛作为马其顿的属地被并入罗马（但给予雅典和斯巴达城特权）。

→ 前145年，司马迁（字子长）出生于左冯翊夏阳（今陕西韩城南），有《史记》传世。

前141年，帕提亚人夺取巴比伦，塞琉古王国仅剩叙利亚地区。

→ 前141年，西汉第七位皇帝汉武帝刘彻（前156—前87年）即位，在位54年，功业甚多。令郡国举孝廉及秀才、贤良方正；设五经博士，在京师长安兴建太学，又令郡国皆立学官；派卫青、霍去病多次出击匈奴，迫其远徙漠北；命张骞出使西域，沟通汉与西域各族联系。

前140年，罗马兴起亲希腊运动。

→ 前121年，骠骑将军霍去病（前140—前117年）西征匈奴右地，开拓河西走廊，陆续设置四郡（酒泉、张掖、武威、敦煌），控制了前往西域的通道。

前102—前84年，塞琉古王国内战连连。

前86年，雅典串联其他几个城邦密谋反抗罗马，遭罗马统帅苏拉领兵洗劫。

前63年，罗马将领庞培夺取塞琉古王国剩余部分，建立叙利亚行省。

→ 罗宾·沃特菲尔德，《征服希腊：罗马与地中海霸权》，韩瑞国译，北京：社会科学文献出版社，2023。

罗马帝国时期（普通希腊文）
公元前43—公元267年

前43年，恺撒被刺，其指定继承人屋大维击败政敌，进兵埃及的托勒密王朝；公元前29年，屋大维称帝（Imperator），元老院授予其"奥古斯都"名号，罗马帝国诞生。

前30年，希腊语犹太作家斐洛（Philo，前30—公元40年）生于亚历山大城。

前27年，希腊半岛成为罗马行省阿卡亚。

前21年，奥古斯都视察斯巴达。

前19年，维吉尔（前79—前19年）的未竟稿《埃涅阿斯纪》将罗马人的起源嫁接到希腊人的起源神话。

公元49—52年，使徒保罗（4—67）在雅典传教；罗马盛行崇拜希腊风，有人抱怨罗马正在成为一个希腊城市。

55年，廊下派哲人爱比克泰德（Epictetus，55—135）出生于弗里吉亚

(今土耳其中西部),后在罗马建立廊下派学园。

70年,希腊语的《马可福音》问世。

82年,希腊语作家金嘴狄翁(40—120)因鼓吹希腊政治传统被逐出罗马。

97年,希腊语作家普鲁塔克(46—120)完成《平行列传》,标志着希腊文明与罗马文明的融合。

100年,犹太希腊语作家约瑟夫斯(37—100)写下《驳希腊人》。

125年,希腊语作家路吉阿诺斯(又译"琉善""卢奇安")出生于叙利亚一个贫苦家庭。

131年,罗马皇帝哈德良在位(117—138)期间,泛希腊同盟建立。

161年,马可·奥勒利乌斯(121—180,旧译奥勒留)登基为罗马皇帝,著有《沉思录》。

175年,生活在黑海北岸和南岸的部族入侵希腊半岛,虽被击退,但开启了希腊半岛长期受北方部族侵袭的历史。

176年,罗马统治者重建雅典学园。

205年,新柏拉图主义奠基人普罗提诺(205—270,又译"普洛丁")生于埃及。

→ 220年,正月,曹操卒,子丕袭爵,嗣为丞相;七月,刘备将孟达降于曹丕;十月,曹丕称皇帝,废汉献帝为山阳公;改元黄初。

267年,哥特人侵袭和抢掠雅典。

295年,东方基督教教父埃及的马卡留斯(Macarius of Egypt, 295—392)出生于埃及南部(上埃及)的沙漠地区。

→ 304年,李雄在汉地巴蜀建立成国,刘渊在中原建立汉赵,从此至439年北魏太武帝拓跋焘灭北凉为止,中国汉地北部和西南部陷入长达135年的战乱,先后出现过20多个政权。

325年,尤瑟比乌斯(Eusebius of Caesarea, 260—339)出席君士坦丁一世在尼西亚(今土耳其布尔萨省的伊兹尼克,伊斯坦布尔东南约90千米)主持召开的宗教会议,为统一信条的《尼西亚信经》提供了神学基础。

→ 阿诺德·汤因比,《希腊精神:一部文明史》,乔戈译,北京:商务印书馆,2015;阿德里安·戈兹沃西,《罗马和平:古代地中海世界的暴力、征服与和平》,薛靖恺译,广州:广东旅游出版社,2022;彼得·布朗,《古代晚期的世界:150—750》,王班班译,北京:九州出版社,2023;H.L.皮纳,《古典时期的图书世界》,康慨译,杭州:浙江大学出版社,2011;安德森,《第二代智术师:罗马帝国早期的文化现象》,罗卫平,北京:华夏出版社,2011。

拜占庭时期（拜占庭希腊文）
330—1453年

330年，君士坦丁一世（272—337）扩建古老的拜占庭镇，建成"新罗马城"（君士坦丁堡），罗马帝国形成东部希腊地区和西部拉丁语地区二分格局。

330年，东方基督教教父之一圣巴西略（St. Basil the Great, 330—379）生于小亚细亚的凯撒利亚（Caesarea，今属土耳其，伊斯坦布尔东南265千米）。

360年，尤里安（331—363）即位皇帝，企图复兴希腊宗教以替代基督教，三年后进兵波斯时阵亡，罗马帝国失去了唯一一次赓续希腊政教的机会。

381年，宗教会议给予君士坦丁堡总主教以直辖帝国东部教会的最高教权。出生于尼西亚的教父圣额我略·纳齐安（St. Gregory of Nazianzus, 330—389）被任命为首任牧首。

→ 383年，前秦第三任君王符坚基本统一北方后，亲统大军南伐东晋，折戟于淝水（今安徽省寿县东南方）。386年，鲜卑族拓跋珪趁符坚淝水兵败之机称代王，同年改称魏王，定都盛乐（今内蒙古和林格尔西北），建立北魏，12年后（398）统一中国北部，迁都平城（今山西大同东北），正式称帝，传12帝。

393年，最后一届奥林匹亚赛会，此后赛会被禁。

395年，希腊半岛成为东罗马帝国一部分，雅典属于省级城市，生活和教育语言虽仍然是希腊语，但法律文献和实用技术语言必须采用拉丁语。在君士坦丁堡，拉丁语亦是官方语言，因脱离实际生活而成了文言。不过，希腊语的日常口语同样与希腊语的书面语言有明显区别。这一时期，位于帝国西部的萨洛尼卡和雅典对学术和文学仍然具有重要性，君士坦丁堡尚未成为帝国的文化中心。

410年，柏拉图注疏家、天象学家、数学家普罗克洛斯（Proclus）生于拜占庭。

476年，北方蛮族入侵，罗马帝国西部沦陷。

490年，希腊语文学家、亚里士多德注疏家、东正教神学家约翰·斐洛珀诺斯（John Philoponus）生于拜占庭。

518年，拜占庭宫廷侍卫长［老］查士丁尼（Justin the Elder, 450—527）因偶然机会被选为皇帝（518—527年在位），查士丁尼王朝（518—602）开元,行国92年,历经6任皇帝——这个家族来自罗马化的伊比利亚半岛,母语为拉丁语。

526年,老查士丁尼的外甥查士丁尼(527—565年在位,史称"查士丁尼一世")试图夺回被日耳曼蛮族占领的帝国西部未果。

529年,查士丁尼一世颁布法令,关闭雅典学园。这并非意在排斥古希腊遗产,毋宁说,随着帝国中心君士坦丁堡的发展,这个学园已失去存在的意义。在查士丁尼大帝治下,帝国文教取得了明显成就,查士丁尼大帝本人也喜欢写教义和赞美诗作品。

拜占庭帝国不再使用拉丁语作为唯一的行政和政府语言,罗马民法典也开始逐渐被翻译成希腊文。希腊化时期,通用希腊语传播到安纳托利亚和东地中海地区的各个民族,因此,《圣经·新约》和希腊东正教的礼仪语言均为通用希腊语。但是,由于受当地口语的发音和结构影响,拜占庭希腊语实际上形成了新的希腊语方言。即便拜占庭文人喜欢追仿古典阿提卡希腊语,也仍然不同程度地受当地口语影响。拜占庭帝国不是希腊人的帝国,原希腊地区不存在自己的政治统一体意识。

→ 581年,杨坚(541—604)受北周静帝禅让,登基即位,改元开皇,称隋文帝,建隋朝。589年,派晋王杨广南下平陈,统一南北,在位24年。

7世纪:阿拉伯人和斯拉夫人入侵希腊

610年,出生于亚美尼亚的赫拉克利乌斯(Flavius Heraclius,575—641,旧译"希拉克略",可能有帕提亚血统)平定自查士丁尼大帝驾崩(565)以来的帝国内乱,以希腊语 βασιλεύς [王] 称帝,赫拉克利乌斯王朝(610—711)开元。赫拉克利乌斯在位期间(610—641年),希腊语成为帝国的正式官方语言,但直到9世纪,拜占庭钱币仍然使用拉丁语,某些宫廷仪式使用拉丁语的时间更长。1453年东罗马帝国灭亡之前,帝国居民一直认为自己是 Rhomaioi [罗马人]。

623年,斯拉夫人和保尔加人开始频繁袭击希腊地区,一度夺取克里特岛;626年围攻君士坦丁堡。

→ 626年7月,李世民发动"玄武门之变",杀死太子李建成和齐王李元吉,被册立为皇太子。8月初,唐高祖李渊退位,李世民即皇帝位,年号贞观,在位23年,对外开疆拓土,攻灭东突厥与薛延陀,征服高昌、龟兹和吐谷浑,重创高句丽,史称"贞观之治"。

634年,阿拉伯人侵袭拜占庭近东地区,636年,拜占庭军队在约旦河支流雅穆克河(Yarmuk)附近战败,整个叙利亚与巴勒斯坦完全暴露在阿拉伯征服者面前。642年，亚历山大城民向阿拉伯人投降，阿拉伯人获得了前进的基地，在此后百余年里，沿北非海岸线继续向伊比利亚半岛扩张。

676年，东正教神秘主义大师大马士革的约翰（John Damascene）生于大马士革。

681年，保加利亚人（来自黑海北岸和北高加索的讲突厥语的保加尔人与斯拉夫人的融合）在多瑙河南岸击败拜占庭皇帝君士坦丁四世的军队，拜占庭被迫将多瑙河以南与巴尔干山脉之间的地区割予保加利亚人。此后保加利亚人在多瑙河下游流域建立"保加利亚第一王国"（First Bulgarian Empire，871—1018），其斯拉夫居民远多于保加尔人。

717年，帝国的叙利亚军事指挥官利奥三世（Leo III the Isaurian）来自小亚细亚南部伊苏里亚（今土耳其安塔利亚省），他趁击溃阿拉伯人对君士坦丁堡的围攻之机，废黜无能的皇帝，夺取了帝国权力（717—741年在位），伊苏里亚王朝（Isauria Dynasty）开元，继任皇帝有5位（含篡位），行国85年（717—802）。

从610年至717年的100余年间，帝国虽全力抵御来自南方和北方的外敌，疆域仍不断缩小：波斯人和阿拉伯人先后夺取文化发达的东方行省和叙利亚、巴勒斯坦、埃及，还进逼小亚细亚、地中海岛屿，而阿瓦尔—斯拉夫人则威胁着巴尔干半岛。

746年，近东爆发大瘟疫，蔓延到伯罗奔半岛，希腊人整家整户离开家园，斯拉夫人乘虚而入，定居希腊地区；拜占庭帝国用希腊正教和希腊语同化斯拉夫人。

797年，出生于雅典的帝国皇后伊琳娜（752—803，利奥四世之妻）剥夺10岁儿子君士坦丁六世的皇位，由摄政皇太后自立为女皇，在位仅5年（797—802年）。

800年，罗马教宗利昂三世（Léon III）不认可拜占庭的女性皇位，于圣诞节为法兰克王国的查理加冕，使之成为神圣罗马皇帝。拜占庭帝国和东正教会将此举视为极大侮辱，东、西两部分罗马世界进一步分裂，罗马教会与东方教会之间的裂痕也随之加深。

820年，拜占庭阿莫里安王朝（Amorian Dynasty，又称弗里吉亚王朝，820—867）开元，传两位皇帝，行国期虽然不长（48年），帝国文教却有长足发展。米凯尔三世（Michael III，842—867年在位）统治时，其叔父巴尔达斯（Bardas）在宫廷重建君士坦丁堡高等学府，主修课程是罗马帝国时期已经成为规制的"三科"（trivium，语法、修辞、逻辑）和"四术"（quadrivium，算术、几何、天文、音乐），即著名的"自由七艺"（septem artes liberales），也学习哲学和古代文学作品。

圣佛提乌斯(Saint Photius, 820—893)生,他曾两度出任君士坦丁堡牧首(858—867 年和 877—886 年),一生最为重要的成就是辑佚几近失传的古希腊晚期的文学作品,尤其是希腊化时期的史书,编成《群书集缀》(Bibliotheca)280 卷,史称"拜占庭古典复兴"的先驱。

824 年,阿拉伯人夺取克里特岛,与基督教对抗,另建穆斯林城,进兵西西里。

831 年,阿拉伯人登陆西西里,夺取西北部港口城市巴勒莫(Palermo)。

853 年,巴尔达斯成功抵御阿拉伯人向爱琴海和叙利亚海岸的扩张,还驯服了在伯罗奔半岛定居的斯拉夫人。

862 年,应摩拉维亚大公和保加利亚大公邀请,西里尔(Cyril)前往传(东正)教,使用希腊字母为斯拉夫方言拼音,创出西里尔文字,翻译圣经和古希腊著作,为斯拉夫语文奠定了基础。

867 年,米凯尔三世的宠臣、绰号马其顿人的巴西尔一世(811—886)发动政变,拜占庭帝国的马其顿王朝(又名亚美尼亚王朝,867—1056)开元,行国长达 189 年。这个朝代国内外事务纷繁复杂,但在文教方面也有可观的发展,君士坦丁堡的高等学府已经聚集高层文化力量,出现了调和基督教观念与古希腊观念的思想趋向。

917 年,拜占庭派特使到巴格达,受到盛大欢迎。

→ 960 年,赵匡胤受命抵御北汉及契丹联军,旋即在"陈桥兵变"中被拥立为帝,回京逼迫后周恭帝禅位,同年登基为帝,国号"宋"。宋太祖在位期间先后灭荆南、武平、后蜀、南汉及南唐南方割据政权,完成全国大部的统一。

961 年,马其顿王朝的尼基弗鲁斯二世登基后,致力收复被阿拉伯人夺取的疆域,经半年苦战,拜占庭海军收复克里特。

中古后期(11 世纪以后)

1017 年,东正教神学家、政治家普塞卢斯(Michael Psellus, 1017—1078)生,他把荷马叙事诗和柏拉图对话解释为基督教教义的预表和组成部分,对后来意大利复兴时期的新柏拉图主义融合柏拉图哲学与基督教教义有直接影响。

1018 年,拜占庭帝国进兵巴尔干半岛,剪灭"保加利亚王第一国",重新夺回马其顿地区。但在接下来的几个世纪,马其顿多次在拜占庭、保加利亚和塞尔维亚之间易手,直到落入奥斯曼帝国手中。

1045年，君士坦丁九世(Constantine IX，1042—1054年在位)创建帝国大学，时年还不到30岁的普塞卢斯受命掌管哲学学园。

1054年，因4年前罗马教宗发出通谕(1050)，废止意大利南部拉丁教会采用的希腊式教仪，君士坦丁堡宗主教发出谴责。双方互不妥协，相互开除教籍，基督教正式分裂为天主教和东正教。

1081年，拜占庭的第九个王朝科穆宁王朝(Komneni Dynasty，1081—1185)开元；来自北欧的诺曼人开始入侵希腊半岛。

1096年，罗马教宗乌尔班二世发起第一次十字军东征，10万远征军在君士坦丁堡集结，首先为拜占庭帝国收复尼西亚，随后沿伊奥尼亚南下，收复安提俄克后进逼耶路撒冷。

1115年，塞萨洛尼卡的欧斯塔修斯(Eustathius of Thessalonica，1115—1195)生，他因古典学养优异而被任命为君士坦丁堡圣索菲亚大教堂执事和宗主教学校修辞学教师，在此期间撰写了大量古希腊文学经典的注疏性著作。

→ 1125年正月，金军两路攻宋，东路破燕京，渡过黄河南下，宋徽宗见势危，禅位于太子赵桓(宋钦宗，1100—1156)。次年年末，金军两路会师占领汴京。1127年1月，金军洗劫开封后，掳徽宗、钦宗二帝及赵氏皇族、后宫妃嫔与贵卿、朝臣等共3000余人北上金国，史称"靖康之变"。

1146年，诺曼人深入希腊半岛内陆，洗劫科林多城。

1147年，法国国王路易七世和神圣罗马帝国皇帝康拉德发起第二次十字军东征，约25000人出征，但遭遇失败。

1185年，占据西西里的诺曼人东进，夺取希腊北部的塞萨洛尼卡(Thessalonica，又译"塞萨洛尼基""帖撒罗尼迦"，那里有希腊最大的港口城市)，进逼君士坦丁堡，引发政局动乱，科穆宁王朝末代皇帝被杀，安革利德王朝(Angelid Dynasty，1185—1204)开元。

1187年，保加利亚人在贵族领导下成功推翻拜占庭帝国统治，收复北部保加利亚，建立"保加利亚第二王国"(1187—1396)。

1187年，神圣罗马帝国皇帝弗里德里希一世、法王腓力二世和英王查理一世(狮心王)联手行动，展开第三次十字军东征。拜占庭人对经过其领土的西方大军保持警惕，即使他们自称盟友。拜占庭尤其对德意志人疑虑重重，因为"红胡子"弗里德里希一世在出发前刚与西西里的诺曼人结盟，而后者正觊觎拜占庭领土。

复古风气 科穆宁王朝至安革利德王朝期间，拜占庭出现复古风气，作家竞相模仿赫西俄德、荷马以及雅典古典作家的作品，追求古代阿提卡方言的纯正性，出现矫揉造作的所谓希腊文言(school-Greek)。此时的日常希腊语已经与书面希腊语差别颇大，方言也越来越多。希腊语常被称为罗马语，因为君士坦丁堡以罗马帝国正统自居，拜占庭人自称罗马人，西欧人被视为"愚昧的游牧部族"。

罗曼人瓜分希腊半岛

1198年，罗马教宗英诺森三世(1161—1216)发起第四次十字军东征，君士坦丁堡三年前(1195)发生的一场政变让这次东征的目的地发生了意外改变。

1202年，法兰西人和意大利人组成的十字军乘威尼斯提供的舰船抵达伯罗奔半岛南部海域后，掉转方向前往君士坦丁堡平定政变。

1204年，为恢复君士坦丁堡秩序，十字军屠城三日，同时行劫和捣毁东正教教堂，宣布建立"罗曼帝国"(Romania，又译"拉丁帝国")。来自法兰克王国弗兰德斯家族(今比利时)的鲍德温伯爵(Baldwin of Flanders)被推举为"罗曼帝国"皇帝。800年后的2004年6月，罗马教宗约翰·保罗二世向东正教牧首发出历史性的致歉信。

逃离君士坦丁堡的帝国皇族成员分裂为三个君主国，相当于封建割据。尼西亚君主国领有安纳托利亚西部，定都古城尼西亚；特拉布宗君主国(Trapezuntine)领有黑海南岸；伊庇鲁斯君主国占据巴尔干半岛西部，定都古城阿尔塔(Alta)。尼西亚靠近京城，那里不仅成为拜占庭人政治联合的中心，而且成为活跃的文化基地，"因拥有众多学者"和"令人惊异的为学术界所珍爱的资料"而被称为"古典时期的雅典"。

十字军各派势力瓜分拜占庭帝国东南部，建立起多个拉丁人政权(Latin Empire, 1204—1261)，且大多在希腊半岛，如塞萨洛尼卡王国(Kingdom of Thessalonica, 1204—1224)。有的拉丁人政权维持统治长达两个世纪，如阿凯亚君主国(Principality of Achaea, 1205—1432)、雅典公国(1205—1460，含阿提卡、波俄提亚以及忒萨利南部分地区，政治中心为忒拜和雅典)。在此期间，出现了模仿意大利的民间希腊语文学，与古希腊文学传统没有关系。

1205年，意大利北部的勃艮第骑士罗歇的奥托(Otto de la Roche)因参与东征而分得雅典，建立起西欧式的封建化公国，官方语言是法语。

1205年，第二保加利亚王国国王卡洛扬·阿森(1197—1207)在亚得里亚堡战役中重创拉丁帝国军队，俘其皇帝弗兰德伯爵鲍德温一世，并夺取忒腊克和马其顿大部。

1217年，拜占庭神学家、政治家、纪事家柯尼阿特斯（Niketas Choniates，1155—1217）卒，他亲历第四次十字军东征对君士坦丁堡的洗劫，并随皇室迁居尼西亚，其传世史书《尼西亚编年史》（Nicetæ Choniatæ Historia，21卷）记叙了1118年至1206年的帝国经历。

1230年3月，保加利亚第二王国军队在克洛科特尼察（Klokotnitsa，今保加利亚南部哈斯科沃州境内）击败拉丁人掌控的伊庇鲁斯君主国军队，保加利亚的疆域扩展至黑海、爱琴海和亚得里亚海。

→ 1260年初，忽必烈率军驻扎燕京，随即召开诸王大会，受合辞推戴为蒙古帝国大汗（3月）。次月发布《皇帝登宝位诏》，更改蒙古旧制，采行汉法，建立以中原为基础的中央集权制。5月发布《中统建元诏》，立大蒙古国第一个年号"中统"，强调新政权为中朝正统，"天下一家"。

1261年，尼西亚君主国在意大利热那亚城邦共和国支持下收复君士坦丁堡，恢复一统皇权，东罗马帝国最后一个王朝——帕莱奥洛戈斯王朝（Palaiologos Dynasty，旧译"巴列奥略王朝"，1261—1453）开元。

1296年，东正教神学家格雷戈里·帕拉马斯（Gregory Palamas）生于君士坦丁堡。

1306年，十字军医院骑士团在罗德岛建立据点。

1311年，来自伊比利亚半岛的加泰罗尼亚佣兵团夺取雅典公国，官方语言由法语变成加泰罗尼亚语，希腊语反倒是土语。

1352年，奥斯曼人进占忒腊克。

→ 1367年，朱元璋（1328—1398）以"驱逐胡虏，恢复中华"为号召，举兵北伐，次年正月即皇帝位于应天府（今江苏南京），国号大明，同年秋攻占大都。此后数次遣将北征南战，历十年方逐渐统一全国。元朝廷向北迁徙，明朝与北元长期对峙。

1387年，奥斯曼人夺取萨洛尼卡（忒萨洛尼基州首府），后被拜占庭夺回。

1388年，佛罗伦萨贵族涅里奥（Nerio I Acciaioli，？—1394）指挥的纳瓦拉兵团攻占雅典公国。同年，三万奥斯曼大军夺取保加利亚王国东部。

1393年7月，奥斯曼大军攻破保加利亚首都，保加利亚第二王国亡国。

1394年，奥斯曼帝国进逼希腊半岛，并开始围攻君士坦丁堡。这时拜占庭的辖土仅剩下被分割开的君士坦丁堡和伯罗奔半岛（下图红色部分）。

1396年，拜占庭哲人特拉布宗的革欧尔吉欧斯（George of Trebizond）生，他在君士坦丁堡陷落前夕逃往伯罗奔半岛，并对那里的希腊人说，数年之后，全球（universum orbem）将会皈依同一个宗教（unam eandemque religionem），具有同一种灵魂（uno animo），同一种精神（una mente），同一种教义。它既不是基督的宗教也不是穆罕穆德的宗教，而是与古希腊宗教相差无几。

1397年，奥斯曼帝国军队进逼君士坦丁堡，拜占庭皇帝曼努埃尔二世向欧洲人求救。

1400年，最后一位拜占庭史家杜卡斯（Doukas 或 Dukas，1400—1462）生，他的《拜占庭史》（*Historia Byzantina*）记叙了东罗马帝国最后一个半世纪如何落入土耳其人手里的历史。杜卡斯通晓意大利语和土耳其语，能够利用热那亚人和奥斯曼人的资料。

1422年，奥斯曼再次围攻萨洛尼卡，拜占庭将它割让给威尼斯，但最终仍落入奥斯曼人手中（1430）。

1429年，奥斯曼人夺取两个多世纪前法兰西骑士在伯罗奔半岛南部建立的封建公国——史称"法兰克政权"（Frankokratia）或"法兰克人的希腊"（Frankish Greece）。

1436年，西方商人基里阿库斯（1391—1452）因酷爱文物前往雅典，当时"佛罗伦萨人正统治着这座城市"，史称第一位发掘雅典文物的西方人。

1449年，君士坦丁十一世加冕为拜占庭皇帝，四年后战死在君士坦丁堡。

→ 1449年7月，西部蒙古部落势力瓦剌联合元朝后裔向东西两翼扩张后，南下攻掠明朝边境。明英宗朱祁镇（1427—1464）亲征，在土木堡（今河北怀来县东10千米）败于瓦剌军，英宗被俘，史称"土木堡之变"。

君士坦丁堡陷落前，在佛罗伦萨受过教育的伯罗奔半岛大主教、柏拉图主义哲学家普莱索斯上书拜占庭皇帝，希望准予在伯罗奔半岛建立希腊民族城市，因为他认为，居住在希腊半岛上的人都是古代希腊的精神后裔。普莱索斯提出的"城市"概念近似政治共同体（据说按柏拉图的"王制"观念设计），他主张必须先恢复古代希腊的精神，才能重建希腊的政治共同体。普莱索斯的思想来源实际上是近代初期意大利的城市国家，其主张仅限于少数在西欧留过学的人——史称"希腊主义"，很快因奥斯曼帝国入侵而中断。

→ 亚历山大·瓦西列夫，《拜占庭帝国史：324—1453》，徐家玲译，北京：商务印书馆，2019；戴维·L. 瓦格纳，《中世纪的自由七艺》，张卜天译，长沙：湖南科学技术出版社，2016；Charles M. Brand, *Byzantium Confronts the West, 1180—1204*, Cambridge, Mass.: Harvard University Press, 1968; Donald M. Nicol, *The Last Centuries of Byzantium, 1261—1453*, Cambridge: Cambridge University Press, 1993; Jonathan Harris, *Byzantium and the Crusades*, Bloomsbury, 2nd ed., 2014。

奥斯曼帝国时期（拜占庭希腊文）
1453—1821年

1453年，奥斯曼帝国军队攻占君士坦丁堡（更名为伊斯坦布尔），随后逐步夺取全部拜占庭帝国属地。

1456年，奥斯曼人从佛罗伦萨贵族手中夺取雅典公国。

1458年，奥斯曼人进占伯罗奔半岛。当地人放弃"罗马人"的称呼，改为"希腊人"，仍然使用希腊语。出于政治考虑，土耳其人没有强迫希腊半岛上的住民改宗伊斯兰教，而是施行有利于民族稳定的 Millet System[米勒特制]（意为非穆斯林宗教团体或氏族），利用东正教管理平民。东正教会主动与土耳其的伊斯兰教长老合作，则出于不愿顺从罗马教会的历史宿怨。尽管两个教的平民并不平等（收税不同），奥斯曼帝国治下的东正教会对保存古希腊文明要素起到了重要作用。

1475年，奥斯曼人夺取克里米亚汗国。

1476年，奥斯曼治下的希腊人以希腊语印制了第一本书。

1480年，奥斯曼人夺取罗德岛失败。

1492年，奥斯曼人收容从西班牙等地来的犹太教徒。

1515—1517年，奥斯曼人征服安纳托利亚东部和南部，夺取叙利亚和埃及，控制地中海东部和南部。

1520年，苏莱曼一世（1494—1566）即位，时年16岁。次年，奥斯曼人夺取贝尔格莱德，1522年夺取罗德岛。

1534年，苏莱曼一世远征伊朗、伊拉克，夺取巴格达。

1538年，奥斯曼海军在希腊半岛西北角的普雷韦扎湾（Preveza，阿尔巴尼亚主要港口）附近海域击败西班牙—威尼斯联合舰队，获得地中海霸权。

1543年，奥斯曼帝国与法兰西王国联手攻击突尼斯。

1574年，奥斯曼人夺取突尼斯。

1593—1606年，奥斯曼帝国与哈布斯堡王朝持续争夺东南欧。

西欧兴起古希腊语文学 随着君士坦丁堡沦陷，大量希腊古代作品抄本流入西欧。1476年，逃亡意大利的拜占庭学者拉斯卡里斯（1434—1501）的《希腊语简明语法》出版。1499年，威尼斯出现了第一家希腊语印刷所。1510年，拉斐尔创办"雅典学园"。德意志古典学者沃尔夫（Hieronymus Wolf，1516—1580）整理注释拜占庭史家的文稿，提出区分"古典时期的希腊文献"与中世纪"拜占庭希腊文献"。

→ 1635年10月,后金第二代君主皇太极统一漠南蒙古,改族名为"满洲",次年称帝,国号"大清",此后不断对明朝用兵。

1638年,穆拉德四世再次远征巴格达。

1644年,奥斯曼海军与威尼斯海军争夺克里特岛。

1657年,奥斯曼海军打破威尼斯对伊斯坦布尔周边海峡的封锁。

1669年,奥斯曼人夺取克里特岛,并成立新省。

1683年,奥斯曼人第二次夺取维也纳的企图失败。

1696年,俄国夺取黑海的亚速。

1710年,意大利人帕杜萨(John Patousas)在威尼斯的希腊人社团支持下出版四卷本希腊语教材《希腊文学百科全书》,其中三分之二的课文选自古希腊作家;雅典主教美莱提奥斯(1661—1714)的《[东正]教会史》完成。

1724年,奥斯曼帝国与俄罗斯帝国协议瓜分伊朗西北部。

1774年,俄国女皇叶卡捷琳娜二世(1729—1796)的军队在小亚细亚击败土耳其海军,两国在土耳其西北的库楚克—开纳吉(今保加利亚凯纳尔扎)缔结让土耳其丧权的和约;随后神圣罗马帝国(哈布斯堡王朝)、法兰西王国与俄国争夺奥斯曼帝国属地。

1777年,克里特岛和伯罗奔半岛爆发反奥斯曼帝国统治的起义。

1783年,在经历五次俄土战争之后,俄罗斯帝国从奥斯曼帝国手中夺取克里米亚半岛。

1786年,法国考虑割据伯罗奔半岛的可能性,奥斯曼帝国的统治日显疲弱。

1793年,奥斯曼帝国首度在欧洲各国设立使馆。

1798年,拿破仑进兵埃及,许多希腊人参与了这次远征。

1801年,英国占领埃及。

自16世纪以来,希腊半岛因接连不断的战乱,人口大减(死亡、被奴役到别的地区或大规模移民意大利)。17世纪以后,希腊人开始进入奥斯曼帝国统治当局的高层,行政权力逐渐转移到希腊本土上层人士手中。基督教欧洲人仇视穆斯林土耳其人,与此相反,奥斯曼王朝却"将自己视为罗马和拜占庭普世帝国体制的继承者"。

→ 帕特里克·贝尔福,《奥斯曼帝国六百年》,栾力夫译,北京:中信出版社,2018;卡罗琳·芬克尔,《奥斯曼帝国:1299—1923》,邓伯宸、徐大成、于丽译,北京:民主与建设出版社,2019;阿兰·米哈伊尔,《奥斯曼之影:塞利姆的土耳其帝国与现代世界的形成》,栾力夫译,北京:中信出版集团,2021;彼得·休格,《奥斯曼帝国统治下的东南欧(1354—

1804年)》,张萍译,上海:格致出版社,2024。

现代希腊时期(现代希腊文)
19世纪初以来

1805年,出生于士麦拿的考拉易斯(1748—1833)主编的大型《希腊文库》在巴黎开始出版(至1827年)。

1807年,法国与俄罗斯协议瓜分奥斯曼的巴尔干属土。

希腊独立运动

1812年,旅居维也纳的希腊人亚历山大里德斯(Dimitris Alexandrides)创办希腊语政治期刊《希腊远讯》,他编写的《希土词典》也在同年出版。

1814年,俄国支持的希腊独立人士在敖德萨(今乌克兰境内)成立复兴希腊的政治组织"友谊社"。

1821年,伯罗奔半岛爆发独立起义(当地土耳其人遭到屠杀),暴力行动迅速蔓延希腊半岛各地;奥斯曼苏丹将君士坦丁堡的东正教牧首格里高利三世与其他几位主教视为肇事首领处以绞刑。

1822年1月,希腊独立人士在伯罗奔半岛成立临时政府,召开第一次全国国民议会,决议用古代名称Hellenes命名正在争取独立的希腊公民,用Hellas指新的国家政权。

1825年,受奥斯曼苏丹指使,埃及帕夏出兵伯罗奔半岛恢复秩序,奥斯曼苏丹答应事成后,将割让克里特岛和塞浦路斯给埃及。

1827年,英、法、俄出面支持希腊独立行动,三国联合舰队在纳瓦里诺湾(Navarino,斯法克蒂尼亚岛、皮洛士岛和希腊半岛之间)击溃奥斯曼—埃及联合舰队。

1830年,法、英、俄在伦敦签订议定书,承认希腊半岛独立,实行君主制并划定边界,德意志巴伐利亚王国的奥托王子被选为首位希腊国王,史称"奥托一世"(Ottos I., 1832—1862年在位)。希腊独立运动虽然受法国大革命影响而兴,但希腊王国的建立明显是地缘政治的结果:法、英、俄趁机削弱奥斯曼帝国。

希腊独立运动标志着现代希腊作为民族国家的形成,所谓"希腊主义"的民族意识明显是法国大革命的直接结果,它要求重建希腊语(简化语法、音调体系改革,规范希腊语的书面表达)。希腊民族独立英雄里加斯(Rigas Velestinlis, 1757—1797)在巴黎受教育,以唤醒民族意识为己任,用通俗希腊语翻译西方作品。他呼吁建立大"希腊共和国",把整个鲁米利亚(Rumelija，19世纪后称"巴尔干"，包括塞尔维亚、波斯尼亚、黑塞哥维那、黑山、马其顿、阿尔巴尼亚、伊庇鲁斯等）、小亚细亚、爱琴海、摩尔达维亚公国（Moldavia，今摩尔多瓦共和国以及罗马尼亚西半部）和瓦拉几亚公国（Wallachia，今罗马尼亚东半部）囊括在内。他草拟了宪法草案，直接模仿法国革命后的督政府宪法，后因组织政治活动被奥地利警方枪决。

另一位独立运动先驱柯阿依斯（Adamantios Korais，1748—1833）同样受法国革命影响，他主张按古典传统的纯正希腊语（katharevousa，源于古希腊语的 katharos）重建希腊国语，整理出一种介乎文言与普通话之间的现代希腊语文。有人主张依据民间希腊语（demotic，源于古希腊语 demos）建立现代希腊语文，引发"纯正希腊语"与"大众希腊语"之争。

→ Rizos Neroulos, *Histoire de la révolution grecque*, Paris, 1829; Chaconas, Stephen George, *Adamantios Korais: A Study in Greek Nationalism*, New York: Columbia University Press, 1942; Vangelis Calotychos, *Modern Greece: A Cultural Poetics*, Berg, 2003; Peter Mackridge, *Language and National Identity in Greece*, 1766—1976, Oxford University Press, 2010; 陈莹雪，《修昔底德的苏醒：古史写作与希腊民族认同转型》，北京：商务印书馆，2020。

君主立宪与统一大希腊之梦

1834年，雅典被定为希腊王国首府。独立人士珀律佐伊迪（Anastasios Polyzoidis，1802—1873）编写的两卷本历史教科书《新希腊语》出版，副题为"希腊大事记与文字概况：从科林多陷落到罗马时代，直至近期的民族独立斗争——公元前146年至公元1821年"。

1843年，在雅典卫戍部队以及到王宫前游行请愿人士的压力下，奥托国王被迫同意施行君主立宪制。

1854年，法、英军队占领并封锁比雷埃夫斯港，强迫希腊王国在克里米亚战争中保持中立。

1862年，雅典发生政变，废黜奥托一世，英、法、俄三国很快予以承认，因为奥托一世有统一大希腊的"伟大理想"。英、法、俄三国选定德意志北部的荷尔斯泰因公爵家族的格奥尔一世（Georg I. Von Griechenland，又译"乔治一世"，1845—1913）出任希腊国王。次年，根据伦敦协议，伊奥尼亚沿海群岛并入希腊王国。

1866—1869年，克里特爆发反奥斯曼统治的起义，但未能脱离奥斯曼帝国。

1881年，色萨利与阿尔塔（Arta）地区并入希腊王国。

1896年,雅典举办首届现代奥林匹克运动会;次年希腊与土耳其在色萨利爆发战争,希腊军队仅坚持三周就被击溃。

1898年,克里特岛获得自治;1908年,希腊王国合并克里特岛。

1903年,希腊与保加利亚就马其顿的归属问题发生争端。

1909年,雅典发生军事政变。

1911年,意大利夺取爱琴海十二群岛。

走向共和

1910年,出生于克里特岛的共和主义者韦尼泽洛斯(Eleftherios Venizelos, 1864—1936)出任希腊王国首相,他主张希腊王国应该恢复东罗马帝国的版图。

1913年初,在韦尼泽洛斯策动下,希腊王国与保加利亚、塞尔维亚结成三国同盟对土耳其宣战,第一次巴尔干战争爆发,奥斯曼帝国战败。除首都伊斯坦布尔外,土耳其在巴尔干的大部分领土被瓜分,希腊获得包括克里特岛、爱琴海群岛以及约安尼纳(Ioannina,希腊西北部伊庇鲁斯地区最大城市)在内的大片领土,基本恢复亚历山大继业者的马其顿王国版图。但马其顿地区一分为三,希腊王国得到南方临海部分——所谓"爱琴海马其顿",塞尔维亚王国得到马其顿北部——所谓"瓦尔达尔马其顿"(Vardar Macedonia),保加利亚仅获得爱琴海出海口以及马其顿剩余的一小部分(皮林马其顿)。保加利亚不服这一分割方案,挑起战端(第二次巴尔干战争),遭希腊和塞尔维亚联手击败,被迫接受方案。巴尔干战争是第一次世界大战的"序幕"之一。

1913年,乔治一世在萨洛尼卡遭刺杀,他与妻子(俄罗斯女大公)生的长子康斯坦丁一世(1868—1923)继位。

1916年,希腊王国南北分裂,共和派将军在北部的塞萨洛尼卡成立共和革命政府,与南部雅典的君主制政府对峙,前者加入协约国,后者则因君主有德意志血统拒绝加入。

1918年,土耳其在战争中加入同盟国,战后被迫接受协约国的《穆德洛斯停战协定》。协定签订后,协约国开始夺取土耳其领土。希腊军队自西面登陆伊兹密特,并向内陆挺进,而法国和亚美尼亚则分别从南面和东面进兵土耳其。

1919年,作为第一次世界大战中的同盟国成员,希腊王国在巴黎和会上要求扩大疆域,意大利被迫让出爱琴海上所有岛屿(罗德岛除外),保加利亚割让忒腊克西部。为防止意大利占领士麦拿(爱琴海东岸北端,荷马故乡,今土耳其第三大城市伊兹密尔),希腊获权任命当地行政长官,由全民公投决定归属,并随即出兵占领士麦拿及其周边地区。

1920年7月,希腊王国在英国怂恿下宣称对小亚细亚爱琴海沿岸(古伊奥尼亚地区)拥有主权,出兵占领位于博斯普鲁斯海峡的马尔马拉海欧洲海岸一侧的罗德斯塔,以及土耳其的西北门户亚德里亚堡(今土耳其埃迪尔内市,与保加利亚接壤)。此时,奥斯曼帝国作为战败国在法国的色佛尔镇接受了《色佛尔条约》(Traité de Sèvres),630万平方千米的领土只剩下78万;意大利、法国和英国占据了安纳托利亚的大部分地区。

1921年1月—3月,在一战中(1916年8月)因保卫伊斯坦布尔而名扬全国和欧洲的凯末尔将军(1881—1938)组建的土耳其新军1500名战士在伊涅纽村英勇奋战,以弱胜强击溃6万希腊军队的进攻,上演了一场现代的"马拉松之战"。8月至9月,希腊王国与土耳其在萨卡里亚(Sakarya)河畔决战,希腊军队惨败,被逐出安纳托利亚。

1922年9月,土耳其夺回士麦拿,施行种族清洗,当地希腊人纷纷逃往希腊半岛。11月,土耳其国民议会作出决议,废除苏丹制,次年10月建立共和国,定都安卡拉。

1923年,希腊与土耳其签订《洛桑条约》交换人口,大约150万难民离开土耳其前往希腊半岛(当时仅500万居民),希腊境内的40万土耳其人和信奉伊斯兰教的希腊人前往土耳其。

1924年,希腊王国经全民公投实行共和制,接下来军事政变接连不断,直到1928年才建立多党联合政府。

1935年,再次发生军事政变,君主制复辟,看守总理雅尼斯·麦塔哈斯(Ioannis Metaxas,1871—1941)得到独裁权力。

1940年,意大利人经阿尔巴尼亚入侵希腊半岛被击退。

1941年,德国兵分三路,从保加利亚、阿尔巴尼亚和南斯拉夫三个方向同时入侵希腊半岛,希腊的巴尔干防线在几天之内崩溃,左翼和右翼政治力量都组织抵抗。

1944年,德军从希腊半岛撤离,盟军没有流血就接管了希腊半岛大部地区;希腊左翼和右翼政治势力随即陷入政争。

1946年,希腊全民公投,68%的选票支持恢复君主制。共产党民主军控制着希腊北部,保王党国民军控制着南部,双方爆发内战。

1947年,杜鲁门签署"援助希腊—土耳其法案",美国将重新武装希腊王国军队,建立联合参谋部,镇压共产党民主军。苏联为换取美英在东欧的让步,同意不支持希腊半岛的共产党势力。

1949年,希腊共产党在长达3年的内战中被击败,内战期间,希腊人遭受的不幸"远比德国占领期间更多"。

1952年,希腊加入北约。美国成功接替英国在东地中海的防务,监视东欧和阿拉伯半岛的地缘势力,扼守进出北非的通道。

→ D. Alastos, *Venizelos, Patriot, Statesman, Revolutionary*, London: P. Lund, Humphries, 1942; Richard C. Hall, *The Balkan Wars, 1912—1913: Prelude to the First World War*, London: Routledge, 2000; 阿诺德·汤因比,《文明的接触:希腊与土耳其的西方问题》,张文涛译,上海:上海人民出版社,2019;约翰·科里奥普罗斯、萨诺斯·维莱米斯,《希腊的现代进程:1821年至今》,郭云艳译,上海:上海人民出版社,2008;罗德里克·比顿,《希腊三百年》,姜智芹、王佳存译,北京:中信出版社,2021。

战后的希腊文化

当今说希腊语的人还必须学习有相当差异的两套语言形式:作为所有书面交往的官方语言(纯正希腊语,作为口语仅用于教会和国会)和通俗希腊语(主要作为口语,书写时仅用于不甚正式的文件)。不过在发音上,两种语言一样,与古代希腊语的发音相去甚远。

现代希腊语的书面语中还保存着某些古代的变格或变位形式,但现代希腊语的口语(希腊话)与文言的动词形式仍有差别,现代希腊话毕竟没法在词汇方面把从曾统治过它的民族(如土耳其)的语言中借来的词语清除得一干二净。例如,文言 ὁ οἶνος[酒]在希腊话作 τὸ κρασί,文言 τὸ θέρμον ὕδωρ[热水]在希腊话中作 τὸ ζεστό νερό。

不过,现代的希腊学人更看重古希腊语文而非现代希腊话。毕竟,古希腊语在哲学、科学、逻辑学、数学等领域里创造的众多词语一直沿用至今,其内涵未变。现今诸多新学科也借用古希腊词语,还依据古希腊语的构词法创制新词语。在学术领域,国际词素占有重要的地位,按词源,无论词根、词干、前缀或后缀,国际词素来自古希腊语文的为数不少。

现代的重要作家 伊奥尼亚诗人索洛莫斯(1798—1857)、现代派诗人帕拉马斯(1859—1943)、注重古典传统和基督教传统的诗人西克利阿诺斯(1884—1951)、现代派诗人塞弗里斯(1900—1971,1963年获诺贝尔文学奖)、埃利蒂斯(1911—1996,1979年获诺贝尔文学奖)等。小说家罗伊迪斯(1835—1904)、克塞诺波罗斯(1862—1951)、卡赞扎基亚(1885—1957)等。安哲罗普洛斯(1935—2012)是当代希腊最为著名的电影编剧兼导演,他的作品不仅有古今希腊的文化底蕴和对欧洲现代文化的深刻了解,还以一种影像色调表达了对大地的沉思以及当下人类在大雾中迷失的感觉。

希腊与北马其顿的国名之争

1929年,塞尔维亚—克罗地亚—斯洛文尼亚王国改称南斯拉夫王国。"二战"结束后,南斯拉夫王国被改造为南斯拉夫联邦人民共和国。1946年,铁托将塞尔维亚王国在1913年获得的瓦尔达尔马其顿从塞尔维亚分离出来,成为南斯拉夫的一个加盟共和国——北马其顿共和国,首府为斯科普里(Skopje)。

1991年,南斯拉夫联邦解体,紧随斯洛文尼亚和克罗地亚两个共和国宣布独立(6月),北马其顿共和国亦宣布独立(11月),宪法国名为"马其顿共和国"。希腊强烈反对这一国名,因为古马其顿人是古希腊人的一支,古马其顿王国属于希腊历史,而瓦尔达尔马其顿的疆域在古希腊时仅有很少一部分属于古马其顿王国版图。

1993年,北马其顿共和国以"前南斯拉夫马其顿共和国"(Former Yugoslav Republic of Macedonia)的暂时国名加入联合国,坚持马其顿共和国这一宪法国名,因为它来自南斯拉夫联邦的马其顿共和国。由于希腊文化在西方文化中的主导地位,大部分西方国家都不同意斯拉夫人的马其顿用"马其顿共和国"这个国名。

2018年1月,希腊北部城市萨洛尼卡爆发大规模请愿,要求希腊政府在与马其顿的"国名之争"中不妥协,民众高喊"马其顿是希腊的"。同年6月,两国都做出让步,双方达成协议,马其顿共和国将国名改为"北马其顿共和国"(North Macedonia),官方语言为斯拉夫语系的马其顿语。希腊人与斯拉夫人的历史融合,最终因联邦共和制而走向分离。

古马其顿不只是一个地理名称,也是政治体名称,亚历山大的希腊帝国由此发端。进入中世纪后,由于东罗马帝国式微,马其顿才成为一个地理名称,并成为政治地缘上的破碎地带。如果奥斯曼帝国没有解体,也不会有这场希腊与北马其顿的国名之争。

参考文献

本稿所采用的语文学材料,主要来自以下文献(以出版年代先后为序)。

H. Poeschel, *Die griechische Sprache: Geschichte und Einführung*, München, 1959.

A. H. Chase/H. Phillips, *A New Introduction to Greek*, 3rd edition, Cambridge M., 1961.

S. W. Paine, *Beginning Greek: A Functional Approach*, Oxford, 1961.

Hermann Menge, *Repetitorium der griechischen Syntax*, Darmstadt, 1961.

Egon Römisch, *Griechisch in der Schule: Didaktik, Plan und Deutung*, Frankfurt/Main, 1972.

G. Schaffner, *Griechisches Prosalesebuch, Kommenter Band 1—2*, Diesterweg, 1973/1976.

E. Schmalzriedt, *Hauptwerke der antiken Literaturen*, Kindler Verlag, 1976.

E. Bornemann/E. Risch, *Griechische Grammatik*, Diesterweg, 1978.

W. Elliger/G. Fink/G. Heil/T. Meyer, *Kantharos: Griechisches Unterrichtswerk*, Stuttgart, 1982.

Gerhard Fink, *Die griechische Sprache: Ein Einführung und eine kürze Grammatik des Griechischen*, Darmstadt, 1986.

H. Görgemanns 主编, *Die griechische Literatur in Text und Darstellung*:卷一, *Archaische Periode*,卷二, *Klassische Periode I*,卷三, *Klassische Periode II*,卷四, *Hellenismus*,卷五, *Kaiserzeit*, Stuttgart, 1986。

Donald N. Larson,《(新约)希腊文句型结构研究》,郑志华译,香港:浸宣出版社,1986。

H. Hansen/G. M. Quinn, *Greek: An Intensive Course*, New York, 1987.

Donald J-Matronarde, *Introduction to Attic Greek*, Uni. of California Press, 1993.

Anne H. Groton, *From Alpha to Omega: A Beginning Course in Classical Greek*, Focus Publishing/R. Pullins Company, 3rd edition, 2001.

J.-V. Vernhes, *Inivitation au Grec ancien*, Ophrys, 2003.

H. Zinsmeister, *Griechische Grammatik*, Heidelberg, 2006.

刘以焕,《古希腊语言文字语法简说》,上海:上海人民出版社,2006。

工具书

Henry George Liddell/Robert Scott, *A Greek-English Lexicon*, Oxford, 1845/1953.

W. Buchwald/ A. Hohlweg/O. Prinz, *Tuschulum-Lexikon: Griechischer und lateinischer Auroren des Altertums und des Mittelalters*, München, 1963.

Antony Spawforth/Simon Hornblower, The *Oxford Classical Dictionary*, Oxford, 1970.

Konrat Ziegler /Walther Sontheimer, *Der Kleine Pauly Lexikon der Antike in fünf Bänden*, München, 1975.

Gerhard Kittel/Gerhard Friedrich, *Theological Dictionary of the New Testament*, Stuttgart, 1964/1994.

Christoph Horn/Christof Rapp, *Wörterbuch der antiken Philosophie*, München, 2002.

Franz Passow, *Handwörterbuch der Griechischen Sprache*, 1841—1852/ Darmstadt, 2004.

靳文翰等编,《世界历史辞典》,上海:上海辞书版,1985。

布斯曼主编,《语言学词典》,陈慧瑛主译,北京:商务印书馆,2003。

罗念生、水建馥编,《古希腊语汉语词典》,北京:商务印书馆,2004。

晏立农、马淑琴编,《古希腊罗马神话鉴赏辞典》,长春:吉林人民版,2006。

乔治·卡斯特尼尔,《希腊罗马历史研究手册》,张晓校编译,哈尔滨:黑龙江人民出版社,2017。

图书在版编目（CIP）数据

凯若斯古希腊语文学述要 / 刘小枫编修. --上海：华东师范大学出版社，2024. --ISBN 978 - 7 - 5760 - 5284 - 8

Ⅰ. H791.1

中国国家版本馆 CIP 数据核字第 2024Q8K796 号

华东师范大学出版社六点分社
企划人　倪为国

刘小枫集
凯若斯古希腊语文学述要

编　修　者　刘小枫
责任编辑　彭文曼
责任校对　徐海晴
封面设计　卢晓红

出版发行　华东师范大学出版社
社　　址　上海市中山北路3663号　邮编　200062
网　　址　www.ecnupress.com.cn
电　　话　021 - 60821666　行政传真　021 - 62572105
客服电话　021 - 62865537　门市（邮购）电话　021 - 62869887
地　　址　上海市中山北路3663号华东师范大学校内先锋路口
网　　店　http://hdsdcbs.tmall.com/

印　刷　者　上海盛隆印务有限公司
开　　本　787×1092　1/16
插　　页　2
印　　张　54.25
字　　数　700千字
版　　次　2024年10月第1版
印　　次　2024年10月第1次
书　　号　ISBN 978 - 7 - 5760 - 5284 - 8
定　　价　199.80元

出版人　王焰

（如发现本版图书有印订质量问题，请寄回本社客服中心调换或电话 021-62865537 联系）